UTB 2669

Eine Arbeitsgemeinschaft der Verlage

Beltz Verlag Weinheim · Basel
Böhlau Verlag Köln · Weimar · Wien
Wilhelm Fink Verlag München
A. Francke Verlag Tübingen und Basel
Haupt Verlag Bern · Stuttgart · Wien
Lucius & Lucius Verlagsgesellschaft Stuttgart
Mohr Siebeck Tübingen
C. F. Müller Verlag Heidelberg
Ernst Reinhardt Verlag München und Basel
Ferdinand Schöningh Verlag Paderborn · München · Wien · Zürich
Eugen Ulmer Verlag Stuttgart
UVK Verlagsgesellschaft Konstanz
Vandenhoeck & Ruprecht Göttingen
Verlag Recht und Wirtschaft Heidelberg
VS Verlag für Sozialwissenschaften Wiesbaden
WUV Facultas Wien

Grundwissen der Ökonomik

Betriebswirtschaftslehre

Herausgegeben von

F. X. Bea, Tübingen
B. Friedl, Kiel
M. Schweitzer, Tübingen

Wirtschaftsinformatik 1

Grundlagen und Anwendungen

Hans Robert Hansen und Gustaf Neumann

393 Abbildungen

9. Auflage

Lucius & Lucius · Stuttgart

Anschrift der Verfasser:

Professor Dr. Hans Robert Hansen
Wirtschaftsuniversität Wien
Abteilung für BWL und Wirtschaftsinformatik   Tel. (+43-1) 31 33 6-60 00
Augasse 2–6   Fax (+43-1) 31 33 6-74 6
A-1090 Wien   E-Mail: hansen@wu-wien.ac.at

Professor Dr. Gustaf Neumann
Wirtschaftsuniversität Wien
Abteilung für Wirtschaftsinformatik und Neue Medien   Tel. (+43-1) 31 33 6-46 71
Augasse 2–6   Fax (+43-1) 31 33 6-74 6
A-1090 Wien   E-Mail: neumann@wu-wien.ac.at

1. Auflage 1978
2. Auflage 1980
3. Auflage 1981
4. Auflage 1983
5. Auflage 1986
5. Auflage, berichtigter Nachdruck 1987
6. Auflage 1992
7. Auflage 1996
7. Auflage, durchgesehener Nachdruck 1998
8. Auflage 2001
8. Auflage, durchgesehener Nachdruck 2002
9. Auflage 2005

Bibliografische Information der Deutschen Biblikothek

Die Deutsche Bibliothek verzeichnet diese Publikation
in der Deutschen Nationalbibliografie;
detaillierte bibliografische Angaben sind im Internet über
http://dnb.db.de abrufbar

(UTB für Wissenschaft ; 2669)
ISBN 3-8252-2669-7
(Lucius & Lucius)
ISBN 3-8282-0291-8

Satz: Friedmut Kröner, Heidelberg
Druck und Einband: Clausen & Bosse, Leck
Umschlagentwurf: Atelier Reichert, Stuttgart
Printed in Germany   1 2 3 4 5 6 7
UTB-Bestellnummer: ISBN 3-8252-2670-0

Vorwort der Herausgeber

Für die Studierenden im Anfänger- wie im Fortgeschrittenenstadium ist es erfahrungsgemäß eine große Hilfe, wenn ihnen ein Fach in einer konzentrierten, systematisch aufbereiteten und leicht fasslichen Form dargeboten wird. Gleichzeitig müssen sie die Gewissheit haben, dass die wichtigsten Inhalte in einer Weise abgedeckt sind, die den jeweiligen Prüfungserfordernissen voll Rechnung trägt.

Diesem Ziel dienen die Uni-Taschenbücher (UTB), die wir in der Reihe „Grundwissen der Ökonomik: Betriebswirtschaftslehre" beim Verlag Lucius & Lucius herausgeben. Die Themen der einzelnen Bände sind so gewählt, dass davon der gesamte Wissensbereich der modernen Betriebswirtschaftslehre erfasst wird. Welche Werke bereits erschienen sind, geht aus einer Übersicht am Ende dieses Buches hervor. Besonders hingewiesen sei auf das Lehrbuch „Allgemeine Betriebswirtschaftslehre", das, von einem Expertenteam verfasst, die Klammer um die einzelnen Titel bildet. Die positive Aufnahme, die diese am Markt gefunden hat, führte bereits nach kurzer Zeit zu zahlreichen Neuauflagen, Gelegenheiten, die von Autoren und Herausgebern immer wieder für Erweiterungen und Verbesserungen genutzt werden.

Der von Professor Hansen und Professor Neumann vorgelegte Band ist ohne Zweifel auch im internationalen Vergleich eines der erfolgreichsten Lehrbücher auf dem Gebiet der Wirtschaftsinformatik. Die überaus große Resonanz bei Studierenden und Praktikern verdankt dieses Standardwerk der didaktisch geschickten Präsentation, der Vollständigkeit und der zentralen Aktualität des Stoffes. Die jetzt vorliegende, in zwei Bänden neu konzipierte 9. Auflage gibt dem Leser die Gewissheit, dass er sich über den neuesten Stand der Wirtschaftsinformatik umfassend und zu einem sehr günstigen Preis informieren kann.

Kiel und Tübingen, November 2004

F. X. Bea
B. Friedl
M. Schweitzer

Vorwort der Verfasser zur 9. Auflage

Dieses Buch ist der erste von zwei auf einander abgestimmten Bänden. Der Band *Wirtschaftsinformatik 1* richtet sich an folgende Zielgruppen:

1. Anfänger ohne IT-Vorkenntnisse erhalten das nötige Rüstzeug, um selbstständig den „Computer am Arbeitsplatz" zur Lösung betrieblicher Aufgaben verwenden zu können. Für Anfänger sind vor allem die Kapitel 1 und 3 relevant.

2. Studierende der Wirtschaftswissenschaften und Mitarbeiter in Fachabteilungen werden in die Planung und Entwicklung rechnergestützter Informationssysteme (IS) eingeführt und bekommen einen Überblick über integrierte betriebliche Anwendungssysteme auf operativer und strategischer Ebene. An diese Gruppen richten sich vor allem die Kapitel 2 und 4–6.

3. Studierende, die Informatik oder Wirtschaftsinformatik als Haupt- oder Nebenfach studieren, erhalten ein breit angelegtes, allgemeines Grundlagenwissen über die Komponenten und Funktionen rechnergestützter Informationssysteme als Basis für ein weiterführendes Spezialstudium. Für diese Leser ist auch der Inhalt von Band 2 relevant.

4. Vor allem an IT-Manager richten sich die Ausführungen über „Marktsituation und Entwicklungstendenzen", welche (fast) alle Kapitel abschließen. Darin werden die aktuelle Angebots- und Nachfragesituation auf den diversen IT-Teilmärkten, typische und besonders bemerkenswerte Produkte, Beurteilungskriterien und Zukunftstrends beschrieben.

Der Band *Wirtschaftsinformatik 2* setzt auf dem in Band 1 vermittelten Wissen auf und richtet sich primär an folgende Adressaten:

1. IT-Fachkräfte in Wirtschaft und Verwaltung können diesen Band zur Wissensauffrischung und als Nachschlagewerk benutzen. Für diese Lesergruppe werden im Sinne des lebenslangen Lernens aktuelle Technologien und Entwicklungen der Hard- und Software präsentiert.

2. An Studierende mit Wirtschaftsinformatik als Hauptfach richten sich Kapitel wie beispielsweise Datenübertragung oder Verteilte Systeme, in denen die Kernkonzepte dieser Bereiche auf höherem technischen Detaillierungsgrad präsentiert werden.

Für die vorliegende 9. Auflage wurde das Buch restrukturiert und größtenteils neu geschrieben. Dabei wurde das Buch gemäß den Zielgruppen in zwei Bände geteilt. Im ersten Band wurde der betriebswirtschaftliche Teil wesentlich erwei-

tert. Somit eignet sich das Buch nun auch im größeren Maß für Ausbildungs-
programme, in denen keine tiefgehenden betrieblichen Grundkenntnisse vorausgesetzt werden können. Die wesentliche Neuerung im Band 2 ist das neue Kapitel über Verteilte Systeme. Dieser Bereich besitzt im Kontext von Web-Services
für betriebliche Anwendungen ein sehr hohes Innovationspotential. Generell
wurde bei der Neukonzeption spezielles Augenmerk auf den zunehmenden Stellenwert der elektronischen Geschäftsabwicklung gelegt.

Allen Hochschullehrern, Praktikern und Studierenden, die uns auf Schwachpunkte der achten Auflage hingewiesen haben, möchten wir an dieser Stelle
herzlich danken. Vor allem Peter Mertens, Universität Erlangen-Nürnberg, verdanken wir wesentliche Verbesserungsvorschläge. Die Mitarbeiter der Abteilung für Wirtschaftsinformatik der Wirtschaftsuniversität Wien (WU) haben
fast alle bei der Neuauflage mitgeholfen. Besonders herzlich danken wir folgenden Kolleginnen und Kollegen, die wertvolle Vorarbeiten und Hilfestellungen
bei der Fertigstellung geleistet haben (relevante Abschnittsnummern in Klam-
mern):

Michael Alexander (2/6), Wolfgang Amsüss (2/3.6, 2/3.7.4), Mitra Arami
(1/3.4.3.2), Walter Blocher (1/2.4.6), Nicolas Knotzer (2/2), Maria Madlberger
(1/5), David Meyer (1/6), Christian Nebenführ (1/4), Mark Strembeck (1/2, 2/1,
2/4, 2/7), Yoseba Penya (2/5), Gerald Stermsek (2/4, 2/7), Jan Mendling (2/1,
2/7), Andreas Pinterits (2/3), Antje Sester (2/2.5), Horst Treiblmaier (2/3). Bar-
bara Ungerhofer hat Korrektur gelesen. Die Grafiken und Screenshots wurden
von Tom Binder angefertigt.

Friedmut Kröner (Heidelberg) hat in Rekordzeit und mit großer Perfektion
den Buchsatz erstellt. Ohne die skizzierte, weit reichende Hilfe aller Beteiligten
wäre diese 9. Auflage kaum realisierbar gewesen.

Wien, im Januar 2005   Hans Robert Hansen und Gustaf Neumann

Inhaltsübersicht

Kapitel 2: Planung, Entwicklung und Betrieb von Informationssystemen

Kapitel 3: Büroinformationssysteme

Kapitel 4: Unterstützung betrieblicher Leistungsprozesse durch ERP-Systeme

Kapitel 5: Außenwirksame Informationssysteme und Electronic Commerce

Kapitel 6: Managementunterstützungssysteme

Gebrauchsanleitung

Das vorliegende Buch führt Sie in die betriebliche Informationsverarbeitung (IV) ein. Sie erhalten einen fundierten Überblick über die Arbeitsweise und das Zusammenspiel von Rechnern sowie die Gestaltung rechnergestützter Informationssysteme (IS) in der Wirtschaft.

Nahezu jeder Absolvent[1] eines wirtschaftswissenschaftlichen Hochschulstudiums kommt in seinem späteren Beruf in der einen oder anderen Form mit der Informationsverarbeitung in Kontakt – sei es als Endbenutzer des „Computers am Arbeitsplatz" zur Lösung fachlicher Aufgabenstellungen oder als Gestalter betrieblicher Informationssysteme. Betriebe, die Akademiker im kaufmännischen Bereich einstellen, nutzen durchwegs die Vorteile der Informationstechnik (IT) und verlangen von ihren Mitarbeitern entsprechende Vorkenntnisse.

Der in diesem Buch vermittelte Stoff entspricht im Wesentlichen den Inhalten, die an den meisten Hochschulen im Rahmen der IT/IS-Einführungsveranstaltungen angeboten werden. Didaktisch ist das Buch mit seinen beiden Bänden so gestaltet, dass es ein selbstständiges Studium ermöglicht. Es ist im Studienbetrieb der Wirtschaftsuniversität Wien sowie zahlreicher anderer Hochschulen seit vielen Jahren eingesetzt und wird laufend entsprechend den Erfordernissen der Praxis und anhand neuer wissenschaftlicher Kenntnisse umgestaltet, ergänzt und verbessert.

Der Stoff ist in zwei Bände gegliedert und besteht aus insgesamt *13 auf einander aufbauenden Kapiteln (Lektionen)*. Der Band 1 konzentriert sich auf betriebliche Anwendungssysteme, während der Schwerpunkt des zweiten Bandes bei den informationstechnischen Aspekten betrieblicher Informationssysteme liegt.

Das Buch erlaubt *mehrere Lesearten* und unterstützt *unterschiedliche Schwerpunktsetzungen abhängig von der Studienrichtung und dem Vorwissen*. Für Studierende der Betriebswirtschaftslehre ist eine Schwerpunktsetzung auf Band 1 (Grundlagen und Anwendungen) empfehlenswert, in dem beispielsweise Inhalte wie Dokumenten- und Wissensmanagementsysteme, ERP-Systeme, Konsumenteninformationssysteme, elektronische Märkte oder Managementunterstützungssysteme behandelt werden. Für Studierende der Studienrichtungen

---

[1] Natürlich sind in dem gesamten Buch immer weibliche und männliche Vertreter aller erwähnten Personengruppen angesprochen, wenn von Absolventen, Studenten, Endbenutzern usw. die Rede ist. Aus Gründen der Lesbarkeit verzichten die Autoren jedoch auf Kunstwörter wie Absolvent/inn/en oder StudentInnen.

Wirtschaftsinformatik 1 Grundlagen und Anwendungen
1. Einführung und Überblick
2. Planung, Entwicklung und Betrieb von Informationssystemen
3. Büroinformationssysteme
4. Unterstützung betrieblicher Leistungsprozesse durch ERP-Systeme
5. Außenwirksame Informationssysteme und Electronic Commerce
6. Managementunterstützungssysteme

Wirtschaftsinformatik 2 Informationstechnik
1. Zentraleinheiten
2. Datenträger und externe Speicher
3. Ein- und Ausgabegeräte
4. System- und Entwicklungssoftware
5. Datenstrukturen und Datenspeicherung
6. Datenübertragung und Netzwerke
7. Verteilte Systeme

Abb. 0/1: Inhaltsübersicht

Wirtschaftsinformatik und Informatik wird die Schwerpunktsetzung auf den zweiten Teil (Informationstechnik) empfohlen. Hier werden beispielsweise Programmiersprachen, Rechnernetze oder Verteilte Systeme in größerem Detail behandelt.

Für das Verständnis der Lehrinhalte benötigen Sie *keine speziellen Vorkenntnisse*. An vielen Hochschulen wird dieses Buch als Unterlage für die einführenden Lehrveranstaltungen im ersten Studienjahr des wirtschaftswissenschaftlichen Studiums eingesetzt.

Obwohl im Sinne eines Lehrbuchs die Kapitel aufbauend gestaltet sind, ist eine sequenzielle Kapitelfolge nicht zwingend vorgeschrieben (es wird in keinem „vorderen" Kapitel das Wissen eines „hinteren" Kapitels vorausgesetzt). Das gibt Ihnen die Möglichkeit, sich je nach Interessenlage und Vorwissen auf unterschiedliche Kapitel zu konzentrieren. In jedem der Kapitel werden Voraussetzungen aus früheren Abschnitten und tiefer gehende Information in späteren Abschnitten explizit angeführt. Die Abb. 0/2 zeigt für unterschiedliche Berufsbilder empfohlene Schwerpunktsetzungen für die Durcharbeitung des Buches.

In vielen Fällen wird der Stoff des ersten und dritten Kapitels des Bandes 1 bereits an höheren Schulen vermittelt. Sie können sehr rasch durch Stichproben feststellen, ob Sie bereits über entsprechende Kenntnisse verfügen.

Das die Bände 1 und 2 ergänzende *„Arbeitsbuch Wirtschaftsinformatik"* (UTB 1281 – Verlag Lucius & Lucius, 7. Auflage, Stuttgart 2005) enthält ein Glossar und ein zweisprachiges Wörterbuch, in dem die wichtigsten in diesem Buch vorkommenden Begriffe in alphabetischer Reihenfolge erläutert werden. Ferner sind darin über 400 Übungsaufgaben mit Musterlösungen aufgeführt, die zur Selbstkontrolle Ihrer Lernfortschritte dienen können. Durch Hinweise im vorliegenden Lehrtext werden Sie jeweils darauf aufmerksam gemacht, an

Band 1 Endbenutzer IS-Berater IS-Manager IS-Entwickler

1. Einführung und Überblick
2. Planung, Entwicklung und Betrieb von Informationssystemen
3. Büroinformationssysteme
4. Unterstützung betrieblicher Leistungsprozesse durch ERP-Systeme
5. Außenwirksame Informationssysteme und Electronic Commerce
6. Managementunterstützungssysteme

Band 2 Endbenutzer IS-Berater IS-Manager IS-Entwickler

1. Zentraleinheiten
2. Datenträger und externe Speicher
3. Ein- und Ausgabegeräte
4. System- und Entwicklungssoftware
5. Datenstrukturen und Datenspeicherung
6. Datenübertragung und Netzwerke
7. Verteilte Systeme

Legende:

Kernwissen

Vertiefungswissen

Ergänzungswissen (bei Bedarf nachschlagen)

Abb. 0/2: Empfohlene Schwerpunktsetzungen für die Durcharbeitung des Stoffgebiets je nach Berufsbild

welcher Stelle diese Aufgaben zu lösen sind. Sie finden in diesem Arbeitsbuch ferner zehn einstündige Klausurarbeiten mit je rund 35 Prüfungsfragen, bei denen Auswahlantworten vorgegeben sind. Mit Hilfe der angegebenen Bewertungsmaßstäbe und Lösungen, die den Klausuraufgaben folgen, können Sie diese selbst korrigieren und benoten.

Wenn Sie dieses Lehrbuch durchgearbeitet und auch die jeweiligen Aufgaben gelöst haben, dann können Sie

- erklären, wie Computer funktionieren und welche Arten von Rechnern es gibt,
- beschreiben, was Informationssysteme sind und wozu sie im Betrieb gebraucht werden,
- bei der Entwicklung von großen betrieblichen Informationssystemen und der Auswahl von Standardsoftware mitwirken und dabei Ihre Anforderungen einbringen,
- einschätzen, wie Ihre individuellen Büroarbeiten und Ihre Zusammenarbeit mit anderen durch Softwarewerkzeuge unterstützt werden können,
- kennzeichnen, welche Geräte, Programme und Trägermedien bei der Erfassung, Speicherung, Übertragung und Verknüpfung von Daten zum Einsatz kommen,
- über aktuelle Markttrends, vor allem die durch das Internet eröffneten neuen Aktionsräume, berichten,
- verstehen, welche ökonomischen und gesellschaftlichen Probleme mit der Informationstechnik verbunden sind.

Ihre Arbeit mit dem vorliegenden Stoffgebiet wird erleichtert, wenn Sie folgende Hinweise und Anregungen beachten:

1. Am Ende dieses Buches finden Sie eine *Aufstellung ausgewählter Literatur.* Zur Lektüre dieser Veröffentlichungen wird geraten, wenn beim Textstudium Unklarheiten auftauchen. Eine Anschaffung ist dann empfehlenswert, wenn Sie Ihr Wissen vertiefen oder ergänzen wollen.

2. Versuchen Sie *nicht auswendig zu lernen*, sondern zu verstehen! Das Wissensgebiet der Wirtschaftsinformatik ist höchst dynamisch. Viele der in dem Buch genannten Produkte und Kenndaten (Leistungen, Kapazitäten, Preise) ändern sich sehr rasch. Die Zusammenhänge, aus denen sich diese Werte ergeben, oder das Grundverständnis bezüglich der Funktionsweisen ändern sich hingegen sehr wenig. Im späteren Berufsleben wird man von Ihnen Problemlösungskapazitäten verlangen, und nicht auswendig gelerntes Faktenwissen, das rasch veraltet.

3. Für alle Kapitel des vorliegenden Buches existieren besondere *Lehrziele*, die zu Beginn der Kapitel aufgeführt werden. Diese sollen Ihnen die Orientierung beim Durcharbeiten des Lehrtextes erleichtern und Ihnen eine Beurteilung erlauben, ob der angestrebte Lernprozess stattgefunden hat oder nicht.

4. Eine weitere Orientierungshilfe sind die *Rasterbalken* am Seitenrand. Diese kennzeichnen Beispiele zur Veranschaulichung vorher erläuterter Sachverhalte. Diese Beispiele dienen vor allem zur Erhöhung des Verständnisses, indem die abstrakten Konzepte mit vertrauten Situationen in Beziehung gesetzt werden.

5. Wie bereits erwähnt, sind in den Lehrtext Hinweise auf *Übungsaufgaben* eingestreut. Sie sollten diese im Arbeitsbuch enthaltenen Aufgaben zur Selbstkontrolle jeweils sofort bearbeiten, ehe Sie mit dem Textstudium fortfahren. Diese sind dem behandelten Stoff angepasst und sollen Ihr ständiges Mitdenken sichern. Für den Fall, dass Ihre Lösung einer Aufgabe nicht mit der vorgegebenen Musterlösung im Arbeitsbuch übereinstimmt, ergeben sich folgende Möglichkeiten:

- Ihre Lösung ist ähnlich der vorgegebenen und damit sinngemäß richtig. – Setzen Sie Ihr Textstudium fort beziehungsweise beginnen Sie mit der Bearbeitung der nächsten Aufgabe.
- Sie bemerken aufgrund der vorgegebenen Lösung Fehler beziehungsweise Verständnismängel. – Lesen Sie den der Übungsaufgabe vorangegangenen Abschnitt nochmals sorgfältig durch und setzen Sie Ihr Textstudium danach fort beziehungsweise gehen Sie zur Bearbeitung der nächsten Aufgabe über, wenn Sie die vorgegebene Lösung verstanden haben.
- Sie können sich nicht erklären, warum die vorgegebene Lösung anders ist als die Ihrige. – Lesen Sie den entsprechenden Abschnitt (eventuell auch die vorhergehenden Abschnitte) des vorangegangenen Lehrtextes nochmals gründlich durch. Werden dadurch die Unklarheiten nicht beseitigt, so wenden Sie sich bitte an die Verfasser (Anschrift auf der Rückseite des inneren Titelblatts).

6. Sie fördern Ihr Problembewusstsein und erreichen eine größere Sicherheit beim Abschätzen Ihrer Lernleistung, wenn Sie Wiederholungen und die Lösung der Aufgaben zur Selbstkontrolle nicht allein, sondern in einer kleinen Lerngruppe von drei bis fünf Mitgliedern durchführen.

Der *Arbeitsaufwand* für die Durcharbeitung der Bände 1 und 2 ist von Ihrem bereits vorhandenen Wissen und Ihrem individuellen Lerntempo abhängig. Studienanfängern kann der Gesamtstoff jedes Bandes in einer jeweils vierstündigen einsemestrigen Vorlesung vermittelt werden. Im reinen Selbststudium sollten Sie pro Band zirka vier Wochen intensive Lernzeit ansetzen.

Für den Fall, dass nur zwei Lehrveranstaltungsstunden oder nur zirka zwei Wochen Selbststudienzeit zur Verfügung stehen, empfehlen wir Ihnen die Lektüre der Kapitel 2, 4 und 5 aus Band 1. Sie erhalten dadurch ein fundiertes Wissen darüber, wie Sie große übergreifende Informationssysteme zur Lösung kommerzieller Aufgaben an Ihrem (späteren) Arbeitsplatz nutzen können. Über die zugrunde liegende Technik erfahren Sie hingegen kaum etwas.

Im Rahmen von Folgeveranstaltungen, aufgrund persönlicher oder betrieblicher Interessen können Sie die Kapitel des zweiten Bandes zu einem späteren Zeitpunkt nachholen. Nichtsdestoweniger empfehlen wir Ihnen auch im Minimalfall der zwei Vorlesungsstunden zur Abrundung Ihres Kernwissens die Durcharbeitung des Gesamtstoffs. Viel Erfolg beim Lernen!

1 Grundlegender Überblick

Lehrziele

Nach der Durcharbeitung dieses Kapitels sollten Sie

- die Grundbegriffe der Informationsverarbeitung kennen und gebrauchen können,

- die Unterschiede zwischen Information und Daten sowie zwischen digitalen und analogen Daten aufzeigen können,

- die Parallelen zwischen der Informationsverarbeitung von Hand und mit maschineller Unterstützung beschreiben können,

- die Funktionseinheiten eines Rechners nennen und in groben Zügen erklären können, wie diese arbeiten,

- ein Beispiel für eine umfassende rechnergestützte Anwendung in einem Handelsbetrieb (Warenwirtschaftssystem) darstellen können,

- die Vorteile dieses Warenwirtschaftssystems aufzählen können,

- die Gründe für den zunehmenden Rechnereinsatz und die Zwecke der Informationsverarbeitung in der Wirtschaft erläutern können,

- angeben können, welche Arten von Rechnern es gibt, aus welchen Bauelementen sie bestehen und durch welche Merkmale sie sich unterscheiden,

- darlegen können, was ein Informationssystem ist und welche Arten von Informationssystemen in einem Betrieb vorliegen können,

- die wirtschaftliche Schlüsselstellung und die gesellschaftspolitische Bedeutung der Informationstechnik (abgekürzt: IT) begründen können,

- die Erkenntnisziele und -gegenstände der Wirtschaftsinformatik skizzieren können.

Überlegen Sie einmal, was Sie jetzt schon – zu Beginn dieses einführenden Kapitels – über Computer und Informationssysteme wissen! Wahrscheinlich haben Sie in der Schule oder in der Praxis gelernt, wenigstens einigermaßen mit einem Personalcomputer (abgekürzt: PC) umzugehen. Bestimmt haben Sie auch einen PC zu Hause, den Sie für Schreibarbeiten, Spiele und das Surfen im Internet benutzen. Vielleicht besitzen Sie sogar zusätzlich einen Personal Digital Assistent (abgekürzt: PDA), um unterwegs Ihre Adressen und Termine zu verwalten.

Bei Bankgeschäften und Reisebuchungen kommen Sie mit Informationssystemen (abgekürzt: IS) in Kontakt, über die täglich Millionen von Geschäftsvorfällen abgewickelt werden. In Ihrem Alltag sind Sie längst an von Rechnern erstellte Briefe, Steuerbescheide und Kontoauszüge gewöhnt. Sie ärgern sich über unverständliche Gehaltszettel, schwer nachvollziehbare Telefonrechnungen und überpünktliche, unpersönlich gehaltene Mahnungen. Im Behördenverkehr mühen Sie sich damit ab, auf die Bedürfnisse der maschinellen Verarbeitung zugeschnittene Formulare auszufüllen.

Der Großrechner, dem Sie das wahrscheinlich verdanken, besteht aus einer Ansammlung von kühlschrankähnlichen Kästen, die scheinbar beziehungslos irgendwo in einem Rechenzentrum zusammenstehen (vgl. Abb. 1/2). Tatsächlich ist natürlich nicht der Computer schuld, sondern die Menschen, die die jeweilige Applikation (das heißt „Anwendung"; von engl.: application) entwickelt haben. Vielleicht ist das schon vor vielen Jahren geschehen, mit damals

Abb. 1/1: PC für den Arbeitsplatz im Büro und zu Hause

durchaus zeitgemäßen Methoden. Und der IT-Leiter argumentiert, man sei halt wegen wichtigerer Dinge nicht dazu gekommen, das Informationssystem an die heutigen Möglichkeiten einer benutzerfreundlichen Gestaltung anzupassen. Schließlich gäbe es im Unternehmen eine große Zahl von im Lauf der Jahrzehnte entstandener Anwendungen, die gewartet werden müssten. Da bleibe kaum Zeit für die Neuentwicklung oder die Umstellung auf moderne Konzepte.

Hat er Recht? Bekommt man für den Preis eines Großrechners, der einige Millionen Euro betragen kann, nicht Hunderte von PCs, die zusammengenommen ein Vielfaches an Leistung bieten? Wie unterscheiden sich Rechner unterschiedlicher Größenklassen hinsichtlich Konstruktion, Arbeitsweise und Einsatzmöglichkeiten? Was steht eigentlich hinter der „Benutzerschnittstelle" eines umfangreichen, integrierten Informationssystems? Wie sollte ein derartiges System entwickelt werden, damit es den Anforderungen der Benutzer bestmöglich entspricht? Gibt es auch bei „alten" Informationssystemen Wege, trotz der starken Belastung der IT-Spezialisten zu kostengünstigen, zukunftsträchtigen Lösungen zu kommen?

Der erste Teil dieses Buches ist solchen IS-Gestaltungsfragen gewidmet. Damit Sie die Problematik und die vorgeschlagenen Methoden und Konzepte verstehen können, müssen Sie sich zunächst mit dem grundlegenden Vokabular der Informationsverarbeitung vertraut machen.

Abb. 1/2: Rechenzentrum

1.1 Begriff und Wesen der Informationsverarbeitung

Was ist ein Computer?

> Nach DIN-Definition ist ein **Rechner** (Computer, engl: computer) eine Funktionseinheit zur Verarbeitung von Daten, nämlich zur Durchführung mathematischer, umformender, übertragender und speichernder Operationen.

Als *Synonyme* werden in der DIN-Norm die Benennungen *Rechensystem, Rechenanlage, Datenverarbeitungssystem* und *Datenverarbeitungsanlage* sowie die englischen Bezeichnungen *Computer* und *Data Processing System* genannt. Der Gebrauch des Wortes Computer (engl.: to compute = rechnen) hat sich auch im deutschen Sprachraum durchgesetzt. Ähnliches gilt für zahlreiche weitere angloamerikanische Datenverarbeitungsbegriffe, die bei uns unübersetzt oder nur notdürftig eingedeutscht Verwendung finden (zum Beispiel Compiler = Kompilierer).

Die in der Praxis noch häufig benutzten Bezeichnungen *Elektronische Datenverarbeitung (EDV)* und *Elektronische Datenverarbeitungsanlage (EDVA)* erklären sich aus der historischen Entwicklung. Als ab 1946 die vorher mit Relais bestückten Rechenanlagen durch Systeme abgelöst wurden, die mit Elektronenröhren arbeiteten, nannte man diese zur Unterscheidung von den mechanischen Geräten „*Elektronenrechner*".

1.1.1 Information und Daten

> **Daten** (engl.: data) stellen **Information** (das heißt Angaben über Sachverhalte und Vorgänge; engl.: information) aufgrund bekannter oder unterstellter Abmachungen in einer maschinell verarbeitbaren Form dar. Ein Mittel, auf dem Daten aufbewahrt werden können, bezeichnet man als **Datenträger** (engl.: data medium).

Im IT-Vokabular werden als Daten oft nur jene Angaben bezeichnet, die in einem für die maschinelle Interpretation besonders geeigneten, fest vereinbarten Aufbau aufgezeichnet sind. Solche Daten bezeichnet man präziser als *formatierte Daten*. Schriftliche Information, die nicht derartig strukturiert (das heißt unformatiert) ist, wird hingegen *Text* genannt. Darüber hinaus kann Information noch in akustischer und bildlicher Darstellung vorliegen.

In der kommerziellen Informationsverarbeitung wurden anfangs überwiegend formatierte Daten verarbeitet. In den 1980er Jahren kam es zur Einbeziehung der Textverarbeitung. In den 1990er Jahren wurde die Informationsverarbeitung zunehmend multimedial.

Unter dem Begriff **Multimedia** (engl.: multimedia) versteht man die integrierte Verarbeitung mehrerer Informationstypen wie formatierte Daten, Texte, Ton und Bilder (Grafiken, Fotos, Animationen, Video-Clips).

Sämtliche Information wird bei der Verarbeitung im Rechner digital dargestellt.

Digitale Daten (engl.: digital data) werden durch Zeichen repräsentiert. Ein **Zeichen** ist ein Element aus einer zur Darstellung von Information vereinbarten endlichen Menge von verschiedenen Elementen, dem so genannten **Zeichenvorrat**.

Beispiele für Zeichen sind Buchstaben, Ziffern, Interpunktionszeichen, Steuerzeichen (etwa für den Seitenwechsel beim Schreiben), Farbpunkte von Bildern oder akustische Signale. Zeichen werden üblicherweise bei der maschinellen Verarbeitung durch elektrische Impulsfolgen, magnetisierte Positionen auf Datenträgern und dergleichen technisch verwirklicht.

Analoge Daten (engl.: analog data) werden durch kontinuierliche Funktionen repräsentiert. Die analoge Darstellung erfolgt durch eine physikalische Größe, die sich entsprechend den abzubildenden Sachverhalten oder Vorgängen stufenlos ändert.

Beispiele hierfür bieten Thermometer, bei denen durch die Höhe der Quecksilbersäule Temperaturwerte gekennzeichnet werden, oder Rechenschieber, bei denen die Zahlendarstellung durch Längen im logarithmischen Maßstab erfolgt. Von Uhren kennen Sie sowohl die analoge (mittels Zeiger) als auch die digitale (mittels Ziffern) Zeitanzeige. Fernsehen funktionierte bisher vorwiegend analog und wird nunmehr auf eine digitale Aussendung der Fernsehprogramme umgestellt. Die millionenfach installierten Farbfernseher mit analogem Empfangsteil können weiterverwendet werden, wenn ein Zusatzgerät (engl.: set-top box) die Digital-Analog-Umwandlung des eintreffenden Datenstroms besorgt.

Im Gegensatz zu den analogen Daten können digitale Daten komprimiert übertragen und dabei von Störungen „gesäubert" werden. Dadurch steigt die Kapazität der Übertragungswege und die Qualität der übertragenen Daten beträchtlich. Zudem wird weitaus weniger Speicherplatz auf den Datenträgern benötigt.

Beispielsweise können durch die Digitalisierung des Fernsehens an Stelle der bisherigen 40 bis 50 Programme über Satellit und Kabel 400 bis 500 Programme gesendet werden. Aus denselben Gründen wurden seinerzeit die analogen Schallplatten auf digitale CDs umgestellt und die früher analogen Telefonnetze digitalisiert.

Halten wir also fest: Im kommerziellen Einsatz stehende Computer, vom PDA über den PC bis zum Großrechner, verarbeiten ausschließlich digitale Daten. Sind analoge Eingabe- und Ausgabegeräte oder analoge Übertragungseinrich-

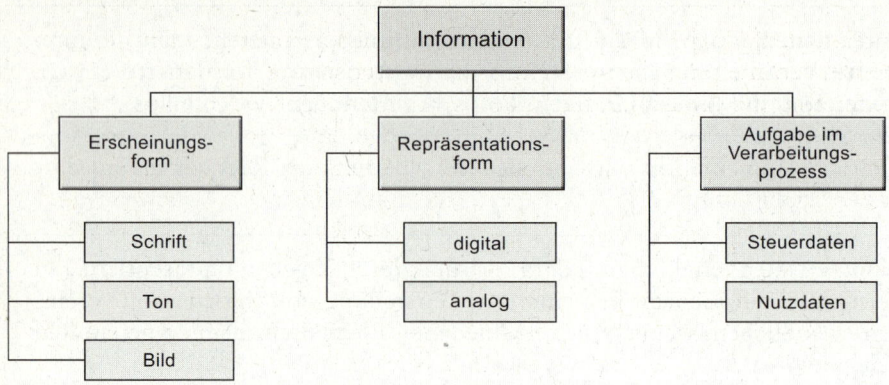

Abb. 1.1.1/1: Gliederung von Daten

tungen zu bedienen, so ist eine Analog-Digital-Wandlung (beziehungsweise umgekehrt) erforderlich.

Zu der Zeit, aus der die oben angeführte DIN-Definition stammt, war noch eine aufwändige Datenerfassung nötig, um Information in eine maschinell verarbeitbare Form zu bringen. Dabei ging es fast ausschließlich um schriftliche, formatierte Daten. Inzwischen ist der Rechnereinsatz weitgehend in die Geschäftsprozesse integriert, wodurch die Umsetzung im Zuge der üblichen Aufgabenerfüllung erfolgt. Zudem kann inzwischen Information fast jeden Typs unmittelbar verarbeitet werden, sodass die Abgrenzung zwischen Information und Daten beziehungsweise Informations- und Datenverarbeitung kaum mehr vorgenommen werden kann.

Dementsprechend wird in Wissenschaft und Praxis heute anstatt von Datenverarbeitung (DV) und EDV immer häufiger von *Informationsverarbeitung (IV)* und *Informationstechnik (IT)* gesprochen. Wir gebrauchen diese Begriffspaare synonym.

Inhalt der Informationsverarbeitung sind Angaben über die reale Welt. Wir bezeichnen solche Information als **Nutzinformation** beziehungsweise **Nutzdaten** (engl.: utility data). Durch die Beschreibung und Analyse der betrieblichen Gegebenheiten und Abläufe soll Wissen darüber erarbeitet werden, ob die Sachlage den Vorstellungen entspricht und inwieweit Eingriffe nötig sind. Angaben, die den Informationsverarbeitungsprozess steuern, nennen wir **Steuerinformation** beziehungsweise **Steuerdaten** (engl.: control data).

Kommerzielle Nutzdaten werden häufig nach ihrer Veränderbarkeit in Stamm- und Änderungsdaten sowie Bestands- und Bewegungsdaten unterschieden.

Stammdaten (engl.: master data) sind zustandsorientierte Daten, die der Identifizierung, Klassifizierung und Charakterisierung von Sachverhalten dienen und die unverändert über einen längeren Zeitraum hinweg zur Verfügung stehen. **Änderungsdaten** (engl.: change data) sind abwicklungsorientierte Daten, die fallweise eine Änderung von Stammdaten auslösen. Das Berichtigen, Ergänzen und Löschen von Stammdaten in Datenbeständen wird als **Änderungsdienst** (engl.: updating) bezeichnet.

Bestandsdaten (engl.: inventory data) sind zustandsorientierte Daten, welche die betriebliche Mengen- und Wertestruktur kennzeichnen. Sie unterliegen durch das Betriebsgeschehen einer systematischen Änderung, welche durch die Verarbeitung von Bewegungsdaten bewirkt wird. **Bewegungsdaten** (engl.: transaction data) sind abwicklungsorientierte Daten, die immer wieder neu durch die betrieblichen Leistungsprozesse entstehen, die laufend in die Vorgänge der Datenverarbeitung einfließen und dabei eine Veränderung von Bestandsdaten bewirken. Die Bewegungsvorgänge werden als **Transaktionen** (engl.: transaction) bezeichnet.

Denken Sie zum *Beispiel* an Ihr *Bankkonto*. Die Angaben, die die Bank über Ihre Person gespeichert hat, wie Name, Anschrift, Kontonummer und PIN-Code, sind Stammdaten. Wenn sich Ihr Name durch Heirat ändert oder Sie an einen anderen Ort ziehen, so wird Ihre diesbezügliche Mitteilung an die Bank in Form von Änderungsdaten erfasst. Deren Verarbeitung (Update) führt zur Aktualisierung Ihrer Stammdaten. Ihre jeweiligen Kontostände sind Bestandsdaten. Einzahlungen, Auszahlungen oder Überweisungen erzeugen Bewegungsdaten, die zu einer Veränderung des Kontostandes führen. Wenn Sie am Schalter oder über einen Automaten Geld abheben, so handelt es sich um eine Transaktion.

▶ Übungsaufgabe Nr. 1.1.1 im Arbeitsbuch

1.1.2 Rechnergestützte Verarbeitung von Information

Grundsätzlich zählt zur **Informationsverarbeitung** (engl.: information processing) jeder Vorgang, der sich auf die Erfassung, Speicherung, Übertragung oder Transformation von Daten bezieht. Hierzu gehört eine Vielzahl von Verrichtungen. Zum *Beispiel* können im Rahmen der *Datentransformation* Daten identifizierende, reproduzierende, vergleichende, sortierende, komprimierende, umformende und rechnende Tätigkeiten stattfinden.

Welche *Hilfsmittel* jeweils zweckmäßigerweise zur Verarbeitung von Information herangezogen werden, hängt von der Art der Aufgabe ab. Die Palette der Möglichkeiten reicht vom Kopfrechnen und der Zuhilfenahme von Papier und Bleistift über die Verwendung von PDAs und PCs bis hin zu Supercomputern, die Milliarden von Rechenvorgängen (Additionen, Subtraktionen usw.) in der Sekunde ausführen können.

Die *Grundfunktionen* der Informationsverarbeitung sind – unabhängig von den im Einzelfall eingesetzten Hilfsmitteln und ihrem technisch-physikalischen Aufbau – prinzipiell stets die gleichen. Ein wesentliches Kennzeichen der computergestützten Verarbeitung ist jedoch die *Automatisierung*. Das heißt, dass die Rechner entsprechend vorgegebenen Anweisungen Informationsverarbeitungsaufgaben weitgehend selbsttätig und ohne weitere Eingriffe von außen ausführen.

Eine zur Lösung einer Aufgabe vollständige Anweisung an einen Rechner bezeichnet man als **Programm** (engl.: program); der Vorgang der Erstellung einer derartigen Anweisung heißt **Programmieren** (engl.: programming).

Die Arbeitsanweisungen an einen Rechner müssen in einer der Maschine verständlichen Sprache formuliert werden. Eine derartige zum Abfassen von Programmen geschaffene Sprache bezeichnet man als **Programmiersprache** (engl.: programming language).

Ähnlich wie bei den natürlichen menschlichen Sprachen gibt es auch eine große Zahl (mehrere Tausend) an künstlichen Programmiersprachen, von denen sich in der Praxis jedoch nur wenige (einige Dutzend) auf breiter Ebene durchsetzen konnten.

Ein **Code** (engl.: code) bestimmt eindeutige Regeln für die Informationsdarstellung. Im Fall der Programmierung sind durch die jeweilige Programmiersprache der Wortschatz und die Grammatik definiert, in der ein korrekter Programmtext zu schreiben ist. Deshalb werden die Programmiersprache und das damit erstellte Programm häufig auch *Code* genannt. Ebenso spricht man von **Codierung** anstatt von Programmierung, wenn es um die Erstellung eines Programmtextes geht.

Eine wichtige Eigenschaft von Computern ist die *Speicherung von Daten und Programmen*. Dadurch können auch die Arbeitsanweisungen an den Rechner (die Programme) in einer internen Funktionseinheit (Speicher) aufbewahrt werden und zu beliebigen Zeitpunkten mit geringem menschlichen Zutun wiederum aktiviert werden. *Mittels der Programmsteuerung wird aus einem universell konzipierten Rechner eine Spezialanlage.* Durch die Austauschbarkeit der Programme im Speicher kann der Rechner jederzeit eine fast beliebige Anwendungsspezialisierung erfahren. Das heißt, er lässt sich zum Beispiel in Sekundenschnelle von einem Spezialautomaten für Textverarbeitung in einen Spezialautomaten für Buchhaltungszwecke umwandeln. Die meisten Systeme bieten die Möglichkeit, mehrere Programme nebeneinander zu speichern und zu verarbeiten *(Mehrprogrammbetrieb)*, wodurch sich ihre vielseitige Verwendbarkeit noch erhöht.

▶ Übungsaufgabe Nr. 1.1.2 im Arbeitsbuch

Die zu verarbeitenden Datenbestände werden in Dateien und· Datenbanken gespeichert.

> Eine Sammlung von gleichartigen Daten heißt **Datei** (engl.: file). Eine **Datenbank** (engl.: data base) bezeichnet eine Sammlung von mehreren Dateien, die gemeinsam verwaltet werden. Die Verwaltungsfunktionen dienen beispielsweise der Abfrage, Definition, Zugriffskontrolle und der Zugriffskoordination auf diesen Datenbestand.

1.1.3 Vergleich manuelle – rechnergestützte Informationsverarbeitung

Wir haben weiter oben festgestellt, dass die funktionalen Vorgänge der Informationsverarbeitung im Prinzip von den jeweils eingesetzten Hilfsmitteln unabhängig sind. Um dieses Prinzip deutlich zu machen, sei hier die sich wandelnde Situation im Lebensmitteleinzelhandel beschrieben. Zum einen die leider schon fast der Vergangenheit angehörende Tante Emma, die noch mit Papier und Bleistift in ihrem „Laden um die Ecke" mit Kunden und Lieferanten abrechnet, quasi die „manuelle Datenverarbeitung". Und zum anderen, wie der Rechner das in modernen Supermärkten erledigt.

Beispiel:
Verkaufsabrechnung und Warendisposition im Lebensmitteleinzelhandel
Tante Emma benutzt zur Abrechnung der in ihrem kleinen Selbstbedienungsladen verkauften Waren einen Rechnungsblock, auf dem sie die Preise der einzelnen Posten notiert und im Kopf addiert. Als Beleg erhält der Kunde den Rechnungszettel. Weil Tante Emma in Stoßzeiten kaum noch mit dem Kassieren nachkommt, die Kunden über zu lange Wartezeiten murren, sich infolge der hohen Belastungen in den Abendstunden immer häufiger Rechenfehler einschleichen und die Kunden nicht nur reklamieren, sondern zum Teil auch schon ausbleiben, überlegt Tante Emma die Anschaffung einer Registrierkasse. Ein Registrierkassenvertreter hat sie deshalb schon mehrfach besucht. Er argumentiert, dass sich durch dieses Hilfsmittel der Abrechnungsvorgang wesentlich beschleunigen lasse und dass die Kunden dadurch eine sauber gedruckte Rechnung erhielten, die neben den Preisen auch die jeweiligen Warengruppennummern ausweise.

Zweimal wöchentlich geht Tante Emma abends von Regal zu Regal und notiert sich, welche Waren nachzubestellen sind. Diese Arbeit wird ihr durch einige Formulare sehr erleichtert, die ihr der Großhändler zur Verfügung stellt. Darauf sind alle von diesem lieferbaren Artikel aufgedruckt und Tante Emma muss nur noch eintragen, welche Mengen sie jeweils bestellen möchte. Noch am gleichen Abend bringt Tante Emma

diese Bestellformulare zur Post, um sicherzustellen, dass der Verkaufsfahrer des Großhändlers bei seiner nächsten Tour die von ihr gewünschten Waren mitbringt. Eine
Kopie des Ordersatzes verwendet Tante Emma, um zu kontrollieren, ob die gelieferten
Waren vollständig sind und ob Lieferschein und Rechnung des Großhändlers ihrer
Bestellung entsprechen. Wenn niemand im Laden ist, meist erst nach Ladenschluss,
zeichnet Tante Emma die Preise der einzelnen Artikel aus. Soweit möglich hält sie sich
dabei an die Preisempfehlungen der Hersteller; bei allen anderen Waren schlägt sie einheitlich 20 Prozent auf die Großhandelspreise auf.

Abb. 1.1.3/1:
EAN – europaeinheitliche Artikel-
nummer für den Lebensmittelein-
zelhandel

Abb. 1.1.3/2:
Kassenbon einer Datenkasse

Abb. 1.1.3/3: Elektronische Datenkassen für den Lebensmitteleinzelhandel

Der moderne Lebensmittelsupermarkt verfügt über 1.000 m² Verkaufsfläche und erzielt einen Monatsumsatz von einer halben Million Euro. Dies ist typisch für ein Filialunternehmen mit über hundert ähnlichen Verkaufsstätten. Die Verkaufsabrechnung ist ein tägliches Massenproblem, das reibungslos mit nur acht Registrierkassen gelöst wird. Dies geschieht auf folgende Weise:

Alle Packungen sind bereits von den Herstellern mit einer maschinenlesbaren, überall in Europa einheitlichen Artikelnummer bedruckt (vgl. Abb. 1.1.3/1). Die elektronischen Kassen des Supermarktes sind mit einer Leseeinrichtung versehen. Beim Kassiervorgang werden die Artikelnummern automatisch erfasst, indem die Waren an der Leseeinrichtung vorbeigeführt und auf fotoelektrischem Wege gelesen werden (vgl. Abb. 1.1.3/3). Die Kassen sind untereinander und mit einem gemeinsam genutzten Filialrechner verbunden. Mittels eines Fakturierungsprogramms werden anhand der übermittelten Artikelnummern die gespeicherten Bezeichnungen und Preise der Artikel abgerufen, übertragen und mittels des Druckwerks der Kasse auf das Rechnungsformular geschrieben. Parallel zu den Vorgängen, die zum Druck der einzelnen Artikelzeilen führen, wird eine Bestandsfortschreibung durchgeführt. Dabei wird vom Rechner für jeden betroffenen Artikel die abgehende Menge vom gespeicherten Lagerbestand abgebucht. Sind alle von einem Kunden gekauften Artikel abgerechnet, so werden die Einzelwerte aufsummiert und die Summenzeile wird gedruckt (vgl. Abb. 1.1.3/2).

Die bei der Fakturierung anfallenden Zwischen- und Endergebnisse sind die Grundlage für eine Vielzahl automatisch erzeugter Auswertungen und Berichte. So erhält der

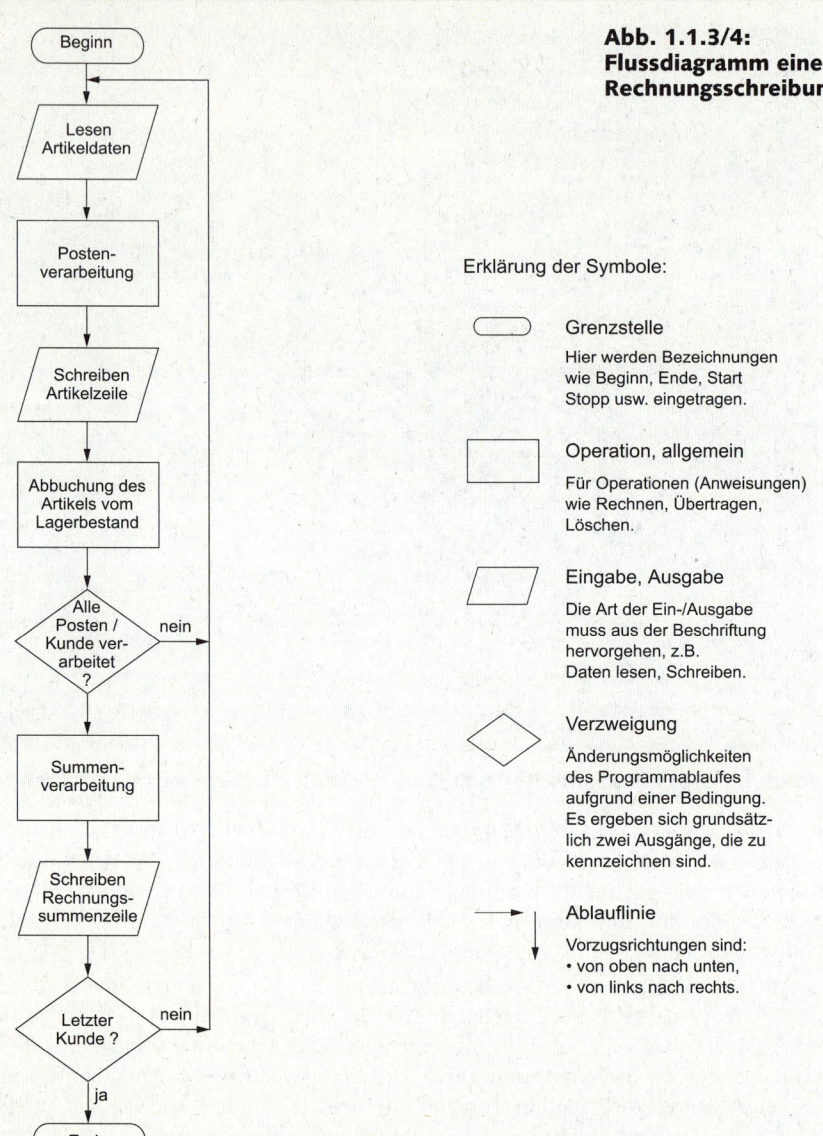

Abb. 1.1.3/4:
Flussdiagramm einer
Rechnungsschreibung

Erklärung der Symbole:

Grenzstelle
Hier werden Bezeichnungen
wie Beginn, Ende, Start
Stopp usw. eingetragen.

Operation, allgemein
Für Operationen (Anweisungen)
wie Rechnen, Übertragen,
Löschen.

Eingabe, Ausgabe
Die Art der Ein-/Ausgabe
muss aus der Beschriftung
hervorgehen, z.B.
Daten lesen, Schreiben.

Verzweigung
Änderungsmöglichkeiten
des Programmablaufes
aufgrund einer Bedingung.
Es ergeben sich grundsätzlich zwei Ausgänge, die zu
kennzeichnen sind.

Ablauflinie
Vorzugsrichtungen sind:
• von oben nach unten,
• von links nach rechts.

Geschäftsführer des Supermarktes täglich Verkaufsstatistiken, die den realisierten Brut-
togewinn, den Umsatz und die Umschlagshäufigkeit der einzelnen Warengruppen
und/oder Artikel ausweisen. Damit kann er seine Verkaufsförderungsmaßnahmen
gezielt auf „kritische" beziehungsweise besonders Gewinn bringende Artikel ausrichten.

Auch das Bestellwesen ist weitgehend automatisiert. Wie bereits erwähnt, werden die
Lagerbestände der einzelnen Artikel laufend fortgeschrieben, indem bei der Fakturierung die verkauften Warenmengen vom Lagerbestand subtrahiert werden. In der Zentrale werden die gemeldeten Warenabgänge für die einzelnen Verkaufsstätten aufgelistet

und aufgrund dieser Listen werden im Zentrallager die Nachlieferungen zusammengestellt. Der einzelne SB-Markt ist damit von der Warendisposition völlig entlastet.

Warenzugänge im Zentrallager werden nach der Wareneingangskontrolle umgehend für die Informationsverarbeitung erfasst, damit die gespeicherten Bestandsdaten berichtigt werden können. Die Liefermenge wird dabei zur Bestandsmenge addiert, um den neuen Lagerbestand zu erhalten. Das Ergebnis der Multiplikation „Liefermenge × Einkaufspreis je Einheit" wird zum Lagerwert addiert und eventuelle Differenzen zwischen bestellter und gelieferter Menge werden ausgewiesen. Dazu ist es allerdings nötig, dass für jeden bestellten Artikel die Artikelnummer, die Auftragsnummer, das Auftragsdatum, bestellte Menge, Liefertermin, Lieferantennummer und Einkaufspreis gespeichert werden, wenn eine Bestellung erfolgt. Der Rechner kann dadurch auch Preisunterschiede registrieren und bei Lieferverzögerungen automatisch Hinweise ausdrucken und Mahnungen erstellen.

Aufgrund der bei der Lagerbestandsführung für den einzelnen Artikel gespeicherten Daten lassen sich jederzeit Lagerbestandslisten ausdrucken. Diese stellen für die Einkäufer in der Hauptverwaltung durch den Ausweis der Lagerbewegungen eine wertvolle Dispositionsunterlage dar. Artikel, bei denen der Lagerabgang eine Neubestellung erforderlich macht, werden durch besondere Bestellhinweise gekennzeichnet, und es werden maschinell errechnete Bestellvorschläge gedruckt, die empfehlen, welche Mengen bei welchen Lieferanten zu beschaffen sind. Hierzu müssen für jeden Artikel zusätzliche Daten wie zum Beispiel die Lieferzeit, der voraussichtliche Absatz, der Mindestbestand usw. gespeichert werden.

Die gespeicherten Daten bilden die Ausgangsbasis für zahlreiche weitere Anwendungen. So lassen sich zum Beispiel warengruppenabhängige oder sogar artikelindividuelle Kalkulationszuschläge maschinell ermitteln, wodurch eine flexible Preispolitik ermöglicht wird. Die Ausnutzung der Lieferantenskonti wird durch eine laufende Kontrolle der Verbindlichkeiten und durch den Druck von Zahlungsanweisungen bei fälligen Rechnungen gesichert. Es lassen sich Preisschilder für die Regalauszeichnung der Artikel im Verkaufsraum mittels Computer erstellen; die Auszeichnung der einzelnen Artikel entfällt ja durch den Aufdruck der maschinenlesbaren Artikelnummer – und so weiter, und so weiter. Die Aufzählung, für welche vielfältigen Zwecke sich die einmal erfassten Daten mittels Informationstechnik auswerten lassen, ließe sich noch erheblich verlängern.

▶ Übungsaufgabe Nr. 1.1.3 im Arbeitsbuch

Parallelen und Unterschiede

Trotz dieser beeindruckenden Möglichkeiten der rechnergestützten Informationsverarbeitung zeigt der Vergleich der Abläufe doch eines: Der Rechner tut grundsätzlich auch nichts anderes als Tante Emma. Beide haben dieselben Aufgaben und beide lösen diese nach bestimmten Regeln, welche bei Tante Emma im Gedächtnis oder auf einem Stück Papier und beim Computer in der Form von Programmen im Speicher aufgezeichnet sind. Dabei fallen jeweils dieselben Verarbeitungsvorgänge an. Sie sehen auch, dass mathematische Operationen im Rahmen der Informationsverarbeitung eigentlich gar keine so große Rolle spielen. Lese-, Schreib-, Vergleichs- und Übertragungsvorgänge sind genauso wichtig – ja, sie dominieren sogar im kommerziellen Bereich.

Wozu brauchen wir dann überhaupt Rechner? Die Abb. 1.1.3/4, die den schematischen Ablauf der Rechnungsschreibung sowohl bei der manuellen als auch bei der rechnergestützten Informationsverarbeitung zeigt, gibt darauf eine erste Antwort. In diesem Schaubild wird die Folge der Operationen in Abhängigkeit von der jeweils vorhandenen Information mit Hilfe genormter Sinnbilder beschrieben. Hieraus wird *eine der wichtigsten Eigenschaften eines Computerprogramms* deutlich: *die Möglichkeit, abhängig von Zwischenergebnissen Programmteile zu überspringen oder Schleifen zu bilden, das heißt, an vorhergehende Programmstellen zurückzukehren.* In unserem Diagramm sind solche Verzweigungen nach der Abbuchung eines verkauften Artikels vom Lagerbestand sowie nach dem Schreiben der Rechnungssummenzeile vorgesehen. Die Verkaufsabrechnung wird dadurch so lange fortgesetzt, bis alle von einem Kunden gekauften Artikel fakturiert sind beziehungsweise bis mit allen Kunden abgerechnet wurde. *Das Programm kann immer wieder bei Bedarf für dieselbe Aufgabe in den Speicher gebracht und benutzt werden.* Der Ablauf ist von der Menge der zu verarbeitenden Daten unabhängig. Weil die programmgesteuerte elektronische Verarbeitung ungeheuer schnell und verlässlich ist, bietet sich der *Einsatz eines Rechners immer dann* an, *wenn große Datenmengen in kürzester Zeit verarbeitet werden müssen.*

▶ Übungsaufgabe Nr. 1.1.4 im Arbeitsbuch

Ein Unterschied zwischen der Informationsverarbeitung in Tante Emmas Laden und im Lebensmittelsupermarkt ergibt sich ferner dadurch, dass Tante Emma die Einzelaufgaben der Verkaufsabrechnung und Warendisposition separat und nacheinander erledigt, während bei der rechnergestützten Informationsverarbeitung diese Vorgänge automatisiert und zusammenhängend ablaufen können. Da Rechner in der Lage sind, große Datenmengen zu speichern und unterschiedliche Aufgaben programmgesteuert auszuführen, ist es möglich, alle Maßnahmen, die ein Geschäftsvorfall erforderlich macht, in einem einzigen Komplex zu verarbeiten. In unserem Beispiel liegen etwa der Fakturierung, der Lagerabrechnung, der Verkaufsstatistik und dem Bestellwesen dieselben Ausgangsdaten zugrunde, die beim Kassiervorgang anfallen. Durch diese *integrierte Datenverarbeitung* erübrigen sich die wiederholten Datenerfassungsvorgänge und die Aufbewahrung von Zwischenergebnissen für Folgearbeiten, die bei einer getrennten Verrichtung einzelner Aufgaben jeweils unumgänglich sind.

Tante Emma ist flexibler; die rechnergestützte Informationsverarbeitung ist durch einen *höheren Standardisierungsgrad der Prozesse* geprägt und bietet *weniger Improvisationsmöglichkeiten.* Bei der Koordination von vielen Mitarbeitern beziehungsweise Verkaufsstätten dient die strikte Vorgabe der zulässigen Handlungsmöglichkeiten durch das Informationssystem zur Durchsetzung einer einheitlichen Geschäftspolitik.

▶ Übungsaufgabe Nr. 1.1.5 im Arbeitsbuch

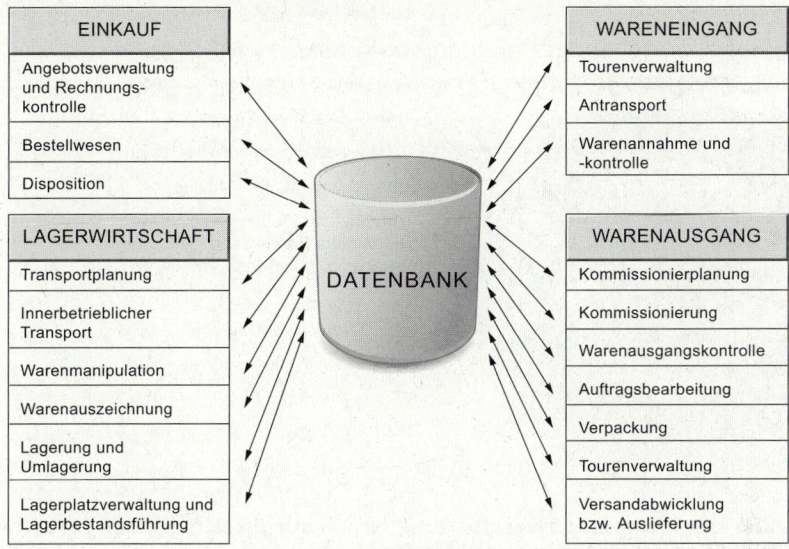

Abb. 1.1.3/5: Datenbank eines integrierten Warenwirtschaftssystems

1.1.4 Ziele der Informationsverarbeitung

Ein wichtiger Grund für die Automatisierung von Informationsverarbeitungs-aufgaben ist das *Rationalisierungsstreben*. Man erhofft sich gegenüber anderen möglichen Formen der Informationsverarbeitung vor allem durch die Einspa-rung von Personal *Kostenvorteile*. In welchem Umfang sich derartige Einspa-rungen tatsächlich realisieren lassen, ist allerdings oft schwer nachweisbar, in Theorie und Praxis umstritten und sicherlich von Fall zu Fall verschieden. Aus gesamtwirtschaftlicher Sicht und aus der Sicht der Betroffenen ist ein Verlust von Arbeitsplätzen natürlich höchst problematisch. Mögliche negative Auswir-kungen der Informationstechnik werden im Abschnitt 1.5.3 behandelt.

Die enorme Arbeitsgeschwindigkeit und Speicherkapazität von Rechnern ermöglichen die *Bearbeitung großer Datenmengen*, die ohne Einsatz der Infor-mationstechnik überhaupt nicht oder nicht rasch genug zu bewältigen wären. Denken Sie zum Beispiel an die Auftragserledigung in einem Großversandhaus, wo täglich über hunderttausend Kundenbestellungen nach dem immer gleichen Schema abzuwickeln sind und Millionen von Anschriften aufbewahrt werden müssen. Oder an die monatliche Abrechnung der Löhne und Gehälter für Tau-sende von Mitarbeitern in der Wirtschaft und in der öffentlichen Verwaltung, an die Milliarden jährlicher Kontenbewegungen in Banken oder an die sich immer wiederholenden Platzbuchungen in Reisebüros. In der Praxis lassen sich solche wiederkehrende Massenarbeiten – die durch den laufenden Zuwachs anfallender Geschäftsvorfälle an Umfang immer mehr zunehmen – schon längst

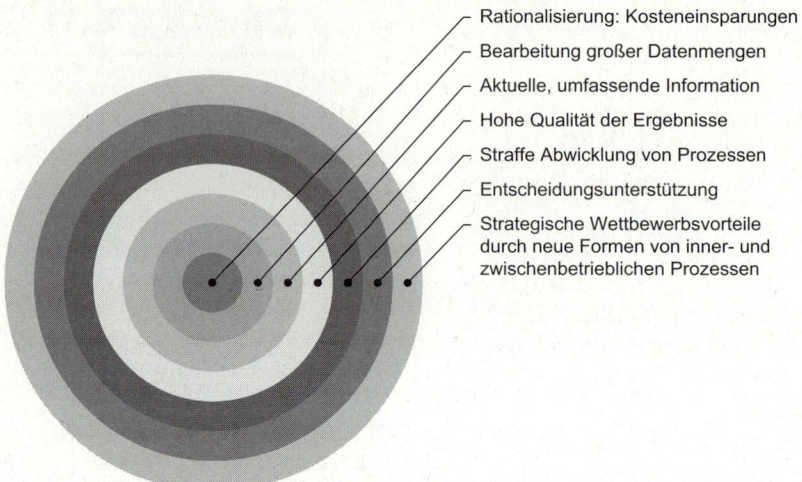

Rationalisierung: Kosteneinsparungen
Bearbeitung großer Datenmengen
Aktuelle, umfassende Information
Hohe Qualität der Ergebnisse
Straffe Abwicklung von Prozessen
Entscheidungsunterstützung
Strategische Wettbewerbsvorteile
durch neue Formen von inner- und
zwischenbetrieblichen Prozessen

Abb. 1.1.4/1: Ziel der Informationsverarbeitung ist es, zur Erreichung der gesamtbetrieblichen Ziele (Rentabilität usw.) beizutragen

nicht mehr mit den früheren bürotechnischen Hilfsmitteln in befriedigender Weise erledigen. Mit ihrer Automatisierung sind in der Regel eine *Beseitigung monotoner Routinetätigkeiten für die Mitarbeiter, die Ausschaltung zahlreicher, auf der menschlichen Unzulänglichkeit beruhender Fehlerquellen und eine straffere, kostengünstigere Abwicklung der Arbeitsvorgänge* verbunden.

Ein weiteres Ziel der rechnergestützten Informationsverarbeitung ist die *Beschaffung qualifizierter Unterlagen für unternehmerische Entscheidungen.* Da eine Analyse der anfallenden Daten durch den Computer wesentlich schneller und umfassender als mit konventionellen Methoden durchgeführt werden kann, ist es den Mitarbeitern möglich, ihre Entscheidungen schneller und besser auf die sich immer rascher wandelnde Bedingungslage auszurichten. So lassen sich zum Beispiel Markttrends früher als bisher erkennen, Planabweichungen umgehend korrigieren oder Maßnahmen bei sich ändernden Kundengewohnheiten rechtzeitig einleiten.

Insbesondere, wenn *umfangreiche und komplizierte Berechnungen in einem möglichst kurzen Zeitraum* auszuführen sind, ist der Rechner ein sehr hilfreiches (und oft das einzig mögliche) Werkzeug. Derartige Anwendungen finden sich vor allem im technisch-naturwissenschaftlichen Bereich (wie etwa die Kurskorrekturen bei der Raumfahrt), aber auch in der Wirtschaft werden Computer vielfach zur Lösung mathematisch formulierbarer Aufgabenstellungen eingesetzt. Denken Sie etwa an die Prognosen der Wirtschaftsforschungsinstitute, die die Entwicklung gesamtwirtschaftlicher Größen (Wirtschaftswachstum, Preisentwicklung, Arbeitslosenquote usw.) beinhalten. Sicherlich können Sie sich auch vorstellen, welcher enorme Rechenaufwand im einzelnen Unternehmen zu leisten ist, wenn laufend für Hunderte von Produkten Absatzvorhersagen durchgeführt werden, wenn die Wirtschaftlichkeit alternativer Investitionsvorhaben verglichen wird oder wenn die kostengünstigsten Transportmittel und -wege für die Warenverteilung im Markt gesucht werden. Zwar wären derartige Aufgaben prinzipiell auch manuell beziehungsweise ohne Informationstechnik lösbar, nur würde eine solche Arbeit Monate statt Stunden oder Minuten dauern, und die Ergebnisse wären dann oft überholt und damit nicht mehr brauchbar.

Durch die Übertragung aller generell zu regelnden Routinearbeiten auf Rechner und durch die umfassendere Information kann sich die Unternehmensführung auf die Bearbeitung und Entscheidung von Ausnahmefällen konzentrieren. Bei diesem *Management by Exception* erfordern nur noch Abweichungen und Störungen nicht planmäßig verlaufender Vorgänge das Eingreifen der Führungskräfte, wodurch diese Zeit für die Planung und die Entwicklung neuer Ideen gewinnen.

Vor allem außenwirksame Informationssysteme versprechen *strategische Wettbewerbsvorteile.* Durch den zwischenbetrieblichen Austausch elektronischer Geschäftsdokumente (Bestellungen, Rechnungen usw.) werden nicht nur Zeit und Kosten gespart, sondern auch die Marktpartner enger an das Unternehmen gebunden. Die Übernahme von Informationsverarbeitungsaufgaben der Kunden erhöht deren Abhängigkeit. Elektronische Märkte bieten beim Einkauf ein breites Angebot und günstige Preise durch viele, im Wettbewerb stehende Anbieter. Auf der Verkaufsseite erschließen sie ein größeres Marktpotential – und zwar sowohl bei Geschäftskunden als auch bei privaten Letztverbrauchern. Das Internet erlaubt die direkte Kommunikation mit potenziell Tausenden, Hunderttausenden oder Millionen Konsumenten, mit denen unter Umständen bisher noch keine oder nur sehr lose, gelegentliche Kontakte bestanden. Das eröffnet die Möglichkeit gezielter, individueller Marketingmaßnahmen und daraus resultierender zusätzlicher Gewinne. Durch die unmittelbare Rückkopplung lassen sich Produkte rasch und flexibel an individuelle Kundenwünsche anpassen. Besserer Service rund um die Uhr führt zu höherer Kundenzufriedenheit und Folgeaufträgen.

Hierzu seien zwei *Beispiele aus dem Servicebereich genannt,* die erst durch die Informationstechnik möglich geworden sind und die offensichtliche Wettbewerbsvorteile bringen:

1. Paketdienste haben ihren Kunden über das Internet den Zugang zu ihren internen Kundenauftragsverwaltungssystemen geöffnet. Dadurch können diese jederzeit von fast jedem Ort der Erde aus verfolgen, ob ihr aufgegebenes Paket schon zugestellt wurde, beziehungsweise wo es sich gerade auf dem Transportweg befindet. Speditionen bieten die gleichen Dienste an. Bei vielen Unternehmen der verschiedensten Branchen kann sich der Kunde auf diese Weise auch laufend über den Stand von Bestellungen erkundigen.

2. Weitere Kundendienstleistungen über das Internet sind beispielsweise die Präsentation von Servicestellen, Serviceleistungen und Ersatzteilen, die Bereitstellung von Antworten auf häufig gestellte Fragen (engl: frequently asked questions, abgekürzt: FAQ), die Information und Beratung der Kunden über E-Mail sowie das Angebot von Kundenzeitschriften, Diskussionsforen, Kundenbonusprogrammen, Produkt-

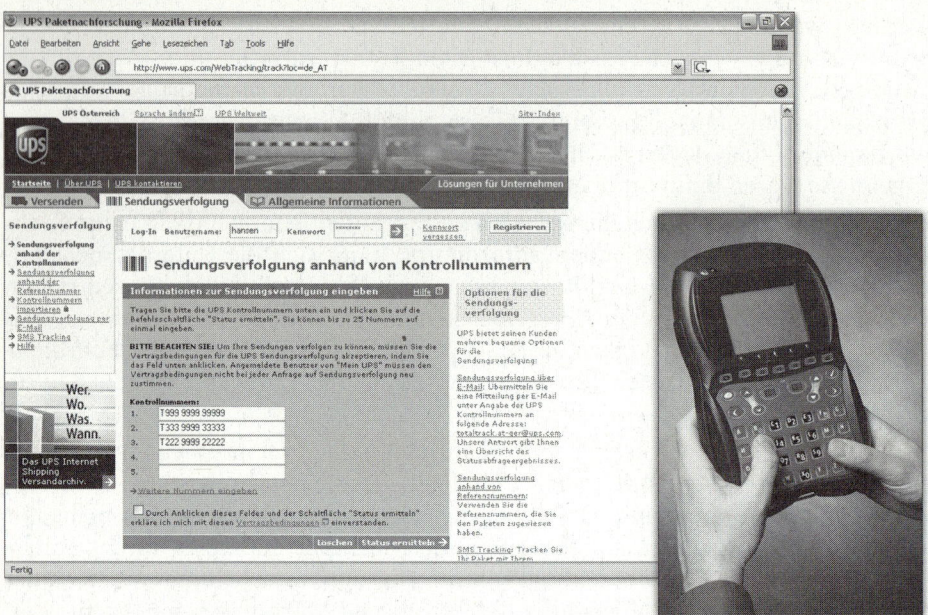

Abb. 1.1.4/2: Paketverfolgung über das Internet: bei der Auslieferung bestätigt der Empfänger mit seiner Unterschrift auf einem tragbaren Terminal die Übergabe

tests (zum Beispiel Lese- und Hörproben) und Downloads (zum Beispiel Produktbeschreibungen, Benutzerhandbücher, Fotos usw.). Bei Geräten und Programmen ist sogar eine Ferndiagnose und -wartung möglich.

Die Informationstechnik ist also eine *befähigende Technologie* (engl.: enabling technology), mit der sich nicht nur bestehende Abläufe schneller, besser und kostengünstiger gestalten lassen, sondern die neue Formen von inner- und zwischenbetrieblichen Prozessen ermöglicht und auf diese Weise neue Geschäftsfelder erschließt. Sie beschleunigt nicht nur, sondern revolutioniert den Weg, wie Mitarbeiter und Marktpartner miteinander kommunizieren, zusammenarbeiten und Geschäfte machen.

Vor allem die durch das Internet initiierte und geprägte *„New Economy"* hat alternative Kommunikations- und Distributionskanäle für etablierte Betriebe und Hunderttausende von Neugründungen eröffnet und unterschiedlichste innovative und phantasiegetragene Geschäftsmodelle hervorgebracht. Dass Phantasie allein nicht genügt und im Cyberspace die ökonomischen Gesetze nicht außer Kraft gesetzt sind, haben viele „Internet-Glücksritter" Anfang dieses Jahrzehnts schmerzlich erfahren müssen. Wenn auch die euphorischen Umsatz- und – vor allem – Gewinnerwartungen meist nicht erfüllt werden konnten und viele Newcomer von damals in die Krise geschlittert sind, hat sich doch innerhalb weniger Jahre ein gigantischer Markt mit enormen Wachstumschancen etabliert.

▶ Übungsaufgabe Nr. 1.1.6 im Arbeitsbuch

1.2 Aufbau und Arbeitsweise von Rechnern

Im Folgenden wird Ihnen der *grundlegende Aufbau und die Arbeitsweise von Rechnern* erklärt. Zunächst erfahren Sie, aus welchen *Hauptfunktionseinheiten* ein Computer besteht. Nach dieser relativ oberflächlichen Darstellung (die im Band 2 vertieft wird) werden die *Bauelemente (Chips)* von Rechnern behandelt. Weil hierauf später nicht mehr näher eingegangen wird, gehen diese Ausführungen etwas mehr in die Tiefe. Sodann wird erläutert, wodurch die *Leistung eines Rechners* bestimmt wird und welche *Rechnergruppen* üblicherweise in der Praxis unterschieden werden.

1.2.1 Hauptfunktionseinheiten

Ein Rechner besteht aus Funktionseinheiten

1. durch die Information von außen aufgenommen werden kann *(Eingabeeinheit)*,
2. durch die diese Information interpretiert, umgesetzt und aufbewahrt werden kann *(Zentraleinheit und externe Speicher)* und
3. durch die die verarbeitete Information wieder nach außen abgegeben werden kann *(Ausgabeeinheit)*.

Jeder der genannten Funktionseinheiten können in der Realität eine oder mehrere Baueinheiten entsprechen. Zum Beispiel kommen – wie sich aus der Abb. 1.2.1/2 ergibt – als eine Eingabeeinheit unter anderem folgende Geräte in

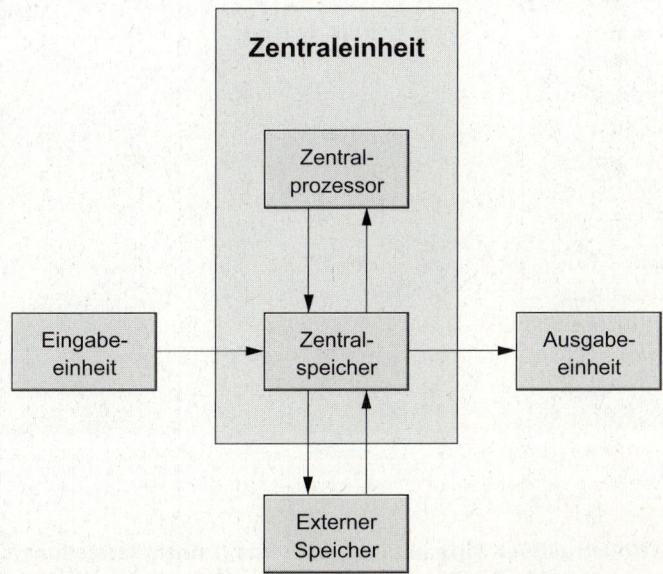

Abb. 1.2.1/1: Funktionaler Aufbau eines Rechners (Prinzipdarstellung)

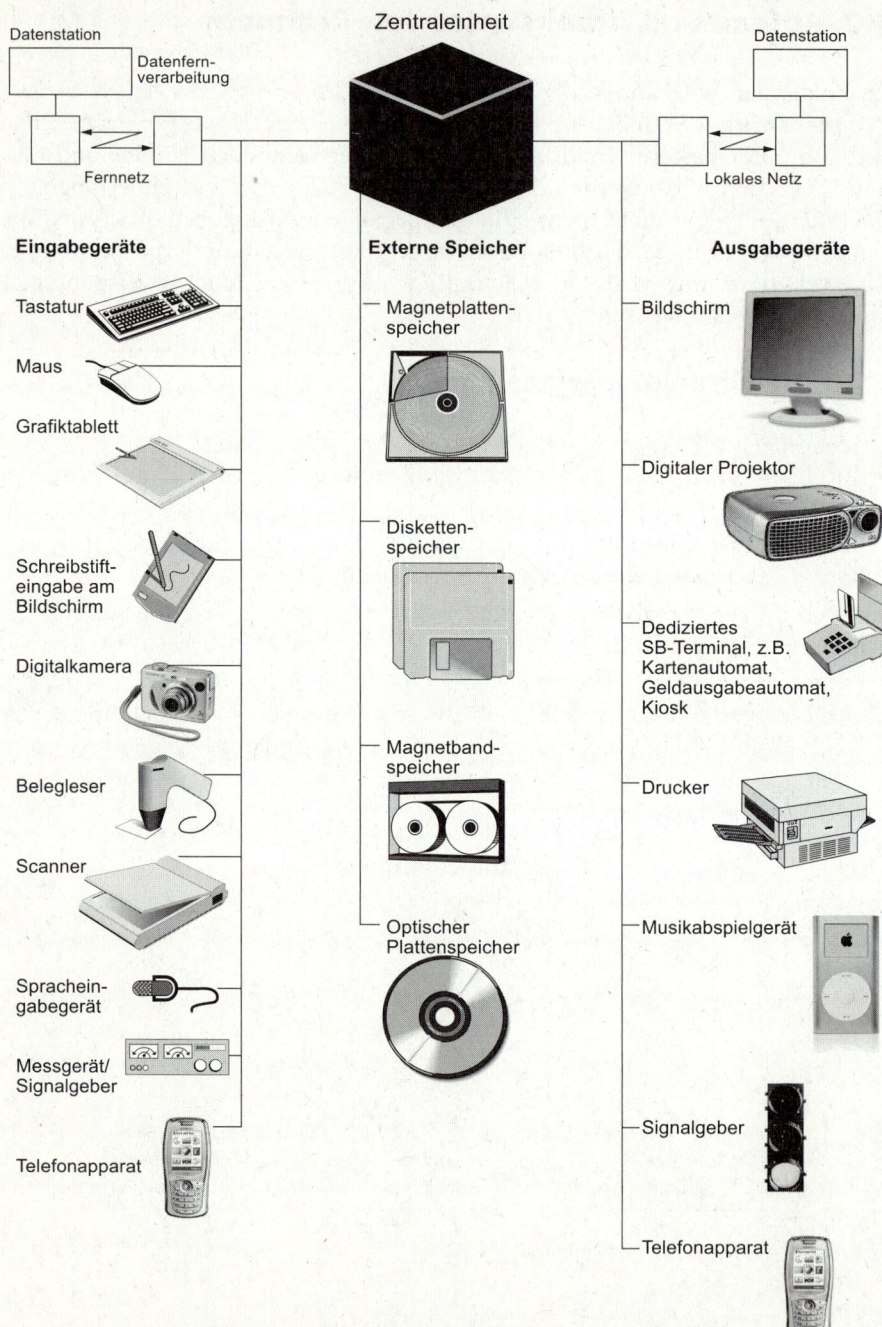

Zentraleinheit

Datenstation

Datenfernverarbeitung

Fernnetz

Datenstation

Lokales Netz

Eingabegeräte

Tastatur

Maus

Grafiktablett

Schreibstifteingabe am Bildschirm

Digitalkamera

Belegleser

Scanner

Spracheingabegerät

Messgerät/ Signalgeber

Telefonapparat

Externe Speicher

Magnetplattenspeicher

Diskettenspeicher

Magnetbandspeicher

Optischer Plattenspeicher

Ausgabegeräte

Bildschirm

Digitaler Projektor

Dediziertes SB-Terminal, z.B. Kartenautomat, Geldausgabeautomat, Kiosk

Drucker

Musikabspielgerät

Signalgeber

Telefonapparat

Abb. 1.2.1/2: Konstruktiver Aufbau eines Rechners (Prinzipdarstellung)

Betracht: Tastaturen, Zeigegeräte für Bildschirme (zum Beispiel Maus, Steuerstift, Steuerfeld, Steuerkugel, Steuerknüppel), Grafiktabletts, Karten- und Belegleser, Scanner (Bildabtaster), Kameras, Messgeräte (Sensoren), Spracheingabegeräte (Mikrofon, Telefon). Alle diese Geräte lassen sich einzeln oder zu mehreren in fast beliebiger Kombination für die Eingabe von Daten in einen Rechner verwenden. Wie diese und andere Eingabegeräte funktionieren, wird im Band 2, Kapitel 3 noch ausführlich erläutert.

Solche ausführlichen Funktionsbeschreibungen folgen später ebenfalls für die wichtigsten, in der Abb. 1.2.1/2 dargestellten Geräte, durch die Daten ausgegeben werden können (Ausgabegeräte). Auch die externen Speicher und die Baugruppen der Zentraleinheit werden an dieser Stelle nur in Grundzügen skizziert.

1.2.1.1 Zentraleinheit

Die **Zentraleinheit** (engl.: central unit) ist eine Funktionseinheit innerhalb eines Rechners, die einen oder mehrere Prozessoren und Zentralspeicher umfasst. Der **Zentralprozessor** (engl.: central processing unit; abgekürzt: **CPU**) steuert entsprechend den jeweiligen Programmen den Gesamtablauf der Informationsverarbeitung, koordiniert die beteiligten Funktionseinheiten und führt Rechenoperationen aus. Ein **Ein-/Ausgabeprozessor** steuert „in seinem Auftrag" eines oder mehrere Eingabe-, Ausgabe- oder externe Speichergeräte. Der **Zentralspeicher** enthält die auszuführenden Programme und die damit zu verarbeitenden Daten.

Diese *Komponenten sind durch Leitungen miteinander verbunden*, über die Information (Programmbefehle, zu verarbeitende Daten sowie Adress- und Kontrollangaben) mittels elektrischer oder optischer Signale übertragen wird. Dabei kann es sich um *spezielle Leitungen* zwischen und innerhalb der genannten Funktionseinheiten handeln, oder es können *Verbindungssysteme* vorhanden sein, *die von vielen Einheiten gemeinsam genutzt werden (so genannte Busse).*

Ein **Bus** (engl.: bus) ist ein Verbindungssystem, das von allen angeschlossenen Einheiten (Teilnehmern) gemeinsam genutzt wird.

Eine Zentraleinheit kann außer den oben genannten noch weitere Bestandteile enthalten. Dazu gehören die Stromversorgung und die Kühlung. Ferner sind vielfach Prozessoren für spezielle Zwecke vorhanden, beispielsweise für grafische Operationen.

Betrachten wir die Aufgaben eines Prozessors etwas genauer. Er besteht aus Leit- und Rechenwerk.

Ein **Leitwerk** (engl.: control unit), das auch häufig als **Steuerwerk** bezeichnet wird, sorgt für die Durchführung der einzelnen Befehle eines Programms. Es holt Befehle und Daten, entschlüsselt die Befehle, gibt die für ihre Ausführung erforderlichen digitalen Signale ab, übernimmt Verarbeitungsergebnisse und leitet diese gegebenenfalls an andere Funktionseinheiten weiter.

Die vom Leitwerk abgegebenen Signale lösen die im Rechner fest vorgesehenen *Maschinenoperationen* aus, deren eigentliche Ausführung im Rechenwerk erfolgt. Je nach Bauart wird ein Rechner durch etwa 50 bis zirka 750 verschiedene *Maschinenbefehle* (engl.: instruction) gesteuert. Diese lassen sich einteilen in

1. arithmetische Befehle
   (Addieren, Subtrahieren, Multiplizieren usw.),
2. logische Befehle
   (Vergleichen, Verknüpfen usw.),
3. Transportbefehle
   (Übertragen, Verschieben usw.) sowie
4. Ein- und Ausgabebefehle
   (Lesen, Schreiben usw.).

Der *Ablauf einer Maschinenoperation* (engl.: computer operation) erfolgt in der Regel in einer Folge von Schritten, in denen die vom Leitwerk abgegebenen Signale in einem elektrischen Schaltnetz logisch miteinander verknüpft werden, um bestimmte Strompfade zu aktivieren. Den zeitlichen Ablauf steuert ein *Taktgeber* (engl.: clock); das ist ein Pulsgenerator zur Synchronisierung von Operationen.

Ein **Rechenwerk** (engl.: arithmetical logical unit, abgekürzt: ALU) ist eine Funktionseinheit, die Rechenoperationen ausführt.

Hierzu gehören neben den arithmetischen Operationen auch Verknüpfungen nach den Regeln der Boole'schen Algebra, Vergleiche, Umformungs-, Verschiebe- und Rundungsoperationen und ähnliches mehr.

Leit- und Rechenwerk sind als materielle Gebilde (Baueinheiten) kaum gegeneinander abgrenzbar. Deshalb werden sie gemeinsam als *Prozessor* bezeichnet.

Ein **Prozessor** (engl.: processor) ist eine Funktionseinheit, die Leitwerk, Rechenwerk und Verbindungskomponenten umfasst.

Ein Prozessor kann auch mehrere Rechenwerke enthalten, die auf die Verarbeitung von unterschiedlich codierten Zahlen (Festkomma- und Gleitkommadarstellung; Näheres folgt) ausgelegt sein können. Durch die parallele Verarbeitung von Befehlen mit optimierten Rechenwerken ist eine erhebliche Leistungssteigerung möglich.

> Ein **Speicher** (engl.: storage; memory) ist eine Funktionseinheit eines Rechners, die Information aufnimmt, aufbewahrt und abgibt.

Ein in der Zentraleinheit enthaltener Speicher wird als *Zentralspeicher oder interner Speicher* bezeichnet. Der wichtigste interne Speicher ist der *Arbeitsspeicher,* der auch vielfach *Hauptspeicher* genannt wird.

Bei der Verarbeitung müssen sowohl das Programm, als auch die dafür notwendigen Daten im Arbeitsspeicher verfügbar sein. Während des Programmablaufes werden die Befehle und die Daten durch den Prozessor schrittweise geholt, interpretiert und verarbeitet. Die Ergebnisse dieser Verarbeitung werden wiederum vom Arbeitsspeicher (vorübergehend) aufgenommen.

> Der **Arbeitsspeicher** (engl.: main memory; working storage) ist ein vom Programm direkt adressierbarer Zentralspeicher, der aus Speicherzellen besteht, deren Inhalt jeder für sich entnommen und unmittelbar verarbeitet werden kann.

Der Arbeitsspeicher und die anderen internen Speicher, die wir im Kapitel 1 von Band 2 näher behandeln werden, arbeiten mit einem außerordentlich schnellen Zugriff. Ihr Fassungsvermögen ist jedoch aus technischen und Kostengründen begrenzt. Sie dienen während der Programmausführung zur Speicherung und werden im Allgemeinen nicht für eine dauerhafte Aufbewahrung von Information herangezogen. Diese Funktion übernehmen die externen Speicher.

> Ein **Zentralspeicher** (engl.: central storage; memory) ist ein Speicher innerhalb der Zentraleinheit. Typische Merkmale sind der unmittelbare Zugang durch den Prozessor, die vorübergehende Speicherung und der schnelle Zugriff.

1.2.1.2 Ein-/Ausgabesystem und Peripherie

> Jeder Speicher, der nicht Zentralspeicher ist, wird als **externer Speicher** (engl.: external storage) bezeichnet.

Externe Speicher sind langsamer (Zugriffsgeschwindigkeit), aber dafür billiger als Zentralspeicher, und sie verfügen oft über sehr große Speicherkapazitäten. Nicht unmittelbar benötigte Daten und Programme, die aus Platzgründen nicht ständig im Zentralspeicher stehen, werden extern gespeichert und können bei Bedarf in den internen Speicher übertragen werden. Die wichtigsten externen Speichermedien (Datenträger) sind Magnetplatten und optische Speicherplatten (zum Beispiel CDs und DVDs), deren Eigenschaften im Band 2, Kapitel 2 erläutert werden. Wegen ihrer hohen Kapazität bezeichnet man sie auch als Massenspeicher.

> Eine Funktionseinheit innerhalb eines Rechners, die nicht zur Zentraleinheit gehört, wird **periphere Einheit** (engl.: peripheral unit) genannt.

Dementsprechend werden externe Speicher auch als *periphere Speicher* (engl.: peripheral storage) bezeichnet.

▶ Übungsaufgabe Nr. 1.1.7 im Arbeitsbuch

Der Datenaustausch mit peripheren Geräten zur Eingabe (engl.: input) und Ausgabe (engl.: output) von Programmen und Daten wird in Rechnern meist durch selbstständige Funktionseinheiten gesteuert, die als *Ein-/Ausgabe-Prozessoren* bezeichnet werden.

> Ein **Ein-/Ausgabe-Prozessor** (engl.: input/output processor) ist eine Funktionseinheit innerhalb der Zentraleinheit, die das Übertragen von Information zwischen peripheren Einheiten und dem Arbeitsspeicher selbstständig steuert.

Ein-/Ausgabe-Prozessoren bewirken einen Ausgleich zwischen der extrem hohen internen Rechengeschwindigkeit der Zentraleinheit und den wesentlich langsameren Ein- beziehungsweise Ausgabeleistungen der (noch teilweise mechanisch arbeitenden) peripheren Geräte. Nachdem sie vom Leitwerk des Zentralprozessors durch ein Signal zur Eingabe oder Ausgabe aufgefordert wur-

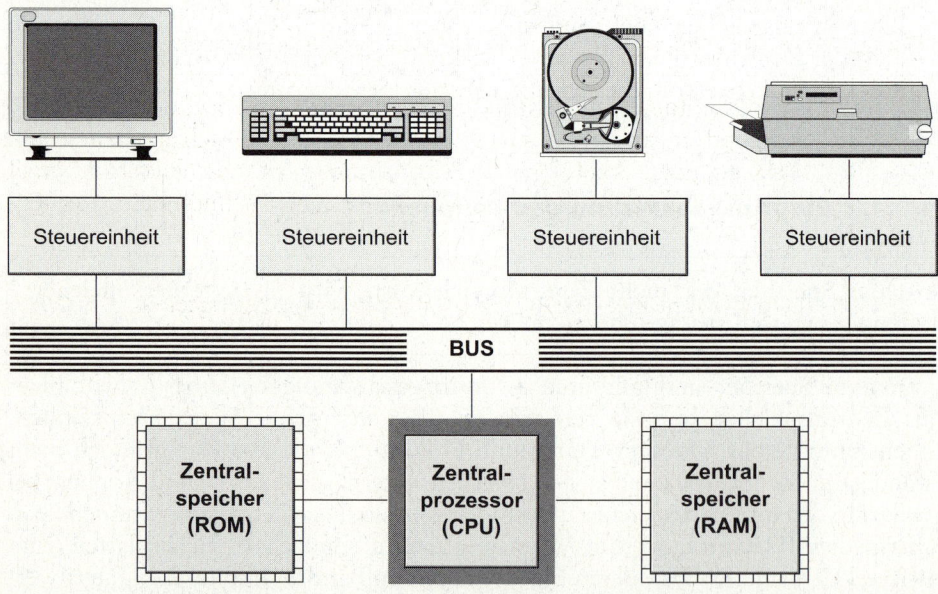

Abb. 1.2.1.2/1: Konstruktiver Aufbau eines Personalcomputers

den, sorgen sie für die Inbetriebsetzung der entsprechenden Ein- oder Ausgabe-
einheiten und die Abwicklung des Datenverkehrs. Währenddessen kann der
Zentralprozessor mit seinem Programm fortfahren.

Wir haben bereits erwähnt, dass jeder der hier beschriebenen Funktionseinheiten in der Realität eine oder mehrere Baueinheiten entsprechen können. Bei
mittleren und größeren Rechnern sind die Zentraleinheit und die Peripheriegeräte meist physisch getrennt. Bei einem PC sind hingegen die Komponenten der
Zentraleinheit und die Massenspeicher üblicherweise in ein *gemeinsames
Gehäuse* eingebaut, sodass die äußerliche Abgrenzung schwer fällt.

1.2.1.3 Mehrprozessorsysteme und Rechnernetze

Die kostengünstigsten Systeme (PDAs und PCs) verfügen in der Regel nur über
einen Zentralprozessor. Rechner, die viele Benutzer gleichzeitig bedienen müssen, haben dagegen oft mehrere Prozessoren, um den höheren Ansprüchen zu
genügen. Mehrprozessorsysteme der oberen Preisklassen sind vielfach *skalier-
bar;* das heißt, ihre Prozessorzahl kann bei wachsendem Bedarf bis zu einer pro-
duktspezifischen Höchstzahl nach und nach aufgestockt werden.

> In einem **Mehrprozessorsystem** (engl.: multi-processor system) arbeiten
> mehrere Zentralprozessoren zusammen. Es gibt Systeme, bei denen wenige
> (zwei bis 64) Prozessoren eng gekoppelt einen gemeinsamen Arbeitsspei-
> cher benutzen, und Systeme, bei denen einige oder viele Prozessoren lose
> gekoppelt über jeweils eigene Arbeitsspeicher verfügen. Von *massiv paralle-
> len Rechnern* spricht man, wenn eine große Zahl von Prozessoren (bis zu
> mehreren tausend) mit jeweils eigenem Arbeitsspeicher in einem dichten
> Netz mit individuellen, sehr schnellen Verbindungen gekoppelt ist.

In der Praxis dominieren noch stark die Rechner, die nur mit einem Zentralprozessor ausgestattet sind. Auf solche Rechner beziehen sich auch in erster
Linie die nachfolgenden Ausführungen. Zunehmend werden jedoch Rechner
lokal und/oder über größere Entfernungen hinweg zu Rechnernetzen verbunden.

> Unter einem **Rechnernetz** (engl.: computer network) verstehen wir ein
> räumlich verteiltes System von Rechnern, die durch Datenübertragungs-
> wege miteinander verbunden sind. Solche Netze können sich über ein
> begrenztes räumliches Gebiet, zum Beispiel ein Gebäude oder ein Werksge-
> lände, erstrecken (lokales Netz; engl.: local area network, abgekürzt:
> LAN). Rechnernetze können auch eine Stadt oder Region umfassen oder
> sie können sich auf den nationalen und internationalen Bereich bis hin zu
> weltweiten Verbindungen ausdehnen (durch die Kopplung diverser Netze
> mit eventuell Tausenden – im Fall des Internet sogar Millionen – von Rech-
> nern). Die Benutzer können beispielsweise Mitteilungen austauschen (Elek-

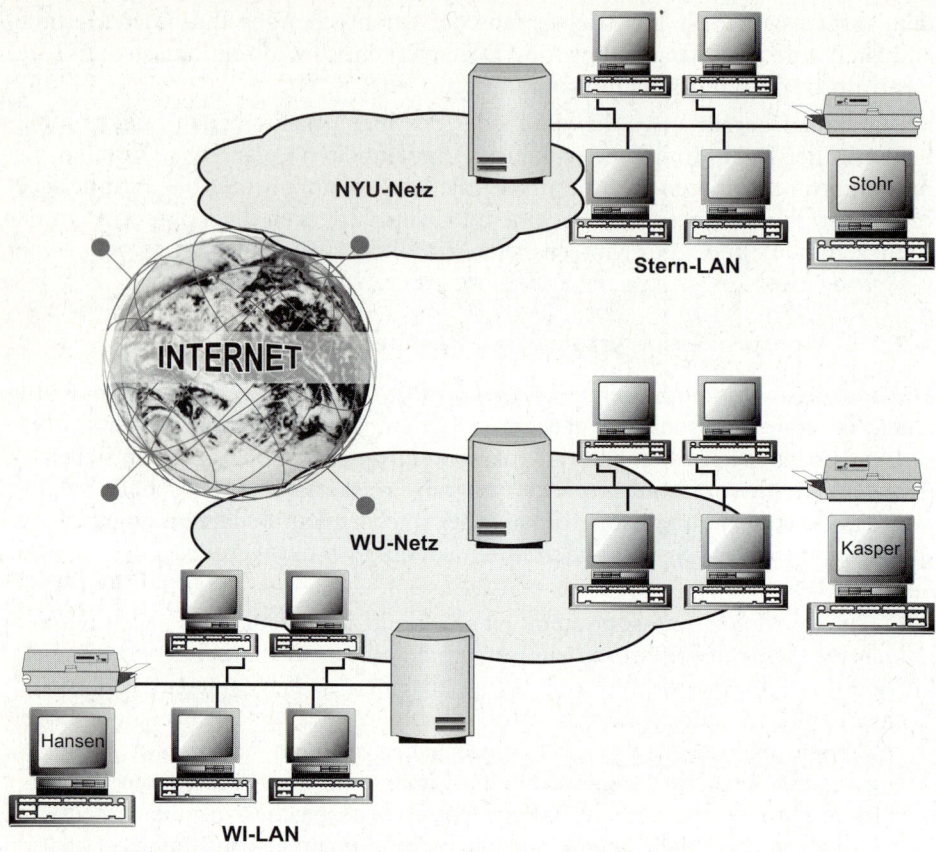

Abb. 1.2.1.3/1: Kopplung von lokalen Netzen im weltweiten Internet

tronische Post; engl.: e-mail) und Programme, Datenbestände sowie Gerätefunktionen räumlich entfernter Rechner verwenden.

Aus welchen Baueinheiten ein Rechner bei der Installation tatsächlich zusammengesetzt wird, hängt von den jeweiligen Einsatzbedingungen ab. Hierfür sind neben den geplanten Anwendungen vor allem Kostenüberlegungen maßgebend. Die Zusammenschaltung von mindestens einer Zentraleinheit mit den an diese angeschlossenen peripheren Geräten wird *Konfiguration* (engl.: configuration) genannt.

Als Sammelbegriff für die informationstechnischen Geräte hat sich bei uns das englische Wort **Hardware** durchgesetzt.

1.2.1.4 Software

> Als Sammelbegriff für Programme wird das Wort **Software** verwendet.

Man unterscheidet *Systemsoftware*, *Entwicklungssoftware* und *Anwendungssoftware*. Die *Systemsoftware* stellt die grundlegenden Dienste für andere Programme zur Verfügung und enthält unter anderem das *Betriebssystem* eines Rechners, zu dessen wichtigsten Funktionen die Ablaufsteuerung von Programmen gehört. Die *Entwicklungssoftware* setzt auf dem Betriebssystem auf und ermöglicht die Erstellung und Modifikation von jeder Form von Software. Die *Anwendungssoftware* bietet Lösungen für fachliche Probleme. Dazu gehören *technisch-wissenschaftliche Programme* (zum Beispiel für statische Berechnungen), *kommerzielle, auf allgemeine betriebliche Funktionen bezogene Programme* (zum Beispiel für die Finanzbuchhaltung) und *Branchenprogramme* (zum Beispiel für Lebensmittelfilialbetriebe).

Die unterschiedlichen Arten von Software werden in größerem Detail in den Kapiteln 2–6 dieses Bandes und in den Kapiteln 4 und 7 des zweiten Bandes beschrieben.

1.2.1.5 Zusammenfassung

Fassen wir die Ausführungen zu den Hauptfunktionseinheiten von Rechnern am *Beispiel eines Studierenden-PCs* zusammen, wie er heute an Hochschulen für PC-Arbeitsräume typisch ist (Anschaffung 2004 um zirka 2.500 Euro). Die Eingabe erfolgt über Tastatur und Maus. Als Ausgabegeräte dienen ein 17-Zoll-Flachbildschirm (das heißt, die Bilddiagonale beträgt 17 × 2,54 cm = 43,18 cm), Kopfhörer und ein über das lokale Netz von allen PCs ansprechbarer Laserdrucker, der bis zu 35 A4-Seiten pro Minute druckt. In der Systemeinheit sind eine Magnetplatte (Festplatte) mit einer Kapazität von 120 GB und ein CD-RW/DVD-Laufwerk integriert. Ferner können über das LAN gemeinsam genutzte Rechner (Server) angesprochen werden, die Internet-Dienste (E-Mail, Informationssuche usw.) und Datensicherungsmöglichkeiten bieten.

Der Zentralprozessor ist ein mit 3,2 GHz getakteter Pentium-4-Chip, der von Steuereinheiten für die vorhandenen Peripheriegeräte und den Netzwerkanschluss unterstützt wird. Diese sind entweder durch integrierte Chips auf der Hauptplatine oder in Form von Einsteckkarten realisiert, auf denen sich die Ein-/Ausgabeprozessoren befinden. Dazu gehören beispielsweise der Videoprozessor auf der Bildschirmkarte (= Grafikkarte), der Audioprozessor auf der Soundkarte, der Kommunikationsprozessor auf der LAN-Karte usw. Der Arbeitsspeicher hat eine Kapazität von 1.024 MB.

Dieser PC wird uns in weiterer Folge immer wieder als *Demonstrationsbeispiel* dienen, wenn es um die Hardware geht. Seien Sie nicht beunruhigt, wenn Sie mit den Leistungs- und Kapazitätsangaben noch nicht viel anfangen können. Taktraten, Bits und Bytes, RAM und ROM werden in dem folgenden Abschnitt über Computerchips erklärt.

▶ Übungsaufgaben Nr. 1.1.8 bis 1.1.11 im Arbeitsbuch

Die Wissenschaft, die sich mit dem Aufbau von Rechnern und ihrer Programmierung befasst, heißt **Informatik** (engl.: computer science).

1.2.2 Bauelemente (Chips)

Werfen Sie einen Blick auf die „Innereien" eines Personalcomputers. Die Abb. 1.2.2/1 zeigt seine Komponenten, die in der Folge erläutert werden.

Die auf die Hauptplatine (engl.: motherboard) und die Einschubkarten aufgesteckten, kleinen viereckigen Gehäuse enthalten jeweils ein Siliziumplättchen, ein so genannter *Chip*, von nur wenigen Millimetern Kantenlänge. Der Chip ist durch hauchdünne Golddrähte an die nach außen führenden Leitungen (die „Beinchen") angeschlossen. Durch die Rückwandverdrahtung der Platinen sind die Baugruppen miteinander verbunden.

Ein **Chip** (engl.: chip) ist ein Halbleiterplättchen (meist aus Silizium) von bis zu 500 mm² Fläche und wenigen Zehntel mm Dicke, das Tausende bis Millionen von elektronischen Bauelementen (Widerstände, Dioden und Transistoren) für Logik- (Verknüpfungs-) und/oder Speicherfunktionen enthält.

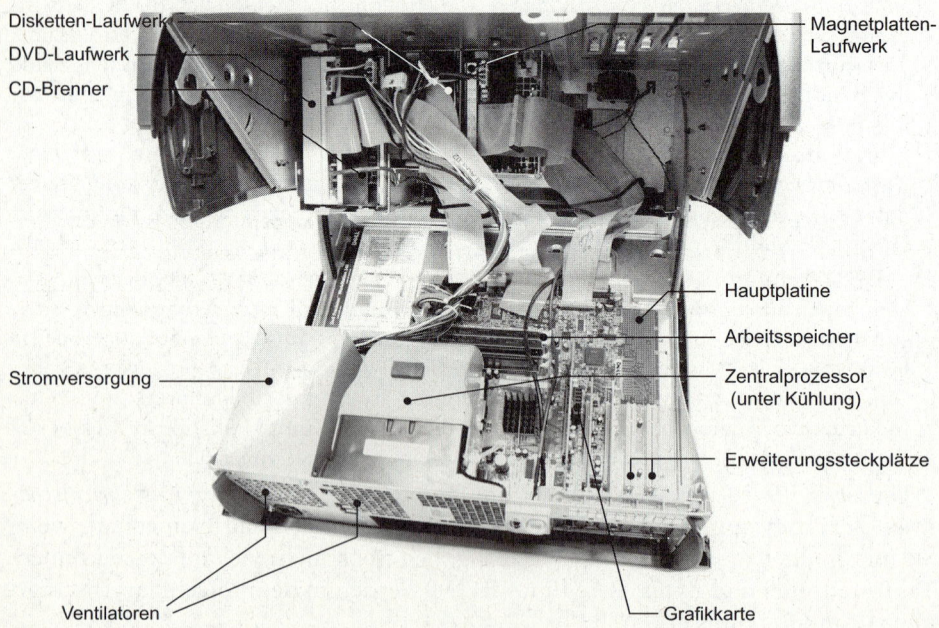

Abb. 1.2.2/1: „Innereien" eines Personalcomputers

Abb. 1.2.2/2: Mikrofotografie eines Chips und Chip in Originalgröße (unten rechts)

1.2.2.1 Chipherstellung

Rohstoff ist gereinigter Quarzsand (Silizium), der bei Temperaturen von über 1.400 °C verflüssigt wird. In das geschmolzene Silizium taucht man einen bleistiftgroßen Kristallisationskern aus Silizium. Beim Herausziehen bleibt daran eine Flüssigkeitsschicht haften, die sich erhärtet und einen Kristallstab bildet. Der Durchmesser (20 cm oder 30 cm) dieses zirka zwei Meter langen Stabes hängt von der Temperatur des Siliziums und der Geschwindigkeit ab, mit der der „Kern" herausgezogen wird. Nach dem Abkühlen wird dieser superreine, monokristalline Siliziumstab in dünne Scheiben, die so genannten *Wafer* (engl.: wafer), zersägt. Ein polierter Wafer ist nur noch einige Zehntel Millimeter dick und bietet Platz für mehrere hundert oder tausend Chips (je nach Abmessungen des Wafers und der Chips). Das Aufbringen der einzelnen mikroelektronischen Schaltungen auf der Oberfläche der Wafer geschieht in einem komplexen wochenlangen Prozess, der mehrere hundert Arbeitsschritte erfordert.

Ausgangspunkt ist der durch Spezialprogramme unterstützte *Entwurf einer monolithischen Schaltung*. Der dabei erzeugte *Lageplan* zeigt die Aufteilung der Elemente und Verbindungen auf mehreren Ebenen und bildet die Grundlage für die *Maskenherstellung*. Jede Maske eines Maskensatzes besteht aus einer Glas-

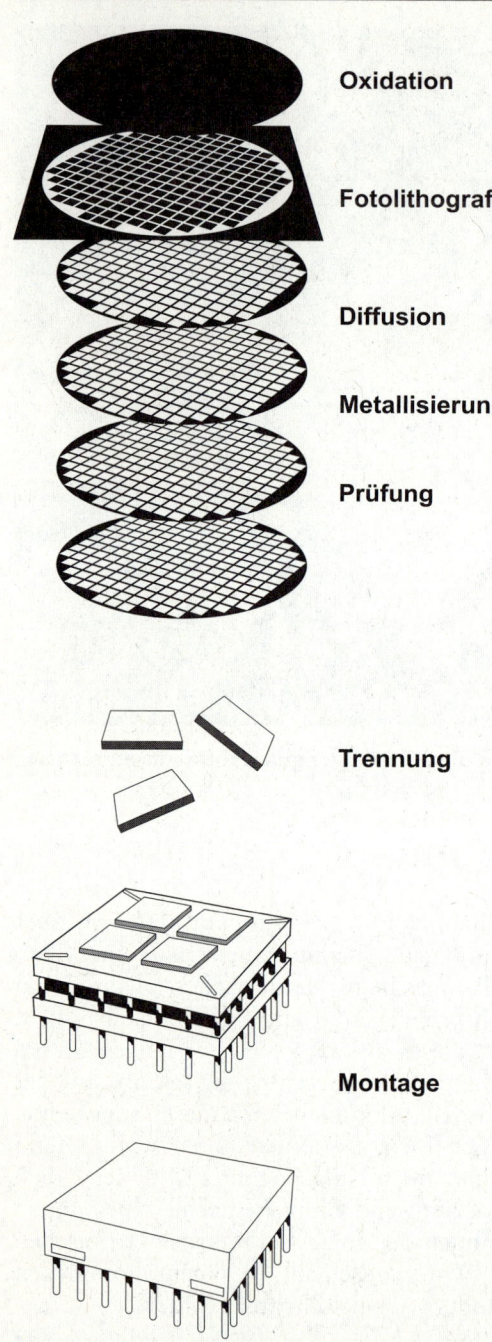

Oxidation

Fotolithografie

Diffusion

Metallisierung

Prüfung

Trennung

Montage

Abb. 1.2.2.1/1: Stufen bei der Herstellung von Rechnerbauelementen

oder Quarzplatte mit einer Metallschicht (Silber oder Chrom), in die die Schaltungsstrukturen einer Ebene (Chipschicht) eingeätzt sind. Bei der *Herstellung der Chips* (siehe Abb. 1.2.2.1/1) wird die Maskenstruktur durch fotolithografische Verfahren auf einer mit Oxid und Fotolack überzogenen Halbleiter-Kristallscheibe aufgebracht. Der Überzug aus Fotolack wird durch die Maske hindurch mit Laserlicht belichtet, wodurch er an den belichteten Stellen aushärtet und die darunter liegende Oxidschicht schützt. An den unbelichteten Stellen werden der Fotolack und die darunter liegende Oxidschicht weggeätzt, um die zur weiteren Bearbeitung vorgesehenen Bereiche der Kristalloberfläche freizulegen. Durch gezielte Dotierung (Diffusion mit Fremdatomen oder Ionenimplantation) wird in diesen freigelegten Bereichen die Leitfähigkeit verändert, wodurch Dioden, Transistoren und Widerstände hergestellt werden können. Zur Verbindung der einzelnen Bauelemente durch Leiterbahnen wird eine Metallschicht (Aluminium, Kupfer) aufgedampft und anschließend mit Hilfe der Masken fotolithografisch strukturiert. Diese Prozessschritte Maskieren, Dotieren und Metallisieren müssen bis zu 40mal wiederholt werden, um die Chipstrukturen in bis zu zehn extrem dünnen Schichten aufzubauen. Die kleinsten derzeit erzeugten Linienbreiten betragen 90 Nanometer (Milliardstel Meter), ab 2005/06 wird mit 65-

Nanometer-Strukturen gerechnet. Das ist tausend Mal dünner als ein menschliches Haar.

Die abschließenden Herstellungsschritte sind die *Prüfung, Trennung* (Zerschneiden des Wafers mit einer Diamantsäge) und *Montage* der Chips. Die einwandfreien Chips werden auf einen Träger geklebt oder gelötet, und die Kontaktpunkte werden durch haarfeine Drähte mit den Anschlüssen des Gehäuses verbunden. Das können zum Beispiel Plastik- und Keramikgehäuse für Einzelchips, Plastikkarten, Baugruppen auf Leiterplatten (Platinen) und Vielschicht-Keramikträger sein.

Auf der untersten Schicht eines Chips sind die *Transistoren* integriert. Sie dienen zum Aufbau von *Schaltern,* die durch elektrische Impulse aus- oder eingeschaltet werden. Die Schaltzustände lassen sich durch die Binärzeichen 1 (Schalter offen) und 0 (Schalter geschlossen) kennzeichnen.

Ein **Binärzeichen** oder **Bit** (Synonyme; engl.: binary digit; bit) ist jedes der Zeichen aus einem Zeichenvorrat von zwei Zeichen. Zur *Darstellung der Bits* können *beliebige Zeichen* benutzt werden; wir verwenden die Zeichen 0 (binäre Null) und 1 (binäre Eins).

Sämtliche Daten und Programme werden bei der rechnerinternen Verarbeitung durch Folgen von Bits repräsentiert. In der kommerziellen Informationsverarbeitung ist es üblich, einzelne Buchstaben durch Gruppen von acht Bits, so genannte *Bytes* (engl.: byte), darzustellen. In einem verbreiteten Rechnercode entspricht zum Beispiel dem Buchstaben „n" die Bitfolge 01101110.

▶ Übungsaufgabe Nr. 1.1.12 im Arbeitsbuch

Die Abb. 1.2.2.1/3 zeigt einen mit dem Rasterelektronenmikroskop aufgenommenen Chipausschnitt.

Durch technische Fortschritte wird der *Integrationsgrad von Chips* laufend erhöht. Das heißt, die Hersteller können immer mehr Schaltelemente auf den Halbleiterplättchen unterbringen. Ende der 1950er Jahre hatten Chips bis zu 200 Transistoren, 2005 werden integrierte Schaltungen mit einer Milliarde Transistoren produziert. Der Mitbegründer des führenden IC-Herstellers Intel, Gordon Moore, hat bereits 1965 vorhergesagt, dass die Zahl der Transistoren auf einem Chip alle zwei Jahre verdoppelt werden kann. Obwohl von Experten immer wieder physikalische Grenzen der Miniaturisierung prognostiziert wurden, hat das *„Mooresche Gesetz"* bisher Gültigkeit behalten.

Grob kann man bei *Halbleiterbausteinen* in Standard- und anwendungsspezifische Chips beziehungsweise in Speicher- und Prozessorchips unterscheiden.

**Abb. 1.2.2.1/2:
Wafer, auf dem
mit fotolithogra-
fischen Verfahren
Hunderte von
Chips aufge-
bracht worden
sind**

**Abb. 1.2.2.1/3:
Mit dem Raster-
elektronenmikro-
skop aufgenom-
mener Chipaus-
schnitt**

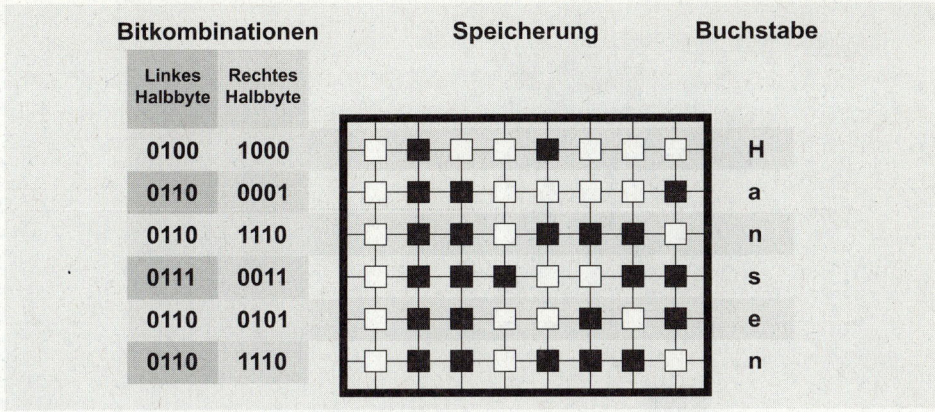

Abb. 1.2.2.1/4: Rechnerinterne Zeichendarstellung (ASCII-Code)

1.2.2.2 Standard- und anwendungsspezifische Chips

> **Standardchips** (engl.: standard chip) werden für einen breiten Markt produziert und beinhalten integrierte Schaltungen für häufig vorkommende, von vielen Geräteherstellern beziehungsweise -verwendern gleichermaßen benötigte Funktionen. **Anwendungsspezifische Chips** (engl.: application specific chip; application specific integrated circuit, abgekürzt: ASIC) werden auf die speziellen Bedürfnisse einzelner Kunden(gruppen) beziehungsweise Anwendungen ausgelegt.

Die *Entwicklung anwendungsspezifischer Chips* ist aufwändig und in der Regel erst ab einer gewissen Stückzahl wirtschaftlich. Die Kunden für solche Chips kommen aus den verschiedensten Bereichen, von der Unterhaltungs- und Haushaltselektronik bis hin zur Nachrichtentechnik und dem Verkehrswesen. Etwa die Hälfte der Chipproduktion wird für Rechner und Peripheriegeräte verwendet.

Während bei individuell entworfenen, *kundenspezifischen (engl.: full custom) Chips* die Schaltungen auf niedrigstem Niveau, auf Transistorebene, entworfen werden, greift man bei den so genannten *teilkundenspezifischen (engl.: semi custom) Chips* auf vorgefertigte beziehungsweise vorentwickelte Schaltungsteile zurück. Dadurch können Chips auch in verhältnismäßig kleinen Auflagen rasch und kostengünstig für spezielle Einsatzzwecke produziert werden.

▶ Übungsaufgabe Nr. 1.1.13 im Arbeitsbuch

Das bekannteste Verfahren für den Entwurf von teilkundenspezifischen Schaltungen ist die *Gate-Array-Technik*. Dabei werden Wafer verwendet, auf denen bereits unverbundene Transistorstrukturen (so genannte *Gatter*) in regel-

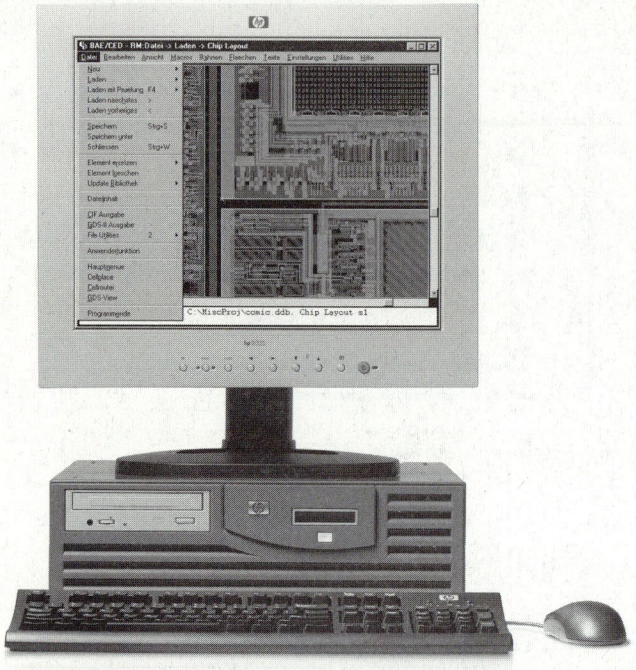

Abb. 1.2.2.2/1:
CAD-System für den Entwurf integrierter Schaltungen (CAD ist die Abkürzung für engl.: computer aided design)

mäßiger fester Anordnung in Form einer Matrix und eine feste Anzahl von Anschlüssen aufgebracht worden sind. Der Schaltungsentwickler individualisiert die *Gatter-Matrix* (engl.: gate array) zu einer anwendungsbezogenen Schaltung, indem durch Aufruf vorentworfener Logikzellen die Transistorstrukturen zu logischen Funktionen verschaltet und dann zu einer vollständigen Schaltung verbunden werden. ASICs erreichen einen Integrationsgrad von einigen zehntausend Gatterfunktionen.

Ein *Gatter* (Synonym: Schaltglied; engl.: gate) ist eine im gegebenen Zusammenhang nicht weiter teilbare Funktionseinheit zur Verarbeitung (Speicherung und/oder Verknüpfung) von Bits. Aus solchen elementaren Funktionseinheiten, wie zum Beispiel Zählern oder Addierwerken, sind die Hauptfunktionseinheiten eines Rechners aufgebaut.

1.2.2.3 Speicherchips

Speicherchips (engl.: storage chip; memory chip) kann man grob einteilen in Bausteine für

- **Schreib-/Lesespeicher**, so genannte **RAM** (Abkürzung für engl.: random access memory),

- **Nur-Lesespeicher** beziehungsweise **Fest(wert)speicher**, so genannte **ROM** (Abkürzung für engl.: read only memory), bei denen man einige Varianten (FROM, PROM, EPROM, EEPROM, Flash) danach unterscheidet, ob der beliebig oft lesbare Inhalt irreversibel oder reversibel geschrieben wird und auf welche Weise dies geschieht.

Ein **Schreib-/Lesespeicher** oder **RAM** ist ein Speicher, bei dem jede einzelne Speicherstelle über ihre fest zugeordnete Adresse beliebig oft gelesen oder beschrieben (und damit auch gelöscht) werden kann. Er heißt deshalb auch Speicher mit wahlfreiem Zugriff. Die Zugriffszeit ist für alle Speicherstellen in etwa gleich lang.

Schreib-/Lesespeicher, die aus Chips aufgebaut sind, verlieren bei Ausfall der Betriebsspannung die gespeicherte Information (flüchtige Speicher).[1] Bei jedem Einschaltvorgang muss der Inhalt neu geladen werden. Es gibt zwei grundlegende Typen von RAM, die sich hinsichtlich der Technik der Datenhaltung unterscheiden:

1. DRAM *(Abkürzung von engl.: dynamic RAM)*
Das Wort „dynamisch" deutet darauf hin, dass der Speicher die Information nur einige Millisekunden halten kann, so dass er ständig aufgefrischt (engl.: refresh), werden muss. Das Wiederaufladen erfolgt durch einen Lesezugriff, in dem der Inhalt der Speicherzelle gelesen, verstärkt und erneut geschrieben wird. Eine DRAM-Speicherzelle ist sehr einfach aufgebaut: sie besteht aus nur einem Transistorschalter und einem die Information speichernden Kondensator. Dadurch benötigen die Speicherzellen sehr wenig Chipfläche, was höhere Packungsdichten und einen geringeren Stromverbrauch als bei statischen Speichern ermöglicht.

Der Arbeitsspeicher, in dem die aktuell bearbeiteten Daten und Programme stehen, besteht aus DRAM-Chips. Auch in viele Peripheriegeräte, wie zum Beispiel Drucker, sind solche Speicher integriert. DRAM-Chips gibt es in vielen Varianten (zum Beispiel SDRAM, DDR-SDRAM, SDR-SDRAM, Mobile SDRAM, RDRAM), auf die später eingegangen wird (Band 2, Kapitel 1).

2. SRAM *(Abkürzung von engl.: static RAM)*
Statisches RAM muss nicht aufgefrischt werden und erlaubt dadurch wesentlich kürzere Zugriffszeiten als DRAM. Als elementare Speicherzelle dient ein *Flipflop* (deutsch: bistabiles Kippglied), das aus mindestens sechs Transistoren besteht. Seine wesentliche Aufgabe ist die Wandlung von elek-

---

[1] Bitte beachten Sie, dass es auch nichtflüchtige Schreib-/Lesespeicher gibt, zum Beispiel Disketten oder Magnetplatten. Bei diesen sind die Zugriffszeiten jedoch um mehrere Zehnerpotenzen höher.

trischen Impulsen in Dauersignale. Das heißt, ein Flipflop kann zwei stabile Zustände annehmen, die nur durch äußere Einflüsse (Setz- beziehungsweise Rücksetzimpulse) änderbar sind. Der gespeicherte Wert ist am Ausgang des Flipflops abfragbar. Nachteilig sind die im Vergleich zu DRAMs teurere Herstellung und der größere Energieverbrauch. Die dadurch erzeugte Wärme muss abgeführt werden.

Wegen der hohen Zugriffsgeschwindigkeit werden SRAMs typischerweise in Cache-Speichern verwendet (Näheres im Abschnitt 1.2.3.2). Sie kommen auch in Mobiltelefonen, Kopplungseinheiten von Rechnernetzen und Industriegeräten zum Einsatz.

Im IT-Sprachgebrauch hat es sich eingebürgert, *Kapazitätswerte* durch das

- Tausendfache (griech.: Kilo, abgekürzt: K), genau: $2^{10} = 1.024$,
- Millionenfache (griech.: Mega, abgekürzt: M), genau: $1.024 \text{ K} = 2^{20}$ $= 1.048.576$,
- Milliardenfache (griech.: Giga, abgekürzt: G), genau: $1.024 \text{ M} = 2^{30}$ $= 1.073.741.824$,
- Billionenfache (griech.: Tera, abgekürzt: T), genau: $1.024 \text{ G} = 2^{40}$ $= 1.099.511.627.776$

einer Einheit auszudrücken. Üblicherweise ist diese Einheit bei *Speicherchips* das *Bit* (abgekürzt: b), bei *Speichermodulen, internen und externen Speichern* das *Byte* (abgekürzt: B). Um Verwechslungen zu vermeiden, verzichten wir bei der Angabe von Bits auf die Abkürzung, schreiben also Kbit, Mbit und Gbit.

Durch die heutige Technik sind zum *Beispiel* bereits *2- und 4-GB-DRAM-Speichermodule* in der Massenfertigung, die aus *64-, 128-, 256- oder 512-Mbit-Chips* aufgebaut sind. Die Speicherkapazität eines *512-Mbit-Chips* entspricht einem Schreibmaschinentext von ungefähr *33.500 Seiten* oder einer Audioaufnahme von über *45 Minuten* in Stereoqualität. Die Daten können mit einer Zugriffszeit von unter 50 Nanosekunden gelesen und geschrieben werden (eine Nanosekunde, abgekürzt ns, ist eine Milliardstel Sekunde). 1-Gbit- und 4-Gbit-DRAM-Chips wurden bereits 1999 und 2001 als Labormuster vorgestellt, die Produktionsaufnahme ist jedoch frühestens 2005/06 zu erwarten.

SRAM-Chips haben derzeit typische Speicherkapazitäten von 4 – 32 Mbit. Die leistungsfähigsten Produkte erreichen 128 Mbit.

Bei unserem *Beispiel-PC* werden für den Arbeitsspeicher DRAM-Chips mit einer Kapazität von 128 Mbit verwendet. Dieser kann je nach Anwenderwunsch mit Kapazitäten von 128 MB bis zwei GB geliefert werden. Die Preisdifferenz beträgt dadurch 1.500 Euro. Dementsprechend wird bei der Minimalausbaustufe ein Modul mit acht (mit Prüfbit: neun), in der höchsten Ausbaustufe ein Modul mit 128 DRAM-Chips verwendet. Für den Arbeitsspeicherausbau gibt es vier Steckplätze für Speichermodule.

Beim Kauf eines Personalcomputers bei einem Discounter ist vielfach nicht dokumentiert, welche Speicherchips verwendet werden. Grundsätzlich kann Ihnen das auch egal sein, weil beim Betrieb nur Leistung, Kapazität und Zuverlässigkeit der Rechnerkomponenten, nicht aber die zugrunde liegenden Technologien zählen. Vermeiden Sie auf jeden Fall, sich bezüglich des Arbeitsspeichers an den von den Softwareherstellern angegebenen Minimalerfordernissen zu orientieren, da sonst beim Betrieb oft unerfreuliche Engpässe beziehungsweise Verzögerungen auftreten. Eine gute Faustregel ist es, für das Betriebssystem und die meisten Standardanwendungsprogramme von einem doppelt so hohen Kapazitätsbedarf auszugehen wie vom Hersteller als Minimalerfordernis angegeben. Berücksichtigen Sie, dass Sie beim Mehrprogrammbetrieb mehrere Programme gleichzeitig im Arbeitsspeicher halten wollen!

Achten Sie auch darauf, dass der Arbeitsspeicher Ihres PCs sukzessive entsprechend dem zunehmenden Aufgabenumfang ausgebaut werden kann. Erfahrungsgemäß brauchen Sie im Lauf der Nutzungszeit weit mehr Kapazität, als Sie sich beim Kauf vorstellen konnten. Hierfür sollte es nach Möglichkeit ausreichend viele freie Steckplätze auf der Hauptplatine geben, damit Ihnen die zusätzliche Kapazität voll zugute kommt. Bei tragbaren Rechnern ist der Speicherausbau oft nur durch den Austausch der vorhandenen durch Chips mit höherer Kapazität möglich. Damit geht Ihnen wertvolle Kapazität verloren; die alten Chips können Sie in diesem Rechner nicht mehr verwenden.

Ein **Festwertspeicher** (Synonym: **Festspeicher**) oder **ROM** ist ein Speicher, der während des normalen Speicherbetriebs nur gelesen werden kann. Die gespeicherte Information ist entweder unveränderbar oder die Änderung bedarf einer speziellen Operation (im Gegensatz zum RAM, bei dem die Daten beim Lesen verändert werden können). *ROM-Halbleiterspeicher sind sämtlich nichtflüchtige Speicher*, ihr Inhalt bleibt somit auch bei Stromausfall beziehungsweise -abschaltung erhalten. Das Auslesen von ROM-Chips dauert in der Regel länger als das von RAM-Chips.

Bei einem *irreversiblen Festwertspeicher* wird der Inhalt einmalig für immer fixiert und kann danach nur noch (beliebig oft) ausgelesen werden. Dies geschieht im Herstellerwerk nach den Kundenwünschen durch eine so genannte *Maskenprogrammierung* (engl.: *factory ROM, FROM*) oder beim Anwender mit Hilfe spezieller Programmiergeräte (engl.: *programmable ROM, PROM*) durch „Einbrennen" der Schaltwege mit kurzen, kräftigen Stromstößen. Bei einem *reversiblen Festwertspeicher* kann der Inhalt beim Anwender gelöscht und einige Male neu programmiert werden (engl.: *erasable PROM, EPROM*). Der Löschvorgang erfolgt üblicherweise durch eine Bestrahlung mit ultraviolettem Licht. Für das Löschen und das erneute Programmieren eines EPROM ist meistens eine Demontage des Gerätes unumgänglich.

Letzterer Nachteil entfällt, wenn nicht nur die Programmierung, sondern auch das Löschen durch elektrische Impulse erfolgt (*EEPROM oder E²PROM*).[2] Für Änderungen ist keine spezielle Einrichtung erforderlich;

---

[2] Der Unterschied zu RAM-Chips besteht darin, dass bei diesen die gespeicherte Information beliebig oft gelöscht werden kann (bei EEPROM-Chips nur einige Male).

der Chip kann an Ort und Stelle neu beschrieben werden. Um einen bestimmten Speicherbereich zu verändern, muss nicht der gesamte Chip gelöscht werden.

Ein *Flash-Speicher* ist ein spezieller EEPROM-Typ, dessen Inhalt durch Anlegen eines elektrischen Feldes ganz oder in bestimmten Bereichen, so genannten Blöcken (meist 512 Bytes), auf einmal beschrieben/gelöscht werden kann. Dadurch sind Flash-Chips wesentlich schneller als herkömmliche EEPROM-Chips, die sich nur byteweise verändern lassen. Flash-Speicherchips gibt es derzeit mit Kapazitäten von 4 Mbit bis 2 Gbit, die in Einheiten von bis zu 8 Gbit gepackt werden. Beim heutigen Technologiestand können Flash-Chips bis zu 100.000 Mal wiederbeschrieben werden, die gespeicherten Daten halten bis zu 100 Jahre lang ohne Stromzufuhr.

Festwertspeicher haben den *Vorteil*, dass die darin gespeicherten Daten unmittelbar nach dem Anschalten des Geräts verfügbar sind. Sie werden häufig zur Speicherung des Betriebssystems von Gerätesteuerungen (beispielsweise von Waschmaschinen und DVD-Playern) oder von Mobiltelefonen verwendet.

Bei *PCs* ist im ROM das *grundlegende Ein- und Ausgabesystem (BIOS;* Abkürzung für engl.: basic input output system) gespeichert, das beim Einschalten das Betriebssystem von der Festplatte in der Arbeitsspeicher lädt. Auch die Software zur Ansteuerung der Energiesparprogramme, zur Konfiguration von Adaptern von Peripheriegeräten (beispielsweise ATA/IDE) oder für die Implementierung von Zugangsschutz ist im ROM integriert.

In den 1990er Jahren betrugen die typischen Festwertspeicherkapazitäten von Personalcomputern einige Kbit. Heute sind einige Mbit üblich.

Bei unserem *Beispiel-PC* ist ein Flash-Chip mit einer Kapazität von 4 Mbit auf der Hauptplatine (Intel 865G Chipsatz) eingebaut. Ein einzelner 4-Mbit-Flash-Speicherchip kostet bei Abnahme einer großen Stückzahl derzeit (2004) zirka fünf Euro. Für die Hauptplatine (engl.: motherboard) unseres Beispiel-PCs werden im Einzelhandel 170 Euro verlangt. Mehr als ein Dutzend Hersteller bieten für den genannten Chipsatz Intel 865G Motherboards an.

Ein **Chipsatz** (engl.: chipset) besteht aus mehreren aufeinander abgestimmten Chips, die Basisfunktionen eines Systems verrichten. Bei einem PC besteht der Chipsatz aus Chips, die direkt auf der Hauptplatine angebracht (angelötet) sind. Dazu gehören typischerweise die CPU, Zentralspeicher, Schnittstellen für externe Speicher, serielle und parallele Ports, Steckplätze für Erweiterungskarten und Steuereinheiten für Peripheriegeräte.

In einem *PDA* sind das komplette Betriebssystem und die vom Hersteller mitgelieferten Anwendungsprogramme im ROM gespeichert, wodurch diese unmittelbar nach dem Einschalten des Geräts zur Verfügung stehen. Die typische ROM-Kapazität (meist Flash-Speicher) beträgt derzeit 8–48 MB, die jedoch oft durch Flash-Speicherkarten ausgebaut werden kann. Solche austauschbaren *Flash-Speicherkarten* gibt es in vielen Größen und Kapazitäten von 4 MB bis 4 GB für alle möglichen mobilen Geräte wie Digitalkameras, Musik-player, Taschenrechner usw. Darüber hinaus werden ROM-Chips in *periphere Geräte* eingebaut. Beispielsweise sind in Laserdruckern das Betriebssystem und standardmäßige Zeichensätze meist in einem ROM gespeichert.

▶ Übungsaufgabe Nr. 1.1.14 im Arbeitsbuch

1.2.2.4 Prozessorchips

> **Prozessorchips** (engl.: processor chip) reichen von relativ einfachen elektronischen Bauteilen zur Realisierung einzelner Prozessorfunktionen (wie im Abschnitt 1.2.1 beschrieben) bis hin zu vollständigen Prozessoren. Ein vollständiger Prozessor, der auf einem Chip untergebracht ist, heißt **Mikroprozessor.**

Bei den *peripheren Bausteinen* gibt es eine kaum noch überschaubare Vielfalt, auf die hier nicht näher eingegangen werden kann.

Durch eingebaute Prozessorchips (und Speicherchips) werden die Peripheriegeräte *„intelligent"*. Das heißt im IT-Jargon, dass sie über *Eigensteuerungsvermögen* verfügen und damit im Betrieb nicht auf die ständige Fremdsteuerung durch eine Zentraleinheit angewiesen sind. Bei Bedarf werden sie vom Prozessor der Zentraleinheit „angestoßen" und wickeln dann die gerätespezifischen Aufgaben weitgehend selbstständig ab. Auf diese Weise übernehmen zum Beispiel Magnetplattensteuereinheiten (engl.: disk controller) die Initiative und Ablaufsteuerung bei Plattenzugriffen, Tintenstrahldrucker (engl.: ink jet printer) fertigen farbige Grafiken an usw. Die Zentraleinheit wird damit wesentlich entlastet, die Parallelarbeit erhöht die Gesamtleistung des Rechners. Ferner ist durch die peripheren Prozessorchips eine nahezu unbegrenzte *Anwendungsspezialisierung* und zugleich eine weit reichende *Multifunktionalität der Geräte* möglich.

> **Mikroprozessoren** (engl.: microprocessor) werden gewöhnlich anhand der internen Verarbeitungsbreite in **8-Bit-, 16-Bit-, 32-Bit-, 64-Bit-, 128-Bit- und 256-Bit-Prozessoren** eingeteilt.

Die interne Verarbeitungsbreite bestimmt die Größe eines Datenelements, das durch einen primitiven Prozessorbefehl (beispielsweise eine Addition) verarbeitet werden kann. Auch die Funktionseinheiten zur Zwischenspeicherung von Daten innerhalb des Prozessors (*Register)* und *die internen und externen Datenleitungen* des Prozessors sind im Allgemeinen auf die interne Verarbeitungsbreite abgestimmt.

Ein *8-Bit-Prozessor* hat somit in der Regel einen *acht Bits breiten Datenbus* (engl.: data bus), das heißt auf acht parallelen Datenleitungen können während einer (Takt-)Zeiteinheit acht Bits (= ein Byte) übertragen werden. Ein *32-Bit-Prozessor* kann über einen *32 Bits breiten Datenbus* die vierfache Informationsmenge (= vier Bytes) transferieren usw. Bei einem *128-Bit-Prozessor* kann der Datentransfer somit 16mal so schnell erfolgen wie bei einem 8-Bit-Prozessor.

Manchmal unterscheidet sich allerdings die interne Verarbeitungsbreite von der Breite der Datenpfade zwischen den Prozessorkomponenten (= interner Datenbus) oder von der Breite der Datenpfade zwischen Prozessor und Arbeitsspeicher (= externer Datenbus). Wir orientieren uns bei der Klassifikation von Mikroprozessoren an der *internen Verarbeitungsbreite*.

Heute verkaufte PDAs und PCs sind überwiegend mit 32-Bit-Zentralprozessoren ausgestattet. 2003 wurden die ersten PC-Modelle mit 64-Bit-Zentralprozessoren verkauft; mit einem Durchbruch auf breiter Ebene ist jedoch erst dann zu rechnen, wenn das dominierende Betriebssystem Windows und die Bürosoftware von Microsoft in einer 64-Bit-PC-Version vorliegen. Größere universelle Rechner (Server) verfügen meist über eine 64-Bit-Architektur. Die leistungsstärksten Mikroprozessoren mit einer internen Verarbeitungsbreite von 256 Bits und für Multimedia-Anwendungen optimierten Befehlssätzen sind auf Grafikkarten oder in Spielkonsolen eingebaut.

Die *Verarbeitungsbreite* ist also ein wesentliches Kriterium für das *Leistungsvermögen eines Mikroprozessors*. Eine weitere Leistungsdeterminante ist die *Taktzeit* (= Zykluszeit; engl.: cycle time), das heißt die immer gleich lange, zyklisch aufeinander folgende Zeitspanne, die für die Abarbeitung der Befehle zur Verfügung steht. Die Taktzeit wird durch die *Taktrate* (*Taktfrequenz*, engl.: clock rate) bestimmt und wird in *Megahertz* (abgekürzt: MHz; 1 MHz = 1 Million Zyklen pro Sekunde) oder Gigahertz (abgekürzt: GHz; 1 GHz = 1 Milliarde Zyklen pro Sekunde) gemessen. Durch die Verwendung einfacher, kurzer Maschinenbefehle und parallele Verarbeitungseinheiten können die leistungsfähigsten 32-Bit-Mikroprozessoren heute drei bis vier Primitivbefehle pro Takt ausführen. Bei einer Taktrate von vier Gigahertz – der Obergrenze im Jahr 2004 – sind dies theoretisch zwölf bis 16 Milliarden Prozessorbefehle pro Sekunde (Ein-/Ausgabebefehle dauern um ein Vielfaches länger). Die *Prozessorarchitektur* und der *Befehlsvorrat* (Menge und Mächtigkeit an fest vorgesehenen Maschinenbefehlen) sind damit ebenfalls leistungsbestimmend.

CISC (Abkürzung für engl.: complex instruction set computer) ist die Sammelbezeichnung für konventionelle Prozessorarchitekturen mit einem großen Vorrat an Maschinenbefehlen verschiedener Länge, deren Abarbeitung oft viele Taktzyklen benötigt. **RISC** (Abkürzung für engl.: reduced instruction set computer) ist eine Prozessorarchitektur mit einem vergleichsweise kleinen Vorrat von sehr einfachen Maschinenbefehlen, die meist in einem Prozessorzyklus (bis drei Prozessorzyklen) abgearbeitet werden können. Durch parallele Befehlsinterpretation und -ausführung wird ein Durchsatz von durchschnittlich drei bis vier Prozessoroperationen pro Taktzyklus erreicht.

Der in unserem *Beispiel-PC* verwendete *32-Bit-Mikroprozessor* heißt *Pentium 4* (das ist eine Produktbezeichnung des US-Herstellers Intel). Er wurde im November 2000 mit Taktfrequenzen von 1,3–1,5 GHz eingeführt. Seit 2003 ist die in unserem Beispiel-PC verwendete 3,2-GHz-Version erhältlich, die 4-GHz-Grenze wird voraussichtlich Anfang 2005 überschritten werden. Intel prognostiziert 10-GHz-Chips für das Jahr 2011, viele Fachleute meinen, dass dieser Wert schon einige Jahre vorher erreicht werden könnte. Sie gehen dabei von der bisherigen Entwicklung aus: Der erste Pentium-Prozessor (Pentium I) kam im Jahr 1993 mit einer Taktrate von 60 MHz auf den Markt – in zehn Jahren wurde damit die Taktrate mehr als verfünfzigfacht.

Oft im Gleichklang mit der Ankündigung leistungsfähigerer Versionen und in Abhängigkeit von der Preisgestaltung der Mitbewerber (im Fall des Weltmarktführers Intel: AMD) fallen die *Preise* der Prozessorchips – im langjährigen Durchschnitt 20 – 30 Prozent pro Jahr. Je nach PC-Nachfrage verläuft die Preisspirale dabei langsamer oder schneller nach unten.

Der mit 3,2 GHz getaktete *Pentium-4-Chip unseres Beispiel-PCs* wird in 130-Nanometer-Technik gefertigt, ist 146 mm² groß, integriert 55 Millionen Transistoren und besitzt einen Sockel mit 468 Stiften. Der Intel-Listenpreis bei der Einführung im Mai 2003 betrug 637 US-Dollar, Mitte 2004 betrug der Preis nur noch 278 US-Dollar (bei einer Abnahme von 1.000 Stück). Die Pentium-Prozessorfamilie hat eine CISC-Architektur, allerdings nehmen die RISC-Merkmale mit jeder neuen Pentium-Generation zu. Der Pentium 4 verwendet weiterhin den von Intel Ende der 1980er-Jahre eingeführten x86-Befehlssatz und kann damit die seither entstandenen Programme verarbeiten. Das heißt, er ist abwärts kompatibel zu den früheren Intel-PC-Prozessoren. Er bricht jedoch die relativ komplexen, CISC-basierten x86-Befehle in winzige Codefragmente, so genannte Mikrooperationen (engl.: micro operations), auf, die der Prozessor mit entsprechenden Einrichtungen schneller verarbeiten kann. Pro Taktzyklus können dadurch bis zu sechs Befehle gestartet werden. Auf Details der Prozessorarchitektur kommen wir im Band 2, Kapitel 1 zurück.

1.2.2.5 Ein-Chip-Computer

Die Fortschritte der Mikroelektronik haben es möglich gemacht, zunehmend mehr Rechnerfunktionen – und zwar sowohl Speicher- als auch Prozessorfunktionen – zu miniaturisieren und auf einem einzigen Chip zusammenzufassen.

Bei einem **Ein-Chip-Computer** ist eine vollständige Zentraleinheit auf einem einzigen Chip integriert. Solche Chips dienen einerseits als so genannte **Mikrocontroller** (engl.: microcontroller unit; abgekürzt: **MCU**) zur Überwachung und Steuerung von Prozessen oder Umweltbedingungen. Andererseits werden sie in *Chipkarten* integriert, die als Ausweise, Kreditkarten usw. ausgegeben werden.

Mikrocontroller kommen *in allen möglichen Geräten*, wie zum Beispiel Kameras, Fernsehern, Stereoanlagen, Waschmaschinen, Autos usw. zum Einsatz. Ihre Festwertspeicher, die Kapazitäten bis zu einem MB erreichen, dienen zur Aufnahme der speziellen Gerätesteuerungsprogramme. Die Schreib-/Lesespeicher sind hingegen in ihrer Kapazität im Allgemeinen auf wenige Kilobytes beschränkt. Als Prozessoren findet man primär 4-Bit-, 8-Bit- und 16-Bit-, zunehmend aber auch 32-Bit-Modelle. Die meisten basieren auf einer CISC-Architektur, es gibt jedoch einen starken Trend in Richtung RISC. Neben universellen Steuereinheiten gibt es speziell ausgelegte MCUs beispielsweise für die Telekommunikation, Tastaturbedienung, Signalverarbeitung, Videobearbeitung usw. Weil nur die für die jeweilige Aufgabe nötigen Konstruktionsmerkmale realisiert werden, sind Mikrocontroller relativ kostengünstig.

Auf *Chipkarten mit integriertem Mikroprozessor und Speicher* gehen wir im Band 2, Abschnitt 2.5.1 ausführlich ein. Wollen Sie auf der Stelle mehr darüber wissen? Sie werden keine Verständnisschwierigkeiten haben, wenn Sie jetzt zu diesem Abschnitt „verzweigen" und nach der Lektüre wieder hierher zurückkehren.

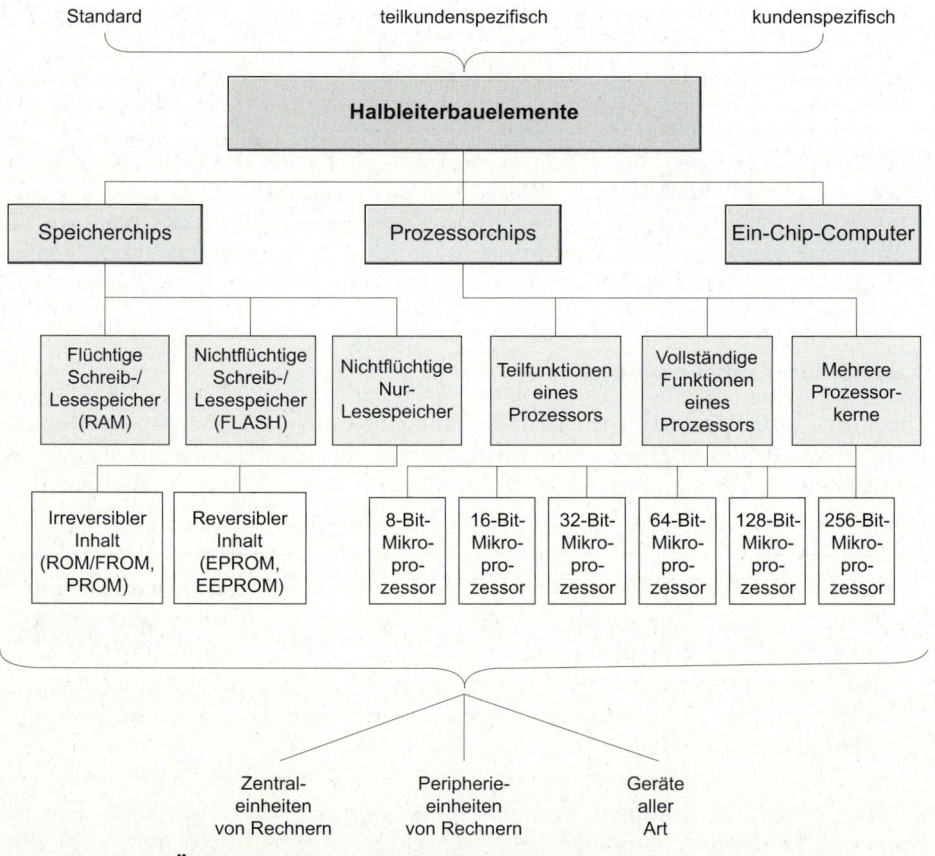

Abb. 1.2.2.5/1: Übersicht über Halbleiterbauelemente

Die Abb. 1.2.2.5/1 zeigt Ihnen die wichtigsten Arten von Halbleiterbauelementen nochmals in einer zusammenfassenden *Übersicht*.

Weltmarktführer auf dem *Halbleitermarkt* ist seit vielen Jahren unangefochten die US-Firma Intel (Umsatz 2003: 28,05 Milliarden US-$). Intel hat bei PC-Prozessorchips eine monopolähnliche Stellung (2003: 82,8 Prozent Marktanteil vor AMD mit 15,5 Prozent). An zweiter Stelle folgt der koreanische Hersteller Samsung, der in den letzten fünf Jahren seine Umsätze mehr als verdoppeln konnte (2003: 10,32 Millionen US-$). Samsung ist bei Speicherchips führend. Weitere wichtige Chiphersteller sind: Renesas Technology, Toshiba, Texas Instruments, STMicroelectronics, Infineon Technologies, NEC Electronics, Motorola und Philips Semiconducturs (Reihenfolge entsprechend Weltmarktanteilen im Jahr 2003). Insgesamt betrug der weltweite Chipabsatz im Jahr 2003 166,4 Milliarden US-$ (134,2 Milliarden Euro). Der Zuwachs gegenüber dem Vorjahr betrug 18,3 Prozent; Wachstumstreiber waren vor allem mobile Geräte wie Handys und Digitalkameras, aber auch die um elf Prozent gestiegenen PC-Auslieferungen.

▶ Übungsaufgabe Nr. 1.1.15 im Arbeitsbuch

1.2.3 Leistungsvermögen

Wir unterscheiden zwischen der Rechnerleistung im engeren Sinn, die im Wesentlichen durch die Zentralprozessor(en)leistung bestimmt wird, und der Rechnerleistung im weiteren Sinn, die durch alle Hardware- und Softwarekomponenten beeinflusst wird.

1.2.3.1 Rechnerleistung im engeren Sinn (CPU-Leistung)

Die *Verarbeitungsleistung* (engl.: performance) eines Rechners im engeren Sinn wird häufig in *Mips* gemessen. Dies ist die Abkürzung für „Millionen Instruktionen (Prozessorbefehle[3]) pro Sekunde".

Für rechenintensive Anwendungen findet auch die Bezeichnung *Flops* (engl.: floating point operations per second = Gleitkommaoperationen/Sekunde) Verwendung.[4] Diese Kennzahl ist für Leistungsmessungen bei Anwendungen für mathematisch orientierte Einsatzgebiete (technischer Bereich, Entscheidungsunterstützung usw.) zutreffender.

Häufig werden für Rechner auch die *SPEC-Maßzahlen* angegeben. Die Standard Performance Evaluation Corporation (SPEC) ist eine von Computerher-

---

[3] Ein typischer „einfacher" Prozessorbefehl ist ein Ladebefehl von einem Prozessorregister in ein anderes ohne weiteren Rechenvorgang. Mächtige Befehle dienen zum Beispiel Gleitkommaoperationen (etwa Quadratwurzelberechnung oder Bewegen und Vergleichen ganzer Datenblöcke).

[4] Die Gleitkommadarstellung ist die am häufigsten auf Rechnersystemen eingesetzte Zahlendarstellung für Kommazahlen. Mehr hierzu finden Sie in Band 2, Kapitel 5.

stellern getragene Non-Profit-Organisation, die *Vergleichsmessungen* (engl.: benchmark) mit Hilfe von standardisierten Programmen durchführt. Diese Programme bestehen aus Anweisungen, die für den jeweiligen Anwendungsbereich typisch sind.

> Ein **Benchmark(test)** dient zur Leistungsvermögensanalyse von Rechnern. Er besteht aus Programmen, deren Ausführungszeiten zu Vergleichszwecken von Teil- oder Gesamtsystemen gemessen werden. *Standardbenchmarks* sind künstliche, das heißt, nicht in der üblichen Praxis verwendete Vergleichsprogramme, die den Vorteil besitzen, dass entsprechende Leistungsdaten von einer Vielzahl von Rechnern vorliegen können.

Für *Personalcomputer* ist der *SPEC-CPU-Benchmark* ein wichtiger Vergleichstest für die Messung CPU-intensiver Anwendungen. Der aktuelle CPU2000 besteht aus zwei Benchmark-Reihen: CINT2000 testet die Systemgeschwindigkeit und den Durchsatz bei vorwiegend nicht-numerischen Anwendungen (Rechnen mit ganzen Zahlen, Speicheroperationen usw.) mit zwölf Programmen, die in den Programmiersprachen C und C++ geschrieben sind. Der für den technischen (numerischen) Bereich maßgebliche CFP2000 basiert auf 14 FORTRAN- und C-Programmen, die Gleitkommaberechnungen durchführen. Als Vergleichsmaßstab dient eine festgelegte SPEC-Referenzzeit, die sich aus der Ausführungszeit dieser Programme auf einer bestimmten Workstation ergibt (einer Sun Microsystems Ultra 5 × 10 mit einem 300-MHz-SPARC-Prozessor und 256 MB Arbeitsspeicher – sie hat einen SPECint2000- und einen SPECfp2000-Wert von 100). Näheres zu Compilern und den Programmiersprachen C, C++ und FORTRAN folgt im Band 2, Kapitel 4.

Unser *Beispiel-PC* mit einem *Pentium-4-Prozessor mit 3,2 GHz Taktfrequenz* hat zirka 9.400 Mips. Gegenüber dem 1993 auf den Markt gekommenen ersten Modell der Pentium-Familie ist das eine über achtzigfache Leistung. Der SPECint2000-Wert des Beispiel-PCs beträgt 1.205, der SPECfp2000-Wert beträgt 1.249; das heißt, er ist 12mal so schnell wie die oben genannte SPEC-Referenzmaschine.

Es gibt noch eine *Reihe weiterer SPEC-Benchmarks*, beispielsweise zur Messung der Rechnerleistung bei Grafikanwendungen (SPECapc), von Mailservern (SPECmail, SPECimap), von Webservern (SPECweb) und von Superrechnern (SPEChpc). Die Benchmarks werden laufend für zeitgemäße Anwendungen weiterentwickelt. Für CPU-intensive Leistungsvermögensanalysen ist der CPU2004 in Vorbereitung.

> Die **Rechnerleistung im engeren Sinn** ist eine durch *Mips, Flops, SPECint, SPECfp* oder ähnliche Benchmarks konkretisierte Maßzahl der Geschwindigkeit eines Rechners, welche durch die Hardware der Zentraleinheit bestimmt wird.

Kennzahlen wie Mips, Flops oder die SPEC-Benchmarks bieten nur einen ersten groben Anhaltspunkt für das Leistungsvermögen eines Rechners. Danach Computer vergleichen oder auswählen zu wollen, wäre so, als ob Sie sich beim Kauf eines Autos allein von der PS-Zahl oder der Höchstgeschwindigkeit leiten lassen würden.

Denken Sie vor allem daran, wie problematisch es ist, beispielsweise anhand von Mips-Kennzahlen Zentraleinheiten unterschiedlicher Architekturen zu vergleichen. Nehmen Sie als hypothetisches Beispiel zwei 9.000-Mips-Rechner, einen in CISC- und den anderen in RISC-Architektur. Ein Abrechnungsprogramm wird vielleicht auf dem CISC-Rechner in 20.000 Maschinenbefehle übersetzt, auf dem RISC-Rechner in 40.000. Dann führt der CISC-Rechner das Programm in der Hälfte der Zeit aus, die der RISC-Rechner braucht. Trotzdem gelten die beiden Rechner als gleich leistungsstark. Oder anders herum: Der RISC-Rechner müsste eine doppelt so hohe Mips-Rate haben wie der CISC-Rechner, um den gleichen Durchsatz zu erzielen. Aus diesem Grund wird die Mips-Rate heute nicht mehr als Vergleichswert für CPU-Leistung herangezogen und im allgemeinen durch die SPEC-Werte ersetzt, deren Testbeispiele prozessorenunabhängig sind.

1.2.3.2 Rechnerleistung im weiteren Sinn

Die **Rechnerleistung im weiteren Sinn** ist jene Leistung eines Rechners, die er im praktischen Einsatz tatsächlich erbringt. Sie wird durch alle Komponenten (das heißt durch die Zentraleinheit, die Peripherie, das Betriebssystem und die Anwendungsprogramme) beeinflusst. Maßgrößen für die Verarbeitungsgeschwindigkeit sind der *Durchsatz*, das heißt die pro Zeiteinheit abgearbeiteten Aufträge (engl.: job), und die *Antwortzeit* (engl.: response time), das heißt die Reaktionszeit des Rechners auf Eingaben des Benutzers im interaktiven Betrieb.

Die *Leistung des Prozessors* wird – das wissen Sie bereits aus dem Abschnitt 1.2.2 – in erster Linie von der *Verarbeitungsbreite* und der *Taktrate* bestimmt. Zwischen einem Mikroprozessor und einem aus vielen Chips aufgebauten Prozessor gibt es diesbezüglich keinen Unterschied. Die *Taktrate* ist eine üblicherweise in MHz oder GHz angegebene Maßgröße für die Verarbeitungsgeschwindigkeit eines Prozessors. Der *Taktzyklus* ist der Kehrwert der Taktrate und wird dementsprechend vorwiegend in Nanosekunden (ns) angegeben.

Eine wesentliche Erhöhung des Durchsatzes bringt die *Fließbandverarbeitung* (engl.: pipelining). Dies ist ein Prozess, bei dem die Abarbeitungszyklen einzelner Befehle einander überlappen. Eine vereinfachte schematische Darstellung der Fließbandverarbeitung zeigt Abb. 1.2.3.2/2. Hierbei sind die einzelnen überlappenden Phasen in Laden/Decodieren, Ausführen und Verfügbarhalten beziehungsweise Speichern der Ergebnisse gegliedert. Im gezeigten Fall gibt es lediglich drei Phasen, die jeweils einen Taktzyklus benötigen. In Wirklichkeit können es mehr Phasen sein, und diese können auch jeweils mehr Taktzyklen in Anspruch nehmen. Wenn in jedem Zyklus ein Befehl begonnen wird, steht ab

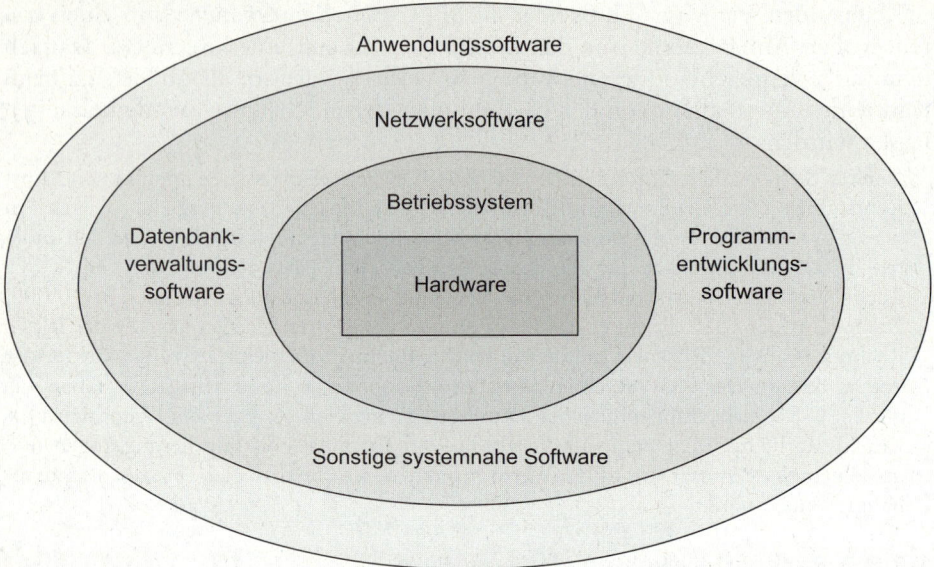

Abb. 1.2.3.2/1: Leistungsbeeinflussende Komponenten eines Rechners

dem dritten Zyklus auch jeweils ein Ergebnis vorangegangener Befehle zur Verfügung. Dies gilt jedoch nur unter der Maßgabe, dass ständig neue Befehle begonnen werden. Die Befehlsabarbeitung dauert somit beispielsweise bei einer Zykluszeit von 8 ns in unserem Fall 24 ns, jedoch liegen jeweils nach 8 ns Befehlsergebnisse vor. Durch mehrere parallel arbeitende Befehlsinterpretations- und Befehlsausführungseinrichtungen kann die Rechenleistung bei konstanter Taktrate unter vorgenannter Bedingung noch vervielfacht werden.

Unser *Beispiel-PC* mit einem *Pentium-4-Prozessor* hat eine *Pipelinetiefe von 20 Stufen* (der Prozessorhersteller Intel nennt das „Hyper-Pipeline-Technologie"). Das ermöglicht eine wesentliche höhere Taktfrequenz und Leistung als beim Pentium III, der über nur halb so viele Stufen verfügte. Die Vorgänger Intel 286, 386 und 486 hatten alle fünfstufige Pipelines.

Mehrere Prozessoren können die Rechnerleistung wesentlich erhöhen. Sei es, dass *Hilfsprozessoren* den Hauptprozessor (Zentralprozessor) entlasten, oder dass mehrere prinzipiell gleichwertige Prozessoren *(Parallelprozessoren)* Teile von Aufgaben abarbeiten. Zu den Hilfsprozessoren zählen *Ein-/Ausgabe-Prozessoren* (EA-Prozessoren), die den Hauptprozessor bei der Zentralspeicher- und Peripherieverwaltung unterstützen, *Grafikprozessoren*, die den Bildschirmaufbau beschleunigen helfen, sowie *Gleitkommaprozessoren* und *Vektorprozessoren* zur schnelleren Ausführung rechenintensiver Programme. Alle oben genannten, Ihnen noch nicht geläufigen Begriffe werden später in diesem Kapitel erklärt.

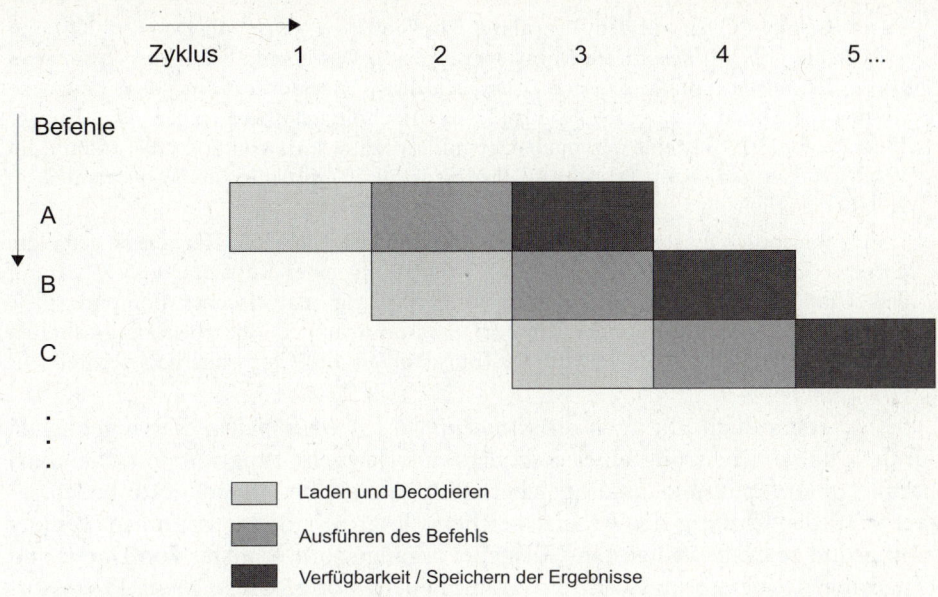

Zyklus 1 2 3 4 5 ...

Befehle

A

B

C

.
.
.

Laden und Decodieren

Ausführen des Befehls

Verfügbarkeit / Speichern der Ergebnisse

Abb. 1.2.3.2/2: Fließbandverarbeitung

Es ist für die effektive Rechnerleistung entscheidend, dass die Zugriffsge-schwindigkeit des Zentralspeichers (RAM, ROM usw.) möglichst mit der Pro-zessorgeschwindigkeit korrespondiert. Aus technischen und vor allem Kosten-gründen (je schneller die Chips, desto teurer) ist jedoch regelmäßig die Zugriffsgeschwindigkeit des Arbeitsspeichers wesentlich geringer als die Verar-beitungsgeschwindigkeit des Prozessors.

Um diesem Problem beizukommen, wurde die so genannte *Pufferspeicherver-waltung* entwickelt. Pufferspeicher (engl.: cache; das bedeutet „geheimes Ver-steck") in der Zentraleinheit sind sehr schnelle, teure RAM-Speicher, die auf die Prozessorgeschwindigkeit abgestimmt sind. Das Verhältnis ihres Speichervolu-mens zur Kapazität des übrigen Zentralspeichers liegt aus Kostengründen regel-mäßig unter einem Prozent. Im Pufferspeicher werden die jeweils relevanten Bereiche des Arbeitsspeichers abgebildet, das heißt, benötigte Speicherblöcke werden in den Pufferspeicher kopiert und später wieder in den Arbeitsspeicher zurückgeladen. Eine ausgeklügelte Steuerungslogik sorgt dafür, dass je nach Größe des Pufferspeichers häufig zwischen 90 und 98 Prozent aller Speicherzu-griffe direkt über ihn abgewickelt werden können. Bei PCs und Serverrechnern gibt es zwischen dem Cache, aus dem sich der Prozessor bedient, und dem Arbeitsspeicher meist noch einen zweiten Cache-Speicher (engl.: level two cache, abgekürzt: L2 cache). Er ist langsamer, aber dafür etwas größer und kos-tengünstiger als der prozessorinterne L1-Cache. Bei besonders leistungsfähigen Systemen ist manchmal sogar ein L3-Cache mit einer Kapazität im MB-Bereich integriert.

Unser *Beispiel-PC* hat auf dem Pentium-4-Chip einen *L1-Cache* für Daten (8 KB) und für Befehle (12.000 decodierte Mikrooperationen). Der ebenfalls auf dem Chip integrierte *L2-Cache* umfasst 512 KB. Zwischen dem Prozessorkern und dem L2-Cache werden die Daten über eine 256-Bit-(32-Byte-)Schnittstelle übertragen, was bei der Taktrate von 3,2 GHz eine maximale Datenübertragungsrate von 102 GB/s erlaubt. Im Vergleich dazu war beim Pentium-III-Prozessor mit 1 GHz nur eine Transferrate von 16 GB/s möglich.

Eine wesentlich teurere Modellvariante des Pentium 4 mit 3,2 GHz, die so genannte *Extreme Edition*, hat zusätzlich einen L3-Cache mit einer Kapazität von 2 MB auf dem Chip. Damit sollte laut Intel die Grundlage für realistischere Computerspiele („Extreme Gaming") und mehr Komfort bei Audio- und Bildbearbeitung geschaffen werden. Durch den L3-Cache wird die Transistorzahl des Chips mehr als verdreifacht (169 Millionen).

Selbstverständlich übt auch die *Kapazität des Arbeitsspeichers* maßgeblichen Einfluss auf die Leistung eines Rechners aus. Je mehr Programme (scheinbar) parallel ablaufen und je mehr Speichervolumen diese benötigen, desto bedeutsamer wird der Umfang des Arbeitsspeichers. Je größer dieser ist, umso weniger häufig sind zeitaufwändige Ein-/Ausgabevorgänge zum Transfer von Daten und Programmen (beziehungsweise Programmteilen) nötig. Umso mehr Prozessorzeit steht dann auch für die Abarbeitung der Programme zur Verfügung.

Mit der so genannten *virtuellen Speichertechnik* (engl.: virtual memory) wird der direkt adressierbare Adressraum über die reale Arbeitsspeicherkapazität hinaus auf schnelle externe Speicher (Magnetplatten) ausgeweitet. Ähnlich wie bei der Pufferspeicherverwaltung werden nur die aktuell benötigten Teile von Programmen und Datenbeständen im realen Arbeitsspeicher gehalten und bei Bedarf werden größere Blöcke (so genannte Seiten; engl.: page) vom oder zum langsameren Hintergrundspeicher automatisch nachgeladen beziehungsweise ausgelagert. Der virtuelle (= scheinbare) Speicher, dessen Speicherstellen bei der Programmausführung direkt angesprochen werden können, kann um ein Vielfaches größer als der reale sein. Bei der Programmentwicklung fallen wesentliche Beschränkungen bezüglich der verfügbaren Speichergröße am Zielsystem weg.

▶ Übungsaufgabe Nr. 1.1.16 im Arbeitsbuch

Auch die *Peripheriegeräte* sind für den Rechnerdurchsatz beziehungsweise die Antwortzeiten wichtig. Vor allem die Kapazität, Zugriffszeit, Datentransferrate und Fehlerrate von externen Speichern sind bedeutsam. Wesentlich wirkt sich auch die Peripherie-Intelligenz auf die Rechnerleistung aus, weil dadurch der (oder die) Prozessor(en) der Zentraleinheit von vielen Aufgaben entlastet werden kann (können).

Die Mächtigkeit und Effizienz des *Betriebssystems* (engl.: operating system) sind ebenfalls entscheidende Bestimmungsfaktoren der Rechnerleistung. Das Betriebssystem besteht aus anwendungsneutralen Programmen zur Steuerung und Verwaltung der Hard- und Software. Zum Beispiel wird die Verwaltung der Cache-Speicher und des virtuellen Speichers vom Betriebssystem völlig selbstständig organisiert. Regelmäßig verfügen Betriebssysteme auch über einen mehr oder weniger umfangreichen Befehlssatz, dessen man sich bedient, um Anwendungsprogramme zu erstellen, zu testen und ablaufen zu lassen.

Je höher das Leistungsspektrum des Betriebssystems ist, desto höher wird das Leistungsvermögen des Rechners sein.

Vor allem im kommerziellen Bereich ist die *Mehrplatzfähigkeit* ein signifikantes Merkmal der Leistungsfähigkeit eines Rechners. Es ist damit die Möglichkeit des Betreibens mehrerer Bildschirmarbeitsplätze beziehungsweise sonstiger Benutzerstationen an einer Zentraleinheit gemeint. Diese Betriebsart bedingt die betriebssystemunterstützte Regelung des gleichartigen Zugriffs mehrerer Benutzer auf dieselben Betriebsmittel (Prozessor[en], Arbeitsspeicher, Peripherie) und Datenbestände (Mehrprogrammbetrieb; engl.: multiprogramming).

Ein mächtiges Betriebssystem kann ein breites Spektrum und eine große Zahl von Peripheriegeräten betreiben, verfügt über mehrere mögliche Betriebsarten und besitzt einen umfangreichen Befehlsvorrat, der benutzerfreundlich ist und die Möglichkeiten der Hardware möglichst vollständig ausnützt.

Unser *Beispiel-PC* läuft unter dem *Betriebssystem Windows XP Professional* von Microsoft. Das gewünschte Betriebssystem wird in der Regel bei der Auslieferung des PCs vorinstalliert und ist im Preis enthalten. Wenn man Windows XP Professional separat kauft, kostet es ungefähr 140 Euro.

Windows XP Professional ist ein *einfach zu bedienendes Betriebssystem für Arbeitsplatzrechner mit ein oder zwei Prozessoren der Intel-Pentium/Celeron-Produktfamilie oder der AMD-K6/Athlon/Duron-Produktfamilie* (mindestens 300 MHz) und einer Arbeitsspeicherkapazität von 128 MB aufwärts (mindestens 256 MB empfehlenswert). Ein größeres Speichervolumen erhöht die Leistung (maximal 4 GB RAM). Es benötigt auf der Magnetplatte 1,5 GB freien Speicherplatz und unterstützt eine große Vielfalt von Peripheriegeräten (über 6.000), die beim laufenden Betrieb angeschlossen werden können („Plug-and-Play").

Die *Windows-Betriebssystemfamilie von Microsoft* umfasst Versionen für

– mobile Kleingeräte wie Mobiltelefone und PDAs über

– Einplatzsysteme (Schreibtisch-PCs und Notebook-PCs) zu Hause und im Betrieb mit Anbindung an Firmennetze bis zu

– Mehrplatzsysteme unterschiedlicher Einsatzfelder und Betriebsgrößen bis hin zu Rechnern mit 64 Prozessoren und 512 GB Arbeitsspeicher.

Sinngemäß gilt das für das Betriebssystem Gesagte auch für alle *Anwendungsprogramme*. Entscheidend sind ihre Güte (maschinen- und aufgabenbezogene Optimierung), weit gehende Fehlerfreiheit („Absturzsicherheit") und ihre Benutzerfreundlichkeit (Benutzerführung, Hilfefunktionen, Parametrisierbarkeit usw.).

Auf unserem *Beispiel-PC* ist ein *Bürosoftwarepaket* namens *Microsoft Office 2003 Professional Enterprise Edition* installiert, das Programme für Textverarbeitung, Tabellenkalkulation, Präsentationen, Kalender-, Adress- und E-Mail-Verwaltung, Datenbanken sowie die Erstellung von Formularen und WWW-Angeboten beinhaltet. Microsoft Office 2003 gibt es in sechs Varianten, die laut unverbindlicher Preisempfehlung des Herstellers zwischen Euro 599,00 für die umfassende Professional Edition (Euro 399,00 das Upgrade von einer älteren Version) bis zu Euro 169,00 für Schüler, Studierende und Lehrkräfte kosten. Die tatsächlichen Händlerpreise für die Professional Enterprise Edition sind bis zu 50 Prozent günstiger. Der Hersteller Microsoft hat mit seinen Office-Produkten auf dem Bürosoftwaremarkt weltweit ein Quasi-Monopol. Die optimale Abstimmung auf *Windows XP Professional* war ein wesentliches Argument für die Wahl dieses Bürosoftwarepakets. Es gab nämlich durchaus Überlegungen, ob nicht das kostenlos aus dem Internet herunter ladbare Betriebssystem *Linux* mit *Open Office*, *KOffice* oder *StarOffice* die bessere Alternative sei. Neben Microsoft Office gibt es auf unserem Beispiel-PC noch eine ganze *Reihe weiterer Applikationen* wie zum Beispiel ein Bildbearbeitungsprogramm, ein Buchhaltungsprogramm usw.

Wenn Sie diese Ausführungen lesen, sind die genannten Produktversionen, ihre Preise und Leistungsdaten infolge des raschen technischen Fortschritts mehr oder weniger veraltet. Diese und ähnliche Angaben in den Folgekapiteln haben nur exemplarischen Charakter und sollen das jeweilige Thema veranschaulichen. Die aktuellen Werte können Sie jederzeit im Internet recherchieren.

Mittelbar haben auch die *Zuverlässigkeit* und damit zusammenhängend die *Instandhaltung* von Hardware und Software, die *fachgemäße Verwendung* und *zweckmäßige Konfiguration*, der *Ausbildungsstand* der Betreuer, Programmierer und sonstigen Benutzer (engl.: user), *Umwelteinflüsse* (zum Beispiel Stabilität der Stromversorgung und Klimatisierung) sowie *organisatorisch-infrastrukturelle* Gegebenheiten Einfluss auf die Rechnerleistung.

1.3 Rechnerkategorien

Es ist üblich, Rechnerkategorien nach Preisspannen oder technischen Kenndaten abzugrenzen. Solche Größen unterliegen allerdings im Zeitablauf großen Änderungen – und zwar bei den einzelnen Rechnerkategorien mit unterschiedlichem Tempo.

1.3.1 Übersicht

1.3.1.1 Rechnerkategorien

Traditionell geht man von den folgenden *Rechnerkategorien* aus:
- Personalcomputer, abgekürzt PC (engl.: personal computer; PC),
- Workstation (engl.: workstation),
- Minirechner (engl.: mini computer),
- Großrechner (engl.: mainframe computer),
- Superrechner (engl.: super computer).

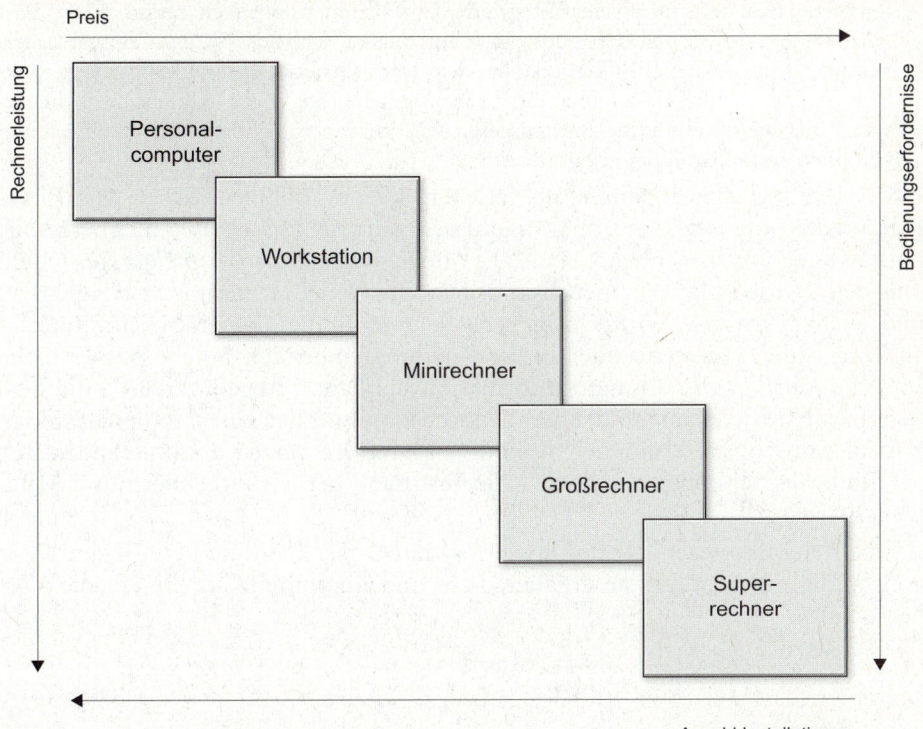

Preis

Rechnerleistung

Bedienungserfordernisse

Personal-
computer

Workstation

Minirechner

Großrechner

Super-
rechner

Anzahl Installationen

Abb. 1.3.1.1/1: Traditionelle Rechnerkategorien

Diese *klassische Einteilung* erfolgt primär nach der Leistung und der möglichen Zahl der Benutzer; hiervon sind im Allgemeinen die Bedienungserfordernisse, das Betriebssystem, der Preis und damit die Anzahl der Installationen abhängig.

Von *Mitte der 1950er bis Mitte der 1980er Jahre* dominierten einzelne, teure *Großrechner* in Rechenzentren von Großunternehmen, an die Hunderte oder Tausende von Bildschirmen in den Fachabteilungen angeschlossen waren. Ab *Mitte der 1960er Jahre* bekamen sie zunehmend Konkurrenz von kleineren, preisgünstigeren *Minicomputern,* die sich auch Mittelbetriebe und größere Abteilungen (vorwiegend im Finanz- und Rechnungswesen und im technischen Bereich) leisten konnten.

Anfang der 1980er Jahre begann der Durchbruch der wesentlich preisgünstigeren *Arbeitsplatzrechner (PCs und Workstations),* der zu drastischen Marktanteilsverlusten zuerst bei Großrechnern und dann Minicomputern führte.

Der Weltmarktführer IBM machte 1992 fünf Milliarden, 1993 acht Milliarden Euro Verlust und konnte sich nur durch drastische Kostensenkungsprogramme und eine komplette Neuausrichtung auf integrierte Unternehmenslösungen retten. Viele einst bedeutende Großrechnerhersteller wie Burroughs, Univac, NCR, Control Data, Honeywell und Minicomputerhersteller wie Data General, Digital Equipment, Nixdorf, Philips, Prime, Wang haben diese Marktveränderung nicht überlebt. Sie sind entweder auf andere Geschäftsfelder ausgewichen, wurden von anderen Firmen übernommen oder sind in Konkurs gegangen.

Seit Anfang dieses Jahrzehnts erleben kleine mobile Geräte wie *PDAs* (Abkürzung von engl.: personal digital assistant), *Mobiltelefone* (engl.: mobile phone; umgangssprachlich: Handy), *Musik- und Videoabspielgeräte* (engl.: music and video player) einen Boom. Die Gerätevielfalt nimmt fast täglich zu und reicht bis zu *am Körper tragbaren Rechnern* (engl.: wearable computer) – als Uhr, Brille, Halskette oder in die Kleidung eingenäht. Solche *persönlichen Informationshilfsmittel* (engl.: information appliance; abgekürzt: IA), die dem Benutzer bald jederzeit und überall durch das Internet einen unbeschränkten Informationszugang ermöglichen, könnten bald den derzeit dominierenden PCs ein ähnliches Schicksal bescheren wie einst diese den Großrechnern und Minicomputern.

Eine neue überlegene Technologie löst dabei fast nie die ältere Technologie vollständig ab, sondern sie ergänzt diese und übernimmt allmählich die Vorherrschaft.

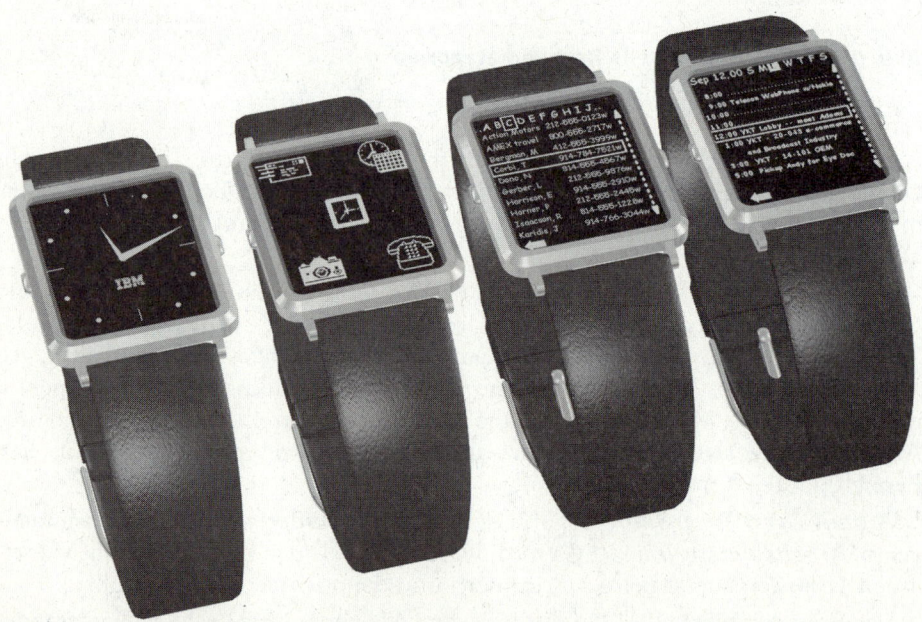

Abb. 1.3.1.1/2: Rechner in Form einer Armbanduhr

So haben *traditionelle Großrechner und Minicomputer* durchaus auch noch heute eine gewisse Bedeutung – sie werden als „Unternehmensserver" und „integrierte Anwendungsserver" vermarktet (Näheres folgt); ihr Anteil am Rechner-Weltmarktumsatz liegt jedoch inzwischen unter zehn Prozent (1980 waren es noch 100 Prozent, 1995 immerhin noch 25 Prozent).

Im *PC-Marktsegment* gab es bis in die späten 1990er Jahre jährliche Zuwachsraten von 25–30 Prozent. Seitdem hat sich das Wachstum stark abgeschwächt. Im Jahr 2003 wurden weltweit 153 Millionen PCs verkauft, für 2004 wird ein Absatz von 170 Millionen Stück prognostiziert (Zuwachs 11 Prozent). Die Nachfrage verschiebt sich dabei immer mehr von *Schreibtisch-PCs* zu Notebook-PCs, deren Preise stark gefallen sind. *Notebook-PCs* hatten im Jahr 2003 einen PC-Marktanteil von 21 Prozent, der Preisrückgang gegenüber dem Vorjahr betrug 25 Prozent. Die mit vielen Vorschusslorbeeren bedachten *Tablet-PCs* (Näheres im Abschnitt 1.3.3.1) konnten sich hingegen bisher nicht durchsetzen. Im Jahr 2003 wurden weltweit nur einige Hunderttausend Stück verkauft.

Bei mobilen Geräten erleben *Mobiltelefone* einen anhaltenden Absatzboom. Im Jahr 2003 wurden weltweit 471 Millionen Handys verkauft, der Zuwachs betrug 16 Prozent. Hingegen stagniert die Zahl der weltweiten *PDA-Auslieferungen* bei zirka 12 Millionen jährlich. PDAs werden nach wie vor vornehmlich von Privatkunden gekauft, unternehmensweite Ausstattungen sind selten.

Persönliche Informationshilfsmittel, Personalcomputer und Workstations sind typischerweise *Rechner für einen Benutzer.* Sie können – soweit vernetzt – als *Klienten* (engl.: client) Dienste von so genannten *Serverrechnern* (deutsch: Dienstleistungsrechnern) in Anspruch nehmen und damit ihre Möglichkeiten beträchtlich erweitern. Server sind Programme, die Dienstleistungen (engl.: service) über Netze anbieten, Klienten (oder Clients, diese Bezeichnung ist auch im Deutschen gebräuchlich) fordern diese bei Bedarf an. Dabei kann es sich beispielsweise um Datenbankdienste, Druckdienste, E-Mail-Dienste, Kalenderdienste, Adressdienste, Buchhaltungsdienste, Marketingdienste, Musikdienste und viele andere mehr handeln. Sie können entweder im Nahbereich über lokale Netze oder regional, national und international über Fernnetze (vor allem über das Internet) angeboten werden.

Vielfach werden auch die *Rechner,* auf denen die Serverprogramme laufen, als *Server* bezeichnet. Je größer die Zahl der Klienten ist und je umfangreicher die Dienstleistungen sind, desto leistungsfähiger muss ein Serverrechner sein. Für *Arbeitsgruppen* genügt oft ein *PC* oder eine *Workstation* mit entsprechendem Mehrplatzbetriebssystem als Server. Für *Abteilungsserver* (engl.: department server) und *Unternehmensserver* (engl.: enterprise server) sind meist Mehrprozessorsysteme mit höheren Arbeitsspeicherkapazitäten nötig. Solche Rechner bieten also Dienstleistungen für die Benutzer (→ Arbeitsplatzrechner → Client-Programme) einer Abteilung oder eines ganzen Unternehmens an. Näheres über die verteilte Datenverarbeitung erfahren Sie im Band 2, Kapitel 7.

Superrechner nehmen seit jeher eine Sonderstellung ein. Es gibt weltweit nur ein paar hundert Installationen für sehr spezielle rechenintensive Applikationen.

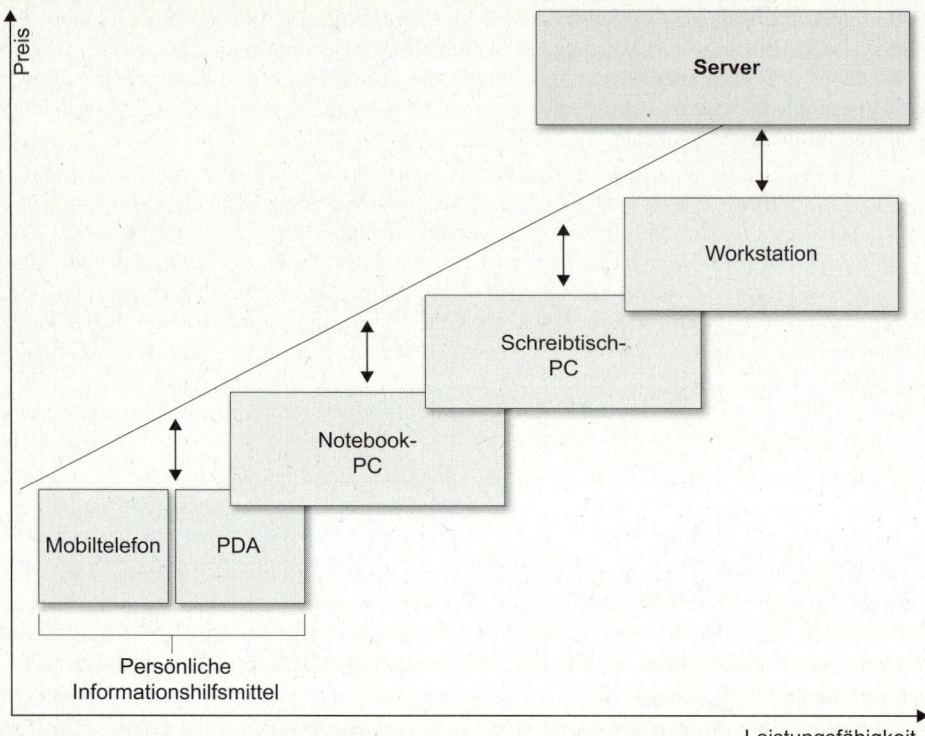

Abb. 1.3.1.1/3: Moderne Klassifikation von Rechnern (Client-Server-Systeme)

Infolge der extrem hohen Preise bewegt sich ihr umsatzmäßiger Marktanteil über Jahrzehnte hinweg konstant unter ein Prozent. Sie werden auch als HPC-Server vermarktet (HPC ist die Abkürzung für engl.: high performance computing, das heißt, Hochleistungsrechnen).

Bedienungserfordernisse ergeben sich in menschlicher und technischer Hinsicht. Persönliche Informationshilfsmittel, PCs und Workstations benötigen zum Betrieb kein Hilfspersonal. Anders verhält es sich bereits bei einer Reihe von Abteilungsservern. Für Unternehmensserver sind typischerweise Maschinenbediener (Operatoren; engl.: operator), Systemprogrammierer (engl.: system programmer) und andere IT-Spezialisten (zum Beispiel Datenbankadministratoren und Netzwerktechniker) erforderlich. Kommen PDAs, Personalcomputer und Workstations ausschließlich ohne Klimatisierung (abgesehen von Lüftungseinrichtungen) aus, so verlangt die weit in den Kilowatt-Bereich reichende Anschlussleistung der größeren Kategorien nach teilweise ausgeklügelten Kühlverfahren, vor allem im Unternehmensserver- und HPC-Serverbereich.

Der *Preis* eines Rechners ist einerseits eine Folge seiner technischen Auslegung und somit seiner Gruppenzugehörigkeit, andererseits auch ein Spiegelbild der Marktakzeptanz der jeweiligen Rechnerkategorie. Der Rechnermarkt ist seit jeher von einem durch den technischen Fortschritt bestimmten Preisverfall gekennzeichnet. Die schwersten „Preiskämpfe" finden im Personalcomputer- und Mobiltelefonmarkt statt. Durch die sich abzeichnende Marktsättigung und die Konjunkturschwäche in wesentlichen Märkten wurde die Wettbewerbsintensität und damit der Preisdruck in jüngster Zeit verstärkt.

Ein *PDA* kostet derzeit je nach Typ und Konfiguration zwischen 150 Euro und 700 Euro. Die Preisspanne für *PCs* bewegt sich zwischen zirka 700 Euro und 5.000 Euro. Beispielsweise haben wir für unseren *Studierenden-PC* mit 3,2-GHz-Pentium-Prozessor, 1.024 MB RAM, 17-Zoll-Flachbildschirm, 120-GB-Magnetplatte, CD-RW/DVD-Laufwerk, LAN-Anschluss und Modem zirka 2.500 Euro bezahlt (wenn Sie diesen Text lesen, bekommen Sie für dasselbe Geld wahrscheinlich schon wesentlich mehr Leistung und Speicherkapazität). Eine *Workstation* kostet in der Regel mindestens das Vierfache; manche Einstiegsmodelle von Workstation-Familien sind jedoch schon zu den Preisen von Hochleistungs-PCs zu haben. Die leistungsfähigsten Workstations haben Preise von 60.000 Euro und darüber. *Arbeitsgruppenserver* kosten üblicherweise 5.000–15.000 Euro, *Abteilungsserver* einige zehntausend bis einige hunderttausend Euro. *Unternehmensserver* liegen preislich zwischen 500.000 Euro und einigen Millionen Euro. Die Preise für *HPC-Server (Superrechner)* bewegen sich in derselben Größenordnung; die schnellsten Systeme mit einigen tausend Prozessoren erreichen Preise von über 100 Millionen Euro.

Mit dem Anschaffungspreis mittelbar zusammenhängende Größen sind die *Wartungskosten* und die bereits erwähnte *elektrische Anschlussleistung* der Zentraleinheit. Arbeitsplatzrechner haben eine typische Anschlussleistung von 150 – 300 Watt, Unternehmensserver mehr als das zwanzigfache.

Auch die *physischen Ausmaße* eines Rechners können als Klassifikationskriterium herangezogen werden. Am kleinsten sind mobile Geräte, wie beispielsweise am Körper tragbare Rechner oder PDAs und Handys, die in eine Westen- oder Handtasche passen. Zu den mobilen Geräten zählen die in eine Aktentasche passenden Notebook-PCs im DIN-A4-Format oder kleiner („Sub-Notebook"), deren Marktanteil ständig zunimmt. Nicht nur die derzeit größten, sondern auch die schwersten Zentraleinheiten besitzen Unternehmensserver, die einige Tonnen schwer sein können.

Die Abb. 1.3.1.1/4 zeigt Ihnen nochmals zusammenfassend die *Entwicklung des Computermarktes.*

▶ Übungsaufgabe Nr. 1.1.17 im Arbeitsbuch

Abb. 1.3.1.1/4: Typische Merkmale der „Computerzeitalter"

Computerära	Großrechner	Minicomputer	Workstation	PC	Persönliche Informations- hilfsmittel
Zirka	1955 – 1985	1965 – 1985	1980 – 2000	1980 – 2015	2000 +
Installationsort	Klimatisiertes Rechenzen- trum	Raum in einer Fachabteilung	Büro	Schreibtisch	In der Hand oder am Kör- per getragen
Preis in Euro	250.000 – 10.000.000	10.000 – 100.000 +	10.000 – 60.000 +	700 – 5.000	150 – 700
Nutzungszeit in Jahren	5 – 7	4 +	3 +	2 +	1 +
Verkaufte Ein- heiten pro Jahr bzw. Marktpo- tential	10.000	100.000	1.000.000	100.000.000	1.000.000.000
Treibende Kräfte bzw. Schlüssel- anwendungen	Unterneh- mensweite Massen- und Routinedaten- verarbeitung, Time-Sharing	Einsatz in tech- nischen und kaufmänni- schen Berei- chen (getrennt), individuelle Programmier- ung	Persönliche Rechenleistung für technisch- wissen- schaftliche und grafische Anwendungen	Persönliche Rechenleistung für Büroarbei- ten und Frei- zeitgestaltung in Haushalten	Freie Rechen- leistung, Inan- spruchnahme von Internet- Diensten jeder- zeit und über- all

1.3.1.2 Rechnerarchitekturen

Lange Zeit gab es nur Rechner, die mit einem Zentralprozessor nacheinander, Befehl für Befehl, einzelne Datenelemente verarbeiteten. PDAs, PCs und Work-stations haben noch heute diese klassische sequentielle *SISD-Architektur* (Abkürzung für engl.: single instruction, single data), die 1946 von dem unga-risch-amerikanischen Mathematiker John von Neumann vorgeschlagen worden ist (deshalb auch die Bezeichnung „von-Neumann-Rechner"). Arbeitsgruppen-, Abteilungs- und Unternehmensserver mit mehreren Prozessoren sind ebenfalls in der Regel (eine Menge von) SISD-Maschinen, weil deren Prozessoren unab-hängig voneinander ihre Befehlsströme auf unterschiedliche Datenbereiche anwenden.

Hochleistungsserver oder *Superrechner* (= Synonyme) sind *SIMD- oder MIMD-Maschinen,* deren Prozessoren sich entweder einen gemeinsamen Arbeitsspeicher (Adressraum) teilen oder die über jeweils eigene Arbeitsspeicher verfügen.

SIMD-Rechner (Abkürzung von engl.: single instruction, multiple data) können einen oder mehrere Prozessoren haben, die alle im Gleichschritt dieselben Befehle auf verschiedene Daten ausführen. Ein einzelner Befehl manipuliert also parallel viele Datenelemente.

Es gibt solche Systeme mit bis zu Tausenden in einer Reihe (engl.: array) arbeitenden Prozessoren. Es können aber auch nur einige wenige Prozessoren (typisch: ein bis vier) sein, wie bei der SIMD-Untergruppe der *Vektorrechner*.

Vektorrechner (engl.: vector computer) haben einen oder mehrere speziell ausgelegte Prozessoren zur Verarbeitung von Vektoren, das sind Reihen ähnlicher Daten mit fixer Länge. Typische Beispiele für Datenvektoren sind Zeilen oder Spalten von Tabellen mit Messdaten.

Die Notwendigkeit zur Verarbeitung von großen Vektoren findet man vor allem im technisch-naturwissenschaftlichen Bereich. Der erste, in der zweiten Hälfte der 1970er Jahre von der Firma Cray eingeführte Superrechner (Cray 1) war ein Vektorsystem.

MIMD-Rechner (Abkürzung für engl.: multiple instruction, multiple data) sind Mehrprozessorsysteme, deren Prozessoren gleichzeitig mehrere Befehlsströme auf verschiedene Daten ausführen.

Im Unterschied zu den oben erwähnten SISD-Mehrprozessorsystemen bestehen Zusammenhänge zwischen den Befehlsströmen und Daten, da diese verschiedene Teile derselben auszuführenden Aufgabe darstellen. MIMD-Systeme arbeiten also bei Unteraufgaben parallel. Zur Verbindung der Prozessoren und Arbeitsspeicher gibt es eine Vielfalt von Möglichkeiten, die in unterschiedlichen

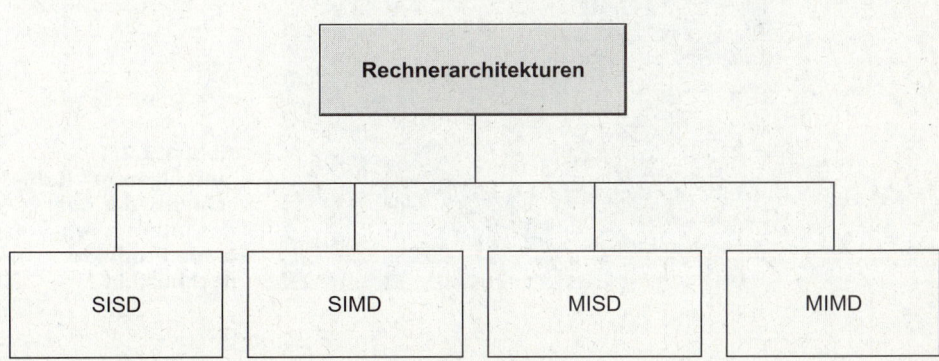

Abb. 1.3.1.2/1: Rechnerarchitekturen (nach Flynn)

Architekturvarianten der angebotenen MIMD-Rechner ihren Niederschlag finden. Näheres über Rechnerarchitekturen erfahren Sie im Band 2, Kapitel 1.

1.3.2 Persönliche Informationshilfsmittel

Es gibt *zwei Typen von persönlichen Informationshilfsmitteln* – tragbare und eingebettete. Die tragbaren Geräte umfassen *allgegenwärtige, unaufdringliche elektronische Geräte* (engl.: pervasive device), die vielfach die Verarbeitung von Sprache und Daten mit einem drahtlosen Internet-Zugang verbinden. Die zurzeit wichtigsten Geräte sind *Mobiltelefone* mit den Anwendungsschwerpunkten Telefonie und Kurzmitteilungsdienst (engl.: short message service; abgekürzt: SMS) sowie *PDAs* mit Funktionen für das persönliche Informationsmanagement.

Eingebettete Informationshilfsmittel gibt es in Verkehrsmitteln sowie in Büro- und Haushaltsgeräten. Beispiele sind etwa Navigationssysteme für Autos oder „intelligente" Kühlschränke, die automatisch fehlende Produkte nachbestellen und Rezeptvorschläge herunterladen.

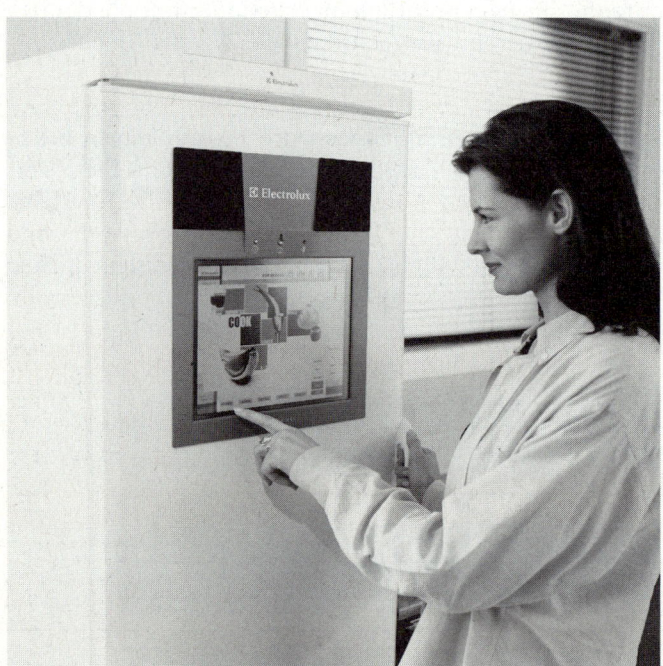

Abb. 1.3.2/1: „Intelligenter" Kühlschrank, der über das Internet fehlende Produkte nachbestellt

1.3.2.1 Mobiltelefone

Ein **Mobiltelefon** (engl.: mobile phone, cellular phone; umgangssprachlich: Handy) ist ein kleines, leichtes Endgerät für einen Mobilfunkdienst. In Europa wird derzeit für digitale Mobilfunkdienste vorwiegend der Standard GSM (Abkürzung für engl.: global system for mobile communications) verwendet, der Standard UMTS (Abkürzung für engl.: universal mobile telecommunications system) wird zunehmend eingeführt und ermöglicht durch höhere Übertragungsleistungen Multimediaangebote. Neben dem Sprachdienst unterstützen Mobiltelefone den Kurzmitteilungsdienst SMS (Abkürzung von engl.: short message service), der pro Mitteilung die Übertragung von bis zu 160 Zeichen langen Texten ermöglicht.

Weltweit gibt es zirka 1,5 Milliarden Mobiltelefonbenutzer, davon telefoniert eine Milliarde mit GSM (Stand Anfang 2004; jährlicher Zuwachs zirka 20 Prozent). Die meisten GSM-Benutzer sind in Europa (43,8 Prozent) und im asiatisch-pazifischen Raum (38,2 Prozent) beheimatet. Das größte Wachstum gibt es in China. Der *Kurzmitteilungsdienst SMS* erfreut sich vor allem bei Jugendlichen größter Beliebtheit. Die GSM Association – ein Interessenverband von zirka 580 im Mobilfunkmarkt tätigen Unternehmen – schätzt, dass pro Monat über 30 Milliarden SMS-Nachrichten übermittelt werden. Die deutschen Mobiltelefonkunden haben im Jahr 2003 durchschnittlich 40 SMS pro Monat verschickt.

GSM-Netze werden in Europa auf den Frequenzbändern 900 MHz und 1.800 MHz betrieben. Ein *Dual-Band-Mobiltelefon* unterstützt beide Frequenzbänder. Ein *Tri-Band-Mobiltelefon* kann darüber hinaus auf dem in den USA gebräuchlichen Frequenzband 1.900 MHz arbeiten. Aktuell angebotene Mobilfunktelefone wiegen teilweise schon unter 80 Gramm und haben Abmessungen von zirka 10 × 5 × 2 Zentimeter. Die Akkus erlauben ohne Wiederaufladen Betriebszeiten im Ruhezustand (engl.: standby) bis zu 300 Stunden und Sprechzeiten bis zu sechs Stunden.

Das *Geräteangebot* ist verwirrend groß, jährlich kommen über 100 neue Modelle auf den Markt. Die Bildschirme werden größer und erlauben in hoher Auflösung die Anzeige von bis zu 65.000 Farben. Komfortables Telefonieren wird durch Rufnummernspeicher, Kurzwahl, automatische Wahlwiederholung, Anklopfen/Makeln/Halten, Stummschaltung, Vibrationsalarm, programmierbare Ruftöne, änderbare Buchstabengrößen und Filter (nur VIP melden) unterstützt. Integrierte Kameras, Radios, MP3-Player, TV-Tuner, Spiele, Bildschirmschoner, Hintergrundbilder, Logos und polyphone Klingeltöne bringen Spaß und Unterhaltung.

Bei so genannten *Smartphones* sind zusätzlich die typischen PDA-Funktionen des persönlichen Informationsmanagements integriert (Näheres folgt im Abschnitt 1.3.2.2). Als Betriebssystem dient meist *Symbian*, das von einem Konsortium bedeutender Mobiltelefonhersteller entwickelt worden ist.

Über ein Drittel der weltweit verkauften Handys stammen von dem finnischen Hersteller *Nokia*. Weitere führende Mobiltelefonhersteller sind *Motorola, Samsung, Siemens* und *Sony Ericsson* (Nennung in der Reihenfolge der Weltmarktanteile im Jahr 2003). Wachstumstreiber sind derzeit vor allem Kamerahandys und Smartphones. Obwohl die Fotofunktionen noch höchst unzureichend sind (geringe Auflösung, komplizierte Übermittlung), wurden im Jahr 2003 erstmals mehr *Mobiltelefone mit eingebauter Kamera* als Digitalkameras ausgeliefert.

Smartphones basieren zu zirka 85 Prozent auf *Symbian*, an dem alle vorstehend genannten Mobiltelefonhersteller beteiligt sind. Microsoft versuchte bisher mit wenig Erfolg, sein „*Windows for Smartphones*" durchzusetzen. Smartphones kannibalisieren zunehmend den PDA-Markt. Dem versuchen die Hersteller von PDA-Betriebssystemen durch die Erweiterung ihrer Plattformen um Mobiltelefon- und WLAN-Funktionen zu begegnen. Auch hinsichtlich des Gewichts und der Abmessungen nähern sich Multifunktionshandys und PDAs immer mehr aneinander an. Smartphones werden durch die zunehmenden Funktionen und entsprechende Hardwareeinrichtungen (Speicher usw.) größer und schwerer (bis zu 120 g), PDAs infolge technischer Fortschritte kleiner und leichter (bis zu 140 g).

Mit dem Übertragungsprotokoll GPRS (Abkürzung für engl.: general packet radio service) sind über das GSM-Netz Übertragungsleistungen für den Datenverkehr bis über 100 kbit/s möglich. GPRS basiert auf der im Internet üblichen Paketvermittlungstechnik. Bei der Verrechnung fällt kein zeitabhängiges Verbindungsentgelt an (Benutzer können rund um die Uhr online sein), die Bezahlung erfolgt nach Umfang der übermittelten Daten. Auch andere Endgeräte, zum Beispiel Notebook-PCs oder PDAs, können auf diesem Wege (etwa mittels Kabel oder Bluetooth) über das Mobiltelefon oder direkt über eine Adapterkarte an das Mobilfunknetz angeschlossen werden. Näheres über Mobilfunktechniken erfahren Sie im Band 2, Kapitel 6.

Beim *Internet-Zugang* mittels GSM oder GPRS ist der Benutzer wegen der geringen Übertragungskapazitäten im Wesentlichen auf die Sprach- und Textübertragung beschränkt. Die mittels WAP (Abkürzung für engl.: wireless application protocol) angebotenen Dienste reichen von Nachrichten, Fahrplänen, Hotel- und Taxiauskünften, Sportergebnissen und Kinoprogrammen bis hin zu Telebanking. *WAP-Angebote* werden von den Mobilfunkteilnehmern bisher *kaum benutzt*. Dasselbe gilt für den multimedialen *MMS-Dienst,* mit dem unter anderem per Handy aufgenommene Fotos versandt und empfangen werden können.

Das seit 2002/03 in Einführung befindliche *UMTS-Netz* soll den Engpass der schmalbandigen Übertragung beseitigen. Dieser weltweit gültige Mobilfunk-Standard ermöglicht im Nahbereich Übertragungsraten bis zu zwei Mbit/s und erlaubt damit überall und rund um die Uhr die Nutzung von Multimediaanwendungen wie beispielsweise der Bildtelefonie. UMTS wird in den meisten westeuropäischen Ländern ab 2005 flächendeckend verfügbar sein. Wie rasch es akzeptiert werden wird, wird entscheidend von den angebotenen Inhalten und der Preisgestaltung der Betreiber abhängen. Anfang 2004 gab es erst 1,7 Millionen Benutzer weltweit.

Abb. 1.3.2.1/1: UMTS-Mobiltelefone

▶ Übungsaufgabe Nr. 1.1.18 im Arbeitsbuch

1.3.2.2 Persönliche digitale Assistenten (PDAs)

Ein **persönlicher digitaler Assistent** (engl.: personal digital assistant; abgekürzt: **PDA**) ist ein batterie- oder akkubetriebener „Westentaschen-PC" der
vorwiegend von Berufstätigen unterwegs für das persönliche Informationsmanagement (engl.: personal information management; abgekürzt: PIM)
verwendet wird. Synonyme englische, auch bei uns gebräuchliche Bezeichnungen sind **Palmtop** (deutsch: auf der Handfläche), **Hand-held** (deutsch:
in der Hand gehalten) oder **Organizer** (deutsch: Organisator).

Das *persönliche Informationsmanagement* umfasst die Planung und Organisation von Terminen, Aufgaben und Adressen. Hinzu kommen Kommunikati-
onsfunktionen wie die *Elektronische Post* (engl.: e-mail), die *Informa-
tionsrecherche* im Internet *(Web-Browser)* und der *Datentransfer* zur
Synchronisierung der Information zwischen zwei oder mehreren PDAs und der
PIM-Software auf einem Arbeitsplatzrechner oder auf einem Webserver. Manche Geräte sind standardmäßig mit weiterer *Bürosoftware* ausgestattet, Hunderte zusätzlicher Programme können aus dem Internet bezogen werden.
Durch Hardwarezusatzeinrichtungen, zum Beispiel zum Fotografieren oder für

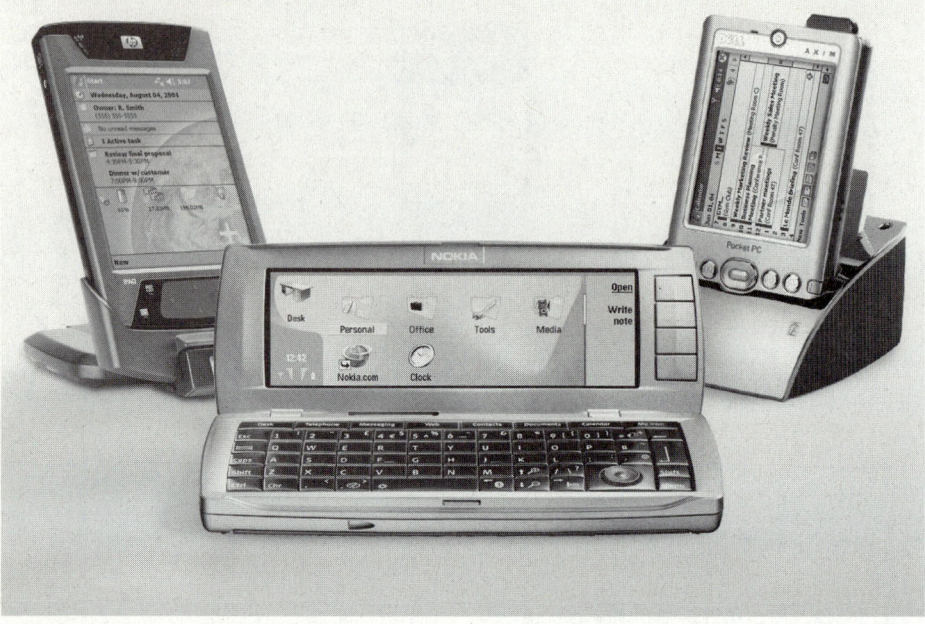

Abb. 1.3.2.2/1: PDAs

die satellitengestützte Navigation, kann das Einsatzspektrum zusätzlich ausgeweitet werden.

PDAs haben meist einen 3,5- oder 3,8-Zoll-Sensorbildschirm (engl.: touchscreen), über den das Gerät mit einem Stift gesteuert wird und auf dem bei Bedarf eine virtuelle Tastatur eingeblendet werden kann. Kleinere Datenmengen können entweder handschriftlich (eingebaute Handschrifterkennung) oder durch Tippen mit dem Stift eingegeben werden. Wenn eine reale Tastatur vorhanden ist, so liegt sie unterhalb des Bildschirms oder sie ist im aufklappbaren Deckel untergebracht. Die maximale Taktrate der CPU (ein PDA hat stets nur einen Prozessor) liegt bei PDAs derzeit bei 600 MHz. Der Arbeitsspeicher (RAM) erreicht bis zu 128 MB. Das Betriebssystem und die vom Hersteller mitgelieferten Anwendungsprogramme sind in einem Flash-ROM abgelegt, dessen Kapazität 64 MB nicht übersteigt. Die Speicherkapazität kann häufig mittels Speicherkarten erweitert werden. Zum Datenaustausch und zum Aufladen des Akkus wird der PDA in eine Docking-Station gesteckt, die durch ein Kabel an den PC angeschlossen ist. Soweit drahtlose Datenverbindungen vorgesehen sind, werden diese über Bluetooth und WLAN realisiert (Näheres im Band 2, Kapitel 6). Die typischen Abmessungen (H × B × T) eines PDAs betragen ungefähr 13 × 8 × 1,5 Zentimeter, das Gewicht liegt zwischen 140 und 190 Gramm. Die Kaufpreise beginnen bei 150 Euro und erreichen bei Spitzengeräten bis zu 700 Euro. Bei den Geräten der gehobenen Preisklasse sind häufig MP3-Player und Kameras eingebaut.

Es gibt zwei wesentliche *PDA-Plattformen* – Palm OS und Windows Mobile for Pocket PC – mit unterschiedlichen Merkmalen. Sie kommen bei weitem nicht an die Funktionen und Leistungen von Schreibtisch- oder Notebook-PCs heran.

Das *Betriebssystem Windows Mobile for Pocket PC* (früher Windows CE) ist von Microsoft-Windows für Personalcomputer abgeleitet. Es bietet die gewohnte Windows-Benutzeroberfläche, eine relativ große Funktionalität und Erweiterungsmöglichkeiten. Neben PIM- und Kommunikationssoftware gibt es „Taschen"-Versionen der Microsoft-Textverarbeitung (Pocket Word), -Tabellenkalkulation (Pocket Excel), -Präsentation (Pocket PowerPoint), -Datenbankverwaltung (Pocket Access) und des Windows Media Player, wodurch die Geräte als MP3-Player und als E-Buch-Leser verwendet werden können. Näheres über diese Programme erfahren Sie im Kapitel 3. Durch die seit 2002 verfügbare *Pocket PC Phone Edition* werden der PDA-Plattform Mobiltelefonfunktionen hinzugefügt. Es sind monochrome und farbige Bildschirme mit Auflösungen von 320 × 240 und 640 × 480 Bildpunkten möglich. Pocket PC verwendet die leistungsfähigsten Prozessoren (derzeit bis 600 MHz) aller PDA-Plattformen, hat dadurch aber die kürzeste Nutzungsdauer bis zum Wiederaufladen des Akkus (ungefähr 3–5 Stunden im Dauerbetrieb, ohne Bildschirmbeleuchtung 8–12 Stunden). Der Zentralspeicher beinhaltet typischerweise 32–64 MB ROM und 32–128 MB RAM. Bedeutende Hersteller von Pocket-PC-Geräten sind Hewlett-Packard, Dell, Toshiba und Casio (Reihenfolge entsprechend den Pocket-PC-Marktanteilen 2003). Bei einem insgesamt stagnierenden PDA-Markt haben die Anbieter von Geräten auf der Basis des Pocket PC seit dem Jahr 2000 erhebliche Marktanteile gewonnen.

Die seit Anfang der 1990er Jahre entwickelte *Palm-OS-Plattform* von *PalmSource* wurde speziell für das persönliche Informationsmanagement auf PDAs konzipiert. Dementsprechend wurde die Plattform hinsichtlich Benutzungsfreundlichkeit, Laufzeit und Tragbarkeit (Größe, Gewicht) der Geräte optimiert. Handelsübliche AAA-Alkali-Batterien (in einigen Modellen auch wieder aufladbare Akkus) erlauben ohne Bildschirmbeleuchtung bis zu 30 Stunden Dauerbetrieb (mit Bildschirmbeleuchtung entsprechend weniger). Durch die weite Verbreitung dieser Plattform werden Tausende von zusätzlichen Programmen zum Herunterladen über das Internet angeboten (kostenlos oder für geringe Beträge). Palm-Anwendungen benötigen meist erheblich weniger Rechenleistung und Speicher als ähnliche Programme auf der Pocket-PC-Plattform. Dadurch genügten lange Zeit niedrig getaktete Prozessoren mit 16–33 MHz, 8–16 MB RAM und 2–8 MB ROM. Seit der Betriebssystemversion 5 (Oktober 2002) sind schnellere Prozessoren, 64 MB Speicher ohne Erweiterungskarten, die Bildschirmauflösung 320 × 480 sowie die native Unterstützung von Bluetooth und WLAN möglich. Frühere Nachteile bei Multimedia-Anwendungen hat seitdem vor allem die Firma Sony bei ihren Clié-Modellen wettgemacht. Mitte 2004 hat Sony jedoch aufgrund der schlechten Marktsituation die weltweite Einstellung der Clié-Serie angekündigt (Ausnahme: Japan). Der kalifornische Weltmarktführer Palm (2000: 67 Prozent, 2003: 34 Prozent Weltmarktanteil) ist damit der einzige Anbieter von Palm-OS-PDAs, der der zunehmenden Konkurrenz der Pocket-PC-Geräteanbieter standhalten konnte.

▶ Übungsaufgabe Nr. 1.1.19 im Arbeitsbuch

1.3.3 Arbeitsplatzrechner

Ein Arbeitsplatzrechner ist ein Rechner für den persönlichen Gebrauch eines Benutzers am Arbeitsplatz. Im Vergleich zu den vorstehend beschriebenen persönlichen Informationshilfsmitteln ist er wesentlich leistungsfähiger, aber auch größer, schwerer und teurer. Wir unterscheiden dabei Personalcomputer und Workstations; die Grenzen zwischen diesen beiden Rechnerkategorien verschwimmen jedoch zusehends.

1.3.3.1 Personalcomputer

Ein **Personalcomputer** (engl.: personal computer), abgekürzt **PC**, ist ein Rechner, der ursprünglich nur für den persönlichen Gebrauch durch einen einzelnen Benutzer vorgesehen war. Mittlerweile bedienen jedoch leistungsstarke PCs als Serverrechner in lokalen Netzen auch mehrere Teilnehmer von Arbeitsgruppen (genauer: deren Client-Programme; Näheres folgt). Als CPU dient meist ein 32-Bit-Mikroprozessor mit einer Taktrate von 2 GHz aufwärts (Ende 2004 bis 3,8 GHz). Die Arbeitsspeicherkapazität beginnt bei 256 MB und kann bis zu vier GB ausgebaut werden. Dominierendes Betriebssystem ist Windows von Microsoft.

PCs gibt es in *zahllosen Varianten,* wobei der typische *Preis* für die meistverkauften Schreibtischrechner (engl.: desktop computer) inklusive Bildschirm zwischen 1.500 und 2.500 Euro liegt. Untertischgeräte, bei denen die turmförmige Systemeinheit (engl.: tower) unter dem Schreibtisch steht, bieten durch mehr Einschubfächer für Steckkarten weit reichende *Ausbaumöglichkeiten* und können dementsprechend noch erheblich teurer sein.

Von PDAs sind Personalcomputer durch ihr *wesentlich höheres Leistungsvermögen und ihr universelles Anwendungsspektrum* abgrenzbar. Sie besitzen weitaus schnellere Zentralprozessoren und Arbeitsspeicher vielfacher Kapazität. Größere, ergonomisch gestaltete Bildschirme und Tastaturen erlauben eine ständige Benutzung. Die Bildschirmgrößen für gewöhnliche Büroarbeitsplätze beginnen bei 15 Zoll und reichen bis 20 Zoll Diagonale. Die in den letzten Jahren stark verbilligten TFT-Flachbildschirme lösen zunehmend die klobigen, schweren Kathodenstrahlbildschirme (CRT-Monitore) ab. In das Gehäuse von Schreibtisch-PCs sind in der Regel ein Festplatte mit einer Kapazität von mindestens 80 GB und ein CD-RW/DVD-Laufwerk eingebaut. Bei Neukäufen wird immer seltener ein früher zur Standardausstattung gehörendes Diskettenlaufwerk bestellt. Zum Datenaustausch dient stattdessen ein externer Flashspeicher, der kaum größer als ein Feuerzeug ist und in den USB-Port eines jeden PCs passt (USB-Stick). Der Benutzer kann darauf rasch und einfach seine Daten speichern und überall hin mitnehmen. Die Speicherkapazität eines USB-Sticks liegt derzeit zwischen 64 MB und 4 GB. Näheres über diese externen Speicher erfahren Sie im Band 2, Kapitel 2.

Bei den *Zentralprozessoren* für Schreibtisch-PCs dominieren Celeron- und Pentium-4-Chips mit 32 Bits Verarbeitungsbreite des US-Herstellers Intel. Einziger wesentlicher Konkurrent ist der ebenfalls US-amerikanische Hersteller AMD (Advanced Micro Devices), der mit dem Athlon 64 einen 32/64-Bit-Kombi-Chip anbietet, der sowohl 32-Bit-Code als auch 64-Bit-Code abarbeiten kann. Auch die Firma Intel entwickelt ihre Pentium-Prozessoren in diese Richtung weiter. Bisher fehlt es jedoch noch an entsprechender Software (Betriebssystem, Anwendungsprogramme), um den Vorteil der größeren Verarbeitungsbreite ausspielen zu können.

Für Notebook-PCs werden von beiden Herstellern etwas niedriger getaktete, energiesparende CPU-Varianten angeboten (Pentium M, Athlon 64 M). Intel vermarktet den Pentium-M-Prozessor und den 855-Chipsatz mit einem integrierten WLAN-Anschluss unter dem Markennamen „*Centrino*". Damit werden besonders dünne und leichte Notebook-PCs mit einer langen Akku-Laufzeit ermöglicht.

Personalcomputer verfügen stets über *Hilfsprozessoren,* die die Ein-/Ausgabe, den grafischen Bildschirmaufbau und die Netzanbindung unterstützen. Diese können entweder auf der Hauptplatine (Motherboard) integriert oder durch Steckkarten unterschiedlicher Leistungsfähigkeit (und Kosten) realisiert sein.

Beispielsweise sind bei unserem *Studierenden-PC Grafikfunktionen* im *Intel-865G-Chipsatz* integriert, die für die üblichen Bürotätigkeiten völlig ausreichen *(Intel Extreme Graphics).* Für anspruchsvolle Multimediaanwendungen (zum Beispiel schnelle 3-D-Computerspiele, Filmbearbeitung, CAD) stehen *Grafikkarten* mit unterschiedlich leistungsfähigen Prozessoren der Hersteller *nVidia* und *ATI* zur Verfügung, die ab 90 Euro bis zu einigen Hundert Euro kosten. Die Speicherkapazitäten betragen derzeit meist 128 oder 256 MB.

Die *PC-Ausstattung* wird bei der Bestellung festgelegt. Der Käufer hat die Wahl zwischen fertig zusammengestellten Komplettsystemen und der Selbstkonfigurierung des Systems durch die Auswahl alternativer Hardwarekomponenten, die dann wunschgemäß als „individualisiertes" Komplettsystem geliefert werden. Technisch versierte Anwender können ihren PC auch selbst zusammenstellen und montieren.

PC-Betriebssysteme

Als *Betriebssystem* für den *PC zu Hause* dient vorrangig *Windows XP Home* von Microsoft. Es bietet eine gute Unterstützung für Büro- und Multimediaanwendungen (Musik, Video, Spiele) und erlaubt eine einfache Konfiguration von Peripheriegeräten und des Internet-Zugangs. Auf vernetzten *Unternehmens-PCs* kommt hauptsächlich *Windows XP Professional* (Nachfolger von Windows 2000) zum Einsatz. Im Vergleich zur Home Edition bietet Windows Professional erweiterte Sicherheits- und Netzwerkverwaltungsfunktionen. Im Jahr 2003 wurden weltweit 96 Prozent aller verkauften PCs mit einem Windows-System ausgeliefert, 78 Prozent mit Windows XP (Quelle: Gartner).

Alle genannten Windows-PC-Betriebssysteme sind auf die im letzten Jahrzehnt vorherrschenden Intel- und Intel-kompatiblen PC-Prozessoren mit 32 Bits Verarbeitungsbreite und dem erweiterten x.86-Befehlssatz ausgelegt. Wie erwähnt gibt es jedoch seit 2003 vom wichtigsten Intel-Konkurrenten AMD mit dem Athlon 64 eine Prozessorfamilie, die sowohl 32-Bit- als auch 64-Bit-Code verarbeiten kann. Microsoft hat im Februar 2004 ein „Pre-Release" der 64-Bit-Version von Windows XP für die AMD-Prozessoren Athlon 64 und Opteron angekündigt. Jedermann kann sich die rund 420 MB große Software kostenlos aus dem Internet herunter laden oder auf einer CD bestellen (bei Übernahme der Versandkosten). Diese Betaversion ist ausschließlich in englischer Sprache verfügbar und wie bei Microsoft üblich zeitlich limitiert (in diesem Fall auf 360 Tage). Mit der offiziellen Markteinführung für Endkunden ist 2005 zu rechnen.

Neu entwickelte Software wird oft in zwei Stufen getestet: Alpha (im Haus) und Beta (außer Haus). Die **Betaversion** (engl.: beta version) einer Software ist eine frühe, weitgehend funktionsfähige Version eines Programms, die wegen vermuteter Programmierfehler (engl.: bug) vor der offiziellen Markteinführung kostenlos oder sehr kostengünstig an Testanwender (Betatester) abgegeben wird. Softwaremonitore senden bei einem Absturz oder Fehlfunktionen des Programms einen Fehlerbericht über das Internet an den Hersteller.

Das kostenlos über das Internet beziehbare, vom Leistungsumfang mit Windows XP Professional vergleichbare UNIX-Betriebssystem *Linux* ist an Hochschulen populär. Zunehmend machen auch Betriebe und Privatanwender davon Gebrauch – vor allem Entwickler und Benutzer, die dem Microsoft-Quasimonopol kritisch gegenüber stehen. Da die meisten PCs mit einem vorinstallierten Windows ausgeliefert werden, die Unterstützung für Bürofunktionen relativ neu ist und die Microsoft-Dateiformate verhältnismäßig schlecht unterstützt werden, weil vielen Unternehmen das Risiko des Einsatzes von freier Software zu hoch ist und es derzeit vergleichsweise weniger kommerzielle Anwendungssoftware gibt, ist die Verbreitung von Linux auf Arbeitsplatzrechnern in Unternehmen noch gering (Marktanteil 2003: zwei Prozent).

Einen ähnlich geringen Verbreitungsgrad haben die Rechner der Firma *Apple,* die mit der 64-Bit-RISC-Prozessor-Plattform *Power Mac* und dem zugehörigen Betriebsystem *Mac OS X* eine eigenständige, nicht zu Windows kompatible Linie verfolgt. Dieses einst technisch führende Unternehmen hat in den 1990er Jahren einen Niedergang erlebt und besitzt nur noch in Marktnischen (Agenturen, Medien, Druckvorstufe, Schulen) eine größere Bedeutung. Erst 2003 wurde mit den futuristisch gestylten G5-Rechnern wieder leistungsmäßig Anschluss gefunden.

Notebook-PCs

Ein **Notebook-PC** (deutsch: Notizbuch-PC) oder **Laptop-PC** (= Synonym) ist ein tragbarer Personalcomputer mit einem Gewicht von einem bis zu einigen Kilogramm, der einige Stunden ohne Stromnetzanschluss mittels Akku betreibbar ist. Im aufklappbaren Deckel ist ein flacher Farbbildschirm von meist 14 – 15 Zoll Diagonale eingebaut; es gibt jedoch auch größere und kleinere Modelle. In dem darunter liegenden Gehäuse sind eine Schreibmaschinentastatur, eine Festplatte und oft weitere Peripheriegeräte untergebracht. Ein integriertes Modem und LAN-Adapter (Ethernet und WLAN) gehören inzwischen zur Basisausstattung. Es werden die gleichen Betriebssysteme verwendet wie für Schreibtisch-PCs.

Notebook-PCs unterscheiden sich leistungsmäßig kaum von den PC-Tischgeräten. Im Gegensatz zu diesen sind sie später nicht erweiterungsfähig, was beim Kauf besonders sorgfältige Überlegungen bezüglich künftiger Anforderungen erfordert. Der Kaufpreis eines Notebook-PCs ist ungefähr um ein Drittel höher als der eines vergleichbaren Tischgeräts. Ein wesentlicher Grund dafür ist der teure flache LCD-Farbschirm. Das Anwendungsspektrum entspricht stationären Arbeitsplatz-PCs; dazu kommen mobile Anwendungen, auf die wir später im Detail eingehen werden.

Abb. 1.3.3.1/1: Notebook-PC

Bei den Notebook-PCs lassen sich *mehrere Geräteklassen* unterscheiden:

1. Schwere, große, dicke (vier bis fünf Zentimeter hohe) Hochleistungsgeräte ("Desktop-Notebook") mit einem sehr guten 15-, 16- oder 17-Zoll-Bildschirm, weitreichenden Grafikfähigkeiten, einer integrierten Festplatte und in das Gehäuse eingebauten Wechselspeichern (CD-RW/DVD- und eventuell Diskettenlaufwerk). Sie wiegen drei bis fünf Kilogramm und verwenden oft dieselben "stromfressenden" Prozessoren wie Schreibtisch-PCs (vorwiegend Pentium 4). Die meiste Zeit werden sie auf einem Schreibtisch im Betrieb, zu Hause oder bei Kunden mit Anschluss an das Stromnetz verwendet. Der typische Preis beträgt 2.000 – 3.000 Euro.

2. Nur halb so schwere (2 – 2,5 kg), große, flache (zwei bis drei Zentimeter hohe) Notebooks ("Normalgröße") mit einem 14- oder 15-Zoll-Bildschirm, integrierter Festplatte und eventuell CD-RW/DVD-Laufwerk. Weitere Laufwerke sind separat erhältlich. Die Geräte sind für professionelle Benutzer ideal, die viel unterwegs sind. Durch Centrino-Technik werden im Akku-Betrieb bis zu sechs Stunden Laufzeit erreicht. Der typische Preis in dieser am häufigsten nachgefragten Geräteklasse beträgt 1.000–1.500 Euro.

3. Leichte, kompakte Subnotebooks (1–2 kg) mit einem 12,1-Zoll-Bildschirm und integrierter Festplatte, die auf eine Docking-Station aufgesetzt oder separat betrieben werden können. Die Docking-Station (weitere 1–2 kg) nimmt CD-RW/DVD- und andere Peripherielaufwerke (zum Beispiel Diskette, zweite Festplatte) auf, bietet Steckkartenschlitze, USB-Anschlüsse usw. Mit Pentium-M- oder Athlon-M-Prozessor entspricht die Laufzeit den Geräten in der Standardklasse. Der typische Preis beträgt 2.000–2.500 Euro. Noch kleinere Geräte mit einem 8,9- oder 10,4-Zoll-Bildschirm sind hierzulande (im Gegensatz zu Japan) kaum gefragt.

4. Tablet-PCs als Sonderklasse der Subnotebooks.

Ein **Tablet-PC** (deutsch: Tablett-PC) ist ein stiftgesteuerter Subnotebook-PC mit einem hoch auflösenden Sensorfarbbildschirm (10,4 oder 12 Zoll), der im aufklappbaren, drehbaren Deckel (Convertible) oder im Gehäuse (Slate) anstelle einer Tastatur eingebaut ist. Im Gehäuse ist eine Festplatte untergebracht, ein externes CD-RW/DVD-Laufwerk ist optional erhältlich. Das Gewicht beträgt zirka 1,5–2 kg. Als Betriebssystem wird durchwegs Microsofts Windows XP Tablet Edition verwendet, das eine leistungsfähige Handschrifterkennung bietet.

Vereinzelt werden auch kleinere (8,4-Zoll-Bildschirm) oder größere (14,1-Zoll-Bildschirm) Geräte angeboten. Tablet-PCs können überall dort zum Einsatz kommen, wo der Schreibtisch fehlt: Etwa zur mobilen Datenerfassung und zum Datenabruf in Produktion, Lager und Außendienst, in Krankenhäusern usw. oder zum Internet-Surfen auf der Couch. Auch für Mitschriften bei Meetings und für Skizzen von Grafikern und Architekten ist die händische Stifteingabe auf dem Bildschirm geeignet. Die Preise von Tablet-PCs

Abb. 1.3.3.1/2: Tablet-PCs: Hinten Convertibles, vorne Slate (deutsch: Schreibtafel)

mit Pentium-M-Prozessor beginnen bei 2.200 Euro und reichen bis zu 3.500 Euro.

Führende PC-Anbieter, die sowohl Schreibtisch-PC- als auch Notebook-PC-Produktlinien verkaufen, sind Dell, Hewlett-Packard, IBM, Fujitsu/Fujitsu-Siemens und Toshiba (Nennung in der Reihenfolge der Weltmarktanteile im Jahr 2003, Quellen: IDC und Gartner). In Deutschland ist Medion PC-Marktführer (Vertrieb über Discounter wie Aldi). Bei *Notebook-PCs* führt in Deutschland Acer vor Fujitsu-Siemens, Toshiba, Medion, HP und Gericom. Über die Hälfte der weltweit produzierten Notebook-PCs stammen von taiwanesischen Herstellern (vor allem Quanta und Compal), die an fast alle bekannten Markenfirmen liefern. Marktführer bei den bisher wenig verbreiteten *Tablet-PCs* ist Hewlett-Packard vor Acer, Toshiba und Fujitsu-Siemens.

1.3.3.2 Workstations

Eine **Workstation** (deutsch: Arbeitsstation) ist ein am Arbeitsplatz eines Benutzers installierter Hochleistungsrechner mit einem großen, hochauflösenden Bildschirm für technisch-wissenschaftliche und sonstige rechenintensive Anwendungen im Netzverbund. Daneben kommen Workstations auch als Arbeitsgruppenserver zum Einsatz.

Am unteren Ende des Angebotsspektrums sind „Workstation-Familien" preislich und leistungsmäßig mit den vorwiegend für kommerzielle Zwecke eingesetzten Hochleistungs-PCs vergleichbar. Im oberen Bereich besitzen sie vielfa-

Abb. 1.3.3.2/1: Workstation

che Leistungen. Die nachfolgende Tabelle zeigt Ihnen einige typische Abgrenzungsmerkmale zwischen kommerziellen Personalcomputern und technisch-wissenschaftlichen Workstations, die Sie jedoch teilweise erst nach der Lektüre der Kapitel 1 und 4 im Band 2 verstehen können.

Durch die enormen, auch weiterhin zu erwartenden Leistungssteigerungen der Mikroprozessortechnik verschwimmen zunehmend die Grenzen zwischen Personalcomputern und Workstations. Die CISC-CPUs der Personalcomputer nähern sich der RISC-Architektur von Workstations und deren vergleichsweise höheren Leistungen an.

Die führenden *Hersteller von Workstations* sind Hewlett-Packard, Sun Microsystems, Dell, IBM und Silicon Graphics. Die Nachfrage nach Workstations mit RISC-Prozessoren hat bedingt durch den Preisverfall von PCs in den vergangenen Jahren stark nachgelassen.

▶ Übungsaufgabe Nr. 1.1.20 im Arbeitsbuch

1.3.4 Serverrechner

> Ein **Server** (engl.: server) ist ein *Programm,* das andere Programme (Klienten; engl.: client) im selben oder in anderen Rechnern mit Diensten versorgt.

Der *Serverrechner* ist ein Rechner, auf dem ein oder mehrere Serverprogramme laufen. Ein Serverrechner wird häufig kurz als Server bezeichnet (obwohl er eine Reihe von Server- und Client-Programmen enthalten kann).

Abb. 1.3.3.2/2: Abgrenzung von Personalcomputern und Workstations

Vorherrschende Merkmale	Personalcomputer	Workstations
Anwendungsgebiete	Arbeitsplatzrechner für kommerzielle Anwendungen in Unternehmen sowie für Bürozwecke und Freizeitgestaltung in Haushalten; dient gelegentlich auch als Arbeitsgruppenserver	Arbeitsplatzrechner für technisch-wissenschaftliche Anwendungen, Desktop-Publishing, Softwareentwicklung und andere Anwendungen, die hohe Rechenleistungen und weitreichende Grafikfähigkeiten erfordern; dient häufig auch als Abteilungsserver
Betriebssysteme	Windows XP, Linux, Mac-OS	Linux und diverse weitere UNIX-Varianten, Windows XP
Vernetzung	In Unternehmen an lokale Netzen angeschlossen, in Haushalten meist Stand-alone-Betrieb mit gelegentlichem Internet-Zugang	Stets Betrieb in lokalen Netzen
Prozessorarchitektur	CISC	CISC und RISC
Vertriebskanal	Fachgeschäfte für Computer, Büromaschinen, Foto- und Unterhaltungselektronik, Versandhandel, Warenhäuser, Supermärkte	Herstellerdirektvertrieb

Serverrechner verwalten von mehreren Benutzern gemeinsam genutzte Ressourcen in einem Rechnernetz, beispielsweise von diesen Benutzern verwendete externe Speicher, Drucker, Datenbanken oder Anwendungen. Sie haben oft mehrere Zentralprozessoren (bis zu 256), um eine hohe Leistung zu erzielen. Die Arbeitsspeicherkapazität reicht von 512 MB bis 512 GB. Je nach Zahl und Kapazität der Laufwerke bewegt sich die Festplattenkapazität zwischen zirka 40 GB und über 100 TB. Durch mehrfach vorhandene (= redundante) Teile wird eine hohe Verfügbarkeit sichergestellt.

Die Abb. 1.3.4/1 zeigt Ihnen eine *Einteilung von Servern* nach Zahl der Benutzer, der zugrunde liegenden Plattform und dem Einsatzzweck. Bitte lassen Sie sich nicht durch unbekannte Bezeichnungen irritieren. Sie brauchen diese Begriffe jetzt noch nicht, werden sie aber später bei der Lektüre der Folgekapitel kennen lernen.

Im Grunde genommen kann jeder entsprechend leistungsfähige Rechner als Server verwendet werden. Es gibt jedoch für bestimmte Einsatzzwecke *vorkonfigurierte Server mit speziell ausgelegten Betriebssystemen*, die höhere Leistungen als vergleichbare Hardware mit universellen Betriebssystemen erreichen. Sie

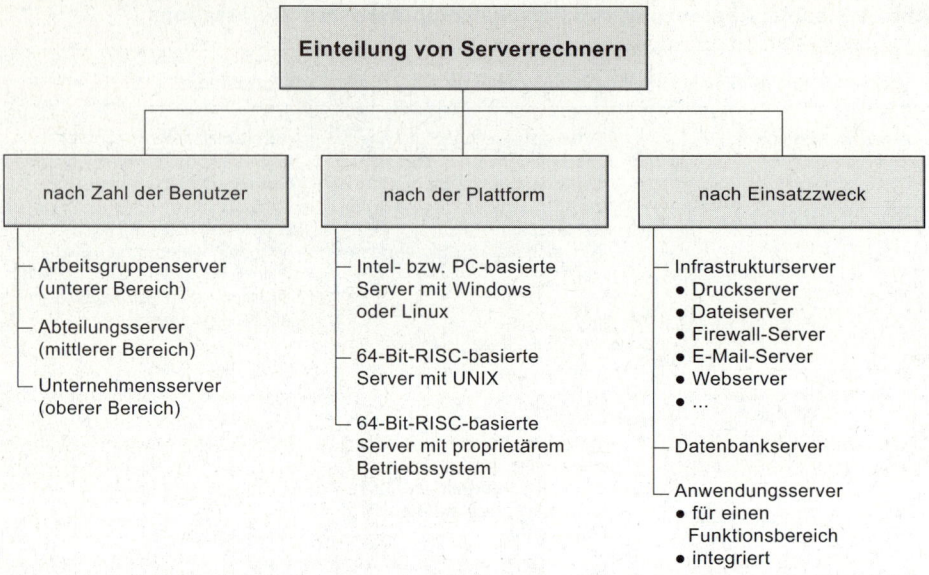

Abb. 1.3.4/1: Klassifikation von Serverrechnern

sind mit geringem Aufwand zu installieren und einfach zu verwalten (schlüsselfertige Systeme). Solche, einem bestimmten Zweck gewidmete, Rechner können neben ihren Serveraufgaben keine anderen Aufgaben übernehmen.

Zwischen den in der Abb. 1.3.4/1 genannten Serverkategorien gibt es *Zusammenhänge*. So sind beispielsweise die auf der kostengünstigen PC-Technik (Pentium 4, Athlon 32/64, Windows) basierenden Server typischerweise Arbeitsgruppen- oder Abteilungsserver. Die leistungsfähigeren UNIX-Server mit 64-Bit-RISC-Prozessoren werden hingegen hauptsächlich im mittleren und oberen Bereich (Unternehmensserver) verwendet.

1.3.4.1 Arbeitsgruppenserver

Arbeitsgruppenserver (engl.: workgroup server) sind meist mit ein oder zwei 32-Bit-Prozessoren und bis zu 4 GB Arbeitsspeicher ausgestattet. Sie unterstützen selten mehr als zehn Arbeitsplätze. Im einfachsten Fall unterscheiden sie sich nur durch das Mehrplatzbetriebssystem von einem gewöhnlichen Arbeitsplatz-PC. Sie dienen hauptsächlich als Druck-, Datei-, Web- und Anwendungsserver für Teams oder Kleinbetriebe.

Wenn *Arbeitsgruppenserver* Dienste zur Benutzung der vorhandenen *IT-Infrastruktur* anbieten, beispielsweise Dateiverwaltung und/oder Drucken, kann jeder Benutzer über das Netz Dateien auf dem Server speichern oder Dokumente auf dem (oder den) angeschlossenen Drucker(n) ausdrucken. Bei

Abb. 1.3.4.1/1
Arbeitsgruppenserver

solchen einfachen Diensten kann die Zahl der Benutzer wesentlich höher sein als bei *Datenbankservern* oder *Anwendungsservern*. Die Datenbankverwaltung ist CPU-intensiv, kommerzielle Anwendungen sind darüber hinaus sehr ein-/ausgabeintensiv (das heißt, die CPU(s) und das Ein-/Ausgabesystem werden durch eine hohe Zahl von Prozessor- und/oder Peripherieoperationen stark in Anspruch genommen). Dadurch wird die Zahl der möglichen Benutzer eingeschränkt. Wenn beispielsweise die komplette kaufmännische Verwaltung eines Kleinbetriebs auf einem integrierten Anwendungsserver dieser Größenklasse abgewickelt wird, dann verkraftet dieser kaum mehr als fünf Benutzer.

Am häufigsten werden für Einprozessorsysteme *Intel Pentium-4- oder kompatible Prozessoren (AMD Athlon)* und für Dualprozessorsysteme *Intel-Xeon-Prozessoren* mit dem *Betriebssystem Windows 2003 Server Web Edition oder Standard Edition* von Microsoft verwendet. Der Xeon ist ein 32-Bit-Prozessor, den Intel speziell für Workstations und kleinere Server entwickelt hat. Zunehmend kommt auch der *AMD-64-Bit-Prozessor Opteron* zum Einsatz, der ein günstigeres Preis-/Leistungsverhältnis als der Xeon aufweist. Das Betriebssystem *Linux*, das auf allen genannten Prozessoren läuft, gewinnt gegenüber Windows an Boden. Seltener sind in dieser Einstiegsklasse 64-Bit-RISC-Prozessoren mit anderen UNIX-Varianten. Die typischen Preise für Arbeitsgruppenserver liegen zwischen 5.000 Euro und 15.000 Euro.

Beispielsweise bekommt man derzeit (2004) für 15.000 Euro einen ausfallsicheren *Dateiserver* im Tower oder Rack (engl., auf deutsch: Gehäuse mit genormten Einbauvorrichtungen) mit einem Dual-Intel-Xeon-Prozessor 3,2 GHz mit 1 MB Cache, 4 GB Arbeitsspeicher, vier 146-GB-Festplatten, einem Magnetbandlaufwerk zur Datensicherung, zwei Controller- und zwei Netzwerkkarten, einer unterbrechungsfreien Stromversorgung, 17-Zoll-TFT-Monitor und MS Windows 2003 Server mit fünf Client-Lizenzen.

Führende *Anbieter von Arbeitsgruppenservern* sind Hewlett-Packard, Dell und IBM.

1.3.4.2 Abteilungsserver

Abteilungsserver (engl.: department server) sind meist mit zwei bis 16 Prozessoren und bis zu 64 GB Arbeitsspeicher ausgestattet. Höhere Arbeitsspeicherkapazitäten sind möglich, werden aber aus Kostengründen selten realisiert. Typisch sind zirka zehn bis 100 unterstützte Arbeitsplätze. Als Betriebssysteme kommen Windows 2003 Server Enterprise Edition, Linux und andere UNIX-Varianten sowie proprietäre (= herstellerspezifische) Systeme zum Einsatz. Sie dienen hauptsächlich für zentrale IT-Infrastrukturdienste und für geschäftskritische Datenbank- und Anwendungssysteme.

Abb. 1.3.4.2/1:
Rack-montierter Abteilungsserver

Wenn Rechner dieser Größenklasse für zentrale IT-Infrastrukturdienste, wie beispielsweise Netzwerkverwaltung, E-Mail, Datensicherung oder einfache Datenbankabfragen zum Einsatz kommen, können sie Hunderte oder Tausende von Benutzern bedienen. Wenn sie hingegen für Entscheidungsunterstützungssysteme oder umfassende, betriebliche Transaktionssysteme verwendet werden, überschreitet die Benutzerzahl im Maximalausbau selten 100. Die maximale Festplattenkapazität dieser *Mittelklasseserver* (engl.: midframe & midrange server) kann mehrere Terabytes (TB) betragen.

Zum *Beispiel* dient als Basis des *E-Learning-Systems* der Wirtschaftsuniversität Wien (Learn@WU) ein *Server* mit drei Dual-Pentium-4-Prozessoren (2,8 GHz) unter Linux, der vor 1,5 Jahren installiert wurde. Bis zu 900 Studierende sind gleichzeitig aktiv, die pro Tag bis zu 3,6 Millionen Anfragen stellen und bis zu 350.000 interaktive Übungsaufgaben lösen. Vom Server werden pro Tag bis zu 26 GB an Daten verschickt.

Neben kompakten, rack-montierten Geräten gibt es Standmodelle unterschiedlicher Größe (siehe Abb. 1.3.4.2/2). Bei *Blade-Servern* stecken die einzelnen Server hochkant in einem Sub-Chassis, das wiederum in einem 19-Zoll-Rack hängt. Ein Chassis kann bis zu 20 Server-Einschübe mit ein bis vier Prozessoren und bis zu 4 GB RAM fassen. Bis zu 15 Sub-Chassis passen in einen Einbauschrank, der somit bis zu 300 Server aufnehmen kann. Blade-Server werden häufig bei Internet-Dienstanbietern eingesetzt.

Der *Mindestpreis* von Abteilungsservern beträgt etwa 10.000 Euro. Intel-Xeon-basierte Systeme reichen typischerweise bis zirka 25.000 Euro. Die mit 64-Bit-RISC-Prozessoren (AMD Opteron, Intel Itanium-2, IBM Power4 und Sun UltraSPARC III) und Linux/UNIX oder proprietärem Betriebssystem arbeitenden Rechner beginnen in diesen Preisregionen; vorherrschend sind Preise zwischen hunderttausend und einer halben Million Euro.

Beispielsweise kann der in Abb. 1.3.4.2/1 gezeigte UNIX-Server fertig vorkonfiguriert im Einbauschrank oder zum Einbau in herstellerspezifische Erweiterungsracks beziehungsweise 19-Zoll-Standardracks geliefert werden. Zwei Prozessor-/Speicherplatinen mit acht 64-Bit-Prozessoren (UltraSPARC III mit 8-MB-L2-Cache, 1,2 GHz), 32 GB Arbeitsspeicher, zwei Systemsteuereinheiten, drei Stromversorgungseinheiten, einem Einschub mit zwei 73-GB-Festplatten, einem DVD-ROM-Laufwerk und einem Magnetbandlaufwerk (DDS-4) zur Datensicherung, Netzwerkadapter sowie Betriebssystemlizenz kosten 390.000 Euro. Über bis zu 16 Ein-/Ausgabekanäle kann fast beliebig viel externe Speicherkapazität angeschlossen werden. Die Abmessungen (H × B × T) betragen zirka 76 × 45 × 72 cm, das Gewicht beträgt 125 kg.

Weltmarktführer bei den preisgünstigen Windows-basierten Abteilungsservern sind Hewlett-Packard und Dell. Bei UNIX-Systemen führt Sun Microsystems (Betriebssysteme Solaris und Linux). Bei integrierten Anwendungsservern mit proprietären Betriebssystemen dominieren IBM mit der iSeries (früherer Name AS/400, Betriebssystem OS/400) und Hewlett-Packard mit der e-Server-Familie (MPE/iX). Die Umsätze in diesem Marktsegment sind rückläufig. Beide Hersteller bieten aber auch Windows-, Linux- und UNIX-Server an. Rechnet man alle Abteilungsservergruppen zusammen, so steht IBM vor Sun an der Spitze.

▶ Übungsaufgabe Nr. 1.1.21 im Arbeitsbuch

Abb. 1.3.4.2/2: Integrierte Anwendungsserverfamilie

In Rechenzentren werden oft viele Server dieser Leistungsklasse in 19-Zoll-Racks untergebracht. Ein *19-Zoll-Rack* ist ein Schrank, der mehrere Geräte mit einer Breite von 19 Zoll (entspricht 48,26 cm) aufnehmen kann. Die Abmessungen für Gehäuse und Befestigungen sind genormt, die Höhe wird in Höheneinheiten (HE) von 4,425 cm angegeben. Schmale *Rackserver* kommen mit einer Höheneinheit aus. In einem typischen, rund zwei Meter hohen 42-HE-Rack können somit bis zu 42 Geräte untergebracht werden.

1.3.4.3 Unternehmensserver

Ein **Unternehmensserver** (engl.: enterprise server) ist ein Rechner, der für sämtliche Benutzer eines Großunternehmens ausgelegt ist. In diese Kategorie fallen Rechner mit vier bis 128 Prozessoren und bis zu 256 GB Arbeitsspeicher. Typisch sind mehr als 100 unterstützte Arbeitsplätze. Als Betriebssysteme kommen Windows Server 2003 Datacenter Edition, Linux, UNIX und proprietäre (= herstellerspezifische) Systeme zum Einsatz. Solche Rechner sind üblicherweise in den Rechenzentren von großen Organisationen (Banken, Versicherungen, Behörden, Verkehrsgesellschaften usw.) installiert und dienen als Datenbank- und Anwendungsserver zur Unterstützung betrieblicher Leistungsprozesse.

Großrechner waren die ersten, in den 1950er Jahren in der Wirtschaft eingeführten Unternehmensserver. Trotz der laufenden Preis-/Leistungsverbesserungen durch Verwendung von Standardkomponenten (PC- oder Workstation-Prozessor- und Speicherchips usw.) sind Unternehmensserver auch heute noch sehr teuer und lassen sich nur durch die Unterstützung einer sehr großen Benutzer-

Abb. 1.3.4.3/1: Unternehmensserver

zahl wirtschaftlich rechtfertigen. Die Kaufpreise beginnen bei zirka einer halben Million Euro und erreichen einige Millionen Euro.

Die *Stärke* der aus den traditionellen Großrechnern entwickelten Unternehmensserver liegt in *hoch entwickelten Ein-/Ausgabesystemen,* die die parallele Verarbeitung einer sehr großen Anzahl von Benutzeraufträgen ermöglichen. Die typische Verarbeitungsbreite ist 64 oder 128 Bits. Solche Rechner benötigen Klimaanlagen sowie spezielles Bedienungspersonal. Das Gewicht der zwei Meter hohen Zentraleinheit beträgt zwischen einer halben Tonne und einer Tonne.

Bei diesen mächtigen zentralen Rechnern hat *IBM* seit jeher weltweit eine *monopolähnliche Stellung.* Die auf der *S/390-Architektur* basierenden Systeme wurden im Jahr 2000 von der zSeries abgelöst. Das proprietäre Betriebssystem OS/390 beziehungsweise z/OS wurde durch Linux ergänzt. Im unteren und mittleren Leistungsbereich sind *UNIX-Server* aus dem eigenen Haus (IBM RS/6000 → pSeries mit Betriebssystem AIX) sowie von anderen Herstellern (vor allem Sun Microsystems, Hewlett-Packard) zu einer immer stärkeren Konkurrenz geworden. Im deutschsprachigen Raum gehört dazu auch Fujitsu Siemens Computers. Die einst starke Marktstellung von deren proprietären BS2000/OSD-Unternehmensservern geht allerdings laufend zurück.

Die *Preise* der zSeries-Modelle werden von IBM nicht veröffentlicht. Sie hängen nicht nur vom jeweiligen Ausbau des Unternehmensservers sondern auch von der Inanspruchnahme (Aktivierung) der jeweiligen Systemkomponenten ab. Das Basismodell A08 der 2003 angekündigten zSeries 990 („T-Rex") mit zwölf G8-Mainframe-Prozessoren, von denen gleichzeitig vier aktiv sein können, kostet etwa eine Million Euro (reiner Hardware-Preis). Einer der mit 1,2 GHz getakteten 64-Bit-Prozessoren leistet 465 – 485 Mips. Für eine T-Rex-Maschine (D32) mit 32 aktiven Prozessoren verlangt IBM zirka 15 Millionen Euro. Die Übertragungsleistung des Ein-/Ausgabesystems beträgt bis zu 96 GB/s, der Arbeitsspeicher kann bis zu 256 GB ausgebaut werden.

1.3.4.4 Hochleistungsserver (Superrechner)

Hochleistungsserver (engl.: high performance computing server; abgekürzt: HPC server) oder **Superrechner** (engl.: super computer) sind die leistungsstärksten Rechner, die es gibt. Sie werden vorwiegend für technisch-wissenschaftliche Aufgabenstellungen mit extrem hohem Rechenbedarf eingesetzt. Sie haben meist einige hundert oder einige tausend derselben 64-Bit-RISC-Prozessoren, die auch in Workstations und Abteilungsservern zum Einsatz kommen, über sehr schnelle Netze zu einem *Cluster* verbunden. Gegenüber solchen Parallelrechnern mit symmetrischem Mehrprozessorbetrieb (SMP) haben in den letzten Jahren *Vektorrechner* an Boden verloren. Die maximale Gesamtleistung eines Superrechners kann mehrere TFlops (griech. Tera, abgekürzt T: das Billionenfache; das heißt, 10^{12} Flops) erreichen. Die Arbeitsspeicherkapazität ist von der Zahl der Prozessoren abhängig und beträgt im Maximalausbau meist mehrere TB.

Während es bis Anfang der 1980er Jahre nur ein kleines *Angebot von Superrechnern* gab, entdeckten in der Folge zahlreiche alteingeführte Computerhersteller und neu gegründete (zum Teil schon wieder vom Markt verschwundene) Firmen, dass dieser Markt ein hohes Wachstum versprach und dass mit solchen Systemen auch ganz neue, wirtschaftlich bedeutsame Aufgaben bearbeitet werden konnten. Vor allem in den Bereichen Luftfahrttechnik, Automobilbau, Energiegewinnung und Energieeinsparung sowie in der Umwelt- und Atmosphärenforschung eröffneten sich neue Anwendungsgebiete, die wegen ihres enormen Rechenaufwands früher nicht bearbeitet werden konnten.

Der *Markt für Hochleistungsserver* wird von US-Herstellern beherrscht. Weltmarktführer nach Zahl der installierten Systeme sind IBM und Hewlett-Packard vor Silicon Graphics Inc. (SGI) und Sun Microsystems. Vektorrechner werden nur noch von den japanischen Herstellern Fujitsu, Hitachi und NEC produziert. Fast die Hälfte der Superrechner wird in den USA eingesetzt. Mit großem Abstand folgen in der Installationsstatistik Großbritannien vor Japan und Deutschland.

Seit dem Jahr 2001 ist der *Earth Simulator (ES)* von *NEC* der weltweite Spitzenreiter mit einer Leistung von 35,86 TFlops, die von 5.120 mit 500 MHz getakteten Pro-

Abb. 1.3.4.4/1: Hochleistungsserver (Superrechner)

zessoren (64-Bit RISC) erbracht wird. Pro CPU sind 2 GB Arbeitsspeicher verfügbar, das sind insgesamt 10 TB. Dieser Vektorrechner hat zirka 400 Millionen Euro gekostet und wird in Yokohama, Japan für meteorologische Voraussagen benutzt. An zweiter Stelle steht mit 20 TFlops das System *Thunder* mit 4.096 Intel-Itanium-Prozessoren, das am Lawrence Livermore National Laboratory in Kalifornien zur Simulation der Explosion von Nuklearwaffen verwendet wird. Auf Platz 3 liegt der *ASCI-Q-Rechner* von *Hewlett-Packard,* der 13,88 TFlops durch ein Cluster von 1.024 gekoppelten AlphaServer-Rechnern mit jeweils vier 64-Bit-CPUs (1,2 GHz) erbringt und über insgesamt 30 TB Arbeitsspeicher verfügt. Dieser Rechner ist in Los Alamos installiert und soll bis auf 30 TFlops ausgebaut werden. An vierter und achter Stelle liegen mit knapp 12 TFlops und neun TFlops *Blue Gene/L-Rechner* von IBM mit 8.194 und 4.096 PowerPC440-Prozessoren, die mit 0,5 und 0,7 GHz getaktet sind (Stand: Mitte 2004). Diese beiden Rechner werden bis 2006 erheblich ausgebaut: mit 130.000 Prozessoren unter Linux sollen bis zu 367 TFlops erreicht werden. Der größere der beiden Rechner wird bereits 2005 der leistungsstärkste Rechner der Welt sein.

Die meisten Superrechner der Top 500 sind Cluster von Serverrechnern, die handelsübliche 32- oder 64-Bit-CPUs und Speicherkomponenten verwenden. Zirka 60 Prozent haben dünne Knoten mit wenigen Prozessoren, knapp 20 Prozent haben Knoten mit mehr als 16 Prozessoren und die restlichen 20 Prozent sind massiv-parallele Systeme. Über die Hälfte der Superrechner arbeiten mit Intel-Prozessoren, mit großem Abstand folgen Systeme mit IBM-Power/PowerPC-, Hewlett Packard-PA-RISC- und AMD-Athlon/Opteron-Prozessoren.

Europas stärkster Superrechner JUMP (Abkürzung für: Juelich Multiprozessor) ist im deutschen Forschungszentrum Jülich in Betrieb. Das von IBM gelieferte Cluster-

System verfügt über 41 p690-Knotenrechner, die jeweils 32 IBM-POWER4+-CPUs mit 1,7 GHz Taktrate enthalten, und 5,2 TB Arbeitsspeicher. Die aggregierte Spitzenleistung erreicht theoretisch 8,9 TFlops, effektiv über 5 TFlops. Hauptanwendungsgebiete sind Materialwissenschaften, theoretische Chemie, Elementarteilchenphysik, weiche Materie, Umwelt, Lebenswissenschaften, Astrophysik.

Solche Servercluster unter herstellerspezifischen UNIX-Varianten oder Linux sind auch kommerziell erhältlich (bei IBM zum Beispiel unter dem Namen *RS/6000 SP* und *Cluster 1600)*. Eine typische Konfiguration mit 64 bis 100 Prozessoren kostet ungefähr 1,8–2,5 Millionen Euro. In der Wirtschaft sind Hochleistungsserver mit mehr als 512 Prozessoren nur bei Finanzdienstleistern, Fluglinien, Internet-Dienstleistern und Chemieunternehmen zu finden.

In den letzten Jahren zeigte sich auch im HPC-Bereich ein starker Trend zur *verteilten Datenverarbeitung:* Anstelle der eng gekoppelten Prozessoren und Speicher im Gehäuse eines Superrechners werden PCs, Workstations oder Serverrechner benutzt, die über lokale Netze verbunden und mit der Ausführung von Teilaufgaben eines Programms betraut werden. Konzeptionell entsprechen solche *Cluster* MIMD-Maschinen mit prozessoreigenen Arbeitsspeichern. Sie sind preisgünstig, der Informationsaustausch zwischen den Prozessoren ist aber oft relativ langsam. Deshalb eignen sie sich nur für bestimmte Anwendungen mit begrenzten Prozessor-Kommunikationsbedürfnissen, wie beispielsweise Webserver oder Data Mining (Näheres folgt im Kapitel 6).

Zum *Beispiel* verwendet der Internet-Suchdienst *Google* zur Bearbeitung von über 200 Millionen Anfragen pro Tag Linux-Cluster von Tausenden ganz gewöhnlicher PCs, die auf Rechenzentren in aller Welt verteilt sind.

Grid Computing bringt wie ein Cluster Rechnerressourcen zusammen, erfordert aber keine räumliche Nähe und Homogenität der verbundenen Komponenten. Die ursprüngliche Idee des Grid Computing war es, Rechnerleistungen wie den Strom aus dem elektrischen Versorgungsnetz (engl.: power grid) möglichst einfach und auf einheitliche Weise zur Verfügung zu stellen. Ungenutzte Ressourcen (wie CPU-Leistung, Speicherkapazität, Bandbreite) in einem Rechnernetz sollten zur Lösung von Problemen verwendet werden können, die das Leistungsvermögen eines einzelnen Rechners übersteigen. Der Benutzer beziehungsweise ein Anwendungsprogramm sollte sich bei der Verwendung von fremden Ressourcen nicht mehr mit den Eigenheiten heterogener Systeme befassen müssen, sondern einen einzigen, großen virtuellen Server sehen.

> **Grid Computing** bezeichnet die flexible, koordinierte, gemeinsame Nutzung von (vielfach im Internet) verteilten Rechnerressourcen und IT-Dienstleistungen für gemeinsame Projekte, wobei die Benutzer, die die Leistungen in Anspruch nehmen, global verteilt sein können. Das setzt unter anderem einen einheitlichen Zugriff auf verteilte, heterogene Ressourcen und einen Informationsdienst voraus, durch den die verfügbaren Ressourcen gefunden und ausgewählt werden können.

Ein *Beispiel* für ein weltweites *Grid-Computing-Projekt* ist *SETI@home*. *SETI* (Abkürzung für engl.: search for extraterrestrial intelligence) ist ein wissenschaftliches Projekt zur Suche nach außerirdischen intelligenten Lebensformen. Das geschieht mit verschiedenen Methoden. Beispielsweise werden Milliarden von Radiofrequenzen im Universum abgehört, um eventuell schwache Funksignale einer anderen Zivilisation zu entdecken. Andere SETI-Gruppen untersuchen das von Sternen ausgehende Licht. Der hierfür notwendige enorme Rechenaufwand wird weitgehend durch die kostenlose Bereitstellung freier Kapazitäten am Internet angeschlossener Privatrechner aufgebracht (daher die Bezeichnung „SETI@home"). Die University of California in Berkeley hat hierfür einen speziellen Bildschirmschoner entwickelt, der bei Nichtbenutzung des Rechners aktiviert wird und über das Internet Datenbestände von jeweils 0,25 MB lädt, diese analysiert und die Ergebnisse an das Forschungsteam der Universität Berkeley zurück meldet. Wenn der Benutzer seinen Rechner wieder braucht, stoppt der Bildschirmschoner wie üblich und setzt die Datenanalyse erst fort, wenn wieder eine Arbeitslücke entsteht. Die für eine Arbeitseinheit notwendige CPU-Zeit beträgt je nach Leistungsvermögen 10 – 30 „PC-CPU-Stunden". Bis Anfang 2004 haben 4,8 Millionen Teilnehmer über 1,2 Milliarden Resultate übermittelt. Hierfür wurde eine CPU-Zeit von insgesamt 1,8 Milliarden Jahren zur Verfügung gestellt. Täglich kann auf 1.500 – 2.000 Rechner zurückgegriffen werden. Man bezeichnet dieses freiwillige zur Verfügungstellen von brachliegenden Computerleistungen im Englischen als „volunteer computing".

▶ Übungsaufgabe Nr. 1.1.22 im Arbeitsbuch

1.4 Aufbau betrieblicher Informationssysteme

In diesem Hauptabschnitt werden zunächst die Elemente und Grundbegriffe betrieblicher Informationssysteme erläutert. Danach folgt eine Klassifikation der IS-Arten nach ihren vorrangigen Zwecken. Abschließend werden die Erkenntnisziele, -gegenstände und –methoden der Wirtschaftsinformatik anhand eines exemplarischen, praktischen Falls dargestellt.

1.4.1 Elemente betrieblicher Informationssysteme

Die kleinsten Informationseinheiten sind *Zeichen*. Ein Zeichen ist ein Element aus einer zur Darstellung von Information vereinbarten endlichen Menge von verschiedenen Elementen, dem *Zeichenvorrat*. Wenn eine komplexe Information festgehalten oder übertragen werden soll, so reicht im Normalfall nicht ein einzelnes Zeichen aus, sondern man benötigt eine *Zeichenfolge*.

> Wird eine Zeichenfolge übertragen, so spricht man von einer **Nachricht**. Die Nachricht wird zu einer **Information**, wenn sie für einen Empfänger eine Bedeutung hat.

Die Zeichenfolge folgt den Regeln einer Grammatik: mehrere Zeichen formen sich zu Worten, Worte formen sich zu Sätzen. Manchmal, beispielsweise in der Hieroglyphenschrift, entfällt die Zwischenstufe der Worte. Diese linguistischen Einheiten (Zeichen bis Sätze) sind Platzhalter für Dinge, auf die sich der Sender der Nachricht bezieht. Diese Platzhalter werden zur Information, wenn die übermittelte Zeichenfolge in einem Kontext in Beziehung gesetzt wird.

> Ein **Informationssystem** (abgekürzt: **IS**; engl.: information system) besteht aus Menschen und Maschinen, die Information erzeugen und/oder benutzen und die durch Kommunikationsbeziehungen miteinander verbunden sind.

Die Information, die in diesem System übertragen und verarbeitet wird, hat ihren Ursprung direkt und indirekt beim Menschen. Sie kann in dem Informationssystem gespeichert, abgerufen und transformiert werden. Die Information kann in einer Form aufbereitet werden, dass sie leicht von einem Menschen aufgenommen werden kann. Außerdem kann diese Information in eine Form umgewandelt werden, in der sie beispielsweise möglichst kompakt abgespeichert werden kann, oder in der sie – wenn sie ein Informationssystem verlässt – von einem anderen Rechner automatisiert weiterverarbeitet werden kann.

> Ein **betriebliches Informationssystem** unterstützt die Leistungsprozesse und Austauschbeziehungen innerhalb eines Betriebs sowie zwischen dem Betrieb und seiner Umwelt.

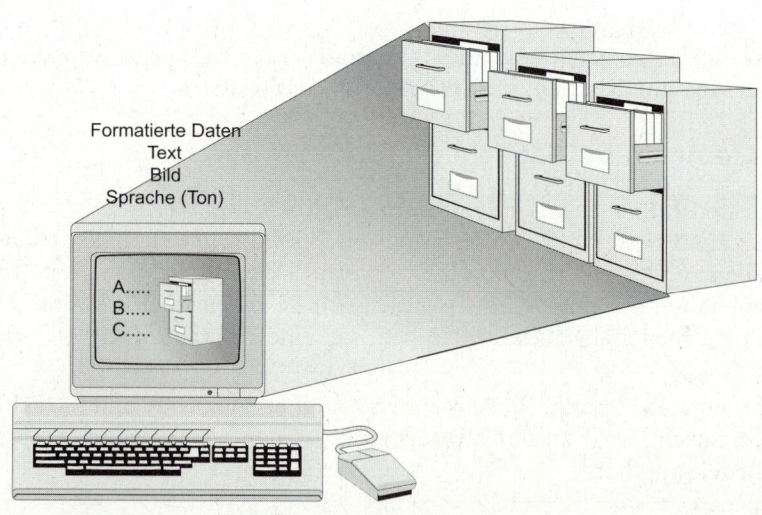

Formatierte Daten
Text
Bild
Sprache (Ton)

A.....
B.....
C.....

Abb. 1.4.1/1: IS dienen zur Abbildung der realen Welt

Der Vollkommenheitsgrad der Unterstützung von Güter-, Informations- und Geldströmen ist von Betrieb zu Betrieb sehr unterschiedlich.

▶ Übungsaufgabe Nr. 1.1.23 im Arbeitsbuch

In unserem *Beispiel* im Abschnitt 1.1.3 hat Tante Emma das Informationssystem ihrer Kolonialwarenhandlung im Wesentlichen im Kopf und verwendet zur Dokumentation außer Papier und Bleistift nur Ordersätze, Lieferscheine und Rechnungen des Großhändlers. Anders der Lebensmittelsupermarkt und seine Zentrale. Hier werden zur Erfassung, Speicherung, Übertragung und Transformation von Information Rechner eingesetzt, wodurch sich im Warengeschäft und in der Verwaltung zahlreiche Routinetätigkeiten teilweise oder ganz automatisieren lassen und die Informationsbasis für die Geschäftsleitung wesentlich erweitert wird. Zusätzliche maschinelle Hilfsmittel der Informationsverarbeitung sind Telefone, Schreibmaschinen, Diktiergeräte, Kopierer usw. Trotz des hohen Automatisierungsgrades sind jedoch auch in dem beschriebenen Lebensmittelfilialbetrieb Menschen in starkem Maße in die Informationsverarbeitung einbezogen. Zum Beispiel muss der Warendisponent die maschinell erstellten Bestellvorgänge kritisch prüfen, die Kassiererin muss bei der Erfassung der Verkaufsdaten mitwirken und der Filialleiter hat zu entscheiden, was er bei Inventurunstimmigkeiten zu tun gedenkt. In weitere Kommunikationsbeziehungen sind informationsverarbeitende Maschinen nicht eingeschaltet und teilweise auch nur schwierig einschaltbar. Denken Sie zum Beispiel an den Fall, dass im Supermarkt ein Kunde einen Verkäufer um Beratung bittet oder der Filialleiter mit einem Mitarbeiter ein Karrieregespräch führt.

Das Informationssystem der Kolonialwarenhandlung ist ein manuelles System, dessen Elemente ausschließlich durch Personen (Tante Emma, ihre Kunden und ihr Lieferant) repräsentiert werden *(Mensch-Mensch-System)*. In dem Informationssystem des Lebensmittelfilialunternehmens sind einzelne Abläufe völlig automatisiert, andere teilautomatisiert, da bei der Informationsverarbeitung Menschen und Maschinen zusammenwirken. Wieder andere Abläufe funktionieren rein manuell *(Mensch-Maschine-System)*. Ein total automatisiertes, gesamtbetriebliches Informationssystem *(Maschine-Maschine-System)* ist derzeit kaum realisierbar, da nicht alle Informationsverarbeitungsprozesse eines Betriebes programmierbar und damit automatisierbar sind.

Wir beschäftigen uns in der Folge ausschließlich mit rechnergestützten betrieblichen Informationssystemen. Auch wenn wir nur die Benennung Informationssystem verwenden, meinen wir damit stets ein Mensch-Maschine-System, das Rechner (Computer) in die Informationsverarbeitung einbezieht.

Ein **rechnergestütztes Informationssystem** (engl.: computer based information system) ist ein System, bei dem die Erfassung, Speicherung, Übertragung und/oder Transformation von Information durch den Einsatz der Informationstechnik teilweise automatisiert ist.

Auch beim Einsatz eines rechnergestützten Informationssystems in einem Betrieb werden weiterhin viele Informationsverarbeitungsaufgaben allein von

Menschen erfüllt. Daher umfasst ein *rechnergestütztes Informationssystem nur Teile des gesamtbetrieblichen Informationssystems.*

Der primäre Zweck von Informationssystemen ist die Bereitstellung von Information für die Systembenutzer. Die Inhalte, Form, Orte und Zeitpunkte der Informationsbereitstellung sind dementsprechend von den Aufgaben der Benutzer abhängig.

In der Praxis existieren keine allumfassenden, rechnergestützten Informationssysteme für gesamte Betriebe. Solche „Totalinformationssysteme aus einem Guss" sind nahezu nicht realisierbar. Vielmehr gibt man *modularen Systemen,* die aus integrationsfähigen, getrennt (weiter-) entwickelbaren Teilsystemen bestehen, den Vorzug.

▶ Übungsaufgabe Nr. 1.1.24 im Arbeitsbuch

Als *Beispiel* haben Sie im Abschnitt 1.1.3 ein durch Standardsoftware unterstütztes, modular aufgebautes Informationssystem für den Warenwirtschaftsbereich in Lebensmittelfilialbetrieben kennen gelernt. Abbildung 1.4.1/2 zeigt dieses System in einer umfassenderen Systemumgebung (insbesondere in Beziehung zum Rechnungswesen).

Entsprechende mehr oder weniger *umfassende Konzepte,* deren Realisierung durch das Angebot von Standardprogrammen und teilweise auch von speziellen Geräten erleichtert wird, gibt es in vielen Varianten für alle betrieblichen *Hauptfunktionsbereiche,* zum Beispiel:

• Forschung und Entwicklung,

• Marketing und Verkauf,

• Beschaffung und Lagerhaltung,

• Fertigung,

• Finanz- und Rechnungswesen,

• Personalwesen und

• sonstige Verwaltung.

Entwickelt wurden solche Konzepte in allgemeiner Form von Wissenschaftlern, Rechnerherstellern und Softwarehäusern beziehungsweise in spezieller Form von einzelnen fortschrittlichen IT-Anwendern (für den eigenen Betrieb). Wir bezeichnen sie als *integriert,* wenn:

• die betrieblichen Funktionen, Geschäftsprozesse und die unterstützenden Datenverarbeitungsprozesse umfassend aufeinander abgestimmt werden,

• die Verbindungen zwischen den einzelnen Programmen weitestgehend automatisiert sind, das heißt frei von menschlichen Eingriffen gestaltet werden,

• die Daten frühzeitig, möglichst bei ihrem erstmaligen Anfall, erfasst und für alle Programme gemeinsam unter zentraler Verwaltung gespeichert werden.

Schlagworte wie „Das integrierte Büro" oder „Computer Integrated Manufacturing" (abgekürzt: CIM) beinhalten diese Forderungen nach einer möglichst weit gehenden Integration und Rechnerunterstützung von Verwaltungs- beziehungsweise Fertigungstätigkeiten.

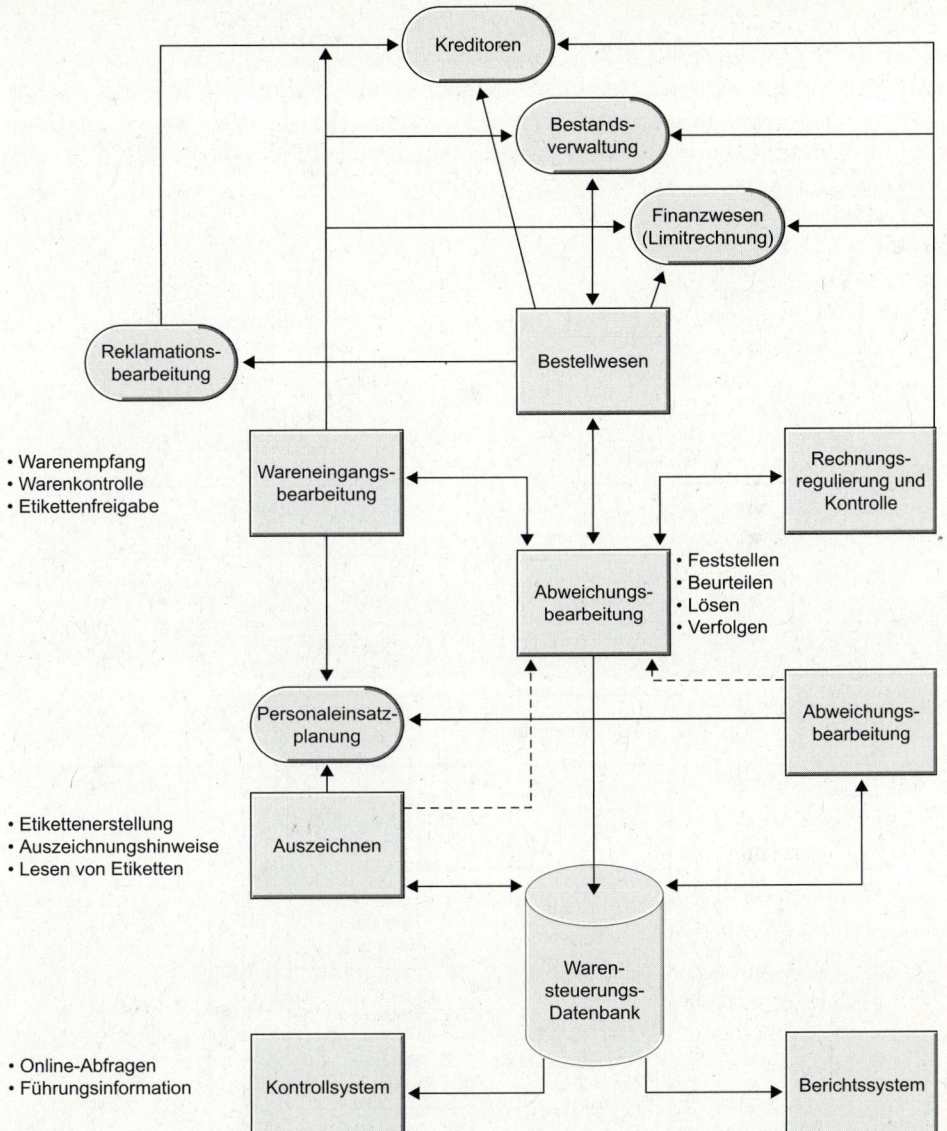

Abb. 1.4.1/2: Schematische Darstellung eines modular aufgebauten Informationssystems

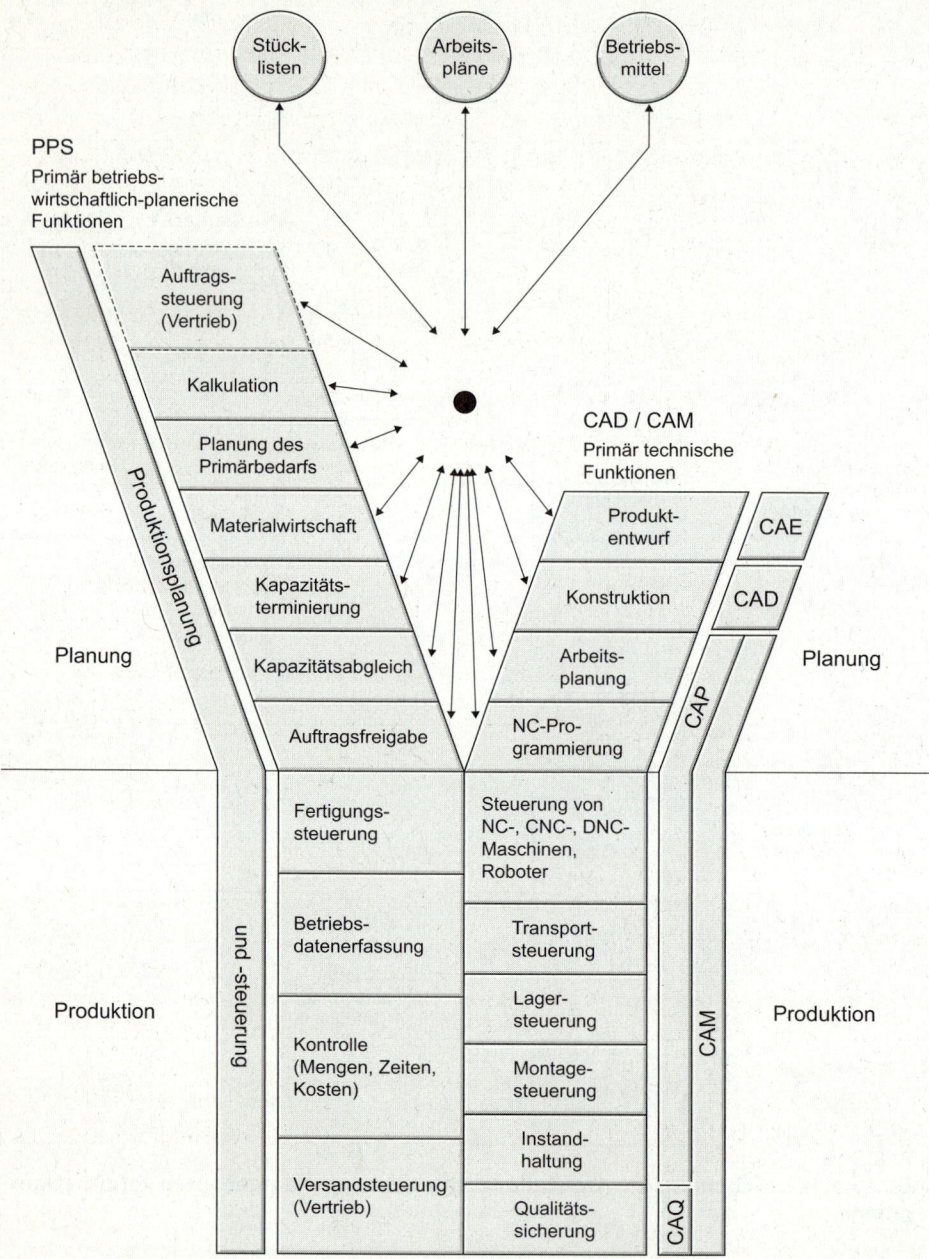

Abb. 1.4.1/3: Aufbau eines CIM-Systems (Quelle: A.W. Scheer)

Im *„Integrierten Büro"* steht die Einbindung verschiedener Medien, Geräte und Programme im Vordergrund. Vernetzte Arbeitsplatzrechner mit einer einheitlichen Bedienung für alle Bürofunktionen und Kommunikationsdienste sollen eine integrierte Verarbeitung von Dokumenten ermöglichen.

Bei „CIM" beziehungsweise im *„Integrierten Industriebetrieb"* sollen primär betriebswirtschaftliche Informationsverarbeitungsaufgaben (Produktionsplanungs- und -steuerungssysteme; abgekürzt: PPS) mit technischen Informationsverarbeitungsaufgaben über gemeinsam benutzte Grunddatenbestände für Stücklisten, Arbeitspläne und Betriebsmittel integriert werden. Zu den technischen Teilsystemen gehören die rechnergestützte Konstruktion (engl.: computer aided design; abgekürzt: CAD), Überwachung und Steuerung der Fertigung (engl.: computer aided manufacturing; abgekürzt: CAM), Arbeitsplanung (engl.: computer aided planning; abgekürzt: CAP), Produktentwurf (engl.: computer aided engineering; abgekürzt: CAE) und Qualitätssicherung (engl.: computer aided quality assurance; abgekürzt: CAQ).

Ebenso wie innerhalb dieser Hauptfunktionsbereiche ist eine *Integration der Datenverarbeitungsaufgaben* zwischen diesen *auf gesamtbetrieblicher Ebene* möglich und wirtschaftlich sinnvoll. Diese kann zu einer *zwischenbetrieblichen Integration* ausgebaut werden.

Versuchen Sie sich selbst an den Beispielen „Tante Emma – Großhändler" beziehungsweise „Lebensmittelsupermarkt – Zentrale – Lieferant" (aus dem ersten Abschnitt 1.1.3) klar zu machen, welche Vorteile ein Datenaustausch zwischen Informationssystemen unterschiedlicher Betriebe für alle Beteiligten bringen kann.

Definitionsgemäß können wir auch kleine abgegrenzte Untersysteme, wie zum Beispiel die Rechnungsschreibung, als Informationssystem bezeichnen. Wir weisen jedoch darauf hin, dass die Bezeichnung *Informationssystem* insbesondere für *umfassende, integrative IT-Anwendungen* verwendet wird.

Ein gleichzeitiger, paralleler Neuaufbau aller Teilinformationssysteme eines Betriebes ist im Allgemeinen aufgrund begrenzter Ressourcen nicht möglich. Dies ist auch deshalb nicht sinnvoll, weil die laufenden Wandlungen des sozialen, ökologischen und organisatorischen Umfelds und der technologische Fortschritt zur Folge haben, dass einzelne Teilsysteme unterschiedlich schnell veralten und angepasst beziehungsweise neu konzipiert werden müssen.

Die Gestaltung der Informationssysteme eines Betriebes ist deshalb in der Regel ein schrittweiser, niemals endender Prozess der Entwicklung, des Betriebs und der Anpassung zahlreicher Teilsysteme. Damit die Einzelsysteme nicht isoliert voneinander entstehen und agieren, ist es zweckmäßig, das Zusammenspiel im Rahmen einer langfristigen, strategischen Planung zu sichern.

Diese Rahmenplanung sollte *gegenüber der verfügbaren Hardware und Software möglichst neutral* sein, da sich durch den raschen technischen Fortschritt häufig sehr kurzfristig leistungsfähigere oder kostengünstigere Realisierungsmöglichkeiten ergeben.

Bei der Entwicklung einzelner Teilsysteme stellen sich folgende *Gestaltungsprobleme*:

1. *Wer* (Sender) soll *wen* (Empfänger) über *was* (Inhalt, Genauigkeit) informieren?

2. *Wann* (Termine) soll informiert werden?

3. *Wie* (Art, Form, Methode, Weg) soll informiert werden?

Ausgangspunkt für die Lösung dieser Grundsatzprobleme ist die Frage „*Wozu?*", also die Frage nach dem jeweiligen Auswertungszweck der Information.

▶ Übungsaufgabe Nr. 1.1.25 im Arbeitsbuch

1.4.2 Interne Informationssysteme

Informationssysteme gibt es in den verschiedensten Ausprägungen (siehe die stark vereinfachte Klassifikation in Abb. 1.4.2/1).

Aus dieser Tabelle lassen sich einige grundlegende Typen von Informationssystemen ableiten. Wir befassen uns zunächst mit den *Informationssystemen, die die innerbetriebliche Aufgabenerfüllung unterstützen*.

Endbenutzer interner Informationssysteme sind die Mitarbeiter der verschiedenen betrieblichen Fachabteilungen sowie die Führungskräfte.

Betrachten Sie als Beispiel wiederum *das Warenwirtschaftssystem unseres Lebensmittelfilialbetriebs*. Es handelt sich dabei um ein branchenspezifisches Informationssystem, das den Gesamtbetrieb unterstützt. Die Funktionen des Teilsystems, mit dem die Einkäufer arbeiten, sind in Abbildung 1.4.2/2 wiedergegeben.

Der Einkäufer und seine Kollegen in der Einkaufsabteilung sind in diesem Kontext professionelle Endbenutzer, weil sie laufend mit diesem System umgehen müssen und es somit perfekt beherrschen. Dementsprechend benötigen sie keine Hilfe von IT-Spezialisten und keine systemseitigen Erklärungen. In erster Linie kommt es ihnen auf den raschen, direkten Zugriff auf Artikel-, Lager-, Lieferanten- und Bestelldateien sowie auf Funktionen zur Unterstützung der Lieferantenauswahl, Bestellschreibung und der Überwachung der offenen Bestellungen an. Wenn ein Einkäufer zur Bearbeitung eines Geschäftsvorfalls eine Eingabe tätigt, wird diese zunächst überprüft und – falls notwendig – korrigiert. Würde beispielsweise bei der Eingabe einer Bestellung eine nicht vorhandene Lieferantennummer angegeben, so würde das System auf diesen Fehler hinweisen und nach der richtigen Nummer fragen. Die richtige und vollständige Eingabe der Daten für einen Geschäftsvorfall führt unmittelbar zu einer Änderung der Datenbank(en) und zu einer Ausgabe (dem Bestellschein). Durch entsprechende Eingaben kann der Benutzer auch nach Information in den gespeicherten Datenbanken suchen, zum Beispiel Auskünfte über Lagerbestände oder offene Bestellungen einholen.

Wesentliche Merkmale eines **Systems für die Abwicklung von Geschäftstransaktionen** oder auch kurz **Transaktionssystems** (engl.: transactions processing system) sind eine oder mehrere umfangreiche Datenbanken, die

Abb. 1.4.2/1: Ausprägungen von IS (in Anlehnung an P. Mertens)

Unterstützte Aufgaben	Ausprägungen von Informationssystemen			
Wirtschaftszweig	Automobilbranche	Lebensmittel	Computer	…
Wirtschaftsstufe	Industrie	Großhandel	Einzelhandel	Private Haushalte
Funktionsbereich	Forschung und Entwicklung	Marketing und Verkauf	Beschaffung und Lagerhaltung	…
Reichweite	Ein Benutzer	Gruppe	Gesamter Betrieb	Außerbetrieblich
Benutzertyp	IT-Spezialist	Professioneller Endbenutzer	Gelegentlicher Endbenutzer	Unbekannter Endbenutzer
Hierarchische Ebene	Operative Ebene	Untere Führungsebene	Mittlere Führungsebene	Obere Führungsebene
Horizontaler Integrationsgrad	Keine prozessbezogene Integration	Geringe prozessbezogene Integration	Mittlere prozessbezogene Integration	Hohe prozessbezogene Integration
Vertikaler Integrationsgrad	Keine Integration von Aufgaben mehrerer Ebenen	Geringe Integration von Aufgaben mehrerer Ebenen	Mittlere Integration von Aufgaben mehrer Ebenen	Hohe Integration von Aufgaben mehrerer Ebenen
Automationsgrad	Manuelles System	Teilautomation: Initiative geht vom Menschen aus	Teilautomation: Initiative geht vom Rechner aus	Vollautomatisch

zur Bearbeitung der laufenden Geschäftsvorfälle durch Benutzereingaben abgefragt oder geändert werden können. Die Ausgaben können einfache, kurze Auskünfte oder das Ergebnis weitreichender Verarbeitungsvorgänge sein. Ein solches Informationssystem wird in Anlehnung an den englischen Sprachgebrauch auch **operatives** (deutsch: das im Einsatz befindliche) **Informationssystem** genannt, da es zur Unterstützung der alltäglichen betrieblichen Leistungsprozesse (engl.: day-to-day operation of the firm) dient.

Der Betrieb soll sich damit in Echtzeit steuern lassen. Die Aktualität, der Detaillierungsgrad und die Genauigkeit der zur Verfügung gestellten Daten sind dementsprechend hoch.

Außer den, sich immer in gleicher Form wiederholenden, Abläufen bei der Eingabe, Ausgabe und Überwachung von Bestellungen unterstützt das *Bestellwesen-Informationssystem* die Entscheidungsvorbereitung der Einkäufer durch Analyse des Lieferantenverhaltens und automatische Bestellvorschläge für Stapelartikel. Letztere werden aufgrund eines Lageroptimierungsmodells errechnet.

Ein **Dispositionssystem** (engl.: disposition system) hat über die reine Routinearbeit hinaus die Aufgabe, entweder menschliche Entscheidungen vorzu-

Abb. 1.4.2/2: Rechnergestütztes Bestellwesen in einem Lebensmittelfilialbetrieb

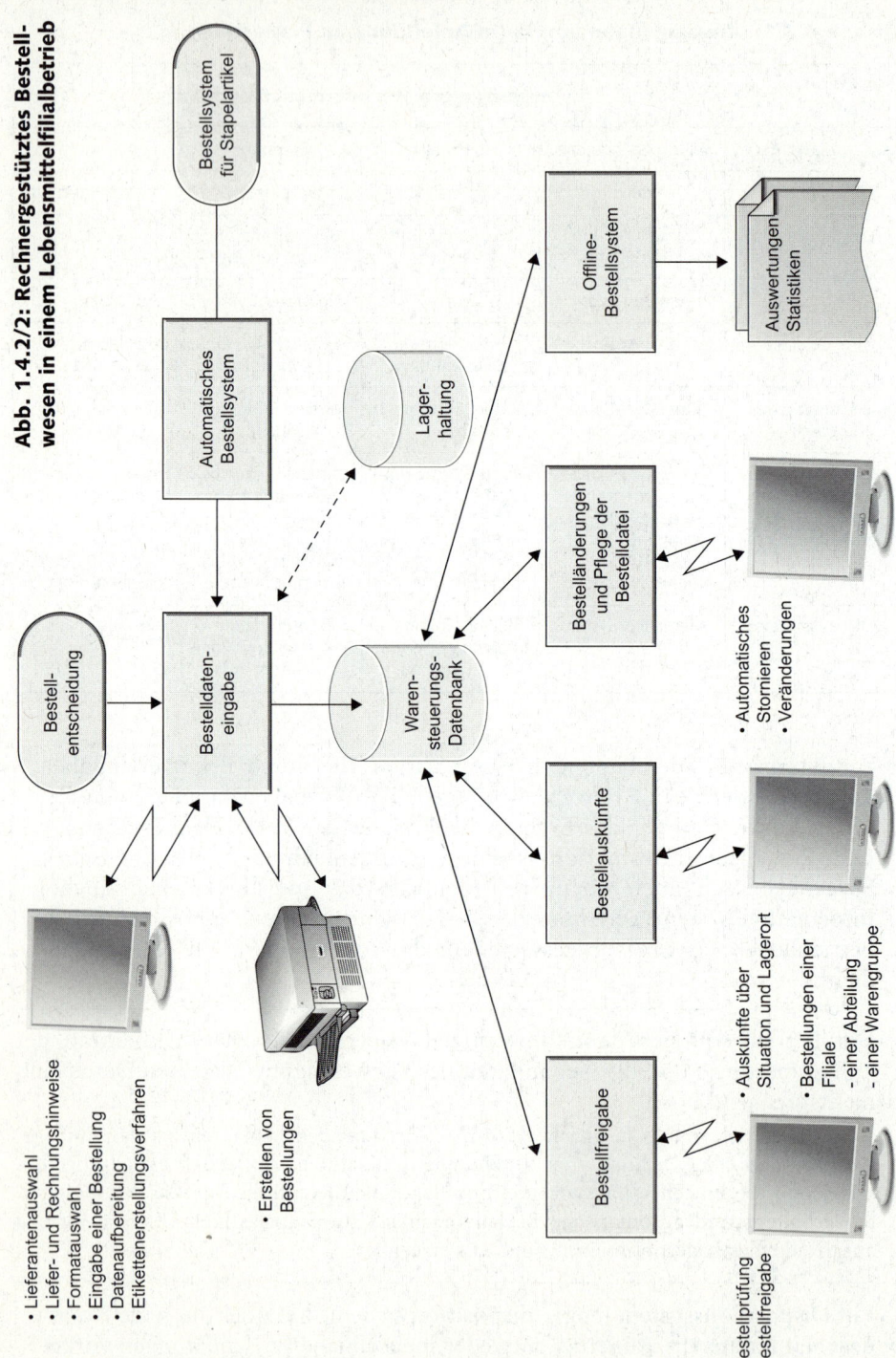

- Lieferantenauswahl
- Liefer- und Rechnungshinweise
- Formatauswahl
- Eingabe einer Bestellung
- Datenaufbereitung
- Etikettenerstellungsverfahren

- Erstellen von Bestellungen

- Bestellprüfung
- Bestellfreigabe

- Auskünfte über Situation und Lagerort
- Bestellungen einer Filiale
  - einer Abteilung
  - einer Warengruppe

- Automatisches Stornieren
- Veränderungen

Bestellsystem für Stapelartikel

Automatisches Bestellsystem

Lagerhaltung

Offline-Bestellsystem

Auswertungen Statistiken

Bestelländerungen und Pflege der Bestelldatei

Bestellentscheidung

Bestelldateneingabe

Warensteuerungs-Datenbank

Bestellauskünfte

Bestellfreigabe

bereiten oder sie zu erübrigen, indem der Rechner die Entscheidungen selbst trifft (nach P. Mertens).

Nach der Integrationsrichtung unterscheidet man horizontal und vertikal integrierte Informationssysteme.

Ein **horizontal integriertes Informationssystem** verbindet Teilsysteme aus unterschiedlichen Funktionsbereichen innerhalb des Prozesses der Leistungserstellung auf einer Ebene. Ein **vertikal integriertes Informationssystem** verknüpft Teilsysteme des gleichen Funktionsbereiches auf verschiedenen Stufen, etwa ein System für die Abwicklung von Geschäftstransaktionen mit einem Büroinformationssystem und einem Managementunterstützungssystem. Integrationsgegenstand ist jeweils die logische Zusammenführung von Daten und die gegenseitige Abstimmung von Funktionen (Aufgaben), Prozessen (Vorgängen), Methoden und Programmen (nach P. Mertens).

Der horizontale Integrationsgrad unseres *Beispiel-Informationssystems* ist hoch, da das Bestellwesen nahtlos mit den anderen Teilsystemen in der betrieblichen Wertschöpfungskette verbunden ist. Das heißt, die Funktionen sind optimal aufeinander abgestimmt, die Daten werden in für alle Programme gemeinsamen Datenbanken gehalten. Eine vertikale Integration von Planungs- und Kontrollfunktionen zur Unterstützung der Unternehmensführung ist nicht ersichtlich. Das Bestellwesen-Informationssystem ist teilautomatisiert und bietet verschiedene Formen des Mensch-Maschine-Dialogs (die Initiative geht teils vom Benutzer, teils vom Rechner aus).

Ein **Planungssystem** (engl.: planning system) unterstützt die Führungskräfte eines Betriebs bei ihren Planungsaufgaben. Ein **Kontrollsystem** (engl.: control system) dient zur Überwachung der Einhaltung der Pläne durch Soll-Ist-Vergleiche und Hinweise auf notwendige Korrekturmaßnahmen. Zusammengefasst werden Informationssysteme für Führungskräfte als **Managementunterstützungssysteme** (engl.: management support system) bezeichnet.

Planung beinhaltet die gedankliche Vorwegnahme zukünftigen Geschehens. Kontrollen beziehen sich auf die Ergebnisse (Ergebniskontrolle) und ihr Zustandekommen (Verhaltenskontrolle). Planungs- und Kontrollaufgaben greifen so eng ineinander, dass sie häufig als „Controlling" zusammengefasst verrichtet werden.

In Kapitel 6 werden Sie verschiedene Typen von Planungs- und Kontrollsystemen kennenlernen: Abfrage- und Berichtssysteme (engl.: query and reporting system) sowie entscheidungsunterstützende Systeme (engl.: decision support system; abgekürzt: DSS), die für operative, taktische und strategische Zwecke zum Einsatz kommen.

Ein **Büroinformationssystem** (engl.: office information system; abgekürzt: OIS) ist ein rechnergestütztes Informationssystem zur Unterstützung von typischen Bürotätigkeiten. Es erlaubt den in der Verwaltung arbeitenden Mitarbeitern, die Information, die sie für ihre Aufgaben benötigen, zu erfassen, zu transformieren, zu speichern und auszutauschen.

Softwarebestandteile von Büroinformationssystemen sind zum Beispiel:

- Endbenutzerwerkzeuge zur Verbesserung der persönlichen Produktivität (engl.: end-user tool; personal productivity system), wie Textverarbeitung, Tabellenkalkulation, Präsentationsgrafik und Datenverwaltung;
- Kommunikationsdienste (engl.: communication service), wie Elektronische Post, Fax, Dateitransfer (engl.: file transfer) und Zugriff auf Datenbanken (engl.: database access);
- Systeme zur Unterstützung der Teamarbeit (engl.: computer supported cooperative work; abgekürzt: CSCW), wie Vorgangsbearbeitungssysteme (engl.: workflow management system) und Arbeitsgruppensysteme (engl.: workgroup system; groupware).

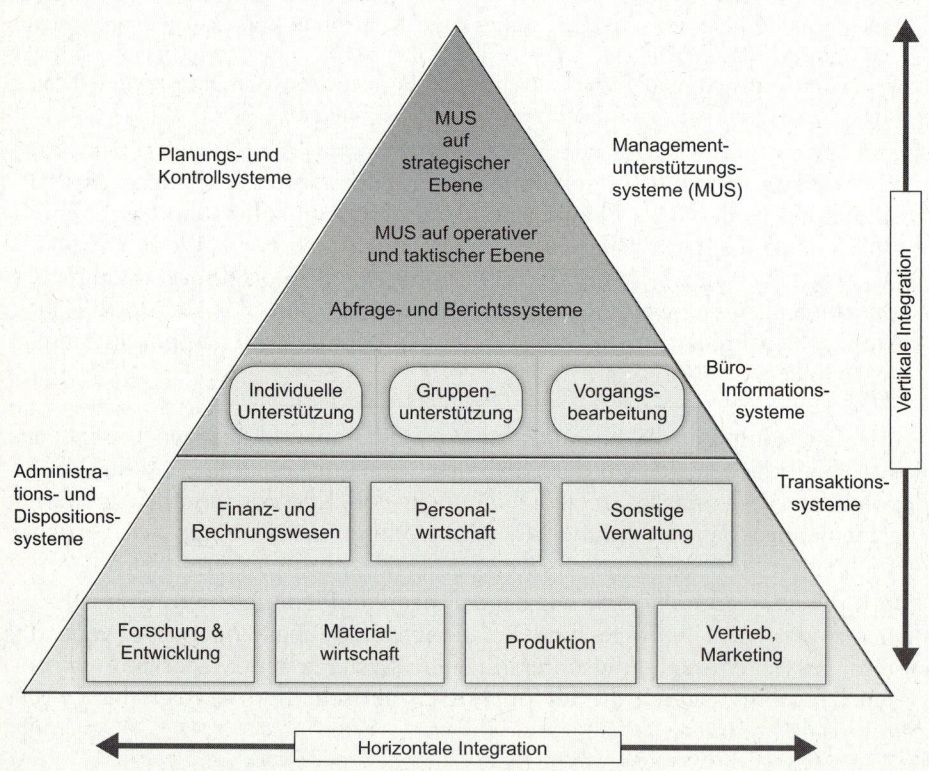

Abb. 1.4.2/3: Klassifikation interner Informationssysteme

Abb. 1.4.2/3 zeigt Ihnen die Hauptgruppen von Informationssystemen nochmals im Überblick. Alle erwähnten Systemtypen werden im Weiteren noch ausführlicher erklärt.

▶ Übungsaufgabe Nr. 1.1.26 im Arbeitsbuch

1.4.3 Außenwirksame Informationssysteme

Durch die rasanten Fortschritte der Telekommunikation hat neben den innerbetrieblichen Informationssystemen die Bedeutung nach außen orientierter Informationssysteme sehr stark zugenommen. Je nachdem, ob sich diese an Firmen oder an Privatkunden richten, unterscheiden wir *zwischenbetriebliche Informationssysteme* und *Konsumenteninformationssysteme*. Die zugehörigen Bereiche werden auch im deutschsprachigen Raum häufig mit den entsprechenden englischen Begriffen *Business-to-Business* (abgekürzt: B2B) und *Business-to-Consumer* (abgekürzt: B2C) bezeichnet.

Ein **zwischenbetriebliches Informationssystem** (engl.: business-to-business information system oder interorganizational information system; abgekürzt: B2B system oder IOS) verbindet die Informationssysteme zweier oder mehrerer Betriebe. Das Spektrum der möglichen Zusammenarbeit reicht vom elektronischen Austausch von Bestellungen, Rechnungen usw. (engl.: electronic data interchange; abgekürzt: EDI) über virtuelle Organisationen (engl.: virtual organization) bis hin zu gemeinsamen Informationssystemen einer großen Zahl von Betrieben verschiedener Branchen und Wirtschaftsstufen.

Ein *EDI-System* ist ein System zur Abwicklung von Geschäftstransaktionen, bei dem ein Betrieb mit einem oder mehreren Geschäftspartnern (Lieferanten, Geschäftskunden, Banken, Behörden usw.) entweder direkt oder über eine so genannte Clearing-Stelle elektronische Geschäftsdokumente austauscht.

Unser *Beispiel-Lebensmittelfilialbetrieb* schickt seinen großen Lieferanten schon lange die Bestellungen in elektronischer Form. Nach der Bestellfreigabe werden die Bestellscheine nicht mehr wie früher ausgedruckt, kuvertiert und per Briefpost versandt. Sondern sie werden in eine Datei geschrieben, die am Abend automatisch – von Computer zu Computer – von einem Clearing-Service über eine Telefonverbindung abgerufen und an die Lieferanten-Computer weitergeleitet wird.

Eine **virtuelle Organisation** (engl.: virtual organization) bezeichnet den IS-unterstützten Zusammenschluss mehrerer Organisationen zu einer neuen Organisationseinheit. Dieser Zusammenschluss erfolgt vielfach auf beschränkte Zeit zum Zweck der Erlangung von Wettbewerbsvorteilen. Die Partner bringen ihre jeweiligen Stärken in diese Organisation ein und teilen sich Kosten und Risiken.

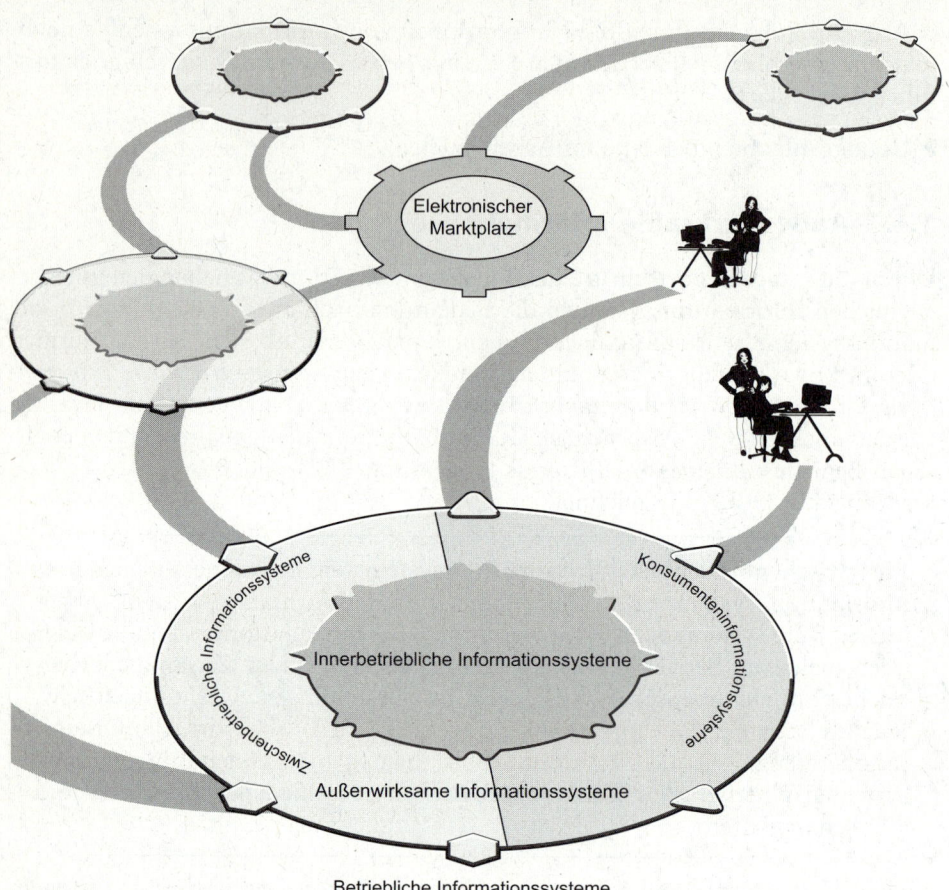

Betriebliche Informationssysteme

Abb. 1.4.3/1: Außenwirksame Informationssysteme

Stellen Sie sich als *Beispiel für eine virtuelle Organisation ein Wirtschaftsinformatik-Fortbildungsprogramm* vor, das über das Internet weltweit in englischer Sprache angeboten wird. In den multimedialen Fernkursen arbeiten die renommiertesten Professoren und die besten Praktiker aus vielen verschiedenen Ländern zusammen, ohne dass diese real ihre Standorte verlassen. Eine entsprechende Programmkonzeption stammt beispielsweise von der *Erasmus-Universität Rotterdam*, die in dieser virtuellen Organisation auch für die Gesamtkoordination zuständig ist. Didaktische Beratung bietet die erfahrene britische *Open University*. Die Verwaltung und Abrechnung wird von der *IBM Deutschland* vorgenommen. Für die Studenten- und Absolventenbetreuung ist die *Stern School of Business* an der *New York University* zuständig. Die Informations- und Kommunikationstechnik stellt die *Wirtschaftsuniversität Wien* bereit. Das Marketing ist auf jeweils eine lokale Hochschule in den größten Ländern verteilt und wird von der Werbeagentur *Ogilvy & Mather* koordiniert. Sämtliche Partner agieren gemeinsam und aufeinander abgestimmt unter einer einheitlichen *Corporate Identity*. Wäre das nicht etwas für Sie?

Ein **Brancheninformationssystem** (engl.: industry information system) ist ein gemeinsames Informationssystem vieler Betriebe eines Wirtschaftszweigs zur Unterstützung ihrer laufenden Geschäftsbeziehungen. Es enthält (vor allem) jene Funktionen und Daten aller Teilnehmer, die für deren Beschaffung und Absatz wesentlich sind.

Bei EDI und virtuellen Organisationen steht die rechnergestützte Zusammenarbeit einzelner Geschäftspartner im Vordergrund, die individuell vereinbart wird. Ein Brancheninformationssystem bietet hingegen eine umfassendere Kooperationsbasis für viele Branchenteilnehmer. Dies können Betriebe der gleichen Wirtschaftsstufe (horizontale Integration) und unterschiedlicher Wirtschaftsstufen (vertikale Integration) sein.

Zu den Komponenten gehören vor allem Auftragsbearbeitungs- und Abrechnungsfunktionen sowie Datenbanken mit Produkt- und Unternehmensinformation. Zum „elektronischen Großmarkt" wird ein solches Brancheninformationssystem dann, wenn alle Beteiligten gleiche Benutzungsrechte haben und jeder Teilnehmer von jedem anderen Teilnehmer kaufen beziehungsweise an jeden anderen verkaufen darf.

Beispiele für solche *elektronischen Großmärkte* gibt es im landwirtschaftlichen Bereich (Auktionen), im Finanzdienstleistungsbereich (Börsen) und im Reisebürobereich (Reservierungssysteme). In größeren Reservierungssystemen bieten mehrere hundert Fluglinien ihre Verbindungen an. Zusätzlich können Hotelzimmer und Leihwagen gebucht werden.

Wie der Großhandel in der realen Welt stehen auch elektronische Großmärkte zunehmend unter Druck, sich dem privaten Kunden zu öffnen. Bei einzelnen Börsen und Reservierungssystemen ist dies in den letzten Jahren auch bereits geschehen.

Wenn ein Ort, an dem sich Angebot und Nachfrage treffen, prinzipiell für jedermann rund um die Uhr online zugänglich ist und alle Teilnehmer gleich behandelt werden, so sprechen wir von einem **Elektronischen Marktplatz** (engl.: electronic market place). Er vereinigt virtuell die Marktpartner eines Wirtschaftszweiges und macht diesen die notwendige Information für ihre Kauf- und Verkaufsvorgänge zugänglich.

Zunehmend gehen Betriebe allein oder in Gemeinschaft mit anderen dazu über, auf elektronischem Wege direkt die Endverbraucher anzusprechen. Das kann über das Internet, über kommerzielle Online-Dienste oder künftig zum Beispiel über interaktive Fernsehangebote geschehen.

Unser *Beispiel-Lebensmittelfilialbetrieb* prüft derzeit, ob ein firmeneigenes TV-Teleshopping-Programm technisch und wirtschaftlich machbar ist. Es wird daran gedacht, zunächst das Programm über TV-Kioske in den eigenen Filialen anzubieten. Dabei sollen die Produktinformation und Verkaufsförderung im Vordergrund stehen. In der zweiten Phase soll das Programm dann über Kabel-TV-Kanäle angeboten werden, um Online-Bestellungen mittels TV-Fernbedienung von zu Hause zu ermöglichen.

Betriebliche Informationssysteme, die sich an private Haushalte richten, bezeichnen wir als *Konsumenteninformationssysteme*.

> Ein **Konsumenteninformationssystem** (engl.: consumer information system oder business-to-consumer information system, abgekürzt B2C) dient zur Interaktion mit vornehmlich privaten Kunden (Konsumenten) beziehungsweise Interessenten, mit denen unter Umständen bisher noch keine oder nur sehr sporadische geschäftliche Kontakte bestehen.

Das Anwendungsspektrum reicht von der Auskunftserteilung über individuelle Mitteilungen bis zu Routinegeschäften, wie zum Beispiel Bestellungen, Überweisungen oder Platzbuchungen. Die Benutzer können räumlich weit gestreut sein, das heißt regional, national oder sogar global verteilt sein. Sie verwenden das System in der Regel nur, wenn sie einen direkten Nutzen daraus ziehen können (im Gegensatz zu den meisten internen IS kein Benutzungszwang).

Bei den oben skizzierten Überlegungen zu einem firmeneigenen interaktiven TV-Programm hat sich unser *Beispiel-Lebensmittelfilialbetrieb* zusammen mit über fünfzig anderen Unternehmen an einer *virtuellen Shopping Mall* beteiligt. Durch den Zusam-

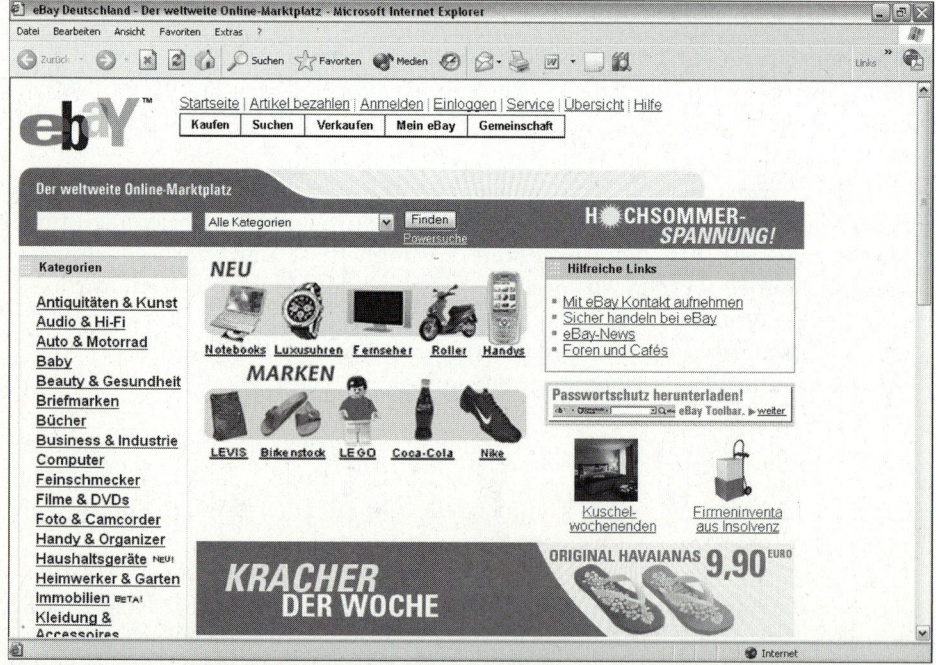

Abb. 1.4.3/2: Ein virtueller Marktplatz im Internet

menschluss auf horizontaler Ebene können die Partner ein Sortiment von über 100.000 Produkten anbieten. Kostengünstige gemeinschaftliche Dienste (Werbung, Auslieferung) sowie die Einbindung von Banken und Kreditkartenorganisationen sollten die Kundenanziehungskraft steigern. Nach dem ersten Jahr waren aber nur wenige Anbieter mit dem erzielten Umsatz zufrieden. Wegen mangelnden Interesses wurde von unserem Lebensmittelfilialbetrieb schon bald das Angebot zurückgezogen, gekaufte Artikel im engeren Einzugsgebiet noch am selben Tag gegen eine geringe Gebühr nach Hause zuzustellen. Verblieben sind die Werbung für das Unternehmen und die aktuellen Sonderangebote. Man will die weitere Entwicklung abwarten und Erfahrungen sammeln.

Sie haben gesehen, dass es viele Formen von außenwirksamen Informationssystemen gibt. Nur ein Teil davon wurde in diessem einführenden Kapitel behandelt. Weitere außenwirksame Informationssysteme sind zum Beispiel Stakeholder-Informationssysteme, Dienstportale oder Suchdienste, auf die wir im Kapitel 5 näher eingehen.

▶ Übungsaufgabe Nr. 1.1.27 im Arbeitsbuch

1.4.4 IS-Standards und offene Systeme

Auf der „grünen Wiese" erfolgende Erstinvestitionen in die Informationstechnik zeichnen sich durch einen sehr hohen Freiheitsgrad der Anwender bezüglich der Entscheidung für einen bestimmten Anbieter und dessen Technologie aus. Diese Position ist für den Anwender natürlich sehr angenehm. Die Anzahl der in Frage kommenden Anbieter ist in der Regel groß, die Preis- und Konditionengestaltung der Angebote ist entsprechend entgegenkommend. Sehr groß ist auch die Verlockung, die Entscheidung aufgrund kurzfristiger, die allerersten Zahlungen betreffender, Kostenvorteile zu treffen.

Nach getroffener Beschaffungsentscheidung wird das ausgewählte IT-System installiert, die ersten Anwendungsprogramme werden implementiert. Sehr häufig werden bei der Anwendungsentwicklung Eigenschaften der Basissoftware (Betriebssystem und Programmierwerkzeuge) verwendet, die in der konkreten Ausprägung nur vom Lieferanten des IT-Systems bereitgestellt werden. Erstinvestitionen in Informationstechnik, die unter der Kontrolle eines einzelnen Anbieters stehen, haben im Regelfall eine wesentliche Verringerung der Freiheitsgrade für den Anwender bei Folgeinvestitionen zur Folge.

Dies ist genau die „Falle", die – vom Anbieter im Regelfall absichtlich eingerichtet – bei Erweiterungsinvestitionen dazu führt, dass der Anwender auf Hardware und/oder betriebssystemnahe Software des Erstausstatters angewiesen ist.

Hat ein Anwender erst einmal ein proprietäres (herstellerspezifisches) IT-System im Einsatz, so gibt es eine Reihe von technischen, organisatorischen und sonstigen Gründen, die die Beibehaltung des Erstlieferanten angezeigt erscheinen lassen. In der IT-Praxis ist es sehr häufig die Verwendung bestimmter Entwicklungswerkzeuge und Benutzeroberflächen, deren Wechsel prohibitiv hohe Nebenkosten durch erforderliche Umschulungsmaßnahmen und Ablaufunterbrechungen bedingen würde. Ein Anbieterwechsel ist im Regelfall nur bei gleichzeitiger Neuerstellung der Anwendungsprogramme möglich. Wie bereits dargelegt, bedeutet die Neuerstellung der Anwendungssoftware aber, dass der größte Block der Gesamtinvestitionen vorzeitig abgeschrieben werden muss.

Das Ziel von **IS-Standards** ist die Vorgabe von einheitlichen Definitionen zur Schaffung von modularen, interoperablen Informationssystemen. Durch die Einhaltung von IS-Standards können Informationssysteme leichter miteinander kommunizieren, erscheinen dem Benutzer gleichartig und können mit relativ geringem Aufwand auf unterschiedlichen Plattformen (Hardware und Systemsoftware) eingesetzt werden.

Durch eine *einheitliche Benutzeroberfläche* (engl.: common user access; abgekürzt: CUA) soll eine gleichartige Erscheinungsweise aller Anwendungen auf unterschiedlichen Systemen sichergestellt werden. Dies erreicht man durch eine einheitliche Terminologie und Festlegungen, wo und wann übliche Dialogelemente wie Titel, Erläuterungen, Datenfelder und Aktionsauswahlmöglichkeiten am Bildschirm erscheinen. Bezüglich der Interaktionstechniken wird definiert, wie die Auswahl der Menüs zu treffen ist, wie Daten- und Befehlsfelder am Bildschirm dargestellt werden, wie, wann und wo Systemanfragen und Systemmeldungen erscheinen.

Eine *einheitliche Programmierschnittstelle* (engl.: common programming interface; abgekürzt: CPI) soll die Produktivität der Anwendungsentwicklung erhöhen und Anwendungen für ein breiteres Einsatzspektrum ermöglichen. Dazu werden die zulässigen Programmiersprachen sowie Schnittstellen für Datenbanken, für Abfragen und Berichterstellung, für die Dialoggestaltung und für die Kommunikationsunterstützung bei Verbundanwendungen festgelegt.

Die *einheitliche Kommunikationsunterstützung* (engl.: common communications support; abgekürzt: CCS) dient dazu, die Verbindung zwischen unterschiedlichen Geräten, Programmen und Netzen zu regeln. Auf solche so genannten Protokolle für die Datenübertragung in Rechnernetzen gehen wir noch ausführlich im Band 2, Kapitel 6 ein.

Diese Zielvorstellungen decken sich mit denen von „**offenen Systemen**" (engl.: open system), die auf *herstellerunabhängigen Standards* basieren, die nicht unter Kontrolle einzelner Anbieter stehen. Die Orientierung an herstellerunabhängigen Standards dient vor allem der Erhaltung von möglichst vielen Freiheitsgraden bei zukünftigen Investitionsentscheidungen.

Einer der ersten *erfolgreichen herstellerunabhängigen Standards* war die Programmiersprache *COBOL*, die für die Entwicklung von betrieblicher Anwendungssoftware konzipiert war. Jahrzehntelang wurden die meisten kommerziellen Programme in dieser Sprache geschrieben, die für zahlreiche Betriebssystem- und Hardwareplattformen verfügbar war. Dadurch war ein Herstellerwechsel relativ leicht durchführbar. Heute nimmt die Programmiersprache *Java* eine ähnlich dominierende Stellung ein. Ein Beispiel aus dem Betriebssystembereich, das lange als Synonym für offene Systeme verwendet wurde, ist *UNIX*. In diesem Zusammenhang sollte auch *Linux* genannt werden. Linux ist ein herstellerunabhängiges und frei verfügbares UNIX-System, das auf offenen Standards beruht und auf den meisten heute verfügbaren Hardwareplattformen einsetzbar ist. Im Bereich der Datenbanken nimmt *SQL* (Abkürzung von engl.: structured query language) die Rolle des wichtigsten herstellerunabhängigen Standards ein.

Das Interesse an der Durchsetzung solcher Standards war und ist bei etablierten IT-Herstellern mit ausreichend großem Kundenstock relativ gering. Gerade im Zusammenhang mit Linux und Internet-basierten Informationssystemen sind jedoch inzwischen auch große Hersteller wie zum Beispiel IBM (zumindest schrittweise) dazu übergegangen, offene Standards proprietären Lösungen vorzuziehen. An dieser Entwicklung haben die Anwender einen großen Anteil, da sie durch ihr Beschaffungsverhalten entsprechenden Druck ausüben.

Abgesehen von den oben beschriebenen, durch unabhängige Gremien (Normenausschüsse oder herstellerübergreifende Konsortien) definierten Standards, gibt es noch die so genannten *„Marktstandards"* oder *„Industriestandards"*. Dabei handelt es sich um im Markt sehr weit verbreitete Produkte und/oder Methoden. Große Hersteller, wie zum Beispiel Sun Microsystems, SAP oder Microsoft, sind in der Lage, aufgrund ihrer Marktmacht derartige Standards zu definieren. Erfolgreiche Beispiele sind hier der IBM- beziehungsweise Intel-x.86-PC und das Betriebssystem MS-DOS, später Windows. Durch die große Verbreitung dieser Produkte sind andere Anbieter in diesem Bereich gezwungen, bei ihren Entwicklungen darauf Rücksicht zu nehmen. Große Computerhersteller (wie zum Beispiel Dell, Hewlett-Packard, IBM, Fujitsu Siemens Computers) und Softwarehäuser (wie zum Beispiel SAP, Sun oder Oracle) haben *einheitliche Rahmenwerke für eine unternehmensweite Anwendungsintegration* geschaffen, die Benutzer und andere Hersteller verwenden können.

1.4.5 Grundfragen der Wirtschaftsinformatik

Die Wissenschaft, die sich mit der Gestaltung rechnergestützter Informationssysteme in der Wirtschaft befasst, heißt **Wirtschaftsinformatik** (Synonym: **Betriebsinformatik**; engl.: Management Information Systems, Information Systems, Business Informatics). Sie versteht sich als interdisziplinäres Fach zwischen Betriebswirtschaftslehre und Informatik.

Womit beschäftigt sich die Wirtschaftsinformatik im Einzelnen? Lassen wir doch einmal ein Mitglied der IS-Entwicklungsgruppe unseres Beispiel-Lebensmittelfilialbetriebs berichten, welche *Probleme seinerzeit bei der Einführung des rechnergestützten Warenwirtschaftssystems* zu lösen waren.

Bericht eines IS-Entwicklers über die Einführung eines Warenwirtschaftssystems:

Gründe dafür, dass uns die Geschäftsleitung mit dem Projekt beauftragt hat, waren

– sich häufende Reklamationen von Kunden, weil oft vor Sonn- und Feiertagen Waren nicht mehr vorrätig waren und bei den Kassen lange Warteschlangen entstanden,

– der hohe, nicht erklärbare Warenschwund (Verderb, Kunden- oder Mitarbeiterdiebstahl?),

– der von den Filialen beklagte unzureichende Servicegrad (Lieferbereitschaft) des Zentrallagers – trotz tendenziell steigender Lagerbestände und der damit verbundenen immer höher werdenden Kapitalbindung,

– zeitliche Abstimmungsschwierigkeiten bei den Warenlieferungen von den Lieferanten und vom Zentrallager an die Filialen,

– Kostensteigerungen, insbesondere beim Verkaufspersonal, und ein wachsender Konkurrenzdruck,

– mangelhafte Information über realisierte Verkäufe und die Beiträge der einzelnen Artikel zum Unternehmenserfolg mit daraus folgenden Dispositionsfehlern im zentralen Einkauf und in den Filialen.

Ausgangspunkt und Grundlage unserer Arbeit war eine sorgfältige *Istaufnahme*. Das heißt, wir haben zunächst einmal analysiert, wie der Warenfluss bisher im Einzelnen funktioniert hat:

– Wie viele und welche Kunden von den verschiedenen Filialen zu betreuen waren und wie hoch die Umsätze in den einzelnen Warengruppen waren,

– welche Lieferanten wie oft an das Zentrallager beziehungsweise direkt an einzelne Filialen geliefert haben,

– wie viele Mitarbeiter mit welcher Qualifikation und Entlohnung in unseren Filialen und der Hauptverwaltung mit warenbezogenen Aufgaben befasst waren,

– aus welchen Arbeitsgängen sich die Aufgabenerfüllung zusammensetzte,

– wodurch die Arbeitsgänge ausgelöst und wie sie im Einzelnen abgewickelt wurden,

– wie die Zusammenarbeit zwischen den Filialen, dem Vertrieb, Lager und Einkauf in der Zentrale sowie unseren Lieferanten klappte,

– welche Waren- und Belegmengen in welcher zeitlichen Verteilung angefallen sind,

– welche Informationsquellen und Hilfsmittel für die einzelnen Arbeitsgänge genutzt wurden und an welche Empfänger Berichte gesandt wurden (Informationsfluss),

– wie Mitarbeiter und Betriebsmittel durch die einzelnen Arbeitsgänge zeitlich beansprucht wurden und

– mit welchen Kosten die Aufgabenerfüllung jeweils verbunden war.

Dadurch haben wir einen guten Überblick über das Istsystem, seine Stärken und Schwächen sowie die durch eine Neuentwicklung lösbaren Probleme und erzielbaren Nutzeffekte erhalten.

Darauf aufbauend haben wir in der Folge ein *Sollkonzept* erstellt. Durch die Befragung der Geschäftsleitung, der Leiter und einiger Mitarbeiter der Zentralabteilungen und Filialen, aber auch von ausgewählten Kunden und Lieferanten haben wir die Anforderungen bestimmt, denen ein optimales Warenwirtschaftssystem in unserem Hause entsprechen sollte. Diese zunächst noch relativ groben Systemspezifikationen haben wir im Laufe dieser Phase zunehmend detailliert. Dokumentierte Arbeitsergebnisse waren

- ein Grobkonzept (Übersichtsdarstellung), in dem die Teilsysteme des vorgesehenen Warenwirtschaftssystems und ihre Verknüpfungen gekennzeichnet wurden und in der Folge
- ein Detailkonzept, in dem für die Teilsysteme die Daten (Ein- und Ausgabe), die Verarbeitungsregeln und der Datenfluss sowie sonstige wichtige Umgebungsbedingungen beschrieben wurden.

Bei dieser *Anforderungsanalyse* haben wir uns viel Arbeit dadurch erspart, dass wir die konzeptionellen Vorstellungen in der Literatur und die Herstellerschriften über die angebotenen Softwareprodukte für den Warenwirtschaftsbereich zu Rate gezogen haben.

Vor allem war auch die Diskussion der tatsächlich realisierten Kosten, Nutzen und Probleme von modernen Warenwirtschaftssystemen bei mehreren Pilotanwendern äußerst hilfreich. Dadurch wurden doch einige Angaben der Hersteller von Standardsoftware und Datenkassen stark relativiert.

Die Kunden in den SB-Märkten beklagten sich, dass sie durch die alleinige Regalauszeichnung der Preise beim Gang durch den Verkaufsraum bald nicht mehr wüssten, für wie viel Geld sie Einkäufe getätigt hätten. Auch an der Kasse könnten sie die angezeigten Preise nicht mit den längst vergessenen Regalpreisen vergleichen. Inwiefern solche Klagen dazu führen können, dass Kunden ausbleiben, blieb aber leider völlig offen. Monate vor und nach der Umstellung kam es auch bei den Kassiererinnen verschiedentlich zu Schwierigkeiten. Die Abrechnungsvorgänge wurden zunächst verlängert anstatt beschleunigt – was mit der unzureichenden Einschulung erklärt wurde. Die Kassen eines Herstellers hatten eine extrem hohe Ausfallhäufigkeit. Überall hatte man aber die Anfangsprobleme nach einiger Zeit in den Griff bekommen.

Ein befreundeter Unternehmer fasste die *Vorteile* für die Beteiligten wie folgt zusammen:

- Der Kunde erhält aufgrund der Auswertungen das richtige Sortiment zur rechten Zeit zum richtigen Preis angeboten.
- Der Verkäufer erhält durch die zentrale Speicherung aktueller Preise mehr Sicherheit im schnellen Verkauf und lernt die Rendite der einzelnen Artikel kennen.
- Der Einkäufer und der Filialleiter erlangen größere Sicherheit in der Sortimentsauswahl, das heißt sie können „Renner" und „Penner" besser unterscheiden. Außerdem lernen sie den erforderlichen Bestellrhythmus genauer kennen und gewinnen größere Sicherheit bei der Kalkulation.
- Der Chef erhält eine verbesserte Kosten- und Ertragsrechnung.

So hatten wir von diesen Besichtigungen eigentlich einen recht positiven Gesamteindruck.

Bei den folgenden *Durchführbarkeitsstudien* ging es dann um die Fragen,

- ob, wann und wie die bei der Zielanalyse ermittelten Spezifikationen in unserem Warenwirtschaftssystem realisiert werden könnten,
- welche Ressourcen (Software, Hardware, Personal usw.) hierzu in welchen Stellen benötigt würden und
- ob das ganze Vorhaben ökonomisch zu rechtfertigen wäre beziehungsweise welche Realisierungsvorschläge das beste Verhältnis zwischen Aufwand und Ertrag versprächen.

Nach detaillierten *Wirtschaftlichkeitsrechnungen* haben wir uns entschieden, für das geplante System nach Möglichkeit Standardsoftwareprodukte einzusetzen. Dabei bedurfte es viel Überredungskunst, um unsere Programmierergruppe zu überzeugen, dass die Zeit- und Kostenvorteile einer solchen Lösung höher zu bewerten sind als die optimale Anpassung an betriebliche Gegebenheiten durch eine Eigenprogrammierung.

Mit der *Auswahl des Pakets* beziehungsweise der für uns bestgeeigneten (alternativ angebotenen) Module haben wir uns viel Mühe gegeben. Von vornherein hätten wir gerne „alles aus einer Hand" gehabt, das heißt die Software vom Lieferanten unserer Buchhaltungs- und Personalverwaltungssoftware bezogen. Bei der Durchsicht eines Softwarekatalogs und Gesprächen mit unserer Verbandsberatung sind wir aber auf einige interessante Alternativen gestoßen. Nachdem wir die von uns angeforderten Produktbeschreibungen gelesen hatten und auch einige Programmsysteme in Form so genannter Anwendungssimulationen vorgeführt bekommen hatten, haben wir eine Nutzwertanalyse durchgeführt. Darin wurden die drei in die engste Wahl gezogenen Systeme in Bezug auf unseren Anforderungskatalog mit über 200 gewichteten Einzelkriterien beurteilt. Als bestes Angebot hat sich dabei dann doch unser ursprünglicher Favorit herausgestellt (Sie wissen ja, wie subjektiv und fragwürdig manchmal „Benotungen" sind – vielleicht haben unsere bisherigen guten Erfahrungen mit dem Hersteller sowie ein gewisses Sicherheitsbedürfnis bei der Kriteriengewichtung und der Angebotsbeurteilung eine nicht unbedeutende Rolle gespielt!). Eine mehrmonatige Probeinstallation dieses Systems bei uns im Hause und Tests in einer Filiale haben uns dann schließlich vollends überzeugt, zumal wir in den Vertragsverhandlungen noch einiges an kostenloser Unterstützung beim Hersteller herausholen konnten.

Bei der *Auswahl der Datenkassen* sind wir ähnlich vorgegangen. Auch diese Entscheidung war gar nicht so einfach, weil sich die angebotenen Kassen nicht nur in Bezug auf den Preis, sondern auch in Bezug auf den Funktionsumfang stark unterscheiden.

Umfangreiche technische und betriebswirtschaftliche Untersuchungen haben wir ferner wegen der *Verkabelung* der Kassen in den Filialen und der IT-Geräte in unserer Hauptverwaltung angestellt. Auch der *Datenaustausch* hat uns einiges Kopfzerbrechen bereitet. Eine Online-Verbindung der Zentrale mit den Filialen erschien zunächst zu teuer. Wir haben uns dann aber doch aus Marketinggründen dazu entschlossen, zumal die Preise durch die Konkurrenz der Telekomanbieter stark gefallen sind.

Bei unseren Auswahlüberlegungen, aber auch bei unseren vorangehenden Tätigkeiten im Rahmen der Istaufnahme und Sollkonzeption hat uns die *Einbeziehung der späteren Systembenutzer* viele wichtige Anregungen gegeben und uns vor manchem Fehler bewahrt. Die enge Zusammenarbeit hat sich vor allem bei der leider unumgänglichen Anpassung beziehungsweise Ergänzung einiger Softwaremodule bewährt. Auch bei der Umstellung unseres Artikelnummerierungssystems auf die EAN sowie bei der betriebsindividuellen Gestaltung der Bildschirmmasken und Berichte hat uns das gute Verhältnis zu unseren Kollegen hier in der Zentrale und draußen in den Filialen sehr geholfen. Durch ihre Mitwirkung kamen sonst vielfach zu beobachtende, in unserem Fall aber nicht gerechtfertigte Ängste vor Entlassungen, Versetzungen, Entwertung von Qualifikationen oder nicht zu bewältigenden Systemanforderungen erst gar nicht auf. Nach einer Intervention des Betriebsrats, der stärkere Kontrollen der Mitarbeiter befürchtete, haben wir die softwaremäßig vorgesehene Protokollierung der Kassierleistungen unterbunden.

Mit der *Benutzer- und Bedienerschulung* wurde schon Monate vor der Aufnahme des Echtbetriebs unseres Warenwirtschaftssystems begonnen. Zum Beispiel wurden die Kassiererinnen stundenweise in einem separaten Raum im Gebrauch der neuen Kassen trainiert. Und die Filialleiter und Einkäufer wurden in einem betriebswirtschaftlichen „Schnellsiedekurs" über Deckungsbeiträge, optimale Bestellmengen und -termine sowie sonstige Kennzahlen unterrichtet, die vom neuen System zur Verfügung gestellt werden.

Die *Umstellung* auf das rechnergestützte Warenwirtschaftssystem begann schrittweise in den umsatzschwachen Sommermonaten. Zuerst wurden in einer Filiale zwei Datenkassen, dann weitere zwei Kassen usw. installiert, bis schließlich alle Kassiererinnen mit dem neuen System arbeiteten. In der Folge wurden alle großen Filialen (mit mehr als vier Millionen Euro Jahresumsatz) nacheinander auf diese Weise umgestellt, was über zwei Jahre in Anspruch genommen hat.

▶ Übungsaufgabe Nr. 1.1.28 im Arbeitsbuch

Die vorstehende Schilderung hat Ihnen einige *typische Tätigkeiten eines Wirtschaftsinformatikers bei der Entwicklung von betrieblichen Informationssystemen* vor Augen geführt. Sie ist „geschönt", weil von den vielen fachlichen, technischen und personenbezogenen Problemen kaum die Rede war, die bei innovativen Systementwicklungen praktisch unvermeidbar sind. In der Praxis bewahrheitet sich allzu oft das Murphy-Gesetz: *„If anything can go wrong, it will go wrong"*.

Diese exemplarische Darstellung gibt das Tätigkeitsfeld auch nur zum Teil wieder. So fehlen etwa *organisatorische und planerische Aktivitäten mit übergreifendem Charakter*, die sich nicht auf die Entwicklung einzelner Informationssysteme beziehen. Auch die Aufgaben der *Individualprogrammierung*, der *Programmanpassung* fertig bezogener Systeme, der *Integration von Altsystemen oder von Komponenten*, der *Datenübernahme* und des *Testens* wurden nicht angesprochen. Schließlich blieben die Tätigkeiten im Rahmen des *Systembetriebs* sowie der *Benutzerberatung und -betreuung* unerwähnt. Gerade letztere sind besonders wichtig: Nicht nur um den Endbenutzern in den Fachabteilungen beim Gebrauch der großen integrierten Anwendungssysteme behilflich zu sein, sondern auch, um sie bei ihrer „individuellen" Verarbeitung lokaler Probleme mit einem Arbeitsplatzrechner zu unterstützen und zu koordinieren.

▶ Übungsaufgabe Nr. 1.1.29 im Arbeitsbuch

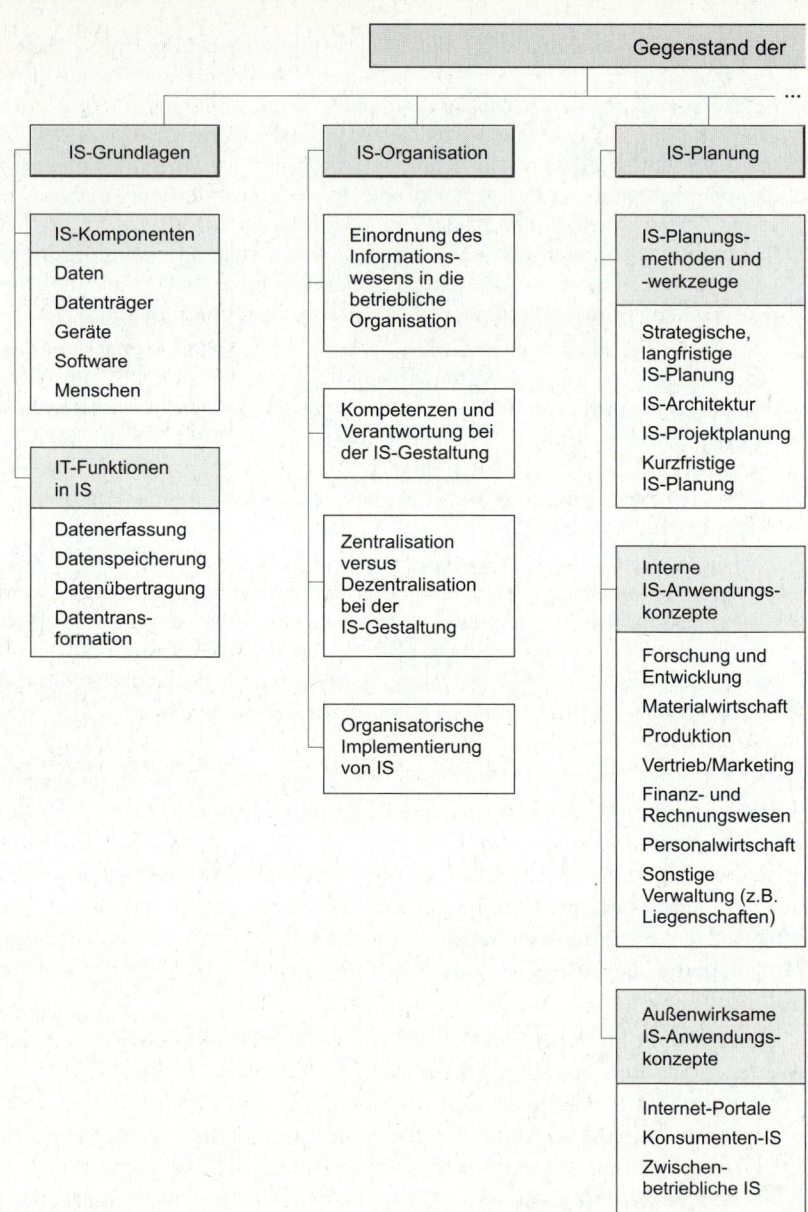

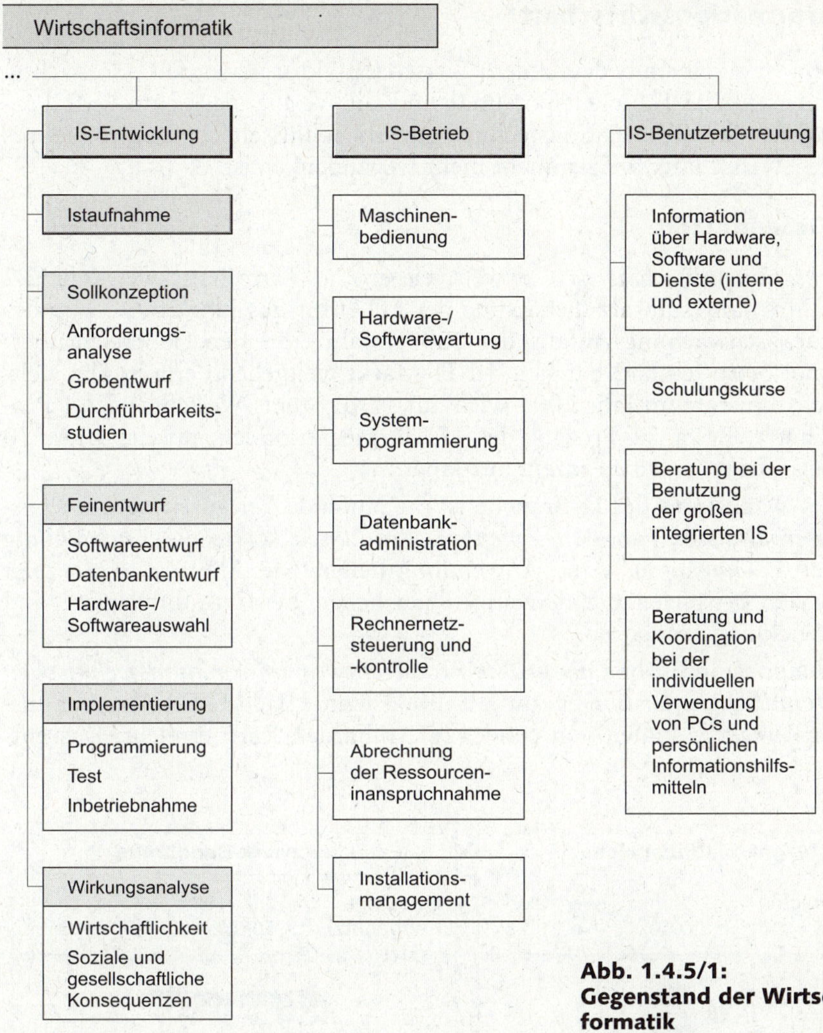

Wirtschaftsinformatik		
IS-Entwicklung	**IS-Betrieb**	**IS-Benutzerbetreuung**
Istaufnahme	Maschinen-bedienung	Information über Hardware, Software und Dienste (interne und externe)
Sollkonzeption Anforderungs-analyse Grobentwurf Durchführbarkeits-studien	Hardware-/Softwarewartung	Schulungskurse
Feinentwurf Softwareentwurf Datenbankentwurf Hardware-/Softwareauswahl	System-programmierung	Beratung bei der Benutzung der großen integrierten IS
Implementierung Programmierung Test Inbetriebnahme	Datenbank-administration Rechnernetz-steuerung und -kontrolle	Beratung und Koordination bei der individuellen Verwendung von PCs und persönlichen Informationshilfs-mitteln
Wirkungsanalyse Wirtschaftlichkeit Soziale und gesellschaftliche Konsequenzen	Abrechnung der Ressourcen-inanspruchnahme Installations-management	

**Abb. 1.4.5/1:
Gegenstand der Wirtschaftsinformatik**

1.5 Informationstechnik, Wirtschaft und Gesellschaft

In diesem Abschnitt wird die gesamtwirtschaftliche Bedeutung der Informationstechnik dargestellt. Wir beginnen mit einer Beschreibung der wachsenden Bedeutung der Informationswirtschaft und analysieren die wichtigsten IT-Märkte (inklusive Telekommunikation). Es folgt eine Kennzeichnung der IT-Arbeitsmarktsituation und der IT-Berufsbilder. Abschließend werden die Wechselwirkungen zwischen Informationstechnik und Gesellschaft diskutiert.

1.5.1 Informationswirtschaft

Information ist zu einem bedeutenden Wirtschaftsfaktor geworden – so wichtig wie das menschliche Fähigkeitspotential und die Verfügungsrechte über Produktionsmittel. Die Informationstechnik gilt als Schlüsseltechnologie, die aus den meisten Wirtschaftszweigen nicht mehr wegzudenken ist.

1.5.1.1 Gesamtmarkt

Die *Informationswirtschaft* ist der weltweit größte Wirtschaftszweig mit 2,2 Billionen Euro Jahresumsatz (Schätzung der EITO für das Jahr 2003). Von der Konjunkturabschwächung Anfang der 2000er Jahre, die den IT-Bereich überproportional betroffen hat, hat sich der IT-Markt weitgehend erholt. Die weltweite Wachstumsrate im Jahr 2004 wird auf 4,3 Prozent (Westeuropa 3,1 Prozent) geschätzt. Etwa 32 Prozent des IT-Marktes entfallen auf die USA, 30 Prozent auf Europa und 12 Prozent auf Japan.

Basis des Wachstums der IT-Branche ist die laufende *Verbesserung des Preis-Leistungsverhältnisses von Bauelementen, Produkten* sowie die *Entwicklung innovativer Lösungen* für neue Anwendungsfelder. Die Abb. 1.5.1.1/1 zeigt Ihnen an vier Beispielen die derzeitigen jährlichen Leistungsfortschritte und deren Entwicklungstendenzen.

Deutschland ist in Europa *der größte Produzent von informationstechnischen Produkten und Dienstleistungen*. Im Jahr 2003 wurde nach EITO-Angaben insgesamt ein Umsatzvolumen von rund 126 Milliarden Euro erreicht. Das ent-

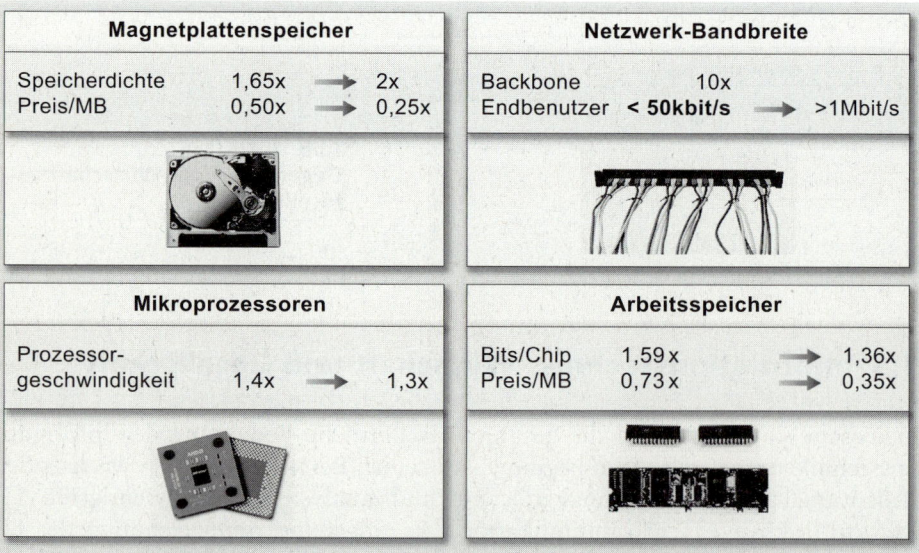

Abb. 1.5.1.1/1: Leistungsfortschritte bei IT-Komponenten um den Faktor ... pro Jahr

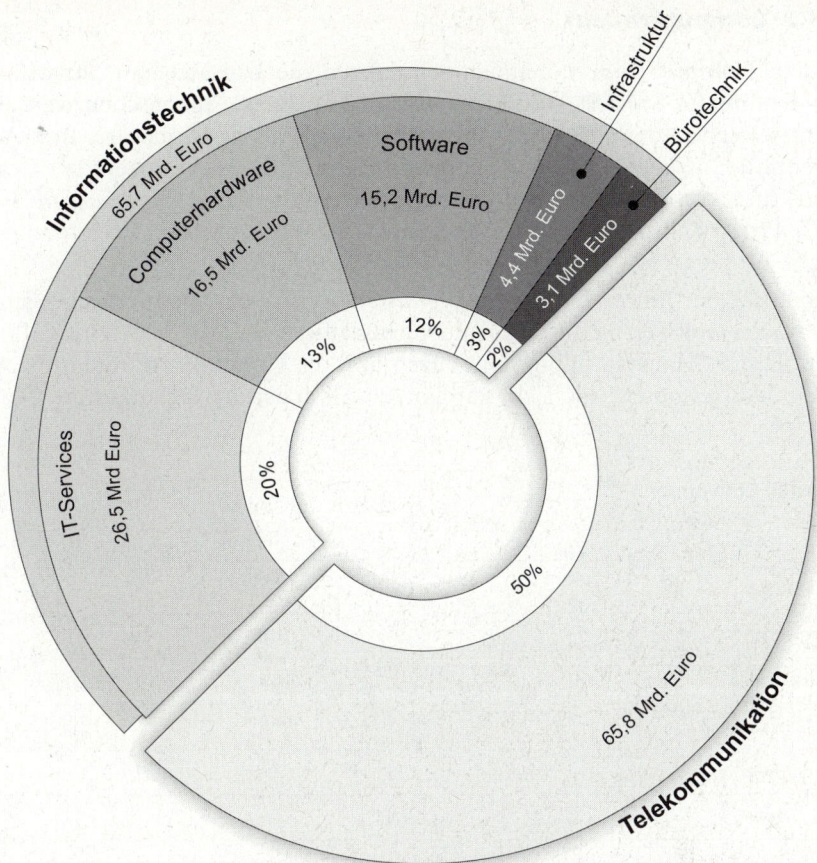

Abb. 1.5.1.1/2: Prognostiziertes Marktvolumen der Informationswirtschaft in Deutschland 2004: 131,4 Milliarden Euro (Quelle: BITKOM)

spricht 6,1 Prozent des Weltmarkts und 6,1 Prozent des deutschen Bruttoinlandsprodukts (Quelle: BITKOM). In *Österreich* betrug im Jahr 2002 der Anteil des IT-Umsatzes am Bruttoinlandsprodukt 6,4 Prozent, in der *Schweiz* 7,9 Prozent und beim Spitzenreiter Schweden 8,9 Prozent. Bei den Pro-Kopf-Ausgaben für Informationstechnik führt die Schweiz (EUR 2.675 im Jahr 2003) vor den USA, den skandinavischen Ländern, Großbritannien und Japan. Österreich (EUR 1.610) und Deutschland (EUR 1.536) liegen leicht über dem westeuropäischen Durchschnitt.

Die Abb. 1.5.1.1/2 zeigt Ihnen, wie sich der *IT-Umsatz in Deutschland nach Teilmärkten* aufgliedert. In den letzten Jahren ist es zu einer allmählichen Verschiebung zugunsten der Telekommunikation gekommen, auf die inzwischen die Hälfte des IT-Gesamtumsatzes entfällt (2004: 65,8 Milliarden Euro).

1.5.1.2 Computermarkt

Auf dem *Computermarkt* nehmen seit Jahren die Umsätze mit Software und besonders mit IT-Services stärker zu als mit Hardware. Inzwischen werden mit IT-Services schon deutlich höhere Umsätze erzielt als mit Software. In Deutschland entfallen nach BITKOM-Angaben im Jahr 2004 36,5 Prozent der Computermarktumsätze auf Hardware (Computerhardware 25,1 Prozent, Infrastruktur 6,7 Prozent, Bürotechnik 4,7 Prozent), 23,1 Prozent auf Software und 40,4 Prozent auf Services.

In den 1990er Jahren hat die *Verbreitung von PCs* exponentiell zugenommen. 1990 waren weltweit 120 Millionen PCs installiert, im Jahr 2000 zirka 500 Millionen. Durch Marktsättigungstendenzen und die Konjunkturflaute in wesentlichen Industriestaaten hat sich seitdem das Wachstum verlangsamt. Die ITU

PCs je 100 Einwohner

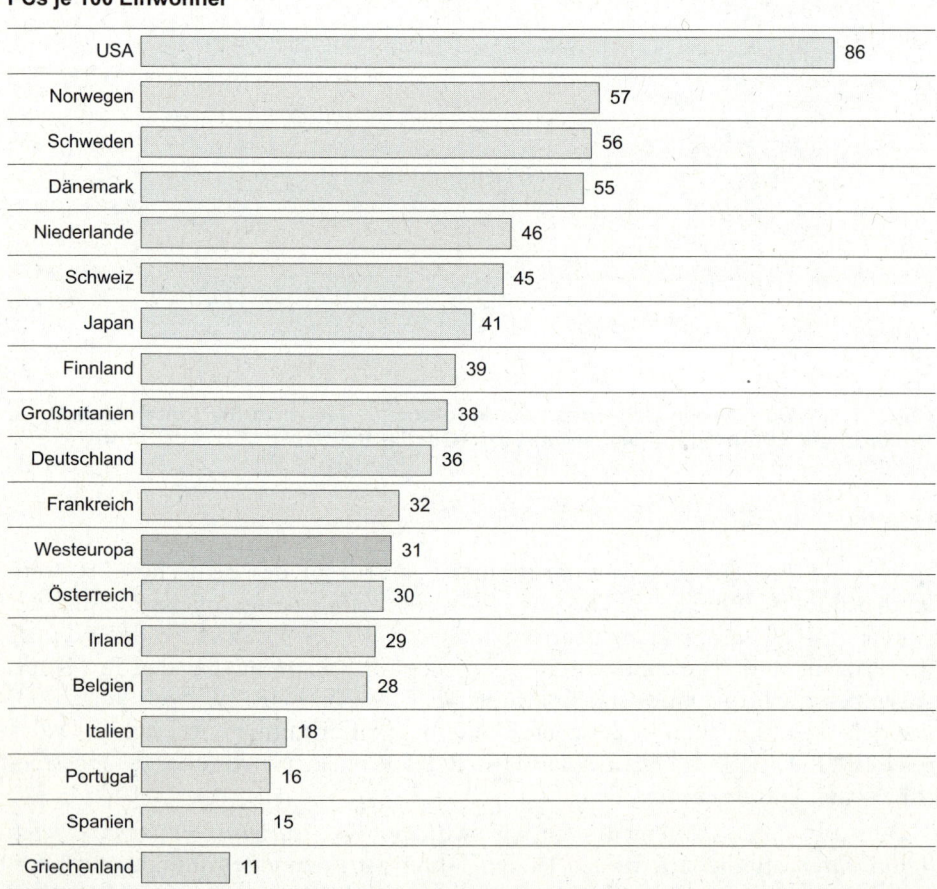

Abb. 1.5.1.2/1: PC-Verbreitung in Industriestaaten im Jahr 2003 (Quelle: BITKOM)

schätzt für 2003 den weltweiten PC-Installationsbestand auf 650 Millionen, BIT-KOM geht für 2004 von 736 Millionen weltweit genutzten PCs aus. Die Zahl der weltweiten Auslieferungen betrug 2003 laut IDC 154,5 Millionen (Wachstum 11,7 Prozent). Die IT-Verbreitung und -Nutzung hängt vom wirtschaftlichen Entwicklungsstand eines Landes ab. Reiche Länder in Nordamerika und Westeuropa weisen dementsprechend eine wesentlich höhere PC-Dichte auf als unterentwickelte Regionen in Afrika, Asien, Süd- und Mittelamerika. In den USA verfügen 86 Prozent der Einwohner über einen PC. In Europa liegen die skandinavischen Länder und die Schweiz an der Spitze, Deutschland und Österreich im Mittelfeld. In Deutschland sind mehr als 30 Millionen PCs installiert, davon ein Drittel in Betrieben und zwei Drittel in Privathaushalten. Jährlich vergrößert sich die Basis um rund fünf Prozent; 2004 werden voraussichtlich 5,8 Millionen Einheiten verkauft (Quelle: EITO). Nach der Allensbacher Computer- und Telekommunikations-Analyse 2003 (ACTA) des Instituts für Demoskopie Allensbach verfügten im Jahr 2003 73 Prozent der Bevölkerung in Deutschland zwischen 14 und 64 Jahren über einen oder mehrere PCs.

Durch den Internet-Boom ist der *Absatz von Servern* in der zweiten Hälfte der 1990er Jahre stark gestiegen, hat sich jedoch in den Folgejahren abgeflacht. Im Jahr 2003 wurde mit rund fünf Millionen weltweit verkauften Geräten ein Gesamtumsatz von knapp 40 Milliarden Euro erzielt (Quellen: IDC und Gartner). Etwa 90 Prozent der verkauften Systeme gehören zur unteren Leistungsklasse (Arbeitsgruppen- und Abteilungsserver), bei der Intel- und AMD-Prozessoren mit Windows dominieren. Die Zahl der in Betrieb befindlichen Web-Server betrug Anfang 2004 rund 14 Millionen; 70 Prozent der Geräte wurden mit der Open-Source-Software von Apache betrieben, 22 Prozent waren Microsoft-Server.

Deutsche Hardwarehersteller spielen auf dem Weltmarkt nur in Marktnischen eine Rolle. Der einzige große deutsche Computerhersteller *Siemens-Nixdorf (SNI)*, kurzzeitig in *Siemens Computer Systems* umbenannt, wurde 1999 mit der europäischen Computerfirma des japanischen IT-Konzerns Fujitsu zu *Fujitsu Siemens Computers* mit Sitz in Amsterdam fusioniert (50:50-Joint-venture).

Fujitsu Siemens Computers (FSC) hat Fabriken und Entwicklungslabors in Augsburg, München, Paderborn, Sömmerda (alle Deutschland) und Milpitas (Kalifornien, USA) und ungefähr 7.000 Mitarbeiter. Es wird ein breites Sortiment an PDAs, PCs, Workstations, Servern und Speichereinheiten angeboten. Der Hauptmarkt ist Europa, der Mittlere Osten und Afrika. Im PC-Sektor war Fujitsu Siemens zusammen mit Fujitsu im Jahr 2003 weltweit der viertgrößte Hersteller (4,2 Prozent Marktanteil), bei Servern die Nr. 5 (6,3 Prozent).

In Deutschland ist die Firma auf dem PC-Markt mit 18,4 Prozent Umsatzanteil führend (2003). Auf dem deutschen Servermarkt steht sie mit einem Umsatzanteil von 24,3 Prozent hinter IBM auf dem zweiten Platz. Im Geschäftsjahr 2003/04 (Ende März) stagnierte der Umsatz bei 5,3 Milliarden Euro. Seit 2000/01 wurden rund 2.000 Mitarbeiter abgebaut; der jährliche Gewinn vor Steuern wurde 2003/04 von acht auf 57 Millionen Euro gesteigert.

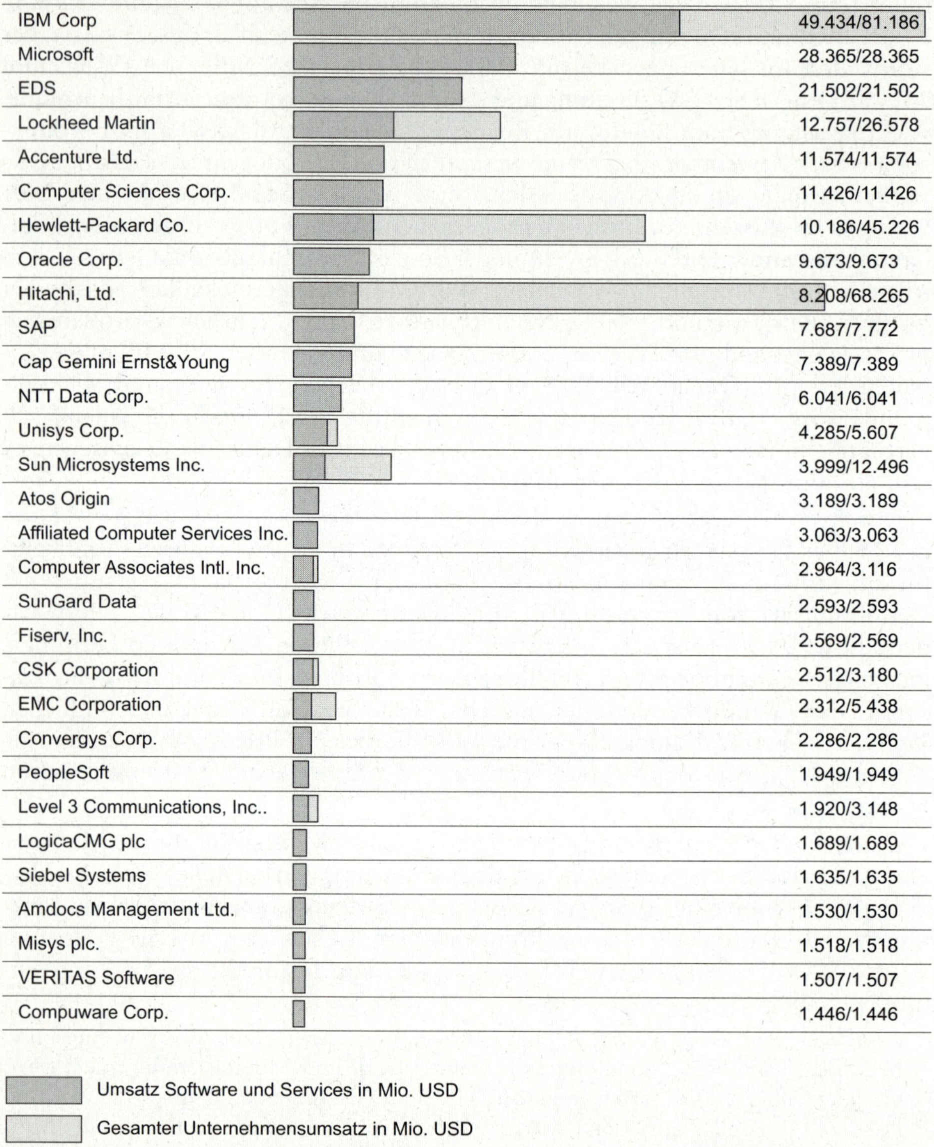

IBM Corp	49.434/81.186
Microsoft	28.365/28.365
EDS	21.502/21.502
Lockheed Martin	12.757/26.578
Accenture Ltd.	11.574/11.574
Computer Sciences Corp.	11.426/11.426
Hewlett-Packard Co.	10.186/45.226
Oracle Corp.	9.673/9.673
Hitachi, Ltd.	8.208/68.265
SAP	7.687/7.772
Cap Gemini Ernst&Young	7.389/7.389
NTT Data Corp.	6.041/6.041
Unisys Corp.	4.285/5.607
Sun Microsystems Inc.	3.999/12.496
Atos Origin	3.189/3.189
Affiliated Computer Services Inc.	3.063/3.063
Computer Associates Intl. Inc.	2.964/3.116
SunGard Data	2.593/2.593
Fiserv, Inc.	2.569/2.569
CSK Corporation	2.512/3.180
EMC Corporation	2.312/5.438
Convergys Corp.	2.286/2.286
PeopleSoft	1.949/1.949
Level 3 Communications, Inc..	1.920/3.148
LogicaCMG plc	1.689/1.689
Siebel Systems	1.635/1.635
Amdocs Management Ltd.	1.530/1.530
Misys plc.	1.518/1.518
VERITAS Software	1.507/1.507
Compuware Corp.	1.446/1.446

Umsatz Software und Services in Mio. USD

Gesamter Unternehmensumsatz in Mio. USD

Abb. 1.5.1.2/2: Die größten Lieferanten von Software und Services der Welt, gereiht nach Umsatz in US-$ im Jahr 2003 (Quelle: Software Magazine)

Auf dem *Weltmarkt für Software und Services* sieht die Lage für *deutsche Anbieter* kaum besser aus. Die große Ausnahme ist die Firma *SAP,* die mit einem Jahresumsatz von sieben Milliarden Euro im Jahr 2003 auf Platz 10 der Weltrangliste steht (Quelle: Software Magazine). Ansonsten finden sich unter den 100 umsatzstärksten Software- und Serviceanbietern keine deutschen Firmen.

Das Walldorfer Unternehmen *SAP* ist der größte europäische Softwarehersteller und Weltmarktführer in der Entwicklung und Vermarktung betrieblicher Standardsoftware (Komplettpakete). Mit rund 30.000 Mitarbeitern ist der Konzern in über 120 Ländern vertreten. Auf Lizenzeinnahmen mit der *mySAP Business Suite* (vormals *mySAP.com* bzw. *SAP/R3),* eine Plattform für Internet-basierte Geschäftsanwendungen, entfiel im Jahr 2003 ein Umsatzanteil von 30 Prozent. Der Jahresgewinn betrug 1,1 Milliarden Euro. 54 Prozent der Umsätze werden innerhalb Europas (Deutschland 22 Prozent), 34 Prozent in Amerika (USA 27 Prozent) und der Rest im asiatisch-pazifischen Raum erwirtschaftet.

Auf dem *deutschen Standardsoftwaremarkt* dominieren neben SAP die weltweit tätigen US-amerikanischen Konzerne wie Microsoft und Oracle. Viele der überwiegend kleinen und mittleren deutschen Standardsoftwarehersteller sind in den letzten Jahren unter Druck geraten, weil der Markt nur langsam und die großen Anbieter überproportional wachsen. Chancen haben mittelständische Softwarehäuser oft nur noch in Marktnischen. Hingegen können sich *deutsche IT-Dienstleister* oft besser im internationalen Wettbewerb behaupten.

Ein *Beispiel* ist die *IDS Scheer* (Saarbrücken), die im Jahr 2003 mit 2.000 Mitarbeitern einen Umsatz von 220 Millionen Euro (plus 22 Prozent gegenüber dem Vorjahr) und ein Betriebsergebnis von 19 Millionen Euro (plus 10 Prozent) erzielt hat. In über 50 Ländern werden zirka 4.000 Kunden bei der Entwicklung von Informationssystemen, insbesondere beim Einsatz von SAP-Software, betreut. Mit ARIS verfügt das 1984 von dem renommierten Wirtschaftsinformatik-Professor August-Wilhelm Scheer gegründete Unternehmen über ein wissenschaftlich fundiertes Konzept samt Methodensammlung und Softwarewerkzeugen (ARIS Toolset) zur Geschäftsprozessmodellierung.

1.5.1.3 Telekommunikationsmarkt

Im Gegensatz zum Computerweltmarkt, wo die USA sowohl auf der Angebots- als auch auf der Nachfrageseite führen, dominiert Europa im weltweiten *Markt für Telekommunikation.* Der Gesamtumsatz im Telekommunikationssektor wird von der EITO im Jahr 2004 auf 1,19 Milliarden Euro geschätzt. Davon entfallen 29,1 Prozent auf Europa (Deutschland 5,5 Prozent), 23,9 Prozent auf die USA, 11,9 Prozent auf Japan und 35,1 Prozent auf übrige Länder. Für Deutschland wird der Umsatz im Jahr 2004 auf 65,8 Milliarden Euro geschätzt; davon entfallen rund 85 Prozent auf Telekommunikationsdienste sowie jeweils 7 – 8 Prozent auf Endgeräte und Netzinfrastruktur. Wachstumstreiber sind die Telekommunikationsdienste (fünf Prozent jährlicher Zuwachs).

Festnetztelefone waren bis Anfang der 2000er Jahre die am weitesten verbreitetste Verbindungsart, inzwischen sind sie jedoch von den Mobiltelefonen überholt worden. Ende 2003 waren laut ITU weltweit 1,21 Milliarden Telefonhauptanschlüsse (engl.: main telephone line) installiert. Seitdem sind die Anschlusszahlen rückläufig. In Nordamerika kommen durchschnittlich 65, in Westeuropa 57 Telefonhauptanschlüsse auf 100 Einwohner. In Asien sind es hingegen nur zwölf, in Afrika nur drei (Quelle: ITU, 2003). Die Zahl der *Mobilfunkteilnehmer* ist im letzten Jahrzehnt stark gewachsen; laut ITU erreichte sie Ende 2003 weltweit 1,33 Milliarden. EITO/IDC rechnen bis zum Jahr 2006 mit einem weiteren Anstieg auf mehr als 1,8 Milliarden. Westeuropa liegt mit 79

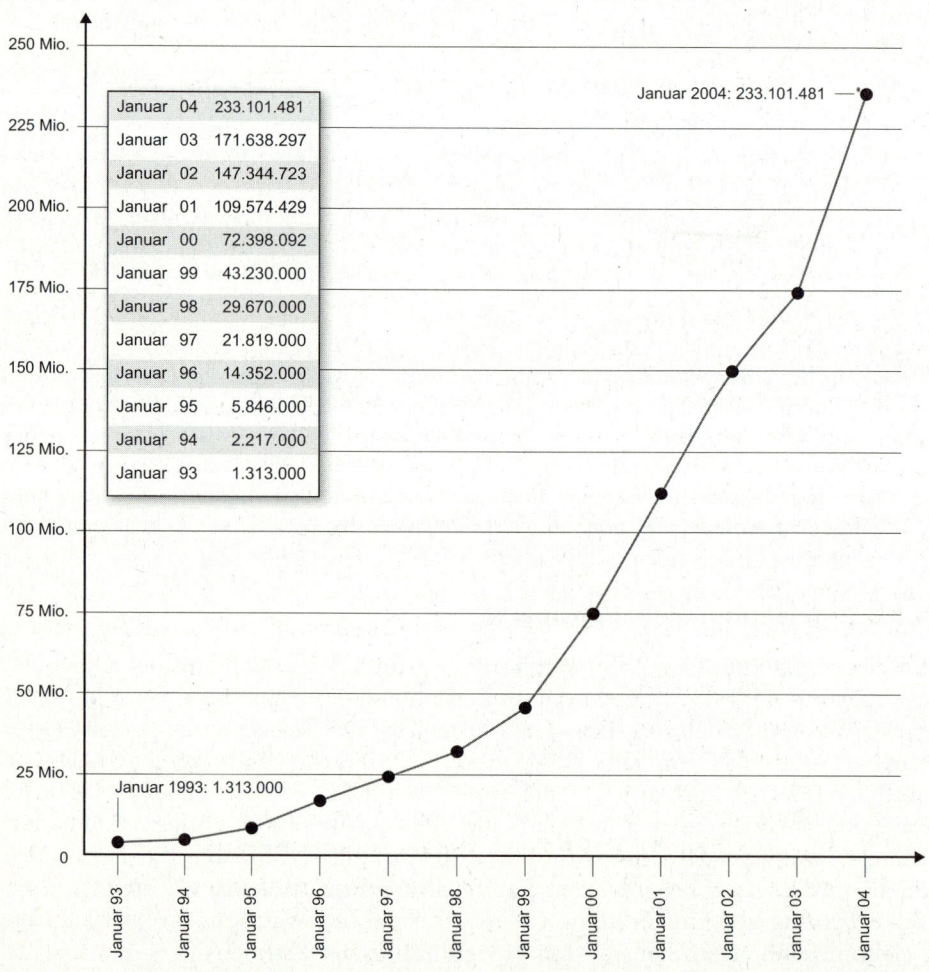

Januar 04	233.101.481
Januar 03	171.638.297
Januar 02	147.344.723
Januar 01	109.574.429
Januar 00	72.398.092
Januar 99	43.230.000
Januar 98	29.670.000
Januar 97	21.819.000
Januar 96	14.352.000
Januar 95	5.846.000
Januar 94	2.217.000
Januar 93	1.313.000

Januar 2004: 233.101.481

Januar 1993: 1.313.000

Abb. 1.5.1.3/1: Anzahl der an das Internet angeschlossenen Rechner (Quelle: Internet Systems Consortium)

Mobilfunkteilnehmern pro 100 Einwohner weit vor Ozeanien (49) und Nordamerika (48). Asien (12) und Afrika (5) haben wiederum die geringste Penetrationsrate. In asiatischen Industrieländern wie Taiwan, Singapur, Südkorea und Japan wird jedoch eine ähnlich hohe Mobilfunkdichte wie in Westeuropa erreicht. In Europa sind Schweden, Italien, Spanien und Finnland die Spitzenreiter.

In *Deutschland* gab es im Ende 2003 54,5 Millionen Festnetzanschlüsse. Mehr als die Hälfte waren noch analoge Standardanschlüsse. Bei der Nutzung des ISDN ist Deutschland international führend; jeder fünfte ISDN-Anschluss der Welt (2004: weltweit 131 Millionen Kanäle) liegt in Deutschland. Es ist jedoch zu erwarten, dass die ISDN-Verbreitung in den nächsten Jahren zugunsten von DSL-Breitbandanschlüssen zurückgehen wird. Bei der Mobilfunkdichte liegt Deutschland im westeuropäischen Durchschnitt. Drei Viertel der deutschen Bevölkerung besitzen mittlerweile ein Handy.

Die bedeutendste technologische Entwicklung im letzten Jahrzehnt ist die rasche *Verbreitung des Internets*. Die Zahl der weltweit angeschlossenen Rechner hat nach Erhebungen des Internet Systems Consortium 2004 die 230-Millionen-Grenze überschritten (siehe Abb. 1.5.1.3/1). Bei der Hostdichte (Verhältniszahl Bevölkerung : Internet-Rechner) zeigt sich ein deutliches Nord-Süd-Gefälle. Mit großem Abstand liegen die USA vor den skandinavischen Ländern, Niederlande, Australien und Kanada an der Spitze. Die Zahl der Internet-Benutzer wird weltweit auf über 600 Millionen geschätzt (Quelle: Nielsen NetRatings).

Ende 2003 wählten sich in Westeuropa *60 Prozent der privaten Internet-Benutzer über ein Telefon-Modem* (maximal 56 kbit/s), 13 Prozent über ISDN (maximal 144 kbit/s), 22 Prozent über Breitbandwege (TV-Kabel-Modem und xDSL mit maximalen Übertragungskapazitäten im Mbit/s-Bereich) und vier Prozent über mobile Anschlüsse in das Internet ein. PCs mit Web-Browser sind *das* Endgerät (in über 70 Prozent der Fälle); es folgen Videospielkonsolen (25 Prozent) und TV-Set-top-Boxen (19 Prozent). Unternehmen nutzen in erster Linie ISDN, xDSL und Standleitungen.

Künftig wird bei den *schnellen Breitbandzugängen* ein starkes Wachstum erwartet. Anfang 2004 gab es weltweit zirka 100 Millionen Breitbandanschlüsse, die jährliche Zuwachsrate in Industriestaaten wird mit 60 – 80 Prozent angenommen (Quelle: Point Topic). Weltweiter Spitzenreiter ist Südkorea, wo bereits zwei Drittel aller Haushalte über einen Breitbandanschluss verfügen. Es folgen Japan, USA und die skandinavischen Länder. In Deutschland verfügten Anfang 2004 zwölf Prozent der Haushalte über einen Breitband-Internetzugang (4,6 Millionen Anschlüsse, davon 4,5 Millionen mit xDSL).

In den *USA* ist *TV-Kabel*, in *Asien* ist *xDSL* die *dominierende Technik*. Über den zukünftigen Anteil dieser schnellen Internet-Zugangswege in *Europa* gibt es geteilte Meinungen. In den Beneluxstaaten und Deutschland wären an sich für den Internet-Anschluss über TV-Kabel gute Voraussetzungen gegeben (95 Prozent und 55 Prozent der Haushalte sind dort bereits für das Fernsehen verka-

Abb. 1.5.1.3/2: Europäische Länder mit der höchsten Internet-Hostdichte (ohne Kleinststaaten; Quelle: RIPE Region Hostcount, April 2004)

Rang	Staat	Bevölkerung	Internet-Hosts	Einwohner/Host
1.	Island	276.000	122.175	2
2.	Niederlande	16.146.000	4.518.226	4
3.	Finnland	5.190.000	1.219.173	4
4.	Dänemark	5.383.000	1.219.925	4
5.	Norwegen	4.545.000	593.850	8
6.	Schweden	8.878.000	945.221	9
7.	Schweiz	7.318.000	667.275	11
8.	Estland	1.409.000	82.142	17
9.	Großbritannien	59.894.000	3.398.708	18
10.	Österreich	8.187.000	387.006	21
11.	Irland	3.922.000	162.228	24
12.	Frankreich	59.959.000	2.396.761	25
13.	Ungarn	10.047.000	383.071	26
14.	Portugal	10.101.000	346.078	29
15.	Deutschland	83.452.000	2.686.119	31
16.	Tschechien	10.250.000	295.677	35
17.	Spanien	40.110.000	1.056.950	38
18.	Italien	57.742.000	1.437.511	40
19.	Slowenien	1.935.000	45.491	43
20.	Lettland	2.349.000	51.758	45
	Europa insgesamt	1.431.101.900	25.154.069	57

belt). Im Gegensatz dazu ist in den Mittelmeerländern dieser terrestrische Übertragungsweg für das Fernsehen kaum verbreitet (zum Beispiel liegt in Spanien die TV-Kabeldichte in Haushalten bei sieben Prozent, in Italien bei zwei Prozent). In den meisten europäischen Ländern ist bisher xDSL vorherrschend; Ausnahmen sind Großbritannien, die Niederlande und Portugal.

Marktführer auf dem *deutschen Telekommunikationsmarkt* ist die *Deutsche Telekom AG,* die auch international eine bedeutende Stellung einnimmt. Beim deutschen Festnetz ist der ehemalige Monopolist immer noch marktbeherrschend (über 90 Prozent der Telefonanschlüsse und ISDN-Basisanschlüsse und zwei Drittel des Verbindungsvolumens). Auch beim Mobilfunk ist die hundertprozentige Tochter T-Mobile (D1) mit über 40 Prozent des deutschen Netzbetreiber-Marktes führend vor D2 Vodafone, E-Plus und O_2.

Im Geschäftsjahr 2003 hat die *Deutsche Telekom* den Umsatz um vier Prozent auf 55,8 Milliarden Euro gesteigert. Der Rekordverlust von 24,6 Milliarden Euro im Jahr 2002 konnte 2003 in einen Konzerngewinn von 1,25 Milliarden Euro gewendet werden. Der durch Firmenübernahmen und UMTS-Lizenzen angewachsene Schuldenberg konnte von 61,1 auf 46,6 Milliarden Euro gesenkt werden. Mit den Konzerntöchtern T-Online, T-Mobile, T-Systems und T-Com wurde bisher eine international orientierte

„4-Säulen-Wachstumsstrategie" verfolgt, die ab 2005 zugunsten einer Drei-Geschäfts-felder-Struktur – Breitband/Festnetz, Geschäftskunden und Mobilfunk – aufgegeben wird. Fast jeder Dritte der rund 250.000 Mitarbeiter ist nicht in Deutschland tätig.

In der Konzernsäule *T-Com* (2003: Umsatzrückgang von 4,4 Prozent auf 29,2 Milli-arden Euro) hat die Deutsche Telekom bisher ihre Festnetzangebote gebündelt:

- 55,5 Millionen Schmalbandanschlüsse, davon 48,7 Millionen in Deutschland. Von den nationalen Schmalbandanschlüssen sind 27,2 Millionen analoge Telefonan-schlüsse und 21,5 Millionen ISDN-Kanäle.

- 4,1 Millionen Breitbandanschlüsse (T-DSL), davon 4,0 Millionen in Deutschland.

In der *T-Mobile International* (2003: Umsatzzuwachs von 15,4 Prozent auf 22,8 Milliarden Euro) sind die Mobilfunkaktivitäten konzentriert. Zu dieser Division gehö-ren Tochtergesellschaften in Deutschland, USA, Großbritannien, Österreich, Tsche-chien und den Niederlanden mit insgesamt 61 Millionen Kunden (davon 26,3 Millio-nen in Deutschland). Das *Geschäftsfeld Mobilfunk* bleibt unverändert.

T-Online (2003: Umsatzzuwachs von 16,9 Prozent auf 1,9 Milliarden Euro) ist mit rund 13 Millionen Kunden (Jahresende 2003) einer der größten Internet-Zugangsan-bieter. 10,79 Millionen Kunden entfallen auf Deutschland. Zusammen mit Partnern wie dem ZDF wird über den reinen Zugang hinaus ein breites Angebot an Inhalten (engl.: content) beziehungsweise Informationsdiensten geboten. Ab 2005 werden T-Online und T-Com zum *Geschäftsfeld Breitband/Festnetz* zusammengeschlossen.

T-Systems International (2003: Umsatzzuwachs von 1,2 Prozent auf 10,6 Milliar-den Euro) ist ein Systemhaus, das zusammen mit der debis, an der die Deutsche Tele-kom eine Mehrheitsbeteiligung von 50,1 Prozent hält, die gesamte Bandbreite von Telematik-Lösungen bietet: von der Beratung, über die Entwicklung und bis zum Betrieb komplexer Informationssysteme für Großkunden. Ab 2005 wird T-Systems *alle Geschäftskunden* betreuen, damit diese nur noch einen Ansprechpartner haben. Hierzu übernimmt T-Systems von T-Com den Vertrieb von Festnetzanschlüssen für kleinere und mittlere Firmenkunden (die Großkunden wurden schon bisher betreut).

▶ Übungsaufgabe Nr. 1.1.30 im Arbeitsbuch

1.5.2 IT-Arbeitsmarkt

Die hoch industrialisierten Länder entwickeln sich zu Informationsgesellschaf-ten. Immer weniger *Arbeitskräfte* sind im Sektor Produktion tätig, während der Dienstleistungsbereich, insbesondere bei den Informationsdiensten, stark anwächst. Gegenwärtig sind rund die Hälfte aller Erwerbstätigen in Deutsch-land dem *Informationssektor* zuzurechnen – mit stark steigender Tendenz. Schon 20 Prozent aller Industriebeschäftigten arbeiten in High-Tech-Branchen.

1.5.2.1 Arbeitskräftemarkt

Seit Beginn der industriellen Revolution wurde vorhergesagt, dass durch Maschinen Arbeitsplätze verloren gehen würden. Die Furcht vor einem Arbeits-platzverlust „durch den Computer" ist auch heute noch in vielen Bereichen vor-handen. Tatsächlich sind durch den Einsatz moderner Informationstechnik Mil-

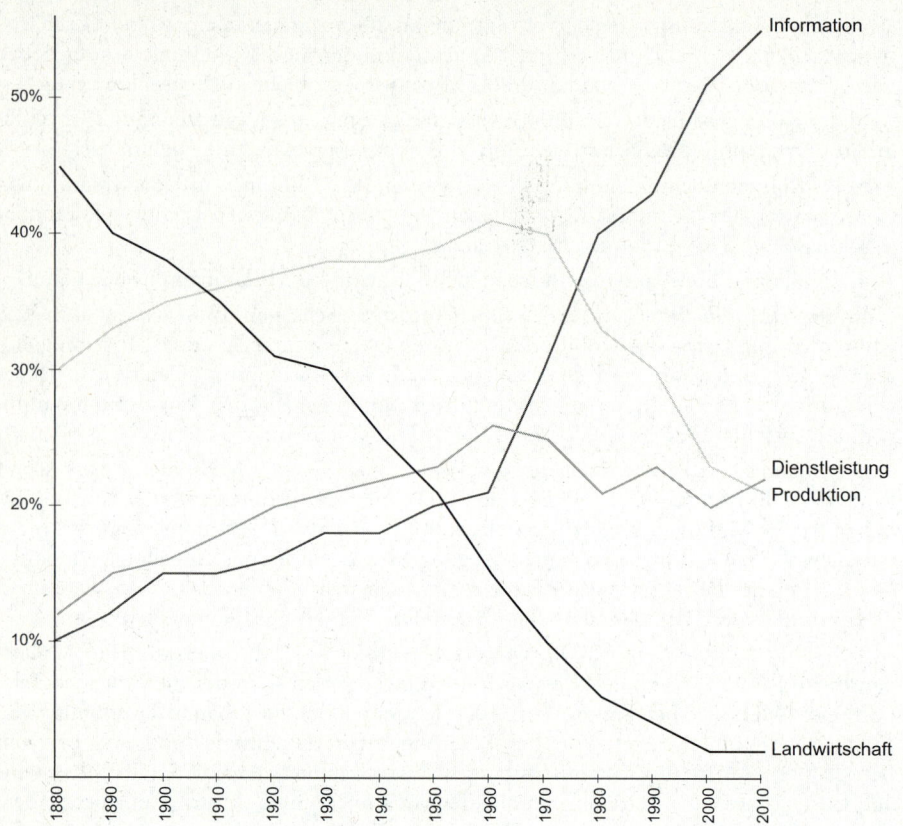

Abb. 1.5.2/1: Anteil der vier Wirtschaftssektoren an der Gesamtzahl der Erwerbstätigen in Deutschland (Quelle: IABf/BMWi)

lionen von Arbeitsplätzen abgebaut worden, vor allem im Bereich der nicht- oder niedrig-qualifizierten Arbeitnehmer. Allerdings ist gleichzeitig die Anzahl an neuen Berufen und neuen Arbeitsplätzen kontinuierlich gewachsen. Dieses Wachstum (und damit verbundene Einkommenssteigerungen) ist nicht trotz, sondern gerade wegen des technischen Wandels zu Stande gekommen.

In keinem anderen Wirtschaftszweig sind ähnlich viele neue Stellen wie in der *IT-Branche* entstanden. Durch die Verdrängung älterer Technologien (beispielsweise Großrechner → Minirechner → PCs → mobile Kleingeräte), durch Marktsättigungstendenzen und Konjunkturschwächen kam es zwar phasenweise auch hier zu Massenentlassungen. Unter dem Strich steht in der IT-Branche jedoch ein deutliches Plus.

In *Deutschland* waren im Jahr 2003 in der IT-Branche 751.000 Personen beschäftigt (Quelle: BITKOM). Hierbei handelt es sich nicht nur um IT-Experten, sondern ebenso um Vertriebsspezialisten und sonstige Mitarbeiter in der Branche. 363.000 Beschäftigte, also fast die Hälfte, waren in den Bereichen

Software und Dienstleistungen tätig. Der zweitgrößte Bereich waren Telekommunikationsdienste mit 225.000 Beschäftigten. 95.000 Arbeitsplätze entfielen auf den Hardwaresektor, also die Herstellung von Geräten und Netzinfrastruktur. 68.000 Personen arbeiteten in der Nachrichtentechnik. Zählt man noch die Beschäftigten in den Bereichen Elektronische Bauelemente, Unterhaltungselektronik, Fachhandel und Medien hinzu, so kommt man in der Informationswirtschaft auf insgesamt 1,8 Millionen Beschäftigte. Ungefähr weitere 300.000 IT-Fachkräfte sind bei den IT-Anwendern in Wirtschaft und Verwaltung tätig (Quelle: Fachverband Informationstechnik im VDMA und ZVEI).

Bis zum Jahr 2000 konnte in den meisten Industriestaaten ein erheblicher Anteil der neu geschaffenen IT-Arbeitsplätze wegen des Fehlens qualifizierter Fachkräfte nicht besetzt werden. Green-Card-Initiativen, eine gezielte Einwanderungspolitik, Umschulungsmaßnahmen und ein Ausbau von Informatik- und Wirtschaftsinformatik-Ausbildungsstätten wurden als wichtige Instrumente zur Behebung des Mangels gesehen. In den Jahren 2001 – 2003 ist es jedoch weltweit zu einem drastischen Rückgang der IT-Stellenangebote gekommen. Vor allem bei den Beratungs- und Softwarehäusern und bei Hardwareherstellern wurden Stellen gestrichen. Für 2005 wird jedoch ein Ende des Arbeitsplatzabbaus und für 2006 eine spürbare Belebung des Stellenangebots erwartet. Die längerfristigen Prognosen über die Entwicklung der Beschäftigten im IT-Bereich sind durchwegs positiv.

▶ Übungsaufgabe Nr. 1.1.31 im Arbeitsbuch

1.5.2.2 Tätigkeitsfelder von IT-Fachkräften

Nach der Art der Aufgaben bei der Gestaltung von Informationssystemen lassen sich *entwicklungs, betriebs-, vertriebs- und ausbildungsorientierte Berufe* der im Bereich der Informationsverarbeitung tätigen Personen unterscheiden. Die nachfolgende Abb. 1.5.2.2/1 kennzeichnet die *Struktur der Tätigkeitsfelder*.

Sie ersehen daraus, welche *Übergänge* sich zwischen den Tätigkeitsfeldern anbieten und welche *Aufstiegsmöglichkeiten* bestehen. Für die angeführten Tätigkeitsfelder sind *keine bestimmten berufsqualifizierenden Abschlüsse* vorgeschrieben. Es gibt eine *Fülle von meist nicht geschützten Berufsbezeichnungen;* für manche Positionen werden oft mehr als ein halbes Dutzend unterschiedliche Bezeichnungen verwendet.

Die skizzierte *starke Differenzierung* einzelner Berufsgruppen ist *nur in Großbetrieben* üblich. Vielfach werden zum Beispiel die Funktionen der IS-Organisation, Systemanalyse und Anwendungsprogrammierung von einzelnen Mitarbeitern beziehungsweise Gruppen zusammengefasst verrichtet. Solche so genannten *Organisationsprogrammierer* sind in mittleren Betrieben dann die Regel, wenn diese überhaupt spezielles IT-Personal beschäftigen. *Kleinbetriebe mit weniger als 50 Beschäftigten haben nur in Ausnahmefällen eine eigene IS-Abteilung*. Die Rechner stehen dort in Fachabteilungen und werden von den

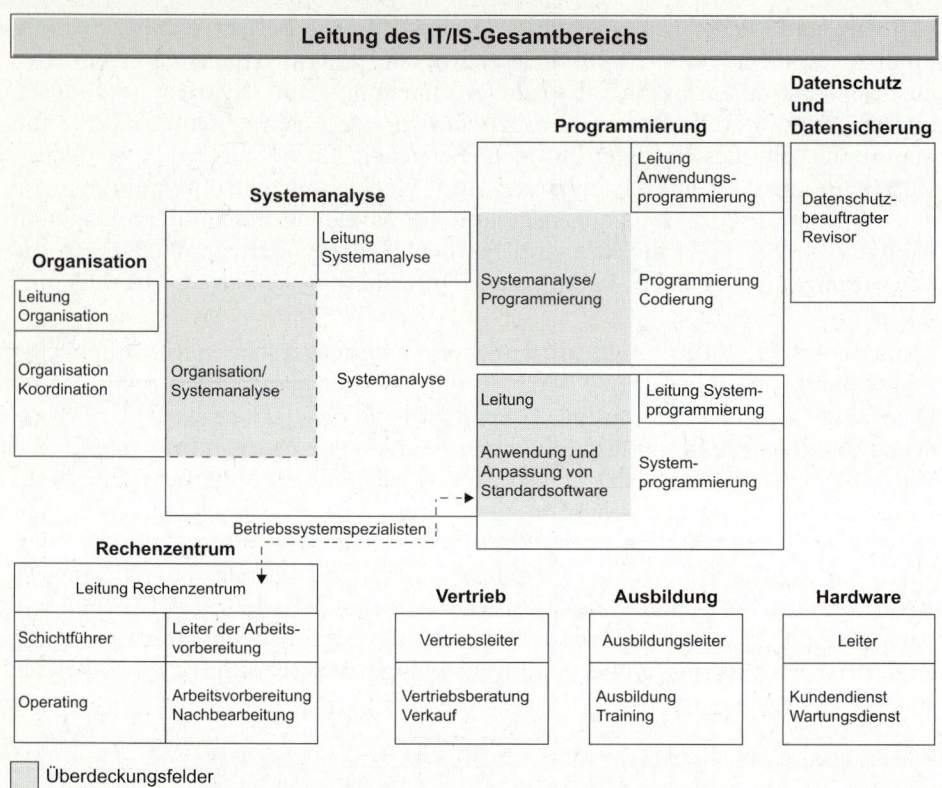

Abb. 1.5.2.2/1: Struktur der IT-Tätigkeitsfelder (Quelle: IAB)

Sachbearbeitern nebenbei bedient; eine Anwendungsentwicklung gibt es meist nicht (das heißt nur Verwendung von Standardsoftware).

Nachfolgend werden die *Tätigkeiten der wichtigsten Berufsbilder* näher gekennzeichnet (siehe Abb. 1.5.2.2/2). Die angegebenen *Berufsbezeichnungen* sind die am häufigsten verwendeten; die genannten *Ausbildungsgänge* sind durch ihre Lehrinhalte für eine berufliche Vorbereitung besonders geeignet. Nicht erwähnt werden die betriebliche Berufsausbildung sowie die Fachschulausbildung, die je nach Spezialisierung Einstiegsqualifikationen für alle angegebenen Tätigkeitsfelder vermitteln können.

Vorstehend sind nur die Aufgaben der wichtigsten Kernberufe in der Informationsverarbeitung umrissen worden. Veränderungen der Informationstechnik finden in *neuen Berufsbildern* und der *Spezialisierung der vorhandenen Berufe* ihre Ausprägung. *Beispiele* hierfür sind etwa

• *Webmaster,* die für die Erstellung und die Verwaltung eines WWW-Auftritts in inhaltlicher und/oder technischer Hinsicht verantwortlich sind,

Abb. 1.5.2.2/2: Aufgaben der wichtigsten IT-Berufe

Berufsbezeichnung (und Ausbildung)	Tätigkeiten
IS-Organisator (engl.: IS organizer) (wirtschaftswissenschaftliches Hochschulstudium mit den Wahlfächern Organisation und Wirtschaftsinformatik)	Planung langfristiger Konzeptionen für die Entwicklung von Informationssystemen; Abgrenzung von Teilinformationssystemen (Architektur); Koordination von Entwicklungsaktivitäten; Analyse und Beurteilung von Projektplänen; Untersuchung und Ausarbeitung neuer Informationstechnologien und Anwendungstechniken; Entwurf und Überwachung von Entwicklungsrichtlinien.
Systemanalytiker (engl.: system analyst) (wirtschaftswissenschaftliches Hochschulstudium mit dem Schwerpunkt Wirtschaftsinformatik)	Ermittlung des Bedarfs nach neuen Informationssystemen oder nach Änderungen bestehender Informationssysteme; Analyse des Istzustandes bestehender Systeme; Analyse und Beurteilung von Standardanwendungssoftware; ökonomische und technische Rechtfertigung der Vorschläge; Entwurf der Ausgaben, Eingaben, Dateien und Verarbeitungsalgorithmen für neue Systeme; Einführung von Systemen; Systemkontrollen und –anpassungen an Änderungen der Bedingungslage.
Anwendungsprogrammierer (engl.: application programmer) (je nach Tätigkeitsfeld: wirtschaftswissenschaftliches oder technisches Hochschulstudium mit Informatik-Schwerpunkt beziehungsweise Erst- oder Zusatzausbildung bei IT-Herstellern u. ä.)	Analyse zu programmierender, vorgegebener anwendungsbezogener Aufgaben; Entwicklung einer programmiertechnischen Lösung mit Leistungsspezifikationen wie Speicherbedarf, Maschinenzeit, Parametervariationen usw.; Programmierung und Test der gewählten Lösung; Dokumentation sämtlicher Erklärungen und Anweisungen, die zum Verständnis und zur Anwendung des Programms notwendig sind; Erprobung und/oder Änderung bereits vorhandener Anwendungsprogramme; Optimierung und Abstimmung von Programmzyklen; Einführung von Anwendungsprogrammen und Überwachung der richtigen Funktionsweise.
Anwendungsentwickler (engl.: application developer) (je nach Tätigkeitsfeld: wirtschaftswissenschaftliches oder technisches Hochschulstudium mit Informatik-Schwerpunkt)	Erstellung eines Konzepts für die Umsetzung der zu entwickelnden anwendungsbezogenen Aufgaben; Entwicklung eines Systementwurfs unter der Berücksichtigung von Altsystemen, größtmöglicher Wiederverwendung, Berücksichtigung von Sicherheits- und Verteilungsaspekten bis vielfach zur programmtechnischen Lösung; Entwicklung von wieder verwendbaren Komponenten; Entwurf des Datenbankschemas, Einbindung der Datenbank in die programmtechnische Lösung; verantwortlich für Programmierung und laufende Weiterentwicklung des Systems, Dokumentation, Test und Einführung der gewählten Lösung; Erprobung und/oder Änderung bereits vorhandener Anwendungsprogramme; Leistungsmessung, Überwachung der Funktionsweise, und Optimierung des Systems; Integration von Teilsystemen (engl.: systems plumbing); Anbindung von Fremdsystemen; Realisierung und Gewährleistung der Datenqualität beim elektronischen Datenaustausch; programmtechnische Unterstützung für Internet-Auftritte.

Berufsbezeichnung (und Ausbildung)	Tätigkeiten
Webdesigner (engl.: web designer) (Synonyme: screen designer, multimedia designer) (Spezielles Studium an Kunstuniversitäten und Fachhochschulen oder Zusatzausbildung, insbesondere empfehlenswert für Grafiker, Designer, Layouter und Werbefachleute)	Konzipierung, ästhetische Gestaltung und praktische Umsetzung von Internet-Auftritten; Erstellung von Firmenpräsentationen auf CD/DVD-ROMs unter Beachtung ästhetischer und psychologischer Gesichtspunkte.
Systemprogrammierer (engl.: system programmer) (Hochschulstudium der Informatik oder Hochschulstudium der Mathematik, Physik, Elektrotechnik o.ä. mit Zusatzausbildung bei IT-Herstellern)	Auswahl, Entwicklung, Programmierung und Test von anwendungsneutralen System-, Datenbankverwaltungs- und Kommunikationsprogrammen; Entwurf von Programmier- und Anwendungsrichtlinien für diese; Dokumentation entwickelter Systeme; Beratung und Unterstützung von Anwendungsentwicklern bei der Verwendung von derartigen Programmen; Weiterentwicklung und Einführung von Betriebssystemen, Datenbank- und Kommunikationssystemen; Planung der Größe, Zusammensetzung und Auslegung von zu installierenden Datenverarbeitungssystemen; Überwachung der Funktionsweise von Hardware und Software sowie Leistungsoptimierung.
Maschinenbediener (engl.: operator) (Synonym: **Operator**) (Schulabschluss der mittleren Reife und abgeschlossene kaufmännische/technische Lehre oder Fachschulabschluss; hinzu kommt jeweils eine drei- bis sechsmonatige Grundausbildung im Rechenzentrum)	Bedienung aller Einheiten eines großen Datenverarbeitungssystems aufgrund vorliegender Bedienungsanweisungen und vorgegebener Arbeitspläne.
Netzwerk- und Systemadministrator (engl.: network and system administrator) (Hochschulstudium der Informatik oder Hochschulstudium der Mathematik, Physik, Elektrotechnik o.ä. mit Zusatzausbildung bei IT-Herstellern)	Planung, Installation und Verwaltung der Systemumgebung eines oder mehrerer Rechnernetze; insbesondere Netzwerkeinrichtung und -anpassung durch Einbau von Kopplungseinheiten, Herstellung von Leitungsverbindungen, Auswahl von Protokollen, Einrichten von Servern, Verwaltung von zentralen Massenspeichern und Druckern, Definition von Benutzergruppen, Benutzerkonten und Benutzerrechten (Zugriffsbeschränkungen), Kontrolle entfernter Rechner über Systemrichtlinien; Gewährleistung der Sicherheit im Netzwerk und des störungsfreien Betriebs durch unterbrechungsfreie Stromversorgung, RAID-Systeme (Plattenspiegelung), Datensicherung, Zugriffskontrollmechanismen, Ereignisprotokolle, Netzwerkmonitore und Serverüberwachung, Einsatz von Firewall-Systemen und Proxy-Servern, Prävention, Identifikation und Beseitigung von Computerviren.

Berufsbezeichnung (und Ausbildung)	Tätigkeiten
Benutzerbetreuer (Synonym: **Benutzerservice**) (engl.: user service) (Fundierte PC-Kenntnisse, woher auch immer, und Einschulung im jeweiligen Benutzerservice)	Unterstützung der Endbenutzer bei der Bewältigung von Problemen im Zusammenhang mit der Nutzung der Informationsverarbeitung durch eine zentrale Anlaufstelle (Hotline, Help-Desk); insbesondere Annahme/Erfassung von Problemmeldungen; unmittelbare Lösung von Trivialproblemen am Telefon, durch E-Mail oder kurzfristig am Benutzerarbeitsplatz; Weitergabe komplexer Probleme an IT-Spezialisten; Problemdokumentation und –berichte; Benutzerinformation über eingeleitete Maßnahmen bzw. den Stand der Problembearbeitung.
IT-Verkäufer (engl.: IT sales person) (Synonym: **Vertriebsbeauftragter**) (wirtschaftswissenschaftliches Hochschulstudium mit dem Schwerpunkt Wirtschaftsinformatik)	Erschließung, Ausschöpfung und Sicherung von IT-Teilmärkten; insbesondere Akquisition inklusive Information und Beratung bezüglich Hardware und Software, Ausarbeitung von Problemlösungen und Angeboten und deren Präsentation; Koordination und Überwachung der Vertragsverpflichtungen inklusive Installationsvorbereitung, Auswahl von Schulungsteilnehmern und Ausbildungsplanung, Termin- und Leistungskontrolle; Kundenbetreuung während der Nutzungszeit der vertriebenen Objekte.
IT-Berater (engl.: IT consultant) (wirtschaftswissenschaftliches Hochschulstudium mit dem Schwerpunkt Wirtschaftsinformatik)	Unterstützung von Kunden bei der Gestaltung ihrer Informationssysteme: zeitweiliger Ausgleich von Kompetenzdefiziten; Information über den neuesten Stand der Informationstechnik (Markt, Methoden, Werkzeuge usw.); Diagnose von Stärken und Schwächen; neutrale Stellungnahme zu kontroversen Meinungen; Empfehlung von Lösungen, insbesondere von einschneidenden Maßnahmen; Ingangsetzen und Management von Veränderungen.
Wartungstechniker (engl.: field engineer) (abgeschlossene technische Lehre mit drei- bis sechsmonatiger Grundausbildung bei IT-Herstellern; ein Fachstudium der Informatik oder verwandter Fachrichtungen erhöht die Berufschancen)	Installation von IT-Systemen (Rechner, Peripherie und Rechnernetze); vorbeugende Wartung, Fehlerdiagnose und Reparatur; technische Änderungen und Kapazitätsänderung von IT-Systemen; Abbau von IT-Systemen.
IT-Trainer (engl.: IT trainer) (wirtschaftswissenschaftliches oder mathematisch-technisches Hochschulstudium, mehrjährige Tätigkeit in einem IT-Beruf und pädagogische Zusatzausbildung)	Ermittlung des IT-Ausbildungsbedarfs; Aufbereitung der zu lernenden Inhalte nach didaktischen Gesichtspunkten; Erstellung von Stundenplänen und Unterrichtsmaterialien; Durchführung von Lehrveranstaltungen inklusive Kontrolle des Lernerfolges; Beratung der Kursteilnehmer bei der Lösung gestellter Aufgaben sowie bei der Fehlersuche und Fehlerbereinigung; Beurteilung der Kursteilnehmer; Erstellung eines Weiterbildungskonzepts.

- *Datenbankadministratoren*, welche die zentrale Verantwortung für das Funktionieren von Datenbanksystemen in Betrieben wahrnehmen,
- *Datenschutz- und Sicherheitsbeauftragte,* die sich um die Einhaltung der Datenschutzgesetze und –richtlinien und um Sicherheitsvorkehrungen kümmern, oder
- *SAP-Entwickler*, die auf Standardanwendungssoftware von SAP spezialisiert sind.

Von wesentlicher Bedeutung für die Rolle des IT-Personals ist es vor allem, dass durch die Integration der „traditionellen" Datenverarbeitung mit der Text- und Bildverarbeitung, sonstigen Endbenutzerwerkzeugen und der Nachrichtentechnik inzwischen praktisch alle Beschäftigten eines Betriebes am Arbeitsplatz mit der Informationstechnik umgehen und dass überbetriebliche Anwendungen bis hin zum privaten Haushalt wesentlich zunehmen. Hieraus folgt, dass einerseits den *Datenbank- und Netzwerkspezialisten eine zentrale Stellung* bei der Gestaltung der notwendigen informationstechnischen Infrastruktur zukommt, und dass andererseits die *IT-Ausbildung und -Unterstützung der Mitarbeiter in den Fachabteilungen immer wichtiger* wird.

Aufgaben von zentralen IT/IS-Abteilungen und der vorwiegend dort beschäftigten IT-Fachkräfte sind dementsprechend vor allem

- die betriebsweite IS-Gesamtplanung und IS-Organisation,
- die Konfigurierung, Verwaltung und Kontrolle von Rechnernetzen,
- die Beschaffung und der Betrieb von Unternehmensservern, Hochleistungsperipherie, Datenbanksystemen und Anwendungspaketen,
- die Koordination und teilweise auch die Durchführung dezentraler Hardware- und Softwarebeschaffungen (Telefone, PDAs, PCs, Arbeitsgruppen- und Abteilungsserver),
- die Entwicklung und Pflege (Wartung) großer integrierter Anwendungssysteme,
- die Vermittlung von Informationsdiensten (intern und extern),
- das Sicherheitsmanagement,
- die Schulung und Beratung der Endbenutzer in Fachabteilungen,
- das Dienstleistungsmarketing, das heißt das aktive „Verkaufen" der angebotenen IT-Ressourcen und -Dienste.

▶ Übungsaufgabe Nr. 1.1.32 im Arbeitsbuch

1.5.3 Wechselwirkungen zwischen Informationstechnik und Gesellschaft

Ebenso wie sich die Möglichkeiten und der Stellenwert der Informationstechnik in den letzten Jahrzehnten geändert haben, so ist auch die Diskussion der Auswirkungen der Informationstechnik auf die Gesellschaft einem Wandel unterworfen.

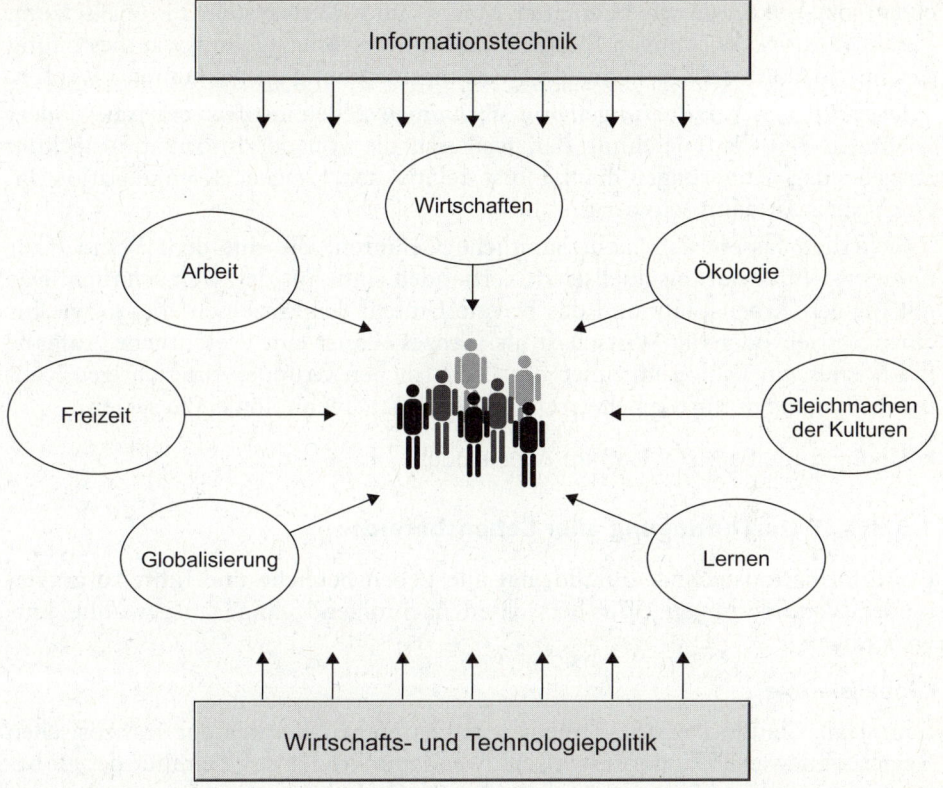

Abb. 1.5.3/1: Erklärungsmuster für die Auswirkungen der Informationstechnik auf die Gesellschaft

Die einzelnen *Teilsysteme der Gesellschaft sind stark miteinander verknüpft.* Der Wandel des ökonomischen Systems lässt sich nicht ohne Berücksichtigung der Arbeits- und Lebenswelt beurteilen. Änderungen in diesem Bereich lassen sich wiederum nur im Zusammenhang mit den Veränderungen der Beziehungen der staatlichen Instanzen und der internationalen Verhältnisse diskutieren. Es ist also notwendig, die von der Informationstechnik ausgehenden oder die durch die Informationstechnik bewirkten Veränderungen des gesellschaftlichen Lebens insgesamt zu betrachten.

Kritische Forscher, die sich mit dem Themenkomplex „Informatik und Gesellschaft" befassen, wenden sich meist den nicht berücksichtigten sowie den berücksichtigten negativen Wirkungen zu. Dabei geht es darum, die unerwünschten IT-Folgen, wenn möglich, zu minimieren oder gar vollständig zu vermeiden. Negative Wirkungen lassen sich jedoch gegenüber positiven nur dadurch abgrenzen, dass letztere der Zielsetzung des Handlungssystems entsprechen. Damit taucht aber die Frage auf, wer Ziele formuliert und auf welchem sozial-ökonomisch bedingten Macht- und Wertesystem die Zielsetzung beruht. Positive Wirkungen (Nutzeffekte) sollten somit nicht – wie dies häufig geschieht – von vornherein aus der Wirkungsforschung ausgeklammert werden.

Die *zeitlichen Verzögerungen von Wirkungen* stellen insofern einen besonders wichtigen Teil der Forschung dar, weil sich die von der Informationstechnik ausgehenden Änderungen häufig erst relativ spät zeigen. Kompensation im Nachhinein ist dann schwierig.

Sicherlich lassen sich nicht sämtliche Gefahren, die mit dem Wandel zur modernen Informationsgesellschaft verbunden sind, aus der Welt schaffen. Das gilt für den Arbeitsplatz und das private Umfeld des Einzelnen ebenso wie für einen Betrieb oder die Wirtschaft als Ganzes. Es ist eine wesentliche Aufgabe des Staates, im Dialog mit allen gesellschaftlichen Gruppen die richtigen Rahmenbedingungen für die Beherrschung der neuen Technologien zu setzen.

▶ Übungsaufgabe Nr. 1.1.33 im Arbeitsbuch

1.5.3.1 IT-Durchdringung aller Lebensbereiche

Die Informationstechnik durchdringt alle Lebensbereiche und führt zu gravierenden Veränderungen. Wir betrachten nachfolgend einige ausgewählte Entwicklungen.

Globalisierung

Laut Jean Claude Derian – einem wirtschaftlichen Berater der französischen Regierung – war 1970 der historische Wendepunkt, der das Zeitalter des globalen Wettbewerbes einläutete. Gründe für die *Globalisierung* in Form weltweiter Arbeitsteilung sind vor allem billige Transportmöglichkeiten und die Möglichkeit, aus großer Distanz entlegene Produktionsstätten zu steuern. Ferner erkannte man die Möglichkeiten – mit all ihren negativen Konsequenzen -, Produktionsfaktoren dorthin zu verlagern, wo der Markt sich befand, wo die Arbeitskräfte billiger waren und wo mit weniger staatlichen Eingriffen zu rechnen war.

Aber nicht nur die Verlagerung der Produktionsfaktoren ist mit der Globalisierung in Verbindung zu setzen. Was unsere ökonomische Welt heute zu einem *globalen Dorf* macht, ist auch die Möglichkeit, Produkte ohne Einsatz umfangreicher Ressourcen weltweit zu vertreiben. Das Werkzeug, das diese Entwicklung ermöglichte beziehungsweise ermöglicht, ist die Informationstechnik. Nur durch Einsatz moderner Telekommunikation können heute länderübergreifende Entscheidungen in relativ kurzer Zeit getroffen und große räumliche und zeitliche Distanzen ohne Einsatz zusätzlicher Fortbewegungsmittel überwunden werden.

Arbeit

Der Einsatz moderner Informationstechnik ermöglicht *neue, effizientere Arbeitsformen*. In der Regel bringt das *für die einzelnen Beschäftigten* eine

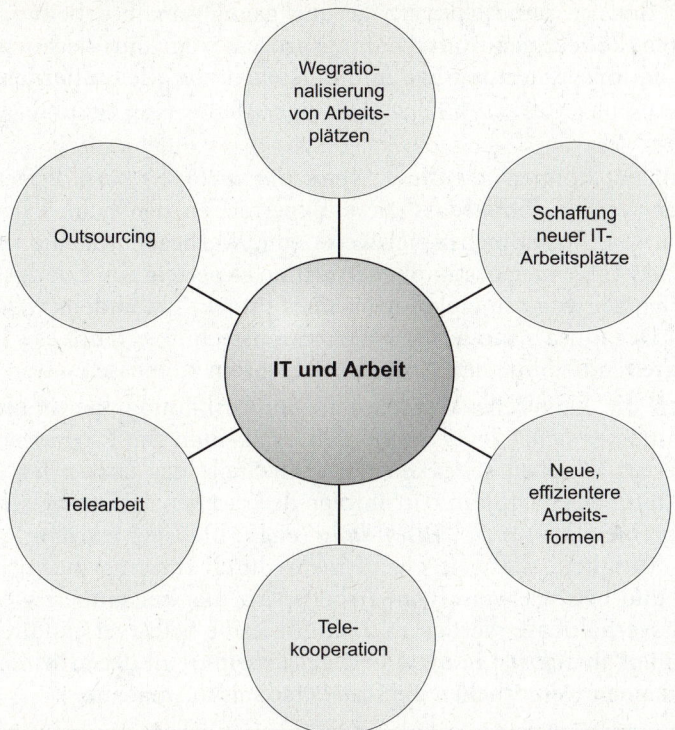

Abb. 1.5.3.1/1: Aktions- und Problemfelder der IT-gestützten Arbeit

Zunahme kreativer Tätigkeiten auf Kosten sich gleichförmig wiederholender Arbeitsabläufe. Damit verbunden werden aber auch höhere Anforderungen an das Verständnis und die intellektuelle Beherrschung komplexer und vielfach vernetzter Informationssysteme gestellt. *Für den Betrieb* sind dadurch Produktivitätssteigerungen und Qualitätsverbesserungen möglich.

Telekooperation (engl.: telecooperation, telecollaboration) ist die Zusammenarbeit von Gruppen, Abteilungen oder Unternehmen, die sich an unterschiedlichen Orten befinden, auf der Basis von Telekommunikationsnetzen. Die Telekooperation verlangt benutzerfreundliche Systeme für gemeinsames Arbeiten am gleichen Dokument und den gesicherten Zugriff zu gemeinsamen multimedialen und verteilten Informationsbeständen.

Als Beispiel kann die *Telekooperation* in der Produktentwicklung genannt werden, wie sie bei Autoherstellern und ihren Zulieferern zur Anwendung kommt. Sämtliche Entwicklungspartner haben auf diesem Weg Zugriff auf die entsprechend freigegebenen Dokumente (Konstruktionszeichnungen, Arbeitspläne usw.), um sie ohne Zeitverzögerung gemeinsam bearbeiten und einem unmittelbaren kollektiven Entscheidungsprozess zugrunde legen zu können. Diese Informationsvernetzung hat zum Entstehen von Kleinunternehmen beigetragen und zu einer stärkeren Dienstleistungsorientierung (Funktionsausgliederung) geführt.

Auch *Projekte* können auf diese Weise mit *weltweit verteilten Spezialisten* durchgeführt werden, ohne dass diese Experten an den heimischen Standort kommen müssen. So kann beispielsweise eine Werbeagentur, die in Frankfurt beheimatet ist, für einen bestimmten Auftrag Experten aus Los Angeles, London und Wien zeitweise in ein gemeinsames Projekt einbinden (*virtuelle Organisationen*). Der Einsatz moderner Informationstechnik erlaubt es somit, Arbeit länderübergreifend – ohne den Arbeitsort wechseln zu müssen – durchzuführen.

Aber auch die klassische Vorstellung von Ausbildung, Beruf und Karriere muss langsam aber sicher revidiert werden – falls man den Prognosen von Technologieexperten Glauben schenken darf. An Stelle des Endes der Ausbildung durch ein Abitur oder Diplom tritt infolge der raschen technologischen Weiterentwicklung eine *lebenslange Ausbildung* (engl.: life long learning) parallel zur beruflichen Tätigkeit, die weitgehend mehr durch Informationstechnik unterstützt wird und beispielsweise vom Arbeitsplatz aus konsumiert werden kann. Feste Arbeitsverhältnisse werden in Zukunft keine Selbstverständlichkeit mehr sein. Der Anteil an *Selbstständigen* und *Telearbeitern* an der arbeitenden Bevölkerung wird einen wesentlichen Teil des Personals ausmachen.

> Unter **Telearbeit** (engl.: telework) ist die Arbeit zu verstehen, die Mitarbeiter außerhalb der Firmenräume, in der Wohnung oder in einem Telezentrum (engl.: telecentre), unter Nutzung von Telekommunikationsnetzen und entsprechenden technischen Geräten zur Erledigung ihres Arbeitsvertrages verrichten.

Telearbeit heißt also nicht notwendigerweise *Heimarbeit*. Vor allem in strukturschwachen Regionen richten oft Gemeinden und Bundesländer informationstechnisch gut ausgestattete *örtliche Telearbeitsstätten (= Telezentren)* ein, um dadurch zusätzliche Beschäftigungsmöglichkeiten zu schaffen und Pendlern lange Anfahrtswege zu ersparen. Die dort tätigen Telearbeiter (engl.: teleworker) sind offensichtlich keine Heimarbeiter (engl.: homeworker).

Nach einer Studie des EcaTT-Konsortiums (Abkürzung für engl.: Electronic Commerce and Telework Trends) im Auftrag der EU-Kommission gab es *1999 in der EU neun Millionen Telearbeiter*. Zwei Drittel davon verbrachten mindestens einen vollen Arbeitstag pro Woche zu Hause oder im Feld, wobei sie mit ihrem Arbeitgeber oder Kunden via Telekommunikation verbunden waren. Knapp die Hälfte arbeitete zu Hause. In Deutschland waren sechs Prozent aller Beschäftigten, das sind 2,1 Millionen, Telearbeiter. Bis zum Jahr 2005 wird eine Verdoppelung prognostiziert. 60–70 Prozent aller betrieblichen Tätigkeiten werden von der EcaTT für telearbeitsfähig gehalten.

Durch *Telearbeit* werden flexiblere Arbeitszeiten möglich, wodurch den Neigungen des Einzelnen entsprochen werden kann. Dies führt einerseits zu einer Steigerung der Produktivität für den Betrieb – wenn man davon ausgeht, dass zufriedene Mitarbeiter mehr leisten als unzufriedene – und andererseits zu einer Ausweitung der Freizeit für den Arbeitnehmer (da Anfahrtszeiten zur Arbeitsstätte wegfallen). Der Telearbeiter spart Reisekosten, der Arbeitgeber Raumkosten. Bei an den Haushalt gebundenen Personen ist Telearbeit oft die einzige Möglichkeit, überhaupt tätig zu werden. *Gesamtwirtschaftliche Vorteile* sind der reduzierte Verkehr, die daraus folgende geringere Umweltbelastung und die erweiterten Beschäftigungsmöglichkeiten.

Natürlich gibt es auch *Probleme* beziehungsweise *Nachteile*. Für manche Menschen ist Telearbeit zu Hause ungeeignet – zum Beispiel solche, die nicht genügend Selbstmotivation aufbringen oder einer laufenden Anleitung bedürfen. Vor allem für Neulinge ist es wesentlich, von Arbeitskollegen sinnvolle Arbeitstechniken „abzuschauen" oder praktische Hilfestellung zu bekommen. Für viele Menschen ist der Betrieb ein Ort sozialer Begegnung, wo sie sich unterhalten können, Kontakte finden und Freundschaften entwickeln. Untersuchungen zeigen, dass Telearbeiter oft schlechter bezahlt sind und häufiger bei Beförderungen übergangen werden. Die Heimarbeit kann zur Selbstausbeutung (unbezahlte Überstunden) und zu Störungen des Familienlebens führen. Viele Haushalte eignen sich nicht oder nur schlecht für die Telearbeit (kein Arbeitszimmer, Störungen durch kleine Kinder und laute Nachbarn) – in solchen Fällen ist ein Telezentrum angemessener.

▶ Übungsaufgabe Nr. 1.1.34 im Arbeitsbuch

Von der Telearbeit ist es nur ein relativ kleiner Schritt zum Outsourcing.

Outsourcing (wörtliche Übersetzung: Auslagerung von Ressourcen) bezeichnet die langfristig ausgerichtete Vergabe von Aufgaben, die bisher im eigenen Haus erledigt worden sind, an externe Dienstleister. Gründe für das Outsourcing sind erhoffte Kosteneinsparungen sowie die Erhöhung der Flexibilität, Effizienz und Qualität. Gegenargumente sind der Verlust von Wissen, Sicherheitsbedenken, Sorgen um Abhängigkeiten und der mit dem Outsourcing verbundene Koordinationsaufwand.

Outsourcing wurde Ende der 1980er Jahre bei großen Unternehmen populär, die sich mit ganzer Kraft auf ihr Kerngeschäft konzentrieren und steigende Kosten unter Kontrolle bringen wollten. Durch die Übertragung von Funktionen oder Geschäftsprozessen auf externe Partner können die notwendigen personellen und sonstigen Ressourcen innerhalb des Unternehmens reduziert werden. Dadurch werden die Fixkosten gesenkt und die Anpassungsfähigkeit an wechselnde Beschäftigungslagen erhöht. In vielen Fällen kann zudem ein Mangel an unternehmenseigenem Know-how ausgeglichen werden, über das ein spezialisierter Dienstleister mit hoch qualifiziertem Personal und modernen Methoden/Werkzeugen eher verfügt.

Gegenargumente sind der potentielle Verlust von Wissen und das Entstehen irreversibler Abhängigkeiten. Ferner werden die Störung zusammengehörender Prozesse und ein hoher Koordinationsaufwand befürchtet.

Unternehmen haben seit jeher spezialisierte, nur gelegentlich anfallende Tätigkeiten an Steuerberater, Rechtsanwälte und Werbeagenturen usw. vergeben. Neu ist jedoch die Auslagerung im großen Stil von laufend anfallenden Prozessen, die bisher im eigenen Haus verrichtet worden sind (engl.: business process outsourcing, abgekürzt: BPO). In langfristigen Kontrakten werden große Tätigkeitsfelder bis hin zu kompletten Geschäftsbereichen mitsamt den Mitarbeitern und Betriebsmitteln dem Outsourcing-Partner übertragen.

IT-Outsourcing war früher meist auf Programmierung, Rechenzentrumsbetrieb und Call-Center beschränkt. Bedingt durch die steigenden Kosten und den zunehmenden Wettbewerbsdruck in konjunkturell schwierigen Zeiten sind jedoch in den letzten Jahren immer mehr Unternehmen dazu übergegangen, auch anspruchsvollere Prozesse oder die gesamte Informationsverarbeitung an Outsourcing-Partner zu übertragen.

Zum *Beispiel* hat der größte IT-Dienstleister *EDS (Electronic Data Systems Corp.)* weltweit für Tausende von Unternehmern solche umfassenden IT-Outsourcing-Projekte übernommen. Zu den Kunden gehören Automobilhersteller (wie Opel), Verkehrsbetriebe (wie American Airlines), Bürogerätehersteller (wie Xerox), Großbanken (wie die Citibank, Credit Lyonnais, Bank of America) und der öffentliche Bereich (wie die Bundesagentur für Arbeit in Nürnberg), mit denen typischerweise Verträge von mindestens fünfjähriger Dauer in dreistelliger Millionenhöhe abgeschlossen werden. *IBM Global Services* ist ebenso erfolgreich in diesem Geschäftsfeld tätig. Zum Beispiel hat diese Firma Ende 2002 mit der Deutschen Bank einen Zehn-Jahres-Vertrag im Wert von 2,5 Milliarden US-$ abgeschlossen, der durch die Übernahme von Rechenzentren und Back-Office-Geschäftsprozessen dem Kunden eine Milliarde einsparen soll. 900 Bankangestellte wurden von IBM übernommen. Ein weiterer erst kürzlich von IBM gewonnener Kunde im Finanzdienstleistungsbereich ist American Express (4,5 Milliarden US-$). Neben EDS und IBM gehören Accenture, Cap Gemini Ernst & Young, CSC (Computer Sciences Corporation), HP Services, BT Global Services, SBS und T-Systems zu den großen Outsourcing-Dienstleistern.

Solche Outsourcing-Projekte sind erst durch das Angebot schneller, weltumspannender Netze für die Datenübertragung möglich geworden. Dadurch haben sich für strukturschwache Regionen und Entwicklungsländer mit niedrigem Gehaltsniveau und gutem Bildungsgrad neue Beschäftigungsmöglichkeiten ergeben. Call-Center in Deutschland und Österreich werden heute oft in polnischen, tschechischen und slowakischen Grenzgebieten betrieben, wo genügend Mitarbeiter mit deutscher Muttersprache zu finden sind. Die Softwareentwicklung ist vielfach nach Indien ausgelagert worden, wo in Bangalore, Mumbai und Neu Delhi blühende Technologiezentren entstanden sind. Niedrige Gehälter, gute Englischkenntnisse, eine angemessene IT-Infrastruktur und der Zeitzonenunterschied sind für europäische und US-amerikanische Auftraggeber höchst attraktiv.

In *Indien* sind große *IT-Outsourcing-Firmen* mit 2.000 oder mehr Mitarbeitern entstanden, die im Jahr 2003 zehn Milliarden Euro Exporterlöse generiert haben. Bekannte Namen sind: Infosysy, e-Serve, Wipro Technologies, Tata Consulting Group (TCS), Satyam Computer Services und HCL Technolgies. IBM, Accenture und EDS beschäftigen in Indien jeweils mehrere Tausend eigene Mitarbeiter. SAP will Bangalore im Jahr 2004 zum weltweit größten Standort mit mehr als 1.500 Mitarbeitern ausbauen. Der US-Datenbanksoftwarehersteller Oracle plant in Hyderabad ein neues Entwicklungszentrum mit 3.000 Beschäftigten. Auch große Anwender, wie zum Beispiel deutsche, österreichische und Schweizer Banken sowie Fluggesellschaften wie beispielsweise Delta Airlines, lassen in Indien Software entwickeln. Einer Studie von Deloitte & Touche zufolge, werden 2008 bis zu 20 Prozent der weltweiten IT-Aufwendungen nach Indien fließen. Die *osteuropäischen Niedriglohnländer* Ukraine, Russland und Weißrussland sowie vor allem *China* gelten als weitere attraktive Zielgebiete für die so genannte Offshore-Softwareentwicklung. Bei nahe gelegenen Ländern spricht man auch von „Nearshoring". Erst kürzlich wurden Pläne der IBM bekannt, ab 2006 durch die Verlagerung von 4.730 Arbeitsplätzen für Programmierer nach Indien, China und Brasilien jährlich 168 Millionen US-$ zu sparen. Auch Siemens hat solche Schritte angekündigt.

Während die Entwicklungsländer durch nationale Programme das Offshore-Outsourcing fördern, gibt es in den Industrieländern und bei den betroffenen Arbeitnehmern berechtigte Befürchtungen vor dem damit verbundenen *Arbeitsplatzverlust*. Forrester Research schätzt, dass in den USA, dem größten Outsourcing-Kunden der Welt, bis zum Jahr 2015 3,3 Millionen Arbeitsplätze durch Offshore-Outsourcing verloren gehen werden. Nach Studien der Marktforschungsinstitute Gartner und IDC werden bis zum Jahr 2010 etwa 25 Prozent der traditionellen IT-Arbeitsplätze aus entwickelten Ländern in die so genannten Emerging Markets verlagert werden. Die Deutsche Bank Research sieht in Deutschland 50.000 IT-Arbeitsplätze durch die Verlagerung von Dienstleistungen ins Ausland bedroht. Um diesen negativen Auswirkungen zu begegnen, werden wirtschafts- und bildungspolitische Maßnahmen diskutiert.

Ein Outsourcing-Bereich, in dem infolge der länderspezifischen Eigenheiten und der notwendigen branchen- und anwendungsspezifischen Kenntnisse auch hierzulande für Anbieter gute Chancen gesehen werden, ist *Application Service Provision*, abgekürzt: *ASP*.

ASP (Abkürzung von engl.: application service provision) ist das Angebot von Anwendungen und Serviceleistungen an Einzelpersonen und Betriebe über das Internet. Dadurch ist es nicht mehr notwendig, teure und eventuell selten genutzte Anwendungen lokal zu installieren, sondern man überträgt die Verantwortung einem Dienstleister, der sich zusätzlich um die Pflege und Wartung des Systems kümmert. Die Abrechnung erfolgt über eine Pauschalgebühr oder auf Nutzungsbasis.

Besonders für kleine und mittlere Betriebe bietet sich dadurch die Möglichkeit, anspruchsvolle Software zu nutzen, die sie sich sonst wegen des Mangels an Know-how und zu hoher Kosten nicht leisten könnten. Die Bezahlung von

Leistungen nur bei Bedarf (engl.: on demand), das heißt die Abrechnung auf Nutzungsbasis, ist ein häufig benutztes Werbeargument der Outsourcing-Dienstleister.

Mittels ASP ist es nicht nur möglich, Dienstleistungsfunktionen oder Geschäftsprozesse von Dritten zu nutzen, sondern es können in ähnlicher Weise skalierbare Dienstleistungen eines Anwenders für Externe (etwa Partner oder Kunden) zur Verfügung gestellt werden. Ein Unternehmen kann dadurch über das Internet Dienstleistungen anbieten und neue Geschäftsfelder erschließen. Voraussetzung hierfür sind dienstleistungsorientierte IS-Architekturen (mehr dazu im Band 2, Kapitel 7). Die Flexibilisierung auf der technologischen Seite bedeutet eine Flexibilisierung der zwischenbetrieblichen Informationssysteme, wodurch die Grenzen zwischen ASP, virtuellen Organisationen und beispielsweise Supply-Chain-Management (siehe Kapitel 5) verschwimmen.

IT-Outsourcing ist für die vom Beschäftigungsverlust betroffenen oder bedrohten Arbeitnehmer und Länder negativ. Für den Betrieb insgesamt beziehungsweise die Geschäftsleitung, die Arbeit auslagert, die beauftragten Outsourcing-Dienstleister und die begünstigten Entwicklungsländer überwiegen die positiven Wirkungen. Oft haben Betriebe im harten internationalen Wettbewerb heute kaum noch eine andere Möglichkeit, als die Arbeit dorthin zu verlagern, wo sie am kostengünstigsten ist. Sie sehen hier sehr deutlich die eingangs erwähnten unterschiedlichen Wirkungen des IT-Einsatzes in verschiedenen, stark miteinander verknüpften Teilsystemen der Gesellschaft. Dementsprechend hätte das Thema ebenso gut in den nachfolgenden Abschnitt über „Wirtschaften" gepasst.

Wirtschaften

Durch die globale Vernetzung eröffnen sich für Betriebe aller Art und Größenklassen neue Chancen für den Aufbau von Geschäftsbeziehungen und die Optimierung der Geschäftsprozesse. In der Wirtschaft ergeben sich dadurch gravierende Veränderungen.

Electronic Commerce (abgekürzt: *E-Commerce*; deutsch: Elektronischer Handel) ist der Austausch von Gütern und Dienstleistungen über Rechnernetze, insbesondere das Internet. Ein Synonym ist **Electronic Business** (deutsch: elektronische Geschäfte), abgekürzt *E-Business*. Nach der Art der Geschäftspartner unterscheidet man *Geschäftsbeziehungen zwischen Unternehmen* (engl.: business to business, abgekürzt: B2B) und *Geschäftsbeziehungen zwischen Unternehmen und Konsumenten* (engl.: business to consumer; abgekürzt: B2C).

Neben dem *Ein- und Verkauf von Gütern,*

- im B2B-Bereich: Betriebsmittel (zum Beispiel Maschinen, Werkzeuge usw.), Werkstoffe (Roh-, Hilfs- und Betriebsstoffe), Halb- und Fertigfabrikate,
- im B2C-Bereich: Waren aller Art (zum Beispiel Bücher, Unterhaltungselektronik, Autos, Kleidung, Lebensmittel usw.),

Business-to-Business-Beziehungen   Business-to-Consumer-Beziehungen

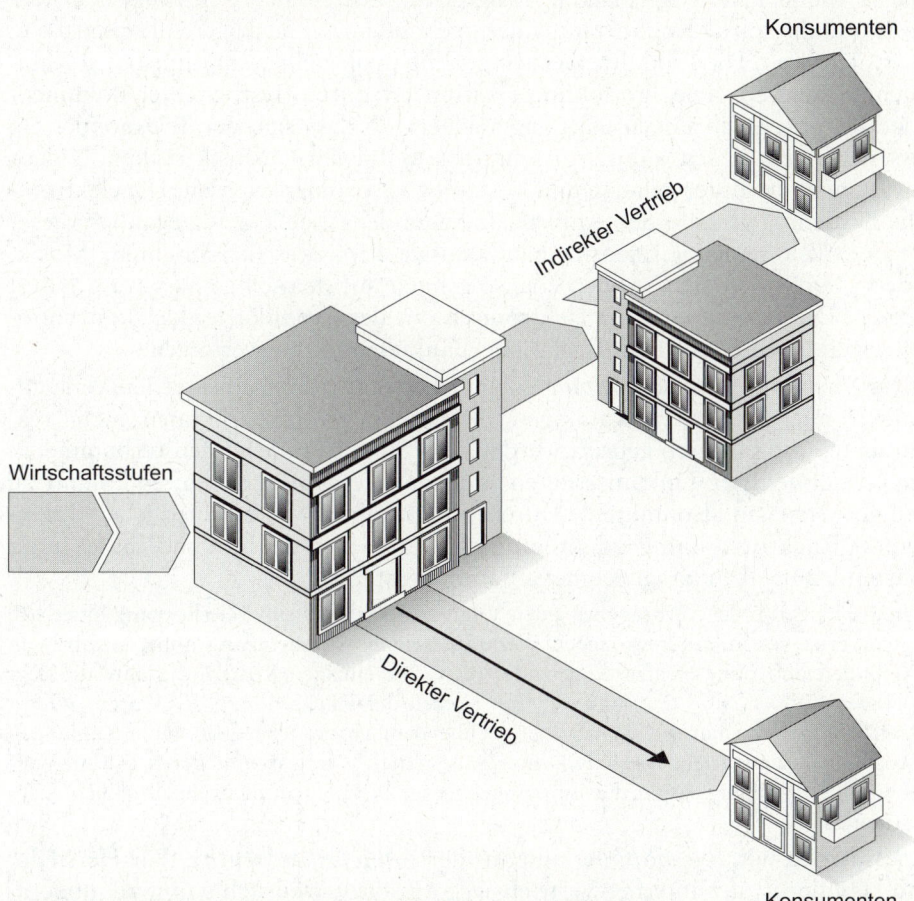

Konsumenten

Indirekter Vertrieb

Wirtschaftsstufen

Direkter Vertrieb

Konsumenten

Abb. 1.5.3.1/2: Electronic Commerce: Geschäftsbeziehungen zwischen Unternehmen (B2B) sowie zwischen Unternehmen und Verbrauchern (B2C)

beinhaltet E-Commerce auch das *Angebot von Dienstleistungen*, beispielsweise von Finanzdienstleistungen, Reisebuchungen, Immobilienvermittlung, Steuerberatung, Übersetzungen und vieles andere mehr.

Wir betrachten die *Möglichkeiten und Grenzen des E-Commerce am Beispiel des Ferneinkaufs* (engl.: teleshopping) im B2C-Bereich – zunächst aus der Perspektive des Verbrauchers. Ihm wird im Internet von Hunderttausenden von Anbietern ein nahezu unbegrenztes Warenangebot offeriert. Die Bestellung kann rund um die Uhr „vom Lehnstuhl aus" erfolgen (keine Wege, keine Parkplatzprobleme, kein Gedränge an den Kassen, keine Ladenschlusszeiten). Suchdienste unterstützen die Produktauswahl nach den jeweiligen individuellen Präferenzen.

Dabei sind auf einfache Weise *anbieterübergreifende Produkt- und Preisvergleiche* möglich. Die geringeren Transaktionskosten des elektronischen Verkaufs und die starke Konkurrenz führen zu tendenziell niedrigeren Preisen als in der realen Welt. Die Produkte werden gefällig in aktuellen, multimedialen Katalogen präsentiert. Die Produktinformation ist durch Testberichte, dokumentierte Benutzererfahrungen usw. angereichert, so dass sich der Teleshopper ein besseres Urteil bilden kann. Ausschnitte aus Büchern, Musikstücken, Videos usw. können herunter geladen und kostenlos ausprobiert werden. Die elektronische Bestellung erreicht den Anbieter in Sekundenschnelle, ganz egal, wo dieser auf der Welt seinen Firmensitz hat. Digitale Produkte (Nachrichten, Musik, Videos, Software usw.) können ebenso schnell auf demselben Weg ausgeliefert werden. Die Bezahlung kann elektronisch mit der Kreditkarte oder konventionell gegen Nachnahme oder Rechnung (Banküberweisung) erfolgen.

Die *Nachteile des Teleshopping* entsprechen jenen des traditionellen Versandhandels mit gedruckten Katalogen. Materielle Produkte können nicht real betrachtet und physisch geprüft werden. Der Spaß beim Schaufensterbummel in der Glitzerwelt der Einkaufsstraßen und -paläste geht verloren, es kommt zu weniger sozialen Kontakten. Durch international unterschiedliche Datenschutz-, Rücktritts- und Produkthaftungsgesetze kann der Internet-Käufer unter Umständen in eine unangenehme Situation geraten.

In der EU kann der Verbraucher jeden Vertragsabschluss beim Teleshopping innerhalb einer Frist von mindestens sieben Werktagen nach Wareneingang ohne Angabe von Gründen und ohne Strafzahlung widerrufen. Die einzigen Kosten, die ihm auferlegt werden können, sind die unmittelbaren Kosten der Rücksendung der Waren. Widerruft der Verbraucher, so hat der Lieferer die vom Verbraucher geleisteten Zahlungen kostenlos zu erstatten. Die Zusendung unbestellter Waren ist untersagt. E-Mail-Werbung ist unzulässig, wenn der Empfänger dieser Werbeform nicht ausdrücklich zugestimmt hat.

Betrachten wir *Teleshopping* nun aus der *Anbieterperspektive*. Für Hersteller und Händler ist der Internet-Vertriebsweg attraktiv, weil sich damit zu moderaten Kosten weltweit neue Märkte und Kundengruppen erschließen lassen. Die direkten Kommunikationsbeziehungen mit den einzelnen Kunden führen zu einer engeren Kundenbindung und erlauben gezielte, individuelle Marketingmaßnahmen (1:1-Marketing). Der Wegfall der Ladenschlusszeiten ist auch für die Anbieter nützlich. Die Kundenselbstbedienung bei der Auftragserlangung und –erledigung spart Zeit und Kosten, ebenso die elektronische Distribution digitaler Güter. Service kann rund um die Uhr angeboten werden – zum Teil in neuartiger, vollautomatisierter Form (siehe zum Beispiel Abb. 1.1.4/2).

Die *Gefahren für den traditionellen Handel* liegen auf der Hand. Durch Verkaufsstätten und teures Personal kann er preislich nicht mithalten und muss deshalb mit Umsatzeinbußen bis hin zur Verdrängung rechnen. Bei den am meisten über das Internet bezogenen Produkten, das sind heute Bücher, Musik, PC-Hardware und -Software, sind solche Marktveränderungen bereits stark spürbar. Ähnliches gilt für *Absatzmittler in anderen Wirtschaftsbereichen,* bei-

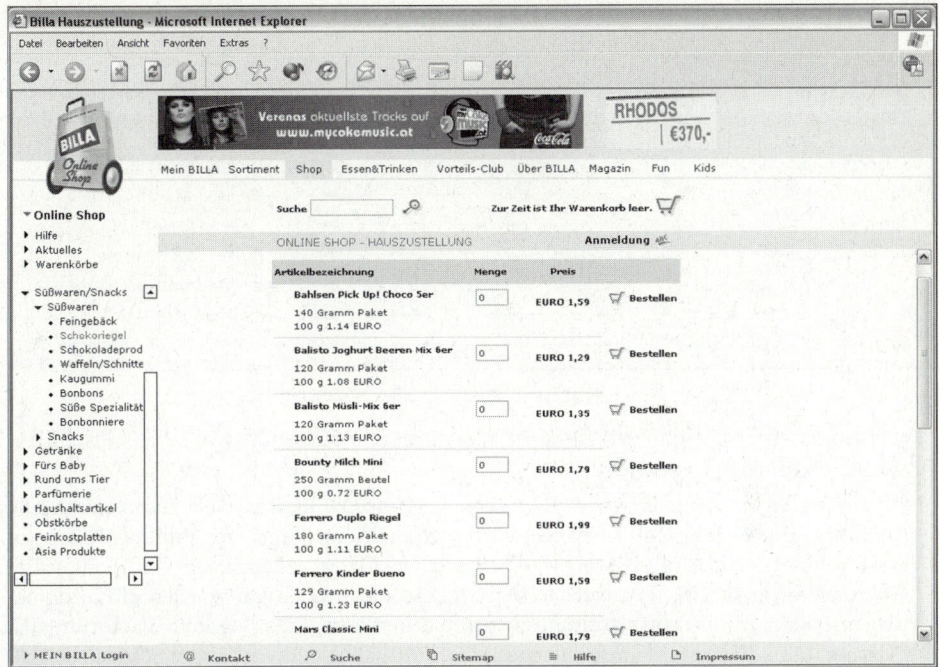

Abb. 1.5.3.1/3: WWW-Bestellseite eines Lebensmittelfilialbetriebs mit Hauszustellung

spielsweise Reisebüros, die durch Online-Reservierungssysteme der Fluglinien erheblich unter Druck gekommen sind. Als Ausweg bleibt dann oft nur, sich auf spezielle, beratungsintensive Marktnischen zu konzentrieren und für die Standardprodukte ebenfalls den Weg über das Web zu gehen. *Filialsysteme der Banken, Versicherungen und der öffentlichen Hand* werden „gestrafft"; in manchen Ländern (wie zum Beispiel Österreich) ist in den nächsten zehn Jahren mit der Schließung jeder zweiten Bankfiliale zu rechnen.

Unternehmen müssen sich den Herausforderungen der New Economy stellen. Sie müssen ihre Strategie und ihre Organisation an die Rahmenbedingungen einer globalen vernetzten Welt anpassen, bei der der Kunde und seine Bedürfnisse im Mittelpunkt stehen. „Information" ist neuer, wesentlicher Produktionsfaktor neben Arbeit, Kapital und Boden. Kostenbewusstsein, Flexibilität, ein effizientes Wissensmanagement, Innovationskraft und Kooperation mit Marktpartnern sind die Grundlage für eine erfolgreiche Zukunftsgestaltung.

Die in der zweiten Hälfte der 1990er Jahre maßlos überzogenen Geschäftserwartungen an das Internet haben nach der Pleitewelle vieler Internet-Unternehmen Anfang der 2000er Jahre zu einer deutlichen Ernüchterung und realistischeren *Einschätzung des Marktpotentials von E-Commerce* geführt. Wir gehen auf die Gründe des Internet-Booms, das Platzen der „Internet-Blase" und die daraus zu ziehenden Lehren im Kapitel 5 näher ein. Auch wenn sich die Absatz-

Abb. 1.5.3.1/4: Der Wandel zur New Economy (nach H.-J. Bullinger)

Old Economy		New Economy
Produktorientierung	⟶	Kundenorientierung
Massenproduktion	⟶	Individualisierte Produkte
Standardisierte Prozesse	⟶	Kreativität und Wissen
Tradierter Werte-Kanon	⟶	Wertepluralismus
Funktionsorientierung	⟶	Prozessorientierung
Isolierte Geschäftsprozesse	⟶	Internet-Geschäftsprozesse
Mechanistisches Verständnis:	⟶	Evolutionäres Verständnis:
Unternehmen als Uhrwerk	⟶	Unternehmen als Netzwerk

erwartungen meist nicht erfüllt haben, so hat das Internet doch die Geschäftsprozesse dramatisch verändert.

Die *Schätzungen der weltweiten E-Commerce-Umsätze* klaffen weit auseinander. Die Angaben für das Jahr 2003 bewegen sich zwischen einer und vier Billionen Euro (in aufsteigender Reihenfolge: ActivMedia Research, Ovum, eMarketer, Gartner Group, Goldman Sachs & Co., Forrester Research). Zwei Drittel davon wurden in Nordamerika realisiert. Alle Marktforschungsinstitute gehen von einem starken Wachstum aus. Bis zum Jahr 2010 wird mit einem durchschnittlichen Zuwachs von mindestens 30 Prozent pro Jahr gerechnet. Auf den B2B-Bereich sollen auch künftig 80 – 90 Prozent der Umsätze entfallen. Durch das wesentlich größere Transaktionsvolumen wird im B2C-Bereich jedoch ein höheres Kostensenkungspotential gesehen.

Deutschland ist in Europa führend; der Anteil am weltweiten E-Commerce beträgt zirka fünf Prozent. Vorreiter im B2B-Bereich sind die Branchen Fahrzeugbau, Informationstechnik/Telekommunikation, Elektrotechnik/Elektronik, Chemie, Tourismus und Nahrungsmittel, in denen ein beträchtlicher Teil des Einkaufs und der Distribution über das Internet abgewickelt werden. Im B2C-Bereich werden am häufigsten Bücher, CDs, Bekleidung, Computersoftware und Computerspiele geordert. Bei den Dienstleistungen dominieren Sex, Reisen (Bahn- und Flugticket-, Hotel-, Mietwagenbuchungen) und Bankgeschäfte.

Nach einer gemeinsamen Studie von TNS Infratest und Enigma GfK (Online Shopping Survey 2004) hat in *Deutschland* die Zahl der *Online-Käufer* 23 Millionen überschritten. Jeder fünfte Deutsche zwischen 14 und 69 Jahren kauft regelmäßig über das Internet ein. Im Jahr 2003 entfielen 2,1 Prozent des gesamten *deutschen Einzelhandelsumsatzes* auf den Internet-Absatzweg (Quelle: HDE). Im Versandhandel waren es bereits 17 Prozent der Umsätze, mehr als ein Drittel der Bestellungen erfolgte online. Zum *Beispiel* hat *KarstadtQuelle* im Jahr 2003 1,59 Milliarden Euro über das Internet umgesetzt, das sind 10,3 Prozent vom Konzernumsatz. Während der Gesamtumsatz rückläufig war (minus 3,5 Prozent) und der Konzern vor allem in den kleineren Filialen mit wirtschaftlichen Schwierigkeiten zu kämpfen hat, erzielten die Shopping-Portale einen Nachfrage-Zuwachs von 29 Prozent. Ein großer Teil der erstmaligen Besteller waren Neukunden, bei dem Portal Neckermann.de zum Beispiel rund 50 Prozent.

Auch in den oben genannten *Dienstleistungsbereichen* gibt es kontinuierliche Zuwächse. Über 100 Millionen Haushalte nutzen mittlerweile das Internet für ihre

Bankgeschäfte; bis 2010 soll sich dieser Wert auf rund 300 Millionen Haushalte verdreifachen (Quelle: Financial Insite). Beim *Telebanking* werden in den skandinavischen Ländern und der Schweiz die höchsten Reichweiten erzielt. Deutschland liegt international gesehen im oberen Mittelfeld noch vor Großbritannien und den USA. In Deutschland benutzen derzeit schon mehr als 80 Prozent der Kunden im Kreditgewerbe das Internet für Überweisungen und Daueraufträge (rund 30 Millionen Online-Konten). Die Weltbank geht davon aus, dass bis zum Jahr 2010 die Mehrzahl der Industrieländer Online-Banking-Raten von 90 Prozent oder darüber haben wird.

Telebanking (engl.: telebanking) ist die elektronische Abwicklung der Bankgeschäfte außerhalb der Geschäftsräume der Bank. Das Spektrum der Bankdienstleistungen, die über Telebanking abgedeckt werden, besteht hauptsächlich aus Informationsdiensten, wie beispielsweise Kontoinformation, Aktien- und Devisenkurse sowie Routinetransaktionen (Überweisungen, Daueraufträge usw.). Komplexe, beratungsintensivere Finanzdienstleistungen werden derzeit noch kaum angeboten.

Telebanking-Benutzer sind einerseits Firmen und andererseits private Kunden (Homebanking). Weltweit sind zahlreiche *Direktbanken* entstanden, die ihre Leistungen ausschließlich über das Internet vertreiben. Auch viele andere Dienstleistungen werden nur noch rein virtuell über das Internet angeboten.

▶ Übungsaufgabe Nr. 1.1.35 im Arbeitsbuch

Lernen

Als Folge der Dynamisierung und Informatisierung der privaten und beruflichen Umwelt gewinnt die *Aus- und Weiterbildung* zunehmend an Bedeutung. Einerseits veraltet vorhandenes Wissen durch den technologischen Wandel und die kürzer werdenden Produktzyklen immer schneller. Andererseits erfordert der immer häufigere Job-Wechsel die Aneignung neuer Kenntnisse und Fertigkeiten. Lebenslanges Lernen ist heutzutage unumgänglich, um mit den steigenden beruflichen und gesellschaftlichen Anforderungen mithalten zu können.

Deshalb spielt bei der Entwicklung der Informationsgesellschaft die *Modernisierung des Bildungssystems* eine entscheidende Rolle. In der Schule sollte allen Schülern ein fundiertes Basiswissen für den verantwortungsvollen Umgang mit moderner Informationstechnik vermittelt werden, das in der Berufsausbildung und an Hochschulen systematisch vertieft und in der Praxis durch Weiterbildungsveranstaltungen laufend ergänzt werden muss.

Die Informationstechnik ist jedoch nicht nur ein wichtiger Gegenstand, sondern auch ein effizientes *Werkzeug* der Aus- und Weiterbildung. Aktuelles Wissen sollte für jeden möglichst einfach und kostengünstig zugänglich sein, zum Beispiel in Form *digitaler Bibliotheken und Informationsdienste,* auf die von überall und zu jeder Zeit zugegriffen werden kann. Durch Videokonferenztechnik können *Lehrvorträge* live oder in Form abrufbarer Konserven weltweit über das Internet übertragen werden. Im asynchronen (nicht gleichzeitigen) Fall ist die Rückkopplung zu

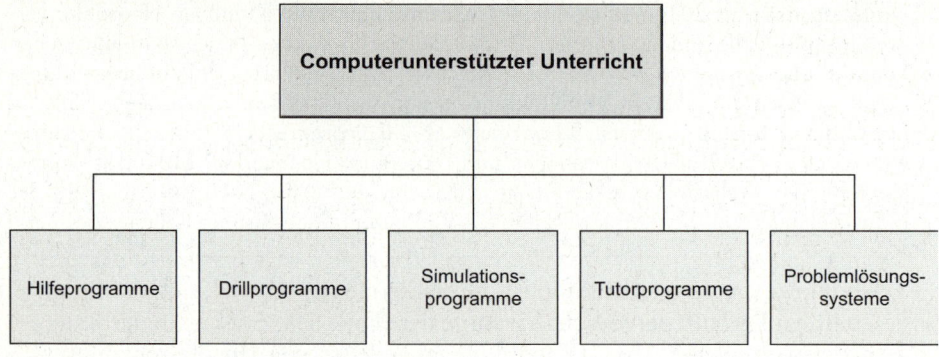

Abb. 1.5.3.1/5: Lernprogramme

den Kursbetreuern meist über E-Mail möglich. Für Länder mit geringer Bevölkerungsdichte, wo Lehrer und Lernende oft Hunderte von Kilometern voneinander entfernt wohnen, sind solche Systeme besonders wertvoll. Durch *Lernprogramme* wird der Lehrstoff im Dialog mit dem Rechner vermittelt.

Computerunterstützter Unterricht (englisch: computer assisted instruction, abgekürzt: CAI; computer based training, abgekürzt: CBT, electronic learning, abgekürzt: E-Learning) erlaubt dem Einzelnen mit Hilfe des Computers ein eigenverantwortliches und selbstorganisiertes Lernen. Lerngeschwindigkeit, Lernzeit und Lernort sind individuell bestimmbar.

Hilfeprogramme beantworten Fragen der Benutzer bezüglich der Bedienung eines Systems. So kann beispielsweise durch multimediale Unterweisung für weniger lese- und schreibgeübte Menschen wesentlich leichter Wissen über die Bedienung von Maschinen vermittelt werden, als durch komplizierte Anleitungstexte. Denken Sie nur an das Programmieren von Videorecordern! Ebenso beinhalten moderne Computerprogramme meist umfangreiche Erklärungen und Hilfen, die bei Unklarheiten online konsultiert werden können und das mühsame Nachschlagen in Handbüchern ersparen.

Drillprogramme, etwa zum Schreibmaschinenschreiben oder für das Vokabeltraining, erleichtern das „Büffeln" von Faktenwissen. Dabei wird das vom Benutzer erlernte Wissen mit Hilfe von Fragen vom System eingeübt. Werden einzelne Fragen nicht richtig beantwortet, wird meist eine Hilfestellung gegeben; nach mehreren falschen Antworten wird die Musterlösung angezeigt. Solche Programme sind dort sinnvoll einsetzbar, wo Faktenwissen zu vermitteln ist oder wo zweckmäßiges Verhalten nur unter sehr großem finanziellen und personellen Aufwand real zu trainieren wäre. Beispielsweise gibt es für Behinderte spezielle Hilfen, die mittels Selbststudium die Überwindung der jeweiligen Gebrechen erlauben und erst so in vielen Fällen eine Berufsausbildung und Weiterbildung ermöglichen.

Simulationsprogramme ermöglichen dem Lernenden Einsicht in Wirkungszusammenhänge der realen Welt. Sie bilden reale Sachverhalte und Vorgänge in Modellen ab, deren Parameter vom Benutzer geändert und hinsichtlich der Ergebnisse beobachtet werden können. Zum Beispiel können Sie mit einem Flugsimulator gefahrlos ausprobieren, wie Sie am besten einen Airbus im Flughafen von Hongkong landen. Für Sie ist das ein Spiel – tatsächlich sind diese Spiele aber von den Trainingsprogrammen für Flugschüler abgeleitet worden. Durch Unternehmensplanspiele lernen Studierendenteams in Abhängigkeit von der jeweiligen Bedingungslage und dem Verhalten der Konkurrenten zweckmäßige Entscheidungen zu treffen. Hier dient wie bei vielen anderen Lernspielen eine wettkampfähnliche Situation zur Motivation (unterhaltendes Lernen). Große, komplexe Standardprogrammsysteme bieten oft zu Simulationszwecken eine einfachere Variante („Übungsfirma") an, um bei den Benutzern ein grundlegendes Verständnis für die Programmstruktur zu wecken und diese mittels Testdaten in der Handhabung zu schulen.

Tutorprogramme bieten didaktisch aufbereiteten Stoff nach dem Muster eines Lehrbuches, der entweder benutzergesteuert oder systemgesteuert erlernt wird. Bei einem *passiven* System bestimmt der Benutzer selbst die Auswahl der angebotenen Lehrinhalte. Bei einem *aktiven* System entscheidet das Programm aufgrund des anfänglich eingeschlagenen Weges und an Hand von Testfragen, wie der weitere Lernweg aussehen soll. Bei einem *intelligenten* System wird das Verhalten des Benutzers beobachtet und danach die Steuerung des Lernweges bestimmt.

Bei *Problemlösungssystemen* bearbeitet der Lernende schrittweise ein vorgegebenes, didaktisch aufbereitetes Problem, ohne dass es hierfür notwendigerweise „vorgefertigte" Lösungswege gibt. Die Lösung hat er durch eine systematische Vorgehensweise selbst zu finden. Das System bietet hierzu Informationsquellen und eventuell auch Werkzeuge. Ein realer Lehrer muss den Lernprozess begleiten und bei Bedarf Hilfestellung bieten. Durch das Internet mit seiner enormen Informationsfülle werden solche Problemlösungen wesentlich unterstützt. Netzbasiertes Lernen verbindet auch stärker als bisher berufliche Erstausbildung und spätere Weiterbildung.

Der weltweite Umsatz des *Marktes für E-Learning* wird von NFO Infratest für das Jahr 2004 auf ungefähr 25 Milliarden Euro geschätzt. Das deutsche E-Learning-Marktvolumen wird von IDC im selben Jahr mit 280 Millionen Euro angegeben. Darin sind Ausgaben für Infrastruktur, Hardware, Software sowie Aufwendungen für die elektronische Zurverfügungstellung von Lehr- und Lerninhalten enthalten. Weltweit gibt es etwa 5.000 Anbieter von E-Learning-Dienstleistungen, von denen keiner einen Marktanteil von mehr als fünf Prozent hat. Die wichtigsten Anwender sind Banken, Weiterbildungsstätten und IT-Unternehmen.

▶ Übungsaufgabe Nr. 1.1.36 im Arbeitsbuch

Freizeit

Die Informationstechnik dringt zunehmend auch in den *Freizeitbereich* vor. Nahezu unbemerkt bleiben die Chips, die vom Fotoapparat bis zur Waschmaschine den Benutzern die Bedienung erleichtern und ihnen helfen, bessere Fotos zu machen oder Strom und Wasser zu sparen. Vom Gesamtabsatz der Mikroelektronik entfallen 20 Prozent auf die Konsumelektronik. Handys sind allgegenwärtig. In den hoch entwickelten Industriestaaten (wie Deutschland, Österreich und Schweiz) haben ungefähr 95 Prozent aller Haushalte ein oder mehrere Farbfernsehgeräte und 90 Prozent einen Telefonanschluss. Seit Anfang der 1990er Jahre gibt es einen Heimcomputerboom: Jeder zweite oder dritte Haushalt in den EU-Ländern besitzt inzwischen einen PC. Über die Hälfte dieser Heim-PCs sind mit einem Internet-Anschluss versehen.

Nicht an das Internet angeschlossene PCs werden in Privathaushalten hauptsächlich als „Schreibmaschine" und als „Spielgerät" eingesetzt. Von den *PC-Benutzern mit Internet-Anschluss* verwenden drei Viertel regelmäßig E-Mail, ansonsten geht es vor allem um die Informationssuche. Bei den zielgerichteten Informationsabrufen dominieren Reisen, Fort- und Weiterbildung, Veranstaltungshinweise, aktuelle Nachrichten zu Politik und Wirtschaft, Angebote an PKW, Stellenanzeigen, Sportnachrichten und Verkehrsinformation (Nennung nach Nutzungshäufigkeit in Deutschland, Quelle: ACTA 2003).

73	E-Mail
52	Zielgerichtete Suche nach Angeboten
51	Surfen (ziellose Informationssuche)
32	Homebanking
29	Download von Dateien
18	Teilnahme an Gesprächsforen/Chats
17	Audiodateien anhören
16	Onlineauktionen
11	Computerspiele im Internet
10	Videos im Internet
8	Onlineshopping
7	Internetradio hören

Angaben in Prozent

Abb. 1.5.3.1/6: Nutzung (mindestens einmal wöchentlich) von Internet-Anwendungen in Deutschland (Quelle: ARD/ZDF-Online-Studie 2003)

In absehbarer Zukunft wird vom *digitalen Fernsehen* eine „Revolution" des TV-Konsums erwartet. Die Digitalisierung ermöglicht eine Kompression der übertragenen Information um das Acht- bis Zehnfache bei vergleichbarer Qualität. Anstatt den früheren und auch heute noch in manchen Netzen angebotenen 40 bis 50 analogen TV-Kanälen kann es also 300 bis 500 digitale TV-Kanäle geben. Neben den zunehmend differenzierten Fernsehprogrammen (Spartenkanäle) können damit alle möglichen multimedialen Dienste angeboten werden – in weitaus höherer Übertragungsleistung (2 – 4 Mbit/s) und Übertragungsqualität als in den bisher üblichen Netzen. Parallel dazu soll sich die *Interaktivität* des Fernsehens entwickeln.

Beim **Interaktiven Fernsehen** (engl.: interactive television; abgekürzt: **ITV**) soll das Fernsehprogramm gemäß der individuellen Anforderung durch einen Empfänger vom Sender beziehungsweise einem zwischenspeichernden Netzknoten (Videoserver) über ein Hochleistungsnetz in digitaler und komprimierter Form übertragen werden. An der Empfangsstelle erfolgt durch einen Decoder in Realzeit eine Aufbereitung des Fernsehsignals für das herkömmliche Fernsehgerät.

Der *Decoder* ist ein Vorschaltgerät (engl.: set-top box), das den Fernseher (mit analogem Empfangsteil) für das digitale interaktive Fernsehen tauglich macht. Über dieses Gerät läuft die Datenkommunikation mit dem (Server des) Programmanbieter(s). Der TV-Zuschauer soll über die mit der Set-top-Box verbundene Fernbedienung ähnlich wie bei einem Videorecorder Programme auswählen und steuern können. Zusätzlich können Auswahlentscheidungen und Bestellungen in unmittelbarer Reaktion auf das aktuelle Programm durchgeführt werden. Technisch gesehen ist die Set-top-Box ein spezialisierter Rechner, der meist mit einem RISC-Prozessor zur Steuerung der Box und mit Signalprozessoren zur Dekomprimierung und Umwandlung digitaler in analoge Video- und Audiodaten in Realzeit, sowie einer Grafikkomponente zur schnellen Darstellung von Animationen und Manipulation von Rasterbildelementen ausge-

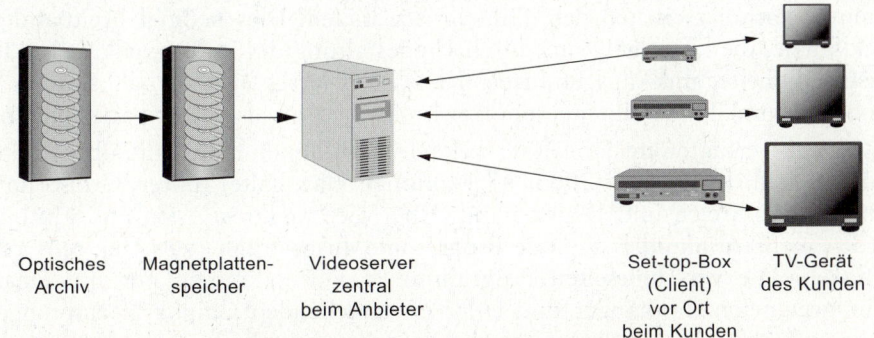

Optisches   Magnetplatten-   Videoserver   Set-top-Box   TV-Gerät
Archiv   speicher   zentral   (Client)   des Kunden
                                  beim Anbieter   vor Ort
                                                           beim Kunden

Abb. 1.5.3.1/7: Technische Komponenten eines ITV-Systems

Bitte wählen Sie ...

1. **Programmführer/Verzeichnisse**
2. **Laufende und frühere TV-Sendungen**
3. **Filme und Musikvideos**
4. **Spiele**
5. **Lokale Neuigkeiten**
6. **Einkaufen**
7. **Finanzdienstleistungen**
8. **Ausbildung**
9. **Branchenadressbuch/Anzeigen**
10. **Videotelefonie/Internet-Zugang**

Abb. 1.5.3.1/8: Interaktive Fernsehdienste

stattet ist. Über Standardschnittstellen sind Peripheriegeräte wie ein DVD-Laufwerk, weitere Massenspeicher, Drucker oder eine Steuerkonsole für Videospiele anschließbar.

Fortgeschrittenes Interaktives Fernsehen soll zudem hochwertige Dienste wie komfortable Programmführer, Zusatzdienste mit ergänzender Information beispielsweise bei Sportübertragungen, Super-TV-Text, interaktive Spielshows und Videospiele mit entfernten Mitspielern, Großbild-Videokonferenzen, virtuelle Klassenzimmer, neue Formen der interaktiven Werbung und des Online-Shopping sowie eine Vielzahl weiterer Anwendungen mit multimedialer Zwei-Weg-Kommunikation zwischen den Teilnehmern bieten. Dies bedingt breitbandige · Rückkanäle, die kurzfristig nur durch Umgestaltung des in Koaxialkabel- oder Glasfaserkabeltechnik ausgeführten Kabel-TV-Netzes realisierbar sind. TV-Rundfunk- und TV-Satellitenempfänger können daran also nicht partizipieren.

Weltweit verfügten im Jahr 2003 zirka 140 Millionen Haushalte über digitales Fernsehen. In Europa (2003: 43 Millionen Haushalte) führen Großbritannien vor Frankreich und Deutschland. Über die Satelliten Astra und Hotbird werden mehrere Hundert digitale Programme ausgestrahlt, teils frei, teils verschlüsselt. Die verschlüsselten Programme (Pay-TV) können nur mit einem dafür geeigneten Empfänger und einer entsprechenden Chipkarte empfangen werden. Auch viele Kabelbetreiber haben inzwischen die Voraussetzungen für das digitale Fernsehen geschaffen. Die terrestrische Ausstrahlung für den Emp-

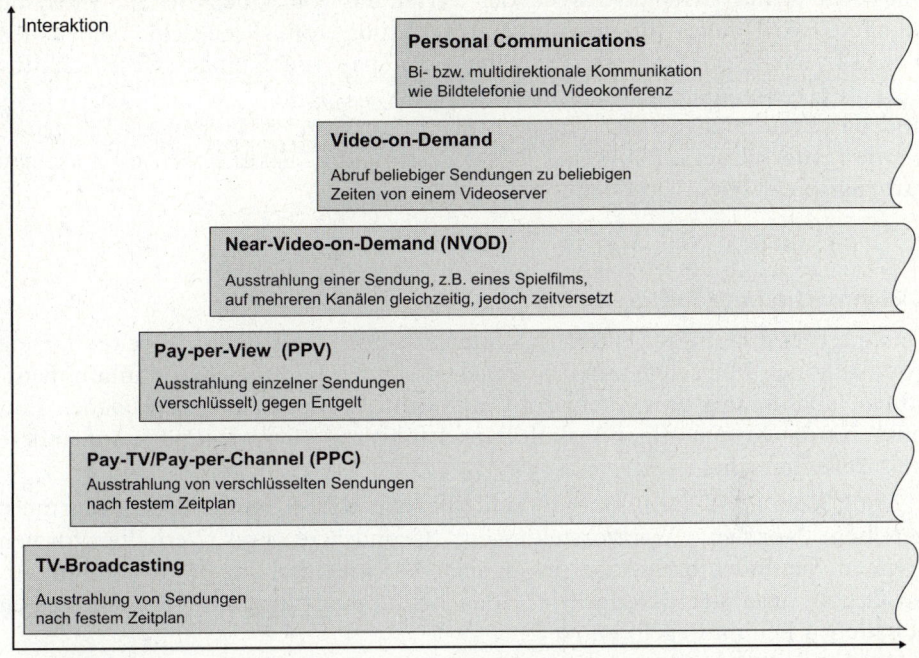

Abb. 1.5.3.1/9: Entwicklungsstufen des Interaktiven Fernsehens

fang über die Hausantenne wird in Pilotprojekten erprobt, in Deutschland zum Beispiel in Berlin und Brandenburg. In *Deutschland* soll bis 2010 komplett auf digitales Fernsehen umgestellt werden.

Mit einer breiten Nutzung des *Interaktiven Fernsehens* wird erst Ende des Jahrzehnts gerechnet. Wesentliche Hindernisse waren bisher die nicht rückkanalfähig ausgebauten Kabelnetze, verschiedene Verschlüsselungssysteme und unzureichend ausgestattete Set-top-Boxen.

Der in Deutschland und Österreich führende Pay-TV-Anbieter *Premiere World* (2,9 Millionen Abonnenten) verkauft seine Abonnements mit einer Set-top-Box (dBox), die ausschließlich das von ihm verwendete Verschlüsselungssystem Nagravision (bis 2003 Betacrypt) beherrscht. In der Schweiz und Frankreich werden hingegen Viaccess, in Italien und Spanien Seca benutzt. 2000/01 haben sich namhafte europäische Hardwarehersteller und Fernsehanstalten (darunter ARD, ZDF, RTL, Premiere) auf einen gemeinsamen offenen Standard (Multimedia Home Platform, abgekürzt: MHP) geeinigt, der gute Voraussetzungen für interaktive TV-Anwendungen bietet. Die Verbreitung ist jedoch bisher schleppend. Der finanziell angeschlagene Marktführer Premiere hat mitgeteilt, dass bis auf weiteres nicht in die Umsetzung von MHP investiert wird.

Langfristig wird digitales Fernsehen für Informationsanbieter und Benutzer ein integrierter, multimedialer Online-Dienst wie jeder andere sein. Der heute im Vordergrund stehende Zweck der Verteilung von Videos (engl.: video on demand) wird dann nur noch eine Anwendung von vielen sein. Neben den Kabel-TV-Netzbetreibern werden früher oder später auch andere Gesellschaften über ihre Netze allgemein zugängliche ITV-Systeme anbieten. UMTS, WLAN und das Breitband-Internet kommen als Trägernetze in Frage. Als Endgeräte werden Smartphones, PDAs und PCs genauso gut geeignet sein wie Fernsehgeräte mit integriertem Decoder.

▶ Übungsaufgabe Nr. 1.1.37 im Arbeitsbuch

Gleichmachen der Kulturen

Das Internet erlaubt auf einfache, kostengünstige Weise den weltweiten Dialog von Millionen Menschen unterschiedlicher Länder, Bildungs- und Einkommensstufen, unabhängig von Alter und Geschlecht. Das hat einen erheblichen Einfluss auf die Kommunikationskultur und führt zu Rückwirkungen auf andere kulturelle Bereiche.

Mit *„Kommunikationskultur"* sind die von den Kommunikationspartnern geteilten Normen, Wertvorstellungen, Grundsätze und Verhaltensformen gemeint. Sie findet ihren Ausdruck in einer Vereinheitlichung des Kommunikationsjargons und der „Netiquette", das heißt, den allgemein für angemessen gehaltenen Benimmregeln im Netz.

Rund die Hälfte der weltweit *im World Wide Web angebotenen Seiten ist in Englisch* abgefasst. 35,6 Prozent der Internet-Benutzer sprechen Englisch als Muttersprache (Quelle: Global Reach, 2003). Es folgen Chinesisch (12,2 Prozent), Japanisch (9,5 Prozent), Spanisch (9,5 Prozent), Deutsch (7,0 Prozent), Koreanisch (4,0 Prozent), Französisch (3,7 Prozent) und Italienisch (3,3 Prozent). Chinesisch und Spanisch nehmen am stärksten zu. Die künftige Verbreitung von Sprachen im Internet hängt nicht nur von den Sprachanteilen und der Internet-Penetration in der Weltbevölkerung ab, sondern auch von der Bedeutung als Verkehrssprachen (Zweitsprachen).

Wenn Personen unterschiedlicher Muttersprache im Internet miteinander kommunizieren, geschieht dies meist auf Englisch. Der weltweit akzeptierte, englischsprachige *Kommunikationsstil* weicht wesentlich von dem anderer Medien ab. Ein Chinese benutzt ihn ebenso wie ein Brasilianer oder ein Österreicher. Die *Netiquette* kann zwischen verschiedenen Teilsystemen (Teilnehmergruppen) stark variieren. Ein besonders kritischer Punkt ist die unerwünschte Werbung (engl.: spam). Die Anpassung an die jeweils vorherrschende Kultur wird unter Umständen durch rüde Maßnahmen erzwungen. Wir kommen auf „gutes Benehmen" und „Flames" bei der Behandlung von E-Mail, Chat und Diskussionsforen im dritten Kapitel zurück.

In weniger entwickelten Ländern fehlt die notwendige technische Infrastruktur zur verbreiteten Nutzung moderner Kommunikationssysteme. Aber auch in hoch entwickelten Ländern sind bestimmte Gruppen in der Nutzung benachteiligt.

Während beispielsweise in den USA die Mehrheit der *Internet-Benutzer Frauen* sind (52 Prozent), liegt die Zahl in Europa deutlich niedriger (42 Prozent) und variiert von Land zu Land. Deutsche Frauen (39 Prozent) und Italienerinnen (36 Prozent) bilden in Industrieländern die Schlusslichter (Quelle: Nielsen/NetRatings 2003). Dieses Geschlechterungleichgewicht ist auch kommerziell relevant, weil weibliche Internet-Benutzer bei manchen Warengruppen (beispielsweise Kleidung, Kosmetik, Schmuck, Sportartikel) eher potentielle Teleshopper sind als Männer. Auch ältere, weniger gebildete und einkommensschwächere Menschen sind in der Minderzahl, das heißt, nicht entsprechend ihrem Anteil an der Gesamtbevölkerung im Internet vertreten. Je höher die Internet-Nutzungsdichte in einem Land wird, desto mehr gleicht sich die Internet-Benutzer-Demographie an die Gesamtbevölkerung an. In *Nordamerika* sind nur noch Unterschiede im Hinblick auf die ethnische Herkunft und das Einkommen festzustellen.

Die *Demokratisierung der Kommunikation* zielt auf die Gleichbehandlung aller Kommunikationspartner beziehungsweise das Vermeiden einer Informationsdiskriminierung.

Eine Vielzahl von Studien setzt sich zum *Beispiel* mit den Auswirkungen computergestützter Kommunikation auf die Interaktion zwischen den Geschlechtern auseinander. Bei der konventionellen *Face-to-face*-Kommunikation zwischen Männern und Frauen ist demnach zu beobachten, dass Diskussionen tendenziell von Männern dominiert werden, was im Umfang des Gesagten und einer rhetorischen Einschüchterung des weiblichen Gesprächspartners zum Ausdruck kommen kann. Es wird argumentiert, dass dies zu einer gewissen Zensur führe, womit die Bedingungen für eine demokratische Form der Diskussion nicht erfüllt seien.

Die Forderung nach einer Demokratisierung der computergestützten Kommunikation baut deshalb auf zwei wesentlichen Voraussetzungen auf:

- Es muss eine *Trennung in Informationsvermögende und Informationshabenichtse verhindert* werden. Durch Schul-, Hochschul- und Stadtnetze, öffentliche Terminals usw. sollte eine Vielzahl von Personen zu nur geringen oder gar keinen Kosten *Zugang* zu elektronischen Netzen haben. Dadurch besteht (theoretisch) für jeden die Möglichkeit, auf dieselbe Information zuzugreifen.
- Die *Übermittlung der Kommunikationsinhalte sollte unabhängig vom Geschlecht, der sozialen Stellung und der kulturellen Herkunft* erfolgen können. Einerseits muss die Identität der Gesprächspartner nicht unbedingt bekannt sein; speziell im Fall der Nutzung von Benutzerkennungen, die keinen Rückschluss auf den Namen oder das Geschlecht zulassen. Andererseits können bei einer Kommunikation per E-Mail Nachteile ausgeglichen werden, die sich aus dem Auftreten, dem Akzent, der Stimme oder dem Erscheinungsbild ergeben könnten.

Ökologie

Die bisher üblichen Formen der Arbeits- und Handelsbeziehungen waren ohne die Nutzung physischer Transportmittel nicht möglich und brachten eine entsprechend starke Verkehrsbelastung mit sich. Die Schäden an unserer Umwelt sind nicht zu übersehen.

Die Telekommunikation bietet die Chance, Zusammenarbeit verteilt und ortsunabhängig mit weniger Umweltbelastung durchzuführen. Möglichkeiten der Substitution physischen Verkehrs gibt es in folgenden Bereichen:

- Vermeidung von Berufsverkehr durch *Telearbeit*;
- Vermeidung von Geschäfts- und Dienstreiseverkehr durch Einsatz von *Bildtelefon* beziehungsweise *Videokonferenzen*;

– Vermeidung von Einkaufsverkehr durch *Teleshopping* und

– Vermeidung von Ausbildungsverkehr durch *Teleunterricht*.

Eine Vielzahl von Pilotprojekten hat zwar dazu beigetragen, Erfahrungen über die Anwendung der Telekommunikation zur Substitution physischen Verkehrs zu sammeln, empirisch gesicherte Angaben dazu liegen bisher allerdings nur sehr lückenhaft vor.

Ein wichtiger Bereich, der in diesem Einführungsbuch leider in der Folge nicht mehr vertieft werden kann, ist die Unterstützung einer umweltgerechten Betriebspolitik durch Umweltinformationssysteme.

Ein **Umweltinformationssystem** (engl.: environmental information system) dient zur Erfassung, Speicherung, Transformation und Übertragung von Umweltdaten. Ziel ist es, die Auswirkungen menschlicher Eingriffe (Schadstoffemission usw.) oder natürlicher Ereignisse (Lawinen, Überschwemmungen, Erdbeben usw.) auf die Umwelt zu messen, zu analysieren und zu kontrollieren sowie durch den Einsatz von Modellen geeignete Schutzmaßnahmen zu planen.

Ausgangspunkt sind vor allem *gesetzliche Umweltschutzbestimmungen*. Zudem liefern betriebliche Umweltinformationssysteme die Grundlage für das *Öko-Controlling* (Öko-Bilanzen); das heißt, sie unterstützen die Führungskräfte bei der Bewertung ökologischer Aspekte von Entscheidungen und der damit verbundenen Chancen und Risiken. *Überbetriebliche Umweltschutzinformationssysteme* entstehen durch die gemeinsame Nutzung von Datenbanken (etwa über Gefahrstoffe, Emissionsminderungstechniken usw.) oder den elektronischen Datenaustausch bei Störfällen. Ferner werden solche übergreifenden Systeme von Umweltbehörden zur flächendeckenden Überwachung der Luft-, Wasser- und Bodenqualität betrieben.

▶ Übungsaufgabe Nr. 1.1.38 im Arbeitsbuch

1.5.3.2 Technologiepolitik

Staatliche Förderungsprogramme zum Ausbau der Informationstechnik, die den Weg von der Industrie- zur Informationsgesellschaft ebnen und so Wachstum, Beschäftigung, Aufhebung von Benachteiligungen und mehr Demokratie schaffen sollten, gibt es bereits seit 30 Jahren. In den 1970er und 1980er Jahren war die staatliche Förderung der Informationstechnik Gegenstand heftiger gesellschaftlicher Auseinandersetzungen. Visionen von der Informationsgesellschaft haben Gegenvisionen, beispielsweise vom totalitären Überwachungsstaat, hervorgerufen (es sei hier nur an George Orwells Buch „1984" erinnert).

Eine erste umfassende Reaktion auf die durch die Nutzung der Informationstechnik veränderten gesellschaftlichen Bedingungen stellten die *Datenschutzgesetze* in den verschiedenen Staaten dar. Angesichts der Fähigkeit von Rechnern, große Datenmengen schnell zu verarbeiten und zu übermitteln, besteht die Gefahr, dass zum Beispiel so sensible Information wie Gesundheitsdaten oder Angaben über die Einkommens- und Vermögensverhältnisse Unbefugten überlassen werden. Geschieht dies, dann sind Selbstbestimmungsrecht und persönliche Integrität angetastet. Datenschutzgesetze haben vordringlich die Aufgabe, die Privatsphäre vor dem Datenmissbrauch durch Dritte zu schützen. Der Schutz erstreckt sich auf die Speicherung, Übermittlung, Veränderung und Löschung von personenbezogenen Daten und normiert besondere Rechte des Einzelnen gegenüber Eingriffen in seine Privatsphäre. Hierzu gehören die Rechte auf Auskunftserteilung, Berichtigung und Löschung falscher oder unberechtigt verarbeiteter Daten. Der Schutz personenbezogener Daten geht dabei stets mit Maßnahmen einher, die zur Sicherung der Datenbestände und der Programme (Datensicherheit) zu ergreifen sind.

Solche in Mittel- und Nordeuropa seit Jahrzehnten üblichen Datenschutzrechte sind jedoch keineswegs eine weltweite Selbstverständlichkeit. Beispielsweise ist in den meisten *US-amerikanischen Bundesstaaten* vieles erlaubt, was hierzulande verboten ist (etwa Verkauf von Kundendaten usw.). Als Folge des 11. September 2001 wurde in den USA durch den so genannten „*Patriot Act*" ein Gesetz eingeführt, das es unter anderem den Behörden erlaubt, auch ohne Tatverdacht und ohne Information der Betroffenen den Telefon- und Internetverkehr sowie die Benutzung von Bibliotheken zu überwachen. Mit dem „*Total Information Awareness*"-System will die Regierung außerdem in einer Datenbank medizinische, finanzielle, steuerliche und andere Aufzeichnungen von Bürgern speichern, um – so die Hoffnung – Terroristen vor ihren Angriffen anhand typischer Muster aufspüren zu können. Nachdem der US-Kongress dem Vorhaben wegen Datenschutzbedenken die Unterstützung verweigerte, wurde von der Regierung ein zweiter Versuch unter dem Namen „Terrorism Information Awareness (TIA)" gestartet. „Im Kampf gegen die „Achse des Bösen" sucht die Bush-Administration nach Hegemonie auf allen Ebenen. Zunehmend werden nationale Gesetzgebungen ausgehebelt, indem die Vereinigten Staaten versuchen, die übrige Welt ihrem Rechtssystem zu unterwerfen. Jüngstes Beispiel: Die Vereinigten Staaten verlangen ab 5. März 2003 von allen Fluggesellschaften die Herausgabe von personenbezogenen Daten ihrer Passagiere, von Religion und Essgewohnheiten bis hin zur Kreditkartennummer. Das ist nicht nur aufgrund der Sensibilität der Daten brisant, sondern vor allem angesichts der Art und Weise, wie dieses Datenbedürfnis international durchgesetzt wird. Die US-Behörden verlangen in einem Gesetz von den Fluglinien, dass ihnen die Daten aller Passagiere im Voraus übermittelt werden. Bei Zuwiderhandeln drohen Strafen, die bis zum Entzug der Landerechte reichen." (Der Eidgenössische Datenschutzbeauftragte in seinem Tätigkeitsbericht 2002/2003)

▶ Übungsaufgabe Nr. 1.1.39 im Arbeitsbuch

Weil eine starke Computerindustrie als wesentlich für die Unabhängigkeit von den dominierenden USA und für die strategische Position auf dem Weltmarkt angesehen wurde, förderten *in den 1970er und 1980er Jahren* fast alle großen europäischen Industriestaaten und Japan massiv die heimischen Hersteller. Es flossen *Milliardensubventionen* und Behörden wurden oftmals gezwungen, nur die im eigenen Land hergestellten Systeme zu verwenden.

Diese *nationale IT-Subventions- und Protektionspolitik* ist in Europa überall *gescheitert.* Seinerzeit geförderte Großrechnerhersteller wie Bull (Frankreich), ICL (Großbritannien), Olivetti (Italien) und Siemens (Deutschland) haben zwar auf ihren Heimmärkten Marktanteile von 20 – 30 Prozent erreicht, blieben aber international bedeutungslos.

Beispielsweise kommt in *Deutschland* dieses Scheitern darin zum Ausdruck, dass *unter den 100 weltweit größten Hardwareherstellern heute kein einziges rein deutsches Unternehmen* mehr zu finden ist. Zahlreiche deutsche Computerhersteller waren in den letzten Jahrzehnten dem Wettbewerbsdruck nicht mehr gewachsen und haben die Produktion eingestellt, haben fusioniert beziehungsweise wurden von größeren Herstellern übernommen. Es führen die US-amerikanischen und japanischen Konzerne.

In den 1990er Jahren wurde deshalb von direkten staatlichen Subventionen für die informationstechnische Industrie zu Gunsten verstärkter *Investitionen in die Infrastruktur* und einer *Liberalisierung der Märkte* abgegangen. In allen EU-Ländern hat die von der Europäischen Kommission erzwungene *Öffnung der Telekommunikationsmärkte* zu einer drastischen Preissenkung und damit zu einer wirksamen Steigerung der Wettbewerbsfähigkeit der Wirtschaft geführt. *Verstöße gegen das europäische Wettbewerbsrecht,* etwa durch Subventionen der Länder zur Ansiedelung von IT-Fertigungsstätten oder durch den Missbrauch von Marktmacht durch beherrschende IT-Unternehmen, werden von der EU-Kommission mit *Auflagen* und *Geldbußen* in teils beträchtlicher Höhe geahndet.

Zum *Beispiel* hat die *EU-Kommission* im Jahr 2004 „nach gewissenhaften und umfangreichen Nachforschungen" aufgrund von drei Beschwerden von Konkurrenten das US-amerikanische Softwareunternehmen *Microsoft* wegen *Missbrauchs seines Quasimonopols bei PC-Betriebssystemen mit einer Geldbuße von 497,2 Millionen Euro und Produktauflagen* bestraft. Microsoft habe die Kommunikationsfähigkeit zwischen dem Windows-Betriebssystem für PCs und nicht von Microsoft stammenden Arbeitsgruppenservern bewusst eingeschränkt. Außerdem habe das Unternehmen seinen Windows Media Player, der nicht konkurrenzlos sei, an Windows gekoppelt. Dadurch werde die Innovationsbereitschaft gebremst und der Wettbewerb eingeschränkt. Die Nachfrager fänden deshalb weniger Auswahl vor und hätten höhere Preise zu zahlen. Die verfügten Produktauflagen beinhalten, dass Microsoft innerhalb kurzer Frist die vollständigen und genauen Schnittstellenspezifikationen für die genannte Client-Server-Kommunikation offen zu legen hat und Herstellern und Endbenutzern die Möglichkeit zu geben hat, Windows auch ohne den Windows Media Player zu erwerben. Microsoft hat gegen diese Entscheidung beim Europäischen Gerichtshof geklagt; das Verfahren wird sich voraussichtlich einige Jahre hinziehen.

Finanziell unterstützt werden seitens der EU nur noch Forschungs-, Entwicklungs- und Ausbildungsprojekte, die zur *Entwicklung einer benutzerfreundlichen Informationsgesellschaft* beitragen. Die potenziellen Nutzen der Informationstechnik sollen damit gleichermaßen dem einzelnen Bürger und – vor allem – kleinen und mittleren Unternehmen erschlossen werden.

Im Rahmen des *sechsten europäischen Forschungsrahmenprogramms* fördert die *EU* mit 3,6 Milliarden Euro von 2002 – 2006 *„Technologien für die Informationsgesellschaft (IST)"*, die Lösungen in Bereichen wie Gesundheitsfürsorge, Umwelt, Sicherheit, Mobilität und Beschäftigung bieten. Vision ist eine „intelligente Umgebung" (engl.: ambient intelligence), die für jedermann immer und überall einen einfachen Zugang zu IT-Diensten erlaubt. Zum einen werden Dienste, Anwendungen und Inhalte gefördert, zum anderen wird die Entwicklung einer sicheren Infrastruktur unterstützt. Beispielsweise soll mit dem Aktionsplan *eEurope* 2005 die Breitbandnutzung in Europa angeregt werden.

Mit dem europäischen Projekt *Galileo* soll ein *Satellitennavigationssystem* entwickelt werden, das dem amerikanischen Global Positioning System (GPS) überlegen ist. Das System soll unter ziviler Kontrolle stehen und spezielle Services anbieten, die etwa für sicherheitskritische Anwendungen sowohl die Verfügbarkeit als auch die Integrität des Satellitensignals garantieren. Galileo sieht ein Netz von 30 Satelliten vor, mit dem im Gegensatz zu GPS auch die nördlichen Regionen Europas optimal abgedeckt werden können und das eine höhere Genauigkeit der Positionsbestimmung von etwa vier Meter horizontal und 7,7 Meter in der Höhe erlauben soll. Nicht nur der einzelne Benutzer soll von Galileo profitieren, auch die volkswirtschaftlichen Konsequenzen sind enorm. Allein der Arbeitsmarkt wird im Umfeld von Galileo um rund 100.000 Arbeitsplätze bereichert werden. Vorteile von der genaueren Positionsbestimmung versprechen sich vor allem Transportbetriebe, Energiewirtschaft, Banken und Versicherungen, Landwirtschaft und Fischerei sowie Krisen- und Katastrophenmanagement. Im Privatsektor ist Galileo Türöffner für *ortsabhängige Dienste* (engl.: location-based service), bei denen das Informationsangebot auf den jeweiligen Ort abgestimmt wird.

Europa strebt mit diesem Vorhaben in der Satellitennavigation eine technologische Unabhängigkeit an, die es in den Bereichen der Raum- und Luftfahrt mit Ariane und Airbus bereits erreicht hat. Die USA sehen das Galileo-Projekt mit großem Misstrauen. GPS steht unter direkter Kontrolle der US-Militärs, die im Krisenfall jederzeit die Signalqualität selektiv (auf bestimmte Gebiete beschränkt) verschlechtern und Fehlinformation liefern, aber selbst über ein zusätzliches, verschlüsseltes Signal weiterhin genaue Standortbestimmungen vornehmen könnten – ein Vorteil, der mit der geplanten Inbetriebnahme von Galileo im Jahr 2009 entfallen wird.

Die IT-Förderungsmaßnahmen der meisten EU-Staats- und Landesregierungen haben ähnliche Prioritäten wie die EU-Rahmenprogramme. Allerdings werden diese immer wieder durch aktuelle, nationale und regionale Probleme ergänzt und überlagert.

Die *deutsche Bundesregierung* verfolgt ein *„Aktionsprogramm Informationsgesellschaft 2006"*, mit dem die Entwicklung und Nutzung innovativer Dienste im öffentlichen und privaten Bereich und der Übergang zur mobilen Informationsgesellschaft forciert werden soll. Für die Bereiche Digitale Wirtschaft, Forschung und Technologieentwicklung, Bildung, E-Government, eCard-Initiative/digitale Signaturen, E-Health und IT-Sicherheit wurden konkrete Vorhaben formuliert. Dabei handelt es sich im Wesentlichen um eine Auflistung bereits laufender Projekte. Zusätzliche Budgetmittel sind nicht vorgesehen. Im Bereich *Digitale Wirtschaft* werden folgende *Ziele* angestrebt:

• Internetnutzung: Steigerung auf 75 Prozent der Bevölkerung bei weiterer Steigerung des Anteils der Frauen	Bis 2005
• Zirka 7 Millionen Breitbandanschlüsse	Bis 2004
• Über 20 Millionen Breitbandanschlüsse (> 50 Prozent aller Haushalte)	Bis 2010
• GSM/GPRS: 65 Millionen Teilnehmer (> 80 Prozent der Bevölkerung)	Bis 2004
• UMTS: Ausbau der Netzversorgung auf 50 Prozent	Bis 2005
• TV: Vollständige Digitalisierung der Rundfunkübertragung über Antenne, Kabel und Satellit	Bis 2010
• Hörfunk: Vollständige Digitalisierung der Rundfunkübertragung über Antenne, Kabel und Satellit	Bis 2010
• Umfassende E-Business-Nutzung durch 40 Prozent der kleinen und mittleren Unternehmen (KMU)	Bis 2008
• Novellierung des Telekommunikationsgesetzes (TKG)	Bis 2004
• Vereinfachung der Medienordnung	Bis 2004
• Modernisierung des Urheberrechts	Bis 2006

▶ Übungsaufgabe Nr. 1.1.40 im Arbeitsbuch

2 Planung, Entwicklung und Betrieb von Informationssystemen

Lehrziele

Nach der Durcharbeitung dieses Kapitels sollten Sie

- die grundsätzlichen Aufgaben des IS-Managements, der IS-Planung und der IS-Entwicklung verstehen,
- die Phasen der Systementwicklung aus organisatorischer und technischer Sicht abgrenzen und erklären können,
- die Bedeutung von Softwarekomponenten und die Integrationsmöglichkeiten von Altsystemen verstehen können,
- die grundlegenden Ansätze, Schichtenbildungen und Aspekte der Informationssystemmodellierung nachvollziehen können,
- die Bedeutung der Geschäftsprozessmodellierung für die Abwicklung von IS-Projekten abschätzen können,
- einfache Daten- und Funktionsmodelle für betriebliche Informationssysteme erstellen können,
- die wichtigsten Diagrammtypen von UML abgrenzen und verstehen können,
- den Ablauf von IS-Entwicklungsprozessen beschreiben können,
- Struktur und Inhalt der wichtigsten Vorgehensmodelle für die IS-Entwicklung erklären können,
- die unterschiedlichen Aspekte des Requirements-Engineering sowie die Sichten der beteiligten Personenkreise wiedergeben können,
- die wichtigsten Aufgaben für den laufenden Betrieb von Informationssystemen benennen können,
- die sicherheitstechnischen Grundlagen von Informationssystemen und die Grundzüge des Sicherheitsmanagements nachvollziehen können, und
- die grundlegenden Begriffe des Datenschutzgesetzes erklären können.

2.1 IS-Management

Das **IS-Management** (engl.: information system management) umfasst die organisatorischen, planerischen und dispositiven (verfügenden) Tätigkeiten für die Beschaffung, Entwicklung und den Einsatz von betrieblichen Informationssystemen. Entsprechend der Bedeutung der Ressource *Information* für einen Betrieb muss das IS-Management eine Informationsinfrastruktur bereitstellen, die dazu beiträgt, die Erfolgspotenziale des Betriebes zu sichern und weiter auszubauen.

Im ersten Kapitel haben Sie ein *Beispiel* für ein Warenwirtschaftssystem in einem *Lebensmittelfilialbetrieb* kennen gelernt. Das Warenwirtschaftssystem ist zwar ein komplexes aber nicht das einzige Informationssystem im erwähnten Lebensmittelfilialbetrieb. Einerseits gab es schon isolierte Vorläufer, andererseits werden im Lauf der Zeit neue Anforderungen an Informationssysteme entstehen. Zum Beispiel soll ein veraltetes Informationssystem für die Buchhaltung durch ein moderneres Informationssystem ersetzt werden, das die heutigen Anforderungen an Planung, Steuerung und Überwachung von Betrieben bestmöglich unterstützt. Außerdem sollte ein Tourenplanungssystem eingeführt werden, von dem sich Mitarbeiter der Logistik nicht nur eine effizientere und effektivere Routenplanung versprechen, sondern auch eine erhebliche Arbeitserleichterung erwarten. So entsteht schrittweise eine Reihe von Teilinformationssystemen. Der permanente Wandel des sozialen, ökologischen und organisatorischen Umfelds und der technologische Fortschritt lassen diesen Prozess voraussichtlich nie enden. Eine der Aufgaben des IS-Managements ist, dafür zu sorgen, dass Einzelsysteme nicht isoliert voneinander entstehen und agieren.

Abb. 2.1/1: Aufgaben des IS-Managements (Quelle: H. Österle)

- Architekturplanung

- Integration

- Einbindung in die Geschäftsführung

- Einbindung der Fachbereiche

- Dezentralisierung

- Verbindung von Organisation und Informationssystem

- Projektportfolio-Management

- Änderungsmanagement

- Umsetzung

Die Leistungsfähigkeit der IS-Infrastruktur wird einerseits durch den IS-Betrieb und andererseits durch die Entwicklung und Einführung neuer Informationssysteme gewährleistet. Wie legt man nun fest, *welche Informationssysteme neu zu entwickeln, weiterzuentwickeln oder einzuführen sind*? Man behilft sich mit einem strategischen Überbau – einer unternehmensweiten und langfristigen Planung der Informationssysteme (siehe Abb. 2.1/2). Aus einer übergeordneten strategischen Planung, die an die strategische Gesamtunternehmensplanung gekoppelt ist, wird die IS-Architektur eines Betriebes abgeleitet. Die IS-Architektur ist der Bebauungsplan für einen Betrieb mit Informationssystemen. Durch die strategische Planung und die IS-Architektur wird *beschrieben*, wie die IS-Landschaft des Betriebes in den nächsten fünf bis zehn Jahren aussehen soll.

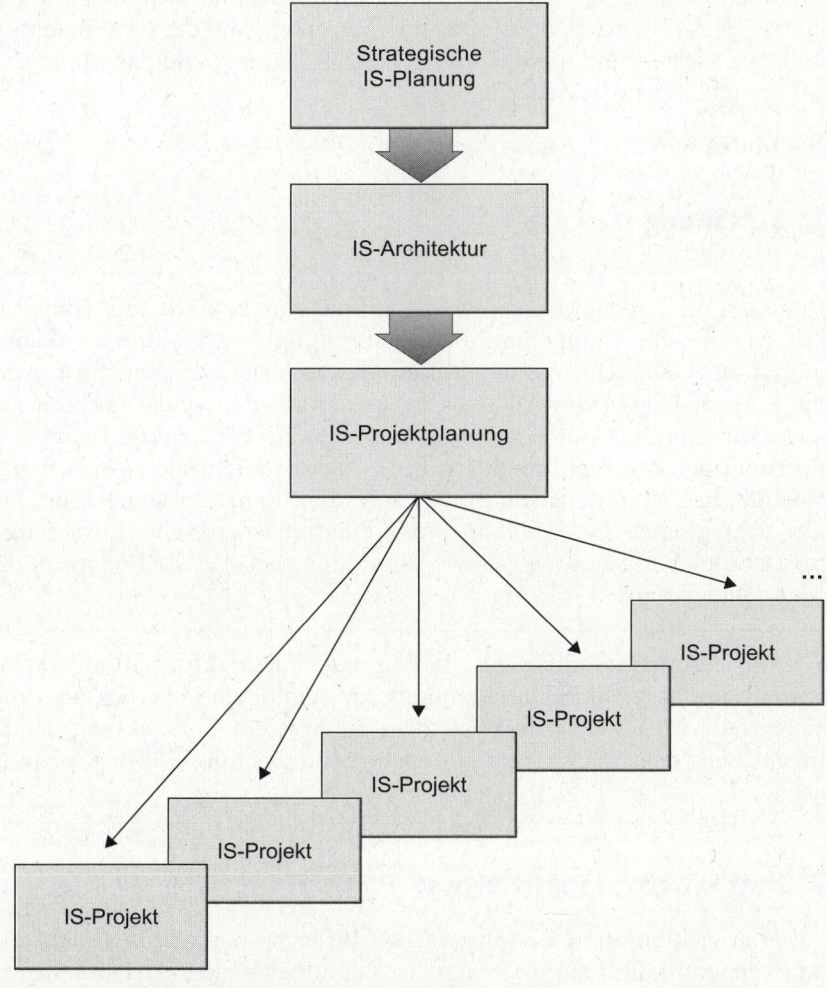

Abb. 2.1/2: Von der IS-Planung zum IS-Projekt

Darauf aufbauend können Projekte *beschrieben* werden, die schrittweise zu diesem zukünftigen Sollzustand hinführen. In der IS-Projektplanung werden laufende und offene IS-Projekte in einem IS-Projektportfolio verwaltet. Auch die Reihenfolge der Projekte wird hier bestimmt.

Auf Basis der IS-Projektplanung können Projekte koordiniert ins Leben gerufen werden. Der einzelne Projektauftrag wird bei diesem Vorgehen aus einem unternehmensweiten, langfristigen Konzept abgeleitet. So kann einem potenziellen „Wildwuchs" an Informationssystemen wirksam vorgebeugt werden. Ein komplexes Projektportfolio ist ähnlich einem Puzzle, bei dem die einzelnen Teilprojekte sorgfältig aufeinander abgestimmt werden und richtig zusammengestellt ein einheitliches Ganzes ergeben.

Natürlich ist es nicht nur Aufgabe des IS-Managements, Strategien zu entwickeln und neue Projekte ins Leben zu rufen. Einen Großteil seiner Zeit muss ein IS-Manager dem IS-Betrieb, der IS-Benutzerbetreuung und der Personalentwicklung widmen. Gegenstand dieses Kapitels sind IS-Planung und das Management von IS-Entwicklungsprozessen.

▶ Übungsaufgabe Nr. 1.2.1 im Arbeitsbuch

2.1.1 IS-Planung

Unter Planung versteht man generell ein vorbereitendes Durchdenken. Die Planung umfasst die gedankliche Vorwegnahme von zukünftigen Aktivitäten, deren konzeptionelle Abfolge und die Bereitstellung von Ressourcen, damit die Aktivitäten mit möglichst geringen Reibungsverlusten durchgeführt werden können. Je nach Tragweite wird zwischen der strategischen, der taktischen und der operativen Planung unterschieden. Die *strategische Planung* ist langfristig ausgelegt und hat das Ziel, möglichst hohe Nutzenpotenziale zu schaffen. Die taktische Planung ist mittelfristig orientiert und zielt auf Aktivitäten zur Umsetzung der strategischen Ziele. *Die operative Planung* ist eine eher kurzfristig orientierte Detailplanung von einzelnen Aktivitäten, bei der die Potenziale möglichst gut genutzt werden sollen.

Die **Informationssystemplanung** (IS-Planung, engl.: information systems planning) umfasst sämtliche Planungsaktivitäten zur Entwicklung und dem Betrieb von Informationssystemen, die von der Entwicklung der IS-Strategie über das Erstellen der IS-Architektur bis zur IS-Projektplanung reichen.

2.1.3 Strategische, langfristige IS-Planung

Wird die Entwicklung und Einführung von Informationssystemen nicht unternehmensweit und langfristig gesteuert, ist bei zunehmender IT-Durchdringung mit einer Vielzahl von Insellösungen und in Folge davon mit ansteigender

„Unüberschaubarkeit" der Informationssysteme zu rechnen. Durch die *strategische IS-Planung (kurz SISP)* soll die unternehmensweite Transparenz und Effizienz des IS-Bereichs verbessert werden. SISP soll dabei helfen, Verbesserungspotenziale aktueller und absehbarer Entwicklungen im IS-Bereich in Wettbewerbsvorteile für einen Betrieb umzuwandeln.

Ein wichtiges Ziel der SISP ist es, für einen Betrieb jene Technologien zu bestimmen, die langfristig zu seinem Erfolg auf dem Markt beitragen. Dabei handelt es sich häufig um schwer reversible IS-Entscheidungen, zum Beispiel hinsichtlich Hardware, Standardsoftware oder Rechnernetzen, die nur vor dem Hintergrund einer in die Zukunft gerichteten Analyse der zu erwartenden Betriebsentwicklung getroffen werden können.

> Die **strategische Informationssystemplanung** (SISP, Abkürzung von engl.: strategic information systems planning) legt langfristig die Gesamtkonzeption und Realisierung des gesamtbetrieblichen Informationssystems fest. Sie ist typischerweise für einen Planungshorizont von fünf bis zehn Jahren ausgelegt und beschreibt die Aufteilung des Gesamtsystems in selbstständige, überschaubare Teilsysteme. Durch die Vorgabe von globalen Systemrichtlinien, Entwicklungsprioritäten und eines stufenweisen Einführungsbeziehungsweise Umstellungskonzepts wird eine möglichst reibungslose Integration der Teilsysteme in das Gesamtsystem angestrebt.

SISP stellt die Weichen für die Entwicklung des IS-Bereichs. Es werden Schlüsselentscheidungen in Bezug auf Ziele, Bewertungsmaßstäbe, Ressourcen und Budget für die IS-Abteilung getroffen. Die enormen und ständig steigenden Ausgaben für Informationssysteme sind durch die SISP leichter in den Griff zu bekommen.

Betrachten wir die derzeitige Situation in unserem *Beispiel-Lebensmittelfilialbetrieb* aus dem ersten Kapitel. Wie bereits eingangs erwähnt, fordern die Mitarbeiter der Logistik immer stärker ein Tourenplanungssystem. Die Mitarbeiter des Rechnungswesens können auch nicht mehr vertröstet werden. Ferner hat man für Internet-Aktivitäten des Unternehmens erhebliche finanzielle Mittel eingesetzt. Auch wenn die Investitionen in die Informationssysteme nicht so hoch waren, dass man sie nicht verschmerzen könnte, so waren doch auch einige umfangreiche organisatorische Maßnahmen notwendig, um zum Beispiel einen Zustelldienst, der noch am gleichen Tag die Waren an private Haushalte ausliefert, aufzubauen.

Dazu kommt noch, dass die Mitarbeiter der zentralen IS-Abteilung für neue Projekte kaum Zeit haben. Ständig müssen sie Fehler der teils selbst entwickelten Software korrigieren beziehungsweise neu entstandene Fehler ausbessern. Man muss hier wohl von selbst entwickelter Software sprechen, auch wenn im Grunde viele Teile durch Standardsoftware abgedeckt werden. Damals, als man die Standardsoftware eingeführt hat, war man nicht bereit, organisatorische Änderungen in Kauf zu nehmen. So wurde die Standardsoftware unbekümmert verändert und ergänzt. Mittlerweile ist ein Release-Wechsel, also der Wechsel von einer älteren zu einer neueren Version der Software, nicht mehr mit vertretbarem Aufwand möglich.

In Summe ist niemand, weder Management oder Endbenutzer noch IT-Mitarbeiter, mit der Situation zufrieden. Durch die hohe Fluktuation in der IS-Abteilung wird das nur unterstrichen. Neue Mitarbeiter brauchen sehr lange, bis sie den Wirrwarr an Programmen halbwegs durchschauen. Ganz wird es ihnen nie gelingen, denn Dokumentation war bisher ein Fremdwort. Es besteht dringender Handlungsbedarf. Man will diesmal die Lage in den Griff bekommen, indem man das Problem auf strategischer Ebene angeht.

Bevor wir den Ablauf einer strategischen IS-Planung erarbeiten, sollen Sie noch einige oft *an der Informationsverarbeitung geäußerte Kritikpunkte* kennen lernen. Diese Kritikpunkte werden zumeist in Betrieben vorgebracht, die bisher glaubten, ohne SISP auszukommen. Wir haben für Sie die wichtigsten dieser Kritikpunkte zusammengetragen.

2.1.2.1 Typische IS-Problembereiche aus Top-Managementsicht

Die folgende Aufzählung beschreibt einige typische IS-Probleme aus der Sicht des Top-Managements.

Problembereiche aus dem täglichen Geschäft

- Die Informationsverarbeitung unterstützt zwar viele operative Funktionen, wie Buchhaltung, Lohnverrechnung und Warenwirtschaft, bei wichtigen wettbewerbsrelevanten Funktionen, wie Werbung oder Kundenservice, helfen unsere Informationssysteme aber kaum weiter. Für das Management unserer Tochterunternehmen, die auf der ganzen Welt verteilt sind, bieten die Informationssysteme auch noch keine Unterstützung.

- Es gibt zwar enorm viele Daten, aber was nützen sie uns, wenn sie nicht aktuell und detailliert genug sind. Manchmal bekommen wir aus verschiedenen Betriebsbereichen zu denselben Sachverhalten unterschiedliche Zahlen. Was dann richtig ist, können wir nur vermuten.

- Wollen wir organisatorische Änderungen durchführen, die durch die raschen Marktveränderungen immer häufiger notwendig werden, stehen uns die vorhandenen Informationssysteme meist im Weg. Die Systeme sind für eine schnelle Anpassung nicht flexibel genug.

- Insgesamt haben wir durch unsere Informationssysteme noch keine Wettbewerbsvorteile gegenüber unseren Konkurrenten erreicht.

- Auch die Integration unserer vielen Insellösungen, aber auch neuer Medien und Geschäftspartner geht nur äußerst schleppend voran.

Problembereich IS-Controlling

- Die Anzahl der Mitarbeiter in unserer IS-Abteilung steigt ständig.

- Einige Abteilungen kaufen sich ohne Absprache mit dem IS-Bereich immer öfter Rechner für Insellösungen, ohne auf die Probleme der Mehrfachspeicherung von Daten zu achten.

- Die Zahl der individuell angeschafften PDAs und Smartphones explodiert – und wohl auch die darin versteckten Kosten. Die Geräte sind vielfach nicht kompatibel. Es fehlt ein übergreifendes Konzept, wie PDAs in die betrieblichen Informationssysteme eingebunden werden sollen.

- Die Kosten des IS-Bereichs wachsen ständig, jährlich um fünf bis zehn Prozent (inflationsbereinigt). Den Nutzen, der durch die teuren Informationssysteme entstanden ist, konnten wir aber bisher nicht erkennen.

Problembereich Abhängigkeit von Unternehmen

- Früher waren wir vom Hardwarelieferanten abhängig, heute sind wir es von Standardsoftwareanbietern.
- Die Abhängigkeit von bestimmten Spezialisten in unserer IS-Abteilung besteht nach wie vor, was diese auch zu nutzen wissen.

Problembereich IS-Entwicklung

- Die Entwicklung neuer Informationssysteme verschlingt Unsummen. Wenn die Informationssysteme dann endlich fertig sind, entsprechen sie nicht mehr den aktuellen Anforderungen.
- Einen Großteil ihrer Arbeitszeit verwenden die Mitarbeiter unserer IS-Abteilung für die Wartung der bestehenden Informationssysteme. Neue Entwicklungen werden kaum in Angriff genommen. Der Berg an Anforderungen wächst ständig. Auch teure Entwicklungswerkzeuge haben keine Abhilfe geschaffen.

Prinzipiell kann bei der *Erstellung eines strategischen IS-Plans* wie bei der allgemeinen strategischen Planung vorgegangen werden. Der IS-Bereich muss ebenso wie andere betriebliche Funktionsbereiche dazu beitragen, die Erfolgspotenziale eines Betriebes zu sichern beziehungsweise auszubauen und die Betriebsziele zu erreichen. Demnach ist die SISP als ein wichtiger Bestandteil der strategischen Gesamtplanung zu verstehen (siehe Abb. 2.1.2.1/1).

▶ Übungsaufgabe Nr. 1.2.2 im Arbeitsbuch

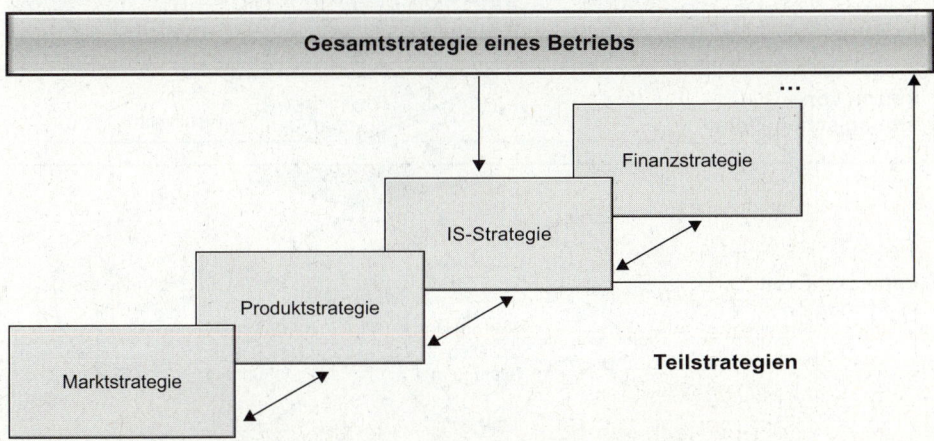

Abb. 2.1.2.1/1: IS-Strategie und Gesamtstrategie eines Betriebes

2.1.2.2 Entwicklungsschritte bei der strategischen IS-Planung

In der Literatur und von Unternehmensberatern werden zahlreiche *Konzepte für die Durchführung der strategischen IS-Planung* angeboten. Hier werden die wichtigsten Schritte und Ergebnisse einer SISP, abgestimmt auf die Anforderungen mittlerer Betriebe, beschrieben (siehe Abb. 2.1.2.2/1).

1. Vorüberlegungen

Es wird überlegt, *für welche Teile* des Betriebes eine *wie* immer *geartete* SISP *durch wen* durchgeführt werden soll und was sich der Betrieb davon verspricht. Wenn die Führungskräfte des Betriebes bereit sind, die strategische IS-Planung zu unterstützen, ist das wichtigste Ziel dieser ersten SISP-Phase erreicht. Teilaufgaben der Phase *Vorüberlegungen* sind:

• *Zielsetzung für SISP:* Es werden die Ziele der SISP vor dem Hintergrund der Betriebssituation klargestellt. Diese Ziele stellen für die Folgephasen Richtlinien in Bezug auf Umfang und Detaillierung der Planung dar.

• *Abgrenzung des Planungsbereiches:* Obwohl naturgemäß eine SISP für einen gesamten Betrieb durchgeführt werden sollte, kann es in Einzelfällen doch zu Einschränkungen des Planungsbereiches kommen, zum Beispiel auf Sparten oder Hauptfunktionsbereiche.

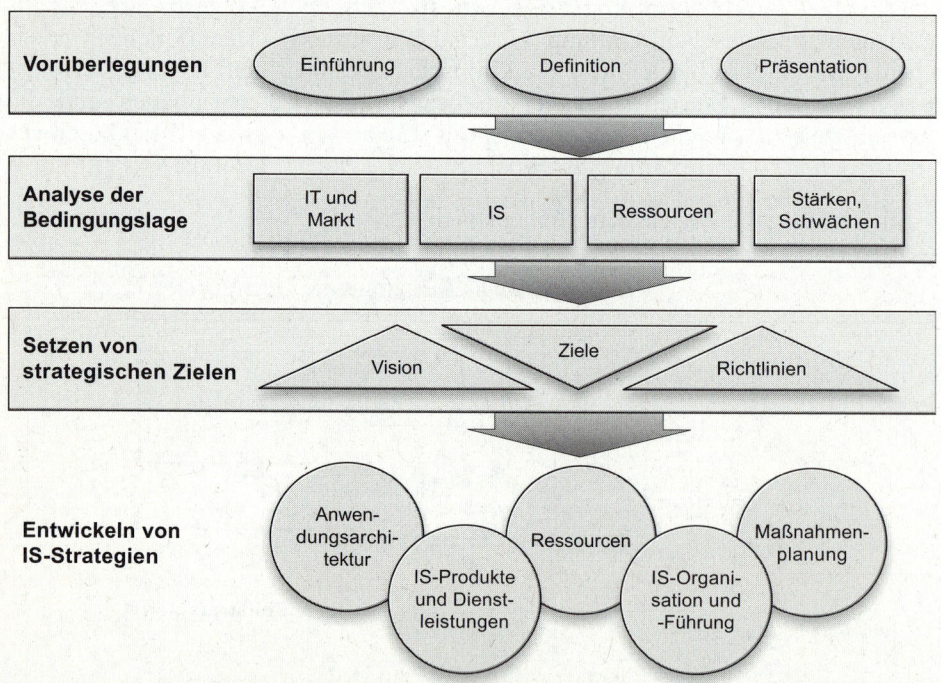

Abb. 2.1.2.2/1: Schritte und Ergebnisse der SISP

- *Bestimmung der strategischen Bedeutung der Informationsverarbeitung:* Es soll „gemessen" werden, wie stark die Erfüllung betrieblicher Aufgaben derzeit und in der geplanten Zukunft von Informationssystemen abhängt.

2. Analyse der Bedingungslage

Durch die *Analyse der Bedingungslage* wird der Handlungsspielraum, der bei der Erstellung einer IS-Strategie besteht, bestimmt. Dafür werden das ökonomische, technologische, soziologische, ökologische und organisatorische Umfeld, die interne Bedingungslage des Betriebes sowie die Stärken und Schwächen des IS-Bereichs festgestellt.

- *Analyse der Umwelt:* Das relevante Umfeld des Betriebes in Bezug auf zukünftige Möglichkeiten aber auch hinsichtlich der Restriktionen, die den Handlungsspielraum der Informationsverarbeitung beschränken könnten, steht im Zentrum dieses Teilschrittes. Beispiele für zu untersuchende Kategorien sind die Rechts- und Wirtschaftsordnung, erwerbswirtschaftliche Interessen der Eigentümer, Konjunktur, IT-Markt usw.

- *Analyse der internen Situation:* In diesem Teilschritt geht es darum, den Istzustand detailliert festzuhalten, um in weiterer Folge die Stärken und Schwächen in Bezug auf die Informationsverarbeitung ermitteln zu können. Es werden alle vorhandenen Informationssysteme (Daten- und Applikationslandschaft) und die zum Erhebungszeitpunkt eingesetzten IS-Ressourcen (IT-Mitarbeiter, Hard- und Software, IS-Budget) spezifiziert und analysiert sowie die durch die Informationssysteme verursachte IS-Ressourcenbelastung festgestellt. Abschließend werden noch die IS-Organisation und -Führung (IS-Aufbau- und -Ablauforganisation) untersucht. Die durch eine Stärken- und Schwächenanalyse aufbereiteten Ergebnisse dienen als ein erster Anhaltspunkt für die langfristige Strategieentwicklung.

3. Setzen strategischer Ziele

Bevor man Ziele bestimmt, sollte man in einer so genannten *IS-Vision* beschreiben, „wo die Reise hingehen" soll. Die Vision enthält jenen Zustand, der durch eine Reihe von Veränderungsschritten zu erreichen ist. Sie dient als grundlegender Orientierungspunkt für alle durchzuführenden Handlungen. Die in der Analysephase gewonnenen Erkenntnisse, die strategischen Zielsetzungen des Gesamtunternehmens und die IS-Vision stellen die Grundlage für die Formulierung strategischer IS-Ziele dar. Die Ziele müssen operational, das heißt im Ergebnis überprüfbar, und allgemein akzeptiert sein.

4. Entwicklung von IS-Strategien

IS-Strategien zeigen den Weg zur Erreichung der gesteckten Ziele in „Einzelschritten" auf und leiten so zur IS-Maßnahmenplanung über. Ausgangspunkt für das Entwickeln der IS-Strategien sind die strategischen IS-Ziele der vorhergehenden Phase. Folgende Strategiearten sind zu unterscheiden:

- *Strategien in Bezug auf Produkte und Dienstleistungen:* Es werden Art, Umfang und Qualität der durch die IS-Abteilung angebotenen Produkte und

Dienstleistungen festgelegt. Dazu gehört es auch, Richtlinien für Preise, Konditionen und Standards zu vereinbaren.

- *Strategien in Bezug auf die Anwendungsarchitektur:* Unter Anwendungsarchitektur werden die beiden Aspekte – Daten und Applikationen (oder auch „Anwendungen" genannt) – zu einem konsistenten Ganzen zusammengefasst. Es wird eine organisationsweite Datenbasis entwickelt sowie das Applikationsportfolio bestimmt.

- *Strategien in Bezug auf IS-Ressourcen:* Die Strategien bezüglich der IS-Ressourcen enthalten grundlegende Aussagen über IT-Mitarbeiter (zum Beispiel Anzahl, Qualifikation, Gehalt, Know-how usw.), Informationstechnik (zum Beispiel Eigenentwicklung versus Fremdbezug, Linux- versus Windows- „Welt" usw.) und IS-Budget (detaillierte Kostenübersicht für die Bereiche Anwendungsentwicklung und -wartung, IS-Betrieb und IS-Personal).

- *Strategien in Bezug auf IS-Organisation und -Führung:* Die wichtigste Aufgabe besteht darin, zu bestimmen, wie künftig IS-Dienstleistungen zu erbringen sind. Es sollen dabei nicht nur die Aufbau- und Ablauforganisation der IS-Abteilung bestimmt, sondern auch die Zusammenarbeit mit den Fachabteilungen geregelt werden. Die Art der IS-Führung, vor allem deren planungsbezogene Teilaufgaben, sind Bestandteil des Führungskonzeptes. Schließlich wird durch ein Konzept für die IS-Kontrolle fixiert, wie in Zukunft die Effizienz und Effektivität der betrieblichen Informationsverarbeitung gemessen werden soll. Die Beschreibung der IS-Revision und der Kostenverrechnung ist ebenfalls Bestandteil der Strategien in Bezug auf IS-Organisation und -Führung.

5. Maßnahmenplanung

Die Maßnahmenplanung hat bereits operativen Charakter und ist damit streng genommen nicht mehr Teil der SISP. Im Rahmen der langfristigen Maßnahmenplanung werden in Bezug auf die entwickelten Strategien relativ konkrete Aktionen beschrieben, deren einzelne Schritte terminlich fixiert sind. Kurzfristige IS-Pläne enthalten dagegen die zahlenmäßig exakt spezifizierten Maßnahmen für das nächste Planjahr. Die Maßnahmenplanung ist Voraussetzung für die Definition der einzelnen IS-Entwicklungsprojekte, die im Projektportfolio (siehe Abschnitt 2.3.1) zusammengefasst und verwaltet werden.

Die strategische IS-Planung ist keine einmalige Angelegenheit. Aufgrund der permanenten Umweltänderung muss auch die Planung regelmäßig überarbeitet werden. Es ist zu empfehlen, einen fixen *Planungszyklus* zu institutionalisieren. Für die erstmalige Planaufstellung hilft erfahrungsgemäß ein *externer Berater.* Er hat nicht nur Know-how auf dem Gebiet der Informationsverarbeitung und IS-Strategieberatung, sondern ist auch unvoreingenommen und frei von Betriebsblindheit. Damit die Planung aber unternehmensweit akzeptiert und in Folge durch die Mitarbeiter „gelebt" wird, müssen unbedingt Fachabteilungen, IS-Ausschüsse und -Komitees sowie das Topmanagement in die Planung einbezogen werden. Die im Zuge der erstmaligen SISP entwickelten IS-Pläne sollten im Einjahresrhythmus vom Leiter der IS-Abteilung fortgeschrieben werden.

▶ Übungsaufgabe Nr. 1.2.3 im Arbeitsbuch

2.1.3 Strategische Softwareplanung

Das zentrale Element aller Informationssysteme ist die Software, die für die automatisierte Abwicklung aller IT-gestützten Funktionen und Prozesse verantwortlich ist. Der für die Softwareplanung relevante Themenkomplex ist breit und umfangreich. Software kann generell sehr unterschiedliche Aufgaben erfüllen, die genau untersucht werden müssen. Softwarekomponenten können gekauft, wieder verwendet, angepasst oder neu entwickelt werden. Je nach Situation sind andere Vorgehensweisen sinnvoll. Softwarekomponenten können so entworfen sein, dass Änderungen mit geringem oder nur mit großem Aufwand realisiert werden können. Doch beginnen wir hier mit elementaren Unterscheidungen für die Softwareplanung.

2.1.3.1 System-, Entwicklungs- und Anwendungssoftware

Je nach Verwendungszweck der Software unterscheidet man Systemsoftware, Entwicklungssoftware und Anwendungssoftware.

1. Die *Systemsoftware* (Systemprogramme, engl.: system software) stellt die grundlegenden Dienste für andere Programme zur Verfügung, insbesondere den Zugriff auf eine konkrete Rechnerplattform. Die zentralen Dienste der Systemsoftware werden zusammenfassend auch als *Betriebssystem* bezeichnet. Das *Betriebssystem* ist auf die jeweilige Rechnerplattform abgestimmt und zum Betrieb eines Rechners unbedingt nötig. Es steuert und überwacht die Ausführung von Anwendungsprogrammen auf der Maschinenkonfiguration (der Hardware).

2. Die *Entwicklungssoftware* (Entwicklungsprogramme, engl.: development software) setzt auf dem Betriebssystem auf und ermöglicht die Programmierung prinzipiell beliebiger Programme. Ein wichtiger Teil einer Entwicklungsumgebung ist die zugehörige Programmiersprache. Mit Hilfe der Entwicklungssoftware werden sowohl System-, Anwendungs-, als auch die Entwicklungssoftware selbst erstellt (mehr dazu in Band 2, Kapitel 4).

3. *Anwendungsprogramme* (Applikationsprogramme, engl.: application software) bieten Lösungen für fachliche Probleme. Dazu gehören *technisch-wissenschaftliche Programme* (zum Beispiel für statische Berechnungen), *kommerzielle, auf allgemeine betriebliche Funktionen bezogene Programme* (zum Beispiel für die Finanzbuchhaltung) und *Branchenprogramme*.

Software ist meist kein untrennbares Ganzes, sondern besteht aus einer Vielzahl von interagierenden Softwarekomponenten. Ein komplexes Softwaresystem wird durch mehrere Schichten von Komponenten gebildet, wobei Komponenten unter Umständen von anderen Komponenten abhängen und/oder selber

Branchenkomponenten   **Anwendungskomponenten Entwicklungskomponenten**

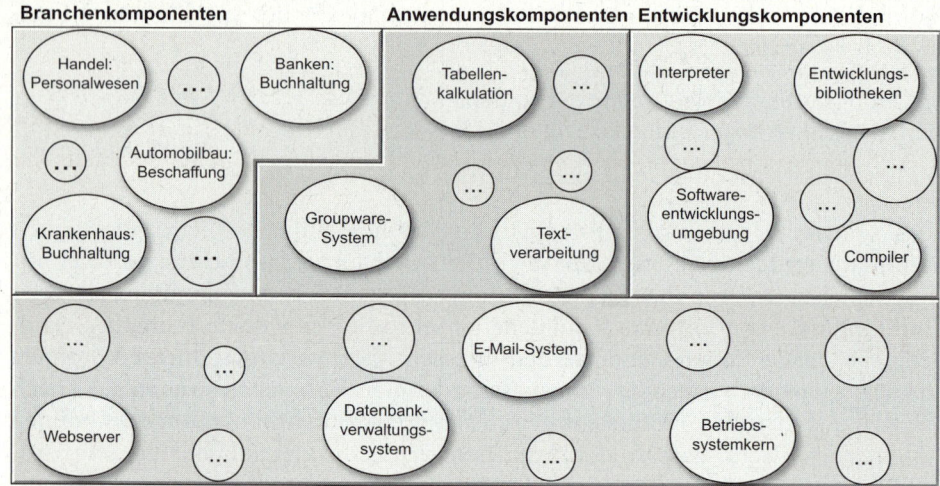

Infrastrukturkomponenten

Abb. 2.1.3.1/1: Komponenten eines Softwaresystems

weitere Teilkomponenten enthalten. Die unterste Schicht bildet dabei das Betriebssystem.

Bei den *Softwarekomponenten* können folgende *Kategorien* unterschieden werden:

- *Infrastrukturkomponenten* stellen die technische Infrastruktur für andere Komponenten zur Verfügung. Diese technische Infrastruktur ist unabdingbar für die Funktion des Gesamtsystems, allein bietet sie dem Benutzer allerdings in der Regel nur einen geringen Mehrwert. Zu den Infrastrukturkomponenten zählen zum Beispiel Datenbanksysteme, grafische Benutzeroberflächen oder Komponenten zur Netzwerkkommunikation.

- Entsprechend bieten *Anwendungskomponenten* eine (relativ) generische Funktionalität, die branchenübergreifend verwendet werden kann. Unter einer generischen Funktionalität wird eine Menge von Funktionen verstanden, die insofern universell sind, als dass sie in unterschiedlichen Anwendungskontexten eingesetzt werden können. Als Beispiele für Anwendungskomponenten können eine Tabellenkalkulations- oder eine (branchenneutrale) Buchhaltungskomponente genannt werden.

- *Branchenkomponenten* enthalten Funktionen, die speziell an die Erfordernisse einer bestimmten Branche angepasst sind. Beispiele für Branchenkomponenten sind: eine Komponente zur Personalverwaltung in der Automobilwirtschaft, eine Rechnungswesenkomponente für den Krankenhaussektor oder das im ersten Kapitel skizzierte Warenwirtschaftssystem für den Lebensmitteleinzelhandel.

- *Entwicklungskomponenten* dienen für die Entwicklung, den Text und die Wartung von Softwarekomponenten.

2.1.3.2 Standardsoftware und Individualsoftware

Eine weitere generelle Unterscheidung kann zwischen so genannter Standardsoftware und Individualsoftware gemacht werden. Als Standardsoftware werden gemeinhin Programme bezeichnet, die ohne oder mit relativ geringen Modifikationen (gemessen am Gesamtumfang des Programms) an unterschiedliche Kunden verkauft werden.

> Als **Standardsoftware** (Standardprogramme, engl.: packaged software) werden Programme bezeichnet, die auf Allgemeingültigkeit und auf mehrfache Nutzung bei unterschiedlichen Anwendern hin ausgelegt sind. **Individualsoftware** (Individualprogramme, engl.: custom software) umfasst hingegen jene Programme, die für einen Anwendungsfall eigens erstellt wurden und deren Eigenschaften im Allgemeinen an ein spezifisches soziales und organisatorisches Umfeld angepasst sind.

Gegenüber der individuellen Programmierung hat der Bezug qualitativ hochwertiger *Standardprogramme* folgende *Vorteile*:

- Kostengünstigkeit (die Softwareentwicklungskosten „verteilen" sich auf mehrere Verwender des Produkts);
- Zeitersparnis (die Zeit für die Anpassung eines ausgereiften Standardprogramms ist im Allgemeinen wesentlich geringer als die Zeit für eine Neuentwicklung);
- Kompensierung vorhandener Personalengpässe beziehungsweise eines Mangels an Know-how;
- Zukunftssicherheit (seriöse Anbieter von Standardsoftware entwickeln ihre Produkte ständig weiter).

Demgegenüber ist eine *Individualsoftware* ein Programm, das von externen oder internen Entwicklern speziell für einen bestimmten Betrieb entwickelt wurde. Neben der expliziten Ausrichtung auf die spezifischen Bedürfnisse eines Betriebes unterscheidet sich Individualsoftware zudem dadurch von Standardsoftware, dass der Betrieb mit dem Erwerb der Software meist auch die alleinigen Rechte am zugehörigen Quellprogramm sowie jedweder Dokumentation erwirbt.

▶ Übungsaufgabe Nr. 1.2.4 im Arbeitsbuch

2.1.3.3 Kommerzielle Softwarekomponenten

> Mit dem Begriff **COTS-Komponenten** oder schlicht **COTS** (Abkürzung von engl.: commercial off the shelf) werden kommerziell erwerbbare und ohne Anpassungen sofort einsetzbare Softwarekomponenten bezeichnet.

Das Akronym COTS ist bis zu einem gewissen Grad ein „Modewort" und wird oft großzügig ausgelegt. Generell wird mit COTS jede Art kommerziell erwerbbarer Standardsoftware bezeichnet, meist sind dies Komponenten. Häufig ist auch das Adjektiv „commercial" in diesem Akronym nur von zweitrangiger Bedeutung. Man versteht unter COTS dann jede Art von Standardsoftwarekomponenten, die über einen längeren Zeitraum von Dritten gepflegt werden, und – salopp formuliert – „von der Stange weg" eingesetzt werden können.

COTS-Komponenten können auf ganz *verschiedenen Abstraktionsebenen und Granularitätsstufen* angesiedelt sein. Es können relativ einfache, überschaubare, programmiersprachen- oder plattformspezifische Komponenten sein (im Band 2 lernen Sie beispielsweise entsprechende JavaBeans und ActiveX-Elemente kennen). Andererseits können COTS-Komponenten auch sehr komplexe, grobgranulare („grobkörnige") Softwareprodukte, wie zum Beispiel ein *Datenbankverwaltungssystem* zur Organisation sehr großer Datenbestände, *Netzwerksoftware* zur Steuerung der Kommunikationsvorgänge in Rechnernetzen oder eine *SAP-Komponente* zur Unterstützung eines betrieblichen Funktionsbereichs sein. Diese komplexen Komponenten sind ihrerseits wieder aus kleineren (feingranularen) Komponenten zusammengesetzt.

2.1.3.4 Open-Source-Softwarekomponenten

Trotz der vielfach erwähnten und bereits seit langem bekannten Vorteile der komponentenorientierten Softwareentwicklung beginnt sich diese Vorgehensweise erst in jüngster Zeit auf breiter Front durchzusetzen. Hierzu hat die *Open-Source-Bewegung* mit vielen erfolgreichen Projekten einen entscheidenden Beitrag geleistet.

Unter **Open-Source-Software** (engl.: open source software) versteht man Softwareprogramme, deren Quelltext für jedermann einsehbar und frei verfügbar ist. Für Open-Source-Software gibt es eine Reihe verschiedener Lizenzen, die dem Benutzer jeweils unterschiedliche Freiheitsgrade im Umgang mit der Software und bezüglich ihrer Weiterverbreitung gewähren.

Aufgrund der meist relativ eingeschränkten (finanziellen) Mittel, die Open-Source-Entwicklern zur Verfügung standen, waren sie ab einer gewissen Komplexität gezwungen, die Arbeit in kleinere Einheiten/Komponenten aufzuspalten und auf bereits bestehende und erprobte Komponenten zurückzugreifen. In diesem Sinne wurde sozusagen „aus der Not eine Tugend".

Im Folgenden werden nun, losgelöst von den spezifischen Unterschieden verschiedener Lizenzen, einige wichtige *Vorteile von Open-Source-Software* genannt:

• Der Benutzer hat Zugriff auf den Quellcode des Programms und kann es daher prinzipiell beliebig an seine Bedürfnisse anpassen und/oder von Fehlern befreien. Die Open-Source-Komponenten sind somit als White-Box-Komponenten modifizier- und erweiterbar (mehr dazu später).

- Die Software wird nicht von einem einzelnen Unternehmen oder einer sonstigen Organisation vermarktet, die die Verwendungsmöglichkeiten der Software beschränkt. Stattdessen wird die Komponente kollaborativ durch eine Anwendergemeinde im Internet gepflegt.

- Die zukünftige Pflege und Weiterentwicklung der Software hängt nicht von einem einzelnen Unternehmen ab und kann prinzipiell von jedem interessierten Entwickler übernommen werden.

- Open-Source-Software ist keine „Black-Box". Durch die freie Verfügbarkeit des Quellcodes werden Fehler schneller aufgedeckt und behoben. Zudem können eventuell sicherheitskritische Funktionen prinzipiell von jedem persönlich begutachtet und bei Bedarf deaktiviert werden.

Beispiele für bekannte und erfolgreiche Open-Source-Softwareprojekte sind unter anderem das Betriebssystem *Linux*, die relationalen Datenbankverwaltungssysteme MySQL und PostgreSQL, das E-Mail-Transportsystem *Sendmail* sowie der Webserver *Apache*.

Die Vor- und Nachteile von Open-Source-Software im Vergleich mit proprietärer Software hängen stark vom Einsatzbereich ab. Der Reifegrad und die Stabilität der Software sind gerade im Bereich der Systemsoftware deutlich höher als bei vielen kommerziellen Systemen. Allerdings ist die Situation bei Bürosoftware oder betrieblichen Anwendungen vielfach genau umgekehrt. In vielen Fällen existiert keine Open-Source-Software, sodass sich die Alternative gar nicht stellt. Der Einsatz von Open-Source-Software verlangt häufig ein höheres technisches Wissen bei der Anpassung des Systems, während bei proprietären Lösungen viele Dienstleistungen vom Verkäufer der Software mit angeboten werden. In vielen Fällen ist ein IT-Manager in seinen Entscheidungen wesentlich weniger angreifbar, wenn er sich anstelle von Open-Source-Software für einen proprietären Marktführer entscheidet, und somit einen Teil der Verantwortung für ein etwaiges Scheitern eines Projekts an diesen abwälzen kann.

Trotzdem werden heute jedoch bereits zahlreiche Open-Source-Projekte von kommerziellen Unternehmen gefördert oder selbst durchgeführt. Gründe hierfür sind zum Beispiel die Verteilung der Entwicklungskosten, die Verteilung des Risikos oder die Hoffnung, im Anschluss nicht mehr durch die Software, sondern durch zugehörige Dienstleistungen Gewinn zu erzielen, wie zum Beispiel durch Schulungen oder den Verkauf von entsprechender Fachliteratur.

So hat neben den bekannten Linux-Firmen wie *Red Hat* oder *SuSE* zum Beispiel auch die Firma *IBM* Open-Source-Software in ihre offizielle Geschäftsstrategie integriert und investiert in den kommenden Jahren mehrere Milliarden US-Dollar in die Entwicklung von Open-Source-Software.

2.1.3.5 Einbindung von Altsystemen

Bei der Entwicklung eines Informationssystems gehört vielfach die *Integration beziehungsweise Kommunikation mit einem Altsystem* zu einer wichtigen

Anforderung. Diese Anforderung schränkt bei der Entwicklung oder beim Kauf neuer Softwarekomponenten den Handlungsspielraum deutlich ein, weil beispielsweise die Unterstützung bestimmter Standards, Protokolle oder Programmiersprachen unbedingt erforderlich ist, um das Altsystem anzubinden.

> Unter einem **Altsystem** (engl.: legacy system) versteht man ein Softwaresystem, das aus der Sicht einer Neuentwicklung bereits vorher vorhanden war, weiterhin verwendet werden soll, und somit in ein neues Informationssystem integriert werden muss.

Der englische Begriff „*Legacy*" lässt sich in diesem Kontext demnach am besten mit „*Erblast*" übersetzen. Diese Begriffbildung folgt aus der Tatsache, dass die Weiterentwicklung eines Informationssystems mit den Eigenheiten (Idiosynkrasien) des bereits früher entwickelten/beschafften Softwarekomponenten zurechtkommen muss, die vielfach in einer unterschiedliche Bedingungslage entwickelt oder beschafft wurden. Dieses Altsystem muss aus der Sicht eines Projekts als gegeben angenommen werden, es kann nicht oder nur in geringem Ausmaß angepasst werden.

Ist das Altsystem nicht hinreichend dokumentiert oder fehlen Schnittstellen für die Anbindung der neuen Komponenten, so muss zunächst ein Reengineering des Altsystems durchgeführt werden.

> Im Rahmen des **Reengineering** (engl.: reengineering) eines Altsystems wird mit speziellen Methoden versucht, nachträglich eine Dokumentation der Schnittstelle(n) und Einzelkomponenten dieses Altsystems zu erstellen.

Obwohl das Reengineering eines Altsystems erheblichen Aufwand erfordert, ist dieser erfahrungsgemäß weitaus geringer als die komplette Neuentwicklung des entsprechenden Systems. Eine endgültige Aussage über diesen Sachverhalt kann allerdings nicht pauschal getroffen werden, die Entscheidung muss gesondert für jeden Einzelfall erfolgen.

Das oben genannte Reengineering darf jedoch nicht mit dem so genannten *Reverse-Engineering* verwechselt werden, das die Entwicklung von kompatiblen (funktionsgleichen) Software- oder Hardwarekomponenten zum Ziel hat. Hierbei ist die Ausgangssituation so, dass ein Benutzer oder eine Organisation (unerlaubt) versucht, ein System nachzubilden. Das bedeutet, dass entweder nur die Dokumentation, aber nicht das reale System bekannt ist. Oder, dass ein reales System in ausführbarer Form vorliegt, ohne dass die Dokumentation oder der Quellcode bekannt sind.

Als Beispiel für das *Reverse-Engineering* kann ein lange Zeit praktiziertes Vorgehen in der ehemaligen Sowjetunion genannt werden, bei dem anhand der Spezifikationen des Maschinencodes beispielsweise IBM-Großrechner nachgebaut wurden, um die entsprechenden Programme dort ausführen zu können.

Zur Thematik der *unternehmensübergreifenden Anwendungsintegration,* bei der getrennt entwickelte Informationssysteme zusammengeschlossen werden sollen, gehen wir in größerem Detail im Band 2, Kapitel 7 ein.

▶ Übungsaufgabe Nr. 1.2.5 im Arbeitsbuch

2.2 Modellierung von betrieblichen Informationssystemen

Wie Sie aus dem ersten Kapitel wissen, bildet ein betriebliches Informationssystem die Leistungsprozesse eines Betriebs ab. Dies umfasst die Tätigkeiten und Informationsflüsse, die in einem Betrieb ablaufen und die teils von Menschen und teils von Rechnern durchgeführt werden. Wichtige Kernprobleme der Wirtschaftsinformatik sind die Gestaltung von betrieblichen Informationssystemen (wie sollte das Informationssystem mit gewissen Qualitätseigenschaften beschaffen sein) und eng damit verbunden die Frage, wie die Informationssysteme exakt beschrieben werden können. Dabei ist ein Teil der Beschreibung für die Menschen vorgesehen und der andere Teil stellt exakte Arbeitsanweisungen für die Rechner dar, die das Informationssystem automatisieren. Letztendlich ist die Anwendungssoftware die ausführbare Form dieser Beschreibung.

Die *Informationssystemmodellierung* beschäftigt sich mit der Frage, was genau in einem Informationssystem passieren soll: Welche Funktionen sollen ausgeführt werden, wie sollen Geschäftsprozesse ablaufen, und welche Abhängigkeiten existieren dabei. Das, was im hohen Detaillierungsgrad oft auf einer Vielzahl von Rechnern abläuft (oder ablaufen soll), wird in einer Form dargestellt, sodass auch Fach- und Führungskräfte in diese Entscheidungen gestaltend eingreifen können. Durch die hohe Verzahnung von betrieblichen Abläufen und Informationssystem entspricht die Informationssystemmodellierung zu einem hohen Teil der *Unternehmensmodellierung.*

Generell ist der Entwurf von softwareintensiven Informationssystemen von einer großen Komplexität gekennzeichnet.

Unter dem Begriff **Komplexität** (engl.: complexity) versteht man den Umfang der exakten Beschreibung der Abhängigkeiten zwischen allen Teilaspekten eines Systems.

Beachten Sie, dass Komplexität nicht zwingender Weise mit Umfang gleich gesetzt wird. Beispielsweise besitzt ein Telefonbuch sehr viele Einträge, ist aber nicht sehr komplex, da man mit wenigen Worten die Zusammenhänge eines Telefonbuchs beschreiben kann.

Kein Mensch kann alle Einzelheiten eines Informationssystems auf einmal erfassen. Ein Informationssystem ist umso umfangreicher, je umfangreicher die Beschreibung aller Einzelheiten ist, und umso komplexer, je stärker diese voneinander abhängen. Um ein umfassendes betriebliches Informationssystem in

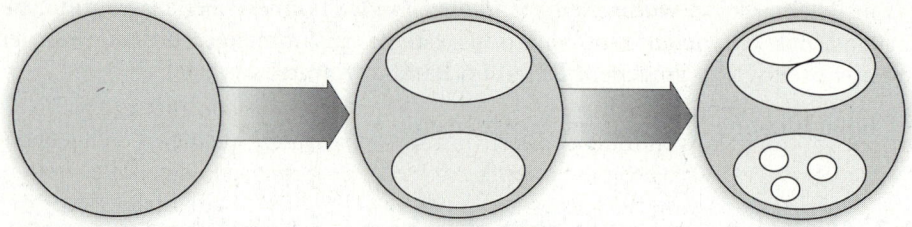

Abb. 2.2/1: Typischer Ablauf einer Partitionierung

einer verständlichen Form zu beschreiben, ist eine *Komplexitätsreduktion* unerlässlich. Hierzu bedient man sich verschiedener Sichten auf das System. In jeder Sicht müssen nur bestimmte Einzelheiten (Aspekte) und nicht das Gesamtsystem beschrieben werden. Im Wesentlichen können hierzu die grundlegenden Problemlösungsmethoden der *Partitionierung*, der *Abstraktion* sowie der *Projektion* verwendet werden:

- *Partitionierung* (Zerlegung, Aufteilung) dient der Aufteilung eines verhältnismäßig großen Problembereichs in mehrere kleinere und somit besser handhabbare Einheiten. Diese Zerlegung kann nach unterschiedlichen Gesichtspunkten, wie zum Beispiel funktionsorientiert, datenorientiert oder objektorientiert, vorgenommen werden. Die Abb. 2.2/1 zeigt den typischen Ablauf einer Partitionierung.

- *Abstraktion* ermöglicht die Konzentration auf die (für einen bestimmten Aspekt) wesentlichen Fakten eines Systems, während andere Teilbereiche als nicht aspektrelevante Details ausgeblendet werden.

Abstraktion (engl.: abstraction) ist die zielgerichtete, gedankliche Verallgemeinerung von Dingen (Objekten) oder Sachverhalten, wobei man sich auf die wesentlichen Merkmale beschränkt. Eine Abstraktion entsteht durch das Erkennen von Ähnlichkeiten zwischen einzelnen Objekten der Realwelt und Beziehungen zwischen diesen Objekten. Wesentlich ist hierbei die Entscheidung zur ausschließlichen Betrachtung dieser Ähnlichkeiten und dem Ignorieren der Unterschiede. Das Gegenteil der Abstraktion ist die Konkretisierung.

Eine Abstraktion muss stets zielgerichtet erfolgen, sodass immer genau die Aspekte eines Systems betont werden, die für das weitere Vorgehen wesentlich sind. Durch die Abstraktion besteht die Möglichkeit, einen Problembereich zunächst abstrakt zu beschreiben und später zu konkretisieren, das heißt, mit den nötigen Details wieder zu vervollständigen.

- *Projektion* wird verwendet, um den gleichen Sachverhalt aus unterschiedlichen Perspektiven zu betrachten. Diese Perspektiven können sich sowohl aus der Sichtweise unterschiedlicher Personengruppen wie zum Beispiel Endbenutzer, Manager, Entwickler, als auch aus technischen Gesichtspunkten ergeben, wie beispielsweise eine funktionale oder physikalische (Verteilungs-) Sicht. Zudem tragen verschiedene Perspektiven dazu bei, unterschiedliche Aspekte einer möglichen Lösung zu erkennen und zu behandeln.

Diese drei Problemlösungsmethoden sind nicht nur für die Informationssystementwicklung anwendbar, sondern können prinzipiell bei der Lösung jedes Problems eingesetzt werden. Es sind *generelle Denkweisen*, die dabei helfen, eine bestimmte Fragestellung besser zu verstehen und somit zur Lösungsfindung beitragen.

Es kann jedoch selbstverständlich nicht garantiert werden, dass die Anwendung dieser generellen Strategien in jedem Fall zu einer befriedigenden Lösung führt. Das Finden einer Lösung sowie die Qualität dieser Lösung sind in jedem Fall von der *Kreativität, der Analysefähigkeit und der Erfahrung der beteiligten Personen* abhängig.

Die Abstraktion spielt auch eine wesentliche Rolle bei der Bestimmung einer *Repräsentation von Dingen der Realwelt durch Datenobjekte* in einem Informationssystem. Wir zeigen das im folgenden Beispiel anhand von Büchern einer Bibliothek (Abb. 2.2/2), die in einem Bibliotheksinformationssystem (Abb. 2.2/3) dargestellt werden.

> Wenn Sie Abbildung 2.2/3 betrachten, bemerken Sie, dass keinesfalls die Bücher mit allen Teilaspekten in dem Informationssystem dargestellt werden, sondern dass nur der Titel, die Inventarnummer usw. zur Darstellung eines Buches herangezogen wurden. Dies sind die für die Anwendung wesentlichen beschreibenden Merkmale. Andere Merkmale, wie beispielsweise die Farbe des Buches, die Art des Einbandes, die Seitenzahl und die äußere Form (Höhe, Breite, Länge) bleiben unberücksichtigt, da sie für das Informationssystem unerheblich sind.

Bei der Darstellung von Sachverhalten in einem Informationssystem wird somit ein *abstraktes Modell der Realität* geschaffen. Symbole (Namen, Bezeichner) dienen als Platzhalter für die korrespondierenden Objekte der Realwelt. Zum Beispiel repräsentiert eine Zeile in der Tabelle von Abb. 2.2/3 ein bestimmtes Buch. Mit diesen Symbolen können Situationen der Realwelt nachgebildet werden. Beispielsweise kann der Kauf des Buches durch einen zusätzlichen Eintrag in der Datenbasis vermerkt werden, oder der (endgültige) Verlust kann in der Datenbasis durch das Löschen des Eintrags nachvollzogen werden.

Innerhalb eines Informationssystems wird somit eine vereinfachte Nachbildung des relevanten Realitätsausschnittes geschaffen. Durch die Anwendung von Operationen auf die verwendeten Symbole sollen Änderungen in der Realwelt nachvollzogen werden. In ähnlicher Weise sollen durch Änderungen im Informationssystem Handlungen in der Realwelt angestoßen werden. Beispielsweise wird ein Buch erst dann verliehen, nachdem es im Informationssystem erfasst wurde. Die offensichtliche Schwierigkeit hierbei liegt darin, dass trotz laufender Veränderungen die im Informationssystem dargestellten Sachverhalte den Sachverhalten in der Realwelt entsprechen sollen (und müssen) und umgekehrt. Ein Benutzer des Informationssystems muss sich darauf verlassen können, dass die Daten konsistent mit der Realwelt sind.

Abb. 2.2/2: Realweltobjekte

Der wesentliche *Grund für die Verwendung von Abstraktionen* beziehungs-weise die Verwendung von Symbolen liegt darin, dass die *symbolische (abstrakte) Behandlung realer Sachverhalte weniger Aufwand erfordert* als die Nachbildung der gesamten Komplexität eines Realweltausschnitts.

> Die Manipulation der Symbole verursacht im Allgemeinen weit weniger Aufwand als die Manipulation der Objekte der Realwelt. Es ist zum Beispiel auf lange Sicht billiger, Autounfälle durch einen Rechner zu simulieren, als ausschließlich neue PKWs für Crash-Tests zu verwenden. Bei der Definition von Regeln über Abstraktionen (zum Beispiel physikalische Gesetze oder Marktgesetze) wird die stillschweigende Annahme getroffen, dass auch in der Realwelt diese Regeln herrschen. Man schließt zum Beispiel aus den Crash-Simulationen auf Verletzungsgefahren der PKW-Insassen usw.

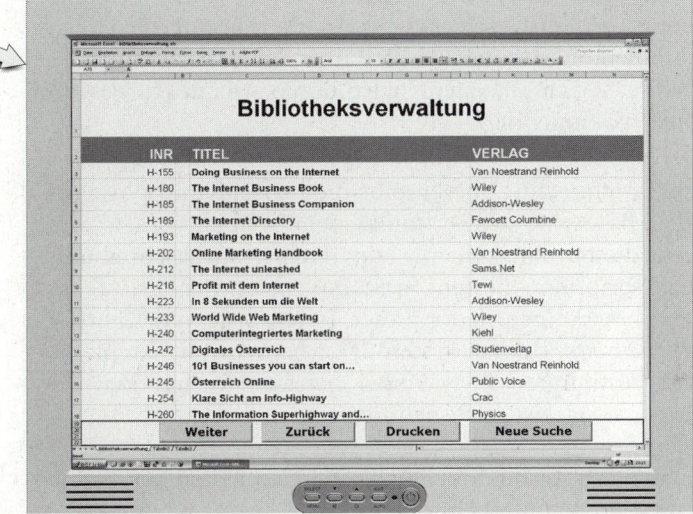

Abb. 2.2/3: Realweltobjekte und ihre Repräsentation am Rechner

Durch ähnliche Abstraktionen können komplexe Abläufe, Funktionen und Informationsflüsse in einem komplexen betrieblichen Informationssystem dargestellt werden. Diese Darstellung kann keineswegs durch ein einziges Modell erfolgen (dieses wäre zu umfangreich und komplex, durch die vielen Details ginge der Blick auf das Wesentliche verloren), sondern es müssen je nach Anforderungen, Benutzergruppen, Verwendungszwecken unterschiedliche Modelle gebildet werden. Jede Sicht auf das System wird hierbei durch eine bestimmte Art von Modellen repräsentiert.

> Ein **Modell** (engl.: model) ist eine Abstraktion des betrachteten Realitäts-
> ausschnitts. Unter **Modellierung** (engl.: modeling) werden die Tätigkeiten
> verstanden, die zur Definition eines Modells führen.

Für die Modellierung existiert eine Fülle von *Modellierungssprachen*, die je
nach Anwendungszweck sehr unterschiedliche Ausdrucksmöglichkeiten bieten.
Sie haben vielfach eine grafische Notation, das heißt, die Darstellung erfolgt
durch ein Diagramm.

Sie werden im Laufe dieses Abschnitts unterschiedliche Modellierungssprachen kennen
lernen, wie beispielsweise ER-Diagramme für Datenmodelle oder ereignisgesteuerte
Prozessketten für die Prozessmodellierung.

Um ein komplexes System zu beschreiben, sind in der Regel eine Vielzahl von
Modellen notwendig, die unterschiedliche Aspekte des Systems und deren
Zusammenspiel skizzieren. Um ein Gesamtsystem oder ein komplexes Teilsystem als Ganzes zu beschreiben, muss zunächst der Grobaufbau des Systems dargestellt werden. Die Architektur eines Systems wird durch Architekturbeschreibungen (spezielle Modelle) dokumentiert.

> Eine **Architektur** (engl.: architecture) beschreibt die logische und physika-
> lische Anordnung der Bausteine eines komplexen Systems, sowie die
> Beziehungen zwischen diesen Bausteinen. Die **Architekturbeschreibung**
> (engl.: architectural description) besteht aus der Summe aller (Teil-)
> modelle, die ein System beschreiben. Jedes dieser Teilmodelle bildet poten-
> ziell eine *unterschiedliche Sicht* auf das System. Hierbei wird die Architek-
> tur jeweils aus einem bestimmten Blickwinkel betrachtet, zum Beispiel
> physikalische Verteilung, semantische Beziehungen usw.

Die verschiedenen Sichten der Architekturbeschreibungen helfen den Beteiligten – zum Beispiel Entwickler, Manager, Endbenutzer – eine gemeinsame Vorstellung (Vision) des (Gesamt-)Systems zu entwickeln und das System auf einer
geeigneten Abstraktionsebene zu verstehen. Die Architekturbeschreibungen
können beispielsweise in der Form von Diagrammen oder strukturierten Texten
vorliegen.

▶ Übungsaufgabe Nr. 1.2.6 im Arbeitsbuch

2.2.1 IS-Architekturplanung

Bevor wir uns näher mit der Informationssystemarchitektur (IS-Architektur)
auseinander setzen, wollen wir den *Zusammenhang von IS-Architektur und
strategischer Informationssystemplanung (SISP)* verdeutlichen. Betrachten Sie
dazu die folgende Abb. 2.2.1/1.

Durch die IS-Architektur werden die logischen Strukturen des Informationssystems und der Organisation auf einer hohen Abstraktionsebene dargestellt.

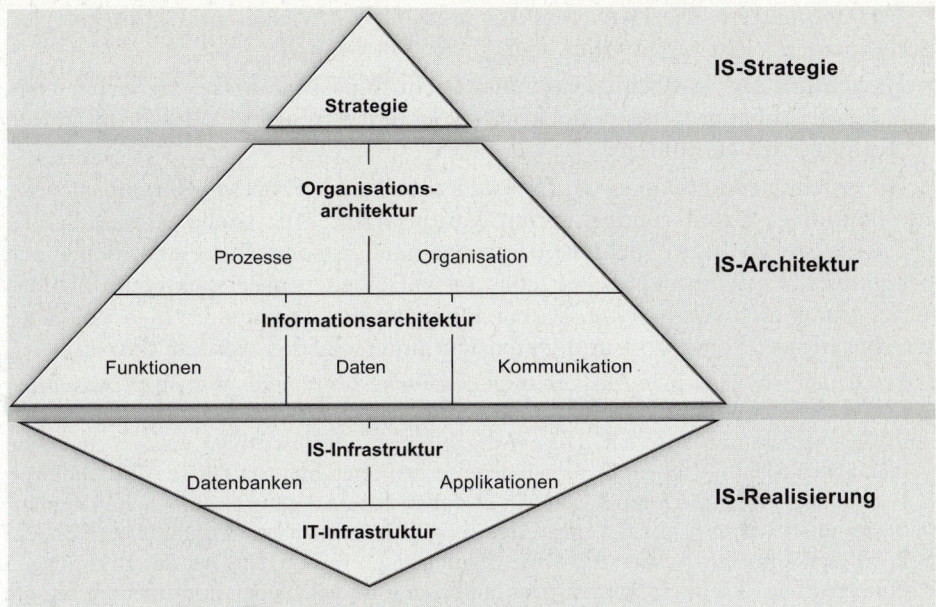

Abb. 2.2.1/1: IS-Strategie, IS-Architektur und IS-Entwicklung

Folglich wird die IS-Architektur in hohem Ausmaß von der IS-Strategie geprägt. Die IS-Architektur beschreibt die Zusammenhänge eines (existierenden oder geplanten) Informationssystems auf hohem Abstraktionsniveau und gilt somit als Vorlage für die IS-Realisierung. Es wird hier beispielsweise definiert, welche Systemkomponenten für welche Betriebsbereiche entwickelt/beschafft werden müssen und mit welchen anderen Systemen diese abzustimmen sind.

Die **Informationssystemarchitektur** (IS-Architektur, engl.: information systems architecture) ist die gesamtheitliche Beschreibung der Prozesse, Organisation, Funktionen (realisiert durch Applikationen), Daten (beispielsweise gespeichert in Datenbanksystemen) und Kommunikationsbeziehungen eines Informationssystems.

Die IS-Architektur ist auch Basis für daraus erarbeitete IS-Richtlinien, die für eine einheitliche Umsetzung in einem komplexen Informationssystem sorgen sollen. Bei der Erstellung einer IS-Architektur sind folgende *Ziele* zu berücksichtigen:

- *Vertikale Integrität (Vollständigkeit)*: Informationssysteme müssen die vorgegebenen Betriebsziele für alle Teilkomponenten unterstützen.
- *Horizontale Integrität*: Es wird eine Infrastruktur eingerichtet, um das Zusammenspiel aller Teilinformationssysteme zu gewährleisten.

- *Verständlichkeit*: Die IS-Architektur muss für Entwickler und Manager gleichermaßen leicht verständlich sein.
- *Flexibilität*: Die IS-Architektur muss leicht anpassbar und erweiterbar sein, und soll Abhängigkeiten („lock-in") von Einzelanbietern oder proprietären Technologien verhindern).

Die wichtigsten *Teile einer IS-Architektur* sind Prozess-, Organisations-, Applikations-, Daten- und Kommunikationsarchitektur (siehe Abb. 2.2.1/1). Die Teile stehen dabei nicht isoliert voneinander, sondern beschreiben einen bestimmten Ausschnitt eines Betriebes aus verschiedenen Perspektiven. Insofern spricht man auch von *Sichten*. Wobei analog zu den Teilen einer IS-Architektur Organisations-, Funktions- und Datensicht unterschieden werden können.

Betrachten wir als kleinen Ausschnitt die *Rechnungsprüfung* in unserem *Lebensmittelfilialbetrieb*. Im Rahmen der Rechnungsprüfung werden mögliche mengen- und wertmäßige Differenzen ermittelt. Diese Aufgabe mag zunächst trivial erscheinen. Wenn man aber bedenkt, dass ein Unternehmen mit mehreren hundert Filialen Tausende von Rechnungen überprüfen muss, so steht es dafür, diese Aufgabe bestmöglich informationstechnisch zu unterstützen, um diese möglichst rationell durchführen zu können. Prinzipiell käme als Ansatz auch eine „Nulllösung" in Betracht, bei der Rechnungen ohne Prüfung akzeptiert werden. Die Nulllösung ist seitens der Implementierung die günstigste, allerdings können die Konsequenzen bei unabsichtlichen (und eventuell auch absichtlichen) Abweichungen sehr teuer werden, sodass sie nicht sinnvoll erscheint.

Für die Rechnungsprüfung werden die mengen- und wertmäßigen Differenzen bei Waren- und Rechnungseingang berechnet. Anschließend ist zu ermitteln, wer eine etwaige Differenz zu vertreten hat – entweder der Lieferant oder der Lebensmittelfilialbetrieb selbst. Je nachdem wird entweder der Lieferant mit der Differenz belastet oder eine bestimmte Filiale beziehungsweise die Zentrale des Lebensmittelbetriebs. Selbstverständlich sind hier auch verschiedene Mischformen denkbar, bei denen die Differenz zum Beispiel zu einem Teil zu Lasten des Lebensmittelfilialbetriebs und zu einem anderen Teil zu Lasten des Lieferanten verbucht wird.

Beim Wareneingang wird ermittelt, ob die Menge der Waren auf dem Lieferschein mit den gelieferten Waren übereinstimmt. Etwaige Differenzen werden im Zentrallager oder Distributionszentrum vom Lagerarbeiter direkt ins Informationssystem eingegeben und zusätzlich auf dem Lieferschein vermerkt. Der Lieferschein wird dann an die Abteilung Rechnungsprüfung geschickt. Immer häufiger werden auch Waren in die Filialen direkt geliefert. Gerade im Frischwarenbereich ist dieses Vorgehen notwendig, denn „in Sachen Frische will man die Nummer Eins sein". Der Vorgang ist grundsätzlich der Gleiche wie im Zentrallager (Distributionszentrum). Nur wird er hier von einem Verkäufer durchgeführt, der gerade Zeit hat, die Waren zu übernehmen. Die Daten können auch nicht direkt ins zentrale Informationssystem eingegeben werden, sondern müssen am Abend nach Geschäftsschluss von den Lieferscheinen nacherfasst und an die Zentrale übertragen werden. Für den Vergleich von Bestellung und Lieferung erhält die Filiale immer eine physische Kopie des Bestellungsformulars vom zentralen Einkauf. Leider kann man sich das Schicken der Lieferscheine per Fax oder das Einlesen mit einem Scanner nicht ersparen, da immer wieder Eingabefehler passieren.

Die Lieferanten schicken die Rechnungen direkt an die Zentrale, wo sie von der Poststelle an die Rechnungsprüfung weitergeleitet werden. In der Rechnungsprüfung werden Rechnungen und Lieferscheine aus den Filialen, dem Zentrallager und dem Distributionszentrum zusammengeheftet und an die Sachbearbeiter verteilt. Jeder Mitarbeiter bearbeitet bestimmte Filialen. Für die Rechnungsprüfung gibt es bereits ein spezielles Programm, das beim Prüfungsvorgang hilft. Dazu geben die Mitarbeiter die Kopfdaten einer Rechnung in den Computer ein, worauf automatisch alle gespeicherten Bestellungen zusammengesucht werden. Die Bestellungen wurden vom Einkauf bereits beim Bestellvorgang erfasst. Die bestellten Mengen werden mit den von den Einkäufern im Artikelstamm gespeicherten Preisen und Konditionen bewertet. Bei den Konditionen gibt es häufig zwanzig und mehr verschiedene Konditionsarten. Aufgrund dieser Information wird dann der aus Sicht des Lebensmittelfilialbetriebs richtige Rechnungsbetrag berechnet. Stimmt dieser Betrag mit der Forderung des Lieferanten überein, kann der Sachbearbeiter die Rechnung durch Knopfdruck zur Zahlung freigeben. Die Daten werden automatisch an die Finanzbuchhaltung weitergegeben. Stimmen die Beträge nicht überein, muss der Vorgang einer genaueren Prüfung unterzogen werden.

Besonders aufwändig ist dies bei Sammelrechnungen, auf denen tägliche Lieferungen eines Monats zusammengefasst sind. So eine Rechnung hat in etwa fünfhundert Positionen. Der Sachbearbeiter muss bei jeder Position die gespeicherten Mengen mit den auf dem Lieferschein angegebenen Mengen und den Mengen auf der Rechnung vergleichen. Natürlich gibt es auch Fehler bei den Preisen. Sowohl der Lieferant kann einen falschen Preis angeben als auch der Einkäufer kann sich beim Einspeichern der Konditionen in den Artikelstamm irren. Alle erkannten Differenzen gibt der Sachbearbeiter in den Computer ein, wobei gleich festgehalten wird, zu wessen Lasten diese Differenz geht. Bei Unklarheiten muss in der Filiale, beim Einkäufer, im Zentrallager oder im Distributionszentrum nachgefragt werden. Solange die errechnete Rechnungssumme nicht mit der Rechnungssumme des Lieferanten übereinstimmt, kann eine Rechnung nicht abgeschlossen werden. Wenn die Daten übereinstimmen, werden sie der Finanzbuchhaltung übergeben, die die Bezahlung veranlasst und im System als abgeschlossen vermerkt. Etwaige Differenzen werden an die Lieferanten gemeldet.

Natürlich gibt es noch weitere interessante Details, die hier nicht erwähnt wurden. Kennen Sie sich noch aus? Wie könnte man diese Abläufe strukturieren und die Komplexität reduzieren?

Diese verbale Beschreibung der Rechnungsprüfung umfasst im Wesentlichen eine Ablauf- und Funktionsbeschreibung, wie sie mit einer relativ schwachen Rechnerunterstützung in einem Betrieb realisiert sein kann. Bei einer höheren Automatisierung (beispielsweise beim elektronischen Einkauf in einer integrierten Supply-Chain-Management-Lösung) fallen viele der manuellen Tätigkeiten und die Medienbrüche weg.

Nehmen wir an, obige Grobbeschreibung soll erster Anhaltspunkt einer Architekturbeschreibung sein, die eine Organisations-, Funktions- und Datensicht umfasst. Wie kann man hierfür vorgehen? Für die Erstellung der IS-Architektur werden in der Literatur unterschiedliche Ansätze wie die *Informationssystemarchitektur (ISA)* von Zachman oder die *Architektur integrierter Informationssysteme (ARIS)* von Scheer vorgeschlagen. Da diese Ansätze unterschiedliche

Bezeichnungen und Schichtenbildungen vorsehen, kann ein Mischen der Ansätze leicht zu Unklarheiten und Missverständnissen führen. Wir verwenden im Folgenden das Architekturmodell von ARIS, das einen sehr hohen Verbreitungsgrad erreicht hat.

Woraus bestehen nun die *Teile einer IS-Architektur* im Detail? Wie beschreibt man Daten, Funktionen, Organisation und Prozesse in einer Form, die für Manager, IT-Mitarbeiter und Endbenutzer verständlich ist? Sie müssen dabei die wesentlichen Aspekte berücksichtigen, dürfen sich aber nicht im Detail verlieren, um den Überblick zu behalten. Wie schafft man die Verbindungen zwischen den Beschreibungen, wenn man jede Sicht, also Daten, Funktionen und Organisation, separat darstellt? Das kurze Beispiel über unseren Lebensmittelfilialbetrieb hat Ihnen bereits gezeigt, mit welcher Komplexität Sie es zu tun haben, wenn Sie gesamte Geschäftsprozesse für alle Beteiligten verständlich und ausreichend detailliert beschreiben wollen. Diese Fragen sollen hier exemplarisch durch eine kurze *Beschreibung der Methode ARIS* beantwortet werden.

2.2.1.1 ARIS-Architekturmodell

ARIS ist ein *Integrationskonzept*, das aus einer ganzheitlichen Betrachtung von Geschäftsprozessen abgeleitet wird. Die ganzheitliche Betrachtung zieht eine hohe Abstraktion der entstehenden Modelle nach sich. In ARIS wird die *Komplexität* durch zwei Strategien *reduziert*:

- Zerlegen (Partitionierung) von komplexen Prozessen in verschiedene *Sichten*,
- Beschreibung der Prozesse auf der Ebene dieser Sichten auf unterschiedlichem Abstraktionsniveau in jeweils drei *Schichten*.

2.2.1.2 ARIS-Schichtenmodell

ARIS unterscheidet folgende fünf Sichten (siehe auch Abb. 2.2.1.2/1) auf ein Informationssystem:

- *Organisationssicht*: Zentraler Betrachtungspunkt der Organisationssicht sind die Elemente der Aufbauorganisation eines Betriebs, wie beispielsweise *Standorte, Organisationseinheiten, Stellen* und *Stelleninhaber*. In der Organisationssicht wird die Arbeitsteiligkeit des Unternehmens definiert, es werden damit die Verantwortlichkeiten für Aufgabenbereiche vorgegeben.
- *Funktionssicht*: In der Funktionssicht werden die zu erfüllenden *Funktionen* und deren Zusammenhänge beschrieben. Funktionen sind dabei als Arbeitsverrichtungen zur Erreichung vorgegebener operationaler Ziele (wie beispielsweise das Erstellen einer Rechnung oder Buchung eines Fluges) zu verstehen. Funktionen können Elemente der Organisationssicht zugeordnet werden (beispielsweise von Organisationseinheiten erbracht werden) und werden in einem Informationssystem durch *Dienste* bereitgestellt.
- *Datensicht*: Zentraler Betrachtungspunkt der Datensicht ist die *Definition der Daten*, die in einem Informationssystem verfügbar sein sollen. Diese Daten sind Grundlage für alle Funktionen und Abläufe, wodurch der Model-

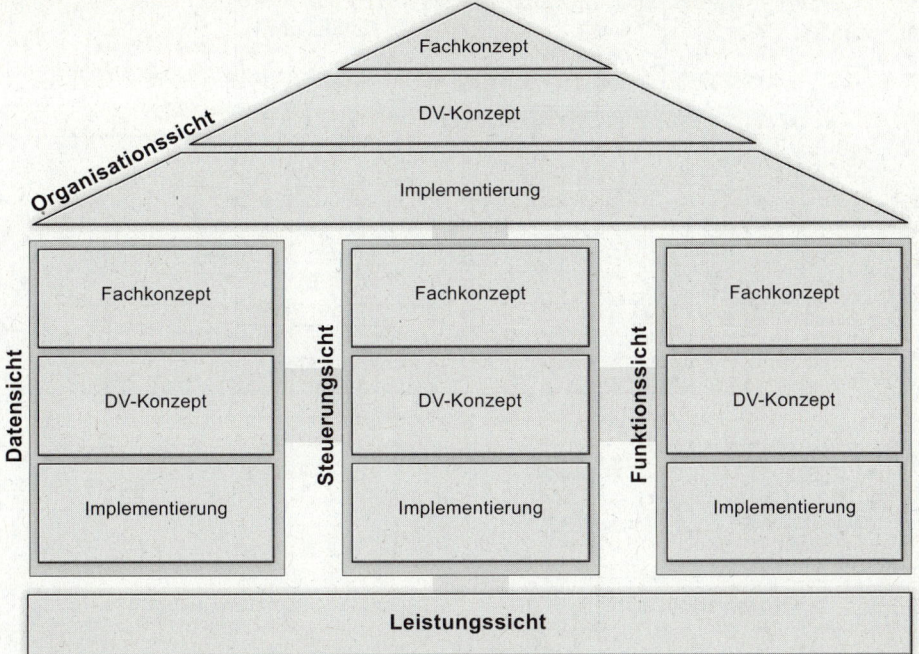

Abb. 2.2.1.2/1: Das Architekturmodell von ARIS

lierung der Eigenschaften der Daten eine hohe Bedeutung zukommt. In der Datensicht werden die Dinge des zu beschreibenden Realitätsausschnittes mit ihren Repräsentationen am Rechner beschrieben.

- *Steuerungssicht*: Durch die Steuerungssicht werden die zu realisierenden Prozesse (Abläufe) dargestellt. Hierfür werden die *Ereignisse* definiert, die Funktionen auslösen (oder die von Funktionen ausgelöst werden) und die Reihenfolge der Abarbeitung festgelegt. Die Steuerungssicht dient auch zu „Orchestrierung" der weiteren Sichten, da das Zusammenspiel dieser Sichten definiert wird (Ereignisse lösen Funktionen aus, die von Mitarbeitern in Organisationseinheiten erbracht werden; die Funktionen greifen auf Daten zu und erbringen Leistungen). Durch die Steuerungssicht werden die *Geschäfts-prozesse eines Betriebs* modelliert.

- *Leistungssicht*: Ergebnisse von Prozessen werden in ARIS als *Leistung* bezeichnet. Der Bedarf an einer Leistung löst die Ausführung von Prozessen zur Erstellung dieser Leistung aus. Der Leistungsbegriff in ARIS umfasst eine Reihe unterschiedlicher Leistungsarten, wie Sach- und Dienstleistungen, und kann auf unterschiedlichen Abstraktionsebenen verwendet werden. In der Terminologie von ARIS ist eine Leistung ein Produkt. Informationsdienstleis-tungen werden auf Datenobjekte abgebildet.

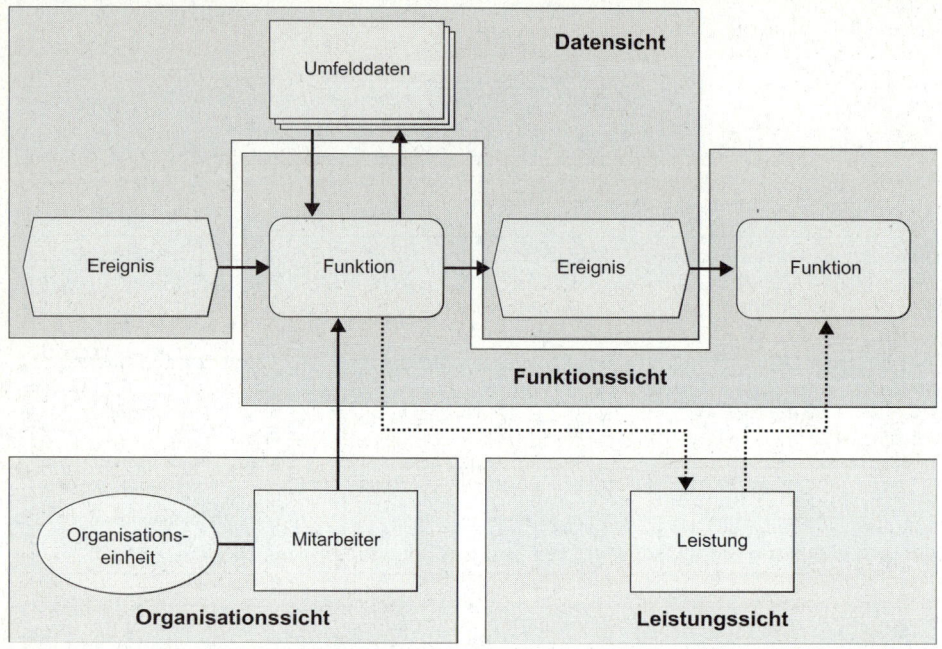

Abb. 2.2.1.2/2: Vier Basisschichten von ARIS, durch Steuerungssicht koordiniert (nach IDS Scheer)

In ARIS werden für die gewählten Abstraktionen (beispielsweise Funktionen, Ereignisse und Organisationseinheiten) grafische Symbole vorgeschlagen (siehe Abb. 2.2.1.2/2), die in Diagrammen dargestellt werden. Für die Modellierung der einzelnen Sichten existieren (je nach Abstraktion) mehrere Ansätze und Diagrammtypen, die bei der genaueren Behandlung dieser Sichten noch im größeren Detail vorgestellt werden. Die Leistungssicht wird bei dieser Detailbetrachtung ausgenommen.

Um die Komplexität innerhalb der Sichten zu reduzieren, werden in ARIS innerhalb jeder der Sichten *drei Beschreibungsebenen* unterschieden. Die Ebenen differieren in ihrer Nähe zur Informationstechnik.

Ausgangspunkt der Betrachtung ist immer eine betriebswirtschaftliche Problemstellung wie beispielsweise ein Geschäftsprozess.

• In einem ersten Schritt wird diese Problemstellung präzisiert und in einer formalisierten Beschreibungssprache dargestellt. Diese Ebene wird als *Fachkonzept* bezeichnet. Das Fachkonzept ist noch eng an die betriebswirtschaftliche Problemstellung gekoppelt. Es enthält noch keine Aussagen über Informationssysteme.

• Auf Ebene des *DV-Konzeptes* werden die Begriffe des Fachkonzeptes in die notwendigen Beschreibungskonstrukte der Informationstechnik übertragen.

• Die dritte Ebene *Implementierung* enthält schließlich die konkreten hard-

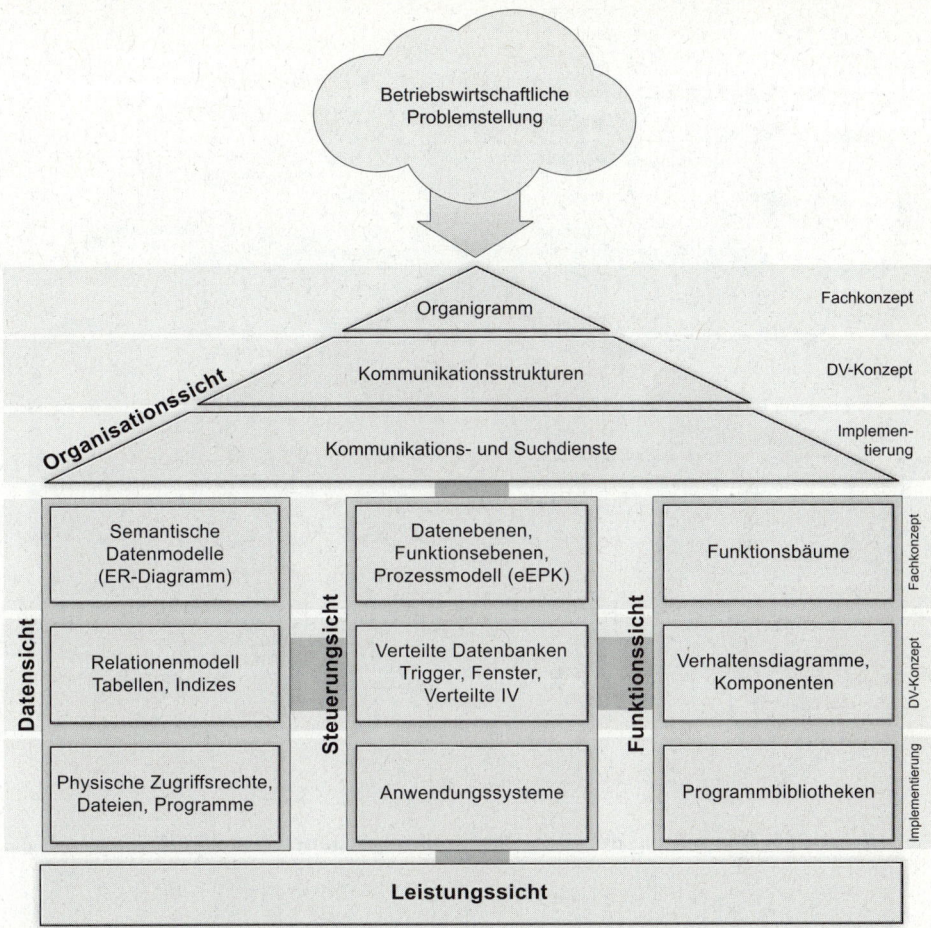

Abb. 2.2.1.2/3: Sichten und Beschreibungsebenen von ARIS (nach A.W. Scheer)

ware- und softwaretechnischen Komponenten. Die Abb. 2.2.1.2/3 zeigt die Struktur des Gesamtmodells.

Jede Ebene ist durch unterschiedliche *Änderungszyklen* gekennzeichnet. Je weiter man von der abstrakten Ebene konkretisiert, desto mehr Detailentscheidungen werden notwendig, desto häufiger werden Änderungen erforderlich sein.

▶ Übungsaufgabe Nr. 1.2.7 im Arbeitsbuch

Die Abb. 2.2.1.2/4 stellt die drei Beschreibungsebenen in einem Vorgehensmodell dar. Auf der Strategie-Ebene erfolgt die geschäftsnahe Spezifikation des Informationssystems. Sie entspricht methodisch der Fachkonzept-Ebene. Diese Ebene definiert geschäftliche Anforderungen, die auf der Design-Ebene in DV-Konzepte umgesetzt werden. Diese bilden wiederum den Ausgangspunkt für die

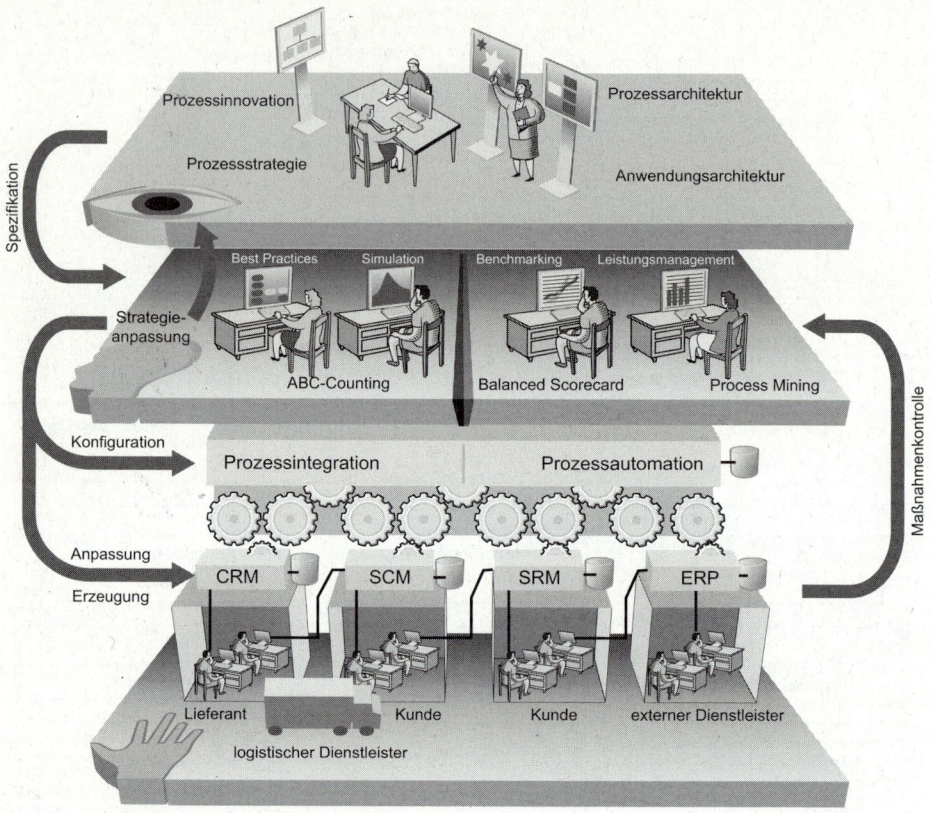

Abb. 2.2.1.2/4: Darstellung der ARIS-Beschreibungsebenen (Quelle: IDS Scheer)

tatsächliche Realisierung im operativen Informationssystem. Aus den dort anfallenden Daten werden laufend informationstechnische und betriebswirtschaftliche Kennzahlen ermittelt. Diese Kennzahlen sind wichtige Inputfaktoren für die Controlling-Abteilung, die diese in Analysen verdichtet. Diese Analysen sind wiederum Basis für die laufende Optimierung des Informationssystems.

Die folgenden Abschnitte gliedern sich nach den Elementen des Architekturmodells von ARIS. Die Abschnitte werden allerdings als Themenbereiche betrachtet, in denen auch Methoden und Ansätze, die über ARIS hinausgehen, vorgestellt werden.

2.2.2 Organisationssicht von Informationssystemen

In der Organisationssicht wird die Aufgabenverteilung in einem Betrieb dargestellt. Beispielsweise wird dabei beschrieben, welche Organisationseinheiten (Abteilungen, Stellen) existieren, und welche Mitarbeiter zu diesen Organisationseinheiten gehören oder welche Rollen diese wahrnehmen. Durch diese Infor-

mation kann die Arbeitsteiligkeit abgelesen und es können die Verantwortlichkeiten für Funktionen in einem Betrieb dokumentiert werden. Das wichtigste
Hilfsmittel für die Beschreibung auf der Fachkonzeptebene der Organisationssicht ist das *Organigramm*.

> Ein **Organigramm** (engl.: organigram) ist ein Diagramm (grafisches Modell)
> zur Beschreibung von Organisationsstrukturen.

In der Praxis existieren zahlreiche Notationen zur Darstellung von Organigrammen. Wir stellen in diesem Abschnitt eine Untermenge der Notation von
ARIS vor, die verhältnismäßig viele Konstruktionselemente für Organigramme
vorsieht. Abb. 2.2.2/1 zeigt ein einfaches Organigramm auf hoher abstrakter
Ebene. Dieses Organigramm könnte in einer Vielzahl von Unternehmen existieren.

ARIS sieht zahlreiche Konstruktionselemente für Organigramme vor. Die
wichtigsten einfachen Konstruktionselemente sind *Organisationseinheiten*
(typischerweise Abteilungen), *Standorte* (Niederlassungen eines Betriebs), *Stellen* (ein *Arbeitsplatz* zur Erfüllung der in einer *Stellenbeschreibung* spezifizierten
Funktionen) und *Personen* (Stelleninhaber, konkrete Mitarbeiter). Zusätzlich
können in ARIS beispielsweise noch *Kostenstellen*, *Gruppen* (beispielsweise
Projektgruppen) und Verweise auf weitere *Organigramme* eingetragen werden.

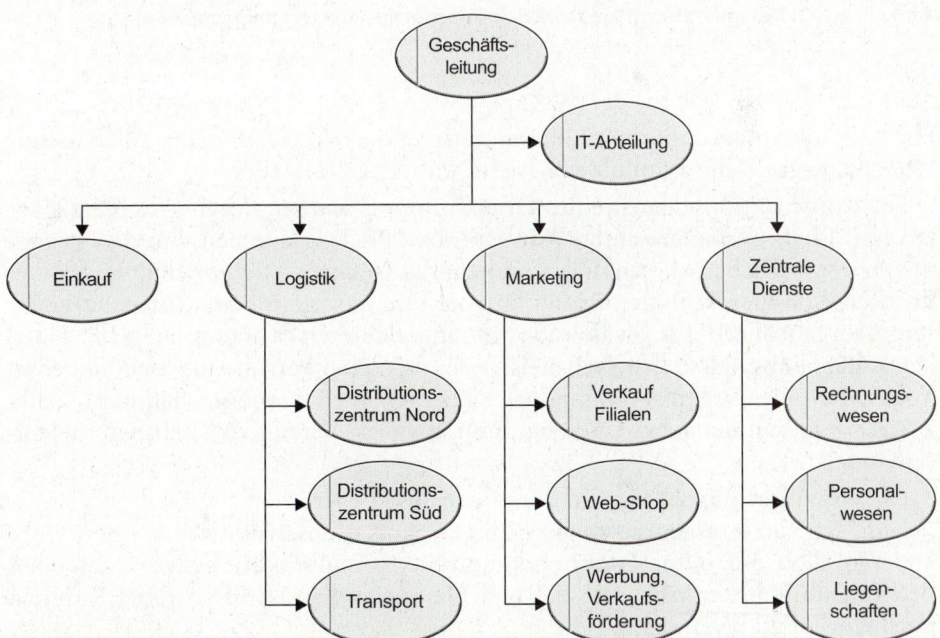

Abb. 2.2.2/1: Organigramm zur Darstellung von Organisationseinheiten

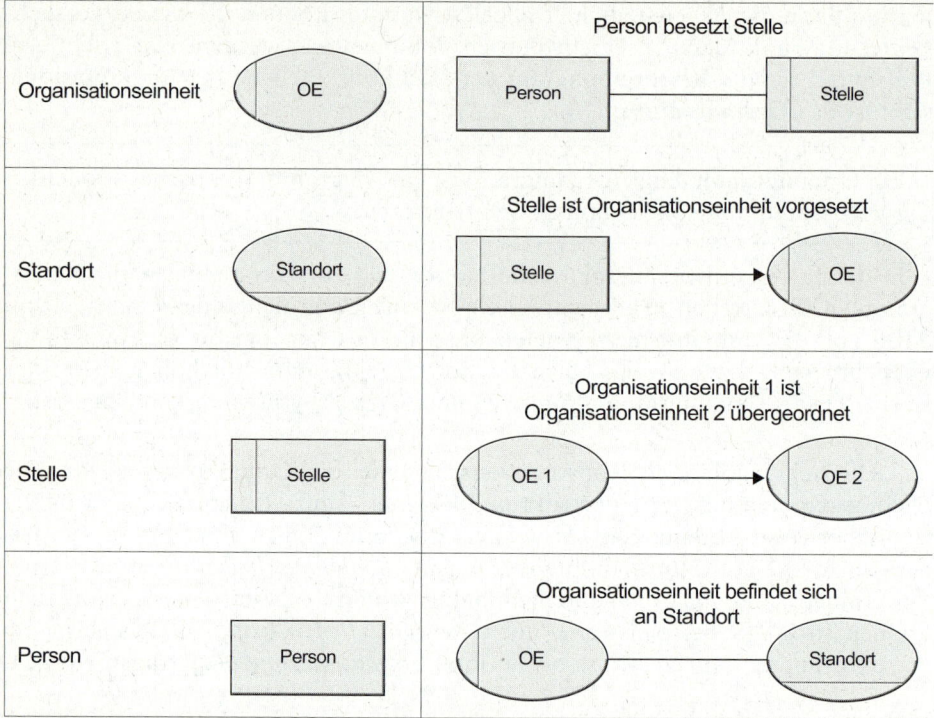

Abb. 2.2.2/2: Ausgewählte Konstruktionselemente von Organigrammen

Für alle in diesem Abschnitt kursiv gedruckten Konzepte sieht ARIS unterschiedliche grafische Symbole vor (siehe Abb. 2.2.2/2).

Die Konstruktionselemente des Organigramms werden durch gerichtete Kanten (mit Pfeil) und ungerichtete Kanten (ohne Pfeil) verbunden, um die Zusammenhänge zwischen diesen Elementen auszudrücken. Die gerichteten Kanten drücken eine hierarchische Ordnung (eine Organisationseinheit ist einer anderen übergeordnet) aus, während die ungerichteten Kanten lediglich einen Zusammenhang darstellen (beispielsweise, dass eine Person eine Stelle innehat, oder dass eine Organisationseinheit sich an einem Standort befindet). Abb. 2.2.2/3 zeigt ein einfaches Organigramm aus dem Bereich des Lebensmitteleinzelhandels.

Die Organisationssicht ist auf der Ebene des DV-Konzepts und der Implementierung schwach ausgeprägt. Durch die Organisationsstrukturen werden unter anderem die Controlling-Funktionen und die Kommunikationsstrukturen eines Betriebs stark beeinflusst. Diese Themenbereiche werden in späteren Kapiteln noch eingehend behandelt.

▶ Übungsaufgabe Nr. 1.2.8 im Arbeitsbuch

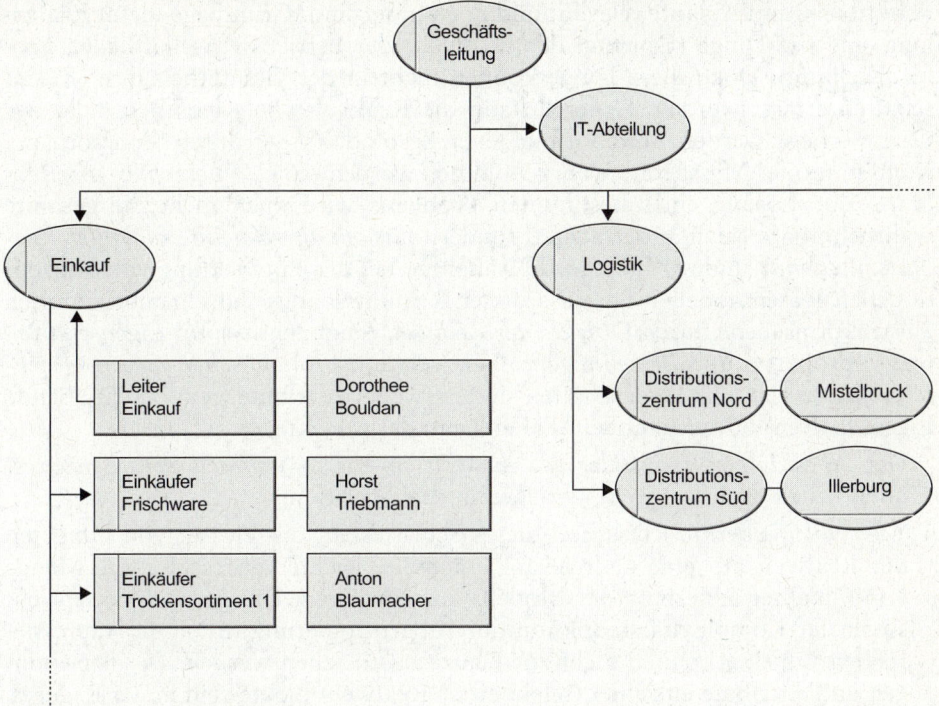

Abb. 2.2.2/3: Organigramm

2.2.3 Datensicht von Informationssystemen

Die Datensicht eines Informationssystems beschreibt, was in einen Informationssystem permanent abgespeichert werden kann. Diese Daten sind Grundlage für alle Funktionen und Abläufe, wodurch der Modellierung der Eigenschaften der Daten eine hohe Bedeutung zukommt. Auf der Ebene des Fachkonzepts werden in der Datensicht *konzeptionelle Datenmodelle* entwickelt, die auf der Ebene des DV-Konzepts meist durch *relationale Datenbanksysteme* realisiert werden. Auf der Ebene der Implementierung werden entsprechende *Algorithmen* gewählt, die eine hinreichende Robustheit sowie Laufzeit- und Speichereffizienz aufweisen (mehr hierzu in Band 2, Kapitel 5).

2.2.3.1 Entwicklung von konzeptionellen Datenmodellen

Ein *konzeptionelles Datenmodell* bietet eine Sicht auf ein Informationssystem, durch die definiert wird, welche „Dinge der realen Welt" in einem Informationssystem dargestellt werden müssen.

Das Ziel der Entwicklung von konzeptionellen Datenmodellen ist die Ermittlung der Datenelemente (und deren Eigenschaften), die für die umzusetzenden

Funktionen und Abläufe relevant und notwendig sind. Grundlage dieser Ermittlung sind die Dinge (Objekte) der Realwelt (der betriebswirtschaftlichen Problemstellung). Doch diese Dinge können nicht in der Gesamtheit ihrer Eigenschaften erfasst werden. Generell kann die Realwelt von Menschen nicht zur Gänze erfasst werden, sondern nur jener Bestandteil, der durch Sinnesorgane, Kognition oder Messgeräte wahrgenommen werden kann *(= perzepierbare Realität)*. Zur Lösung eines bestimmten Problems wird auch nicht die gesamte wahrnehmbare Realität betrachtet, sondern *nur ein als relevant erachteter Realitätsausschnitt*. Eine grundlegende Annahme bei der Entwicklung von konzeptionellen Datenmodellen ist, dass dieser Realitätsschnitt auf einer bestimmten Abstraktionsebene durch *Objekte der Realwelt* (engl.: entity) *mit Eigenschaften* (engl.: property) und *Beziehungen* (engl.: relationship) *zwischen diesen Objekten erfassbar* ist. Die Eigenschaften sind entweder Attribute (rein beschreibende Eigenschaften) oder Methoden (Fähigkeiten der Objekte).

Der *Abbildungsprozess der realen Welt in ein (maschinell verarbeitbares) Modell* vollzieht sich grob beschrieben in drei Schritten:

1) *Auswahl (Selektion):* Das Ziel dieses Schrittes ist, die Vielfalt von Objekten der Realwelt auf eine als relevant erachtete, leichter überschaubare Menge von Objekten innerhalb des Modells zu reduzieren. Die Auswahl entspricht somit der Komplexitätsreduktion durch Partitionierung. Auch die interessierenden Objekte können nicht zur Gänze beschrieben werden: Die Beziehungen und Attribute einzelner (selektierter) Realweltobjekte sind in der Regel zu vielfältig, um vollständig dargestellt zu werden. Die Selektion beschränkt sich also nicht nur auf die *Auswahl von Objekten*, sondern umfasst auch die *Bestimmung von relevanten Eigenschaften und Beziehungen*.

2) *Benennung:* Jedem Objekt der Realität, jeder Beziehung und Eigenschaft wird ein *identifizierender Name* zugeordnet.

3) *Klassifikation:* Die inhomogene Menge der Objekte und Beziehungen wird weiter in *homogene Klassen von Objekttypen* unterteilt. Kriterien der Klassifikation sind entweder sachbezogener oder verarbeitungstechnischer Natur. Der Grad der Klassifikation beziehungsweise der Detaillierungsgrad der Unterscheidung ist anwendungsabhängig. In diesem Schritt erfolgt die Komplexitätsreduktion durch Abstraktion.

Das Ergebnis dieses Modellierungsvorgangs nennt man **konzeptionelles Modell** (engl.: conceptual model). Es enthält die für eine Problemstellung relevanten Objekttypen sowie deren relevante Eigenschaften und Beziehungen. Ein konzeptionelles Modell, das nur die rein beschreibenden Merkmale (Attribute) umfasst und Methoden außer Betracht lässt, wird **konzeptionelles Datenmodell** (engl.: conceptual data model) genannt.

Wir konzentrieren uns zunächst auf das konzeptionelle Datenmodell, das definitionsgemäß keine Methoden (Fähigkeiten der Objekte) umfasst. Diese Methoden werden im Zusammenhang mit der objektorientierten Modellierung später diskutiert. Für ein komplexes Informationssystem können und müssen unterschiedliche konzeptionelle Datenmodelle je nach Teilaspekt gebildet werden, da sonst das Modell unüberschaubar komplex wird (hierbei findet die Komplexitätsreduktion durch Projektion statt). Aber auch für einen einzelnen Teilaspekt können unterschiedliche Modelle gebildet werden, da die Bildung des Modells stark von den an der Modellierung beteiligten Personen geprägt wird. Grund hierfür ist nicht zuletzt der Schritt der Benennung. Ein und dasselbe reale System kann also durch *nahezu beliebig viele konzeptionelle Modelle* beschrieben werden.

So kann etwa unser *Beispiel-Lebensmittelfilialbetrieb* mittels vieler verschiedener konzeptioneller Datenmodelle beschrieben werden, je nachdem welche Aspekte eines Systems betrachtet werden sollen. Denken Sie dabei zum Beispiel daran, was bei so einem Betrieb von den Eigentümern, Führungskräften, Angestellten, Kunden, Lieferanten oder Steuerprüfern als relevant erachtet wird.

▶ Übungsaufgabe Nr. 1.2.9 im Arbeitsbuch

2.2.3.2 Entity-Relationship-Modell

Die heute wichtigste und am weitesten verbreitete Beschreibungssprache für konzeptionelle Datenmodelle sind Entity-Relationship-Diagramme (ER-Diagramme), die auf einem einfachen, zugrunde liegenden Datenmodell, dem Entity-Relationship-Modell (ER-Modell) beruhen.

> Das **Entity-Relationship-Modell** (Abkürzung: ER-Modell, engl.: entity relationship model) definiert die *Datenelemente* (engl.: entity) mit ihren *Attributen*, die in einem Informationssystem gespeichert werden sollen. Zusätzlich werden die *Beziehungen* (engl.: relationship) zwischen diesen Datenelementen definiert.

ER-Modelle bieten in der Form von ER-Diagrammen eine relativ leicht verständliche grafische Notation, die für Anwendungs- und Umsetzungsexperten gleichermaßen geeignet ist. ER-Modelle sind auf der Implementierungsebene unabhängig von einem bestimmten Datenbankverwaltungssystem.

Ausgangspunkt beim ER-Modell sind die *Entities*, das heißt wohl unterscheidbare Dinge der Realwelt, wie beispielsweise die Personen *Hans Robert Hansen* und *Gustaf Neumann*. Von diesen konkreten Ausprägungen wird abstrahiert, sie werden zu *Entitätstypen* zusammengefasst. Für die genannten Entities bietet sich der Entitätstyp *Person* an. Für andere Anwendungen könnten die Entitätstypen beispielsweise *Bücher, Automobile, Bestellungen* usw. sein. Die für eine Anwendung relevanten beschreibenden Merkmale der Ausprägungen, wie zum Beispiel *Name, Baujahr, Preis, Bestellnummer* werden als *Attribute* der Entitätstypen bezeichnet.

Meistens sind Attribute *einwertig*, das heißt, dass ein Objekt für ein Attribut zu einem Zeitpunkt nur einen Wert besitzen darf (beispielsweise kann eine Person für das Attribut *Name* oder das Attribut *Geburtsdatum* nur einen Wert haben). Prinzipiell können allerdings Attribute auch *mehrwertig* sein, dies bedeutet, dass auch mehrere Werte für ein Objekt zu einem Zeitpunkt Gültigkeit besitzen dürfen (beispielsweise kann eine *Person* gleichzeitig mehrere *Mobiltelefonnummern* haben).

In ER-Diagrammen werden Entitätstypen als *Rechtecke* und Attribute als *Ovale* dargestellt. Mehrwertige Attribute werden durch doppelt gezeichnete Ovale symbolisiert.

Generell werden in ER-Diagrammen die Typen (beispielsweise der Entitätstyp *Person*) und nicht die individuellen Ausprägungen (die Person „Hans Robert Hansen") dargestellt. Da die Attribute auf der Ebene der Typen definiert werden, ist es in einem ER-Modell nicht möglich auszudrücken, dass unterschiedliche Ausprägungen eines Entitätstyps unterschiedliche Attribute besitzen.

Werden beispielsweise für den Entitätstyp *Person* die Attribute *Name* und *Sozialversicherungsnummer* definiert, so kann beispielsweise für eine einzelne, konkrete Ausprägung von *Person* kein Geburtsdatum gespeichert werden (da *Geburtsdatum* nicht als Attribut von *Person* definiert wurde).

Ein weiteres wichtiges Konstruktionselement neben den Entitätstypen sind *Beziehungstypen*, die mögliche Beziehungen zwischen Entitäten definieren. Während Entitätstypen meist durch Hauptwörter bezeichnet werden, werden Beziehungstypen meist durch Zeitwörter (Verben) benannt. In ER-Diagrammen werden Beziehungstypen in Form von *Rauten* dargestellt.

Beispielsweise kann mittels Beziehungstypen definiert werden, dass eine Person eine Filiale leitet. Dabei werden *Person* und *Filiale* als Entitätstypen dargestellt, und die Beziehung *leitet* wird als Beziehungstyp definiert.

In einem ER-Modell können zu jedem Beziehungstyp auch das *Kardinalitätsverhältnis* und die *Partizipation* spezifiziert werden, die die möglichen Ausprägungen des Beziehungstyps einschränken können.

> Das **Kardinalitätsverhältnis** (engl.: cardinality ratio) drückt den Grad einer Beziehung aus und besagt, wie viele Entities eines beteiligten Entitätstyps mit wie vielen Entities der anderen beteiligten Entitätstypen in Beziehung treten können.

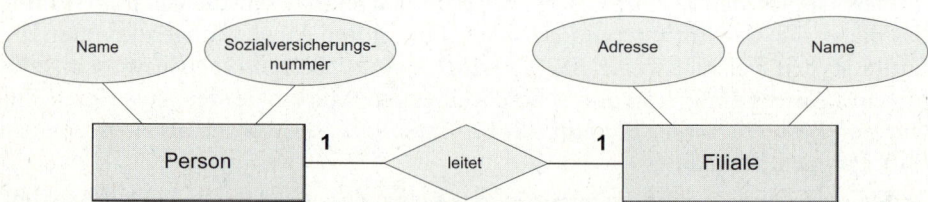

Abb. 2.2.3.2/1: Einfaches ER-Diagramm mit Beziehungstyp

Dabei sind folgende Unterscheidungen für Beziehungstypen zwischen zwei Entitätstypen möglich:

- *1:1-Beziehung:* Für jedes Entity der beteiligen Entitätstypen darf eine Beziehung zu maximal einem anderen Entity bestehen.

- *1:n-Beziehung:* Für jedes Entity des ersten beteiligen Entitätstyps darf eine Beziehung zu mehreren Entities des zweiten Entitätstyps bestehen, während für jedes Entity des zweiten Entitätstyps eine Beziehung zu maximal einem Entity des ersten Typs bestehen darf. Der Wert *n* in *1:n* steht demgemäß für „*mehrere*".

- *n:m-Beziehung:* Für jedes Entity der beteiligen Entitätstypen dürfen Beziehungen zu mehreren anderen Entities bestehen. Die Werte *n* und *m* in *n:m* stehen jeweils für „*mehrere*".

Die Kardinalitätsverhältnisse *1:1* und *1:n* schränken somit die Maximalwerte für Ausprägungen eines Beziehungstyps ein.

Die **Partizipation** (engl.: participation) eines Beziehungstyps bestimmt, ob alle Entities eines beteiligten Entitätstyps an einer bestimmten Beziehung teilnehmen müssen. Die Partizipation kann *vollständig* (jedes Entity muss an der Beziehung teilnehmen) oder *partiell* sein. In einem ER-Diagramm wird die vollständige Partizipation durch einen *Doppelstrich* zwischen der Raute und dem vollständig partizipierenden Entitätstyp dargestellt.

Durch die vollständige Partizipation wird somit im ER-Diagramm bestimmt, dass die Teilnahme an einer Beziehung nicht optional ist. Bei einer vollständigen Partizipation muss jede Ausprägung des Entitätstyps an der Beziehung teilnehmen.

In Abbildung 2.2.3.2/2 sind Beispiele für unterschiedliche Kardinalitätsverhältnisse und Partizipationen dargestellt. Die *1*, *n*, und *m* für die Kardinalitätsverhältnisse werden jeweils neben den Entitätstypen angeführt. Teilabbildung (a) stellt eine 1:1-Beziehung dar, durch die bestimmt wird, dass jeder Mitarbeiter einen PC haben kann und jeder PC maximal einem Mitarbeiter zugeordnet ist. Teilabbildung (b) besagt, dass jede Abteilung mehrere Mitarbeiter haben kann, und dass jeder Mitarbeiter in maximal

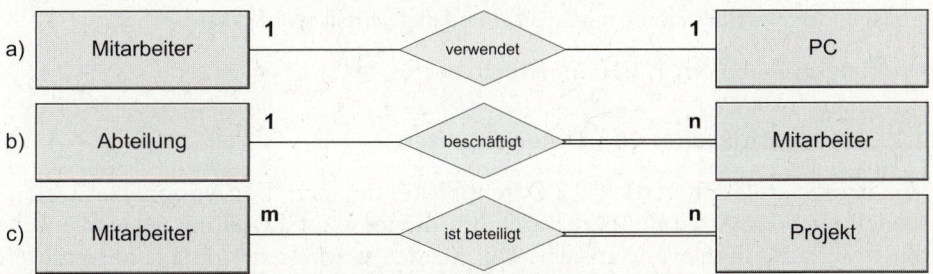

Abb. 2.2.3.2/2: Beispiele für Kardinalitätsverhältnisse

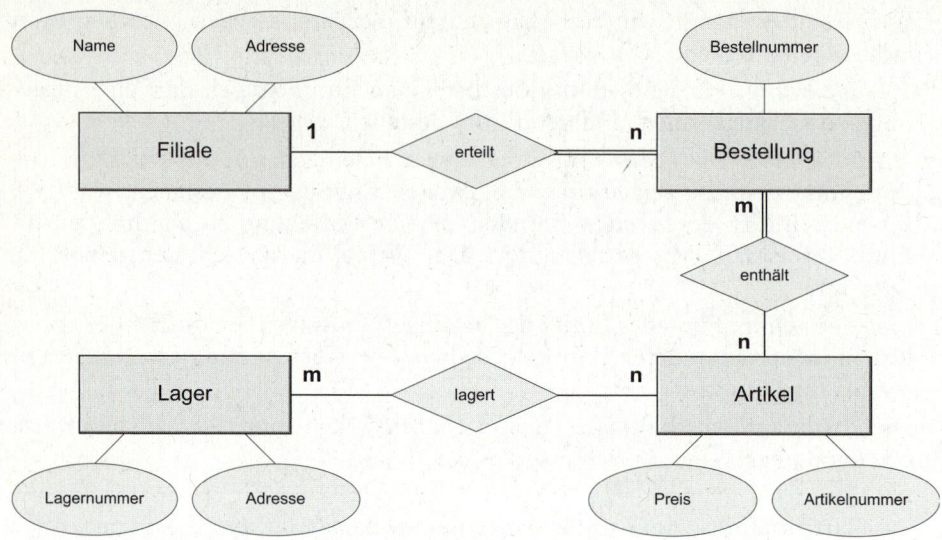

Abb. 2.2.3.2/3: Beispiel für ein ER-Diagramm

einer Abteilung beschäftigt ist. Teilabbildung (c) zeigt eine n:m-Beziehung zwischen Mitarbeiter und Projekt, wobei ein Mitarbeiter an mehreren Projekten beteiligt sein kann, und in jedem Projekt mehrere Mitarbeiter beschäftigt sein können.

In Teilabbildung (b) und (c) werden vollständige Partizipationen dargestellt. Beispielsweise arbeitet jeder Mitarbeiter in einer Abteilung, an jedem Projekt sind Mitarbeiter beteiligt. In anderen Worten: Auf Basis dieser ER-Diagramme muss jeder Mitarbeiter seine Abteilung und für jedes Projekt müssen beteilige Mitarbeiter eingetragen sein (es darf keinen Mitarbeiter geben, der in keiner Abteilung beschäftigt ist, es darf kein Projekt geben, für das keine Mitarbeiter existieren).

Abb. 2.2.3.2/3 zeigt einen Ausschnitt aus *dem ER-Diagramm unseres Beispiel-Lebensmittelfilialbetriebs*. Die am Bestellvorgang beteiligten Entitätstypen sind mit ihren wichtigsten Attributen und den Beziehungstypen abgebildet. Im modellierten Lebensmittelfilialbetrieb gibt es Filialen, die Bestellungen erteilen. Jede Bestellung wird von genau einer Filiale erteilt und umfasst einen oder mehrere Artikel, die wiederum in ein oder mehreren Lagern vorrätig sind. *Filiale*, *Bestellung*, *Artikel* und *Lager* sind in diesem Beispiel die Entitätstypen, während *erteilt*, *lagert* und *enthält* die Beziehungstypen bilden. Jede Bestellung muss von einer Filiale erteilt worden sein.

▶ Übungsaufgabe Nr. 1.2.10 im Arbeitsbuch

2.2.3.3 Identifikation von Datenobjekten

Wie bereits erwähnt werden für Datenobjekte in einem konzeptionellen Datenmodell nur jene Attribute berücksichtigt, die man zur Erzielung der gewünschten Resultate als relevant ansieht. Die für den gewählten Kontext belanglosen Eigenschaften können somit vernachlässigt werden. Diese Vorgehensweise hat eine wichtige Konsequenz: Die ausgewählten Attribute müssen ausreichen, um unterschiedliche Ausprägungen von einander unterscheiden zu können. Wenn zwei Datenobjekte in allen Attributen gleich sind, muss man davon ausgehen, dass es sich um das gleiche Realweltobjekt handelt. Beachten Sie, dass in der Realwelt vielfach „belanglose" Eigenschaften zur Unterscheidbarkeit von Realweltobjekten herangezogen werden.

Angenommen Sie sind Kunde einer großen Bibliothek, die das Entleihwesen rechnergestützt organisiert hat. Für die Bibliothek sind in der Regel nur Ihr Vor- und Zuname sowie die von Ihnen ausgeliehenen Bücher mit den entsprechenden Entleih- beziehungsweise Rückgabedaten bedeutsam. Ihre körperlichen Eigenschaften, wie Größe, Haarfarbe, Taillenumfang oder Ihre berufliche, politische beziehungsweise soziale Stellung sind für das Entleihwesen einer Bibliothek unerheblich.

Gibt es nun jedoch eine zweite Person, die den gleichen Namen trägt wie Sie, so ist die Unterscheidbarkeit alleine aufgrund des Namens zwischen Ihnen und dieser anderen Person nicht mehr gegeben. Welches Buch an wen verliehen wurde, wäre in diesem Fall nicht mehr festzustellen. Zwei verschiedene Realweltobjekte werden hier durch die Abstraktion auf (zu) wenige Attribute ununterscheidbar.

Dieser Zustand ist natürlich unbefriedigend; deshalb liegt es nahe, zum Beispiel die Adresse der Bibliothekskunden als weiteres Attribut zu verwenden. Damit sind aber die Probleme nicht gelöst. Relativ häufig stimmen beispielsweise in Familien die Namen (zum Beispiel von Mutter und Tochter oder Vater und Sohn) sowie deren Adressen überein. Auch in diesem Fall ist die eindeutige Unterscheidbarkeit nicht gewährleistet. Die zusätzliche Speicherung des Geburtsdatums reicht hier nicht aus, da es nicht ausgeschlossen werden kann, dass zwei Personen gleichen Namens sowohl die gleiche Adresse als auch den gleichen Geburtstag haben.

Aus diesem einfachen Beispiel ist leicht erkennbar, dass die Bibliothek sehr viel Information ausschließlich für die korrekte Identifikation ihrer Kunden speichern müsste. Abgesehen von dem hohen Aufwand und dem gesteigerten Bedarf an Speicherplatz ist eine solche Vorgehensweise aus Gründen des Datenschutzes oft gar nicht durchführbar.

Wenn verschiedene Objekte der Realwelt nicht aufgrund ihrer „natürlichen" Attribute eindeutig identifiziert werden können, werden zu diesem Zweck *„künstliche" Attribute* verwendet. Die Sozialversicherungsnummer, die Reisepassnummer, die Personalausweisnummer oder die Matrikelnummer sind solche Attribute. Diese Nummern sind jeweils eindeutig einer bestimmten Person zugeordnet. Das heißt, solange Sie diesen Attributwert „besitzen" kann dieser keiner anderen Person zugeteilt werden. In anderen Worten: derartige Attribute identifizieren eine Person *eindeutig*.

Ein **Schlüssel** (engl.: key) ist ein Attribut oder eine Kombination mehrerer Attribute eines Objekttyps, der/die das Objekt eindeutig identifiziert. Ein Attribut, das diese Eigenschaft aufweist, nennt man **Schlüsselattribut** (engl.: key attribute). Ein **Primärschlüssel** (engl.: primary key) ist ein Schlüssel, der tatsächlich primär dazu verwendet wird, Objekte eines Objekttyps eindeutig zu identifizieren. Die weiteren Schlüssel des Objekts nennt man **Sekundärschlüssel** (engl.: secondary key).

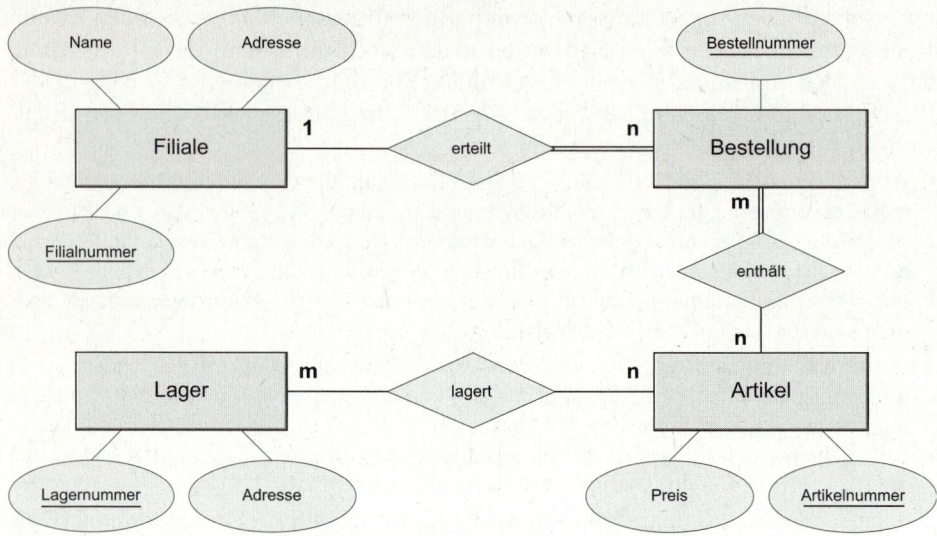

Abb. 2.2.3.3/1: Beispiel für ein ER-Diagramm mit Schlüsselattributen

> Das Attribut „Sozialversicherungsnummer" oder die Attributkombination „Matrikelnummer, Universität" sind mögliche Schlüssel für eine Person.

▶ Übungsaufgabe Nr. 1.2.11 im Arbeitsbuch

Schlüssel werden klarerweise nicht nur für Personen, sondern in realistischen Anwendungen für nahezu alle Entitätstypen (Objekttypen) benötigt. In einem ER-Diagramm werden Schlüsselattribute durch Unterstreichung des Attributsnamens dargestellt (siehe Abb. 2.2.3.3/1).

Beispiel für die Modellierung eines Bibliotheksverwaltungssystems

Als Beispiel zur Verdeutlichung der *Vorgehensweise bei der Entwicklung eines konzeptionellen Modells* betrachten wir das Realweltsystem einer einfachen Bibliothek, für die ein konzeptionelles Modell eines Bibliotheksverwaltungssystems entwickelt werden soll. Durch das zu schaffende rechnergestützte System soll es möglich sein, einerseits im Dialog den Rechner nach dem Vorhandensein verschiedener Bücher zu fragen, andererseits Kataloge sortiert nach Autoren, Titel und Thematik auszudrucken. Ferner sollen mit diesem System das Entleihwesen und die Budgetverwaltung der Bibliothek automatisiert werden.

Die im Rechner abzubildenden Objekte sind:

– Bücher (gehören zum Objekttyp *Buch*),
– Personen, die Bücher schreiben (Objekttyp *Autor*), und
– Personen, die Bücher ausleihen (Objekttyp *Kunde*).

Das Buch mit der Gesamtheit seiner Beziehungen und Attribute, seiner Geschichte und Stellung in unserer kulturellen Gesellschaft, kurz – was ein Buch ist und was ein Buch soll, ist dem Rechner schwer begreiflich zu machen. Für unser Bibliotheksverwaltungssystem ist das allerdings auch nicht notwendig. Wir beschränken uns vielmehr darauf, Bücher mittels folgender beschreibenden Eigenschaften darzustellen: Jedes Buch hat einen Titel, einen Verlag, Erscheinungsdatum und -ort, einen Preis und eine Thematik, die potenziell durch mehrere Kategorien (Themenbereiche) dargestellt werden kann. In anderen Worten: jede Ausprägung des Objekttyps *Buch* besitzt die soeben genannten Attribute, wobei *Kategorien* ein mehrwertiges Attribut ist. Zur eindeutigen Identifizierung eines Buches verwenden wir als zusätzliches Attribut dessen *Inventarnummer*, die auch als Primärschlüssel des Objekttyps *Buch* dient. Zur Beschreibung der Autoren genügen hier deren Vor- und Zunamen. Als Primärschlüssel für die Autoren wird eine eindeutig vergebene Autorennummer verwendet.

Für das Entleihwesen spielen die Personen, die Bücher ausleihen, eine entscheidende Rolle: Sie werden durch ihren Vor- und Zunamen sowie durch ihre Adressen beschrieben. Eine Kundennummer, die wie die Autorennummer eindeutig ist, dient hier als Primärschlüssel. In der Praxis kann als Kundennummer die laufende Nummer des Bibliotheksausweises dienen.

Nun folgt die Identifikation und Benennung der möglichen Beziehungen zwischen den Objekttypen. Die Beziehung zwischen einem Autor und einem Buch liegt darin,

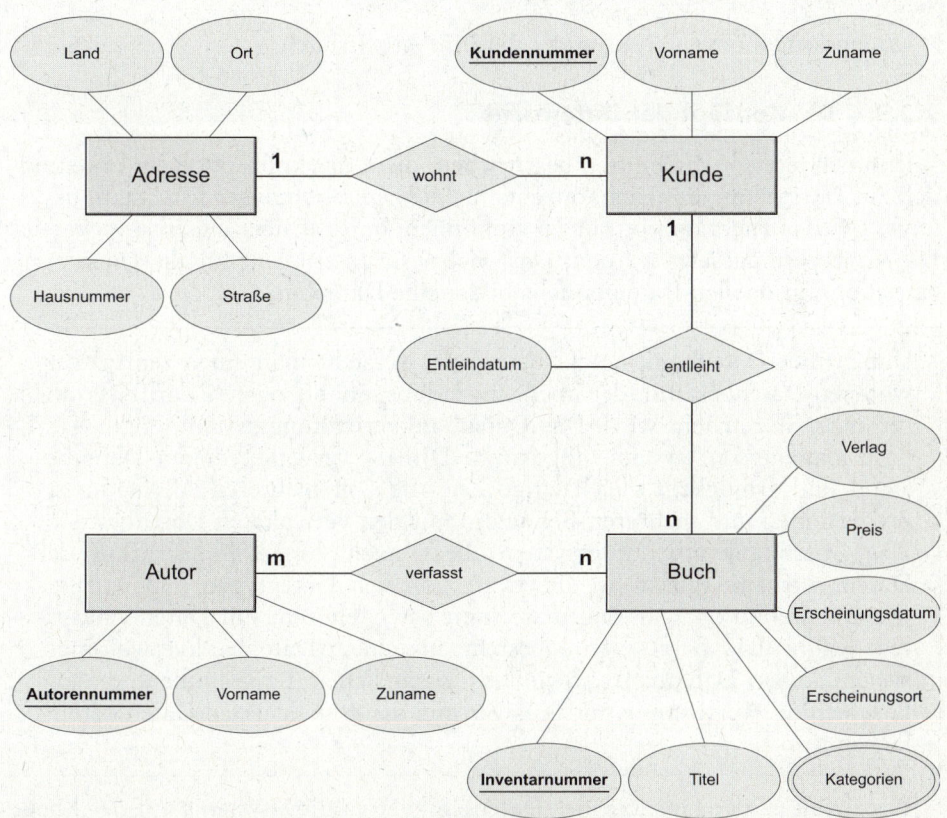

Abb. 2.2.3.3/2: Informationsstruktur eines Bibliotheksverwaltungssystems

dass der Autor dieses Buch verfasst hat. Ein Buch kann natürlich auch mehrere Autoren haben, ebenso wie ein Autor mehrere Bücher geschrieben haben kann. Folglich eignet sich für die Modellierung der Beziehung ein n:m-Beziehungstyp. Zwischen Kunde und Buch existiert ein 1:n-Beziehungstyp, da ein konkretes Buch zu einem Zeitpunkt nur von einem Kunden entliehen werden kann, aber umgekehrt kann ein Kunde mehrere Bücher ausleihen. Ähnlich verhält es sich mit der Kundenadresse: für jeden Kunden soll maximal eine Adresse eingegeben werden können, umgekehrt können an einer Adresse mehrere Kunden wohnen (beispielsweise sind mehrere Familienmitglieder Kunden der selben Bibliothek). Folglich wird der Beziehungstyp ebenso als 1:n-Beziehung modelliert.

Die Abb. 2.2.3.3/2 zeigt eine mögliche Visualisierung der Informationsstruktur des modellierten Bibliotheksverwaltungssystems. Dieses konzeptionelle Datenmodell dient nicht nur zur Realisierung der zuvor beschriebenen Funktionalität, sondern es kann auch für diverse weitere Funktionen genutzt werden: es könnten Titel-, Autoren- und Stichwortkataloge erstellt werden oder etwa vierteljährliche Listen, die die Benutzer über Neuzugänge informieren. Wenn Leihfristen überschritten wurden, könnten Mahnungen versendet werden. Und wenn es sich herausstellt, dass häufig nachgefragte Bücher in zu geringer Anzahl vorhanden sind, könnten diese (mit Erweiterungen im Datenmodell) auch automatisiert nachbestellt werden.

▶ Übungsaufgabe Nr. 1.2.12 und 1.2.13 im Arbeitsbuch

2.2.3.4 DV-Konzept der Datensicht

Wie in den letzten Abschnitten beschrieben, dient das konzeptionelle Datenmodell zur Darstellung des Fachkonzepts für die Datensicht eines Informationssystems. Um das Fachkonzept nutzen zu können, muss es über ein entsprechendes DV-Konzept umgesetzt werden. Das wichtigste Instrument für die Umsetzung eines konzeptionellen Datenmodells bildet eine Datenbank.

Unter einer **Datenbank** (engl.: data base) versteht man einen zentral verwalteten Datenbestand, der über anwendungsunabhängige Zugriffsverfahren nutzbar gemacht wird. Das **Datenbankverwaltungssystem** (engl.: data base management system, abgekürzt: DBMS) verwaltet diesen Datenbestand und ermöglicht gleichzeitige Zugriffe von mehreren Anwendungsprogrammen und mehreren Benutzern auf den verwalteten Datenbestand. Das Datenbankverwaltungssystem dient auch zur Administration der Daten, wozu beispielsweise die Definition von Datentypen und Attributen, die Definition von Zugriffsrechten usw. gehören. Ein **Datenbanksystem** (engl.: data base system) besteht aus einem Datenbankverwaltungssystem, einer Datenbank sowie aus zusätzlichen Programmen, die die Bearbeitung, Verwaltung und Auswertung der gespeicherten Daten vereinfachen.

Prinzipiell ist der Einsatz eines Datenbankverwaltungssystems auf der Ebene des DV-Konzepts nicht zwingend notwendig. Es wäre auch möglich, dass die

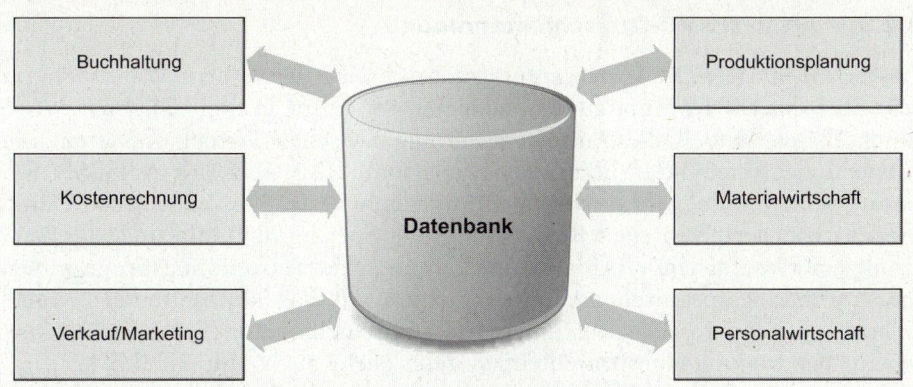

Abb. 2.2.3.4/1: Zentrale Datenbank für die Verwaltung des gemeinsamen Datenbestands

Aufgaben der Datenverwaltung (beispielsweise das Speichern von Datensätzen, Suchfunktionen, Regelung von gleichzeitigen Zugriffen, Transaktionssicherheit) vom Anwendungsprogramm realisiert werden. Für die meisten größeren betrieblichen Anwendungen ist dies allerdings keine Option, da heute zahlreiche leistungsfähige Datenbanksysteme (teilweise auch in Form von freier Open-Source-Software) zur Verfügung stehen, und sich dadurch der Systementwickler auf die anwendungsspezifischen Aspekte konzentrieren kann.

Das Datenbankverwaltungssystem verwaltet den gemeinsamen Datenbestand, der von mehreren Anwendungssystemen genutzt werden kann (siehe auch Abb. 2.2.3.4/1). Während das Datenbankverwaltungssystem Probleme wie beispielsweise die effiziente Datenspeicherung, die Regelung der Zugriffsrechte oder die Behandlung des gleichzeitigen Zugriffs mehrerer Anwender zentral adressiert, erfolgt die Verarbeitung und Auswertung der Daten durch Anwendungsprogramme, die über das Datenbanksystem auf die Daten zugreifen und diese verändern können.

> Durch die Verwendung eines Datenbanksystems für das *Bibliotheksinformationssystem* können mehrere Anwendungsprogramme (zur Budgetabrechnung, zur Buchinventarisierung usw.) auf den gleichen Datenbestand zugreifen und müssen die Datenverwaltung nicht selbst übernehmen. Die fachlichen Aufgabenstellungen werden auf diese Weise weitgehend von der Problematik der Datenorganisation und –speicherung getrennt. Die Gesamtheit der zu verarbeitenden Daten einer Bibliothek, also die Daten über Bücher, Kunden, Entleihungen, Autoren, Bibliotheksangestellte usw., können somit zentral von einem Datenbankverwaltungssystem verwaltet werden.

Im folgenden werden die *Bestandteile von Datenbankverwaltungssystemen* und die Methoden zur Erstellung einer Datenbank näher beschrieben. Zunächst wird jedoch das ANSI-SPARC-Dreischichtenmodell vorgestellt, durch dessen Abstraktionsansatz verschiedene Aspekte, die bei der Erstellung eines Datenbankanwendungsprogramms betrachtet werden müssen, getrennt voneinander behandelt werden können.

2.2.3.5 ANSI-SPARC-Dreischichtenmodell

Das ANSI-SPARC-*Dreischichtenmodell* beschreibt den Schritt vom Fachkonzept über das DV-Konzept zur Implementierungsebene in drei Schichten, wobei durch dieses Modell die Aufgabentrennung zwischen Datenbanksystem und Anwendungssystem klar herausgearbeitet wird. Das *Ziel des* ANSI-SPARC-*Dreischichtenmodells* ist sowohl eine Entkopplung des konzeptionellen Datenmodells von der physischen Realisierung (der Speicherung), als auch die Erreichung einer weitgehenden Unabhängigkeit zwischen Anwendungsprogrammen, die anwendungsspezifische (externe) Sichten auf das konzeptionelle Modell besitzen. Zu diesem Zweck definiert das Dreischichtenmodell folgende *Schichten* zur Betrachtung eines Datenbanksystems (siehe auch Abb. 2.2.3.5/1):

– die externe Schicht (externe Sichten),
– die konzeptionelle Schicht und
– die interne Schicht.

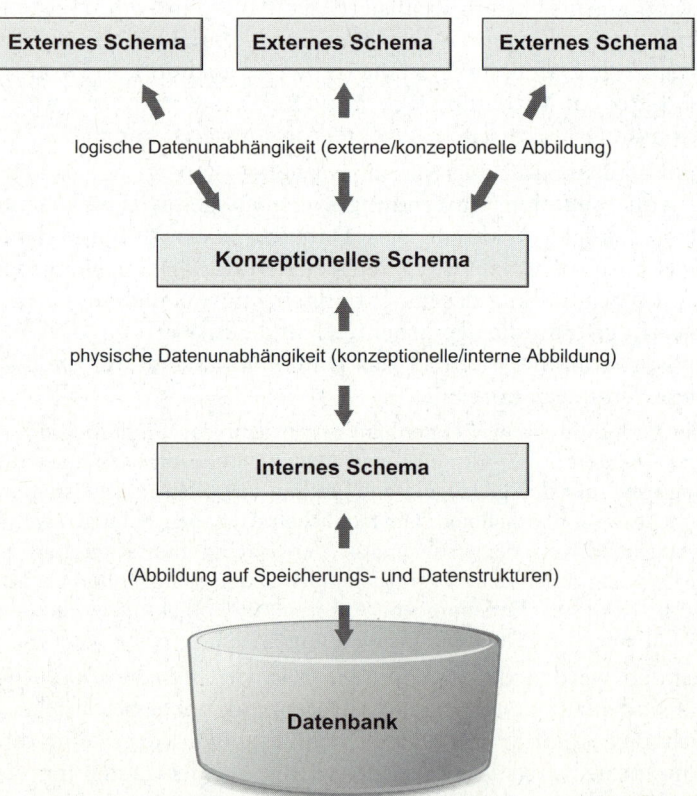

Abb. 2.2.3.5/1: ANSI-SPARC-Dreischichtenmodell

Das Dreischichtenmodell hat das Ziel, die *physische* und *logische Datenunabhängigkeit* eines Datenbanksystems zu erreichen, wobei die Trennung von Anwendungsprogrammen und Datenhaltung im Vordergrund steht.

Die *physische Datenunabhängigkeit* (oder *Implementierungsunabhängigkeit*) hat zum Ziel, die konzeptionelle Schicht von der für die Speicherung der Daten gewählten Datenstruktur zu entkoppeln. Eine Veränderung der physischen Speicherstruktur verlangt somit keine Veränderung des Anwendungsprogramms und umgekehrt.

Die *logische Datenunabhängigkeit (Anwendungsunabhängigkeit)* hat zum Ziel, das Datenbanksystem von Änderungen und Erweiterungen der Anwendungsschnittstellen zu entkoppeln (und umgekehrt).

Externe Sichten

Unterschiedliche Anwendungsprogramme beziehungsweise unterschiedliche Benutzer benötigen im Normalfall nicht alle im konzeptionellen Modell definierten Objekttypen und Attribute, sondern nur einen jeweils anwendungsrelevanten Ausschnitt. Entsprechend soll jede Anwendung auch nur Zugang zu bestimmten Daten erhalten. Ausschnitte des konzeptionellen Modells werden *(Benutzer-)Sichten* (engl.: view) genannt.

> Ein Angestellter, der in einer Bibliothek lediglich Bücher beschlagwortet, benötigt zum Beispiel keinen Zugriff auf die Kundendaten der Bibliothek. Entsprechend benötigt das von dieser Person eingesetzte Anwendungsprogramm nur Zugriff auf diesen schmalen Ausschnitt der Datenbank.

> Die **externen Schemata** (engl.: external schema) beschreiben jene Ausschnitte des konzeptionellen Schemas, die für einzelne Anwendungen relevant sind. Ein externes Schema ist eine abgegrenzte, anwendungs- und benutzerspezifische Sicht auf eine Datenbank, die jeweils genau an die spezifischen Bedürfnisse angepasst ist.

Unter einer *abgegrenzten Sicht* versteht man den beschränkten Zugriff auf eine limitierte Menge von Objekttypen und Attributen. Im Zuge der Definition von Sichten werden meist auch *die benötigten Rechte* modelliert, wobei Lese- und Änderungs- oder Löschrechte für die betroffenen Daten vergeben werden können. Die externen Sichten ermöglichen die Betrachtung der Information der Datenbank aus anwendungsspezifischem Blickwinkel. Diese Sichten betreffen nicht die physikalische Speicherung und müssen daher nicht redundanzfrei sein.

> Das *externe Schema für einen Beschäftigten* unserer *Bibliothek,* der die Bücher an Kunden verleiht, besteht aus Attributen der Tabellen BUCH, KUNDE und ADRESSE. Hingegen besteht das *externe Schema für Kunden,* die mit dem System Bücher recherchieren wollen, aus Attributen der Tabellen AUTOR, GESCHRIEBEN, BUCH und SCHLAGWORT. Diese Sicht könnte beispielsweise den Namen „Recherche" tragen.

▸ Übungsaufgabe Nr. 1.2.14 im Arbeitsbuch

Konzeptionelle Schicht

Das bei der Entwicklung eines Informationssystems entworfene *konzeptionelle Datenmodell* beschreibt den Realitätsausschnitt, der in der Datenbank dargestellt werden soll. Dieses Modell ist unabhängig von der Realisierung in einem konkreten Datenbankverwaltungssystem. Für ein spezielles Datenbanksystem ist es notwendig, *das konzeptionelle Datenmodell in ein konkretes Datenmodell umzuwandeln*, das von dem entsprechenden Datenbanksystem unterstützt wird.

Das **konzeptionelle Schema** (engl.: conceptual schema) ist das Ergebnis der Abbildung eines konzeptionellen Datenmodells in ein konkretes Datenmodell, das in einem bestimmten Datenbanksystem implementiert werden kann.

Das konzeptionelle Schema hängt somit einerseits vom konzeptionellen Datenmodell und andererseits vom gewählten konkreten Datenmodell ab, das die Ausdrucksmittel des konzeptionellen Schemas bestimmt.

Die vier folgenden konkreten Datenmodelle sind aufgrund ihrer Verbreitung am bedeutendsten und werden hier in ihrer historisch-chronologischen Reihenfolge aufgeführt: das hierarchische Datenmodell, das Netzwerkdatenmodell, das relationale Datenmodell und das objektorientierte Modell. In diesem Abschnitt wird nur das relationale Datenmodell genauer dargestellt. Die weiteren konkreten Datenmodelle werden im Band 2, Kapitel 5 besprochen.

Interne Schicht

Die **interne Schicht** (engl.: internal level) eines Datenbanksystems bestimmt die physische Datenorganisation (= physische Anordnung der Daten auf den peripheren Speichern) und legt die Zugriffspfade für die Daten fest. Die Zielsetzung ist hierbei eine minimale Zugriffszeit bei möglichst optimaler Speicherplatzausnutzung. Häufig auftretende Operationen (Abfragen oder Änderungen) in der Datenbank sollen besonders schnell durchgeführt werden können.

Diese Ziele können durch die *Wahl geeigneter Datenstrukturen, Speicher- und Suchalgorithmen, durch die Orientierung an Hardwareeigenschaften (beispielsweise Größe von Datenblöcken)* und andererseits durch die *spezielle Auszeichnung einzelner Attribute als Schlüssel* erreicht werden. Zur Realisierung schneller Zugriffe können Baumstrukturen oder Hash-Verfahren verwendet werden (mehr dazu in Band 2, Kapitel 5). In vielen Fällen können häufig verwendete Datenbereiche auf Speichermedien mit kürzeren Zugriffszeiten verlegt werden, wodurch sich die Antwortzeiten verbessern.

▶ Übungsaufgabe Nr. 1.2.15 im Arbeitsbuch

2.2.3.6 Relationales Datenmodell

Für die Umsetzung in einer Datenbank wird das konzeptionelle Datenmodell in ein konkretes Datenmodell umgewandelt. Das heute mit Abstand wichtigste und am weitesten verbreitete konkrete Datenmodell ist das relationale Datenmodell.

Anfang der 1980er-Jahre wurden die ersten Datenbankverwaltungssysteme verfügbar, die auf dem *relationalen Datenmodell* basieren. Dieses Datenmodell erreicht hohe logische Datenunabhängigkeit und ermöglicht eine abstrakte und problemorientierte Sicht der Daten.

Das Grundelement des **relationalen Datenmodells** (Relationenmodell, engl.: relational data model) ist die **Relation** (oder genauer: das Relationsschema). Jede Relation besitzt einen *Namen* und enthält *Attribute*. Die entsprechenden Werte werden in *Tabellen* gespeichert, wobei jede Spalte der Tabelle die Werte für ein bestimmtes Attribut und jede Zeile (*Tupel*) zusammengehörige Werte für eine Ausprägung repräsentiert. Der Name der Tabelle entspricht dem Namen der Relation.

Relationen können sowohl für die Speicherung von *Objekttypen* als auch für die Speicherung von *Beziehungstypen* aus dem konzeptionellen Datenmodell verwendet werden. In beiden Fällen bilden jedoch die Ausprägungen der Typen die Tupel der Tabellen.

Alle Relationen eines Anwendungsbereichs gemeinsam bilden das **relationale Schema** (engl.: relational schema), alle Tabellen gemeinsam bilden die **relationale Datenbank** (engl.: relational database). Die Verwaltung der relationalen Datenbank wird von einem **relationalen Datenbankverwaltungssystem** (engl.: relational database management system, abgekürzt: RDBMS) übernommen. Das Relationenmodell unterstützt allgemeine, deskriptive Datenbanksprachen, mittels derer Datenbanken erstellt, verändert und abgefragt werden können.

Der *Begriff der Relation* wird in der Literatur häufig sowohl für die Struktur der Tabelle (Schema) als auch für die Menge aller Tupel verwendet. In diesem Buch werden wir für die Menge aller Tupel aber immer den Begriff „Tabelle" verwenden. Abb. 2.2.3.6/1 zeigt ein Beispiel für die Tabelle KUNDE unseres Bibliotheksbeispiels (aus Abb. 2.2.3.3/2).

Das relationale Datenmodell *unterstützt nicht das Konzept der Objektidentität*. Zwei Objekte, die durch zwei wertgleiche Tupel repräsentiert sind, werden im relationalen Modell als identisch betrachtet.

Das relationale Datenmodell definiert allgemeingültige (anwendungsunabhängige) Operationen, die auf Tabellen operieren. Auch die Ergebnisse dieser

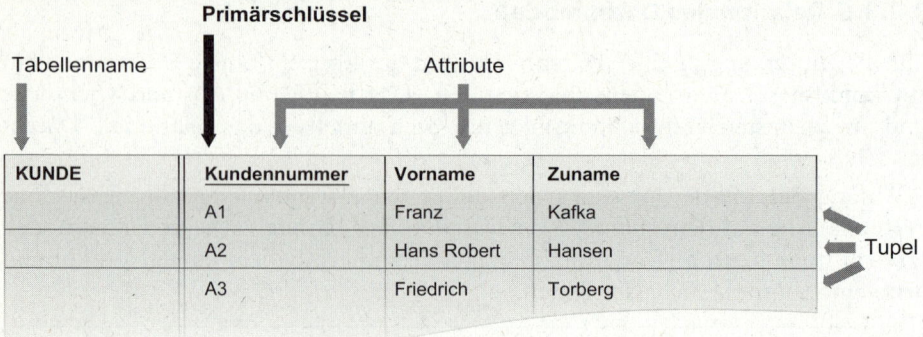

Abb. 2.2.3.6/1: Darstellung der Tabelle „Kunde"

relationalen Operationen sind wiederum Tabellen, sodass auf uniforme Weise die Operationen beliebig verschachtelt werden können. Diese Operationen dienen als Basis jeder *Abfragesprache für relationale Datenbanken.* Die wichtigsten relationalen *Operationen* sind:

- *Selektion (engl.: selection):* Auswahl einer Untermenge aller Tupel (Zeilen) einer Tabelle,
- *Projektion (engl.: projection):* Auswahl einer Untermenge der Attribute einer Relation, und
- *Verbund (engl.: join):* Verknüpfung von Tabellen anhand selektierter Attribute.

Wie Sie in Abb. 2.2.3.6/2 sehen, werden bei einer Selektion aus einer gegebenen Tabelle einzelne Tupel entnommen. Das Ergebnis der Selektion ist –wie auch bei den anderen relationalen Operationen – wiederum eine Tabelle, auf die weitere relationale Operationen angewendet werden können.

Abb. 2.2.3.6/3 zeigt ein Beispiel für eine Projektion. Hierbei wird die resultierende Tabelle nicht aus den Zeilen, sondern aus den Spalten der Ausgangstabelle gebildet.

Für einen Verbund sind zwei Tabellen notwendig, aus denen eine Ergebnistabelle ermittelt wird. Sie sehen in Abb. 2.2.3.6/4 den so genannten *natürlichen Verbund*, bei dem ein Attribut in zwei Tabellen enthalten ist (hier: *Preisgruppe*). Die resultierende Ergebnistabelle enthält alle Attribute der Ausgangstabellen. Die Tupel der Ergebnistabelle ergeben sich aus den Attributwerten der Ausgangstabellen in jenen Zeilen, in denen das Verbundattribut (hier: Preisgruppe) den gleichen Wert besitzt.

Sie sehen aus diesen Beispielen, dass die Basisoperationen für das relationale Datenbankmodell sehr einfach und intuitiv leicht zu vestehen sind. Aufbauend auf diesen relationalen Basisoperationen sind *mehrere relationale Datenbank-abfragesprachen* definiert worden, von denen *SQL die wichtigste* ist (mehr dazu

Ausgangstabelle

Kundennummer	Name	PLZ	Ort	Land
A1	Kafka	110 00	Prag	Tschechien
A2	Hansen	1010	Wien	Österreich

Kundennummer	Name	PLZ	Ort	Land
A2	Hansen	1010	Wien	Österreich
	Adams	CB3 0EQ	Cambridge	England
	Clemens	06876	Redding	USA
A7	Torberg	1010	Wien	Österreich
A9	Neumann	1010	Wien	Österreich
A10	Schnitzler	1010	Wien	Österreich

Ergebnistabelle

Abb. 2.2.3.6/2: Beispiel für eine Selektion

Ausgangstabelle

Kundennummer	Name	PLZ	Ort	Land
A1	Kafka	110 00	Prag	Tschechien
A2	Hansen	1010	Wien	Österreich
A3	Schiller	99423	Weimar	Deutschland
A4	Rosegger	8670	Krieglach	Österreich
A5	Adams			
A6	Clemens			
A7	Torberg			
A8	Musil			
A9	Neumann			
A9	Canetti			
A10	Schnitzler			

Name	PLZ	Ort
Kafka	110 00	Prag
Hansen	1010	Wien
Schiller	99423	Weimar
Rosegger	8670	Krieglach
Adams	CB3 0EQ	Cambridge
Clemens	06876	Redding
Torberg	1010	Wien
Musil	9020	Klagenfurt
Neumann	1010	Wien
Canetti	8001	Zürich
Schnitzler	1010	Wien

Ergebnistabelle

Abb. 2.2.3.6/3: Beispiel für eine Projektion

Ausgangstabellen

Produkt				Preis	
Produkt-Nr.	**Bezeichnung**	**Preisgruppe**	⋈	**Preisgruppe**	**Betrag**
P001	Notizblock A4 kariert	G3		G1	0,50
P002	Notizblock A5 liniert	G2		G2	1,50
P003	Notizblock A4 liniert	G3		G3	3,00
P004	Notizblock A6 glatt	G1		G4	3,25
P005	Kopierpapier 500 Blatt	G7		G5	5,00
P006	Notizblock A4 glatt	G3		G6	5,50

Produkt-Nr.	**Bezeichnung**	**Preisgruppe**	**Betrag**
P001	Notizblock A4 kariert	G3	3,00
P002	Notizblock A5 liniert	G2	1,50
P003	Notizblock A4 liniert	G3	3,00
P004	Notizblock A6 glatt	G1	0,50
P006	Notizblock A4 glatt	G3	3,00

Ergebnistabelle

Abb. 2.2.3.6/4: Beispiel für einen Verbund von zwei Tabellen

in Band 2, Kapitel 5). Mittels SQL können mithilfe einer Anweisung gleichzeitig eine Selektion, Projektion und ein Verbund durchgeführt werden.

▶ Übungsaufgabe Nr. 1.2.16 im Arbeitsbuch

2.2.3.7 Redundanz und Konsistenz

In diesem Abschnitt haben wir uns bisher vor allem mit der Thematik beschäftigt, wie für einen bestimmten Anwendungsfall die Daten möglichst exakt definiert und möglichst effizient verfügbar gemacht werden können. Wenn sich die Betrachtung auf eine einzelne Anwendung beschränkt, kann man die benötigten Datenstrukturen sehr leicht entsprechend optimieren. Wenn allerdings die gleiche Information in unterschiedlichen Kontexten genutzt wird, wird eine gemeinsame Verwaltung der zugrunde liegenden Datenbasis notwendig. Bei Doppelspeicherung (Redundanz der Daten) droht ein inkonsistentes Verhalten des Informationssystems, wenn eine Kopie der Daten verändert wurde, die andere aber nicht.

Die **Redundanz** (engl.: redundancy) ist ein Maß für die „Überflüssigkeit" von Information. Im Zusammenhang mit der Datenspeicherung versteht man unter *redundanter Information* das mehrfache Vorhandensein gleicher Information in einem Datenbestand.

Redundante Datenspeicherung kann gewollt sein, beispielsweise zur Erhöhung der Ausfallsicherheit oder zur Verbesserung der Antwortzeiten. Sie kann aber auch die Folge eines schlechten Entwurfs sein, wobei die gleiche Information in unterschiedlichen Kontexten gespeichert wird (beispielsweise, wenn in unterschiedlichen Fachabteilungen Adressdaten für die gleichen Kunden getrennt verwaltet werden).

Wenn diese (im Realsystem identische) Information in den verschiedenen Kontexten unterschiedliche Werte annimmt, führt dies dazu, dass das Informationssystem für gleichartige Abfragen in den betrachteten Kontexten unterschiedliche Antworten liefert (beispielsweise erhält man in unterschiedlichen Fachabteilungen für den gleichen Kunden unterschiedliche Adressinformation). In einem solchen Fall spricht man von *Dateninkonsistenz* (engl.: data inconsistency).

Betrachten wir wieder unser *Beispiel einer Bibliotheksverwaltung*. Die Buchrecherche, das Entleihwesen und die Budgetverwaltung der Bibliothek sollen durch ein Informationssystem unterstützt werden. Wenn diese drei Aufgabenstellungen unabhängig voneinander gelöst werden, ist es wahrscheinlich, dass die resultierenden Datenstrukturen der Programme unterschiedlich sind, da sie optimal an die einzelnen Problemstellungen angepasst werden. So benötigt beispielsweise ein Programm zur Buchrecherche den Zugriff auf Autor, Titel und Verlag eines Buches, während das Budgetprogramm beispielsweise auch den Preis des Buches benötigt. Wird diese Information in den unterschiedlichen Programmen getrennt gespeichert, kann leicht für die gleichen Objekte der Realwelt ein unterschiedlicher Informationsstand geführt werden, was zu inkonsistenten Antworten auf gleichartige Anfragen führen kann.

Zudem haben die getrennt voneinander entwickelten Programme in diesem Fall natürlich nur Zugriff auf die für sie relevanten Attribute eines Buches und kein Wissen über die anderen Attribute. Übergreifende Abfragen, die sich auf Daten aus zwei verschiedenen Bereichen beziehen, sind daher nicht möglich.

▶ Übungsaufgabe Nr. 1.2.17 im Arbeitsbuch

2.2.3.8 Regeln zur Definition von Relationen

Für die *Definition von Relationen* existiert ein umfangreiches *formales Regelwerk*, durch das gewisse Eigenschaften der relationalen Datenbank absehbar und bestimmbar werden. Um die Semantik des Anwendungsbereichs korrekt festzulegen und entsprechend inkorrekte Tupel zu erkennen und zu eliminieren, werden *Einschränkungen* definiert. Diese Einschränkungen können entweder Werteinschränkungen sein (beispielsweise soll das Attribut „*Alter*" nur Werte zwischen 0 und 200 annehmen), oder Abhängigkeiten zwischen den Attributen. Die *wichtigsten Abhängigkeiten* sind funktionale Abhängigkeiten und Inklusionsabhängigkeiten. Sind in einer Datenbank alle Abhängigkeiten korrekt erfüllt, so ist die Datenbank *konsistent*.

Eine **funktionale Abhängigkeit** (engl.: functional dependency) zwischen den Attributmenge X und Y besteht dann, wenn für jede Ausprägung von

> X eine eindeutige Ausprägung von Y existiert. Man sagt „X *bestimmt* Y" oder „Y *hängt funktional von X ab*".

Stimmen zwei unterschiedliche Tupel in den Attributen X überein, so besagt die funktionale Abhängigkeit, dass diese auch in den Attributen Y übereinstimmen müssen, andernfalls ist die funktionale Abhängigkeit verletzt. X ist möglicher Schlüssel für Y.

Zum *Beispiel* hängen in der Bibliotheksdatenbank die Attribute *Titel, Standortnummer, Verlag* usw. funktional von der *Inventarnummer* ab. Die Inventarnummer eignet sich somit als Primärschlüssel der zugehörigen Relation.

Funktionale Abhängigkeiten bestimmen somit Abhängigkeiten zwischen Attributen einer Relation. Inklusionsabhängigkeiten bestehen hingegen zwischen Attributen unterschiedlicher Relationen.

▶ Übungsaufgabe Nr. 1.2.18 im Arbeitsbuch

> Eine **Inklusionsabhängigkeit** (engl.: inclusion dependency) definiert, dass sämtliche Ausprägungen eines Attributs (einer Attributmenge) in den Ausprägungen eines anderen Attributs (einer anderen Attributmenge) enthalten sein müssen.

Durch *Inklusionsabhängigkeiten* können somit *Verknüpfungen zwischen Tabellen* realisiert werden.

Man kann durch eine Inklusionsabhängigkeit beispielsweise definieren, dass für jeden Kunden, der eine Bestellung aufgibt, auch eine Zustelladresse bekannt sein muss, oder in anderen Worten formuliert, ein Eintrag in einer Tabelle mit den Adressdaten des Kunden existieren muss.

Inklusionsabhängigkeiten sind generell wichtig, um sicherzustellen, dass Verweise von einer Tabelle auf eine andere Tabelle aufgelöst werden können. Um sich von einem Tupel einer Relation R_1 eindeutig auf ein Tupel einer anderen Relation R_2 beziehen zu können, wird in R_1 ein Attribut X verwendet, das den Schlüssel Y der Relation R_2 als Wert enthält. Hierbei wird X (das referenzierende Attribut) als *Fremdschlüssel* bezeichnet, der Schlüssel von R_2 ist das referenzierte Attribut.

Die Ausprägungen von X in R_1 müssen hierbei auch als Werte von Y in R_2 auftreten (inkludiert sein), andernfalls enthält der Fremdschlüssel einen ungültigen Wert. Wird ein Tupel von R_2 gelöscht, so müssen auch alle referenzierenden Tupel gelöscht (oder geändert) werden, andernfalls ist die *referentielle Integrität* (engl.: referential integrity) verletzt und der Fremdschlüssel verweist auf ein nicht mehr existierendes Tupel.

Wird in der *Bibliotheksdatenbank* zum *Beispiel* ein Buch mit dem Primärschlüssel *Inventarnummer* „SW980812" gelöscht und existiert in der Entleihtabelle ein Verweis auf dieses Buch (jemand hat das Buch entliehen), so muss dieser Verweis ebenfalls gelöscht werden.

▶ Übungsaufgabe Nr. 1.2.19 im Arbeitsbuch

Wir sind bis jetzt davon ausgegangen, dass Relationen bereits gebildet wurden. Für die *Bildung von Relationen* aus einer Menge von Attributen wird das Konzept der *Normalisierung* angewendet.

> Bei der **Normalisierung** (engl.: normalization) eines relationalen Schemas werden die Attribute derart auf Relationen verteilt, dass beim Einfügen, Löschen oder Ändern von Datensätzen keine Inkonsistenzen auftreten.

Die *Normalisierung* hat somit das *Ziel*, inkorrekte oder fehleranfällige Konstruktionen bereits beim Entwurf der Relationen zu verhindern. Die wichtigsten Regeln, um dies zu erreichen, sind die drei *Normalformen* nach *Codd* und ihre Fortentwicklungen (zum Beispiel die Boyce-Codd-Normalform). Der Prozess der Normalisierung führt in der Regel zu einer Aufspaltung und/oder Neudefinition von Relationen.

> In der **ersten Normalform** (engl.: first normal form) dürfen in jeder Relation nur atomare (nicht weiter zerlegbare) Attribute gespeichert sein.

Die Einschränkung der ersten Normalform bedeutet, dass ein strukturiertes (also zerlegbares) Attribut entweder durch mehrere Attribute oder in eigenen Tabellen gespeichert werden muss.

> Es ist somit nicht erlaubt, einen Namen, der aus einem Vor- und einem Nachnamen besteht, in einem einzelnen Attribut zu speichern. Diese Werte müssen durch getrennte Attribute gespeichert werden. Ebenso werden durch die erste Normalform mehrwertige Attribute untersagt, die durch ein einzelnes Attribut ausgedrückt werden sollen. Mehrwertige Attribute müssen in eigenen Tabellen gespeichert werden.

> In der **zweiten Normalform** (engl.: second normal form) muss jedes Nicht-Schlüsselattribut einer Tabelle voll funktional vom Schlüssel dieser Tabelle abhängen.

Eine Relation ist dann in zweiter Normalform, wenn sie in der ersten Normalform ist und jedes Nicht-Schlüsselattribut voll funktional von *allen* Schlüsselattributen abhängt. Relationen, bei denen der Schlüssel nur aus einem Attribut besteht, sind immer in zweiter Normalform. Ebenso sind Relationen, die ausschließlich aus Schlüsselattributen bestehen, immer in zweiter Normalform. Relationen, die nicht in zweiter Normalform sind, führen häufig zu redundanter Speicherung von Information und sind Kandidaten für die Zerlegung in mehrere Tabellen.

> Im Bibliotheksbeispiel bestimmt die *Inventarnummer* den *Titel* eines Buches und die *Mitarbeiternummer* die *Telefonnummer* des Bibliothekars. Die zweite Normalform verbietet, dass die genannten vier Attribute in einer einzigen Tabelle gespeichert werden dürfen.

> Eine Relation ist in der **dritten Normalform** (engl.: third normal form), wenn sie in der zweiten Normalform ist und kein Nicht-Schlüsselattribut transitiv vom Schlüssel abhängt.

Durch die zweite Normalform wird erreicht, dass die Schlüssel jeder Relation sich auf semantisch zusammengehörige Attribute beziehen. Die zweite Normalform kann jedoch nicht verhindern, dass eine Relation Attribute enthält, die nur indirekt (das heißt, transitiv über ein anderes Attribut) vom Schlüssel abhängen und daher konzeptionell in eine eigene Relation gehören, um das Entstehen von Inkonsistenzen (Anomalien) zu vermeiden.

In dem Bibliotheksbeispiel bestimmt die *Inventarnummer* auch die *Kundennummer* eines Ausleihers. Außerdem bestimmt die *Kundennummer* die *Anschrift* des Ausleihers. Die Kundennummer bestimmt somit transitiv die Anschrift. Die dritte Normalform verbietet, dass die genannten vier Attribute in einer einzigen Tabelle gespeichert werden dürfen.

Obwohl relationale Datenmodelle generell nicht die Speicherung komplexer Daten (oder auch nur strukturierter Attribute) erlauben, bieten viele Systeme die Möglichkeit zur Speicherung von fast beliebigen Daten in einer relationalen Datenbank. Nahezu jede Art von Daten kann in einem relationalen Datenbanksystem als *BLOB* (Abkürzung von engl.: binary large object) gespeichert werden.

Auf diese Weise können zum Beispiel Bilder, Musikdateien oder Textdokumente in einer normalen relationalen Datenbank abgelegt werden.

Der Nachteil besteht darin, dass die als BLOB gespeicherten Daten im Wesentlichen nur gelesen und geschrieben werden können. Das heißt, es kann weder effizient in den Inhalten eines BLOB gesucht werden, noch kann ein solches Objekt sinnvoll mit Hilfe des Datenbanksystems bearbeitet werden.

▶ Übungsaufgabe Nr. 1.2.20 im Arbeitsbuch

2.2.3.9 Umwandlung von ER-Diagrammen in relationale Schemata

Die Erstellung des *relationalen Schemas* (des *konzeptionellen Schemas* für eine relationale Datenbank) umfasst unter anderem die Festlegung der Attribute, die Aufteilung der Attribute auf die Relationen und die Bestimmung der Schlüsselattribute.

Ist ein *ER-Diagramm* gegeben (siehe Abb. 2.2.3.9/1), so kann aus diesem *durch folgende Schritte ein relationales Schema in dritter Normalform* erzeugt werden:

1) *Entitätstypen/Objekttypen* (als Rechtecke visualisiert) werden zu Tabellen. Der Name der Tabelle entspricht dem Namen des Objekttyps.

2) *Attribute* jedes Entitätstyps (als Ovale visualisiert) werden den entsprechenden Tabellen zugeordnet. Sie repräsentieren die Spalten einer Tabelle. Die identifizierenden Attribute werden zu Primärschlüsseln.

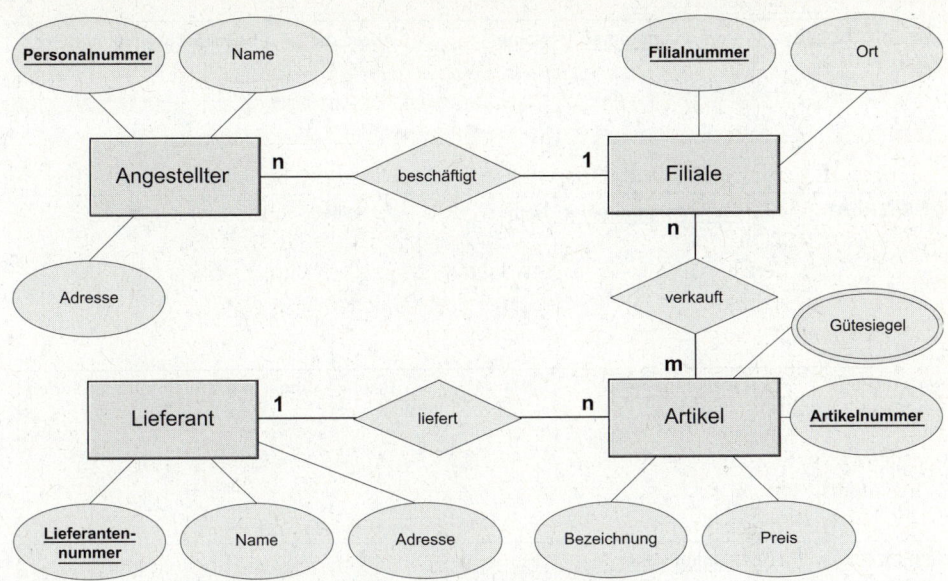

Abb. 2.2.3.9/1: ER-Diagramm einer Lieferantendatenbank

3) *Mehrwertige Attribute* (durch doppelt umrahmte Ovale visualisiert) werden auf eigene Tabellen abgebildet. Dabei werden der Primärschlüssel des Objekttyps und das mehrwertige Attribut selbst zu den Spalten dieser neuen Tabelle.

4) Um *1:1-Beziehungen* (Beziehungen werden generell als Raute visualisiert) abzubilden, muss der Primärschlüssel eines der beteiligten Entitätstypen als Fremdschlüssel in die Tabelle des anderen Entitätstyps aufgenommen werden. Über den Fremdschlüssel lassen sich Datensätze dieser beiden Tabellen in Beziehung setzen.

5) Bei *1:n-Beziehungen* wird der Primärschlüssel des Entitätstyps auf der durch „1" gekennzeichneten Seite als Attribut in die Tabelle des anderen Entitätstyps (auf der mit „n" gekennzeichneten Seite) aufgenommen. Zusätzlich werden Attribute, die der Beziehung zwischen den beiden Entitätstypen direkt zugeordnet sind, ebenfalls in die Tabelle des Entitätstypen auf der „n-Seite" der Beziehung aufgenommen.

6) Bei *n:m-Beziehungen* zwischen Entitätstypen wird jeweils eine eigene Tabelle gebildet. Der Tabellenname entspricht hierbei dem Beziehungsnamen. Die Attribute dieser Tabelle sind die Primärschlüssel der an der Beziehung beteiligten Entitätstypen, sowie, falls vorhanden, die der Beziehung direkt zugeordneten Attribute.

Durch diese Vorgangsweise lässt sich zum Beispiel aus dem ER-Diagramm in Abb. 2.2.3.9/1 das relationale Schema in Abb. 2.2.3.9/2 erstellen.

▶ Übungsaufgabe Nr. 1.2.21 und 1.2.22 im Arbeitsbuch

ANGESTELLTER	Personalnummer	Name	Adresse	beschäftigt-Filialnummer
	...	...	...	...

LIEFERANT	Lieferantennummer	Name	Adresse
	...	...	...

ARTIKEL	Artikelnummer	Preis	Bezeichnung	liefert-Lieferantennummer
	...	...	...	...

FILIALE	Filialnummer	Ort
	...	...

VERKAUFT	Filialnummer	Artikelnummer
	...	...

Abb. 2.2.3.9/2: Beispiel für ein relationales Schema

2.2.4 Funktionssicht von Informationssystemen

In der Funktionssicht werden die von einem Informationssystem zu erfüllenden Funktionen und deren Zusammenhänge beschrieben.

Eine **Funktion** (engl.: function) ist eine wohl-definierte Vorschrift zur Arbeitsverrichtung, um vorgegebene operationale Ziele (Zweck der Funktion) auf Basis von Ausgangsdaten zu erreichen. In der Mathematik ist eine Funktion als eine eindeutige Vorschrift definiert, um aus Eingabewerten (Input) einen Ausgabewert (Output) zu ermitteln. Im betrieblichen Kontext wird diese Definition weiter gefasst. Hier stehen weniger die Aus- und Eingabewerte im Vordergrund, sondern mehr die Arbeitsverrichtungen oder die Veränderung an einem Systemzustand.

Beispiele für betriebliche Funktionen sind das Erstellen einer Rechnung, die Buchung eines Fluges, die Erfassung eines Belegs oder die Veränderung eines Lagerbestandes.

Bei einer Beschreibung von Funktionen auf Fachkonzeptebene können diese hierarchisch in Unterfunktionen dekomponiert werden, wodurch *Funktionshierarchiebäume* entstehen. Abb. 2.2.4/1 zeigt die Notation eines Funktionshierarchiebaums nach ARIS, wobei die Pfeile die hierarchische Verfeinerung ausdrücken.

Die Funktionen können auch Elementen der Organisationssicht zugeordnet werden, wodurch eine Verknüpfung der beiden Sichten erreicht werden kann. Es kann beispielsweise definiert werden, dass gewisse Funktionen von einer Organisationseinheit oder einem Stelleninhaber ausgeführt werden sollen.

Eine Kombination von Daten- und Funktionsmodellierung bietet die *objektorientierte Modellierung*, bei der die Daten gemeinsam mit den Operationen, die diese verändern, modelliert werden. Doch bevor die objektorientierte Modellierung näher vorgestellt wird, kommen wir zu der Modellierungsform der *Use-Case-Diagramme*. Durch diese Diagramme werden Funktionen eines Informationssystems aus der Sicht eines Endbenutzers und dem Kontext seiner Arbeitsverrichtung dargestellt.

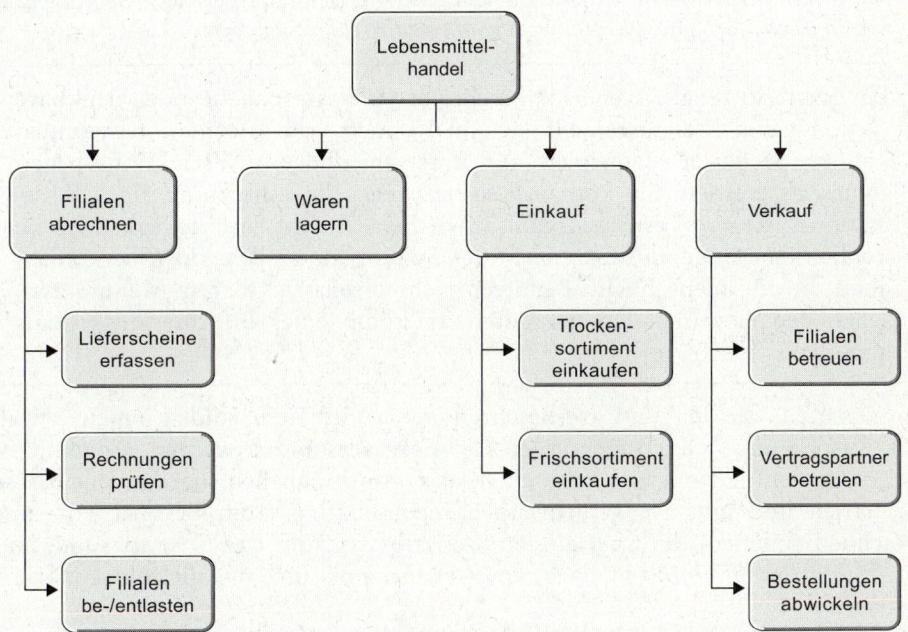

Abb. 2.2.4/1: Ausschnitt aus einem Funktionshierarchiebaum

2.2.4.1 Use-Case-Diagramme

Bei *Use-Cases* erfolgt die Modellierung von Funktionen eines Informationssystems aus der Sicht eines Benutzers (Aktors) in der Form eines Anwendungsfalls, bei dem auch die Organisationssicht einbezogen wird. Use-Cases sind stärker als Funktionshierarchiebäume formalisiert und eignen sich bei einem Entwicklungsprozess für die Kommunikation von Personengruppen mit unterschiedlichem fachlichem Hintergrund (beispielsweise Management, Fachabteilung und IT-Umsetzung). Somit können Use-Cases für die Anforderungsdefinition, den Entwurf, die Implementierung und den Test bis zum Change-Management von Informationssystemen genutzt werden (mehr zu diesen Punkten später).

Ein **Use-Case-Diagramm** (unübliche deutsche Übersetzung: Anwendungsfalldiagramm) ist ein Diagramm zur Modellierung des Verhaltens eines Informationssystems und beschreibt die Funktionen eines Informationssystems aus Endbenutzersicht.

Use-Case-Diagramme dienen somit primär zur Modellierung von funktionalen Systemanforderungen aus Benutzersicht.

Ein typischer Use-Case (Modellierung eines Anwendungsfalls) für ein Bankinformationssystem könnte zum Beispiel das *Abheben von Geld* sein. Für jeden Use-Case können mehrere alternative Szenarien beschrieben werden, zum Beispiel „*Geld abheben am Bankschalter*" und „*Geld abheben an einem Geldautomaten*".

Ein **Szenario** (engl.: scenario) beschreibt eine tatsächliche oder denkbare Aktions- und Ereignisreihenfolge. Im Kontext von Informationssystemen können Szenarien prinzipiell auf unterschiedlichen Abstraktionsebenen eingesetzt werden. Sie können beispielsweise die Einbettung eines Informationssystems in einem organisatorischen Umfeld beschreiben, oder sie können ein Anwendungsszenario des Systems darstellen, oder sie können auch die für menschliche Benutzer nicht direkt sichtbaren Abläufe zwischen den einzelnen Komponenten innerhalb eines Informationssystems abbilden.

Szenarien, die in Use-Case-Beschreibungen enthalten sind, können jeweils als Ausprägungen des zugehörigen Use-Case verstanden werden. Anders ausgedrückt definiert ein Use-Case ein Klasse von möglichen, daraus ableitbaren Szenarien und gibt die gemeinsamen Eigenschaften (zum Beispiel Vor- und Nachbedingungen) der abgeleiteten Szenarios vor. Ein Use-Case ist somit eine *abstrakte Beschreibung* in Form eines Diagramms für eine Vielzahl *konkreter Szenarien*.

Beispielsweise kann ein Use-Case die Interaktion von Kunden bei der Geldbehebung bei einem Geldautomaten in allgemeiner Form beschreiben. Es sind zahlreiche unterschiedliche Szenarien denkbar, in denen unterschiedliche Personen bei möglicherweise unterschiedlichen Geldautomaten Geld beheben.

Szenarien können kontinuierlich verfeinert werden und sind somit ein wertvolles Hilfsmittel für den Entwurf der dynamischen Aspekte eines Informationssystems, für die Implementierung und für die Definition von Testfällen.

In der grafischen Notation werden in einem Use-Case-Diagramm die *Aktoren* abgebildet, die mit dem betrachteten System interagieren. Aktoren können sowohl menschliche Benutzer als auch andere Systeme sein. Die Use-Cases beschreiben auf einer abstrakten Ebene die Funktionen, die das betrachtete System diesen Aktoren zur Verfügung stellt.

Abb. 2.2.4.1/1 zeigt ein einfaches *Beispiel für ein Use-Case-Diagramm*. Dieses Diagramm bildet die Use-Cases ab, die im Bereich der *Filialbestellungen des Beispiel-Lebensmittelfilialbetriebs* auftreten. Außerhalb des Systems sind die Aktoren mit ihrem Bezug zu den einzelnen Anwendungsfällen angeführt.

Der Verkäufer ist als *Aktor* mit der Bestellabwicklung betraut. Im Use-Case „Bestellung abwickeln" werden weitere Use-Cases inkludiert, die getrennt modelliert wurden. Diese werden zu notwendigen Bestandteilen des Use-Cases „Bestellung abwickeln". Mit einzelnen der inkludierten Use-Cases stehen aber auch noch andere Aktoren in Verbindung. Beispielsweise ist in den Use-Case „Lagerbestand prüfen" das Lager eingebunden. Die Beschriftung *<<include>>* bedeutet, dass dieser Use-Case bei jeder Bestellabwicklung ausgeführt wird, während *<<extend>* besagt, dass dies nur manchmal der Fall ist.

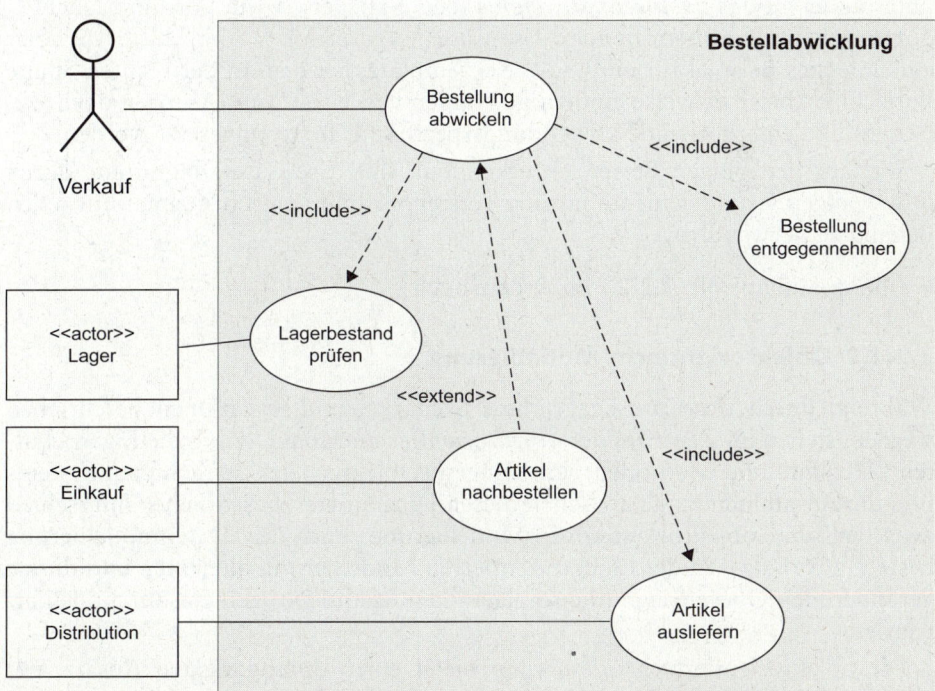

Abb. 2.2.4.1/1: Beispiel für ein Use-Case-Diagramm zur Bestellabwicklung

Name des Use-Case:	*<eindeutiger Name>*
Zugehöriges Benutzerziel:	*<Ziel, zu dessen Erreichung der Use-Case beiträgt>*
Priorität:	*<beispielsweise hoch, mittel, niedrig>*
Kurzbeschreibung:	*<kurze Textbeschreibung des Use-Case>*
Aktoren:	*<beteiligte Aktoren>*
Auslöser (Trigger):	*<das den Use-Case auslösende Ereignis>*
Vorbedingungen:	*<Bedingungen, die vor Durchführung des Use-Case erfüllt sein müssen>*
Nachbedingungen:	*<Bedingungen, die nach Durchführung des Use-Case erfüllt sein müssen>*
Szenarien:	*<mehrere Szenarien, die die Durchführung des Use-Case beschreiben>*
Zusatzinformation:	*<beliebige Zusatzinformation, die für das Verständnis dienlich sein kann>*

Abb. 2.2.4.1/2: Ein einfaches Use-Case-Template

Use-Cases werden durch Szenarien konkretisiert. Diese Szenarien können beispielsweise mittels ereignisgesteuerter Prozessketten (Abschnitt 2.2.5.2) oder mittels Sequenzdiagrammen (Abschnitt 2.2.5.3) modelliert werden. Ein Beispiel für ein Szenario des Use-Case Bestellabwicklung aus Abb. 2.2.4.1/1 wird später in Abb. 2.2.5.3/3 in Form eines *Sequenzdiagramms* dargestellt.

In der Praxis werden Use-Cases vielfach mittels so genannter *Use-Case-Templates* in Textform standardisiert beschrieben. Neben den Szenarien werden hier unter anderem das *auslösende Ereignis* (engl.: trigger) sowie Vor- und Nachbedingungen für den betreffenden Use-Case aufgezeichnet. Abb. 2.2.4.1/2 zeigt ein einfaches Beispiel für ein Use-Case-Template, bei dem in der rechten Spalte Bezeichner (beispielsweise eindeutige Namen von Use-Cases, Aktoren oder Szenarien) und entsprechende anwendungsspezifische Texte eingesetzt werden.

Wie aus den obigen Beispielen erkennbar, sind Use-Case-Diagramme durch ihre wenigen Grundelemente intuitiv verstehbar und somit prinzipiell für jeden Beteiligten verwendbar.

▶ Übungsaufgabe Nr. 1.2.23 im Arbeitsbuch

2.2.4.2 Objektorientierte Modellierung

Während durch Use-Case-Diagramme Szenarien und Situationen beschrieben werden, stehen im Zentrum der *objektorientierten Modellierung* die Eigenschaften (Attribute und Methoden) von Dingen (Objekten) des betrachteten Systems und die Zusammenhänge zwischen diesen Dingen. Der wesentliche Unterschied zwischen der objektorientierten Modellierung und der Datenmodellierung besteht darin, dass in der objektorientierten Modellierung die Daten und die sie verändernden Operationen (die so genannten Methoden) gemeinsam modelliert werden.

Die objektorientierte Modellierung bietet einen durchgängigen Ansatz, der ursprünglich aus dem Bereich des DV-Konzepts stammte, und bietet unterschiedliche Methoden für die Modellierung unterschiedlicher Systemaspekte.

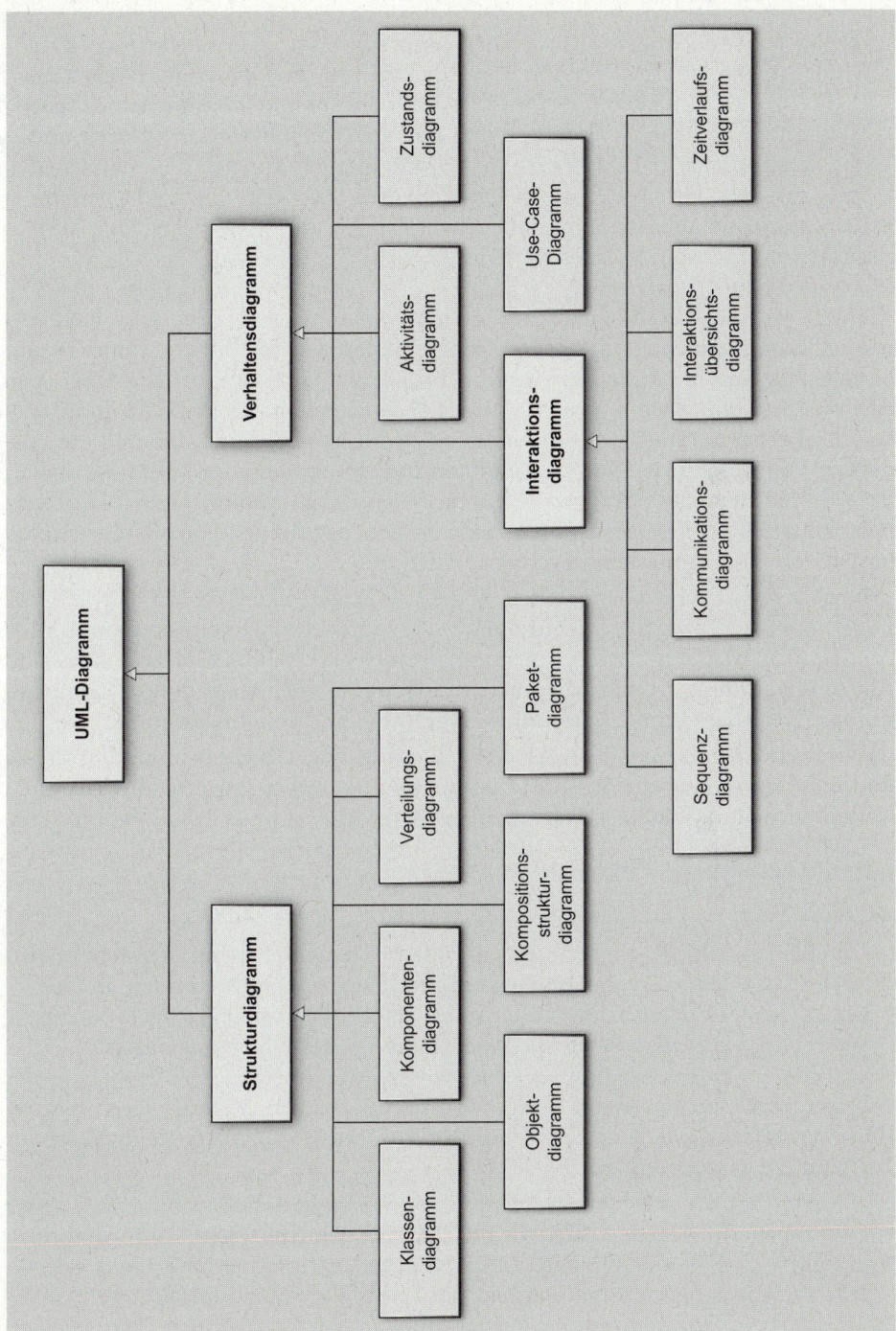

Abb. 2.2.4.2/1: Arten von UML-Diagrammen

Die derzeit wichtigste Modellierungssprache für die objektorientierte Modellierung ist **UML** (Abkürzung für engl.: unified modeling language). UML (in der aktuellen Version 2.0) stellt in Summe 13 unterschiedliche Diagrammarten für die Beschreibung *von statischen Systemstrukturen* und des *dynamischem Verhaltens* zur Verfügung. Während die statischen Strukturen beschreiben, wie die modellierten Konzepte generell zueinander stehen, definieren die dynamischen Aspekte die Veränderungen, Aktivitäten und Zustände eines Systems.

UML ist die Vereinigung und Fortentwicklung von drei verschiedenen Modellierungssprachen, die unter anderem von Grady Booch, James Rumbaugh und Ivar Jacobson entwickelt wurden. Im Jahr 1997 wurde UML von der *OMG* (Abkürzung von engl.: Object Management Group) zum Industriestandard ernannt. Die OMG ist eine Non-Profit-Organisation, die sich die Förderung von objektorientierten Techniken und Methoden zum Ziel gesetzt hat. Ihr gehören über 800 Mitglieder an, zu denen neben kommerziellen IT-Unternehmen wie IBM, Oracle, Philips, Fuijitsu-Siemens oder Sun auch Universitäten und andere Forschungseinrichtungen zählen.

Neben den zuvor vorgestellten Use-Case-Diagrammen bietet UML *sechs Diagrammarten* für die Beschreibung der statischen Systemstrukturen, die gemeinsam *Strukturdiagramme* genannt werden (vgl. Abb. 2.2.4.2/1): Dies sind Klassendiagramme, Objektdiagramme, Komponentendiagramme, Kompositionsstrukturdiagramme, Verteilungsdiagramme und Paketdiagramme.

Wir wenden uns zunächst der Modellierung von Objekten und Klassen zu und behandeln dann die Strukturdiagramme in knapper Form. Die wichtigsten Verhaltensdiagramme von UML werden später in Abschnitt 2.2.5.3 vorgestellt.

2.2.4.3 Objekte und Klassen

Unter einem **Objekt** (engl.: object) im softwaretechnischen Sinn versteht man die Einkapselung von Daten (Zustand) und Funktionen (Methoden) in einer gemeinsamen Einheit. Um den Zustand eines Objektes abzufragen oder zu verändern, werden ausschließlich die Methoden des Objektes genutzt.

Durch das Objekt werden einige wichtige Prinzipien des Software-Engineering verwirklicht, wie zum Beispiel das *Partitionierungsprinzip* (siehe Abschnitt 2.2) und das *Geheimnisprinzip*.

Die zugrunde liegende Idee des **Geheimnisprinzips** (engl.: information hiding) ist, dass die Objekte (und Komponenten) innerhalb eines Softwaresystems so entworfen werden, dass sie einige ihrer Eigenschaften veröffentlichen, während andere privat (geheim) bleiben können. Die veröffentlichen Eigenschaften reichen zur Nutzung der Objekte aus.

Durch dieses Prinzip erreicht man, dass *das System leichter verständlich* wird, da zum Verständnis die Betrachtung der veröffentlichten Eigenschaften ausreicht. Ein weiterer Vorteil ist, dass das System leichter änderbar wird, da eine etwaige Veränderung der Interna des Objekts zu leichter kalkulierbaren Konsequenzen und Kosten führt. Ein Objekt kann aufgrund der Kenntnis seiner öffentlichen Eigenschaften benutzt werden, ohne die interne Realisierung kennen zu müssen.

Das gleiche Prinzip der Kapselung wird auch für komplexe Softwaresysteme verwendet, die als Softwarekomponenten ebenso ihre öffentlichen Methoden als Dienste zur Verfügung stellen, allerdings den internen Aufbau (die interne Struktur) und die internen Methoden verheimlichen. Die genannten Vorteile von Objekten gelten für Softwarekomponenten in gleichem Maße (mehr über Softwarekomponenten weiter unten).

Die Gesamtheit der öffentlichen Methoden eines Objekts (einer Softwarekomponente) wird als dessen (externe) **Schnittstelle** (engl.: interface) bezeichnet. Um zu interagieren, schickt ein Objekt eine **Meldung** (Nachricht, engl.: message) an ein anderes Objekt. Ein Objekt definiert durch seine Schnittstelle, welche Meldungen es verarbeiten kann. Die meisten objektorientierten Programmiersprachen implementieren das Verschicken einer Meldung innerhalb eines Programms durch einen direkten Methodenaufruf. Die über die (öffentliche) Schnittstelle zur Verfügung gestellten Funktionen werden auch als **Dienste** (engl.: service) bezeichnet.

Durch die *Unterteilung in verschiedene interagierende Objekte/Softwarekomponenten* wird implizit eine *Partitionierung* vorgenommen, das heißt das System wird in kleinere, besser handhabbare Einheiten zerlegt. Die öffentlichen Methoden eines Objekts können zur Laufzeit von anderen Objekten benutzt werden. Private Methoden dienen zur internen Strukturierung und sind dagegen meist nur im Quellcode erkennbar. Auf private Methoden kann zur Laufzeit nicht (direkt) von außen zugegriffen werden. Private Definitionen innerhalb eines Objekts oder einer Softwarekomponente werden auch als *Modulgeheimnis* bezeichnet und sind für die Nutzung einer Komponente irrelevant.

Ähnlich wie die Unterscheidung in Typen und Ausprägungen, wie Sie sie vom ER-Modell bereits kennen, ist die Unterscheidung zwischen Klassen und Objekten in der objektorientierten Modellierung.

Klassen (engl.: class) sind Beschreibungen von Objekten. Eine Klasse dient als Schablone, als Vorlage für Objekte des gleichen Typs. Die Klasse bestimmt den *Typ* eines Objekts (den *Objekttyp*). Aus einer Klasse können über *Instanziierung* Objekte abgeleitet (erzeugt) werden, die jeweils die gleichen (in der Klasse festgelegten) Eigenschaften besitzen.

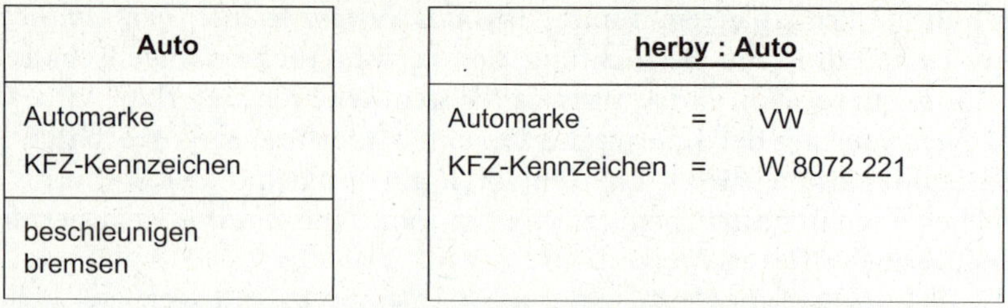

Auto
Automarke
KFZ-Kennzeichen
beschleunigen bremsen

<u>herby : Auto</u>
Automarke = VW
KFZ-Kennzeichen = W 8072 221

Abb. 2.2.4.3/1: Darstellung einer Klasse und eines Objekts in UML

Der Begriff der Instanziierung folgt aus dem Umstand, dass ein Objekt eine konkrete Instanz (Ausprägung) einer Klasse darstellt, wie zum Beispiel ein bestimmter VW-Käfer (zum Beispiel *Herby*) eine Instanz der Klasse *VW-Käfer* ist. Die Instanz „*Hans Robert Hansen*" ist eine Instanz der Klasse *Professor* (das bedeutet, *Hans Robert Hansen ist ein Professor*).

Ein Objekt ist eine *Instanz* einer Klasse und verfügt über die von der Klasse bereitgestellten, öffentlichen und privaten Eigenschaften (Attribute und Methoden).

Zur grafischen Darstellung von Klassen und Objekten in Diagrammen existierten ebenso zahlreiche Ansätze, wobei hier die Notation der objektorientierten Modellierungssprache UML verwendet wird.

In Abb. 2.2.4.3/1 sehen Sie auf der linken Seite die Klasse *Auto* dargestellt, auf der rechten Seite eine Ausprägung dieser Klasse. Die Darstellung einer Klasse enthält deren Bezeichnung, gefolgt von den Attributen (hier: Automarke und KFZ-Kennzeichen) und den Methoden (hier: beschleunigen und bremsen). In einer Objektdarstellung wird der Bezeichner des Objekts (optional) gefolgt von Doppelpunkt und Klasse angeschrieben, wobei diese unterstrichen werden. Abschließend können optional die Attribute mit ihren Werten angeführt werden.

Neben der Beziehung zwischen Objekten und Klassen werden bei der objektorientierten Modellierung zahlreiche Beziehungen zwischen den Klassen untereinander in Form von Klassendiagrammen definiert. Dies ist ähnlich wie bei der ER-Modellierung, doch die Ausdrucksmöglichkeiten der objektorientierten Modellierung sind schon alleine durch die Einbeziehung der dynamisches Aspekte vielfältiger als die vorgestellten Methoden der konzeptionellen Datenmodellierung, die sich auf die beschreibenden Merkmale (Attribute) von Objekten beschränken. Es existieren mehrere Erweiterungen des ER-Modells (beispielsweise das EER-Modell, Abkürzung für engl.: extended entity relationship model), die auch die Modellierung von Generalisierungen unterstützen, wie sie nachfolgend beschrieben werden.

▶ Übungsaufgabe Nr. 1.2.24 im Arbeitsbuch

2.2.4.4 Generalisierung/Spezialisierung

Mit Hilfe der objektorientierten Modellierung können *allgemeine* und *spezielle* Klassen definiert werden, wobei die speziellen Klassen die Eigenschaften von allgemeinen Klassen *erben*.

> Von **Generalisierung** (engl.: generalization) spricht man, wenn aus zwei (oder mehr) Klassen eine allgemeinere Klasse herausgehoben wird, die die gemeinsamen Eigenschaften der Ausgangsklassen enthält. Von **Spezialisierung** (engl.: specialization) spricht man, wenn aus einer allgemeinen Klasse eine spezielle Klasse abgeleitet wird, die besondere zusätzliche Eigenschaften besitzt, die die allgemeine Klasse nicht besitzt. Die Instanzen der spezialisierten Klassen sind indirekt auch Instanzen der zugehörigen generelleren Klassen.

Durch eine Generalisierung entsteht eine Generalisation. Diese Beziehung besagt, dass die Instanzen der entsprechenden Klassen *vom gleichen Typ* sind (engl.: is-a relationship). Die Gesamtheit der so verbundenen Klassen bildet eine *Klassenhierarchie*.

Ein Beispiel für die *Generalisierung* ist der Schritt, in dem beispielsweise aus *Professor* und *Student* der Überbegriff *Person* definiert wird. Wenn beispielsweise aus einer gegebenen Klasse *Artikel* die neue Klasse *Frischware* abgeleitet wird, die zusätzliche Eigenschaften besitzt, spricht man von einer *Spezialisierung*.

> Eine generelle Klasse, die ihre Eigenschaften an eine spezialisierte Klasse vererbt, wird auch als **Superklasse** (Oberklasse, engl.: superclass) bezeichnet. Eine spezialisierte Klasse, die Eigenschaften von einer Superklasse erbt, wird auch als **Subklasse** (abgeleitete Klasse, Unterklasse, engl.: subclass) bezeichnet.

Eine Klasse erbt die Eigenschaften (öffentliche Methoden und Attribute) von all ihren (unmittelbaren oder mittelbaren) Superklassen. Die vererbten Eigenschaften stehen somit ebenfalls in den abgeleiteten Klassen zur Verfügung.

> Unter **Vererbung** (engl.: inheritance) versteht man die (potenzielle) Weitergabe von Objekteigenschaften von Vorlagen (meist Klassen entlang einer Klassenhierarchie). Durch Vererbung kann die Wiederverwendung der Eigenschaften erreicht werden. Bei den erbenden Klassen (manchmal auch Objekten) können die Eigenschaften entweder unmodifiziert hinzugefügt werden (man spricht von einer *Erweiterung, engl.: extension*) oder sie können auch durch namentlich gleiche, aber inhaltlich unterschiedliche Eigenschaften ersetzt werden (*Überschreiben, engl.: overwrite*).

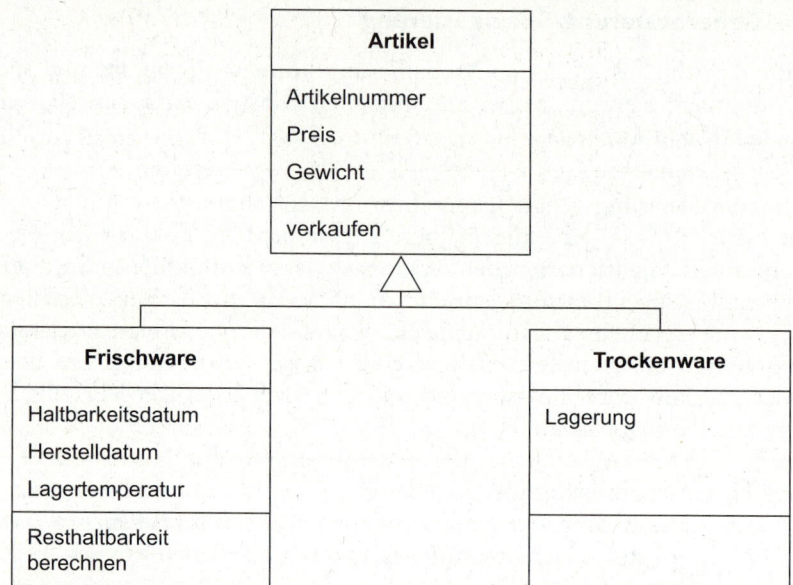

Abb. 2.2.4.4/1: Darstellung von Super- und Subklassen in UML

In der Darstellung in UML wird für die Generalisation ein weißes Dreieck verwendet.

Für unseren Lebensmittelfilialbetrieb ist es zum Beispiel wichtig, dass Frischware auch wirklich immer frisch geliefert wird. Es ist somit sinnvoll, bei den Artikeln zwischen *Frischware* und *Trockenware* zu unterscheiden. Im Klassendiagramm (siehe Abb. 2.2.4.4/1) kann diese Unterscheidung durch Subklassen repräsentiert werden, die Spezialisierungen der allgemeinen Klasse *Artikel* entsprechen. Die Subklassen (*Frischware* und *Trockenware*) erhalten jeweils zusätzlich die Attribute und Methoden der Superklasse. Objekte der Subklasse *Frischware* besitzen somit automatisch sowohl die Methoden und Attribute, die für diese Klasse angegeben wurden, als auch die der Superklasse, also beispielsweise *Artikelnummer* und *Preis*.

▶ Übungsaufgabe Nr. 1.2.25 und 1.2.26 im Arbeitsbuch

Beachten Sie, dass durch die Klassenhierarchie die Instanzen einer Klasse indirekt auch Instanzen von deren Superklassen sind.

Eine Packung Waschpulver ist beispielsweise eine Instanz der Klasse *Trockenware*. Diese Packung Waschpulver ist sowohl eine Trockenware als auch ein Artikel und besitzt eine Artikelnummer (neben anderen Attributen).

Die Klassenhierarchie ist meist eine Struktur, bei der jede Klasse maximal eine unmittelbare Superklasse besitzt. Dies muss allerdings nicht immer so sein:

Von einer **Mehrfachvererbung** (engl.: multiple inheritance) spricht man, wenn eine Klasse mehr als eine unmittelbare Superklasse besitzt.

Beispielsweise existieren in einer Klassenhierarchie die Klassen *Mitarbeiter* und *Student* als Spezialisierungen von *Person*. Jeder *Student* besitzt als differenzierende Eigenschaft eine *Matrikelnummer*, jeder *Mitarbeiter* eine *Personalnummer*. Durch Mehrfachvererbung kann nun eine *Klasse studentischer Mitarbeiter* definiert werden, deren Instanzen sowohl *Mitarbeiter* als auch *Studenten* sind, und demgemäß sowohl über eine *Matrikelnummer* als auch über eine *Personalnummer* verfügen.

▶ Übungsaufgabe Nr. 1.2.27 im Arbeitsbuch

Durch Objektorientierung wird außerdem erreicht, dass die Namen der verwendeten Bezeichner (beispielsweise für Methoden) kurz und leserlich gehalten werden können, da diese nur für ein Objekt oder eine Klasse eindeutig sein müssen. Bei einer reinen Funktionsbeschreibung muss ab einem gewissen Detaillierungsgrad der Funktionsname auch Bezeichner der Klasse oder des Objekts enthalten (Beispiel: Funktion „Frischwaren bestellen"), während bei der objektorientierten Modellierung die Zuordnung zur Klasse den Kontext herstellt (beispielsweise Methode „bestellen" bei Klasse „Frischwaren"). Darüber hinaus kann auch eine Methode gleichen Namens je nach Klasse anders realisiert sein.

Beispielsweise kann die Methode „bestellen" bei der allgemeinen Klasse „Artikel" definiert werden, kann aber bei der Klasse Frischwaren anders realisiert sein, da dort der Bestellprozess völlig anders erfolgt.

> Die Fähigkeit, dieselbe Meldung an Objekte verschiedener Klassen zu senden und hiermit jeweils unterschiedliche Aktionen auszulösen, nennt man **Polymorphie** (engl.: polymorphism).

2.2.4.5 Assoziation und Aggregation

Zwischen den Klassen können zusätzliche Beziehungstypen (ähnlich wie im ER-Modell) bestehen, die *Assoziation* beziehungsweise *Aggregation* genannt werden.

> Unter einer **Assoziation** (engl.: association) versteht man einen Beziehungstyp zwischen zwei oder mehr Klassen. Das bedeutet, dass die Objekte dieser Klassen zur Laufzeit miteinander interagieren.

Diese Interaktion besteht im Wesentlichen darin, dass mindestens eines der Objekte Kenntnis über die anderen Objekte der beteiligten Klassen besitzt und deren öffentliche Methoden benutzt.

> Die **Aggregation** (engl.: aggregation) drückt aus, dass ein Element *Bestandteil* eines anderen ist (engl.: part-of relationship). Die **Objektaggregation** (engl.: object aggregation) drückt demgemäß aus, dass ein Objekt Bestandteil eines anderen Objekts ist.

Wenn ein Objekt *O1* ein anderes Objekt *O2* komplett beinhaltet, dann spricht man davon, dass *O1* das Objekt *O2* aggregiert. Bei der Objektaggregation wird auch häufig die Frage der *Existenzabhängigkeit* gestellt. Ist das aggregierte Objekt integraler Bestandteil des umschließenden Objekts, so kann es ohne dieses nicht existieren. Wenn das umschließende Objekt gelöscht wird, wird somit auch das enthaltene Objekt gelöscht.

Ein *Beispiel aus dem Automobilbereich* kann dabei helfen, den Unterschied ein wenig zu verdeutlichen. Das Fahrgestell eines Kraftfahrzeugs ist in der Regel integraler Bestandteil des Autos und kann nur mit relativ großem Aufwand von der Karosserie getrennt werden. Wird das Auto zerstört, so wird auch das Fahrgestell zerstört. Das Fahrgestell ist somit existenzabhängig. Ein Rad ist zwar ebenfalls Bestandteil eines Fahrzeugs, aber kein integraler Bestandteil, da dieses sehr leicht entfernt und ausgetauscht werden kann.

Ein **Klassendiagramm** (engl.: class diagram) ist ein Strukturdiagramm, das die Klassen des betrachteten Realitätsausschnitts in grafischer Form darstellt. Die Verbindungen zwischen den verschiedenen Elementen eines Klassendiagramms repräsentieren statische Beziehungen zwischen den Klassen. Zu den Beziehungen gehören die Generalisation (weißes Dreieck) und die Assoziation (beschriftete Kanten). In einem Klassendiagramm können auch einzelne Objekte (die Instanzen der Klassen) modelliert werden.

Ein Klassendiagramm beschreibt somit im Wesentlichen die Sachverhalte, die auch ein ER-Diagramm beschreiben kann. Darüber hinaus bietet das Klassendiagramm die Möglichkeit, neben den beschreibenden Merkmalen (Attributen) auch die benötigten Methoden zu modellieren (beispielsweise *„Resthaltbarkeit berechnen"*). Die Klassen eines Klassendiagramms sind somit eine Verallgemeinerung der Entitätstypen des ER-Diagramms.

Beziehungstypen werden im Klassendiagramm durch Linien repräsentiert, die mit dem Namen des Beziehungstyps und dem Kardinalitätsverhältnis (der Wert * steht hier für *„mehrere"*) beschriftet werden. Das schwarze Dreieck drückt die Leserichtung aus (beispielsweise: „Filiale erteilt Bestellung").

Als Beispiel für ein *Klassendiagramm* wurde das ER-Diagramm aus Abb. 2.2.3.2/3 ein wenig erweitert, wobei für Artikel zwischen Frisch- und Trockenwaren unterschieden wird. Abb. 2.2.4.5/1 zeigt die am Bestellvorgang des Lebensmittelfilialbetriebs beteiligten Klassen mit deren Attributen und Methoden.

▶ Übungsaufgabe Nr. 1.2.28 im Arbeitsbuch

Ein **Objektdiagramm** (engl.: object diagram) ist ein Strukturdiagramm, in dem *ausgewählte Objekte* (die Instanzen der Klassen) eines Systems zu einem bestimmten Zeitpunkt der Programmausführung modelliert werden. Ein Objektdiagramm beschreibt primär die Beziehungen zwischen Objekten untereinander und die Beziehungen zwischen Objekten und deren Klassen.

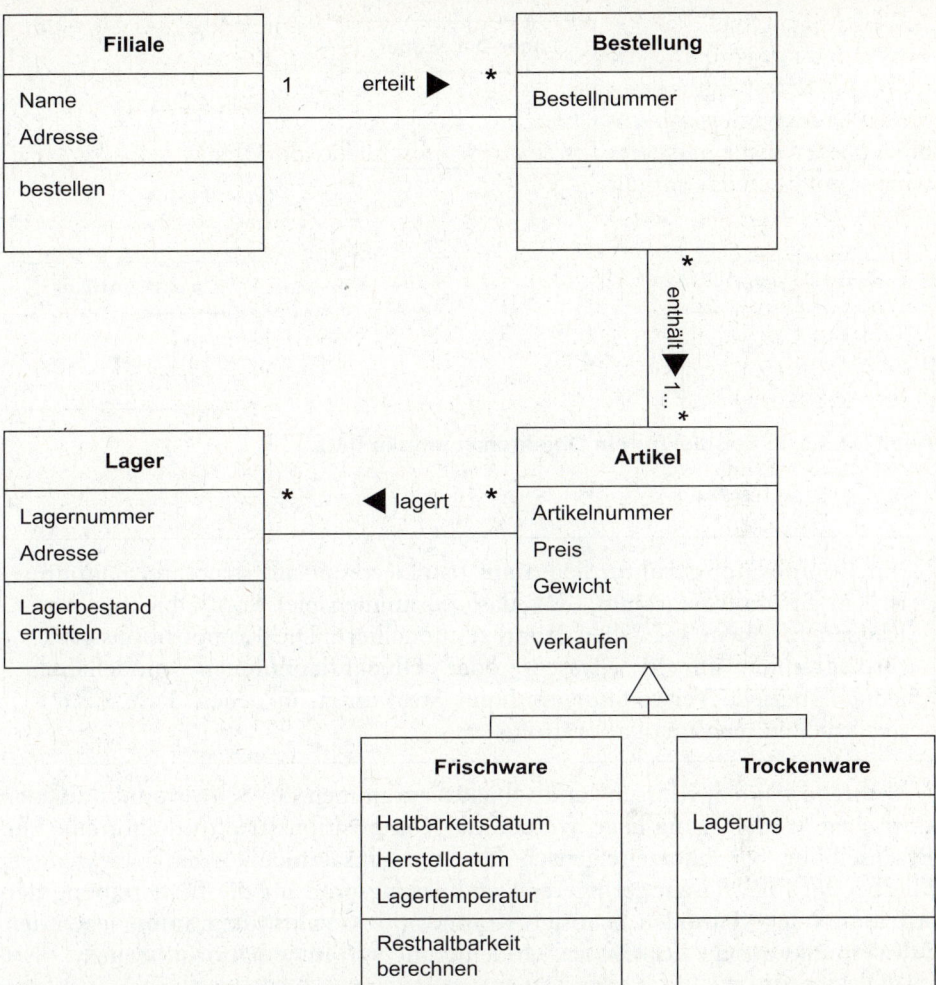

Abb. 2.2.4.5/1: Beispiel für ein Klassendiagramm in UML

In einem Informationssystem werden während des Betriebs laufend neue Objekte erzeugt (neue Kunden, Produkte, Rechnungen usw.). Dies bedeutet, dass ein Objektdiagramm den Systemzustand nur zu einem bestimmten Zeitpunkt darstellen kann. UML erlaubt die Darstellung von Objekten in Klassendiagrammen ebenso wie die Darstellung von Klassen in Objektdiagrammen. Folglich ist der *Unterschied zwischen Klassen- und Objektdiagrammen nur sehr gering*, da ein Klassendiagramm, das nur Objekte und ihre Beziehungen enthält, einem Objektdiagramm entspricht.

Abb. 2.2.4.5/2 zeigt ein Objektdiagramm, in dem in einem konkreten Lager (*Lager-Ost*, eine Instanz der Klasse *Lager*) Artikel, die durch eine fiktive Artikelnummer gekennzeichnet sind, gelagert werden.

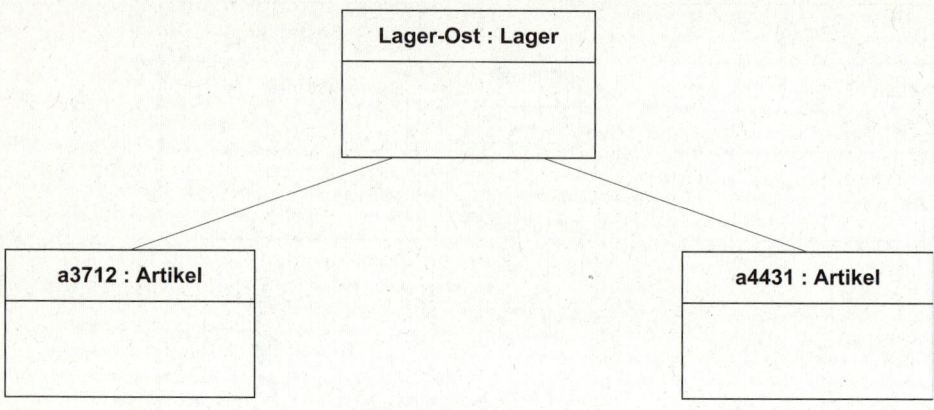

Abb. 2.2.4.5/2: Beispiel für ein Objektdiagramm in UML

Ein **Kompositionsstrukturdiagramm** (engl.: composite structure diagram) ist ein Strukturdiagramm, das das Zusammenspiel von Objekten und Klassen in einem speziellen Kontext modelliert. Die Kompositionsstrukturdiagramme ähneln Klassen- oder Objektdiagrammen, modellieren jedoch spezielle Verwendungen dieser Strukturen, in denen diese zusammenarbeiten (engl.: collaborations).

Während bei den Klassen- und Objektdiagrammen der Schwerpunkt auf der statischen Modellierung liegt, werden die Kompositionsstrukturdiagramme zur Beschreibung von Laufzeiteigenschaften und Einsatzmöglichkeiten verwendet. Hierbei wird häufig ein geringerer Detaillierungsgrad für die Beschreibung der Attribute oder Methoden benötigt. Kompositionsstrukturdiagramme legen den Schwerpunkt auf die Top-Down-Modellierung von Informationssystemen.

Abb. 2.2.4.5/3 zeigt ein Beispiel für ein Kompositionsstrukturdiagramm, in dem eine für das System typische Zusammenarbeit zwischen Klassen (oder Objekten) dargestellt werden kann. Die Kollaborationen werden in UML durch eine gestrichelte Linie ausgedrückt. In dem Beispiel der Abbildung wird die Kollaboration *Ausliefern* dargestellt. Das Diagramm in Abb. 2.2.4.5/4 besagt, dass diese Kollaboration bei der Umsetzung der Klasse *Frischwarenbestellung* berücksichtigt werden muss.

2.2.4.6 Softwarearchitektur

Während wir uns zuvor mit der Modellierung von Klassen und Objekten beschäftigt haben, wenden wir uns nun der DV-Konzeption zu, der Frage, wie diese auf einem Rechner realisiert werden sollen. Zu den wesentlichen Ergebnissen, die im Laufe des IS-Entwurfs erstellt werden, gehört die *Softwarearchitektur* (auch *Grobdesign* genannt) und deren *Feindesign*.

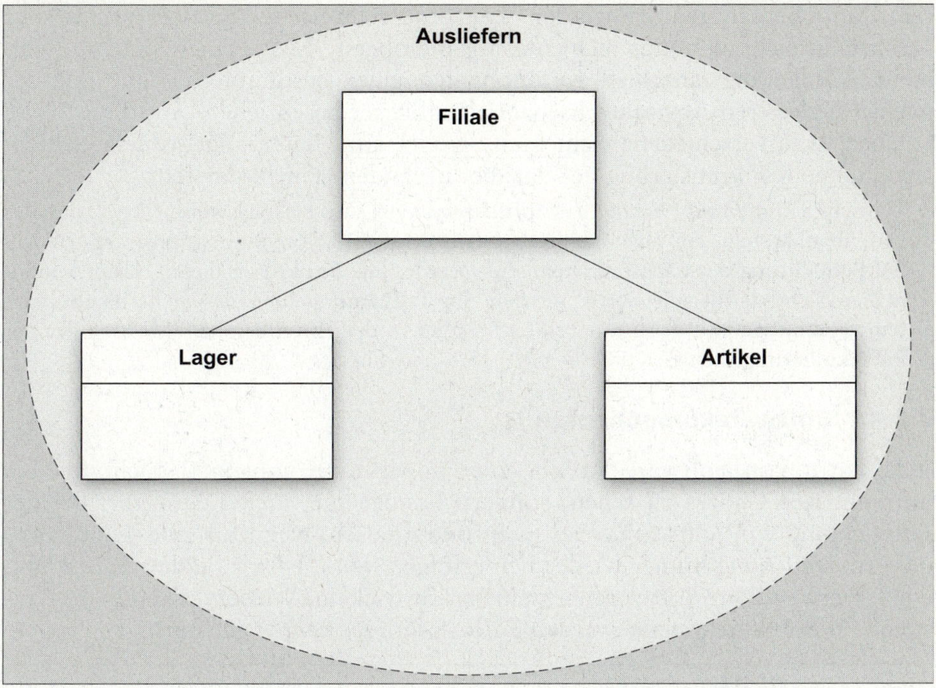

Auzliefern

Filiale

Lager

Artikel

Abb. 2.2.4.5/3: Beispiel für ein Kompositionsstrukturdiagramm in UML

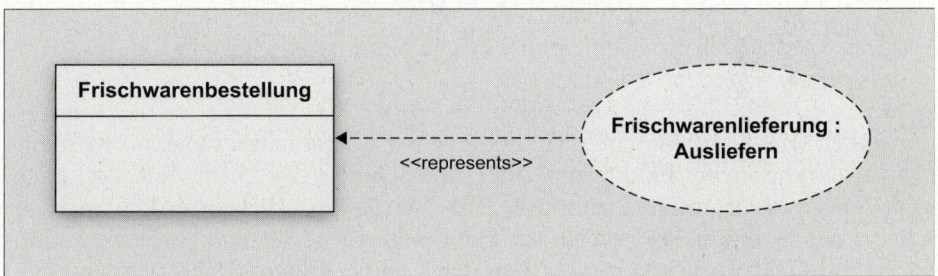

Frischwarenbestellung

<<represents>>

Frischwarenlieferung : Ausliefern

Abb. 2.2.4.5/4: Beispiel für die Nutzung der Kollaboration „Ausliefern"

Die **Softwarearchitektur** (engl.: software architecture) beschreibt die Struktur und die Interaktionsbeziehungen zwischen den verschiedenen Hauptkomponenten eines Informationssystems auf einem relativ grobgranularen („grobkörnigen") Niveau. Die Softwarearchitektur bildet somit das Grobdesign eines Informationssystems.

Die (statische) *Struktur* des Informationssystems beschreibt, aus welchen Softwarekomponenten das System aufgebaut ist und welche Schnittstellen dieser Komponenten genutzt werden. Die Beschreibung der Softwarearchitektur beschränkt sich allerdings nicht nur auf die oberste Ebene eines Systems. Vielmehr werden die einzelnen Komponenten einer bestimmten Ebene auf der nächst niedrigeren Abstraktionsebene detaillierter beschrieben. Auf diese Weise ergeben sich verschiedene Schichten, wobei eine tiefer angeordnete Schicht jeweils eine Konkretisierung der darüber liegenden Schicht darstellt.

Typische *Hauptkomponenten des Softwaresystems* sind beispielsweise ein relationales Datenbanksystem, ein Sicherheitssubsystem oder eine Kommunikationsinfrastruktur. Bei Betrachtung der nächsten Detailstufe werden die Strukturen dieser Hauptkomponenten sichtbar. Beispielsweise werden die Teilkomponenten des Sicherheitssubsystems erkennbar, wie der Authentifikationsdienst, der Zugriffskontrolldienst oder der Protokollierungsdienst.

2.2.4.7 Softwarekomponenten

Jede Form von Software ist ab einer gewissen Komplexität nicht als ein untrennbares Ganzes zu sehen, sondern besitzt eine *interne Struktur*. Bei der Entwicklung von Software ist es nicht ökonomisch, wenn für jede Teilaufgabe die Problemlösung immer wieder neu erfolgen muss. Es wird daher angestrebt, wiederverwendbare Softwarebausteine zu entwickeln. Wiederverwendbare Bausteine für Softwaresysteme werden *Softwarekomponenten* genannt.

Unter einer **Softwarekomponente** (Komponente, engl.: component) wird ein Stück Software verstanden, das über eine wohldefinierte Schnittstelle (engl.: interface) genau festgelegte Funktionen zur Verfügung stellt. Softwarekomponenten sind wiederverwendbar (engl.: reusable) und können durch kompatible Komponenten (gleiche Schnittstelle, gleiche Funktionalität) ersetzt werden.

Ähnlich wie die öffentlichen Methoden einer Klasse (eines Objekts) stellt eine Softwarekomponente Funktionen über eine Schnittstelle (auch *API*, von engl.: application programming interface) zur Verfügung. Diese werden auch als *Export* der Komponente bezeichnet. Die Funktionen, die eine Softwarekomponente voraussetzt (die somit nicht von der Komponente realisiert werden), sind deren *Import*. Die Funktionalität einer Komponente wird somit durch ihren Import und Export definiert.

Da jeder Zugriff auf eine Komponente nur über die Schnittstelle geschieht, ergibt sich zudem der Vorteil, dass die interne Realisierung einer Komponente geändert/verbessert werden kann, ohne dass das Gesamtsystem in der Funktionalität gestört wird. Dies entspricht dem zuvor genannten Geheimnisprinzip.

Die *Schnittstellenbeschreibung* oder auch *API-Referenz* enthält eine Auflistung aller exportierten Funktionen. Daneben soll die API-Referenz auch semantische Information enthalten, um die Eigenschaften einer Komponente verstehen zu können, ohne ihre interne Realisierung kennen zu müssen.

2.2.4.8 Abhängigkeiten zwischen Softwarekomponenten

Das Maß, in dem die verschiedenen Elemente innerhalb einer Softwarekomponente miteinander interagieren beziehungsweise miteinander verbunden sind, wird als **Kohäsion** (engl.: cohesion) der Komponente bezeichnet. Das Ausmaß, in dem eine Komponente mit anderen Komponenten interagiert, wird durch die **Kopplung** (engl.: coupling) gemessen.

Die *Struktur eines Softwaresystems*, das aus mehreren Komponenten zusammengesetzt ist, ergibt sich aus den Beziehungen (der Kopplung), die zwischen den Komponenten bestehen. Die Struktur ist umso übersichtlicher und einfacher verstehbar, je weniger Beziehungen zwischen den verschiedenen Komponenten existieren. Zudem würde eine große Kopplung der Komponenten auf eine geringe Kohäsion und somit auf eine schlechte oder falsche Komponentenbildung hindeuten.

Beim Architekturentwurf eines Systems wird angestrebt, die Kohäsion von Softwarekomponenten zu maximieren, während gleichzeitig die Kopplung minimiert werden soll. Auf diese Weise soll die Architektur des Systems möglichst leicht verstehbar, nachvollziehbar und änderbar gehalten werden. Während aus der Sicht der Veränderbarkeit eine *lose Kopplung* (engl.: loose coupling) angestrebt wird, kann aus Sicht der Ressourcennutzung eine *enge Kopplung* (engl.: tight coupling) von Vorteil sein.

Wenn beispielsweise zwei Programmkomponenten sich gegenseitig Textbeschreibungen von durchzuführenden Operationen zuschicken, so ist dies eine lose Kopplung, die Programmkomponenten kommunizieren über eine sehr einfache Schnittstelle, sie müssen sehr wenig über die Implementierung der anderen Komponente wissen. Allerdings ist das Analysieren des Textes aufwändig. Wenn die Komponenten sich gegenseitig aufrufen, so ist dies mit wesentlich weniger Rechenaufwand verbunden, die Komponenten müssen allerdings beispielsweise die Programmiersprache, die Datentypen, die Namen der Funktionen kennen. Wenn diese Programmkomponenten beispielsweise gemeinsame Datenstrukturen nutzen, wird die Kopplung noch höher.

Mit Hilfe von so genannten *Benutzungsdiagrammen* können statische „benutzt"- (engl.: uses) und „besteht aus"- (engl.: consists of) Beziehungen zwischen Komponenten modelliert werden. Benutzungsdiagramme bieten eine einfache aber bereits recht ausdrucksstarke Möglichkeit zur Darstellung dieser Beziehungen. Die Notation sowie die wesentlichen Beziehungen, die in Benutzungsdiagrammen dargestellt werden können, zeigt Abb. 2.2.4.8/1.

▶ Übungsaufgabe Nr. 1.2.29 im Arbeitsbuch

Ein wesentliches Argument, das für die komponentenorientierte Softwareentwicklung spricht, ist die explizite Ausrichtung auf Wiederverwendbarkeit. Man unterscheidet in diesem Zusammenhang die *Entwicklung für Wiederverwendung* und die *Entwicklung mittels Wiederverwendung*. Im ersten Fall werden

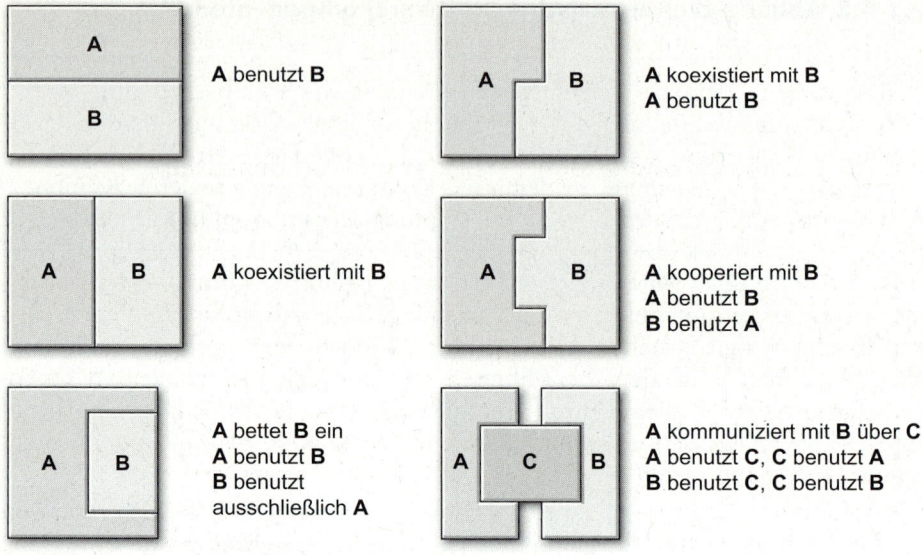

Abb. 2.2.4.8/1: Benutzungsdiagramme für Komponenten

Komponenten explizit für die spätere Wiederverwendung entwickelt. Das heißt, dass bereits während der Planung, des Entwurfs und der Entwicklung einer Komponente darauf geachtet wird, dass diese möglichst flexibel bleibt, um in vielen verschiedenen (auch unvorhergesehenen) Umgebungen eingesetzt werden zu können. Im zweiten Fall werden die zuvor entwickelten Komponenten wiederverwendet, um aus ihnen – gemeinsam mit neuen Programmstücken – eine neue Applikation zu erstellen.

Es ist durchaus üblich, bereits vorhandene wiederverwendbare Komponenten zu einer neuen, ebenfalls wiederverwendbaren Komponente zusammenzusetzen. Salopp gesprochen folgt die *komponentenorientierte Softwareentwicklung* somit dem Baukastenprinzip, wobei verschiedene Bausteine prinzipiell beliebig zu neuen (größeren und mächtigeren) Bausteinen kombiniert werden können.

Unter einem **komponentenorientierten System** (engl.: component based system) versteht man ein Softwaresystem, dessen Funktionalität auf klar abgrenzbare Komponenten verteilt wird, die jeweils eine bestimmte Teilfunktionalität zur Verfügung stellen. Unter einem **monolithischen System** (engl.: monolithic system) versteht man im Gegensatz dazu ein System, das als untrennbares Ganzes betrachtet wird.

Die komponentenorientierte Softwareentwicklung hat ihren Ursprung unter anderem in der Erkenntnis, dass monolithische Systeme nur schwer wartbar, erweiterbar, testbar und wiederverwendbar sind. In der Regel müssen monolithische Systeme zu einem späteren Zeitpunkt entweder zur Gänze ausgetauscht werden, oder sie werden als *Altsysteme* in eine neue Umgebung eingebunden. Oft ist das letztgenannte Vorgehen notwendig, da für Altsysteme häufig keine oder eine nur sehr unvollständige Dokumentation existiert, und niemand mehr genau weiß, wie diese Systeme im Detail funktionieren.

2.2.4.9 Feindesign und Interaktion zwischen Komponenten

Bei fortlaufender *Verfeinerung der Architektur* wird irgendwann der Punkt erreicht, an dem eine weitere Zerlegung der Komponenten nicht mehr sinnvoll erscheint. Die Komponenten dieser Ebene können als atomare (das heißt nicht weiter zerlegbare) Komponenten des betrachteten Systems bezeichnet werden. Diese Ebene stellt somit den Übergang von der Softwarearchitektur zum *Feindesign* dar. Es ist schwer, pauschal anzugeben, nach wie vielen Verfeinerungsschritten die Grenze zum Feindesign erreicht wird. Je nach Komplexität des zu entwerfenden Systems kann jedoch erfahrungsgemäß von drei bis fünf Detaillierungsstufen ausgegangen werden. Im Rahmen des Feindesigns wird jede Komponente bereits sehr implementierungsnah beschrieben. Bei Verwendung einer objektorientierten Programmiersprache werden hierbei unter anderem Klassendiagramme eingesetzt.

Um ein System umfassend zu beschreiben, reicht es jedoch bei weitem nicht aus, nur das statische Zusammenspiel der Komponenten darzustellen. Zusätzlich müssen auch die *dynamischen Beziehungen* zwischen den Komponenten dokumentiert werden. Hierzu zählt vor allem die Beschreibung der zeitlichen Abfolge, in der verschiedene Funktionen einer Komponente ausgeführt werden, zum Beispiel bei der Interaktion mit anderen Komponenten. Weiterhin müssen die Kontroll- und Datenflüsse – vor allem zwischen den Komponenten – spezifiziert werden.

Für hinreichend umfangreiche Informationssysteme ist es komplexitätsbedingt notwendig, sowohl mehrere statische als auch mehrere dynamische Sichten auf das System detailliert zu beschreiben. Dazu zählen neben den soeben erwähnten Sichten auf die statischen und dynamischen Aspekte eines Systems weitere Sichten auf technische und nicht-technische Aspekte. Ein technischer Aspekt ist beispielsweise die Verteilung der Softwarekomponenten auf verschiedene Rechner innerhalb eines Netzwerkes, ein Beispiel für einen nicht-technischen Aspekt ist die Sicht der Endbenutzer auf das System.

Die *Definition verschiedener Sichten* auf das gleiche System (beziehungsweise Teilbereiche desselben) dient vor allem zur *Vereinfachung der Kommunikation* zwischen den Beteiligten und der *Erreichung eines gemeinsamen Verständnisses* über die Realisierung des Systems. Es wäre nicht sinnvoll, alle Beteiligten jeweils mit der Fülle aller verfügbaren Details zu konfrontieren. Hierbei ist es bereits intuitiv klar, dass verschiedene Personengruppen wie zum Beispiel Manager, Endbenutzer, Entwickler, Tester oder Administratoren verschiedene Sichtweisen und Detailkenntnisse über das System besitzen (müssen). Entsprechend müssen die verschiedenen Sichten (beziehungsweise die zugehörigen Modelle und Diagramme) genau die Art von Information enthalten, die die jeweiligen Adressaten verstehen und somit auch kommentieren können.

Die IS-Entwicklung ist ein kreativer Prozess mit vielen technischen und sozialen Einflussfaktoren. Es ist jedoch nicht empfehlenswert, für jede Neuentwicklung oder Erweiterung eines Informationssystems „der Kreativität freien Lauf zu lassen". Statt dessen sollte es – wo immer möglich – schon alleine aus arbeitsökonomischen Gründen angestrebt werden, auch im IS-Entwurf *erprobte Konzepte und Ideen wiederzuverwenden*. Ein Ansatz zur Konservierung und Wiederverwendung von erprobten Ansätzen aus der Praxis sind die so genannten *Entwurfsmuster*. Die Idee der Muster stammte ursprünglich aus dem Bereich der (Gebäude-)Architektur. Inzwischen beschäftigt sich eine große Forscher- und Entwicklergemeinde mit Entwurfsmustern für die Softwareentwicklung.

Unter einem **Entwurfsmuster** (engl.: design pattern) versteht man einen erprobten Lösungsansatz, der in standardisierter, vorwiegend textlicher Form beschrieben wird. Die Definition des Entwurfsmusters enthält zumindest den *Kontext*, in dem der Lösungsansatz anwendbar ist, die *Problembeschreibung* und die *Lösung* des Problems.

Bei der Beschreibung eines Entwurfsmusters spezifiziert der Kontext die Situation, in der das zu lösende Problem auftritt. Dieser Beschreibung folgt die detaillierte Schilderung des betreffenden Problems, ehe eine allgemeine und bereits mehrfach erprobte Lösung für das Problem aufgezeigt wird. Häufig werden zusätzlich bekannte Anwendungsfälle dieses Musters dokumentiert sowie verwandte Ansätze beschrieben.

Das *Ziel von Entwurfsmustern* ist die *Dokumentation von Designerfahrungen* in einer leicht verständlichen und auf andere Anwendungsfälle übertragbaren Form. Durch diese Dokumentation soll der Sachverstand erfahrener Entwickler für andere zugreifbar gemacht werden. Die Muster werden in Katalogen zusammengefasst und vielfach auch publiziert. Entwurfsmuster existieren sowohl auf der Ebene der Softwarearchitektur als auch auf der Ebene des Feindesign. Die Verwendung dieses Ansatzes ist aber nicht auf die Entwurfsphase beschränkt, es können auf diese Weise bewährte Lösungen und Vorgehensweisen für alle Phasen der Informationssystementwicklung dokumentiert werden.

2.2.4.10 Komplexe Komponentensysteme

Komplexe Softwaresysteme bestehen in der Regel aus einer Vielzahl von Softwarekomponenten. Die meisten dieser Komponenten werden nicht für ein Anwendungssystem neu implementiert, sondern sind bereits in unterschiedlichsten Kontexten in Einsatz und werden wiederverwendet. Um eine hohe Anpassbarkeit eines Softwarepakets an betriebliche Gegebenheiten zu realisieren, versucht man, entweder ein System möglichst stark zu parametrisieren, oder ein Baukastensystem bereitzustellen, bei dem aus einer Vielzahl von zusammenpassenden Komponenten das Anwendungssystem geschaffen werden kann.

Der Grad der *Anpassbarkeit* (engl.: customizing) kann je nach Komponente und Aufgabengebiet sehr unterschiedlich sein, und reicht von einer reinen Parametrisierung bis zur Anpassung des Quellprogramms.

Man spricht von einer **Black-Box-Komponente** (engl.: black box component), wenn kein Zugriff auf die Interna der Komponente (das Quellprogramm) besteht. Wenn der interne Aufbau und die interne Funktionsweise der Komponente veränderbar sind, spricht man von einer **White-Box-Komponente** (engl.: white box component).

Um beispielsweise ein Altsystem in ein neues Informationssystem zu integrieren, empfiehlt sich die Integration des Altsystems als Black-Box-Komponente, da hierfür kein Verständnis über die Interna eines meist unzureichend dokumentieren Systems notwendig ist.

Eine *Parametrisierung* ist für alle Formen von Komponenten möglich, die Anpassbarkeit durch Eingriff in das Quellprogramm ist jedoch nur bei White-Box-Komponenten möglich. Eine spezielle Form der Anpassung einer Komponente ist das Beheben eines Fehlers, was gemäß der obigen Definition nur bei White-Box-Komponenten möglich ist.

Ein Anwendungs-**Framework** (unübliche deutsche Übersetzung für Framework: Rahmenwerk) ist ein „halbfertiges" Softwaresystem, bestehend aus einer Vielzahl von auf einander abgestimmten Softwarekomponenten, aus denen mit relativ geringem Aufwand ein angepasstes Softwaresystem erstellt werden kann. Das Framework kann somit als White-Box-Komponente betrachtet werden. Hierbei wird auch ein wieder verwendbares Design zur Verfügung gestellt, das aus vorgefertigten Komponenten sowie Regeln für die Interaktion dieser Komponenten besteht.

Ein Framework stellt somit eine Basisarchitektur zur Verfügung, die die Wiederverwendung der zugehörigen Komponenten ermöglicht. Bei der Anpassung und Weiterentwicklung muss nicht in ein komplexes Fertigprodukt eingegriffen werden, sondern das System kann im Baukastensystem mit wohl-dokumentierten Schnittstellen bedarfsgerecht zusammengesetzt und angepasst werden. Dieser Ansatz besitzt den Vorteil, dass durch das White-Box-Design bestehende Systemkomponenten (beispielsweise von Altsystemen) relativ leicht integriert werden können, und dass beliebig einzelne Teilkomponenten benutzt oder durch andere ersetzt werden können. Es existieren Frameworks für bestimmte Systemteile, wie zum Beispiel für grafische Benutzerschnittstellen oder für Web-Systeme. Frameworks können aber auch die Grundlage für gesamte betriebliche Applikationen bilden.

Ein Beispiel für ein umfassendes betriebliches Framework ist das Java-basierte Framework „San Francisco" von IBM.

Ein anderer Ansatz für die Behandlung von Variabilität in wiederverwendbarer Software sind Produktfamilien, die speziell für Veränderungen entworfen sind.

In den oben angesprochenen Bereich der Entwicklung für und mit Wiederverwendung fällt auch die so genannte **produktfamilienbasierte Softwareentwicklung**. Der Gedanke der Produktfamilie besteht hierbei in der Erstellung eines generischen Kerns von Spezifikationen, Entwürfen und Softwarekomponenten, der als Grundlage für die Ableitung beliebig vieler Applikationen dienen kann. Die zugrunde liegende Idee entstammt klassischen Ingenieurdisziplinen wie zum Beispiel dem Kraftfahrzeugbau, wo mit so genannten *Plattformstrategien* gearbeitet wird.

So strebt zum Beispiel der VW-Konzern die Verwendung einer großen Menge gleicher Bauteile in seinen Kfz-Marken VW, Audi, Seat und Skoda an. Es kann davon ausgegangen werden, dass in den verschiedenen Modellen innerhalb der gleichen Wagenklasse über 60 Prozent der Teile identisch oder nahezu identisch sind, zum Beispiel Motor, Chassis und Armaturen.

Im Rahmen einer produktfamilienbasierten Softwareentwicklung wird somit nicht „nur" die Wiederverwendung von Softwarekomponenten und/oder Quellcode angestrebt. Sie hat vielmehr die Wiederverwendung von prinzipiell allen Artefakten, die im Laufe des Softwarelebenszyklus entstehen, zum Ziel. Beispiele sind hier die Softwarearchitektur und die zugehörigen Feindesigns, die Dokumentation, Testspezifikationen, der angewendete Prozess, aber auch „weiche" Information wie Erfahrungen der beteiligten Personen.

Aufgrund der sehr hohen Komplexität und der großen Unterschiede zwischen verschiedenen *Anwendungsbereichen* (Domänen, engl.: domain), kann ein generischer Kern für Softwareprodukte jedoch in der Regel für jeweils einen Anwendungsbereich (und nicht domänenübergreifend) erstellt werden. Beispiele für Domänen sind: Betriebswirtschaftliche Standardsoftware, Steuerungssoftware für medizinische Geräte oder auch Datenbankverwaltungssysteme.

Beispiele für Anwendungsdomänen sind vertikale Anwendungsbereiche mit branchenspezifischer Anwendungssoftware oder auch der Bereich von Motorsteuerungen für Automobile oder der Bereich der Software für Mobiltelefone. Betrachten wir beispielsweise den Finanzdienstleistungssektor: Jedes Kreditinstitut benötigt unter anderem die Möglichkeit zur Verwaltung von Konten, zur Überweisung von Geldbeträgen oder zum Handel mit Wertpapieren. Diese Funktionen können somit in den generischen Kern einer Produktfamilie für Bankinformationssysteme aufgenommen werden. Wenn nun eine spezielle Bank ein für sie maßgeschneidertes Bankinformationssystem einführen möchte, können die generischen Artefakte wiederverwendet werden, um auf einfache Weise die Grundfunktionalität des Systems zu realisieren. Lediglich die individuellen Anforderungen jeder Bank müssen neu umgesetzt werden. Für die individuelle Anpassung von betrieblicher Standardanwendungssoftware wird auch häufig der Begriff *Customizing* verwendet (mehr dazu im Kapitel 4).

Es soll an dieser Stelle nochmals darauf hingewiesen werden, dass die vorgestellten Prinzipien und Konzepte hier nur stark vereinfacht dargestellt werden können. Die jeweiligen Sachverhalte – insbesondere bezüglich der Entwicklung für und mittels Wiederverwendung – sind in der Realität hoch komplex und erfordern ein entsprechend ausgeprägtes Fachwissen zu ihrer erfolgreichen Anwendung.

▶ Übungsaufgabe Nr. 1.2.30 im Arbeitsbuch

2.2.4.11 Übersicht über die Strukturdiagramme in UML

In den letzten Abschnitten wurden bereits die meisten Strukturdiagramme von UML anhand ihrer Aufgaben vorgestellt. In diesem Abschnitt werden noch kurz die Paket-, Verteilungs- und Komponentendiagramme von UML skizziert.

> Ein **Paketdiagramm** (engl.: package diagram) ist ein Strukturdiagramm zur Beschreibung, wie Programmteile (beispielsweise Klassendefinitionen) in so genannten *Paketen* (engl.: package) zusammengefasst werden und wie diese Pakete voneinander abhängen. Pakete werden zur Organisation eines Programmsystems verwendet, sie sind Elemente des Konfigurationsmanagements.

In einem Paket werden häufig die eng voneinander abhängigen Klassen verwaltet. Von einem Paket kann beispielsweise eine neue Version erzeugt werden, in der das Zusammenspiel der enthaltenen Klassen gewährleistet ist. Die Klassen eines Paketes werden gemeinsam installiert. Ob in einem System das Konzept des Pakets und somit auch Paketdiagramme genutzt werden sollen, hängt unter anderem von der verwendeten Programmiersprache ab.

> Ein **Komponentendiagramm** (engl.: component diagram) ist ein Strukturdiagramm zur Beschreibung, wie ein Softwaresystem aus verschiedenen, interagierenden Softwarekomponenten zusammengesetzt ist.

Wie sie bereits wissen, bilden Komponenten weitgehend unabhängige und ersetzbare Teile eines Programmsystems, die klar festgelegte Aufgaben in einer wohldefinierten Softwarearchitektur erfüllen. Während Pakete den Schwerpunkt auf die Organisation des Quellprogramms legen, stehen bei Komponenten Aspekte der Aufgabenerfüllung (funktionale Aspekte) im Vordergrund. Komponenten können beispielsweise durch Pakete realisiert werden.

> Ein **Verteilungsdiagramm** (engl.: deployment diagram) ist ein Strukturdiagramm, das beschreibt, wie die Artefakte eines Informationssystems auf verschiedene physische Rechner verteilt werden. Zu den Artefakten eines Informationssystems zählen die Programme (beispielsweise auch Altsysteme), Daten (beispielsweise in Datenbanken organisiert) und auch wichtige Hardwareelemente, die für die Funktionsweise des Systems relevant sind (wie beispielsweise Scanner oder Produktionsmaschinen).

Diagrammtyp	Diese zentrale Frage beantwortet das Diagramm	Stärken
Klassendiagramm 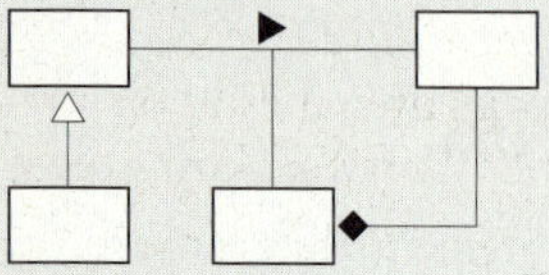	Aus welchen Klassen besteht das System und wie stehen diese untereinander in Beziehung?	Beschreibt die statische Struktur des zu entwerfenden oder abzubildenden Systems. Enthält alle relevanten Strukturzusammenhänge und Datentypen. Bildet die Brücke zu den dynamischen Diagrammen.
Paketdiagramm 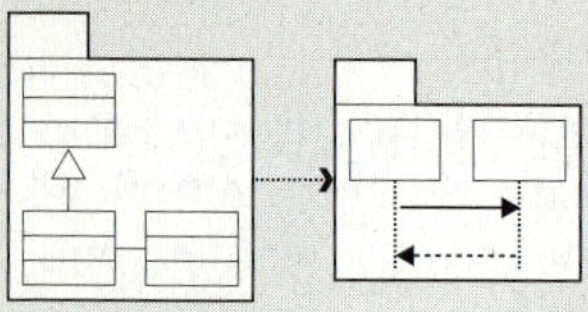	Wie können die Programmteile durch Pakete organisiert werden, sodass diese leicht wartbar sind?	Organisiert das Systemmodell in größere Einheiten durch logische Zusammenfassung von Modellelementen. Modellierung von Abhängigkeiten und Inklusion möglich.
Objektdiagramm 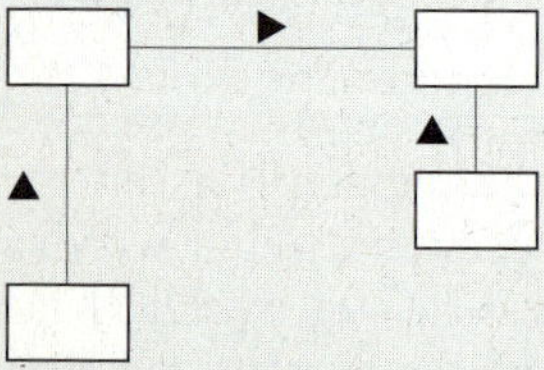	Welche innere Struktur besitzt das System zu einem bestimmten Zeitpunkt während der Laufzeit (Schnappschuss)?	Zeigt Objekte und deren Attributbelegungen zu einem bestimmten Zeitpunkt. Wird nur beispielhaft zur Veranschaulichung verwendet.
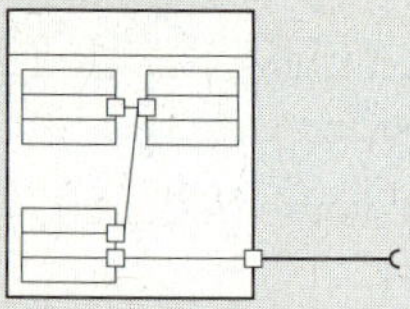 **Kompositionsstruktur-diagramm**	Wie sieht das Innenleben einer Klasse, einer Komponente, eines Systemteils aus?	Ideal für Top-down-Modellierung des Systems. Mittlerer Detaillierungsgrad, zeigt Teile eines „Gesamtelements" und deren Mengenverhältnisse.
Komponentendiagramm 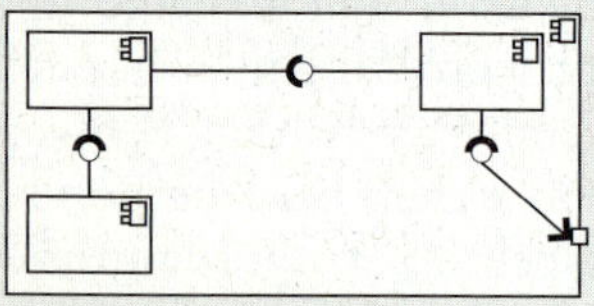	Wie werden die Klassen zu wieder verwendbaren, verwaltbaren Komponenten zusammengefasst und wie stehen diese miteinander in Beziehung?	Zeigt Organisation und Abhängigkeiten einzelner Systemkomponenten. Modellierung angebotener und benötigter Schnittstellen.
Verteilungsdiagramm 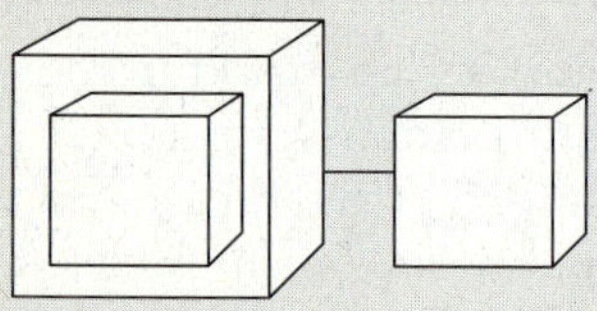	Wie sieht das Einsatzumfeld (Arbeitsplatzrechner, Server, Datenbanken, ...) des Systems aus? Auf welche Rechner werden die Komponenten verteilt?	Zeigt das Laufzeitumfeld des Systems mit den „greifbaren" Systemteilen (meist Hardware). Hohes Abstraktionsniveau, kaum Notationselemente.

Abb. 2.2.4.11/1: Zusammenfassung der Strukturdiagramme von UML (nach M. Jeckle et al.)

Im Gegensatz zu beispielsweise Komponentendiagrammen werden bei Verteilungsdiagrammen primär die Artefakte der IS-Entwicklung eingetragen. Der Begriff der Artefakte beschreibt die Dinge, die mehr oder minder physisch auf diesen Rechnern installiert werden. Im Bereich der Software sind dies die resultierenden Programme, die ihrerseits aus Softwarekomponenten bestehen können. Entsprechend werden auch die Beziehungen zwischen Softwarekomponenten und den resultierenden Programmen in den Verteilungsdiagrammen eingetragen.

2.2.5 Steuerungssicht von Informationssystemen

Die Steuerungssicht ist in ARIS das integrative Element, durch das die Organisations-, Daten-, Funktions- und Leistungssicht in einer prozesszentrierten Modellierung verbunden werden. Dies ist auch aus der zentralen Darstellung der Steuerungsschicht im ARIS-Architekturmodell in Abb. 2.2.1.2/1 ersichtlich. Sie haben bereits zuvor gesehen, wie beispielsweise bei Use-Cases oder der objektorientierten Modellierung mehrere dieser Sichten verbunden werden. Der zentrale Ausgangspunkt der Steuerungssicht bei ARIS sind die Geschäftsprozesse, die auf Fach-, DV- und Implementierungsebene betrachtet werden.

2.2.5.1 Geschäftsprozessmodellierung

Ein **Geschäftsprozess** (engl.: business process) besteht aus einer Menge miteinander verknüpfter Aktivitäten, welche in einer bestimmten Reihenfolge ausgeführt werden, um ein festgelegtes Ziel zu erreichen. Die verschiedenen Aktivitäten können sequenziell und/oder parallel gestartet und ausgeführt werden.

Geschäftsprozesse sind gut strukturierbare, arbeitsteilige Prozesse, wie zum Beispiel die Schadensregulierung durch eine Versicherungsgesellschaft oder der Wareneinkauf durch ein Handelsunternehmen. Ein Geschäftsprozess kann innerhalb einer einzigen Organisation oder organisationsübergreifend ablaufen. Bei einem organisationsübergreifenden Geschäftsprozess gehören nicht alle Beteiligten der gleichen Organisation an.

Zusätzlich kann zwischen *primären* und *sekundären Geschäftsprozessen* unterschieden werden. Ein primärer Geschäftsprozess beeinflusst direkt den Unternehmenserfolg, wie bei einem Handelsunternehmen zum Beispiel der Wareneinkauf. Die Bearbeitung eines Urlaubsantrags ist ein Beispiel für einen sekundären Geschäftsprozess.

Im Verlauf eines Geschäftsprozesses tauschen die beteiligten Personen (elektronische) Dokumente aus und/oder delegieren Aufgaben, die jeweils nach bestimmten Regeln bearbeitet werden müssen. Zustandsänderungen werden durch *Ereignisse* ausgelöst, wie zum Beispiel die Einreichung eines Formulars. Ereignisse können einen neuen Geschäftsprozess anstoßen oder den Start einer

Aktivität verursachen. Es kann grob zwischen *Routine-Geschäftsprozessen* und *Ad-hoc-Geschäftsprozessen* unterschieden werden. Während die Bearbeitungsregeln bei einem Routine-Geschäftsprozess im Voraus definiert sind, sind diese Regeln in einem Ad-hoc-Geschäftsprozess dynamisch und werden teilweise während der Bearbeitung („on-the-fly") neu erzeugt. Die Abläufe und Bearbeitungsregeln für einen Geschäftsprozess werden durch die zugehörige Prozessdefinition festgelegt.

> Im Rahmen der **Geschäftsprozessmodellierung** (engl.: business process engineering) werden die Routine-Geschäftsprozesse einer Organisation analysiert. Anschließend erfolgt die Erstellung von *Prozessdefinitionen* für diese Geschäftsprozesse.

Eine Prozessdefinition oder auch Geschäftsprozessdefinition besteht aus einer oder mehreren Aktivitäten. Sie legt die Reihenfolge der einzelnen Aktivitäten fest und bestimmt, welche Vorbedingungen erfüllt sein müssen, damit eine Aktivität gestartet werden darf. Eine Prozessdefinition kann Sub-Prozesse enthalten, die wiederum aus einzelnen Aktivitäten bestehen. In der Prozessdefinition wird darüber hinaus beschrieben, welchen Einfluss die Ergebnisse (beziehungsweise Ausgabedaten) einer Aktivität auf andere Aktivitäten haben und welche Nachbedingungen am Ende einer Aktivität erfüllt sein müssen. Zusätzlich legt die Prozessdefinition fest, ob eine bestimmte Aktivität beispielsweise durch eine Person, eine Organisation oder vollständig durch das darunterliegende Informationssystem ausgeführt wird. Dadurch wird die Organisationssicht eingebunden.

Bei der Geschäftsprozessmodellierung wird meist von einzelnen Benutzern abstrahiert, es werden häufig *Rollen* (ähnlich *Stellen* im Organigramm) für die verschiedenen Verantwortungsbereiche einer Organisation entworfen. Diesen Rollen werden sodann die benötigten Rechte zugeordnet, um eine bestimmte Aktivität ausführen zu können. Benutzer, die im Besitz der erforderlichen Rolle sind, dürfen eine Aktivität bearbeiten. Es besteht die Möglichkeit, dass derselbe Benutzer an mehreren Geschäftsprozessen (oder Aktivitäten) in jeweils unterschiedlichen Rollen teilnimmt.

Eine *Aktivität* (engl.: activity, task, step) ist die Beschreibung eines Arbeitsablaufs, der einen logischen Schritt innerhalb eines Geschäftsprozesses darstellt. Zur Durchführung einer Geschäftsprozess-Aktivität werden Personen und/oder Rechnerressourcen benötigt. Eine Aktivität ist in einen oder mehrere Arbeitsschritte unterteilt. Menschliche Aktivitäten, wie zum Beispiel das persönliche Kundengespräch, sind genauso ein Teil der Prozessdefinition wie leicht automatisierbare Tätigkeiten (zum Beispiel das Weiterleiten eines Dokuments an den nächsten Bearbeiter). Ein vollständig oder teilweise automatisierter Geschäftsprozess wird als *Workflow* bezeichnet.

▶ Übungsaufgabe Nr. 1.2.31 im Arbeitsbuch

2.2.5.2 Ereignisgesteuerte Prozessketten

Zur Modellierung von Geschäftsprozessen werden in ARIS auf Fachkonzeptebene ereignisgesteuerte Prozessketten (EPK) eingesetzt.

> **Ereignisgesteuerte Prozessketten** (abgekürzt EPK, engl.: event driven process chain) sind eine Methode zur Modellierung der zeitlichen und sachlogischen Abhängigkeiten zwischen Aktivitäten und Ereignissen eines Geschäftsprozesses.

Die Grundidee hierbei ist, dass *Ereignisse Funktionen* auslösen, die wiederum als Ergebnis *Ereignisse* hervorrufen können. Während die Ereignisse als passive Elemente betrachtet werden, die vor dem Ausführen nachfolgender Funktionen eingetreten sein müssen, bilden die Funktionen Aktivitäten, die mit dem Eintreten von Ereignissen angestoßen werden.

Weitere Konstruktionselemente von ereignisgesteuerten Prozessketten sind Konnektoren, Prozessschnittstellen und Kontrollflusskanten.

> In ereignisgesteuerten Prozessketten beschreiben **Konnektoren** (engl.: connector) Verzweigungen und Parallelläufe der modellierten Geschäftsprozesse. **Prozessschnittstellen** (auch Prozesswegweiser, engl.: process interface) dienen zum Verweis auf fortführende Prozesse, die in weiteren Diagrammen beschrieben werden. Zur Verbindung sämtlicher Konstruktionselemente werden *gerichtete Kanten* verwendet, die den *Kontrollfluss* steuern.

Die Konstruktionselemente von ereignisgesteuerten Prozessketten werden gemeinsam mit ihrer grafischen Notation in Abb. 2.2.5.2/1 dargestellt.

Das Gesagte lässt sich am einfachsten anhand eines Beispiels aus dem Lebensmitteleinzelhandel verdeutlichen. Beim Kundenbezahlvorgang werden die Artikel vom Kassier gescannt, wodurch sofort eine Filialbestandsprüfung durchgeführt wird. An dieser Stelle beginnt der Prozess in Abb. 2.2.5.2/1. Ist der Filialbestand unter einem definierten Schwellwert, wird eine Bestellung beim Zentrallager ausgelöst. Je nachdem ob dort der Bestand ausreicht oder nicht, wird unterschiedlich fortgesetzt. Im konkreten Fall ist dies eine Entweder-/Oder-Entscheidung, die mittels XOR-Konnektor (XOR steht für engl.: exclusive or, „ausschließendes oder") modelliert wird. Wenn der Bestand ausreicht, wird der Artikel aus dem Lager ausgeliefert und der Bestell-Prozess ist abgeschlossen. Wenn der Bestand nicht ausreicht, wird der Artikel über die Einkaufsabteilung nachbestellt. Auch damit ist der Bestellvorgang abgeschlossen.

In diesem Beispiel wurde der XOR-Konnektor für eine Verzweigung verwendet. Generell können Konnektoren für Verzweigungen und Zusammenführungen eingesetzt werden. Neben dem XOR-Konnektor werden bei den ereignisgesteuerten Prozesskette noch OR-Konnektoren (alternative oder parallele Prozessläufe) und AND-Konnektoren (für parallele Prozessläufe).

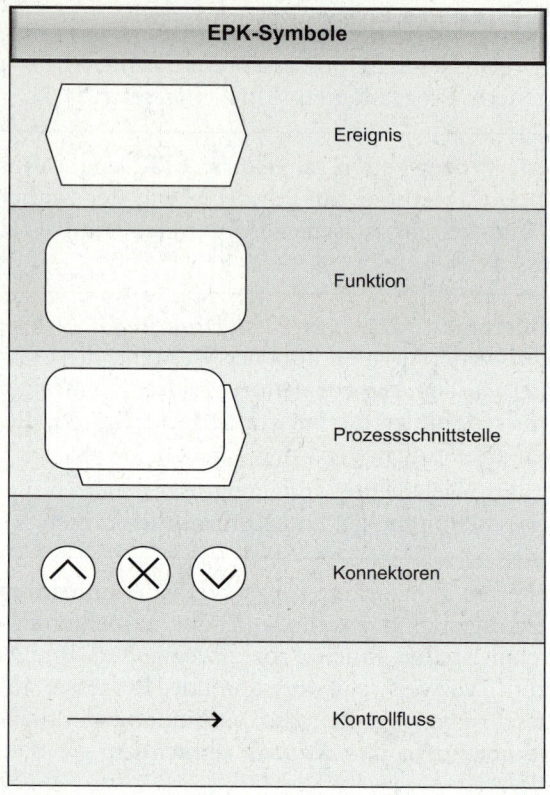

Abb. 2.2.5.2/1: Grafische Symbole für ereignisgesteuerte Prozessketten (EPK)

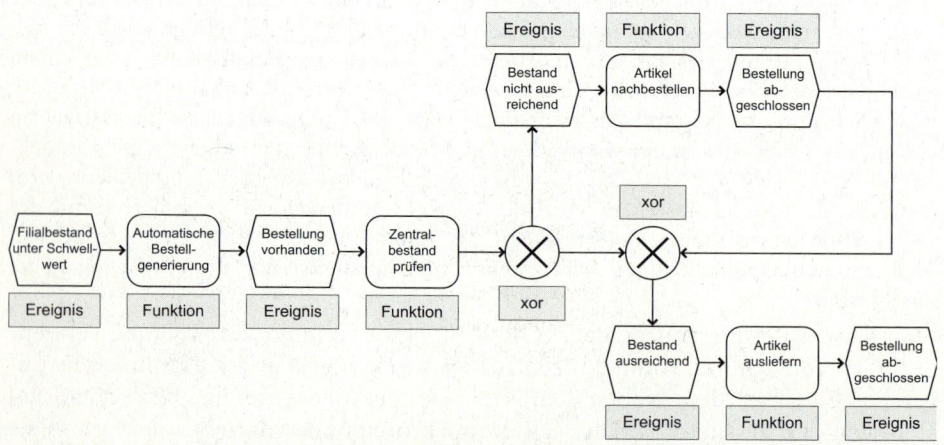

Abb. 2.2.5.2/2: Modellierung einer einfachen ereignisgesteuerten Prozesskette

ARIS sieht vor, dass die Diagramme von ereignisgesteuerten Prozessketten um die geschäftsprozessrelevanten Elemente der Daten-, Organisations- und Leistungssicht erweitert werden können. Für die Funktionen sind Mitarbeiter in Organisationseinheiten verantwortlich, in den Funktionen werden Daten verarbeitet, das Ergebnis der Funktionen sind die betrieblichen Leistungen. Abb. 2.2.5.2/3 veranschaulicht, wie auf diese Weise zusätzliche Information in dem Geschäftsprozessmodell des Bestellvorgangs im Lebensmitteleinzelhandel repräsentiert werden kann.

EPK-Prozessmodelle, die zusätzlich Daten-, Organisations- und/oder Leistungssicht modellieren, werden **erweiterte ereignisorientierte Prozessketten** (abgekürzt eEPK, engl.: extended event driven process chain) genannt.

Ereignisgesteuerte Prozessketten dienen zur Modellierung der Steuerungssicht auf Ebene des Fachkonzepts. Für die Modellierung auf DV-Konzept-Ebene benötigt man allerdings Modellierungssprachen, die sich stärker an den soft-

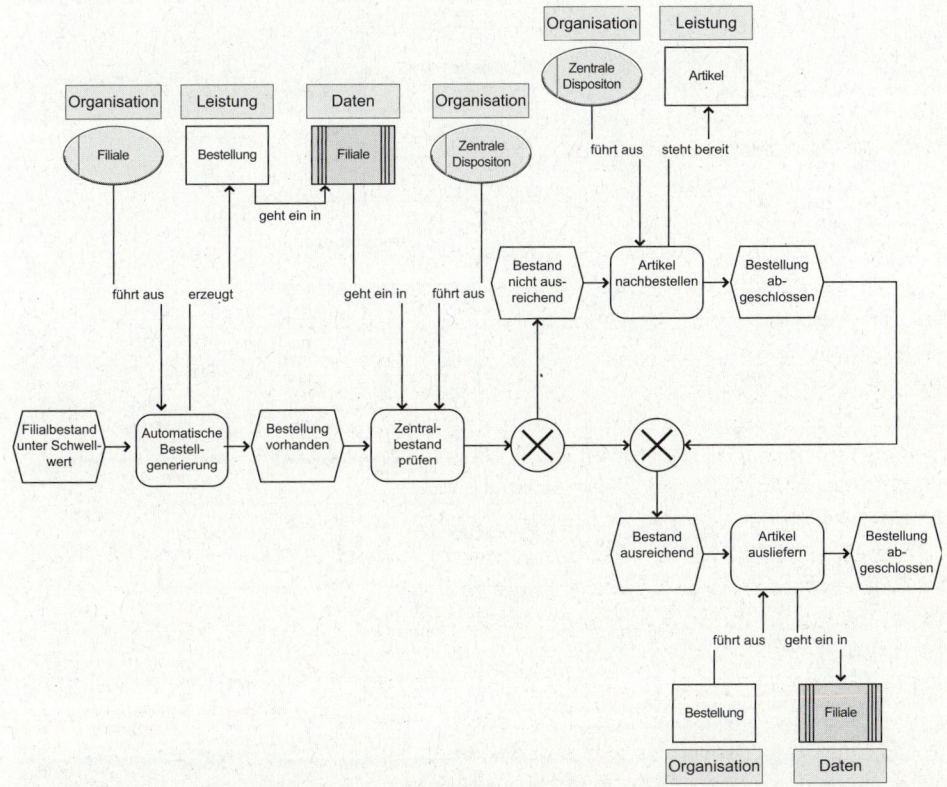

Abb. 2.2.5.2/3: Modellierung der Prozesskette unter Einbeziehung der Organisations-, Daten-, und Leistungssicht

waretechnischen Anforderungen für die Verhaltensmodellierung orientieren. Für diese DV-Aspekte ist die Verwendung der dynamischen Diagrammtypen von UML geeignet, die im folgenden Abschnitt behandelt werden.

▶ Übungsaufgabe Nr. 1.2.32 im Arbeitsbuch

2.2.5.3 Modellierung von Verhalten in UML

Neben den bereits besprochenen Strukturdiagrammen zur Beschreibung der primär statischen Aspekte stellt UML *insgesamt sieben weitere Diagrammtypen zur Beschreibung des dynamischen Laufzeitverhaltens* zur Verfügung, die als Verhaltensdiagramme bezeichnet werden (siehe Abb. 2.2.5.3/1).

Dies sind die Gruppe der Interaktionsdiagramme, die Aktivitätsdiagramme, die bereits zuvor vorgestellten Use-Case-Diagramme und die Zustandsdiagramme. Zu den Interaktionsdiagrammen zählen die Sequenzdiagramme, Kommunikationsdiagramme, Interaktionsübersichtsdiagramme und die Zeitver-

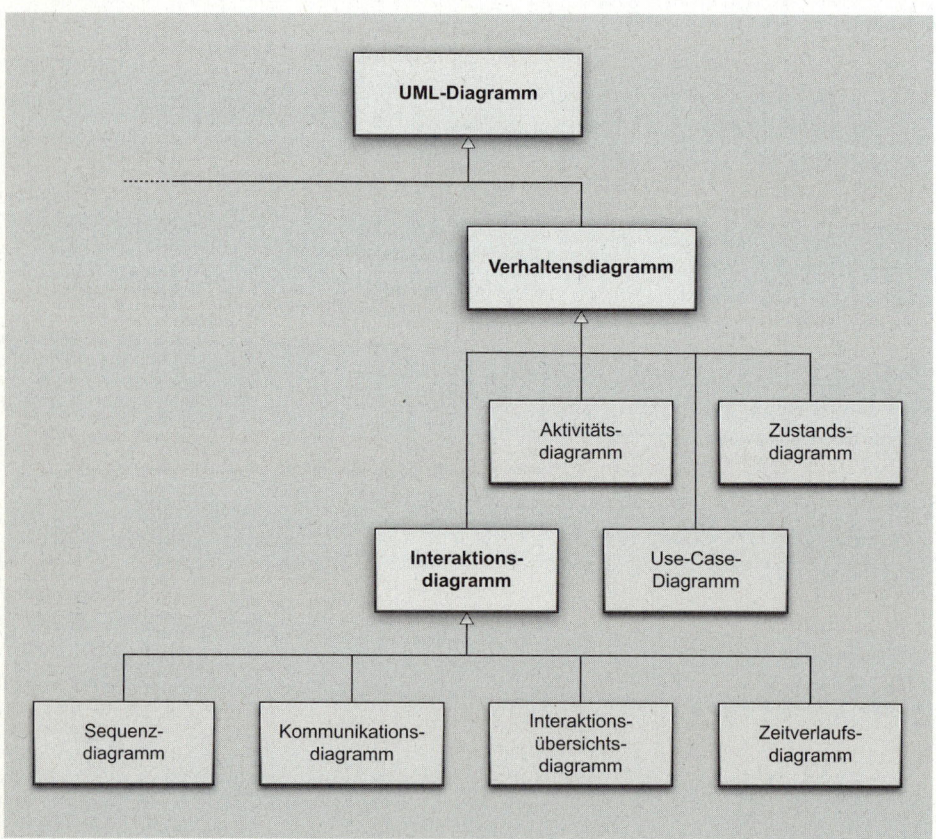

Abb. 2.2.5.3/1: Verhaltensdiagramme in UML

laufsdiagramme. Allen diesen Diagrammen ist gemeinsam, dass sie zur Beschreibung der *Interaktionen* dienen, die innerhalb des Systems (oder von außen mit dem System) stattfinden. Dies ist nicht nur für die Modellierung von komplexen Geschäftsprozessen wichtig, sondern unter anderem auch bei der Beschreibung von Interaktionen von Komponenten in verteilten Systemen von Bedeutung (mehr dazu in Band 2, Kapitel 7).

Um unterschiedliche Systemzustände und deren Veränderungen zu beschreiben, bietet UML Zustandsdiagramme an.

Typische Zustände einer Bestellung können sein, dass diese Bestellung ausständig ist, dass sie fakturiert wurde, dass eine Bezahlung eingegangen oder fällig ist, oder Ähnliches.

Ein **Zustandsdiagramm** (engl.: state chart diagram, state machine diagram) ist ein Verhaltensdiagramm, durch das die Reaktion bestimmter Systemelemente auf zuvor festgelegte Ereignisse beschrieben werden kann. Hierbei werden die Zustände und deren Änderungen (Zustandsübergänge) einzelner Systembestandteile modelliert.

Ein auf diese Weise beschriebener Systembestandteil kann eine Softwarekomponente oder ein bestimmter Objekttyp (wie beispielsweise eine Bestellung) sein.

Ein **Aktivitätsdiagramm** (engl.: activity diagram) ist ein Verhaltensdiagramm zur Modellierung von Prozessen (Abläufen). Hierbei können sowohl Vorgänge innerhalb eines Systems (wie beispielsweise die Abfolge einzelner Teilschritte), als auch Prozesse dargestellt werden, die die Interaktion von menschlichen Benutzern und/oder Systemen untereinander beschreiben.

Abb. 2.2.5.3/2 zeigt einen einfachen Bestellvorgang in der Form eines Aktivitätsdiagramms. Der schwarze Kreis zeigt den Beginn des Prozesses, der Kreis mit dem weißen Ring kennzeichnet das Ende des Prozesses. Die Aktivitäten sind durch Ellipsen dargestellt. Nach dem Scannen der Ware bei einer Kasse wird gleich der Regalbestand vom System überprüft. Ist der definierte Schwellwert unterschritten, muss das Regal aus dem Filiallager nachgefüllt werden. Wird auch dort ein Schwellwert unterschritten, erfolgt die Nachbestellung aus dem Zentrallager.

Generell können für die Beschreibung von komplexen Geschäftsprozessen zwei nicht ganz unabhängige Teilbereiche unterschieden werden, die durch die Begriffe Orchestrierung und Choreographie aus dem Bereich der Musik charakterisiert werden. Die *Orchestrierung* (engl.: orchestration) definiert, wie ein einzelner (potenziell komplexer) Arbeitsschritt ausgeführt werden soll. Dies umfasst beispielsweise die Anwendungslogik (engl.: business logic), die Reihenfolge der Ausführung der Einzelschritte und die notwendigen Datenbanktransaktionen. Wichtige Teile hiervon können beispielsweise als Aktivitätsdiagramme dargestellt werden. Während die Orchestrierung die Ausgestaltung aus der Sicht einer Partei (beispielsweise eines beteiligten Unternehmens) durch-

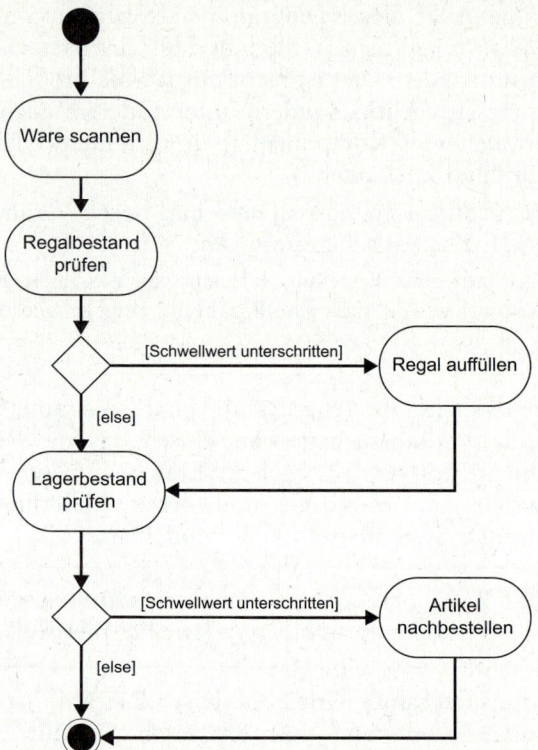

Abb. 2.2.5.3/2: Der Bestellvorgang als einfaches Aktivitätsdiagramm

führt, widmet sich die *Choreographie* (engl.: choreography) dem Zusammenspiel und der Interaktion mehrerer beteiligter Parteien (beispielsweise Lieferant und Unternehmen). Ein wichtiger Bestandteil der Choreographie ist die Definition der Meldungsfolge, wie sie bei der Interaktion zwischen den beteiligten Parteien erfolgen kann. Hierfür werden Interaktionsdiagramme (siehe Abb. 2.2.5.3/1) eingesetzt.

Ein **Sequenzdiagramm** (engl.: sequence diagram) ist ein Interaktionsdiagramm, das primär die Reihenfolge der Interaktionen zwischen verschiedenen Aktoren modelliert. Aktoren können hierbei beispielsweise menschliche Benutzer, Softwarekomponenten oder einzelne Objekte in einem Softwaresystem sein. Zusätzlich wird beschrieben, welche Nachrichten im Laufe einer Interaktion ausgetauscht werden, wie lange die verschiedenen Objekte existieren, beziehungsweise zu welchem Zeitpunkt sie neu erzeugt werden.

Abb. 2.2.5.3/3 zeigt ein *Szenario für den Use-Case Bestellabwicklung* aus Abschnitt 2.2.4.1 in Form eines Sequenzdiagramms. Wir haben hier wieder die aus dem Klas-

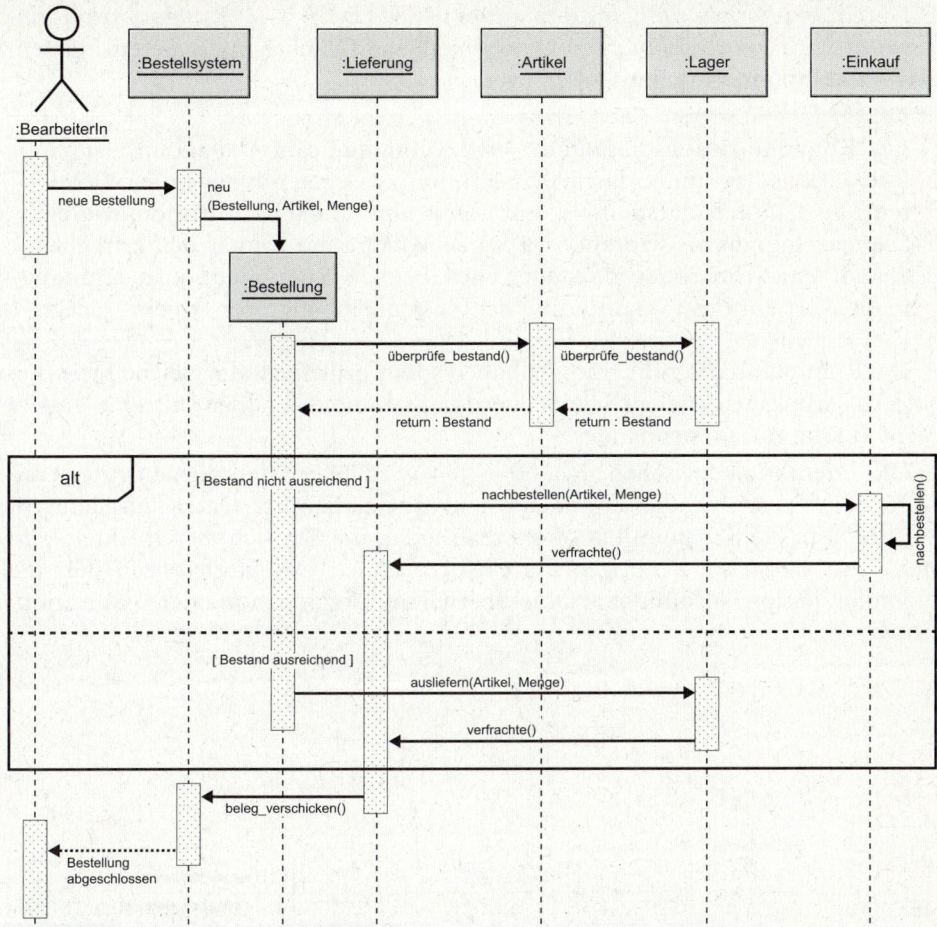

Abb. 2.2.5.3/3: Ein Use-Case-Szenario abgebildet als Sequenzdiagramm

sendiagramm bekannten Klassen. Die Subklassen der Klasse „Artikel" wurden jedoch nicht berücksichtigt.

Nachrichten werden zwischen den einzelnen Objekten und Aktoren ausgetauscht. Die zeitliche Abfolge verläuft von oben nach unten. Das Objekt der Klasse „Bestellung" wird erst im Zuge des Bestellvorgangs erzeugt und auch noch währenddessen wieder zerstört. Dieses Objekt ist für eine konkrete Bestellabwicklung verantwortlich. Nach der Rücklieferung des Bestandes vom Lager zur Bestellung trifft diese die Entscheidung, ob der Bestand ausreichend ist oder nicht. Ist der Bestand nicht ausreichend, wird an den Einkauf der Auftrag zur Nachbestellung geschickt. Ist er jedoch ausreichend, dann schickt die Bestellung an das Lager den Auftrag zur Auslieferung des Artikels in der gewünschten Menge. Sobald der Artikel an die Filiale ausgeliefert wurde, ist die Bestellung durch die Filiale abgeschlossen, und das Objekt der Klasse Bestellung kann wieder zerstört werden. Der Bearbeiter erhält außerdem noch eine Nachricht, dass die Bestellung abgeschlossen wurde.

Durch ein *Kommunikationsdiagramm* (in UML 1.1: *Kollaborationsdia-gramm*) wird verdeutlicht, wie unterschiedliche Objekte interagieren müssen, um ein bestimmtes Ergebnis zu erzielen.

Ein **Kommunikationsdiagramm** (engl.: communication diagram) ist ein Interaktionsdiagramm, das die Interaktion zwischen ausgewählten Objekten und Aktoren darstellt. Es hat somit eine ähnliche Intention wie ein Sequenzdiagramm. Während das Sequenzdiagramm primär den zeitlichen Ablauf eines Prozesses darstellt, wird beim Kommunikationsdiagramm mehr Wert auf die Visualisierung der Zusammenhänge der Objekte gelegt.

Die Kommunikationsdiagramme haben somit prinzipiell die gleiche Intention und Ausdrucksmächtigkeit wie Sequenzdiagramme, sie bilden nur eine andere Sicht auf die Zusammenhänge.

Die Interaktion zwischen den Objekten wird über Methodenaufrufe reali-siert, bei denen über die Argumente und Rückgabewerte Daten ausgetauscht werden. Um die Kommunikation zu realisieren, müssen sich die Objekte „ken-nen", das heißt, sie benötigen die entsprechenden Objektreferenzen. Für die Kommunikation ist somit eine Objektbeziehung (Aggregation oder Assoziation) notwendig.

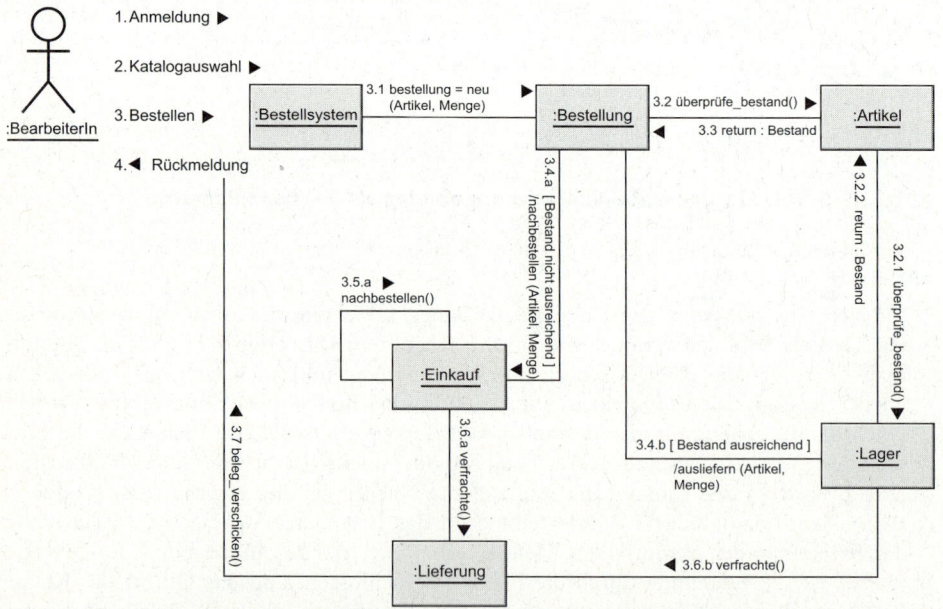

Abb. 2.2.5.3/4: Ein Use-Case-Szenario abgebildet als Kommunikationsdiagramm

Das **Interaktionsübersichtsdiagramm** (engl.: interaction overview diagram) ist ein Interaktionsdiagramm, das mehrere andere Interaktionsdiagramme (beispielsweise Sequenz-, Kommunikations- oder Zeitverlaufsdiagramme) enthalten kann. Das Interaktionsübersichtsdiagramm entspricht einem Aktivitätsdiagramm, in dem anstelle von Aktivitäten verschiedene Interaktionsdiagramme miteinander verknüpft werden.

In einem Interaktionsübersichtsdiagramm wird der ablauflogische Zusammenhang zwischen verschiedenen dynamischen UML-Diagrammen dargestellt.

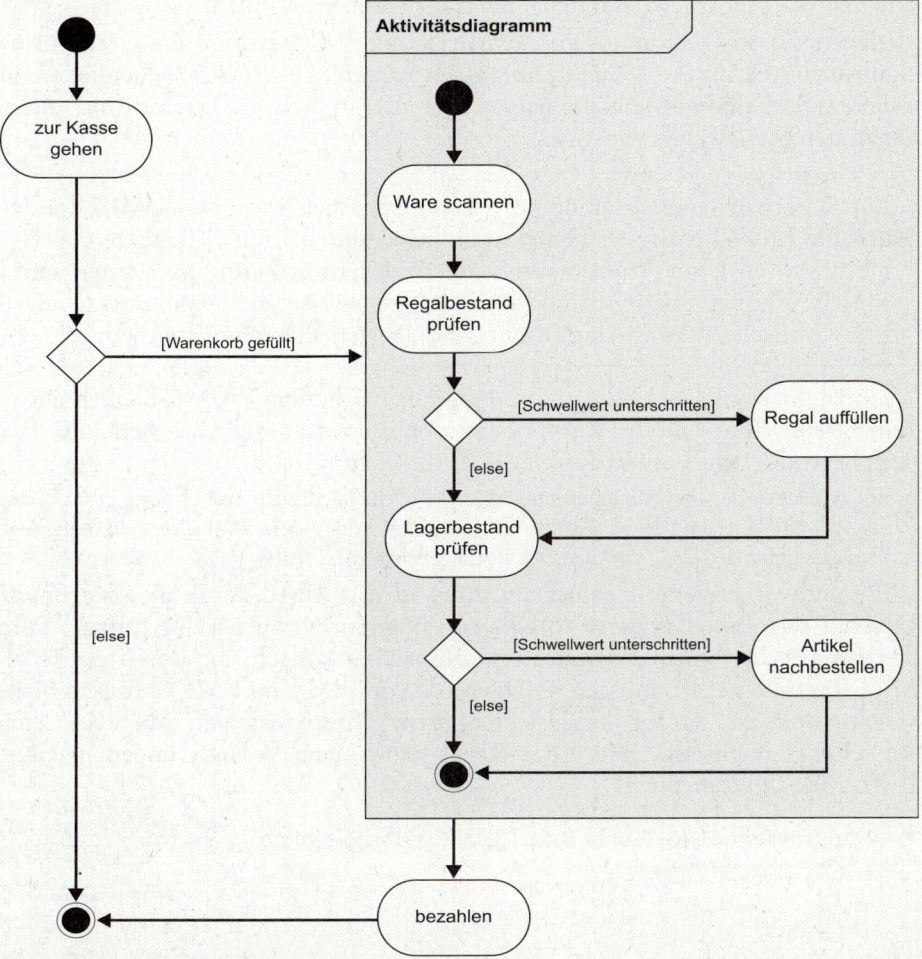

Abb. 2.2.5.3/5: Der Bestellvorgang im Rahmen eines Verkaufsprozesses als Interaktionsübersichtsdiagramm

Interaktionsübersichtsdiagramme dienen der Verhaltensmodellierung auf einem sehr hohen Abstraktionsniveau. Die Abb. 2.2.5.3/5 veranschaulicht den Gebrauch eines Interaktionsübersichtsdiagramms, wobei der beschriebene Bestellprozess in einen Verkaufsprozess eingebettet wird.

Das **Zeitverlaufsdiagramm** (engl.: timing diagram) ist ein Interaktionsdiagramm, das zur Modellierung von zeitlichem Verhalten dient. Insbesondere wird es zur Darstellung von Änderungszeitpunkten von Objekten verwendet, und um zu beschreiben, wie viel Zeit für eine bestimmte Aktion verbraucht wird.

Das Zeitverlaufsdiagramm besitzt eine Zeitachse, oberhalb derer Nachrichten und der Wechsel von Zuständen eingetragen werden können.

Neben diesen Diagrammtypen existieren in UML mehrere Erweiterungsmechanismen, die für die Modellierung noch weitere Ausdrucksmöglichkeiten zur näheren Beschreibung eines Systems bieten. Ein Beispiel hierfür sind die so genannten *Stereotypen* von UML.

Ein **Stereotyp** (engl.: stereotype) ist ein Sprachelement von UML, durch das für Modellierungselemente zusätzliche Information (Metadaten) definiert werden kann. Diese zusätzliche Information kann aus Werten und Einschränkungen bestehen und kann beispielsweise auch eine unterschiedliche grafische Repräsentation der modellierten Elemente bewirken.

Durch Stereotypen können somit bereits vorhandene UML-Elemente (wie zum Beispiel Klassen oder Komponenten) mit einer zusätzlichen Semantik (wie beispielsweise dem Verwendungszweck) versehen werden.

Ein typisches Beispiel für einen Stereotyp in UML ist die Kennzeichnung einer Klasse als *Applet*. Ein Applet ist ein Programm, das von einem Webserver in den Webbrowser geladen wird, um dort lokal ausgeführt zu werden.

Ein anderer Erweiterungsmechanismus wird in UML durch die so genannte *Object Constraint Language (OCL)* angeboten. OCL bietet eine formale Sprache zur Beschreibung gewisser Regeln/Einschränkungen, die durch ein UML-Modell erfüllt werden müssen. OCL wurde von IBM zum UML-Standard beigesteuert und ist darauf ausgerichtet, trotz ihrer formalen Wurzeln leicht verstehbar zu bleiben. Eine OCL-Regel kann keine Veränderungen in einem UML-Modell vornehmen.

▶ Übungsaufgabe Nr. 1.2.33 und 1.2.34 im Arbeitsbuch

Diagrammtyp	Diese zentrale Frage beantwortet das Diagramm	Stärken
Use-Case-Diagramm 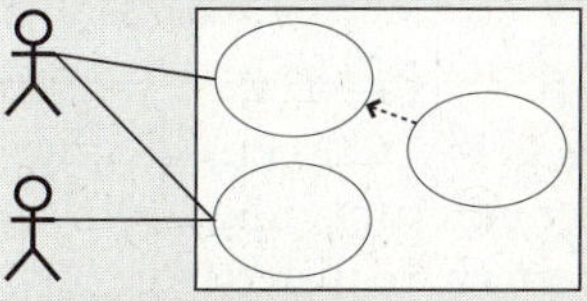	Was leistet das System für seine Umwelt (Nachbarsysteme, Stakeholder)?	Präsentiert die Außensicht auf das System. Geeignet zur Kontextabgrenzung. Hohes Abstraktionsniveau, einfache Notationsmittel.
Aktvitätsdiagramm 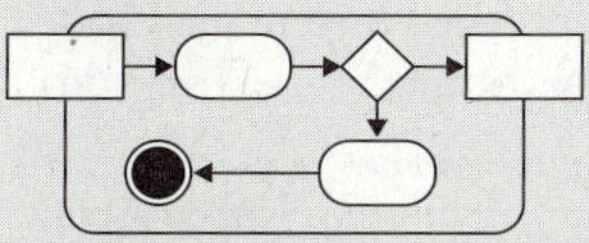	Wie läuft ein bestimmter Prozess oder ein Algorithmus ab?	Sehr detaillierte Visualisierung von Abläufen mit Bedingungen, Schleifen, Verzweigungen. Parallelisierung und Synchronisation möglich. Darstellung von Datenflüssen.
Zustandsdiagramm 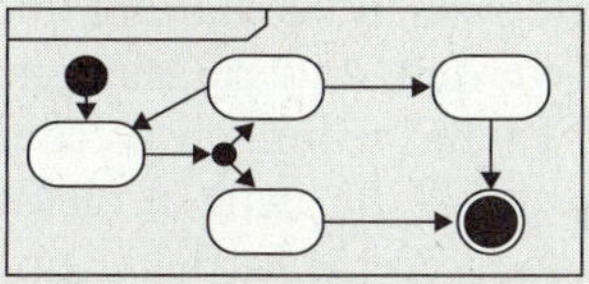	Welche Zustände kann ein Objekt, eine Komponente, ... bei welchen Ereignissen annehmen?	Präzise Abbildung eines Zustandsmodells mit Zuständen, Ereignissen, Nebenläufigkeiten, Bedingungen, Ein- und Austrittsaktionen. Schachtelung möglich.
Sequenzdiagramm 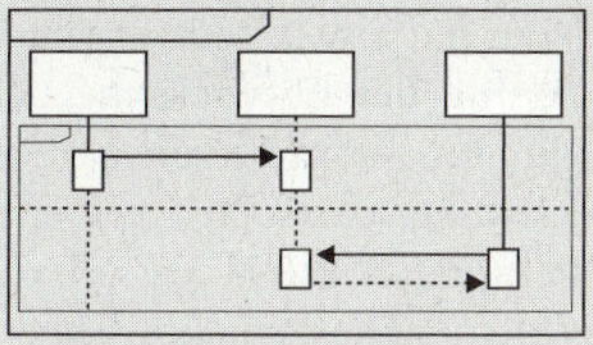	Welche Objekte tauschen mit welchen anderen Objekten Information in welcher Reihenfolge aus?	Stellt detailliert den Informationsaustausch zwischen Objekten dar. Sehr präzise Darstellung der zeitlichen Abfolge auch mit Nebenläufigkeiten. Schachtelung und Flusssteuerung (Bedingungen, Schleifen, Verzweigungen) möglich.
Kommunikationsdiagramm 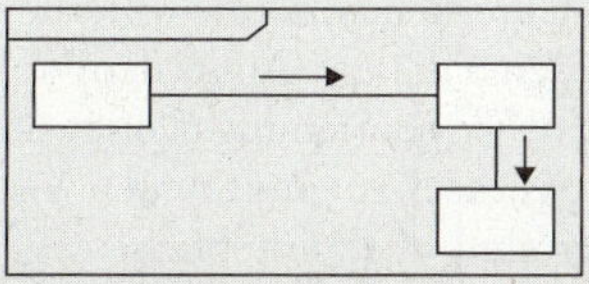	Wer kommuniziert mit wem? Wie „arbeiten" die Objekte im System zusammen?	Stellt den Informationsaustausch zwischen den Kommunikationspartnern dar. Details und zeitliche Abfolge wichtig.
Zeitverlaufsdiagramm 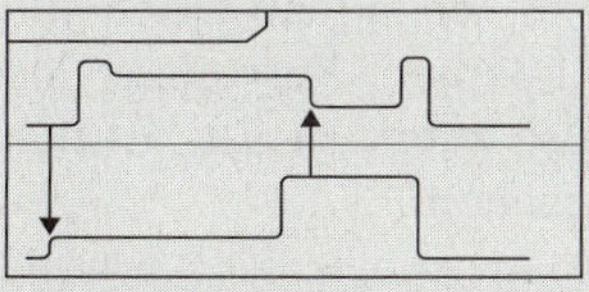	Wann befinden sich verschiedene Interaktionspartner in welchem Zustand?	Visualisiert das exakte zeitliche Verhalten von Systembestandteilen. Geeignet für Detailbetrachtungen, bei denen es überaus wichtig ist, dass ein Ereignis zum richtigen Zeitpunkt eintritt.
Interaktionsübersichtsdiagramm 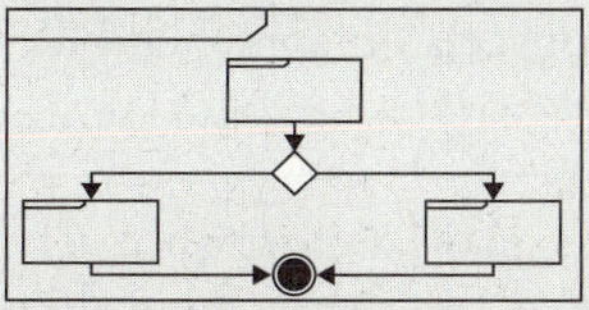	Wann läuft welche Interaktion ab?	Verbindet Interaktionsdiagramme (Sequenz-, Kommunikations-, Aktivitäts- und Zeitverlaufsdiagramme) auf höherer Ebene. Hohes Abstraktionsniveau. Leseeinstieg für Interaktionsdiagramme.

Abb. 2.2.5.3/6: Zusammenfassung der Interaktionsdiagramme von UML (nach M. Jeckle et al.)

2.3 IS-Projekte

2.3.1 IS-Projektplanung

> Ein **Projekt** (engl.: project) ist ein nicht routinemäßiges Vorhaben, das in seinen Zielen, seinem Mitteleinsatz und seiner Terminierung abgegrenzt ist. Ein Projekt wird häufig von mehreren Mitarbeitern realisiert, die in einer temporären Organisationseinheit, der so genannten Projektgruppe, zusammenarbeiten. Ein Projektleiter koordiniert die Aktivitäten der Mitglieder einer Projektgruppe und ist für den Erfolg oder Misserfolg des Projektes verantwortlich.

Projekte zur Entwicklung von Informationssystemen können vielfältigen *Quellen* entspringen. Einerseits können sie aus der strategischen IS-Planung und der IS-Architektur (siehe vorige Abschnitte) abgeleitet werden, andererseits gibt es laufend Wartungsanforderungen. Auch seitens der Fachabteilungen werden häufig Anforderungen an die Informationssysteme gestellt, die neue Projekte zur Folge haben können. Dem stehen die knappen Ressourcen (Mitarbeiter und Budgetmittel) der IS-Abteilung gegenüber.

Kehren wir zu unserem *Lebensmittelfilialbetrieb* zurück. Man hat einen Berater engagiert, der bei der strategischen Informationssystemplanung und der Entwicklung der IS-Architektur Unterstützung geleistet hat. Gemeinsam mit ihm wurde auch bereits eine Reihe von Projekten grob definiert, durch welche die strategischen Ziele erreicht werden sollen. Grundlage hierfür war vor allem die IS-Architektur, die ja als Bebauungsplan für das Unternehmen mit Informationssystemen dient. Die Projekte betreffen die Unterstützung der Logistik bei der Belieferung der Filialen, die Versorgung des Managements mit aktueller Information aus dem Unternehmen, die Internet-Aktivitäten insgesamt sowie die Verkaufsabrechnung in den Filialen. Außerdem soll durch die „erneute" Implementierung der Standardsoftware beziehungsweise der aktuellen Version die „Upgrade-Fähigkeit" (der einfache Wechsel zu einer neuen Version der Standardsoftware) wiederhergestellt werden. Hier sind auch erhebliche organisatorische Maßnahmen zu erwarten.

Das hört sich nun alles recht gut an; am besten wäre es, wenn man gleich alles in die Tat umsetzen könnte. Dem stehen jedoch die knappen Ressourcen des Unternehmens gegenüber. Welches Projekt soll man also zuerst in Angriff nehmen? Wie würden Sie bei der Vergabe der Projekte vorgehen?

Welche *Werkzeuge* gibt es, um die *richtigen* Projekte auszuwählen? Ein Hilfsmittel ist das so genannte *IS-Projektportfolio*, das eine systematische Projektauswahl und die Verteilung der vorhandenen Ressourcen entsprechend den unternehmerischen Zielen erleichtern soll.

> Das **IS-Projektportfolio** (engl.: information systems project portfolio) ist die Gesamtheit der IS-Projekte eines Fachbereichs. Der Fachbereich hat die Aufgabe, die Gesamtheit der IS-Projekte zu steuern: das heißt, die Ziele

und Auswirkungen der Projekte zu bewerten, Prioritäten zu setzen und Ressourcen für ihre Durchführung bereitzustellen. Die Durchführungsreihenfolge der Projekte wird anhand von unternehmerischen Kriterien, Projektabhängigkeiten und verfügbaren Ressourcen bestimmt.

Das St. Gallener Informationssystemmanagement sieht ein entsprechendes IS-Projektportfoliomanagement vor. Die folgenden drei Konzepte sind die *Kernelemente* dieses Projektportfolios.

- *Projektübergreifende Bewertung der IS-Anträge:* Alle Projektideen werden von einer Stelle gesammelt und beurteilt. Es wird dabei nicht zwischen Wartungs-, Infrastruktur- oder Neuentwicklungsprojekten unterschieden. Je nach erwartetem Aufwand bleibt der Antrag beim Projektportfoliomanagement oder geht an das Änderungsmanagement. Eine Entscheidungsgrenze könnte zum Beispiel ein erwartbarer Aufwand von ein bis zwei Personen-Monaten sein. Für das Änderungsmanagement müssen Ressourcen reserviert werden, die ein unbürokratisches Erfüllen solcher Anträge ermöglichen.

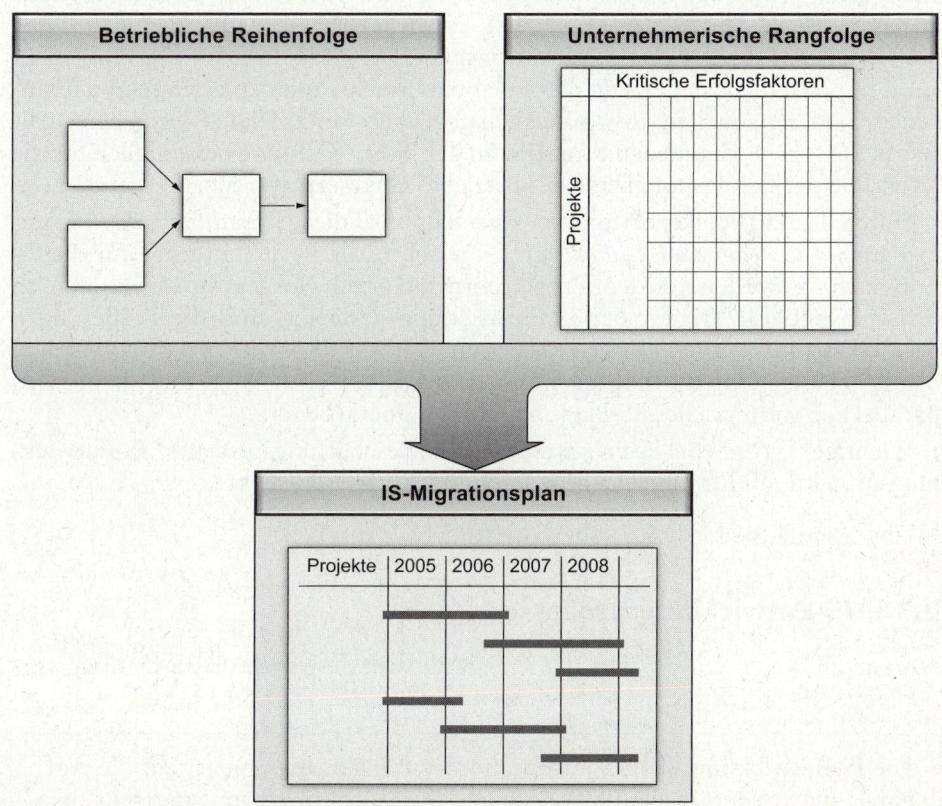

Abb. 2.3.1/1: IS-Projektportfolio (Quelle: H. Österle)

- *Machbarkeitsstudie:* Alle im Projektportfolio verbleibenden Anträge werden einer kurzen Machbarkeitsstudie unterzogen. Ziel ist es, einen Projektantrag auf eine möglichst objektive Grundlage zu stellen. Durchführbarkeit, Wirtschaftlichkeit, Zeitrahmen und Risiko des Projektes sind Inhalt dieser Studie.

- *Verteilung der Ressourcen:* Jedes Projektvorhaben ist nun im Hinblick auf die Betriebsstrategie zu beurteilen. Dabei müssen auch betriebliche Abhängigkeiten berücksichtigt werden. Für die Analyse werden daher zwei Dimensionen vorgeschlagen (siehe Abb. 2.3.1/1):

  - *Betriebliche Reihenfolge:* Fachbereich und IS-Management erstellen vor dem Hintergrund der IS-Architektur eine Reihenfolge, die sich an sachlogischen Gesichtspunkten, wie Belastung der Mitarbeiter, betriebswirtschaftliche Abhängigkeiten usw. orientiert.

  - *Unternehmerische Rangfolge:* Fachbereich und Betriebsführung reihen gemeinsam die Projekte nach ihrem erwarteten Beitrag zum Betriebserfolg.

Man nimmt nun das nach der unternehmerischen Rangfolge wichtigste Projekt, berücksichtigt alle Projekte, die Voraussetzung für das gewählte Projekt sind und trägt sie in einen *IS-Migrationsplan* ein. Im Anschluss kommt das „zweitwichtigste" Projekt an die Reihe usw. Der Zyklus wird solange durchlaufen, bis alle Projekte in den IS-Migrationsplan eingetragen sind. Es handelt sich dabei noch um einen vorläufigen IS-Migrationsplan. Der endgültige IS-Migrationsplan kann erst fixiert werden, wenn die geplanten Projekte mit den verfügbaren finanziellen und personellen Ressourcen abgeglichen sind. Dieses Vorgehen stellt sicher, dass die vorhandenen Kapazitäten der IS-Entwicklung bestmöglich für die Sicherung der Erfolgspotenziale des Betriebes eingesetzt werden.

Durch das IS-Projektportfoliomanagement wird die *Verbindung zwischen der IS-Planung und der IS-Entwicklung* hergestellt. Alle Projektaufträge für die IS-Entwicklung werden aus dem Projektportfolio erteilt. Insgesamt sollen dadurch Effizienz und Effektivität der IS-Entwicklung gesteigert und die Forderungen der SISP erfüllt werden können. Alle Aufgaben des IS-Projektportfoliomanagements müssen laufend wahrgenommen werden. Der IS-Migrationsplan wird parallel zur strategischen IS-Planung jährlich überarbeitet.

Wichtige Typen von IS-Projekten sind IS-Beschaffungsprojekte, IS-Entwicklungsprojekte, IS-Einführungsprojekte und IS-Analyseprojekte.

▶ Übungsaufgabe Nr. 1.2.35 im Arbeitsbuch

2.3.2 IS-Entwicklungsprozesse

Nun beschäftigen wir uns mit der Thematik, wie die durch die IS-Planung vorbereiteten IS-Projekte umgesetzt werden können.

Die **IS-Entwicklung** (engl.: information systems development) hat die Aufgabe, die in der IS-Planung erstellten Projektaufträge umzusetzen, also Informationssysteme zu entwickeln, anzupassen beziehungsweise einzuführen. Es müssen dabei vorgegebene Termine und Kosten eingehalten, die Qualitätsstandards erfüllt und die IS-Architektur sukzessiv weiterentwickelt werden.

In den folgenden Abschnitten werden die Aufgabenbereiche bei IS-Entwicklungsprozessen genauer vorgestellt. Der Aufwand für diese Projekte kann sehr unterschiedlich sein. Während bei einfachen Projekten die Erledigung der Teilprojekte in Tagen oder in Wochen gemessen wird, kann diese bei Mittel- oder Großprojekten Monate oder Jahre dauern. Je nach Projektumfang und Anzahl der daran beteiligten Personen sind somit auch unterschiedliche Planungsmethoden notwendig, für die auch unterschiedlich umfangreiche Phasenmodelle entwickelt wurden.

Der Prozess der Systementwicklung und –wartung kann grob in sechs große Tätigkeitsbereiche unterteilt werden (vgl. Abb. 2.3.2/1):

- *Geschäftsprozessmodellierung (engl.: business process modeling)*: In diesem Tätigkeitsbereich werden die bestehenden Geschäftsprozesse des jeweiligen Betriebs analysiert, es wird das Verbesserungspotenzial auf Basis einer informationstechnischen Unterstützung ermittelt und ein Sollkonzept durch entsprechende Modelle abgebildet.

- *Requirements-Engineering (engl.: requirements engineering)*: Die Hauptaufgabe besteht hier in der Erstellung einer (möglichst) vollständigen und widerspruchsfreien Anforderungsspezifikation für das zu erstellende System.

- *Entwurf (engl.: design)*: Während dieser Tätigkeit wird eine Systemarchitektur entworfen, die dazu geeignet ist, die Anforderungsdefinition zu erfüllen. Diese Architektur wird solange verfeinert, bis ein detailliertes Design jedes Systembausteins vorliegt.

- *Implementierung (engl.: implementation)*: Hier wird das zuvor spezifizierte Design unter Einsatz konkreter Technologien in ein Hardware- und Softwaresystem überführt.

- *Softwaretest (engl.: software test)*: Im Rahmen des Softwaretests wird geprüft, ob das entwickelte System den zuvor aufgestellten Spezifikationen entspricht. Hierbei werden sowohl einzelne Bestandteile des Systems isoliert betrachtet, als auch das System als Ganzes.

- *Change-Management (engl.: change management)*: Mit Hilfe des Change-Managements wird eine Version des Systems im operativen Betrieb eingeführt. Zu den Hauptaufgaben zählen hier unter anderem die Installation des Systems und die Schulung der zukünftigen Benutzer in Bezug auf geänderte Geschäftsprozesse, Bedienung des Systems und dessen Gestaltungsmöglichkeiten und Freiheitsgrade bei der Problemlösung. Zudem werden in dieser Phase Änderungswünsche, die zum Beispiel auf Fehler oder Unzulänglichkeiten des Systems zurückgehen, aufgenommen und soweit möglich (und erforderlich) bearbeitet. Änderungswünsche, die nicht berücksichtigt werden können oder müssen, fließen in eine neue Version des Systems ein. Das Change-Management ist in gewisser Weise orthogonal zu den fünf übrigen

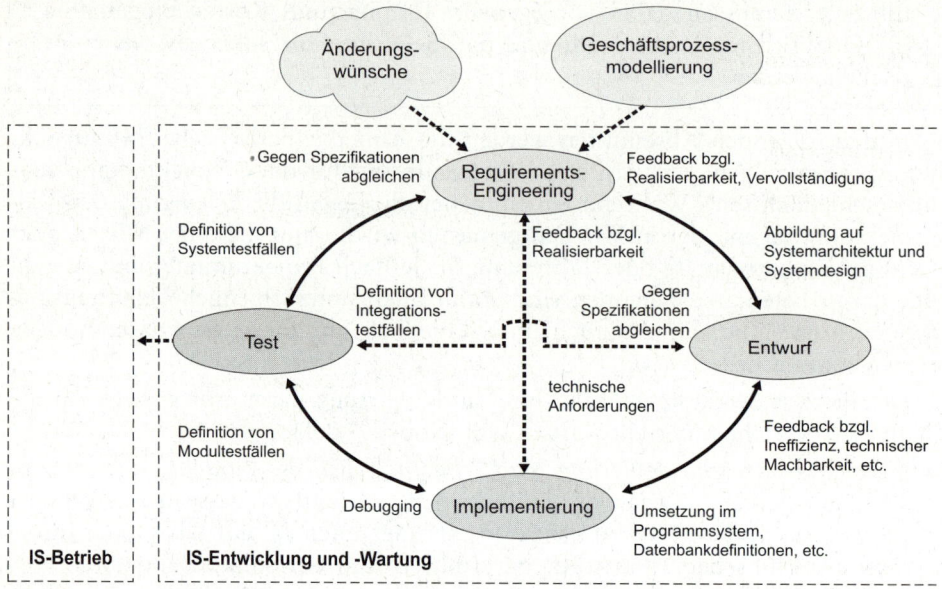

Abb. 2.3.2/1: Tätigkeiten in der Systementwicklung und -wartung

Tätigkeiten und muss von der Initialisierung des Projektes an kontinuierlich erfolgen.

Auf den ersten Blick folgen die sechs genannten Tätigkeitsbereiche der Systementwicklung sequenziell aufeinander. Bei genauerer Betrachtung wird allerdings erkennbar, dass enge Verknüpfungen zwischen den verschiedenen Aufgaben bestehen. Aus diesem Grund ist es auch nicht möglich, eine Tätigkeit komplett abzuschließen, bevor mit der nächsten begonnen wird. Vielmehr kann die IS-Entwicklung in mehrere Phasen eingeteilt werden, in denen die oben genannten Tätigkeiten wiederholt ausgeführt werden müssen.

Die Abb. 2.3.2/2 visualisiert den Zusammenhang zwischen den drei großen Phasen der IS-Entwicklung sowie den jeweils zugeordneten Tätigkeiten. Die Tätigkeiten können weiter in IS-Managementtätigkeiten und IS-Entwicklungstätigkeiten unterteilt werden. Diese unterscheiden sich unter anderem auch dadurch, dass Managementtätigkeiten von ihrem Charakter her eher kontinuierlich durchgeführt werden, während die verschiedenen Entwicklungstätigkeiten mehrfach sequenziell nacheinander ausgeführt werden.

Ein sequenzieller Durchlauf der Entwicklungstätigkeiten wird auch als eine *Iteration* oder ein *Entwicklungszyklus* bezeichnet. In jeder Iteration wird das System auf Grundlage der bereits erarbeiteten Ergebnisse weiterentwickelt und somit nach und nach zur Reife gebracht. Diese schrittweise Verbesserung und Vervollständigung wird auch als *inkrementelle Entwicklung* bezeichnet. Am Ende einer Iteration steht jeweils eine neue und verbesserte Version des Systems.

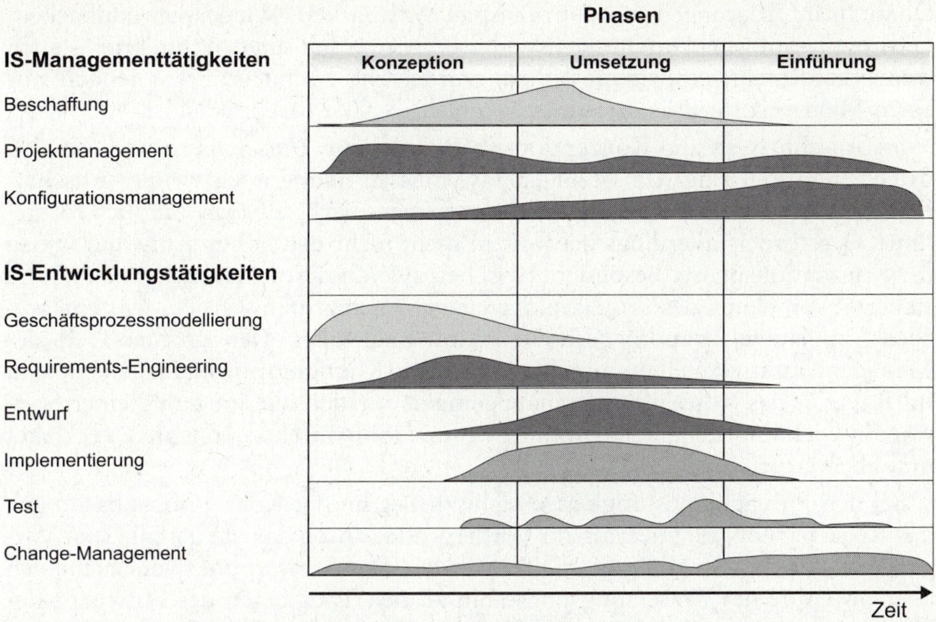

Abb. 2.3.2/2: Phasen und Tätigkeiten im Rahmen der IS-Entwicklung

Die Abb. 2.3.2/2 deutet bereits an, dass die Schwerpunkte nicht in jeder Phase gleich sind, sondern sich mit fortschreitender Projektlaufzeit verschieben. Jede der Phasen enthält mehrere Iterationen, im Laufe der drei Phasen werden alle Entwicklungstätigkeiten somit mehrfach ausgeführt.

Die *Konzeptionsphase* ist die initiale Phase eines Projektes. Der besondere Schwerpunkt im Rahmen der Managementtätigkeiten liegt hier auf dem Projektmanagement. Zudem werden gegen Ende der Phase verstärkt Anschaffungen der für die Entwicklung benötigten Hardware und Software getätigt. Im Rahmen der Entwicklungstätigkeiten steht in den ersten Iterationen besonders die Geschäftsprozessmodellierung und das Requirements-Engineering im Vordergrund. Wenn die Beschreibung der Geschäftsprozesse sowie die Anforderungsspezifikation einen gewissen Reifegrad erreicht haben, werden die Tätigkeiten Entwurf, Implementierung und Test ebenfalls in jeder Iteration durchgeführt. Auch wenn erste Implementierungen häufig prototypischen Charakter haben, sollte möglichst von Beginn an auf die Entwicklung wiederverwendbarer Komponenten geachtet werden, um auch hier in jeder Iteration inkrementelle Fortschritte zu erzielen.

Das Ergebnis der Konzeptionsphase sollte unter anderem eine klare und gemeinsame Vorstellung der Beteiligten über die Architektur des Systems sein.

Eine *Architekturbeschreibung* bestimmt jedoch nicht nur die Struktur und das Verhalten des Systems, sondern hat ebenfalls einen großen Einfluss auf

Qualitätsanforderungen wie zum Beispiel Wartbarkeit, Wiederverwendbarkeit, Leistungsvermögen, Durchsatz usw. Jedes System hat eine Architektur – auch wenn diese nicht explizit modelliert wurde. Die Architektur hat jedoch nur einen Mehrwert für die Entwickler, wenn sie explizit beschrieben ist.

Im Anschluss an die Konzeptionsphase folgt die *Umsetzungsphase*. In den frühen Iterationen der Umsetzungsphase müssen häufig noch weitere Anschaffungen getätigt werden. Das Projektmanagement wird selbstverständlich fortgeführt, es erfordert allerdings bei weitem nicht mehr den hohen Aufwand wie in der Konzeptionsphase. Besonders zwischen zwei Iterationen muss jedoch häufig steuernd von Seiten des Projektmanagements eingegriffen werden, was entsprechend zu einem temporär erhöhten Aufwand führt. Den größten Teil der Managementtätigkeiten nimmt hier aber das Konfigurationsmanagement ein. Im Rahmen des Konfigurationsmanagements werden alle im Laufe einer Softwareentwicklung erstellten Dokumente und Softwarekomponenten verwaltet und überwacht.

Bei den Entwicklungstätigkeiten steht zu Beginn der Konzeptionsphase noch das Requirements-Engineering im Vordergrund, durch das die detaillierten Vorgaben für die Entwicklung erarbeitet werden. Der Schwerpunkt verschiebt sich aber im Laufe der Umsetzungsphase hin zu den Tätigkeiten des Entwurfs, der Implementierung und des Tests des Informationssystems. Am Ende der Umsetzungsphase steht dann besonders der Systemtest im Vordergrund. Die noch vergleichsweise hohe Entwicklungstätigkeit ist durch die stetige Verbesserung des Systems im Rahmen der Fehlerbehebung zu erklären.

Während der *Einführungsphase* wird das entwickelte System im Betrieb eingeführt. Die Hauptlast auf der Seite der Managementtätigkeiten wird weiterhin durch das Konfigurationsmanagement sowie wieder leicht erhöhte Projektmanagementtätigkeit erzeugt. Im Rahmen der Entwicklung liegt der Fokus besonders auf den Tätigkeiten des Change-Managements. Es fallen hier die Installationstätigkeiten, die Übernahme von Daten und in besonderem Maße die Schulungsmaßnahmen ins Gewicht. Weiterhin werden in dieser Phase durch fortlaufende Tests mit den operativen Daten häufig noch Fehler oder anderweitige Systemmängel entdeckt, die entsprechend behoben werden müssen. Es soll an dieser Stelle kurz angemerkt werden, dass das Change-Management hier den IS-Entwicklungstätigkeiten zugeordnet wurde, obwohl es ein Bestandteil des Konfigurationsmanagements ist. Diese Aufteilung erscheint sinnvoll, da viele Change-Management-Tätigkeiten eng mit den übrigen Entwicklungstätigkeiten verknüpft sind und nicht isoliert von diesen betrachtet werden können.

In den folgenden Abschnitten 2.3.2.1–5 werden die Haupttätigkeiten bei der Durchführung von IS-Entwicklungsprojekten näher beschrieben.

2.3.2.1 Requirements-Engineering

Unter **Requirements-Engineering** (Anforderungsanalyse) versteht man die möglichst vollständige Gewinnung und Aufzeichnung der Anforderungen an ein zu erstellendes oder zu erweiterndes System. Als Resultat dieser Tätigkeit wird die **Anforderungsspezifikation** (engl.: requirements specification) erstellt. Da die gesamte Systementwicklung auf dieser Anforderungsspezifikation aufbaut, sollte sie gut verstehbar sowie fehler- und widerspruchsfrei sein.

Exkurs: Das Requirements-Engineering wird im Deutschen häufig als Anforderungsanalyse übersetzt. Aus zwei Gründen haben wir uns jedoch dazu entschlossen, in diesem Buch den englischen Begriff „Requirements-Engineering" zu verwenden:

Zum einen umfasst das Requirements-Engineering eine Vielzahl verschiedenartiger Tätigkeiten und Dimensionen, die durch den Begriff „Anforderungsanalyse" nur unzureichend wiedergegeben werden. Zu diesen Tätigkeiten zählen zum Beispiel die Anforderungsgewinnung (engl.: requirements elicitation), das Modellieren (das In-Beziehung-setzen) der Anforderungen (engl.: requirements modeling) und die kontinuierliche Gewährleistung der Konsistenz und Aktualität der zugrunde liegenden Dokumente.

Zum anderen wird auch in deutschen Unternehmen sowie in der Forschung und Lehre in überwiegendem Maße der Begriff Requirements-Engineering verwandt.

Das soeben Gesagte gilt in gleicher Form für den Begriff „Change-Management" (siehe Abschnitt 2.3.2.5), der im Deutschen teilweise mit dem Begriff „Änderungsmanagement" übersetzt wird.

Das Requirements-Engineering ist ein sehr wichtiger Teil der Systementwicklung. Dies ergibt sich unmittelbar aus der Tatsache, dass nach aktuellen Untersuchungen die meisten gescheiterten Projekte auf Fehler in der Anforderungsspezifikation zurückzuführen sind. Da Fehler oder Unzulänglichkeiten, die früh im Prozess erkannt werden, weitaus kostengünstiger zu korrigieren sind als in späteren Phasen der Systementwicklung, sollte das Requirements-Engineering mit großer Sorgfalt durchgeführt werden. Im gegenteiligen Fall besteht sonst die große Gefahr, ein System zu entwickeln, das die Benutzer in dieser Form nicht wollen oder im Extremfall nicht verwenden können.

Das Requirements-Engineering wird manchmal auch als *die Etablierung einer Vision in einem bestimmten Kontext* bezeichnet (engl.: establishing vision in context). Hierdurch wird bereits angedeutet, dass eine Anforderung ohne den Kontext, in dem sie entstanden ist, und für den sie beschrieben wurde, wertlos ist. Die Anforderungen gelten somit nur in einem bestimmten Kontext.

Entgegen dem ersten Eindruck ist die Gewinnung und Dokumentation von Anforderungen somit keine triviale Aufgabe, die nur „mit halber Kraft" betrieben werden sollte. Dies ergibt sich bereits aus den verschiedenen Arten von Anforderungen, die sich grob in *zwei Kategorien* einteilen lassen:

- *Funktionale Anforderungen* beschreiben die von dem zu erstellenden System geforderten Funktionen. Als Beispiele für funktionale Anforderungen an ein Handelsinformationssystem können Sie sich beispielsweise die Möglichkeit zur Filialbestellung aus einem Zentrallager oder die Unterstützung von Verkaufsaktionen vorstellen.
- *Qualitätsanforderungen (nicht-funktionale Anforderungen)* beschreiben die von dem zu erstellenden System geforderten Qualitätsattribute. Zu diesen Qualitätsattributen können zum Beispiel die Laufzeiteffizienz, Wartbarkeit, Nachvollziehbarkeit, Bedienbarkeit, Wiederverwendbarkeit oder Interoperabilität gezählt werden.

Um ein System auf Grundlage der verschiedenen Anforderungen entwerfen zu können, müssen diese hinreichend detailliert beschrieben sein. Sonst besteht die Möglichkeit zu Fehlinterpretationen, die wiederum zur Entwicklung eines Systems führen können, welches nicht den Vorstellungen des Anwenders entspricht. Um derartige Fehlentwicklungen möglichst von vornherein auszuschließen, sollte erklärende Zusatzinformation gemeinsam mit den eigentlichen Anforderungen aufgezeichnet werden.

Eine sehr wichtige *Ergänzungsinformation* ist zum Beispiel die Priorität, mit der eine Anforderung bei der Umsetzung des neuen System berücksichtigt werden muss. Die *Priorität* ist jedoch oft nicht explizit vorgegeben, sondern wird durch eine Reihe von Faktoren bestimmt, die mitunter einen großen Einfluss auf die Priorisierung und damit die Reihenfolge der Umsetzung von Anforderungen haben. Dazu zählen:

- zeitliche und monetäre Rahmenbedingungen, zum Beispiel in Form von Lieferterminen und Budgetplänen,
- strategisch wichtige beziehungsweise langfristige Anforderungen an das System,
- die Quelle einer Anforderung, zum Beispiel Manager/Entscheider, Endbenutzer, Administrator, Entwickler, Tester.

Wie durch den letzten Aufzählungspunkt bereits angedeutet, ist eine große Zahl verschiedener Personengruppen an dem Prozess der Systementwicklung und somit auch dem Requirements-Engineering beteiligt. Um eine möglichst hohe Akzeptanz des zu entwickelnden Systems zu erreichen, muss jede dieser (im Englischen als *Stakeholder* bezeichneten) Personengruppen in den Entwicklungsprozess integriert werden.

Da die unterschiedlichen Personengruppen auch *verschiedene Sichtweisen* auf ein System haben, bildeten sich im Laufe der Zeit drei verschiedene Arten von Anforderungsmodellen, die ebenfalls die Kommunikation mit den unterschiedlichen Beteiligten vereinfachen sollen:

- *Zielmodelle* sind besonders für die Beschreibung relativ abstrakter (zum Beispiel langfristiger, übergreifender) Anforderungen geeignet und finden häufig Verwendung für die Aufzeichnung von Anforderungen auf Managerebene.

- *Szenarien* beschreiben tatsächliche oder denkbare Ereignis- und Aktionsreihenfolgen, und sind zum Beispiel gut für die Kommunikation mit den Endbenutzern eines Systems einsetzbar.
- *Lösungsmodelle* werden wiederum zur Beschreibung der konkreten Umsetzung durch die zuständigen Entwickler verwendet und vollziehen somit den Schritt von den Anforderungen hin zum konkreten Systementwurf.

Entsprechend den verschiedenen Haupttätigkeiten lässt sich das Requirements-Engineering grob in die drei Aspekte *Spezifikation, Repräsentation, Verhandlung* (engl.: specification, representation, agreement) unterteilen.

- Der *Aspekt der Spezifikation* sorgt dafür, dass die Anforderungen gemäß dem jeweils aktuellen Kenntnisstand korrekt abgebildet werden. Im Laufe des Entwicklungsprozesses wird somit aus einer weithin unvollständigen und undifferenzierten Beschreibung eine möglichst vollständige, korrekte und konsistente Spezifikation erstellt.
- Die Spezifikation muss kommuniziert werden. Der *Aspekt der Repräsentation* beschäftigt sich mit den verschiedenen Möglichkeiten zur Abbildung eines Sachverhaltes durch formale und informale Beschreibungsmittel (zum Beispiel Text oder Grafiken). Dies ermöglicht die Beschreibung verschiedener Sichten auf denselben Betrachtungsgegenstand.
- In einem Entwicklungsprozess, in dem viele Personen mit unterschiedlichem Vorwissen und Interessen teilnehmen, kann nicht davon ausgegangen werden, dass gleiche Ansichten zu verschiedenen Teilfragen existieren. Der *Verhandlungsaspekt* trägt dem Umstand Rechnung, dass unter den Prozessbeteiligten in der Regel unterschiedliche Grade der Übereinstimmung bezüglich eines Spezifikationsdokuments herrschen. Das Ziel der Verhandlung ist die Erstellung einer von allen Beteiligten akzeptierten und gut verstehbaren Systemspezifikation.

Wie die Informationssystem- und Softwareentwicklung in ihrer Gesamtheit ist auch das Requirements-Engineering keine isolierte Phase, sondern ein *kontinuierlicher, iterativer und inkrementeller Prozess*. Entsprechend müssen Anforderungsmodelle und -spezifikationen – genau wie die Architekturbeschreibung, das Feindesign oder das Quellprogramm – kontinuierlich gepflegt und aktualisiert werden.

Aufgrund der Wichtigkeit und Komplexität des Requirements-Engineering ist die Etablierung eines mehrstufigen Anforderungsmanagements ab einer bestimmten Projektgröße und/oder -dauer unerlässlich. Im wesentlichen können drei verschiedene Bereiche des Anforderungsmanagements unterschieden werden:

- Das *System-Anforderungsmanagement* befasst sich mit der Verwaltung der Anwenderanforderungen an ein bestimmtes System. Im Rahmen des System-Anforderungsmanagements wird im wesentlichen der Frage nachgegangen: Was muss für diesen speziellen Anwender realisiert werden?
- Das *Projekt-Anforderungsmanagement* befasst sich mit der Verwaltung der zeitlichen Abfolge, in der die Anforderungen durch die verschiedenen Versio-

nen eines Systems erfüllt werden. Die zentrale Frage ist hier: Wann muss eine bestimmte Anforderung realisiert werden?

- Das *Produkt-Anforderungsmanagement* beschäftigt sich mit der Art und Weise, in der die Anforderungen in einem konkreten Produkt (einer Version des Systems) erfüllt werden. Hierbei steht die Frage im Mittelpunkt: Wie können die Anforderungen unter Berücksichtigung von Zeit, Geld, Techniken usw. umgesetzt werden?

▶ Übungsaufgabe Nr. 1.2.36 im Arbeitsbuch

2.3.2.2 Entwurf von Informationssystemen

In der Entwurfsphase werden die in der Anforderungsspezifikation zum Großteil noch recht abstrakt beschriebenen Anforderungen in einen konkreten Lösungsansatz überführt. Schwerpunktmäßig werden hier das Fach-, DV- und Implementierungskonzept aus Abschnitt 2.2 erarbeitet.

2.3.2.3 Implementierung von Informationssystemen

In Rahmen der Implementierung steht die Erstellung eines Programms mit Hilfe einer oder mehrerer Programmiersprachen im Mittelpunkt. Eine detaillierte Beschreibung der Programmiersprachen erfolgt in Band 2, Kapitel 4. Wir beschränken uns in diesem Abschnitt auf die *Grundkonzepte objektorientierter Programmiersprachen*, da diese unmittelbar auf den Modellierungsaspekten des IS-Entwurfs aufbauen. Aufgrund ihrer Nähe zur objektorientierten Modellierung finden objektorientierte Programmiersprachen in der heutigen Praxis eine immer stärker werdende Verbreitung und erfahren demgemäß eine hohe Aufmerksamkeit von Seiten der Wirtschaft und der Forschung.

> Eine Programmiersprache ist **objektorientiert**, wenn sie sowohl *objektbasiert* ist als auch *Vererbung* bietet (Definition nach P. Wegner). Objektbasierung bedeutet, dass Zustände in Objekte eingekapselt werden und nur über wohldefinierte Operationen zugreifbar sind.

Objektorientierung ist ein wichtiges Hilfsmittel, um Systeme leichter wartbar und erweiterbar zu halten. Häufig wird der Begriff „objektorientiert" (Abkürzung: OO) als Schlagwort verwendet und dient dabei insbesondere als Synonym für „gut und strukturiert". Damit geht oft die Ansicht einher, dass die Verwendung objektorientierter Programmiersprachen und/oder Methoden automatisch zu guten Programmen führt. Ferner hält sich hartnäckig das Vorurteil, dass objektorientiert entwickelte Software in jedem Fall wiederverwendbar ist.

Hierzu muss deutlich gesagt werden, dass Objektorientierung allein in keinem Fall ein geplantes und wohl durchdachtes Vorgehen im Entwurf und der Implementierung ersetzen kann. In diesem Sinne können objektorientierte Methoden und Programmiersprachen als Werkzeuge betrachtet werden, die dabei helfen können, ein System zu bauen. Die zuständigen Entwickler kommen jedoch nicht umhin, diese Werkzeuge sachgerecht einzusetzen. Allein der Einsatz eines guten Werkzeugs garantiert nicht das Gelingen des Werks.

Objektorientierte Konzepte und deren Vorteile bezüglich der Wiederverwendbarkeit usw. lassen sich auch ohne den Einsatz objektorientierter Programmiersprachen (wenngleich vielfach mit mehr Aufwand) realisieren. Somit sind streng genommen die verwendeten Methoden und Programmiersprachen bei der IS-Entwicklung unerheblich. Die klare Strukturierung des Systems findet in den Köpfen der Entwickler statt, die Umsetzung kann auf vielerlei Art erfolgen. Daher ist es sehr wichtig, dass alle beteiligten Entwickler diese objektorientierten Sachverhalte verstehen und danach handeln. Eine objektorientierte Programmiersprache kann bei der Umsetzung Vorteile bieten, ihre bloße Verwendung führt jedoch in der Regel nicht automatisch zu qualitativ hochwertiger Software.

2.3.2.4 Testen von Informationssystemen

Unter dem **Softwaretest** (engl.: software test) versteht man den Prozess, bei dem geprüft wird, ob ein bestimmtes Softwaresystem den zugrunde liegenden Spezifikationen entspricht und ob es in der dafür vorgesehenen Systemumgebung lauffähig ist.

Obwohl der *Softwaretest eine der wichtigsten Tätigkeiten* im Rahmen der Informationssystementwicklung ist, wird es noch immer häufig vernachlässigt oder fällt – zumindest teilweise – den meist engen Terminplänen zum Opfer. Es existiert jedoch eine Vielzahl von *Gründen, die für einen wohldefinierten und kontrollierten Testprozess sprechen.* Um ein Bewusstsein für diese Problematik zu schaffen werden im Folgenden einige dieser *Gründe* aufgezählt:

• Testen ist ein wichtiger Bestandteil der *Qualitätssicherung.* Ein schlechter Testprozess kann sehr negative Auswirkungen auf die Verlässlichkeit des resultierenden Softwareprodukts haben. Dies kann zu einer starken (ungeplanten) Erhöhung der Entwicklungs- und Wartungskosten oder sogar zum vollständigen Scheitern eines Projektes führen.

• Ein (guter) Testprozess verursacht einen großen Teil der gesamten *Entwicklungskosten.* Aus diesem Grund ist es umso wichtiger, einen effizienten Testprozess zu definieren und explizit Zeit- und Geldressourcen für diese wichtige Aufgabe vorzusehen.

• Ein (guter) Testprozess *zwingt die beteiligten Personen zur Disziplin* und erinnert sie daran, sich bereits zu einem frühen Zeitpunkt mit eventuellen Problembereichen zu befassen. Auf diese Weise wird die Wahrscheinlichkeit erhöht, dass Probleme früh erkannt und behandelt werden können. Dies führt wiederum zu einer *Ersparnis von Zeit und Kosten für eventuell notwendige Korrekturen,* da Fehlentwicklungen bei frühzeitiger Erkennung in der Regel einfacher und kostengünstiger zu korrigieren sind.

- Auch ein guter Testprozess ist keine Garantie für das Gelingen von Software-projekten, er trägt jedoch in jedem Fall dazu bei, *Probleme frühzeitig zu erkennen*.

Im Groben kann der *Softwaretest* in *drei verschiedene Testarten* unterteilt werden: Modultest, Integrationstest und Systemtest.

> Im Rahmen des **Modultests** (engl.: module test, component test) werden individuelle Softwarekomponenten (oder kleine Konfigurationen) auf ihre korrekte Funktionalität überprüft.

Beim *Modultest* wird die *jeweilige Komponente isoliert betrachtet* und mit speziell für sie vorgesehenen Testdaten ausgeführt. Diese Art von Test findet nahe am Quellcode statt und kann unter anderem unter Verwendung von *Fehlerbehebungswerkzeugen* (engl.: debugging tool) durchgeführt werden.

> Im Rahmen des **Integrationstests** (engl.: integration test) werden Konfigurationen/Subsysteme gemeinsam getestet.

Jede der einzelnen Komponenten wurde im Regelfall bereits separat durch einen Modultest getestet. Daher ist es hierbei von besonderem Interesse, ob die einzelnen Komponenten *in der vorgesehenen Weise miteinander interagieren*, um gemeinsam die spezifizierten Funktionen korrekt zur Verfügung zu stellen.

> Der **Systemtest** (engl.: system test) ist darauf ausgerichtet, ein komplettes Softwaresystem (und eventuell Hardwaresystem) zu testen. Hierbei wird prinzipiell das fertig installierte Informationssystem (wenn möglich auf der operativen Hardwareplattform) getestet.

Die besondere Aufmerksamkeit gilt beim Systemtest der *korrekten Realisierung der Endbenutzerfunktionen*.

Neben den drei soeben genannten Testebenen können ebenfalls grob *zwei verschiedene Kategorien von Testverfahren* unterschieden werden: das *strukturelle* oder auch *White-Box-Testen*, sowie das *funktionale* oder auch *Black-Box-Testen*. Idealerweise sollten beide Arten zum Einsatz gelangen, um sich gegenseitig zu ergänzen.

> **White-Box-Testverfahren** (engl.: white box test) untersuchen die interne Struktur des Quellprogramms von Softwarekomponenten und überprüfen unter anderem die Qualität des Quellprogramms.

White-Box-Testverfahren umfassen unter anderem folgende Verfahren:

- *Anweisungsüberdeckungstest*: Jede Anweisung im Quellprogramm einer Komponente soll mindestens einmal ausgeführt werden.

- *Zweigüberdeckungstest:* Jede Anweisung, jede Verzweigung innerhalb des Quellprogramms einer Komponente soll mindestens einmal ausgeführt werden.
- *Pfadtest*: Nach bestimmten Kriterien werden gezielt verschiedene Ausführungspfade (zum Beispiel Programmteile, die mit unterschiedlichen Startwerten aufgerufen werden) innerhalb des Quellprogramms einer Komponente ausgeführt.

Im Rahmen von Black-Box-Tests wird im Gegensatz zum White-Box-Testen *„nur" die Spezifikation eines Programms* einbezogen.

> Im Rahmen von **Black-Box-Tests** (engl.: black box test) wird „von außen" überprüft, ob die betrachtete Komponente die festgelegten Anforderungen (die Spezifikation) erfüllt, ohne dass der Tester die Interna der Komponente kennt.

Da die so definierten Testfälle keine Rücksicht auf die interne Umsetzung einer Anforderung nehmen, sind sie für verschiedene Implementierungen verwendbar. Demgemäß liegt der Hauptfokus im Rahmen des Black-Box-Testens auf der *Definition von Testfällen*, die eine hohe Wahrscheinlichkeit zur Aufdeckung von Fehlern aufweisen. Neben der *Auswahl der geeigneten Testfälle* ist auch die Bestimmung der möglichst optimalen *Reihenfolge von Tests* ein nicht-triviales Problem, das für jeden Anwendungsbereich getrennt gelöst werden muss. Dies folgt aus der Tatsache, dass für jede Anwendung typische Nutzungsszenarien existieren, die die Software in jedem Fall unterstützen muss. Eine Orientierung an diesen Nutzungsszenarien kann daher auch wertvolle Information über eine sinnvolle Testreihenfolge liefern.

> Unter einem **Regressionstest** (engl.: regression test) versteht man einen Test, der sicherstellen soll, dass ein vorher korrekt funktionierendes Programm auch nach Modifikationen noch der Spezifikation entspricht.

Es ist hilfreich, wenn *Regressionstests automatisiert* durchgeführt werden können, da hierdurch Fehler oder Unachtsamkeiten, die bei der mehrmaligen manuellen Ausführung auftreten können, vermieden werden. Im Rahmen einer iterativen und inkrementellen Softwareentwicklung muss in jedem Iterationsschritt auch die Testspezifikation des Systems aktualisiert werden. Zudem sollten am Ende jeder Iteration sowohl Regressionstests der bereits vorhandenen Testfälle, als auch neu entworfene Testfälle ausgeführt werden.

Durch die Ausführung des Programms unterscheidet sich das Softwaretesten von „manuellen" Verfahren der Qualitätssicherung, wie zum Beispiel so genannten *Reviews* oder *Walkthroughs*, bei denen beispielsweise eine Spezifikation oder das Quellprogramm von Komponenten durch einen oder mehrere (meist unternehmensinterne) Gutachter durch „genaues Hinschauen" beurteilt wird.

Generell muss angeführt werden, dass das Testen zu einer Qualitätsverbesserung führt, aber auch seine *Grenzen* hat:

- Es ist unmöglich, auch ein relativ einfaches Informationssystem *vollständig* zu testen. Das liegt zum einen daran, dass die Zahl der möglichen Systemzustände sich aus der Zahl der Speicherbelegungen ergibt und immens hoch ist, und zum anderen liegt es daran, dass der Test das korrekte Funktionieren der zugrunde liegenden Komponenten (Betriebssystem, Hardware usw.) annimmt, das ebenso nicht garantiert werden kann.

- Testen dient dazu, Fehler aufzufinden, es *kann jedoch niemals die Fehlerfreiheit* eines komplexen (Software-)Systems *nachweisen*. Wenn die Testfälle keinen Fehler aufzeigen, können trotzdem Fehler im System existieren, die von den Testfällen nicht gefunden werden.

Die *Entwicklung für und mit Wiederverwendung* hat ebenfalls *Auswirkungen auf das Testen der entsprechenden Komponenten*. Einerseits werden Komponenten durch die häufige Verwendung in verschiedenen Applikationen ausgiebig im realen Einsatz erprobt und können somit eine große Reife erlangen. Andererseits wird die Komplexität des Softwaretests zum Beispiel im Rahmen der produktfamilienbasierten Entwicklung weiter erhöht. Dies folgt insbesondere aus dem Umstand, dass sowohl die generischen Teile einer Produktfamilie als auch jede der abgeleiteten spezifischen Applikationen umfassend getestet werden müssen.

Die Tatsache, dass sowohl die generischen Teile einer Produktfamilie als auch die abgeleiteten spezifischen Applikationen im Laufe ihres Lebens *Änderungen* unterworfen sind, führt zu einer weiteren Erhöhung der Testkomplexität. Entsprechend muss die Möglichkeit bestehen, im Falle der Änderung eines Artefakts schnell die zugehörigen Testfälle zu identifizieren und eventuell an die Änderungen anzupassen. Hierdurch kann die Entwicklungszeit von Softwareprodukten verkürzt werden.

▶ Übungsaufgabe Nr. 1.2.37 im Arbeitsbuch

2.3.2.5 Change-Management

Unter dem Begriff **Change-Management** werden Aufgaben und Tätigkeiten zusammengefasst, die ausgeführt werden müssen, um Änderungen möglichst effizient in eine Organisation oder ein (operatives) Informationssystem einzubringen.

Im Zusammenhang mit Informationssystemen können *Änderungen* hierbei im Wesentlichen durch eines der folgenden *Ereignisse* ausgelöst werden:

- *Marktänderungen*: ausgelöst durch Kundenwünsche und/oder Konkurrenzdruck können sich neue Anforderungen und in weiterer Folge Änderungen für das Informationssystem ergeben.

- *Änderungen der operativen Prozesse*: die Prozesse innerhalb eines Unternehmens unterliegen einer ständigen Qualitätskontrolle. Änderungen der Prozesse ergeben sich zum Beispiel, wenn die zugehörigen Abläufe aufgrund neuer Erkenntnisse effizienter gestaltet werden.
- *Änderung von Gesetzen oder bindenden Vorschriften*: Häufig müssen bestehende Systeme geändert werden, um die Einhaltung gesetzlicher Regelungen zu gewährleisten. Änderungen dieser Art können zum Beispiel den Bereich der Ergonomie oder der Sicherheit innerhalb eines Informationssystems betreffen.
- *Änderungen im Rahmen von Wartungstätigkeiten*: in der Regel übernimmt der Produzent eines Systems für einen gewissen Zeitraum die Gewährleistung für dessen fehlerfreien Betrieb. Zu den typischen Wartungstätigkeiten zählen hierbei sowohl die Beseitigung von eventuell noch vorhandenen Fehlern als auch die Ersetzung ineffizienter Systemelemente durch funktionsgleiche aber effizientere Komponenten.
- *Anschaffung einer neuen Systemkomponente*: Durch die Anschaffung neuer oder aktualisierter Hardware und Software entstehen sowohl Änderungen in der Struktur des bisherigen Systems als auch im Qualifikationsprofil der Mitarbeiter, die mit diesem System arbeiten.

Change-Management-Tätigkeiten umfassen somit ein *großes Spektrum an verschiedenartigen Aufgaben*, die jeweils eine ganz unterschiedliche *Qualifikation* von den Verantwortlichen verlangen. Hierzu zählen einerseits organisatorische und soziale Fähigkeiten, zum Beispiel für die Organisation und Durchführung von Mitarbeiterschulungen. Andererseits werden unter dem Begriff des Change-Managements auch eine Reihe von Tätigkeiten zusammengefasst, die primär technisches Wissen verlangen.

> Als *Beispiel* für eine eher technisch orientierte Change-Management-Tätigkeit kann die *Beseitigung von Fehlern in einem Softwareprodukt* genannt werden. Für diese Tätigkeit wird neben organisatorischem Wissen, zum Beispiel mit Bezug auf den jeweiligen Entwicklungsprozess, vor allem das Wissen um die technische Realisierung und Realisierbarkeit von bestimmten Alternativlösungen benötigt.

Die Abb. 2.3.2.5/1 zeigt das Change-Management daher als ganzheitlichen Prozess, der sich über den gesamten Produktlebenszyklus erstreckt. Die spezifischen Change-Management-Tätigkeiten in den beiden Bereichen des IS-Betriebs sowie der IS-Entwicklung und –wartung haben jedoch klar unterscheidbare Schwerpunkte.

Die *Change-Management-Aktivitäten im Kontext der Systemverwendung* bewegen sich vor allem auf der Ebene von organisatorischen Maßnahmen und Geschäftsprozessen. Hierzu zählen zum Beispiel die Einweisung der Mitarbeiter in die Benutzung neuer Produkte oder die Anpassung vorhandener Prozesse an ein effizienteres Informationssystem. Demgegenüber sind die entsprechenden *Tätigkeiten im Rahmen der Systementwicklung und –wartung* eher technischer Natur. Die besondere Aufmerksamkeit gilt hierbei Änderungswünschen von Benutzern oder Testern. Diese Änderungswünsche gehen meist auf fehlerhafte

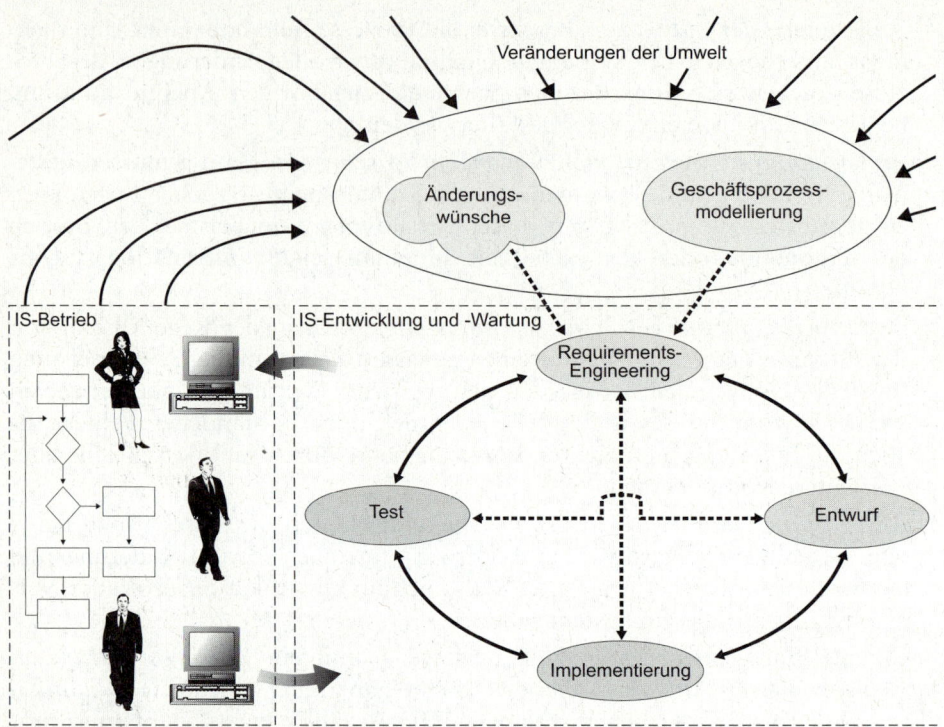

Abb. 2.3.2.5/1: Change-Management

Systemeigenschaften oder auf Erweiterungswünsche bezüglich der Systemfunktionalität zurück.

Im Rahmen der Softwareentwicklung wird das Change-Management in der Regel als ein Teilbereich des so genannten Konfigurationsmanagements betrachtet.

> Unter dem Begriff **Konfigurationsmanagement** (engl.: configuration management) wird die Verwaltung und Überwachung von allen im Laufe einer Softwareentwicklung erstellten Dokumenten und Softwarekomponenten verstanden. Eine der Hauptaufgaben im Konfigurationsmanagement besteht in der Fortschreibung einer Projekt- und Produkthistorie, sodass auch der Zugriff auf ältere Produktversionen (inklusive aller zugehörigen Information) jederzeit gewährleistet ist.

Die hohe Bedeutung, die dem Konfigurationsmanagement in der Praxis zukommt, wird auch daran erkennbar, dass häufig eingesetzte Vorgehensmodelle (Phasenschemata) wie zum Beispiel das V-Modell (siehe Abschnitt 2.3.3.4) hierfür ein eigenes Submodell vorsehen.

Um in einem konkreten Änderungsfall schnell alle Artefakte und/oder Personen identifizieren zu können, die von einer Änderung betroffen sind, sollte bereits während der Systementwicklung (und bei jeder Änderung) so genannte *Traceability-Information* aufgezeichnet werden.

> Unter dem Begriff **Traceability** (deutsch: Nachverfolgbarkeit) versteht man im Wesentlichen die Möglichkeit, Verbindungen zwischen verschiedenen Personen, Entscheidungen, Modellen und Systembestandteilen zu speichern, um auch im Nachhinein noch genau feststellen zu können, wie diese zusammengehören und warum ein bestimmtes Vorgehen den übrigen Alternativen vorgezogen wurde.

Ein *Beispiel*, das die *sinnvolle Verwendung von Traceability-Information* verdeutlicht, ist die Verknüpfung einer bestimmten Systemanforderung mit der (oder den) Person(en), die diese Anforderung aufgestellt haben. Im Falle einer Änderung kann diese Person somit (falls nötig) sofort identifiziert und um Rat gefragt werden. Weiterhin sollte für jede Anforderung genau festgehalten werden, welche Komponenten innerhalb des Systems diese Anforderung auf technischer Ebene realisieren. Wenn sich eine Anforderung ändert, können auf diese Weise unmittelbar die betroffenen (Hardware- und Software-) Komponenten identifiziert und entsprechend angepasst werden.

Die Traceability-Information ist somit ein wichtiges Hilfsmittel für die möglichst reibungslose Integration von Änderungen in ein bestehendes System. Weiterhin dient sie dazu, die Zusammenhänge zwischen den verschiedenen Bestandteilen zu dokumentieren. Zudem bildet sie die Grundlage, um den Entstehungsweg des Systems auch im Nachhinein verstehen zu können.

Um Traceability-Information aufzuzeichnen, werden im Wesentlichen *getypte Verbindungen zwischen Personen und/oder Artefakten* gespeichert, die verschiedene Arten von Abhängigkeiten ausdrücken können. Unter einem *Artefakt* versteht man jedes Produkt, das im Laufe der Systementwicklung erstellt wurde, wie zum Beispiel Anforderungsdefinitionen, Dokumentationen, Softwarekomponenten oder Testfälle.

Beispiele für solche Verbindungstypen sind:

– Realisiert, zwischen Anforderung und Systemkomponente
– Verwendet, zwischen Systemkomponente und Systemkomponente
– Überprüft, zwischen Testfall und Anforderung
– Verfeinert, zwischen Testfall und Testfall

Die Art der aufgezeichneten Traceability-Information hängt von einer Reihe verschiedener *Einflussfaktoren* ab, wie zum Beispiel der Terminplanung des Projekts, dem verfügbaren Budget, gesetzlichen Vorgaben, dem verwendeten Entwicklungsprozess und natürlich dem späteren Verwendungszweck dieser Information. Weiterhin ist die Aufzeichnung jeder denkbaren Traceability-Information allein aufgrund der sich daraus ergebenden Informationsmenge nahezu ausgeschlossen. Aus diesen Gründen ist es auch nicht möglich pauschal anzugeben, welche Information aufgezeichnet werden muss. Vielmehr muss spezifisch für jedes Projekt (und Produkt) entschieden werden, ob eine bestimmte

Information in dem zugehörigen Entwicklungskontext benötigt wird oder nicht. Um in der Realität von Nutzen zu sein, müssen die oben genannten Verbindungstypen daher in der Regel fein abgestuft sein und an die spezifischen Gegebenheiten des jeweiligen Projektes und Produktes angepasst werden.

▶ Übungsaufgabe Nr. 1.2.38 im Arbeitsbuch

2.3.3 Vorgehensmodelle für IS-Entwicklungsprozesse

Im letzten Abschnitt wurden die Aktivitäten vorgestellt, die in IS-Entwicklungsprozessen (beziehungsweise generell in Softwareentwicklungsprozessen) durchgeführt werden. Aufgrund der Komplexität dieser Aufgabenbereiche und der sich stetig ändernden Anforderungen aus dem betrieblichen Kontext können diese Aktivitäten nicht einmal durchgeführt und abgeschlossen werden, sondern müssen wiederholt durchlaufen werden. Eine in der Wirtschaft weit verbreitete Methode zur Planung, Steuerung und Kontrolle des Systementwicklungsprozesses ist die Verwendung eines *Phasenschemas*, das vielfach den Mitarbeitern für die Erstellung von Informationssystemen zwingend vorgeschrieben wird. Ein derartiges, zeitlich gestaffeltes Phasenmodell dient auch dem Management zur Orientierung über die Projektfortschritte.

Bei der *Unterteilung von Systementwicklungen in zeitliche Abschnitte* steht das Bedürfnis im Vordergrund, den kontinuierlichen Entscheidungsprozess zur Reduzierung von Komplexität in mehrere Entscheidungsstufen aufzugliedern. Deshalb werden die *Phasen* eines derartigen Modells nach den Zeitpunkten unterteilt, an denen *Entscheidungen von grundsätzlicher Bedeutung* zu fällen sind. In den gebildeten Zeiträumen (Phasen) werden die Grundlagen für diese Grundsatzentscheidungen erarbeitet. Durch diese Unterteilung werden die Entwicklungsrisiken überschaubarer, und der jeweilige Entwicklungsstand wird auch für nicht unmittelbar Beteiligte (zum Beispiel höhere Managementebenen) transparent.

Jede Phase lässt sich durch typische Entscheidungen und Tätigkeiten charakterisieren. Die *Anfangsentscheidung* besteht aus einer Auftragserteilung, der Formulierung von Zielsetzungen und der Mitteilung von Restriktionen bezüglich des Mitteleinsatzes. Zu den typischen *Tätigkeiten innerhalb einer Phase* zählen:

- die Sammlung benötigter Information,
- die Anwendung von Planungsmethoden und -hilfsmitteln,
- die Darlegung der Annahmen und Ausgangsvoraussetzungen,
- das Erarbeiten von Maßnahmen und die Formulierung von Entscheidungsvorschlägen,
- die Dokumentation der Aktivitäten und Phasenergebnisse (inklusive negativer Ergebnisse),
- die Überprüfung der Zielsetzungen (insbesondere deren Verträglichkeit mit eventuellen Auflagen) sowie deren Verfeinerung und Modifikation,

- die Erfassung kritischer, die Entwicklung möglicherweise beeinträchtigender Punkte und
- die terminliche Detailplanung der übernächsten Phase.

Die *Schlussentscheidung* beinhaltet eine Prüfung der Entscheidungsvorschläge, die Genehmigung, Ablehnung oder die Beratung von Auflagen, die Formulierung neuer Fragen, Wünsche oder Erkenntnisse und die schriftliche Dokumentation der Entscheidung.

Es gibt kein *allgemein gültiges Phasenschema*, die verschiedenen Ansätze ähneln sich jedoch in ihrer Grobstruktur. Unterschiede der in der Literatur vorgeschlagenen beziehungsweise in der Praxis verwendeten Vorgehensmodelle gibt es vor allem bezüglich der Zahl und Art der Stufen sowie der Zeitdauer und des Detaillierungsgrades der einzelnen Tätigkeitsschwerpunkte. Im folgenden Abschnitt zeigen wir nun die wichtigsten Phasenschemata im Überblick und folgen dabei in der Präsentation der historischen Entwicklung. Im Abschnitt 2.3.3.4 lernen Sie dann ein standardisiertes Vorgehensmodell, das so genannte V-Modell, kennen. Dieses Modell wird bei den deutschen Bundesbehörden und in vielen Unternehmen eingesetzt.

2.3.3.1 Softwarelebenszyklus-Modell

Als Ausgangspunkt betrachten wir zunächst das klassische Softwarelebenszyklus-Modell. Man spricht bei diesem Modell explizit von einem *Zyklus*. Es soll dadurch zum Ausdruck kommen, dass die Phasen wiederholt ausgeführt werden (vgl. Abb. 2.3.3.1/1).

Bis vor einigen Jahren war die Entwicklung von Informationssystemen in unserem *Beispiel-Lebensmittelfilialbetrieb* durch den klassischen Softwarelebenszyklus gekennzeichnet (siehe erstes Kapitel). Die Aufgabenteilung bei der Systementwicklung spiegelt dieses Modell wider. Einerseits gibt es Systemanalytiker und andererseits Anwendungsprogrammierer. Die Systemanalytiker haben durch Problemanalysen den Bedarf für neue Informationssysteme beziehungsweise die Änderung bestehender Informationssysteme ermittelt. Danach wurde ein Pflichtenheft erstellt, das die Beschreibung eines neuen Informationssystems oder der notwendigen Änderungen bestehender Systeme enthalten hat. In dieser und der vorhergehenden Projektphase hat man selbstverständlich versucht, die Benutzerwünsche zu berücksichtigen. Die Benutzer konnten mit den meist sehr abstrakten Beschreibungen der Analytiker jedoch nur wenig anfangen. Auch die zugehörigen Modelle waren aus Sicht der Benutzer schwierig zu verstehen. Die Analytiker beschwerten sich darüber, dass die Benutzer nicht in der Lage sind, ihre Wünsche zu artikulieren. Meist führte dann der übliche Zeitdruck dazu, dass die Benutzer alles akzeptierten, was ihnen vorgelegt wurde.

Das Pflichtenheft wurde schließlich an die Anwendungsprogrammierer übergeben, die nach den Spezifikationen die Programme entwickelt, getestet und eingeführt haben. Natürlich gab es immer wieder Rückfragen an die Analytiker. Häufig wurden die Unklarheiten aber von den Programmierern selbst aus der Welt geschafft, schon alleine der hohe Zeitaufwand für die Besprechungen mit den Analytikern war Grund genug dafür. Mit den Benutzern traten die Programmierer erst zum Zeitpunkt der Einführung ihrer Produkte in Verbindung. Seit der Problemanalyse durch die Analy-

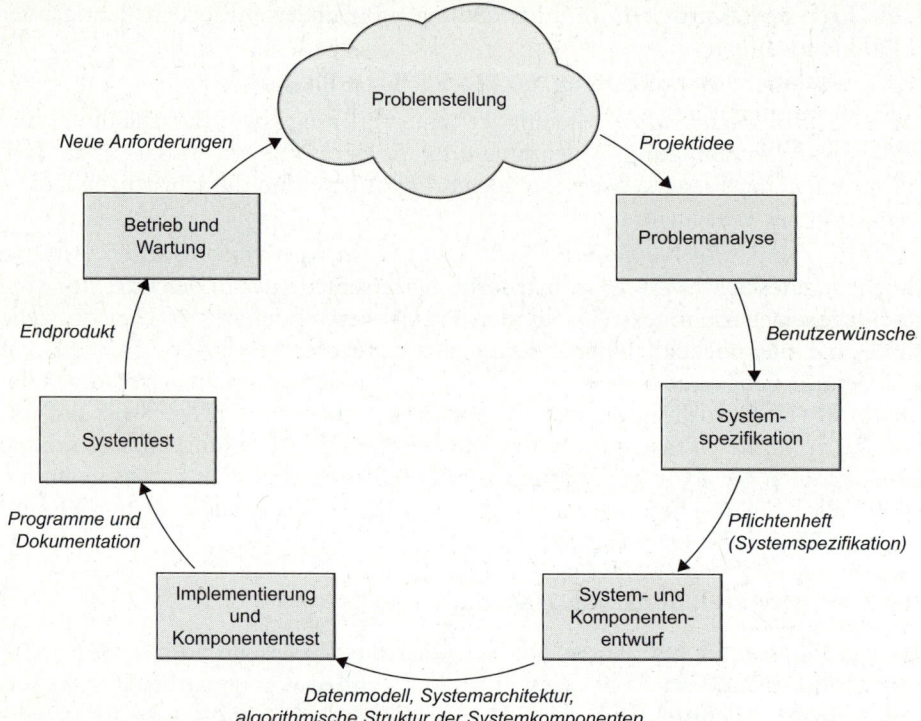

Abb. 2.3.3.1/1: Softwarelebenszyklus-Modell

tiker waren dann bereits mehrere Monate vergangen. Wenn endlich die Benutzer den gewünschten Produkten gegenüberstanden, war ihre erste Aussage über das neue Informationssystem meist folgende: *So haben wir uns das neue System nicht vorgestellt!* Die Schuld wurde von den Programmierern auf die Analytiker geschoben, die das System entworfen haben. Die Analytiker reichten den schwarzen Peter an die Benutzer weiter, die nicht wissen, was sie wollen. Außer geringfügigen Nachbesserungen und Fehlerkorrekturen konnten die Benutzer meistens nichts erreichen.

Das Modell schreibt einen streng sequenziellen *Entwicklungsprozess* vor, der Iterationen bei den Phasen, also den Rücksprung zur vorherigen Phase und deren teilweise oder vollständige Wiederholung, nur ausnahmsweise zulässt. Auch wird gefordert, dass eine neue Phase erst begonnen werden darf, wenn die vorhergehende abgeschlossen ist, also die Zwischenprodukte vollständig vorliegen. Die *Praxis* zeigt aber, dass diese Annahmen unrealistisch sind. Meist werden erst in den nachgelagerten Phasen Fehler beziehungsweise die Unvollständigkeit der Zwischenprodukte erkannt. In Wirklichkeit überlappen sich die einzelnen Phasen, es wird immer wieder zurückgesprungen, um fehlende Information zu ergänzen beziehungsweise falsche zu ersetzen. Außerdem verhindert ein strenges Vorgehen nach dem Softwarelebenszyklus-Modell realitätsnahe Experimente zu Beginn der IS-Entwicklung und so ein Problemlösen durch Versuch und Irrtum (engl.: trial and error).

Da nach dem Softwarelebenszyklus-Modell für die Benutzer greifbare Ergebnisse erst zu einem relativ späten Zeitpunkt vorliegen, ist es sowohl aus technischen als auch wirtschaftlichen Gründen kaum mehr möglich, Änderungswünsche der künftigen Benutzer zu berücksichtigen. Es bleibt den Anwendern dann oft nichts anderes übrig, als mit einer nur teilweise befriedigenden Lösung zu leben (wie in dem oben angeführten Beispiel des Lebensmittelfilialbetriebs).

2.3.3.2 Wasserfall-Modell

Im nächsten Schritt versuchte man, die unrealistischen und stark idealisierten Annahmen des klassischen Softwarelebenszyklus-Modells zu beseitigen. Dies führte zu einer stärkeren *Untergliederung der einzelnen Phasen* sowie zur Beto-

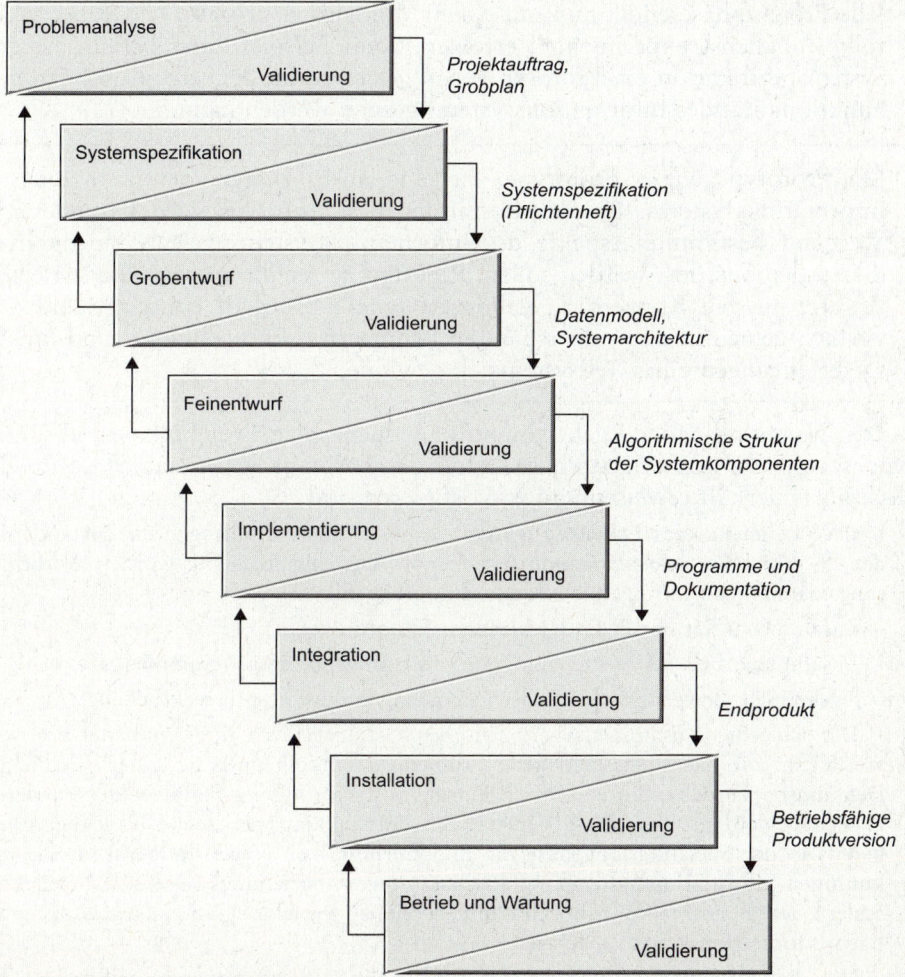

Abb. 2.3.3.2/1: Wasserfall-Modell

nung der Wechselwirkungen zwischen den Phasen. Die wichtigste Variante dieser *Weiterentwicklungen* ist das Wasserfall-Modell.

Wenn Sie das Wasserfall-Modell in Abb. 2.3.3.2/1 mit dem Softwarelebenszyklus-Modell in Abb. 2.3.3.1/1 vergleichen, so werden Sie folgende *Erweiterungen* erkennen können:

- Die Projektphasen wurden verfeinert. Die Entwurfsphase ist im Wasserfall-Modell in Grob- und Feinentwurf aufgeteilt. Außerdem wurde zusätzlich eine Phase Installation eingeschoben.

- Bei jeder Phase sind jetzt Rückkopplungen zur vorhergehenden Phase möglich. Da Iterationen über mehrere Phasen hohe Nacharbeitskosten verursachen, beziehen sich die Rückkopplungen immer auf unmittelbar aufeinander folgende Phasen.

- Jede Projektphase endet nun mit einem Validierungsprozess. Die Validierung sollte möglichst experimentell erfolgen. Zum Beispiel kann bereits bei der Systemspezifikation ein Prototyp gebaut werden, an dem die grundsätzliche Funktionalität des Informationssystems gezeigt werden kann.

Ein **Prototyp** (engl.: prototype) ist eine ausführbare Vorversion eines Informationssystems. Bei der Gestaltung des Prototyps wird besonderer Wert auf bestimmte Aspekte des Informationssystems gelegt, die durch diesen demonstriert werden sollen. **Prototyping** (engl.: prototyping) ist ein Ansatz, um ein Konzept zu validieren (engl.: proof of concept), und – vielfach gemeinsam mit den späteren Benutzern – Entwicklungs- und Einsatzerfahrungen eines Teilsystems zu gewinnen.

Das Wasserfall-Modell geht von strikt sequenziellen Projektphasen aus. Der Rücksprung zur vorherigen Phase ist nur dann erlaubt, wenn sich deren Ergebnisse als fehlerhaft erweisen und zu korrigieren sind.

Dem IS-Leiter unseres *Lebensmittelfilialbetriebs* waren die untragbaren Zustände bei den IS-Projekten selbstverständlich bekannt. Dementsprechend wurden Verbesserungsmaßnahmen in folgenden Bereichen durchgeführt:

– Zusammenarbeit der IS-Entwickler und Endbenutzer,

– Zusammenarbeit der Systemanalytiker und Anwendungsprogrammierer,

– regelmäßige Bewertung der Zwischenergebnisse durch die Projektbeteiligten.

Die schlechte Zusammenarbeit zwischen IS-Entwicklern und Endbenutzern war vor allem auf das unterschiedliche Problemverständnis und die unterschiedlichen Denkmuster zurückzuführen. Durch Einsatz von Prototyping konnten hier Barrieren abgebaut werden. Eine neue Version der Entwicklungswerkzeuge ermöglichte es, bereits in der Spezifikationsphase die Bildschirmmasken sowie die Maskenfolge des künftigen Informationssystems einfach herzustellen, beziehungsweise auch wieder zu ändern. Die Benutzer können sich damit bereits zu Projektbeginn ein Bild vom künftigen Informationssystem machen.

Um die Zusammenarbeit von Analytikern und Programmierern zu verbessern, wurden sie in Teams integriert. Einführung und Test eines Informationssystems werden jetzt von Analytikern und Programmierern gemeinsam durchgeführt. Auch in der Analyse wird eng zusammengearbeitet, um Fehlentwicklungen frühzeitig zu erkennen.

Jede Projektphase endet mit einer Bewertung der Ergebnisse, an der alle Betroffenen teilnehmen, also auch die Endbenutzer. Zusätzlich nimmt bei der Bewertung immer ein Mitarbeiter der neu institutionalisierten Qualitätssicherung teil.

Durch die eingeleiteten Maßnahmen konnte man die Zufriedenheit der Benutzer erhöhen, die Qualität der Produkte verbessern und die Entwicklungszeit erheblich reduzieren. Trotzdem steckt noch einiges Verbesserungspotenzial im Projektablauf. In Zukunft will man durch neue Entwicklungsmethoden und -werkzeuge den Prototypenbau stärker forcieren und dadurch die Benutzer noch stärker einbinden. Gleich am Projektanfang soll *gemeinsam* mit dem Benutzer ein Prototyp des Informationssystems entwickelt werden. Neben den Bildschirmmasken soll dabei auch die Funktionalität des künftigen Informationssystems gezeigt werden. Durch „Versuch und Irrtum" will man sich so an das ideale System herantasten. Wenn man so will, bewegt sich der Ablauf der IS-Entwicklung in Richtung Spiral-Modell.

2.3.3.3 Spiral-Modell

Das Spiral-Modell ist eine *Verfeinerung* des Wasserfall-Modells. Nach diesem Modell handelt es sich bei der IS-Entwicklung um einen *evolutionären Prozess* (siehe Abb. 2.3.3.3/1).

Im Modell werden sowohl der Gesamtaufwand als auch der Projektfortschritt in den einzelnen Spiralzyklen dargestellt. Die Schrittfolge für die zu entwickelnden Produktteile ist in jedem Zyklus gleich.

Folgende Punkte müssen am Anfang der Spirale festgelegt werden:

• Ziele für und Anforderungen an das Produkt, wie Einsatzbereich, Funktionalität usw.

• Alternativen zur Realisierung des Produkts, zum Beispiel verschiedene Lösungsvarianten, die partielle Wiederverwendung vorhandener Informationssysteme, Zukauf usw.

• Nebenbedingungen und Einschränkungen, wie Kosten, Termine, Schnittstellen usw.

Danach werden die erstellten Lösungsvarianten hinsichtlich der Projektziele und Nebenbedingungen beurteilt, um Risikoquellen aufzudecken und Maßnahmen zu deren Verminderung einzuleiten. Hier sollen vor allem Prototypen gebaut werden, die eine realitätsnahe Beurteilung des zu entwickelnden Produktes erlauben. Es folgt im Uhrzeigersinn der nächste Schritt analog dem Phasenmodell, an den sich wiederum eine Risikoanalyse mit Prototyping anschließt.

Ähnlich dem Wasserfall-Modell ist auch hier jeder Zyklus mit einem *Validierungsschritt* versehen, an dem alle Projektbeteiligten und die betroffenen Organisationsmitglieder teilnehmen. Bestandteil der Validierung ist es auch, den nächsten Zyklus zu planen und die Ressourcen festzulegen.

Wesentliche *Vorteile* des Spiral-Modells sind das frühe Erkennen von Fehlern und das Abwägen von Lösungsalternativen. Durch die konsequente Orientie-

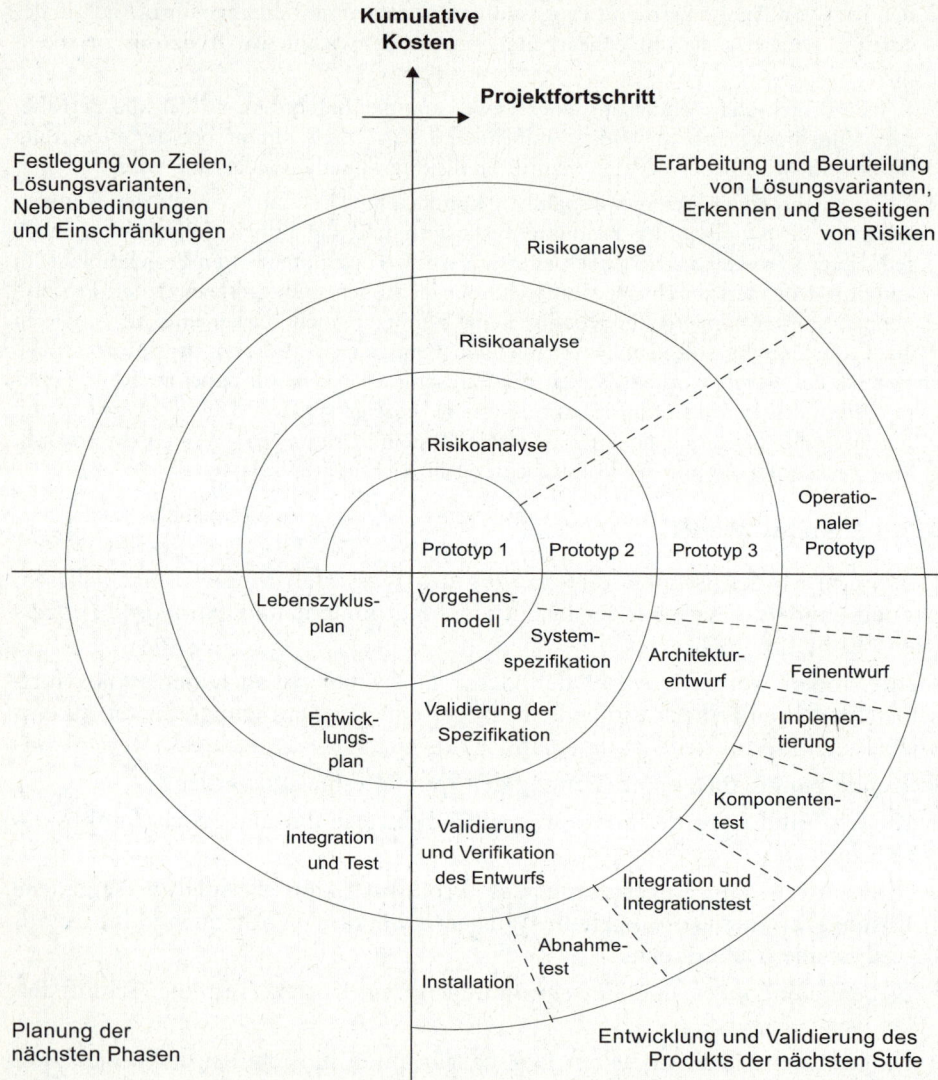

Abb. 2.3.3.3/1: Spiral-Modell (nach B. Boehm)

rung am Prototyping können die Benutzer bereits in frühen IS-Entwicklungsphasen wirksam in den Entwicklungsprozess eingebunden werden. Indem die IS-Entwicklung als evolutionärer Prozess betrachtet wird, existiert auch nicht mehr die strikte Trennung zwischen Entwicklung und Wartung. Das Spiral-Modell ist für beide Bereiche gleichermaßen anwendbar.

▶ Übungsaufgabe Nr. 1.2.39 im Arbeitsbuch

2.3.3.4 V-Modell

Die bis jetzt beschriebenen Vorgehensmodelle definieren die Vorgehensweise auf abstrakter Ebene. Das in diesem Abschnitt vorgestellte V-Modell ist ein aktuelles, *in der Praxis weit verbreitetes Vorgehenskonzept* für vor allem Großprojekte der Systementwicklung, das in sehr umfassender Weise die Detailschritte und die Koordination zwischen diesen Teilschritten mittels Formularen regelt. Die detaillierte Beschreibung des V-Modells umfasst deutlich über eintausend Textseiten und geht in vielen Bereichen sogar über die Aufgabenstellungen eines Entwicklungsprozessmodells hinaus.

Das V-Modell wurde ursprünglich für das Deutsche Bundesministerium für Verteidigung (BMVg) und das Bundesamt für Wehrtechnik und Beschaffung (BWB) erstellt. Im Jahr 1992 wurde es vom Bundesministerium des Inneren (BMI) für den zivilen Verwaltungsbereich übernommen. Damit wurde es zum einheitlichen Standard für den gesamten öffentlichen Bereich. Trotzdem ist das V-Modell streng organisationsneutral konzipiert. Aus diesem Grund wird es auch in vielen Unternehmen der verschiedensten Branchen, wie Banken, Versicherungen, Automobilindustrie usw., eingesetzt und als Standard für die Entwicklung von Informationssystemen vorgeschrieben.

Der *IS-Entwicklungsprozess* wird im V-Modell als eine Folge von Aktivitäten beschrieben, bei denen definierte Ergebnisse erzeugt werden sollen. Es wird dabei nicht nur auf die Softwareerstellung eingegangen, sondern auch Qualitätssicherung, Konfigurationsmanagement und Projektmanagement werden behandelt. Für die vier Tätigkeitsbereiche werden entsprechende Submodelle angeboten.

Die Ziele des V-Modells sind:

* Verbesserte Kommunikation der Projektbeteiligten,
* einheitliches Vorgehen bei Behörden und beauftragter Industrie,
* Gewährleistung einer höheren Produktqualität,
* Produktivitätsgewinn durch Reduzierung von Einarbeitungs- und Schulungszeiten,
* bessere Kalkulation von Neuprojekten bei standardisiertem Vorgehen,
* geringere Abhängigkeit von Personen und Firmen,
* Verringerung der Wartungsfälle durch verbesserte Produktqualität,
* Verringerung des Wartungsaufwands durch leichtere Verständlichkeit und durch ausreichende sowie einheitliche Dokumentation.

Die aufgezählten Vorteile können selbstverständlich erst durch die richtige und konsequente Verwendung der Empfehlungen eines Vorgehensmodells realisiert werden.

Drei Ebenen des V-Modells

Das V-Modell verfolgt diese Zielsetzungen durch Regelungen auf den folgenden drei Ebenen (siehe Abb. 2.3.3.4/1):

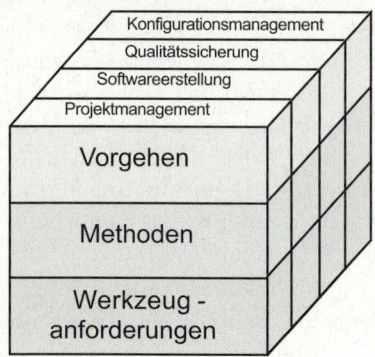

Abb. 2.3.3.4/1: Die drei Ebenen des V-Modells

1. *Vorgehensweise:* „Was ist zu tun?" Hier wird festgelegt, welche Tätigkeiten im Verlauf der Softwareentwicklung durchzuführen sind, welche Ergebnisse dabei zu produzieren sind und welche Inhalte diese Ergebnisse haben müssen.

2. *Methoden:* „Wie ist etwas zu tun?" Es wird festgelegt, mit welchen Methoden die auf der ersten Ebene festgelegten Tätigkeiten durchzuführen sind und welche Darstellungsmittel in den Ergebnissen zu verwenden sind.

3. *Werkzeuganforderungen:* „Womit ist etwas zu tun?" Hier wird festgelegt, welche funktionalen Eigenschaften die Softwareentwicklungswerkzeuge aufweisen müssen, die bei der IS-Entwicklung eingesetzt werden sollen.

Zusätzlich wird jede der Ebenen – Vorgehen, Methoden und Werkzeuganforderungen – in die Tätigkeitsbereiche Softwareerstellung, Qualitätssicherung, Konfigurationsmanagement und Projektmanagement gegliedert. Diese Tätigkeitsbereiche werden in den folgenden Abschnitten noch genauer betrachtet.

Da in diesem Buch lediglich ein Überblick über die IS-Entwicklung gegeben werden kann, wird hier vor allem die *erste Ebene des V-Modells*, also die Vorgehensweise dargestellt. Hierbei steht besonders die Steuerung des Entwicklungsprozesses im Mittelpunkt. Auf Methoden und Werkzeuganforderungen wird im Folgenden nicht eingegangen.

Das V-Modell strukturiert die Vorgehensweise der Softwareentwicklung durch eine einheitliche und verbindliche Vorgabe von *Aktivitäten* und *Ergebnissen*, die bei der Softwareerstellung und den begleitenden Tätigkeiten für Qualitätssicherung, Konfigurations- und Projektmanagement zu berücksichtigen sind. Zu jeder Aktivität gibt es eine Dokumentation in Form einer so genannten *Aktivitätenbeschreibung*. Eine Aktivitätenbeschreibung hat die Funktion einer *Arbeitsanleitung*. Zu jedem Entwicklungsdokument gibt es eine Dokumentenbeschreibung, welche die Inhalte des Dokuments festlegt.

Um einen Eindruck von der Art der Beschreibung zu vermitteln, zeigen wir Ihnen einen *Auszug aus dem Tätigkeitsbereich Projektmanagement,* und zwar die Aktivität *PM 2.1.2 Risikomanagement.*

Produktfluss

von		Produkt	nach		QS	KM
Aktivität	Zustand		Aktivität	Zustand		
PM 2.3.2 (Steuerung)	–	Projekt-historie	–	–		
PM 1.3 (Planung) oder PM 2.3.2 (Steuerung)	In Bearbeitung	Projekt-plan	–	–		
–	–	Berichts-dokumente	PM 2.1.1 (Feinplanung)			

Abwicklung

Im Rahmen des *Risikomanagements* sind

– Risikogebiete und -faktoren und somit kritische Aktivitäten zu identifizieren (die im Projekt laufend fortgeschriebene Projekthistorie ist hierfür eine gute Informationsquelle),

– die Wahrscheinlichkeit ihres Auftretens und der vermutliche Schaden zu analysieren,

– Alternativen zur Verminderung des Risikos zu ermitteln und

– eine Auswahl der besten Alternative vorzunehmen.

In den Aktivitäten der Feinplanung muss dann die gewählte Alternative (dokumentiert in einem Sachbericht) in der Planung berücksichtigt und eine Rückmeldung über den Erfolg der Maßnahme eingeholt werden.

Erläuterung

Die Aktivität *Risikomanagement* dient dazu, kritische Aktivitäten im Projektverlauf rechtzeitig zu erkennen und entsprechend zu planen. Faktoren, die für die Projektabwicklung zum Risiko werden können, sind zum Beispiel:

– Termindruck,

– Ressourcenengpass oder -ausfall,

– Zu- und Auslieferungen,

– Abstimmungsnotwendigkeit mit Projekt-Externen, zum Beispiel bei parallelen Entwicklungen, komplexen Arbeitgeber-Arbeitnehmer-Strukturen,

– Verwendung von Fertigprodukten,

– Entwicklung kritischer Produkte,

– Modifikation der Anforderungen,

– Änderungsantrag/Problemmeldung.

Qualitätssicherung

Das V-Modell enthält zahlreiche Maßnahmen zur Qualitätssicherung.

> Die **Qualitätssicherung** (engl.: quality assurance) umfasst Methoden und Verfahren zur Früherkennung und Vermeidung von Fehlern, um den damit verbundenen Mehraufwand im Voraus besser abschätzen zu können und möglichst gering zu halten. Sie verfolgt das Ziel, die Qualität des Endprodukts und aller Zwischenprodukte zu erhöhen.

Für die standardisierte Qualitätssicherung wurde Ende der 1980er Jahre die Normenreihe ISO 9000 entwickelt. Sie regelt Methoden und Verfahren zur Vermeidung von Fehlern, eine umfassende Dokumentation der Entwicklungsprozesse, Kontrollmechanismen für Teilschritte sowie deren Abnahme durch spezielle externe Gutachter.

Ein Unternehmen kann sich gemäß der Einhaltung dieser Norm „zertifizieren" lassen, und erhält dann ein ISO-9000-Prüfsiegel. Ursprünglich war die Zertifizierung primär für den Produktionsbereich wichtig, allerdings haben sich in den letzten Jahren verstärkt auch Dienstleister und Softwarehersteller der aufwändigen Zertifizierung unterzogen (auch einzelne universitäre Studiengänge).

Die Anwendung des V-Modells gewährleistet die Erfüllung der Forderungen der Normen aus der Reihe ISO 9000 (in der softwarebezogenen Interpretation der ISO 9000-3). Damit liefert das V-Modell auch eine Hilfestellung und Grundlage für ISO-9000-Zertifizierungen.

Anpassung des V-Modells

Das V-Modell wurde unabhängig von einem Einsatzbereich konzipiert. Um es für einen konkreten Anwendungsbereich sinnvoll einsetzen zu können, muss individuell entschieden werden, welche Aktivitäten und Entwicklungsdokumente für die jeweilige Situation erforderlich sind. Dadurch können sowohl eine „übermäßige Papierflut" als auch das Fehlen wichtiger Dokumente verhindert werden. Das V-Modell sieht für diese anwendungsspezifische Anpassung einen eigenen Schritt, das so genannte *Tailoring,* vor (vgl. Abb. 2.3.3.4/2).

Das Tailoring wird in *zwei Stufen* durchgeführt:

- Im *ausschreibungsrelevanten Tailoring,* das vor Vertragsabschluss und Beginn des eigentlichen Projekts durchgeführt wird, ist eine Auswahl der erforderlichen Aktivitäten und Produkte vorzunehmen. Außerdem werden Bedingungen festgelegt, unter denen bestimmte Aktivitäten im Projektverlauf unter bestimmten Umständen entfallen können, auch wenn diese zu Beginn als für das Projekt erforderlich eingestuft wurden. Die so entstehende speziell angepasste Teilmenge des V-Modells wird zusammen mit weiteren Vereinbarungen im Projekthandbuch festgeschrieben. Dieses Projekthandbuch ist in der Folge ein wesentlicher Vertragsbestandteil. Das ausschreibungsrelevante Tailoring ist auch dann wichtig, wenn ein Projekt nicht extern vergeben, sondern die Software unternehmensintern entwickelt wird.

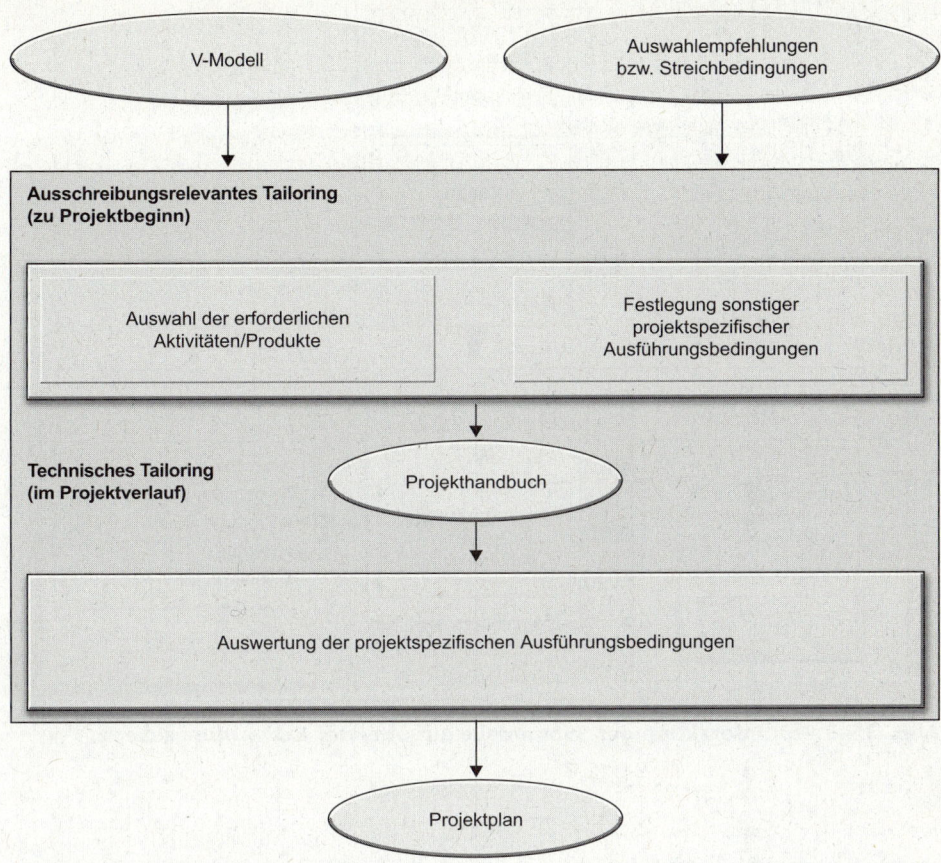

Abb. 2.3.3.4/2: Ablauf des Tailoring

- Im *technischen Tailoring* werden die im Projekthandbuch festgeschriebenen Ausführungsbedingungen ausgewertet, und es wird entschieden, welche der im Projekthandbuch enthaltenen Aktivitäten durchgeführt werden sollen. Dies geschieht kontinuierlich während der Projektabwicklung.

Damit die Vergleichbarkeit aller Angebote der potenziellen Lieferanten hinsichtlich der Art der Durchführung und der Dokumentation gewährleistet ist, erfolgt die projektspezifische Anpassung des V-Modells bei externer Auftragsvergabe bereits vor der Ausschreibung. Das dabei erstellte Projekthandbuch definiert den vom Auftragnehmer und dessen Unterauftragnehmern zu erbringenden Leistungsumfang. Damit wird das Projekthandbuch zur einheitlichen Handlungsgrundlage für alle Projektbeteiligten.

Gliederung des V-Modells in Submodelle

Wie bereits kurz erwähnt, ist das Vorgehensmodell in Tätigkeitsbereiche gegliedert (siehe auch Abb. 2.3.3.4/1). Für jeden Tätigkeitsbereich existiert ein Submodell (siehe Abb. 2.3.3.4/3). Die Submodelle umfassen:

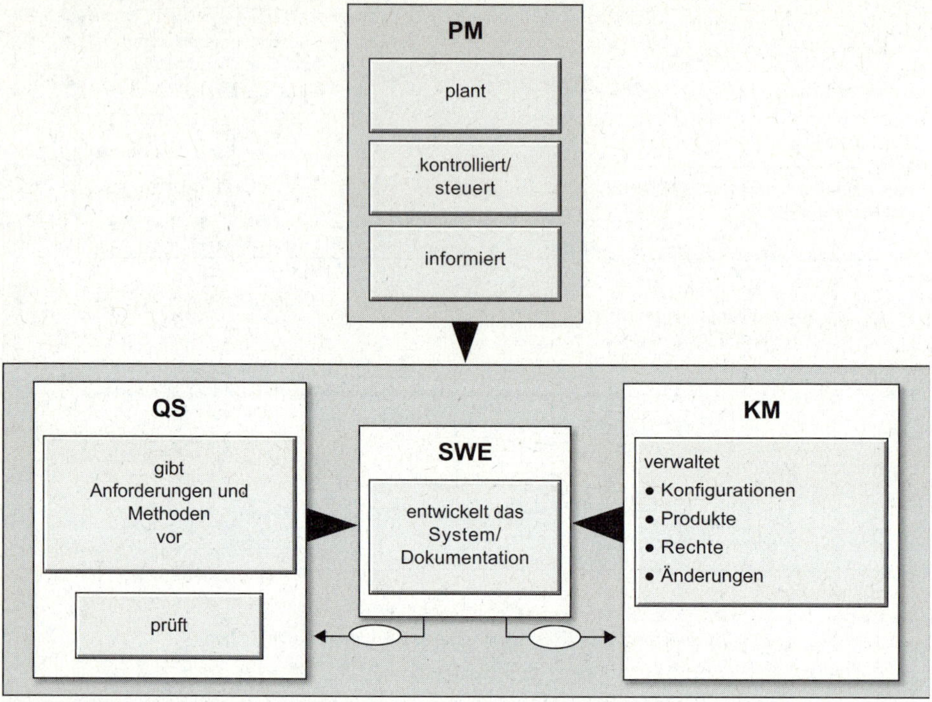

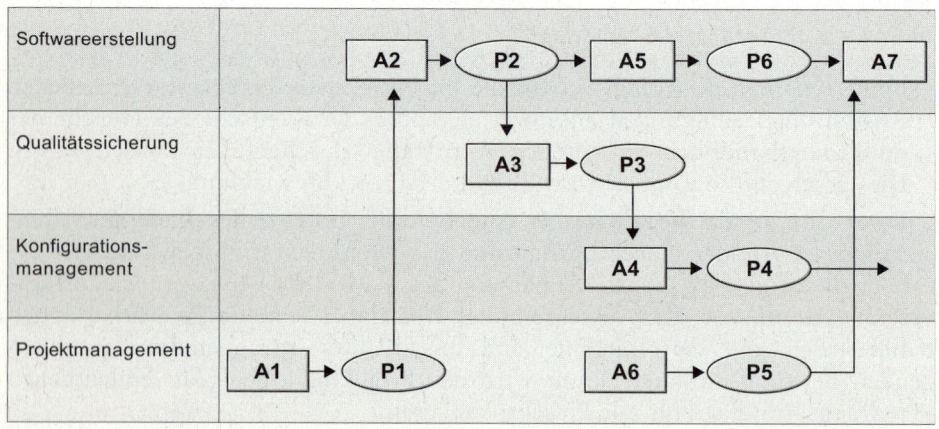

Abb. 2.3.3.4/3: **Interaktion der Submodelle auf oberster Betrachtungsebene**

Abb. 2.3.3.4/4: **Beispiel für den Aktivitäten- und Produktfluss über die vier Submodelle**

- *Softwareerstellung (SWE):* Hier wird das Informationssystem beziehungsweise die Software (SW) entwickelt.
- *Qualitätssicherung (QS):* Die Qualitätssicherung gibt Qualitätsanforderungen, Prüffälle und -kriterien vor und prüft die Produkte sowie die Einhaltung der Standards.
- *Konfigurationsmanagement (KM):* Das Konfigurationsmanagement verwaltet die erzeugten Softwarekomponenten.
- *Projektmanagement (PM):* Das Projektmanagement plant, kontrolliert und informiert die Submodelle Softwareerstellung, Qualitätssicherung und Konfigurationsmanagement.

Diese vier Submodelle sind eng miteinander vernetzt und beeinflussen einander über den Austausch von Produkten beziehungsweise Ergebnissen (siehe Abb. 2.3.3.4/4). Beachten Sie, dass die Terminologie bei der folgenden Beschreibung der Submodelle stark an die Terminologie des V-Modells angepasst ist.

Submodell „Softwareerstellung"

Im Submodell Softwareerstellung (SWE) sind alle unmittelbar der Softwareerstellung dienenden Aktivitäten und die jeweiligen Entwicklungsdokumente zusammengefasst (vgl. Abb. 2.3.3.4/5).

Das Submodell SWE enthält folgende *Hauptaktivitäten*:

- *System-Anforderungsanalyse und -Entwurf (SWE 1):* Beschreibung der Anforderungen an das zu erstellende System und seine Umgebung aus der Sicht des Anwenders. Durchführung einer Bedrohungs- und Risikoanalyse und Erstellung eines Sicherheitskonzepts; Erarbeiten eines fachlichen Modells für Funktionen, Daten, Objekte; Strukturierung des Systems in seine DV- und Nicht-DV-Segmente.
- *DV-Anforderungsanalyse und -Entwurf (SWE 2):* Beschreibung der Anforderungen an ein in SWE 1 konzipiertes DV-Segment und an seine Umgebung: Verfeinerung des fachlichen Modells; Strukturierung des Segments in seine Software- und Hardwarekonfigurationskomponenten; Erstellung eines Sicherheitsmodells.
- *SW-Anforderungsanalyse (SWE 3):* Beschreibung der Anforderungen an eine in SWE 2 konzipierte Softwarekonfigurationseinheit und ihre Umgebung.
- *Grobentwurf (SWE 4):* Strukturierung der Softwarekonfigurationseinheit hinsichtlich notwendiger beziehungsweise möglicher Parallelverarbeitung, Zerlegung in Softwarekomponenten, Module und Datenbanken; Spezifikation der Schnittstellen und des Zusammenspiels von Komponenten, Modulen und Datenbanken.
- *Feinentwurf (SWE 5):* Beschreibung der Komponenten, Module und Datenbanken hinsichtlich der softwaretechnischen Realisierung ihrer Funktionen, der Datenhaltung und Fehlerbehandlung bis hin zu einer Programmiervorgabe.
- *Implementierung (SWE 6):* Umsetzung der Programmiervorgaben in Anweisungen der (vorgegebenen) Programmiersprache und informelle Prüfung des erzielten Codes sowie Realisierung eventueller Datenbanken.

- *SW-Integration (SWE 7):* Integration von Modulen und Datenbanken zu Softwarekonfigurationseinheiten entsprechend dem Integrationsplan für Softwarekonfigurationseinheiten und informelle Prüfung des jeweils integrierten (Zwischen)Produkts.
- *DV-Integration (SWE 8):* Integration der zu einem DV-Segment gehörenden verschiedenen Software- und Hardwarekonfigurationseinheiten entsprechend dem DV-Integrationsplan und informelle Prüfung des Segments.

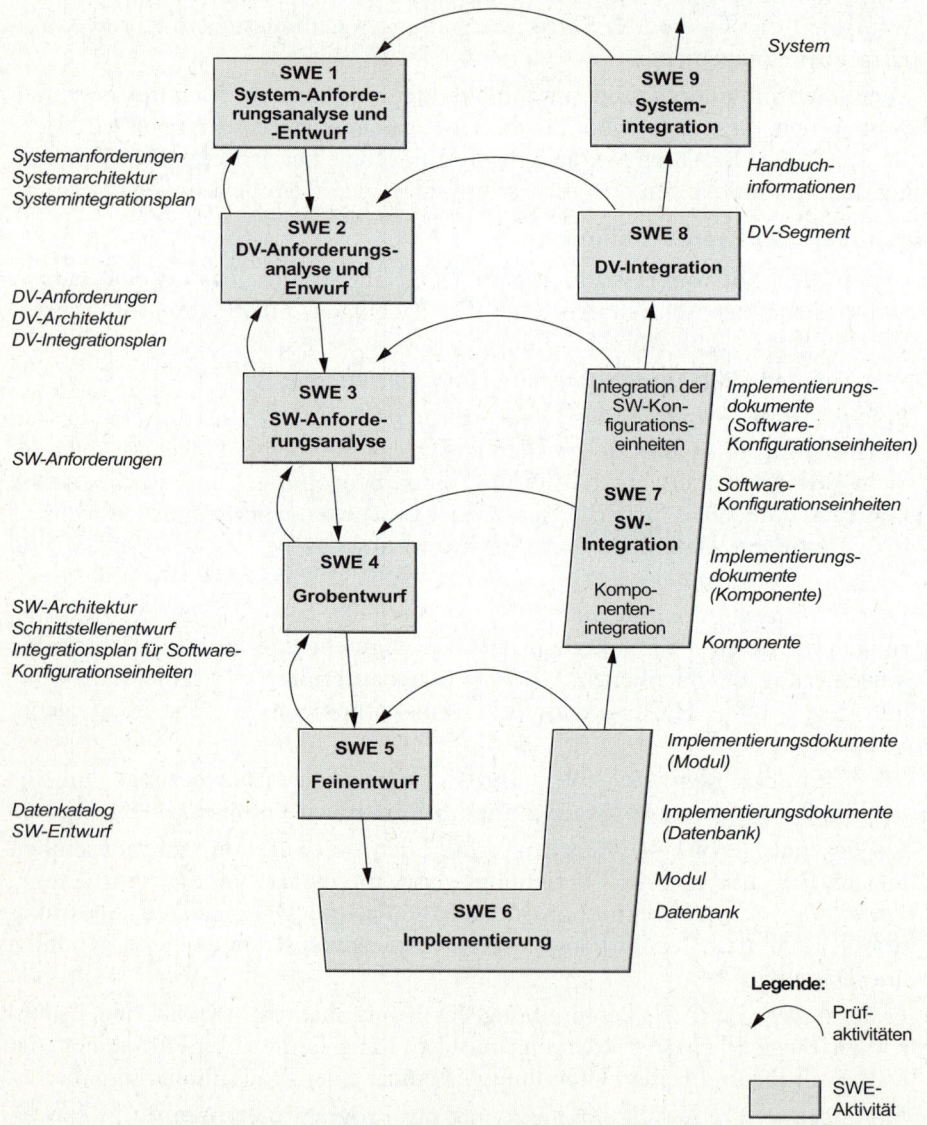

Abb. 2.3.3.4/5: Aktivitäten und Produkte im Submodell Softwareerstellung (SWE)

- *Systemintegration (SWE 9):* Integration des Systems aus seinen Segmenten entsprechend dem Systemintegrationsplan und anschließende informelle Prüfung.

Submodell „Qualitätssicherung"

Das Submodell Qualitätssicherung (QS) regelt die Aufgaben und Funktionen der Qualitätssicherung innerhalb des Softwareentwicklungsprozesses. Im

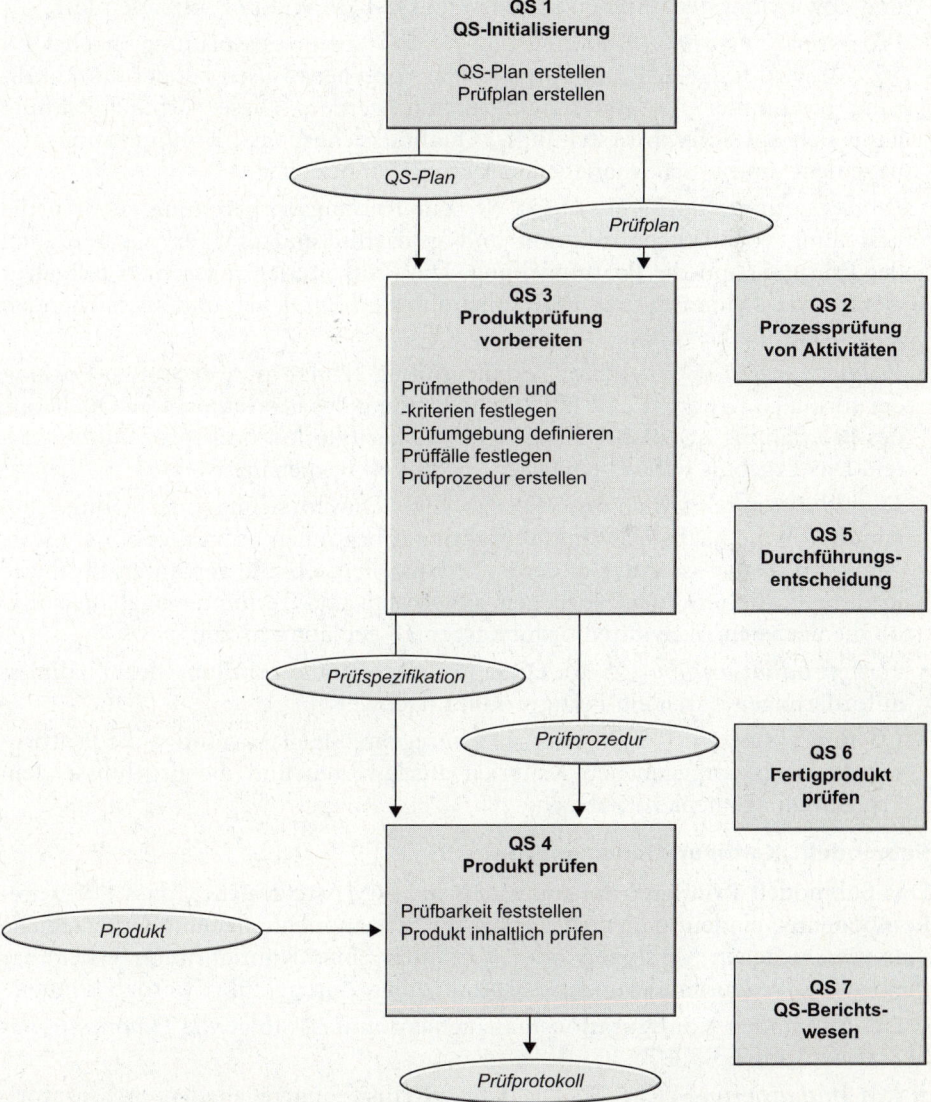

Abb. 2.3.3.4/6: Aktivitäten und Produkte im Submodell Qualitätssicherung (QS)

Gegensatz zu den informellen Prüfungen im Submodell SWE wird hier im Rahmen einer Nachweisführung objektiv nachvollziehbar die Erfüllung vorgegebener Anforderungen gezeigt. Diese Anforderungen finden sich in den Dokumenten *Systemanforderungen, DV-Anforderungen* und *Softwareanforderungen* des Submodells SWE.

Das Submodell Qualitätssicherung umfasst folgende *Hauptaktivitäten* (siehe Abb. 2.3.3.4/6):

- *QS-Initialisierung (QS 1):* Die QS-Initialisierung legt den organisatorischen und abwicklungstechnischen Rahmen im QS-Plan und in Prüfplänen fest.
- *Prozessprüfung von Aktivitäten (QS 2):* Bei der Prozessprüfung (nach DIN 55350) wird festgestellt, ob vorgegebene Vorgehensweisen bei der Durchführung bestimmter Aktivitäten eingehalten werden. Diese formale Prüfung kann sich auf Softwareerstellungs-, Qualitätssicherungs-, Konfigurationsmanagement- und Projektmanagementaktivitäten beziehen.
- *Produktprüfung vorbereiten (QS 3):* Zur Prüfungsvorbereitung gehören die Erstellung von Prüfspezifikation und -prozedur und die Vervollständigung des Prüfplans um die Prüfumgebung. Die Prüfkriterien müssen so festgelegt werden, dass eine Prüfung hinsichtlich ihrer erfolgreichen und ausreichenden Durchführung bewertbar ist.
- *Produkt prüfen (QS 4):* Die Produktprüfung erfolgt in zwei Stufen: Prüfung der formalen Kriterien und inhaltliche Prüfung des Produktes. Der Quellcode des Programms ist entsprechend der Prüfspezifikation und -prozedur zu testen. Das Ergebnis wird in einem Prüfprotokoll festgehalten.
- *Durchführungsentscheidung (QS 5):* Eine Durchführungsentscheidung bestimmt, ob die nächste SWE-Hauptaktivität begonnen ("durchgeführt") werden kann. Dabei ist unter anderem festzustellen, ob alle geplanten Produkte in der geforderten Form vorliegen, ob Kosten und Termine eingehalten und ob die nächsten Aktivitäten ordnungsgemäß geplant wurden.
- *Fertigprodukt prüfen (QS 6):* Diese Prüfung soll die Erfüllung der Qualitätsanforderungen durch ein Fertigprodukt nachweisen.
- *QS-Berichtswesen (QS 7):* Hier sind in regelmäßigen Abständen die Prüfprotokolle nach vorgegebenen Kriterien auszuwerten und die Ergebnisse dem Projektmanagement vorzulegen.

Submodell „Konfigurationsmanagement"

Das Submodell Konfigurationsmanagement (KM) stellt sicher, dass Softwarekomponenten eindeutig identifizierbar sind, Zusammenhänge und Unterschiede von verschiedenen Versionen oder Varianten einer Konfiguration erkennbar bleiben und Produktänderungen nur kontrolliert durchgeführt werden können.

Das Submodell Konfigurationsmanagement umfasst folgende *Hauptaktivitäten* (siehe Abb. 2.3.3.4/7):

- *KM-Initialisierung (KM 1):* Die KM-Initialisierung regelt den organisatorischen und abwicklungstechnischen Rahmen im KM-Plan. Außerdem sind die Einsatzmittel (Produktbibliothek, Werkzeuge) bereitzustellen.

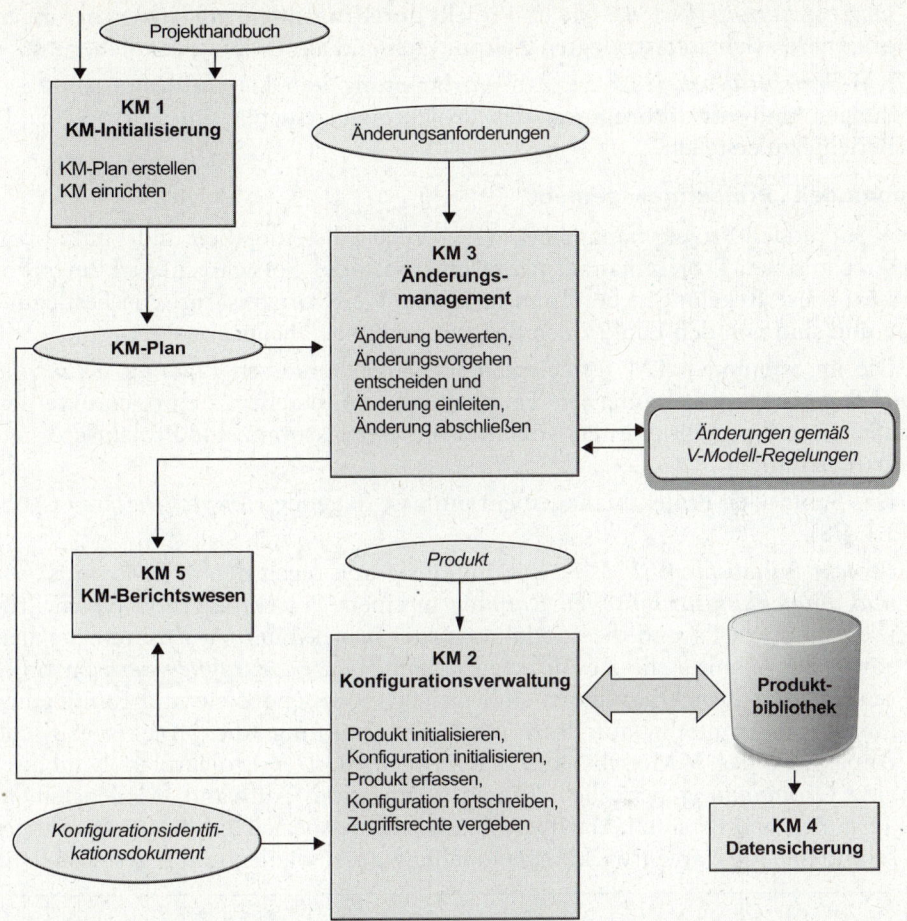

Abb. 2.3.3.4/7: Aktivitäten und Produkte im Submodell Konfigurationsmanagement (KM)

- *Konfigurationsverwaltung (KM 2):* Die Konfigurationsverwaltung umfasst das Verwalten von Komponenten, Konfigurationen und Rechten. Die Verwaltung einer Konfiguration geschieht über das Konfigurationsidentifikationsdokument, das einen Überblick über die Struktur und den aktuellen Bearbeitungszustand des Systems gibt.

- *Änderungsmanagement (KM 3):* Über das Änderungsmanagement werden eingehende Fehler- und Problemmeldungen, Verbesserungsvorschläge usw. erfasst, verwaltet und in Form von Änderungsanforderungen vorgelegt. Das Änderungsmanagement steuert deren Bearbeitungsablauf. Die Durchführung einer Änderung selbst wird gemäß den Regelungen des V-Modells unter Einbeziehung aller vier Submodelle SWE, QS, KM und PM abgewickelt.

- *Datensicherung (KM 4):* Die im Projekt durchzuführenden Datensicherungen orientieren sich an festgelegten Zeitpunkten und am Umfang der Sicherung.
- *KM-Berichtswesen (KM 5):* Zur Vorbereitung von Durchführungsentscheidungen und zur Information des Projektmanagements sind entsprechende Berichte zu erstellen.

Submodell „Projektmanagement"

Das Submodell Projektmanagement (PM) regelt die Aufgaben und Funktionen des technischen Projektmanagements innerhalb des Softwareentwicklungsprozesses. Diese Regelungen berühren in keiner Weise organisatorische Festlegungen und sind von den Funktionen des Systemmanagements abzugrenzen.

Die im Submodell PM festgelegten Aufgaben umfassen *Planung, Kontrolle und Steuerung* projektinterner Tätigkeiten, Schnittstellen zu projektexternen Einheiten und projektinternen Rollen, Projektrepräsentanz und Projektinformationszentrum.

Das Submodell Projektmanagement umfasst folgende *Hauptaktivitäten* (Abb. 2.3.3.4/8).

- *Projekt initialisieren (PM 1):* Die Initialisierung regelt den *organisatorischen und abwicklungstechnischen Rahmen* in einem Projektplan und einem Projekthandbuch. Es sind die Modalitäten der projektinternen Zusammenarbeit sowie der Schnittstelle zu *Auftraggeber* und *Unterauftragnehmern* zu fixieren. Für das Projekthandbuch sind projektspezifische Ziele und Randbedingungen zu ermitteln, auf deren Basis das Tailoring (die projektspezifische Anpassung des V-Modells) durchgeführt wird. Der Projektplan beinhaltet eine *Grobplanung* bezüglich Projektorganisation, Aufwand, Meilensteinen, Terminen und Personal. Darüber hinaus ist eine speziell auf das Projekt zugeschnittene Softwareentwicklungsumgebung auszuwählen und bereitzustellen.

Meilensteine (engl.: milestone) beschreiben wichtige Teilziele innerhalb von Projektphasen. Ein Meilenstein kann erst überschritten werden, wenn die für diesen formulierten Anforderungen erfüllt worden sind. Die wichtigsten Meilensteine sind die Übergänge von einer Projektphase in die nächste. Hier entscheidet sich in besonderem Maße das weitere Schicksal eines Projektes.

- *Projekt begleiten (PM 2):* Im Rahmen der Projektbegleitung hat das Projektmanagement Maßnahmen der Feinplanung, Kontrolle und Steuerung, sowie des Informationsdienstes zu ergreifen. Diese Maßnahmen umrahmen die einzelnen (Teil-)Aktivitäten eines Projekts durch die Abschnitte Initialisieren, Begleiten und Abschließen.
- *Projekt abschließen (PM 3):* Zum Projektende ist ein Projektabschlussbericht zu verfassen, der eine Gesamtschau über den Projektverlauf enthält, die erzielten Ergebnisse erläutert und einen Abgleich von Istzustand und Projektplan vornimmt.

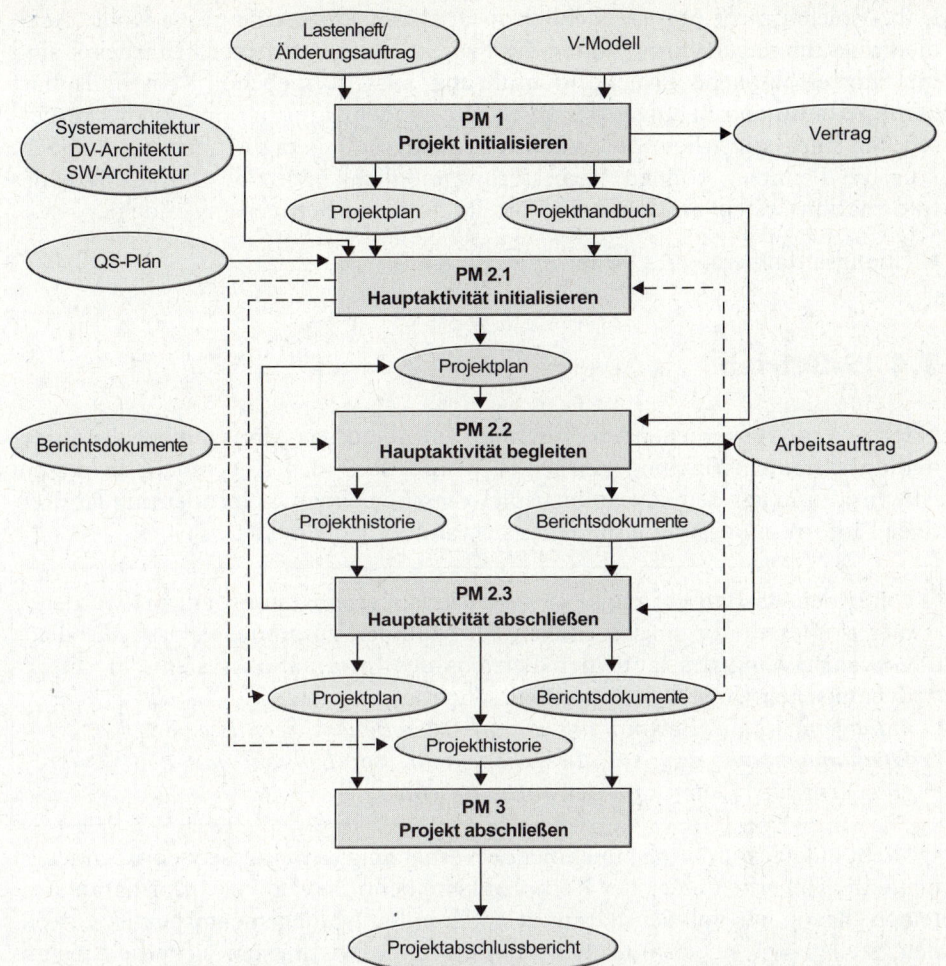

Abb. 2.3.3.4/8: Aktivitäten und Produkte im Submodell Projektmanagement (PM)

Das V-Modell ist ein konkretes, in der Praxis verwendetes Vorgehensmodell. Es fasst die unterschiedlichen Sichten und Aspekte der Informationssystementwicklung, die Sie bereits in den vergangenen Abschnitten kennen gelernt haben, in umfassender Weise zusammen. Dies ist auch ein für die Wirtschaftsinformatik typisches Beispiel, wie fachspezifische, organisatorische, software- und sicherheitstechnische Fragen ganzheitlich betrachtet werden.

Hierdurch wird aber auch erkennbar, dass die Anwendung eines derartigen Konzeptes in der Praxis einen sehr viel größeren Aufwand erzeugt als die Beschreibung einiger Projektphasen. Selbst wenn ein Konzept noch so ausgefeilt und detailliert ist und von den Aktivitäten bis zu den Musterdokumenten alles vorgibt, liegt der Projekterfolg dennoch in den Händen der Projektbeteiligten.

Dabei spielen nicht nur die fachlichen Qualifikationen eine große Rolle. Auch die Projektmanagementqualitäten des Projektleiters und seiner Mitarbeiter sind für eine erfolgreiche Projektdurchführung ausschlaggebend. Keinesfalls darf man die künftigen Benutzer des zu entwickelnden Informationssystems vergessen. Sie sind es letztlich, die mit dem Projektergebnis täglich arbeiten müssen. Nur die Benutzer können Verbesserungsmöglichkeiten, die durch ein neues Informationssystem entstehen, in Vorteile für einen Betrieb umwandeln.

▶ Übungsaufgabe Nr. 1.2.40 im Arbeitsbuch

2.4 IS-Betrieb

Nachdem im vorhergehenden Abschnitt vor allem das Management der Informationssystementwicklung betrachtet wurde, liegt das Augenmerk in diesem Abschnitt nun auf dem Zusammenspiel zwischen einem mehr oder minder „fertigen" Informationssystem mit einer sich ändernden Umwelt.

> Unter dem **IS-Betrieb** (engl.: IS operations; systems management) werden hier primär die organisatorischen Maßnahmen zusammengefasst, die die Gewährleistung des laufenden Betriebs des Informationssystems in einer dynamischen Umwelt sicherstellen. Wichtige Aspekte sind das *Sicherheitsmanagement*, die *Behandlung unvorhergesehener Ereignisse*, das *Kapazitätsmanagement*, das *Ausfallsmanagement,* der *Umgang mit der Weitergabe sensibler Daten* und der *Softwareschutz*.

Nicht zuletzt durch die zunehmende Vernetzung der eingesetzten Rechner ist heute die Sicherheit eines der Kernprobleme beim Betrieb von Informationssystemen. Bevor wir uns den daraus resultierenden Managementaspekten zuwenden, stellen wir im kommenden Abschnitt die wichtigsten sicherheitstechnischen Grundlagen von Informationssystemen vor.

2.4.1 Sicherheitstechnische Grundlagen

Auf Rechnern werden viele verschiedene Arten von Information mit unterschiedlich wichtigen Inhalten gespeichert. Ein Teil dieser Daten ist vertraulich und soll vielleicht nur von einer Einzelperson (oder einen kleinen Gruppe) gelesen und verändert werden können. Andere Daten müssen „nur" vor Verlust geschützt werden, da ihre Erstellung einen erheblichen Aufwand bedeutet hat, und diese Daten nicht oder nur mit großem Aufwand wieder beschafft werden können.

Information muss somit sowohl gegen Verlust, als auch gegen die absichtliche oder unabsichtliche Verfälschung und Einsichtnahme geschützt werden können. Dieser Schutz muss sowohl während einer Übertragung über ein Netzwerk, als auch bei der dauerhaften Speicherung auf einem Speichermedium gewährleistet sein.

Datensicherheit (engl.: data security) beinhaltet die Verhinderung von Datenverlust, Datendiebstahl und Datenverfälschung. Durch vorbeugende Maßnahmen soll die jederzeitige Vollständigkeit und Korrektheit der Daten gewährleistet werden.

Um eine angemessene Sicherheit für ein Informationssystem zu erreichen, sind je nach Sensibilität der gespeicherten Information eine Reihe *physikalischer, organisatorischer und technischer Maßnahmen* notwendig. Bei den organisatorischen Maßnahmen ist beispielsweise auf den *Datenschutz* Rücksicht zu nehmen, zu den physikalischen Sicherungsmaßnahmen zählt beispielsweise die Sicherung gegen Einbruchdiebstahl oder der Schutz vor Brandschäden. Ein Beispiel für eine technische Maßnahme ist die Verschlüsselung von Information mit Hilfe von kryptographischen Verfahren. Die Analyse und Behandlung von Bedrohungen fällt insbesondere in den Bereich des so genannten *Risikomanagements*.

In diesem Abschnitt wollen wir uns zunächst auf die *informationstechnischen Aspekte* der Systemsicherheit konzentrieren. Generell muss vorausgeschickt werden, dass *absolute Sicherheit praktisch nicht realisierbar* ist. Diese Sicherheit könnte vielleicht erreicht werden, wenn die Daten und Rechner in einem „Hochsicherheitstrakt" unter Verschluss gehalten und jede Kommunikation zu den Systemen unterbunden würde. Im praktischen Anwendungsfall ist dies allerdings nicht realistisch, da in einem operativen System schutzwürdige Daten häufig permanent in Gebrauch und somit einer Vielzahl von potenziellen Bedrohungen ausgesetzt sind.

Bis zu einem gewissen Grad existiert ein *Zielerreichungskonflikt* (engl.: trade-off) *zwischen der Verwendbarkeit eines Systems und seiner Sicherheit*. Es muss daher individuell für jedes System das geeignete Maß an finanziell und zeitlich realisierbaren Sicherheitsmaßnahmen gefunden werden. Weiterhin kann ein System nach der einmaligen Einführung und Installation eines Sicherheitssystems nicht als „für alle Zeit sicher" betrachtet werden. Vielmehr muss das Sicherheitssystem permanent gepflegt und verbessert werden. Hierzu zählt zum Beispiel, dass Rechte für Benutzer vergeben, regelmäßig an sich ändernde Aufgabenprofile angepasst und bei deren Ausscheiden wieder zurückgenommen werden müssen. Dies lässt sich pointiert mit der Formulierung „Sicherheit ist kein Zustand, sondern ein Prozess" zum Ausdruck bringen.

2.4.1.1 Sicherheitsziele

In diesem Abschnitt werden kurz die wichtigsten *informationstechnischen Sicherheitsziele* vorgestellt. Die Funktion der betreffenden Ziele wird jeweils kurz erläutert und in ein Schema von Basiszielen und höheren Zielen eingeordnet (siehe Abb. 2.4.1.1/1). Zu den Basiszielen zählen Ziele zur Sicherung der Vertraulichkeit, Integrität, Authentifikation und Verfügbarkeit. Diese Ziele werden durch Dienste in einem Informationssystem realisiert.

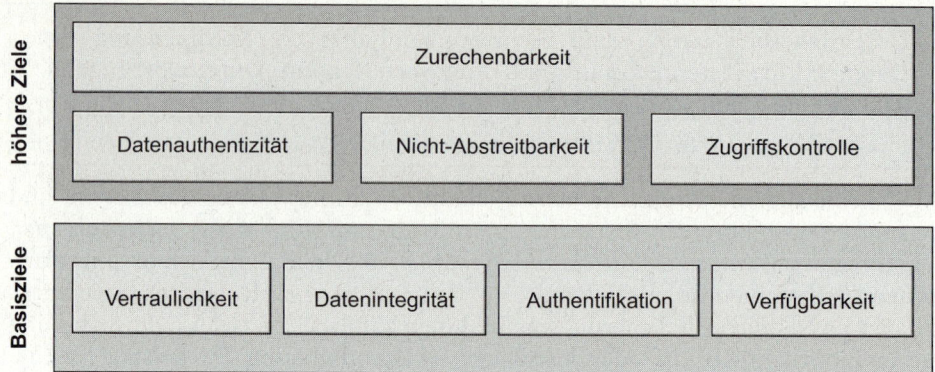

Abb. 2.4.1.1/1: Schema für informationstechnische Sicherheitsdienste

> Unter dem Ziel der **Vertraulichkeit** (engl.: confidentiality) versteht man das Bestreben, geheime Information für unberechtigte Dritte unzugänglich zu halten.

Eine Möglichkeit, die Vertraulichkeit von Meldungen (wie zum Beispiel eine E-Mail) bei der Übertragung über ein Kommunikationsmedium zu gewährleisten, ist, diese zu verschlüsseln. Niemand, der in den Besitz der verschlüsselten Meldung gelangt, kann diese ohne Kenntnis des zugehörigen Schlüssels entziffern. In einem späteren Abschnitt werden noch verschiedene Verschlüsselungstechniken (*kryptographische Verfahren*) vorgestellt.

Neben der vertraulichen Auslieferung einer Nachricht sollte der Kommunikationsakt selbst sowie das durch die Übertragung verursachte Datenaufkommen ebenfalls als vertrauliche Information behandelt werden. Andernfalls ermöglichen diese *verdeckten Kanäle* unter Umständen Rückschlüsse auf die versendeten Daten oder die Beziehungen zwischen zwei Personen.

> Unter dem Ziel der **Datenintegrität** (Unverändertheit, kurz: Integrität; engl.: data integrity) versteht man das Bestreben, die Unverändertheit von Daten (im „Originalzustand") nachzuweisen.

Durch Techniken zur Sicherung der Datenintegrität soll erkannt werden, ob eine absichtliche oder unabsichtliche *Veränderung an Daten* (zum Beispiel an einer Datei oder an einer Meldung) durchgeführt wurde, wie zum Beispiel das Einfügen, Verändern oder Löschen von Zeichen. Unabsichtliche Veränderungen können durch Übertragungsfehler oder durch fehlerhafte Speichermedien auftreten.

Die Datenintegrität beinhaltet nur Maßnahmen zum Erkennen von Veränderungen, nicht unbedingt zu deren Verhinderung. Um Integrität zu gewährleisten, werden so genannte *Prüfsummen* (manchmal auch: Prüfziffer; engl.: digest, hash) ermittelt, die getrennt von den Daten gehalten (oder übermittelt) werden. Diese Prüfsummen haben die Eigenschaft, dass jede noch so kleine Änderung an dem Datenbestand zu einer abweichenden Prüfsumme führen soll. Die Bezeichnung *Prüfsumme* hat historischen Charakter. Die Ermittlung heute gängiger Prüfsummen ist weit komplexer als eine einfache Addition. Verfahren zur Ermittlung dieser Prüfsumme werden im nächsten Abschnitt und im Band 2, Kapitel 6 im Bereich der Fehlererkennung bei der Datenübertragung vorgestellt.

Wenn nun zum Beispiel die Integrität einer Meldung überprüft werden soll, wird die zugehörige Prüfsumme erneut berechnet und mit der ursprünglich generierten Prüfsumme verglichen. Stimmen diese beiden überein, so kann davon ausgegangen werden, dass die Meldung unverändert übertragen wurde.

Wenn ein Benutzer zum Beispiel über das Internet eine Warenbestellung vornimmt, sollte sichergestellt werden, dass die übermittelte Information auf dem Übertragungsweg nicht verändert wird, damit wichtige Felder wie die Artikelnummer oder die Bestellmenge korrekt übertragen werden. Hierzu kann nach dem oben beschriebenen Vorgehen eine Prüfsumme für das zugehörige Bestellformular berechnet werden, um die Erkennung etwaiger Fehler zu ermöglichen.

> Unter der **Authentifikation** (engl.: authentication) versteht man die nachweisliche Identifikation eines Benutzers oder eines Kommunikationspartners (beispielsweise eines softwarebasierten Dienstes).

Die Benutzerauthentifikation ist ein zentraler Basisdienst eines Sicherheitssystems. Sie stellt fest, ob ein Benutzer (oder Kommunikationspartner) auch wirklich die Person ist, für die er sich ausgibt. Dieser Dienst ist auch deshalb besonders wichtig, weil innerhalb eines Informationssystems weitere Rechte an die Identität einer Person gebunden werden.

Die *Identifikation von Personen* kann durch einfache *Techniken* wie Kennworte, mit Hilfe elektronischer Ausweise, durch biometrische Verfahren wie Fingerabdrücke oder durch eine Kombination der genannten Methoden erfolgen. Diese Verfahren werden etwas später genauer beschrieben.

> Unter dem Ziel der **Verfügbarkeit** (engl.: availability) eines Informationssystems versteht man das Bestreben, dass Dienste, die einem berechtigten Benutzer von einem Informationssystem angeboten werden, diesem auch stets zur Verfügung stehen. Es soll insbesondere verhindert werden, dass die Systemdienste durch eine übermäßige Beanspruchung eines anderen (u.U. nicht berechtigten Benutzers) blockiert werden können.

In Rechnernetzen stellen so genannte *Denial-of-Service-Attacken* eine besondere Bedrohung für die Verfügbarkeit dar. Bei dieser Art von Angriff wird versucht, den Zugriff berechtigter Benutzer auf das Informationssystem einzuschränken oder sogar vollständig zu verhindern. Die Sendung einer großen Anzahl von (gültigen oder ungültigen) Anfragen kann beispielsweise verwendet werden, um die Antwortzeiten eines Systems stark zu verschlechtern. Es ist häufig nicht einfach, diese Art von Angriffen zu identifizieren. Dementsprechend schwer ist auch die Einleitung geeigneter Gegenmaßnahmen.

Bereits im Jahr 2000 wurden in einem groß angelegten Angriff zahlreiche Informationsportale von E-Commerce-Unternehmen wie beispielsweise Yahoo, Amazon, eBay und Excite durch eine verteilte Denial-of-Service-Attacke für einige Stunden unbenutzbar gemacht. Neben der Störung des normalen Geschäftsverkehrs sind solche Attacken auch sehr nachteilig für die Reputation der betroffenen Unternehmen. Für ein Unternehmen, das sein gesamtes Geschäft über ein Internet-Portal abwickelt, kann eine solche Attacke eine Existenzgefährdung darstellen.

Auf den soeben erwähnten Basisdiensten bauen die folgenden *höheren Ziele* auf: Datenauthentizität, Zugriffskontrolle, Nicht-Abstreitbarkeit, Zurechenbarkeit und Schutz der Privatsphäre. Hierbei stellen die Dienste zur Erreichung der Basisziele eine grundlegende Funktionalität zur Verfügung, auf welcher die höheren Dienste aufsetzen.

> Unter **Datenauthentizität** versteht man die nachweisliche Identifikation von Information (zum Beispiel Meldungen oder Dateien). Hierzu zählen sowohl der Beweis der Integrität der Daten als auch der Beweis ihrer Herkunft.

Um die *Datenauthentizität* gewährleisten zu können, werden in der Regel Verfahren angewendet, die Prüfsummen und Verschlüsselungsverfahren miteinander kombinieren. Ein *Beispiel* für solche Verfahren sind *digitale Signaturen*, auch elektronische Unterschrift genannt, die in einem späteren Abschnitt noch genauer beschrieben werden.

Ein höherer Dienst, der vor allem bei Geschäftstransaktionen über das Internet sehr wichtig ist, ist die *Nicht-Abstreitbarkeit*.

> Unter dem Begriff **Nicht-Abstreitbarkeit** (engl.: non-repudiation) versteht man Maßnahmen, die gewährleisten, dass ein Absender das Versenden einer Meldung ebenso wenig abstreiten kann wie ein Empfänger den Erhalt einer Meldung.

Das Ziel der Nicht-Abstreitbarkeit ist die Kennzeichnung von wichtigen Nachrichten in einer Form, dass *der Empfang beziehungsweise das Absenden eindeutig belegbar* sind. Eine versendete Nachricht kann zu diesem Zweck zum Beispiel mit einer digitalen Signatur versehen werden. Um den Erhalt einer Nachricht nicht abstreiten zu können, besteht beispielsweise die Möglichkeit, direkt nach dem Empfang (automatisch) eine digital signierte „Quittung" zurück an den Absender zu schicken. Die Nicht-Abstreitbarkeit muss nur für ausgewählte Nachrichten, wie zum Beispiel Kaufverträge oder Banktransaktionen, erfüllt sein. Daher ist es sinnvoll, diesen Dienst auf der Anwendungsebene zu realisieren, wo jeweils einzeln entschieden werden kann, für welche Nachrichten Nicht-Abstreitbarkeit gewährleistet sein muss.

> Die **Zugriffskontrolle** (engl.: access control) ist ein höherer Dienst zur Erreichung von Informationssicherheit, der auf der korrekten Authentifikation von Benutzern (und Programmen) aufbaut. Die Zugriffskontrolle befasst sich mit der Autorisierung von Zugriffen, um jedem Benutzer ausschließlich die Aktionen zu gewähren, welche ihm aufgrund seiner Legitimation erlaubt sind.

Unter einem Zugriff versteht man einen Vorgang, bei dem eine Person (ein Subjekt) eine Operation auf einem Objekt ausführen möchte. Dementsprechend beinhaltet ein *Zugriffsrecht* (engl.: permission) die Erlaubnis für ein Subjekt, mit einer bestimmten Operation auf ein Objekt zuzugreifen. Einige Zugriffskontrollmodelle erlauben zudem die Formulierung negativer Zugriffsrechte, welche einem expliziten Verbot entsprechen.

> Die **Zurechenbarkeit** (engl.: accountability) ist ein höherer Dienst, der eine funktionsfähige Zugriffskontrolle sowie die Nicht-Abstreitbarkeit voraussetzt. Durch diesen Dienst wird protokolliert, welche Benutzer welche Systemressourcen in Anspruch genommen haben.

Bei der Zurechenbarkeit werden sowohl der Zeitpunkt als auch die genaue Dauer und Menge der verwendeten Ressourcen aufgezeichnet. Auf diese Weise kann jede Aktion anschließend eindeutig einem Benutzer zugeordnet werden. Die Zurechenbarkeit ist ein wichtiges Instrument, um beispielsweise digitale Güter oder Dienste (zum Beispiel: Application Service Provision) in kommerzieller Form über das Internet anzubieten.

> Der Schutz der **Privatsphäre** (engl.: privacy) ist ein höheres Ziel, wobei angestrebt wird, dass jede Person bestimmen kann, was mit ihren zuordnenbaren personenbezogenen Daten (beispielsweise Nutzungsdaten) geschehen darf.

Dieses Sicherheitsziel ist ein sehr komplexes und schlecht greifbares Ziel mit einem hohen ethischen Anteil. Dieses Ziel kann teilweise durch juristische Maßnahmen (Datenschutzgesetz) oder durch eine Kombination technischer Maßnahmen erreicht werden, die entweder die Identität eines Benutzers verheimlichen oder die Information über den Benutzer vertraulich behandeln. Damit steht das Ziel im teilweisen Widerspruch mit dem Ziel der Authentifikation.

▶ Übungsaufgabe Nr. 1.2.41 im Arbeitsbuch

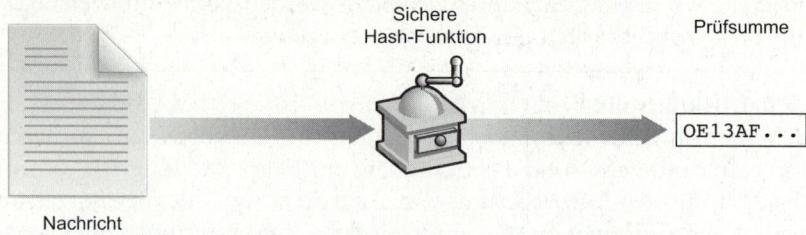

Abb. 2.4.1.2/1: Berechnung einer kryptographischen Prüfsumme

2.4.1.2 Verfahren zur Integrität

Um die Integrität von Daten garantieren zu können, wird ein Verfahren benötigt, das es ermöglicht, für eine beliebig lange Zeichenfolge festzustellen, ob diese in unveränderter Form vorliegt. Eine Technik, die diese Anforderung erfüllt, sind so genannte *Hash-Funktionen*, mittels derer für jede Zeichenfolge ein eindeutiger Hash-Wert errechnet werden kann.

Hash-Funktionen (engl.: hash function) generieren aus beliebig vielen Daten einen wesentlich kürzeren (oft 128 oder 160 Bit) und eindeutigen Wert (Hash-Wert, Prüfsumme). Hash-Funktionen sind nicht umkehrbar, das heißt, der erzeugte Hash-Wert lässt keine Rückschlüsse auf die ursprünglichen Daten zu. Falls es nicht oder nur sehr schwer möglich ist, zwei Nachrichten mit derselben Prüfsumme zu generieren, handelt es sich um eine **sichere Hash-Funktion** (engl.: secure hash function). Eine Prüfsumme, die durch eine sichere Hash-Funktion generiert wurde, wird auch als *digitaler Fingerabdruck* (engl.: message digest, message authentification code, abgekürzt: MAC) bezeichnet.

Unter Verwendung einer sicheren Hash-Funktion wird eine Prüfsumme für eine beliebig lange Nachricht erzeugt (Abb. 2.4.1.2/1). Bereits die kleinste Änderung des Dokuments führt zu einem völlig anderen Wert. Die bekanntesten sicheren Hash-Funktionen sind der *Secure Hash Algorithm (SHA1, 160 Bit)* und *MD5 (Message Digest 5, 128 Bit)*.

2.4.1.3 Verfahren zur Authentifikation

Um einem Benutzer bestimmte Aktionen innerhalb eines Informationssystems erlauben zu können, muss zunächst seine Identität festgestellt werden.

Die Überprüfung der Identität eines Benutzers wird als **Authentifikation** (engl.: authentification) bezeichnet. Hierbei wird anhand eines vorher festzulegenden Verfahrens geprüft, ob der Benutzer derjenige ist, für den er sich ausgibt.

Um einen Benutzer zu authentifizieren, kommen im Wesentlichen drei verschiedene Vorgehensweisen in Betracht:

- *Kenntnis eines Geheimnisses*: Hierbei wird überprüft, ob der Benutzer ein bestimmtes zuvor vereinbartes Geheimnis kennt. Es wird davon ausgegangen, dass nur berechtigte Personen Kenntnis dieses Geheimnisses haben, und dass das Geheimnis nicht an Unberechtigte weitergegeben wird.

  Ein sehr verbreitetes Verfahren zur Authentifikation, das auf Kenntnis eines Geheimnisses beruht, ist das *Kennwort* (engl.: pass word). Ein Kennwort ist zum Beispiel eine Kombination aus Buchstaben und/oder Ziffern, die nur einem Benutzer bekannt sein sollte. Das Kennwort ist somit das Geheimnis des Benutzers und verschafft ihm Zugang zu einem System. Als Kennwort sollte kein Begriff gewählt werden, der in einem Wörterbuch steht, da solche Worte bei einem Einbruchsversuch besonders leicht automatisiert versucht werden können. Weiterhin sollte ein Kennwort möglichst auch nicht aus einer (offensichtlichen) Kombination von Namen und Geburtsdaten aus dem Umfeld des Benutzers bestehen, da diese ebenfalls relativ leicht zu erraten sind.

- *Besitz eines bestimmten Gegenstandes oder Dokumentes*: Bei dieser Form der Authentifikation wird geprüft, ob der Benutzer im Besitz eines bestimmten Gegenstandes oder Dokumentes ist, der oder das ihn gegenüber dem System identifiziert. Hierbei wird davon ausgegangen, dass nur berechtigte Benutzer im Besitz eines solchen Gegenstandes sind und ihn nicht an Unberechtigte weitergeben. Zudem muss es mit relativ großem Aufwand verbunden sein, ein entsprechendes Duplikat herzustellen. Ein Beispiel für ein solches Authentifizierungsverfahren sind Chipkarten, wie sie zum Beispiel von Banken eingesetzt werden, um ihren Mitarbeitern den Zugang zu bestimmten Rechnern zu gewähren. Hierbei werden die einzelnen Rechner mit einem Kartenleser ausgestattet. Die Benutzung dieser Rechner ist nur möglich, wenn zuvor eine gültige Chipkarte in den Kartenleser eingesteckt wurde.

- *Körperliche Merkmale*: Hierbei werden bestimmte, nicht (beziehungsweise kaum) veränderliche und schwer nachzubildende körperliche Merkmale eines Benutzers mit den zuvor gespeicherten Originaldaten verglichen. Derartige Verfahren werden als *biometrische Authentifikationsverfahren* bezeichnet. Unter *Biometrie* versteht man die Vermessung von Lebewesen mit deren Eigenschaften. Ziel ist die automatisierte Messung von individuellen Merkmalen einer Person, um diese von anderen zu unterscheiden. Diese vermessenen Merkmale müssen bei jedem Menschen vorhanden sein *(Universalität)*, sie müssen bei allen Menschen verschieden sein *(Einzigartigkeit)*, sie müssen über die Zeit unverändert bleiben *(Beständigkeit)* und sie müssen mit *technisch möglichst geringem Aufwand* hinreichend exakt gemessen werden können. Zusätzlich sollen diese Merkmale nicht leicht technisch reproduziert werden können. Geeignete Merkmale sind zum Beispiel Fingerabdrücke (gemessen werden die Verzweigungs- und Endpunkte der Fingerlinien oder „Minuzien"), die Iris (Regenbogenhaut) des Auges, wobei das Muster um die Pupille gemessen wird) oder die Retina, wobei das Muster der Blutgefäße im Hintergrund der Augen gemessen wird. Andere Verfahren basieren auf Stimmenanalyse (leicht reproduzierbar) oder Gesichtserkennung (Vermessung der Position von Augen, Nase, Mund und Kinn). Die Biometrie hat in den vergangenen Jahren rasante Fortschritte gemacht und wird auch weiterhin von einer großen Anzahl von Unternehmen und Forschungsinstitutionen vorangetrieben.

Die drei soeben genannten Vorgehensweisen schließen einander nicht aus und können ergänzend eingesetzt werden. Eine häufig verwendete Möglichkeit besteht zum Beispiel in der Kombination von Chipkarte und Kennwort. Aber auch die gemeinsame Verwendung aller drei Arten der Authentifikation ist besonders in hoch sensiblen Bereichen üblich, wie zum Beispiel auf dem militärischen Sektor, im Bankenbereich oder in bestimmten Forschungsbereichen.

▶ Übungsaufgabe Nr. 1.2.42 im Arbeitsbuch

2.4.1.4 Verfahren zur Vertraulichkeit

Kryptographie ist die Lehre, die sich mit der Verschlüsselung von Information beschäftigt. Der Teilbereich der Kryptographie, der sich mit der Analyse von verschlüsselter Information beschäftigt, wird *Kryptoanalyse* genannt.

Durch **Verschlüsselung** (engl.: encryption) wird eine im Klartext vorliegende Information nach einer bestimmten Methode und unter der Einbeziehung eines *Schlüssels* in eine scheinbar sinnlose Zeichenfolge umgewandelt. Die resultierende Zeichenfolge kann durch Anwendung des richtigen Schlüssels wiederum in den Klartext zurück verwandelt werden.

Eine sehr *einfache Geheimschrift* kann zum Beispiel definiert werden, indem jedes Zeichen eines Zeichenvorrats einem anderen Zeichen desselben Zeichenvorrats zugeordnet wird. Zum Beispiel A:→ Z, B:→ Y usw. Die Zuordnung bildet den Schlüssel und wird vom Sender zum Verschlüsseln und vom Empfänger zum Entschlüsseln (engl.: decoding) verwendet. Ein solches Verfahren ist aber relativ leicht zu analysieren und liefert somit keinen sicheren Schutz für die chiffrierte Information. Aus diesem Grund wurden unter großem Aufwand *komplexe mathematische Methoden* entwickelt, die sehr schwer zu analysieren sind. Bei einer ausreichenden Schlüssellänge sind die verschlüsselten Texte, die diese Verfahren liefern, zudem so gut geschützt, dass ein simples Ausprobieren aller möglichen Schlüssel selbst mit den leistungsfähigsten Rechner-Clustern eine sehr große Zeitspanne in Anspruch nähme (zum Beispiel eine theoretische Rechenzeit größer als eine Million Jahre).

Die Entwickler von Verschlüsselungsprogrammen sind (mit Ausnahme von Geheimdiensten) in den letzten Jahren dazu übergegangen, die verwendeten *Algorithmen zu veröffentlichen*. Dadurch soll die Stärke der einzelnen Verfahren einer öffentlichen Prüfung unterworfen werden. Bei der Verwendung dieser Algorithmen beruht der Schutz der Information somit allein auf der *Geheimhaltung des Schlüssels*, mit dessen Hilfe die jeweilige Information verschlüsselt wurde. Bei der Verwendung solcher Schlüssel unterscheidet man zwischen so genannten symmetrischen und asymmetrischen Kryptographieverfahren.

Bei *symmetrischen Verschlüsselungsverfahren* – wie zum Beispiel DES (Abkürzung von engl.: data encryption standard), IDEA (Abkürzung von engl.: international data encryption algorithm), STEALTH, Blowfish – erfolgen die Ver- und die Entschlüsselung mit demselben (geheimen) Schlüssel. Ein typisches Anwendungsgebiet ist die vertrauliche Speicherung und/oder Übertragung der Daten eines Benutzers oder gemeinsam genutzter Daten einer Benutzergruppe. Problematisch wird der Einsatz symmetrischer Verfahren, wenn in einem Rechnernetz viele verschiedene Teilnehmer vertraulich miteinander kommunizieren wollen. Bei Verwendung symmetrischer Kryptographie müssten sie hierzu jeweils paarweise einen geheimen Schlüssel vereinbaren, der zudem noch sicher zwischen den Kommunikationspartnern übertragen werden müsste.

> Wenn man davon ausgeht, dass in einem Netz mit 1.000 Teilnehmern jeder einzelne mit jedem anderen vertraulich kommunizieren können soll, so würde dafür eine Menge von fast 500.000 Schlüsseln (genau n*(n-1)) für n=1.000) benötigt (bei Verwendung eines symmetrischen Verfahrens). Neben der schieren Menge von Schlüsseln wäre hiermit ein sehr großer Verwaltungsaufwand verbunden.

Um dieses Problem zu lösen, kommen *asymmetrische Verschlüsselungsverfahren* – wie zum Beispiel das RSA-Verfahren (benannt nach seinen Entwicklern R. Rivest, A. Shamir und L. Adleman), DSS (Abkürzung von engl.: digital signature standard) oder AES (Abkürzung von engl.: advanced encryption standard) – zur Anwendung.

Die **asymmetrische Kryptographie** (engl.: public key cryptography) verwendet Verschlüsselungsverfahren, die auf dem Einsatz von *Schlüsselpaaren* beruhen. Ein Schlüsselpaar besteht aus einem **geheimen Schlüssel** (privater Schlüssel, engl.: private key) und einem **öffentlichen Schlüssel** (engl.: public key). Eine Meldung, die mit einem der beiden Schlüssel verschlüsselt wurde, kann nur mit dem jeweils anderen Schlüssel wiederum entschlüsselt werden.

Die Eigenschaft, dass eine mit einem der beiden Schlüssel kodierte Information nur mit dem passenden Gegenstück wiederum dekodiert werden kann, findet unterschiedliche Anwendungen:

- Der öffentliche Schlüssel einer Person kann verwendet werden, *um eine Nachricht an diese Person zu verschlüsseln*. Derart verschlüsselte Nachrichten können nur mit dem zugehörigen *privaten Schlüssel* (und somit nur vom Besitzer des geheimen Schlüssels) wieder decodiert werden. Der private Schlüssel ist geheim und steht nur dem Empfänger der Nachricht zur Verfügung. Der Besitz des öffentlichen Schlüssels einer Person ermöglicht daher lediglich *das Versenden einer verschlüsselten Nachricht* an diese Person. Mit Hilfe des *öffentlichen Schlüssels* kann diese Nachricht jedoch *nicht wieder in den Klartext zurück verwandelt* werden.

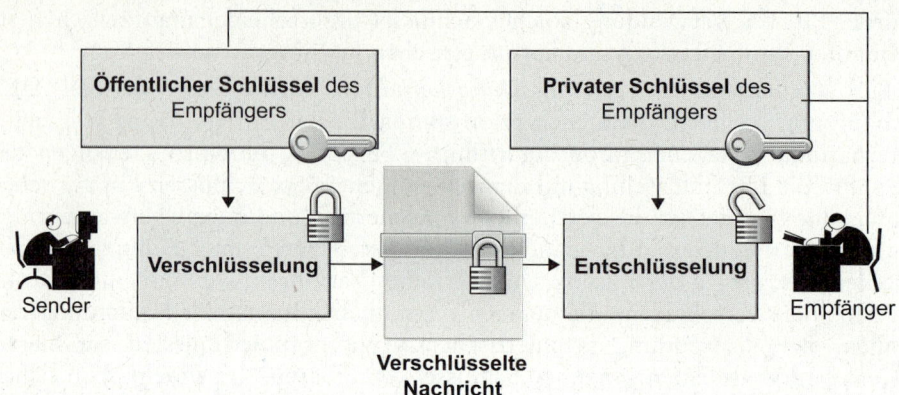

Abb. 2.4.1.4/1: Funktionsweise asymmetrischer Kryptographie-Verfahren

• Eine Person kann den privaten Schlüssel verwenden, um die *eigene Authentizität zu gewährleisten*. Wird eine Nachricht mit dem privaten Schlüssel kodiert, so kann diese nur mit dem zugehörigen öffentlichen Schlüssel wiederum entschlüsselt werden. Da der öffentliche Schlüssel allen Partnern zugänglich gemacht wird, können diese überprüfen, ob diese Nachricht *von dem Besitzer des privaten Schlüssels* stammt. Diese Form des Einsatzes der asymmetrischen Kryptographie findet bei der elektronischen Unterschrift Anwendung (Details folgen im nächsten Abschnitt).

Beispiel für asymmetrische Schlüssel:

Das Wort WIRTSCHAFTSINFORMATIK soll durch das *RSA-Verfahren*, das auf großen Primzahlen basiert, verschlüsselt werden. Zuerst werden den Buchstaben Zahlen zugeordnet: 01 für A, 02 für B,... und 26 für Z. Damit ergibt sich für das genannte Wort die folgende Darstellung:

W I R T S C H A F T S I N F O R M A T I K
23 09 18 20 19 03 08 01 06 20 19 09 14 06 15 18 13 01 20 09 11

Verschlüsselt wird nun durch eine große Zahl, die das Produkt zweier Primzahlen beziehungsweise teilerfremder Zahlen (*p* und *q*) ist. Für das Beispiel reicht *n = 2773* *(2773 = 47 × 59)*. Ferner brauchen wir noch eine Primzahl *e*, die sich aus *n, p, q* und *d* berechnet. Wir bestimmen *d* mit *157* und berechnen *e* durch das Finden einer Primzahl, die folgende Gleichung löst: *1 = d × e mod (p–1) × (q–1)*. In unserem Fall ist *e = 17*.

Da zwei Buchstaben höchstens die Zahl *2626 (Z = 26)* erzeugen können und *2626* kleiner als *2773* ist, fassen wir je zwei Buchstaben als Block zusammen: *2309, 1820, ..., 1100*.

Diese Blöcke werden jetzt folgendermaßen verschlüsselt: $Block_{neu} = Block_{alt}^{e} \bmod n$. Die Verschlüsselung von 2309 ist $1717 = 2309^{17} \bmod 2773$. Das Ergebnis sind also folgende Blöcke: *1717, 2648, 1628, ..., 0778*.

Entschlüsselt wird folgendermaßen: $Block_{alt} = Block_{neu}^{d} \bmod n$. Auf den Wert *2309* kommt man also durch die Rechnung $1717^{157} \bmod 2773$.

Bei realer Verwendung dieses Verfahrens sind die Zahlen p, q und d geheim und lassen sich nur mit sehr hohem Aufwand aus n und e berechnen. Dazu eine Tabelle:

Stellen der Zahl	Rechenoperationen	Rechenzeit (Annahme eine Operation = 10^{-6} Sekunden)
50	$1{,}4 \times 10^{10}$	3,9 Stunden
70	$9{,}0 \times 10^{12}$	104 Tage
100	$2{,}3 \times 10^{15}$	74 Jahre
200	$1{,}2 \times 10^{23}$	$3{,}8 \times 10^{9}$ Jahre

▶ Übungsaufgabe Nr. 1.2.43 im Arbeitsbuch

Die für asymmetrische Kryptographieverfahren benötigten Schlüsselpaare lassen sich von geeigneter Software relativ rasch erzeugen. Darüber hinaus bleibt dem Benutzer die Schlüsselverwaltung in den meisten kommerziellen Softwareprodukten verborgen. Es sei darauf hingewiesen, dass dieses Konzept unabhängig vom benutzten Medium ist: Ob die Schlüssel nun in einer persönlichen Benutzerdatei auf der Festplatte liegen, in eine Applikation integriert oder auf einer Chipkarte untergebracht sind, spielt dabei keine Rolle.

Da die asymmetrische Kryptographie auf dem öffentlichen Austausch von Schlüsseln beruht, ist sie für den *Einsatz in unsicheren Netzumgebungen* besonders geeignet. Deshalb haben mit zunehmender kommerzieller Aktivität im Internet die Anbieter von Internet-Software besonders auf diese Technik zurückgegriffen.

Die asymmetrische Kryptographie ist auch *Grundlage für elektronische Unterschriften und elektronische Ausweise*, die in der Folge noch näher behandelt werden.

Durch den hohen Rechenaufwand, der mit asymmetrischen Verfahren verbunden ist, eignen sich diese nicht zur Verschlüsselung längerer Nachrichten. Besser geeignet sind dafür so genannte *Hybridverfahren*, eine Kombination aus symmetrischen und asymmetrischen Verfahren. Beispiele hierfür sind das sowohl kommerziell als auch frei verfügbare *PGP* (Abkürzung von engl.: pretty good privacy) oder das Sicherheitsprotokoll SSL (beziehungsweise TLS, mehr dazu in Band 2, Kapitel 6).

Neben der Verwendung von kryptographischen Verfahren gibt es noch eine Reihe weiterer Verfahren zur vertraulichen Übermittlung von Information. Ein Beispiel hierfür ist die so genannte *Steganographie*. Das Wort stammt aus dem Griechischen und kann in etwa mit „verdecktes Schreiben" übersetzt werden kann.

Steganographische Verfahren (engl.: steganography) ermöglichen das Verstecken von geheimer Information in Dateien mit „unverdächtigem" Inhalt. Die zu übermittelnde geheime Information wird zum Beispiel in Bild- oder Musikdateien versteckt. Hierbei werden unbedeutende Daten

Ohne steganographische Information   Mit steganographischer Information

Abb. 2.4.1.4/2: Bild ohne und mit steganographischer Information

der „Wirtsdatei" – das so genannte Hintergrundrauschen – durch die geheime Information ersetzt.

Steganographie beruht somit auf der Überlegung, dass Information, die mittels kryptographischer Verfahren gesichert wird, zwar nicht lesbar, aber dennoch für „jedermann" sichtbar ist und somit potenzielle Begehrlichkeiten weckt. Demgegenüber kann geheime Information unter Verwendung von Steganographie unauffällig übertragen werden, ohne dass hierdurch die Aufmerksamkeit Dritter geweckt wird. Ein Dritter kann sich beispielsweise ein entsprechend manipuliertes Bild ansehen, und weiß nicht, ob und wo in diesem Bild eine geheime Information versteckt ist. Bei heute gängigen Steganographieverfahren ist übrigens die Codierung noch weit schwerer im Trägerdokument auszumachen, als es in Abb. 2.4.1.4/2 angedeutet wird.

Ein weiterer Verwendungszweck für die Steganographie ist die *versteckte Markierung digitaler Güter mit Urheberrechtsinformation* (engl.: digital watermarking). Diese Anwendung fällt jedoch eher in den Bereich der Datenauthentizität und Integrität.

2.4.1.5 Elektronische Unterschriften

Mit asymmetrischen *Kryptographieverfahren* können im Unterschied zu symmetrischen Verfahren auch digitale Signaturen oder elektronische Unterschriften erzeugt werden.

Unter einer **elektronischen Unterschrift** (digitale Signatur, engl.: digital signature) versteht man einen kryptographisch geschützten Nachweis, dass ein eindeutig identifizierter Benutzer einen Datenbereich (ein digitales Dokument) unterzeichnet hat. Eine digitale Signatur ist ein mit einem privaten Signaturschlüssel erzeugtes Siegel für einen Datenbereich, das mit Hilfe eines zugehörigen öffentlichen Schlüssels den Inhaber und die Unverfälschtheit der Daten erkennen lässt. Für digitale Signaturen, die dem Signaturgesetz genügen, muss der öffentliche Schlüssel aus einem Zertifikat einer anerkannten Zertifizierungsstelle stammen.

Die elektronische Unterschrift ist eine Maßnahme zur Erreichung von *Datenauthentizität*. Hierbei soll einerseits garantiert werden, dass eine Information

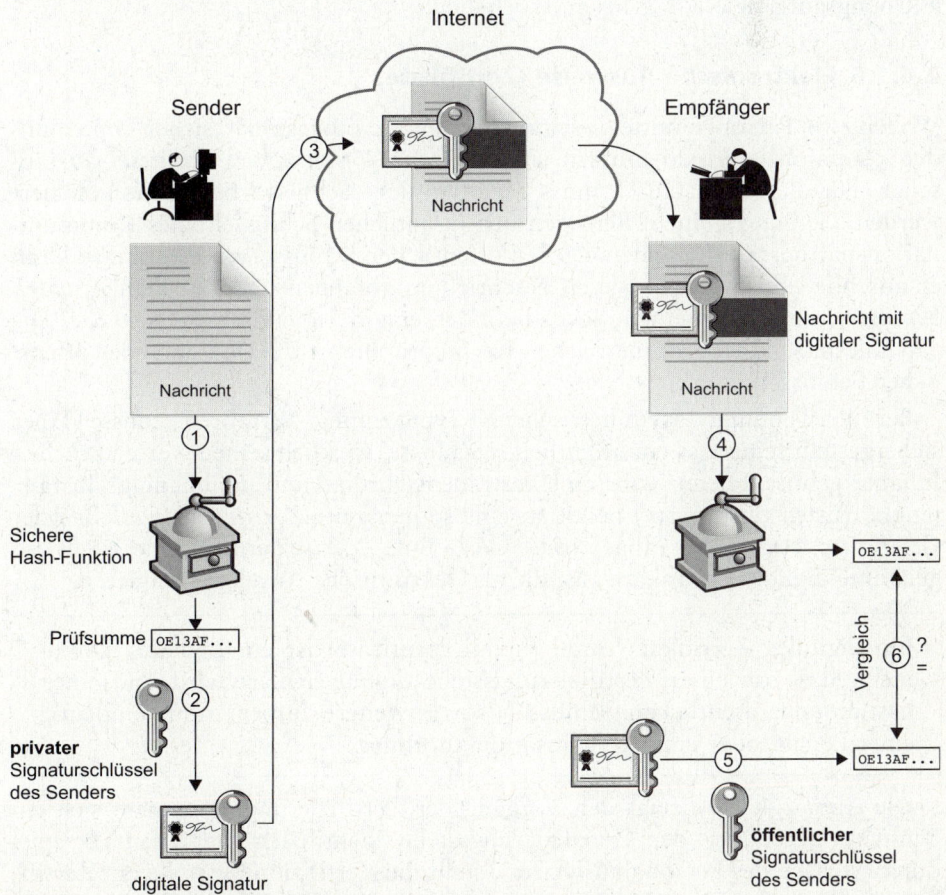

Abb. 2.4.1.5/1: Digitale Signatur

von einer bestimmten Person stammt (Authentizität), als auch dass diese Information nicht modifiziert wurde (Integrität). Die elektronische Unterschrift gilt als Beweis der Originalität eines elektronischen Dokuments.

Der Sender kann eine Nachricht mit einer digitalen Signatur unterschreiben, indem er den MAC (Abkürzung von engl.: message authentication code) der Nachricht mit seinem privaten Schlüssel verschlüsselt und an die übertragene Nachricht anhängt (siehe Abb. 2.4.1.5/1).

Der Empfänger entschlüsselt mit dem öffentlichen Schlüssel des Absenders die Unterschrift, ermittelt ebenso aus dem erhaltenen Dokument den MAC und vergleicht diesen mit dem entschlüsselten Wert. Sind die beiden Werte identisch, so kann der Empfänger sicher sein, dass die Nachricht wirklich vom Sender geschickt wurde (da der MAC nur mit dem öffentlichen Schlüssel des Senders entschlüsselt werden kann), und dass die Nachricht (das Dokument) nicht verändert wurde.

▶ Übungsaufgabe Nr. 1.2.44 im Arbeitsbuch

2.4.1.6 Elektronische Ausweise (Zertifikate)

Wollen zwei Personen mittels asymmetrischer Kryptographie „sicher" miteinander kommunizieren, so müssen sie zuvor ihre *öffentlichen Schlüssel* austauschen. Für diesen Austausch muss der öffentliche Schlüssel besonders gesichert werden. Gelingt es einem Betrüger, den öffentlichen Schlüssel eines Kommunikationspartners durch seinen eigenen öffentlichen Schlüssel zu ersetzen, so kann er anschließend die versendeten Nachrichten abfangen und mit dem *privaten Schlüssel*, der sich in seinem Besitz befindet, entziffern. Halten wir also fest: Die „Achillesferse" der asymmetrischen Kryptographie ist die Übergabe der öffentlichen Schlüssel!

Bei Verwendung asymmetrischer Kryptographie-Verfahren muss daher sichergestellt sein, dass ein öffentlicher Schlüssel wirklich seinem vermeintlichen Inhaber gehört. Hierzu wird eine vertrauenswürdige und unabhängige Instanz (engl.: trusted third party) benötigt, eine so genannte *Zertifizierungsstelle* oder *Certificate Authority* (abgekürzt: CA). Eine Zertifizierungsstelle stellt so genannte digitale Zertifikate aus, die als elektronische Ausweise fungieren.

Ein **digitales Zertifikat** (engl.: digital certificate) ist ein digitales Dokument, das von einer Zertifizierungsstelle digital signiert wird und einen bestimmten öffentlichen Schlüssel (sowie weitere Information) eindeutig einer Person oder einer Organisation zuordnet.

Die Abb. 2.4.1.6/1 zeigt den Vorgang der Zertifizierung. Nachdem sich ein Benutzer gegenüber der Zertifizierungsstelle identifiziert hat (zum Beispiel durch Vorlage des Personalausweises), stellt die Zertifizierungsstelle ein Zertifikat für diesen Benutzer aus. Hierzu erzeugt die Zertifizierungsstelle eine Nach-

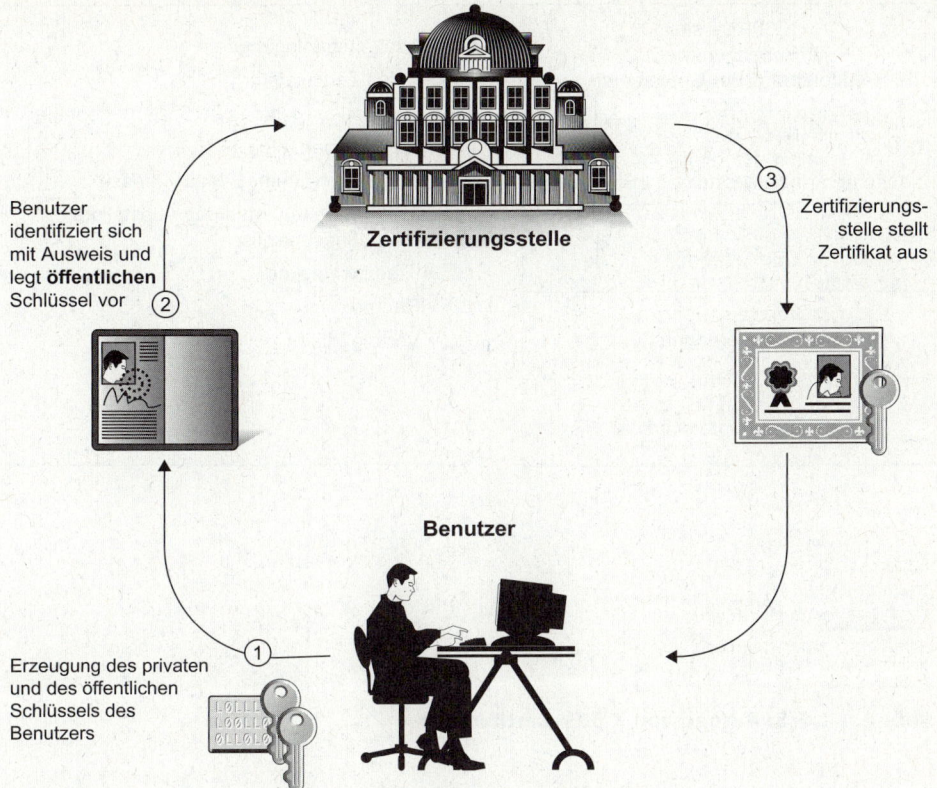

Abb. 2.4.1.6/1: Ausstellung eines digitalen Zertifikats

richt, die den Namen und weitere Identifikationsinformation, sowie den öffentlichen Schlüssel des Benutzers enthält. Diese Nachricht wird von der Zertifizierungsstelle mit einer digitalen Signatur versehen. Die Echtheit des Zertifikats kann jederzeit anhand der digitalen Signatur überprüft werden. Der öffentliche Schlüssel kann entweder durch den Benutzer selbst oder von der Zertifizierungsstelle erzeugt werden.

Einer der bekanntesten Standards für digitale Zertifikate ist der *ITU-T-Standard X.509v3*. Die Abb. 2.4.1.6/2 zeigt den normierten Aufbau eines entsprechenden Zertifikats.

▶ Übungsaufgabe Nr. 1.2.45 im Arbeitsbuch

2.4.1.7 Aufbau von Zertifizierungsinfrastrukturen

Wie im letzten Abschnitt erwähnt, muss bei der Verwendung asymmetrischer Kryptographie-Verfahren sichergestellt sein, dass ein öffentlicher Schlüssel wirklich seinem vermeintlichen Inhaber gehört. Hierzu stellen vertrauenswürdige und

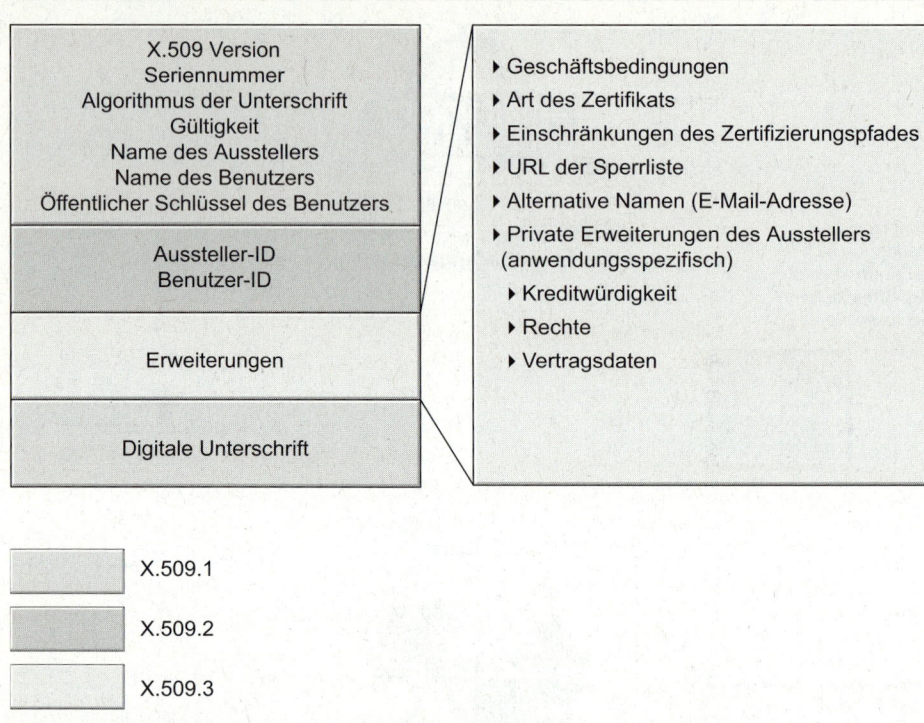

Abb. 2.4.1.6/2: Aufbau von X.509-Zertifikaten

unabhängige Instanzen, die *Zertifizierungsstellen* (engl.: certificate authority, abgekürzt CA), digitale Zertifikate aus, die als elektronische Ausweise fungieren. Ein digitales Zertifikat enthält (mindestens) den öffentlichen Schlüssel des Besitzers sowie die Angaben, um diese Person eindeutig identifizieren zu können.

Um Gültigkeit zu erlangen, muss das Zertifikat elektronisch von der Zertifizierungsstelle unterschrieben werden. Die Zertifizierungsstelle, die ein Zertifikat ausstellt, ist für den jeweiligen Benutzer von zentraler Bedeutung. Gerät der private Schlüssel dieser Zertifizierungsstelle in die Hände eines unberechtigten Dritten, so kann sich dieser beliebige (gefälschte) Zertifikate für beliebige Benutzer im Namen der Zertifizierungsstelle ausstellen.

Um diesem „schlimmsten Fall" entgegenzuwirken, existieren sehr strenge Sicherheitsvorschriften für Zertifizierungsstellen (sowohl physisch als auch softwaretechnisch), die dazu dienen, den privaten Schlüssel einer Zertifizierungsstelle bestmöglich zu schützen.

Wenn eine Zertifizierungsstelle eine andere Zertifizierungsstelle zertifiziert, spricht man von einem *Kreuzzertifikat* (engl.: cross certificate). Damit eine Zertifizierungsstelle *A* auch die Zertifikate, die von einer Zertifizierungsstelle *B* ausgestellt wurden, anerkennt und umgekehrt, müssen *A* und *B* eine so genannte *Kreuzzertifizierung* durchführen. Diese Maßnahme sorgt dafür, dass alle Benutzer, die ein Zertifikat von *A* besitzen, vertraulich mit allen Benutzern, die ein Zertifikat von *B* besitzen, kommunizieren können (und umgekehrt), ohne zu diesem Zweck ein eigenes Zertifikat der jeweils anderen Zertifizierungsstelle besitzen zu müssen.

Durch Kreuzzertifikate entstehen *Vertrauensketten*. Das heißt, dass der Gültigkeitsbereich von Zertifikaten einer Zertifizierungsstelle sich vergrößert. Zudem erlauben Kreuzzertifizierungen die Delegation von Zertifizierungsaufgaben und ermöglichen somit die Schaffung flexibler Infrastrukturen für die Vergabe und Verwaltung von digitalen Zertifikaten.

Es existieren unterschiedliche Vertrauensmodelle, die den Aufbau von Infrastrukturen für die Verbreitung von asymmetrischen Schlüsseln beziehungsweise digitalen Zertifikaten beschreiben. Diese Infrastrukturen werden auch im deutschen Sprachgebrauch häufig mit dem englischen Begriff *Public-Key-Infrastructure* oder *PKI* bezeichnet:

- Im *flachen Vertrauensmodell* existiert genau eine zentrale Zertifizierungsstelle, die alle Zertifikate ausstellt. Jeder Benutzer (innerhalb des Geltungsbereiches der Zertifizierungsstelle) benötigt ein digitales Zertifikat dieser Zertifizierungsstelle, um beispielsweise mit beliebigen anderen Benutzern (innerhalb des Geltungsbereiches) vertraulich kommunizieren zu können.

- Ein *Vertrauensnetz* oder auch *Web-of-Trust* existiert dann, wenn jeder (beziehungsweise viele verschiedene) Benutzer eine eigene Zertifizierungsstelle betreibt und allein entscheidet, wem er ein Zertifikat ausstellt und welchen Zertifikaten, die von anderen Benutzern ausgestellt wurden, er (neben den eigenen) vertrauen möchte.

- Im *verteilten Vertrauensmodell* existieren mehrere voneinander unabhängige Wurzelzertifizierungsstellen – zum Beispiel eine pro Unternehmen oder eine pro Land. Zudem existieren eine oder mehrere höhere Zertifizierungsstellen, die ausschließlich andere Zertifizierungsstellen zertifizieren. Auf diese Weise können Kreuzzertifizierungen von jeder Wurzelzertifizierungsstelle mit jeder anderen Wurzelzertifizierungsstelle vermieden werden. Eine Wurzelzertifizierungsstelle muss hierbei lediglich die höhere Zertifizierungsstelle anerkennen und kann anschließend auch die Zertifikate der anderen Wurzelzertifizierungsstellen überprüfen und umgekehrt.

- Im *zentralen Vertrauensmodell* existieren eine Wurzelzertifizierungsstelle und mehrere untergeordnete Zertifizierungsstellen. Die untergeordneten Zertifizierungsstellen stellen hierbei Zertifikate im Namen der Wurzelzertifizierungsstelle aus. Dieses Modell kann zum Beispiel zum Einsatz gelangen, um mehrere regionale Niederlassungen einer Wurzelzertifizierungsstelle (beispielsweise eines Betriebs) einzurichten.

Die genannten Vertrauensmodelle schließen einander nicht aus und es können – je nach Anwendungsbereich – Mischformen dieser Modelle zum Einsatz gelangen.

Ein bekannter *Anwendungsbereich für digitale Zertifikate* ist die verschlüsselte Übertragung von Daten zwischen einem Webbrowser und einem Webserver mit Hilfe des

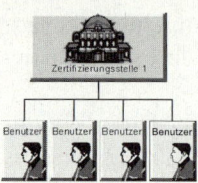

Flaches Vertrauensmodell:

Eine zentrale Zertifizierungsstelle

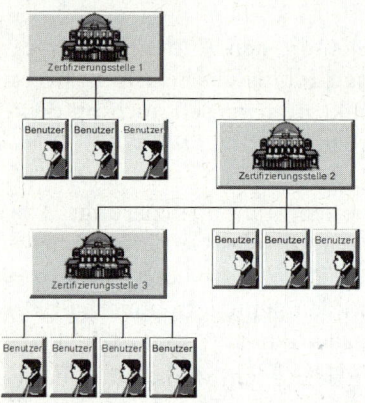

Vertrauensnetz (ähnlich PGP):

Jeder Benutzer ist eine Zertifizierungsstelle

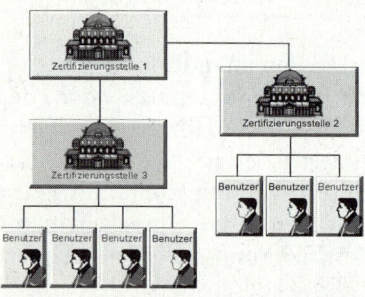

Verteiltes Vertrauensmodell:

Höhere Zertifizierungsstellen zertifizieren ausschließlich Zertifizierungsstellen

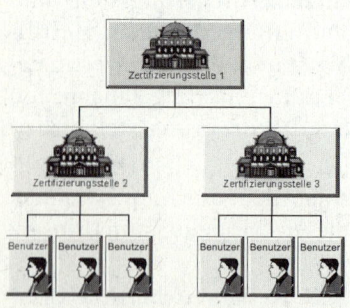

Zentrales Vertrauensmodell:

Die unteren Zertifizierungsstellen zertifizieren im Namen der Spitzen-Zertifizierungsstellen

Abb. 2.4.1.7/1: Vertrauensmodelle

Protokolls SSL (Abkürzung von engl.: secure socket layer protocol, Näheres dazu in Band 2, Kapitel 6). Es existiert eine weltweite Infrastruktur, die auf einem flachen Vertrauensmodell (beziehungsweise mehreren) basiert. Die Client-Software (meist ein Webbrowser) enthält hierbei in der Regel die Zertifikate mehrerer verschiedener Zertifizierungsstellen vorkonfiguriert, die wiederum Zertifikate an die Betreiber von Webservern vergeben. Das SSL-Protokoll verwendet diese Zertifikate um sicherzustellen, dass ein Benutzer vertrauliche Daten (zum Beispiel eine Warenbestellung) in verschlüsselter Form an den richtigen Empfänger übermitteln kann.

▶ Übungsaufgabe Nr. 1.2.46 im Arbeitsbuch

Nach diesen sicherheitstechnischen Grundlagen kommen wir zu den laufenden Aufgaben des IS-Betriebs.

2.4.2 Behandlung von Risiken

Im laufenden Betrieb eines Informationssystems kommt es immer wieder dazu, dass *unvorhergesehene Ereignisse* im Umgang mit dem Informationssystem auftreten. Die möglichen Beispiele reichen von menschlichen Fehleingaben, bei der Planung nicht vorhergesehenen, ungewöhnlichen Geschäftsfällen, dem Ausfall von Systemkomponenten, bis zum Konkurs des langjährigen IT-Lieferanten. Um den Betrieb des Informationssystems möglichst reibungslos zu gewährleisten, müssen diese Probleme erfasst, bearbeitet, gelöst und dokumentiert werden. Es müssen aus der Sicht des IS-Managements Prozesse definiert werden, die entsprechende Vorfälle vom Zeitpunkt ihrer erstmaligen Entdeckung bis zur ihrer endgültigen Lösung begleiten.

Obwohl gewisse Ereignisse nicht vorhersehbar sind, muss im Vorhinein abgeschätzt werden können, wie groß das Schadenspotenzial für eine Kategorie von Ereignissen sein kann.

Ein **Risiko** (engl.: risk) ist ein Zustand oder ein Ereignis, das mit einer bestimmten Wahrscheinlichkeit eintritt und eine Gefährdung (beispielsweise eines Projekterfolgs) bedeuten könnte. Das **Risikomanagement** (engl.: risk management) umfasst eine große Menge von Tätigkeiten, die dazu beitragen sollen, die Gefahr von Fehlentwicklungen zu vermindern.

Das Ziel des Risikomanagements ist, Risiken zu einem möglichst frühen Zeitpunkt zu erkennen und zu behandeln. Typische *Phasen des Risikomanagements* sind:

• *Identifikation der Risiken:* Dies kann zum Beispiel durch das Ausfüllen einer Checkliste oder eines Fragebogens geschehen.

• *Analyse der Risiken:* Hierbei wird abgeschätzt, wie groß die Wahrscheinlichkeit ist, mit der eine Gefährdung eintreten könnte, und wie groß das Schadenspotenzial ist.

Planung zur Behandlung der verschiedenen Risiken: Hierzu gehören Monitorfunktionen zur Überwachung des Systemzustands, die Definition von Prozeduren und Verantwortlichkeiten im Schadensfall, sowie die Ausarbeitung eines detaillierten Plans zur Vermeidung oder Minderung des Risikos.

In einem Betrieb kann der Kreis der von einem Schadensfall unmittelbar Betroffenen sehr groß sein. Wird etwa in einem Kleinbetrieb der als Datenbankserver dienende PC von einem *Einbrecher* gestohlen, so entführt er damit wahrscheinlich auch die kompletten Kundenadressen, Aufträge, Lagerbestände und Preislisten. Selbst wenn sich die verlorenen Daten aufgrund vorhandener Belege und anderer Unterlagen wieder beschaffen lassen, kann der Aufwand an Zeit und Geld für die erneute Datenerfassung erheblich sein.

Die tägliche Leistung einer Erfassungskraft liegt beim bloßen Abtippen vorhandener Daten durchschnittlich bei etwa 200 KB. Die manuelle Wiedereingabe eines Datenbestandes von nur 1 GB benötigt damit rund 5.000 Arbeitstage!

Denken Sie erst an die Auswirkungen in einer großen Bank oder Versicherung, die beim *Brand ihres Rechenzentrums* nicht eine entsprechende Katastrophenvorsorge getroffen hat. Die Datenbanken können Hunderte von Gigabytes umfassen. Zu den reinen Wiederbeschaffungskosten kommen dann noch die Kosten für Geschäftsausfälle, wie zum Beispiel nicht zu erledigende Aufträge. Als Gegenmaßnahme installieren Großunternehmen „kalte" oder „warme" Ersatzrechenzentren oft weit entfernt vom Hauptrechenzentrum (damit dieses im Falle eines Brands oder Erdbebens nicht auch zerstört wird). Während in einem warmen Ersatzrechenzentrum die Daten laufend aktualisiert gehalten werden, wodurch der Wechsel zu diesem Rechenzentrum sehr rasch erfolgen kann, werden in einem kalten Ersatzrechenzentrum nur die Hardware und Sicherungskopien vorgehalten, um im Bedarfsfall das System dort – zumindest eingeschränkt – hochfahren zu können.

2.4.2.1 Menschliche Fehler

Am häufigsten sind aber *menschliche Fehler* wie Bedienungsirrtümer oder Nachlässigkeit für Datenverluste verantwortlich. Auch erfahrenen Benutzern passiert es gelegentlich, dass sie Dateien versehentlich löschen oder überschreiben. Obwohl das Betriebssystem bei einem dahingehenden Befehl in der Regel nochmals nachfragt, ob der Benutzer denn wirklich die Datei löschen will, kann es durch Datumsverwechslung oder eine missverstandene Bezeichnung von verschiedenen Dateiversionen zu der fatalen Bestätigung kommen.

Ebenso kommt es immer wieder vor, dass Wechseldatenträger (beispielsweise CDs) mit wertvollen Datenbeständen unterwegs vergessen oder verloren werden. Sogar nach Notebook-PCs wird manchmal – meist vergeblich – bei den Fundämtern nachgefragt.

Weitere große Problembereiche sind der sorglose Umgang mit Kennwörtern (die beispielsweise auf Klebezetteln am Bildschirm oder unter der Mausmatte aufgehoben werden) oder die allzu vertrauensselige Weitergabe von Zugangsinformation an Dritte (mehr dazu im Band 2, Kapitel 6), die sich dann beispielsweise über das Internet Zugang zu einem Rechner verschaffen können.

2.4.2.2 Unbefugter Zugang oder Zugriff

Werden Rechner mit sensitiven Daten in Räumen gehalten, zu denen sich Dritte Zugang verschaffen können, droht ein Diebstahl des Rechners (oder der Festplatte) mit den darauf gespeicherten Daten.

Der *Diebstahl von Hardware* ist mit der massenhaften Verwendung von Personalcomputern zu einem Modedelikt geworden: Oft verschwinden in Betrieben sogar tagsüber auf ungeklärte Weise einzelne PC-Komponenten (Einsteckkarten, Mäuse usw.) oder einen Moment lang unbeaufsichtigt gebliebene Notebook-PCs. Nachts werden von spezialisierten Banden ganze PC-Netze abgebaut.

Zur *Zerstörung von Hardware* kann es durch die erwähnten Feuerschäden, durch Sabotage, Blitzschlag, Wassereinbruch, zu hohe Temperatur und Luftfeuchtigkeit, unachtsamen Transport oder Betriebsdefekte kommen. Besonders gefürchtet ist der nicht vorhersehbare, so genannte Headcrash, bei dem ein Schreib-/Lesekopf auf die Magnetplattenoberfläche aufprallt. Bei einem solchen Zusammenstoß werden nicht nur die Gerätekomponenten beschädigt, sondern auch der Datenbestand zerstört.

> Es gibt Zeitgenossen, für die auf Ihrem PC abgespeicherte Datenbestände wesentlich interessanter sind als die Hardware selbst. Der *unbefugte Zugriff* auf Datenbestände kann auch vor Ort während Ihrer Abwesenheit erfolgen. Zum Beispiel hat einer der Autoren schon einmal um Mitternacht einen Nachtwächter an seinem Büro-PC ertappt. Oder Computerhacker brechen unbefugt und vielfach unbemerkt über Netze in Ihren Rechner ein – aus Spaß, Neugier oder auch, um Ihre Geschäftsgeheimnisse der Konkurrenz zu verkaufen.

▶ Übungsaufgabe Nr. 1.2.47 im Arbeitsbuch

2.4.2.3 Schad- und Sabotageprogramme

Ein zunehmendes Problem beim IS-Betrieb ist der Schutz vor Software, die mit der Intention, Schaden anzurichten, entwickelt wurde.

> **Schadprogramme** (engl.: malicious software, malware) sind Programme, die mit der Absicht geschrieben worden sind, Funktionen unberechtigterweise auf fremden Rechnern auszuführen. Die Auswirkungen dieser Programme reichen von harmlosen (aber lästigen) Bildschirmanzeigen, über das Ausspionieren von Daten und die unberechtigte Ressourcennutzung hin bis zu vollständigem Programm- und Datenverlust oder Unbenutzbarkeit eines Rechners. Schadprogramme werden entweder passiv über Wechseldatenträger und/oder Rechnernetze verbreitet oder können sich vielfach auch selbstständig vervielfältigen (replizieren).

Man unterscheidet bei den Schadprogrammen archetypisch drei Arten:

1. *Virenprogramme* (engl.: computer virus) sind Schadprogramme, die ihren Programmcode in fremde Programme einfügen und die zunächst die Funkti-

onsfähigkeit dieser befallenen (infizierten) Programme nicht verändern. Erst zu einem späteren Zeitpunkt wird ein durch den Programmcode bestimmter (vorgegebener) Schaden angerichtet. Diese Programme verbreiten sich aktiv durch Replikation (indem sie sich in fremde Programme einfügen, diese also „infizieren") und werden passiv durch Kopiervorgänge von Benutzern vielfach unwissentlich weitergegeben (etwa durch Sicherungskopien auf CDs, Bezug über das Internet).

2. *Wurmprogramme* (engl.: computer worm) sind Schadprogramme, die sich über Rechnernetze (heute vornehmlich das Internet) verbreiten, um so Rechner zu befallen, dort die Namen und Adressen weiterer „Opfer" auszuspionieren, und in weiterer Folge diese zu befallen. Wurmprogramme können sich wie ein Lauffeuer im Internet ausbreiten und eine Vielzahl von Rechnern mehr oder minder gleichzeitig unbenutzbar machen. Wurmprogramme verbreiten sich vornehmlich selbstständig und bedienen sich vielfach der Sicherheitslücken in Betriebssystemen oder in der Anwendungssoftware, durch die es möglich ist, in fremde Rechner einzudringen.

3. *Trojanische Pferde* (engl.: Trojan horse) sind Schadprogramme, die nützliche Funktionen vortäuschen oder ausführen, die aber nebenbei Schadfunktionen ausführen. Ein Beispiel wäre ein Textverarbeitungsprogramm, das nebenbei einen Benutzerrechner ausspioniert und beispielsweise die installierten Softwarepakete über das Internet an einen Rechner meldet. Trojanische Pferde werden in der Regel durch Kopiervorgänge verbreitet.

Häufig treten Schadprogramme *in kombinierter Form* auf. Sehr verbreitet ist beispielsweise die Kombination aus Viren- und Wurmprogrammen. Neben der Infektion von Dateien, die sich auf dem lokalen Rechner befinden, können derartige Viren sich selbst beispielsweise mit einem E-Mail-Programm versenden und auf diese Weise andere Rechner befallen. Die Infektion wird meist dadurch ausgelöst, dass ein Benutzer eine infizierte E-Mail-Anlage öffnet und damit das Virus aktiviert.

Computerviren führen vielfach zu Datenverlusten. Sie sind meist speicherresident und „befallen" die auf der Magnetplatte gespeicherten Programme, um nach Neustart des Rechners wieder aktiv zu werden. Oft sind ihre Schadfunktionen auch an bestimmte Tage oder Monate geknüpft (zum Beispiel ein Virus, das am 30. jedes Monats aktiv wird). Die Schadfunktionen von Viren sind vielfältig und reichen von störenden Bildschirmausgaben über die Verhinderung von Schreibzugriffen auf Dateien bis zur Manipulation oder Löschung ganzer Datenträger. Die häufigste Art der „Fortpflanzung" von Viren ist die „Infektion" anderer Dateien. Hierbei werden andere Dateien so modifiziert, dass diese, sobald sie ausgeführt werden, wiederum die Schadfunktion und/oder eine Infektion weiterer Dateien auslösen.

Eine neue Generation von Computerviren entstand mit der zunehmenden Mächtigkeit von PC-Endbenutzerwerkzeugen wie Textverarbeitung oder Tabellenkalkulation. Zum Beispiel gibt es eine Fülle verschiedener Versionen von *Word-Makro-Viren*. Darunter versteht man in VBA (Abkürzung von engl.: Visual Basic for applications), der Makrosprache von Microsoft, geschriebene Viren, die in der Lage sind, einen Rechner in dem Moment zu infizieren, in dem das Trägerdokument mit Word geöffnet wird. Von diesem Zeitpunkt an wird das Virus in jedes neu bearbeitete Word-Dokument eingefügt. Beschränkten sich frühe Versionen dieser Viren noch darauf, eine harmlose Bemerkung in jedes bearbeitete Dokument einzufügen, so versuchten spätere Versionen dieser Viren bereits, die Systemdateien des Betriebssystems zu löschen.

Im Jahr 2000 hat das so genannte „I LOVE YOU"-Virus auf diese Weise weltweit E-Mail-Systeme von Unternehmen und Behörden überlastet und einen (geschätzten) Schaden von mehreren Milliarden US-Dollar verursacht.

Ein Großteil der heute aktuellen Viren gehört zu den Internet-Würmern, die vorwiegend Rechner der Microsoft-Betriebssystemfamilie befallen. Viele dieser Würmer treten in leichten Variationen auf. Ein Beispiel ist der Internet-Wurm *NetSky*, der sich mittels E-Mail-Anlage in Form einer ZIP-Datei (siehe Kapitel 3) verschickt, sich auf dem befallenen Rechner einnistet und von dort unter anderem mittels Denial-of-Service-Attacken (siehe Abschnitt 2.4.1) andere Rechner angreift. Auf dem befallenen Rechner analysiert der Wurm Dateien mit mehr als 30 unterschiedlichen Dateiendungen (beispielsweise Dateien der Microsoft-Office-Produkte .doc, .ppt, .xls, aber auch Mail-Archive, Adressverzeichnisse oder HTML-Dateien) und durchsucht diese nach E-Mail-Adressen von möglichen Opfern, die er in weiterer Folge zu befallen versucht.

Die Möglichkeiten, mit Computerviren Unfug zu treiben oder auch schwere Schäden anzurichten, sind nahezu unbegrenzt. Im Abstand weniger Wochen oder Monate warnen die Medien in oft übertriebener Manier vor neuen Gefahren, die bisher unbekannte Viren weltweit zu bestimmten Stichtagen (Freitag, der 13., Michelangelos Geburtstag usw.) auslösen werden. Panisches Verhalten ist jedoch ebenso wenig angebracht wie eine Unterschätzung der Gefahr von Virusinfektionen.

▶ Übungsaufgabe Nr. 1.2.48 im Arbeitsbuch

Virenbekämpfung

Vor allem der Betrieb von Rechnern unter der Windows-Betriebssystemfamilie im Internet ohne vorgeschaltete Firewall ist mittlerweile zu einem sehr großen Problem geworden, da Windows sehr populär ist, aber viele Sicherheitslücken aufweist. Laut einer Studie des SANS Instituts (Abkürzug von engl.: system administration, audit, network security) liegt die durchschnittliche Zeit zwischen zwei Virenangriffen auf einen Rechner im Internet bei derzeit fünf Minuten. Durchschnittlich dauert es derzeit etwa 20 Minuten ab dem Anschluss an das Internet, bis ein ungesicherter Windows-Rechner mit Viren oder anderen Schadprogrammen befallen ist. Aus diesem Grund ist es nicht empfehlenswert, einen beispielsweise neu gekauften Rechner mit einem Windows-Betriebssystem ohne Firewall an das Internet anzuschließen, ohne vorher von verlässlichen Quellen die Sicherheitsaktualisierungen durchgeführt und entsprechende Vorkehrungen getroffen zu haben.

Zur *Vorbeugung* vor Viren und zur *Verhinderung ihrer Ausbreitung* stehen verschiedene Möglichkeiten zur Verfügung. Ein perfekter Schutz ist aber nicht möglich. Zu den *softwaremäßigen Schutzmaßnahmen* zählen:

- Verschlüsselung von Programmen,
- Prüfsummentechniken und
- Zugriffskontrollmechanismen.

Hier soll nur kurz auf die *Verschlüsselung von Programmen* eingegangen werden. Programme, die geschützt werden sollen, werden – wie bereits zuvor erläutert – verschlüsselt und anschließend versandt beziehungsweise auf Datenträgern abgespeichert. Ein Befall dieses verschlüsselten Programms durch ein Virusprogramm wird dazu führen, dass dieses Programm nicht mehr entschlüsselbar beziehungsweise ausführbar ist. Zwar ist dieses Programm dann nicht mehr einsetzbar, eine weitere Verbreitung des Virusprogramms wird jedoch verhindert.

Schließlich stehen noch *organisatorische Schutzmaßnahmen* zur Verfügung. Wichtigste organisatorische Maßnahme ist das regelmäßige Anlegen von Sicherungskopien (siehe Ausfallsmanagement, Abschnitt 2.4.5). Dadurch können einerseits zerstörte und verlorene Daten wiederhergestellt werden und andererseits möglicherweise befallene Programme durch Vergleich mit den Sicherheitskopien erkannt werden.

Als vorbeugende Maßnahme gegen die Verwendung selbst beschaffter, infizierter Privatprogramme durch die Mitarbeiter können in Betrieben die vernetzten *Arbeitsplatzrechner auch ohne eigene Disketten- und Wechselplattenlaufwerke* konfiguriert werden. Der Endbenutzer kann dann nur Serverprogramme und -daten verwenden, deren Sicherheit durch eine zentrale Kontrolle eher gewährleistet werden kann.

Die *Definition von Benutzergruppen*, die voneinander isoliert sind, ist ein weiterer Weg, die gemeinsame Nutzung einzuschränken. Mitglieder einer bestimmten Benutzergruppe haben nicht die Möglichkeit, die Daten und Programme anderer Gruppen zu lesen oder zu überschreiben. Die Betriebssysteme für mittlere und große Rechner sowie moderne lokale Netzwerkprogramme erlauben die Definition von Benutzergruppen.

Den Benutzern von Personalcomputern stehen heute zahlreiche am Markt verfügbare *Virenerkennungsprogramme* zur Verfügung. Diese Programme sind je nach Leistungsfähigkeit und Rechnerausstattung in der Lage, innerhalb weni-

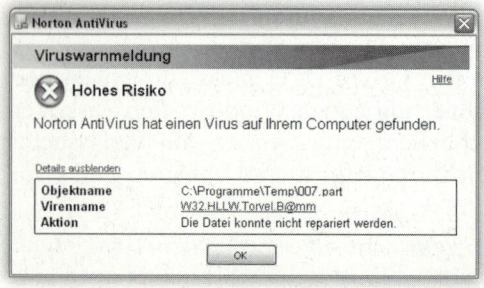

Abb. 2.4.2.3/1: Meldung eines Virenerkennungsprogramms

ger Sekunden eine Festplatte auf vorhandene Viren zu untersuchen und dem Benutzer kenntlich zu machen. Diese Programme verfügen vielfach über eine Datenbank mit bis zu über 100.000 Einträgen, die für die Virenerkennung genutzt werden. Dem Antivirusprogramm unbekannte Schädlinge können allerdings durch dieses nicht gefunden werden. Deshalb ist eine laufende Aktualisierung der Virenerkennungssoftware erforderlich, die häufig automatisch über das Internet erfolgt. Ebenso sind diese Programme nicht immer in der Lage, eventuell gefundene Viren aus den Programmen zu entfernen. Korrekte Programme und Daten müssen vielmehr durch Kopien der gesicherten Bestände wiederhergestellt werden.

▶ Übungsaufgabe Nr. 1.2.49 im Arbeitsbuch

2.4.3 Sicherheitsmanagement

Unter dem **Sicherheitsmanagement** (engl.: security management) versteht man sämtliche Aktivitäten zum Schutz von IT-Komponenten vor absichtlichem oder versehentlichem Missbrauch. Das Sicherheitsmanagement soll die Integrität und die Vertraulichkeit der Daten gewährleisten. Zu den Aufgaben gehören die Regelung von *Zugriffsberechtigungen* zu Programmen und Daten, sowie von *Zutrittsberechtigungen* zu Räumen, die sensible Daten oder IT-Komponenten beherbergen. Des weiteren beinhaltet das Sicherheitsmanagement organisatorische Maßnahmen, welche nicht direkt die Sicherheit eines Systems erhöhen, aber die Grundlage für darauf aufbauende Dienste bilden (wie zum Beispiel das Schaffen und Verwalten einer Infrastruktur für die organisationsweite Anwendung asymmetrischer Verschlüsselungsverfahren).

Die *Kosten der Informationssicherheit* ergeben sich aus den Kosten der Schadensfälle zuzüglich der Kosten für entsprechende Gegenmaßnahmen. Falls die Gegenmaßnahmen erfolgreich sind und keine Schadensfälle eintreten, sind die Kosten der Informationssicherheit (zumindest auf Seiten der Software) gleich den Kosten für die Gegenmaßnahmen.

2.4.3.1 Zugriffsschutz

Bei Rechnern, die von mehreren Personen benutzt werden, ist es notwendig, gegenseitige Störungen zu verhindern. Diese Störungen können ihre Ursachen in einer Verwendung oder Änderung von Daten und Programmen anderer Benutzer haben oder durch den fehlerhaften Gebrauch von Systemkommandos entstehen. Daher werden jedem Benutzer durch die *Benutzeradministration* ein *eigener Speicherbereich* und eine *Benutzerklasse* zugeordnet. Jeder Benutzer innerhalb eines Rechnersystems wird durch eine bestimmte *Benutzerkennung* identifiziert und in der Regel durch ein *Kennwort* geschützt. Nur Benutzer, die im Besitz eines gültigen Kennworts sind und eine entsprechende Benutzerkennung besitzen, können auf die jeweiligen Bereiche zugreifen (siehe Abschnitt 2.4.1.3 bezüglich der Verfahren zu Authentifikation).

In modernen Betriebssystemen kann für jedes Programm oder für jede Datei bestimmt werden, welcher Benutzer Lese-, Schreib- oder Ausführungsrechte hat. Der Lese- und Schreibschutz kann bei Datenbankverwaltungssystemen *bis auf die Feldebene* reichen. Die Summe aller Rechte eines Benutzers wird auch als *Berechtigungsprofil* bezeichnet. Das Berechtigungsprofil ergibt sich aus dem Aufgabenprofil des Benutzers. Ein Systemverwalter oder ein Datenbankadministrator benötigt weit mehr Rechte als ein gewöhnlicher Benutzer, da er beispielsweise allgemein verfügbare Programme installieren oder deinstallieren muss. Ein gewöhnlicher Benutzer sollte in der Regel keine Rechte besitzen, um Befehle auszuführen, die die Gewährleistung der Systemsicherheit gefährden.

Eine individuelle Regelung für jeden einzelnen Benutzer ist allerdings sehr aufwändig. *Benutzerklassen* bieten hier die Möglichkeit, Rechte für eine Gruppe von Benutzern gemeinsam zu definieren.

▶ Übungsaufgabe Nr. 1.2.50 im Arbeitsbuch

2.4.3.2 Zugriffskontrolle in Softwaresystemen

Es existieren mehrere verschiedene Techniken, um Zugriffskontrolle in einem Softwaresystem zu realisieren.

> Das Modell der **wahlfreien** oder **diskreten Zugriffskontrolle** (engl.: discretionary access control, abgekürzt: DAC) beruht auf der Annahme, dass der Eigentümer eines Objektes für dessen Schutz alleine verantwortlich ist. Der Eigentümer hat die „freie Wahl", wer (aktive Komponente, Subjekt) auf seine Objekte (passive Komponente) in welcher Weise (Operation) zugreifen darf.

Die wahlfreie Zugriffskontrolle ist eine einfache Sicherheitspolitik, die den Benutzern eine hohe Flexibilität und Eigenverantwortung zugesteht. Dies ist allerdings oft nur für kleine Benutzergruppen mit einem geringen Verlustrisiko zu empfehlen.

> Die **zentralistisch verpflichtende Zugriffskontrolle** (engl.: mandatory access control, abgekürzt: MAC) ist auf die Steuerung des *Informationsflusses* ausgelegt. Das Verfahren basiert auf eine Klassifikation (Einstufung) der Subjekte und Objekte eines Systems. Hierzu erhalten die *Subjekte* (die Benutzer) und Objekte des Systems (Daten und Programme) jeweils eine **Sicherheitsmarkierung** (engl.: security label) zugewiesen, anhand derer entschieden wird, ob ein Informationsfluss zwischen einem

Subjekt und einem Objekt (beziehungsweise zwischen zwei Subjekten) stattfinden darf.

Ziel der zentralistisch verpflichtenden Zugriffskontrolle ist neben dem *Sicherheitsmanagement* am individuellen Arbeitsplatz auch ein *gesicherter Informationsfluss*. Wenn beispielsweise über das System schützenswürdige Daten zwischen Benutzern ausgetauscht werden, behalten diese ihre Sicherheitsmarkierung und können vom Empfänger auch nicht aus Versehen an unberechtigte Dritte weitergegeben werden.

Typische Sicherheitsmarkierungen für Objekte (beispielsweise Dokumente) sind: *streng vertraulich, vertraulich, firmenintern* und *öffentlich*. Für die im System registrierten Benutzer wird definiert, welche Kategorien von Objekten sie beispielsweise lesen, schreiben, kopieren, drucken oder ausführen dürfen.

Bei der **rollenbasierten Zugriffskontrolle** (engl.: role-based access control, abgekürzt: RBAC) werden die Zugriffsrechte nicht an Subjekte (beispielsweise Benutzer), sondern an Rollen vergeben. In einem getrennten Schritt werden Benutzern diese Rollen gemäß ihrer Aufgabenprofile zugeordnet, wodurch diese implizit die Zugriffsrechte ihrer jeweiligen Rollen erhalten.

Durch diese (relativ einfache) Maßnahme wird die administrative Seite der Zugriffskontrolle vor allem in betrieblichen Kontexten entscheidend vereinfacht, in denen Benutzer laufend an neuen Projekten teilnehmen, in der Unternehmenshierarchie aufsteigen oder häufig an anderen Standorten arbeiten. Dies lässt sich über Rollen modellieren. Ein einzelner Benutzer kann gleichzeitig eine Fülle von Rollen innehaben, und beispielsweise Zugriff auf eine Million Informationsobjekte besitzen. Wechselt ein Benutzer seine Rolle, so muss nicht eine Vielzahl von elementaren Rechten geprüft werden, sondern der Benutzer erhält ähnlich einem Baukastensystem genau jene vormodellierten Rechte, die er für sein neues Aufgabenprofil benötigt. Die nicht mehr benötigten Rollen (mit den zugeordneten Rechten) werden entfernt. Abb. 2.4.3.2/1 zeigt die konzeptionelle Trennung zwischen Subjekten, Rollen und den Objekten, für die die Zugriffsrechte modelliert werden.

Neben den soeben genannten Modellen gibt noch es *eine Reihe weiterer Zugriffskontrollmodelle*. Ein Beispiel sind Modelle, welche Daten über die Zugriffshistorie eines Subjekts in die Autorisierungsentscheidung einbeziehen, wie zum Beispiel das so genannte *Chinese-Wall-Modell*.

Das *Chinese-Wall-Modell* wurde speziell für beratende Berufe entwickelt, um den Informationsmissbrauch einzuschränken. Wenn ein Berater beispielsweise einen Kunden aus der Automobilbranche berät, dann wird für ihn ab diesem Zeitpunkt sämtliche intern verfügbare Information über die Konkurrenten dieses Kunden gesperrt, sodass keine ungewünschte Information über das Beratungsunternehmen zwischen den Konkurrenten fließen kann.

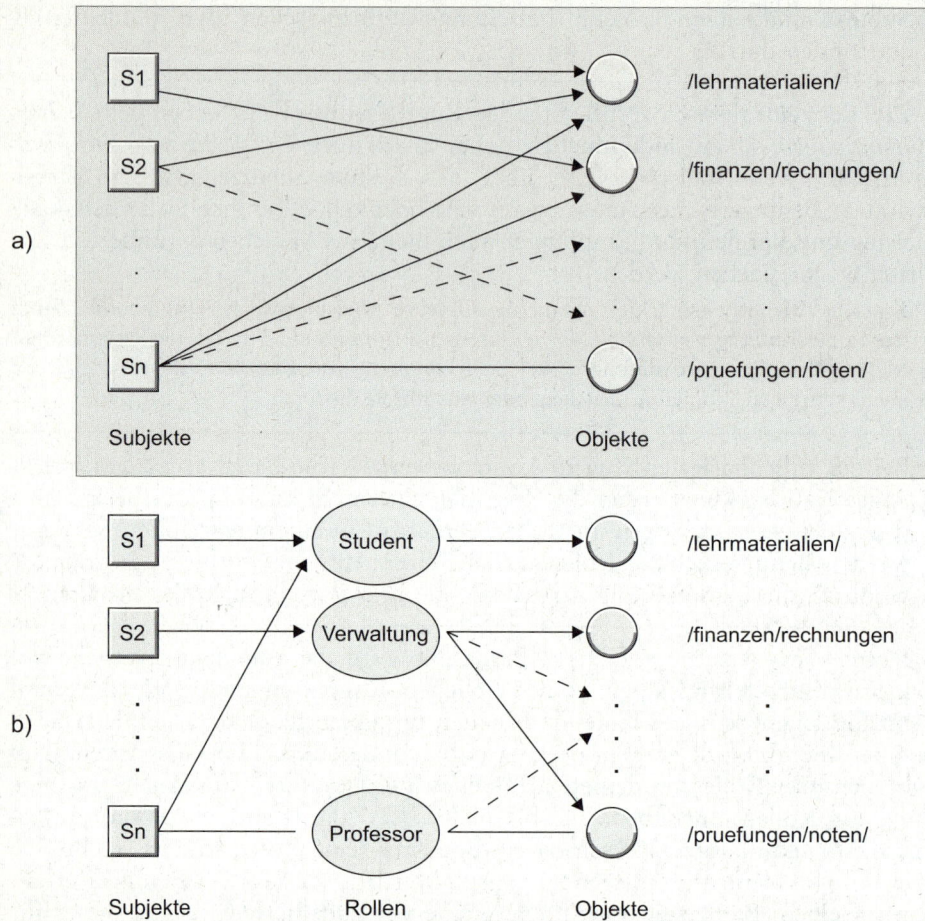

Abb. 2.4.3.2/1: Wahlfreie Zugriffskontrolle (a) und rollenbasierte Zugriffskontrolle (b)

Die erwähnten Zugriffskontrollmodelle schließen einander nicht aus und können auch ergänzend eingesetzt werden.

Eine *Zugriffskontrollrichtlinie* oder auch *Zugriffskontrollpolitik* (engl.: access control policy) wird abstrakt und unabhängig vom konkreten System entworfen. Das Ziel der Zugriffskontrollpolitik ist die korrekte Abbildung der (unter Sicherheitsgesichtspunkten relevanten) organisatorischen Strukturen einer Institution innerhalb eines Rechnersystems. Hierzu zählt beispielsweise die Gliederung in verschiedene Verantwortungsbereiche, deren Mitarbeiter unterschiedliche Rechte und Pflichten besitzen. Die Umsetzung dieser Richtlinien erfolgt mit Hilfe von geeigneten Zugriffskontrollmechanismen.

Die Zugriffskontrollrichtlinie eines realen Systems steuert das Zusammenwirken aller Regeln und Restriktionen und umfasst auch insbesondere Regeln zur

Verbreitung und Modifikation von Information (Informationsflüsse). Um eine Zugriffskontrollrichtlinie durchzusetzen, wird für jeden Zugriff überprüft, ob dieser durch die derzeit gültigen Zugriffsrechte autorisiert werden kann. Die durchzusetzende Zugriffskontrollrichtlinie wird somit durch die aktuelle Konfiguration des betreffenden Zugriffskontrollsystems widergespiegelt. Verschiedene Systeme haben unterschiedliche Anforderungen an die Zugriffskontrolle. Richtlinien, die für ein bestimmtes System optimiert wurden, sind in der Regel nicht ohne weiteres auf ein anderes System übertragbar.

Damit die Einhaltung der jeweiligen Zugriffskontrollpolitik gewährleistet werden kann, ist eine *effiziente Überwachung* (engl.: *audit*) des Systems erforderlich. Hierzu werden alle sicherheitsrelevanten Ereignisse protokolliert. Auf Grundlage dieser Aufzeichnungen können Analysen durchgeführt werden, um Verstöße gegen die Zugriffskontrollpolitik aufdecken und diesen wirksam entgegenwirken zu können. Abhängig von der Sensitivität des betreffenden Systems werden diese Analysen entweder nur im Fall einer Richtlinienübertretung oder regelmäßig ohne konkretes Verdachtsmoment durchgeführt.

Im Rahmen von so genannten *Intrusion-Detection-Systemen* (unübliche deutsche Übersetzung: Einbruchserkennungssystem; siehe auch Band 2, Kapitel 6) wird eine kontinuierliche Analyse der aufgezeichneten Daten durchgeführt, um Manipulations- oder Einbruchsversuche möglichst frühzeitig erkennen zu können.

Für die Realisierung einer effektiven Überwachung wird ebenso wie für die Zugriffskontrolle eine korrekte Authentifikation der Benutzer vorausgesetzt.

▶ Übungsaufgabe Nr. 1.2.51 und 1.2.52 im Arbeitsbuch

2.4.3.3 Zugangssicherung von Gebäuden und Geräten

Zur Absicherung von Gebäuden beziehungsweise Gebäudeteilen, in denen Rechner installiert sind, gibt es umfassende, kostspielige Rund-um-die-Uhr-Überwachungssysteme. Sie beinhalten gesicherte Türen und Fenster, Brandschutzanlagen, unterbrechungsfreie Stromversorgungen, maschinelle Zutrittskontrollen der Mitarbeiter mit Chipkarte und Geheimnummer, ständige nächtliche Überwachung oder zumindest häufige Rundgänge durch spezielles Bewachungspersonal, automatische Videokameras in allen Räumen usw.

Ob ein solcher Aufwand erschwinglich und wirtschaftlich ist, hängt von den jeweiligen Umständen ab. Großunternehmen mit einigen tausend Mitarbeitern und Milliardenumsätzen sichern ihre Rechenzentren regelmäßig auf diese Weise ab. Kleinbetriebe können sich all das meist nicht leisten. Ihr Gebäudeschutz beschränkt sich in der Regel auf das Abschließen von Türen und Fenstern beim abendlichen Verlassen der Räume. Wie in größeren Betrieben auch sollte wenigstens darauf geachtet werden, dass die Gehäuse der Personalcomputer sowie Geräte zum Lesen und Beschreiben portabler Datenträger (zum Beispiel Disketten- oder CD-Laufwerke) ein Sicherheitsschloss besitzen, und dass die

Benutzer nach Arbeitsschluss die zugehörigen Schlüssel mit nach Hause nehmen. Schließlich sollte auch klar geregelt sein, wer welche IT-Ressourcen benutzen darf, und wer für welche Sicherheitsbelange zuständig ist.

▶ Übungsaufgabe Nr. 1.2.53 im Arbeitsbuch

2.4.4 Kapazitätsmanagement

Unter dem **Kapazitätsmanagement** (engl.: capacity management) versteht man die langfristige Planung benötigter Kapazitäten und die Bereitstellung notwendiger Ressourcen, um den Systembetrieb in einer zufrieden stellenden Form aufrecht zu erhalten.

Zu den zu planenden Größen gehören sowohl hinreichende Datenkapazitäten wie auch entsprechende Kapazitäten an Rechenleistung. Das Kapazitätsmanagement beschäftigt sich mit der fortlaufenden Überwachung der Nutzung der IT-Ressourcen, der Messung des Leistungsverhaltens, sowie mit der Analyse der gewonnenen Daten und der Feinabstimmung der Systemkomponenten.

2.4.5 Ausfallsmanagement

Das **Ausfallsmanagement** (engl.: failure management) umfasst das Planen, Einführen, Testen und Implementieren von Aktivitäten, die im Fehlerfall das Wiederherstellen von Systemen und Daten ermöglichen. Das Ausfallsmanagement umfasst somit alle Tätigkeiten zum Rückführen des Systems nach einem Ausfall in den normalen Systemzustand.

Es dürfte Ihnen nicht allzu schwer fallen, sich die *Folgen eines Datenverlustes* auszumalen. Die katastrophalen Auswirkungen des Ausfalls eines zentralen Rechenzentrums wurden bereits im Abschnitt über das Risikomanagement geschildert. Die gleichen Probleme stellen sich bereits im Kleinen.

Beispielsweise wurde dieses Buch auf Personalcomputern geschrieben. Die Autoren hätten bestimmt schlaflose Nächte gehabt, wenn sie nicht während des Schreibens täglich den aktuellen Manuskriptstand auf CDs kopiert und an unterschiedlichen Orten aufbewahrt hätten. Ein Brand oder ein Diebstahl hätte ansonsten die Arbeit vieler Monate zunichte machen können.

Die **Datensicherung** (engl.: back-up) beinhaltet das Anlegen von Sicherungskopien aller relevanten Datenbestände und deren Verwahrung an einem sicheren Ort.

Zweck der Datensicherung ist es, im Fall eines Datenverlustes oder einer Datenverfälschung die Daten rasch und zuverlässig rekonstruieren zu können.

Eigentlich kommen hierfür nur Wechselmedien in Betracht, da nur diese dem Rechner entnommen und an einem anderen Ort – beispielsweise einem feuersicheren Safe – aufbewahrt werden können.

Die in Frage kommenden *Datenträger und zugehörigen Geräte* werden im Band 2, Kapitel 2 näher betrachtet. Die wichtigsten Kriterien für die Auswahl von Sicherungsmedien sind die Speicherkapazität, die Datenübertragungsrate von der Festplatte auf das Back-up-Medium und die Kosten (Datenträger und Gerät).

> Für die meisten kleineren Datenbestände sind *CDs* die wirtschaftlichste Form. Bei größeren zu sichernden Datenbeständen oder bei einer zentralen Sicherung kommen diverse Varianten von Massenspeichern in Betracht, deren Speicherkapazitäten in den TB-Bereich reichen. Mehr dazu lesen Sie im Band 2, Kapitel 2.

Die Datensicherung auf einer *zweiten, fest installierten Magnetplatte* ist schnell, zuverlässig und preisgünstig. Eine hinreichende Sicherheit bietet diese Methode allerdings nur dann, wenn sich diese Platte auf einem räumlich entfernten Rechner befindet und über das Netz gesichert werden kann. Zentral- und Abteilungsrechner übernehmen häufig diese Serverrolle. Allerdings gelten auch in diesen Fällen die oben genannten Einschränkungen für fest installierte Datenträger.

> Zum Beispiel findet im *Rechenzentrum der Wirtschaftsuniversität Wien (WU) an jedem Werktag abends eine Sicherung* für alle Server statt. Bei einem Datenverlust ist somit maximal die Arbeit eines Tages verloren. Für die einzelnen Mitarbeiter besteht ebenfalls die Möglichkeit, ihre lokalen PC-Datenbestände über das WU-Netz auf dem vollautomatischen Sicherungssystem des Rechenzentrums abzuspeichern.

Eine Absicherung, die noch höheren Ansprüchen genügt, bieten *RAID-Magnetplattensysteme* (Näheres im Band 2, Kapitel 2). Diese bestehen aus einem zusammengehörigen Set von Festplatten sowie einer Steuerlogik, die alle Daten spiegelt und auf unterschiedliche Magnetplatten aufteilt. Somit kommt es im Falle eines Festplattenschadens nicht zum Systemstillstand oder zu Datenverlusten – eine funktionsunfähige Festplatte kann bei laufendem RAID-System ersetzt werden. Nach der Wiederherstellung der ausgefallenen Festplatte wird die Datenredundanz durch die Steuerlogik wiederhergestellt.

In *einer Bank oder Versicherung* wird zusätzlich zu solchen Maßnahmen im Allgemeinen *jede auf die Datenbestände durchgeführte Aktion mitprotokolliert*. So kann bei einem Ausfall durch die Wiederholung aller Aktionen, die seit der letzten Sicherung durchgeführt wurden, das heißt von einem Kontrollpunkt an, der aktuelle Datenbestand wiederhergestellt werden. Diesen *Wiederanlauf* (engl.: restart) nach einem Systemzusammenbruch bezeichnet man im Englischen mit *„emergency restart"*. Somit gehen bei einem Ausfall im Allgemeinen lediglich die Angaben über die zu diesem Zeitpunkt durchgeführten Transaktionen verloren. Über den im Band 2, Kapitel 5 beschriebenen Transaktionsmechanismus wird darüber hinaus auch verhindert, dass solche unterbrochenen Transaktionen zu Dateninkonsistenzen führen.

Die *Häufigkeit und die Methode der Datensicherung* hängen vom Umfang und der Wichtigkeit der Daten ab. Für den PC-Benutzer ist der einfachste Weg, täglich nach Arbeitsschluss von allen Festplattendaten eine Sicherungskopie anzulegen. Ob dies lokal oder über einen entfernten Server passiert, spielt dabei keine Rolle. Beim Weggehen wird einfach durch einen Mausklick das Sicherungsprogramm gestartet und alles Weitere geschieht von selbst. Der Schwachpunkt dieser Methode ist, dass damit auch jene Daten kopiert werden, die sich nicht verändert haben.

In der heutigen Praxis wird deshalb vielfach der gesamte lokale Festplattenbestand nur einmal wöchentlich gesichert und an den Folgetagen die Sicherung auf die jeweils veränderten Dateien beschränkt. Man spricht im Gegensatz zu der zuvor beschriebenen *Vollsicherung* von einer *inkrementellen Sicherung* (engl.: incremental backup). Durch inkrementelle Sicherungen wird Zeit und Kapazität gespart und im Verlustfall brauchen nur die jeweils aktuellen Veränderungen in das System eingespielt werden. Im Fall von fünf wöchentlichen Arbeitstagen genügen bei der inkrementellen Datensicherung nach dem *„Vater-Sohn-Prinzip"* sechs Wechselmedien. Eine noch höhere Sicherheit lässt sich erreichen, wenn der Sicherheitszyklus nach dem *„Großvater-Vater-Sohn-Prinzip"* auf mehrere Wochen ausgedehnt wird. Wenn Sie die veränderten Dateien arbeitstäglich, den Gesamtbestand wöchentlich und einmal monatlich auf separaten Datenträger sichern, so benötigen Sie für einen Rotationszyklus von zwölf Wochen insgesamt zehn Datenträger.

▶ Übungsaufgabe Nr. 1.2.54 im Arbeitsbuch

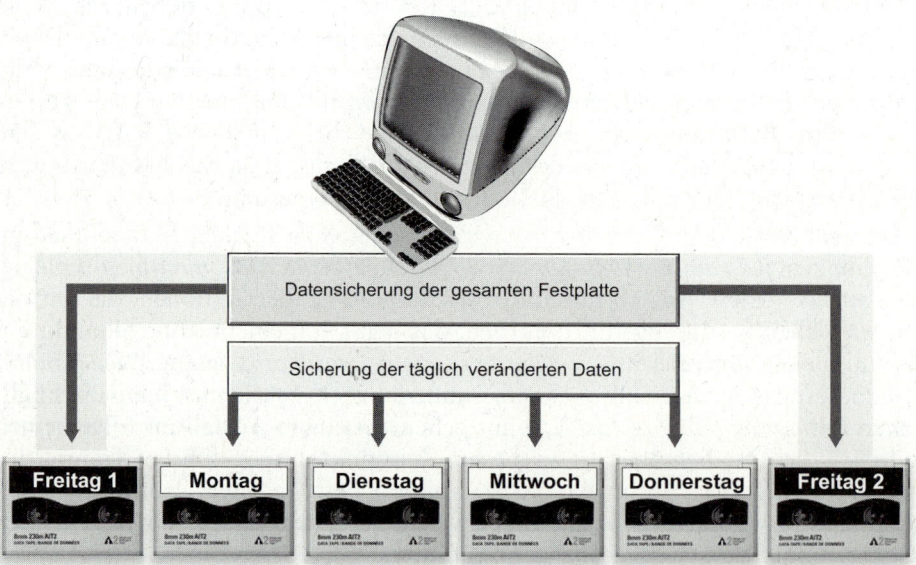

Abb. 2.4.5/1: Inkrementelle Datensicherung

Die Aufgaben des Ausfallsmanagements sind keinesfalls auf die Datensicherung beschränkt, sondern zielen auch auf die Verfügbarkeit der Hardware ab. Auch dies umfasst technische und organisatorische Maßnahmen, die die Ausarbeitung von Katastrophenplänen, die Bereitstellung von Ausweichanlagen und sonstige Überbrückungshilfen für den Notfall vorsehen.

2.4.6 Umgang mit sensiblen Daten

Als **Datenschutz** (engl.: data privacy; protection of data privacy) bezeichnet man die Gesamtheit der gesetzlichen und betrieblichen Maßnahmen zum Schutz der Rechte von Personen vor Verletzung der Vertraulichkeit und zur Sicherheit des Informationshaushaltes.

Die *Bedeutung des Datenschutzes* soll Ihnen am *Beispiel einer Bibliothek* bewusst gemacht werden. Stellen Sie sich vor, dass Sie regelmäßig in die Bibliothek gehen, um Zeitung zu lesen und um sich Bücher für Ihre Weiterbildung oder zur Unterhaltung auszuborgen. Auch für berufliche Zwecke nützen Sie das reichhaltige Angebot. Im Laufe der Jahre sammelt sich daher eine beträchtliche Menge von Daten über Ihre Person in der Datenbank des Bibliotheksverwaltungssystems an.

Ihre Pünktlichkeit oder Unpünktlichkeit beim Zurückgeben von Büchern könnte auf Ihre Zuverlässigkeit, die Auswahl der Zeitungen, Berichte und Bücher auf Ihre politische Einstellung, Ihre Freizeitliteratur auf Ihre Hobbys und Ihre Bildungsliteratur auf Ihr berufliches Engagement schließen lassen. Alle Daten zusammen könnten ein relativ genaues Persönlichkeitsprofil abgeben. Dieses Persönlichkeitsprofil kann jedoch sehr verzerrt sein, zum Beispiel wenn Sie diese eine Bibliothek nur für ganz bestimmte Literaturrecherchen verwenden und sonst aus einer anderen Bibliothek Ihre Literatur beziehen.

Auf die Interpretation der Daten haben Sie aber im Allgemeinen keinen Einfluss. So kann Ihnen durch eine Indiskretion eines Bibliotheksangestellten durchaus Schaden erwachsen, dessen Ursache für Sie rätselhaft ist.

Ein geschäftlicher Konkurrent könnte aus dem Wissen über Ihre laufende Lektüre Kapital zu Ihren Ungunsten schlagen. Denken Sie dabei nur an die Vorbereitungen von Geschäftskontakten mit dem Ausland und Ihre entsprechende Lesetätigkeit in dieser Richtung.

Oder wenn Sie sich zum Beispiel im Rahmen einer wissenschaftlichen Arbeit sehr viel mit Anarchismus beschäftigt haben und einem Freund Bücher über die verschiedensten Waffengattungen besorgt haben, kann ein völlig falsches Bild von Ihnen in dieser Datenbank entstehen.

Wenn Sie unselbstständig erwerbstätig sind, können Sie sicher auch einige Fakten aufzählen, die Sie nicht oder nur ungern Ihrem Vorgesetzten oder Ihren Arbeitskolleginnen und -kollegen mitteilen würden, die sich aber aus den Datenbankinhalten ergeben könnten.

Information bedeutet oft schnellere Reaktion, besseren Überblick, stärkere Kontrollmöglichkeit – schlichtweg Macht. Zwischen den Betreibern von Informationssystemen und den davon Betroffenen gibt es daher oft einen natürlichen Interessengegensatz.

Beispielsweise muss sich ein Unternehmen um ein möglichst umfassendes Bild seiner Kunden bemühen, um die Marketingpolitik auf das individuelle Kaufverhalten ausrichten zu können. In den USA kann jeder solche Daten kaufen und verkaufen und darf sich unaufgefordert per Telefon zu Verkaufszwecken an die Adressaten wenden. Hier zu Lande ist das verboten. Welche Regelung halten Sie für richtig?

Oder denken Sie an den elektronischen Verkauf. Die Geschäftspartner wollen die Angebots-, Bestell- und Zahlungsinformation sicher verschlüsseln, um betrügerische Manipulationen auszuschließen. Polizei und Sicherheitsdienste haben hingegen etwas gegen „nicht knackbare" Codes, weil davon auch Verbrecherorganisationen Gebrauch machen können.

Weitere *Problemfelder* sind zum Beispiel:

1. Die Einführung von *Personalinformationssystemen*, insbesondere die Fragen, welche Daten erfasst werden dürfen und wer welche Verknüpfungsergebnisse erhält.

2. Für die *Textverarbeitung* ist Software erhältlich, die eine Kontrolle der Anzahl der Anschläge und damit „auf stillem Weg" eine vollständige Überwachung aller Schreibtätigkeiten erlaubt.

3. Ohne nennenswerten Aufwand können von Mitarbeitern *versandte E-Mails überwacht* und besuchte WWW-Seiten mitprotokolliert werden.

4. Durch den Einsatz digitaler *Nebenstellenanlagen* besteht die Möglichkeit, alle jene Gespräche, die von einer Nebenstelle geführt wurden, nach Anzahl, Dauer und Telefonnummer zu speichern. Damit lässt sich das Kommunikationsverhalten des einzelnen Mitarbeiters über das Telefon erfassen.

5. *Zutrittskontrollsysteme*, die aus Sicherheitsgründen eingeführt werden, können auch zur Arbeitszeitüberwachung dienen.

6. Durch *Data Mining* können aus sehr großen Datenbeständen Zusammenhänge hervorgeholt werden, die bislang nicht bekannt waren.

7. *Cookies,* die bei Besuch einer Web-Site von einem Webserver seitens des Webbrowsers abgespeichert werden können, erlauben zielgruppenorientierte Werbung und das Sammeln von Kundendaten in vorher ungeahntem Ausmaß.

8. Die durch *Mobiltelefonie* beziehungsweise *M-Commerce* anfallenden Daten ermöglichen es im Prinzip festzustellen, wer, wann, an welchem Ort und in wessen Begleitung welche Güter oder Dienstleistungen konsumiert hat.

9. Eine enorme Bedrohung des Grundrechts auf informationelle Selbstbestimmung ebenso wie eine solche von Wirtschaftsinteressen stellen die unter dem Codenamen *Echelon* bekannt gewordenen Anstrengungen der USA, Großbritanniens, Kanadas, Australiens und Neuseelands dar, für Geheimdienstzwe-

cke, möglicherweise aber auch für Zwecke der Wirtschaftsspionage, immer größere Teile des weltweiten Datenverkehrs abzuhören.

Mit der Weiterentwicklung und Verbreitung der Informationstechnik in ihren unterschiedlichen Ausprägungen werden die Informationserfassungs- und Kontrollmöglichkeiten immer umfassender. Inwieweit diese Möglichkeiten tatsächlich genutzt werden (dürfen), ist nicht zuletzt eine Frage des gesellschaftlichen Bewusstseins. An dem obigen Beispiel haben Sie gesehen, dass etwa im „kapitalistischen“ Nordamerika Geschäftsusancen üblich sind, die in „sozialen“ Ländern im Interesse der Betroffenen verboten sind. Ganz allgemein lässt sich feststellen, dass in Mittel- und Nordeuropa dem Schutz der Privatsphäre ein weit größerer Stellenwert eingeräumt wird als anderswo auf der Welt.

▶ Übungsaufgabe Nr. 1.2.55 im Arbeitsbuch

Die *Maßnahmen zum Datenschutz* betreffen das gesamte organisatorische, rechtliche, wirtschaftliche und technische Umfeld der Informationsverarbeitung. Sie wurden bisher und werden weiterhin in zwei Richtungen forciert:

1. *politisch, rechtlich und organisatorisch*: Schutz der personenbezogenen Daten durch Gesetze, Betriebsvereinbarungen und organisatorische Maßnahmen;
2. *technisch*: Entwicklung „einbruchsicherer“ IT-Infrastruktur und Informationssysteme.

Politisch/rechtlich-organisatorische Maßnahmen

Mit der Erlassung eigener *Datenschutzgesetze* wurde in den westlichen Demokratien begonnen, rechtliche Rahmenbedingungen für die Informationsverarbeitung zu schaffen. Das Übereinkommen des Europarats zum Schutz der Menschen bei der automatischen Verarbeitung personenbezogener Daten aus dem Jahr 1981 haben inzwischen 23 europäische Staaten ratifiziert. Das im „Volkszählungsurteil“ des deutschen Bundesverfassungsgerichts 1983 erstmals festgehaltene *Grundrecht auf informationelle Selbstbestimmung* war in den folgenden Jahren das Leitmotiv der europäischen Datenschutzentwicklung. Zur Harmonisierung der nationalen Datenschutzbestimmungen in der EU wurde 1995 die EG-Datenschutz-Richtlinie verabschiedet. Ihre Umsetzung erfolgte in Deutschland im Jahr 2001 durch eine Novellierung des Bundesdatenschutzgesetzes (BDSG) und in Österreich mit dem Datenschutzgesetz 2000 (DSG). Die Angemessenheit des Schutzes personenbezogener Daten durch das schweizerische Bundesgesetz über den Datenschutz (DSG) wurde von der EG-Kommission im Jahr 2000 anerkannt.

Zur Sicherstellung des Schutzes der Privatsphäre haben sich eine Reihe von *Grundsätzen* herauskristallisiert, die mehr oder weniger deutlich in allen Datenschutzgesetzen zum Ausdruck kommen:

• *Relevanz*: Es dürfen nur jene Daten ermittelt und verarbeitet werden, die relevant (das heißt wesentlich) in Bezug auf den Betriebszweck des Auftraggebers sind.

- *Publizität*: Als individuelle Publizität wurde überall das Auskunftsrecht des Betroffenen über seine Daten verankert. Ergänzend dazu wurde zum Beispiel in Österreich im Sinne einer generellen Publizität eine zentrale Melde- und Auskunftsstelle in Form eines Datenverarbeitungsregisters (DVR) geschaffen. Die EG-Datenschutz-Richtlinie sieht überdies eine Informationspflicht des Auftraggebers vor. Dieser muss die Betroffenen ohne Antrag (juristische Formulierung: aus Anlass der Ermittlung dieser Daten) über den Zweck der Datenanwendung, sowie über seinen Namen und seine Adresse informieren.

- *Richtigkeit*: Diesem Grundsatz entsprechend hat der Betroffene ein Recht darauf, falsche Daten richtig stellen und unzulässigerweise ermittelte Daten löschen zu lassen.

- *Weitergabebeschränkung*: Als zentraler Teil einer Datenverwendungskontrolle geht es hier um Einschränkungen der Übermittlung sowie um Regelungen, unter welchen Voraussetzungen Datenbanken verknüpft werden dürfen.

- *Trennung der Funktionen:* Die informationstechnische Durchführung – etwa auch in einem Servicerechenzentrum – wird getrennt von der Funktion des Auftraggebers, der die rechtliche Verantwortung für die Anwendungen trägt.

- *Verpflichtung zu Datensicherheitsmaßnahmen.*

- *Statuierung einer eigenen Geheimhaltungspflicht (Datengeheimnis).*

- *Schaffung eigener Kontrollorgane.*

- *Internationaler Datenverkehr*: Kontrolle des grenzüberschreitenden Datenverkehrs.

International ist als übereinstimmende *Tendenz* auf diesem Gebiet festzustellen, dass die *Betroffenen von ihren Kontrollrechten bisher kaum Gebrauch* machten, dass die *Sensibilität der Staatsbürger gegen Eingriffe in ihre Privatsphäre jedoch wächst.*

Datenschutz impliziert auch *Beteiligungsrechte* der Endbenutzer und Betroffenen an der Gestaltung betrieblicher Informationssysteme. Gewerkschaftliche Forderungen zielen hier vor allem auf mehr Mitbestimmung der Arbeitnehmer bei der Verwendung personenbezogener Daten.

Aufgrund der zunehmenden länderübergreifenden Vernetzung von Unternehmen, öffentlichen Institutionen und Privatpersonen kann der Datenschutz nicht mehr nur als rein nationales Anliegen betrachtet werden. Nach der EG-Datenschutz-Richtlinie ist die Datenübertragung außerhalb der EU nur dann zulässig, wenn im Empfängerland ein angemessener Datenschutz gewährleistet wird. Um dennoch auch den Datenaustausch mit den USA weiterhin zu ermöglichen, wurden zwischen der EU-Kommission und dem US-Department of Commerce als „Safe Harbor" bezeichnete Rahmenbedingungen vereinbart, denen sich interessierte US-amerikanische Unternehmen freiwillig unterwerfen können.

Diese Entwicklungen zeigen, wie wichtig und zugleich schwierig es ist, die *mit der Globalisierung der Telekommunikation einhergehenden Datenschutzerfor-*

dernisse zu bewältigen. Besonders durch das enorme Wachstum des Internet und die unterschiedliche Rechtslage in den verschiedenen Ländern sind in jüngster Zeit Probleme offensichtlich geworden, für die es bisher keine rechtlichen Lösungen in Form *internationaler Konventionen* gibt, sodass gegenwärtig verschiedene Mechanismen der *Selbstregulierung* diskutiert werden. So ist es für global ausgerichtete Unternehmen unabdingbar, vertrauenswürdige Infrastrukturen zu gewährleisten, was beispielsweise durch die freiwillige Unterwerfung unter „*Privacy Codes of Conduct*" und/oder die Formulierung eigener „*Privacy Statements*" erreicht werden kann.

▶ Übungsaufgabe Nr. 1.2.56 im Arbeitsbuch

Technisch-organisatorische Maßnahmen

Das BDSG sieht in der Anlage zu § 9 jene *technischen und organisatorischen Maßnahmen* vor, die bei der Erhebung, Verarbeitung oder Nutzung personenbezogener Daten einzuhalten sind. Es sind dies:

- *Zugangskontrolle*: Die Verwehrung des Zuganges von Unbefugten zu personenbezogenen Daten.
- *Abgangskontrolle*: Die Hinderung, dass Personen, die bei der Verarbeitung personenbezogener Daten tätig sind, Datenträger unbefugt entfernen.
- *Speicherkontrolle:* Die Hinderung, unbefugte Eingaben in den Speicher zu tätigen sowie die unbefugte Kenntnisnahme, Veränderung und Löschung gespeicherter personenbezogener Daten durchzuführen.
- *Benutzerkontrolle*: Die Benutzung von Verarbeitungssystemen, aus denen oder in die personenbezogene Daten durch selbsttätige Einrichtungen übermittelt werden, durch unbefugte Personen zu verhindern.
- *Zugriffskontrolle*: Die Gewährleistung, dass die zur Benutzung eines Datenverarbeitungssystems Berechtigten durch selbsttätige Einrichtungen ausschließlich auf die ihrer Zugriffsberechtigung unterliegenden personenbezogenen Daten zugreifen dürfen.
- *Übermittlungskontrolle*: Die Gewährleistung, dass überprüft und festgestellt werden kann, an welche Stellen personenbezogene Daten durch selbsttätige Einrichtungen übermittelt werden können.
- *Eingabekontrolle*: Die Gewährleistung, dass nachträglich überprüft und festgestellt werden kann, welche Daten zu welcher Zeit von wem in Datenverarbeitungssysteme eingegeben worden sind.
- *Auftragskontrolle*: Die Gewährleistung, dass Daten, die im Auftrag verarbeitet werden, nur entsprechend den Weisungen des Auftraggebers verarbeitet werden können.
- *Transportkontrolle*: Die Gewährleistung, dass bei der Übermittlung von Daten sowie beim Transport entsprechender Datenträger diese nicht unbefugt gelesen, verändert oder gelöscht werden können.

- *Organisationskontrolle*: Die Gestaltung der innerbetrieblichen Organisation, dass sie den besonderen Anforderungen des Datenschutzes gerecht wird.

Sie ersehen aus dieser Aufzählung, dass die im Abschnitt 2.4.1 behandelten Sicherheitsmaßnahmen gleichermaßen zur Datensicherheit und zum Datenschutz dienen.

▶ Übungsaufgabe Nr. 1.2.57 im Arbeitsbuch

3 Büroinformationssysteme

Lehrziele

Nach der Durcharbeitung dieses Kapitels sollten Sie

- die typischen Büroaufgaben und die daraus resultierenden Anforderungen an eine Rechnerunterstützung kennen,
- die Architektur und die Basistechniken moderner Büroinformationssysteme darstellen können,
- die gebräuchlichsten Endbenutzerwerkzeuge und ihr Zusammenspiel auf einem PDA/Mobiltelefon, einem PC und dem WWW erläutern können,
- die wichtigsten Komponenten von Bürosoftwarepaketen mit ihren Funktionen grob beschreiben können,
- Ihre Termine, Adressen, Aufgaben und Notizen mit einem PIM-Programm verwalten können,
- erläutern können, was man unter Textverarbeitung versteht und deren wichtigste Funktionen aufzählen können,
- die grundlegende Arbeitsweise von Tabellenkalkulationsprogrammen erklären können,
- für Ihre Vorträge mit Präsentationsprogrammen Folien erstellen können,
- die wichtigsten textorientierten Zusatzprogramme als Ergänzung der üblichen Bürosoftwarepakete beschreiben können,
- die Unterschiede zwischen pixel- und vektororientierten Grafikprogrammen darlegen können,
- die grundlegenden Kommunikationsbegriffe wie Rechnernetz, Dienst, Protokoll usw. erklären können,
- die Kommunikationsbedürfnisse von Betrieben im Überblick darstellen können,
- die Leistungsmerkmale, Kosten und Nutzen der wichtigsten Dienste für die Individualkommunikation beschreiben können,
- die Vorteilhaftigkeit von E-Mail, Diskussionsforen, Wikis, Weblogs, Telekonferenzen, Chat und Instant Messaging im Hinblick auf den definierten Kommunikationsbedarf eines Betriebs analysieren und vergleichen können,
- die möglichen Veränderungen in der innerbetrieblichen und zwischenbetrieblichen Zusammenarbeit durch neue Kommunikationstechniken skizzieren können,
- die auch im deutschsprachigen Raum üblichen englischen Begriffe Computer Supported Cooperative Work (CSCW), Workgroup Computing (WGC), Groupware und Workflow-Management gegeneinander abgrenzen können,
- die Codierung von Audio- und Videodateien erklären können,
- die Standarddateiformate für schriftliche, bildliche, akustische und multimediale Information und ihre Einsatzgebiete grob erläutern können,
- Kenntnis der derzeit am Markt erhältlichen Bürosoftware haben.

Ein **Büroinformationssystem** (engl.: office information system; abgekürzt: OIS) ist ein Informationssystem zur Unterstützung von typischen Büro-tätigkeiten. Es erlaubt den in der Verwaltung und im Außendienst arbeiten-den Mitarbeitern, die Information, die sie für ihre Aufgaben benötigen, zu erfassen, zu transformieren, zu speichern und auszutauschen.

Die Abb. 3/1 veranschaulicht die verschiedenen *Ebenen* von Büroinformati-onssystemen. Sie ersehen daraus, dass sowohl technische als auch organisatori-sche und personale Aspekte zu berücksichtigen sind.

In den letzten 30 Jahren hat sich die Büroautomation von isolierten Textver-arbeitungssystemen für Sekretariate über vielfach inkompatible Systeme bezie-hungsweise Personalcomputer-Inseln zu *integrierten Büroinformationssystemen* weiterentwickelt, die folgende Merkmale aufweisen:

– Verteilte Client-Server-Architekturen, wobei die Anwendungsfunktionen und zugehörige Datenbestände zunehmend auch auf Internet-Servern bereitge-stellt werden,

– vernetzte Schreibtisch-PCs mit integrierter Standardsoftware für Textverar-beitung, Tabellenkalkulation, Präsentation und Terminplanung (Kalender) an fast jedem Büroarbeitsplatz in der Firma und Zuhause,

– eingebundene Notebook-PCs mit der gleichen Standardsoftware für Bürotä-tigkeiten außer Haus und persönliche Informationshilfsmittel (PDAs, Mobil-

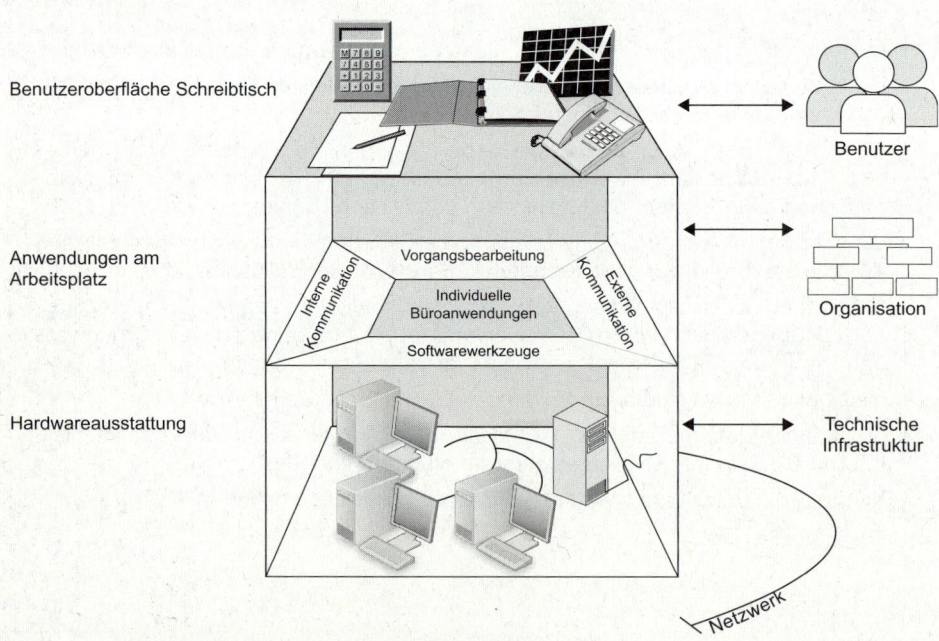

Abb. 3/1: Ebenen von Büroinformationssystemen

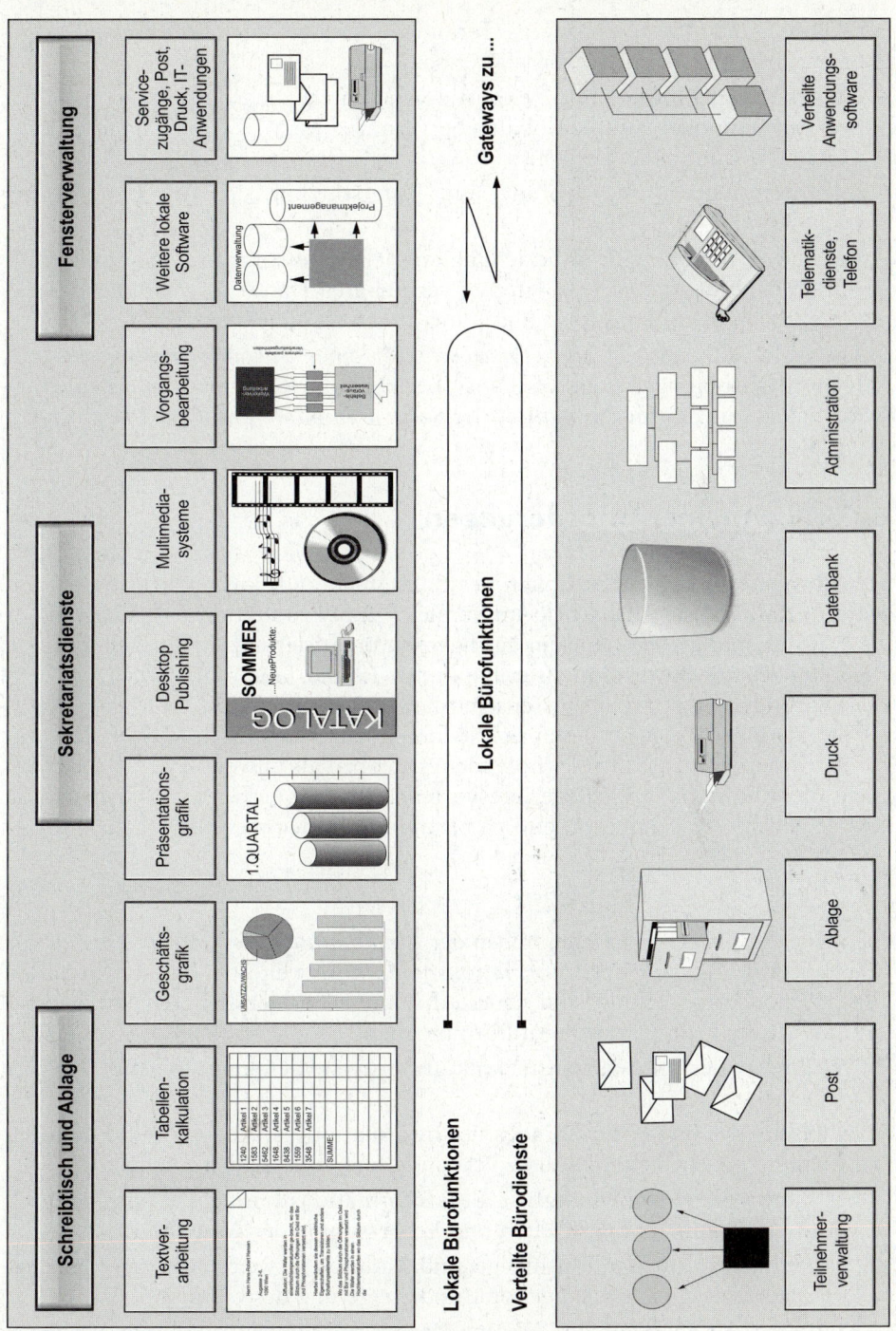

Abb. 3/2: Softwarearchitektur eines Büroinformationssystems

telefone), mit denen unterwegs Termine, Adressen und Notizen angezeigt, eingegeben und geändert werden können,

- einfacher Datenimport und –export sowie Datensynchronisierung zwischen den Anwendungen auf den lokalen Servern und im WWW, den Schreibtisch-PCs und den mobilen Geräten,
- integrierte Vorgangsbearbeitung und Unterstützung der Arbeit in Teams (siehe Kapitel 4),
- bei Bedarf jederzeitige Einbeziehung spezieller Ressourcen aus dem WWW (durch die Nutzung von im Internet verfügbaren Daten, Programmen, Geräten und den Informationsaustausch mit anderen Teilnehmern).

Die Abb. 3/2 zeigt die *Softwarearchitektur eines Büroinformationssystems.* Wie aus der Abbildung zu erkennen ist, beziehen Büroinformationssysteme ihre Mächtigkeit aus der *Funktionalität* der *Softwaremodule* und dem *Integrationskonzept.*

3.1 Allgemeine Anforderungen

Der Bürobereich mit seinen hohen Personalzahlen und -kosten steht unter steigendem Rationalisierungsdruck. Im Vergleich zum Produktionsbereich ist in der Verwaltung in der Regel nur ein geringer Automatisierungsgrad gegeben. Erste Bemühungen zur Bürorationalisierung in den 1970er Jahren orientierten sich an den Vorbildern der arbeitswissenschaftlichen Verfahren für Industriebetriebe (REFA-Verfahren). Sie erwiesen sich jedoch nur für einen sehr kleinen Teil von standardisierbaren, sich wiederholenden Aufgaben als anwendbar und brachten nicht die erhofften Rationalisierungsvorteile. Zu weit getriebene Arbeitsteilung erwies sich sogar als außerordentlich produktivitätshemmend.

3.1.1 Ziele

Heute ist die *Zielsetzung* daher neben der *Eindämmung von Personalkosten* vor allem die *Verbesserung der Informationsqualität* im weitesten Sinne. Durch den Einsatz moderner Technik sind neue, effizientere Formen der Arbeitsorganisation und Aufgabenintegration im Büro möglich.

Der Einsatz der Informationstechnik in Bürosystemen kann folgende *Nutzeffekte* bewirken:

- Erhöhung des Integrationsgrades der Informationsverarbeitung und dadurch Abbau von Mehrfacharbeit und Verminderung von Medienbrüchen,
- Erhöhung der Geschwindigkeit der Informationsweitergabe und dadurch Verkürzung von Durchlaufzeiten und Verbesserung der Aktualität,
- Erhöhung der Informationsmenge und dadurch Erweiterung der Entscheidungsbasis, des Leistungsangebotes und Steigerung des Outputs,
- Erhöhung der Qualität des Inhalts der Information und dadurch Verbesserung von Entscheidungen sowie Ausweitung von Kapazität und Kompetenz,

– Erhöhung der Qualität der Informationsdarstellung und dadurch mehr Transparenz und bessere Außenwirkung,
– Erhöhung der Motivation und Kreativität der im Büro tätigen Mitarbeiter durch mehr Selbstständigkeit, erweiterten Aktionsraum und verbesserte fachliche Qualifikation,
– Erhöhung der Mobilität der Mitarbeiter (Telearbeit) und damit intensivere Kundenbetreuung und geringere Infrastrukturkosten.

Beispiele:

Die Qualität des Kundendienstes einer Versicherung wird daran gemessen, inwieweit bei telefonischen Anfragen zu einem Fall *sofortige Auskunftsfähigkeit* über alle Daten geboten wird. Dies kann durch den Einsatz von teamfähiger Software für zentral abgelegte Akten erreicht werden.

Bei *Ausschreibungen* müssen die Anbieterfirmen oft innerhalb kurzer Zeit mit den Angeboten reagieren. Nur durch ein integriertes Büroinformationssystem, das heißt Zugriff auf alle Daten (Produkte, Preise usw.), kurze Durchlaufzeiten, Erreichbarkeit aller Spezialisten, Verwendung von vorgefertigten Textpassagen und Einsatz von Desktop Publishing für ein attraktives Layout des Lösungsvorschlages kann die Firma mit vertretbarem Kostenaufwand das Angebot in der gewünschten Zeit und Qualität erstellen.

▶ Übungsaufgabe Nr. 1.3.1 im Arbeitsbuch

3.1.2 Typen von Büroarbeit

Die „typische Büroarbeit" gibt es genau so wenig wie den typischen, in einem Büro arbeitenden Menschen. Ausgangspunkt der Bürorationalisierung ist deshalb zunächst einmal eine *Erhebung und Analyse von Bürotätigkeiten*.

Wie aus Abb. 3.1.2/1 erkennbar, lassen sich *drei Typen von Büroarbeit* unterscheiden:
– Nicht formalisierbare Einzelfälle,
– sachbezogene Aufgaben, die nur teilweise formalisierbar sind, und
– vollständig formalisierbare Routinefälle.

Diese Aufgabentypen werden von den im Büro Tätigen in unterschiedlicher Häufigkeit und Gewichtung durchgeführt. Die Abb. 3.1.2/2 zeigt eine Zuordnung zwischen diesen Aufgaben und Stelleninhabern.

Das *Rationalisierungspotential* besteht in der *Verbesserung der Ablauforganisation*. Dazu ist eine Analyse der Abläufe erforderlich. Man unterscheidet:
– Vorgangsspezifische Abläufe, bei denen Teilvorgänge zu komplexeren Abläufen zusammengefügt werden: im Mittelpunkt der Betrachtung stehen die einzelnen *Arbeitsschritte*, die zur Lösung einer (Teil-)Aufgabe notwendig sind, sowie die *Reihenfolge,* in der die einzelnen Schritte gesetzt werden müssen.

Merkmale der Aufgabenerfüllung / Aufgabentyp	Problemstellung	Informationsbedarf	Kooperationspartner	Lösungsweg
Typ 1 Einzelfall (Nicht formalisierbar)	Hohe Komplexität, niedrige Planbarkeit	Unbestimmt	Wechselnd, nicht festgelegt	Offen
Typ 2 Sachbezogener Fall (Teilweise formalisierbar)	Mittlere Komplexität, mittlere Planbarkeit	Problemabhängig (un)bestimmt	Wechselnd, festgelegt	Geregelt bis offen
Typ 3 Routinefall (Vollständig formalisierbar)	Niedrige Komplexität, hohe Planbarkeit	Bestimmt	Gleichbleibend, festgelegt	Festgelegt

Abb. 3.1.2/1: Typisierung von Büroaufgaben (Quelle: A. Picot / R. Reichwald)

Aufgabentypen / Stellentypen	Aufgabentyp 1 Einzelfallorientiert, nicht formalisierbar	Aufgabentyp 2 Sachfallorientiert, teilweise formalisierbar	Aufgabentyp 3 Routinefallorientiert, vollständig formalisierbar
Führungskräfte	X	X	X
Fachkräfte	X	X	X
Sachbearbeiter	X	X	X
Unterstützungskräfte	x-X	x-X	x-X

X = Schwerpunktarbeiten; X = ergänzende Arbeiten

Abb. 3.1.2/2: Beziehungen zwischen Stellen- und Aufgabentypen (Quelle: R. Reichwald)

– Stellenspezifische Abläufe sind Vorgänge, die im Zeitverlauf an einer Stelle vorgenommen werden: die Analyse ergibt unter anderem sämtliche (Teil-) Aufgaben, die einer Stelle zugeordnet sind.

– Prozessspezifische Abläufe beziehen sich auf ein Arbeitsergebnis, bei dem die Vorgänge auf mehrere Stellen verteilt sind: im Mittelpunkt der Betrachtung stehen *sämtliche* Stellen und die darauf entfallenden Teilaufgaben, die zur *vollständigen* Lösung einer Aufgabe notwendig sind.

Ziel ist es stets, Büroprozesse zu verbessern, das heißt Durchlaufzeiten, die bei allen Ablauftypen entstehen, zu verringern, oder eine verbesserte Qualitätssicherung zu erreichen. Dies wird einerseits durch Softwarewerkzeuge zur Erhöhung der individuellen Produktivität (siehe Abschnitte 3.2 und 3.3) und andererseits durch *Groupware-* und *Workflow-Management-Systeme* (siehe Abschnitt 3.4) ermöglicht.

▶ Übungsaufgabe Nr. 1.3.2 im Arbeitsbuch

3.1.3 Benutzeroberfläche: „Der elektronische Schreibtisch"

Wie im herkömmlichen Büro ist bei einem Büroinformationssystem der *Schreibtisch* – in diesem Fall der *Bildschirm des Arbeitsplatzrechners* – die Arbeitsfläche zur Bearbeitung der aktuellen Büroobjekte.

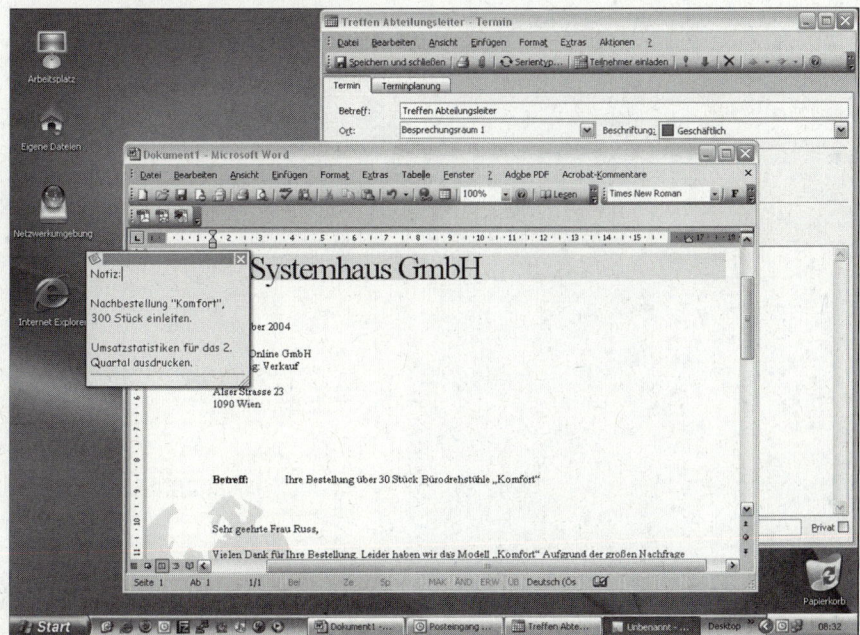

Abb. 3.1.3/1: „Der elektronische Schreibtisch" eines Bürosystems

Der Benutzer hantiert direkt mit „seinen" grafisch dargestellten Utensilien, dem Aktenschrank, den Ordnern, den Registern und den Dokumenten unterschiedlichen Typs. Ebenso sind Standardobjekte wie Drucker, Postfächer, Papierkorb usw. durch Symbole dargestellt. Wesentliches Merkmal der Bedientechnik ist die direkte Manipulierbarkeit der Objekte.

Über die im folgenden beschriebenen Standardfunktionen hinaus bietet der Arbeitsplatzrechner im Rahmen eines Büroinformationssystems meist noch:

– Lokale Ablage,
– Integrationsmöglichkeit beliebiger Anwendungen,
– Funktionen zum Sichern und Löschen von Daten („Papierkorb"),
– Alarm und Wiedervorlagedienste.

In der Regel wird mit der Basissoftware auch *Schreibtischzubehör* (= Dienstprogramme) wie Uhr, Taschenrechner, Notizblock, privater Kalender usw. ausgeliefert. Über ein Auswahlmenü („Kontrollfeld") kann der Benutzer seinen Rechner auf seine persönlichen Bedürfnisse einstellen: Zum Beispiel kann er den Bildschirmhintergrund auswählen, die Blinkfrequenz des Cursors regulieren, Symbole und Farben für die Darstellung von Objekten definieren oder sich durch die Zuordnung von Tonsignalen auf einen bestimmten Systemstatus aufmerksam machen lassen.

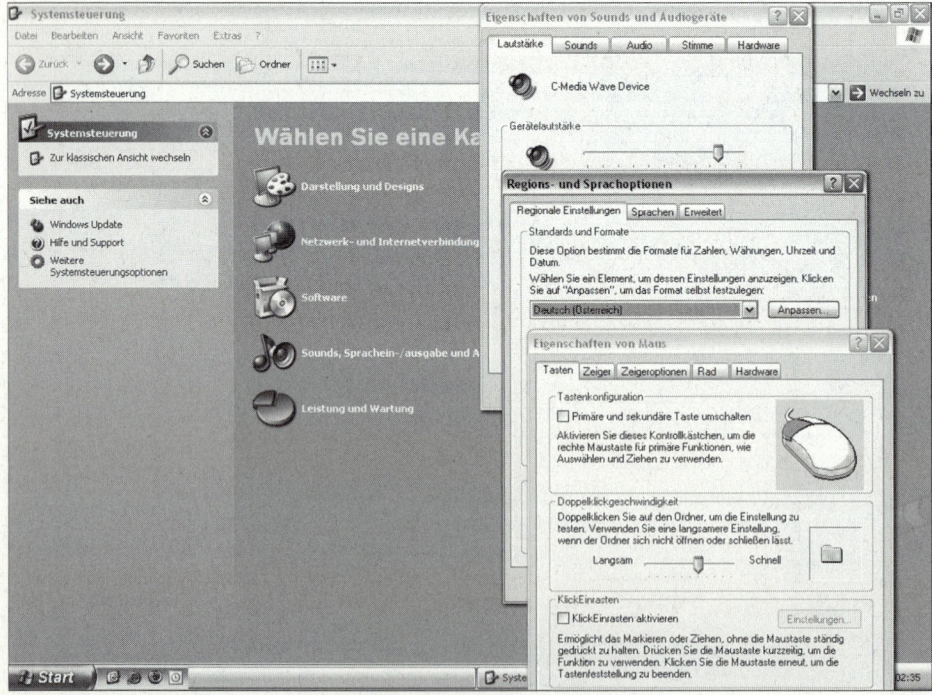

Abb. 3.1.3/2: Kontrollfeld-Einstellungen am Bildschirm

Die für Büroumgebungen geschaffene *Standardanwendungssoftware* ist in der Regel so konzipiert, dass *IT-Laien* ihre Handhabung sehr schnell erlernen können. Sie richtet sich also primär an *Endbenutzer*, die damit Dokumente erstellen, ändern und ausdrucken sollen.

▶ Übungsaufgabe Nr. 1.3.3 im Arbeitsbuch

3.1.4 Endbenutzerwerkzeuge

> Unter **Endbenutzerwerkzeugen** (engl.: enduser tool) werden Programme verstanden, die es Mitarbeitern in Fachabteilungen erlauben, Problemlösungen ohne Unterstützung durch die IS-Abteilung und ohne die Aneignung von speziellen IT-Kenntnissen zu erarbeiten.

Die meistverkauften Endbenutzerwerkzeuge sind Programme, die für die typischen Basisarbeiten in Büros konzipiert wurden, also zur Terminkalender-

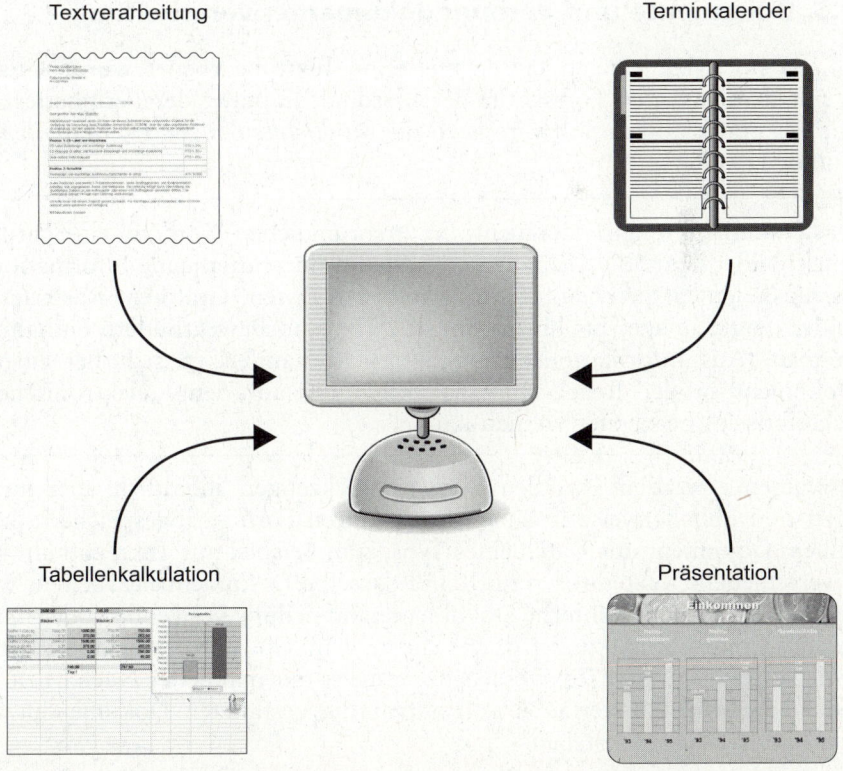

Textverarbeitung

Terminkalender

Tabellenkalkulation

Präsentation

Abb. 3.1.4/1: Typische Komponenten von integrierten Bürosoftwarepaketen

und Adressenverwaltung, Textverarbeitung, Tabellenkalkulation und Präsentation. *„Integrierte Bürosoftware"* fasst diese *Komponenten* zu einem preisgünstigen Paket zusammen (Minimalausstattung). Auch im deutschen Sprachraum wird hierfür häufig die englische Bezeichnung *Office Suite* verwendet. In den erweiterten Versionen, den so genannten *Premium* oder *Professional Editionen,* stehen darüber hinaus auch eine Datenbankverwaltung (mit Abfragesprache und Berichtsgenerator), erweiterte Grafikfunktionen und Zusatzprogramme, zum Beispiel für das automatische Diktieren, die Generierung von Web-Seiten usw., zur Verfügung. Neben einem *umfangreichen Befehlsvorrat* zeichnen sich Endbenutzerpakete durch eine *einheitlich gestaltete Benutzerführung* und durch eine eigene Programmiersprache aus, mit deren Hilfe die Funktionalität der verschiedenen Module programmierbar ist.

In diesem Kapitel werden zunächst die Programme zur individuellen Arbeitsunterstützung am PC und PDA/Mobiltelefon behandelt. Endbenutzerwerkzeuge zur Unterstützung der Teamarbeit im Rechnerverbund sind Gegenstand des Abschnitts 3.4.

▶ Übungsaufgabe Nr. 1.3.4 im Arbeitsbuch

3.1.5 Dokumente und Verbunddokumentenverarbeitung

Während noch vor einigen Jahren nur reine Texte bearbeitet wurden, haben sich mit dem rasanten Fortschritt der Personalcomputer, der Peripheriegeräte sowie der grafikfähigen Software auch die *Möglichkeiten zur Dokumentenverarbeitung* erweitert.

Das **Dokument** (engl.: document), im ursprünglichen Wortsinn ein Schriftstück, bildet heute die Grundlage für alle im Büro anfallende Information. Es muss dementsprechend Text, formatierte Daten, Grafiken, Rasterfestbilder (engl.: image) bis hin zu Sprache/Ton und Bewegtbildern enthalten können. Aus informationstechnischer Sicht handelt es sich bei einem Dokument in der Regel um eine *Datei*, die auf dem „elektronischen Schreibtisch" bearbeitet werden kann.

Dokumente werden von den Softwarewerkzeugen inhaltlich strukturiert, codiert und üblicherweise in einem proprietären Format abgespeichert. Selbst wenn ein Dokument nur Daten eines Typs, zum Beispiel nur Text, enthält, können verschiedene Texteditoren nur dann dasselbe Dokument bearbeiten, wenn sie entweder die gleiche interne Dokumentendarstellung verwenden oder mittels Filter das Fremdformat zuerst in das eigene wandeln. Für den Benutzer ist ein Umstieg auf eine andere Textverarbeitung meist mit manueller Nacharbeit verbunden, da beim Konvertieren von aufwändig gestalteten Dokumenten stets Darstellungsverluste entstehen.

Ein Dokument muss auf dem Arbeitsplatzrechner erstellt, weiterbearbeitet, gedruckt, archiviert und versendet werden können.

Eine Fortentwicklung von Dokumenten stellen *Verbunddokumente* dar:

Ein **Verbunddokument** (engl.: compound document), manchmal auch **Mischdokument** genannt, besteht aus Informationsteilen („Komponenten"), die von verschiedenen Werkzeugen (zum Beispiel Texteditor, Tabellenkalkulationsprogramm, Zeichenprogramm, Datenbank) geliefert werden. Diese Werkzeuge werden daher auch als Komponenteneditoren bezeichnet. Eine Komponente kann auch aus einem Verweis (engl.: link) auf ein Dokument bestehen, das in einer separaten Datei oder einem anderen Verbunddokument gespeichert ist.

Für die Speicherung und Bearbeitung von Verbunddokumenten gibt es zwei Methoden:

1. *Inhaltsorientierte Verbunddokumente,* die alle Informationsteile im Dokument enthalten.

Zur Verwaltung ist entsprechende Strukturinformation zusätzlich notwendig. Die Bearbeitung dieser Verbunddokumente kann nur durch spezielle, passende Editoren erfolgen, die für sie relevante Informationsteile selbstständig aus dem Datenstrom herausfiltern können. Diese sehr komplexen Dokumentenarchitekturen werden von den großen IT-Herstellern eingesetzt. Hier finden Normen der ISO (ODA/ODIF) und Industriestandards ihren Einsatz.

2. Bei *komponentenorientierten Verbunddokumenten* steuert ein Komponenten-Manager (= Steuerprogramm) die Ausgabe der Komponenten durch die einzelnen Anwendungen. Der Vorteil liegt darin, dass jede Applikation, die die Befehlsstruktur des Komponenten-Managers versteht, am Verbunddokumentenaufbau teilnehmen kann und die anderen Informationsteile nicht interpretieren muss. Softwarewerkzeuge benötigen im Unterschied zu den inhaltsorientierten Verbunddokumenten also nicht die Strukturinformation über alle im Dokument verbundenen Informationsteile. Zudem ist der Komponenten-Manager in der Lage, Komponenten eindeutig den Anwendungen zuzuordnen, die sie erzeugt haben und kann diese auch selbständig laden, wenn der Benutzer einen solchen Informationsteil editieren möchte.

Mit dieser Methode ist es grundsätzlich möglich, in einem Verbunddokument – neben den Daten für die einzelnen Informationsteile selbst – *Verweise* auf weitere (Verbund-) Dokumente zu speichern, die anstelle der Verweiskomponente zum Editieren beziehungsweise Drucken geladen werden sollen. Die Komponenteneditoren erlauben es in der Regel, dass sie mit Hilfe von Skriptsprachen (siehe Band 2, Kapitel 4) kontrolliert (= „ferngesteuert") werden. Dadurch können Anwendungen für wiederkehrende Bearbeitungsschritte auf einfache Weise erstellt werden.

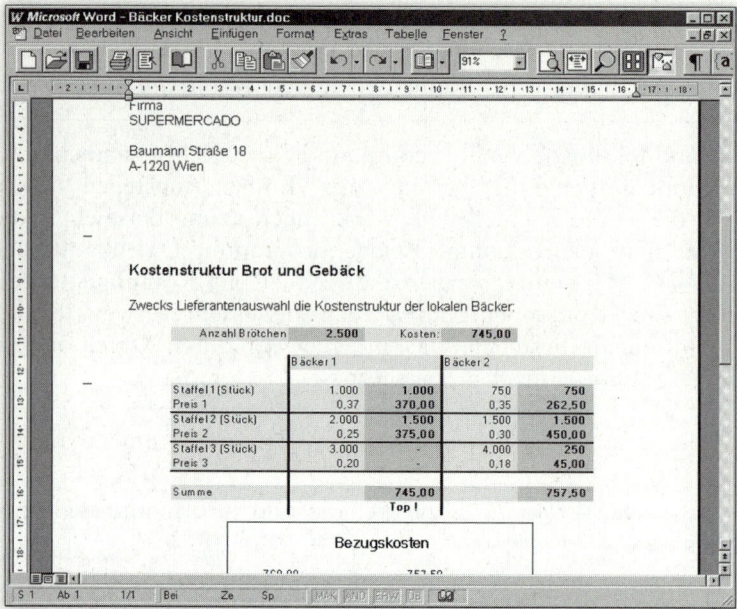

Abb. 3.1.5/1: Verbunddokument, bestehend aus einem Textverarbeitungsteil und darin eingebettetem Tabellenkalkulationsblatt

Ein Beispiel:

Der Manager unseres *Lebensmittelsupermarktes* muss der Unternehmenszentrale einen Bericht über die Kostenstruktur von lokalen Bäckern geben. Da es bereits ein Tabellenkalkulationsblatt in der Filiale gibt, das diese Daten für sämtliche in Frage kommenden Bäcker enthält, möchte der Manager es in sein Textverarbeitungsdokument einbetten und anschließend mit Elektronischer Post an die Zentrale weitersenden. Das Verbunddokument kann wie folgt erstellt werden:

– Starten des Tabellenkalkulationsprogramms, Laden des entsprechenden Arbeitsblattes,
– Starten des Textverarbeitungseditors, Eingabe des Textes,
– Markieren und Kopieren des *gesamten* Arbeitsblattes in der Tabellenkalkulation,
– Einfügen der kopierten Daten in das Textverarbeitungsdokument.

Die Abb. 3.1.5/1 zeigt das Verbunddokument, das der Filialleiter dafür erstellt hat. Er braucht es nur mehr mit einem Elektronischen Postprogramm an die Zentrale zu senden.

▶ Übungsaufgabe Nr. 1.3.5 im Arbeitsbuch

3.1.6 Arbeiten mit persönlichen Informationshilfsmitteln (PDAs, Smartphones)

Sie haben PDAs und Smartphones bereits im ersten Kapitel als kleine „Bürocomputer für unterwegs" kennengelernt, die geschäftlich oder privat als elektronisches Adressbuch, Terminkalender und Notizblock dienen können. Vielfach sind auch die *Basisanwendungen* von PC-Bürosoftwarepaketen – Textverarbeitung, Tabellenkalkulation und Präsentationsgrafik – in „Schmalspurversionen" vorhanden. Hunderte von zusätzlichen kleinen Anwendungen, vor allem auf Reisen nützliche Hilfen wie Stadtpläne, Restaurantführer, Wörterbücher, Währungsumrechner und Spiele, können zusätzlich aus dem Internet heruntergeladen werden.

In der Regel wird ein solches Gerät *nicht allein* verwendet. Wegen der kleinen Tastatur und/oder der vergleichsweise langsamen Handschrifteingabe ist es nur für kurze Einträge geeignet. Dementsprechend werden größere Datenmengen, wie Adressbestände, Präsentationen, eingegangene E-Mails usw. vom Arbeitsplatzrechner oder Server importiert. Der Benutzer arbeitet im Büro an seinem leistungsfähigeren Arbeitsplatzrechner und verwendet unterwegs das mobile Gerät, dessen Daten seinen PC-Anwendungen entsprechen. Durch die *Synchronisierung der Daten* entsteht jedes Mal eine Sicherungskopie, das heißt, die aktuellen Daten sind auf dem PDA/Smartphone und dem PC gleichermaßen vorhanden. Wegen des Batteriebetriebs und eines möglichen Geräteverlusts durch Diebstahl, Liegenlassen usw. ist bei tragbaren Geräten das Verlustrisiko höher und diese *Datensicherung* deshalb besonders wichtig.

Beim *Einschalten* durch Drücken des Ein-/Ausschaltknopfs erscheint sofort – also ohne die bei einem PC üblichen Ladezeiten – die Bildschirmanzeige, die zuletzt vor dem

Abb. 3.1.6/1: Benutzeroberfläche eines Smartphones

Ausschalten zu sehen war. Im Bild wird das Hauptmenü mit den *wichtigsten Anwendungen* dargestellt. Zwischen den Anwendungen kann beliebig gewechselt werden. Das mobile Gerät speichert den aktuellen Anwendungsstand automatisch und zeigt diesen wieder an, wenn zu der Anwendung zurückgekehrt wird. Der Bildschirm ist bei vielen Modellen *berührungsempfindlich*. Durch *Tippen mit einem Stift* werden die angezeigten Funktionen ausgeführt, zum Beispiel Anwendungen geöffnet, Menübefehle und Optionen in Dialogfeldern gewählt, globale Suchvorgänge eingeleitet, Bildschirmtastaturen geöffnet usw.

In den *Schreibbereich* können mit dem Stift in einer herstellerspezifischen Blockschrift Alphabetbuchstaben, Ziffern, Satz- und Sonderzeichen geschrieben werden. Dazu wird zunächst die gewünschte Anwendung geöffnet und die Stelle auf dem Bildschirm markiert, wohin geschrieben werden soll. Das kann zum Beispiel ein bestimmter Termin im Kalender, eine Adresse oder eine Notiz sein, die neu erfasst oder korrigiert werden sollen. An der markierten Stelle auf dem Bildschirm erscheinen dann in (der vom Benutzer wählbaren) Maschinenschrift die in den Schreibbereich per Hand eingegebenen Zeichen. Zieht der Benutzer die *Dateneingabe mit einer Bildschirmtastatur* vor, so aktiviert er diese nach Markierung des gewünschten Eintrags und tippt zur Eingabe auf die entsprechenden Zeichen.

Durch Drücken der *Bildlauftaste* kann bei der Anzeige von Dokumenten nach unten (untere Hälfte) und nach oben (obere Hälfte) geblättert werden. Durch die Anwendungstasten werden die wichtigsten Anwendungen, wie „Kalender", „Adressbuch", „Aufgabenliste" und „Merkzettel", aktiviert.

3.2 Individuelle Arbeitsunterstützung bei der Verarbeitung schriftlicher Information

Für die individuelle Arbeitsunterstützung am Büroarbeitsplatz stehen Endbenutzerwerkzeuge zur Verfügung, von denen die wichtigsten in *Integrierten Bürosoftwarepaketen* enthalten sind. Die typischen Komponenten finden Sie in Abb. 3.1.4/1 angeführt. Zunächst beschreiben wir die in der *Basisausstattung jeder PC-Office-Suite* vorhandenen Programme zur Verwaltung persönlicher Information sowie zur Textverarbeitung, Tabellenkalkulation und Präsentation.

Für das *persönliche Informationsmanagement,* das heißt, die Planung und Kontrolle von Terminen, Aufgaben und Kontakten, werden – wie vorstehend beschrieben im losen PC-Verbund – auch vielfach PDAs oder Smartphones verwendet. Ebenso sind die anderen zur Basisausstattung eines PC-Büropakets gehörenden Programme zunehmend in „abgespeckten" Versionen auf mobilen Geräten verfügbar. Das mobile Gerät dient in solchen Fällen primär als Anzeigegerät, mit dem die entsprechenden Dateiinhalte unterwegs betrachtet werden können. Selbstverständlich sind jedoch Eingaben kleineren Umfangs und darauf basierende Berechnungen möglich.

In den teureren *Professional oder Premium Editionen von PC-Bürosoftware-paketen* werden neben den erwähnten Standardkomponenten Programme angeboten, die zur Bewältigung größerer, komplexerer Aufgaben im Büro geeignet sind. Dazu gehören stets Grafikprogramme (siehe Abschnitt 3.3.2) und Datenbankverwaltungsprogramme. Datenbanksysteme werden im Band 2, Kapitel 5 ausführlich behandelt; deshalb wird hier auf eine Darstellung verzichtet.

Darüber hinaus gibt es noch eine Vielzahl von kleineren und größeren *Zusatzprogrammen,* die in vielfältigen Varianten manchmal separat, manchmal als Teil von integrierten Bürosoftwarepaketen angeboten werden. Im Abschnitt 3.2.2 werden die wichtigsten genannt.

3.2.1 Basisausstattung von integrierten Bürosoftwarepaketen

3.2.1.1 Persönliches Informationsmanagement

Ein Programm für das **persönliche Informationsmanagement,** auch engl.: **Personal Information Manager** (abgekürzt: PIM) genannt, bietet Unterstützung bei der Planung und Organisation von Terminen, Aufgaben und Adressen sowie bei der Kommunikation mit anderen Personen. Die Information wird in Ordnern verwaltet. Typische integrierte Komponenten (Ordner) sind: *Kalender, Adressen, Aufgaben, Merkzettel, Post, Datensynchronisierung.*

Bei *Verwendung mehrerer Personal Information Manager,* zum Beispiel in Kombination auf PC, PDA, Handy und/oder Web, kann der Endbenutzer rund um die Uhr und an jedem Ort einen lückenlosen Überblick über seine Termine, Kontakte und Aktivitäten erhalten. Eine wichtige Voraussetzung hierbei ist, dass die (verschiedenen) PIM aufeinander abgestimmt werden können, das heißt, dass es einerseits Grundfunktionen geben muss, die von allen PIM erfüllt werden und andererseits die Möglichkeit bestehen muss, durch Export-/Importfilter, Daten untereinander auszutauschen beziehungsweise zu synchronisieren.

Terminkalender

Mit der PIM-Anwendung **Terminkalender** (engl.: calendar) kann der Benutzer *Termine* und *Aktivitäten* schnell und einfach für einen bestimmten Tag und eine bestimmte Uhrzeit planen. Darüber hinaus kann er *Ereignisse* definieren, die zu einem bestimmten Zeitpunkt ausgelöst werden sollen, beispielsweise zeitgesteuerte Erinnerungsmeldungen am Bildschirm.

Elektronische Terminkalender bieten zumindest die folgenden Funktionen:
• Eingabe von Einzelterminen beziehungsweise sich regelmäßig wiederholenden Terminen (= Serientermine), entweder für einen bestimmten Zeitraum

oder mit einem bestimmten Enddatum beziehungsweise mit offenem Ende, wie zum Beispiel Besprechungen, Schulungstage,

- alternativer Wechsel der Ansichten von Terminen (= Tages-/Wochen-/Monatsansicht) beziehungsweise Möglichkeit zur Erstellung von (übersichtlichen) gedruckten Terminblättern für die verschiedenen Ansichten,
- Erinnerungsfunktion, die zeitgesteuert den Benutzer auf aktuelle und wichtige sowie auf überfällige Termine beziehungsweise Aufgaben wiederholt aufmerksam macht,
- übersichtlicher Ausdruck von Terminkalenderblättern für bestimmte Zeiträume, in Tages-, Wochen-, Monats- oder Jahresansicht.

Die Abb. 3.2.1.1/1 zeigt zur Veranschaulichung die Tagesansicht eines verbreiteten PC-Kalenderprogramms. Neben der Anzeige der Tagestermine in der Fenstermitte erleichtert der Datumsnavigator im Fenster rechts oben die Orientierung beziehungsweise den Wechsel zu anderen Kalendertagen. Die Aufgabenliste, im Fenster rechts unten, bietet einen Überblick über alle noch zu erledigenden Aufgaben – erkennbar durch ein nicht angekreuztes Optionsfeld – , die

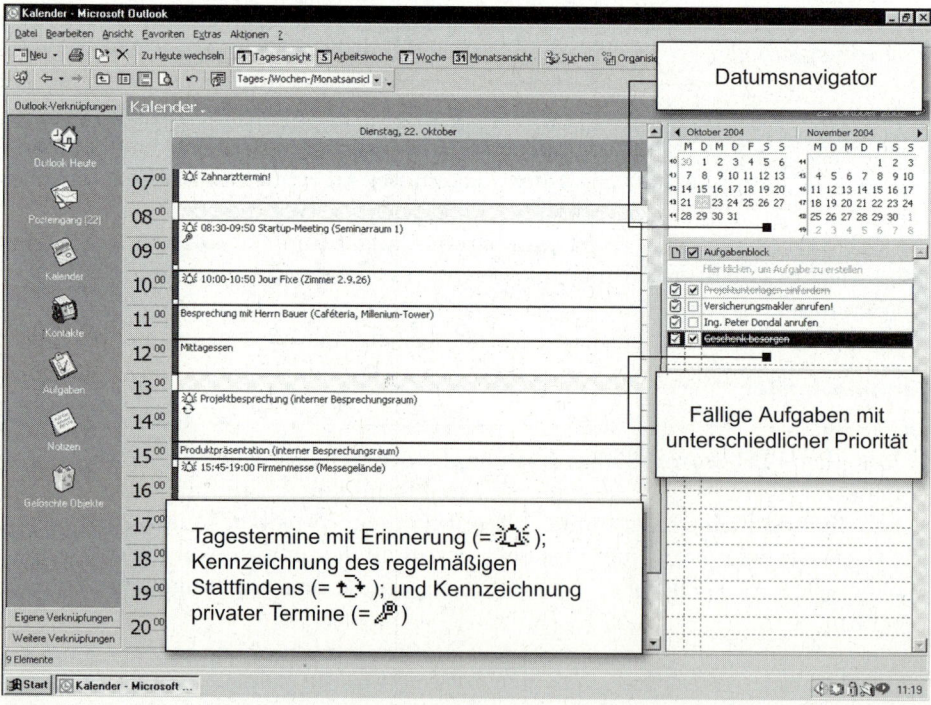

Abb. 3.2.1.1/1: Kalendertagesansicht mit Aufgabenliste und Kalendervorschaufenster

zusätzlich mit einem Prioritätsstatus ihrer Wichtigkeit gekennzeichnet worden sind.

Netzwerkfähige Terminkalender sind zudem in der Lage, Termine von *unterschiedlichen* Mitarbeitern zu koordinieren. Sie erlauben es auch dem Sekretariat, den Terminkalender des Chefs über das Netz hinweg zu verwalten. Für dieses Einsatzgebiet stehen zusätzlich unter anderem Sicherungsfunktionen und Funktionen zur Definition von Sperrzeiten, die nicht verplant werden dürfen, zur Verfügung.

Adressverwaltung

Mit der PIM-Anwendung **Adressverwaltung** (engl.: address administration) kann der Benutzer auf einfache Weise *Namen, Adressen, Telefonnummern und andere Angaben* zu seinen geschäftlichen oder privaten *Kontakten* verwalten. Professionelle Adressverwaltungsprogramme für sehr große, von vielen Benutzer gemeinsam verwendete Adressdatenbestände gehen in der Funktionalität weit darüber hinaus (diese werden hier nicht behandelt).

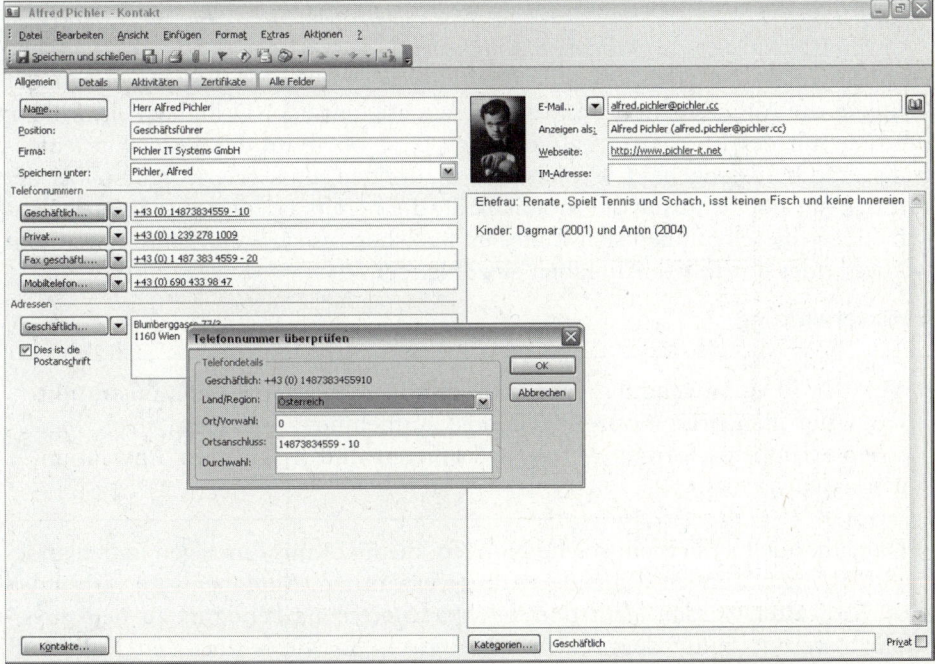

Abb. 3.2.1.1/2: Dialogfenster zur Adressen- beziehungsweise Kontaktbearbeitung in der Registeransicht Geschäftlich und Allgemein eines Adressverwaltungsprogramms

Die Adressverwaltung, auch *Kontaktverwaltung* genannt, erlaubt den schnellen Abruf und die Eingabe von Namen, Anschriften, Telekom-Anschlüssen und anderen Angaben von Personen und/oder Firmen. Zu jedem Namen können beispielsweise mehrere Telefonnummern (Privat, Büro, Auto usw.), ISDN- und Fax-Anschlüsse, die WWW-Leitseite sowie E-Mail-Adressen angegeben werden. Den Adressbucheinträgen können Klassifikationsmerkmale zugewiesen werden, um sie in logischen Gruppen zu ordnen und anzuzeigen. Die Abb. 3.2.1.1/2 zeigt bei einem PC-Adressverwaltungsprogramm die *Eingabe- beziehungsweise Veränderungsmöglichkeit von Adressdaten* über Dialogfenster. Neben jeweils einem Register für geschäftliche und private Daten gibt es meist ein zusätzliches Register für allgemeine Information, die nicht bereits in den ersten zwei Registern berücksichtigt wird. Die Endbenutzer haben die Möglichkeit, die von Ihnen eingegebenen Daten jederzeit zu ändern oder zu löschen, beziehungsweise über Export-/Importfilter bestimmte Daten in beziehungsweise aus anderen Programmen einzubinden, zum Beispiel Datenexport für Serienbriefe.

Aufgabenverwaltung

> Mit der PIM-Anwendung **Aufgabenverwaltung** (engl.: task administration) kann der Benutzer schnell eine Liste der zu erledigenden Aufgaben erstellen, und diesen dabei Prioritätsstufen, Fälligkeitsdaten und Merkmale für die Zuordnung zu bestimmten Aufgabenkategorien zuweisen.

Ein Eintrag in der *Aufgabenliste* (engl.: to do list) ist eine Erinnerung an eine zu erledigende Aufgabe. Mit der *Prioritätseinstellung* für Einträge kann der Benutzer die Aufgaben in der Liste nach Wichtigkeit oder Dringlichkeit ordnen. Einträge mit der Priorität 1 befinden sich ganz oben auf der Liste. Ein Aufgabeneintrag kann abgehakt werden, um anzuzeigen, dass er erledigt ist. Bei der *Anzeige* hat der Benutzer die Möglichkeit, die bereits erledigten Aufgaben auszublenden (diese befinden sich weiter im Speicher, bis sie vom Benutzer gelöscht werden) oder nur fällige Aufgaben einzublenden.

Notizverwaltung

> Mit der PIM-Anwendung **Notizverwaltung** (engl.: notes administration) kann der Benutzer Notizen (Memos) aufnehmen, sortieren, nach logischen Gruppen geordnet anzeigen, kopieren und in anderen Anwendungen ablegen.

Dabei handelt es sich um solche Notizen, die nicht mit Einträgen in den anderen PIM-Anwendungen (Kalender, Adressverwaltung, Aufgabenliste) verbunden sind. Verwaltet werden *elektronische Merkblätter* als Pendants zu den physischen Notizzetteln auf dem realen Schreibtisch. So wie es dort Zettel mit Aufschriften und in verschiedenen Farben zur Kennzeichnung der jeweiligen Bedeutung gibt (zum Beispiel „Rot" = Dringend!), besteht auch hier manchmal die

Möglichkeit, den Notizen Themenkategorien beziehungsweise unterschiedliche Farbhintergründe zuzuweisen.

Kommunikation

Neben den erwähnten Hauptanwendungen spielt die Kommunikation über den Personal Information Manager eine immer größere Rolle. Dazu gehören einerseits die *Elektronische Post* (engl.: e-mail) und ein *Web-Browser,* auf die in den Folgekapiteln näher eingegangen wird, und andererseits der *Datentransfer,* um die Information zwischen zwei oder mehreren mobilen Geräten und der PIM-Software auf einem Arbeitsplatzrechner oder auf einem Web-Server zu *synchronisieren.*

Mit einem PDA/Smartphone-Mail-Programm können Sie über die PC-Mail-Anwendung *E-Mails* lesen, beantworten, verfassen und löschen, während Sie sich nicht im Büro befinden. Wenn Sie beispielsweise E-Mail-Einträge auf Ihrem mobilen Gerät löschen, werden diese bei der nächsten Synchronisation auch in der E-Mail-Anwendung Ihres Schreibtisch-PCs gelöscht. Zum Senden oder Empfangen von E-Mails ist jedoch stets ein Synchronisationsvorgang entweder lokal (via Docking-Station, Infrarot- oder Funkübertragung) oder entfernt (via Modem) erforderlich.

Selbstverständlich können Sie bei der Benutzung von E-Mail sowohl auf dem PDA/Smartphone wie auf dem PC auf die in den anderen PIM-Anwendungen gespeicherten Angaben (etwa die E-Mail-Adressen) zurückgreifen. Während früher für die Elektronische Post in der Regel separate Programme verwendet wurden, hat sich inzwischen die Verwaltung der elektronischen Post aus einem PIM heraus weitgehend durchgesetzt.

Beispielsweise wird beim ersten Starten des am häufigsten in der Praxis eingesetzten PC-PIM-Programms in der Standardeinstellung der Ordner „Posteingang" geöffnet. Will der Benutzer beim Lesen der eingegangenen Mitteilungen schnell zu einem anderen Ordner wechseln, um zum Beispiel einen Termin einzutragen, so muss er nur auf die entsprechende Verknüpfung (hier: Kalender) auf einer Leiste klicken, die sich links neben dem Posteingang befindet. Die Ordnerleiste (die horizontale Leiste oberhalb des Informationsbereichs) zeigt den Namen des aktuell geöffneten Ordners an.

Es muss zu Arbeitsbeginn also nur ein einziges Programm am PC gestartet werden, um gleichzeitig einen Überblick über die eingegangenen Nachrichten, die aktuellen Termine, die anstehenden Aufgaben und gespeicherten Notizen zu erhalten. Dadurch kann sehr viel Zeit eingespart werden und die einzelnen Anwendungen sind optimal integriert.

▶ Übungsaufgabe Nr. 1.3.6 im Arbeitsbuch

3.2.1.2 Textverarbeitung

Unter **Textverarbeitung** (engl.: text processing) versteht man die geistige und technische Produktion von Texten. Diese Textproduktion kann man in die Schritte Textentwurf, Textfixierung, Textumformung und Textweiterverwendung gliedern. Wir befassen uns hier nur mit der technischen Seite, der rechnerunterstützten oder **automatisierten Textverarbeitung** (engl.: word processing).

Das Ziel der automatisierten Textverarbeitung ist es, dass der Benutzer ein Schriftstück (Dokument) nach möglichst wenigen und kurzen Arbeitsschritten in der gewünschten Form erstellen kann.

Bei der **interaktiven Textverarbeitung** wird im Dialog „auf Knopfdruck" die Textbreite der Dokumente, der Zeilenabstand, die Seitengröße u.v.a.m. verändert. Der auf dem Bildschirm erstellte Text entspricht dem gedrucktem Text jederzeit in Form und Aussehen (engl.: what you see is what you get, abgekürzt: WYSIWYG).

Das bedeutet, dass die Schreibkraft bereits *bei der Erfassung das Layout gestalten* beziehungsweise modifizieren kann. Man kann so zum Beispiel verhindern, dass Kapitelüberschriften an das Ende einer Seite gestellt werden. Der Text kann so lange auf dem Bildschirm umformatiert werden, bis er den optischen Anforderungen entspricht.

Für den Satz großer Dokumente, zum Beispiel Bücher, kommt auch die **stapelorientierte Textverarbeitung** in Betracht. Bei dieser werden Textstellen mit vordefinierten Zeichenfolgen („Textmarken", engl.: „markup"; meist in der Form von zwei- oder dreibuchstabigen Abkürzungen, oft in Verbindung mit Sonderzeichen) gekennzeichnet (beispielsweise, dass eine Zeile eine Überschrift darstellt). Der Text hat im Rohzustand wenig mit dem fertigen Text gemein. Ist der Text vollständig erfasst, wird ein Formatierungsprogramm aufgerufen, welches das Dokument entsprechend den im Text codierten Befehlen aufbereitet.

Die im Internet gebräuchlichen *HTML-Dokumente* werden ebenfalls auf diese Weise gestaltet: die WWW-Browser (= Formatierungsprogramme) bereiten die aufgefundene Information entsprechend den Formatierungsbefehlen auf.

Der nachstehende *Kriterienkatalog* erhebt keinen Anspruch auf Vollständigkeit. Er soll lediglich dazu dienen, Ihnen einen *Überblick über die wichtigsten Funktionen von Textverarbeitungsprogrammen* zu verschaffen. Beachten Sie aber, dass die Qualität eines Textverarbeitungssystems nicht nur von der Anzahl

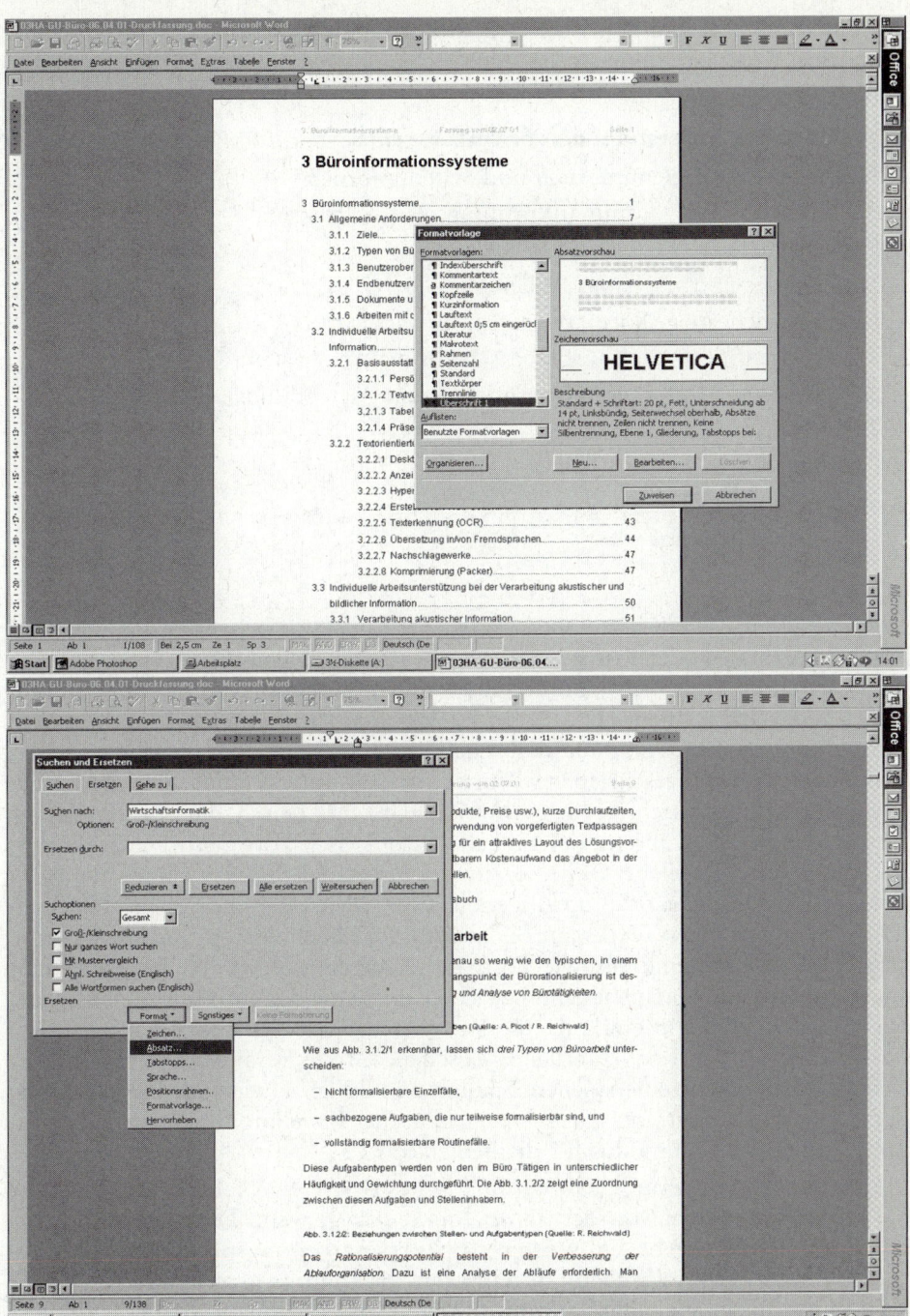

Abb. 3.2.1.2/1: Textverarbeitungsprogramm mit Formatvorlagen-Katalog und „Ersetzen"-Fenster

der Funktionen bestimmt wird, sondern auch ganz wesentlich davon abhängt, in welcher Weise beziehungsweise mit welchem Aufwand für den Benutzer diese Funktionen eingesetzt werden können.

Funktionen zur Unterstützung der Texteingabe:

– Automatischer Zeilenumbruch und Seitenumbruch,

– Rechtschreib- und Grammatikprüfung, Autokorrektur,

– Positionsanzeige (Zeile und Spalte),

– horizontales und vertikales Rollen,

– Formatspeicherung (Formatvorlagen, Absatzlayouts),

– Tabulatoren (dezimal, links, rechts, zentriert),

– Silbentrennung (internes Wörterbuch versus Algorithmus),

– Tabellenbearbeitung,

– Formularbearbeitung,

– Spracherkennung,

– Sprachenerkennung.

Erklärung:

Automatischer Zeilen- beziehungsweise Seitenumbruch bedeutet, dass das System beim Erfassen oder Korrigieren eines Textes die Zeilen (Seiten) umbricht, so dass die Schreibkraft nicht darauf achten muss, ob der Text in dieser Zeile (auf dieser Seite) Platz findet. Die *Rechtschreib- und Grammatikprüfung* erkennt orthographische und grammatikalische Fehler während der Bearbeitung des Dokuments. Falsch geschriebene Wörter werden unterstrichen und es werden Vorschläge für die richtige Schreibweise gemacht. Durch die *Autokorrektur* werden Tippfehler während der Eingabe automatisch korrigiert. Die *Positionsanzeige* gibt an, in welcher Zeile beziehungsweise Spalte der jeweiligen Seite sich der Cursor (Anzeigemarke) im Augenblick befindet. Unter *Rollen* versteht man das Verschieben eines Textes am Bildschirm. Das Stichwort *Formatspeicherung* steht für den Problemkreis, wie Formate (Zeilenbreite, Seitenlänge, Zeilenabstand usw.) dem System bekannt gegeben und von diesem verwaltet werden. Die *Tabellenbearbeitung* erlaubt die Verwendung von fast beliebig strukturierbaren Tabellen im Text (Einfügen, Löschen, Größe verändern der gesamten Tabelle oder von einzelnen Zeilen, Spalten und Zellen sowie Text sortieren). Bei der *Formularbearbeitung* unterscheidet man den Erstellmodus für den Organisator und den Ausfüllmodus für die Bedienkraft.

Spracherkennung ermöglicht automatisches Diktieren (Näheres im Abschnitt 3.3.1.3). Man spricht von der *Sprachenerkennung*, wenn bei der Texteingabe auf Basis der eingegebenen Wörter das Textverarbeitungsprogramm automatisch die sprachenspezifischen Einstellungen vornimmt (beispielsweise das englische Wörterbuch, die englische Rechtschreibhilfe und Silbentrennung wählt).

Funktionen zur Verbesserung des Schriftbildes:

- Flatter- oder Blocksatz, ein- und mehrspaltig,
- rechts- und linksbündiges Tabellieren, Zentrieren, Spaltenzentrieren,
- Unterstreichen, Fettdruck, Kursivdruck, Schattenschrift,
- unterschiedlicher Zeilenabstand,
- unterschiedliche Schriftbreite (10, 12, 15 Pitch, Proportionalschrift),
- Sonderzeichen,
- unterschiedliche Schrifttypen und Schriftgrößen (in einem Dokument),
- Umrandungen,
- Grafik.

Erklärung:

Bei der Option *Blocksatz* wird vom System der Text gleichzeitig an den linken und an den rechten Rand angeglichen. Das Gegenteil von Blocksatz ist *Flattersatz*. *Zentrieren* ist ein Synonym für Einmitten, das heißt Textstücke in die Mitte einer Zeile, Spalte oder Seite stellen. *Pitch* ist ein gebräuchliches Maß für den Zeichenabstand und wird in Zeichen pro Zoll gemessen. *Proportionalschrift* bedeutet, dass die Zeichenbreite für die einzelnen Buchstaben verschieden ist; ein „M" ist breiter als ein „I".

▶ Übungsaufgabe Nr. 1.3.7 im Arbeitsbuch

Textmengenorientierte Funktionen:

- Selektieren von Zeichen, Worten, Zeilen, Absätzen, Seiten,
- Ersetzen, Umstellen, Duplizieren und Löschen von Textmengen,
- Suchen innerhalb eines Dokumentes,
- Suchen und automatisches Ersetzen (nach Rückfrage) einer Textmenge durch eine andere,
- Abgleich zwischen Dokumenten unterschiedlicher Versionen,
- Bausteinkorrespondenz,
- Erstellen von Serienbriefen, Mischen von Dokumenten (mit Umformatierung).

Erklärung:

Bei der Aufbereitung eines Dokumentes werden Textmengen manipuliert; das heißt, die Schreibkraft ersetzt zum Beispiel ein Wort durch ein anderes, stellt einen Absatz auf eine andere Seite usw. Das *Ansteuern der Textstellen* kann mittels Maus, Cursorsteuertasten oder textmengenorientierten Funktionstasten erfolgen.

Bausteinkorrespondenz bedeutet, dass ein Dokument automatisch aus mehreren anderen Texten (= Textbausteine) zusammengefasst wird. Verbreitete Anwendung findet diese Art der Dokumenterzeugung bei stark standardisierba-

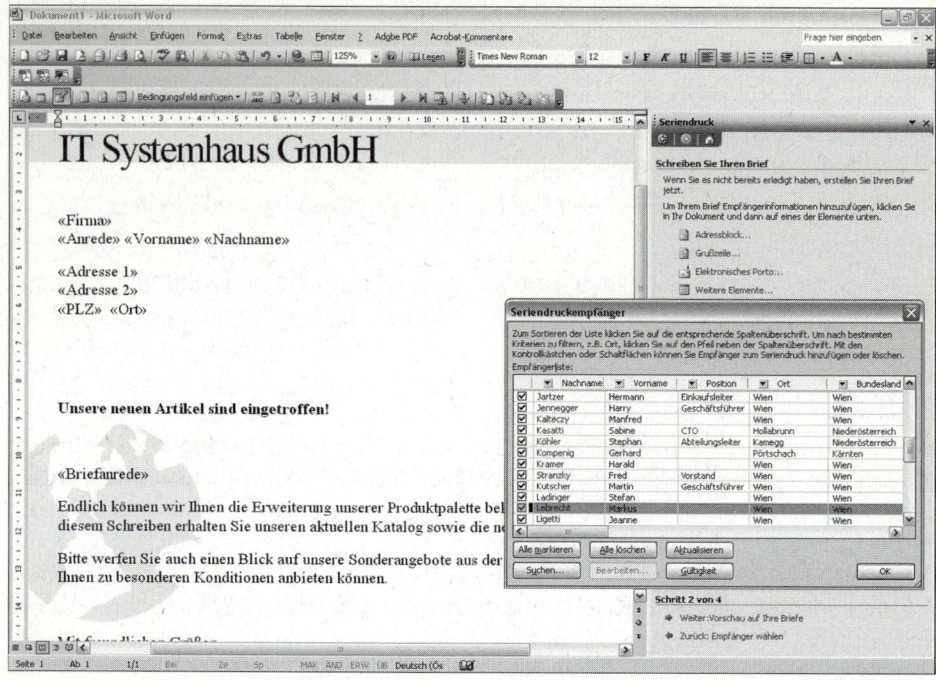

Abb. 3.2.1.2/2: Erstellen eines Serienbriefes

ren Briefen (zum Beispiel bei der Kundenkorrespondenz von Versicherungen). Bei *Serienbriefen* wird ein konstanter Text (zum Beispiel Werbemitteilung) mit einem variablen Text (zum Beispiel Adressen und Anreden) gemischt.

Dokumentbezogene Funktionen:

– Automatische Seitennummerierung,
– automatische Erstellung von Kopf- und Fußzeilen,
– automatische Erzeugung eines Inhaltsverzeichnisses, Abbildungsverzeichnisses und Schlagwortverzeichnisses,
– automatische Durchnummerierung von Überschriften, Fußnoten, Abbildungen und Listen,
– automatisches Aktualisieren von Verweisen,
– Fußnotenbehandlung.

Speicherungs- und Wiedergabefunktionen:

– Archivieren,
– Löschen, Kopieren, Umbenennen von Dokumenten,
– Suchen über mehrere Dokumente.

Programmierbarkeit:

– Verfügbarkeit einer textmengenorientierten Programmiersprache,
– vom Benutzer definierbare Kommandos oder Funktionstasten für häufig vorkommende Befehlsfolgen (Makros),
– Rechenoperationen innerhalb von Textverarbeitungsdokumenten.

Erklärung:

Eine *textmengenorientierte Programmiersprache* ist eine stark auf Textverarbeitungsaufgaben ausgerichtete Programmiersprache, bei der in allgemeinen höheren Programmiersprachen gebräuchliche Funktionen (mathematische Funktionen, Dateibehandlungsbefehle usw.) meist „verkümmert" sind. Es stehen jedoch alle logischen Strukturelemente inklusive Prozedurtechnik und Aufrufen an das Betriebssystem zur Verfügung. Mit dieser *programmierten Textverarbeitung* lassen sich zusammen mit Textbausteinen Abläufe für Sachbearbeiter automatisieren, wie zum Beispiel die Bescheiderstellung in Behörden. *Makros* sind Befehlsabfolgen, die mit nur einem Befehl ausgelöst werden können. Makros werden am einfachsten mit Hilfe eines Makro-Recorders aufgezeichnet. *Rechenoperationen* werden in Textverarbeitungsdokumenten oft bei Tabellen für Quer- und Längssummen gebraucht.

Integration in die Umgebung:

– Programmierte Textverarbeitung mit integriertem Zugriff auf Datenbanken, Dateien, Aufruf von beliebigen Programmen mit Übergabe von Parametern,
– Einfügen von Dateien, um Verbunddokumente zu erzeugen,
– objektorientierte Behandlung durch Integration in die übergeordnete Schreibtischoberfläche.

> Das weiter vorne in der Abb. 3.1.5/1 gezeigte Dokument stellt ein *Textverarbeitungsverbunddokument* dar, in dem neben dem Text ein Teil enthalten ist, der mit Hilfe eines Tabellenkalkulationsprogramms erzeugt wurde und damit überarbeitet werden kann.

▶ Übungsaufgabe Nr. 1.3.8 und 1.3.9 im Arbeitsbuch

3.2.1.3 Tabellenkalkulation

Die Tabellenkalkulation ist eine Anwendung, die häufig für Prognosen, Budgetplanung und -kontrolle und andere finanzbezogene Aufgaben eingesetzt wird.

Unter **Tabellenkalkulation** (engl.: spreadsheet calculation) versteht man die rechnerunterstützte Formulierung und Berechnung von Modellen in Form von tabellarischen Arbeitsblättern (Rechenblättern) auf dem Bildschirm. Die zeilen- und spaltenförmig angeordneten Zellen eines Arbeitsblatts können jeweils Text, numerische Daten oder Formeln aufnehmen. In den Formeln lassen sich Werte anderer Zellen verwenden, um das Ergebnis zu berechnen.

Die Grundidee von Tabellenkalkulationsprogrammen besteht in dem Versuch, die händische Arbeitsweise mit Tabellen auf einem normalen Blatt Papier nachzuvollziehen. Auf dem Bildschirm wird ein in Zellen gegliedertes elektronisches Arbeitsblatt dargestellt. Jede Zelle ist durch die zugehörige Zeilen- und Spaltenbezeichnung eindeutig bestimmt. In den verschiedenen Zellen können in beliebiger Abfolge Zahlen, Texte, arithmetische und logische Ausdrücke mit oder ohne Bezugnahme auf anderer Zellen eingetragen werden. Damit ist es dem Benutzer möglich, auf sehr flexible Art und Weise individuelle Rechenschemata (Rechentabellen) samt erklärendem Text zu gestalten. Der Benutzer bewegt bei der Modellerstellung und Modellmodifikation den Cursor mit den Pfeiltasten, der Maus o.ä. von einer Zelle zur anderen, die Zelleninhalte werden in der Eingabezeile eingetragen und dann vom Programm in das Arbeitsblatt übernommen.

Elektronische Tabellen ermöglichen es, mathematische Beziehungen zwischen den Zellen herzustellen. Die Erstellung eines Modells wird durch leistungsfähige Kopier-, Einfüge- und Formatbefehle unterstützt. Der größte Nutzen ergibt sich jedoch aus der besonders einfachen Durchführung von „Was wäre, wenn ...“-Abfragen. Durch die Veränderung eines oder mehrerer Zellenwerte und die anschließende sofortige Neuberechnung des gesamten Modells durch den Rechner ist es dem Benutzer möglich, schnell und ohne großen Aufwand mehrere Varianten durchzurechnen und diese Ergebnisse seinen Entscheidungen zugrunde zu legen.

Betrachten wir die *Formulierung und Berechnung eines Tabellenkalkulationsmodells sowie die unterstützenden Softwarefunktionen* im Detail. Im *Arbeitsblatt* werden die Zeilen mit Nummern (zum Beispiel *1, 2, ...*) versehen, Spalten mit Buchstaben beziehungsweise Buchstabenkombinationen (zum Beispiel *A, B, ... , Z, AA, AB, ...*). Jede einzelne Zelle wird eindeutig adressiert, indem die Spalten- *und* Zeilenkoordinaten zusammengefasst werden: die Koordinate *A1* bezeichnet daher die Zelle ganz links oben.

In jede *Zelle* können nun Texte, Zahlen oder Formeln (durch die Vorzeichen + oder – beziehungsweise das Gleichheitszeichen = eingeleitet) eingegeben werden. Neben einfachen Additionen, Subtraktionen, Divisionen und Multiplikationen benutzen Formeln üblicherweise die in Tabellenkalkulationsprogrammen fest eingebauten Funktionen. Es ist möglich, Daten (Zahlen oder Rechenergebnisse) im Arbeitsblatt zu referenzieren, indem einfach die Adressen der betroffenen Zellen eingesetzt werden.

Zahlreiche *Formatierfunktionen* – wie in allen grafischen Softwarewerkzeugen üblich – erlauben die optisch gefällige Aufbereitung.

Für die *Berechnungen* stehen eine Vielzahl an Funktionen zur Verfügung, die in folgende Gruppen eingeteilt werden können:

- Grundlegende mathematische Funktionen (zum Beispiel Summenbildungen, Runden von Zahlen, trigonometrische Funktionen),
- Finanzmathematik (zum Beispiel Berechnung von Barwerten, Tilgungsplänen),

- Statistik (zum Beispiel Berechnung von Mittelwerten, Standardabweichungen),
- Datum (zum Beispiel Zeitberechnungen),
- Matrixberechnung (zum Beispiel Transponieren einer Matrix, Aufsuchen von Werten in einer Matrix).

Zusätzlich finden sich auch *Funktionen zur Manipulation von Texten* (zum Beispiel Umsetzen von Texten in Kleinbuchstaben). Wie Textverarbeitungsprogramme verfügen Tabellenkalkulationsprogramme über spezialisierte Programmiersprachen, die die Erstellung beziehungsweise die Adaptierung von aufgezeichneten Makros erlauben.

Zum *Funktionsumfang* gehören ferner:
- einfache Datenverwaltungsfunktionen, zum Beispiel zur Verwaltung von Adressdaten,
- Verknüpfungen zwischen Tabellen,
- Mehrfenstertechnik,
- Integration von Datenbankzugriffsroutinen zur Übernahme und Abspeicherung von Datenbankinhalten,
- Integrationsfähigkeit in Textdokumente durch Unterstützung entsprechender Datenaustauschschnittstellen.

Ein Beispiel:

Unser *Lebensmittelsupermarkt* bezieht täglich frische Brötchen von zwei verschiedenen lokalen Bäckereien, deren Bezugspreise abhängig von der abgenommenen Menge sind. Die abgesetzte Stückzahl ist unterschiedlich: Mittwochs wird weniger verkauft als an Wochenenden, im Winter mehr als im Sommer. Der Filialleiter möchte nun mit Hilfe einer Kalkulation feststellen, bei welchem Bäcker er bestellen muss, um die günstigsten Bezugskosten zu erhalten. Die Anzahl der bestellten Brötchen ist von den Absatzschätzungen des Filialleiters für den nächsten Tag abhängig.

Die Abb. 3.2.1.3/1 zeigt das *Modell* für die Berechnung: für jeden Bäcker werden darin die Mengenstaffel und die Preise pro Staffel angegeben. Die Anzahl der Brötchen, die für den nächsten Tag bestellt werden sollen, gibt der Filialleiter in die Zelle *B1* ein. Für jeden Bäcker wird automatisch berechnet, wie hoch die Kosten sind. Dazu werden die Anzahl der Brötchen auf die verschiedenen Staffeln der Bäcker aufgeteilt, anschließend mit dem entsprechenden Staffelpreis multipliziert und die Summen über alle Teilbeträge gebildet.

Damit der Filialleiter auf einen Blick die günstigste Variante erkennen kann, soll unter dem entsprechenden Anbieter automatisch die Zeichenkette „Top" ausgegeben werden. Dies erfolgt durch eine Formel, die die geringsten Bestellkosten aus allen Berechnungsvarianten ermittelt und anschließend diesen Wert mit dem eines *jeden* Bäckers vergleicht. Stimmen beide Beträge überein, wird die Zeichenkette am Bildschirm ausgegeben. Die Abb. 3.2.1.3/2 stellt das Ergebnis bei einer Bestellmenge von 2.500 Brötchen dar.

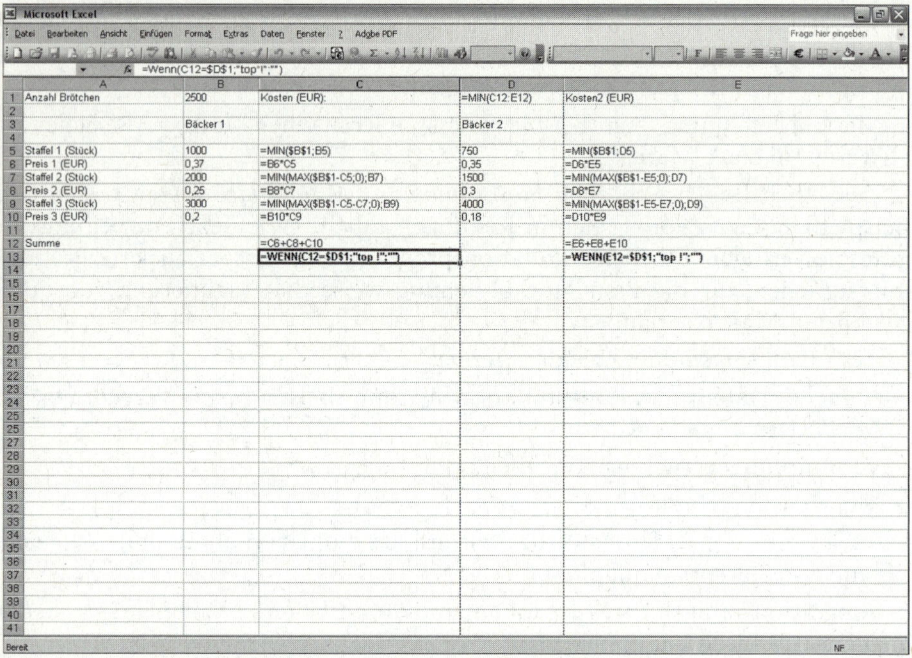

	A	B	C	D	E
1	Anzahl Brötchen	2500	Kosten (EUR):	=MIN(C12:E12)	Kosten2 (EUR)
2					
3		Bäcker 1		Bäcker 2	
4					
5	Staffel 1 (Stück)	1000	=MIN($B$1;B5)	750	=MIN($B$1;D5)
6	Preis 1 (EUR)	0,37	=B6*C5	0,35	=D6*E5
7	Staffel 2 (Stück)	2000	=MIN(MAX($B$1-C5;0);B7)	1500	=MIN(MAX($B$1-E5;0);D7)
8	Preis 2 (EUR)	0,25	=B8*C7	0,3	=D8*E7
9	Staffel 3 (Stück)	3000	=MIN(MAX($B$1-C5-C7;0);B9)	4000	=MIN(MAX($B$1-E5-E7;0);D9)
10	Preis 3 (EUR)	0,2	=B10*C9	0,18	=D10*E9
11					
12	Summe		=C6+C8+C10		=E6+E8+E10
13			=WENN(C12=$D$1;"top!";"")		=WENN(E12=$D$1;"top!";"")

Formelleiste: =Wenn(C12=$D$1;"top!";"")

Abb. 3.2.1.3/1: Modell für die „Bäckerkalkulation"

Erklärung der Formeln für *Bäcker 1* im Detail:

- Die zu bestellende Anzahl an Brötchen wird in die Zelle *B1* (2.500 Stück) eingetragen. (Hinweis: in vielen Formeln wird der Bezug auf *B1* durch das Voranstellen eines Dollarzeichens (*$*) vor die Spalten- *und* Zeilenkoordinate *„absolut"* gesetzt. Dies hat zur Folge, dass beim Kopieren solcher Formeln an andere Stellen des Kalkulationsblattes die Koordinaten *nicht relativ* zur neuen Position abgeändert werden.)

- Die Mengenstaffeln für den ersten Bäcker sind in den Zellen *B5* (1.000 Stück), *B7* (weitere 2.000 Stück) und *B9* (weitere 3.000 Stück) angegeben, die entsprechenden Preise eine Zeile tiefer in *B6* (37 Cent), *B8* (25 Cent) und *B10* (20 Cent). Somit kosten 1 – 1.000 Stück Brötchen je 37 Cent, 1.001 – 3.000 Stück je 25 Cent und 3.001 – 6.000 Stück je 20 Cent.

- Formel in Zelle *C5* (Brötchen der ersten Mengenstaffel): die eingebaute Minimum-Funktion *MIN()* berechnet aus einer Reihe von angegebenen Werten, die voneinander durch einen Strichpunkt getrennt sind, den kleinsten Betrag. Hier wird nun das Minimum der gewünschten Brötchen und der ersten Mengenstaffel berechnet, damit auch der Fall berücksichtigt wird, dass weniger als 1.000 Brötchen bestellt werden.

- Formel in Zelle *C7* (Brötchen der zweiten Mengenstaffel): die eingebaute Maximum-Funktion *MAX()* berechnet aus einer Reihe von angegebenen Werten, die voneinander durch einen Strichpunkt getrennt sind, den höchsten Betrag. Inner-

Microsoft Excel

E12 = =E6+E8+E10

	A	B	C	D	E
1	Anzahl Brötchen	2500,00	Kosten (EUR):	745,00	Kosten2 (EUR):
2					
3		Bäcker 1		Bäcker 2	
4					
5	Staffel 1 (Stück)	1000,00	1000,00	750,00	750,00
6	Preis 1 (EUR)	0,37	370,00	0,35	262,50
7	Staffel 2 (Stück)	2000,00	1600,00	1500,00	1600,00
8	Preis 2 (EUR)	0,25	375,00	0,30	450,00
9	Staffel 3 (Stück)	3000,00	0,00	4000,00	250,00
10	Preis 3 (EUR)	0,20	0,00	0,18	45,00
11					
12	Summe		745,00		757,50
13			Top !		

Chart: Bezugskosten — Bäcker 1: 745,00; Bäcker 2: 757,50 (EUR)

Abb. 3.2.1.3/2: Arbeitsblatt für die „Bäckerkalkulation" mit Grafik

halb der *MIN()*-Funktion wird nun mit Hilfe der Funktion *MAX()* ein weiterer Wert berechnet. Dieser ergibt sich aus der Differenz zwischen der Anzahl zu bestellender Brötchen und der ersten Mengenstaffel. Ist die Bestellung kleiner als die ersten Mengenstaffel, ergäbe sich ein *negativer* Betrag, das heißt, es fallen keine Brötchen mehr in die zweite Mengenstaffel! Die Funktion *MAX()* würde in diesem Fall den Wert *0* einsetzen, da 0 größer als jeder negative Betrag ist.

- Formel in Zelle *C9* (Brötchen der dritten Mengenstaffel): Hier gilt dieselbe Logik wie in Zelle *C7*, nur dass für die dritten Mengenstaffel innerhalb der Funktion *MAX()* von den zu bestellenden Brötchen sowohl die erste als auch die zweite Mengenstaffel abgezogen wird.

- Formeln in Zellen *C6*, *C8*, *C10* (Kosten pro Mengenstaffel): hier werden die Bezugskosten abhängig von der Anzahl der Brötchen in der entsprechenden Mengenstaffel berechnet, indem der Staffelpreis (eine Spalte vorher) mit der Anzahl der Brötchen (eine Zeile darüber) multipliziert wird.

- Formel in Zelle *C12* (Gesamtkosten): durch das Zusammenzählen der Bezugskosten aus allen drei Mengenstaffeln wird die Gesamtsumme durch Addition der entsprechenden Werte gebildet.

- Formel in Zelle *D1* (Feststellen der günstigsten Bezugskosten): aus dem Zellenbereich *C12* bis *E12* (also inklusive der leeren Zelle *D12*, bedingt durch den Doppelpunkt zwischen beiden Koordinaten) soll der geringste Betrag mit Hilfe der Funktion *MIN()* errechnet werden.

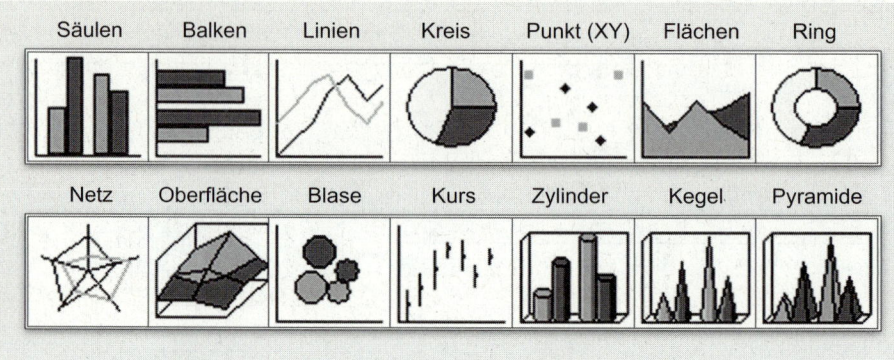

Abb. 3.2.1.3/3: Typische Diagrammtypen für Geschäftsgrafiken

- Formel in Zelle *C13* (Hinweis auf günstigsten Bäcker setzen): mit Hilfe der eingebauten Funktion *WENN()* wird festgestellt, ob die Gesamtkosten des Bäckers mit
  dem Betrag in Zelle *D1* übereinstimmen. Falls dies zutrifft, wird die Anweisung
  nach dem ersten Strichpunkt (Ausgabe der Zeichenkette „Top!") ausgeführt, *sonst*
  die nach dem *zweiten* Strichpunkt (Ausgabe einer ‚leeren' Zeichenkette).

Tabellenkalkulationsprogramme beinhalten stets zusätzliche Funktionen
der **Geschäftsgrafik** (engl.: business graphics). Damit kann die Darstellung
von Zahlenwerten zum Beispiel in Form von Balken-, Linien- und Torten-
diagrammen erfolgen. Dies ermöglicht bei Werteänderungen in der Tabellenkalkulation eine sofortige Änderung der Grafik am Bildschirm. Neben
zweidimensionaler Darstellung sind auch dreidimensionale Bilder möglich.

Die Abb. 3.2.1.3/2 stellt die Beschaffungskosten aus unserem obigen Beispiel
in Form einer Säulengrafik dar.

▶ Übungsaufgabe Nr. 1.3.10 im Arbeitsbuch

3.2.1.4 Präsentation

Präsentationsprogramme (engl.: presentation program) erlauben das einfache, rasche Erstellen von professionellen Präsentationsunterlagen (Folien,
Dias, Handouts) für *Vorträge*. Die einzelnen Präsentationsseiten können
aus *Texten kombiniert mit Grafiken* bestehen, die entweder auf Overhead-
folien ausgedruckt oder mit Hilfe eines PCs über einen Projektor hinterei-
nander dargestellt werden. Das Aussehen (engl.: layout) der einzelnen
Folien wird durch den Einsatz von *Layoutvorlagen* vereinheitlicht.

Sie können eine *neue Präsentation* auf verschiedene Weise erstellen. Sie können mit einer leeren Seite beginnen und über den so genannten *Folien-Master* das Layout für diese und alle Folgeseiten der Präsentation selbst definieren. Dadurch wird ein *einheitliches Erscheinungsbild* Ihrer Präsentation gewährleistet. Auf der Master-Folie (siehe Abb. 3.2.1.4/1) können Sie den Hintergrund, die Anordnung der auf den Folien eingegebenen Titel und Texte, die Schrifttypen, -farben und -größen differenziert nach Gliederungsebenen, die Art, Farbe und Größe der Aufzählungszeichen und vieles andere mehr für alle zu erstellenden Folien einheitlich definieren. Hierfür können Sie auch *Objekte* (Gliederungen, Grafiken, Fotos usw.) aus anderen Anwendungen *importieren*. Soll eine einzelne Folie vom Master abweichen, können Sie an dieser Änderungen vornehmen.

Sie können aber auch eine der vielen *vorgefertigten Designvorlagen* wählen, die ein professionelles Layout ermöglichen. Schließlich werden Ihnen auch *Musterpräsentationen mit vorgegebenem Inhalt und Layout* zu verschiedenen Themen angeboten, zum Beispiel für die Tagesordnung von Sitzungen. Jede Vorlage können Sie gemäß Ihren Vorstellungen umgestalten. Als Basis können Sie hierzu auch Ihre bereits vorhandenen Präsentationen verwenden.

Bei Ihren Präsentationen sollte immer der *Inhalt im Mittelpunkt* stehen. Mit Text und Bildern überladene Folien sowie eine zu schnelle Vorgehensweise über-

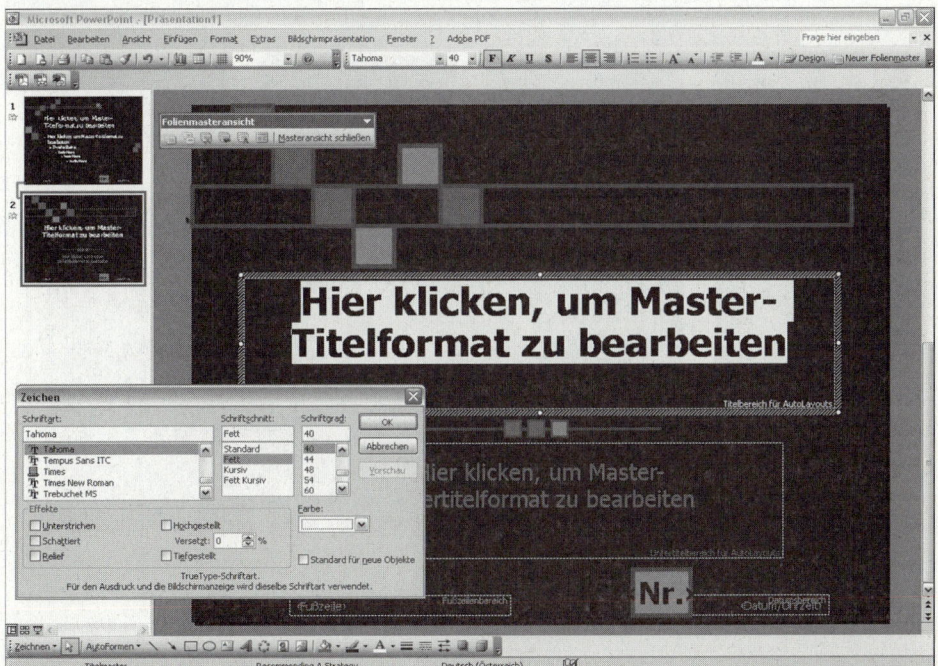

Abb. 3.2.1.4/1: Master-Folie zur Definition eines einheitlichen Erscheinungsbilds einer Präsentation

fordern den Zuschauer. Achten Sie auch auf einen genügend großen Schriftgrad (bei Präsentationen mit dem Overhead-Projektor mindestens 20 Punkt). Animationseffekte sollten zur Hervorhebung der einzelnen Präsentationspunkte eingesetzt werden und die Zuschauer nicht ablenken. Um stets die volle Konzentration auf das von Ihnen Gesagte und Gezeigte zu sichern, sollten Sie Ihre Handouts (Ihre Folien als Handzettel ausgedruckt, je zwei, drei oder sechs Folien pro Seite) erst nach Abschluss Ihrer Präsentation an die Zuschauer ausgeben. Für Bildschirmpräsentationen gelten andere Gestaltungsempfehlungen als für Overhead-Präsentationen; Sie finden in Ihrem Präsentationsprogramm hierzu Hinweise. Wenn Sie häufiger zu präsentieren haben, sollten Sie dafür ein Training absolvieren oder sich zumindest mit den Grundregeln erfolgreicher Präsentationstechnik durch die Lektüre eines einschlägigen „Rezeptbuchs" vertraut machen.

Präsentationsprogramme verfügen über *einfache Texteditoren und Grafikprogramme*. Mit Hilfe der Verbunddokumententechnik ermöglichen sie zusätzlich das Einbetten von Audio- und Videoclips sowie von interaktiven Programmen. Damit lassen sich Präsentationsprogramme auch in der Werbung und Schulung einsetzen.

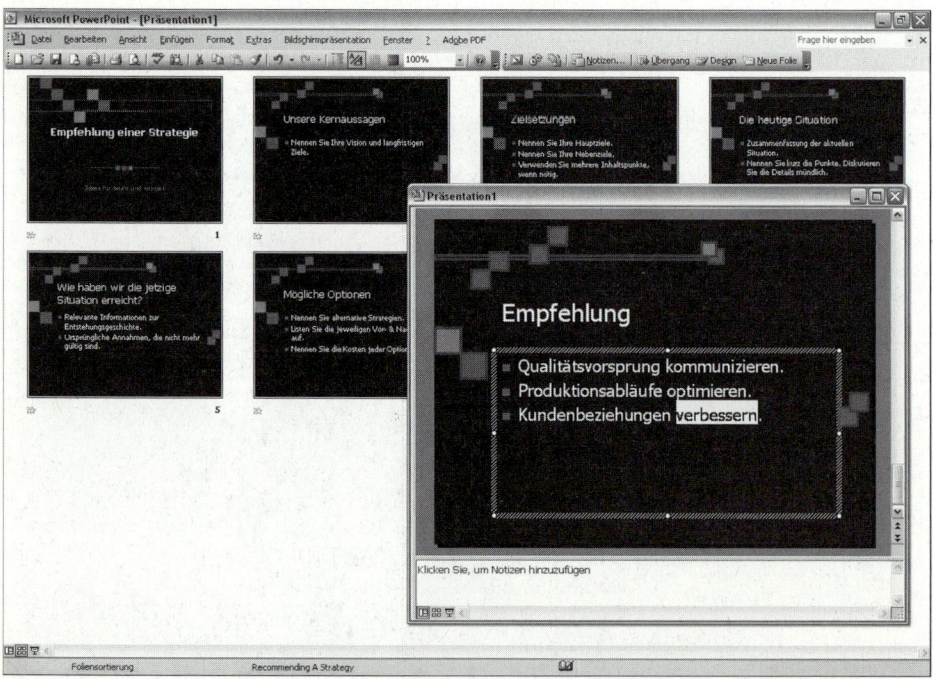

Abb. 3.2.1.4/2: Präsentationsprogramm – im Hintergrund eine Sicht zur Foliensortierung, im Vordergrund überblendet von einer einzelnen Folie und Bearbeitungsfenstern

Die auf dem Markt angebotenen Pakete gleichen sich zum Großteil im Leistungsumfang, haben aber jeweils Spezialfunktionen, um sich zu differenzieren. Der *übliche Leistungsumfang* bietet:

– Erzeugen von Geschäftsgrafiken,

– Darstellung von Organisationsdaten mit Hilfe von Organigrammen,

– Erzeugen von pixel- und vektororientierten Grafiken (Näheres im Abschnitt 3.3.2),

– Clip-Art-Bibliotheken (Clip-Art-Elemente sind vorgefertigte Bilder),

– typografische Textbearbeitungsmöglichkeiten mit vielen Schrifttypen,

– Flächenfüllung mit Mustern,

– Farben und Paletten,

– Gestaltung von Layoutvorlagen, die das Aussehen von verschiedenen Folientypen wie Deckblatt, Aufzählungen, geteilte Seiten und ähnliches mehr für die gesamte Präsentation festlegen,

– Erzeugung von Slide-Shows (automatischer Ablauf einer Präsentation) mit Trickeffekten, beispielsweise Überblendung und Animation,

– Präsentationen im Internet (Öffnung von Präsentationen im WWW und Unterstützung von eigenen Präsentationen im WWW durch Abspeicherung im HTML-Format).

▶ Übungsaufgabe Nr. 1.3.11 im Arbeitsbuch

3.2.2 Textorientierte Zusatzprogramme

Neben den vorstehend beschriebenen, wichtigsten Anwendungen gibt es zur Lösung von Büroaufgaben eine Fülle weiterer Programme, die als komfortable Ergänzung oder für spezielle Aufgaben geeignet sind. Aus dem rasch wachsenden Angebot greifen wir folgende heraus:

• Desktop-Publishing-Programme,

• Leseprogramme,

• Web-Seiten-Editoren,

• Diktierprogramme (Spracherkennung),

• Texterkennungsprogramme (OCR),

• Komprimierungsprogramme (Packer).

3.2.2.1 Desktop Publishing

Ein **PC-Satzprogramm** (engl.: desktop publishing program, abgekürzt: DTP) erlaubt das Zusammenstellen („Setzen") von *Druckschriften* aus *unterschiedlichen* Texten und Grafiken. Dabei müssen Werkzeuge für die professionelle Seitengestaltung zur Verfügung stehen, wie sie im Satzgewerbe eingesetzt werden.

Vorausgesetzt, dass Grundkenntnisse in Typographie und Seitengestaltung vorhanden sind, können mit PC-Satzprogrammen *kostengünstig Druckschriften mit kleineren Auflagen* erstellt werden, beispielsweise für (Haus-)Zeitschriften, Formulare, Prospekte und Kataloge. Ergibt sich die Notwendigkeit, aus Kostengründen (etwa bei hohen Auflagen) die Produktion außer Haus in eine Druckerei zu verlegen, müssen in den Satzprogrammen sämtliche *Druckunterstützungsfunktionen* zur Verfügung stehen, auf die Druckereien angewiesen sind (zum Beispiel Farbauszüge, Schnittmarken).

Zumindest die folgenden Grundfunktionen finden sich in Satzprogrammen:

– Definition von *Satzspiegeln*, die die einheitliche und optisch ausgeglichen wirkende Aufbereitung von (gegenüberliegenden) Seiten ermöglichen, beispielsweise mit Spaltenzahl und -anordnung abhängig von der Seite (etwa für die erste Seite und letzte Seite), Größe von Überschriften und Untertiteln usw.,

– Einbinden von Text und Grafik in den Satzspiegel,

– Verteilen von Texten über mehrere, nicht zusammenhängende Spalten beziehungsweise Rahmen mit automatischen Fortsetzungsverweisen für die Leser,

– Möglichkeit, Bilder – auch mit unregelmäßigen Umrissen – mitten in Texte zu „montieren", wobei der Text entsprechend der Form der freigestellten Grafik umgebrochen wird,

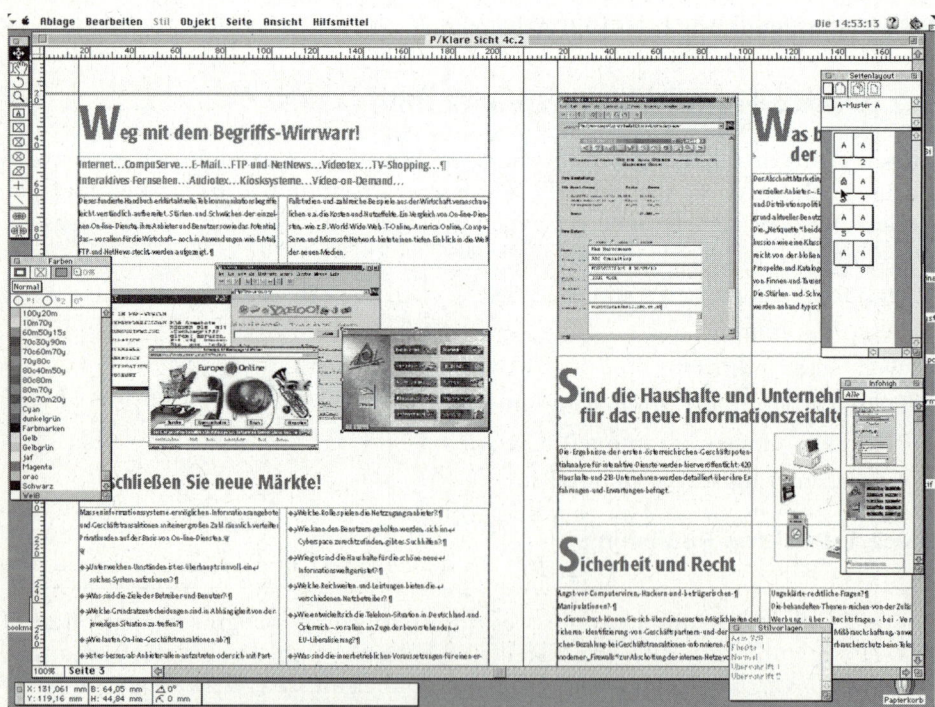

Abb. 3.2.2.1/1: Desktop-Publishing-Programm

– Nutzung von individuell definierbaren *Formatvorlagen* (engl.: style sheet), die die typographischen Merkmale von Absätzen festlegen, beispielsweise die Schriftart, Schriftgröße, Auszeichnung (fett, kursiv), Abstände zwischen den einzelnen Zeilen, zwischen Absätzen, Art der Nummerierung, Aufzählungszeichen und vieles mehr,
– präzise Veränderung der Zeichenabstände abhängig von der Schrift („Kerning"),
– automatische Nummerierung von Seiten, Überschriften, Abbildungen, Tabellen, Spalten, Absätzen, Zeilen,
– Definition und optische Gestaltung von Tabellen,
– Erstellen von komplexen mathematischen Formeln,
– Unterstützung von Farbe mit präziser Kontrolle über verschiedene Farbparameter,
– Erstellen von professionellen Farbauszügen für Druckereien, die beispielsweise Prospekte im Hochglanzdruckverfahren farbig produzieren sollen,
– Drucken von Passermarken (Schnittmarken), damit die bedruckten Papierbögen exakt zugeschnitten werden können,
– Rechtschreibprüfungsprogramme für die eingebundenen Texte,
– leistungsfähige Silbentrennungshilfen.

▶ Übungsaufgabe Nr. 1.3.12 im Arbeitsbuch

3.2.2.2 Anzeige von Dokumenten (Leseprogramme)

Leseprogramme (engl.: reader, viewer) ermöglichen das Betrachten und Drucken von Dokumenten eines bestimmten Dateiformats, ohne dass dabei die Software zum Bearbeiten dieser Dokumente auf dem Rechner installiert sein muss.

Leseprogramme werden üblicherweise kostenlos oder zu geringen Gebühren im Internet angeboten und können von Ihnen bei Bedarf heruntergeladen werden. In die Windows-Versionen für PCs und persönliche Informationshilfsmittel (PDAs, Smartphones) ist ein Microsoft-spezifisches Produkt integriert. Durch solche Leseprogramme *sparen* Sie *Speicherplatz und Kosten*, wenn Sie elektronische Dokumente wirklich nur zum Ansehen, Weitergeben oder Ausdrucken benötigen. Der *Nachteil* dabei ist jedoch offensichtlich: Sie haben keine Möglichkeit zum Editieren der Dokumente; manchmal besteht sogar nicht einmal die Möglichkeit, den Text des angezeigten Dokumentes in die Zwischenablage zu kopieren oder zu drucken (bei elektronischen Büchern).

3.2.2.3 Hypertext und Hypermedia

Ein *Hypertext-System* können Sie als *„Informationsorganisator"* und als *Datenverwaltungssystem* sehen. Das Ziel von Hypertext-Systemen ist es, dem Benutzer größtmögliche Freiheit bei der Entwicklung seiner Ideen und Gedanken durch die freie Verknüpfung von Daten und das Suchen auf eine nicht-lineare Weise zu bieten. Sie ermöglichen – ähnlich dem menschlichen Gehirn – einen schnellen, intuitiven Zugriff auf die gesuchte Information durch Assoziation.

Bei **Hypertext** (engl.: hypertext) werden Schriftstücke in einem Fenster mit Texten in einer oder mehreren Datenbanken verknüpft, wobei die Beziehungen (engl.: link) auf dem Bildschirm durch besonders hervorgehobene Markierungen (= Verbindungssymbole; engl.: labelled token, button, link icon) und in den Datenbanken durch Zeiger (engl.: pointer) gekennzeichnet werden. Bei **Hypermedia** (engl.: hypermedia) können auf diese Weise multimediale Dokumente frei verknüpft werden.

Das im World Wide Web verwirklichte *verteilte Hypermedia-Konzept* ermöglicht es, multimediale Elemente wie formatierte Daten, Texte, Grafiken, Ton- und Videodateien, die über die ganze Welt verstreut gespeichert sein können, in ein Dokument logisch einzubinden.

Eine verteilte Hypertext- beziehungsweise Hypermedia-Anwendung kann als *Netz* (daher auch der Name des Internet-Dienstes „Web") gesehen werden, dessen *Knoten* (engl.: node) Dokumente im weiteren Sinn (Text, Grafik, Ton usw.) darstellen. *Verbindungen* (engl.: link) kennzeichnen die Beziehungen zwischen den Knoten und werden von der Systemsoftware verwaltet. Die möglichen Verbindungen werden im Dokument (Fenster) an den entsprechenden Stellen gekennzeichnet (ähnlich wie Verweise in einem Lexikon). Beim Anklicken einer solchen *Markierung* mit der Maus wird ein Dokument geöffnet, das die zugehörige Information enthält (zum Beispiel Folgeseite, Erläuterungen, Hilfe) und weitere Verbindungen ermöglichen kann. Das Anklicken bewirkt, dass das System die interne Repräsentation der Beziehung sucht, die durch das markierte Symbol bezeichnet wird. Der Knoten am Ende dieser Verbindung bezeichnet das aufgerufene Dokument, das am Bildschirm angezeigt wird. Der Benutzer kann auf diese Weise, das heißt, durch *Anklicken von Markierungen im Dokument*, oder durch Weiterblättern oder Rückspringen zu einem früheren Knoten mit seiner Informationssuche fortfahren, solange er will. Die Browser-Software unterstützt ihn bei seiner Navigation durch das Netz, bei der Anzeige der gewünschten Dokumente sowie bei der Suche nach bestimmten Dokumenten.

Für den Internet-Teilnehmer ist es nicht mehr wichtig zu wissen, *wo* sich das abgefragte Dokument befindet, um *welche Art* von Informationsquelle es sich handelt beziehungsweise *wie* es auf seinen Computer transportiert werden soll. Durch einen Klick mit der Maus auf einen Hyperlink kann er die gewünschten Daten auf den eigenen Rechner holen

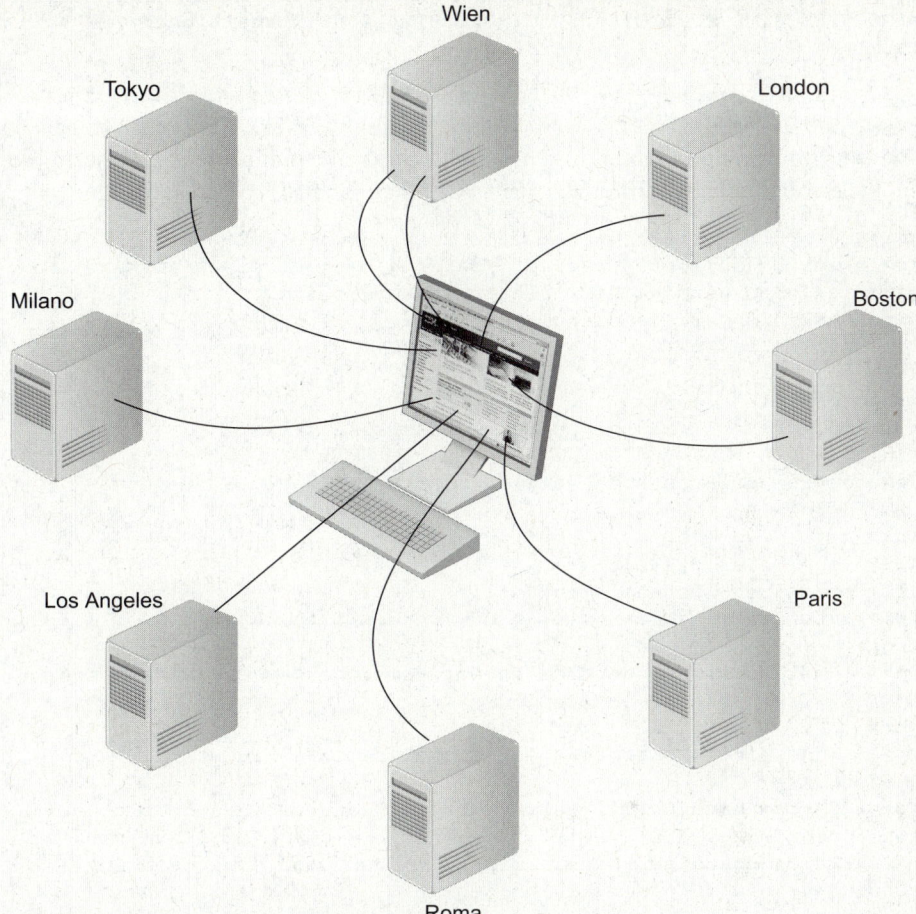

Abb. 3.2.2.3/1: Verteiltes Hypermedia-System

3.2.2.4 Erstellen von Web-Seiten

Web-Seiten werden mit der Sprache HTML beschrieben. Sie können damit persönliche Web-Seiten veröffentlichen oder für Ihr Institut, Ihre Firma und sonstige Organisationen Seiten erstellen. Für viele Studierende ist das ein lukrativer Nebenjob.

HTML (Abkürzung von engl.: hypertext markup language) ist eine Sprache zur Beschreibung von Dokumenten im WWW. Sie bietet die Möglichkeit, Web-Seiten hierarchisch durch Überschriftsebenen, Abschnitte, Auf-

```html
<!DOCTYPE HTML PUBLIC "-//W3C//DTD HTML 4.01 Transitional//EN">
<html>
<head>
<title>Das ist der Fenstertitel</title>
</head>
<body>
<!-- so sieht ein Kommentar aus, der nicht angezeigt wird -->
<h1>Einfaches Hypertextdokument</h1>
<h2>&Uuml;berschriften gibt es in sechs Ebenen</h2>
<p>Im Text k&ouml;nnen Stellen <b>fett</b> oder <i>kursiv</i>
hervorgehoben werden. HTML bietet unnummerierte
Aufz&auml;hlungslisten (engl.: unordered list), wie
beispielsweise</p>
<ul>
<li>diese Liste,</li>
<li>die Aufz&auml;hlungspunkte enth&auml;lt,</li>
</ul>
<p>oder nummerierte Aufz&auml;hlungslisten (engl.: ordered
list),</p>
<ol>
<li> wobei hier die</li>
<li> einzelnen Listenelemente</li>
<li> automatisch durchnummeriert werden.</li>
</ol>
<p>In HTML kann man auch Zeilenumbr&uuml;che <br> erzwingen oder
im Text Trennlinien einf&uuml;gen.</p>
<hr>
<p>Am Ende eines Absatzes kommt ein gr&ouml;&szlig;erer
Abstand.</p>
<p><IMG src="hand.up.gif" alt="OK">Grafiken lassen sich problemlos
einbinden. Liegt die Grafik im Verzeichnis des HTML-Dokuments, so
reicht die Angabe des Dateinamens. Genauso kann man Grafiken
einbinden, die an einer beliebigen Stelle im Web auffindbar
sind:<br>
<IMG  src="http://www.w3.org/Icons/valid-html401"
      alt="Valid HTML 4.01!" height="31" width="88"></p>
<p>Um sich auf ein anderes HTML-Dokument zu beziehen, kann man
einen Link eintragen, wie beispielsweise auf <A
href="http://w3.org">die Homepage des World Wide Web
Consortium</A>.</p>
<p>Am Ende des Dokuments empfiehlt es sich, die E-Mail-Adresse des
Verfassers einzutragen, um einen R&uuml;ckkanal (f&uuml;r etwaige
Korrekturvorschl&auml;ge) bereitzustellen.</p>
<hr>
<address><a href="mailto:Gustaf.Neumann@wu-wien.ac.at">
Gustaf Neumann</a></address>
Letzte Modifikation: Mon May 14 13:56:44 CEST 2001
</body>
</html>
```

Abb. 3.2.2.4/1: Beschreibung eines WWW-Dokuments mit HTML

zählungen usw. zu strukturieren, Textstücke hervorzuheben (fett, kursiv, unterstrichen) und durch Hyperlinks Grafiken, Audio- und Video-Sequenzen einzubinden.

Das *Beispiel-Dokument* in Abb. 3.2.2.4/1 zeigt Ihnen eine Seitenbeschreibung mit HTML (Formatierungen im Fettdruck). Wie dieses Dokument von einem WWW-Browser auf dem Bildschirm dargestellt wird, sehen Sie in Abb. 3.2.2.4/2.

Die *HTML-Formatierungsbefehle* werden nicht beim Schreiben, sondern *erst beim Laden des Dokuments in einen WWW-Browser* in eine entsprechende *Darstellung* umgesetzt. HTML-Dokumente enthalten *ausschließlich Text*. Ton und Bild sind nicht direkt eingebunden. An den gewünschten Stellen wird vielmehr durch Zeiger die Verbindung zu den entsprechenden Dateien hergestellt.

Sie können mit jedem *ASCII-Editor* HTML-Seiten erstellen. Dazu müssen Sie sich allerdings erst in die Syntax von HTML einarbeiten. Die gängigen *Textverarbeitungsprogramme* bieten eine komfortablere Möglichkeit durch die Abspeicherung von Dokumenten im HTML-Format. Die resultierenden Dateien sind aber oft unverhältnismäßig groß, unterstützen meist nur eine Untermenge von

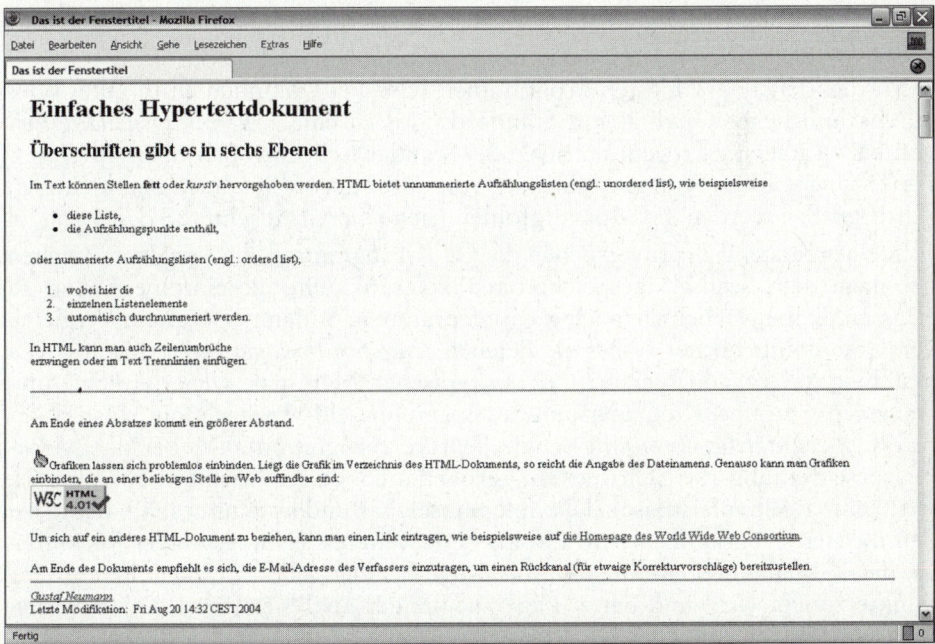

Abb. 3.2.2.4/2: Anzeige des in Abb. 3.2.2.4/1 definierten WWW-Dokuments mit einem Browser auf dem Bildschirm

HTML und erlauben dem Benutzer nur eine sehr eingeschränkte Kontrolle über das Aussehen der Dokumente. Textverarbeitungsprogramme sind somit für Web-Angebote kaum brauchbar. Besser geeignet sind *Browser* (Leseprogramme für Internet-Dokumente, siehe Band 2, Kapitel 4), die inzwischen auch leistungsfähige Funktionen zur Erstellung von HTML-Seiten enthalten. Für besonders anspruchsvolle Anwendungen sind auf dem Markt mächtige *Spezialprogramme* erhältlich.

▶ Übungsaufgabe Nr. 1.3.13 im Arbeitsbuch

3.2.2.5 Texterkennung (OCR)

Texterkennungsprogramme (engl.: optical character recognition program, abgekürzt: OCR) bieten die Möglichkeit, von Druckvorlagen eingescannte Texte in ein Format umzuwandeln, das mit den gängigen Textverarbeitungsprogrammen weiterbearbeitet werden kann. Abtippen wird überflüssig, die elektronischen Dokumente sehen genauso aus wie die gedruckten Originale.

Das Einscannen und *automatische Umsetzen von Texten in eine editierbare* Form mittels Texterkennungsprogramm vereinfacht die Verarbeitung von Texten aus Büchern, Zeitungen, Magazinen, Formularen, Tabellen, Briefen und anderen gedruckten Dokumenten, da diese nicht mehr mühsam abgetippt werden müssen.

Mit den leistungsfähigsten Programmen wird bei Dokumenten in guter oder durchschnittlicher Qualität mit Standardschriften eine *Erkennungsgenauigkeit* von bis zu über 99 Prozent erreicht. Bei Standardschriftgrößen oberhalb von 8 Punkt reicht eine Scannerauflösung von 300 dpi völlig aus, bei kleineren Schriftgrößen werden 400 dpi empfohlen (siehe hierzu Abschnitt 3.3.2.1).

In einem ersten Schritt versuchen die OCR-Programme, die einzelnen Zeichen der nach dem Scannen gespeicherten Pixelgrafik-Seite als einzelne Zellen zu erfassen. Dabei suchen sie nach Zwischenräumen. Sodann erfolgt ein Vergleich der Gestalt mit vorher erfassten Zeichen *(Musterüberlagerung,* engl.: pattern matching) oder eine Untersuchung der typischen Merkmale wie senkrechte und waagrechte Striche, Kreuzungspunkte, Bögen und ein Vergleich mit Musterkonturen *(Merkmalsbeschreibung,* engl.: feature recognition). Da bei der Merkmalsbeschreibung die Schriftarten, -größen und deren Attribute (wie kursiv, fett) keine Rolle spielen, ist sie flexibler einsetzbar und kommt deshalb heute bei den meisten Programmen zum Einsatz. Ein weiteres leistungsfähiges Verfahren ist die so genannte *Fontänenumformung,* bei der jedes Zeichen in einzelne Punkte zerlegt wird und deren Lage zueinander analysiert wird. Diese Verteilung wird mit entsprechenden Referenzobjekten verglichen, bei denen die Fleckenverteilung gewichtet ist. Dadurch können auch defekte Zeichen mit Linienbrüchen oder verschmolzenen Linien erkannt werden.

Bei den angebotenen Produkten kann grundsätzlich zwischen *Voll- und Lightversionen* unterschieden werden, wobei letztere beim Verkauf von Scannern mit der Treibersoftware mitgeliefert werden. Die *Vollversionen* bieten vielfach eine bessere Erkennung von Vorlagen in schlechter Qualität, eine genauere Tabellenverarbeitung (Erkennung von Tabellen in Textdokumenten und Tabellenkalkulationsblättern, Abspeicherung im richtigen Format), eine weitreichendere Sprachunterstützung (bis zu über 100 lesbare Sprachen, auch zum Beispiel die Blindenschrift Braille, integrierte Rechtschreibprüfung für diverse Sprachen, Erkennung mehrsprachiger Vorlagen) und eine bessere Formularerkennung. Die erkannten Texte können bei einzelnen Produkten in mehr als 50 verschiedenen Ausgabeformaten gespeichert werden (aktuelle und ältere Versionen der gängigen Textverarbeitungs- und Tabellenkalkulationsprogramme, HTML-Format, Formularinhalte im Datenbankformat).

▶ Übungsaufgabe Nr. 1.3.14 im Arbeitsbuch

3.2.2.6 Komprimierung (Packer)

Durch die *Komprimierung beziehungsweise Kompression* (= Synonyme) werden Dateien um redundante Elemente reduziert. Dadurch wird die Dateigröße und somit die nötige Speicherkapazität und Übertragungszeit verringert. Unter „*Redundanz*" versteht man in diesem Zusammenhang Information, die sich wiederholt beziehungsweise die überreichlich vorhanden ist und deshalb weggelassen werden kann.

Je größer die zu speichernde oder zu übertragende Datenmenge ist, desto nutzbringender ist die Kompression. Deshalb werden beispielsweise hochwertige Audioaufnahmen und digitale Videofilme fast immer komprimiert.

Datenkompression (engl.: data compression) ist der Vorgang der Transformation von Daten in eine verdichtete Darstellung. **Dekompression** (engl.: decompression) ist der Vorgang zur (exakten oder annähernden) Wiederherstellung der ursprünglichen Repräsentationsform.

Verlustfreie Kompressionsverfahren (engl.: lossless compression technique) erlauben es, mittels Dekompression den ursprünglichen Datenbestand ohne Qualitätsverlust zu reproduzieren.

Die einfachste Möglichkeit ist die Verdichtung identischer Zeichenfolgen (= *Lauflängencodierung;* engl.: run-length encoding; abgekürzt: RLE). Sich wiederholende Zeichen werden dabei durch eine entsprechende Häufigkeitscodierung beschrieben (zum Beispiel wird AAAAAABBBB in A6B4 komprimiert). Beim *Huffman-Verfahren* werden häufig auftretende Zeichen mit möglichst wenigen Bits und seltenere Zeichen mit einer größeren Bitanzahl dargestellt, um Speicherplatz einzusparen. Das nach seinen Entwicklern benannte *Lempel-Ziv-Welch-Verfahren* (abgekürzt: *LZW*) basiert auf einer Mustererkennung. Häufig vorkommende Zeichenfolgen werden dabei nur einmal gespeichert; bei jedem weiteren Vorkommen erfolgt nur ein kurzer Verweis auf die bereits vorhandene ausführliche Darstellung. Das Ersetzen von Wiederholungen durch Abkürzungen lässt sich mit der Verwendung von Kürzeln beim Schreiben vergleichen („IT" spart beispielsweise gegenüber „Informationstechnik" 17 Zeichen).

Verlustbehaftete Kompressionsverfahren (engl.: lossy compression technique) nutzen die Begrenztheit menschlicher Sinne und eliminieren bei der Kompression Information, die für die Wahrnehmungsfähigkeit nicht wesentlich erscheint. Bei der Dekompression wird eine Datei erzeugt, deren Inhalte annähernd – aber nicht ganz – den Inhalten der Ausgangsdatei entsprechen. Beispielsweise ist jede Analog-Digital-Wandlung verlustbehaftet, da anstelle des kontinuierlichen Signals diskrete Messwerte genommen werden und die dazwischen liegende Information verloren geht. Für alle verlustbehafteten Verfahren gilt: Je mehr verdichtet wird, desto höher die Qualitätseinbuße (Verzerrung) bei der Wiedergabe. Verlustbehaftete Verfahren werden nicht für die Kompression von Texten, sondern für die Kompression von Bild- und/oder Toninformation verwendet.

PC-Benutzer verwenden Kompressionsprogramme hauptsächlich dazu, um durch die kompakte *Archivierung von selten verwendeten Datenbeständen* Platz auf der Festplatte zu schaffen oder um *besonders große Dokumente zeit- und kapazitätssparend versenden* zu können. Für die Wiedergabe müssen die verdichteten Daten dekomprimiert werden, was Zeit kostet und voraussetzt, dass der Benutzer über das entsprechende Programm zur Dekompression verfügt. Zusammengehörige Kompressions- und Dekompressionsprogramme (oder entsprechende Funktionen) werden häufig mit dem Kunstwort Codec (Abkürzung von engl.: compression/decompression) bezeichnet.

PC-Komprimierungsprogramme beziehungsweise **Packer** (= Synonyme) reduzieren die Größe von Dateien, indem sie nach sich wiederholenden Bitfolgen suchen und diese zusammenfassen oder durch Abkürzungen ersetzen. Die aus den verpackten Ausgangsdateien erzeugte neue, verdichtete Datei wird üblicherweise als *Archiv* bezeichnet. Die komprimierten Dateien sind nicht lauffähig, das heißt, sie müssen vor ihrer Nutzung erst auf die Festplatte kopiert und dort entpackt werden.

Die mögliche *Kompressionsrate* ist vom Datentyp abhängig. Texte und Grafiken sind stärker komprimierbar (häufig um einen Faktor 10) als ausführbare Programmdateien (oft weniger als um eine Faktor 2).

Die auf dem Markt häufig als Freeware oder Shareware angebotenen Packer verwenden unterschiedliche Algorithmen und bieten die Kompression und die Dekompression für mehrere Dateiformate. Das jeweilige *Packformat* eines Archivs ist an der Datei-Endung (wie beispielsweise ARC, ARJ, CAB, LZH, ZIP oder ZOO) erkennbar (Näheres folgt im Abschnitt 3.5.1.9). Viele Packer können Archive durch ein Passwort schützen und bieten in der Regel auch die Möglichkeit, in den Archiven eine automatische *Virensuche* durchzuführen.

Da *Grafikformate* (siehe Abschnitt 3.5.3), *Audio- und Multimediaformate* (siehe Abschnitte 3.5.2 und 3.5.4) generell viel Speicherplatz benötigen, werden

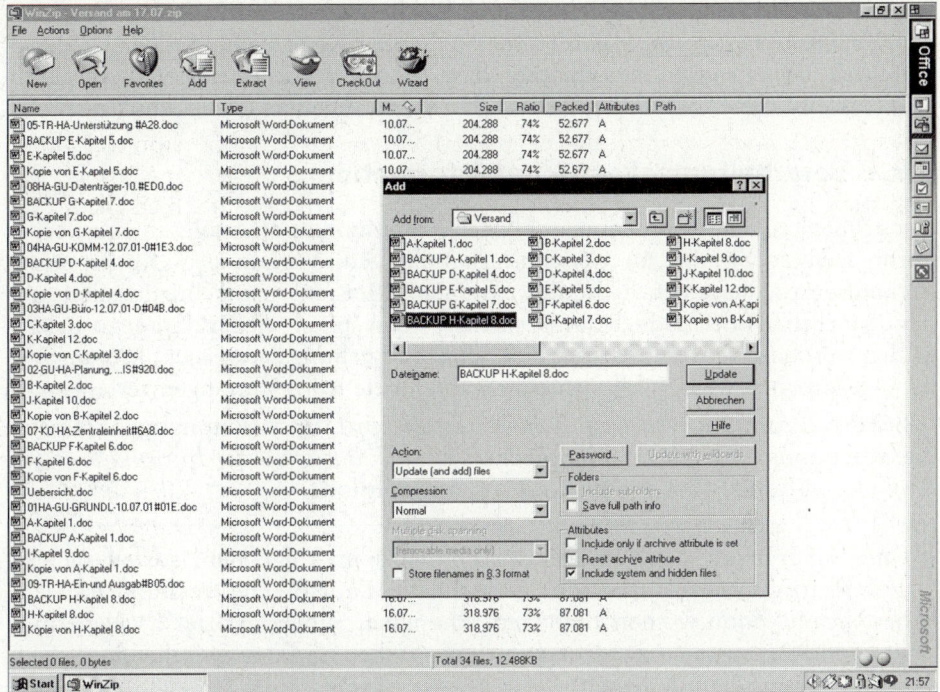

Abb. 3.2.6/1: Komprimierung einer Textdatei

sie bereits mit Hilfe der dafür zu Verfügung stehenden *Endbenutzerwerkzeuge direkt komprimiert*. Der Endbenutzer entscheidet durch die Wahl der Dateiformate auch über die zur Anwendung kommenden Kompressionsverfahren, wie zum Beispiel JPEG-Format, GIF-Format (Näheres folgt im Abschnitt 3.5.3). Endbenutzerwerkzeuge für Grafiken, Audio und/oder Multimedia verfügen somit auch über Komprimierungsdienste.

Bereits einmal komprimierte Dateien lassen sich bei nochmaliger Kompression durch Packer nicht weiter komprimieren.

▶ Übungsaufgabe Nr. 1.3.15 im Arbeitsbuch

3.3 Individuelle Arbeitsunterstützung bei der Verarbeitung akustischer und bildlicher Information

Die Verarbeitung akustischer und bildlicher Information wird in den Abschnitten 3.3.1 und 3.3.2 nach demselben *Schema* dargestellt: Zuerst erhalten Sie einen groben Anwendungsüberblick. Dann werden Sie in die Grundlagen der maschinellen Darstellung des jeweiligen Informationstyps eingeführt. Darauf folgend werden ausgewählte Programme für die wichtigsten Aufgaben beschrieben. *Ergänzende Information* erhalten Sie bei der Kennzeichnung der Dateiformate, die diese Programme typischerweise verarbeiten können (siehe Abschnitt 3.5) sowie bei der Analyse des derzeitigen Marktangebots (siehe Abschnitt 3.6).

3.3.1 Verarbeitung akustischer Information

Der größte Teil der zwischenmenschlichen Kommunikation erfolgt in akustischer Form. Denken Sie nur an Gerichtsverhandlungen, Vorlesungen, Konferenzen, Verkaufsgespräche, Mitarbeiterdiskussionen. Meistens wird Information nur dann schriftlich oder bildlich aufgezeichnet, wenn später wieder darauf zurückgegriffen werden soll, wenn Partner nicht direkt beziehungsweise nicht kostengünstig angesprochen werden können oder wenn Dritte Aufzeichnungen verlangen.

Bei der *Information in gesprochener Form* wird durch Betonung, Satzmelodie, Rhythmus und Tempo des Sprechers ein *weitaus größerer Informationsumfang* übermittelt als bei der schriftlichen Information.

> Unter „**Sprache**" (engl.: voice, speech) wird im folgenden, soweit nicht gesondert gekennzeichnet, die menschliche Lautsprache verstanden. Sie besteht aus phonetischen Einheiten (Phoneme, Silben, Wörter), welche in sinnvoller Weise zueinander in Beziehung stehen und der zwischenmenschlichen Verständigung dienen.

Weitere *Formen akustischer Information* sind beispielsweise Musik, Tierlaute (Vogelgezwitscher, Hundegebell usw.), maschinelle Hinweis- oder Warnsignale (zum Beispiel PC-Hinweise auf Bedienungsfehler oder eingegangene Post, Hupe, Feuersirene), maschinelle Lautsprache (Näheres folgt) oder sinnlose Geräusche (wie Motorenlärm). Physikalisch wird akustische Information durch Schallwellen übertragen und vom Menschen als Ton(folge) wahrgenommen.

3.3.1.1 Anwendungsübersicht

Wir konzentrieren uns hier auf die *rechnergestützte Verarbeitung von Sprache*. Die Aussagen zur Erfassung, Speicherung, Übertragung und unveränderten Wiedergabe von Sprachinformation gelten gleichermaßen für akustische Information aller Art. Wir holen dabei etwas weiter aus und geben auch einen Überblick über die Anwendungsgebiete der Sprachverarbeitung, weil ansonsten in diesem Buch nur bei der Behandlung der Kommunikationsdienste darauf eingegangen wird. Die Anwendungsmöglichkeiten in der kommerziellen Informationsverarbeitung sind beim derzeitigen Entwicklungsstand der Technik noch sehr beschränkt.

> In der einfachsten Form dient die rechnergestützte **Sprachverarbeitung** (engl.: speech processing; voice processing) zur unmittelbaren oder späteren, unveränderten Wiedergabe und/oder Übermittlung der Sprachinfor-

mation. Komplexere Aufgaben sind die Transformation von Sprache in Text, die Sprechererkennung, die Spracherkennung sowie die Transformation von Text in Sprache (Sprachausgabe).

Spracherfassung

Die *Erfassung von akustischer Information* erfolgt entweder direkt über *Mikrofon* (separate oder in Geräte eingebaute Mikrofone, wie zum Beispiel Telefonhörer) oder indirekt mittels *Datenträgern* (zum Beispiel CD, Mini-Disc) und *Dateitransfer* über Rechnernetze.

Vorausgesetzt, Sie haben ein Mikrofon, Soundkarte usw., können Sie Ihren Personalcomputer für Tonaufnahmen aller Art benutzen. Moderne PC-Betriebssysteme bieten Ihnen hierfür Audiorecorderfunktionen, die so einfach wie ein Kassetten- oder Mini-Disc-Recorder zu handhaben sind (siehe Folgeabschnitt).

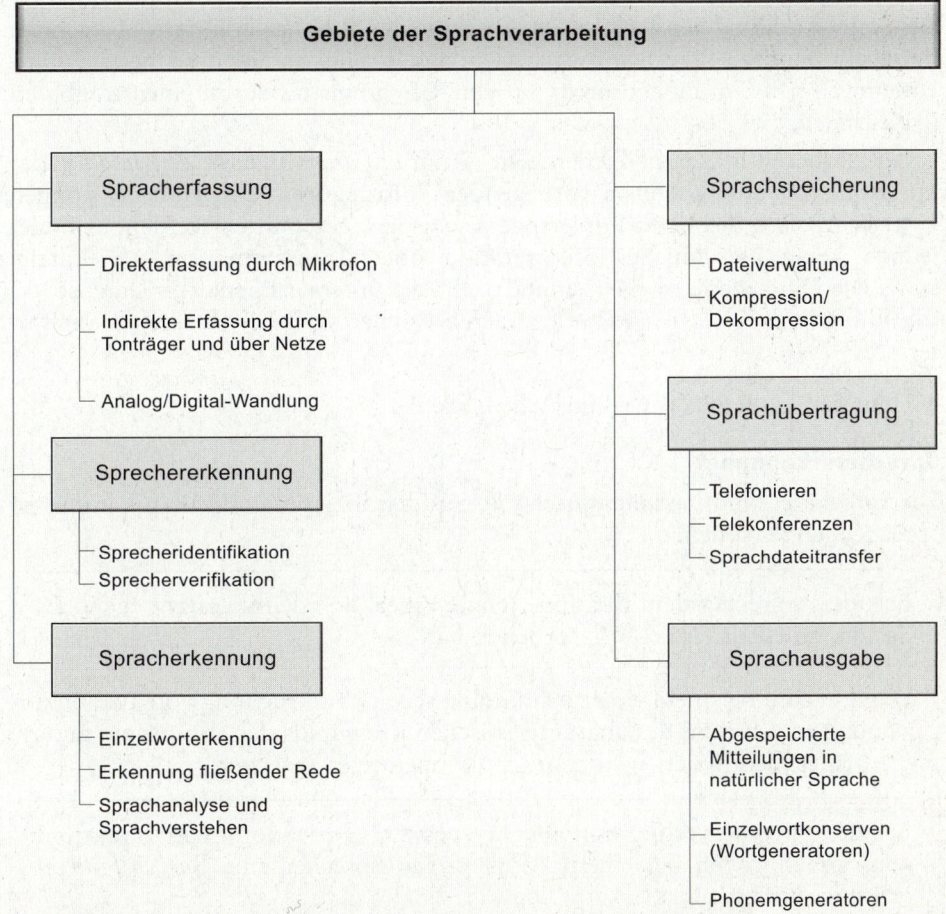

Abb. 3.3.1.1/1: Überblick über die Gebiete der Sprachverarbeitung

Manche *Textverarbeitungsprogramme* bieten Ihnen auch die Möglichkeit, per Mikrofon zu einzelnen Textstellen *gesprochene Kommentare* hinzuzufügen. Sie oder andere Personen, an die Sie das Dokument übermittelt haben, können in der Folge diese Sprachnotizen jederzeit abhören (durch Anklicken des an den entsprechenden Textstellen enthaltenen Lautsprechersymbols). Sie können diese Funktionen auch genauso nutzen wie ein *konventionelles Diktiergerät*. Das heißt, Sie können Ihrem PC Briefe, Berichte usw. diktieren und diese anschließend per Datenträger oder über das Netz zur Umsetzung in Text an eine Schreibkraft übermitteln.

Mit den meisten *E-Mail-Programmen* können Sie mittlerweile auch Klangdateien versenden und empfangen. Fast alle neu gekauften Personalcomputer sind heutzutage mit einem CD/DVD-Laufwerk ausgestattet, das sich auch zum *Abspielen von Audio-CDs* eignet. Durch den Kompressionsstandard *MP3* lassen sich Musikstücke so stark komprimieren, dass sie in kurzer Zeit aus dem Internet heruntergeladen werden können. MP3 und weitere Kompressionsstandards für Audiodateien werden im Abschnitt 3.5.2 näher erläutert. Sie können mittels kostenloser Player-Software die Songs schon während des Übertragungsvorgangs auf Ihrem PC anhören, auf eine CD brennen oder in einen tragbaren Player laden.

Bei all diesen Einsatzbereichen geht es um die *unveränderte Wiedergabe* der in Form von Klangdateien vorliegenden Information. Die Dateien können zwar bearbeitet, das heißt kopiert, gemischt oder geschnitten werden, es findet jedoch keine maschinelle Interpretation oder Transformation der Inhalte statt. Die Dateiebene ist aus Benutzersicht die unterste Ebene der Datenstruktur. Klangdateien werden wie alle anderen Dateien vom Betriebssystem verwaltet.

▶ Übungsaufgabe Nr. 1.3.16 im Arbeitsbuch

Sprechererkennung

Die Sprechererkennung befasst sich mit der Identifizierung und Verifikation von sprechenden Personen.

> Bei der **Sprecheridentifikation** (engl.: speaker identification) geht es darum, zu ermitteln, *wer* gesprochen hat.

So kann zum Beispiel bei der kriminologischen Untersuchung von Telefonaufzeichnungen aufgrund des charakteristischen Klangbilds der Stimme ein anonymer Anrufer identifiziert werden (nicht kooperativer Sprecher).

> Bei der **Sprecherverifikation** (engl.: speaker verification) wird aufgrund von Sprachproben bei einem kooperativen Sprecher eine *Berechtigungsprüfung* durchgeführt.

Anwendungsgebiete sind etwa die Zugangskontrolle zu Gebäuden oder Räumen und der Identitätsnachweis bei der Benutzung von Geräten, Funktionen und Daten.

Beispielsweise wurden bereits Geldausgabeautomaten bis zur Marktreife entwickelt, die den Benutzer anhand seiner Stimme identifizieren. Die dafür nötigen Sprachmuster sind in der Chipkarte des Benutzers gespeichert. Der erreichbare Sicherheitsgrad soll weitaus höher sein als durch die herkömmliche Geheimnummer, mit der bei Unachtsamkeit des Inhabers relativ häufig von Kriminellen Missbrauch getrieben wird. Befürchtungen, dass bei Heiserkeit der Kontozugriff verwehrt werden könnte, sind nach Herstellerauskunft unbegründet. Die Stimme des einzelnen Menschen sei so einzigartig, dass die Mustererkennung durch effiziente Algorithmen fast immer gelinge.

Spracherkennung

> Bei der **Spracherkennung** (engl.: speech recognition; voice recognition) soll festgestellt werden, *was* gesprochen wurde. Damit lassen sich theoretisch alle Eingaben über Tastaturen ersetzen. Hierzu gibt es Systeme zum *Erkennen isoliert gesprochener Worte* (Einzelworterkennung), zum *Erkennen fließender Rede* sowie zur *Sprachanalyse und zum Sprachverstehen.*

Primäre Anwendungsbereiche in der *Datenerfassung* sind die Produktion, die Lagerhaltung und der Versand. Vor allem kommt Spracherkennungssoftware dort zum Einsatz, wo eine direkte Eingabe sinnvoll, aber Tastaturen nicht verwendet werden können, weil zum Beispiel die Hände beschäftigt sind, der Benutzer mobil sein muss oder die Umweltbedingungen für Tastaturen nicht geeignet sind. Anwendungsbeispiele sind die Inventuraufnahme, die Qualitätskontrolle, die Auftragsannahme oder die Paketsortierung.

Hauptanwendungsgebiet der Spracherkennung im Büro ist das *Diktieren* mit einer automatischen Umwandlung von Sprache in Text. Wir gehen auf Diktierprogramme gesondert im Abschnitt 3.3.1.3 ein.

Beim *interaktiven Audiotex* müssen sprecherunabhängige Spracherkennungssysteme nicht nur unterschiedliche Dialekte und Sprachfärbungen tolerieren, sondern auch beim Telefonieren typische Störungen (Knacken, Übersprechen, ...) eliminieren. Durch diese zusätzlichen Anforderungen wird das verfügbare Vokabular auf einige wenige Ausdrücke reduziert. Das reicht jedoch auf vielen Gebieten, wie beispielsweise beim automatischen Telefon-Banking oder bei Reservierungssystemen, völlig aus.

▶ Übungsaufgabe Nr. 1.3.17 im Arbeitsbuch

Die *Gerätesteuerung* durch gesprochene Befehle wird beispielsweise zur Bedienung von Fernsehgeräten und Videorecordern oder zur Lenkung von Behinderten-Fahrzeugen eingesetzt. Manche Softwarehersteller bieten für ihre Produkte die Spracheingabe der Systemkommandos an (als Alternative). Auch für Datenbanken gibt es bereits seit längerem Abfragemöglichkeiten in akustischer Form.

Systeme zur *Sprachanalyse und zum Sprachverstehen* (engl.: speech analysis and understanding) versuchen mit Methoden der Künstlichen Intelligenz der Frage nachzugehen, *worüber* gesprochen wurde. Dazu bedienen sie sich Wissensbanken, die Daten über die Syntax, Bedeutungsstrukturen (Semantik) und Situationszusammenhänge von Sachverhalten (Pragmatik) bestimmter, beschränkter Aufgabengebiete enthalten. Die praktische Anwendbarkeit dieser Systeme ist sehr eingeschränkt.

Anmerkung: *Künstliche Intelligenz* (abgekürzt: KI; engl.: artificial intelligence, abgekürzt: AI) ist ein Bereich der Informatik, der sich mit der symbolischen Wissensrepräsentation und Methoden zur symbolischen Problemlösung durch Rechner befasst. Vereinfacht gesagt handelt es sich um den Versuch, die Intelligenz von Rechnern an die von Menschen anzunähern. Die Teilgebiete der Künstlichen Intelligenz sind sehr weit gestreut und umfassen unter anderem Agentensysteme, Robotik sowie das maschinelle Verstehen von natürlicher Sprache und Bildern.

Sprachausgabe

> Die **Sprachausgabe** (oder Sprachsynthese, engl.: voice output) erzeugt aus einem Text natürliche Sprache, die über Lautsprecher oder Kopfhörer ausgegeben werden kann.

Bei den frühen Versuchen zur *Sprachsynthese* wurden die Sätze durch Verkettung von einzelnen, früher aufgenommenen Wörtern gebildet. Die mit solchen *Wortgeneratoren* erzeugte Sprache klingt jedoch abgehackt und unnatürlich. Grund dafür ist, dass es keine Möglichkeit gibt, die beim fließenden Sprechen übliche verkürzte Aussprache von Wörtern und die Verbindung aufeinander folgender Wörter wiederzugeben. Die gespeicherten Wörter können auch nicht im Tonfall angepasst werden. Außerdem ist eine riesige Wörter-Datenbank erforderlich; Wörter, die nicht in der Datenbank gespeichert sind, können auch nicht gesprochen werden.

Demgegenüber besitzen die heute überwiegend eingesetzten *Phonemgeneratoren* einen praktisch unbegrenzten Wortschatz. Sie erzeugen mit Hilfe von gespeicherten kleinsten phonetischen Einheiten, so genannten Phonemen und Phonempaaren, aus schriftlichen Zeichen (Text) Lautsprache. Die Verkettung der Sprachsegmente zu Wörtern und Sätzen erfolgt anhand eines umfangreichen Lexikons von mehreren hundert bis tausend Aussprachregeln.

Die Phoneme und Phonempaare werden durch Aufnahmen der menschlichen Sprache gewonnen. Sie geben die typische Aussprache einer bestimmten Sprache wieder. Wird also zum Beispiel eine mit amerikanischem Englisch „gefütterte" Sprachausgabesoftware für deutsche Ansagen verwendet, so haben diese einen starken „Yankee"-Akzent.

Für die Sprachausgabe werden auf dem Markt leistungsfähige *Spezialchips* angeboten. Solche Chips finden Sie heute schon in vielen Geräten – das Einsatzspektrum reicht vom sprechenden Bordcomputer im Cockpit von Flugzeugen und Autos über Warenausgabe- und Spielautomaten bis hin zur mahnenden Badezimmerwaage. Für anspruchsvollere PC-Anwendungen mit Sprachausgabe gibt es Erweiterungskarten samt Software sowie auch reine Softwarelösungen.

Anwendungsmöglichkeiten für die Sprachausgabe ergeben sich überall dort, wo vorübergehende Information nur einmal wahrgenommen werden muss, besondere Aufmerksamkeit erregt werden soll und die Geräuschentwicklung nicht stört. Für in ihrem Sehvermögen beeinträchtigte Menschen ist die Sprachverarbeitung besonders wichtig.

Bekannte größere *Sprachausgabesysteme* sind zum Beispiel „Karlchen", ein Rechner der Deutschen Bundesbahn, der Fahrplanauskünfte erteilt, oder das System des Otto-Versands, bei dem telefonische Bestellungen im Sprachdialog mit dem Rechner durchgeführt werden. Auch Ansagedienste (telefonische Zeitansage, Lautsprecheransage auf Bahnhöfen und Flughäfen) funktionieren vielfach auf diese Weise. Weitere Beispiele sind die schon bei der Spracheingabe erwähnten interaktiven Audiotex-Dienste (Telefon-Banking, Reservierungssysteme usw.) und Navigationssysteme, die dem Autofahrer in gesprochener Sprache den Weg weisen.

▶ Übungsaufgabe Nr. 1.3.18 im Arbeitsbuch

3.3.1.2 Ablaufstruktur

Die Wahrnehmung von Tönen wird durch die *Frequenz* und die *Amplitude* der Schallwellen bestimmt. Die Amplitude des Signals ergibt die Lautstärke, die Frequenz (Anzahl der Schwingungen pro Sekunde) die Tonhöhe. Der Frequenzbereich, den das menschliche Ohr wahrnehmen kann (= Audiobereich), bewegt sich etwa von 15 Hertz bis 20 Kilohertz (kHz), das sind 15 bis 20.000 Schwingungen pro Sekunde. Die meiste Energie ist dabei auf den Bereich von unter 1,5 kHz konzentriert.

> Die **Bandbreite** (engl.: bandwidth) bezeichnet die Differenz zwischen der höchsten und der niedrigsten möglichen Frequenz eines Übertragungskanals.

Die geringste, gerade noch zur Verständlichkeit ausreichende *Bandbreite für Sprache* beträgt ungefähr 3 kHz. Bei der analogen Telefonie wird eine Bandbreite von 3,1 kHz verwendet; das ist die Differenz zwischen der niedrigsten (300 Hz) und der höchsten (3.400 Hz) übertragbaren Frequenz. PC-Softwareprodukte zur Umwandlung von Sprache in Text oder von Text in Sprache arbeiten häufig mit einer Bandbreite von knapp unter 5 kHz, was den hörbaren Schwingungen der Radio-Mittelwelle entspricht.

Für die rechnergestützte Verarbeitung muss die akustische Information – wie jede Information – *in digitaler Form* vorliegen beziehungsweise in diese Form

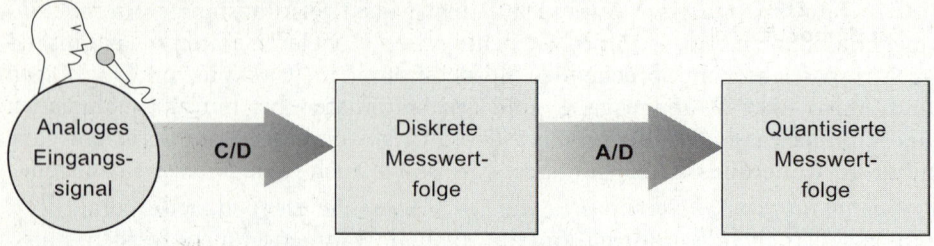

Abb. 3.3.1.2/1: Digitalisierung analoger Eingangsignale

gebracht werden. Analoge Eingangsinformation, wie zum Beispiel die beim automatischen Diktieren über ein Mikrofon erfasste menschliche Sprache, muss also zunächst digitalisiert werden. Bei einem PC übernimmt der auf der Soundkarte vorhandene *Analog-Digital-Wandler* diese Aufgabe.

Hierzu werden von dem Audiosignal (= kontinuierliche Schallwellen) in regelmäßigen Abständen Proben (engl.: sample) genommen und in eine Folge diskreter Werte umgewandelt (= C/D-Wandlung, von engl.: continuous-to-discrete conversion). Sodann werden die Messwerte mit einer Werteskala verglichen und an den ähnlichsten Skalenwert angenähert (= Quantisierung). Anschließend werden die diskreten Messwerte von erkannten Störeinflüssen befreit und in verfahrensabhängiger Weise digitalisiert (= Analog/Digital-Wandlung; abgekürzt: A/D-Wandlung; engl.: analog-to-digital conversion).

Die mögliche Wiedergabequalität akustischer Information wird durch die *Abtastrate* und die *Abtastgenauigkeit* bestimmt. Die Häufigkeit der Messungen des Audiosignals nennt man **Abtastrate** oder **Sample-Rate** (engl.: sampling rate); sie bewegt sich im kHz-Bereich. Die Anzahl der für die Darstellung *eines* Messwertes zur Verfügung stehenden Bits wird als **Abtastgenauigkeit** oder **Abtasttiefe** bezeichnet. Je höher die Abtasttiefe, das heißt, je mehr Bits zur Darstellung eines Samples verwendet werden, umso genauer wird das digitale Abbild der akustischen Information. Die **Bitrate** *(engl.: bit rate)* nennt die für die Wertedarstellung in einer Sekunde verwendeten beziehungsweise übertragenen Bits (in bit/s).

Ein einfaches Verfahren zur Digitalisierung analoger Audioinformation ist die *Nulldurchgangsanalyse*, auch *Pulscodmodulation* genannt.

Pulscodemodulation (engl.: pulse code modulation; abgekürzt: PCM) ist eine Methode zur Codierung von akustischer Information in einem digitalen Signal durch Verändern der Impuls-Amplitude. Im Gegensatz zur analogen Puls-Amplitudenmodulation, bei der die Amplituden stetig veränderbar sind, schränkt die Pulscode-Modulation die möglichen Impuls-Amplituden auf verschiedene vordefinierte Werte ein.

Abb. 3.3.1.2/2:
Pulscodemodulation

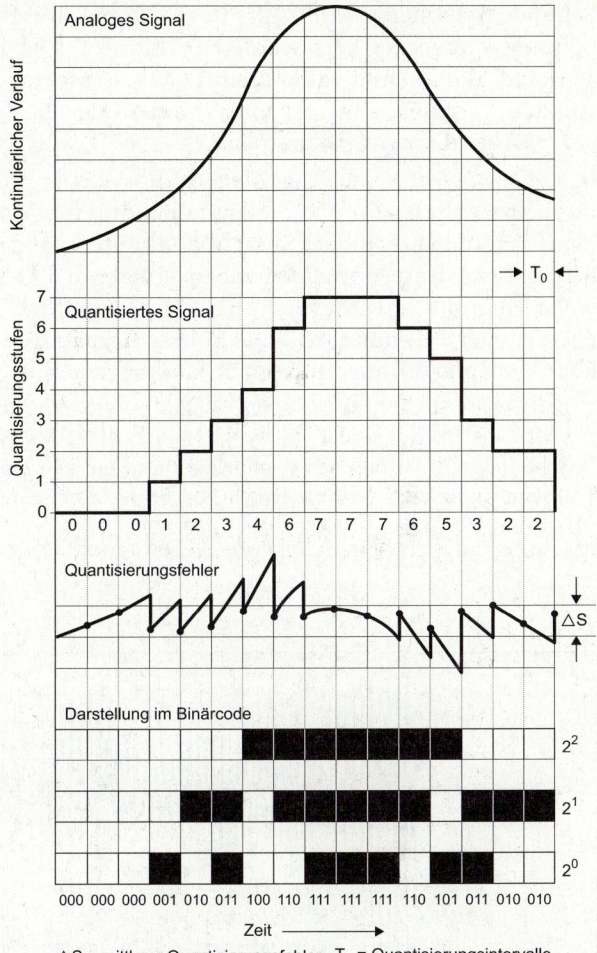

$\triangle$S = mittlerer Quantisierungsfehler T_0 = Quantisierungsintervalle

Bei der Pulscodemodulation wird gezählt, wie oft die elektrische Spannung, die dem Sprachsignal entspricht, in einem festgelegten Zeitabschnitt zwischen positiven und negativen Werten wechselt. Die Zahl der so genannten Null-durchgänge ist ein Maß für die Frequenz des Signals. Man kann die Nulldurch-gangsanalyse verfeinern, indem man das Sprachsignal mit Hilfe dreier Filter zunächst in drei Frequenzbänder unterteilt und in jedem dieser Bänder die Zahl der Nulldurchgänge getrennt misst. Dieses Verfahren ist wirtschaftlich attraktiv, weil es mit Hilfe sehr einfacher elektronischer Schaltungen durchgeführt werden kann.

Bei der *PCM-Technik*, die *beim digitalen Telefonieren* verwendet wird, erfol-gen 8.000 Messungen pro Sekunde (= Abtastrate). Die einzelnen Messwerte werden durch jeweils acht Bits dargestellt (= Abtasttiefe). Damit müssen pro

Sekunde Sprechen 64.000 Bits (= 64 kbit/s) übertragen und – bei Weiterverarbeitung – abgespeichert werden (= Bitrate). Die PCM-Technik in der 16-Bit-Variante, die auch Sie auf Ihrem PC zur Abspeicherung von Audiodateien verwenden können, bietet eine wesentlich bessere Qualität, kostet aber entsprechend mehr Speicherplatz.

Die *Abtastrate* eines digitalen Audiosystems muss grundsätzlich mindestens doppelt so hoch sein wie die Signalbandbreite. Wenn also beispielsweise die in der Telefonie verwendete Sprachbandbreite knapp unter 4 kHz liegt, so ist eine 8-kHz-Abtastrate nötig. Die oben erwähnte PC-Software mit „Radio-Mittelwelle-Qualität" erfordert eine 10-kHz-Abtastrate. Tatsächlich sind 11,025 kHz ein gängiger PC-Standard. Eine höhere Abtastrate bietet bessere Qualität, bringt aber auch einen höheren Rechen- und Speicheraufwand mit sich.

Bei *DAT* (Abkürzung für engl.: digital audio tape) beträgt die Abtastrate beispielsweise 48 kHz, bei der *Audio-CD* 44,1 kHz. *Sound-Editoren,* mit denen Sie alte Schallplatten-Aufnahmen restaurieren und die „gereinigten" Dateien auf CD brennen können, erreichen Sample-Raten von 96 kHz bei einer Abtastgenauigkeit von 24 Bit.

▶ Übungsaufgabe Nr. 1.3.19 im Arbeitsbuch

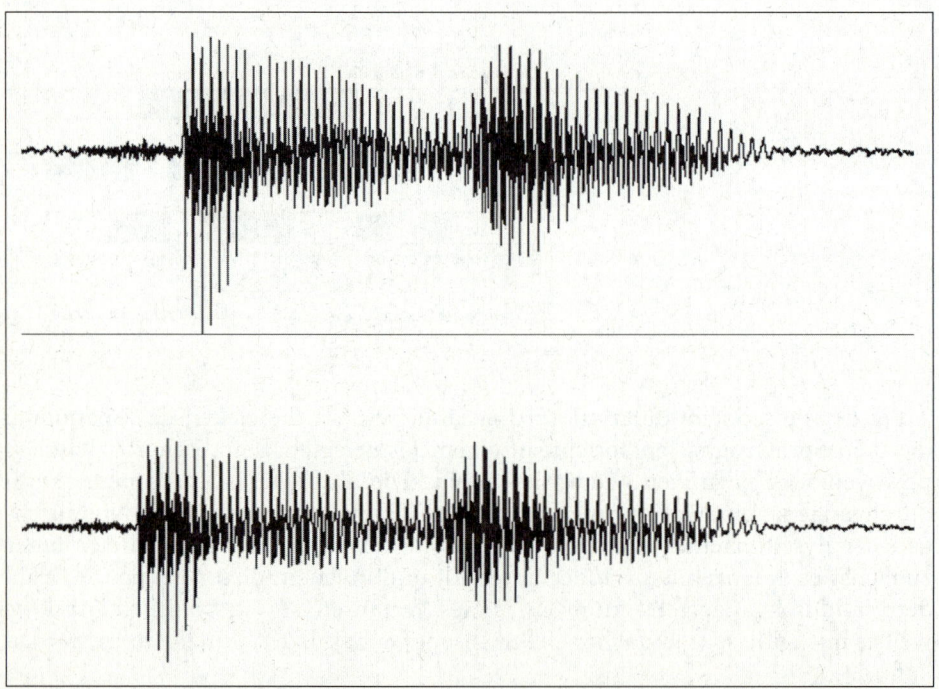

Abb. 3.3.1.2/3: Das gesprochene Wort „Hansen", aufgenommen mit einer PCM-Abtastrate von 44,1 kHz und Abtasttiefe von 16 Bit in Stereo versus einer Abta-strate 22,05 kHz mit einer Abtasttiefe von 8 Bit in Mono

Bei der *Ausgabe von Information* in hörbarer Form findet eine Umkehrung des oben beschriebenen Vorgangs statt. Werden die Audiodaten von Anwendungen zur Ausgabe angefordert, so werden sie an einen Digital/Analog-Konverter gesandt. Er erzeugt elektrische Signale, die einen Lautsprecher ansteuern und dadurch Schallwellen erzeugen können.

3.3.1.3 Diktierprogramme

Ein **Diktierprogramm** (engl.: speech-to-text dictation; voice-type dictation) setzt Sprache in Text um. Jedes in ein Mikrofon gesprochene Wort oder jeder gesprochene Satz wird unmittelbar in ein Textformat (zum Beispiel in ASCII) konvertiert und auf dem Bildschirm angezeigt. Nicht oder falsch erkannte Worte können durch erneute Spracheingabe oder bei der Überarbeitung des Schriftstücks über die Tastatur korrigiert werden.

Mit einem Diktierprogramm können Sie schnell und einfach Text in Ihren Rechner eingeben. Nach einiger Übung sind *Diktierraten* bis zu 130 Worten pro Minute möglich, die deutlich über der Erfassungsrate geübter Sekretariatskräfte liegen und der Geschwindigkeit des natürlichen Sprachflusses nahe kommen (zirka 180 Worte pro Minute).

Die heute auf dem Markt angebotenen *PC-Diktiersysteme* erkennen *fließende Sprache,* das heißt zusammenhängend gesprochene Sätze, bestimmter Sprecher durch den Vergleich mit gespeicherten Mustern. Zunächst muss der Benutzer das System einige Stunden durch das Diktat von Hunderten von Sätzen und Wörtern trainieren, damit es sich an seine Stimme „gewöhnen" kann. Trotzdem treten anfangs noch relativ viele Fehler auf, die manuell über die Tastatur zu korrigieren sind. Nach einer mehrwöchigen Lernphase erreicht die *Trefferrate* etwa 90 bis 97 Prozent; das bedeutet, dass von hundert gesprochenen Wörtern im Durchschnitt immer noch drei bis zehn zu korrigieren sind.

Die meisten *Diktiersysteme unterstützen* die verbreiteten *Textverarbeitungsprogramme;* der Benutzer muss dadurch nicht den Umgang mit einer neuen Textverarbeitung erlernen. Auch in andere Anwendungen, wie beispielsweise *E-Mail-Programme,* lässt sich die Spracherkennung einbetten. Zusätzlich zur Diktierfunktion erlauben es viele Systeme, den *Computer* durch Befehle *in natürlicher Sprache zu steuern.* Für jeden Standardbefehl zum Aktivieren von Programmen, Bedienen von Menüs usw. sind mehrere funktionsgleiche Alternativen in natürlicher Sprache vorgesehen. Darüber hinaus kann der Benutzer auch eigene Befehlsvarianten definieren.

Ferner wird meist die Möglichkeit angeboten, gespeicherten *Text in Sprache* umzuwandeln. Notizen, E-Mails, Produktbeschreibungen oder ganze Bücher können so durch eine synthetische Computerstimme vorgelesen werden. Das ist nicht nur für sehbehinderte Menschen wichtig, sondern eröffnet auch im Rahmen von Audiotex-Systemen neue Anwendungsmöglichkeiten. Zunehmend werden auch mobile Diktierlösungen mit digitalen Diktiergeräten geboten.

Als gänzlicher Ersatz der Tastatur kommt die Spracherkennung jedoch nicht in Frage. Einerseits gibt es *ungeeignete Anwendungen,* wie zum Beispiel die Eingabe vertraulicher Texte im Großraumbüro oder das Erstellen von Präsentationen. Andererseits können laute, sich ständig ändernde *Hintergrundgeräusche* die *Erkennungsgenauigkeit* unzumutbar *beeinträchtigen.*

▶ Übungsaufgabe Nr. 1.3.20 im Arbeitsbuch

3.3.2 Verarbeitung bildlicher Information

In diesem Abschnitt erhalten Sie zunächst einen groben Überblick über die Bildverarbeitung insgesamt. Sodann werden Sie näher über Programme informiert, die Sie auf Ihrem PC zur Bearbeitung von Festbildern (Grafiken, Fotos) verwenden können. Abschließend erfahren Sie das Wesentlichste über die Verarbeitung von bewegten Bildern und Multimedia-Systeme.

> **Bilder** (engl.: picture, image) sind visuelle Darstellungen von Sachverhalten und Vorgängen. Wir unterscheiden *unbunte (= einfarbige)* und *bunte, feststehende* und *bewegte, zwei- und dreidimensionale* Bilder.

Bilder werden zum Visualisieren von realen und abstrakten Sachverhalten oder Objekten verwendet. Zum Beispiel sind in diesem Lehrtext alle Grafiken unbunte Festbilder, bewegte Buntbilder werden vom Farbfernsehen übertragen.

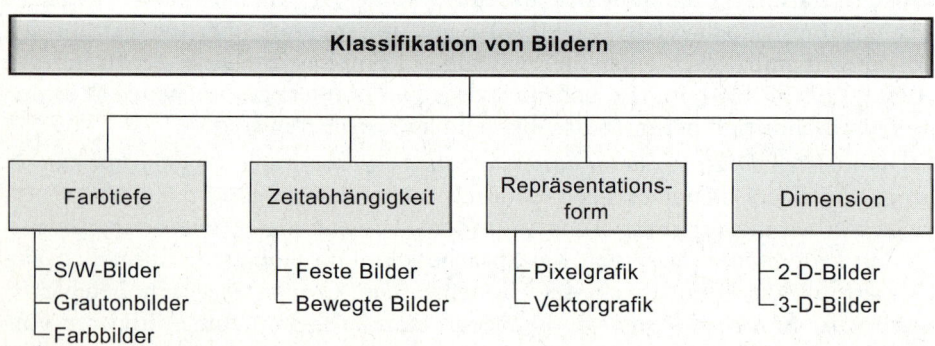

Abb. 3.3.2/1: Klassifikation von Bildern

3.3.2.1 Anwendungsübersicht

In der einfachsten Form dient die rechnergestützte **Bildverarbeitung** (engl.: image processing) zur unmittelbaren oder späteren unveränderten Wiedergabe und/oder Übermittlung der Bildinformation. Weitergehende Aufgaben sind die Bildgenerierung, Bildanalyse und Bildverstehen sowie die Bildaufbereitung.

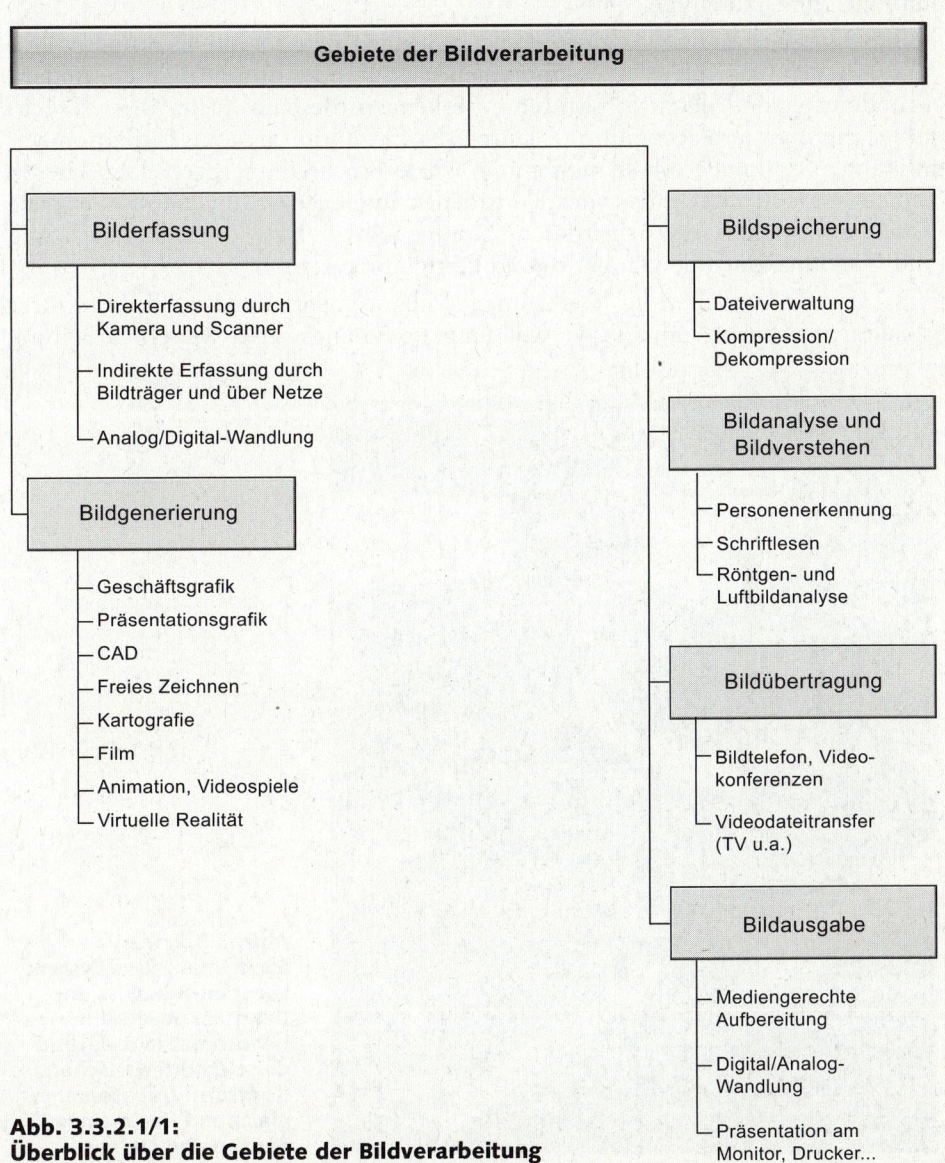

Abb. 3.3.2.1/1:
Überblick über die Gebiete der Bildverarbeitung

Die *Bilderfassung* erfolgt entweder direkt durch Zeichnen, Fotografieren, Filmen, Scannen oder indirekt durch Einlesen von Datenträgern und Herunterladen über Rechnernetze.

Bei der *Bildgenerierung* (engl.: generative computer graphics) werden aus formalen Beschreibungen oder vorgefertigten Bildelementen grafische Darstellungen (Symbole, Linien, Flächen, Körper) erstellt, manipuliert und gezeichnet. Anwendungsbeispiele sind die rechnergestützte Konstruktion (CAD), Geschäftsgrafik, Präsentationsgrafik, freies Zeichnen, Kartografie, Computerspiele, Animationen und Trickfilme.

Bildanalyse und Bildverstehen (engl.: image analysis, cognitive computer graphics) haben das Ziel, in computergenerierten oder fotografischen Bildern Grundmuster und deren Strukturen zu erkennen (deshalb auch: *Mustererkennung*, engl.: pattern recognition). Durch die Extraktion und Klassifikation signifikanter Merkmale erhält man eine formale Beschreibung der Bilder. Hierzu bedient man sich Techniken der Künstlichen Intelligenz. Anwendungsbeispiele sind Hand- und Druckschriftlesen, Röntgenbildanalyse, Luftbildauswertung und Qualitätskontrolle von Halb- und Fertigfabrikaten.

Bei der *Bildaufbereitung* (engl.: image enhancement) werden Bilder in ihrer Qualität verbessert, um die Verwendung beziehungsweise Weiterbearbeitung

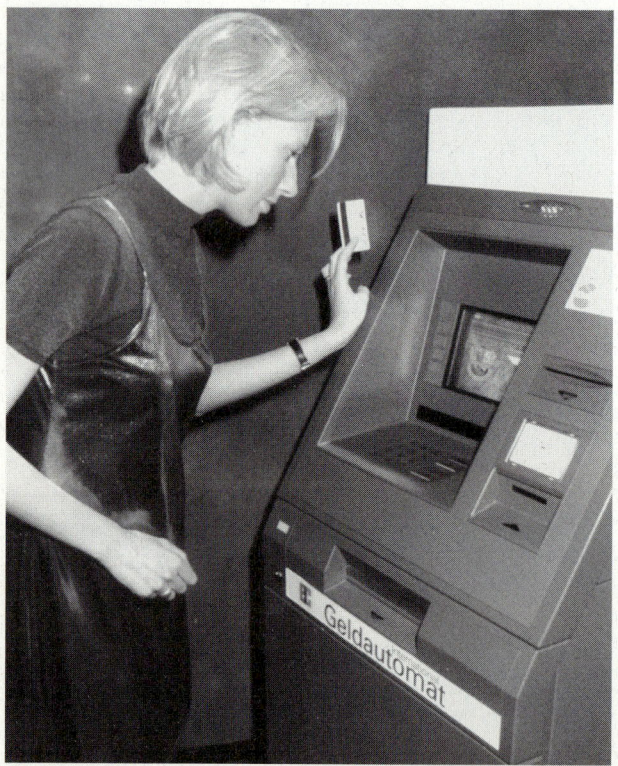

**Abb. 3.3.2.1/2:
Experimentelles System zur Identifikation der Benutzer von Geldausgabeautomaten aufgrund der charakteristischen Kopfform (Mustervergleich auf Basis eines neuronalen Netzes)**

der Bilder durch den Menschen oder den Rechner zu vereinfachen. Dies kann durch die Erhöhung des Kontrastes zwischen hellen und dunklen Bereichen, das Hinzufügen von Farbe, die Filterung von Unregelmäßigkeiten aus einem für die Bildübertragung verwendeten Signal, die Glättung gezackter Linien zum Erreichen einer sauberen Kontur, das Scharfzeichnen verschwommener Ränder sowie die Korrektur von Verzerrungen infolge optischer oder gerätetechnischer Effekte geschehen.

▶ Übungsaufgabe Nr. 1.3.21 im Arbeitsbuch

Festbilder

Zweidimensionale Festbilder (engl.: two-dimensional still image) stellen unbewegte Sachverhalte und Vorgänge flächig (erscheinend) dar (nur Erstreckungen in Länge und Breite).

Beispiele sind Grafiken, Fotos oder Zeichnungen auf Papier, Folien, Dias oder in digital gespeicherter und damit unmittelbar weiter verarbeitbarer Form im PC, PDA, Mobiltelefon, in einer Digitalkamera oder im Internet.

Weil solche zweidimensionalen Festbilder im Rahmen der betrieblichen Informationsverarbeitung die größte Bedeutung haben, stehen sie bei der nachfolgenden Beschreibung von Programmen im Mittelpunkt.

Dreidimensionale Festbilder (engl.: three-dimensional still image) stellen unbewegte Sachverhalte und Vorgänge räumlich (erscheinend) dar (Erstreckungen in Länge, Breite und Tiefe).

3-D-Festbilder sind vor allem für die *rechnergestützte Konstruktion* bedeutsam. Dabei werden mittels der entsprechenden CAD-Programme Realweltobjekte als Drahtmodelle („Skelette"), als wirklichkeitsnähere Modelle mit schattierten Oberflächen oder als feste Objekte dargestellt. Die Modelle lassen sich in der Größe ändern und drehen, um unterschiedliche Betrachtungswinkel zu realisieren.

▶ Übungsaufgabe Nr. 1.3.22 im Arbeitsbuch

Film, Animation und Virtuelle Realität

Bewegte Bilder (engl.: motion picture) variieren in der Wahrnehmung des Empfängers. Der Eindruck von Bewegung wird durch die rasche Aufeinanderfolge der gezeigten Bilder erreicht, die sich insgesamt oder in Teilen ändern. Dabei kann es sich um Live-Aufnahmen oder um gespeicherte Filme handeln.

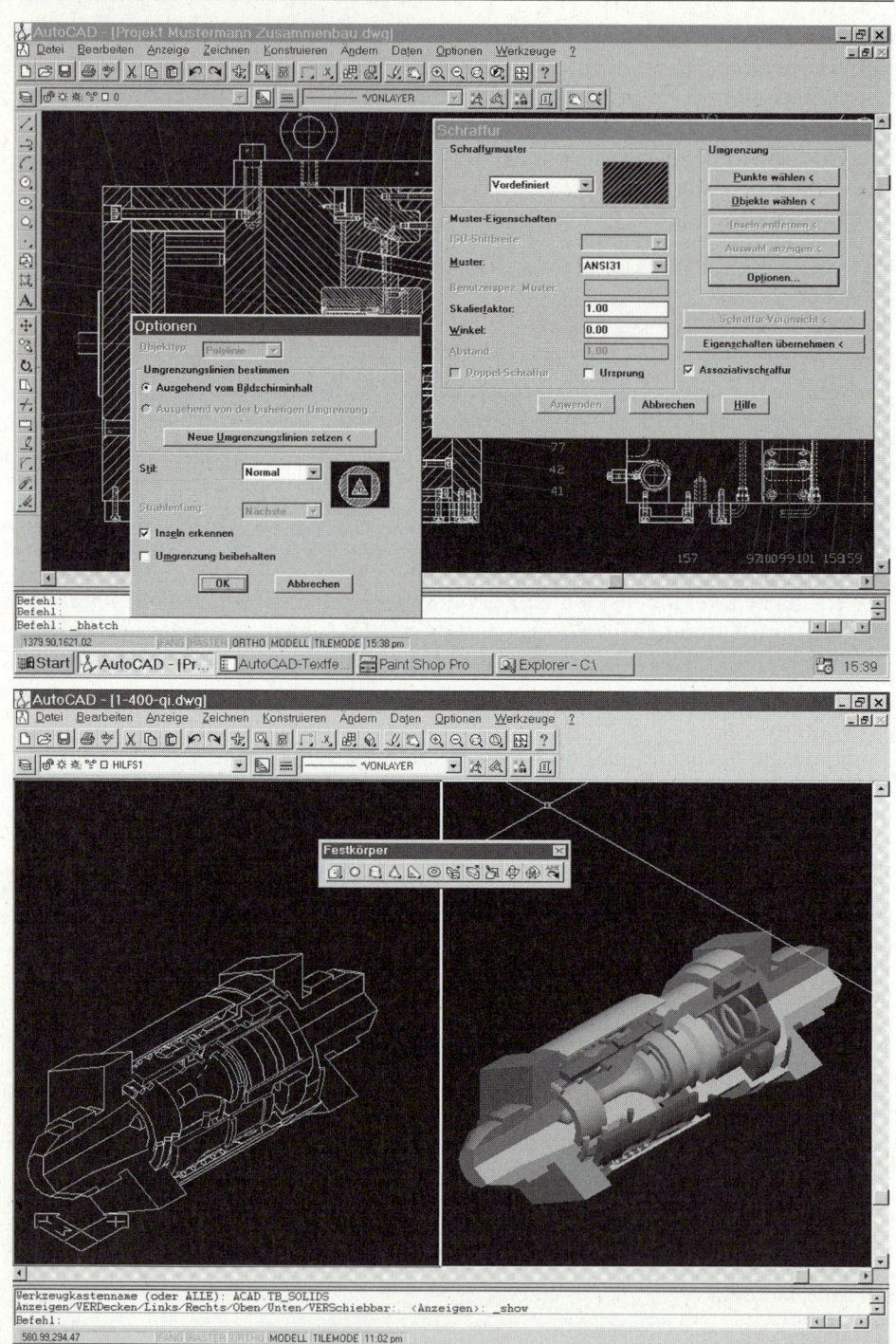

Abb. 3.3.2.1/3: 3-D-Darstellung mit einem CAD-Programm

Live-Bilder, die mit einer Kamera aufgenommen und unmittelbar in Echtzeit gesendet werden, kennen Sie von TV-Nachrichten, TV-Sportreportagen, Bildtelefonen und Videokonferenzen (Näheres im Abschnitt 3.4.3). Bei *Filmen* unterscheidet man nach dem Gegenstand Filme, welche die reale Welt wiedergeben (Fiction und Non-Fiction), animierte Filme und experimentelle, abstrakte Filme.

Computer spielen als Werkzeuge zur Herstellung von Animationen eine wichtige Rolle. Für „Normalbenutzer" kommen sie primär als Abspielgeräte in Betracht.

> Die **Animation** (engl.: animation) erweckt durch die Anzeige aufeinanderfolgender, sich leicht ändernder Bilder den Eindruck von Leben und Bewegung in Cartoons, Zeichnungen, Gemälden, Puppen und sonstigen künstlichen Objekten.

Typische *Beispiele* sind die vom Bildschirm blinzelnde Mona Lisa, Videoclips zur Veranschaulichung von Abläufen oder Trickfilme (Mickey Mouse usw.). Die Animationstechnik ist mittlerweile so weit fortgeschritten, dass damit bereits Spielfilme in voller Länge produziert werden.

Animationen lassen sich sowohl in Echtzeit realisieren, wobei jedes Bild in dem Augenblick erzeugt wird, in dem es der Betrachter zu sehen bekommt, als auch durch die Wiedergabe aufgezeichneten Films.

> **Virtuelle Realität** (engl.: virtual reality) ist ein mittels Echtzeit-Animation nachgebildeter, dreidimensionaler Ausschnitt der realen Welt. Der Benutzer kann diesen künstlichen Raum „begehen" und die darin befindlichen Objekte manipulieren.

Als typische *Schnittstellen* zu dieser – bei fortgeschrittenen Anwendungen täuschend echten – imaginären Welt dienen zur Zeit eine mit zwei LCD-Schirmen bestückte *3-D-Brille* (engl.: i-glasses), die ein „begehbares" Bild der Computersimulation liefert, sowie *Datenhandschuhe* (engl.: data-glove). Dreht der

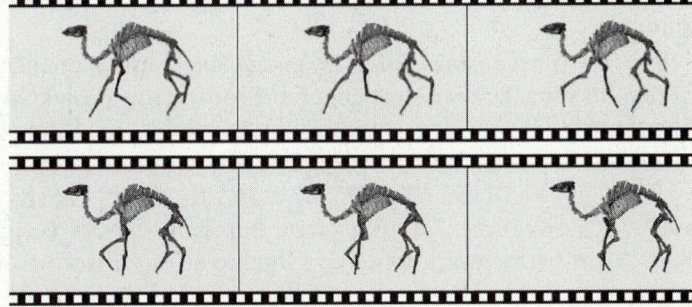

Abb. 3.3.2.1/4: Simulation von Bewegungsabläufen durch die Anzeige von leicht veränderten, rasch aufeinander folgenden Einzelbildern

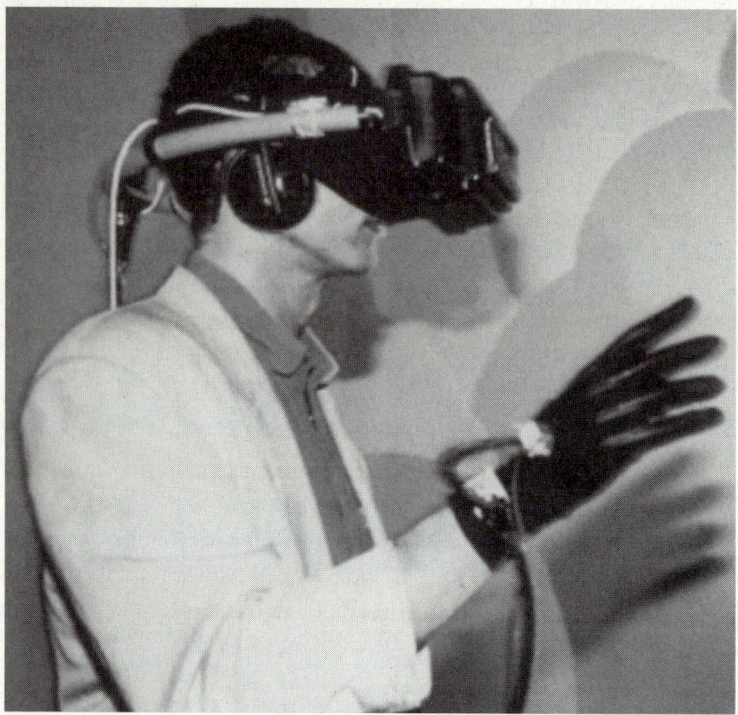

Abb. 3.3.2.1/5: 3-D-Brille für Anwendungen der Virtuellen Realität

Benutzer den Kopf, verändert sich der durch die Brille dargestellte Blickwinkel entsprechend. Er bekommt die Vorstellung, sich im computererzeugten Raum wirklich zu bewegen. Die Konturen, Farben und Lichtverhältnisse ändern sich, aufgenommene Gegenstände haben ein entsprechendes Gewicht usw. Die Datenhandschuhe nehmen die Gelenkstellung der Finger über Sensoren auf und dienen der Navigation durch den künstlichen Raum beziehungsweise der Interaktion zwischen dem Benutzer und den einzelnen Objekten der künstlichen Welt. Neben dem Datenhandschuh sind auch andere Behelfe für die Dateneingabe denkbar, wie zum Beispiel der bereits erprobte *Ganzkörperanzug* (engl.: data-suit).

Die *Anwendungsbeispiele der Virtuellen Realität* reichen von Modellsimulationen im Flugzeugbau und anderen Prototyping-Projekten des Maschinenbaus über Crash-Tests in der Automobilindustrie bis hin zu experimentellen Phobietherapien in der Medizin oder Spielen.

Allerdings wird der *Begriff „Virtuelle Realität"* zunehmend verwässert und auch auf bewegliche 3-D-Ansichten bezogen, die der Benutzer „durch" seinen Bildschirm betrachtet und deren Objekte er mit Tastatur und Maus manipulieren kann.

Abb. 3.3.2.1/6:
Echtzeit-Küchenplanung
im 3-D-Fenster

Sie sehen in Abb. 3.3.2.1/6 ein solches *PC-Programm für die 3-D-Küchenplanung*. Nach dem Systemstart erscheinen nebeneinander angeordnete Bildschirmfenster. In einem dieser Fenster („Zeichenbereich") setzt der Planer Wände und Teile mit der Maus an ihren gewünschten Bestimmungsort. In einem zweiten Fenster werden Bauwerk und Objekte dreidimensional sichtbar. Werden Teile im Planungsfenster verschoben oder gedreht, bewegen sich diese im 3-D-Fenster in Echtzeit mit. Dieses 3-D-Fenster ist die Schnittstelle zur virtuellen Welt, durch die man „hindurchgehen" und sich einzelne Planungsdetails betrachten kann. Die anschließende Bauplanung findet in CAD-Systemen statt, die auch bei der Kalkulation, Angebotserstellung, Bestellung und Rechnungsschreibung Unterstützung bieten.

Für Internetanwendungen wird häufig die Auszeichnungssprache *VRML* (Abkürzung von engl.: virtual reality modelling language) verwendet, mit der bewegliche 3-D-Ansichten beschrieben werden können. Sie enthält elementare Objekte wie Polygone, Texturen und ähnliches, die der Entwickler zur Gestaltung der Anwendungsszenerie in variablen Größen, Farben und Beleuchtungseffekten verwenden kann. Dem Benutzer wird beim Aufruf eines VRML-Dokuments eine Datei übermittelt, welche die Merkmale jedes Objekts enthält. Zur Wiedergabe am Bildschirm ist ein Zusatzprogramm (Leseprogramm; siehe Abschnitt 3.2.2.2) nötig, das auf den Browser abgestimmt sein muss. Für die verbreiteten Browser gibt es inzwischen eine Fülle derartiger Angebote im Netz, die kostenlos oder gegen geringe Gebühr genutzt werden können.

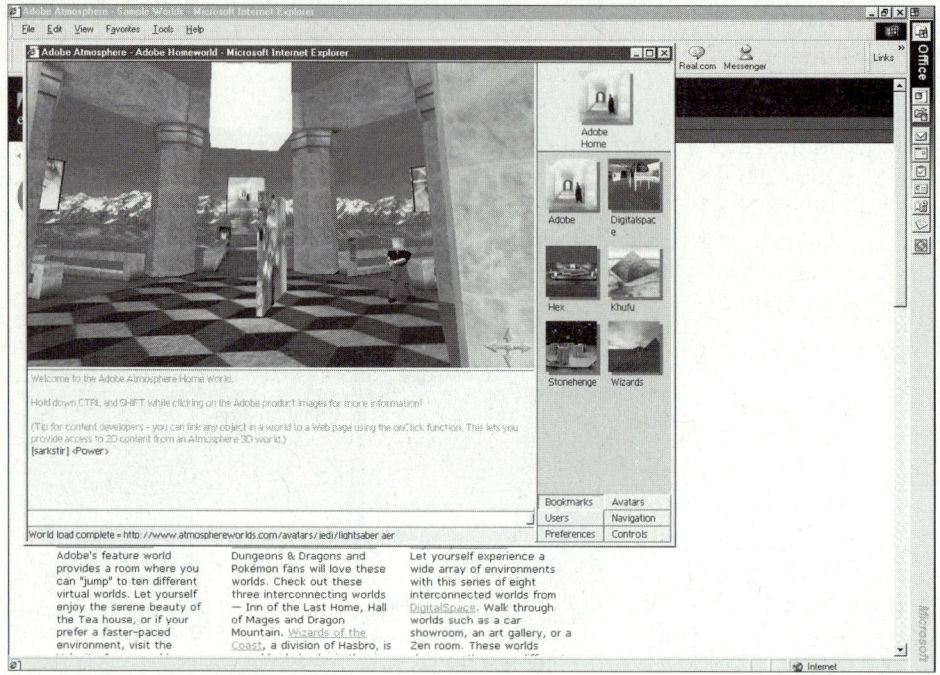

Abb. 3.3.2.1/7: Virtueller Raum als VRML-Beispiel

Sie sehen an diesen Beispielen, dass vor allem seitens der Entwickler bewegte 3-D-Grafik aller Art als „Virtuelle Realität" vermarktet wird. Auch die meisten *Videospiele* gehören in diese Kategorie.

Spiele sind nach der Textverarbeitung die häufigste PC-Anwendung in Privathaushalten. Jeder fünfte privat gekaufte PC dient ausschließlich als Spielgerät.

Der in den 1970er Jahren geprägte Ausdruck **„Video"** (engl.: video) wurde ursprünglich zur Bezeichnung des Teils eines Fernsehsignals verwendet, das die Bildinformation repräsentiert (im Gegensatz zum „Audio"-Teil für die akustische Information). Inzwischen wird dieses Wort als Sammelbegriff für alle Systeme gebraucht, die elektronische Bilder erzeugen oder wiedergeben.

▶ Übungsaufgabe Nr. 1.3.23 im Arbeitsbuch

3.3.2.2 Ablaufstruktur

Mit einem Bildverarbeitungsprogramm können Sie auf Ihrem PC *neue Bilder erzeugen* und *vorhandene Bilder* von einem Eingabegerät (Scanner, Digitalkamera) oder aus einer anderen Anwendung *importieren und weiter bearbeiten*. Über Eingabegeräte erzeugte oder über Netze empfangene analoge Bilddaten müssen zunächst digitalisiert werden und können anschließend von den üblichen Komponenten des Rechners weiterverarbeitet werden. Bei der Präsentation der Bilder über analoge Ausgabegeräte wird dieser Vorgang umgekehrt. Die Aufbereitung der Daten und die Wiedergabe in der erforderlichen Qualität und Geschwindigkeit wird dabei in der Regel durch einen speziellen *Grafikprozessor* mit entsprechender Software durchgeführt. Bei einem PC ist dieser Spezialprozessor samt entsprechendem Speicher auf der Grafik- oder Videokarte integriert. Beim digitalen Fernsehen ist er Bestandteil der Set-top-Box.

Ebenso wie Text und akustische Daten lassen sich bildliche Daten in ihrer Struktur beschreiben, in Dateien beziehungsweise Datenbanken abspeichern und wiedergeben. Eine *Bilddatenstruktur* (engl.: picture data structure) wird durch die Darstellungselemente eines Bildes (Punkte, Linien, Kurven) und die Beziehungen zwischen diesen gekennzeichnet.

Im Vergleich zu Text- und Klangdateien ist der *Speicherbedarf* und damit der *Bandbreitenbedarf bei der Übertragung von Bilddateien* weitaus höher. Die Abb. 3.3.2.2/1 zeigt Ihnen einen Vergleich bei der Verwendung einer 64-kbit/s-Verbindung und einer 10-Mbit/s-Verbindung.

Sie ersehen aus dieser vergleichenden Übersicht, dass sich bei Bildern noch weitaus größere Verdichtungsnotwendigkeiten ergeben als bei akustischer Information. Über schmalbandige Kanäle, wie zum Beispiel Telefonverbindungen, können unkomprimiert im Dialogbetrieb nur zeichenorientierte Daten, Ton in Fernsprechqualität und – eingeschränkt – Standbilder übertragen werden. Die

Abb. 3.3.2.2/1: Speicherbedarf und Übertragungszeiten von zeichenorientierten, akustischen und bildlichen Dateien

Dateityp und Menge	Format	Speicherbedarf (unkomprimiert)	Übertragungszeit bei 64 kbit/s	Übertragungszeit bei 10 Mbit/s
Text – eine DIN-A4-Seite	ASCII	2 KB	0,3 s	$\approx$ 0 s
Digitales Telefonieren – eine Sekunde	8 kHz, 8 Bits	8 KB	1,0 s	$\approx$ 0 s
Audio-CD – eine Sekunde	44,1 kHz, 16 Bits, Stereo	172 KB	21,5 s	0,1 s
Grafik – eine Bildschirmseite	640 x 480 Punkte, 256 Farben	300 KB	37,5 s	0,2 s
Video – 1 s = 25 fps (frames per second)	640 x 480 Punkte, 16,8 Mio. Farben	22 MB	48 min.	18 s

Sendung einer Farbgrafik im PC-Vollbildschirmformat (mindestens 640 x 480 Punkte, 256 Farben) benötigt zum Beispiel über die schnellsten Telefon-Modem-Verbindungen schon mehr als eine halbe Minute (ohne Berücksichtigung des Protokolloverheads) und ist damit in der Regel für den Benutzer unzumutbar. Andererseits wird die Attraktivität eines Informationsangebots ganz wesentlich durch gestalterische Elemente zur Veranschaulichung von Sachverhalten und Vorgängen bestimmt: „Ein Bild sagt mehr als tausend Worte."

Man behilft sich bei der Gestaltung von Informationsangeboten für Online-Dienste, indem man Fotos in der Größe reduziert oder durch Symbole ersetzt, die vom Benutzer bei Interesse durch Anklicken bis zur Bildschirmgröße gezoomt werden können. Ebenso können Video-Clips gestartet werden. Allerdings sollte der Benutzer darauf aufmerksam gemacht werden, wie umfangreich die jeweilige Datei ist, damit er ermessen kann, wie lange das Herunterladen dauert. Ferner sollte bei multimedialen Anwendungen stets wahlweise der wesentlich schnellere Nur-Text-Modus offeriert werden.

Die Übertragung von Farbfilmen (Video) erfordert grundsätzlich Komprimierung und breitbandige Übertragungswege. Von *Breitbandübertragung* spricht man ab Transferraten von 2 Mbit/s aufwärts.

▶ Übungsaufgabe Nr. 1.3.24 im Arbeitsbuch

In den Abschnitten 3.3.2.3 und 3.3.2.4 behandeln wir im Detail die Verarbeitung von Festbildern durch Grafikprogramme. Der darauf folgende Abschnitt 3.3.2.5 ist der Verarbeitung von bewegten Bildern und Multimedia-Anwendungen gewidmet.

3.3.2.3 Pixelorientierte Grafikprogramme

Die *Benutzeroberfläche* eines Grafikprogramms entspricht üblicherweise dem Schema, das Sie von den im Abschnitt 3.2 beschriebenen Textverarbeitungs- und Tabellenkalkulationsprogrammen kennen. Wenn Sie das Programm starten, wird auf Ihrem Bildschirm ein großes Zeichenfenster mit einer leeren Zeichenseite geöffnet. Sie können aber auch auf vorhandene Vorlagen und Bilddokumente zurückgreifen. Darüber befindet sich eine Titelleiste mit dem Namen des geöffneten Dokuments und eine aufklappbare Menüleiste, die die Befehle enthält, die Sie durch Anklicken verwenden können. Darunter sehen Sie eine Reihe von Schaltflächen (Symbolleiste), die den Zugriff auf häufig benötigte Funktionen erlaubt, die auch in der Menüleiste zu finden sind. Am seitlichen Rand oder unten wird Ihnen eine Farbpalette gezeigt, mit der Sie Umriss- und Füllfarben zuweisen können, und eine Hilfsmittelpalette, die Ihnen ähnlich wie eine Symbolleiste einen schnellen Zugriff auf Programmfunktionen ermöglicht.

Die beiden grundlegenden Möglichkeiten zur Darstellung von Festbildern sind die Pixelgrafik und die Vektorgrafik.

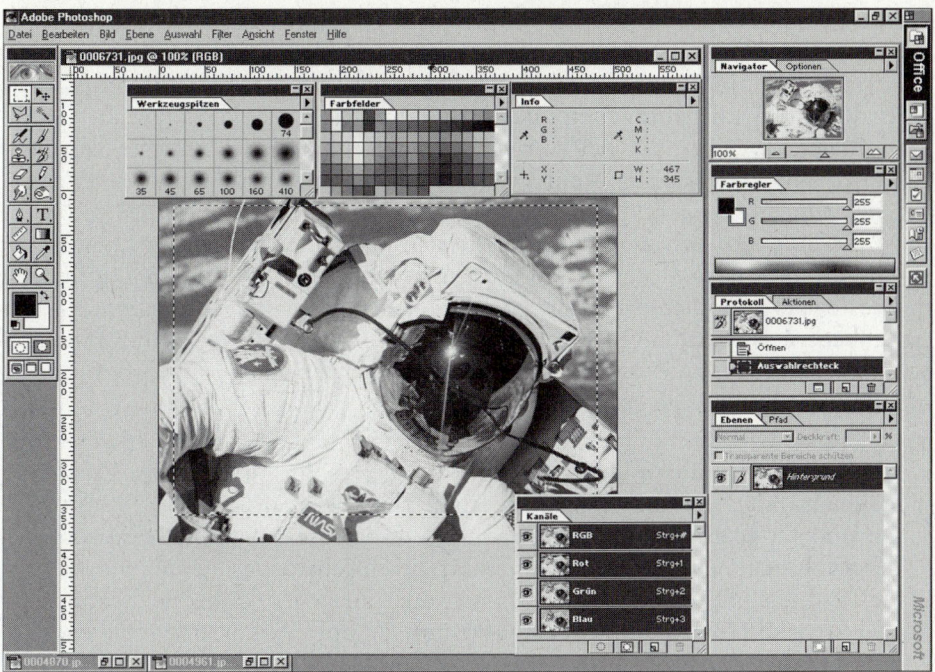

Abb. 3.3.2.3/1: Benutzeroberfläche eines Grafikprogramms

> Eine **Pixelgrafik** (Synonym: Rastergrafik; engl.: bitmapped or raster-based graphics) stellt ein Bild als Matrix von Punkten dar, die *Pixel* genannt werden (von engl.: picture element). Jeder einzelne Bildpunkt drückt einen bestimmten Farb- oder Dichtewert aus und kann separat bearbeitet werden. Diese Bildart ist gut geeignet, um die kontinuierlichen Graustufen und Farbtöne von Fotos darzustellen.

Die Qualität und der Datenumfang eines Rasterbildes werden durch die Bildgröße, die Auflösung, die Farbtiefe und den Kompressionsgrad beeinflusst.

Der Begriff „Auflösung" (engl.: resolution) wird für zwei verschiedene Sachverhalte verwendet: Die Bildauflösung und die Geräteauflösung.

> Die **Bildauflösung** (engl.: image resolution) bestimmt die erreichbare Feinzeichnung von Details eines Bildes. Je mehr Punkte zur Repräsentation eines Bildes verwendet werden, desto höher ist die Auflösung und damit die Klarheit der Darstellung. Die Bildauflösung wird in **ppi** (Abkürzung von engl.: pixels per inch; deutsch: Bildpunkte pro Zoll) gemessen.

Je größer ein Bild und je feiner die Auflösung, desto höher sind der Speicherbedarf und der Zeitbedarf bei der Übertragung. Deshalb sollten Sie sich bei der Bilderstellung immer auf die *Maße* beschränken, die Sie oder die Empfänger Ihrer Bilder wirklich brauchen. Wenn Sie zum Beispiel die Länge und Breite eines Bildes jeweils auf die Hälfte reduzieren, erreichen Sie damit eine Verringerung des Datenvolumens auf ein Viertel. Dieselbe Speicherplatzersparnis erzielen Sie, wenn Sie die *Auflösung* zum Beispiel von 600 ppi auf 300 ppi halbieren (weil die Pixelzahl pro Zoll auf zwei Achsen halbiert wird). Das gilt jedenfalls für unkomprimierte Dateien und den Arbeitsspeicher. Welche Bildauflösung mindestens erforderlich ist, hängt von dem jeweiligen Verwendungszweck, dem Ausgabegerät und Ihren Qualitätsansprüchen ab. Die Auflösung einer Bilddatei wird bei der Ausgabe auf die Darstellungskapazität des jeweiligen Geräts hinauf- oder heruntergerechnet.

> Der Begriff „Geräteauflösung" (engl.: device resolution) wird im Zusammenhang mit Ein- und Ausgabegeräten, zum Beispiel Scannern, Monitoren und Druckern, benutzt. Damit wird die gerätespezifische, fest vorgegebene Eingabe- oder Ausgabequalität beschrieben, das heißt, wie klein die Punkte sind, die ein Gerät erfassen oder ausgeben kann. Bei Scannern und Druckern wird die Geräteauflösung in **dpi** (Abkürzung von engl.: dots per inch) angegeben.

Je höher die Auflösung eines Geräts ist, desto mehr und desto kleinere Punkte werden zur Darstellung verwendet; desto besser ist die Qualität. Ein 1.200-dpi-Drucker ist also besser als ein 600-dpi-Drucker, aber längst nicht so gut wie ein 2.400-dpi-Drucker.

Liegt die *Bildauflösung stark unter der Auflösung des Ausgabegerätes* (zum Beispiel Bildauflösung 72 ppi, Druckerauflösung 1.200 dpi), so treten vor allem in Strichzeichnungen bei diagonalen Linien unschöne Treppenstufen auf. Diese Stufen sind mit bloßem Auge leicht erkennbar und wirken, wenn sie nicht beabsichtigt sind, störend, da sie Ränder einer Grafik ausgefranst wirken lassen.

Bei einem Schwarz-Weiß-Bild müssen nur zwei *Farbwerte* repräsentiert werden. Pro Pixel wird deshalb nur ein Bit benötigt. Mit vier Bits lassen sich $2^4 = 16$, mit einem Byte $2^8 = 256$ Graustufen oder Farbwerte darstellen.

> Die **Farbtiefe** (engl.: colour depth) bezieht sich auf die Anzahl der Bits, die zur Definition von Schattierung oder Farbe jedes Pixels in einem Bild verwendet werden. So hat zum Beispiel ein Schwarzweißbild die Pixeltiefe 1 Bit (1 oder 0 binär ausgedrückt). Die für die Bildschirmdarstellung am häufigsten vorkommenden Farbtiefen sind 8 Bit, 16 Bit oder 24 Bit. Die Anzahl der von einer bestimmten Bittiefe erzeugbaren Farbwerte kann wie folgt bestimmt werden: 2 hoch Farbtiefe.

Bildauflösung: 72 ppi
Druckerauflösung: 1200 dpi

Bildauflösung: 200 ppi
Druckerauflösung: 1200 dpi

Abb. 3.3.2.3/2: Bildauflösung 72 ppi und 200 ppi, Druckerauflösung 1.200 dpi

Farbmonitore, Scanner, Diabelichter und Diaprojektoren arbeiten mit einem *additiven Farbmodell*.

> Bei dem **RGB-Farbmodell** werden die drei Grundfarben Rot, Grün und Blau in unterschiedlicher Intensität übereinander projiziert und addieren sich zu einem bestimmten Farbwert. Je höher die Farbtiefe, desto feiner ist die Differenzierung von einer Farbe zur nächsten.

Bei hoher Qualität sind pro Farbe 256 Dichtestufen von 0 (keine Farbe) bis 255 (volle Farbe) vorgesehen. Strahlen Rot, Grün und Blau mit voller Leuchtkraft (also höchstem Tonwert) übereinander, so ergibt sich die Farbe Weiß. Eine Nulldichte der drei Farben führt zu Schwarz. Jeder Gleichstand der drei Dichtestufen zeigt einen reinen Grauwert dazwischen an. Bei 256 Dichtestufen für die drei Grundfarben sind pro Pixel 24 Bits Speicherplatz erforderlich, die 256 x 256 x 256 = 2^{24} = 16,8 Millionen unterschiedliche Farben erlauben.

Diese hochwertige, so genannte *True-color-Darstellung* (unübliche deutsche Übersetzung: Echtfarb-Darstellung) kostet allerdings entsprechend viel Rechenzeit, Speicher- und Übertragungskapazität. Beispielsweise beansprucht eine am Bildschirm dargestellte Grafik mit einer Größe von 640 x 480 Punkten im True-Color-Format 640 x 480 x 3 = 921.600 Bytes = 900 KB Speicher und beinahe zwei Minuten Übertragungszeit über eine 64 kbit/s-Verbindung.

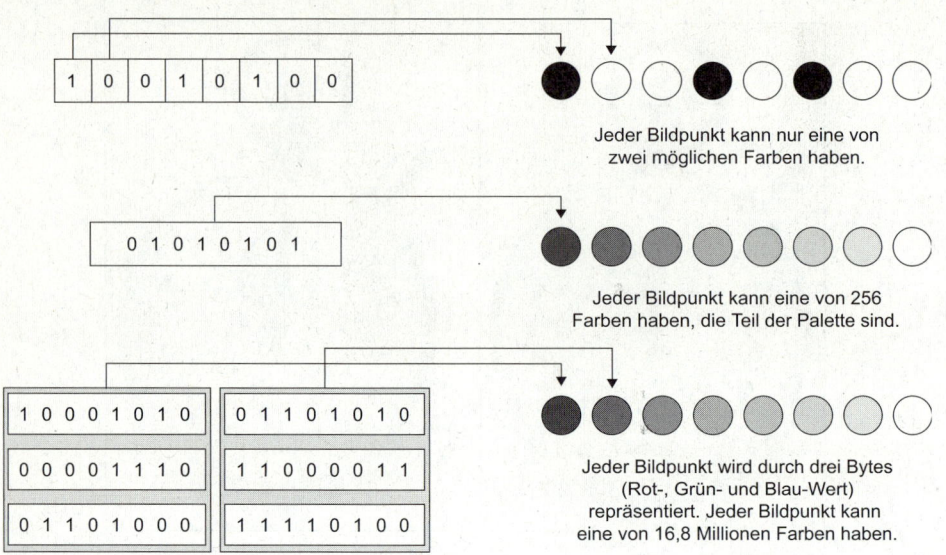

Abb. 3.3.2.3/3: Repräsentation von Farben durch Bitmuster im Speicher

▸ Übungsaufgabe Nr. 1.3.25 im Arbeitsbuch

Wenn das nicht akzeptabel ist oder die Datei (etwa ein Diagramm) ohnehin nur wenige unterschiedliche Farben enthält, wird üblicherweise auf die 8-Bit-Darstellung mit „nur" 256 Farbwerten zurückgegriffen. Manche Ausgabemedien sind auch gar nicht in der Lage, eine größere Farbtiefe wiederzugeben. Dort, wo es auf feinste Tonwertabstimmungen ankommt, wird jedoch auch mit Werten von 48 Bits und mehr gearbeitet (zum Beispiel bei Digitalkameras und Hochleistungsscannern).

Bildbearbeitungsprogramme bieten verschiedenste Möglichkeiten, die Tonwerte einer Bilddatei möglichst schonend für die Bildwirkung zu reduzieren beziehungsweise dabei auftretende negative Effekte zu kompensieren. Zum Beispiel kann durch bestimmte Rastertechniken, das *Dithering,* der Eindruck eines kontinuierlichen Grauwertverlaufs (auf einem monochromen Bildschirm oder Drucker) oder zusätzlicher Farben (auf einem farbigen Bildschirm oder Drucker) erzeugt werden. Kann eine bestimmte Farbe nicht repräsentiert werden, so wird der Bereich (= nebeneinanderliegende Bildpunkte) in unterschiedlichen Mustern eingefärbt, die vom Auge vermischt als einzelne Farbe wahrgenommen werden. In der Abb. 3.3.2.3/4 sehen Sie, wie damit die harten Übergänge der 8-Bit-Datei gemildert werden können.

Eine *Reduzierung der Farbtiefe* auf sechs, auf vier oder zwei Bits bringt bei vielen Dateiformaten eine vergleichsweise geringe weitere Kapazitätsersparnis. Reine Schwarz-Weiß-Bilder können jedoch in Form von 1-Bit-Dateien dargestellt werden. Halbtonabstufungen werden durch Streuraster-Mischungen von

| 24-Bit | 8-Bit mit Dithering | 8-Bit ohne Dithering |

Abb. 3.3.2.3/4: Gedrucktes Farbfoto in 24-Bit-RGB-Darstellung sowie 8-Bit-Darstellung ohne und mit Dithering

mehr oder weniger großen und zahlreichen schwarzen Elementen vorgetäuscht. 1-Bit-Dateien brauchen sehr wenig Speicher und können schnell übermittelt werden. Beispielsweise braucht eine Schwarz-Weiß-Grafik dieses Typs mit 640 x 480 Punkten nur 37,5 KB im Arbeitsspeicher. Über eine 64-kbit/s-Verbindung lässt sich diese Bilddatei in 4,8 Sekunden übertragen. Monochrom-Monitore und Schwarz-Weiß-Laserdrucker arbeiten stets im 1-Bit-Modus.

Die oben genannten Kapazitätsanforderungen der 24-, 8- oder 1-Bit-Darstellung von Bilddateien beziehen sich jeweils auf den Arbeitsspeicher. Ob dieser Kapazitätsbedarf gleichermaßen bei der Speicherung auf externen Medien (Magnetplatten, optischen Speicherplatten usw.) und bei der Übertragung über Rechnernetze gegeben ist, hängt vom jeweiligen Dateiformat ab (Näheres im Abschnitt 3.5). Manche Formate speichern die Pixel 1 : 1 ab. Andere Verfahren komprimieren immer oder bieten diese Option.

Drucker arbeiten mit dem *CMYK-Farbmodell*.

Das **CMYK-Farbmodell** (Abkürzung für: cyan-magenta-yellow-black) verwendet zur Darstellung von Farben eine subtraktive Mischung der Primärfarben Cyan, Magenta, Gelb und als Zusatzfarbe Schwarz. Ausgangspunkt ist die Farbe Weiß, von der bestimmte Anteile von Cyan, Magenta und Gelb subtrahiert werden, um die gewünschte Mischfarbe zu erhalten. Durch die Subtraktion von 100 Prozent aller drei Farben entsteht Schwarz. Weil dieses Schwarz vor allem auf weißem Hintergrund, zum Beispiel einem Blatt Papier, nicht genügend Kontrast und Tiefe aufweist, wird eine zusätzliche Schwarz-Komponente hinzugemischt.

Das *CMYK-Farbmodell* ist für Druckarbeiten gut geeignet, da es auf den absorbierenden Eigenschaften von Pigmenten basiert. Farbstoffe filtern die roten, grünen oder blauen Anteile des Tageslichts heraus, wodurch die Komplementärfarben Cyan, Magenta und Gelb entstehen.

Aufgrund der unterschiedlichen Farbmodelle lassen sich nicht alle am Bildschirm angezeigten Farben ausdrucken und umgekehrt. Deshalb verfügen Grafikprogramme über ein *Farbmanagementsystem,* das RGB-Information über gerätebezogene Farbprofile in die CMYK-Farbdarstellung umrechnet. Den voraussichtlichen Farbausdruck können Sie sich auf dem Bildschirm zeigen lassen. Mittlerweile besitzen auch schon die meisten PC-Betriebssysteme ein Farbmanagementsystem, auf dessen Funktionen die Programme zugreifen.

Pixelorientierte Grafikprogramme (engl.: bitmap paint program) werden vorzugsweise zum Freihandzeichnen, Malen, sowie zum Nachbearbeiten von importierten Festbildern benutzt. Sie speichern Bilder als eine Folge von verschiedenfarbigen Bildpunkten (engl.: pixel) ab.

Folgende Funktionen stellen pixelorientierte Programme unter anderem zur Verfügung:

– Malwerkzeuge wie Pinsel und Stifte,
– Malpaletten für Farben, Formen und Muster,

Abb. 3.3.2.3/5: Pixelorientiertes Grafikprogramm

– Textwerkzeuge zur Eingabe und Bearbeitung von Texten (auch von einzelnen Buchstaben),
– Manipulationswerkzeuge für Ton- und Farbveränderungen,
– Retuschewerkzeuge für Bildkorrekturen (zum Beispiel, um Fotos nachzubelichten oder um Kratzer, Staub und rote Augen zu entfernen),
– Auswahlwerkzeuge, die Bildteile anhand von Konturen und Farbverläufen aus ihrer Umgebung isolieren und individuell weiterbearbeiten lassen,
– Maskenfunktionen, die Bildteile schützen oder zur Bearbeitung freigeben,
– Bereitstellen von verschiedenen Bearbeitungsebenen (oft auch als *Kanäle* bezeichnet), die wie durchsichtige Folien einzeln bearbeitbar sind und übereinandergelegt das Gesamtbild ergeben,
– Effektsammlungen,
– Funktionen für den Import und Export von Bildern (von/zu Geräten, Anwendungen, WWW).

▶ Übungsaufgabe Nr. 1.3.26 im Arbeitsbuch

3.3.2.4 Vektororientierte Grafikprogramme

Eine Vektorgrafik unterscheidet sich grundlegend von einer Pixelgrafik.

> Bei **Vektorgrafiken** (Synonym: Strichgrafik; engl.: vector-based graphics) wird ein Bild nicht als Muster einzelner Punkte, sondern durch mathematisch definierte Formen aus Linien und/oder Kurven und Füllungen beschrieben.

Die *Definitionen* beziehen sich auf die Anordnung von Bild- oder Textteilen auf der Seite, die Größen, Konturen und Füllfarben von Kreisen, Vielecken usw. Weil die Bildobjekte einzeln mathematisch definiert sind, können sie unabhängig voneinander editiert, geändert oder verschoben werden. Deshalb ist dieses Verfahren für Zeichnungen, Illustrationen, die rechnergestützte Konstruktion (CAD) und die Modellierung dreidimensionaler Objekte ideal geeignet.

> **Vektororientierte Grafikprogramme** (engl.: vector drawing program) verarbeiten Bilder, die aus einfachen Grundbausteinen wie zum Beispiel Kreisen, Rechtecken und Linien bestehen. Die Form und die Auszeichnungen (Attributierungen) dieser Objekte, wie Dicke von Linien, Farbe, Füllmuster usw., werden durch Vektoren beschrieben. Jedes Objekt ist ein separates Element, das unabhängig von anderen Objekten positioniert und bearbeitet werden kann.

Bei einer Vektorgrafik können Sie nachträglich durch *Verschieben von Ankerpunkten* übereinander gelagerte Objekte voneinander wegrücken, stufenlos vergrößern und verkleinern usw. Durch *Gruppieren* können Sie bestimmte Objekte miteinander verbinden und dann Ihre Zeichenbefehle auf diese Objektgruppe anwenden: In den Vordergrund/Hintergrund stellen, am Raster ausrichten, Drehen/Kippen, Größe ändern usw. Sie können diese Gruppierung auch jederzeit wieder aufheben und damit zur Bearbeitung der Einzelobjekte zurückkehren. Wenn Sie beispielsweise ein Objekt löschen oder wegschieben, so kommen die darunter liegenden Objekte zum Vorschein. Wenn Sie hingegen bei einem Pixelbild einen Teil ausschneiden – quasi ausradieren – so erscheint an dieser Stelle nur der blanke Hintergrund (siehe Abb. 3.3.2.4/1).

Bei Pixelbildern steht die *Detailtiefe* durch die vorhandene Zahl von Bildpunkten fest. Wenn also beispielsweise ein Bild mit 50 ppi gespeichert ist, so kann es auch nur in dieser Auflösung ausgegeben werden. Hat Ihr Ausgabegerät eine höhere Auflösung, so werden Zwischenwerte berechnet, was die Qualität jedoch keineswegs erhöht. Hingegen können Sie eine Vektorgrafik stets in der *höchstmöglichen Auflösung des Ausgabegeräts* ausgeben, also beispielsweise bei einem 2.400-dpi-Drucker mit 2.400 dpi, da hier die Grafik nicht durch ihre Bildpunkte, sondern durch die Befehle zum Erzeugen der Grafik repräsentiert ist.

Ein weiterer Vorteil ist, dass sich Vektorgrafiken vergleichsweise *platzsparend abspeichern* und rasch über Netze übermitteln lassen. Weil die Grafiken mathematisch beschrieben sind, benötigen sie unabhängig von ihrer Skalierung immer

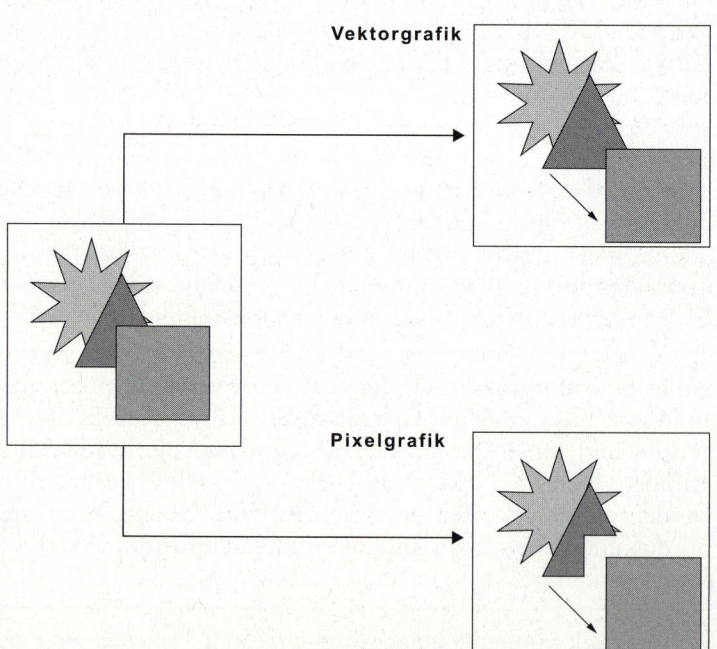

Abb. 3.3.2.4/1 Vergleich Vektorgrafik und Pixelgrafik

Abb. 3.3.2.4/2: Vektororientiertes Grafikprogramm

gleich viel Speicherplatz. Transformationen wie beispielsweise Drehen, Spiegeln, Dehnen sind lediglich Operationen, die auf diese Vektoren ausgeübt werden. Die Größe des benötigten Speicherplatzes nimmt nur mit der Anzahl der Objekte zu. Große Farbpaletten vergrößern den Kapazitätsbedarf nur unwesentlich.

Für *Fotos* ist diese Darstellungsform jedoch *nicht geeignet*, da die definierten Konturen und Füllflächen zu glatt wirken.

Eine *Vektorgrafik* kann ohne weiteres unter Angabe der gewünschten Auflösung *in eine Pixelgrafik konvertiert* werden. Die Umwandlung löscht die mathematischen Verknüpfungen und damit die objektorientierten Manipulationsfunktionen, eröffnet aber die Möglichkeit zur punktgenauen Bearbeitung. Umgekehrt kann auch eine *Pixelgrafik in eine Vektorgrafik* umgewandelt werden, was jedoch mit Detailverlusten verbunden ist. Fast alle vektororientierten Programme erlauben es, Pixelbilder in Vektorgrafiken aufzunehmen. Hingegen verfügen die verbreitetsten pixelorientierten Grafikprogramme nur über rudimentäre Vektorgrafikfunktionen.

▶ Übungsaufgabe Nr. 1.3.27 im Arbeitsbuch

3.3.2.5 Videoprogramme

Je höher die *Bildrate,* desto besser ist die Qualität von Bewegtbildern. Die Untergrenze für die Wahrnehmung kontinuierlicher Bewegungen liegt bei etwa 14 Einzelbildern pro Sekunde (engl.: frames per second; abgekürzt: fps). Die Animation von Cartoons als Trickfilm läuft oft in dieser Geschwindigkeit ab. Auch die für schmalbandige Verbindungen verwendeten Bildtelefone arbeiten meist mit einer Rate um 15 fps. Die Fernsehstandards sehen 25 fps (PAL und SECAM in Europa) oder 30 fps (NTSC in den USA und Japan) vor.

Wegen der enormen Datenmengen ist zur digitalen Speicherung und Übertragung von Bewegtbildern fast immer eine *Kompression* erforderlich. Zur Wiedergabe muss der Bitstrom zunächst dekomprimiert und sodann für die Präsentation am Bildschirm aufbereitet werden.

Zum Beispiel können Sie mit dem in Abb. 3.3.2.5/1 gezeigten *Windows Media Player* auf Ihrem PC Musik hören und Filme ansehen – sowohl lokal von CDs und Festplatte als auch aus dem Internet. Die Wiedergabe von Internet-Videos kann bereits kurz nach Übertragungsbeginn starten. Darüber hinaus bietet die Software Funktionen zur Verwaltung Ihrer Medien, zum Transfer von Musik auf Ihren tragbaren Musik-Player und zum Brennen von Audio-CDs.

▶ Übungsaufgabe Nr. 1.3.28 im Arbeitsbuch

Abb. 3.3.2.5/1: Abspielen von Videos

Bei der *Präsentation* (engl.: presentation; rendering) von Bewegtbildern sind die dekomprimierten Daten auf dem Bildschirm in einem Fenster bestimmter Größe in einer bestimmten Zahl von Farben wiederzugeben. Dabei sind oft Anpassungsprobleme zu bewältigen, die aus den unterschiedlichen Bildraten und Farbmodellen der Fernseh- und Computertechnik resultieren. Der in den meisten europäischen Ländern gebräuchliche *Fernsehstandard PAL* zerlegt das Fernsehbild (625 horizontale Linien) in zwei Halbbilder (engl.: field), die im Zeilensprungverfahren mit einer Frequenz von 50 Hz aufgefrischt werden. Die *Bildrate* (engl.: frame rate) ist damit halb so groß wie die Halbbildrate (engl.: field rate), also 25 fps. Die Vertikalfrequenz von PC-Monitoren liegt erheblich über diesem Wert.

Während auf dem Computerbildschirm ein Rot-Grün-Blau-Signal zur Farbdarstellung dient (RGB-Farbmodell), verwendet PAL das so genannte *YUV-Modell,* bei dem die Farbwerte durch eine Luminanzkomponente Y und zwei Chrominanzkomponenten U und V repräsentiert werden. Jede dieser drei Komponenten wird üblicherweise durch einen 8-Bit-Wert repräsentiert, so dass pro Pixel drei Bytes nötig sind. Die Farbanpassung – Helligkeit, Kontrast und Sättigung – wird über Tabellen gesteuert, in denen den YUV-Werten die entsprechenden RGB-Werte zugeordnet sind. Bei der Abstimmung auf die gewünschte Bildgröße kann die Qualität zu Lasten der Geschwindigkeit erhöht werden (und umgekehrt). Mit Dithering werden unerwünschte Farbeffekte ausgeglichen.

Die *Kompression/Dekompression* der Bildinformation kann durch spezielle *Hardwarebausteine* und/oder durch spezielle *Software* erfolgen. Es gibt schon seit vielen Jahren *Software-Codecs für Videos im Internet.* Beim Abspielen von Filmsequenzen im Datenstrommodus (engl.: streaming video) können allerdings über eine schmalbandige Verbindung, wie zum Beispiel im Telefonnetz, pro Sekunde nur wenige Bilder in voller PC-Bildschirmgröße mit geringer Auflösung angesehen werden. Akzeptable Bildwiederholraten sind nur dann erreichbar, wenn durchgängig vom Sender bis zum Empfänger entsprechende Bandbreiten mit konstantem Durchsatz zur Verfügung stehen.

Die *Kompression von Videos* erfordert eine weitaus höhere Rechenleistung als die Dekompression. Die Kompression in Echtzeit ist nur durch teure Spezialhardware (Encoder-Karten) möglich. Software-Encoder für Personalcomputer sind zwar kostenlos oder zu geringen Preisen im Internet erhältlich, sie benötigen aber für die Kompression eines Spielfilms viele Stunden.

▶ Übungsaufgabe Nr. 1.3.29 im Arbeitsbuch

3.3.2.6 Multimedia-Programme

Kaum ein Schlagwort wurde in den letzten Jahren so häufig und auf so unterschiedliche Weise gebraucht wie „Multimedia". Dieser Begriff soll ausdrücken, dass *bei der Präsentation von Information unterschiedliche Medien gleichzeitig genutzt* werden. Wichtig dabei ist, dass die Koordination und Synchronisation der eingesetzten Medien nicht manuell, sondern rechnergesteuert abläuft.

> **Multimedia-Systeme** (engl.: multimedia system) integrieren mehrere Ein- und/oder Ausgabemedien für Text, formatierte Daten, Ton und Bild, wobei die Speicherung und die synchronisierte Ablaufsteuerung auf einem Rechner erfolgen.

Eingehende Datenströme, die – wie beispielsweise Tonfilm – akustische und bildliche Information beinhalten, werden decodiert, aufgeteilt und von den entsprechenden Funktionseinheiten des Rechners verarbeitet. Zur Ausgabe werden die Verarbeitungsergebnisse synchronisiert, für die jeweiligen Ausgabegeräte codiert und präsentiert.

Multimedia-Anwendungen „fressen" Rechenleistung und Speicherkapazität. Je mehr Sie davon besitzen, um so schneller und reibungsloser werden die Programme auf Ihrem Rechner ablaufen.

Während Büroinformationssysteme früher primär textorientierte Anwendungen beinhalteten und sich die Bildverarbeitung auf die Erstellung und Aufbereitung von Grafiken beschränkte, gab es im letzten Jahrzehnt einen starken *Trend zu interaktiven Multimedia-Systemen*. Vor allem durch CDs, DVDs und das WWW haben solche PC-Anwendungen einen erheblichen Auftrieb erhalten. Noch Mitte der 1990er Jahre hatten in Unternehmen die wenigsten PCs ein CD-ROM-Laufwerk, heute gehört ein DVD-Laufwerk zur Standardausstattung. Selbstbedienungsterminals, wie Informationskioske oder Geldausgabeautomaten, funktionieren inzwischen ebenfalls meist multimedial.

Beispiele für betriebliche Multimedia-Anwendungen sind etwa elektronische Produktkataloge, Servicehandbücher und Verkaufshilfen (insbesondere für physisch nicht oder nur schwer vorzeigbare Produkte oder Dienstleistungen, wie etwa Versicherungsdienste, Immobilien, Reisen, Teppiche usw.), Firmenpräsentationen, Lernprogramme, Nachschlagewerke, Videokonferenzen und viele andere mehr.

Beispiel für eine interaktive Multimedia-Anwendung: „Verkäuferarbeitsplatz von BMW"

In enger Zusammenarbeit mit BMW wurde von der Management Consulting GmbH Wien ein *Softwaresystem für den Automobilverkauf* entwickelt, das einerseits dem Verkäufer als verkaufsunterstützendes Instrumentarium gegenüber dem Kunden, andererseits zur internen Arbeitserleichterung und Zeitersparnis dient.

Der Entwicklung dieses Softwaresystems gingen monatelange Feldbeobachtungen von Verkaufssituationen und Befragungen von Automobilkäufern und -verkäufern voraus, um eine solide Basis für den inhaltlichen Aufbau zu erhalten.

Der Kunde sitzt während des Verkaufsgespräches gemeinsam mit dem Verkäufer vor einem Personalcomputer – das kann auch ein Notebook-PC sein – und lässt sich anhand des Softwaresystems beraten. Das Verkaufsgespräch beginnt mit der Auswahl des vom Kunden grundsätzlich gewünschten Fahrzeugtyps aus zwei Tabellen. Das Layout des Softwaresystems ist der Corporate Identity von BMW entsprechend gehalten.

Das ausgewählte Fahrzeug wird dem Kunden vom Verkäufer mittels Multimedia-Anwendungen wie Video oder mit Tonsequenzen unterstützten Bildern näherge-

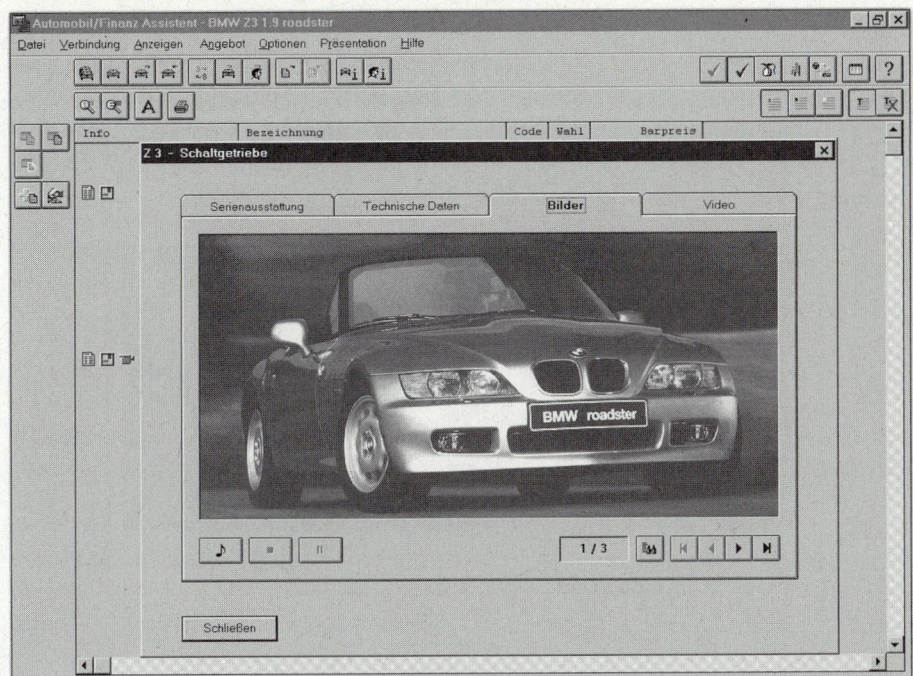

Abb. 3.3.2.6/1: Multimediale Verkaufsunterstützung: Fahrzeugpräsentation

bracht. Im weiteren Gespräch werden dem Kunden verschiedene Sonderausstattungen, die Sicherheit und Komfort des Fahrzeuges erhöhen, erklärt. Für sämtliche Sonderausstattungen stehen Texte, Bilder und Grafiken zur Verfügung. Tonsequenzen und Videoeinspielungen runden die Präsentation der verschiedenen Konfigurationselemente ab.

Durch die multimediale Erklärung der einzelnen Ausstattungsmerkmale kann dem Kunden die Sinnhaftigkeit des Kaufs von Sonderausstattungen vor Augen geführt werden. Durch Animationen und die Verbindung von Text, Bild, Ton und Video wird die Aufmerksamkeit des Kunden erhöht und eine lockere Gesprächsatmosphäre geschaffen. Der Kunde erhält ein wirklichkeitsnahes Bild eines speziell auf seine Bedürfnisse zugeschnittenen Automobils.

Da das Leistungsangebot im Automobilhandel in technischer Hinsicht von einer zunehmenden Komplexität gekennzeichnet ist, müssen verschiedene Konfigurationswünsche des Kunden vom Verkäufer auf Realisierbarkeit überprüft werden. Dies geschieht beim „Verkäuferarbeitsplatz" automatisch. Schließen sich beispielsweise zwei Sonderausstattungselemente gegenseitig aus oder bedingen sie eine Änderung, sei es in preislicher oder technischer Hinsicht bei anderen Komponenten, so wird dies vom Softwaresystem erkannt und in einem Fenster Verkäufer und Kunden erklärt.

Haben Verkäufer und Käufer das Wunschfahrzeug zusammengestellt, so kann es der Kunde in allen zur Verfügung stehenden Farbkombinationen auf dem Bildschirm betrachten. Um beispielsweise passende Felgen zu finden, werden auf einem Bild des

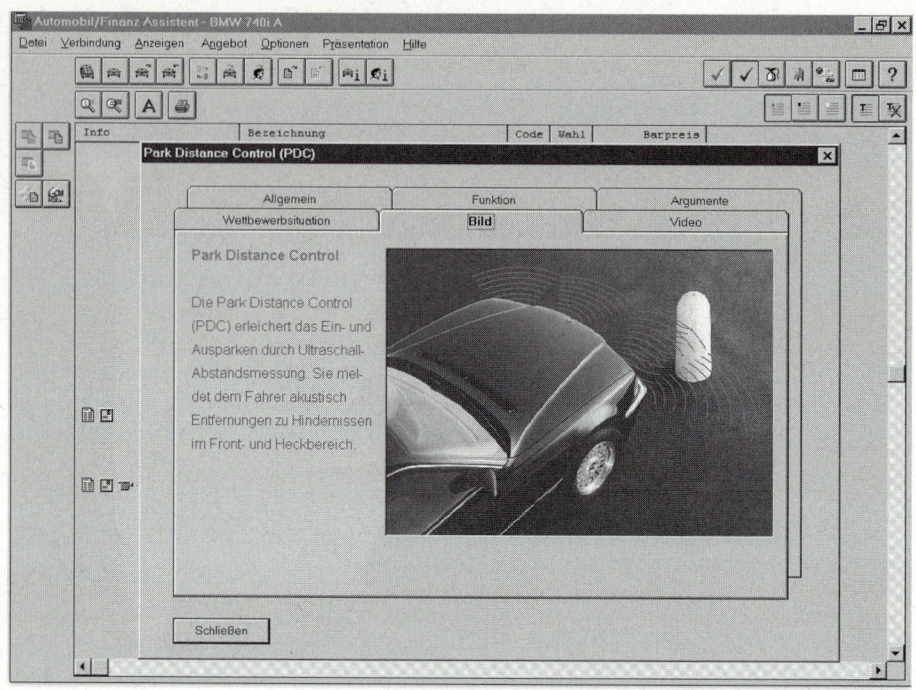

Abb. 3.3.2.6/2: Multimediale Verkaufsunterstützung: Erklärung der Ausstattung

ausgewählten BMW alle Felgen-Modelle durchgetestet, bis das richtige vom Kunden gefunden wurde.

Der Kunde hat also während des gesamten Verkaufsgespräches das speziell für ihn konfigurierte Automobil vor Augen und kann Änderungen, wie beispielsweise Lackierung, Polsterung oder Felgen, ohne Zeitverzögerung durchführen lassen und das Ergebnis betrachten.

Hat sich der Kunde für ein Modell entschieden, so stehen ihm beim Kauf mehrere Möglichkeiten wie Leasing, Kreditfinanzierung und Barkauf zur Verfügung. Das Softwaresystem zeigt auf Knopfdruck alle Varianten übersichtlich an und rechnet jede Art von Leasing- und Kreditfinanzierung dem Kunden vor. Hierbei kann von verschiedenen Parametern ausgegangen werden wie zum Beispiel monatlicher Rückzahlungsrate, Restwert oder Höhe des Barerlages. Das Angebot wird ausgedruckt und kann dem potentiellen Kunden mitgegeben werden.

Die *Erstellung und der Einsatz von Multimedia-Anwendungen* bedingen oft eine *Vielzahl unterschiedlicher Softwareprodukte*, die im Idealfall miteinander kommunizieren können, zumindest aber gemeinsame Daten verwenden. Insbesondere zum Einlesen und Digitalisieren der zu verarbeitenden Daten werden häufig verschiedene Programme (Scan-Software, Textverarbeitung, Grafikprogramme, Animationsprogramme, Audio- und Video-Schnitt-Software usw.) eingesetzt.

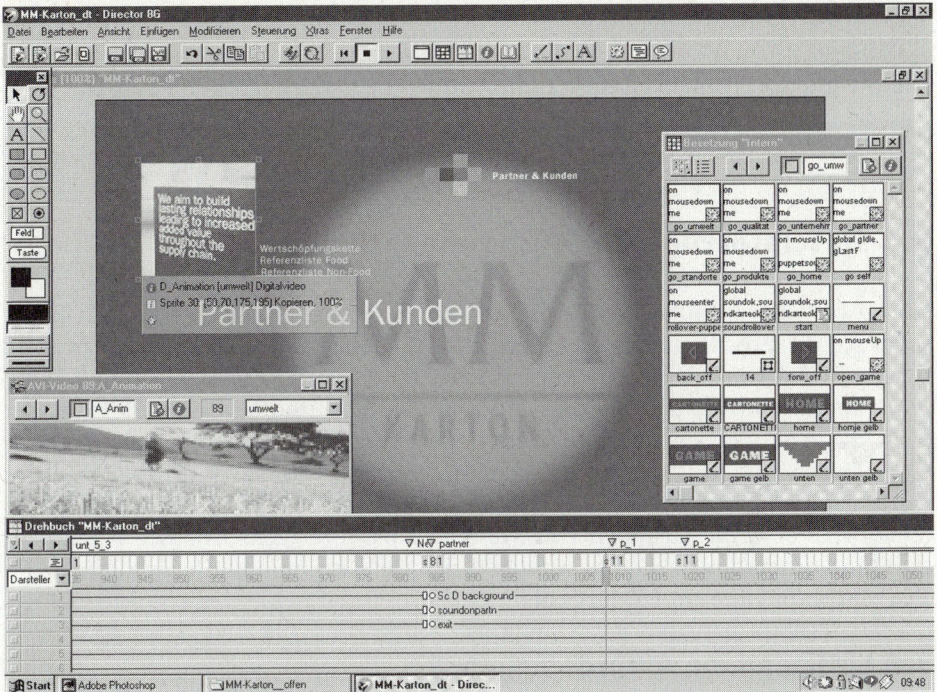

Abb. 3.3.2.6/3: Autorenprogramm für Multimedia-Anwendungen

Die *Entwicklung der Anwendung* selbst erfolgt meist mit einem speziellen *Autorenprogramm*, das alle einzusetzenden Informationsquellen verbindet und ein interaktives Navigieren innerhalb der Informationsbasis möglich macht. Von fertigen Multimedia-Anwendungen können Laufzeitversionen erstellt werden, die mit wesentlich weniger Speicherbedarf auskommen, nicht mehr verändert werden können und die unter Umständen auch auf anderen Rechnerplattformen ablaufen können (zum Beispiel Erstellung einer Präsentation auf einem Apple-Rechner und Ablauf auf Windows-Rechnern).

Zu den *Vorteilen von Multimedia-Systemen* zählen:

• Effizienter Informationsfluss und höhere Aufmerksamkeit durch die gleichzeitige Verwendung mehrerer Kanäle zur Informationswiedergabe,

• Kostenreduktion durch teilweisen Ersatz bestehender Dienste.

Als *Nachteile* sind zu nennen:

• Lange Entwicklungszeiten und hohe Entwicklungskosten,

• erheblicher Bedarf an Prozessorleistung, Speicher- und Übertragungskapazität und damit beschränkte Nutzungsmöglichkeit vor allem im Fernbereich (beispielsweise im WWW),

- eventuell Notwendigkeit kostspieliger Zusatzhardware und -software zur Erstellung von Multimedia-Anwendungen.

Ein weiteres Problem ist der rasche Wandel bei Multimedia-Standards.

▶ Übungsaufgabe Nr. 1.3.30 im Arbeitsbuch

3.4 Unterstützung der Zusammenarbeit

In den beiden vorangehenden Abschnitten haben Sie gelernt, wie mittels Bürosoftware die Produktivität am einzelnen Arbeitsplatz erhöht werden kann. Im Abschnitt 3.4 werden Sie erfahren, welches Potential die rechnergestützte *Kommunikation* zur Förderung der *Zusammenarbeit* und zur Erweiterung der *Reichweite* besitzt. Zunächst wird am Beispiel unseres Lebensmittelfilialbetriebs ein Überblick über die vielfältigen Kommunikationsbedürfnisse gegeben. Darauf folgend werden einzelne Kommunikationsdienste und Anwendungssysteme behandelt, die Gruppen von Menschen bei ihrer gemeinsamen Aufgabenerfüllung unterstützen. Die technische Seite der Kommunikation wird im Band 2 in den Kapiteln 6 und 7 dargestellt.

3.4.1 Allgemeine Anforderungen

Kommunikation (engl.: communication) beinhaltet den bidirektionalen Austausch von Information zwischen Menschen und/oder Maschinen. Wir betrachten hier nur **Kommunikationssysteme** (engl.: communication system), bei denen die Nachrichtenübertragung auf elektronischem Wege über Datenstationen erfolgt. Eine Datenstation kann jedes Gerät sein, das mittels einer Datenübertragungseinrichtung direkt oder indirekt an einen Datenübertragungsweg (Kommunikationsnetz, oder kurz: Netz) gekoppelt ist.

Betrachten Sie einmal nur ganz grob die *Kommunikationsbedürfnisse* in unserem *Beispiel-Lebensmittelfilialbetrieb*. Wer muss mit wem Information austauschen, damit die Geschäftsprozesse möglichst rasch, qualitativ hochwertig und kostengünstig ablaufen?

Fangen wir mit der zentralen *Hauptverwaltung* an. Das dort in Betrieb befindliche Warenwirtschaftssystem wird von Mitarbeitern in Einkauf, Zentrallager und Distribution verwendet, die dementsprechend über Datenstationen (hier: PCs) an das System angeschlossen sein müssen. Ebenso muss es Zugangsmöglichkeiten in der Buchhaltung (Rechnungsprüfung) und in anderen Verwaltungsstellen geben. Das heißt, jeder, der auf gemeinsame Datenbestände zugreifen will oder mit anderen Mitarbeitern im Haus auf elektronischem Wege Mitteilungen oder Dokumente austauschen will, muss über einen vernetzten Rechner verfügen. Die Unternehmensführung kann jederzeit alle Mitarbeiter erreichen, egal wo sie sich befinden ("Management by E-

a) Schematische Darstellung

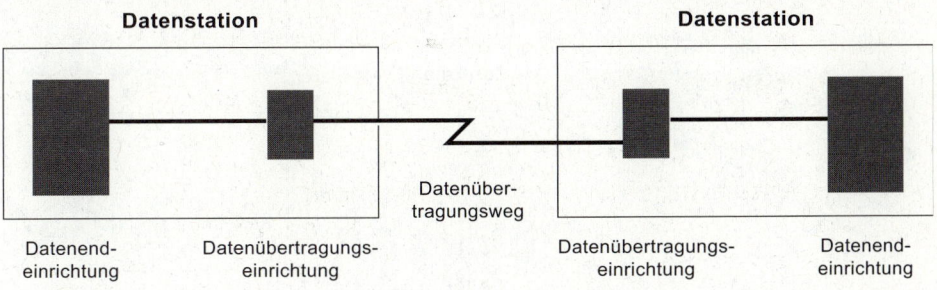

b) Eine mögliche Ausprägung

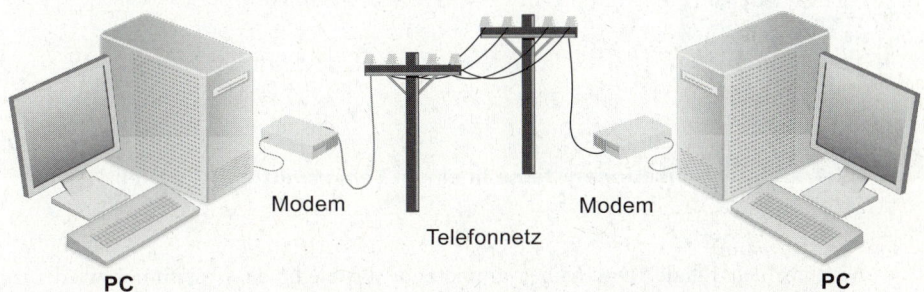

Abb. 3.4.1/1: Datenübertragungssysteme als Basis für Kommunikationsdienste

Mail"). Andererseits haben dadurch auch die Mitarbeiter niedrigerer Hierarchieebenen den unmittelbaren Zugang zu den Führungskräften.

Von der Zentrale gibt es elektronische Verbindungen zu allen *Filialen*. Von dort werden Verkaufsergebnisse, Wareneingänge und Bestellvorschläge rückgemeldet. Zudem kann vom Filialleiter jederzeit durch Zugriff auf das Warenwirtschaftssystem festgestellt werden, ob benötigte Waren im Zentrallager oder in nahe gelegenen Filialen verfügbar sind, um aktuellen, unvorhergesehenen Bedarf abzudecken. In der Filiale selbst sind die elektronischen Kassen untereinander und über die Hauptkasse mit einem Filialserver verbunden, der dem Filialleiter laufend die Kassenbelegung, den Tagesumsatz, die Kundenzahl usw. meldet und zum Tagesabschluss umfangreiche Auswertungen auf Filialebene ermöglicht. An den Regalen sind elektronische Preisschilder (LCD-Bildschirme) angebracht, die ebenfalls durch den Server aktualisiert werden (über Funk). Werden von der Zentrale Preisänderungen gemeldet oder ändert der Filialleiter – etwa in Reaktion auf die lokale Konkurrenz – über seinen PC die Preise, so führt dies automatisch zu entsprechenden Bildschirmanzeigen an den Regalen: entweder sofort oder zu einem bestimmten Termin, landesweit, regional oder nur

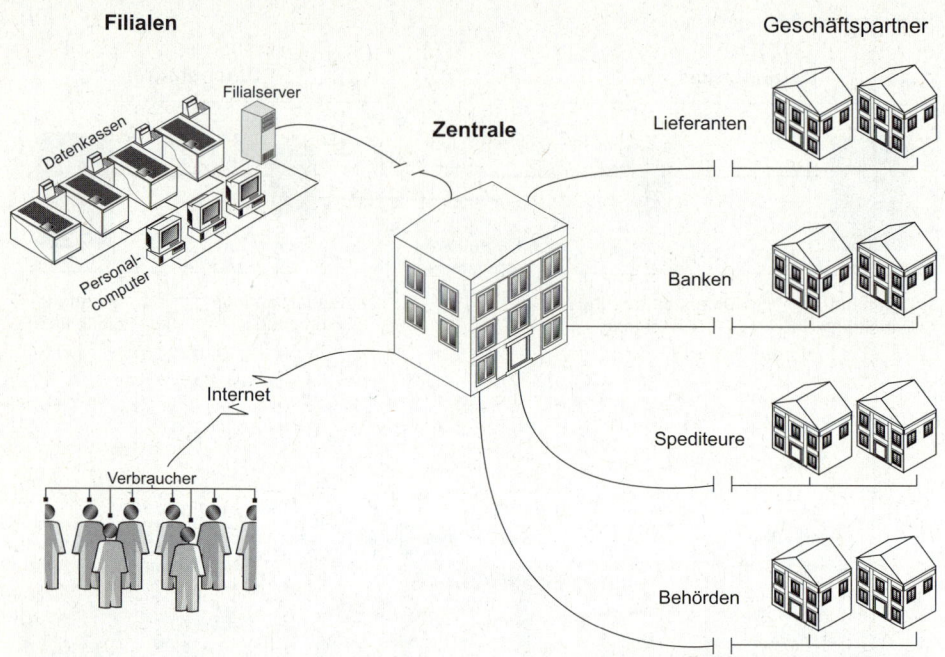

Abb. 3.4.1/2: Kommunikationssysteme in einem Lebensmittelfilialbetrieb

in der einzelnen Filiale. Das früher gravierende Problem, dass es immer wieder zu Abweichungen zwischen den gedruckten Preisschildern und den an der Kasse abgerechneten Preisen kam, konnte damit beseitigt werden. Sowohl das Programm zur Rechnungsschreibung als auch das Preisauszeichnungsprogramm greifen auf dieselben Daten zu, die darüber hinaus noch für zahlreiche weitere Anwendungen von Bedeutung sind (Kalkulation, Controlling usw.).

Der Filialserver ist die Verbindungsstelle zur Zentrale. Neben den routinemäßigen Kommunikationsvorgängen im Rahmen der Warenwirtschaft können über diese Verbindung auch weitere Datenstationen automatisch bedient werden. Zum Beispiel gibt es zu Werbezwecken ein eigenes Radioprogramm, das in allen Filialen zu hören ist. In einigen Filialen sind zur Verkaufsförderung Multimedia-Kioske (= Selbstbedienungsstationen für Kunden) aufgestellt, deren Informationsangebot (Produktpräsentationen, Sonderangebote, Kochrezepte usw.) über Nacht von der Zentrale aktualisiert wird. Darüber hinaus können von Person zu Person elektronische Mitteilungen, Kopien (Faxe) und Dateien (Berichte, Grafiken usw.) übertragen werden. Jeder, der mit seinem PC oder einer sonstigen Datenstation an das Unternehmensnetz (engl.: corporate network) angeschlossen ist, kann auf diese Weise rasch jeden anderen Teilnehmer erreichen.

Das unternehmensinterne Kommunikationssystem wurde schon vor vielen Jahren *nach außen* zu Lieferanten, Banken, Spediteuren und staatlichen Stellen ausgeweitet. Der elektronische Austausch von Geschäftsdokumenten (Bestellungen, Rechnungen, Zollerklärungen, Überweisungen usw.) von Computer zu Computer erspart die mehrfache Datenerfassung, verkürzt die Bearbeitungszeiten und festigt die Geschäftsbeziehungen. Die personenbezogene Kommunikation mit Marktpartnern kann wie im Haus durch elektronische Post und Fax unterstützt werden. Die IS-Abteilung steht seit einiger Zeit über ein Videokonferenzsystem mit einem Softwarehaus in Kontakt, das mit der Weiterentwicklung des Warenwirtschaftssystems (Zusatzprogrammierung) beauftragt wurde. Auftretende Fragen und Probleme können dadurch rasch und kostengünstig von Angesicht zu Angesicht geklärt werden.

Bereits in den vorhergehenden Kapiteln haben wir darüber berichtet, dass unser Beispiel-Lebensmittelfilialbetrieb auch schon versucht hat, die *Kunden zu Hause* über ein *Konsumenteninformationssystem* anzusprechen. Dazu wurde durch einen Kommunikationsserver das interne Unternehmensnetz mit dem globalen Internet verbunden. Damit sind potentiell Millionen von Rechnern und deren Benutzer auf der ganzen Welt erreichbar. Und zwar nicht nur für das in Kundenselbstbedienung verwendete elektronische Verkaufssystem, sondern auch für die personenbezogene Kommunikation (E-Mail, Informationsabruf usw.) – von jedem PC aus, wenn die Geschäftsleitung dies zulässt.

Weil dies so einfach und kostengünstig ist, wurde entschieden, die Internet-Technologie auch für das interne Unternehmensnetz zu verwenden (= Intranet). Der elektronische Dokumentenaustausch mit Geschäftspartnern soll ebenfalls darauf umgestellt werden. Mittelfristig könnte sich daraus ein weiter gehendes *Brancheninformationssystem* zur Unterstützung von Beschaffung und Absatz für viele Betriebe des Nahrungsmittelbereichs entwickeln.

Die Abb. 3.4.1/3 zeigt Ihnen in allgemeiner Form das *Potenzial* der rechnergestützten Kommunikation. Die *Reichweite* kann vom einzelnen Arbeitsplatz zur betriebsweiten Kommunikation und darüber hinaus zu Kunden, Lieferanten und sonstigen Marktpartnern ausgeweitet werden, bis hin zu einer globalen

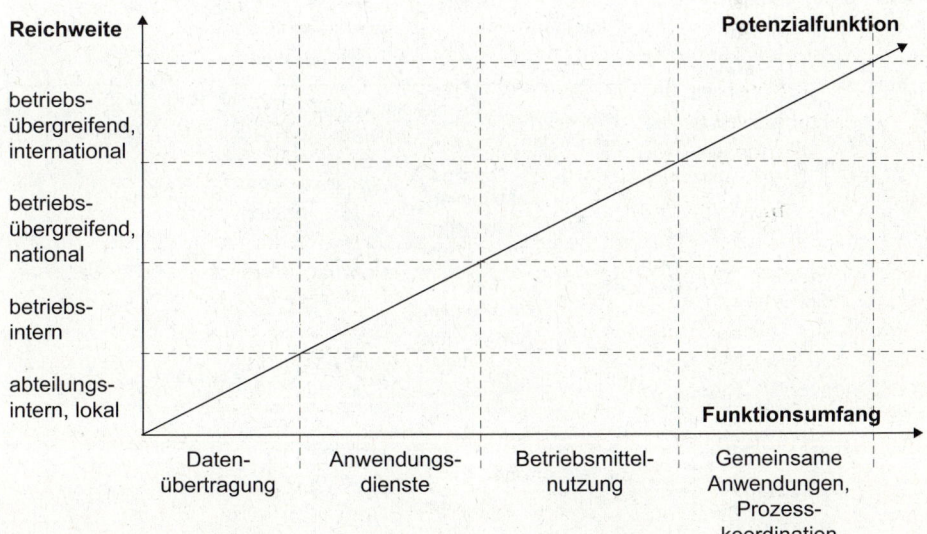

Abb. 3.4.1/3: Potential der rechnergestützten Kommunikation

Reichweite. Der *Umfang der Unterstützung* reicht von der bloßen Datenübertragung über die Inanspruchnahme von Anwendungsdiensten (siehe Abb. 3.4.1/4) und die Nutzung von Betriebsmitteln (Hardware, Software) bis zu geteilten Anwendungen (wie zum Beispiel gemeinsames Schreiben, Zeichnen, Entwickeln von Programmen) und zur Prozesskoordination.

> Für die rechnergestützte gemeinsame Aufgabenerfüllung durch eine Gruppe von Menschen wird auch im deutschsprachigen Raum die englische Bezeichnung **Computer Supported Cooperative Work**, abgekürzt: CSCW, verwendet. Die über CSCW gekoppelten Teams können innerbetrieblich und betriebsübergreifend tätig sein (bis hin zur globalen Zusammenarbeit).

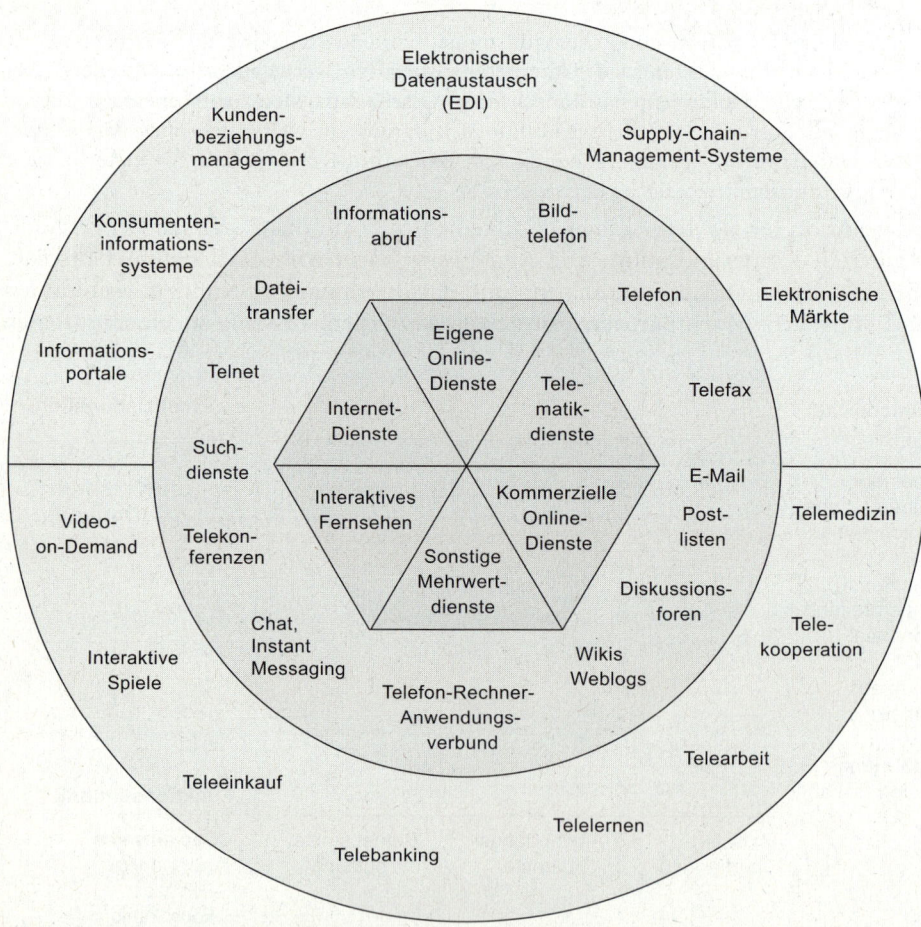

Abb. 3.4.1/4: Übersicht über Kommunikationsdienste

Ein Kommunikationssystem besteht aus einem *Transportsystem,* das zum Aufbau von Verbindungen zwischen den Datenstationen und der reinen Datenübertragung im Netz dient, sowie den darauf basierenden Anwendungen *(= Anwendersystem).* Anwendungen sind beispielsweise das Telefonieren, die Übermittlung von schriftlichen Mitteilungen, das Fernsehen, der Zugriff auf fremde Rechner usw. In diesem und den folgenden Abschnitten behandeln wir die Kommunikationsanwendungen, die für die betriebliche Informationsverarbeitung am wichtigsten sind. Sie können sich bestimmt vorstellen, dass beispielsweise in der Medizin, im Maschinenbau (Konstruktion) oder in der Raumfahrt ganz andere Kommunikationsprobleme im Vordergrund stehen. Auf die darunter liegende Übertragungstechnik gehen wir hier nicht ein. Der Datenübertragung (Rechnernetze und Transportdienste) und verteilten Systemen sind im Band 2 eigene Kapitel gewidmet.

> Ein **Kommunikationsdienst** (engl.: communication service) ist das Angebot zur Verrichtung häufig vorkommender, exakt definierter Kommunikationsfunktionen. Dabei kann es sich um Transport- und/oder Anwendungsdienste handeln, die meist auf Serverrechnern den Benutzern zur Verfügung gestellt werden. Die Programmsysteme, die diese Dienste nutzen, heißen **Kommunikationsklienten** (engl.: communication client).

Viele Kommunikationsdienste, für die es einen weiten Interessentenkreis gibt, sind durch Standards genormt, um eine reibungslose Kommunikation der Teilnehmer sicherzustellen. Normen werden von staatlichen und internationalen Normungsorganisationen, Verbänden und herstellerübergreifenden Konsortien erarbeitet. Ihre Durchsetzung gegenüber Herstellerstandards ist meist eine Frage der Marktmacht.

> Ein **Protokoll** (engl.: protocol) besteht aus Regeln für die Verständigung unter Kommunikationspartnern (Datenstationen). Man unterscheidet *Transportprotokolle,* welche die technischen Einzelheiten der Übermittlung festlegen (zum Beispiel Art der Signale, Meldungsaufbau, Zeichensatz, Format der übertragenen Information, Abfolge von Meldungen usw.), und *Anwenderprotokolle* (so genannte „höhere" Protokolle zur anwendungsspezifischen Datendarstellung und Ablaufsteuerung).

Kommunikationsklienten können nur dann unmittelbar miteinander Information austauschen, wenn ihre Kommunikationspartner dieselben Protokolle verwenden.

> Ein **Intranet** ist ein internes Rechnernetz auf Basis der Internet-Protokolle. Vorteile sind die Preisgünstigkeit der Software, die Herstellerunabhängigkeit, die weltweite Verwendung und die damit mögliche einfachere Verbindung interner und externer Systeme.

International genormte Protokolle gibt es beispielsweise für folgende Anwenderdienste:

- Postdienst (engl.: mail service),
- Verzeichnisdienst (engl.: directory service),
- Ablagedienst (engl.: file service),
- Druckdienst (engl.: print service),
- Datenbankzugriffsdienst (engl.: database access service),
- Zugriffsdienste für Web-Dokumente (engl.: web document access services).

Weitere heute noch nicht genormte, aber im Rahmen von größeren Kommunikationssystemen erforderliche Services sind:

- Authentifizierung (Identitäts- und Berechtigungsprüfung der Teilnehmer),
- Organisations- und Ressourcenmanagement zur Verwaltung der Benutzer,
- Serviceadministration,
- Netz- und Systemadministration als Basisdienst.

Telekommunikation (engl.: telecommunication) ist eine elektronische Form der Kommunikation über größere Entfernungen hinweg. Je nach Art der übertragenen Information unterscheidet man zwischen Daten-, Text-, Sprach- und Bildübertragung. Ein **Telematikdienst** ist ein international genormter Telekommunikationsdienst (Anwenderdienst) im öffentlichen Telekommunikationsnetz.

Beispielsweise bieten die *großen Telekom-Gesellschaften* in der Regel zumindest die folgenden *Telematikdienste* an: Telefonie (Fernsprechen), Telefax (Fernkopieren), Datenübertragung (zum Beispiel über V.90-Modem, ISDN, xDSL usw.), Elektronische Post.

Im Gegensatz zu Elektronischen Postsystemen (engl.: E-Mail) erfolgt bei *Telefax* in der Regel keine rechnergestützte Weiterverarbeitung der übersandten Information. Dies ist zum Teil historisch begründet, da die meisten Telefaxgeräte als eingeständige Endgeräte ohne Rechnerverbindung konzipiert waren, zum anderen ist dies aus Anwendungssicht auch nicht erforderlich. *Stärken von Telefax* sind die einfache Bedienung der Endgeräte und die Preisgünstigkeit bei geringen zu übertragenden Informationsmengen. *Schwächen* sind die langsamen Übertragungsgeschwindigkeiten und der Medienbruch, falls eine informationstechnische Weiterverarbeitung notwendig ist. Telefax wird zunehmend durch E-Mail verdrängt. Wir gehen deshalb nicht näher auf diesen Dienst ein.

Bitte beachten Sie, dass *alle diese Dienste auch mit eigener Hardware und Software* und oftmals mit weitaus besseren Leistungsmerkmalen und höherer Akzeptanz realisierbar sind als über die Telekom-Gesellschaften. Das trifft derzeit vor allem für Elektronische Postsysteme zu, die in Unternehmensnetzen weitaus größere Benutzerzahlen erreichen, als die öffentlich angebotenen

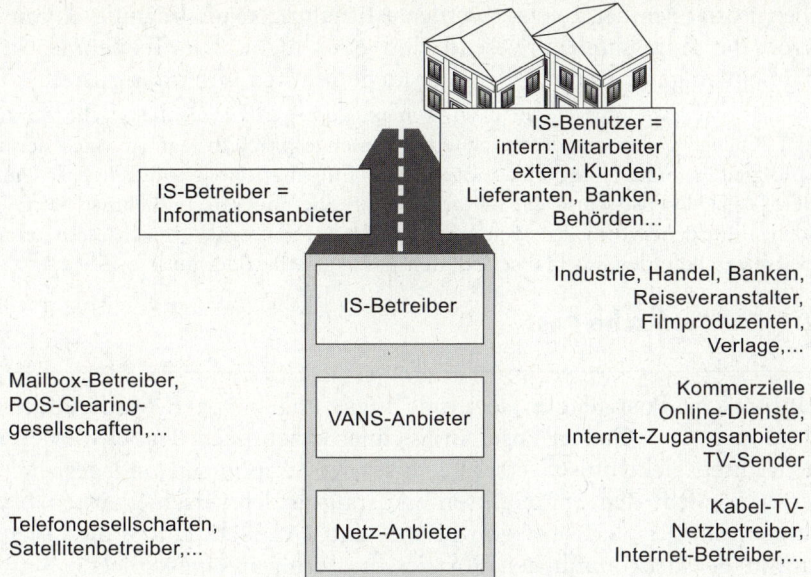

IS-Benutzer =
intern: Mitarbeiter
extern: Kunden,
Lieferanten, Banken,
Behörden...

IS-Betreiber =
Informationsanbieter

IS-Betreiber

Industrie, Handel, Banken,
Reiseveranstalter,
Filmproduzenten,
Verlage,...

Mailbox-Betreiber,
POS-Clearing-
gesellschaften,...

VANS-Anbieter

Kommerzielle
Online-Dienste,
Internet-Zugangsanbieter
TV-Sender

Telefongesellschaften,
Satellitenbetreiber,...

Netz-Anbieter

Kabel-TV-
Netzbetreiber,
Internet-Betreiber,...

Abb. 3.4.1/5: Zusammenarbeit von Netz-, Mehrwertdienst- und IS-Betreibern

Dienste der Telekom-Gesellschaften (sieht man SMS-Dienst der Mobilkommunikationssysteme ab).

> **Mehrwertdienste** (engl.: value added network services; abgekürzt: VANS) sind Dienste, die über das reine Übermitteln von Information (Basisdienst) hinausgehen. Dabei unterscheidet man netznahe und anwendungsnahe Dienstleistungen.

Das Spektrum der Mehrwertdienste reicht vom Angebot einer höheren Übertragungsgeschwindigkeit und Netzwerkmanagementfunktionen (= netznahe Dienste) über Post- und Druckdienste bis hin zu umfangreichen inhaltlichen Angeboten (Datenbankdienste, Videodienste usw.) und kommerziellen Anwendungen (etwa im Servicerechenzentrum laufende Transaktionssysteme). Alle nachfolgend behandelten Kommunikationsdienste sind solche Mehrwertdienste.

▶ Übungsaufgabe Nr. 1.3.31 im Arbeitsbuch

3.4.2 Asynchrone Kommunikationsdienste

Asynchrone Kommunikationsdienste unterstützen die zeitversetzte Kommunikation. Das heißt, dass die Kommunikationspartner nicht gleichzeitig online – also am Kommunikationskanal angeschlossen – sein müssen. Wie bei der traditionellen Post oder bei Telefax werden Mitteilungen unabhängig davon zugestellt, ob die Adressaten anwesend sind oder nicht. Die Teilnehmer können dabei an einem gemeinsamen Ort oder an getrennten Orten tätig sein.

Zum *Beispiel* kann mit einem *asynchronen Kommunikationsdienst* ein Mitarbeiter einem Kollegen, der gerade durch ein Kundengespräch belegt ist oder der in der nachfolgenden Schicht arbeitet, notwendige Information übermitteln (gleicher Ort, andere Zeit). Ebenso kann der Mitarbeiter an alle anderen Teilnehmer Mitteilungen senden, die irgendwo in der Welt leben (anderer Ort), egal, ob sich diese gerade am Arbeitsplatz befinden, zu Hause schlafen usw. (gleiche oder andere Zeit).

3.4.2.1 Elektronische Post

Elektronische Post (engl.: electronic mail; abgekürzt: **E-Mail**) bildet die Funktionen der „Gelben Post" in Rechnernetzen nach. Dabei werden alle Nachrichten elektronisch erstellt, versendet, empfangen und gespeichert. Dies ermöglicht den „papierlosen" Austausch der verschiedensten Nachrichtenarten, beispielsweise von Briefen und Grafiken. Durch die Orientierung an der herkömmlichen Post ist die Struktur eines solchen Systems vorgegeben: Jeder Teilnehmer verfügt über eine so genannte Mailbox (engl.), vergleichbar mit einem Postfach in einem Postamt, die eindeutig durch eine Adresse identifiziert wird. Dementsprechend werden solche Systeme auch **Mailbox-Systeme** genannt. Elektronische Postsysteme unterstützen somit die zeitversetzte (asynchrone) Kommunikation zwischen den Teilnehmern, wobei zusätzlich auch Leistungen wie Zwischenspeichern und 1:n-Beziehungen (Massenversand) geboten werden.

Übersicht

Neben der gesicherten Transportleistung und eindeutigen Adressierung entscheiden die Benutzeroberfläche, die Integration mit anderen Anwendungen und die Menge der zusätzlichen Funktionsmerkmale über die *Qualität* eines entsprechenden Produkts.

Elektronische Postsysteme sind seit Jahrzehnten in Verwendung, in den Anfangsjahren mit spartanischer, zeilenorientierter Bildschirmführung und inkompatiblen Protokollen. Auf den heute üblichen Rechnern mit grafischen Benutzeroberflächen wird dem Anwender eine *Integration des E-Mail-Programmes (Mail-Client) in den elektronischen Schreibtisch* geboten: Zum Beispiel kann er ein Dokumentensymbol auf das Ausgangspostsymbol ziehen und dadurch den Versandvorgang einleiten, wodurch das Bildschirmformular zur Eingabe der Adressaten aufgeblendet wird.

E-Mail-Systeme sind meist nach dem *Client-Server-Modell* strukturiert. Auf dem Server liegen die Postfächer der lokal angeschlossenen Benutzer, Serverprozesse übernehmen eine allenfalls erforderliche sichere Weiterleitung zu anderen Servern (vergleichbar mit Postämtern).

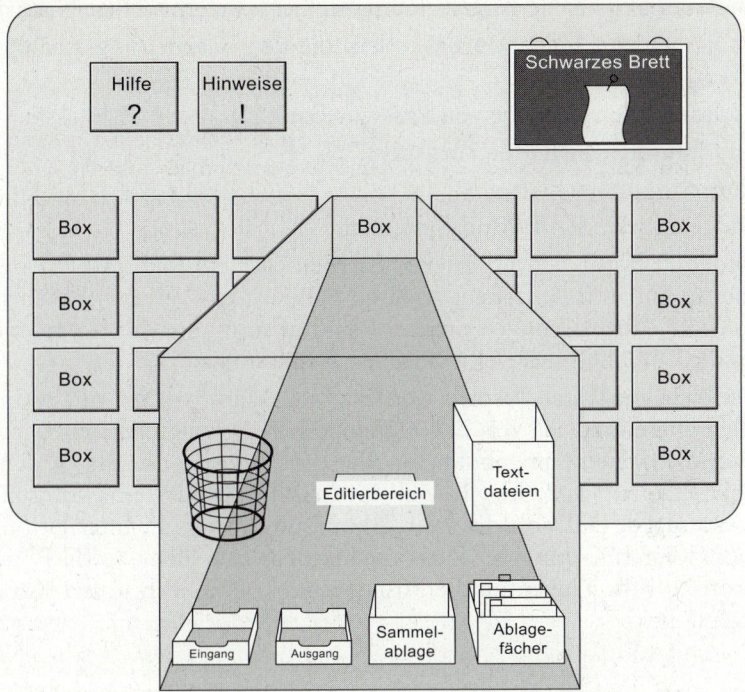

Abb. 3.4.2.1/1: Funktionen eines Elektronischen Postsystems

Folgende *Leistungsmerkmale* werden von leistungsfähigen E-Mail-Systemen unter anderem geboten:
- Zentrale Adressbücher,
- zusätzliche private Adresslisten,
- Kurznamen (Alias-Namen),
- Verteilerlisten,
- Stellvertreterdefinitionen,
- Anlagen (Dokumente) zur Nachricht,
- Unterstützung von Mischdokumenten,
- Integrationsmöglichkeit zur lokalen Ablage,
- offene Kopien und Blindkopien (bei denen für den Empfänger der Originalsendung nicht ersichtlich ist, dass Dritte eine Kopie erhalten haben),
- Zustellbestätigung,
- Einschreiben,
- Antwortanforderung,
- Weiterleiten von Mitteilungen,

- optische oder akustische Benachrichtigung bei Eintreffen einer Nachricht,
- Unterstützung von Versandprotokollen, die den Bearbeitungszustand erkennen lassen,
- Datenschutz durch Vergabe von Passwörtern,
- kryptographisch gesicherter Transport,
- elektronische Unterschrift,
- Übergänge zu fremden E-Mail-Systemen.

Je nachdem, ob nur betriebsinterne Partner über ein lokales Netz oder auch Teilnehmer in anderen Betrieben, anderen Ländern usw. erreicht werden sollen, schwanken die Anforderungen an den Funktionsumfang, die Komplexität und vor allem die Offenheit des elektronischen Postsystems.

Im Bereich von lokalen Netzen werden oft E-Mail-Systeme mit proprietären Protokollen eingesetzt, die von den Herstellern der erfolgreichsten Bürosoftwarepakete und PC-Netze angeboten werden. Im *Internet* ist das in den frühen 1980er Jahren entwickelte E-Mail-Protokoll SMTP ein internationaler De-facto-Standard. Das von der ISO (Abkürzung für engl.: International Standardization Organisation) in Zusammenarbeit mit dem CCITT genormte X.400-Protokoll für Elektronische Postsysteme konnte sich in der Praxis nicht durchsetzen.

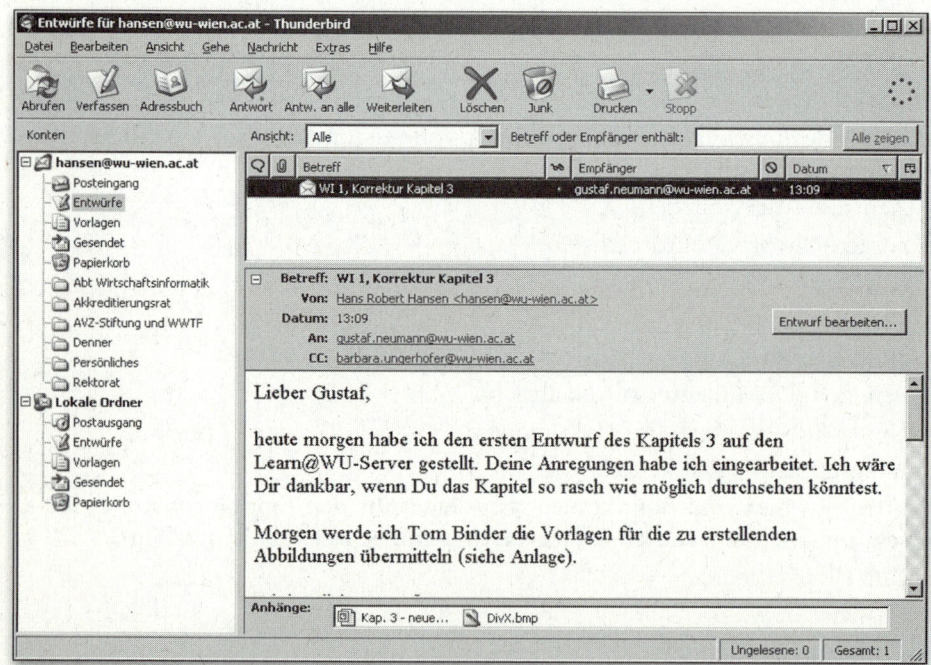

Abb. 3.4.2.1/2: Benutzeroberfläche eines E-Mail-Clients (Thunderbird)

SMTP – Standard für den Versand von E-Mail im Internet

> **SMTP** (Abkürzung von engl.: simple mail transfer protocol) ist ein verbreitetes Internet-Protokoll, das den Versand von elektronischen Mitteilungen in Rechnernetzen regelt. Wenn ein Benutzer mit seinem E-Mail-Programm eine Mitteilung abschicken möchte, so wird eine Verbindung zu einem SMTP-Server (Sender-SMTP) hergestellt, der die Mitteilung – falls notwendig, über mehrere Zwischenstationen (SMTP-Server) – zum SMTP-Server des Empfängers (Empfänger-SMTP) weiterleitet und in einer Mailbox ablegt. Auf diese kann beispielsweise mittels des POP- oder IMAP-Protokolls zugegriffen werden.

Das *E-Mail-Client-Programm*, mit dem der Benutzer E-Mails schreiben, abschicken und lesen kann, wird auch als *Mail User Agent* (deutsch: Post-Benutzer-Programm), abgekürzt *MUA*, bezeichnet. Ein *Mail Transfer Agent* (deutsch: Post-Übertragungs-Agent), abgekürzt *MTA*, hier der SMTP-Server, übernimmt die Zwischenspeicherung und den Transport von E-Mails. Ein *Mail Delivery Agent* (deutsch: Post-Zustellungs-Agent), abgekürzt *MDA*, ist ein Programm, das die eingehenden E-Mails annimmt, sie nach bestimmten Kriterien in die Postfächer der Empfänger verteilt oder wieder an den SMTP-Server zurück schickt (wenn das Postfach nicht existiert).

Eine *E-Mail-Adresse* ist eine Zeichenkette in der Form *benutzer@domain*. Hierbei steht der Teil vor dem @-Zeichen (sprich engl.: at; umgangssprachlich „Klammeraffe") für den lokalen Teil der Adresse, meist den Namen des Empfängers. Der Teil nach dem @-Zeichen bezeichnet den Zielrechner oder eine gemeinsam verwaltete Gruppe von Rechnern, denen der Zielrechner angehört *(= Domain)*. Domain-Namen werden oft zum leichteren Auffinden der Adres-

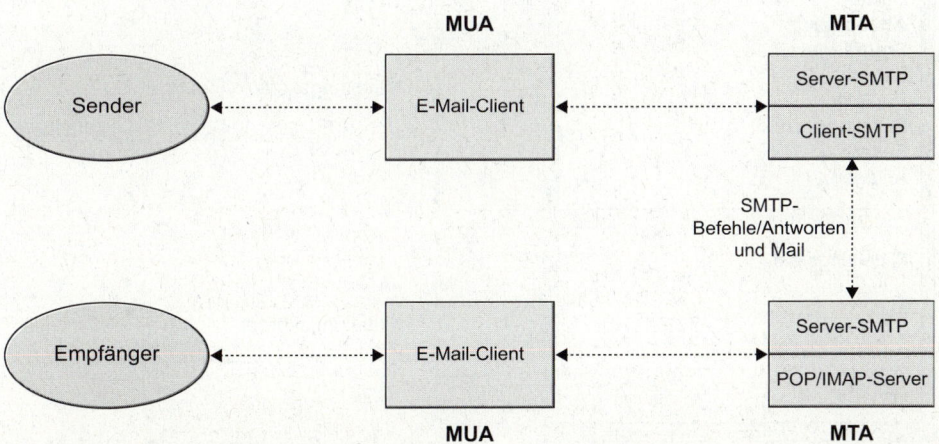

Abb. 3.4.2.1/3: Funktionsweise von SMTP

sen und zu Marketing-Zwecken an die Bezeichnung (Firmenmarke) der jeweiligen Organisation angelehnt. Sie werden zentral auf Antrag vergeben, wobei grundsätzlich das Prioritätsprinzip gilt: Wer zuerst einen Domain-Namen beantragt, erhält diesen zugesprochen.

> Zum *Beispiel* kennzeichnet die E-Mail-Adresse *gustaf.neumann@wu-wien.ac.at* einen E-Mail-Teilnehmer namens Gustaf Neumann an der Wirtschaftsuniversität Wien, deren Rechner der Domain „wu-wien.ac.at" angehören. Der Teil „.ac" steht in diesem Fall für „academic", den akademischen Bereich, dem (fast) alle Rechner der österreichischen Universitäten und staatlichen Forschungsstätten zugeordnet sind. Der Teil „.at" steht für „Austria", die so genannte *Toplevel-Domain,* die normalerweise dem ISO-Code eines Landes entspricht. Außer den ISO-Ländercodes gibt es noch weitere Toplevel-Domains, zum Beispiel „.com" für Firmen, „.edu" für Universitäten und Forschungseinrichtungen in Nordamerika, „.net" für Netzwerk-Administratoren und Internet-Zugangsanbieter.

In Europa erfolgt die *Vergabe der Domain-Namen* unterhalb der nationalen Top-Level-Domains durch nationale Organisationen, die vom Réseaux IP Européen – Network Coordination Center (abgekürzt: RIPE-NCC) beauftragt worden sind. Beim Versand einer E-Mail wird der Domain-Name durch eine Anfrage an einen *Domain-Name-Server* (abgekürzt: DNS) aufgelöst und die IP-Adresse des Empfänger-SMTP bestimmt (Näheres im Band 2, Kapitel 6).

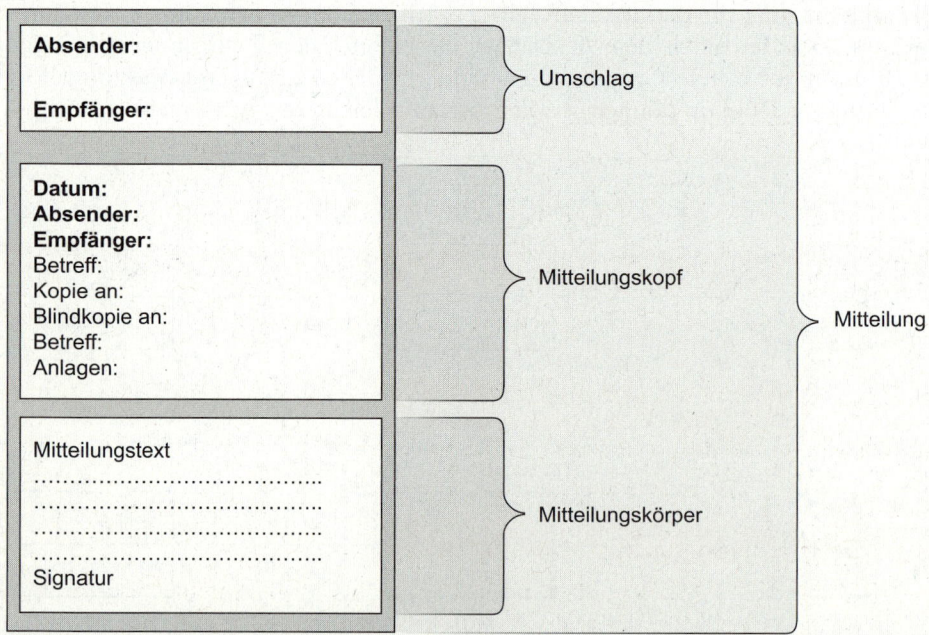

Abb. 3.4.2.1/4: Struktur einer SMTP-Mitteilung

Eine *E-Mail-Mitteilung* besteht aus einem Umschlag (engl.: envelope), dem Mitteilungskopf (engl.: message header) und dem Mitteilungstext (engl.: message body). Im *Umschlag* ist die Information für die Vermittlung und Weiterleitung von Mitteilungen durch die SMTP-Server enthalten: die E-Mail-Adresse des Senders und des Empfängers. Wenn ein SMTP-Client eine Mitteilung an einen SMTP-Server sendet, erzeugt dieser automatisch den Umschlag anhand der im Mitteilungskopf enthaltenen Information.

Der *Mitteilungskopf* enthält in der Regel mindestens die vier Felder: Absender-E-Mail-Adresse (From:), Empfänger-E-Mail-Adresse (To:), Absendedatum/Uhrzeit (Date:) und Betreff (Subject:). Weitere übliche Felder sind: Kopie an: (Cc:, das ist die Abkürzung von engl.: carbon copy, weil früher auf Schreibmaschinen mit Kohlepapier Kopien erstellt wurden), Blindkopie an: (Bcc:; das ist die Abkürzung von engl.: blind carbon copy), Empfangen von: (Received:; Information zur Verfolgung des Postwegs, die von eingeschalteten Mail-Servern erzeugt wird).

Nach einer Leerzeile folgt der *Mitteilungstext*, das heißt die eigentliche Nachricht – meist in Klartext – die üblicherweise am Ende durch einen Signaturblock (engl.: signature) mit Name und Adresse des Senders abgeschlossen wird.

Beim Schreiben hat der Autor Gestaltungsfreiheit. Oft unterscheiden sich Rechtschreibung (beispielsweise durch die ausschließliche Verwendung von Kleinbuchstaben, Tippfehler) und Stil (beispielsweise durch Weglassen oder Abkürzen von Anreden und Grußformeln, Text in Stichworten, Verwendung von Smileys) von der tradionellen Geschäftskorrespondenz. Der Prozentsatz derjenigen, die sich dadurch gestört fühlen, ist jedoch relativ hoch. Deshalb raten wir Ihnen, bei E-Mail grundsätzlich die übliche Sorgfalt und Schreibetikette walten zu lassen und höchstens im Familien-, Freundes- und internen Kollegenkreis darauf zu verzichten.

Das *SMTP-Basisprotokoll* unterstützt nur die *Übertragung von 7-Bit-ASCII-Zeichen,* was die Übermittlung auf Mitteilungen beschränken würde, die den in der englischen Sprache gebräuchlichen Zeichensatz (ohne Umlaute usw.) verwenden. Es wurden deshalb schon frühzeitig Techniken entwickelt, um Daten in anderen Formaten – Text in verschiedenen Zeichensätzen, Ton, Festbilder, Filme, Computerprogramme – für den Transport in 7-Bit-ASCII zu konvertieren.

▶ Übungsaufgabe Nr. 1.3.32 im Arbeitsbuch

Festlegung des Formats von E-Mail durch MIME

MIME (Abkürzung für engl.: multipurpose internet mail extensions) ist der Internet-Standard für das Format von E-Mail und anderer Internet-Nachrichten. MIME legt durch zusätzliche E-Mail-Kopffelder, darunter den Inhaltstyp (engl.: content type), die Struktur und den Aufbau einer Mitteilung fest und definiert einen Satz von Kodierungen, die die Übertragung von Nicht-Text-Dokumenten, wie Festbilder, Audio und Video, unter Verwendung des 7-Bit-ASCII-Zeichensatzes ermöglichen. Mitteilungen werden automatisch beim Versand beziehungsweise Empfang von Internet-E-Mail durch den E-Mail-Client oder durch proprietäre Mail-Server in das MIME-Format kodiert beziehungsweise dekodiert.

Im Mitteilungskopf werden die jeweilige *MIME-Version* und der *MIME-Typ* (Inhaltstyp) ausgewiesen. Der MIME-Typ beschreibt einen *Medientyp* (engl.: media type) und – durch einen Schrägstrich getrennt – einen *Subtyp* (engl.: subtype), das ist ein bestimmtes Dateiformat. Die wichtigsten Dateiformate werden im Abschnitt 3.5 behandelt.

Beispiele für MIME-Typen: text/plain (einfacher ASCII-Text – die Standardannahme), text/html, image/gif, image/jpeg, video/mpeg, video/quicktime, audio/x-wav, application/zip, application/vnd.ms-excel, model/vrml.

MIME definiert *acht Medientypen: text* für Textdateien, *image* für Grafikdateien, *video* für Videodateien, *audio* für Klangdateien, *application* für Dateien, die an ein bestimmtes Programm gebunden sind, *multipart* für mehrteilige Dateien (Text plus Anlagen; engl.: attachment), *message* für Nachrichten und *model* für Dateien, die mehrdimensionale Strukturen repräsentieren. Bei den *Subtypen* sind über 130 registriert (erweiterungsfähig). Die MIME-Typen sind ursprünglich für E-Mail entwickelt worden, werden aber inzwischen auch in anderen Internet-Protokollen verwendet, wie etwa HTTP.

Schwäche von SMTP: Fehlende Sicherheit

Ein großer Nachteil von SMTP ist das *Fehlen von Sicherheitsmechanismen* (siehe hierzu Abschnitt 2.4.1):

- Es erfolgt keine *Authentifikation,* das heißt, es gibt keine nachweisliche Identifikation des Absenders von Mitteilungen. Die im Header angezeigte Information ist leicht manipulierbar; der Header zeigt (fast) nur das an, was der Absender vorgibt (nur die Empfängeradresse im Umschlag muss stimmen). Dadurch ist es sehr einfach, eine Nachricht unter falschem Namen zu versenden.

- Die *Datenintegrität* ist nicht gewährleistet, das heißt, Mitteilungen können auf dem Weg durch das Netz unbemerkt verändert werden.

- Die *Vertraulichkeit* ist nicht sichergestellt, da die Nachrichten im Klartext gesendet werden und auf jedem, in den Postweg eingeschalteten SMTP-Server von unberechtigten Dritten eingesehen werden können.

1993 wurde *ESMTP,* ein erweitertes SMTP (engl: Extended SMTP), veröffentlicht, das heute die meisten Mail-Server nutzen. Bei der Herstellung der Verbindung durch den E-Mail-Client (mit EHLO statt dem sonst üblichen HELO) teilt der Server mit, welche Erweiterungen er unterstützt. Neben zusätzlichen Fähigkeiten, wie zum Beispiel die nun zulässige Verwendung von 8-Bit-ASCII-Zeichen, die Angabe der maximalen Größe einer Nachricht oder des Status der Postauslieferung, können die Erweiterungen auch Sicherheitsdienste betreffen, wie etwa die Authentifizierung über eine Benutzername/Passwort-Kombination oder die Verschlüsselung von Mitteilungen mit PGP und SSL. Die sicherheitstechnischen Erweiterungen werden aber in der Praxis meist nicht verwendet.

Zugriff auf E-Mail durch POP oder IMAP

Der Zugriff des E-Mail-Clients auf die beim SMTP-Server eingegangenen Mitteilungen erfolgt entweder nach dem älteren, einfacheren POP- oder dem moderneren, leistungsfähigeren IMAP-Standard. In den führenden E-Mail-Clients und -Servern ist die Software für beide Protokolle integriert. POP wird in der Praxis noch weitaus häufiger benutzt.

> **POP** (Abkürzung von engl.: post office protocol) ist ein Übertragungsprotokoll, durch das ein E-Mail-Client von einem E-Mail-Server „seine" empfangenen Mitteilungen abholen und löschen kann. POP wurde für die Offline-Verarbeitung von E-Mail auf dem Arbeitsplatzrechner konzipiert; die Verbindung wird bei Bedarf vom Client zum Server hergestellt und danach wieder beendet. Für eine hochwertige Online-Verarbeitung der Post auf dem Server fehlt die Funktionalität.

Das *POP-Protokoll (aktuelle Version POP3)* sieht vor, dass der Benutzer entweder die Post vom Server herunterladen (= entfernen) und auf seinem Endgerät speichern lassen kann *oder* die Post auf dem Server gespeichert lässt. Das bedeutet im erstgenannten Fall: Wenn Sie Ihre Post zur Bearbeitung auf ein Gerät (etwa den Schreibtisch-PC im Büro) heruntergeladen haben, können Sie mit einem anderen Gerät (etwa dem Heim-PC oder dem PDA/Notebook-PC unterwegs) nicht mehr darauf zugreifen. Ihre herunter geladene Post geht bei unbeabsichtigter Löschung (Fehlbedienung, Hardware-Fehler) oder einem PDA/Notebook-Diebstahl verloren. Wenn Sie andererseits Ihre Post auf dem Server belassen, können Sie ohne Netzwerk-Verbindung nicht damit arbeiten.

> **IMAP** (Abkürzung von engl.: Internet message access protocol) ist ein Übertragungsprotokoll, durch das ein E-Mail-Client auf „seine" empfangenen Mitteilungen auf einem E-Mail-Server zugreifen und die Post dort verwalten kann. Im Gegensatz zum POP-Protokoll verbleiben die Mitteilungen auf dem Server und werden nur bei Bedarf auf den Client-Rechner übertragen. IMAP unterstützt zwar die Offline-Verarbeitung von E-Mail auf dem Arbeitsplatzrechner, seine Stärke liegt aber in der Online-Verarbeitung der Post auf dem Server.

IMAP (aktuelle Version IMAP4) ist leistungsfähigerer, aber weniger verbreitet als POP. Der Internet-Standard erlaubt es dem Benutzer, seine Post komfortabel auf dem Server zu verwalten, am Server mehrere Mail-Ordner anzulegen, dort auch Konfigurationsdaten wie beispielsweise E-Mail-Aliase anzulegen und durch Replikation Kopien der Postdateien für verschiedene Geräte anzufertigen, die nach Offline-Bearbeitung wieder sychronisiert werden können. Nachteilig sind das unterschiedliche Ausmaß der Unterstützung des Protokolls durch angebotene E-Mail-Klienten und die höheren Leistungsanforderungen an den Server. Sowohl POP als auch IMAP werden meis auf mit SSL gesicherten Kanälen eingesetzt.

▶ Übungsaufgabe Nr. 1.3.33 im Arbeitsbuch

Unerwünschte E-Mail-Werbung (Spam)

Der Nutzen von E-Mail wird in der Praxis durch zwei Phänomene stark beeinträchtigt: *Spam,* das ist unerwünschte E-Mail-Werbung, und per E-Mail übermittelte *Wurmprogramme*. Wir gehen hier nur auf die unerwünschte E-Mail-Werbung ein und erwähnen Wurmprogramme (siehe dazu Abschnitt 2.4.2.3) nur insofern, als sie Spam ermöglichen.

Spam (ursprünglich Abkürzung für engl.: spiced pork and meat, deutsch: in Gelee eingelegtes Frühstücksfleisch) ist unerwünschte E-Mail, die meist ungezielt an viele Adressaten versandt wird (Massenversand, engl.: bulk mail). Synonyme Bezeichnungen sind UBE (Abkürzung für engl.: unsolicited bulk e-mail) und UCE (Abkürzung für engl.: unsolicited commercial e-mail).

Der Strom unerwünschter E-Mail schwillt ständig an. Der Anteil der massenhaft versandten Werbebriefe wird auf über die Hälfte des gesamten weltweiten E-Mail-Aufkommens geschätzt. Geworben wird für alles Mögliche: Sex/Pornografie, Arzneimittel, Computerprodukte, Finanzdienstleistungen, Finanzbetrug („Nigeria"), Reisen/Urlaub, Religion.

Die *Kosten* der elektronischen Werbebriefe sind für die Versender minimal, für die unfreiwilligen Empfänger und deren Server-Betreiber jedoch beträchtlich. Die Spam-Flut kostet die Empfänger Arbeitszeit (Aussortieren und Löschen der Werbe-Mails, Gegenmaßnahmen), Speicher- und Netzwerkkapazität und verursacht Schäden durch versehentliches Löschen von nützlichen Mails und Virenfälle.

Die Spam-Versender *beschaffen die E-Mail-Adressen* mit *Suchprogrammen* (engl. spambot), die systematisch die im Web angebotenen Seiten nach Adressen durchsuchen, oder die *Brute-Force-Angriffe* auf E-Mail-Server mit systematischer Abfrage der möglichen Variationen von Namen durchführen (Näheres im Band 2, Kapitel 6). E-Mail-Würmer, wie die 2003/04 kursierenden Sobig-Versionen, greifen auf die E-Mail-Adressen aus Adressverzeichnissen und Eingangsordnern von E-Mail-Programmen der infizierten Rechner zu und verschicken sich dann selbst wieder unter Benutzung dieser Adressen. Weitere Quellen sind Preisausschreiben und ähnliche Feedback-Maßnahmen sowie Adressdienste (nur wenn die ausdrückliche Einwilligung der Betroffenen vorliegt, ist die Verwertung der Adressen legal; siehe Abschnitt 6.3.5.5 Direktmarketing).

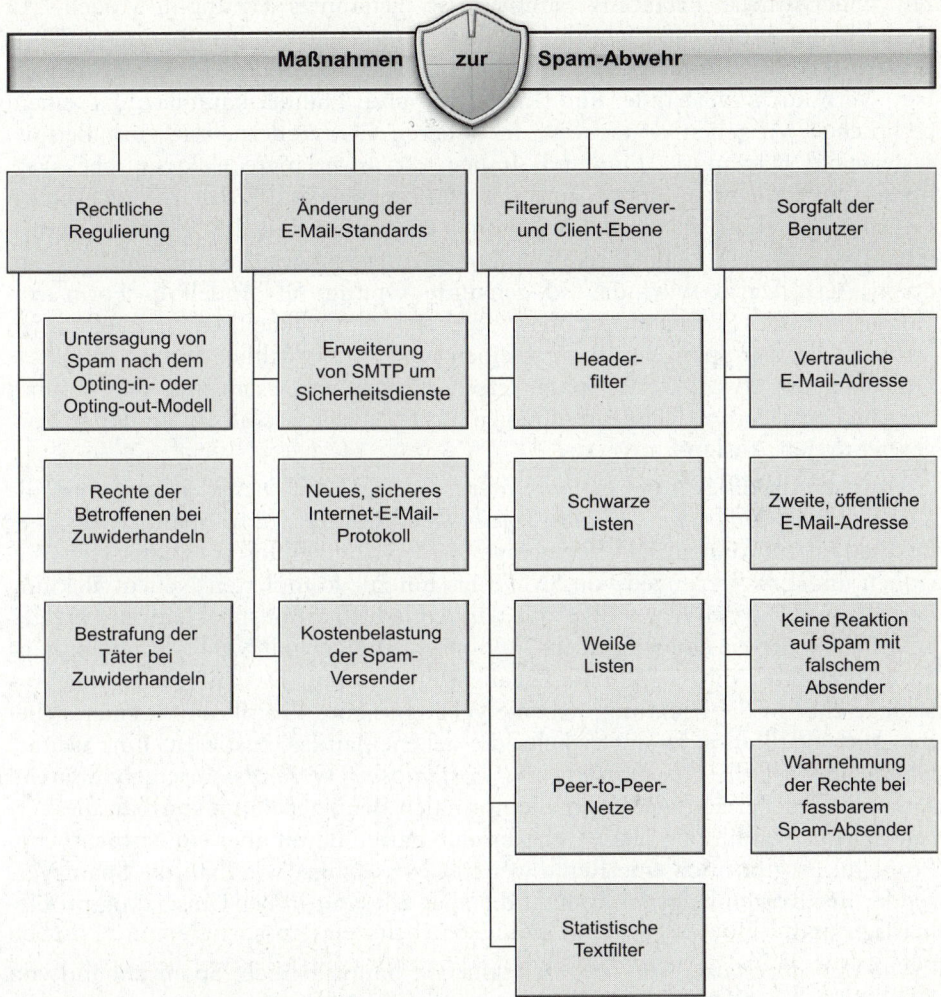

Abb. 3.4.2.1/5: Maßnahmen zur Bekämpfung von Spam

Die *Ansätze zur Bekämpfung von Spam* zielen auf

- die rechtliche Regulierung von E-Mail,
- die Weiterentwicklung der E-Mail-Standards,
- die Filterung eingehender Mails beim Server und beim Client und
- die Erhöhung der Sorgfalt der Benutzer beim Umgang mit E-Mail.

In der EU ist unerwünschte E-Mail unzulässig. Aufgrund der *Datenschutz-richtlinie,* die bis Oktober 2003 in nationales Recht umzusetzen war, muss der Versender vor der Zustellung von Werbe-Mails von den Empfängern die jederzeit widerrufliche Erlaubnis einholen (so genanntes Opting-in-Modell). In Deutschland wurde die Richtlinie im neuen Gesetz gegen den unlauteren Wettbewerb (UWG) umgesetzt, das allerdings bei Verstößen nur direkte Mitbewerber, Verbraucherverbände und Industrie- und Handelskammern zu einem rechtlichen Vorgehen ermächtigt. In anderen EU-Ländern, wie zum Beispiel Österreich, Dänemark, Finnland, Italien, ist unverlangte elektronische Werbung schon länger untersagt, und die Verbraucher sind selbst zur rechtlichen Gegenwehr befugt. In den USA – woher ein großer Teil des Spams kommt – wurde im Jahr 2003 ein Gesetz zur Regulierung von Spam verabschiedet (Can Spam Act). Darin wird das so genannte Opting-out-Modell in Form von Robinson-Listen vorgeschrieben, in die sich natürliche Personen eintragen können, die von Spam verschont bleiben wollen. Tatsächlich nützen alle diese Gesetze kaum etwas, da die Spam-Versender nicht zu fassen sind. Wie erwähnt verschicken sie ihre Massensendungen unter falschen Namen und/oder vom gesetzesfreien Ausland aus.

Von Standardisierungsgremien, Internet- und Mail-Dienstleistern wird die *Weiterentwicklung der E-Mail-Protokolle* diskutiert, um Spam wirksamer bekämpfen zu können. Die Vorschläge reichen von zahllosen verbesserten Versionen und Erweiterungen von SMTP bis hin zur kompletten Neuentwicklung der Internet-E-Mail-Protokolle, um das Authentifikationsproblem zu bewältigen. Weil weltweit einige hundert Millionen Benutzer mit SMTP arbeiten, wird eine komplette Ablöse für kaum realistisch gehalten. Deshalb zielen die Vorschläge eher in die Richtung, neben SMTP ein neues Protokoll mit einer sicheren Authentifikation zu entwickeln, die nebeneinander existieren. Eine weitere Überlegung ist die *Abschaffung des kostenlosen Versands:* Briefgebühren im Zehntel-Cent-Bereich wären für die normalen Benutzer kaum spürbar, die Versender von zig Millionen von Werbebriefen hätten damit aber ein beträchtliches Problem. Es gibt noch eine Reihe weiterer Vorschläge, wie man die Spam-Versender mit Kosten belasten könnte, die aber allesamt in der Umsetzung problematisch sind.

Die *Betreiber von Mail-Servern* versuchen hauptsächlich, Spam anhand von technischen/syntaktischen Prüfungen und Schwarzen Listen zu blockieren. *Technische/syntaktische Prüfungen* dienen zur Feststellung, ob die Sender (Clients oder Server) berechtigt sind, Mails mit bestimmten Merkmalen anzuliefern. Meist wird der E-Mail-Verkehr der Clients im Umfang begrenzt und laufend überwacht, um PCs sofort vom Netz zu trennen, wenn diese plötzlich große Mengen von Post abschicken. Dabei handelt es sich nämlich oft um mit Computerviren infizierte Geräte, die ohne Wissen der Benutzer zum Spam-Versand missbraucht werden. Elektronische Post wird nur von und für Benutzer entgegen genommen, für die die Server zuständig sind. Mail, die nicht protokollkonform eingeliefert wird, wird abgewiesen – beispielsweise, wenn die Absender-Domain nicht vorhanden ist oder die Hostnamen ungültig sind.

Mail-Server von Betreibern, die solche Sicherheitsmaßnahmen nicht einhalten und damit die Verbreitung von Spam zulassen, werden mit ihrer IP-Adresse in

Schwarze Listen (engl.: blacklist, realtime blackhole list, abgekürzt: RBL) einge-
tragen. In diesen externen Datenbanken sind auch die nachweislichen Spam-
Quellen aufgeführt. Durch die von verschiedenen Internet-Organisationen (teils
kommerziell) geführten Schwarzen Listen wird einerseits auf die „schwarzen
Schafe" Druck ausgeübt, Sicherheitslücken zu schließen, und andererseits für
Server-Betreiber die Möglichkeit geschaffen, Post von den dort verzeichneten
Servern oder Domains beim Eingang auszusortieren. Die Filterung anhand
Schwarzer Listen ist jedoch nicht unproblematisch, weil dadurch auch die
Zustellung von regulären Sendungen verhindert wird.

Auf der *Server-Ebene* scheidet die Filterung von E-Mail durch *Begutachtung
des Inhalts* (Mitteilungskopf und –text) meist aus. In vielen Ländern sind das
Briefgeheimnis sowie das Post- und Fernmeldegeheimnis gesetzlich geschützt,
und E-Mails dürfen weder verändert noch vorenthalten werden (beispielsweise
in Deutschland nach § 10 Grundgesetz und § 85 Telekommunikationsgesetz).
Außerdem sind manche Mitteilungen, die von den meisten Empfängern als
Spam betrachtet werden, für einzelne eine durchaus erwünschte Information
(beispielsweise „Become the man that women desire", „Lose up to 19%
weight", „Home delivery Vicodin").

Für *Arbeitsplatzrechner* werden *E-Mail-Filter* zur Identifizierung von Spam
als *Teil oder Ergänzung (Plug-in) der gängigen E-Mail-Client-Programme* angeboten. Sie kombinieren verschiedene Abwehrmaßnahmen:

- *Headerfilter,* die die Kopfzeilen (vor allem die Betreffzeile und die Absender-
  adresse) nach verdächtigen Wortmustern durchsuchen;
- *Schwarze Listen* (siehe oben);
- *Weiße Listen,* in die der Benutzer die Adressen einzelner Absender oder ganzer Domains einträgt, deren Mitteilungen den Filter auf jeden Fall passieren
  sollen;
- *Peer-to-Peer-Netze zur Spam-Abwehr,* bei denen die Teilnehmer-Clients Prüf-
  summen über eingehende E-Mails an einen gemeinsamen Server melden,
  wodurch Massensendungen sehr rasch identifiziert und durch Rückmeldung
  an die Clients von diesen gelöscht werden können;
- *Statistische Textfilter,* die den gesamten Inhalt von E-Mails mit statistischen
  Methoden (Bayes´sche Wahrscheinlichkeitstheorie) untersuchen und durch
  Rückkopplung zum Benutzer ihre Erkennungsgenauigkeit verbessern. Der
  Benutzer kennzeichnet die eingehenden Mitteilungen als erwünscht oder als
  Spam, so dass das Programm durch Analyse der Worthäufigkeiten lernen
  kann, welche Wörter oder Wortfragmente als Spam-Kriterien geeignet sind
  und welche nicht. Die Spam-Bewertung wird als Wahrscheinlichkeitsgröße
  dargestellt.

Peer-to-Peer-Netze und Bayes-Filter sind am wirksamsten. Durch die Kombination mehrerer Methoden werden von den leistungsfähigsten Programmen
Erkennungsraten von 80 – 90 Prozent für Spam und 97 – 99 Prozent für regu-
läre E-Mail erreicht.

Sie, als *Benutzer,* können durch *angemessenes Verhalten* ebenfalls wesentlich zu Ihrem Schutz vor unerwünschter E-Mail-Werbung beitragen. Sie sollten Ihre E-Mail-Adresse vertraulich behandeln und diese nur Freunden und Geschäftspartnern zugänglich machen, mit denen Sie wirklich kommunizieren wollen. Für Postlisten, Diskussionsforen, Weblogs und Chat sollten Sie eine zweite, öffentliche E-Mail-Adresse eines Gratisanbieters verwenden, die Sie jederzeit stilllegen können, wenn sie von Spam-Versendern entdeckt wird. Auf Spam-Mails sollten Sie niemals antworten (auch nicht auf Links oder Bilder klicken), da Sie sonst dem Absender signalisieren, dass Ihre Adresse aktiv ist. Wenn Sie von namentlich fassbaren Absendern (mit korrekter IP-Adresse) unerwünschte E-Mail-Werbung erhalten, so sollten Sie diese auf ihr rechtswidriges Verhalten aufmerksam machen, eine Unterlassungserklärung fordern und darauf hinweisen, dass im Wiederholungsfall eine Verwaltungsstrafe droht.

▶ Übungsaufgabe Nr. 1.3.34 im Arbeitsbuch

3.4.2.2 Postlisten und Diskussionsforen

Elektronische Postlisten und Diskussionsforen sind *E-Mail-basierte Dienste.* Es sind dabei drei Kommunikationsarten zu unterscheiden:

Private E-Mail-Kommunikation: Ein Sender schickt an einen oder mehrere von ihm individuell festgelegte Empfänger eine E-Mail.

Standardisierte Kommunikation mit mehreren Teilnehmern: Der Sender legt sich in seinem E-Mail-Programm einen Verteiler von E-Mail-Adressen an. Sobald er als Empfängeradresse eines elektronischen Briefes diesen Verteiler wählt, wird die Nachricht automatisch an sämtliche darin enthaltenen Adressen versandt. Dieser Vorgang ist natürlich wesentlich zeit-, ressourcen- und damit auch kostensparender als beispielsweise ein Rundtelefax oder ein Serienbrief, vor allem dann, wenn die Empfänger im internationalen Einzugsgebiet liegen.

Halböffentliche und öffentliche Kommunikation: Diese Art der Kommunikation ist im Internet in so genannten *Postlisten* und dem Internet-Dienst *Net-News* verwirklicht.

Postlisten

> **Postlisten** (engl.: mailing list) sind elektronische Verteilerkreise, die von einem Programm automatisch verwaltet werden. Das Programm pflegt die Adressen der eingeschriebenen Teilnehmer (Abonnenten) und leitet alle eingehenden Mitteilungen an alle Abonnenten weiter.

Benutzer können selbstständig an den Server der Postliste Anfragen stellen, durch die sie in die Adressliste aufgenommen oder entfernt werden können. Eine Postliste kann auf einen bestimmten Teilnehmerkreis beschränkt oder öffentlich sein und moderiert oder nicht moderiert sein. Bei einer moderierten Postliste werden alle Anfragen oder Nachrichten der Liste an einen Moderator geleitet werden, der diese genehmigen muss. Die meisten Programme zur Verwaltung von Postlisten bieten auch Archivierungs- und Suchfunktionen an. Die Postlisten können unterschiedlichen *Zwecken* dienen:

1. *Newsletters:* Mitteilung von Neuigkeiten an Interessenten, Mitglieder, Mitarbeiter, Kunden, Lieferanten, Investoren, Journalisten und sonstige Partner – und zwar entweder an alle oder an ausgewählte Gruppen (siehe dazu auch Abschnitt 5.3.5.5).

2. *Betreuung beziehungsweise Koordination* von Projekten, Kursen, Kundendienst, Veranstaltungen und Foren über alle möglichen Interessensgebiete.

3. *Direct-Mail-Kampagnen* mit gezielter Information, die von bestimmten Kundengruppen nachgefragt wird. Damit kann man rasch wechselnden Bedürfnissen entsprechen und individuelle Kundenbeziehungen leichter pflegen (siehe Abschnitt 5.3.5.5).

Im *Internet* gibt es Zehntausende von Postlisten, die Sie kostenlos abonnieren können. Sie finden die für Sie interessanten Listen und Listen-Archive über Suchmaschinen und spezielle Verzeichnisse (siehe Abschnitt 5.2.2).

Wenn Sie eine *Postliste abonnieren,* wird Ihr Name und Ihre E-Mail-Adresse automatisch in deren Adressverteiler hinzugefügt. Sie erhalten dann einen standardisierten Begrüßungsbrief (via E-Mail), in dem Ihnen Wissenswertes über die jeweilige Liste mitgeteilt wird. Darin steht auch, wie Sendungen an den Verteilerkreis (engl.: postings) zu erfolgen haben und wie Sie sich wieder abmelden können (Aufbewahren!). Ab diesem Zeitpunkt erhalten Sie automatisch alle Mitteilungen, die von den Mitgliedern an die Liste gesandt werden (Post von Nicht-Mitgliedern wird zurückgewiesen). Sie können nun die Diskussionen verfolgen oder auch daran teilnehmen. Wenn Sie antworten, können Sie Ihre Antwort an die Liste (und damit an alle Listen-Mitglieder) oder an eine einzelne Person auf der Liste senden. Eine aktuelle Aufstellung aller Listen-Mitglieder und ihrer E-Mail-Adressen kann bei Bedarf abgerufen werden.

Zum *Beispiel* sieht das im Hochschulbereich meistverwendete LISTSERV-Programm folgende *Befehle* vor:

– *Abonnieren:* subscribe [Listenname] {Vorname Nachname}
– *Abbestellen:* unsubscribe [Listenname]
– *Urlaub, Post einstellen:* set [Listenname] nomail
– *Teilnehmerliste:* review [Listenname]

Listen werden an Hochschulen häufig dazu verwendet, um die einzelnen *Lehrveranstaltungen* zu *unterstützen.* Der Lehrveranstaltungsleiter kann damit rasch und effizient Lehrveranstaltungspläne, Hinweise auf weiterführende Quellen, Übungsaufgaben, Evaluierungsbögen usw. verteilen und auf Fragen allgemeinen Interesses eingehen. Die Studierenden können sich über die Liste in Gruppen organisieren, sich gegenseitig helfen (Fragen stellen und beantworten, Handouts von Präsentationen versenden usw.) und dem Lehrveranstaltungsleiter die nötige Rückkopplung geben. Das geht rund um die Uhr und von überall her – viele früher notwendige Wege und zeitliche Beschränkungen (Öffnungszeiten) fallen damit weg.

NetNews

Während bei Listen der Verteilungsaspekt im Vordergrund steht, dominiert bei *NetNews* die inhaltliche Auseinandersetzung mit der angebotenen Information. Es handelt sich dabei um ein weltweites verteiltes Diskussionssystem, das Menschen mit gleichen Interessen die Möglichkeit bietet, miteinander schriftlich durch so genannte *Newsgroups* zu kommunizieren.

NetNews (auch **USENET-News** oder einfach nur **News**) ist ein öffentlicher Kommunikationsdienst mit Zehntausenden von Newsgroups, in denen weltweit Millionen von Benutzern diskutieren. Jede von einem Teilnehmer an eine Newsgruppe gesandte Mitteilung kann von allen anderen gelesen werden. Die Teilnehmer bekommen die Beiträge jedoch nicht automatisch zugestellt, sondern müssen selbst aktiv werden, um neue Nachrichten (diese werden im NetNews-Jargon *Artikel* genannt) lesen zu können.

USENET nennt man die Gesamtheit der an NetNews teilnehmenden Rechner. Es handelt sich dabei um kein wirkliches Netz, sondern um einen Kommunikationsdienst auf Basis anderer Netze (wie beispielsweise Internet, ISDN usw.).

Im Prinzip ist NetNews mit einem weltweiten *Schwarzen Brett* oder einer *globalen Zeitung* vergleichbar, die nur aus Leserbriefen besteht. Es gibt verschiedene Rubriken, die Newsgroups, denen die Leserbriefe zugeteilt werden. Um die enorme Fülle von Beiträgen zu klassifizieren, wird ein *hierarchisches Gliederungsschema* verwendet. Auf *oberster Ebene* werden globale und nationale Gruppenkategorien unterschieden.

Globale Kategorien, in deren Gruppen Englisch „gesprochen" wird, sind zum Beispiel:

comp   Computerbezogene Gruppen, die sowohl für IT-Fachkräfte als auch für Endbenutzer interessant sind. Neben Hardware- und Softwareankündigungen und der Diskussion von IT/IS-Themen aller Art dienen die Gruppen auch zur Verteilung von Programmen (teils im Maschinencode, teils im Quellcode).

sci   Gruppen, die sich mit Themen der Wissenschaft (engl.: science) auseinander setzen.

soc   Gruppen, die soziale und politische Fragen behandeln.

rec   Gruppen, die sich mit Hobbys und Freizeitaktivitäten (engl.: recreation) beschäftigen.

alt   Alternative Gruppen für diverse Gegenstände.

Nationale Toplevel-Hierarchien, wie etwa „de" für deutsche, „at" für österreichische oder „it" für italienische Gruppen, sind auf der zweiten Gliederungsebene wie die globalen Toplevel-Hierarchien gegliedert (de.comp, de.sci ...). Sie sind jedoch nicht mit diesen identisch. Vielmehr werden dort in der jeweiligen Landessprache ähnliche Themenstellungen diskutiert wie in den globalen Gruppen.

Die Aufgliederung setzt sich in hierarchischer Weise fort. Die *Benennung* der immer spezifischeren Sachgebiete erfolgt durch Worte, die durch Punkte getrennt sind (beispielsweise rec.arts.movies.past-films oder de.rec.alpinismus). Selbstverständlich sind auch *lokale Newsgruppen,* etwa für die Mitarbeiter eines Unternehmens oder die Angehörigen einer Universität (beispielsweise wu-wien.ss2006.java-kurs), möglich.

NetNews ist ideal, wenn Sie sich relevante Information schnell und unkompliziert beschaffen wollen. Die geeigneten Newsgruppen finden Sie am besten über eine *Suchmaschine* (Suche nach Themengebieten oder passenden Artikeln). Eine Anfrage in einer Newsgruppe wird fast immer noch am selben Tag von meist mehreren Personen beantwortet. Sie müssen sich dazu vorher bei den Newsgruppen anmelden. *Anmeldung* heißt in diesem Fall, dass Sie dem Programm zum Lesen und Schreiben Ihrer NetNews-Beiträge (Ihrem *Newsreader)* mitteilen müssen, welchen Newsgruppen Sie folgen wollen. Die meisten derartigen Programme merken sich „Ihre" Newsgruppen und die von Ihnen bereits gelesenen Artikel und zeigen dann nur mehr neue Postings an. Moderne *Browser* sind ebenfalls als Newsreader verwendbar.

Damit sich trotz der großen Teilnehmerzahlen die Diskussionen sinnvoll und konstruktiv entwickeln können, halten sich die NetNews-Benutzer freiwillig an übereinstimmend akzeptierte Verhaltensregeln – die so genannte *Netiquette* (Abkürzung von engl.: net etiquette). So wird beispielsweise erwartet, dass die Artikel unter dem richtigen Namen veröffentlicht werden (Signatur am Ende des Beitrags). Ebenso sind negative Antworten auf Postings (engl.: flames) und kommerzielle Werbung unerwünscht. Von Neulingen (engl. Slang: Newbies) wird erwartet, dass sie zunächst einige Zeit die Diskussionen verfolgen und die FAQ-Datei lesen, ehe sie Fragen stellen oder Kommentare abgeben. FAQ ist die Abkürzung von engl.: frequently asked questions, das heißt: Häufig gestellte Fragen.

Um unangemessene Beiträge zu verhindern, werden manche Newsgruppen *moderiert.* Das bedeutet, dass alle Postings an die Newsgruppe an einen Moderator beziehungsweise eine Moderatorengruppe gesandt werden, die darüber entscheiden, ob die Artikel in die Newsgruppe eingespeist oder als nicht regelkonform zurückgewiesen werden. Ein weiterer Grund für die Moderation kann darin liegen, dass damit eine vom Durchschnittsleser nicht mehr bewältigbare Informationsflut verhindert und ein hohes Qualitätsniveau sichergestellt werden sollen.

Für Neulinge wirkt der *Internet-Jargon* in manchen Artikeln höchst befremdlich. Auf gängige Abkürzungen und Symbole gehen wir im Abschnitt 3.4.3.2 ein.

▶ Übungsaufgabe Nr. 1.3.35 im Arbeitsbuch

3.4.2.3 Wikis und Weblogs

Wikis und Weblogs sind zwei weitere Möglichkeiten, durch die Internet-Benutzer ihr Wissen einfach und kostengünstig an Dritte weitergeben können beziehungsweise vom Wissen anderer profitieren können.

Wikis

Bei Wikis kann der Benutzer nicht nur wie bei einem Diskussionsforum Beiträge zu einem Thema hinzuzufügen, sondern es ist ihm auch erlaubt, die Inhalte zu ändern, die von anderen erstellt worden sind.

> **Wiki** (Synonym: **WikiWiki**; von hawaiianisch: schnell) ist ein textorientierter Web-Dienst (Server-Software), durch den die Benutzer schnell, einfach und in Gemeinschaft mit anderen Informationsangebote mit dem Web-Browser erstellen und die Inhalte sofort am Bildschirm ändern können. Auch das Ergebnis, die in loser Zusammenarbeit mit Wiki-Software laufend weiter entwickelte Web-Site (beziehungsweise der entsprechende Teil davon), wird als *Wiki* bezeichnet. Zum Schreiben/Ändern der beliebigen Inhalte dient eine einfache Text-Syntax. Die einzelnen Seiten und Artikel eines Wikis werden durch Querverweise (Links) miteinander verbunden (Hypertextsystem). Veränderungen im Informationsangebot werden festgehalten („Versionsgeschichte") und können – falls notwendig – von einem Moderator rückgängig gemacht werden.

Die Grundidee des 1995 von *Ward Cunningham* entwickelten *Wiki-Konzepts* ist die Unterstützung der Aufbereitung und Veröffentlichung von Wissen in einer gemeinschaftlichen Weise (im Sinne eines Content-Management-Systems; siehe Abschnitt 3.4.6). Jeder Interessierte soll daran mit wenig Lern- und Schreibaufwand teilnehmen und sein Wissen einbringen können (offener Zugang). Deshalb ist das Editieren und Formatieren mittels in den Text eingefügten Steueranweisungen sehr einfach (jedenfalls einfacher als bei HTML; siehe Abschnitt 3.5.1.8). Zur Erstellung von Wikis wird (meist kostenlose) *Wiki-Software* mit unterschiedlicher *WikiSyntax* angeboten. Ein einheitlicher Standard für den Quellcode ist in Vorbereitung. Zur Vernetzung zwischen öffentlichen Wikis gibt es *Interwiki,* das registrierte Namensräume anbietet.

Das bekannteste und größte Wiki ist die *Wikipedia,* eine freie Enzyklopädie, die laufend weiterentwickelt wird. Sie enthielt Ende 2004 über eine Million Artikel, verteilt auf über 70 Sprachen. Die deutschsprachige Ausgabe wurde 2001 gestartet und umfasste Ende 2004 ungefähr 150.000 Artikel.

Probleme von Wikis sind, dass

- niemand für die Vollständigkeit und Richtigkeit des Informationsangebots bürgt,
- Urheberrechtsverletzungen einfach zu realisieren (Hineinkopieren von urheberrechlich geschützten Texten), aber schwer zu überwachen sind, und
- die Qualität und Richtigkeit der Beiträge nicht sichergestellt ist.

Um diesen Problemen zu begegnen, werden Wikis fast immer *moderiert*. Üblich ist es, dass – wie bei moderierten Diskussionsforen – stärker engagierte Teilnehmer für Teilbereiche zum Moderator gewählt werden und damit das Recht erhalten, die Bearbeitungsmöglichkeit einzelner Artikel zu sperren, einzelne Artikel zu löschen (zum Beispiel ideologisch gefärbte, einseitige Information oder Werbung) oder bei Vandalismus einzelnen Benutzern das Bearbeitungsrecht kurzzeitig zu entziehen. Noch bedeutsamer für das Funktionieren der Wikis ist das *Verantwortungsbewusstsein* des Einzelnen (weil jeder mitwirken darf, sollte sich auch jeder verantwortlich fühlen) und der Wiki-Gemeinschaft, das heißt derjenigen, die an das offene, basisdemokratische Konzept glauben und zur Entwicklung der Wikis beitragen.

Betriebe können die öffentlichen Wikis als Informationsquellen benutzen und auf sehr kostengünstige Weise im Intranet für die eigenen Mitarbeiter und/oder Geschäftspartner zugängliche Wikis einrichten. Im Vergleich zu Listen und Diskussionsforen, die die Beiträge nur in chronologischer Reihenfolge in festen Strukturen wie Threads ausweisen, besteht wesentlich mehr Flexibilität hinsichtlich der Gliederung und Einordnung der Beiträge. Mit Wikis lassen sich etwa Meetings vorbereiten und protokollieren, Kundenreklamationen und deren Lösungen fortschreiben, Personal- und Organisationsrichtlinien festhalten oder Projekte dokumentieren. Mögliche Barrieren sind (neben den oben erwähnten Problemen) die fehlende Integration mit anderen Informationssystemen und die Schwierigkeit, eine gut funktionierende Wiki-Gemeinschaft aufzubauen, das heißt, zu dem jeweiligen Themenbereich genügend Interessierte zu finden, die aktiv mitarbeiten.

Weblogs

Weblog ist ein Kunstwort aus „Web" und „Logbuch". Die ersten, Mitte der 1990er Jahre entstandenen Weblogs waren Online-Tagebücher, in denen Reisende durch die Weiten des World Wide Web ihre persönlichen Eindrücke und Beobachtungen (oft in Form von kommentierten Link-Listen) der Öffentlichkeit zugänglich machten.

Weblogs (Synonym: **Blogs**) sind Web-Tagebücher, deren Einträge datiert und in umgekehrter zeitlicher Reihenfolge (neuester Eintrag zuerst) angeordnet sind (serielle und kumulative Informationssammlung). Die meisten Weblogs werden bei ASP-Diensten geführt, es gibt jedoch auch eine Fülle von Server-Software (meist Open Source), um auf dem eigenen Rechner Weblogs betreiben zu können. Die Eingabe/Änderung von Inhalten mittels Web-Browser ist sehr einfach. Die meisten Weblogs werden von einzelnen Privatpersonen in einem sehr persönlichen und informellen Stil veröffentlicht. Zunehmend werden Weblogs auch von Personen des öffentlichen Lebens (Politiker, Sportler, Popstars usw.), von Gruppen, Vereinen und Betrieben angeboten – letztere sind in Stil und Inhalt kaum von anderen Websites zu unterscheiden.

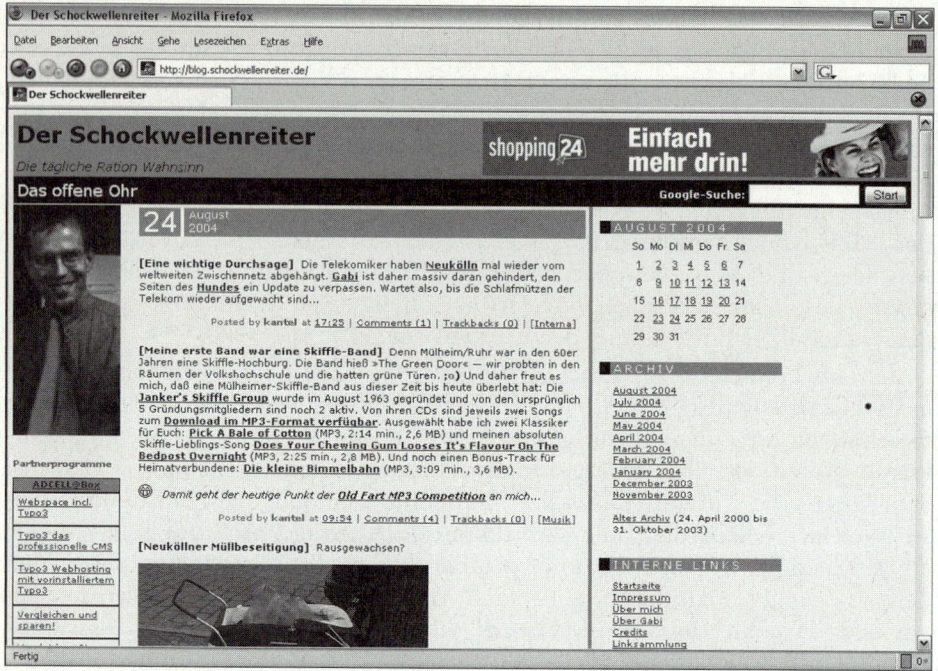

Abb. 3.4.2.3/1: Weblog „Der Schockwellenreiter" von Jörg Kantel

Da es auch für unerfahrene Internet-Benutzer sehr einfach und kostengünstig ist, ein eigenes Weblog zu publizieren („Bloggen"), ist eine große Zahl und Vielfalt von Angeboten hinsichtlich Inhalt, Design und Qualität entstanden. Die meisten Weblogs sind textorientiert (mit integrierten Bildern) und enthalten zahlreiche weiterführende Hinweise (Links). Die nacheinander eingetragenen Beiträge sind relativ kurz in Tagebuch- oder Episodenform gehalten. Vielfach haben die Leser die Möglichkeit, Kommentare abzugeben. Neben Weblogs, die kaum Beachtung finden, gibt es Weblogs, die täglich von Zehntausenden gelesen werden.

Weblogs sind bisher vor allem im nordamerikanischen Raum verbreitet und werden vorwiegend privat genutzt. *Betriebliche Einsatzmöglichkeiten* werden in erster Linie für KMUs gesehen, die damit rasch, einfach und kostengünstig Web-Sites installieren, mit Inhalten füllen und verwalten können. Im Vergleich zu Web-Content-Management-Systemen (siehe Abschnitt 3.4.6), die in größeren Betrieben zum Einsatz kommen, weisen Weblogs ebenso wie Wikis jedoch einige *Nachteile* auf. So gibt es beispielsweise keine mehrstufige Rechteverwaltung und keine Möglichkeit, einen Arbeitsablauf vorzugeben, bei dem etwa Schreiben, Korrekturlesen und Freigabe von Beiträgen durch unterschiedliche Personen(gruppen) vorgesehen sind. Gegen öffentliche Weblogs einzelner Mitarbeiter oder Gruppen sprechen die schon im Zusammenhang mit Wikis erwähnten Probleme. Weitere Gründe, keine solchen „Blogger" zuzulassen, sind die Gefahr der Weitergabe nicht abgestimmter oder vertraulicher Information und die schwer überbrückbaren Unterschiede zwischen der Unternehmens- und der Blogging-Kultur.

▶ Übungsaufgabe Nr. 1.3.36 im Arbeitsbuch

3.4.3 Synchrone Kommunikationsdienste

Synchrone Kommunikationsdienste unterstützen den Informationsaustausch von Menschen, die zur gleichen Zeit an getrennten Orten tätig sind.

3.4.3.1 Telekonferenzen

> Ein **Telekonferenzsystem** (engl.: teleconferencing system) unterstützt die gemeinsame Erarbeitung und Diskussion von Ideen durch Mitarbeiter und/oder Geschäftspartner über größere Entfernungen hinweg. Im einfachsten Fall geschieht dies durch eine **Konferenzschaltung per Telefon.** Bei einem **Dokumenten-Konferenzsystem** (engl.: document-conferencing system) können die Teilnehmer „live" gemeinsame Dokumente bearbeiten. Bei einem **Videokonferenzsystem** (engl.: videoconferencing system) können sich darüber hinaus die Teilnehmer hören und sehen.

Das *Ziel* von Telekonferenzsystemen ist die Einsparung von Reisezeiten und -kosten für notwendige Besprechungen von Teilnehmern, die entfernt voneinander tätig sind. Neben Meetings und Arbeitsgruppen kommen als weitere Einsatzfelder der Fernunterricht, der Kundendienst und die Vertriebsunterstützung in Betracht.

In jeder Nebenstellenanlage können heute *interne Konferenzgespräche* geschaltet werden. *Telefonkonferenzen im In- und Ausland* schalten die Telekom-Gesellschaften nach Voranmeldung. Bis zu 15 Teilnehmer sind über Fernsprech-, ISDN- und Mobilfunkanschlüsse in über 200 Ländern erreichbar. Im ISDN geht das – mit mäßiger Qualität – auch per *Bildtelefon*. Die Kamera ist in der Regel fest mit dem Telefon/Monitorgehäuse verbunden und auf den Benutzer gerichtet. Diese integrierte Kamera kann durch eine spezielle Dokumentenkamera zur Übertragung von Texten oder Bildern ergänzt werden. Ebenso kann ein Personalcomputer mit aufgesetzter Kamera und entsprechender Hardware und Software als Endgerät dienen.

In den Anfängen der *Videokonferenztechnik* setzte man wegen der teuren technischen Einrichtung auf von vielen Personen gemeinsam genutzte *Studios*, in denen sich die Teilnehmer zu vereinbarten Zeitpunkten trafen. Mit fest installierten Videokonferenzsystemen ausgestattete Räume wurden vor allem von multinationalen Unternehmen eingerichtet oder konnten bei Telekom-Gesellschaften gemietet werden.

Mit der Verbreitung von Personalcomputern wurde leistungsfähige, preisgünstige Software angeboten, mit der Telekonferenzen vom Arbeitsplatz aus durchgeführt werden können. Voraussetzung ist natürlich, dass alle potentiellen Teilnehmer die für Videokonferenzen notwendigen Einrichtungen besitzen (Videokamera, Lautsprecher, entsprechende Karten und Programme).

Dokumenten-Konferenzprogramme unterstützen die schriftliche Zusammenarbeit auf bis zu vier Wegen: a) Gemeinsames Betrachten und Bearbeiten von Dokumenten (engl.: whiteboarding), b) geteilte Anwendungen und Dateien, c) Dateitransfer und d) jederzeitiger Informationsaustausch in Textform, beispielsweise für Gespräche (engl.: chatting).

Das *Whiteboard* ist eine weiße Tafel am Bildschirm, in die Dokumente importiert und ähnlich wie bei einem Zeichenprogramm bearbeitet werden können. Da die Dokumente so wie eine Telekopie in Rasterform dargestellt werden, können sie nicht verändert, sondern nur ergänzt werden. Texte können somit nicht „fortgeschrieben" werden. Zusätzliche Anmerkungen werden über die jeweilige „Seite" gelegt. Die Bildschirme aller Teilnehmer werden laufend synchron aufgefrischt, sodass sie stets mit derselben Information arbeiten. Die Dokumente können vom Benutzer vergrößert, seitenweise überflogen (engl.: browsing) und am Bildschirm verschoben werden.

Die Möglichkeiten *geteilter Anwendungen* sind bei den Softwareprodukten verschieden entwickelt. Manche erlauben durch weit reichende Fernsteuerungsfunktionen das gleichzeitige Editieren von Dateien (beispielsweise Tabellenkalkulationsblätter, Konstruktionszeichnungen usw.) durch die Teilnehmer. Bei anderen Produkten kann jeweils nur einer ändern, während die restlichen Teilnehmer zusehen. Fast immer besteht die Möglichkeit zum Datenaustausch über die Zwischenablage. Mittels *Dateitransfer* können die Konferenzteilnehmer auch größere Dateien austauschen, um diese online oder offline weiterzubearbeiten. Gelegentlich können auch wie bei E-Mail Dateien als Anlage zu Textnachrichten beigefügt werden.

Die meisten Dokumenten-Konferenzprogramme können durch zusätzliche Module für Videokonferenzen ausgebaut werden.

Videokonferenzsysteme unterstützen die Übertragung von Bild und Ton zwischen zwei oder mehreren Teilnehmern. Pro Teilnehmer können bei Bedarf auch mehrere Bild- und/oder Tonkanäle übertragen werden. So können beispielsweise mit einer *Dokumentenkamera* Folien oder Konstruktionszeichnungen übertragen werden, während man einen Vortragenden sieht und hört. Zusätzlich können Funktionen zur Steuerung der Kamera(s) (Schwenken, Zoom usw.) einzelnen Teilnehmern angeboten werden. Die Videokonferenzsoftware ermöglicht im Allgemeinen auch die Abspeicherung der Konferenzübertragung.

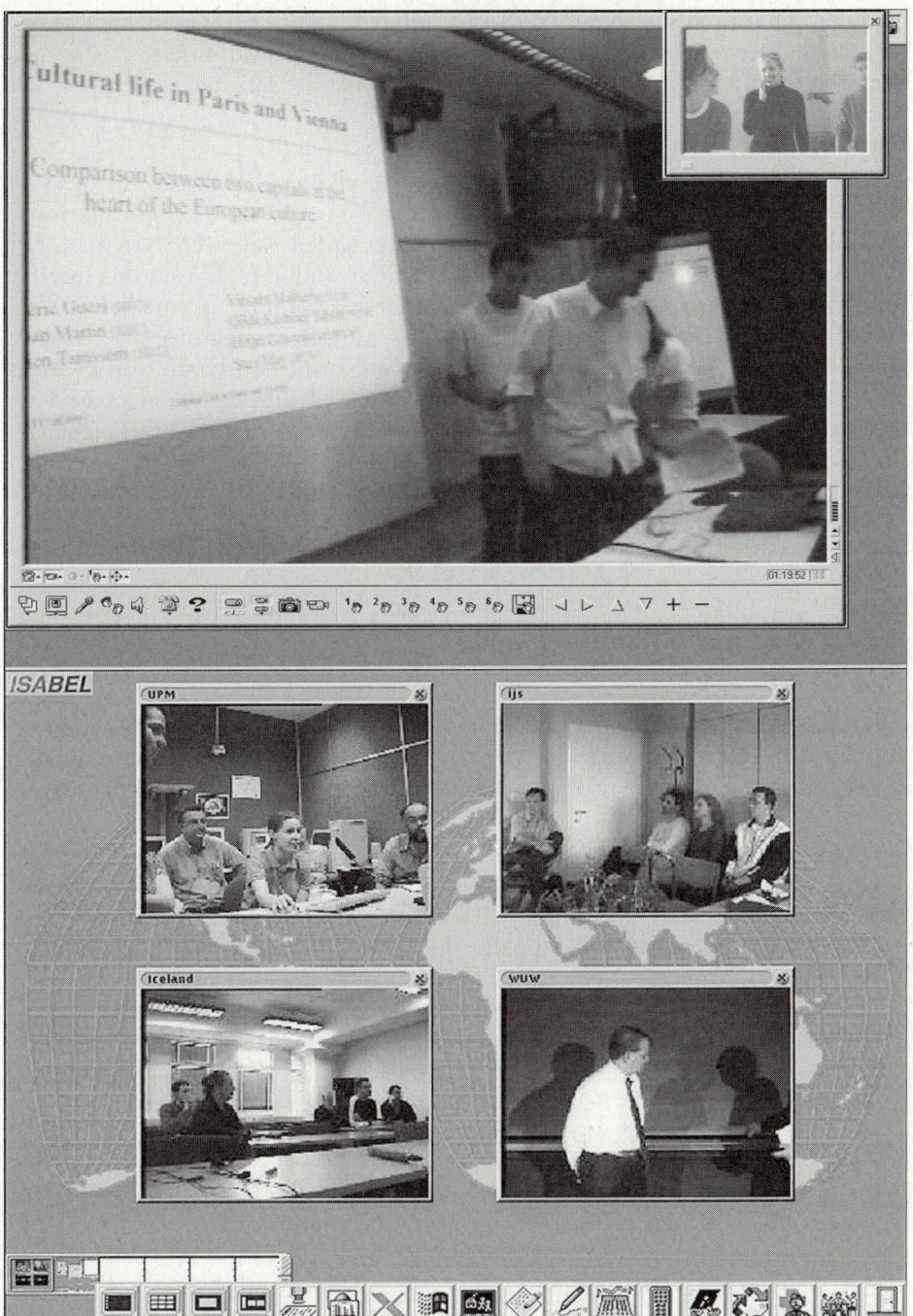

Abb. 3.4.3.1/1: Videokonferenzsystem

Weitere Leistungsmerkmale sind die unterstützten Übertragungsprotokolle (für lokale Netze, Bündelung mehrerer ISDN-Verbindungen, Internet), die Zahl der Übertragungskanäle und die mögliche Zahl der Sitzungsteilnehmer. Die maximale Teilnehmerzahl liegt bei den derzeit angebotenen PC-Produkten zwischen zwei und zirka 20 Personen.

Die von der ITU entwickelte *T.120-Norm* beinhaltet Richtlinien für die Teilnehmerverwaltung, die Übertragungsprotokolle und die Hauptfunktionen (Whiteboarding und Dateitransfer) von Dokumenten-Konferenzsystemen. Die Videokonferenzen werden in *H.320* für das ISDN und in *H.323* für das Internet (und damit auch für TCP/IP-basierte lokale Netze) normiert. Aktuellster Video-Codec in diesen Standards ist MPEG-4 Teil 10 beziehungsweise H.264/AVC (siehe Abschnitt 3.5.4.5). Die Einhaltung dieser Normen durch die Softwarehersteller ist Voraussetzung, dass die Teilnehmer aus verschiedenen Netzen und mit unterschiedlichen Programmprodukten miteinander konferieren können. Der im Jahr 2003 verabschiedete ITU-Standard H.350 soll es den Benutzern ermöglichen, die Adressen anderer Videokonferenzteilnehmer im Internet zu finden (Verzeichnisdienst).

▶ Übungsaufgabe Nr. 1.3.37 im Arbeitsbuch

3.4.3.2 Chat und Instant Messaging

Chat

Chat kann als eine allgemein zugängliche Sonderform von Telekonferenzsystemen im Internet gesehen werden. In der Regel erfolgt die Kommunikation in schriftlicher Form, es gibt jedoch auch Varianten für die gesprochene Sprache.

Chat ist ein Kommunikationsdienst, mit dem sich Personen in einem Rechnernetz auf so genannten „Kanälen" (auf „virtuellen Plätzen", in „virtuellen Räumen") in Gruppen oder individuell interaktiv unterhalten können. Ein Kanal ist über einen eindeutigen Bezeichner identifiziert und ist einem bestimmten Thema gewidmet. **Internet Relay Chat**, abgekürzt: IRC, ist ein auf dem Internet basierendes textorientiertes Chat-System, bei dem die Zahl der Kanäle und der Teilnehmer an einer Diskussion nahezu unbeschränkt ist. Der Benutzer tritt in der Regel anonym unter einem Spitznamen (engl.: nickname) auf.

Die größten *IRC-Netze* sind: Efnet, Undernet, IRCnet, DALnet und NewNet. Im größten IRC-Netz, dem Efnet, sind oft über 12.000 Kanäle aktiv, von denen jeder einem anderen Gebiet gewidmet ist.

Zur Nutzung des IRL-Systems wird ein entsprechendes Client-Programm benötigt, das als Freeware oder Shareware im Internet erhältlich ist. Der angewählte *Server* (nehmen Sie am besten einen der geographisch nächstgelegenen) ist mit allen anderen Servern des IRC-Netzes verbunden, an die jeweils Hunderte von Clients angeschlossen sein können. Ein Server bietet Information über die Kanäle sowie die Benutzer und leitet Ihre Mitteilungen weiter.

Indem Sie sich mit einem Chat-Server verbinden, beginnt eine *Chat-Sitzung*. Bei der Interaktion mit dem System unterscheidet man *zwischen Steuerbefehlen* und reinen *Texteingaben*. Alle Steuerbefehle beginnen mit dem Zeichen „/" und dienen zum Beispiel zur Wahl des Spitznamens (engl.: nickname) und des Kanals, zur Anfrage, wer zur Zeit im Chat-Kanal angemeldet ist usw. (eine auszugsweise Auflistung der Steuerbefehle folgt etwas später). Wenn Sie über ein Client-Programm mit einer grafischen Benutzeroberfläche verfügen, können Sie die wichtigsten Steuerbefehle auch durch Anklicken ausführen. Über den Spitznamen werden die Teilnehmer im Chat-System adressiert, dieser Name wird vom System vor allen Äußerungen dieser Person eingefügt. Der Spitzname darf bis zu neun Zeichen lang sein. Treffen Sie dabei eine überlegte Wahl – denken Sie an die Fülle bereits vorhandener Namen und auch daran, dass der gewählte Name Ihr virtuelles Ich repräsentieren wird.

Sobald Sie einen Spitznamen und einen Kanal ausgewählt haben, können Sie durch die Eingabe von Text „mitreden". Ihre Textnachrichten werden unmittelbar an die anderen Chat-Teilnehmer gesandt.

Nachfolgend werden als *Beispiel* einige Steuerbefehle beziehungsweise Texteingaben und ihre Wirkungen wiedergegeben. Die vollständige Liste aller Steuerbefehle ist im Internetstandard RFC 1459 (Internet Relay Chat Protocol) definiert. Nehmen wir an, Sie wollen sich den Spitznamen „Magnifica" geben und am Kanal „Wirtschaftsinformatik" teilnehmen. Ihre Freundin „RosaBiene" benutzt derzeit ebenfalls den Kanal „Wirtschaftsinformatik", Ihr Freund „GustafN" ist auf IRC, aber nicht auf demselben Kanal.

Ihre Eingabe	Die Wirkung
/NICK Magnifica	Hiermit erhalten Sie den gewünschten Spitznamen Magnifica.
/LIST	Zeigt alle momentan verfügbaren Kanäle mit der Zahl der derzeitigen Benutzer. Durch Attribute kann die Liste eingeschränkt werden, beispielsweise zeigt /LIST –min10 alle Kanäle mit mindestens zehn Benutzern, /LIST –max20 alle Kanäle mit höchstens 20 Benutzern.
/JOIN #Wirtschaftsinformatik	Sie „betreten" oder wechseln in den Kanal #Wirtschaftsinformatik.
/WHO #Wirtschaftsinformatik	Sie erhalten die Namen und die Domain-Adressen der momentanen Benutzer des Kanals #Wirtschaftsinformatik.
/WHO *.wu-wien.ac.at	Sie erhalten die Liste der Benutzer im aktuellen Kanal mit der Domain wu-wien.ac.at.
guten abend allerseits	Jeder Teilnehmer des aktuellen Kanals (hier: #Wirtschaftsinformatik) sieht *<Magnifica> guten abend allerseits* (Sie brauchen Ihren eigenen Spitznamen nicht einzutippen.)

/WHOIS RosaBiene	Sie erhalten einige Angaben über RosaBiene beziehungsweise die Person, deren Spitzname Sie eingetippt haben.
/MSG GustafN hallo, wie geht's?	Nur GustafN sieht Ihre Mitteilung *<Magnifica> hallo, wie geht's?* (dazu müssen Sie sich nicht in demselben Kanal befinden).
/DCC CHAT GustafN /MSG=GustafN jetzt sind wir endlich allein /DCC CLOSE CHAT GustafN	DCC ist die Abkürzung von engl.: direct client communication. Damit werden die Client-Programme von Ihnen und Ihrem Freund direkt verbunden, das heißt, der Server (und eventuell damit verbundene Probleme) umgangen. Durch den ersten Befehl sieht GustafN, dass Sie mit ihm allein sprechen möchten *(***DCC CHAT (chat) request received from Magnifica).* Wenn er erwidert */DCC CHAT Magnifica,* wird die Verbindung durchgestellt und Sie können mit /MSG wie oben plaudern. Im Beispiel sieht Ihr Freund: */MSG = GustafN jetzt sind wir endlich allein.* Mit *DCC CLOSE CHAT GustafN* wird die Direktverbindung geschlossen.
/DCC SEND RosaBiene foto.jpg /DCC GET Magnifica	Über eine DCC-Verbindung können auch Dateien aller Art ausgetauscht werden. Hierzu ist ebenfalls ein Austausch von Kommandos zwischen dem Sender und Empfänger nötig. Ihre Freundin sieht den ersten Befehl **** DCC SEND (foto.jpg) request received from Magnifica* und antwortet – wenn sie die Datei haben will – mit */DCC GET Magnifica.* Damit wird die Verbindung hergestellt und der Dateitransfer durchgeführt.
/nick Magistra	Ihr Spitzname wird in „Magistra" umbenannt.
/quit gute nacht!	Sie verlassen IRC vollständig; die anderen sehen „***Signoff: Magistra (gute nacht!)".

Ein Server kann gleichzeitig Dutzende, Hunderte oder Tausende von *Kanälen* bedienen. Manche Kanäle bleiben über lange Zeiträume erhalten, andere kommen und gehen. Auch Sie selbst können jederzeit einen Kanal einrichten. Den „richtigen" Kanal finden Sie anhand des Kanalnamens. Den Namen aller weltweit zugänglichen Kanäle ist ein doppeltes Kreuz # vorangestellt. Die Namen der Kanäle, die nur auf Benutzer eines lokalen IRC-Servers beschränkt sind, beginnen mit dem Zeichen &. Kanäle gibt es für die unterschiedlichsten Sachgebiete (zum Beispiel #Linux), Regionen (zum Beispiel #Austria, #Vienna) oder Altersklassen (zum Beispiel #25plus). Zusätzlich zum in der Regel konstanten Namen kann jeder Kanal noch einen spezifischen, wechselnden Themenschwerpunkt (Überschrift) haben. Der *Kanalbetreiber* (engl.: channel operator) kann das aktuelle Thema wechseln und die Eigenschaften des Kanals verändern. Er wacht über die Einhaltung der selbstgesteckten Verhaltensregeln (Netiquette) und kann bei Verstößen „Störenfriede" mahnen oder sogar ausschließen.

Je nach Gebiet und Zeit können Kanäle mehr oder weniger stark frequentiert sein. Manche Unterhaltungen wirken chaotisch, andere wohlgesittet. Es gibt für jedermann offene Kanäle, aber auch solche, die nur „Gesinnungsfreunden" oder Mitgliedern einer bestimmten Organisation zugänglich sind. Sie können auch jederzeit Privatunterhaltungen mit einer einzelnen Person auf dem Kanal führen (eingeleitet durch das Kommando „*/MSG Spitzname der angesprochenen Person*").

Wie im realen Leben dominiert in den Kanälen vielfach „Smalltalk". *Gespräche* können wild und heftig werden, Sex spielt vielfach eine große Rolle. Früher oder später werden Sie auf unangenehme Zeitgenossen stoßen, die Sie grob beleidigen und – vor allem wenn Sie sich als Frau ausgegeben haben – sexuell belästigen. Sie können jedoch ebenso tiefgründige Diskussionen mit hochinteressanten Leuten führen und Rat für alle Lebenslagen einholen. Viele dauerhafte Freundschaften sind auf diese Weise zu Stande gekommen.

In den weltweiten Kanälen wird Englisch gesprochen, in nationalen und regionalen Kanälen dominiert die jeweilige Landessprache. Für die IRC-Kommunikation hat sich ein *eigener Slang* entwickelt. Spontaneität ist alles. Oft wird so getippt wie man es ausspricht, Tippfehler sind unwesentlich, mit Abkürzungen und Smileys werden Fragen, Handlungen und Gefühle in Kompaktform ausgedrückt.

Zum *Beispiel* signalisieren Sie mit dem *Smiley-Gesicht* :-) Freude. Entsprechend zeigt :-(Enttäuschung, ;-) Augenzwinkern, :´-) vor Freude weinen, :´-(aus Traurigkeit weinen, :~~) Erkältung, :-P Zunge herausstrecken usw. Es gibt Hunderte solcher Gesichter.

Gängige englische Abkürzungen sind beispielsweise:

A/S/L	Age/Sex/Location	JK	Just Kidding
AFK	Away from keyboard	LOL	Laugh Out Loud
BRB	Be right back	NP	No problem
BBL	Be back later	OIC	Oh, I see
CU	See you	PM	Private message
CUL8R	See you later	RTFM	Read the f—king manual
FYI	For your information	ROTFL	Rolling on the floor laughing
FAQ	Frequently asked questions	WB	Welcome back

Über IRC-Verbindungen blüht unter anderem der Austausch von Information über Raubkopien von beispielsweise *MP3- und DivX-Dateien* (siehe hierzu die Abschnitte 3.5.2.2, 3.5.4.5 und 5.1.3). Da der Abruf dieser Dateien nicht über einen zentralen Server läuft, ist ein illegaler Dateitransfer kaum zu ermitteln. Größere Gefahr – beim legalen wie beim illegalen Dateitransfer – droht durch Computerviren (Trojanische Pferde), die in attraktiv erscheinenden Dateien verborgen sein können. Aber Sie haben ja schon als Kind gelernt: Keine Bonbons von Fremden!

▶ Übungsaufgabe Nr. 1.3.38 im Arbeitsbuch

Instant Messaging

> **Instant Messaging** (Abkürzung: IM; unübliche deutsche Übersetzung: sofortige Mitteilungsübermittlung) ist ein Client-Server-Dienst, der es den Teilnehmern erlaubt, in Echtzeit zu chatten (plaudern) oder kurze Mitteilungen im Push-Verfahren an andere Teilnehmer zu senden. Neben dem Austausch von Textnachrichten (Text-Chat) kann bei vielen Diensten auch in natürlicher Sprache (Voice-Chat) und mit Bewegtbildübertragung (Video-Chat) kommuniziert werden.

Mittels Instant Messaging lässt sich Information aller Art sehr schnell kommunizieren. Unmittelbar nach Absendung einer Mitteilung erscheint diese bei dem Empfänger, sofern dieser ebenfalls „online" ist. Der Empfänger kann sofort auf die eingegangene Information reagieren. Hierbei spielen die geographischen Standorte der an der Kommunikation beteiligten Partner keine Rolle. Instant Messaging wird sowohl im Privatbereich als auch in Betrieben eingesetzt.

Unternehmenseigene Instant-Messaging-Systeme können mit kommerzieller Client-Server-Software von führenden IT-Herstellern wie IBM Lotus, Microsoft, Novell, Oracle, Sun Microsystems oder von Spezialisten wie Bantu und Wired-Red realisiert werden. Als kostenlose Open-Source-Plattform steht *Jabber* von der Jabber Software Foundation zur Verfügung.

Jabber gibt es seit 1998. Das Projekt wurde von Jeremie Miller gestartet, weil er einen einzigen Client für alle Instant-Messenger-Protokolle/Anbieter haben wollte. Die erste, offensichtliche Lösung wäre gewesen, einen Client zu entwickeln, der alle Protokolle versteht. Dies hätte aber zu einem sehr komplexen Programm geführt. Zudem hätte dann bei jeder Protokolländerung eines Anbieters ein neuer Client erstellt und installiert werden müssen. Die Lösung war die Entwicklung eines Client-Server-Systems, das ein eigenes, offenes und standardisiertes Protokoll (auf XML-Basis) verwendet und auf der Server-Seite über Gateways andere IM-Dienste ansprechen kann.

Große internationale Messaging-Dienste im öffentlichen Internet, wie AOL Instant Messenger, ICQ (gehört AOL), MSN Messenger und Yahoo! Messenger, haben jeweils viele Millionen Teilnehmer und lassen sich nicht nur mit dem PC, sondern auch via Mobiltelefon oder PDA (über SMS, GPRS, WAP und UMTS) nutzen.

Das *Funktionsprinzip* ist bei allen Instant-Messaging-Diensten ähnlich: Wer sich zum ersten Mal anmeldet und mit einem Freund, Kollegen oder Geschäfts-

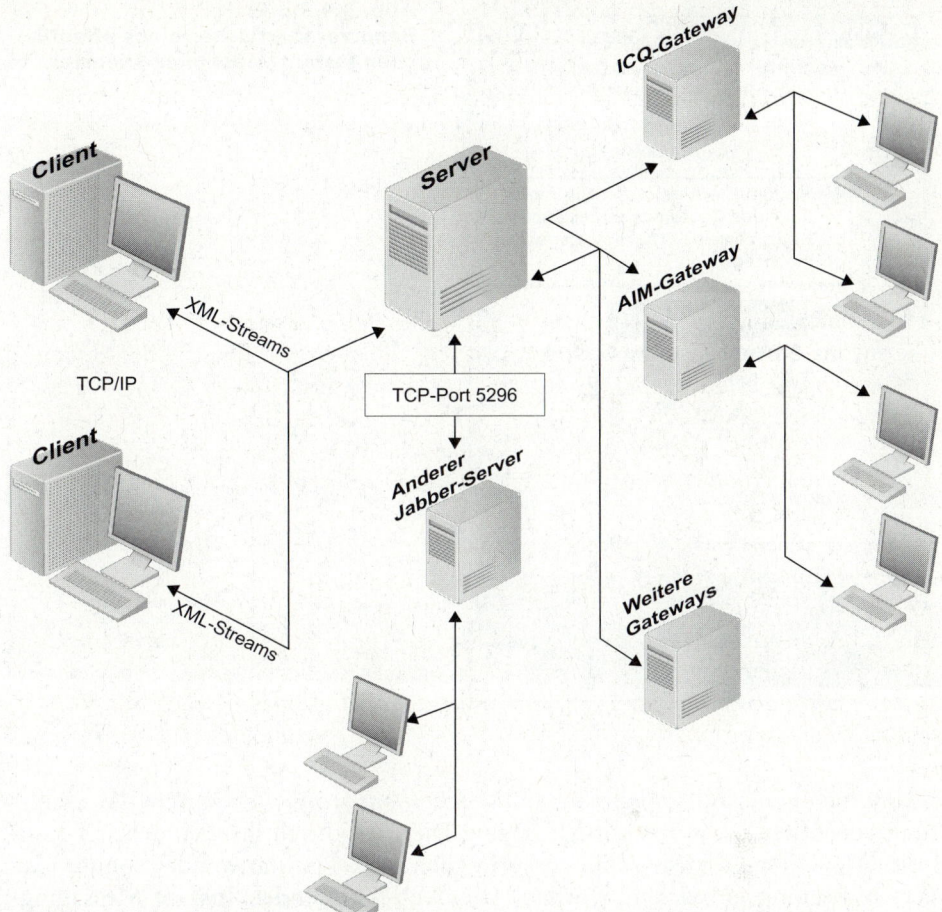

Abb. 3.4.3.2/1: Jabber-Netzwerkarchitektur

partner Sofort-Mitteilungen austauschen möchte, schickt diesem über Instant Messaging eine Nachricht. Ist der Empfänger einverstanden, setzt er den Absender auf seine Kontaktliste (engl.: buddy list) und erlaubt ihm damit das Betreten seines persönlichen Chat-Raumes. Mehrere Gesprächspartner können gleichzeitig an einer Instant-Messaging-Sitzung teilnehmen. Melden sich die Benutzer über das Internet bei ihrem Messaging-Dienst an, erscheint die Kontaktliste mit allen Einträgen. Diese Liste zeigt auch an, welcher Instant-Messaging-Partner gerade online ist.

Der *Unterschied zu den herkömmlichen Kommunikationsmethoden* ist, dass Instant Messaging ständig den Status des Empfängers anzeigt – ob dieser ansprechbar ist, beschäftigt ist oder gerade selber eine Nachricht schreibt.

Unternehmen sind zunehmend mit *Sicherheitsproblemen* durch die Benutzung von öffentlichen Instant-Messaging-Diensten durch ihre Mitarbeiter konfrontiert. Diese Dienste sind ursprünglich für Privatanwender ohne jede
Verschlüsselung entwickelt worden. Die Web-basierenden Instant-Messaging-
Programme sind frei im Internet erhältlich. Sie sind schnell herunter geladen
und die Installation ist einfach. Meist geschieht die Installation am Arbeitsplatz,
ohne dass Management und IT-Abteilung informiert werden. Sobald der IM-
Client installiert ist, entsteht eine unsichere Brücke, über die Daten aus dem
Internet in das Unternehmen gelangen können und umgekehrt sensible Firmen-
daten von Außen angegriffen werden können. Instant-Messaging-Dienste nutzen alle freien logischen Schnittstellen zur Kommunikation, und das bedeutet,
dass sich potenziell gefährliche Daten ungehindert und schnell im Netzwerk
verbreiten können. Diese laufen als HTTP-Datenverkehr nicht über den abgesi-
cherten Unternehmensserver und werden nicht auf Inhaltsebene von einer Firewall gescannt.

Die Risiken der Nutzung von Instant Messaging sind zwar grundsätzlich die
gleichen wie bei der Nutzung von E-Mail und Web-Diensten. Der Unterschied
ist aber, dass die Mehrheit der Firmen inzwischen Verhaltensregeln für die Nutzung dieser Dienste am Arbeitsplatz erlassen hat und viele Betriebe auch technische Lösungen einsetzen, um die Einhaltung dieser Richtlinien zu wahren.

Auch aus anwendungsbezogener Sicht ist die *mangelnde Integration von Instant Messaging* mit den vorhandenen Anwendungssystemen, Datenbanken, Backups usw. ein Problem. Ein weiterer *Nachteil* ist die häufige Ablenkung der Mitarbeiter, die zu Produktivitätsminderungen führen kann.

Vorteile hat Instant Messaging vor allem für Firmen, die mit mehreren lokalen Standorten, Außendienstmitarbeitern oder Niederlassungen in verschiedenen Ländern und Zeitzonen laufend in Kontakt stehen müssen. Der Dienst bietet zudem Betrieben mit großem Anrufsvolumen die Möglichkeit, Kosten zu sparen. Außerdem kann Instant Messaging für Telekonferenzen eingesetzt werden.

▶ Übungsaufgabe Nr. 1.3.39 im Arbeitsbuch

3.4.4 Groupware als Werkzeugkasten für Teams

Die Vernetzung von Arbeitsplatzrechnern erlaubt eine effiziente Zusammenarbeit. Abhängig vom Arbeitsgegenstand der kooperierenden Mitarbeiter unterscheidet man zwischen Aufgaben, deren Ablauf nicht im Vorhinein festliegt (beispielsweise gemeinsame Ideenfindung und Verhandlungen), und Aufgaben mit einer bestimmten Ablaufstruktur (etwa die Abwicklung einer Schadensmeldung in Versicherungsunternehmen). Dementsprechend haben sich zwei verschiedene Schwerpunkte der Rechnerunterstützung der Zusammenarbeit (engl.: computer supported cooperative work, abgekürzt: CSCW) herausgebildet: *Groupware* und *Workflow-Management-Systeme.*

Groupware erleichtert die Zusammenarbeit durch die rechnergestützte Verwaltung der gemeinsam bearbeiteten Dokumente beziehungsweise Materialien. Arbeitsrichtlinien und -abläufe können, müssen aber nicht vorgegeben

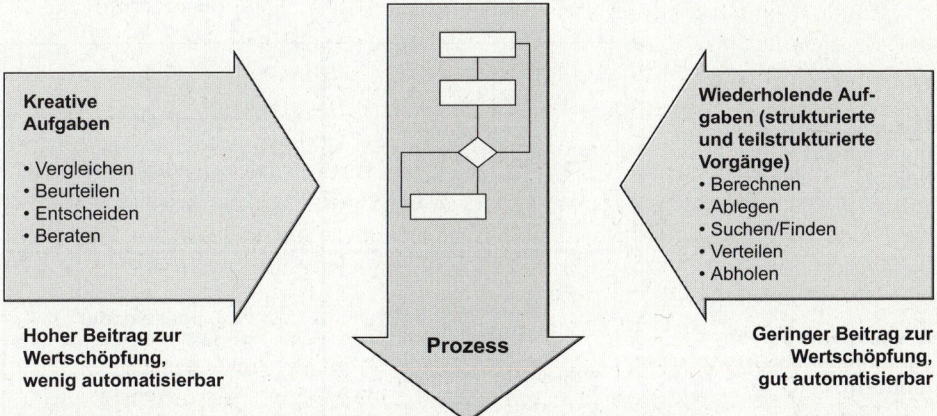

Abb. 3.4.4/1: Automatisierbarkeit von Prozessen (Quelle: A. Großmaier / H. Rätzsch)

werden. Bei Workflow-Management-Systemen steht die Vorgangssteuerung im Vordergrund, die (ein gewisses Maß an) Koordination bei der Bearbeitung von Geschäftsprozessen erzwingt. Die daran beteiligten Mitarbeiter müssen dabei nicht notwendigerweise in einer ex-ante vordefinierten Gruppe arbeiten. Workflow-Management-Systeme werden im Abschnitt 3.4.5 behandelt.

Bei dem in den USA entstandenen Begriff **Workgroup Computing** (abgekürzt: WGC) geht es darum – aus Sicht einer Arbeitsgruppe – gemeinsam mit Information umzugehen, sie zu erzeugen, zu sammeln, zu kommentieren, zu strukturieren und zu verteilen, kurz, sie vielfältig für die täglichen Aufgaben einzusetzen. Programmsysteme, die diesen Prozess möglichst einfach und weit reichend unterstützen, ohne die Dynamik und die Flexibilität dieser ablaufenden Gruppenarbeitsprozesse in die Zwangsjacke starr vorgegebener Abläufe/Strukturen zu pressen, bezeichnet man als **Groupware**.

Groupware integriert die bisher in diesem Kapitel beschriebenen und weitere Programme zur Unterstützung der Kommunikation und Kooperation in einem gemeinschaftlich benutzbaren „Werkzeugkasten". Die Abb. 3.4.4/2 zeigt Ihnen die typischen Komponenten solcher Mehrbenutzer-Software, eingeteilt nach den Dimensionen Zeit und Ort der primär unterstützten Gruppenarbeit.

Viele *Tätigkeiten in den Kategorien „zur gleichen Zeit" und „am gleichen Ort"* lassen sich durchaus *auch räumlich und/oder zeitlich verteilt* durchführen.

	Zusammenarbeit zur gleichen Zeit (synchron)	Zusammenarbeit zu verschiedenen Zeiten (asynchron)
Zusammenarbeit am gleichen Ort (lokal)	Präsentationen Brainstorming Abstimmungen	Geteilte Anwendungen, wie z. B. gemeinsames Schreiben, Zeichnen
Zusammenarbeit an verschiedenen Orten (entfernt)	Shared Whiteboards Videokonferenzen Chat, Instant Messaging	Gruppenkalender E-Mail, Postlisten Diskussionsforen Wikis, Weblogs

Abb. 3.4.4/2: Typische Aufgabenunterstützung durch Groupware-Komponenten

So gibt es beispielsweise Programme für *„Brainstorming im Netz"* – auch mit asynchronen Varianten, bei denen sich die Teilnehmer von den Ideen anderer erst dann inspirieren lassen, wenn sie Zeit dazu finden und entsprechend reagieren können. Ebenso gibt es Programme zur Unterstützung von *Abstimmungen* und *Wahlen,* an denen sich die (beispielsweise mittels digitaler Signaturen eindeutig identifizierbaren) Wahlberechtigten während einer festgelegten Zeitspanne via Internet von überall her beteiligen können. Gleiches gilt für *geteilte Anwendungen,* bei denen vielfach auch Unterstützung für die synchrone Zusammenarbeit und die Zusammenarbeit an verschiedenen Orten geboten wird.

Elektronische Post ist (neben dem traditionellen Telefon) die weitaus wichtigste Groupware-Anwendung. Auf diese und die weiteren, bereits vorstehend beschriebenen *Komponenten zur Unterstützung der Zusammenarbeit an verschiedenen Orten* gehen wir hier nicht mehr ein.

Zur terminlichen Koordination von gruppenrelevanten Ereignissen dient ein *Gruppenkalender* (engl.: group calendar), durch den beispielsweise auch die Raum- und Gerätenutzung koordiniert werden kann. Damit lassen sich etwa Terminkollisionen feststellen, für alle Teilnehmer mögliche Sitzungstermine vereinbaren und die Teilnehmer lokalisieren.

Gruppen, die *zur gleichen Zeit am gleichen Ort* tätig sind, werden bei der *Organisation von Sitzungen und der Vorbereitung von Entscheidungen* unterstützt. *Elektronische Sitzungssysteme* (engl.: electronic meeting system; abgekürzt: EMS) beziehungsweise *Brainstorming-Programme* (engl.: brainstorming program) bieten Funktionen zur Unterstützung der Ideenfindung (angeregt durch die von anderen, schriftlich geäußerten Ideen), Gruppierung (Clustering) und Auswahl der Ideen, Zuordnung von Gewichten und Wahrscheinlichkeiten, Bewertung von Alternativen und Abstimmung. Die Teilnehmer interagieren meist mit einem PC in einem Gruppenarbeitsraum mit einem Server, und sehen die vom Server verwaltete gemeinsame Arbeitsfläche auf einem Gemeinschaftsbildschirm – üblicherweise an die Wand projiziert. Dort werden alle Äußerungen, Anregungen und Bewertungen der Gruppenmitglieder strukturiert dargestellt und protokolliert. Durch die Möglichkeit, sich anonym zu äußern, werden Hemmungen abgebaut und eine gleichberechtigte Teilnahme sichergestellt. Alle genannten Ideen und die nachfolgenden Aufbereitungsschritte werden automatisch dokumentiert, so dass am Ende der Sitzung die Teilnehmer eine vollständige Niederschrift mitnehmen können. Manche Videokonferenzsysteme bieten auch Funktionalität für die Abhaltung von räumlich verteilten Sitzungen, wodurch die Notwendigkeit für die räumliche Anwesenheit in dem Gruppenarbeitsraum wegfällt.

Mehrbenutzereditoren (engl.: multi-user editor) erlauben mehreren Autoren, Textdokumente oder Grafiken gemeinsam zu bearbeiten. Zwar kann prinzipiell die Bearbeitung synchron oder asynchron erfolgen, doch konzentrieren wir uns hier auf den zweiten Fall. Asynchrone Mehrbenutzereditoren zeigen zeitversetzt arbeitenden Autoren, wer an einem Dokument welche Veränderungen vorge-

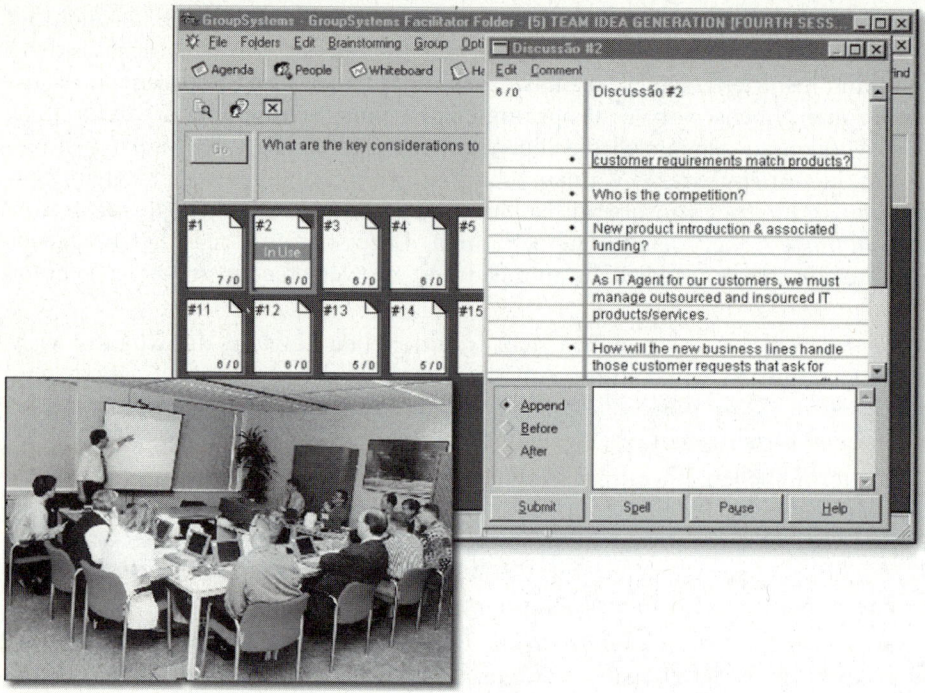

Abb. 3.4.4/3: Rechnerunterstütztes Brainstorming

nommen hat. Nicht akzeptierte Änderungen können leicht rückgängig gemacht werden. Durch Funktionen zur Sperre von Teilen oder zur Zusammenfügung separat erstellter Teile sowie durch Anmerkungen der Autoren kann der Herstellungsprozess besser koordiniert werden. Zur Abstimmung der gemeinsamen Arbeit steht üblicherweise ein zusätzlicher Kommunikationskanal (etwa Chat oder Bildtelefon) zur Verfügung. Groupware bietet gegenüber Einbenutzersystemen eine Reihe von *Vorteilen*:

1. Verbesserung der Kommunikation – der Informationsaustausch wird einfacher, schneller, klarer, überzeugender – und damit Erleichterung der Problemlösung durch Gruppen,

2. Einbringung verschiedener Sichtweisen, Kenntnisse, Erfahrungen und damit bessere Ergebnisse,

3. Bildung von Gruppen mit gemeinsamen Interessen, auch in den Fällen, wo es an einem Ort nicht genügend in Frage kommende Personen gibt,

4. Einsparung von Zeit und Kosten bei der Koordination der Gruppenarbeit,

5. Ermöglichung neuer Kommunikations- und Arbeitsformen, wie beispielsweise anonymer Gedankenaustausch, Telearbeit oder globale Teams.

Die *Benutzerfreundlichkeit* der Groupware ist besonders wichtig, da die unterstützten Gruppenteilnehmer oft unterschiedliche Voraussetzungen mit-

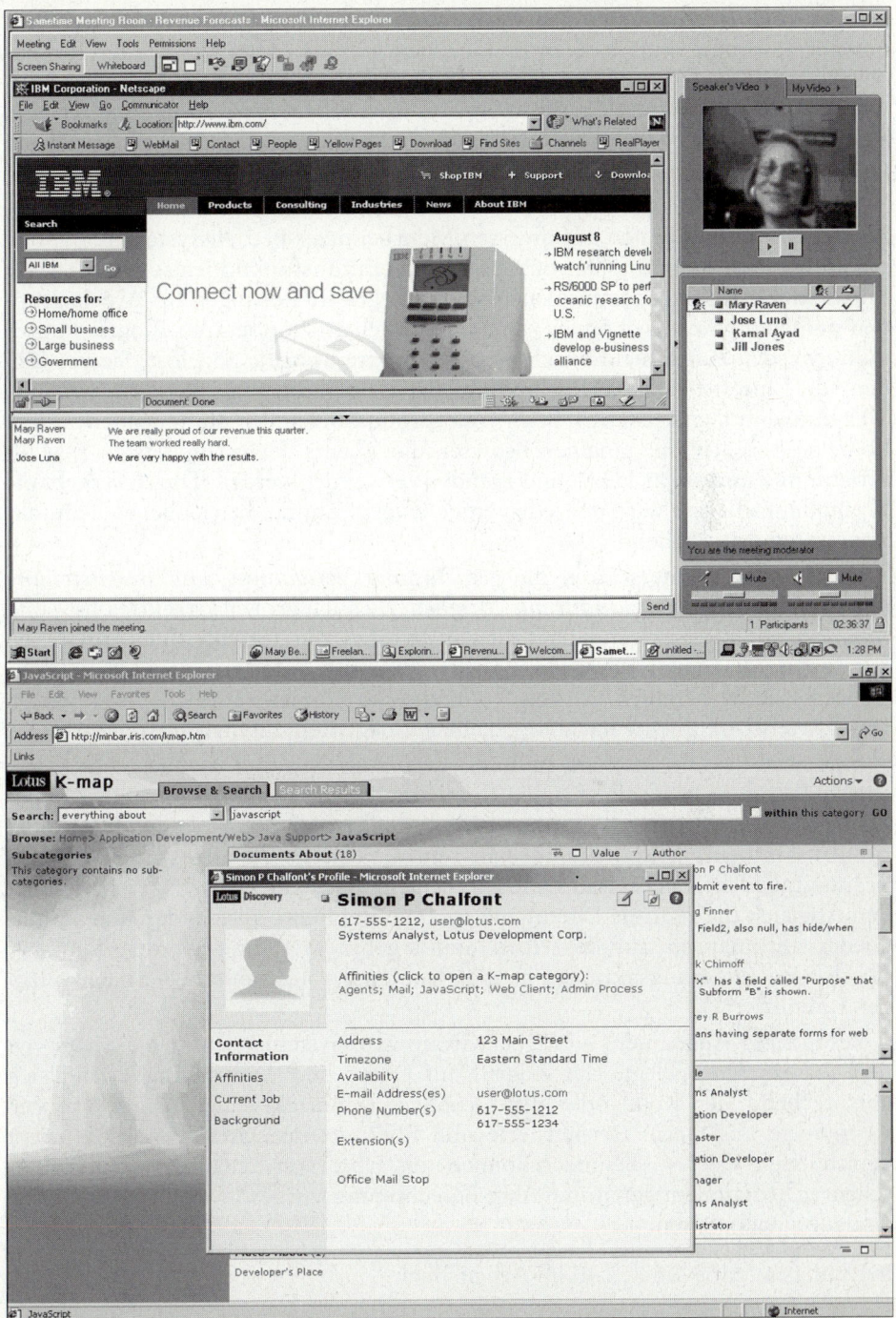

Abb. 3.4.4/4: Benutzeroberfläche eines Groupware-Systems

bringen und die Anwendungen stark durch den „Gesprächsverlauf" der Teilnehmer bestimmt sind. *Sehr große Gruppen* mit etwa Hunderten oder Tausenden von Mitgliedern auf der ganzen Welt stellen ganz andere Anforderungen wie etwa *Fünf-Personen-Teams* in einer Außenstelle. *Kurze Antwortzeiten* und eine *hohe Zuverlässigkeit* sind unabdingbare Voraussetzungen für eine effiziente Gruppenarbeit.

Aktuelle, leistungsfähige *Groupware-Systeme* basieren auf Client-Server-Architekturen und laufen auf diversen Mehrbenutzer-Betriebssystemen. Sie bieten umfassende Kommunikations- und Kooperationsfunktionen sowie effiziente Entwicklungswerkzeuge, mit denen rasch integrierte Lösungen für Arbeitsgruppen aufgebaut werden können. Die traditionellen proprietären Programmprodukte werden zunehmend durch Web-orientierte Systeme abgelöst. Sie verwenden die Internet-Protokolle und bieten Unterstützung bei gemeinsamen Web-Anwendungen. Neben dem vom Produkthersteller stammenden Client können alternativ die gängigen Browser, die Clients der verbreitetsten E-Mail-Programme und sogar PDAs und Handys verwendet werden. Durch eingebaute Verbindungsdienste wird der jederzeitige Zugriff auf die betrieblichen Transaktionssysteme ermöglicht.

Die Produkte unterstützen die *gemeinsame Verwaltung und Bereitstellung von wichtiger Information für alle Mitglieder* – auch großer Projektteams – und reduzieren so die Notwendigkeit für das Anlegen von „privaten" Informationsbeständen, die einen schnellen Arbeitsfortschritt aufgrund unterschiedlicher Kenntnisstände hemmen. Mittels *Volltextsuche* können sämtliche vom System verwalteten Dokumente nach vorgegebenen Begriffen durchsucht werden.

Eine wichtige Eigenschaft stellt die *Replikation* von Datenbeständen dar: sofern Teammitglieder mit Kopien (in diesem Zusammenhang auch als „Replikate" bezeichnet) der gemeinsamen Datenbanken arbeiten, werden alle Änderungen sämtlicher Mitglieder über die zentrale Datenbank abgeglichen. Hat ein Teammitglied beispielsweise Daten in seinem Replikat gelöscht, werden über den Abgleich die zentrale Datenbank und die Replikate aller anderen Teammitglieder automatisch auf denselben Stand gebracht. Somit werden Einfüge-, Lösch- und Änderungsaktionen in allen Kopien der Teammitglieder nachvollzogen („repliziert").

Besonderes Augenmerk wird bei Groupware-Systemen auf *Datensicherheit und Datenschutz* gelegt. Der Zugriff auf Daten und Anwendungen lässt sich entsprechend der Rolle oder der Gruppenzugehörigkeit der Benutzer durch Kennworte absichern. Gespeicherte und übermittelte Daten können effizient verschlüsselt werden. Benutzer können mit Hilfe von „elektronischen Unterschriften" (digitalen Signaturen) ihre Berechtigung für bestimmte Transaktionen eindeutig nachweisen.

▶ Übungsaufgabe Nr. 1.3.40 im Arbeitsbuch

3.4.5 Workflow-Management-Systeme

Mit dem englischen, auch im deutschen Sprachraum gebräuchlichen Wort „Workflow" bezeichnet man den Ablauf eines Geschäftsprozesses. Ein Geschäftsprozess besteht aus einer Menge von Tätigkeiten, die meist von verschiedenen Personen in einer definierten Reihenfolge ausgeführt werden. Ein Workflow-Management-System automatisiert die Prozesse entsprechend der im System beschriebenen Ablauflogik.

> **Workflow-Management-Systeme** (engl.: workflow management system; eher seltene deutsche Übersetzung: Vorgangssteuerungssystem) unterstützen die Abwicklung von Geschäftsprozessen, indem sie automatisch nach vordefinierten Regeln Dokumente, Information oder Aufgaben zu den jeweiligen Bearbeitern (Arbeitsplätzen) weiterleiten, entsprechend dem jeweiligen Bearbeitungsschritt die notwendigen Daten und Anwendungen bereitstellen und Fristen und Ausnahmesituationen überwachen. Der Arbeitsfluss (engl.: workflow) kann streng vorgeschrieben oder hinsichtlich Bearbeitungsreihenfolge und -bedingungen flexibel gestaltet werden.

Die Rechnerunterstützung soll die Minimierung der für die Wertschöpfung unproduktiven Transport- und Liegezeiten ermöglichen und den Beteiligten Transparenz über den aktuellen Zustand und die Arbeitsfortschritte verschaffen. Durch die Vorgabe von festen Regeln kann der Ablauf von *wiederkehrenden, stark strukturierten Prozessen* in einer vom Betrieb gewünschten Art und Weise erzwungen werden. Damit spielen Workflow-Management-Systeme eine wichtige Rolle in der Qualitätssicherung, etwa nach den ISO-9000-Richtlinien.

Voraussetzung für den Einsatz eines Workflow-Management-Systems ist die *Erstellung eines Prozessmodells,* das für die zu unterstützenden Geschäftsprozesse die auslösenden Ereignisse, die Reihenfolge der Tätigkeiten, die jeweils Verantwortlichen und die zur Durchführung notwendigen informationstechnischen Hilfsmittel beschreibt. Mit der Definition von Entscheidungsregeln können auch Verzweigungen (alternative und nebenläufige Bearbeitungswege) festgelegt werden. Eine *Tätigkeit* (engl.: activity) umfasst sämtliche Arbeitsschritte, die zusammengehören und kontinuierlich auf dem „elektronischen Schreibtisch" eines Sachbearbeiters ablaufen.

Workflow-Management-Systeme bieten *Werkzeuge*, mit denen das Prozessmodell aufgebaut und in einer formalen, maschinell verarbeitbaren Form beschrieben werden kann (engl.: build-time functions). Dazu gehören vielfältige Analysetechniken, mit denen Prozesseigenschaften, beispielsweise die Belastung der Arbeitsplätze, Verklemmungen und kritische Pfade, untersucht werden können. Die Prozessdefinition kann in freier textlicher oder grafischer Form oder in der Notation einer formalen Beschreibungssprache erfolgen.

Zur *Ausführungszeit* wird die Prozessdefinition von der Software interpretiert, die für die *Ablaufsteuerung* verantwortlich ist (engl.: run-time control

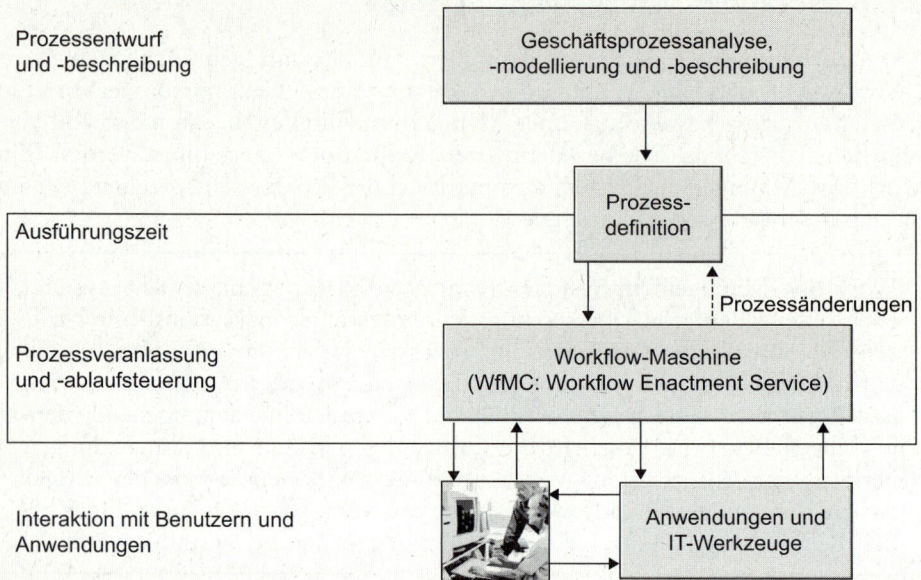

Abb. 3.4.5/1: Merkmale eines Workflow-Systems (Quelle: Workflow Management Coalition)

functions). Sie initiiert die Bearbeitung der einzelnen Geschäftsfälle, kontrolliert die Reihenfolge der Tätigkeiten, ruft die geeigneten menschlichen und IT-Ressourcen auf usw. Jede *einzelne Tätigkeit* des Prozesses erfordert ein bestimmtes menschliches Handeln und/oder bestimmte maschinelle Operationen (engl.: run-time avtivity functions). Die menschlichen Aktivitäten werden oft mit einem speziellen IT-Hilfsmittel durchgeführt, wie zum Beispiel das Ausfüllen von Formularen. Maschinelle Operationen erfolgen durch ein Anwendungsprogramm, das definierte Information verarbeitet, wie beispielsweise die Aktualisierung einer Datenbank mit einem neuen Datensatz.

Eine weitere wichtige Funktion von Workflow-Management-Systemen ist die Fähigkeit, die anstehenden *Aufgaben und Information zwischen den Teilnehmern zu verteilen* (engl.: distribution function). Je nach Anwendungsbereich sind unterschiedliche Reichweiten (von der lokalen Arbeitsgruppe bis zu globalen Teams) und Kommunikationsdienste nötig. Dabei wird zwischen der Verteilung an individuelle Personen oder an zuständige Stellen unterschieden.

Ein *betriebsübergreifender Arbeitsfluss* wird derzeit durch die *Heterogenität vieler verschiedener Systeme* erschwert. Sie sind heute in der Regel nicht interoperabel, sodass in der Regel nur ein manueller Transfer von Tätigkeiten und Daten möglich ist. Deshalb hat sich die *Workflow Management Coalition* (abgekürzt: WfMC), eine Vereinigung von über 200 IT-Herstellern und Anwendern, das Ziel gesetzt, die Terminologie zu vereinheitlichen und Schnittstellen

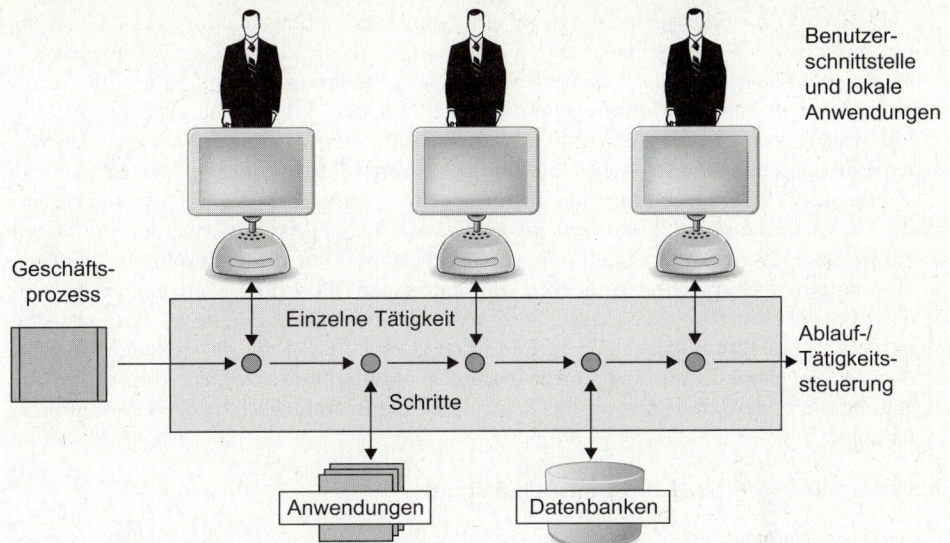

Abb. 3.4.5/2: Verteilungsfunktionen und Schnittstellen eines Workflow-Management-Systems (Quelle: Workflow Management Coalition)

für den Datenaustausch und Aufrufformate für Anwendungsprogramme (engl.: application programming interface; abgekürzt: API) zu standardisieren. Das von der WfMC entwickelte Workflow-Referenzmodell haben Sie vorstehend in groben Zügen kennen gelernt.

Eine weitere Standardisierungsgruppe von über 30 namhaften Softwareherstellern hat eine einfache Schnittstelle *für die Interaktion zwischen Workflow-Services und Clients über das WWW* entwickelt. Durch dieses *Simple Workflow Access Protocol* (abgekürzt: SWAP) kann ein Client in unterschiedlichen Workflow-Management-Systemen Funktionen zur Verarbeitung von Geschäftsfällen aufrufen und überwachen. Realisiert wird dies durch Verwendung von HTTP-Erweiterungen und XML-Nachrichten (siehe Band 2, Kapitel 5). Damit lassen sich beispielsweise Kundendienstanfragen einfacher (eventuell sogar vollautomatisch) beantworten. Mitarbeiter, die zu Hause oder im Außendienst arbeiten, können mit den entsprechenden Aufgaben und der notwendigen Information versorgt werden. Gemeinsame Projekte mit Marktpartnern bis hin zu virtuellen Unternehmen können effizient gesteuert werden.

Ein abschließendes einfaches *Beispiel* soll die Anwendungsmöglichkeiten von Workflow-Management-Systemen anhand unseres *Lebensmittelfilialbetriebs* veranschaulichen. Wie Sie längst wissen, spielt dort die Warenbewirtschaftung eine entscheidende Rolle. Auch wenn durch den Einsatz von zentralen Bestellsystemen die Filialen größtenteils nicht selbst bei Lieferanten bestellen, müssen die Lieferungen mit den Bestellungen vor Ort abgeglichen werden.

Ein Workflow-Management-System ermöglicht es, entgegengenommene Lieferungen aufgrund der eingegebenen Daten *automatisch* an die zuständigen Sachbearbeiter im Büro zur Überprüfung weiterzuleiten. Wenn es mehrere Stelleninhaber gibt, kann aufgrund von Entscheidungsregeln die Zuteilung der Arbeit jenem Sachbearbeiter übertragen werden, der aufgrund der Information des Workflow-Management-Systems die derzeit geringste Arbeitsbelastung aufweist. Dabei kann das System berücksichtigen, ob in Frage kommende Sachbearbeiter krank oder auf Urlaub sind. Wenn die Überprüfung von Lieferungen in der Filiale abgeschlossen ist, werden die Daten zur weiteren Bearbeitung (Zahlung von Rechnungen) an die Unternehmenszentrale automatisch weitergeleitet und vom dort laufenden Workflow-Management-System einem Sachbearbeiter zugeordnet. Sofern die Zentrale die Bezahlung, beispielsweise der lokal bestellten Artikel, aufgrund ihrer Geschäftspolitik den Filialen erlaubt, müsste das Workflow-Management-System so konfiguriert werden, dass es selbstständig die Lieferdaten statt an die Zentrale an die Rechnungsstelle der Filiale weiterleitet.

▶ Übungsaufgabe Nr. 1.3.41 im Arbeitsbuch

3.4.6 Dokumenten- und Wissensmanagementsysteme

Die vorangehenden Abschnitte haben sich im Wesentlichen auf die informationstechnische Unterstützung der Kommunikation und Koordination zwischen Mitarbeitern in einem Betrieb konzentriert. Nun wird der Fokus weiter geöffnet, und wir betrachten den Zweck der betrieblichen Kommunikation, die Weitergabe und das Management von betrieblichem Wissen.

Management wird hier im Sinne von *„Verwaltung"* verstanden. Eine zweite Bedeutung dieses auch im deutschen Sprachraum gebräuchlichen Fremdworts ist *„Führung, Leitung (von Personen)"* – darauf gehen wir im Kapitel 6 näher ein.

Unter betrieblichem **Wissensmanagement** (engl.: knowledge management) versteht man die Summe aller organisatorischen und technischen Maßnahmen zur Erzeugung, Weitergabe, Speicherung und Auffindung von betrieblichem Wissen. Ein **Wissensmanagementsystem** bietet informationstechnische Unterstützung für das Wissensmanagement.

Das *Wissensmanagement* ist ein sehr komplexer und vielschichtiger Prozess, der vielfach dazu verleitet, nur einen Teilaspekt umfassend zu behandeln und andere zu vernachlässigen. So übernehmen auch die zuvor genannten Kommunikationsdienste oder CSCW wichtige Teilfunktionen im Bereich des Wissensmanagements. Viele dieser Systeme werden zunehmend erweitert, um mehr Funktionen des Wissensmanagements anzubieten. Entsprechend heterogen sind die heute verfügbaren Systeme.

Wissensmanagementsysteme kann man in Software zur Vereinfachung und Organisation des Informationszugriffs (engl.: enterprise information portal, abgekürzt: EIP) und in Software zum Management des Humankapitals (engl.: intellectual capital management, abgekürzt: ICM) unterteilen. *Enterprise Information Portals* konzentrieren sich darauf, das Wissen, das in allen Dokumenten eines Betriebes gespeichert ist, leichter auffindbar zu machen, besser zu organisieren, zu verteilen und in einer wieder verwendbaren Form bereitzustellen. Hierzu gehören beispielsweise *Dokumentenverwaltungssysteme,* die die Archivierung, das Versionsmanagement und das kooperative Arbeiten an Dokumenten unterstützen oder Systeme zur automatisierten Inhaltsanalyse und Indizierung.

Wissensmanagementsysteme für das *Intellectual Capital Management* zielen auf das Wissen ab, das in den Köpfen der Mitarbeiter enthalten ist und verwalten Information über die Fähigkeiten der Mitarbeiter, mit welchen Produkten und Projekten sie sich beschäftigt haben, wie deren soziales Netz aufgebaut ist, welche Schulungen sie besucht haben usw. Typische Vertreter sind Personalinformationssysteme.

Betrachten wir zunächst einen Teilprozess des Wissensmanagements, die *Weitergabe von betrieblichem Wissen* (siehe Abb. 3.4.6/1). Wissen entsteht und manifestiert sich immer in einer Person und liegt zunächst *als implizites Wissen* (engl.: tacit knowledge) vor, dessen sich diese Person vielfach nicht bewusst ist. Es ist in der Regel ein sehr schwieriger Prozess, aus einem Experten dessen Fachwissen zu extrahieren und für andere zugänglich zu machen: weniger, weil dieser nicht bereit ist, sein Fachwissen preiszugeben, sondern weil dieser sein Wissen immer nur fallweise „ohne nachzudenken" anwendet und sich selber über die Regeln, die er anwendet, nicht im Klaren ist.

Um Wissen weiterzugeben, muss dieses in einer Form *externalisiert* werden, das heißt, es muss artikuliert werden. Diese Artikulation kann entweder *explizites Wissen* sein (Äußerungen, aus denen der Empfänger der Äußerung das Wissen rekonstruieren kann, oft in einer strukturierten und methodischen Form wie

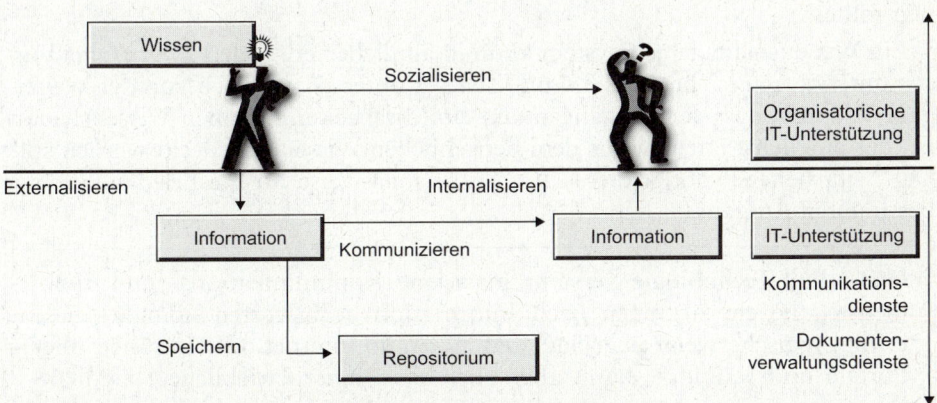

Abb. 3.4.6/1: Unterstützung der Weitergabe von Wissen

beispielsweise Fakten und Regeln), oder es sind nur Äußerungen, aus denen der Empfänger implizit schließen kann, wen er in einer speziellen Angelegenheit fragen könnte. Die Weitergabe dieses Wissen über das Wissen erfolgt vielfach im informellen Gespräch, beim Mittagessen oder in der Kaffeepause und kann entsprechend organisatorisch unterstützt werden (siehe *„Sozialisieren"* in Abb. 3.4.6/1). Viele Betriebe fördern auch die Ausbildung von sozialen Netzwerken zwischen ihren Mitarbeitern und mit externen Wissensträgern (beispielsweise durch Veranstaltungen, Workshops usw.), da dadurch der Zugriff auf die Wissensträger ermöglicht wird und deren Expertenwissen in den Betrieb eingebracht wird.

Um das externalisierte Wissen informationstechnisch unterstützen zu können, muss dieses im System erfasst werden. Dieses Wissen kann dann über Kommunikationsdienste an einen oder viele Adressaten weitergegeben werden.

> Unter **Push-Technologie** versteht man Kommunikationsdienste, die die Weitergabe von Information an Adressaten unterstützen, die diese Information nicht explizit angefordert haben (dies erfolgt meist über E-Mail, spezifische Push-Channels usw.). Ein wichtiges Element der Push-Technologie ist ein Benachrichtigungsdienst.

Die Information (das externalisierte Wissen) kann ebenso in einem *Repositorium* gespeichert werden (auch von einer Person, die diese Information über einen Kommunikationsdienst erhalten hat). Abhängig von der Art der Information kann dies ein E-Mail-Ordner oder ein Dokumentenarchiv sein (mehr dazu etwas später).

Der Adressat der Information empfängt diese und muss sie *internalisieren*, das heißt, er nimmt sie auf und setzt sie mit seinem bisherigen Wissen in Beziehung. Beachten Sie, dass jede Form der Wissensübertragung nicht zwingend verlustfrei ist, und dass das, was am Ende aus der Information herausgelesen wird, nicht unbedingt das ist, was als „Wissen" ursprünglich ausgedrückt werden sollte.

Ein Wissensmanagementsystem kann in ähnlicher Form den *Zugriff auf Wissen* unterstützen (siehe Abb. 3.4.6/2). Dieser unterscheidet sich von der Weitergabe dadurch, dass der Ausgangspunkt ein Mitarbeiter mit einen Wissensbedarf ist, der möglichst effizient aus dem betrieblichen Wissen abgedeckt werden soll. Der Mitarbeiter benötigt dieses Wissen beispielsweise für die Erledigung einer bestimmten Aufgabe.

> Unter **Pull-Technologie** versteht man jene Kommunikations- und Suchdienste, die ein Anfragen nach Information beantworten können (diese erfolgt typischerweise über Suchmaschinen im Internet oder Intranet, über Portale und Kataloge, kann aber auch über innerbetriebliche Datenbanken usw. realisiert werden).

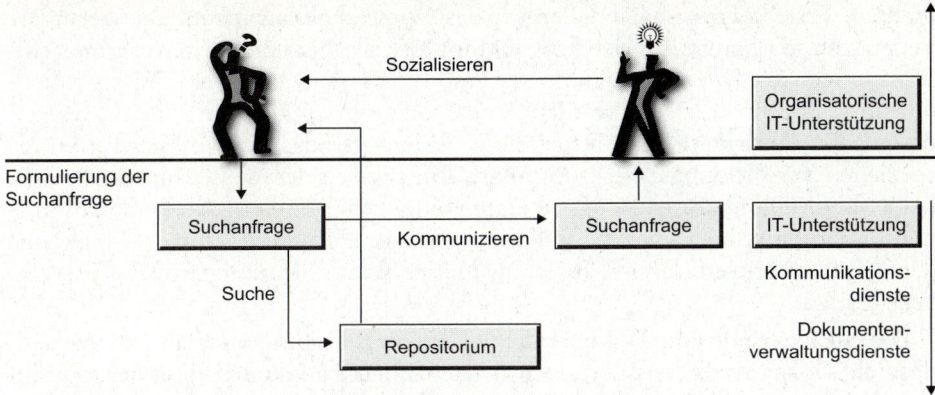

Abb. 3.4.6/2: Unterstützung des Zugriffs auf Wissen

Zentrale Elemente beim Zugriff auf Wissen sind die *Formulierung der Such-anfrage* und die Entscheidung, *an wen* diese gerichtet werden soll. Somit ist dieser Zugriff auf Wissen meist ein Zugriff auf explizites Wissen. Ist allerdings die Formulierung der Suchanfrage zu komplex oder ist es nicht klar, an wen diese gerichtet werden kann, bleibt nur die Interaktion mit Wissensträgern. Die nachfolgende *Tabelle* stellt technische und organisatorische Maßnahmen vor, durch die der Zugriff auf explizites und implizites Wissen in einem Betrieb verbessert werden kann.

Wird Wissen in einem Repositorium gespeichert, so kann dies in *formatierter und stark strukturierter Weise* erfolgen (zum Beispiel in einem relationalen Datenbanksystem, siehe Band 2, Kapitel 5) oder in textlicher Form in *Doku-*

Abb. 3.4.6/3: Maßnahmen zur Verbesserung des Zugriffs auf explizites und implizites Wissen

	Explizites Wissen	Implizites Wissen
Technische Maßnahmen	*Verbesserung der explorativen Suche:* • Zentrales Dokumenten-repositorium • Betriebsweites Groupware-System • Wissensbasierte Systeme	*Verbesserung der Vernetzung der Mitarbeiter:* • Verbesserung der Kommunikatonsdienste • Videokonferenzsystem Einwahlmöglichkeit von zu Hause
Organisatorische Maßnahmen	*Verbesserung der Fähigkeiten der Mitarbeiter:* • Schulung und Personalentwicklung • Anreizsysteme für die Bereitstellung von Wissen	*Verbesserung der Kontakt-möglichkeiten:* • Unterstützung innerbetrieblicher Treffpunkte (Cafeteria) • Veranstaltungen

menten. Erstere Form hat im Bereich des Wissensmanagements eine geringere Bedeutung, da bereits bei der Entwicklung des Systems die Strukturierungsentscheidungen getroffen werden müssen und somit neue Arten von Wissensinhalten nur schlecht integriert werden können. Es wird hier bereits beim Systemdesign die Informationsstrukturierung festgelegt, das System ist für einen speziellen Verwendungszweck optimiert. Ein Bereich des Wissensmanagements, bei dem vornehmlich strukturierte Daten eingesetzt werden, sind Personalinformationssysteme, bei denen beispielsweise einzelne Kenntnisse und Fähigkeiten der Mitarbeiter und deren Förderungsmaßnahmen, Schulungen usw. eingetragen werden.

Die Speicherung von Dokumenten in einem *Repositorium* hat den Vorteil, dass die Dokumente der operativen betrieblichen Tätigkeiten (von herkömmlicher Korrespondenz über E-Mail, Präsentationsunterlagen bis zu Produktinformation) ohne wesentlichen Mehraufwand eingebracht werden können. Diese Repositorien können beispielsweise mit Suchmaschinen durchsucht werden, was allerdings vielfach zu unpräzisen und redundanten Lösungen führt.

Sollen die Repositorien nicht nur zum gelegentlichen Nachsehen im Einzelfall genutzt werden, sondern soll dieses betriebliche Wissen strategisch als zentrale Wissensquelle genutzt werden, reicht das reine Kumulieren von Dokumenten nicht aus. Die Inhalte müssen laufend aktualisiert werden, und von einer *Redaktion* kategorisiert und in Beziehung gesetzt werden.

Dokumentenverwaltungssysteme (engl.: document management system) unterstützen das Einfügen, Aktualisieren und Archivieren von nicht-strukturierten Dokumenten in einem Repositorium. Zu den wichtigsten Teilaufgaben gehören die Versionskontrolle, die Rechteverwaltung, Document-Imaging, elektronische Unterschriften, Integration in Workflow-Systeme und Unterstützung der Suche innerhalb der Dokumente.

Dokumentenverwaltungssysteme stellen ein informationstechnisch unterstütztes Ablagesystem bereit, in dem die tägliche Korrespondenz mehr oder minder unverändert abgelegt wird. Hingegen wird von diesen Systemen eine leicht zugängliche Präsentation der Inhalte nicht oder unzureichend unterstützt. Content-Management-Systeme gehen hier einen Schritt weiter und unterstützen die inhaltliche Aufbereitung von Wissensgebieten.

Ein **Content-Management-System** (Redaktionssystem) unterstützt das Einfügen, Aktualisieren und Archivieren von Beiträgen in einem Repositorium, sowie deren Aufbereitung und inhaltliche Zusammenstellung in einer kollaborativen Weise. Zu den Teilaufgaben eines Content-Management-Systems gehören die Versionskontrolle, Sperren, Benachrichtigung, Definition von Genehmigungsinstanzen, Freigabe-Abläufen, Integration mehrerer Informationsquellen, die gezielte Weitergabe von Inhalten an Dritte usw.

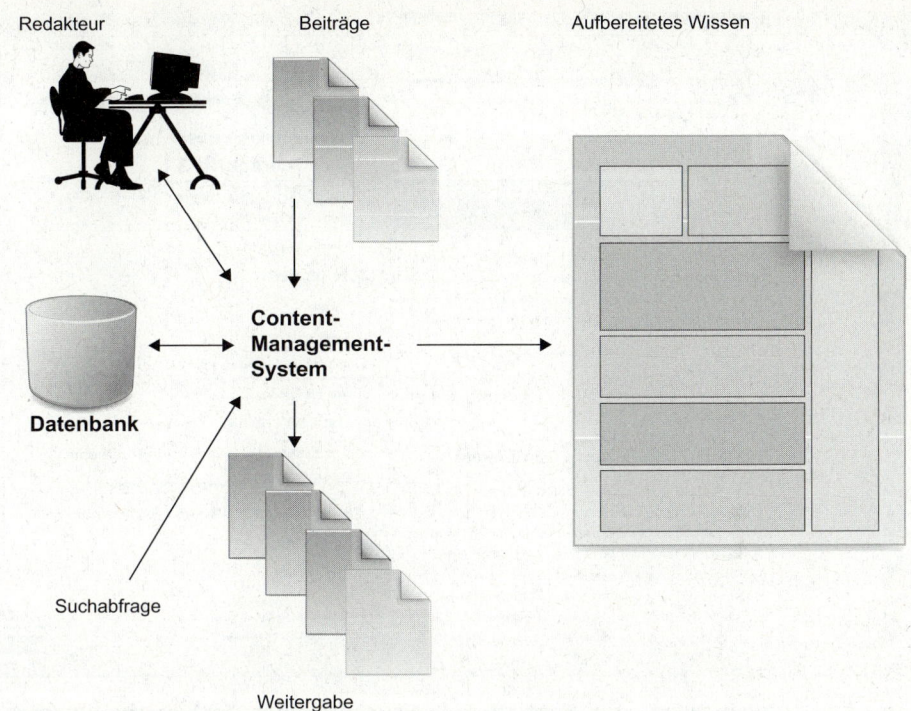

Abb. 3.4.6/4: Unterstützung der Ablage und Aufbereitung von Wissen

Ein wichtiges Grundprinzip eines Content-Management-Systems sind die *Trennung von Lay-out und Inhalt* der Beiträge. Dadurch wird erreicht, dass einerseits die Produzenten der Beiträge sich keine Gedanken bezüglich der Darstellung im Gesamtdokument machen müssen, und dass andererseits die Beiträge in verschiedenen Kontexten in unterschiedlicher Darstellungsform präsentiert werden können. Bei Content-Management-Systemen, die HTML unterstützen, werden automatisiert Verweise und Navigationsleisten gesetzt.

▶ Übungsaufgabe Nr. 1.3.42 im Arbeitsbuch

3.5 Dateiformate

Zur Speicherung von Information in einer Datei gibt es von den Softwareherstellern festgelegte (proprietäre) oder herstellerübergreifend normierte Formate. Das Format kann recht einfach und allgemein gehalten sein, wie etwa bei Dateien, die als reiner Text gespeichert sind. Kompliziertere Dateiformate enthalten dagegen vielfältige Formatieranweisungen und spezielle Codes.

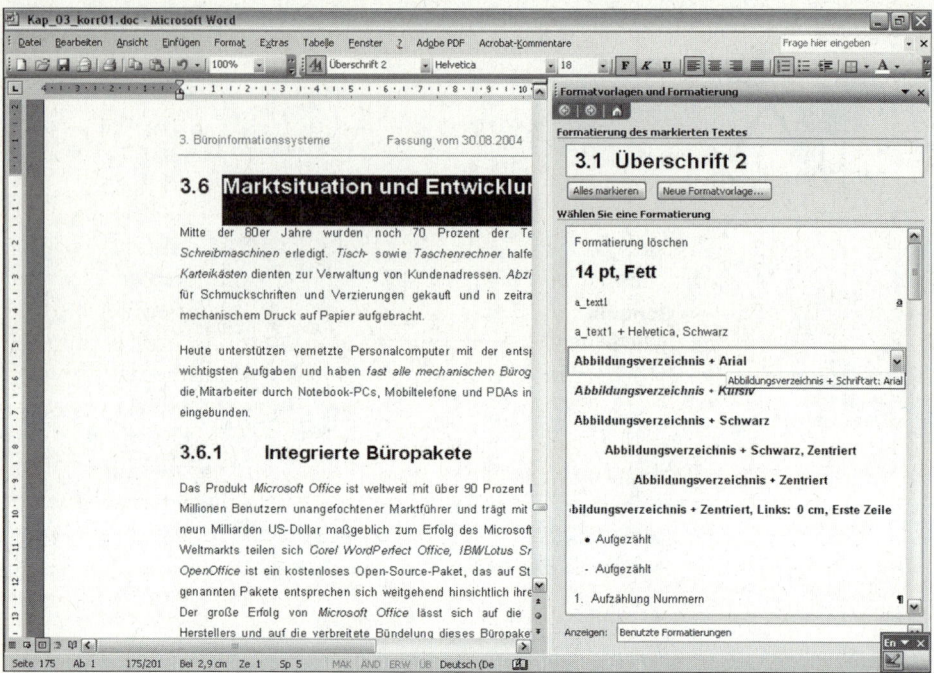

Abb. 3.5/1: Auswahlliste für Formatieranweisungen eines Textverarbeitungsprogramms

Sehen Sie sich hierzu noch einmal im Abschnitt 3.2.1.2 Textverarbeitung die Funktionen zur Eingabe und Verbesserung des Schriftbildes an. Mit Hilfe von *Formatierfunktionen* können Sie den Text in allen Einzelheiten aufbereiten: Sie können für einzelne Zeichen, Worte oder Absätze die Schriftart und -größe bestimmen, Kursivschrift oder Fettschrift wählen, Sie können für Textstücke die Zeilenbreite, den Zeilenabstand, die Bündigkeit und Einrückungen festlegen, Sie können den Beginn einer neuen Seite, eine Seitennummerierung usw. vorschreiben. Hierzu werden vom Texteditor spezielle Markierungszeichen, so genannte Deskriptoren, in den Text eingefügt. Die so festgelegten Attribute gelten bis zum nächsten Auftreten eines Format-Deskriptors. Anhand der gespeicherten Attribute können Programme und Geräte, die diese Formatangaben „verstehen", den Text weiterverarbeiten, beispielsweise auf dem Bildschirm oder dem Drucker exakt so ausgeben, wie es Ihren Vorstellungen (Formatierbefehlen) entspricht.

Natürlich gibt es auch für akustische, bildliche und multimediale Information entsprechende Dateiformate.

Das **Dateiformat** (engl.: file format) beschreibt den Typ und die Struktur einer Datei, das heißt die Art und Weise ihrer Speicherung sowie die Ausgabe des Inhaltes. Damit Dateien vom Rechner geöffnet, das heißt dem geeigneten Programm zur Bearbeitung zugewiesen werden können, ist eine Formatbezeichnung erforderlich. Hierzu werden Dateien automatisch beim Abspeichern mit einer entsprechenden Angabe versehen. Oft hat dabei der Benutzer die Wahl zwischen unterschiedlichen Formaten. Die Formatbezeichnung ist meist ein drei Buchstaben langes Kürzel, das getrennt durch einen Punkt an den Dateinamen angehängt wird.

Die Zahl der Dateiformate ist leider mittlerweile kaum mehr zählbar. Ausschlaggebend dafür ist, dass es für Information immer vielfältigere Darstellungsformen gibt. Ein wesentlicher Motor ist der technische Fortschritt, der laufend Neuerungen im Hardware-, Software- und Kommunikationsbereich mit sich bringt. Zum Beispiel erfordert der Trend zu interaktiven Multimedia-Systemen (DVD, digitales Fernsehen, WWW, UMTS; Näheres folgt) die Speicherung und Übertragung sehr großer Informationsmengen und dementsprechend neue Formate zur Datenkompression. Ein anderer, weniger erfreulicher Grund ist, dass viele Endbenutzerwerkzeuge nur eine Datenspeicherung im eigenen herstellerspezifischen Format zulassen. Andere Dateiformate werden meist nur dann zusätzlich ermöglicht, wenn diese so stark verbreitet sind, dass sich fehlende Import-/Exportfilter für diese Formate in Umsatzrückgängen beim Verkauf der eigenen Produkte niederschlagen würden.

Aufgrund der Vielzahl der auf dem Markt vorhandenen Varianten werden in den Abschnitten 3.5.1 bis 3.5.4 nur die am häufigsten verwendeten Dateiformate beschrieben, die zur Verarbeitung schriftlicher, akustischer, bildlicher und multimedialer Information im Bürobereich verwendet werden. Sie zählen sozusagen zur Grundausstattung von Endbenutzerwerkzeugen.

3.5.1 Textorientierte Formate

Wir beginnen mit den einfachsten Formaten mit minimalen Strukturierungsmöglichkeiten und behandeln in der Folge Dateiformate, die eine vielfältige Darstellung von Texten ermöglichen.

3.5.1.1 TXT

Das **reine Textformat TXT** (Abkürzung von engl.: *plain text format)* ist ein herstellerunabhängiges Standard-Dateiformat zur Speicherung schriftlicher Information. Es erlaubt nur Schriftzeichen, wie sie beispielsweise in den ISO-8859-Zeichensätzen normiert sind, aber keinerlei Formatierungen. Das reine Textformat verwendet die Dateiendung „.txt".

Die ISO-8859-Familie wurde von der European Computer Manufacturers Association (ECMA) entwickelt. Dazu gehören Zeichensätze für lateinische, kyrillische, arabische, neugriechische, hebräische, türkische und grönländische Schriften. Alle Zeichensätze dieser Familie beruhen auf einer 1-Byte-Abbildung eines Zeichens, das heißt, pro Zeichensatz sind 256 Zeichen möglich. Bei allen Zeichensätzen sind die ersten 128 Zeichen identisch mit dem *ASCII-Zeichensatz*. Das hat den Vorteil, dass die lateinischen Groß- und Kleinbuchstaben, die arabischen Ziffern und die üblichen Sonderzeichen wie Satzzeichen oder kaufmännische Zeichen in all diesen Zeichensätzen immer zur Verfügung stehen.

Sie sollten sich deshalb im Zweifelsfall bei der Übermittlung von TXT-Dateien *auf die ASCII-Zeichen beschränken,* da Sie vor allem bei Kommunikationspartnern im Ausland nicht sicher sein können, ob deren Rechner die über den ASCII-Zeichensatz hinausgehenden Zeichen darstellen können. Außerdem werden manche über ASCII hinausgehende Schriftzeichen, beispielsweise die Umlaute, in den Betriebssystemen Windows, Mac OS und UNIX, unterschiedlich dargestellt. Durch die Verwendung von Ersatzzeichen, beispielsweise „ae" statt „ä", können Sie solche Heterogenitätsprobleme umgehen.

Wollen Sie einen Text wenigstens mit einigen elementaren Formatierungen, wie zum Beispiel für unterschiedliche Schriften, Zeichengrößen oder Fettdruck versehen, so bietet sich das ebenfalls herstellerunabhängige RTF-Format oder auch HTML an.

3.5.1.2 RTF

Das **RTF-Format** (Abkürzung von engl.: *rich text format*) ist ein herstellerunabhängiges Standard-Dateiformat zur Speicherung schriftlicher Information. Im Gegensatz zum TXT-Format erlaubt es in beschränktem Umfang das Speichern von Formatierungen. Das RTF-Format verwendet die Dateiendung „*.rtf*".

RTF ist ursprünglich durch eine Microsoft-Adaption des DCA-Formats (Document Content Architecture) von IBM entstanden und hat sich inzwischen auf dem Markt plattformübergreifend durchgesetzt. Da das RTF-Format zusätzlich zum reinen Text zahlreiche Sonder- und Steuerzeichen sowie Information über die Formatierung beim Speichern berücksichtigt, ist der Speicherbedarf gegenüber dem TXT-Format größer.

3.5.1.3 DOC, DOT

Das **DOC-Format** (Abkürzung von engl.: *document file*) ist im Bereich der Windows-Rechner das derzeit verbreitetste *Textverarbeitungsformat*. Texte können in diesem Format fast beliebig, zum Beispiel mit Hilfe von unterschiedlichen Schriftarten und –attributen, Rahmen, Tabellen, Tabulatoren, usw., dargestellt und in eine gewünschte Form gebracht werden. Das DOC-Format verwendet die *Dateiendung „.doc"*.

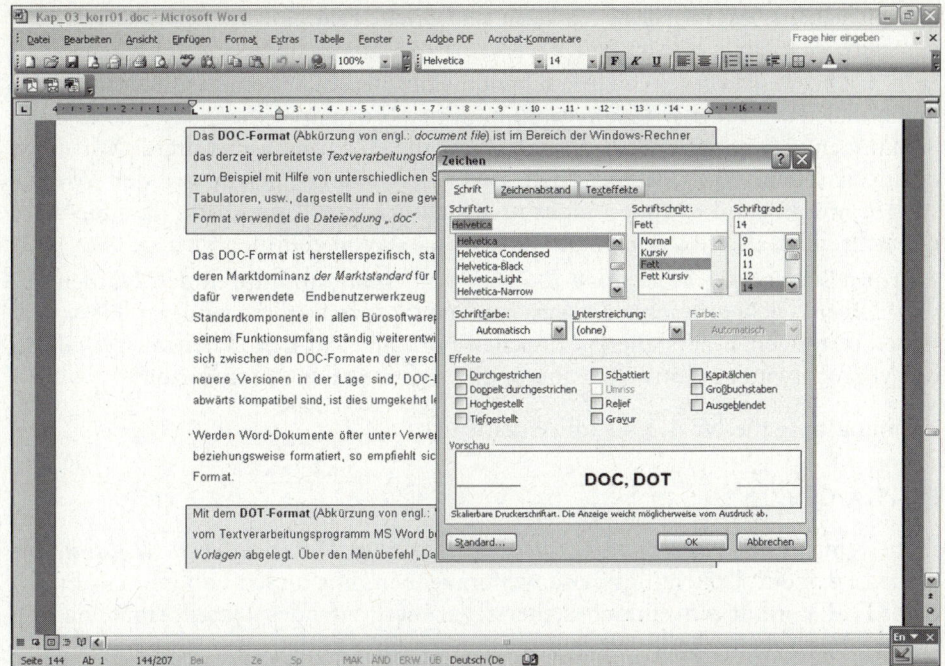

Abb. 3.5.1.3/1: Formatierung von Zeichen und Absätzen im DOC-Format

Das DOC-Format ist herstellerspezifisch, stammt von der Firma Microsoft und ist aufgrund von deren Marktdominanz *der Marktstandard* für Dateiformate im Bereich der Textverarbeitung. Das dafür verwendete Endbenutzerwerkzeug MS Word, MS steht für Microsoft, ist als Standardkomponente in allen Bürosoftwarepaketen dieses Herstellers integriert und wird in seinem Funktionsumfang ständig weiterentwickelt. Aufgrund dieser Weiterentwicklung ergeben sich zwischen den DOC-Formaten der verschiedenen Word-Versionen Unterschiede. Während neuere Versionen in der Lage sind, DOC-Formate älterer Versionen zu öffnen, das heißt, abwärts kompatibel sind, ist dies umgekehrt leider nicht möglich.

Werden Word-Dokumente öfter unter Verwendung eines bestimmten Basisdokuments ergänzt beziehungsweise formatiert, so empfiehlt sich die Speicherung des Basisdokuments im DOT-Format.

Mit dem **DOT-Format** (Abkürzung von engl.: *Word document template)* werden Dokumente vom Textverarbeitungsprogramm MS Word beim Speichern in einem Standardverzeichnis für *Vorlagen* abgelegt. Über den Menübefehl „Datei – Neu" lässt sich danach anstelle eines leeren Dokuments ein neues Dokument auf Basis der gespeicherten Vorlage öffnen. Das DOT-Format verwendet die *Dateiendung „.dot"*.

Typische *Beispiele* für solche Vorlagen sind Briefe, Faxe, Memos, Berichte und Formulare aller Art.

In der *Vorlage* können Sie feststehende Textteile, Grafiken, benutzerdefinierte Symbolleisten, Makros, Tastenkombinationen, Formatvorlagen usw. definieren. Sie können sich damit die wiederholte Eingabe ersparen. Ein weiterer Vorteil ist darin zu sehen, dass Sie nicht jedes Mal nach dem Speicherort der Vorlage suchen müssen und es Ihnen nicht unabsichtlich passieren kann, dass Sie diese überschreiben, da stets immer nur eine Kopie davon geöffnet wird.

Word-Dateien für Macintosh-Rechner von Apple sind durch den Namenszusatz *„.mcn"* gekennzeichnet. Textverarbeitungsprogramme anderer Hersteller haben ihre eigenen herstellerspezifischen Formate. Für den Dateitransfer gibt es die Möglichkeit zur Konvertierung in die verbreitetsten Fremdformate.

▶ Übungsaufgabe Nr. 1.3.43 im Arbeitsbuch

3.5.1.4 CSV

Es besteht oft auch der Bedarf, *zeichenorientiertes Datenmaterial zu Kalkulationszwecken* ein- beziehungsweise weiterzugeben. Für diesen Fall gibt es ähnlich dem TXT-Format ein einfaches, herstellerübergreifendes Dateiformat, das im Bereich der Tabellenkalkulation seine Anwendung findet.

> Das **CSV-Format** (Abkürzung von engl.: *comma separated values text file format*) ist ein Dateiformat, das abgesehen von durch Semikolon getrennten Zahlenwerten und Zeilentrennern, keine Formatierungen oder Formeln beinhaltet. Es ist sozusagen der kleinste gemeinsame Nenner bei Dateiformaten für die *Tabellenkalkulation*. Das CSV-Format verwendet die *Dateiendung „.csv"*.

Ein weitaus mächtigeres Tabellenkalkulationsformat ist XLS.

3.5.1.5 XLS, XLT

> Das **XLS-Format** (Abkürzung von engl.: *Excel worksheet*) ist im Bereich der Windows-Rechner das derzeit weitverbreitetste *Tabellenkalkulationsformat*. In diesem Format können Zahlen mittels Formelfunktionen einfach berechnet und übersichtlich formatiert dargestellt werden, zum Beispiel mittels Tabellen oder Grafiken. Das XLS-Format verwendet die *Dateiendung „.xls"*.

Für das ebenfalls von Microsoft stammende herstellerspezifische XLS-Format gibt es auf dem Markt wie beim DOC-Format aufgrund der ständigen Weiterentwicklung *mehrere Versionen*. Neuere Versionen des dafür benötigten Endbenutzerwerkzeugs, MS Excel, sind ebenfalls abwärts kompatibel.

MS Excel bietet auch die Möglichkeit, XLS-Dokumente, welche als *Arbeitsmappen* bezeichnet werden, als Ausgangsbasis für die Erstellung anderer Arbeitsmappen abzuspeichern. Diese Arbeitsmappenvorlagen werden im **XLT-Format** (Abkürzung von engl.: Excel template; *Dateiendung: „.xlt"*) gespeichert.

Das, was vorstehend zu den *Konvertierungsmöglichkeiten* von Textverarbeitungsformaten verschiedener Hersteller gesagt wurde, gilt analog auch für die Bereiche der Tabellenkalkulation und Präsentation.

3.5.1.6 PPT, POT

Das **PPT-Format** (Abkürzung für: *PowerPoint presentation*) ist das derzeit am Markt verbreitetste Dateiformat für Präsentationen. Es verwendet die *Dateiendung „.ppt"*.

Das von Microsoft stammende herstellerspezifische PPT-Format wird bei der Abspeicherung von Folien und Handouts für Präsentationen mittels Bildschirm, Overhead-Projektor oder Videobeam eingesetzt. Das dafür benötigte Endbenutzerwerkzeug MS PowerPoint ist eine Standardkomponente aller Bürosoftwarepakete der genannten Firma.

Elektronische Vorlagen als Ausgangsbasisdokumente für weitere als Präsentationen bezeichnete Dokumente werden im **POT-Format** (Abkürzung für: *PowerPoint template; Dateiendung „.pot"*) gespeichert.

3.5.1.7 PS (Postscript), PDF

Sollen Dokumente nach ihrer Erstellung weitergegeben werden, so können sich bei den beschriebenen Dateiformaten einige *Nachteile* ergeben. Zwar können viele der gängigen Endbenutzerwerkzeuge die genannten Formate importieren, jedoch können durch die fehlende Standardisierung der herstellerspezifischen Formate Probleme in der Darstellung auftreten. Beispielsweise können bereits unterschiedlich verwendete Schrifttypen beim Datenaustausch zwischen unterschiedlichen Rechnern zu Problemen führen, nämlich dann, wenn die bei der Erstellung des elektronischen Schriftstückes verwendete Schriftart nicht auf dem Rechner installiert ist, mit dem sie weiterbearbeitet werden soll. Ebenso kann sich das Seitenformat bei der Weitergabe an Dritte verändern, da es in Zusammenhang mit der Auflösung des Druckers steht. Ist es bei einer weitergegebenen Datei nur von Bedeutung, dass sie vom Zielrechner in derselben Weise angezeigt oder ausgedruckt werden kann, so bieten sich Ausgabeformate wie *Postscript* oder *PDF* an. Diese werden im Abschnitt 3.5.3.6 näher beschrieben.

3.5.1.8 HTML

Ein weiteres Dateiformat, das sich für die Weitergabe und Darstellung elektronischer Schriftstücke durch einen Web-Browser eignet, ist *HTML*. Sehen Sie sich hierzu nochmals den Abschnitt 3.2.2.3 über die Erstellung von Web-Seiten an.

Im **HTML-Format** (Abkürzung von engl.: *hypertext markup language*) werden Dokumente abgespeichert, die im WWW präsentiert werden sollen. HTML bietet die Möglichkeit, Web-Seiten hierarchisch durch Überschriftsebenen, Abschnitte, Aufzählungen usw. zu strukturieren, Textstücke hervorzuheben (beispielsweise fett, kursiv, unterstrichen), durch Hyperlinks Verweise auf andere Textstellen oder Dokumente zu realisieren und Grafiken, Audio- und Video-Sequenzen einzubinden. Dokumente, die auf Basis dieser Dokumentenbeschreibungssprache erstellt werden, erhalten die *Dateiendung „.html"* beziehungsweise *„.htm"*.

Die *Vorteile des HTML-Formats* liegen in seiner Betriebssystemunabhängigkeit sowie der starken Verbreitung und der sich daraus ergebenden Möglichkeit der Weitergabe von Dateien in diesem Format. *Nachteile* sind, dass Dokumente im HTML-Format von unterschiedlichen Browsern unterschiedlich dargestellt beziehungsweise gedruckt werden und dass relativ wenige Möglichkeiten zur Seitengestaltung geboten werden.

3.5.1.9 ZIP

Das **ZIP-Format** ist das verbreitetste Kompressionsformat zur Übermittlung und Archivierung von Dateien, die mit Endbenutzerwerkzeugen im Büro verarbeitet werden. ZIP-Dateien (ZIP-Archive) können eine oder mehrere Dateien enthalten. Die Dateiendung *„.zip"* leitet sich vom Begriff Reißverschluss (engl: *zipper*) ab, wobei die dazugehörigen Verben *Öffnen* (engl.: *unzip*) und *Schließen* (engl.: *zip*) in der Fachsprache oft dazu herangezogen werden, um zum Ausdruck zu bringen, dass eine Datei einem Zip-Archiv zugewiesen oder entnommen wird.

Die dem ZIP-Format zugrunde liegende *verlustfreie Kompression* (siehe hierzu Abschnitt 3.2.1.5) wurde ursprünglich für den Einsatz auf dem Betriebssystem DOS konzipiert, jedoch im Laufe der Zeit auf fast alle anderen Betriebssysteme portiert. Es zeichnet sich unter anderem durch eine sehr *effektive Komprimierung* sowie eine *hohe Packgeschwindigkeit* aus und hat dadurch starke Verbreitung gefunden. Das ZIP-Verfahren wird vorwiegend für die Kompression von Texten und ausführbaren Programmen verwendet.

Zum *Beispiel* sind die meisten im Internet von FTP-Sites, Bulletin Boards und Informationsdiensten angebotenen Dateien als ZIP-Archive verfügbar. Damit benötigen Sie

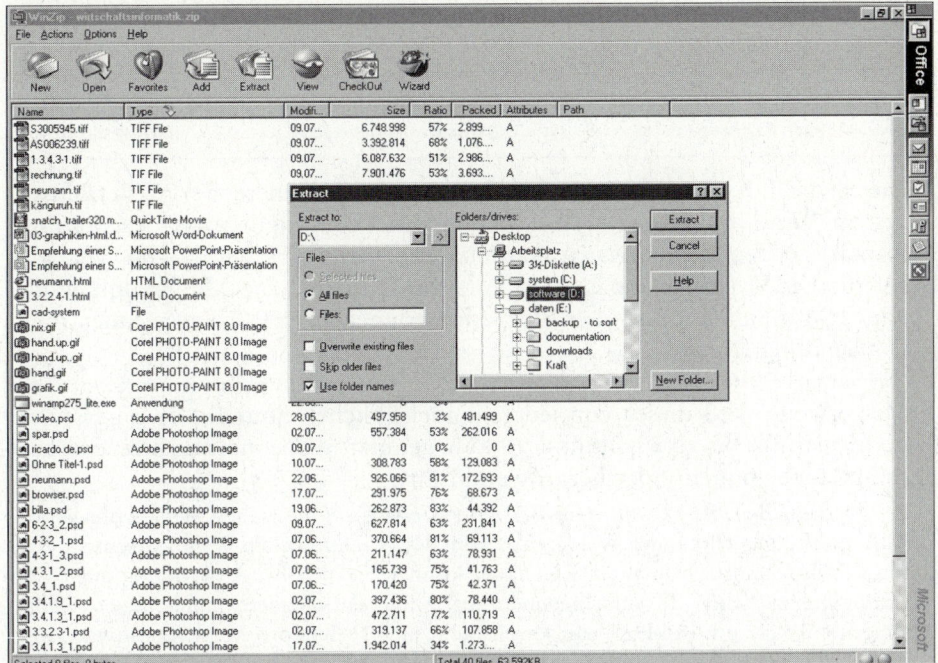

Abb. 3.5.1.9/1: Bildschirmfenster zum Öffnen von Dateien im ZIP-Format

nur *einen* Dateitransfervorgang, um zusammengehörige Dateien herunterzuladen. Ebenso können Sie durch ZIP-Dateien Zeit und Kapazität beim Versand von umfangreichen E-Mail-Anlagen sparen. Auch die Archivierung selten benötigter Datenbestände kann damit wesentlich kompakter erfolgen.

Neben dem ZIP-Format gibt es noch eine Reihe anderer verlustfreier Archivierungsformate, auf die jedoch hier nicht eingegangen wird. Im UNIX-Bereich sind Archivierungsformate üblich, die unterschiedliche Kompressionsverfahren unterstützen.

▶ Übungsaufgabe Nr. 1.3.44 im Arbeitsbuch

3.5.2 Audioformate

In diesem Abschnitt werden die wichtigsten Audioformate gekennzeichnet. Im WAVE-Format werden die Audiodaten unkomprimiert gespeichert, bei allen anderen dargestellten Formaten erfolgt eine Kompression. Marktführer ist MP3, das jedoch in der Klangqualität durch Neuentwicklungen wie HE-AAC und Ogg Vorbis deutlich übertroffen wird. Es gibt noch einige weitere, hier nicht näher behandelte Audioformate, die sich entweder auf die Produkte eines Herstellers beschränken, wie zum Beispiel ATRAC von Sony, oder die wegen schlechterer Qualität kaum nennenswerte Marktanteile besitzen, wie zum Beispiel QDesign oder VQF.

3.5.2.1 WAVE

Durch die Integration in das auf dem Markt dominierende PC-Betriebssystem Windows gehört **WAVE** (Abkürzung von engl.: waveform audio format) zu den *verbreitetsten Audiodateiformaten*. Es wurde von Microsoft und IBM entwickelt und war ursprünglich für eine Maximalqualität von 16-Bit-Stereo und 44,1 kHz Abtastrate gedacht. Es verwendet die Dateiendung *„.wav"*.

Mittlerweile wird dieses von jeder handelsüblichen Soundkarte unterstützte Dateiformat mit bis zu 32 Bit und 96 kHz genutzt, wobei natürlich eine höhere Qualität auch zu mehr Speicheraufwand führt.

Bei unserem *Beispiel-PC mit dem Betriebssystem Windows* haben Sie sowohl bei der Aufnahme als auch bei der Wiedergabe von *WAVE-Dateien* die Wahl zwischen „Telefon-, Radio- und CD-Qualität". Genauer können Sie sich bei Anwendung der *PCM-Codierung* zwischen 32 verschiedenen Attributen entscheiden, nämlich neun Abtastraten – 8 kHz bis 48 kHz – mit jeweils acht und 16 Bits pro Messwert sowie Mono und Stereo. Je nachdem, für welche PCM-Variante Sie sich entscheiden, schwankt der erforderliche Speicherbedarf zwischen 8 KB/s (= Kilobyte pro Sekunde) und 187 KB/s.

Microsoft und andere Hersteller bieten verschiedene Komprimierungsmöglichkeiten für WAVE-Dateien, die allerdings wegen ihrer mangelnden Leistungsfähigkeit kaum genutzt werden.

Verlustfreie Audio-Codecs für WAVE-Dateien arbeiten mit einer Vorhersage der aufeinander folgenden (miteinander korrelierten) Audio-Samples und einer verlustfreien Komprimierung der Differenz. Sie erreichen im Durchschnitt nur Kompressionsraten von 30 bis 50 Prozent. Neben reinen Archivierungsprogrammen gibt es Programme, die das Abspielen komprimierter Dateien erlauben.

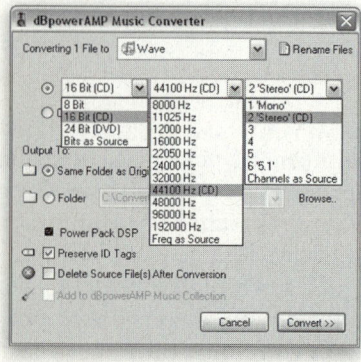

Abb. 3.5.2.1/1:
Auswahl der Attribute einer WAVE-Datei

Ein älterer, mit Windows mitgelieferter *verlustbehafteter Audio-Codec* ist *ADPCM* (Abkürzung von engl.: adaptive differential pulse code modulation). Gegenüber PCM ist eine Verringerung der Datenvolumina auf die Hälfte (gegenüber 8-Bit-PCM) beziehungsweise auf ein Viertel (bei 16-Bit-PCM) möglich. Dabei wird ähnlich wie bei verlustfreien Codecs nicht mehr jeder einzelne Messwert separat durch acht oder 16 Bits dargestellt, sondern nur mehr die Differenz zweier aufeinander folgender Werte, wofür nur vier Bits verwendet werden. Allerdings treten dadurch Qualitätseinbußen (Rauschen) im oberen Frequenzbereich auf, da schnelle Sprünge der Tonhöhe unterdrückt werden.

Ein *Transfer von WAVE-Dateien* über schmalbandige Verbindungen (Telefon, ISDN) kommt zumindest bei Musikstücken wegen des großen Dateiumfangs in der Regel nicht in Betracht. Die beschriebenen Komprimierungsmöglichkeiten ändern daran nichts.

Getrieben durch den Internet-Boom entstanden deshalb komplexe, hoch effiziente Datenreduktionsverfahren, die mit *wahrnehmungsangepasster Reduktion von Audiodaten* arbeiten. Wahrnehmungsangepasst bedeutet hierbei, dass jene Anteile an akustischer Information, die nicht vom menschlichen Ohr wahrgenommen werden, bei Kompression des vorhandenen Datenmaterials eliminiert werden. Dateiformate, die im Rahmen der verlustbehafteten Kompression solche komplexen Datenreduktionsverfahren anwenden, sind MP3, RealAudio, WMA, AAC und OGG.

3.5.2.2 MP3 und MP3pro

MP3 (Abkürzung für: MPEG-1 und MPEG-2 Layer 3 Audio) ist ein auf Basis der MPEG-Audiostandards vom deutschen Fraunhofer Institut für Integrierte Schaltungen entwickeltes Verfahren für eine qualitativ hochwertige, verlustbehaftete Komprimierung von Audiodaten. MP3 erlaubt unterschiedliche Kompressionsstufen. Bei einem Kompressionsgrad von 12:1 wird nahezu CD-Qualität erreicht. Die maximale Bitrate beträgt 320 kbit/s. MP3-Software existiert für alle gängigen PC-Betriebssysteme, enthält allerdings keinen Kopierschutz. Es ist das verbreitetste Format für den Austausch von Musikstücken im Internet. MP3-Dateien sind durch die Dateiendung „*.mp3*" gekennzeichnet.

Dateien in diesem Format können mittels eines entsprechenden Encoders und Players auf dem PC codiert und abgespielt werden. Sie können aber auch in die beliebten tragbaren MP3-Player geladen oder auf CDs geschrieben werden, die zunehmend mit den handelsüblichen CD- und DVD-Geräten abgespielt werden können.

MPEG (Kurzform für engl.: Moving Pictures Experts Group, sprich: Em-Peg), ist eine Arbeitsgruppe der internationalen Standardisierungsorganisation ISO, die es sich zum Ziel gesetzt hat, internationale Normen für die Codierung, Komprimierung und Verarbeitung bewegter Bilder, Audio und ihrer Kombina-

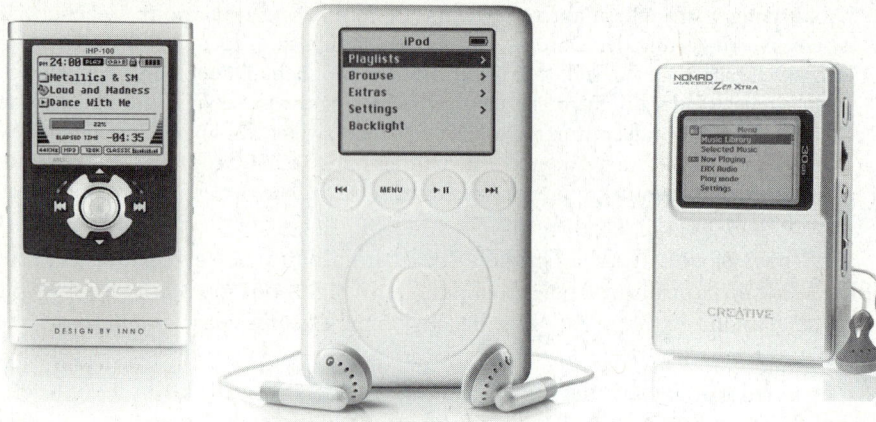

Abb. 3.5.2.2/1: Tragbare MP3-Player

tion zu entwickeln. Jeder Standard besteht aus drei Teilen: Systeme, Video und Audio. Im ersten Teil (Systeme) wird beschrieben, wie Audio-, Video- und zusätzliche Information (Untertitel, TV-Text usw.) zusammen im Kanal übertragen werden. Dabei wird die notwendige Synchronisierung der Audio- und Videosignale im Datenstrom sichergestellt. Die Codierung/Decodierung der Videodaten wird im zweiten Teil, der Audiodaten im dritten Teil beschrieben.

MPEG-1 ist ein Standard für die Codierung bewegter Bilder und zugehöriger Audiodaten auf digitalen Speichermedien mit einer Bitrate von 1,5 Mbit/s. Damit können Videos in einer Qualität abgespeichert werden, die in etwa VHS-Kassetten entspricht. Der Audio-Teil lässt mögliche Abtastfrequenzen von 32, 44,1 und 48 kHz und Bitraten zwischen 32 und 448 kbit/s zu. Es soll eine Qualität erreicht werden, die der Audio-CD nahe kommt. Es gibt vier mögliche Arten der Codierung: Eine Codierung für Monosignale, eine für zwei Monokanäle (zum Beispiel für Zweikanalton-Sendungen) und zwei für Stereosignale.

MPEG-2 ist der Standard für digitales Fernsehen und DVDs, der für Fernsehsendungen Bitraten von 2 bis 10 Mbit/s vorsieht. MPEG-2 Audio ist eine Erweiterung von MPEG-1 Audio um niedrigere Abtastraten und mehrere Kanäle (beispielsweise für mehrsprachige Sendungen). Die *Layer 1 – 3* kennzeichnen die mit verschiedenen Verfahren erreichbaren Kompressionsstufen: Bei Layer-1 (entspricht 384 kbit/s für ein Stereosignal) verkleinert sich die Datenmenge mit kaum hörbaren qualitativen Verlusten gegenüber dem Originalton auf ein Viertel, bei Layer-2 (256 – 192 kbit/s) auf ein Achtel und bei Layer-3 (128 – 112 kbit/s) sogar auf ein Zwölftel. Natürlich kann auf dem Layer-3 auch stärker komprimiert werden, was jedoch mit entsprechenden Qualitätseinbußen verbunden ist (siehe die nachfolgende Tabelle).

Abb. 3.5.2.2/2: Typische Kompressionsleistungen des MPEG Layer-3 (Quelle: Fraunhofer Institut für Integrierte Schaltungen)

Klangqualität	Bandbreite	Kanäle	Bitrate	Kompressionsrate
Telefon	2,5 kHz	Mono	8 kbit/s	96:1
Besser als Kurzwelle	4,5 kHz	Mono	16 kbit/s	48:1
Besser als Mittelwelle	7,5 kHz	Mono	32 kbit/s	24:1
Ungefähr wie Ultrakurzwelle	11 kHz	Stereo	56...64 kbit/s	26...24:1
Nahezu CD	15 kHz	Stereo	96 kbit/s	16:1
CD	> 15 kHz	Stereo	112...128 kbit/s	14...12:1

Beispiel: Ein mit der üblichen PCM-Technik codierter 5-Minuten-Song auf einer CD benötigt ungefähr 50 MB Speicherkapazität, eine MP3-Datei derselben Dauer kommt mit 4–5 MB aus.

Neben der MP3-Implementierung des Fraunhofer-Instituts gibt es inzwischen zahlreiche weitere preiswerte beziehungsweise zum Teil sogar kostenlos angebotene Encoder und Player, die allerdings allesamt im praktischen Betrieb die in der Tabelle genannten theoretischen Soll-Leistungen nicht ganz erreichen. Von den meisten Codecs wird erst ab 160 kbit/s CD-nahe Qualität realisiert. Nichtsdestoweniger dominieren in der Praxis 128 kbit/s, die für beiläufig gehörte Unterhaltungsmusik meist völlig ausreichen.

Ein wesentlicher *Nachteil von MP3* ist, dass die *Klangqualität bei niedrigen Bitraten* stark abnimmt. Deshalb gab Thomson Multimedia in Zusammenarbeit mit dem Fraunhofer Institut bei der schwedischen Firma Coding Technologies eine Erweiterung des MP3-Formates in Auftrag, um diese Schwachstelle zu beheben. Ergebnis ist das seit dem Jahr 2001 angebotene *MP3pro*, das sich aber bisher nicht durchsetzen konnte.

MP3pro ist ein auf MP3 basierendes, abwärts kompatibles Audioformat, das bei der Umwandlung von Musikdateien den Ton mit in etwa halbierter Bitrate wie MP3 kodiert. Bei hohen Frequenzen erfolgt die Kompression mit der Spectral-Band-Replication-Technik (abgekürzt: SPR) von Coding Technologies, bei tieferen mit dem MP3-Codec. SPR speichert die Information über hohe Frequenzen im Tieftonbereich ab und rekonstruiert die hohen Frequenzen später aus den tiefen Frequenzen. Bei gleicher Klangqualität benötigt eine MP3pro-Datei nur etwa halb so viel Speicherplatz wie eine MP3-Datei.

Beim kommerziellen Einsatz sind MP3 und MP3pro lizenzgebührenpflichtig (Downloads, Player, Encoder; Thomson Media hat für das Fraunhofer Institut die Vermarktung übernommen).

Im *Internet* werden *MP3-Dateien hauptsächlich zum Herunterladen* angeboten. Wer sich hingegen *Musik in Echtzeit ohne Ladezeiten* anhören möchte, verwendet dafür meist das *RealAudio-Format*.

▶ Übungsaufgabe Nr. 1.3.45 im Arbeitsbuch

3.5.2.3 RealAudio

RealAudio ist das erste verlustbehaftete Audiodateiformat, das speziell für die Streaming-Technik im Internet geschaffen wurde und auf diesem Gebiet nach wie vor seine größte Stärke besitzt. Es wird vorwiegend beim Internet-Radio benutzt. Während die älteren Codecs des Herstellers Real-Networks hauptsächlich für schmalbandige Netzverbindungen ausgelegt waren, bietet die aktuelle Version mit ähnlichen Encoder-Techniken wie MP3 ein qualitativ hochwertiges Audiostreaming. Die maximale Bitrate beträgt 360 kbit/s. RealAudio wird von allen gängigen PC-Betriebssystemen unterstützt und beinhaltet einen einfachen Kopierschutz. Je nachdem, ob ein Flag gesetzt ist oder nicht, ist das Abspeichern beziehungsweise Herunterladen einer Datei erlaubt oder nicht. RealAudio-Dateien sind durch die Dateiendung *„.ra"* gekennzeichnet.

Streaming bedeutet, dass bereits während der Übertragung mit dem Abspielen der Datei begonnen werden kann (Alternative ohne Streaming: die gesamte Datei muss zuerst übertragen werden, erst danach kann das Abspielen beginnen). Beispielsweise ist für eine Live-Übertragung ein Streaming-Format unumgänglich.

RealAudio-Encoder- und RealAudio-Player-Programme sind beim Hersteller kostenlos erhältlich. Die Qualität ist bei niedrigen Bitraten (im Telefon-Modem-Bereich) gut, bei hohen Bitraten ab 128 kbit/s sehr gut. Weitere verlustbehaftete Audiodatenformate sind WMA, AAC und Ogg Vorbis.

3.5.2.4 WMA und ASF

WMA (Abkürzung von engl.: Windows media audio) ist ein Internet-geeignetes verlustbehaftetes Audiodatenformat von Microsoft. Dateien im WMA-Format und in MS-Multimedia-Formaten können von **ASF** (Abkürzung von engl.: advanced streaming format) für das Streaming aufbereitet werden. Der hierfür benötigte kostenlose „Windows Media Encoder" zeichnet sich durch eine hohe Kodiergeschwindigkeit aus und erreicht auch bei niedrigen Bitraten (Telefon-Modem 24 – 32 kbit/s) sehr gute Ergebnisse (Radio-Qualität). Es werden variable Bitraten unterstützt; die maximale Bitrate beträgt 192 kbit/s. Mit *WMRM* wird ein effizienter Kopierschutz geboten. Der Einsatz ist auf Windows- und Apple-Rechner beschränkt.

WMA Lossless ist ein verlustfreier Codec, der die komprimierten Daten bitgenau rekonstruiert. Der Platzbedarf von Dateien wird durch die Komprimierung jedoch nur um 50 Prozent reduziert.

Microsoft verwendet ein *Sicherheitskonzept*, bei dem der „Windows Media Rights Manager" (WMRM) kodierte Dateien mit einem Schlüssel versieht, ohne den sich Musikstücke oder Videos nicht verwenden lassen. Mit den diversen Playern auf eine Festplatte geschriebene WMA-Dateien lassen sich nur von dieser Platte oder demselben PC, aber erst nach Zertifizierung über das Internet abspielen. Mit dem Windows Media Encoder erzeugte Audiodateien lassen sich hingegen beliebig kopieren und auf anderen Rechnern abspielen.

Seit der starken Zunahme von Raubkopien (siehe Abschnitt 5.1.3) wird ein größeres Augenmerk auf den Kopierschutz gelegt. Manche Formate bieten gar keine (MP3, Ogg Vorbis), andere nur sehr einfache *Kopierschutzmechanismen* durch das Setzen von Flags (wie vorstehend für RealAudio beschrieben). Wegen der digitalen Rechteverwaltung ist WMA bei der Musikindustrie sehr beliebt und kommt sowohl bei herstellereigenen Internet-Musikdiensten als auch beim höchst umstrittenen Kopierschutz von Audio-CDs zum Einsatz (teils in Kombination mit den Kopierschutzverfahren anderer Hersteller, wie Macrovision).

3.5.2.5 AAC und HE-AAC

Das verlustbehaftete Audiodateiformat **AAC** (Abkürzung von engl.: advanced audio coding) wurde vom Fraunhofer Institut für Integrierte Schaltungen als Nachfolger von MP3 entwickelt. Ein Hauptziel der Entwicklung war, eine effiziente Komprimierungsmethode für Dolby-5.1-Kanal-Surround-Signale bei Sampling-Raten bis zu 96 kHz zu realisieren. AAC komprimiert Musikdateien um den Faktor 16 (MP3: Faktor 12) und nutzt dabei erheblich verbesserte Fehlerkorrekturverfahren. Die Klangqualität gilt bei einer Bitrate von 128 kbit/s als gut (etwas besser als MP3), unter 64 kbit/s als schlecht. Für den Kopierschutz kann ein DRM-Modul eingebunden werden.

AAC basiert auf den in MPEG-2 normierten und in MPEG-4 (siehe Abschnitt 3.5.4.5) weiterentwickelten Audiostandards, die eine Codierung von individuellen Objekten erlauben. Dadurch kann Sprache und Musik mit unterschiedlichen Bitraten und unterschiedlichen Funktionen codiert werden. Bis zu 48 diskrete Kanäle werden unterstützt. Für die kommerzielle Verwendung von AAC sind Gebühren zu bezahlen; die Lizenzen halten AT&T, Dolby, Fraunhofer Institut und Sony.

Zum *Beispiel* bietet die *Firma Apple* in ihrem erfolgreichen Web-Shop *i-Tunes* Musikstücke zum Herunterladen in Form von AAC-Dateien an, und hat das Format auch in seinen Multimedia-Werkzeugkasten *Quicktime* (siehe Abschnitt 3.5.4.4) integriert. Der von Apple verwendete Kopierschutz wurde – wie in vielen ähnlichen Fällen – schon bald „geknackt"; Programme, um den Kopierschutz aus Musikstücken zu entfernen (Playfair, DeDRMS), kursieren im Internet. Apple unternimmt gegenüber den Anbietern rechtliche Schritte.

High Efficiency AAC, abgekürzt **HE-AAC**, auch **aacPlus** genannt, basiert auf AAC und bietet zusätzlich die Spectral-Band-Replication-Technik (abgekürzt: SPR) von Coding Technologies, um bei geringen Bitraten noch eine gute Klangqualität zu erreichen (CD-Qualität ab 48 kbit/s). Weitere Stärken sind die hervorragende Klangqualität bei höheren Bitraten (von 80 kbit/s aufwärts), das Halten von hohen Frequenzen und die Streaming-Möglichkeit.

Der von Coding Technologies entwickelte *aacPlus-Codec* wurde 2004 als *MPEG-4 High Efficiency AAC* genormt. Das Format ist bisher kaum verbreitet, aber zukunftsträchtig. Es ist für die *Audiospur von Filmen* (im Rahmen der Videoformate DivX und H.264; Näheres im Abschnitt 3.5.4.5) vorgesehen. Das DVD-Forum hat sich im Jahr 2004 für HE-AAC als *Standard für die so genannte Compressed Audio Zone auf Audio-DVDs* entschieden, in der – neben der normalen DVD-Audio-Spur – Musikdaten auch in komprimierter Form gespeichert und dann direkt auf einen tragbaren Player übertragen werden können. Die bisher notwendige Formatumsetzung („Rippen") kann damit entfallen.

3.5.2.6 Ogg Vorbis

Ogg Vorbis ist ein patent- und gebührenfreier, verlustbehafteter Audio-Codec, der bei der Open-Source-Foundation Xiph.Org als Quell-Code erhältlich ist und dementsprechend schnell auf alle möglichen Betriebssysteme portiert werden kann. Im Unterschied zu den meisten anderen Encodern setzt dieser Codec in erster Linie auf variable Bitraten, die über die vom Benutzer gewünschte Qualität bestimmt werden. Die maximale Bitrate ist theoretisch unbegrenzt, praktisch liegt sie bei zirka 350 kbit/s. Ogg-Vorbis-Dateien sind durch die Dateiendung „.*ogg*" gekennzeichnet.

Ogg Vorbis ist als freie Alternative zum lizenzpflichtigen MP3 entwickelt worden. In den meisten Vergleichstests wird diesem Open-Source-Codec eine bessere Klangqualität als MP3 attestiert, vergleichbar zu den kommerziellen Mitbewerbern wie AAC. Ogg ist der Name des Ciph.org-Containers für Audio, Video und Metadaten, Vorbis ist die Bezeichnung für ein leistungsfähiges Audiokompressionsverfahren, das in Ogg enthalten ist (es können auch andere Formate in Ogg eingebettet sein).

Bei einer Kodierung mit konstanten Bitraten (CBR) werden Audiodaten, die die voreingestellte Bitrate (beispielsweise 128 kbit/s) überschreiten, abgeschnitten, wodurch mitunter hörbare Klangverluste entstehen. Beim Streaming mit begrenzter Bandbreite fehlt es dadurch an Volumen und der Ton klingt etwas dumpf. Bei variablen Bitraten (VBR) kann in solchen Fällen der Encoder selbstständig für den jeweiligen Zeitabschnitt eine höhere Bitrate wählen. VBR-Dateien werden fast doppelt so schnell erzeugt wie CBR-Dateien. Ogg Vorbis unterstützt bis zu 255 verschiedene Kanäle und bildet innerhalb der ersten sechs Dolby-Digital 5.1 ab.

Inzwischen gibt es für alle modernen Betriebssysteme Abspielprogramme, und zunehmend sind auch Player erhältlich, die neben MP3 die Benutzung dieses Formats ermöglichen. Bei der Entwicklung von Computerspielen ist Vorbis mittlerweile zum Quasistandard geworden.

3.5.2.7 MIDI

Neben den vorstehend beschriebenen Audiodateiformaten, die akustische Information möglichst originalgetreu als Folge digitaler Werte abbilden, gibt es *abstrakte Audiodateiformate,* die ähnlich wie eine Partitur Steueranweisungen zur digitalen Klangerzeugung mit elektronischen Instrumenten (bei einem PC: die Soundkarte) beinhalten. Das wichtigste abstrakte Audiodateiformat ist MIDI.

MIDI (Abkürzung von engl.: musical instrument digital interface) wurde ursprünglich von Musikgeräteherstellern beziehungsweise der von ihnen gegründeten *International MIDI Association* als genormte Schnittstelle für die Kommunikation von elektronischen Instrumenten verschiedener Herkunft und Bauart, wie zum Beispiel Synthesizer, Keyboards usw., entwickelt. Bald wurde für diesen Datenaustausch auch ein Dateiformat standardisiert. MIDI-Daten werden über eine unidirektionale serielle Schnittstelle mit einer Rate von 31,25 kbit/s übertragen. Eine MIDI-Datei enthält instrumentbezogene Steueranweisungen zur Erzeugung von Tönen, die von speziellen Klangerzeugungsmechanismen unabhängig sind. Das Standard-MIDI-Format verwendet die Dateiendung „*.mid*". Eine MIDI-Datei mit Karaoke-Spur ist durch die Dateiendung „*.kar*" gekennzeichnet.

Der *General MIDI Standard* definiert eine Klangbibliothek mit 128 verschiedenen Instrumenten, die über 16 Kanäle angesprochen werden können. Manche Instrumente dürfen zur selben Zeit nur eine (zum Beispiel Flöte), andere können zur selben Zeit mehrere Noten (zum Beispiel Klavier) spielen. Die MIDI-Befehle definieren das jeweilige Instrument und die Töne (unter anderem den Beginn und das Ende der Noten, die Tonhöhe und die Lautstärke).

Vorteile des weitverbreiteten MIDI-Formats sind die vergleichsweise geringen Dateigrößen sowie das Fehlen von Nebengeräuschen und Verzerrungen. Durch die Möglichkeit, Noten einzeln zu bearbeiten, können zum Beispiel aufgenommene Fehler in einem Musikstück im nachhinein problemlos korrigiert werden. *Nachteile* sind die Abhängigkeit der Wiedergabequalität von den Klangerzeugern (Soundkarte usw.), die teilweise mangelnde Qualität der Instrumente sowie die fehlende Klangdynamik (die Tonhöhe und Klangfarbe des einzelnen Tons ändern sich nicht).

▶ Übungsaufgabe Nr. 1.3.46 im Arbeitsbuch

3.5.3 Festbildformate

In diesem Abschnitt werden einige weit verbreitete *Grafikformate* gekennzeichnet. Diese unterstützen verschiedene Grafiktypen (hauptsächlich Pixelgrafik, seltener Vektorgrafik), Farbtiefen sowie unterschiedliche Formen der Kompression, um den Speicherbedarf und die Übertragungszeit zu reduzieren. Dateiformate für bewegte Bilder werden erst später im Abschnitt 3.5.4 beschrieben.

Fast jedes Bildverarbeitungsprogramm verwendet ein eigenes Dateiformat, um anwendungsspezifische Besonderheiten wie etwa schwebende Objekte, Ebenen oder auf Pfaden verlaufenden Text ohne Verluste zu speichern. Einige dieser *proprietären Bilddateiformate,* wie zum Beispiel *Photoshop* (Dateiendung *„.psd")* von Adobe Systems, haben sich aufgrund der starken Marktstellung der Produkte zum Industriestandard für den Dokumentenaustausch entwickelt.

Herstellerneutrale, anwendungsunabhängige Dateiformate, die jedes gängige Programm verarbeiten kann, gibt es nur relativ wenige. Zur verlustfreien Speicherung von *Pixelgrafiken* hat sich das TIF-Format durchgesetzt; seltener kommen BMP und PNG zum Einsatz. Im WWW sind die Formate GIF und JPEG weit verbreitet. GIF erlaubt jedoch nur maximal 256 Farben pro Bild, und JPEG arbeitet mit verlustbehafteten Kompressionsverfahren. Dateiformate für die Weitergabe von Dokumenten, die *nur für die Ausgabe (Anzeige, Drucken),* nicht aber für eine Weiterverarbeitung vorgesehen sind, sind das PostScript-Format und darauf basierende Sonderformen. Dazu gehört auch EPS, das Standardformat zum Austausch von *Vektorgrafiken.*

Auf das hauptsächlich *im Internet für statische Vektorgrafiken und Animationen* zum Einsatz kommende *Flash-Format* von Macromedia und den *offenen Vektorgrafik-Standard SVG* gehen wir an anderer Stelle (im Abschnitt 3.6.3) kurz ein.

3.5.3.1 TIFF

Das **TIF-Format**, abgekürzt **TIFF** (Abkürzung von engl.: tag image file format) ist ein relativ altes, aber immer noch verbreitetes Format für den Austausch von Pixelgrafiken. TIFF wurde von der Aldus Corporation entwickelt (Einführung im Jahr 1987, letzte Version TIFF 6 im Jahr 1992), die inzwischen mit Adobe Systems fusioniert wurde. Es ist betriebssystemunabhängig und wird daher von den meisten Scannern und Digitalkameras beziehungsweise Bildbearbeitungsprogrammen, die diesen beigelegt sind, unterstützt. Die Farbtiefe reicht von 1 bis 24 Bit, diverse Kompressionsverfahren sind möglich. Das TIF-Format verwendet die *Dateiendung„.tif".*

Die *maximale Bildgröße* beträgt zirka vier Milliarden Bildzeilen. In einer Datei können mehrere Bilder gespeichert werden.

Probleme bei Verwendung dieses Formates können sich eventuell beim Einsatz verschiedener Endbenutzerwerkzeuge und verschiedener Kompressionsverfahren ergeben. Da nämlich neben der Option zu einer nicht verdichteten Darstellung zwischen mehreren Kompressionsverfahren gewählt werden kann, gibt es verschiedene Varianten des Formates, die in Fehlinterpretationen der Endbenutzerwerkzeuge beim Öffnen der Dateien resultieren können. Zu den eingesetzten möglichen *Kompressionsverfahren* zählen unter anderem die verlustfreien Verfahren RLE, LZW, CCITT Gruppe 3 und 4 (= Faxformate), aber auch das verlustbehaftete JPEG-Verfahren.

3.5.3.2 BMP (Windows Bitmap)

Das von Microsoft entwickelte **Windows Bitmap-Format** ist ein proprietäres Rasterformat, welches von den meisten Grafikprogrammen, die auf dem Windows-Betriebssystem laufen, unterstützt wird. Es erlaubt eine Farbtiefe bis zu 24 Bit und speichert Festbilder wahlweise unkomprimiert oder komprimiert mit Lauflängenkodierung *(RLE)*. Das Windows Bitmap-Format verwendet die Dateiendung „*.bmp*".

Die maximale Bildgröße beträgt 65.536 × 65.536 Pixel.

3.5.3.3 GIF

Das **GIF-Format** (Abkürzung von engl.: graphics interchange format) wurde von dem kommerziellen Online-Dienst CompuServe für den schnellen Austausch von Pixelgrafiken zwischen räumlich entfernten Arbeitsplatzrechnern aller Art entwickelt. Ziel war eine möglichst kleine Dateigröße. GIF ist deshalb auf 8-Bit-Farbtiefe beschränkt und bietet eine effiziente Kompression (LZW). Es ist betriebssystemunabhängig und lässt sich auch versionsunabhängig von jedem gängigen Browser darstellen. Das GIF-Format verwendet die Dateiendung „*.gif*".

GIF unterstützt eine *maximale Bildgröße* von 65.536 x 65.536 Pixel. GIF-Bilder können beim Laden aus dem Netz schichtweise aufgebaut werden, wodurch die Grobstruktur eines Bildes schnell sichtbar wird, und der Benutzer nicht wie bei einem zeilenweisen Aufbau lange auf die Erkennbarkeit eines Bildes warten muss. Der schichtweise Bildaufbau wird oft als *Interlaced-Modus* (deutsch: verschachtelt beziehungsweise verflochten) bezeichnet. Weitere Besonderheiten sind die Möglichkeit zum Abspeichern transparenter Hintergründe sowie die Möglichkeit zur Abspeicherung mehrerer Bilder in einer Datei, wodurch *animierte GIF-Bilder (engl.: animated gifs)* dargestellt werden können. Dadurch hat GIF insbesondere als Format für animierte Grafikbanner – das sind kleine Werbeanzeigen auf WWW-Seiten (siehe Abschnitt 5.3.5.3) – große Verbreitung erlangt.

3.5.3.4 JPEG und JPEG 2000

JPEG (sprich: Djei-päg) ist die Abkürzung von engl.: joint photographic experts group, einer Standardisierungsorganisation. Das von ihr entwickelte gleichnamige, betriebssystemunabhängige Dateiformat, 1993 als ISO-Norm akzeptiert, erlaubt eine Farbtiefe bis 24 Bit und bietet für Pixelgrafiken eine verlustbehaftete Kompression mittels Discrete-Cosinus-Transformation (abgekürzt: DCT), die die Datenmenge bis zu einem Faktor 25 reduzieren kann. Das JPEG-Format verwendet die Dateiendung „.jpg".

Die *maximale Bildgröße* beträgt 65.536 x 65.536 Pixel. Bei der Kompression kann die erforderliche Wiedergabequalität (von „maximal" bis „niedrig") gewählt werden. JPEG beruht auf zwei gleichzeitig angewandten Prinzipien. Das eine *Verfahren* nutzt die Schwäche des menschlichen Auges, den Farbunterschied

Abb. 3.5.3.4/1: JPEG-Komprimierung

von zwei dicht beieinander liegenden Bildpunkten gleicher Helligkeit schlecht unterscheiden zu können. Bilder werden daher in ein Helligkeits- (Luminanz-) und in ein Farbwert-(Chrominanz-)Bild zerlegt, wobei das Farbbild mit wesentlich geringerer Auflösung gespeichert wird. Bei der Dekompression werden die fehlenden Farbwerte durch Zwischenwertberechnungen gebildet. Das zweite Verfahren versucht, Strukturen eines Bildes zu erkennen und diese dann in komprimierter Form zu speichern (zum Beispiel Teile eines Porträts).

Das JPEG-Format eignet sich *optimal als Austauschformat für Bilder mit weichen Farbverläufen*, wie zum Beispiel Fotos, jedoch nicht für scharfkantige Grafiken. Während eine geringe Kompressionsrate mit dem freien Auge nicht störend beziehungsweise kaum bemerkbar ist, wirken sich höhere Kompressionsraten negativ auf die Bildqualität aus, da tatsächlich Bildinformation verloren geht. Die JPEG-Kompression ist bei Bildbereichen mit sanften Farbverläufen stärker. Bei Fotos ist die Kompressionsrate typischerweise zwei- bis dreimal höher, als dies bei der GIF-Kompression der Fall ist. Wenn Sie zwischen dem GIF-Format und dem JPEG-Format wählen können, so empfiehlt sich JPEG zur Darstellung von Fotos und GIF für Grafiken.

JPEG 2000 ist der von der ISO-Arbeitsgruppe JPEG entwickelte lizenz- und abgabenfreie Nachfolgestandard von JPEG, der für Pixelgrafiken sowohl eine verlustfreie als auch eine gegenüber JPEG verbesserte verlustbehaftete Kompression mittels Wavelet-Transformation (engl.: wavelet transformation) bietet. Zunächst ist nur der übliche RGB-Modus mit 24 Bit Farbtiefe möglich, später sind bis zu 256 Farbkanäle mit jeweils bis zu 16 Bit Farbtiefe vorgesehen (das heißt, es werden bis zu 65.536 Graustufen oder 281 Billionen Farben unterstützt). Das JPEG-2000-Format verwendet die Dateiendung *„.jp2"*.

JPEG 2000 ist zu JPEG *abwärts kompatibel*. Bei der Bildübertragung ist ein *stufenloser Übergang von der verlustbehafteten zur verlustfreien Kompression* möglich: Es kann zunächst eine kleine, verlustbehaftete Datei übermittelt werden, die dem Empfänger wie ein bisheriges JPEG-Bild erscheint – das in der Folge sukzessive durch die Übertragung zusätzlicher Dateiinformation immer mehr verbessert wird, bis der Originalzustand des Bildes wieder hergestellt ist.

Mittels *Wavelet-Transformation* lassen sich bis zu 20 Prozent kleinere Dateien bei gleicher Bildqualität erzielen. Wavelets (deutsch: auslaufende, kleine Wellen) sind die Basisfunktionen (lokal und zeitlich eng begrenzte Frequenzen), in die das zu komprimierende Bild transformiert wird. Sie beschreiben, wie schnell sich Bildgegebenheiten ändern. Die Koeffizienten zu diesen Basisfunktionen, die das Bild repräsentieren, können durch Quantisierung (Rundung) stark verdichtet werden, so dass auch bei geringen Datenmengen eine gute Bildqualität gegeben ist.

Bisher ist die *Verbreitung von JPEG 2000* noch sehr gering. Die geplanten *Einsatzgebiete* von JPEG 2000 sind dieselben wie derzeit bei JPEG: Speicherung von digitalen Fotos in Digitalkameras, Mobiltelefonen, PCs, Bildarchiven usw., Übertragung im Internet, Aufbereitung und Ausdruck (Fotodrucker, Fotolabors, Satzstudios, Druckereien). Der medizinische Bereich wird von JPEG 2000 durch die Berücksichtigung der dort üblichen Bildformate und Farbprofile besonders unterstützt.

▶ Übungsaufgabe Nr. 1.3.47 im Arbeitsbuch

3.5.3.5 PNG

Bis zum Jahr 2004 besaß die Firma Unisys ein Patent auf das in GIF verwendete LZW-Kompressionsverfahren und verlangte von Entwicklern und Web-Site-Betreibern für die Verwendung eine Lizenzgebühr. PNG wurde in der zweiten Hälfte der 1990er Jahre von einer Gruppe von Softwareentwicklern und technischen Autoren (World Wide Web Consortium, W3C) in Reaktion auf diese Lizenzgebührenforderungen als Open-Source-Rasterformat entwickelt.

> Das **PNG-Format** (Abkürzung von engl.: portable networks graphics, sprich: Ping-Format) ist ein speziell für den Einsatz im Web entwickeltes, abgabenfreies und plattformunabhängiges Rasterformat, das eine Farbtiefe bis 48 Bit unterstützt und eine verlustfreie Kompression mittels RLE bietet. Es war ursprünglich als Ersatz für GIF geplant, hat aber trotz einiger besserer Leistungsmerkmale die dominierende Stellung von GIF (und JPEG) bisher kaum berührt. Das PNG-Format verwendet die Dateiendung *„.png"*.

PNG bietet eine sehr gute Darstellungsqualität und eine verlustfreie Komprimierung, die etwas besser als die von GIF ist. Der stufenweise Bildaufbau im WWW, das *Interlacing*, ist erheblich schneller als bei GIF. Bereits ein bis zwei Prozent der übertragenen Datei reichen, um ein Bild schemenhaft zu erkennen. Nachteilig ist der gegenüber GIF oder JPEG teilweise größere Dateiumfang bei gleicher Bildqualität. Im Gegensatz zu GIF gibt es keine Animationsmöglichkeit.

Die meisten Grafikprogramme können inzwischen das PNG-Format lesen und speichern. Im Internet hat es sich jedoch bisher noch nicht auf breiter Basis durchsetzen können. Ein Grund dafür dürfte sein, dass es sich erst in jüngeren Versionen des Microsoft Internet Explorers darstellen lässt und selbst das mit Einschränkungen. Freie Web-Browser unterstützen bereits seit langer Zeit das PMG-Format.

3.5.3.6 PS (PostScript), EPS, PDF

> Das **PostScript-Format** verwendet die Dateiendung *„.ps"*. PostScript wurde ursprünglich von der Firma Adobe als Seitenbeschreibungssprache zur Ansteuerung von Druckern konzipiert. Mit der Zeit hat es sich auch

als Dateiformat zur Weitergabe elektronischer Dokumente eingebürgert, wobei die dafür verwendete Hardware bestimmte Anforderungen erfüllen muss beziehungsweise eine geeignete Software für den Umgang mit solchen Dateien benötigt wird. PostScript beschreibt den Aufbau einer Druck- oder Bildschirmseite, also Text, Vektorgrafik und eingefügte Rasterbilder, mit dem ASCII-Zeichensatz. Eine Datei kann beliebig viele Seiten enthalten.

Wenn Sie ein PostScript-Dokument ausdrucken wollen, so ist hierfür ein *PostScript-fähiger Drucker* erforderlich. Solche Drucker enthalten in der Regel einen eingebauten PostScript-Interpreter. Auch andere grafische Ausgabegeräte, wie zum Beispiel Diabelichter und Satzmaschinen, unterstützen dieses Dateiformat.

Wollen Sie vor dem Ausdruck den Inhalt einer PostScript-Datei auf dem Bildschirm betrachten, so benötigen Sie hierzu ein spezielles Anzeigeprogramm *(PostScript Previewer)*. Manche Endbenutzerwerkzeuge, die die Darstellung von PostScript nur mangelhaft unterstützen, zeigen am Bildschirm nur einen leeren Rahmen an der Stelle der PostScript-Grafiken an.

PostScript-Dateien sind reine *ASCII-Dateien*. Die Seitenbeschreibung ist sowohl für Schwarz-Weiß-Darstellung als auch für die Darstellung von Graustufen und Farbe möglich. Durch die ständige Weiterentwicklung von PostScript gibt es verschiedene *Varianten*. Im Gegensatz zur Variante PostScript Level 1 unterstützt PostScript Level 2 die *Komprimierung* von Dokumenten oder Grafiken innerhalb der Dokumente, zum Beispiel durch JPEG-Kompression.

Das **EPS-Format** beziehungsweise **EPSF** (Abkürzung von engl.: encapsulated PostScript format) verwendet eine Untermenge von PostScript und wird meist für die Darstellung von Grafiken verwendet. Der PostScript-Code wird hierbei mit zusätzlichen Kommentaren „umschlossen", die es ermöglichen, die Darstellung an beliebige Stellen zu verschieben. EPS-Dateien dürfen somit keine absoluten Positionsangaben oder beispielsweise Seitenumbruchsbefehle enthalten. Im verwandten EPSI-Format kann auch eine verkleinerte Rasterversion des PostScript-Bildes für eine Bildvorschau eingebunden werden. Das EPS-Format verwendet die Dateiendung „*.eps*".

Mit EPS können auch *Pixelgrafiken* gespeichert werden. Wegen des Umfangs der dabei entstehenden Dateien wird es allerdings selten allein für diesen Zweck benutzt.

Die Speicherung im EPS-Format erfolgt dann, wenn Festbilder in die Post-Script-Ausgabe eines Endbenutzerwerkzeuges – etwa eines Desktop-Publishing-Programms – eingebunden werden sollen. Es stellt somit ein *Endformat* dar, das nicht für eine Weiterbearbeitung gedacht ist (Austauschformat für die Druckvorstufe). Bei vielen auf dem Markt erhältlichen *Clip-Art-Sammlungen* bestehen die besonders hochwertigen Bilder aus EPS-Dateien. Eine Abspeicherungen von

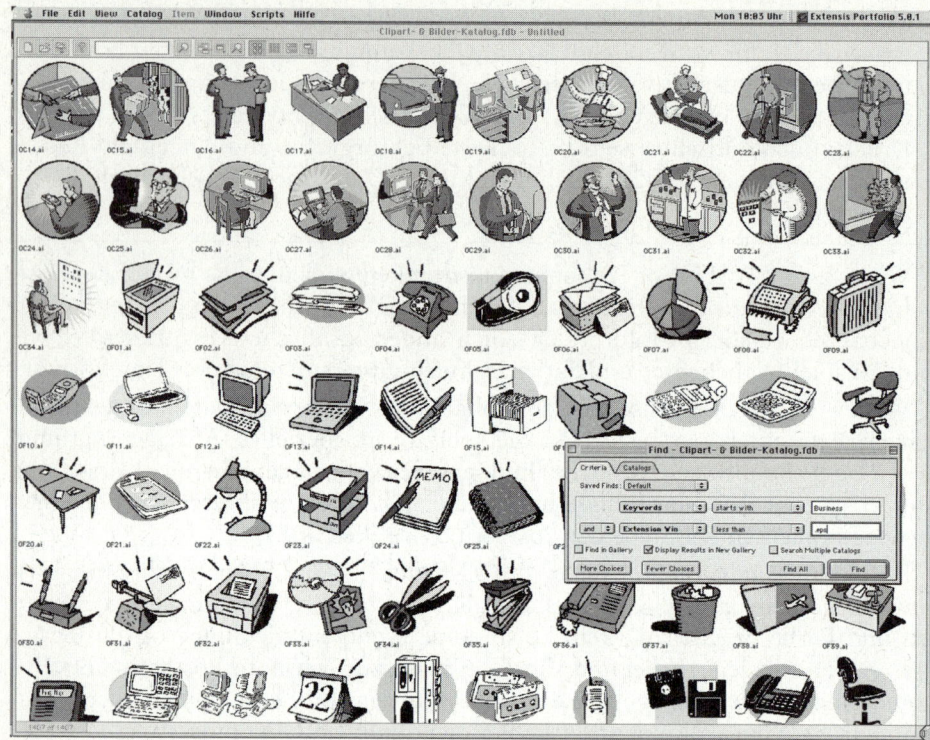

Abb. 3.5.3.6/1: Ausschnitt aus einer Clip-Art-Bibliothek

Grafiken in diesem Format für andere Zwecke ist aufgrund des hohen Speicherbedarfs nicht zu empfehlen.

> Das **PDF-Format** (Abkürzung von engl.: portable document file) ist ebenfalls ein weit verbreitertes Format für den Austausch von unveränderlichen elektronischen Dokumenten. Es wurde von der Firma Adobe entwickelt, die kostenlose Anzeigeprogramme für alle Plattformen sowie ebenso kostenfrei Plug-Ins für Browser anbietet. Das PDF-Format verwendet die Dateiendung *„.pdf"*.

Wir sind auf diese einfache Möglichkeit zur Weitergabe, Anzeige und eventuell Ausdruck von Dokumenten bereits im Abschnitt 3.2.2.2 eingegangen. Im Gegensatz zu PostScript-Dokumenten kann der Ausdruck von PDF-Dokumenten problemlos auf jedem Drucker erfolgen.

Die Abb. 3.5.2.6/2 zeigt Ihnen, welcher *Speicherbedarf sich für ein gescanntes 2 x 3 Zentimeter großes Farbfoto mit der Auflösung von 250 Punkten pro Zoll* (das in Abb. 3.3.2.1/3 in Schwarz-Weiß gezeigte Bild) in verschiedenen Dateiformaten ergibt.

Abb. 3.5.3.6/2: Speicherbedarf eines Beispiel-Bilds bei verschiedenen Dateiformaten

Dateiformat	Kompression	Gesamtgröße der Beispieldatei in KB
BMP (Windows Bitmap)	Nein	189
BMP (Windows Bitmap)	RLE mit 8-Bit-Farbtiefe	73
EPS (ASCII-Codierung)	Nein	493
EPS (Binärcodierung)	Nein	247
GIF	Ja, mit 8-Bit-Farbtiefe	44
JPEG	Ja, mit sehr guter Qualität	29
TIFF	Nein	189
TIFF	LZW, verlustfrei	58

Das gleiche Foto mit derselben Auflösung von 250 ppi und 24-Bit-Farbtiefe RGB würde übrigens in DIN-A4-Größe unkomprimiert zirka 15,5 MB belegen.

▶ Übungsaufgabe Nr. 1.3.48 im Arbeitsbuch

3.5.4 Videoformate

Wir betrachten hier nur die Dateiformate, die eine Speicherung und synchrone Wiedergabe bewegter Bilder (Video) und zugehöriger akustischer (Audio) und schriftlicher Information (Untertitel usw.) ermöglichen. Die Dateiformate für schriftliche und akustische Information haben wir vorstehend bereits behandelt. Deshalb konzentrieren wir uns hier auf die Speicherung und das Abspielen von Videodateien in zeitlicher Übereinstimmung von Bild, Ton und Schrift.

Eingehende analoge Videosignale müssen ebenso wie analoge Audiosignale zur rechnergestützten Verarbeitung zunächst *digitalisiert* werden. Das geschieht bei Videos Bild für Bild.

M-JPEG (Abkürzung von engl.: motion JPEG) ist ein Video-Codec, bei dem jedes einzelne Bild einer Videosequenz mit dem JPEG-Standard für Festbilder komprimiert wird. Es bietet eine hohe Qualität, ist aber bei mittleren Datenraten sehr speicherintensiv. Eine typische Kompressionsrate ist 24:1.

M-JPEG kommt wegen seiner sehr guten Qualität oft in digitalen Kameras zum Einsatz. Um eine auf dem PC abspielbare Videodatei zu erhalten, ist die Konvertierung von M-JPEG in ein Standardabspielformat wie AVI, QuickTime oder MPEG erforderlich (Näheres folgt). Bei digital eingehenden Signalen, wie beispielsweise von einer digitalen Videokamera, entfällt zwar die *Analog-/Digital-Wandlung,* das vorliegende Dateiformat muss jedoch in der Regel ebenfalls zur Wiedergabe in eines der genannten Standardabspielformate gebracht werden.

3.5.4.1 AVI (Video for Windows)

Das **AVI-Format** (Abkürzung von engl.: audio video interleave*)* ist ein von Microsoft entwickeltes, mit dem Betriebssystem Windows ausgeliefertes und damit weit verbreitetes Raster-Videodateiformat (Markstandard). Es verfügt über eine Audiospur im WAVE-Format, womit Stereoton in CD-Qualität ermöglicht wird. Der Standard lässt viele Implementierungsdetails – wie beispielsweise den Video-Codec – offen, was zu einer großen Vielfalt von Codecs mit unterschiedlichen Farbtiefen, Farbmodellen, Kompressionsraten usw. geführt hat. Die Voreinstellung (engl.: default mode) ist 24-Bit RGB, aber es gibt auch alle möglichen weniger verbreiteten Variationen wie 15-Bit, 8-Bit, Graustufen, YUV-Farbe usw. Das AVI-Format verwendet die Dateiendung *„.avi"*.

„Audio Video Interleave" heißt, dass Audio- und Videodaten in der AVI-Datei gespeichert sind. Bei seiner *Markteinführung 1992/93* ließ das Format nur heute archaisch anmutende 15 Bilder pro Sekunde mit einer Auflösung von 160 × 120 Pixel zu. Video-Clips im AVI-Format mit 15 Bildern pro Sekunde und einer Auflösung von 160 × 120 Pixel finden Sie heute noch im Internet. Für *Streaming* ist AVI jedoch nicht geeignet, da es über keine Zeitmarken verfügt, mit denen Audio- und Videospuren bei schwankender Übertragungsrate resynchronisiert werden können.

Aufgrund seiner vergleichsweise schlechten Qualität wurde AVI gegen Ende der 1990er Jahre kaum noch verwendet. Es wurde jedoch durch die beim Herunterladen von Filmen im Internet dominierenden Videocodecs DivX und XviD (siehe Abschnitt 3.5.4.5) wieder belebt, die AVI als Containerformat verwenden. Ein *Containerformat* ist ähnlich wie ein in Lager und Transport verwendeter Container (Großraumbehälter) ein „Behältnis" für Dateien unterschiedlichen Typs. Es definiert nur die Art und Struktur, wie der Inhalt zu speichern ist. In welchem Format die eigentlichen Daten vorliegen, steht im Kopf (engl.: header) der AVI-Datei.

3.5.4.2 WMV und ASF (Windows Media Technologies)

Windows Media Technologies ist die Sammelbezeichnung für Produkte und Dienste von Microsoft, mit denen Audio- und Videodateien entwickelt, ausgeliefert und abgespielt werden können. Die wichtigsten

Bestandteile sind die *Windows Media Tools,* ein Werkzeugkasten mit älteren und neueren Programmen, ein *Server für Streaming Video* und der *Windows Media Player* zum Abspielen von Musik und Videos. Audiodaten werden im **WMA-Format** (Abkürzung von engl.: Windows media audio), Videodaten im **WMV-Format** (Abkürzung von engl.: Windows media video) abgespeichert und mit **ASF** (Abkürzung von engl.: advanced streaming format) für das Streaming aufbereitet. Daneben können gängige Standarddateiformate (wie MP3, WAV, MIDI, MPEG) verarbeitet werden. Das WMV-Format verwendet die Dateiendung *".wmv".*

Sehen Sie sich zu WMA und ASF nochmals den Abschnitt 3.5.3.5 an. Vom Konzept her sind die Windows Media Technologies dem Marktführer Quick-Time nachempfunden (siehe Abschnitt 3.5.4.4). Sie werden laufend weiter entwickelt und bieten inzwischen eine vergleichbar hohe Qualität.

ASF, WMV und WMA sind eine proprietäre Weiterentwicklung des MPEG-4-Videoformates (Näheres folgt im Abschnitt 3.5.4.5). Dementsprechend werden WMV-Filme in der Regel in einer Videospur und einer Audiospur gespeichert, in weiteren Spuren können Text (zum Beispiel Untertitel) und andere Daten enthalten sein. Als Video-Codec bietet Microsoft *Windows Media* an, es stehen jedoch auch Codecs anderer Hersteller zur Verfügung.

Seit der Version 9 (2004) kann Windows Media Filme nicht nur in den Video-Standardauflösungen mit 640 × 480 (USA) oder 768 × 576 Pixel (Europa) codieren/decodieren, sondern auch hoch auflösend im *WMV-HD-Format* mit bis zu 1.920 × 1.080 Bildpunkten. Durch die hoch komprimierende MPEG-4-Technik ist es mit WMV-HD möglich, einen Spielfilm in voller Länge und in ausgezeichneter Qualität auf einer normalen DVD-9 (Näheres im Band 2, Kapitel 2) zu speichern. *VC-9* (Abkürzung für: Video Codec 9) ist eine verallgemeinerte Fassung von Windows Media 9 beziehungsweise WMV-HD, die Microsoft bei der Society of Motion Picture and Television Engineers (abgekürzt: SMPTE) zur Standardisierung vorgelegt hat. Das DVD-Forum hat VC-9 als einen der drei Video-Codecs für die HD-DVD gewählt.

3.5.4.3 RealVideo

RealVideo war der erste Marktstandard für *Streaming Video,* bei dem das Video nicht erst komplett über das Netz übertragen werden muss, sondern bereits bei der Übertragung betrachtet werden kann. Sofern es sich nicht um Live-Aufnahmen handelt, kann der Ablauf ähnlich wie bei einem Videorecorder beeinflusst werden. Es verwendet die Dateiendung *".rv".*

RealVideo ist ein Bestandteil von *RealSystem,* das die Firma RealNetworks zur Übertragung von Video und Audio über das Internet entwickelt und im Lauf der Zeit um interaktive Fähigkeiten erweitert hat. RealVideo verwendet zur Steuerung und Synchronisation der Bild-, Ton- und Text-Datenströme Steuerdokumente, die in der Sprache XML-basierten Sprache *SMIL* (Abkürzung von engl.: synchronized media integration language; sprich engl.: smile) beschrieben sind. SMIL ist ein Standard des W3C-Konsortiums, der auch von anderen Herstellern verwendet wird.

Die Audiokomponente *RealAudio* haben Sie bereits im Abschnitt 3.5.2.3 kennengelernt. Entsprechend gibt es eine Textkomponente *RealText* für verschiedene Arten von Texten, eine Grafikkomponente *RealPix* und die oben erwähnte Videokomponente *RealVideo*. Zum Lieferumfang gehören *Autorenwerkzeuge* (darunter Audio/Video-Encoder für die gängigen PC-Betriebssysteme), *Player* zum Dekomprimieren und Abspielen der Medien im Datenstrommodus sowie *Server* für die Distribution der multimedialen Information über das Internet.

Ein großer *Vorteil* ist, dass die genannten RealNetworks-Produkte für alle gängigen Betriebssysteme zur Verfügung stehen, in den Basisversionen zum kostenlosen Herunterladen über das Internet. Die *Qualität* der Real-Codecs gilt jedoch inzwischen nur noch als *mittelmäßig* und ist besonders bei geringen Bitraten schlechter als bei Windows Media.

3.5.4.4 QuickTime

QuickTime ist von *Apple* zum Aufnehmen, Editieren und Abspielen von Videos auf Macintosh-Rechnern entwickelt worden (1991). Seit 1997 ist es zusätzlich für Windows-PCs verfügbar. Ein Großteil aller Multimedia-Anwendungen basiert auf diesem kontinuierlich weiterentwickelten *Marktstandard*.

QuickTime ist ein von Apple entwickelter umfassender, plattformübergreifender Multimedia-Werkzeugkasten. Es beinhaltet neben den QuickTime-eigenen Dateiformaten Import- und Exportfunktionen aller gängigen Formate für feste und bewegte Bilder (Grafik und Video), Audio und Text. Mit der mitgelieferten Software (MoviePlayer, PictureViewer, Browser Plug-In) lassen sich sämtliche Dateiinhalte ansehen beziehungsweise abspielen und verändern – egal, auf welcher Plattform sie erzeugt wurden. Seit der Version 4 (2001) wird auch Streaming von Live- und dateibasierten Video- und Audioaufnahmen über das Internet unterstützt. Die QuickTime-Formate verwenden die Dateiendung „*.mov*".

Die Medieninformation ist auf *zeitsynchronisierten Schichten* für Video, Festbilder, MPEG, Ton, Text, Zeitcode, MIDI, Sprites (Überblendung von Einzelbildern oder Animationen), Kontrolldaten, VR (360°-Panoramen) und 3-D gespeichert. Alle Informationstypen können auch mehrfach vorkommen, wodurch beispielsweise ein Film mehrere Untertitel oder Synchrontext in mehreren Sprachen haben kann.

Fast alle im Kapitel 3 erwähnten *Bild- und Audiodateiformate* (und viele andere mehr) werden unterstützt. Für *Festbilder* gehören dazu beispielsweise

TIFF, BMP, GIF, JPEG und PNG, die unterstützten *Video-Codecs* sind beispielsweise M-JPEG, DV (Digital Video Format), H.261 und H.263 (für Videokonferenzen; siehe Abschnitt 3.4.3.1), MPEG und Sorenson. Der integrierte *Sorenson-Video-Codec* erlaubt bei niedrigen Datenraten eine weitaus bessere Darstellungsqualität als der bisherige QuickTime-Codec Cinepak. Für *Streaming Video* werden ebenfalls die gängigen Standards unterstützt.

QuickTime VR ist Apples Werkzeug für Anwendungen der Virtuellen Realität; damit wird dem Benutzer über Maus und Tastatur eine Navigation in virtuellen Räumen ermöglicht. Die *QuickTime TV-Software* erlaubt es dem PC-Benutzer, über das WWW Fernsehen in guter Qualität zu empfangen.

Apple ist mit QuickTime einer der wichtigsten Verfechter der offenen MPEG-Standards und einer der Schrittmacher bei der Entwicklung und Implementierung von MPEG-4 und H.264/AVC (siehe Abschnitt 3.5.4.5).

▶ Übungsaufgabe Nr. 1.3.49 im Arbeitsbuch

3.5.4.5 MPEG

MPEG-1 und MPEG-2

Sie haben die MPEG-Expertengruppe und die von ihr erarbeiteten ISO-Standards MPEG-1 (1992) und MPEG-2 (1994) bereits im Zusammenhang mit MP3 kennen gelernt (siehe Abschnitt 3.5.2.2).

> Die internationale Video-Norm **MPEG-1** wurde durch die Motion Picture Experts Group (MPEG) der ISO entwickelt. MPEG-1 dient zur Kompression und Dekompression bewegter Bilder und zugehörigen Tons für digitale Speichermedien mit bis zu 1,5 Mbit/s Transferrate.

Die *Kompression* erfolgt durch die Codierung der Veränderungen zwischen aufeinander folgenden Bildern. In einem ersten Schritt (Predictive Coding) werden in gewissen Abständen Referenzbilder – Intra- oder I-Frames – bestimmt, die jeweils für sich mit JPEG mit einem geringen Verdichtungsgrad (typisch 12:1) codiert werden. Auf Basis dieser hochwertigen I-Frames werden in einem zweiten Schritt (Motion Estimation) nachfolgende Bilder vorhergesagt. Diese Predicted oder P-Frames speichern nur die Veränderung gegenüber dem vorigen Bild und sind somit hoch komprimiert. In einem dritten Schritt (Picture Interpolation) werden weitere fehlende Bilder – Bidirectional oder B-Frames – aus dem vorherigen und dem nachfolgenden Bild errechnet. Sie weisen die höchste Kompression auf.

Es bleibt dem jeweiligen *Encoder* überlassen, wie er die Folge von I-, P- und B-Bildern aufbaut (kein Standard). Dadurch ergeben sich deutliche Unterschiede im Kompressionsgrad (bis 100:1) und der Qualität der Videos.

Mit MPEG-1 werden vor allem Videodateien komprimiert, die auf CD-ROMs vertrieben werden. Deshalb wird MPEG-1 oft mit dem so genannten

„Standard Input"-Format (SIF) in Verbindung gebracht, das für CD-ROMs beim PAL-Signal eine Auflösung von 352 x 288 Bildpunkten bei 25 fps vorschreibt („Viertel-PAL"). Eine Interpolation ergibt die Zwischenwerte für die formatfüllende Darstellung. Die Qualität entspricht in etwa VHS.

MPEG-2 ist wesentlich komplexer als MPEG-1, aber zu diesem (abwärts) kompatibel. MPEG-2 ist <u>der</u> Kompressionsstandard für Video-DVDs und das digitale Kabel- und Satellitenfernsehen mit höheren Datentransferraten von zwei bis 16 Mbit/s. Für die traditionelle Fernsehqualität sind vier bis sechs Mbit/s nötig. Ausgezeichnete TV-Darstellungsqualität wird bei neun Mbit/s geboten.

Damit können mit der Kapazität eines bisherigen analogen TV-Kanals zehn digitale Fernsehprogramme übertragen werden. MPEG-2 enthält auch ein Protokoll für die Steuerung digitaler Medien, zum Beispiel für die Kommunikation zwischen TV-Set-top-Box und Videoserver.

MPEG-2 bietet die *vier Auflösungen* Low (352 x 240 Pixel), Main (720 x 480), High 1.440 (1.440 x 1.152) und High 1.920 (1.920 x 1.080). Für die traditionelle Fernsehqualität genügt bereits die Auflösung Main.

Der *MPEG-3-Standard*, der sich dem *HDTV-Bereich* (Abkürzung von engl.: *high definition television*) widmen sollte, nämlich der Entwicklung von Fernsehnormen mit erhöhter Zeilenzahl (1.125 oder 1.250) und einem veränderten Bildseitenverhältnis (16:9), das einen kinoähnlicheren Gesamtbildeindruck vermittelt, wurde zugunsten von MPEG-2 aufgegeben, als man sah, dass MPEG-2 bei hohen Datenraten ebenfalls gute Qualität liefert.

Während MPEG-1 und -2 bloß Standards zur Übertragung von hoch komprimierten Audio- und Videodaten für einzelne Anwendungen sind, ist das Einsatzspektrum von *MPEG-4* wesentlich umfassender.

MPEG-4

Anfangs (1993) nur für langsame Übertragungsgeschwindigkeiten unterhalb 64 kbit/s bei der Mobilkommunikation und im Internet gedacht, wurde schon bald infolge technischer Fortschritte und des Zusammenwachsens der Bereiche Telekommunikation, Computertechnik, Fernsehen und Film die Zielsetzung von MPEG-4 ausgeweitet: Mit einem reichhaltigen Werkzeugkasten sollen interaktive Multimediaanwendungen aller Art unterstützt werden.

MPEG-4 (Version 1: 1998/99) ist ein leistungsfähiger MPEG-Kompressionstandard für interaktive Multimediaanwendungen aller Art. Die Kompressionsleistung ist um ein Vielfaches effektiver als bei MPEG-2. MPEG-4 bietet die Möglichkeit, Videoszenen mit audiovisuellen Objekten beliebiger Gestalt zu entwickeln und dabei die Objekte einzeln zu bearbeiten. Bei der Präsentation kann der Benutzer durch Eingaben das Geschehen steuern. Die für MPEG-4 verwendeten objektorientierten Kompressionsalgorith-

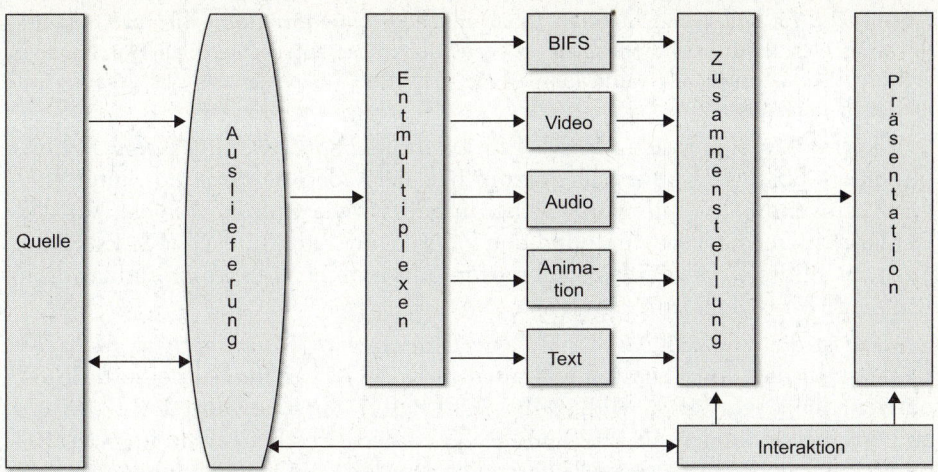

Abb. 3.5.4.5/1: Aufbau von MPEG-4

men und Werkzeuge setzen am unteren Ende auf sehr langsamen Transferraten von unter 64 kbit/s auf und reichen für Videosequenzen mit sehr großen (4.000 x 4.000 Pixel) Bildern bis zu über 1 Gbit/s.

Bei MPEG-1 und MPEG-2 Video wird ein Datenstrom rechteckiger Bilder (Frames) komprimiert; eine inhaltsbezogene Bearbeitung einzelner Bilder und ein Zugriff auf einzelne Bildelemente ist nicht möglich.

Mit *MPEG-4* können hingegen Szenen aus Objekten wie beispielsweise einem bestimmten Hintergrund (vielleicht ein Zimmer), den Bildern von Personen (ohne Hintergrund), den Stimmen dieser Personen, Gegenständen (Möbel usw.), Hintergrundmusik usw. zusammengestellt und objektbezogen bearbeitet werden.

MPEG-4 definiert eine Reihe von solchen primitiven *audiovisuellen Objekten,* die sowohl zwei- als auch dreidimensional gestaltet sein können. Sie werden ebenso wie Text- und Grafikobjekte in effizient codierter Form unabhängig von ihrer Umgebung dargestellt. Mittels der Sprache *BIFS* (Abkürzung von engl.: binary format for scenes) können die Position und die Bewegung der Objekte in solchen Szenen beschrieben werden. *Autorenwerkzeuge* für Text-, Bild- und Audioinformation unterstützen die Anwendungsentwicklung.

Alle Objekte können einzeln bearbeitet, komprimiert, in einem Datenstrom mit den anderen, der Szene zugehörigen Objekten übertragen, synchron ausgegeben und vom Benutzer „angesprochen" werden. Dadurch ergibt sich nicht nur eine Vielfalt von inhaltsbezogenen Editier-, Manipulations- und Zugriffsmöglichkeiten, sondern auch eine verbesserte Code-Effizienz.

Während in unserem obigen *Beispiel* für die flüssige Darstellung der sich bewegenden Personen 25 Bilder pro Sekunde benötigt werden, genügen für die sitzenden Personen vielleicht 15 Bilder und für die Möbel und den Hintergrund ein Bild pro Sekunde. Damit werden die zu übertragenden beziehungsweise zu speichernden Datenmengen wesentlich geringer, als wenn man – wie bei MPEG-1/2 – jeweils das gesamte Bild verarbeiten müsste.

Wie erwähnt eignet sich MPEG-4 für *Multimediaanwendungen aller Art,* insbesondere für digitales Fernsehen (zum Beispiel Video-on-Demand), interaktive Grafikanwendungen mit synthetischen Inhalten (wie Computerspiele, Virtuelle Realität) sowie die Verteilung und den Zugriff auf Videos im WWW. Es kommt auch für Bildtelefonie, Videokonferenzen und mobile Videokommunikation im Rahmen von UMTS zum Einsatz.

MP4 ist das von MPEG vorgesehene *Dateiformat (Container) für MPEG-4-Dateien.* In diesem „Behältnis" können in MPEG-1, -2 und -4 codierte Videodateien, in AAC, MP3, MP2, MP1, CELP (für Sprache) und SAOL (MIDI) codierte Audiodateien, in JPEG und PNG codierte Festbilder und im XMT/BT-Textformat codierte Untertitel übertragen werden. Die Dateiendungen sind für Audio und Video „.mp4", für DRM-geschützte Dateien „.m4p", nur für Video „.mp4v" und nur für MPEG-4-Videostreams „.m4v".

Da es bisher kaum Werkzeuge zur Bearbeitung von MP4-Dateien gibt und Videos in diesem Format nicht auf DVD-Playern laufen, ist MP4 noch kaum verbreitet. MPEG-4-Videocodecs „verpacken" derzeit die komprimierten Dateien in das AVI-Containerformat (Dateiendung: „.avi").

MPEG-4-Videocodecs: DivX und XviD

Es werden erst relativ wenige *MPEG-4-Videocodecs* angeboten, die bekanntesten sind DivX und XviD. Da MPEG-4 nur die Videocodierung mit Komprimierung normiert, gibt es bei den Softwareprodukten auf der Encoderseite funktionale Unterschiede und damit Inkompatibilität. Mit über 130 Millionen Benutzern weltweit ist DivX am verbreitetsten.

DivX ist ein einfach bedienbarer, leistungsfähiger MPEG-4-Codec von DivXNetworks, mit dem große Videodateien mit sehr guter Bildqualität komprimiert werden können. Ein Film lässt sich mit kaum wahrnehmbarem Qualitätsverlust auf fast zehn Prozent des Umfangs komprimieren. Durch den geringeren Dateiumfang eröffnet sich die Möglichkeit, Filme über das Internet auszutauschen und diese mit einem Software-Video-Player auf dem PC oder einem DivX-fähigen Hardware-Player abzuspielen. DivX-Codecs sind in funktional unterschiedlichen Varianten für alle gängigen PC-Betriebssysteme (Windows, Mac OS, Linux und andere) erhältlich. Das Format ist umstritten, weil es in großem Umfang zum Kopieren und Verbreiten von urheberrechtlich geschützten Filmen im Internet verwendet wird.

DivX ist 1999 von dem französischen Filmfreak und Hacker Jérôme Rota aus einer „gehackten" Betaversion des Microsoft Windows Media Player (WMP)

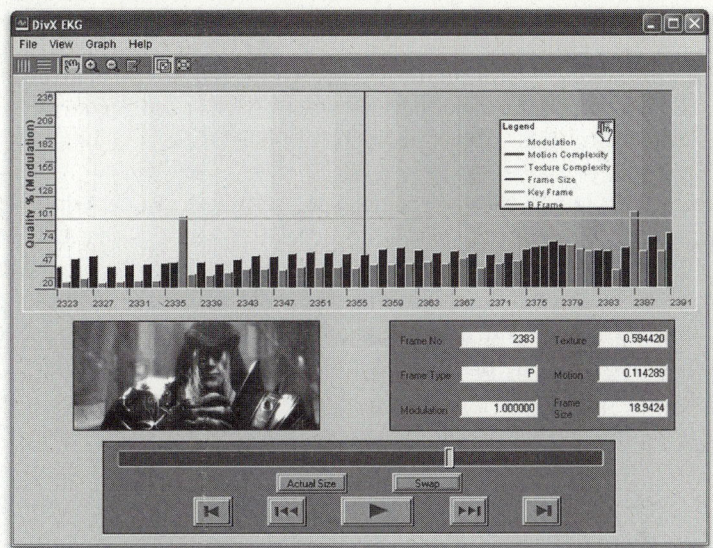

Abb. 3.5.4.5/2: DivX-Pro-Videocodec

und MP3 für den Stereo-Sound-Track entwickelt worden. In der WMP-Betaversion war noch die später versperrte Möglichkeit vorgesehen, das AVI-Format in MPEG-4 zu komprimieren. Rotas Ziel war es, Filme – sowie MP3-Songs – kostenlos im Internet zugänglich zu machen. Die von Rota im Jahr 2000 mit gegründete Firma *DivXNetworks* entwickelte später eine komplett neue Version des MPEG-4-Codecs, um Patentstreitigkeiten zu vermeiden. Es gibt Berichte, dass die Firma künftig von MPEG-4 abgehen und auf eigene, effizientere Kompressionsalgorithmen setzen wird.

Mit einem DivX-Codec ist es möglich, einen Spielfilm in voller Länge – der auf einer DVD im MPEG-2-Format ungefähr sechs bis acht GB beansprucht – auf 600 – 700 MB zu komprimieren. Durch *Multipass-Encoding* kann der Videostrom in mehreren Durchläufen konvertiert und in der Qualität optimiert werden; nach dem dritten oder vierten Durchgang ergeben sich jedoch kaum noch Verbesserungen. Der Komprimierungsvorgang dauert auf einem handelsüblichen PC derzeit etwa sechs Stunden. Über eine schnelle Internet-Verbindung (xDSL oder Kabelmodem) kann dann ein so komprimierter Film in ein bis zwei Stunden übertragen werden.

Damit ein DivX-Video auf eine CD mit 650 MB Kapazität passt, muss bei der Kompression entsprechend der Filmlänge eine geeignete Bitrate gewählt werden (Bitraten-Rechner können kostenlos aus dem Web heruntergeladen werden). Bei XviD hat es der Benutzer einfacher und gibt die gewünschte Dateigröße an.

> **XviD** ist ein leistungsfähiger Open-Source-MPEG-4-Codec, der hinsichtlich Bildqualität und Funktionalität den Produkten des Marktführers entspricht. Die Konfiguration ist derzeit noch etwas komplizierter und die Kompressionsleistung ist etwas geringer als bei DivX.

XviD entspricht DivX rückwärts gelesen, womit auf die ethischen Unterschiede zwischen der proprietären, kommerziell vermarkteten DivX-Software und der offenen, freien, standardkonformen XviD-Software aufmerksam gemacht werden soll. XviD wird von Programmierern in aller Welt laufend weiterentwickelt und wurde auf alle gängigen PC- und Workstation-Betriebssysteme portiert. Der Codec kann kostenlos von der gleichnamigen Web-Site heruntergeladen werden.

MPEG-4 Teil 10 oder H.264/AVC

Der neueste internationale Videocodierstandard MPEG-4 Teil 10 oder H.264/AVC (Synonyme) ist in einem *Gemeinschaftsprojekt* von der MPEG der ISO/IEC und der Video Coding Experts Group (VCEG) der ITU-T entwickelt worden.

> **MPEG-4 Teil 10** oder **H.264/AVC** (Abkürzung für engl.: advanced video coding) (Version 1: 2003) ist ein hoch skalierbarer Kompressionsstandard für interaktive Multimediaanwendungen aller Art, der gegenüber seiner Vorgängern eine wesentlich verringerte Datenrate bei vergleichbarer Bildqualität bietet. Er eignet sich vor allem für Videoübertragungen und Streaming – angefangen bei hochauflösendem Fernsehen (engl.: high definition television, abgekürzt: HDTV) über Videokonferenzen, Telelernen bis hin zu mobilen Multimediaanwendungen der 3. Generation (UMTS).

Auch dieser MPEG-Standard definiert nur die Syntax und Semantik des Datenstroms und die Dekodierung, wodurch die Realisierung des Encoders den Entwicklern Gestaltungsfreiheiten bietet. Gegenüber den derzeitigen MPEG-4-Video-Codecs wird durch *verbesserte Kompressionsverfahren* eine um etwa den Faktor 2 höhere Effizienz erwartet. Bei der Bildtransformation wird wie bei MPEG-4 das Bild zunächst in Blöcke unterteilt, die dann in den Frequenzbereich transformiert und durch Skalierung und Quantisierung der berechneten Koeffizienten verdichtet werden. Die Blockgröße der Transformation ist 4x4 und nicht wie bei MPEG-4 8x8 Bildpunkte. Für jeden Bildpunkt erfolgt eine Bewegungsvorhersage in Abhängigkeit von bereits übertragenen Blöcken, die zu einer Bewegungskompensation führt. Die Auswahl der Referenz kann aus mehreren Bildern erfolgen, was eine bewegungskompensierte Langzeitvorhersage erlaubt. Dabei kommt eine Integertransformation zum Einsatz, die Abweichungen durch Berechnungsungenauigkeiten vermeidet.

Ein *Nachteil* der mit diesem effizienteren Kompressionsverfahren verbundenen Komplexität ist, dass die Kosten für entsprechende Decoder-Chips wesentlich teurer sind als bei den bisherigen Verfahren.

Das DVD-Forum hat MPEG-4 Teil 10 oder H.264/AVC neben MPEG-2 und VC-9 als einen der *drei Videostandards für die HD-DVD* bestätigt.

MPEG-7 und -21

Während MPEG-1/2/4 die Kodierung und Komprimierung von Videodateien normieren, dient der ergänzende Standard *MPEG-7* zur Beschreibung und Indizierung von multimedialen Inhalten.

> **MPEG-7** (Version 1: 2002) definiert ein Austauschformat für Beschreibungen von multimedialen Inhalten. Die Hauptbestandteile des auf XML basierenden Standards sind *Beschreibungswerkzeuge* (Deskriptoren und Beschreibungsschemata), eine *Beschreibungssprache* zur Definition der Syntax der MPEG-7-Beschreibungsstruktur und *Systemwerkzeuge* (Formate) zur Unterstützung einer effizienten Speicherung und Übertragung von MPEG-7-Dokumenten. Zu den Systemwerkzeugen gehört auch der *BiM-Codec* (Abkürzung für engl.: binary format MPEG-7 encoder and decoder), mit dem MPEG-7-Dokumente komprimiert werden können.

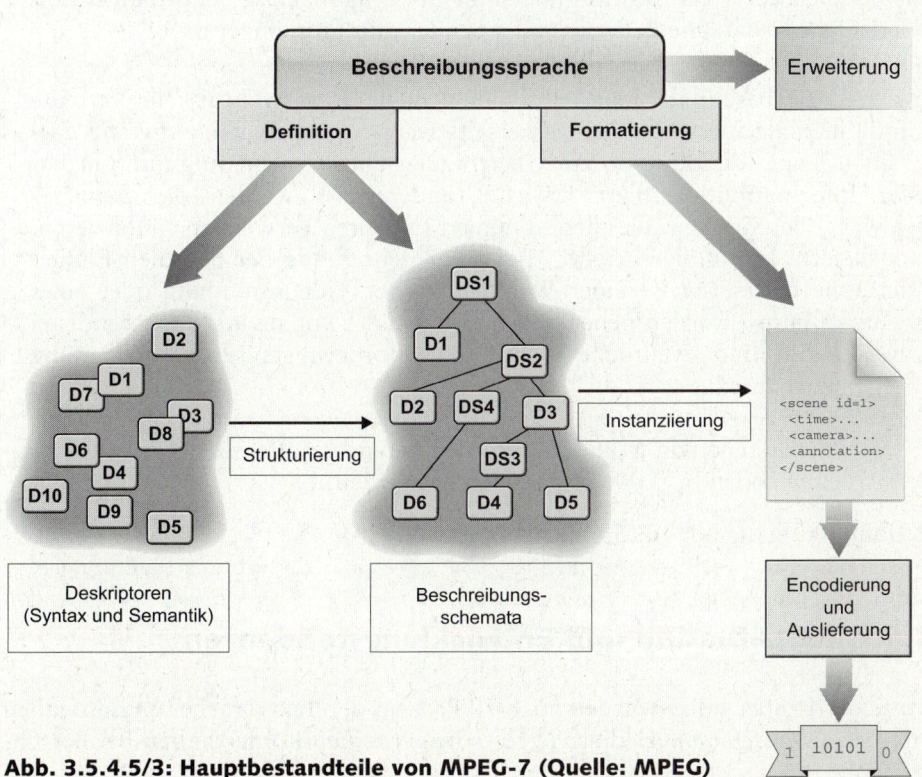

Abb. 3.5.4.5/3: Hauptbestandteile von MPEG-7 (Quelle: MPEG)

Mit *MPEG-7* wurde die Möglichkeit geschaffen, die Inhalte und die Darstellungsform von Multimedia-Angeboten in standardisierter Form zu beschreiben, um beispielsweise im Internet die Suche nach einzelnen Audio- und Videosequenzen zu erleichtern beziehungsweise deren Filterung in Datenbanken zu ermöglichen. Heute ist weltweit eine große Fülle an Audio- und Videoinformation vorhanden, ohne dass darauf effizient zugegriffen werden kann. Durch standardisierte Beschreibungen sollen nun die Inhalte und Repräsentationsformen (zum Beispiel Ausdruck, Datei in einem bestimmten Format usw.) solcher Angebote erfasst und damit entsprechend angepassten Suchmaschinen zugänglich gemacht werden.

Eines der ersten Systeme zur automatischen inhaltlichen Erschließung multimedialer Quellen, ist der *iFinder* des Fraunhofer-Instituts für Medienkommunikation (IMK). Es verbindet ein Metadaten-Produktionssystem mit einem Archivierungs- und Retrieval-System. Durch Sprach- und Videoerkennungsverfahren werden umfangreiche MPEG-7-konforme Metadaten erstellt und in einer verteilten Medieninformationsanwendung verwaltet. Nützliche Werkzeuge sind unter anderem die wortgenaue Suche und das Wiedererkennen von menschlichen Gesichtern – zum Beispiel in Fernsehmaterial.

Der in Arbeit befindliche Standard MPEG-21 soll weitere, für die Übertragung und Nutzung von multimedialen Daten relevante Merkmale beschreiben, wie beispielsweise die Anforderungen an Übertragungswege und Endgeräte zur Wiedergabe, rechtliche Befugnisse der Sender und Empfänger usw.

MPEG-21 beschreibt einen Rahmen (offene Infrastruktur) für verteilte multimediale Anwendungen. Einerseits werden grundlegende *digitale Einheiten* (engl.: digital item) zur Übertragung und Verarbeitung multimedialer Information definiert („was"), andererseits werden die *Benutzer* („wer") beschrieben, die diese digitalen Einheiten verwenden (publizieren, ausliefern, konsumieren usw.). Bei der Beschreibung der digitalen Einheiten, wie beispielsweise einer Web-Seite, einer Videosammlung oder eines Musikalbums, werden neben den multimedialen Inhalten die notwendigen Ressourcen und eventuelle rechtliche Anforderungen der Verarbeitung gekennzeichnet.

Wesentliche Teile von MPEG-21 wurden bereits veröffentlicht; die noch offenen Arbeiten sollen bis 2006 abgeschlossen werden.

▸ Übungsaufgabe Nr. 1.3.50 im Arbeitsbuch

3.6 Marktsituation und Entwicklungstendenzen

Mitte der 1980er Jahre wurden noch 70 Prozent der Textverarbeitungsaufgaben mit *Schreibmaschinen* erledigt. *Tisch*- sowie *Taschenrechner* halfen bei Berechnungsaufgaben. *Karteikästen* dienten zur Verwaltung von Kundenadressen. *Abziehbare Letrasetbögen* wurden für Schmuckschriften und Verzierungen gekauft und in zeitraubenden Arbeitsschritten mit mechanischem Druck auf Papier aufgebracht.

Heute unterstützen vernetzte Personalcomputer mit der entsprechenden Bürosoftware die wichtigsten Aufgaben und haben *fast alle mechanischen Bürogeräte ersetzt*. Unterwegs sind die Mitarbeiter durch Notebook-PCs, Mobiltelefone und PDAs in die Büroinformationssysteme eingebunden.

3.6.1 Integrierte Büropakete

Das Produkt *Microsoft Office* ist weltweit mit über 90 Prozent Marktanteil und ungefähr 400 Millionen Benutzern unangefochtener Marktführer und trägt mit einem jährlichen Umsatz von neun Milliarden US-Dollar maßgeblich zum Erfolg des Microsoft-Konzerns bei. Den Rest des Weltmarkts teilen sich *Corel WordPerfect Office, IBM/Lotus SmartSuite* und *Sun StarOffice*. *OpenOffice* ist ein kostenloses Open-Source-Paket, das auf StarOffice von Sun basiert. Die genannten Pakete entsprechen sich weitgehend hinsichtlich ihrer Funktionen und Leistungen. Der große Erfolg von *Microsoft Office* lässt sich auf die Betriebssystemdominanz des Herstellers und auf die verbreitete Bündelung dieses Büropakets mit Personalcomputern bei Neukäufen zurückführen. Die aktuelle Office-Version ist in *sechs Varianten mit unterschiedlichem Funktionsumfang* erhältlich: Basic, Standard, Professional, Small Business, Professional Enterprise, Version für Schüler, Studierende und Lehrkräfte.

Mit der für alle MS-Office-Komponenten gemeinsamen *Programmiersprache VBA* (Abkürzung von engl.: visual Basic for applications) bietet Microsoft die Möglichkeit, Büroanwendungen auf recht hohem Niveau zu entwickeln.

Die *Microsoft-Produktentwicklung* konzentriert sich in erster Linie auf Windows, die Mac-OS-Versionen für Apple-Rechner hinken meist im Vergleich dazu zeitlich nach. *WordPerfect Office* und *SmartSuite* gibt es nur noch für Windows. *StarOffice* und *OpenOffice* unterstützen Windows, Linux und Solaris, *OpenOffice* darüber hinaus noch Mac OS.

Die *Systemanforderungen* variieren je nach Produkt und Betriebssystem. Für MS Office Professional sind beispielsweise nach Herstellerangaben mindestens 128 MB Arbeitsspeicher notwendig, bei der optionalen Installation von Outlook mindestens 260 MB. Der benötigte *Festplattenspeicher* beträgt 400 MB plus 190 MB für Outlook. Für den optionalen Cache für Installationsdateien werden zusätzlich 290 MB Festplattenspeicher empfohlen.

Die nachfolgende Tabelle zeigt die in der *Basisausstattung* der Pakete enthaltenen *Komponenten*.

Die offiziellen *Listenpreise* für die Basisausstattung bewegen sich bei den kommerziell vermarkteten Paketen zwischen 89,95 Euro (Sun StarOffice) und 579 Euro (Microsoft Office Standard). Die MS-Office-Schüler/Studierende/Lehrkräfte-Version kostet 169 Euro, die Professional-Version 699 Euro

Abb. 3.5.1/1: Basisausstattung von integrierten Bürosoftwarepaketen

Produkt	Office	OpenOffice	SmartSuite	StarOffice	WordPerfect Office
Hersteller	Microsoft	OpenOffice.org	IBM/Lotus	Sun	Corel
PIM (Termin- und Adressverwaltung)	Outlook	–	Organizer	–	CorelCentral
Textverarbeitung	Word	Writer	WordPro	StarOffice Writer	WordPerfect
Tabellenkalkulation	Excel	Calc	1-2-3	StarOffice Calc	Quattro Pro
Präsentation	PowerPoint	Impress, Draw	Freelance Graphics	StarOffice Impress	Presentations
Datenbankverwaltung	–*	HSQLDB	Approach	–	–

* Das Datenbankverwaltungssystem *Access* gibt es bei MS Office nur in den teureren Varianten. Weitere Komponenten der teureren Varianten sind: Publisher (Desktop Publishing), Office Business (Kundenmanagement für kleine Unternehmen) und Infopath (Formularpaket).

(Upgrade 449 Euro). Bei Internet-Händlern werden die Standard- und die Professional-Version von Microsoft Office um 100–150 Euro unter den Listenpreisen angeboten. In der Regel werden die Pakete aber bereits auf neuen Personalcomputern vorinstalliert und sind dann im Kaufpreis enthalten.

Wem das funktional überaus mächtige und ausgereifte Microsoft Office zu teuer ist, für den ist das in 30 Sprachen verfügbare, kostenlose *OpenOffice* die interessanteste Alternative (vor allem für Privatanwender und Kleinbetriebe). Fehlende Komponenten, wie die Rechtschreibprüfung, PIM und E-Mail-Client, lassen sich schnell, einfach und kostenlos nachrüsten. Bis Oktober 2004 wurde das Paket über 30 Millionen Mal über das Internet herunter geladen.

Die genannten Komponenten der integrierten Bürosoftwarepakete sind auch als *Einzelprogramme* erhältlich. Allerdings ist die Preisgestaltung derart, dass der Einzelbezug nur in den seltensten Fällen ökonomisch sinnvoll erscheint. Beispielsweise kostet eine Vollversion von Microsoft Word oder PowerPoint separat zirka 250 Euro. Daneben gibt es Einzelprogramme von spezialisierten Herstellern, die in Teilbereichen die Funktionalität der Komponenten integrierter Bürosoftwarepakete deutlich übertreffen.

So werden etwa Kalenderprogramme auch von klassischen, das heißt papierenen, Terminkalenderproduzenten angeboten, zum Beispiel *Time Manager*. Leistungsfähige Präsentationsprogramme, die nicht in integrierten Paketen enthalten sind, sind beispielsweise *Harvard Graphics, ConceptDraw Presenter,*

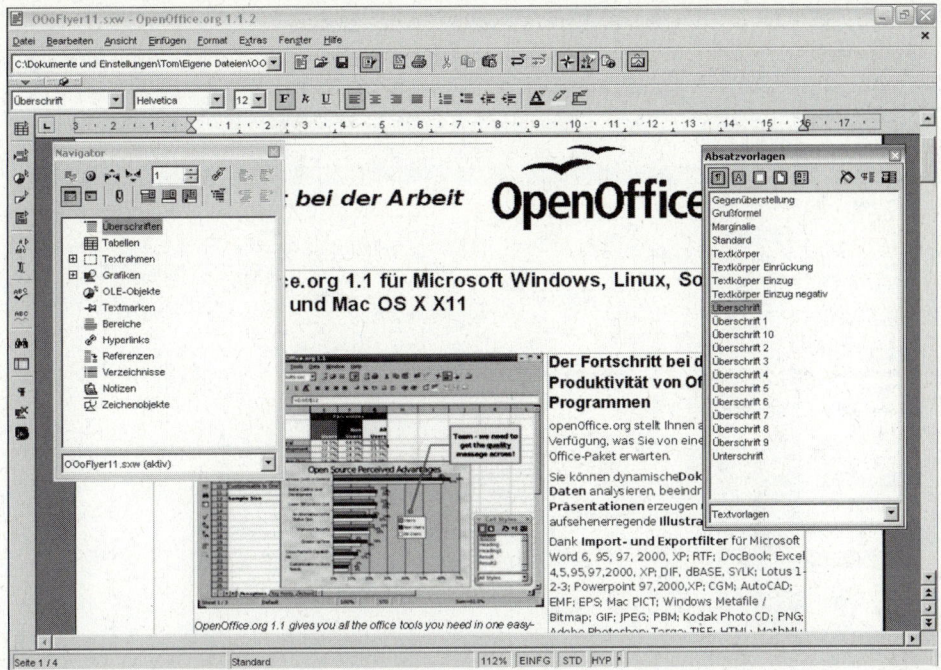

Abb. 3.5.1/2: OpenOffice-Textverarbeitung (Writer)

xComposer und *Mediator*. Die typischen Preise liegen zwischen 100 und 250 Euro.

Aufgrund des großen Erfolges des Internets haben inzwischen alle Hersteller ihre Produkte um *WWW-Funktionen* erweitert, so dass es beispielsweise möglich wird, über das Internet den eigenen Terminkalender von unterwegs abzufragen und zu verwalten, Text, Tabellen und Grafiken herunterzuladen und HTML-Dokumente ins Web zu exportieren.

PIM-Funktionen sind in allen *Smartphones und PDAs* integriert. PDAs mit Microsoft- Betriebssystem (PocketPC) verfügen darüber hinaus über „Schmalspurversionen" der Basiskomponenten von integrierten Bürosoftwarepaketen (Textverarbeitung, Tabellenkalkulation, Präsentation, E-Mail). Bei kommunikationsfähigen mobilen Geräten kann die Synchronisierung von Datenbeständen mit dem Schreibtisch-PC beziehungsweise einem Server jederzeit an (fast) jedem Ort erfolgen, und es können die üblichen WWW-Dienste genutzt werden.

Für das persönliche Informationsmanagement bieten auch zahlreiche Web-Sites spezielle Dienste an (oft kostenlos).

▶ Übungsaufgabe Nr. 1.3.51 im Arbeitsbuch

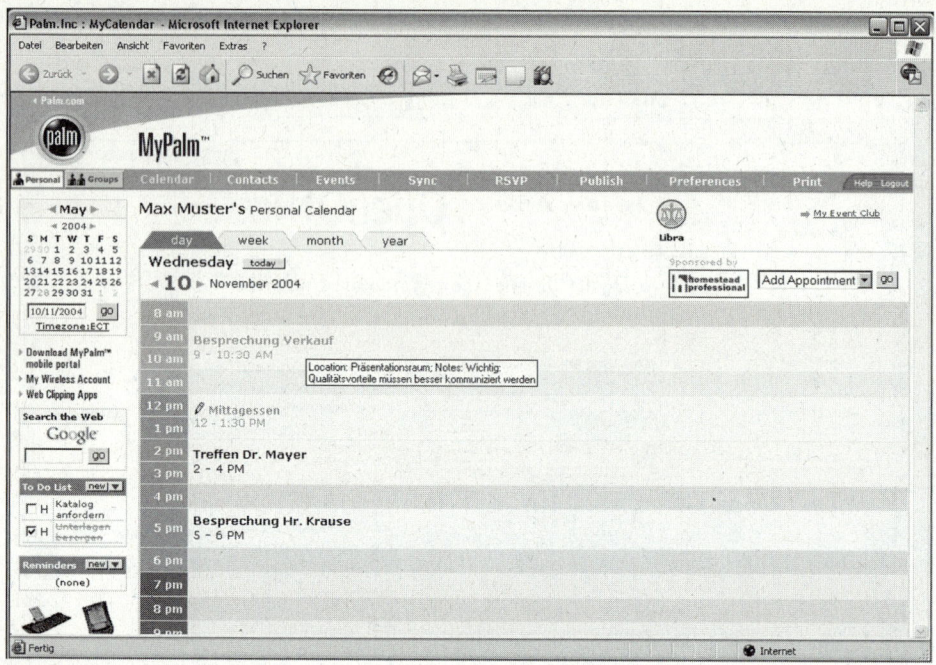

Abb. 3.5.1/3: Terminkalenderverwaltung im WWW

3.6.2 Textorientierte Zusatzprogramme

Desktop Publishing

Das *erste DTP-Programm PageMaker von Adobe* kam *1985 für Apple-Rechner* auf den Markt und revolutionierte das damals noch mit Handsatz arbeitende grafische Gewerbe. Es bot unterschiedliche Schriften, Schriftgrößen und grafische Effekte, die man mit der Maus zu einem ansprechenden Layout kombinieren konnte. Aufgrund des großen Erfolgs folgten bald weitere Programmangebote. Aber auch die gängigen Textverarbeitungsprogramme wurden zunehmend mit Layoutfunktionen ausgestattet, so dass es für manche nur eine Frage der Zeit schien, wann diese die DTP-Programme vom Markt verdrängen würden. Um ihre Stellung zu behaupten, reicherten die DTP-Hersteller ihre Programme um immer neue Spezialfunktionen an, die dadurch aber schwieriger zu bedienen wurden.

Im heutigen Büroalltag reichen für eine ansprechende Gestaltung von Einladungskarten, Rundschreiben, Berichten, Hauszeitungen und ähnlichem meist die Layoutfunktionen der gängigen Textverarbeitungsprogramme völlig aus. Für größere und grafisch anspruchsvollere Dokumente wie farbige Produktkataloge, Bücher usw. bringen spezialisierte DTP-Programme jedoch so viele Vorteile, dass sich die beträchtlichen Anschaffungskosten und der Einschulungsaufwand lohnen. Je nach Häufigkeit und Umfang der Arbeiten wird man dabei über die Selbsterstellung oder die Vergabe an ein professionelles Satzstudio entscheiden.

Die angebotenen *DTP-Programme* weisen ein umfangreiches Funktionsspektrum auf, das sich nur in Einzelheiten unterscheidet. Seit 1999 bietet *Adobe* das von Grund auf neu entwickelte DTP-Programm *InDesign,* das feinste Typografie, zusätzliche Grafikfunktionen und eine enge Integration mit den Adobe-Produkten für die Bildbearbeitung bietet. Dieses Produkt zielt auf den professionellen Bereich (Grafik- und Werbebranche, Verlage); seitdem wird *PageMaker* als Werkzeug für die üblichen Layoutaufgaben im Büro vermarktet. Der Marktanteil von *InDesign* wird auf 20 – 30 Prozent geschätzt.

Im professionellen Bereich ist *Quark XPress* mit großem Abstand der Marktführer. Es ist das mit Abstand teuerste DTP-Programm, zeichnet sich aber auch durch hervoragende Funktionalität, höchste Schnelligkeit und große Stabilität aus. Die HTML- und XML-Fähigkeiten gestatten die komfortable Gestaltung von WWW-Seiten unter Einbeziehung von Formularen, Hyperlinks, Bildern und Effekten. Der dritte namhafte Hersteller im DTP-Bereich ist die kanadische Corel Corporation mit dem DTP-Programm *Ventura Publisher.* Es besitzt einen so großen Funktionsumfang, dass es nicht immer leicht ist, den Überblick zu behalten. Durch die ausgezeichneten Bildbearbeitungsfunktionen erübrigt sich ein spezielles Grafikprogramm. Die Zahl der Formatvorlagen, mitgelieferten Schriften (über 1.000), Cliparts (über 40.000) und Mustervorlagen (zirka 100) übertrifft alle Konkurrenzprodukte.

Mit Ausnahme des Ventura Publishers (Windows und Linux) sind die genannten Programme sowohl für *Windows-* als auch für *Mac OS-Rechner* verfügbar. Die einzige nennenswerte DTP-Alternative für Linux-Anwender ist *PageStream* des US-Herstellers Grasshopper LLC. Das Open-Source-Projekt *Scribus* ist für den kommerziellen Einsatz noch zu unausgereift.

Die *Preise* für die Vollversionen der genannten DTP-Produkte liegen in den Größenordnungen 150 Euro (PageStream), 700 Euro (Corel Ventura Publisher, Adobe Pagemaker), 1.200 Euro (Adobe Indesign) und 2.200 Euro (Quark XPress).

Leseprogramme

Einer der beiden Marktführer bei Leseprogrammen ist der frei erhältliche *Acrobat Reader* von *Adobe.* Sie können damit auf allen gängigen PC-Plattformen PDF-Dateien anzeigen und ausdrucken, sowie PDF-Formulare ausfüllen und einreichen. Integrierte Multimedia-Inhalte, zum Beispiel QuickTime- oder MP3-Daten, können wiedergegeben werden. Es gibt auch Versionen für Smartphones (Symbian) und PDAs (Palm OS und PocketPC). Der Acrobat Reader kann jederzeit schnell und kostenlos von der Web-Site des Herstellers (und anderen Web-Sites) bezogen werden. Der Hersteller gibt an, dass schon über 500 Millionen Benutzer von diesem Angebot Gebrauch gemacht haben. Es ist auch mög-

Abb. 3.6.2/1:
Elektronisches Buch auf einem PDA

lich, verschlüsselte Inhalte, wie zum Beispiel für elektronische Bücher, herunterzuladen und diese mit der Kauffunktion des Acrobat Reader zu öffnen.

Der zweite Marktführer ist der ebenfalls kostenlose *Microsoft Reader,* der für alle Windows-Plattformen vom PDA mit Pocket-PC-Betriebssystem über den Tablet-PC bis zum Schreibtisch-PC verfügbar ist. Er wird mit Windows-Geräten ausgeliefert oder kann beim Hersteller über das Internet herunter geladen werden. Für die Darstellung von Text wird die patentierte ClearType-Technik verwendet, die eine wesentlich bessere Bildschirmlesbarkeit ermöglicht: Buchstaben erscheinen nicht so stark gepixelt und werden mit weicheren Übergängen im Randbereich dargestellt. Für die PC-Versionen gibt es Zusatzsoftware (Text-to-Speech Package), mit der Texte vorgelesen werden können und die Navigation durch gesprochene Befehle erfolgen kann. Dateien für den Microsoft Reader haben die Endung „*.lit*".

Neben den beiden genannten Produkten hat nur noch der *Palm Reader* für PDAs mit Palm OS eine gewisse Bedeutung. So wie die Spezialgeräte zum Lesen elektronischer Bücher (zuletzt Rocket eBook) sind auch die entsprechenden Reader mangels Nachfrage vom Markt verschwunden.

Zum *Beispiel* verkauft *Amazon.com* elektronische Bücher für den Acrobat Reader und den Microsoft Reader. *Amazon.de* hat das Angebot auf den Acrobat Reader beschränkt.

HTML-Editoren

Die modernen Browser enthalten Komponenten zur komfortablen Erstellung von HTML-Seiten – Microsoft Internet Explorer: *FrontPage Express,* Mozilla: *Composer* – oder es wird – wie im Fall Opera – bestimmte *Freeware* empfohlen: *Arachnophilia.* In Office-Suites sind meist ebenfalls HTML-Editoren mit einem mehr oder weniger großen Leistungsumfang enthalten, in der Regel jedoch nicht in der Basisausstattung.

Als guter, für alle gängigen Betriebssysteme erhältlicher HTML-Editor gilt das Open-Source-Produkt *Bluefish.* Ein einfacheres, für Private kostenloses, deutsches Angebot ist der *HTML-Editor Phase 5.* Die für englischsprachige Web-Sites am häufigsten verwendete Shareware ist *HomeSite* von Macromedia (der frühere Hersteller Allaire wurde 2001 übernommen). Apple-Benutzer verwenden überwiegend *BBEdit* von Bare Bones Software. Bei beiden Herstellern kostet eine Einzelplatzlizenz zirka 80 Euro (nur englische Versionen).

Kommerzielle Produkte bieten umfangreiche Funktionen zum pixelgenauen Design von HTML-Seiten und zum Verwalten von großen, komplexen Web-Sites. Als besonders herausragend gilt aufgrund der vielfältigen Layoutmöglichkeiten das für Einsteiger und Profis gleichermaßen geeignete Produkt *Dreamweaver* von Macromedia. Sehr gut werden ferner *Adobe GoLife, Namo Web*

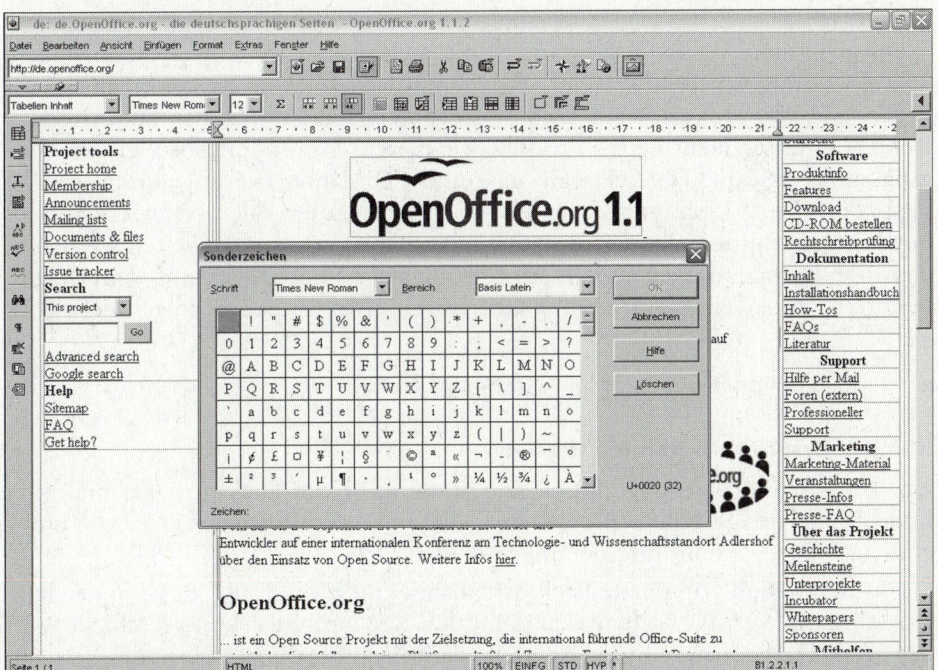

Abb. 3.6.2/2: Kostenloser HTML-Editor einer Office-Suite

Editor, *NetObjects Fusion* und *Microsoft Frontpage* beurteilt. Die deutschen Vollversionen von *Dreamweaver* und *GoLife* sind für zirka 480 Euro erhältlich. Der Namo Web Editor kostet 120 Euro, NetObjects Fusion 190 Euro, Microsoft Frontpage 250 Euro.

Texterkennungsprogramme

Heutzutage wird fast jeder Scanner wird mit einem OCR-Programm ausgeliefert. Vielfach handelt es sich dabei jedoch um Light-Versionen von PC-Standardprogrammen, die von den erfassten Dokumenten keine Layouts übernehmen, keine Rechtschreibprüfung haben und keine weitere Bearbeitung erlauben. Die Vollversionen dieser Pakete bieten einen erweiterten, einander sehr ähnelnden Funktionsumfang, der laufend an die technologische Entwicklung angepasst wird. Bei der Erkennungsgenauigkeit ergeben sich jedoch große Unterschiede.

Als das leistungsfähigste Texterkennungsprogramm gilt heute allgemein der *FineReader,* der mit Fontänenumwandlung und hoher Geschwindigkeit die besten Erkennungsraten liefert. Auch bei komplizierten Layouts bietet diese von der russischen Firma *Abby* entwickelte Software eine entsprechende Umsetzung. Die Professional-Version für Windows kostet zirka 120 Euro. Seit 2003 ist auch eine Linux-Version erhältlich.

Weitere verbreitete Produkte mit guter Erkennungsgenauigkeit sind *OmniPage* und *TextBridge* des US-Herstellers *ScanSoft. OmniPage* gibt es für Windows und Mac OS, *TextBridge* nur für Windows. Die Preise liegen bei zirka 100 und 50 Euro.

Die genannten OCR-Programme eignen sich primär für Einzelplatzlösungen. Texterkennung spielt aber auch im gesamtbetrieblichen Zusammenhang als Ergänzung von Dokumenten- und Wissensmanagementsystemen eine wichtige Rolle. Ein empfehlenswertes Produkt für diesen Anwendungsbereich mit leistungsstarken Scan-, Dateiverwaltungs- und PDF-Konvertierungsfunktionen ist *PaperPort Pro Office* von *ScanSoft.* Die vom lokalen oder Netzwerkscanner (auch Multifunktionsdrucker und Digitalkopierer) gescannten Seiten werden in das PDF-Format umgewandelt, zentral abgelegt oder direkt auf den PC des Benutzers zur Weiterverarbeitung übertragen. Die Software kostet zirka 120 Euro.

▶ Übungsaufgabe Nr. 1.3.52 im Arbeitsbuch

Komprimierungsprogramme (Packer)

Zur Datenkomprimierung gibt es eine große Zahl von Packformaten und über hundert hierfür geeignete Programme, die entweder kostenlos oder als preisgünstige Shareware im Internet angeboten werden.

Das bei weitem populärste Packformat für Windows ist *ZIP.* Es ist in den letzten Jahren in Verruf geraten, weil damit häufig Computerviren verschickt worden sind. Das führte teilweise so weit, dass Mail-Server-Betreiber die Verwendung dieses Formats untersagt haben (Abweisung von E-Mails mit ZIP-Anhang).

In den Grundfunktionen und der Kompressionsleistung unterscheiden sich die meisten ZIP-Packer nur wenig, da sie alle auf demselben *Komprimierungsverfahren Pkzip für DOS* basieren. Wesentliche Unterschiede gibt es hingegen bei der Benutzeroberfläche (zum Beispiel Einbindung in den Browser), den Zusatzfunktionen (Datenschutz, Datensicherheit, Datenreparatur) und der Anzahl der neben ZIP unterstützten Packformate.

Das seit Jahren bekannteste und am häufigsten verwendete ZIP-Komprimierungsprogramm für Windows-Rechner ist *WinZip*. WinZip Computing wirbt mit über 120 Millionen Downloads. In der Packgeschwindigkeit und Benutzerfreundlichkeit ebenbürtig, aber durch mehrere schreibbare Archiv-, Kodierungs- und Kompressionsformate überlegen, sind beispielsweise *PowerArchiver*, *WinAce* und *WinRAR*. Die genannten Programme können für zirka 25 – 30 Euro heruntergeladen werden. Beliebte Packer-Freeware für Windows ist *FilZip* und *UltimateZIP*. Im UNIX-Bereich sind als Archivformate TAR und RPM am weitesten verbreitet, als Kompressionsformate GZIP und BZIP2. Für diese Formate ist unentgeltliche Software verfügbar.

▶ Übungsaufgabe Nr. 1.3.53 im Arbeitsbuch

3.6.3 Grafikprogramme

Pixelorientierte Grafikprogramme

Adobe PhotoShop ist seit langem das weltweit führende pixelorientierte Bildbearbeitungsprogramm für professionelle Grafiker. Durch den enormen Funktionsumfang, zahlreiche Effekte und Filter eröffnen sich fast unbegrenzte Möglichkeiten einer kreativen Bildgestaltung. Die aktuelle Version bietet gegenüber den Vorgängerversionen mehr Effizienz, eine einfachere Bedienung und eine Fülle neuer Funktionen. Beispielsweise wurden die Textfunktionen komplett überarbeitet, Vektorzeichenwerkzeuge hinzugefügt und die Möglichkeiten zum Web-Design erweitert. Photoshop gibt es für Windows und Mac OS; der Preis beträgt zirka 1.100 Euro.

Der wichtigste Konkurrent auf professionellem Gebiet ist *Corel PhotoPaint*, das zusammen mit dem Vektorgrafikprogramm CorelDraw und CorelRave für echte Vektoranimationen in der Corel-Grafiksuite erhältlich ist. PhotoPaint bietet ebenfalls einen immensen Funktionsumfang samt Filtern und Effekten für Windows- und Mac-OS-Rechner. Die Vollversion der Grafiksuite CorelDraw kostet weniger als halb so viel (zirka 500 Euro) wie Adobe Photoshop.

Photo Impact von Ulead Systems zeichnet sich durch leichte Erlernbarkeit und Bedienbarkeit aus. Das Programm zielt eher auf Web-Designer als auf professionelle Grafiker. Zu einem sehr günstigen Preis (zirka 100 Euro) bietet es vielseitige Bildbearbeitungsfunktionen und eine exzellente Bilddatenbank. In dieselbe Preisgruppe fällt auch *PaintShop* von Jasc (150 Euro), das sich ebenso wenig wie Photo Impact für die professionelle Druckvorstufe eignet.

Neben den genannten professionellen beziehungsweise halbprofessionellen Bildbearbeitungsprogrammen gibt es einfachere, preisgünstigere Software für den gelegentlichen Benutzer im Büro oder Zuhause. Besonders empfehlenswerte Produkte um 50 – 60 Euro sind *Photo Express* von Ulead Systems, *PhotoLine* von Computerinsel und *Picture It* von Microsoft. Weitere preisgünstige Angebote sind beispielsweise die *CorelDraw Essentials* von Corel und *PhotoSuite* von Roxio.

Für viele Teilaufgaben der Bildbearbeitung kommen auch *Shareware- oder Freeware-Werkzeuge* in Betracht, die in unübersehbarer Zahl vorwiegend für Windows angeboten werden. Die Angebotspalette reicht von der Bildbetrachtung und Anfertigung von Screenshots (= Abspeicherung von Bildschirminhalten) über Bildeffekte und Bilddatenbanken bis hin zu speziellen Bildbearbeitungsfunktionen. Besonders hervorzuheben ist das Open-Source-Projekt *Gimp*, ein komplettes, vollwertiges Bildbearbeitungsprogramm für Windows, Mac OS und UNIX/Linux.

Vektororientierte Grafikprogramme

Ebenso wie bei den pixelorientierten gibt es auch bei den vektororientierten Illustrationsprogrammen teure Pakete mit einem sehr großen Funktionsumfang für professionelle Grafiker, die sich schon allein wegen der erforderlichen Einarbeitungszeit nicht für den gelegentlichen Benutzer eignen.

Ausgereifte Produkte dieser Art, die es auch in deutschen Versionen gibt, sind *Canvas* von Daneba, *CorelDraw* und *Designer* von Corel, *FreeHand* von Macromedia und *Illustrator* von Adobe. Sie bieten zur Bearbeitung von grafischen Objekten eine Fülle an präzise arbeitenden Zeichen- und Transformierungswerkzeugen, mit denen sich spektakuläre Effekte erzielen lassen. Sie erlauben ein kombiniertes Bearbeiten von Vektorgrafiken und Pixelgrafiken und bieten umfassende Funktionen für das Web-Design. Die bei weitem größte Funktionsfülle bietet *CorelDraw*. *Canvas* und *Designer* sind besonders für präzise technische Zeichnungen und komplexe Illustrationen geeignet. Stärke von *FreeHand* ist die Gestaltung von Broschüren und Web-Seiten. Die Preise der aktuellen Vollversionen sind hoch: zirka 500 bis 600 Euro; ältere Versionen sind oft erheblich billiger.

Auch zur Bearbeitung von Vektorgrafiken wird eine Fülle mehr oder weniger guter Freeware- und Shareware-Programme angeboten. Leistungsfähige Open-Source-Programme für 3-D-Vektorgrafik sind *POV-Ray* und *Blender*.

Im Internet wird hauptsächlich das proprietäre *Flash-Format* von Macromedia zur Darstellung von statischen Vektorgrafiken und Animationen eingesetzt. Der *Macromedia Flash Player*, mit dem übertragene Flash-Dateien (Dateiendung: „.swf") angezeigt werden können, ist als Browser-Plug-in auf fast allen internetfähigen Computern installiert; neue Versionen können kostenlos über das Internet heruntergeladen werden. Die *Macromedia-Flash-MX-Software*, mit der nicht nur vektorbasierte Animationen sondern komplette multimediale

Webanwendungen entwickelt werden können, kostet zwischen 600 Euro und 800 Euro (Professional).

Die auf XML basierende Vektorgrafiksprache *SVG* (Abkürzung für engl.: scalable vector graphics) ist ein offener Standard des W3C (World Wide Web Consortium), der die Verwendung von Vektorgrafiken im Internet erleichtern und mittelfristig Macromedias Flash ablösen soll. Ob und wann es dazu kommen wird, ist eine offene Frage. Ein Vektorgrafikprogramm, das auf SVG aufsetzt, ist *WebDraw* von Jasc. Das Herunterladen über das Internet kostet zirka 180 US-Dollar.

Auch *CAD-Programme* wie *AutoCAD, CATIA* und *ProEngineer* setzen auf Vektorgrafiken auf.

▶ Übungsaufgabe Nr. 1.3.54 im Arbeitsbuch

3.6.4 Audio- und Videobearbeitungsprogramme

Diktierprogramme

Die führenden Diktierprogramme sind *Linguatec Voice Pro, IBM ViaVoice* und *Dragon Naturally Speaking von ScanSoft.* Die Systeme basieren auf dem *Betriebssystem Windows,* nur von IBM gibt es zusätzlich eine Mac-OS-Variante für Apple-Rechner. Die Einbindung in MS Word ist bei allen Produkten gegeben, meist bieten aber nur die teureren Produktvarianten die Integration des gesamten MS-Office-Pakets und anderer verbreiteter Textverarbeitungsprogramme. Die sehr gute Spracherkennung und Lernfähigkeit von *Linguatec Voice Pro* bezahlt man mit zirka 180 Euro. Das nur halb so teure IBM-Produkt *ViaVoice Pro* ist fast ebenso gut und besonders resistent gegen Hintergrundgeräusche. Der Preis der Standardversion von *Dragon Naturally Speaking* liegt in derselben Größenordnung. Von diesem Produkt gibt es eine spezielle Version für den juristischen und den medizinischen Bereich (bisher ist erst die „Juristen-Ausgabe" in deutscher Sprache erschienen). Alle Systeme bieten eine *Sprachsteuerung,* eine *Wiedergabe des Originaltons* beim Diktat und eine *Vorlesefunktion* für abgespeicherte Texte (engl.: text to speech).

Neben den genannten Produkten gibt es noch eine Reihe *weiterer Diktierprogramme* für die deutsche Sprache. Diese sind oft billiger, haben aber einen eingeschränkten Funktionsumfang und verwenden oft ‚alte' Erkenner.

Weitere Sprachsysteme

Um Ihnen einen Eindruck von der Softwareunterstützung weiterer Sprachanwendungen in der Praxis zu vermitteln, skizzieren wir als Beispiel das Produkt *SpeechWorks* von *Scansoft.* Komponenten zur *automatischen Spracherkennung* unterstützen Telefonauskunftsdienste, sprachgesteuerte Nummernwahlsysteme, automatische Rufweiterleitungssysteme sowie Call-Center-Anwendungen. *SpeakFreely* optimiert die Interaktion mit dem Anrufer, da es mit frei formulierten Fragen umgehen kann, während bei herkömmlichen Systemen der Anrufer an vorgegebene Fragen und eine begrenzte

Auswahl Antworten gebunden ist. Die *Sprachsynthese-Komponente* wandelt in über 20 Sprachen Text in eine synthetische, menschlich klingende Sprache um. Sie kommt vor allem in Sprachmitteilungssystemen, Sprachportalen, IVR (Abkürzung für engl.: interactive voice response) und drahtlosen Kommunikationssystemen zum Einsatz. Die *Sprecherverifizierungssoftware* wird hauptsächlich für interaktive Telefonanwendungen verwendet, zum Beispiel für Telefon-Banking oder telefonische Bestellungen. Sie vergleicht die Stimmeigenschaften des Anrufers mit dem hinterlegten Stimmmuster und prüft die Zugangsberechtigung des Anrufers.

Weitere *Anbieter von Entwicklungssoftware für Sprachanwendungen* sind: Cisco Systems (Voice XML Sprach-Plattform), Clarity (V/3 Dialog Platform), Conversational Computing (Conversay Web), Hewlett-Packard (HP OpenCall Sprach-Plattform), IBM (WebSphere Voice Server), Insonic, LingCom (lingSDK, lingSPIDER), Microsoft (Whisper/.Net Speech SDKs, Entropic), Nortel Networks (Voice XML), Nuance Communications (Voice Web Server), Siemens (Surpass), Unisys (Voice Portal), VoiceCom (VoiceControl-Plattform), VoiceObjects (VoiceObjects Factory), Voxeo (VoiceCenter IVR Platform) und Voxpilot (VoiceXML, voxBuilder ODE).

Programme zum Abspielen von Videos am PC

Sie haben die drei, den Weltmarkt beherrschenden *Player für Streaming Video* im Abschnitt 3.5.4 kennengelernt: Der *Windows Media Player* von Microsoft hat laut einer von Frost & Sullivan veröffentlichten Studie (2004) einen Weltmarktanteil von 38 Prozent, gefolgt von *QuickTime* von Apple mit 37 Prozent und dem *RealOne Player* von RealNetworks (RealMedia) mit 25 Prozent. Der Player von RealMedia hat in den letzten Jahren zunehmend Marktanteile an den Windows Media Player verloren.

Der *Windows Media Player* ist in das Betriebssystem Windows integriert, die jeweils aktuelle Version steht von Microsoft zum kostenlosen Download zur Verfügung. Es handelt sich um einen multifunktionalen Player, der Radioprogramme und Videostreams empfangen, CDs, MP3-Dateien, DVDs und DivX-Filme abspielen und sogar CDs brennen kann. Die Abspielmodule für DVDs sind kostenpflichtig (Zusätze von Intervideo, Cyberlink oder Sonic). Bei DivX werden nicht alle Features (zum Beispiel Filme mit mehreren Tonspuren) unterstützt. Die Handhabung ist einfach. Die Wiedergabequalität ist gut, wird aber von Spezialsoftware auf den jeweiligen Gebieten übertroffen.

QuickTime von Apple wird in einer kostenlosen Standardversion und in einer Pro-Version für 30 Euro angeboten. Die Pro-Version unterstützt nicht nur das Abspielen, sondern auch das Bearbeiten, Schneiden und Encodieren von Filmen. Hierzu stehen hochwertige MPEG-4- und AAC-Codecs zur Verfügung; MPEG-4 Teil 10 beziehungsweise H.264/AVC soll ab 2005 integriert werden. QuickTime kann über ein Dutzend von hoch qualitativen Audio-, Festbild- und Videoformaten verarbeiten (importieren/exportieren, konvertieren, wiedergeben). DVD-, DivX- und XviD-Filme können jedoch nur durch zusätzliche, als Freeware erhältliche Plug-ins abgespielt werden. Die Bedienung ist einfach, die Wiedergabequalität bei Streaming Video ist gut. Allerdings erlaubt nur die Pro-

Version das Abspielen von Filmen auf dem ganzen Bildschirm (Vollbild-Modus).

Der ebenfalls auf Streaming Video optimierte *RealOne-Player* von RealMedia ist kostenlos und wird durch auffallend viel Werbung finanziert. Der Player offeriert ein sehr breites Spektrum an Funktionen und Erweiterungen durch Plug-ins. Er „versteht" alle gängigen Audio- und Videoformate (inklusive Windows Media und QuickTime) und kann auch DVDs, DivX- und XviD-Filme abspielen. Allerdings werden wie beim Windows Media Player nicht alle DivX-Features unterstützt. Das vielseitige Programm ist auch gut als reiner Musik-Player nutzbar. Die Benutzungsoberfläche ist vorbildlich gestaltet, die Wiedergabequalität ist gut.

Neben diesen drei auf Streaming Video optimierten Allround-Playern werden *auf das Abspielen von DVDs und von DivX-Filmen spezialisierte Player* angeboten, die jedoch zunehmend auch weitere Audio- und Videoformate wiedergeben können.

Die *DVD-Player* werden oft in einer Standard- und in einer Luxusversion angeboten und kosten typischerweise zwischen 30 und 70 Euro (Download über das Internet). Einer der beliebtesten und besten DVD-Player mit vielen

Abb. 3.6.4/1: DVD-Player (PowerDVD)

Audioformaten und einer reichhaltigen Ausstattung ist der *PowerDVD* von Cyberlink. Ebenfalls eine sehr gute Bildqualität bieten der *NVDVD* von Nvidia und der *WinDVD* von Intervideo.

DivX-Player sind in der Regel kostenlos, vereinzelt werden für die Luxusversion 10 – 20 Euro verlangt. Ein weit verbreiteter DivX-Player mit hervorragender Bildqualität, der eine Fülle an Konfigurationsmöglichkeiten bietet und viele andere Formate (u.a. XviD-, QuickTime-Filme, in der Pro-Version auch DVDs) abspielen kann, ist der *Zoomplayer* von Inmatrix. Weitere sehr gute DivX-Player sind der *Video LAN VLC* der Ecole Centrale Paris und der *BSPlayer* von BST2K Network. Sie verstehen ebenfalls die gängigsten Audio- und Videoformate, allerdings kann der kompakte BSPlayer keine DVDs abspielen (Festplattenbedarf BSPlayer 2 MB, zum Vergleich: Windows Media Player 100 MB). Es gibt noch eine Reihe weiterer, in Tests nicht ganz so gut beurteilte Produkte, darunter der *DivX Player* von DivX Networks.

Autorensysteme für Multimedia-Anwendungen

Das führende *PC-Autorensystem für Multimedia-Anwendungen,* egal ob diese für CDs, DVDs oder das Internet entwickelt werden, ist der *Macromedia Director.* Der Entwickler übernimmt die Rolle eines Filmregisseurs, der anhand

Abb. 3.5.5/2: Drehbuch eines Multimedia-Anwendung

eines von ihm in der speziellen Programmiersprache *Lingo* geschriebenen Drehbuchs bestimmt, wann und auf welche Weise die Medien – Texte, Grafiken, Animationen, Videos und Ton – zum Einsatz kommen. Im Internet wird eine Fülle von meist in C programmierten Routinen, so genannte *Xtras,* angeboten, die in die eigenen Anwendungen eingebunden werden können. Die mitgelieferte *Shockwave-Funktion* eignet sich für die Entwicklung von schnell ablaufenden Filmen im WWW. Für Anfänger beziehungsweise gelegentliche Benutzer ist das Produkt aufgrund seiner Komplexität ungeeignet. Der Preis für die deutsche Windows- und Mac OS-Version beträgt zirka 1.300 Euro.

Toolbook Instructor von SumTotal Systems und *Authorware* von Macromedia sind nur für Windows erhältliche Produkte, die sich besonders für die professionelle Entwicklung von Lernsoftware eignen. Die Preise sind beträchtlich, zirka 2.500 bis 2.700 Euro für die Vollversion. Von Toolbook gibt es eine Assistant-Version (ohne die in die Instructor-Version integrierte Programmiersprache OpenScript) um zirka 1.400 Euro.

Für fortgeschrittene Endbenutzer ist *Mediator* der dänischen Firma Matchware ein geeignetes, preisgünstiges Produkt (zirka 350 Euro, nur für Windows). Anfänger können sich anhand einer gut gestalteten Dokumentation und Übungsbeispielen einarbeiten. Eine Mediator-Produktion wird seitenweise aufgebaut; der Benutzer der Anwendung blättert wie in einem Buch, wobei in Abhängigkeit von bestimmten Bedingungen (Eingaben) gezielte Sprünge (beispielsweise zu bestimmten Lösungen und Erklärungen, früheren Textstellen usw.) möglich sind.

Programme zur Bearbeitung von Videos

Zum *Schneiden und Bearbeiten von Videos* gibt es eine so große Fülle von Softwareprodukten, dass wir hier nicht näher darauf eingehen können. *Führende Hersteller* sind Adobe, Aist, Apple, Avid, Canopus, Cyberlink, InterVideo, Magix, Main Concept, MGI, Pinnacle, Roxio und Ulead. Die führenden Pakete für professionelle Benutzer sind *Edius* von Canopus, *Edition* von Pinnacle und *Premiere Pro* von Adobe; die Preise liegen zwischen 500 und 700 Euro. Hochwertige Produkte für Amateurfilmer, wie zum Beispiel *Pinnacle Studio*, sind je nach Funktionsumfang für etwa 30 bis 100 Euro zu haben. Empfehlenswerte, kostenlose Programme sind *Avid Free DV, VirtualDub* und *Windows Movie Maker* (in Windows integriert).

Programme zur Produktion von Spielfilmen

Für die *Produktion von Spielfilmen* hat die Digitaltechnik neue Aktionsräume eröffnet:

1. Filme können digital aufgenommen und – wenn gewünscht – bis hinunter zum einzelnen Pixel nachbearbeitet werden. Zum Beispiel wurde Wim Wenders „Buena Vista Social Club" zu großen Teilen digital aufgenommen.
2. Herkömmlich produzierte Filme können mit elektronischen Tricksequenzen angereichert werden. Jeder Actionfilm und Katastrophenfilm „lebt" von der-

artigen Szenen. Hollywood-Hits wie die „Star Wars"-Episoden, „Men in black", „The Matrix" oder „Titanic" sind durch Tricksequenzen geprägt.

3. Längst verstorbene Schauspieler lassen sich in neuen Filmen elektronisch reanimieren, aktuelle Stars können in historische Sequenzen montiert werden. In „Forest Gump" ist Tom Hanks bei allen möglichen historischen Höhepunkten dabei und trifft auf amerikanische Berühmtheiten wie John F. Kennedy. Wundern Sie sich nicht, wenn eines Tages neue Spielfilme mit Hauptdarstellern wie Humphrey Bogart, Marlene Dietrich, Alec Guinness oder Marilyn Monroe auf den Markt kommen.

4. Digital animierte Figuren (Menschen, Tiere, Gegenstände) können in natürlicher oder künstlicher Umgebung agieren. Die Saurier in „Jurassic Park" wirken ebenso täuschend echt wie die sprechende Maus in „Stuart Little". Die Filme „Toy Story 1" und „Toy Story 2" wurden vollständig digital produziert.

Voraussetzung dieser Spezialeffekte und Animationen sind extrem leistungsfähige Rechner und komplexe Software. Zum Beispiel verfügen die Pixar Animation Studios, die die „Toy Story"-Filme hergestellt haben, in San Francisco über ein Rechnernetz mit 1.700 Prozessoren und acht Terabyte Speicher. Seit Anfang 2003 setzt Pixar zunehmend Linux als Produktionsplattform ein. Als Software wird das Produkt *Maya* der kalifornischen Firma Alias verwendet, die zu dem Investmenthaus Accel-KRR gehört (bis 2004 war Alias ein Tochterunternehmen von Silicon Graphics). Die Maya-Software hat im Bereich der professionellen Entwicklung von digitalen Spielfilmen und Spielen einen Weltmarktanteil von zirka 80 Prozent. Eine Einzelplatzversion der Software kostet 7.349 Euro.

▶ Übungsaufgabe Nr. 1.3.55 im Arbeitsbuch

3.6.5 Asynchrone Kommunikationsdienste

E-Mail ist die am häufigsten benutzte Anwendung in Rechnernetzen. Das Marktforschungsinstitut IDC schätzt, dass die Zahl der täglich weltweit versendeten E-Mail-Nachrichten von 9,7 Milliarden im Jahre 2000 auf 35 Milliarden bis zum Jahre 2005 gewachsen ist.

Mail-Server

Das älteste und nach wie vor mit Abstand am häufigsten verwendete Programm für Transport und Verteilung von E-Mail im Internet (SMTP MTA) ist *Sendmail*. Dieses Open-Source-Programm wurde ursprünglich für UNIX entwickelt, ist aber inzwischen für alle gängigen Server-Betriebssysteme verfügbar. *Sendmail* gilt im Vergleich zu anderen Open-Source-MTAs, wie *Courier, Exim, Postfix, qmail* oder *Smail*, als schwierig zu konfigurieren. Alle genannten Programme basieren auf UNIX. Nach *Sendmail* ist *Exim* am verbreitetsten; dieser SMTP-MTA wird an der University of Cambridge entwickelt und mit vielen Linux-Distributionen ausgeliefert.

Unternehmen verwenden vielfach *proprietäre E-Mail-Systeme* von Herstellern wie Microsoft, IBM Lotus usw., die jedoch offene Standards wie SMTP, POP3 und IMAP4 unterstützen. Sie bieten durch die engere Integration zwischen E-Mail-Server und E-Mail-Clients einen weitaus größeren Funktionsumfang als bloße SMTP-MTAs, beispielsweise bezüglich Filterung der eingehenden Post, Priorität der Auslieferung und Sicherheitsdiensten (Verschlüsselung, Virenscanning). Sie unterstützen die Synchronisierung von Dateien (Mitteilungen, Adressen, Notizen) auf mehreren Systemen (auch mobilen Endgeräten), sodass die im Zusammenhang mit dem POP3-Standard genannten Probleme entfallen. Oft geht der Funktionsumfang der Server auch erheblich über E-Mail hinaus und umfasst beispielsweise weitreichende PIM- und Groupware-Unterstützung.

Der verbreitetste, auf *Windows basierende MTA* ist der *Microsoft Exchange Server,* den es in einer Version für kleine und mittlere Unternehmen und einer Version für Großunternehmen gibt. *Exchange* kommt meist in Kombination mit *Outlook* (E-Mail- und PIM-Client von Microsoft) zum Einsatz. In den letzten Jahren wurden vor allem die Funktionen für den Web- und den mobilen Gerätezugriff verbessert.

Der *Lotus Domino Mail Server* von IBM wird für die Betriebssysteme Windows, NetWare, SunSoft Solaris und die gängigen IBM-Betriebssysteme angeboten. *Lotus Domino Mail* bietet eine einheitliche Architektur für E-Mail, Web-Zugang, Online-Kalender und Gruppenprojektplanung, kooperative Arbeitsumgebungen, Bulletin Boards und Newsgroups. Es wird ein breites Client-Spektrum unterstützt – von den Lotus-Notes-Clients über Web-Browser und Outlook bis hin zu Smartphones und PDAs.

Weitere proprietäre Systeme, die auf Windows basieren, sind *Eudora World-Mail Server* von Qualcomm, *Imail Server* von Ipswitch, *Infinite Interchange* von SSi, *MailSite Email Server* von Rockliffe Systems, *Mercur* von Atrium Software, *Nplex Office* von Isocor und *NTMail* von Gordano. Den *Sun Java System Messaging Server* von Sun Microsystems gibt es in einer Windows, Linux- und Solaris-Version.

Die *Kaufpreise* für die Server-Software sind meist nach der Anzahl der Benutzer gestaffelt und beginnen beispielsweise bei dem *Eudora-Basissystem* schon bei 230 Euro. Die KMU-Version des *Microsoft Exchange Server* kostet inklusive fünf Benutzerlizenzen knapp 1.500 Euro. Das *Sun-System* ist für Großunternehmen und Mail-Dienstleister ausgelegt; die Lizenz für das MTA-Routing kostet 20.000 US-Dollar pro Server-CPU, für jeden Benutzer werden weitere 20 US-Dollar Lizenzgebühren verrechnet (bis 4.999 Benutzer, danach sinken die Gebühren pro Benutzer bis auf 0,95 Dollar bei über fünf Millionen Benutzern).

Mail-Clients

E-Mail-Clients (MUAs) können aufgrund der allgemein verwendeten Protokolle (SMTP, POP3, IMAP4) mit jedem E-Mail-Server kommunizieren, der diese unterstützt. Erst im Verbund mit der Server-Software desselben Herstellers entfalten sie jedoch ihre vollen Möglichkeiten. Ursprünglich waren die meisten E-Mail-Clients für Schreibtisch- beziehungsweise Notebook-PCs vorgesehen, zunehmend gibt es aber auch *Varianten für PDAs und Smartphones.*

Die angebotenen *E-Mail-Programme* unterscheiden sich hinsichtlich

- der unterstützten Protokolle,
- der Benutzeroberfläche,
- der Postbearbeitungs-, Adressverwaltungs- und Suchfunktionen,
- der Darstellungsmöglichkeiten multimedialer Information (Dateiformate; siehe Abschnitt 3.5),
- der Sicherheit (Verschlüsselung, Kennwortverwaltung, Filter, Virenscanning, Spam-Abwehr),
- der angebotenen Zusatzprogramme (Software-Plug-ins),
- der Betriebssystemplattform und
- des Preises (für Einzellizenz, Lizenz für fünf, zehn Teilnehmer usw.).

In der Praxis dominieren mit über 50 Prozent Marktanteil die Microsoft-Produkte *Outlook* und *Outlook Express. Outlook* ist Teil der MS-Office-Suite und unterstützt den Zugriff auf den Exchange Server. Es zielt auf intensive E-Mail-Benutzer und bietet einen größeren Funktionsumfang mit integrierten PIM-Werkzeugen. *Outlook Express* wird bei allen Windows-Versionen kostenlos mitgeliefert. Nicht zuletzt wegen der großen Verbreitung ist die Outlook-Produktfamilie leider ein beliebtes Ziel für Hacker und Virus-Autoren.

Kommerzielle Hauptkonkurrenten, von denen jedoch keiner mehr als fünf Prozent Marktanteil erreicht, sind *Eudora* von Qualcomm, die *Lotus-Notes-Clients* von IBM, *Opera* von Opera Software und *The Bat!* von RitLabs. Die Preise liegen zwischen 30 und 50 Euro, von *Eudora* und *Opera* gibt es auch durch Werbung finanzierte Gratis-Versionen. Kostenlose E-Mail-Programme sind *Pegasus* von David Harris und *Thunderbird* der Mozilla Foundation. Alle genannten Systeme sind auf Windows ausgelegt, die meisten gibt es auch in einer Mac-OS-Version. *Apple Mail,* das als einziges Programm nur auf Mac OS läuft, wird kostenlos mit diesem Betriebssystem ausgeliefert. *Thunderbird* ist auch für *Linux* verfügbar. Weitere kostenlose, ausgereifte E-Mail-Programme für die Linux-Plattform sind *KMail* (Mailprogramm des KDE-Desktops) und *Ximian Evolution.*

Bei PDAs gibt schon seit langem E-Mail-Clients für *Palm OS* (von Palm-Source) und *Pocket PC* (von Microsoft). In den letzten Jahren hat aber vor allem *BlackBerry* Furore gemacht, eine von der kanadischen Firma RIM speziell für Geschäftsleute konzipierte E-Mail-Push-Lösung für mobile Geräte. Benutzer können ihre E-Mails überall abrufen – neue Mitteilungen werden automatisch (ohne Einwählen) über GPRS zu ihrem PDA übermittelt. Das Java-basierte *BlackBerry-Endgerät* bietet über die E-Mail-Funktion hinaus integrierte Telefon-, SMS-, PIM- und Browser-Funktionen. Neben RIM haben auch andere PDA- und Smartphone-Hersteller die BlackBerry-Funktionen in ihre Geräte

Abb. 3.6.5/1:
BlackBerry-Endgerät
(11,3 x 7,4 x 2,1 cm,
136 g)

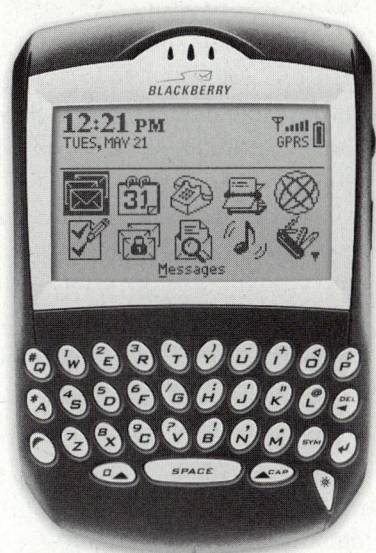

integriert. Die *BlackBerry-Software* stellt die Verbindung zwischen dem Endgerät und dem E-Mail-Account des Benutzers her. Die Server-Software gibt es als Add-on-Produkt für IBM-Lotus-Notes/Domino- und Microsoft-Exchange-Mail-Server. Die Desktop-Software integriert die folgenden Funktionen: E-Mail (inklusive Filterfunktionen), Datensynchronisation, Verzeichnisverwaltung, Datensicherung und Downloadfunktionen für Anwendungen. Auch große Telefondienstleister bieten den BlackBerry-Service an; für Teilnehmer kostet das Endgerät zwischen 250 und 300 Euro.

Spam-Filter

Bei SMTP-MTAs kommt als Spam-Filter fast durchwegs die Open-Source-Software *SpamAssasin* von Apache zum Einsatz. Dieses auf UNIX basierende System verwendet eine Datenbank mit Entscheidungsregeln und ein breites Spektrum an heuristischen und statistischen Methoden, um unerwünschte Werbung zu erkennen.

Bei einem 2004 durchgeführten Test der in E-Mail-Programme eingebauten *Spam-Filter* durch die Computerfachzeitschrift c't erreichten *Thunderbird* vor *Eudora*, *The Bat!*, *Apple Mail* und *Opera* die besten Ergebnisse. Die Spam-Erkennungsrate von *Outlook* und *Pegasus* war erheblich schlechter. Mit *Plug-ins*, wie etwa dem *Outlook Spam Filter* von Softlogica (25 US-Dollar), lassen sich jedoch auch bei den Produkten des Marktführers Spam-Erkennungsraten von über 90 Prozent erreichen.

E-Mail-Dienstleister

Die *E-Mail-Benutzer* können in *zwei Gruppen* eingeteilt werden:

1. *Private und Beschäftigte in Kleinbetrieben,* die ihren E-Mail-Verkehr über ihren individuellen Internet-Anschluss bei einem Internet-Zugangsanbieter (engl.: Internet service provider, abgekürzt: ISP) abwickeln (Alternativen: Free-Mail, Online-Service oder selbstständiger Client).

2. *Mitglieder größerer Betriebe,* die – auch von zu Hause – auf die unternehmensweiten Postsysteme ihrer Organisation zugreifen (Alternativen: Mail-Server- oder Groupware-Lösung, in Ergänzung Web-Mail).

Die einfachste und kostengünstigste E-Mail-Möglichkeit für Benutzer, die zu Hause oder in Kleinbetrieben arbeiten, ist *Free-Mail.* Das ist ein durch Werbung finanzierter Gratis-Postdienst von Internet-Portalen (siehe dazu Abschnitt 5.2.1.2), der üblicherweise mit dem Browser über die vorhandene Internet-Verbindung benutzt wird. Die Zahl solcher Dienste steigt mit der Zahl von Internet-Portalen, die ein umfangreiches Leistungsspektrum bieten. Free-Mail können Sie überall verwenden, vom Schreibtisch-PC in Ihrem Büro ebenso wie am Flughafen-Kiosk oder vom Terminal im Zug oder Flugzeug. Da sich solche Dienste auf die wesentlichen Grundfunktionen beschränken, eignen sie sich primär für Benutzer mit einem geringen Korrespondenzaufkommen.

Free-Mail-Clients können Sie größtenteils kostenlos aus dem Internet herunterladen. Gängige Produkte sind beispielsweise *AOL NetMail* von America Online, *Friendly Email* von InTouch Software, *Hotmail* von Microsoft, *iName* von iName, *Juno* von Juno Online Services, *MailCity* von WhoWhere?,

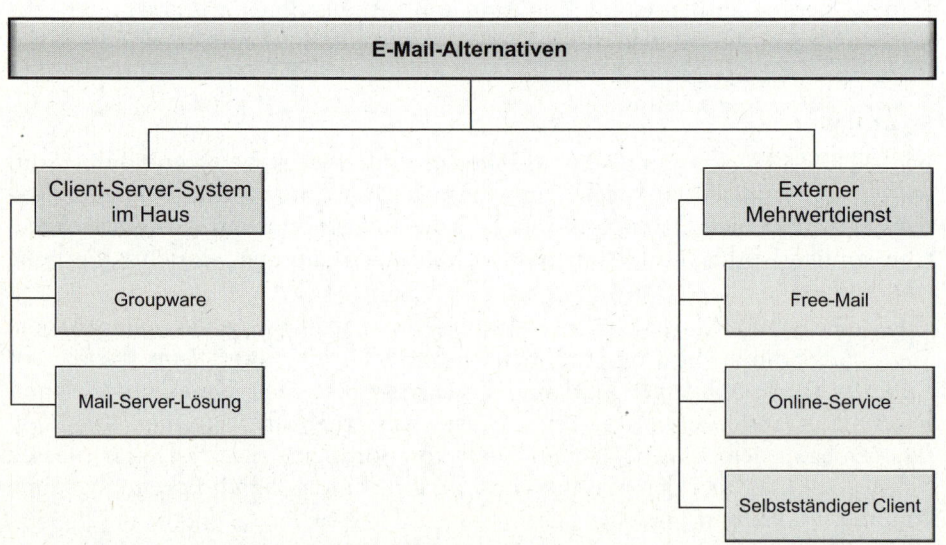

Abb. 3.6.5/2: E-Mail-Alternativen

Net@address von USA.Net, *Pegasus Mail* von David Harris, *ProntoMail* von CommTouch Software und *Yahoo! Mail* von Yahoo!

Große *Online-Dienste*, wie *T-Online*, *America Online (abgekürzt: AOL)*, *CompuServe*, *Microsoft Network* oder *Yahoo*, bieten ihren Abonnenten als Teil ihrer Windows-Software einen E-Mail-Client, der automatisch installiert wird (erleichtert Anfängern den Einstieg). Der Funktionsumfang ist größer als bei sonstigen Freemail-Clients. Beispielsweise sind effiziente Filter zur Kontrolle unerwünschter Werbung sowie einfache Textformatierungsfunktionen enthalten. Da es sich um proprietäre Systeme handelt, gehen die Formatierungen jedoch verloren, wenn die Mitteilungen über das Internet übermittelt werden. Deshalb bieten inzwischen fast alle E-Mail-Clients auch die Möglichkeit, Mitteilungen im *HTML-Format* zu gestalten und damit die Formatierung beim Internet-Versand zu erhalten.

Für die internationalen Online-Dienste bezahlt man eine feste oder nach Nutzungszeit gestaffelte *Abo-Gebühr,* in der E-Mail enthalten ist. Die Software zur Benutzung der Kommunikationsdienste und Informationsquellen ist kostenlos.

▶ Übungsaufgabe Nr. 1.3.56 im Arbeitsbuch

Postlisten und Diskussionsforen

Zur Verwaltung von Postlisten und Diskussionsforen im privaten In-Haus-Netz (Intranet) oder im Internet gibt es vier weit verbreitete *Softwarepakete:* *Listserv* von L-Soft, *Listproc* von CREN, *Mailman* von der Free Software Foundation und *Majordomo* von Great Circle Associates (GCA). Die beiden erstgenannten Programme sind kommerzielle Produkte, die es in unterschiedlichen Ausbaustufen gibt. Die Preise reichen von unentgeltlich (nicht kommerzieller Einsatz, maximal 10 Listen mit jeweils maximal 500 Teilnehmern) bis zu zirka 2.500 Euro für UNIX- oder Windows-Systeme großer Unternehmen mit Tausenden von Teilnehmern. *Mailman* und *Majordomo* sind gemeinschaftlich entwickelte Open-Source-Projekte, die als Freeware verfügbar sind, und auf allen gängigen UNIX-Systemen lauffähig sind. Die Funktionalität und auch die verwendeten Befehle (wie „subscribe", „unsubscribe" usw.) der genannten Systeme entsprechen sich weitgehend, die Software unterscheidet sich allerdings in der Leichtigkeit der Administration der Listen. Hier ist *Mailman* durch seine Archivierungsfunktionalität und das komfortable Web-Interface der Marktführer.

Listserv ist am längsten am Markt und hat den größten *Marktanteil.* Listserv wurde ursprünglich für IBM-Großrechner entwickelt, später auf UNIX und dann auf weitere Betriebssysteme portiert. Sie können bei der Web-Site des Herstellers L-Soft jederzeit Statistiken abrufen, die Ihnen die im Internet zugänglichen Listserv-Listen nach Zahl der Benutzer, Gastländern usw. zeigen.

Beispielsweise waren am 8. August 2004 weltweit 364.369 *Listserv-Listen, darunter* 70.374 *öffentliche Listen von 3.018 Web-Sites,* aktiv (ohne Intranet-Server). Die am stärksten frequentierten öffentlichen Listen haben mehrere hunderttausend Abonnenten. In der Länderstatistik führen die USA mit 57.159 Listen vor Kanada (2.141), Deutschland (1.462), den Niederlanden (1.152), Belgien (808) und Frankreich (538). In Österreich waren an diesem Tag 76 Listen in Betrieb.

Sie finden die für Sie interessanten *Postlisten und Newsgruppen* über *Internet-Suchdienste* wie *Google* usw. (siehe Abschnitt 5.2.2). Darüber hinaus gibt es spezielle Verzeichnisdienste für Listen/Diskussionsforen und ihre Archive, wie zum Beispiel *List Tool, CataList, New-List* usw.

Das größte Archiv von Nachrichten aus den über 80.000 Usenet-Diskussionsforen ist *Deja.com*, das im Jahr 2001 von *google.com* übernommen wurde. Es enthält über 650 Millionen Mitteilungen – mehr als ein Terabyte menschlicher Meinungsäußerungen – die bis 1995 zurückreichen. Das Archiv wird täglich aktualisiert. Über die Google-Groups-Leitseite (http://groups.google.com/) können Sie eine bestimmte Gruppe finden, indem Sie in die Suchbox „group: Gruppenname" eintippen (zum Beispiel: group:comp.mail.eudora). Wenn Sie den Namen nicht kennen, so können Sie über das hierarchisch nach Gruppenklassen geordnete Menü die Sie interessierenden Sachgebiete und die hierzu existierenden Gruppen suchen. Ein bei jeder Gruppe angegebener Aktivitätsbalken zeigt Ihnen, wie häufig es in letzter Zeit zu Diskussionsbeiträgen gekommen ist. Wenn Sie den Gruppennamen anklicken, wird Ihnen eine nach dem Datum absteigend sortierte Übersicht der zusammengehörigen Nachrichten gezeigt, die Sie durch Anklicken im Volltext sehen können.

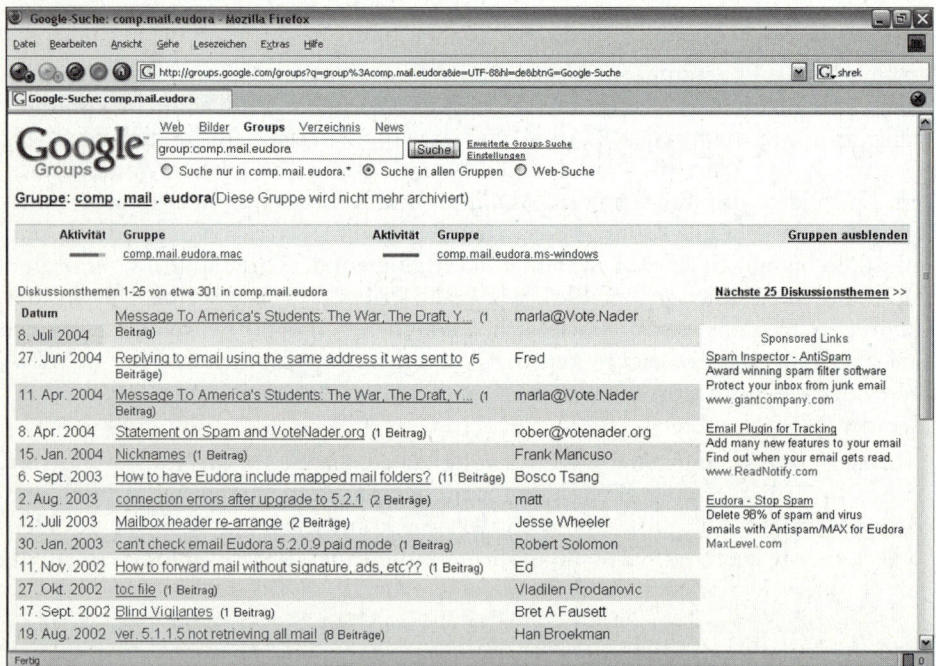

Abb. 3.6.5/3: Suche nach Newsgruppen

Sie finden über Ihre Suchmaschine eine Vielzahl weiterer Archive und Verzeichnisse von Postlisten und Diskussionsforen, die teils umfassend, teils auf bestimmte Gebiete (beispielsweise Sex, Medizin, Hunde, Autos, Länder) konzentriert sind.

Darunter befinden sich jedoch auch zahlreiche „Datenfriedhöfe" und „Datenmüllplätze". Die Zahl der gut funktionierenden, öffentlichen Diskussionsforen ist in den letzten Jahren rückläufig. Gründe sind die abnehmende Qualität der Beiträge (im Zuge der stark wachsenden Teilnehmerzahlen ist die Begutachtung/Moderation nicht mehr zu bewältigen) und – vor allem – die Überflutung mit unerwünschter Werbung.

Wikis

Von der Web-Site *World Wide Wiki: Switch Wiki* werden alle bekannten *öffentlichen Wikis* verzeichnet. Mitte 2004 waren weltweit ungefähr tausend Wiki-Gemeinschaften gelistet. Die 30 größten Wikis (nach Zahl der Seiten) werden bei *Meatball Wiki* gereiht. Derzeit dominieren die Enzyklopädien (Wikipedia-Ländervarianten und andere) und Wörterbücher *(Wiktionary* als ein Wikipedia-Ableger). Ursprünglich wurden Wikis vor allem zum Publizieren von IT-Themen verwendet, in der Folge wurde der Einsatz in Bereiche wie Medizin, Jura und Chemie ausgeweitet. Im deutschsprachigen Raum wird die Zahl der öffentlichen Wikis auf zirka 100 geschätzt. Neben der *Wikipedia* sind das *Dse Wiki* (deutsche Softwareentwickler), das *Linux Wiki* und das *Jura Wiki* am bekanntesten. Unternehmen, die intern Wikis verwenden, sind unter anderen DaimlerChrysler, Microsoft, SAP, T-Systems und Web.de.

Wiki-Software wird meist als Open Source für alle gängigen Plattformen angeboten. Am verbreitetsten sind die Produkte *Media Wiki, MoinMoin, PHPwiki, TWiki* und *UseMod.* Für die *Wikipedia* kommt *Media Wiki* zum Einsatz, das in über 20 Sprachversionen existiert; etwa 20 weitere kleinere Wikis, darunter der Reiseführer *Wikitravel,* setzen auf dieser Software auf.

Weblogs

Die ersten Weblogs gab es Ende der 1990er Jahre (Anfang 1999: 23), heute sind es viele Millionen, davon die meisten in Nordamerika. Mitte 2004 wurde die Zahl der Weblogs bei speziellen Hostern in Nordamerika auf vier Millionen geschätzt, von denen etwa 1,4 Millionen aktiv waren (Quelle: Perseus). In Deutschland sollen es nach einer Studie von N. Lumma 14.500 sein, davon 7.500 aktive. Andere Schätzungen gehen von einer bis zu dreifachen Zahl der Weblogs in Deutschland aus, die jedoch im Vergleich zu Nordamerika immer noch sehr gering ist.

Zwischen 70 und 85 Prozent der veröffentlichten Weblogs bedienen sich spezieller ASP-Dienste für Blogging, der Rest sind mit eigener Server-Software betriebene Systeme (Quelle: Elise.com). Letztere wenden sich tendenziell eher an technisch anspruchsvollere Adressaten, sie bieten mehr Funktionalität und Flexibilität beim Systementwurf. Die am häufigsten verwendete und ausgereifteste

Software für eigene Systeme ist *Movable Type* von Six Apart vor *Expression Engine* von pMachine. *Movable Type* kostet für kommerzielle Zwecke je nach Zahl der Benutzer zwischen zirka 200 und 1.300 US-Dollar. Neben diesen beiden gebührenpflichtigen Produkten gibt es mehrere Open-Source-Weblog-Pakete, von denen *Wordpress* am verbreitetsten ist.

Die beiden größten *Weblog-Hosting-Dienste* mit 1,5 und 1,2 Millionen Weblogs (Stand: August 2004) sind *Blogger* (Dienst von Google) und das besonders bei Teenagern beliebte *Live Journal*. Beide Dienste sind – wie die meisten anderen – kostenlos. Blogger hat den gebührenpflichtigen *Premium Service* im Jahr 2003 eingestellt, bei *Live Journal* (25 US-Dollar pro Jahr) verwenden diesen nur zwei Prozent der Benutzer. An dritter Stelle steht mit rund 800.000 Benutzern der gebührenpflichtige Dienst *Typepad,* der als am leistungsfähigsten und für den kommerziellen Bereich als am ehesten geeignet gilt. Die Teilnahme an der Basisversion kostet 4,95 US-Dollar, der Plus-Version 8,95 US-Dollar und der Pro-Version 14,95 US-Dollar pro Monat.

Spezielle *Suchdienste für Weblogs* sind beispielsweise *Blogarama, Daypop, Feedster, Technorati* und *Waypath.* Sie können dort auch die am häufigsten frequentierten Weblogs abfragen. Bei dem größten Suchdienst, *Technorati,* waren im August 2004 zirka 3,5 Millionen Weblogs erfasst.

3.6.6 Synchrone Kommunikationsdienste

Videokonferenzen

Videokonferenzen haben sich noch nicht auf breiter Ebene durchgesetzt. Hindernisse waren bisher die hohen Kosten, zu geringe Übertragungsgeschwindigkeiten der meisten Netze für Video in Fernsehqualität und Probleme beim Zusammenspiel verschiedener Produkte – trotz der inzwischen vorhandenen Standards. Diese Barrieren wurden und werden durch die informationstechnische Entwicklung laufend abgebaut. Längerfristige Hindernisse kultureller Art könnten jedoch sein, dass sich viele Leute einfach nicht wohl fühlen, wenn sie sich bei der Telekommunikation sehen können.

Die *großen, in Studios festinstallierten Videokonferenzsysteme,* wie sie beispielsweise früher von der PictureTel Corporation (von Polycom übernommen) und der VTEL Corporation *auf der Basis von breitbandigen ATM-Netzen* (Näheres im Band 2, Kapitel 6) weltweit vertrieben worden sind, sind durch *ISDN- und IP-basierte Raumkonferenzsysteme* verdrängt worden, die geringere technische Voraussetzungen erfordern und weniger kosten. Anbieter sind neben den beiden genannten Firmen die *Aethra Telecomunicazioni, First Virtual Communications (FVC), ImageCom, Sony Electronics, Tandberg und VCON.* Solche Raumkonferenzsysteme sind ab zirka 15.000 Euro erhältlich.

Die *Anbieter von Videokonferenzräumen* spielen auf dem Markt keine Rolle mehr. Die *Deutsche Telekom* hat ihr *TeamWorld Service Center,* über das in 32 deutschen Städten Videokonferenzräume angemietet werden konnten, Ende 2003 an die *MVC Teleconferencing* verkauft. Dieser Dienstleister mit Sitz in Berlin und Münster bietet Telefon- und Videokonferenzschaltungen von ISDN- und IP-Teilnehmern bis hin zur komplette Organisation von Videokonferenzen an.

Unternehmenseigene Videokonferenzstudios mit fest installierter Ausstattung sind ebenfalls weitgehend verschwunden und wurden durch *mobile Raumkonferenzsysteme* oder *Videokonferenzsysteme für Personalcomputer* ersetzt. Videokonferenzen mit Arbeitsplatzrechnern sind vergleichsweise preisgünstig und einfach zu organisieren. Hardwarevoraussetzungen sind auf der Audioseite des PCs eine Soundkarte, Mikrofon und Lautsprecher/Kopfhörer, auf der Videoseite eine Videokarte plus Videokamera. Eine komplette PC-Videokonferenzausrüstung bestehend aus den genannten Komponenten, ISDN/LAN-Karte und Videokonferenzsoftware ist heute schon für zirka 1.000 Euro erhältlich. Grafikkarten mit zusätzlichem Videoeingang, die mit jeder H.323-Software nutzbar sind, werden bereits ab zirka 100 Euro angeboten.

Verbreitete *H.323-Programme (Clients) für Videokonferenzen* sind *Microsoft NetMeeting, Intel VideoPhone, Sorenson Envision, VocalTec Internet Phone, White Pine CUSeeMe Pro* und *SunForum Workgroup Collaboration Tools*. Mit Ausnahme des Sun-Produkts (Plattform Solaris) sind alle Produkte auf Windows ausgelegt *(Microsoft Netmeeting* ist in Windows integriert). Von fast allen Herstellern gibt es eine kostenlose Produktversion. *Microsoft Netmeeting, Sorenson Envision, White Pine CUSeeMe Pro und die SunForum Workgroup Collaboration Tools* bieten das breiteste Funktionsspektrum: Dokumenten-, Audio- und Videokonferenzen, geteilte Anwendungen, Chat und Dateitransfer.

Groupware-Programme enthalten ebenfalls stets Videokonferenzfunktionen. Beispielsweise hat IBM in *Lotus Workplace* eine Komponente für „Instant Messaging und Web Conferencing" namens *Sametime* integriert, die bei zehn Millionen Benutzern weltweit im Einsatz ist.

Apple hat bereits 1995 als erster Computerhersteller seine Rechner *standardmäßig mit Konferenzsoftware* ausgestattet. Die aktuelle Lösung heißt *iChat AV,* die die Instant-Messaging-Lösung *iChat* um Videokonferenzfunktionen erweitert. In Kombination mit der Apple-Web-Cam *iSight* werden Videokonferenzen über eine Breitband-Internet-Anbindung in Vollbildschirmdarstellung ermöglicht.

▶ Übungsaufgabe Nr. 1.3.57 im Arbeitsbuch

Chat

Um am IRC teilnehmen zu können, brauchen Sie ein entsprechendes *Client-Programm.* Ein solches ist in Ihren Browser integriert. Chat-Clients mit einem mächtigeren Funktionsumfang können Sie als Freeware oder Shareware aus dem Internet herunterladen (beispielsweise aus den Archiven der nachstehend genannten IRC-Netze). Gebräuchliche Clients für Windows sind *mIRC, Pirch* und *Virc,* für *Mac OS Homer* und *Ircle* und für UNIX *ircII* und *xchat.*

Die Sie interessierenden Kanäle finden Sie am besten über die *Chat-Verzeichnisse,* die Sie mit Ihrem Suchdienst aufrufen können. Oder Sie wählen sich gleich direkt bei den großen *IRC-Netzen Efnet, Undernet, IRCnet, DALnet und NewNet* ein. Dort können Sie in Statistiken nachlesen, wie viele Teilnehmer in den einzelnen Räumen aktiv sind.

Darüber hinaus bieten Ihnen viele *Web-Portale* ihre Chat-Dienste an. Sehen Sie sich beispielsweise einmal an, was diesbezüglich Yahoo! zu bieten hat. *Zeitungen* und die *Online-Dienste der Fernsehsender* ermöglichen Diskussionen zu aktuellen Themen, zum Teil mit berühmten Persönlichkeiten.

Instant Messaging

Die *Zahl der Instant-Messaging-Benutzer* wird für das Jahr 2004 auf weltweit über 400 Millionen geschätzt. Der größte Teil sind private Benutzer, die kostenlose (durch Werbung finanzierte) öffentliche IM-Dienste verwenden. Allgemein wird erwartet, dass die kommerzielle Nutzung von Instant Messaging stark wachsen wird. IDC prognostiziert für das Jahr 2006 506 Millionen IM-Benutzer weltweit, davon 255 Millionen im geschäftlichen Bereich.

Der *größte öffentliche IM-Dienst* ist *AOL Instant Messenger (abgekürzt: AIM)*: Von zirka 180 Millionen registrierten Benutzern verwenden ein Sechstel den Dienst mindestens einmal pro Monat. Täglich werden über zwei Milliarden Sofort-Mitteilungen ausgetauscht. Die Nutzung hat sich von 2003 auf 2004 verdoppelt. AOL hat 1998 einen der Hauptkonkurrenten, ICQ, mit 135 Millionen registrierten Benutzern übernommen. Seit Mitte 2003 können die Benutzer beider Dienste miteinander kommunizieren; ein großer Teil der ICQ-Benutzer dürfte nicht mehr aktiv sein. Der nächstgrößte Anbieter ist *MSN Messenger* mit 130 Millionen Benutzern, gefolgt von *Yahoo Messenger*. Hinter diesen globalen IM-Diensten folgen kontinentale Dienste mit Benutzerzahlen im zweistelligen Millionenbereich. In Europa ist der *T-Online Messenger (TOM)* führend.

Die großen internationalen Instant-Messaging-Dienste verwenden jeweils *proprietäre, nicht miteinander kompatible Protokolle,* um ihren Kundenstock – der attraktive Werbeeinnahmen garantiert – gegenüber Wettbewerbern abzuschotten. Hacker knacken immer wieder diese Protokolle und stellen polyglotte IM-Clients ins Netz; die großen Online-Dienste reagieren darauf mit geringfügigen Protokolländerungen. Im Jahr 2004 wurde eine Partnerschaft von Microsoft mit AOL und Yahoo vereinbart, wonach in Microsofts *Live Communications Server (LCS)* Schnittstellen zu den drei führenden IM-Netzen dieser Firmen und damit Interoperabilität für über 400 Millionen Teilnehmer geschaffen werden soll. AOL und Yahoo erhalten im Gegenzug eine Gewinnbeteiligung und stellen ihre IM-Aktivitäten im kommerziellen Bereich ein.

Die Internet Engineering Task Force (IETF) hat im Jahr 2004 das XML-basierende *Extensible Messaging and Presence Protocol (XMPP)* als Standard für Instant Messaging vorgeschlagen.

Softwareanbieter für IM-Systeme in Betrieben sind: Bantu, Communicator, IBM Lotus, Jabber (Open Source), Microsoft, Novell, Omnipod, Racle, Parlano, Sun Microsystems und WiredRed.

Neben den *IM-Clients* der kommerziellen IM-Dienste und kommerziellen Softwarehersteller gibt es noch eine Reihe weiterer kostenloser Angebote (teils Freeware, teils durch Anzeigen oder Adressverkauf finanziert). Besonders hervorzuheben sind die *Multiprotokoll-Clients*

- für Windows: *Trillian*, *Miranda* und *Odigo* der gleichnamigen Hersteller und *Vista* von i3connect,
- für Linux: *BitlBee* des gleichnamigen Herstellers, *Centericq* von Konst, *Gaim*, *Kopete* und *SIM* (Open Source, erhältlich über SourceForge.net).

SIM gibt es ebenso wie die Clients der globalen öffentlichen IM-Dienste auch für Mac OS. Die Apple-eigene Software *iChat* für Multiprotokoll-IM (sowie Text-Chat und Audio/Videokonferenzen) basiert auf dem Open-Source-Project *Jabber* (siehe Abschnitt 3.4.3.2).

▶ Übungsaufgabe Nr. 1.3.58 im Arbeitsbuch

3.6.7 CSCW, Dokumenten- und Wissensmanagementsysteme

Groupware

Die erste am Markt erhältliche Groupware war *Lotus Notes*, die 1989 von der Lotus Development Corporation eingeführt wurde. 1995 wurde Lotus von der Firma IBM übernommen, die damit in den Groupware-Markt eingetreten ist. Zu dieser Zeit war Notes der unbestrittene Weltmarktführer. Der wesentlichste Schritt in der folgenden Weiterentwicklung der Software war die Umstellung auf eine Internet-basierte Client-Server-Architektur: Die Server-Produkte werden unter dem Namen *Lotus Domino* angeboten, die Client-Produkte heißen *Lotus Notes*.

Die Produktlinie unterstützt die asynchrone und sychnrone Zusammenarbeit in Teams im Haus (Intranet) und unternehmensübergreifend (Internet). Es liegt eine proprietäre Datenbank (NSF) zu Grunde, die die Kombination strukturierter (relationaler) und unstrukturierter (Dokumente) Daten unterstützt. Durch die Verbindung dieser spezialisierten Datenbank mit PIM-Funktionen für den Einzelnen und Gruppen, E-Mail, Telekonferenzen, Chat und Instant Messaging ermöglicht Domino/Notes die Einrichtung von Kommunikationskanälen zum Ideenaustausch, zur gemeinsamen Bearbeitung von Dokumenten, Entwicklung von Anwendungen usw. durch Gruppen. Alle in den Abschnitten 3.4.2–3.4.4 genannten Funktionen zur Unterstützung der Zusammenarbeit sind über den Notes-Client zugänglich. Wenn ein Benutzer andere Teilnehmer mittels eines bestimmten Dienstes ansprechen möchte, zum Beispiel eine E-Mail senden oder mittels Videokonferenz über ein gemeinsames Projekt diskutieren möchte, so geschieht das über sich öffnende Bildschirmfenster.

Lotus Notes/Domino wurde und wird laufend *weiterentwickelt*. Bei der 2003 eingeführten *Version 6.5* stand neben besserer Bedienbarkeit die enge Integration von Instant Messaging und Web Conferencing im Vordergrund. In der für 2005 angekündigten *Version 7* sind verbesserte Raum- und Ressourcenreservierungsfunktionen für Meetings, die Unterstützung des relationalen IBM-Datenbankverwaltungssystem DB2 und die Integration von Microsoft Outlook vorgesehen. Trotzdem ist das einstmals marktbeherrschende, proprietäre System in die Jahre gekommen und die schrittweise Ablöse/Überführung in die 2002 angekündigte neue IBM-Produktfamilie für Kommunikation und Zusammenarbeit *Lotus Workplace (abgekürzt: LWP)* absehbar.

Lotus hat in den letzten acht Jahren die weltweite *Benutzerzahl von Lotus Notes* von 15 Millionen (1996) auf rund 110 Millionen (2004) mehr als versiebenfacht. Der Weltmarktanteil bei den stark wachsenden Installationen ist aber in derselben Zeit von über 50 Prozent auf 24 Prozent gesunken. Hauptnutznießer ist die Firma *Microsoft,* die den Marktanteil des 1996 eingeführten Konkurrenzprodukts *Exchange Server* im selben Zeitraum auf 31 Prozent ausbauen konnte (Quelle: Radicati Group).

Ursprünglich war der *Microsoft Exchange Server* ein leistungsfähiges, konsequent auf den X.400-Standard ausgelegtes E-Mail-Paket, das erst nachträglich um das Internet-Mitteilungsübermittlungsprotokoll SMTP erweitert wurde. Die anfangs geringe Unterstützung der Zusammenarbeit ist im Lauf der Zeit stark ausgebaut worden, so dass inzwischen kaum noch Unterschiede zu Lotus Notes/Domino gegeben sind. Als *Vorteile von Exchange* gelten die enge Integration mit einem (einzigen) leistungsfähigen Client (MS Outlook) und den MS-Office-Produkten, die einfachere Einführung (Migration, Installation und Wartung) und die niedrigeren Gesamtkosten (Anschaffung, Installation, Wartung, Benutzerschulung und –betreuung; engl.: total cost of ownership, abgekürzt: TCO). *Schwächen* gegenüber Notes/Domino sind die Beschränkung auf die Microsoft-Server-Betriebssysteme (Windows) und -Clients (Outlook) sowie die Funktionen zur Anwendungsentwicklung. Lotus Domino unterstützt die meisten großen Server-Plattformen wie Windows, Linux, IBM iSeries (AS/400), IBM zSeries (S/390), IBM pSeries (AIX) und Solaris.

GroupWise von Novell ist – mit deutlichem Abstand – das am nächsthäufigsten eingesetzte Groupware-Produkt.

Die erwähnte neue IBM-Produktfamilie *Lotus Workplace (LWP)* basiert auf der IBM-Middleware Websphere (siehe Band 2, Kapitel 7) und DB2 (siehe Band 2, Kapitel 5). Sie ist konsequent auf offene Standards ausgerichtet. Fast alle für die Gruppenarbeit angebotenen Funktionen werden auf Server im Unternehmensnetz verlagert und mittels Browser verwendet. Lotus Workplace umfasst neben einer E-Mail-Komponente die drei Module „Team Collaboration", „Collaborative Learning" und „Web Content Management".

Die *Preise* von Groupware sind aufgrund unterschiedlicher Preismodelle der Hersteller schwer miteinander vergleichbar. Die von IBM empfohlenen Preise (inklusive Mehrwertsteuer) betragen für den *Lotus Notes Client for Collaboration* 147,32 Euro und den *Lotus Domino Enterprise Server* 3.486,96 Euro pro Prozessor. Die seit 2004 angebotene, besonders preisgünstige Mittelstandsversion *Lotus Domino Express* kostet inklusive Server 104,01 Euro pro Benutzer, wenn damit ein anderes E-Mail-Produkt abgelöst wird. Der *Microsoft*

Exchange Server wird mit fünf Benutzerlizenzen für rund 1.500 Euro, mit 25 Benutzerlizenzen um 8.000 Euro angeboten.

Auch für den Linux-Bereich existieren zahlreiche freie Groupware-Plattformen, die vor allem für den Betrieb über das Internet ausgelegt sind. Dazu zählen beispielsweise gemeinschaftliche Softwareentwicklungsplattformen wie *Sourceforge*, die neben Versionsmanagement auch über diverse Kommunikationsdienste verfügen. Ein weiters Beispiel ist *OpenACS*, das als eine Entwicklungsplattform für Online-Communities ausgelegt ist, beispielsweise verteilte Kalenderdienste, Foren, Weblogs, Dateidienste und E-mail-Dienste vereinigt, aber auch Werkzeuge für das Projektmanagement oder für E-Commerce-Dienste unterstützt.

Workflow-Management-Systeme

Die ersten Workflow-Management-Systeme wurden schon in den 1980er-Jahren eingeführt, der seither erwartete große Durchbruch ist jedoch ausgeblieben. 1995 wurden noch über 50 spezielle Workflow-Management-Programme angeboten, heute sind es weniger als ein Drittel.

Auf dem Markt etablierte Produkte beziehungsweise Hersteller sind: *Bizflow* von Handysoft, *BPM Suite* von FileNet, *COSA Workflow* von Transflow, *Enterprise Solution* von Adobe, *i-Flow* von Fujitsu, *InConcert und Staffware Process Suite* von Tipco, *WebSphere MQ Workflow V3.5 (früher MQSeries Workflow)* und *Lotus Workflow* von IBM, *W4 Suite* von W4, *WMS Imaging and Workflow* von eiStream,

Die *Softwarelizenzgebühren* machen bei Workflow-Management-Systemen nur einen kleinen Teil der Gesamtkosten aus. Weitaus bedeutsamer sind die Entwicklungs- und Einführungskosten, insbesondere die Benutzerschulung. Die *Preise* der Softwareprodukte sind vom Funktionsumfang und der Zahl der unterstützten Arbeitsplätze (Clients) abhängig; sie beginnen bei zirka 20.000 Euro, wobei die Workflow-Engine (Server) bereits enthalten ist.

Wesentliche *Gründe für die Reduktion der Zahl der klassischen Hersteller* von speziellen Workflow-Management-Produkten sind:

- Die *Interoperabilität* und damit die unternehmensübergreifende Zusammenarbeit wird durch *proprietäre Lösungen* erschwert; die Entwicklung praxistauglicher Standards durch die Workflow Management Coalition (WfMC) und die Document Management Alliance (DMA) kommt nur langsam voran.

- Die meisten speziellen Workflow-Management-Produkte werden als anwendungsneutrale Werkzeuge *losgelöst von der Geschäftsprozesslogik* bestimmter Branchen oder betrieblicher Funktionsbereiche angeboten, wodurch es aufwändiger Projekte zur Erstellung von Anwendungen und zur Integration mit vorhandenen Informationssystemen bedarf.

- In *Werkzeuge zur Geschäftsprozessmodellierung*, wie beispielsweise *ARIS Toolset* (IDS Prof. Scheer), *Adonis* (BOC), *Bonapart* (ComPosition) und *Flowmind* (Akazi), *betriebswirtschaftliche Komplettpakete,* wie beispielsweise von Oracle, SAP und Baan, sowie in *Groupware,* wie beispielsweise von IBM

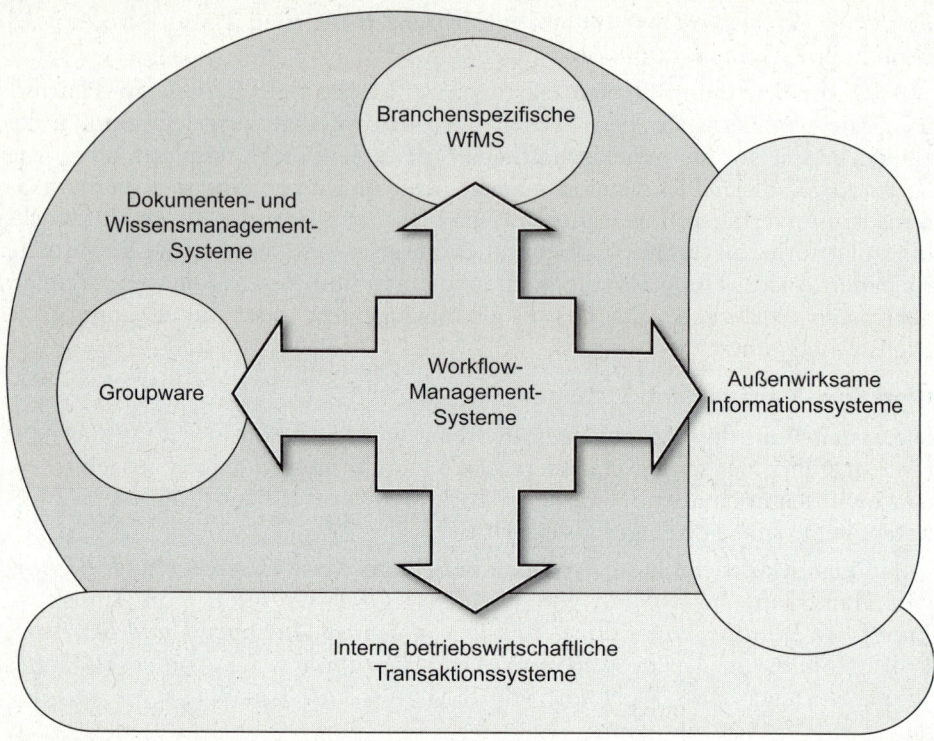

Abb. 3.6.7/1: Workflow-Entwicklungstendenzen

Lotus und Microsoft, wurden leistungsfähige *Workflow-Funktionen* integriert. Für viele Branchen beziehungsweise Betriebstypen stehen Referenzmodelle zur Geschäftsprozessmodellierung zur Verfügung, welche die Konzeptionsphase (Erstellung eines Prozessmodells) erleichtern und beschleunigen.

- Bei vielen Anwendern gibt es zumindest in Teilbereichen eine *Abkehr von der starren Vorgangssteuerung* zu Gunsten größerer Freiräume der Mitarbeiter bei der Bearbeitung von unerwarteten Geschäftsfällen oder –verläufen (Unterstützung durch ad-hoc-fähige Groupware).

Behauptet haben sich die Anbieter von dedizierten Workflow-Management-Produkten, die sich sehr früh auf bestimmte *Nischen* (Branchen, Anwendungsfelder) *spezialisiert* haben.

Die Unterstützung web-basierter Geschäftsprozesse durch *Browser-fähige Benutzerschnittstellen* ist heute für alle Produkte ein absolutes Muss. Um den oben skizzierten Entwicklungen zu begegnen, werden die Workflow-Systeme zudem teilweise mit den führenden *Groupware-Systemen von Microsoft und IBM Lotus integriert* und zu umfassenderen *Dokumenten- und Wissensmanagement-Systemen ausgebaut.*

▶ Übungsaufgabe Nr. 1.3.59 im Arbeitsbuch

Dokumenten- und Wissensmanagementsysteme

Der weltweite Umsatz mit neuen Lizenzverkäufen von Dokumenten- und Wissensmanagementsystemen wird von Gartner im Jahr 2003 auf eine Milliarde Euro geschätzt. Das Wachstum gegenüber dem Vorjahr betrug 9,2 Prozent. Die Meta Group prognostiziert bis 2007 ein Wachstum dieses Marktsegments auf 2,3 Milliarden Euro Jahresumsatz, wobei sie von einem Verhältnis von 2:1 von Services und Softwarelizenzausgaben ausgeht.

Die *Zahl der Softwareprodukte,* die im Bereich von Dokumenten- und Wissensmanagementsystemen eingesetzt werden, ist *sehr hoch und heterogen.* Bis heute gibt es keinen Hersteller, den man als Marktführer bezeichnen kann. Dies liegt zum Teil daran, dass zahlreiche Hersteller, die sich ursprünglich mit einzelnen Teilaspekten des Dokumenten- und Wissensmanagements beschäftigt haben, in den letzten Jahren versucht haben, den Funktionsumfang ihrer Produkte in Richtung einer Vollunterstützung zu erweitern.

In den Groupware-Suites von IBM Lotus und Microsoft sind weitreichende Funktionen für das Dokumenten- und Wissensmanagement enthalten. IBM offeriert darüber hinaus das Produkt *Content Manager.* Als weiterer großer IT-Hersteller ist im Jahr 2004 Adobe Systems mit dem Produkt *Lifecycle* in diesen Markt eingetreten. Zusätzlich bieten Anbieter von *Datenbankverwaltungssystemen* und von *betriebswirtschaftlichen Komplettpaketen (SAP usw.)* zunehmend Unterstützung für das Dokumenten- und Wissensmanagement an. Ein *Beispiel* hierfür ist *Oracle iFS* (Internet File System), das viele Funktionen von Dokumentenverwaltungssystemen unterstützt, rund 150 verschiedene Dokumentenformate erkennt und automatisch indizieren kann, Versionskontrolle unterstützt usw.

Führende Spezialanbieter für das *unternehmensweite Dokumentenmanagement* im deutschsprachigen Raum sind (in alphabetischer Reihenfolge): Ceyoniq, Documentum (EMC), DocuWare, Easy Software, ELO Digital Office, FileNet, Hummingbird, Hyperwave, Saperion und Windream. Windream bietet auch eine für Privatanwender geeignete Einzelplatzversion auf Windows-Basis an, die zirka 300 Euro kostet.

Die Grenze zwischen Dokumentenverwaltungssystemen und Content-Management-Systemen ist fließend. *Content-Management-Systeme* haben durch die Informationsfülle von Web-Sites und die damit verbundenen Organisationsprobleme starken Auftrieb erhalten. Als führende *Hersteller von unternehmensweiten Content-Management-Systemen* gelten (Reihenfolge nach Marktstellung): Documentum (EMC), IBM, Open Text, Vignette, Interwoven, Microsoft, Coremedia, Reddot, Hyperwave und FileNet. Herausforderer mit guter Leistung, aber geringerer Marktpräsenz sind Stellent, Tridion, Polopoly und Day. Die angebotenen Produkte unterscheiden sich kaum in ihrer Funktionalität; wichtigeres Auswahlkriterium für die Kunden ist die Marktreife (Quelle: Meta Group, 2004).

Wir betrachten als *Beispiel* das hinsichtlich Leistungsvermögen und Marktstellung weltweit führende Content-Management-System von *Documentum,* einer Division von EMC (führender Hersteller von Speichersystemen).

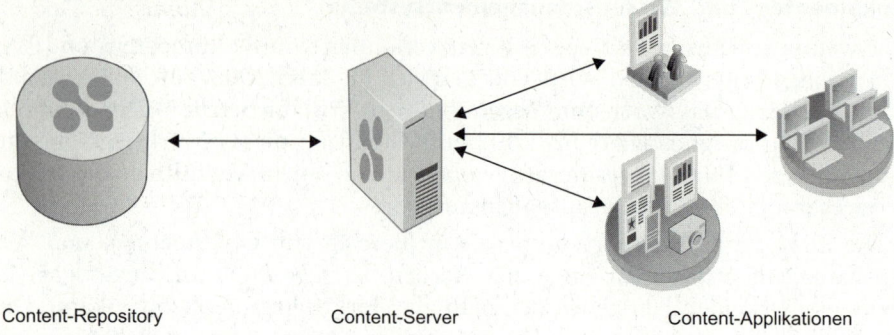

Content-Repository   Content-Server   Content-Applikationen

Abb. 3.6.7/2: Documentum-Architektur

Die Documentum-Architektur ruht auf drei Säulen: Content-Repository, Content-Server und Content-Applikationen.

Das *Content-Repository* dient zur Speicherung und Verwaltung sämtlicher Informationsarten wie Textdokumente, gescannte Bilder, Webseiten, XML-Dateien, Multimedia, Datenbanksätze, technische Zeichnungen, Berichte und vieles mehr. Die Architektur des Repositoriums beruht auf einem objektbezogenen Modell, mit dem sich das ganze Potenzial einer relationalen Datenbank ausschöpfen lässt (Näheres siehe Band 2, Kapitel 5). Dabei werden alle Datenstrukturen, die Inhalte darstellen, sowie Benutzer, Zugriffssteuerungslisten, Workflows, Lebenszyklen usw. als Objekte im Repositorium abgelegt. Jedes Objekt verfügt über Eigenschaften (auch als Metadaten oder Attribute bezeichnet), die in Datenbanken gespeichert werden und schnelle Suchabfragen nach Content ermöglichen, auf den das Objekt verweist beziehungsweise den es enthält.

Der *Content-Server* verwaltet das Content-Repository und stellt zentrale Dienste für die native Speicherung der verschiedenen Informationsarten sowie die Zugriffssteuerung, die Versionskontrolle, Such- und Workflowfunktionen zur Verfügung. Zusätzliche Services (Add-on-Produkte) bieten Funktionen wie die Wissenskategorisierung, -verteilung und -umwandlung sowie Multimedia-Unterstützung. Des Weiteren ermöglicht der Content-Server die End-to-End-Steuerung des gesamten Lebenszyklus von Inhalten, angefangen von der Erstellung und Erfassung bis zur Weiterleitung zur Zulassung und Veröffentlichung im bevorzugten Format.

Für *Content-Applikationen* stellt Documentum einerseits Softwareentwicklungswerkzeuge und andererseits eine Reihe fertiger Anwendungen zur Verfügung, zum Beispiel zur Integration von Geschäftsprozessen zwischen der Documentum-Platform und anderen Systemen (SAP, PeopleSoft, Siebel), zur Zusammenarbeit in Gruppen oder zur Verwaltung branchenspezifischer Massendaten oder das Web-Content-Management (Web-Publisher).

Documentum kommt wegen der relativ hohen Komplexität und der sehr hohen Kosten *nur für Großbetriebe* in Betracht. Forrester gibt als Durchschnittspreis der Documentum-Verkäufe 200.000 Euro an. Hinzu kommen die Implementierungskosten, die die Lizenzgebühren in der Regel übersteigen.

Ausgereifte *Content-Management-Lösungen für mittelständische Betriebe* kosten einige Tausend Euro, *für Kleinbetriebe und Privatanwender* von hundert Euro aufwärts. Für Privatanwender und Kleinbetriebe geeignete Web-Content-Management-Systeme, die zwischen 100 und 150 Euro kosten, sind zum Beispiel *Icoya OpenContent* (Struktur AG) und *NetObjects Fusion* (Website Pros). *PHP-Nuke* (Francisco Burzi) und das für viele Betriebssystem-Plattformen verfügbare Open-Source-Produkt *Zope* (Zope Community) sind kostenlos.

▶ Übungsaufgabe Nr. 1.3.60 im Arbeitsbuch

4 Unterstützung betrieblicher Leistungsprozesse durch ERP-Systeme

Lehrziele

Nach der Durcharbeitung dieses Kapitels sollten Sie

- die historischen Entwicklungsstufen von Informationssystemen im Betrieb nachzeichnen können,

- die Vorteile komponentenbasierter Systeme beschreiben können,

- die Vorgehensweise und wesentliche Aufgaben bei der kundenindividuellen Anpassung (engl.: customizing) von Standardprogrammen darstellen können,

- die Struktur und die Merkmale von betrieblichen Informationssystemen auf operativer Ebene erklären können,

- die Leistungsprozesse im Betrieb und ihre Unterstützung durch Standardsoftwarelösungen aufzeigen können,

- das Komplettpaket mySAP ERP und dessen Hersteller SAP in groben Zügen beschreiben können,

- das Potenzial von Komplettpaketen wie mySAP ERP zur Restrukturierung von Betrieben darlegen können,

- die Besonderheiten branchenspezifischer Lösungen aufzeigen können,

- die besonderen Anforderungen von Klein- und Mittelbetrieben an Softwarelösungen nennen können.

In diesem Kapitel behandeln wir Informationssysteme, die im Schwerpunkt die innerbetriebliche Abwicklung von Geschäftstransaktionen unterstützen.

Wesentliches Merkmal eines **Systems für die Abwicklung von Geschäfts-transaktionen** oder auch kurz **Transaktionssystems** (engl.: transactions processing system) ist eine umfangreiche Datenbank, die zur Bearbeitung der laufenden Geschäftsvorfälle durch Benutzereingaben abgefragt oder geändert werden kann. Die Ausgaben können einfache, kurze Auskünfte oder das Ergebnis weitreichender Verarbeitungsvorgänge sein. Ein solches Informationssystem wird in Anlehnung an den englischen Sprachgebrauch auch **operatives Informationssystem** genannt, da es zur Unterstützung der alltäglichen betrieblichen Leistungsprozesse (engl.: day-to-day operations) dient.

Der Betrieb soll sich damit möglichst zeitnah steuern lassen. Die Aktualität, der Detaillierungsgrad und die Genauigkeit der zur Verfügung gestellten Daten sind dementsprechend hoch.

Sehen Sie sich zu unserer anwendungsbezogenen Klassifikation von Informationssystemen nochmals den Abschnitt 1.4 an. Wir haben dort einerseits zwischen internen und außenwirksamen Informationssystemen und andererseits zwischen Transaktionssystemen, Büroinformationssystemen und Managementunterstützungssystemen unterschieden. In modernen Betrieben sind diese Informationssysteme durch Datenbanken und Netzwerke horizontal und vertikal integriert.

4.1 Allgemeine Anforderungen und Lösungen durch Standardsoftware

Leitlinie bei der Entwicklung von Transaktionssystemen war und ist eine möglichst weitreichende Automatisierung und Integration der betrieblichen Aufgabenerfüllung.

4.1.1 Phasen der Integration von Transaktionssystemen

Die Integration von Informationssystemen in der Wirtschaft erfolgte in mehreren *Phasen*. Die Abb. 4.1.1/1 zeigt Ihnen die im Zeitablauf vorherrschenden Anwendungen und IT-Techniken. Natürlich sind die Perioden nicht so exakt abgrenzbar, wie es in der Tabelle den Anschein hat. Seitens der IT-Hersteller werden oft schon Jahre vorher neue Konzepte und Produkte propagiert, ehe sich diese – wenn überhaupt – verbreitet durchsetzen. Tatsächlich finden Sie noch heute in der Praxis Transaktionssysteme aus allen früheren Perioden.

In der *ersten Phase, den 1960er und 1970er Jahren,* wurden einzelne Funktionen, wie die Fakturierung oder die Lagerbestandsführung, automatisiert. Dabei wurden die bisher manuell verrichteten Aufgaben meist 1:1 in Computerprogramme übertragen. In der *zweiten Phase, den 1980er Jahren,* wurde die Umset-

Abb. 4.1.1/1: Phasen der Integration betrieblicher Informationssysteme

Dominierend im Zeitraum	Phase 1 1960–1980	Phase 2 1980–1990	Phase 3 1990–2000	Phase 4 2000–2010	Phase 5 2010–2020
Anwendungen	Einzelne Funktionen	Funktions-bereiche	Interne Geschäfts-prozesse	Betriebsüber-greifende Prozesse	Umfassende Vernetzung der Wirtschaft
IT-Technik	Individualpro-grammierung mit traditio-neller Dateior-ganisation für eine proprie-täre Plattform (BS, HW)	Proprietäre Anwendungs-software eines Herstellers auf wenigen pro-prietären Plattformen (DB, BS, HW)	Proprietäre Anwendungs-software eines Herstellers auf vielen pro-prietären Plattformen (DB, BS, HW)	Proprietäre Anwendungs-software eines Herstellers auf vielen, auch offenen Platt-formen (DB, BS, HW)	Kombination von Anwen-dungssoftware-komponenten vieler Hersteller auf Open-Source-Platt-formen
	Großrechner mit Terminals	Großrechner mit Terminals	Client-Server-System	Client-Server-System, Inter-netbasiert	SOA-System, Web-Services
	Textorientierte Benutzerober-fläche	Textorientierte Benutzerober-fläche	Grafische Benutzerober-fläche	Webbasierte Benutzerober-fläche (Browser)	Webbasierte Benutzerober-fläche (Browser)

Abkürzungen:
BS = Betriebssystem; DB = Datenbank; HW = Hardware; SOA = service-orientierte Architektur.

zung von Einzelfunktionen auf ganze betriebswirtschaftliche Hauptfunktionsbe-reiche, wie die Buchhaltung, den Einkauf und die Produktion, ausgeweitet. Das IT-Potenzial wurde durch die Anwendung anspruchsvollerer Methoden und Modelle, wie beispielsweise die Berechnung optimaler Bestellmengen und -ter-mine, besser genutzt. In der *dritten Phase, den 1990er Jahren,* wurde die funkti-onsorientierte zunehmend durch eine ablauforientierte Betrachtungsweise abge-löst. Stoßrichtung war die innerbetriebliche Integration aller Applikationen entlang von Geschäftsprozessen, die durch das Aufkommen datenbankbasierter ERP-Standardsoftware mit Funktionen zur Prozessmodellierung ermöglicht wurde.

Unter **ERP** (Abkürzung für engl.: enterprise resource planning) versteht man ein aus mehreren Komponenten bestehendes integriertes Anwen-dungspaket, das die operativen Prozesse in allen wesentlichen betriebli-chen Funktionsbereichen unterstützt (Finanz- und Rechnungswesen, Personalwirtschaft, Materialwirtschaft, Produktion, Vertrieb). Die Inte-gration wird dabei von einer zentralen Datenbank getragen, wodurch Datenredundanzen vermieden und integrierte Geschäftsprozesse ermög-licht werden.

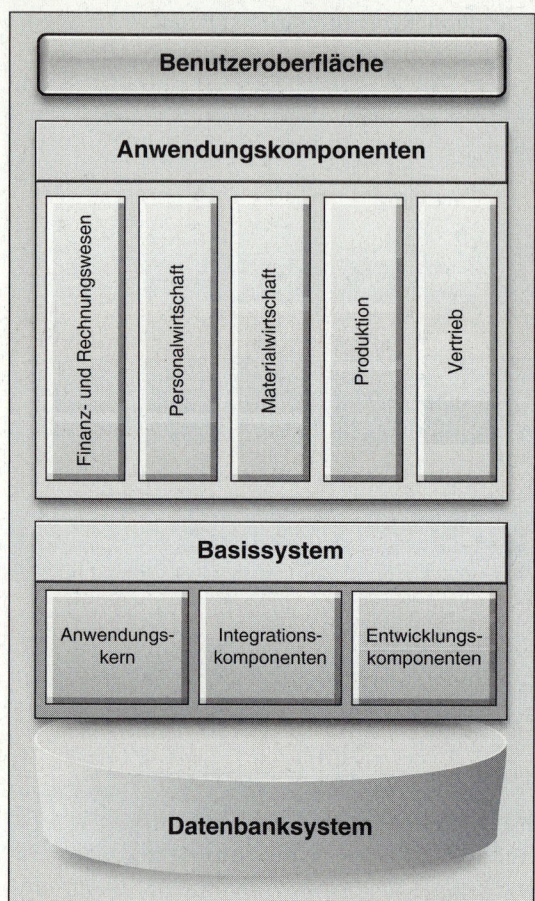

Abb. 4.1.1/2:
Typische Komponenten von
ERP-Systemen

In den 2000er Jahren, *der vierten Phase,* erfolgte zunehmend ein Wandel zu einer Sichtweise, bei der die Vernetzung von Betrieben und die Automatisierung von betriebsübergreifenden Prozessen stärker betont werden. Elektronischen Datenaustausch zwischen einzelnen Geschäftspartnern auf operationaler Ebene gibt es schon viel länger. Moderne, so genannte *E-Business-Lösungen* gehen jedoch weit darüber hinaus und unterstützen Transaktionen mit gewerblichen und privaten Kunden, Lieferanten und sonstigen Marktpartnern in vielfältigen Formen (1:1, 1:n, m:n) auf höheren Anwendungsebenen.

Integrierte **E-Business-Systeme** (engl.: e-business system) unterstützen die betrieblichen Leistungsprozesse und die betriebsübergreifende Koordination und Kooperation (zum Beispiel durch Kundenbeziehungsmanagement, Supply-Chain-Management oder durch elektronische Marktsysteme). Die

Geschäftsabwicklung mit Dritten (Privatkunden, Geschäftskunden, Liefe-ranten) erfolgt zu einem großen Teil durch die Nutzung des Internet. Der direkte Zugang von Mitarbeitern und Marktpartnern zu betrieblichen Informationssystemen wird durch Internet-Portale ermöglicht.

Kern eines E-Business-Systems ist also ein ERP-System, das um marktorien-tierte Funktionen beziehungsweise Anwendungskomponenten erweitert ist. Da ERP-Systeme schon seit jeher auf der Beschaffungs- und Vertriebsseite die Bezie-hungen zu Lieferanten und Geschäftskunden unterstützen, ist die Abgrenzung zwischen ERP-Systemen und E-Business-Systemen schwierig. Zum Beispiel kön-nen Sie das Lieferantenbeziehungsmanagement als Teil der Materialwirtschaft oder als eigene E-Business-Komponente sehen. Mancher IT-Hersteller hat „E-Business" in Zeiten der Internet-Euphorie als Schlagwort benutzt, um „alten Wein in neuen Schläuchen" zu verkaufen. Die Abb. 4.1.1/3 zeigt die typischen Komponenten von E-Business-Systemen.

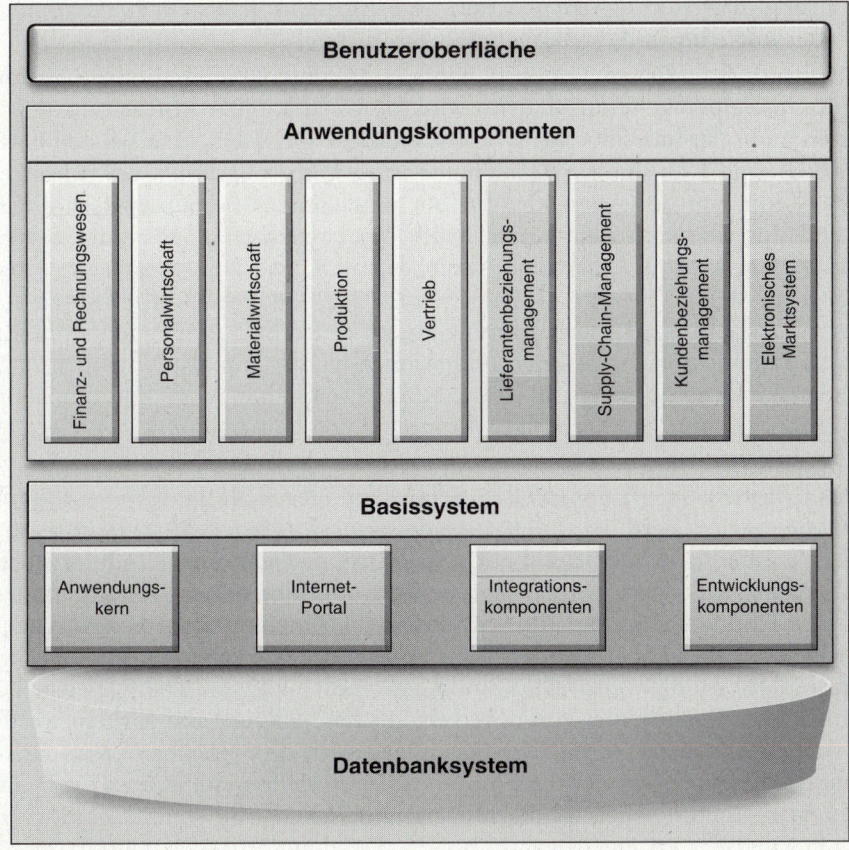

Abb. 4.1.1/3: Typische Komponenten von E-Business-Systemen

Da das Internet inzwischen alltäglich geworden ist und moderne Anwendungssoftware stets von dieser „E-Technologie" Gebrauch macht, bezeichnen manche Softwarehersteller ihr Angebot an integrierter betriebswirtschaftlicher Software schon wieder mit traditionellen Bezeichnungen wie **integrierte Geschäftssoftware, Unternehmenssoftware, Komplettpaket** oder dem englischsprachigen Begriff **Business-Suite.** Der Begriff **ERP** wird in diesen Fällen meist auf die innerbetrieblichen Anwendungskomponenten des Gesamtsystems bezogen.

Moderne ERP- und E-Business-Systeme bestehen – wie in den Abbildungen 4.1.1/2 und 4.1.1/3 gezeigt – aus mehreren Subsystemen (Komponenten). Diese (Teil-)Systeme besitzen derzeit in der Regel eine *Client-Server-Architektur,* sind weitgehend *hardware-* und *betriebssystemunabhängig* und erlauben meist den Einsatz unterschiedlicher Datenbanksysteme. Dadurch ist ein Austausch der Plattformen ohne großen Aufwand möglich. Erinnern Sie sich noch an die Vorteile einer solchen Komponentenstruktur bei der Entwicklung, schrittweisen Einführung, Erweiterung und Wartung von Informationssystemen? Wenn nicht, so wiederholen Sie am besten nochmals das Kapitel 2.

Als einen wesentlichen Vorteil haben wir dort die Kombinationsmöglichkeit von Komponenten genannt, die von verschiedenen Standardsoftwareherstellern bezogen und/oder individuell entwickelt worden sind. Dem steht bei den derzeitigen ERP- und E-Business-Systemen allerdings die grobgranulare Struktur entgegen. Wenn sich der Anwender für ein umfassendes betriebswirtschaftliches Anwendungspaket entscheidet, hat er die Wahl zwischen einer relativ begrenzten Zahl von großen Anwendungskomponenten, wie zum Beispiel im Rechnungswesen der Lohn- und Gehaltsabrechnung, Debitoren-, Kreditoren- und Anlagenbuchhaltung, Kostenrechnung und Controlling. Wenn ihm innerhalb dieser Komponenten Funktionen fehlen oder nicht optimal erscheinen, hat er nur sehr aufwändige Möglichkeiten, durch Ergänzungsprogrammierung oder Brückenprogramme zu alternativen Komponenten von anderen Herstellern eine Lösung zu erreichen.

In der *fünften Integrationsphase,* die aus heutiger Sicht das *kommende Jahrzehnt* beherrschen wird, wird deshalb eine *service-orientierte Architektur* (engl.: service oriented architecture; abgekürzt: SOA) mit stärkerer Modularisierung erwartet. Im Gegensatz zu den heutigen grob strukturierten Softwarepaketen aus einer Hand ermöglichen diese Systeme die Nutzung auch von vergleichsweise kleinen, aber höher standardisierten Diensten (Geschäftsfunktionen geringer Granularität), die weit freier kombiniert werden können. Diese Dienste können auch über das Internet von unterschiedlichen Anbietern abgerufen werden, Unternehmen können ihre Dienstleistungen auf dem gleichen Weg Dritten zugänglich machen. Durch offene Standards wird sichergestellt, dass die Dienste miteinander kommunizieren und mit relativ geringem Aufwand dynamisch mit anderen Diensten zu einem vollständigen Geschäftsprozess integriert werden können. Sie werden im Band 2, Kapitel 7 Näheres über die Funktionsweise und

Nutzung von Web-Services, service-orientierte Architekturen und Definition von Geschäftsprozessen erfahren.

▶ Übungsaufgabe Nr. 1.4.1 im Arbeitsbuch

4.1.2 Standardsoftware für Transaktionssysteme

Betriebswirtschaftliche Lösungen werden heute überwiegend mit Standardsoftware realisiert. Die auf dem Markt angebotene *kommerzielle Standardsoftware zur Unterstützung der Aufgabenerfüllung auf operativer Ebene* lässt sich wie in Abb. 4.1.2/1 dargestellt einteilen.

Wir befassen uns *in diesem Kapitel* zunächst mit branchenneutralen *ERP-Komplettpaketen für Großbetriebe* und geben anschließend einen Überblick über *branchenspezifische Standardsoftware*. Im Folgekapitel 5 werden die außenwirksamen Komponenten von E-Business-Systemen behandelt.

Auf die *Softwareangebote für Klein- und Mittelbetriebe* gehen wir nur kurz bei der Beschreibung des Softwaremarkts im Abschnitt 4.4.2 ein. Bei Klein- und Mittelbetrieben steht weniger eine vollständige Abdeckung aller betrieblichen Funktionen mit vielfältigen Verrichtungsmöglichkeiten als vielmehr eine über-

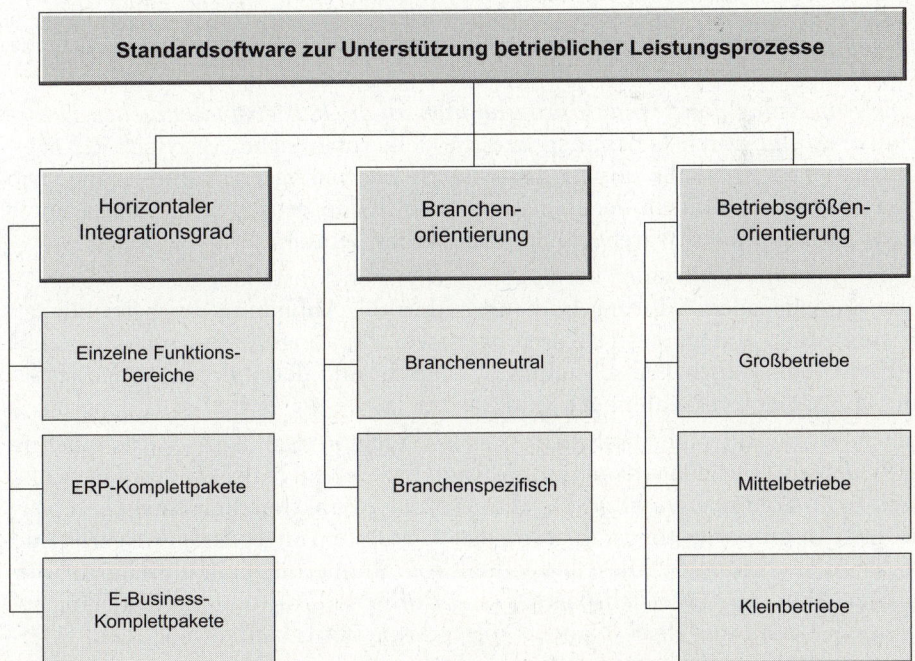

Abb. 4.1.2/1: Standardsoftware zur Unterstützung betrieblicher Leistungsprozesse

sichtliche Gestaltung und die kostengünstige Unterstützung der wesentlichen Teilbereiche im Vordergrund. Dementsprechend sind die Pakete weniger umfangreich und preisgünstiger. Ferner ist eine schnelle Implementierung der Lösung und eine unkomplizierte Bedienbarkeit der Anwendungen wichtig. Das Anpassen der Software (engl.: customizing) sollte rasch durchführbar sein, der laufende Betrieb und die Wartung sollten nicht zu viele Ressourcen binden.

Der *Einsatz von Standardsoftware kann gegenüber der Individualentwicklung erhebliche Zeit- und Kostenvorteile* bringen. Obwohl das Angebot von betriebswirtschaftlichen Programmen groß und vielfältig ist, heißt das jedoch noch keineswegs, dass für den einzelnen Betrieb stets geeignete Produkte angeboten werden. Gerade für Branchen mit relativ wenigen großen Betrieben gibt es oft kaum brauchbare Komplettpakete, da sich für die Softwarehersteller der Entwicklungsaufwand wegen des geringen Marktpotentials nicht lohnt.

Bei einem *betrieblichen Komponentensystem* kann der Anwender auf einem Basissystem (Infrastrukturkomponenten) diejenigen Anwendungskomponenten implementieren, die jeweils benötigt werden.

Beispielsweise beschränken sich viele Betriebe beim *Einsatz von integrierter betrieblicher Standardsoftware auf die Finanzbuchhaltung, die Materialwirtschaft und die Personalwirtschaft.* In marktnahen Bereichen beziehungsweise überall dort, wo sich die Unternehmen strategische Wettbewerbsvorteile gegenüber der Konkurrenz versprechen, verwenden sie lieber individuell entwickelte Systeme.

Durch die Komponentenstruktur können Betriebe das *Gesamtsystem in Teilschritten über einen größeren Zeitraum einführen*. In vielen Fällen führen Betriebe jedoch auch Komplettlösungen in einem Zug ein, um eine mehrfache Daten-, Programm- und Prozessintegration zu vermeiden.

Die *Anpassung von Standardprogrammen an die betriebsindividuellen Erfordernisse* erfolgt durch Geschäftsprozessmodellierung (siehe Abschnitt 2.2.5.1), Customizing und – falls notwendig – durch Ergänzungsprogrammierung. Die Anpassung übernimmt in der Regel der einführende Betrieb selbst, meist unter Hinzuziehung des Softwareherstellers oder eines Beraters.

Das *Customizing* beginnt bei länderspezifischen Einstellungen wie beispielsweise Sprache oder Währung und führt über die Abbildung der betrieblichen Organisations- und Datenstrukturen bis zu Verarbeitungsvorgaben auf Funktionenebene (zum Beispiel Abschreibungsverfahren und deren Berechnung, Festlegung von Liefer- und Zahlungsbedingungen).

Können anwenderspezifische Erfordernisse nicht im Rahmen des Customizing durch die vorgesehenen Konfigurationsmöglichkeiten realisiert werden, muss durch *Ergänzungsprogrammierung* die geforderte Funktionalität entwickelt werden. Hierfür gibt es leistungsfähige, an das Basissystem angepasste Entwurfs- und Programmierwerkzeuge. Diese Individualprogrammierung kann durch den Softwarehersteller, seine Vertriebspartner oder durch den Anwender selbst erfolgen. Bei einem Versionswechsel (Näheres folgt) des Systems kann es notwendig werden, dass auch die eigenentwickelten Teile angepasst werden müssen, vor allem dann, wenn zugrunde liegende Anwendungsfunktionen oder die Schnittstellenspezifikation verändert wurden. Weil diese Anpassung im Lauf der Zeit sehr aufwändig werden kann, ist den Anwendern zu raten, möglichst nichts oder wenig am Standardprogrammsystem zu ändern und eher die betrieblichen Abläufe an die Möglichkeiten des Programmsystems anzupassen als umgekehrt.

Die *Hersteller* umfassender integrierter Pakete sind große Softwarehäuser, die weltweit tätig sind. Sie beschäftigen eine Vielzahl von Systementwicklern, die in Zusammenarbeit mit Spezialisten für die entsprechenden betriebswirtschaftlichen Teilbereiche die Weiterentwicklung der angebotenen Software zur Aufgabe haben. Dabei werden Verbesserungen und Erweiterungen der bestehenden Funktionen, die Entwicklung neuer Funktionen sowie eine Anpassung der Programme an geänderte gesetzliche Bestimmungen oder an länderspezifische Gegebenheiten vorgenommen.

Neue *Versionen* (engl.: release) des Gesamtsystems oder von einzelnen Komponenten werden meist alle 12 oder 18 Monate ausgeliefert und stehen den Kunden im Rahmen von Wartungsverträgen zur Verfügung. Die Installation dieser neuen Versionen kann entweder von den Systembetreuern der Kunden selbst vorgenommen werden oder wiederum durch externe Dienstleister. Die Versionen sind im Idealfall derart gestaltet, dass die im Customizing vorgenommenen anwenderspezifischen Einstellungen erhalten bleiben. Dies ist bei substantiellen Änderungen des Systems oft nicht möglich (siehe oben). Vielfach ändern sich die Strukturen und auch die Bedienung des Systems, was weitere Anpassungen und Schulungen seitens des Anwenders nach sich zieht (siehe Kapitel 2, Change-Management). In jedem Fall muss bei einem Versionswechsel seitens der Anwender ein umfangreicher Test durchgeführt werden, ehe das System für die allgemeine Verwendung freigegeben wird.

Für Betriebe, die dasselbe Paket in unterschiedlichen Ländern einsetzen wollen, ist die *Internationalität* der Software wichtig. Das heißt, in den Programmen muss der Einsatz unterschiedlicher Sprachen, Datumsformate, Kontenpläne, Währungen, Lohn- und Gehaltsabrechnungsmodalitäten, Steuern, gesetzlicher Rechnungslegungs- und -prüfungsvorschriften sowie anderer betriebswirtschaftlich relevanter nationaler Rechtsvorschriften berücksichtigt werden können. Vielfach existieren in einzelnen Ländern unterschiedliche Geschäftsprozesse, wodurch ein länderspezifisches Customizing notwendig wird. Es muss auch möglich sein, die Texte in den einzelnen Anwendungen in mehreren Sprachen und oft auch in mehreren Zeichensätzen zu hinterlegen (beispielsweise Mahntexte, Materialbeschreibungen usw.).

Die *Benutzeroberfläche* sollte in allen Programmen einheitlich gestaltet und an den dominierenden Marktstandard angelehnt sein. Das sind derzeit die Windows-Betriebssystemfamilie und standardkonforme Webbrowser, die möglichst betriebssystemunabhängig sein sollten, sodass beispielsweise bei einem Versionswechsel des Betriebssystems nicht noch weitere Anpassungen notwendig werden. Wesentlich sind vor allem ein einheitlicher Bildschirmaufbau mit Fenstern, Menüs, Icons und Farben, sowie durchgängige Tastenbelegungen und Mausbedienung. Dadurch ist der Umgang mit den Programmen leicht erlernbar, und es ist keine Umstellung bei der Bedienung verschiedener Programmkomponenten nötig. Ziel ist auch, dass die Bedienung weiterer Software (wie beispielsweise Bürosoftware zur Textverarbeitung oder Tabellenkalkulation) aufgrund ähnlicher Fenstertechnik, Menüführung und Mausbedienung keine wesentliche Umgewöhnung erfordert.

Die *Integration* der Komponenten zu einem Gesamtsystem hat das Ziel, einen durchlaufenden Informationsfluss sicher zu stellen. Daten sollen möglichst an einer Stelle erfasst und gewartet werden, und allen Komponenten zur Verfügung stehen. Dadurch werden nicht nur Mehrfacheingaben und Mehrfachspeicherungen vermieden, sondern es werden auch die Aktualität und Konsistenz der Datenbestände gewährleistet. Mehr zu den Ansätzen und Vorgehensweisen zur unternehmensübergreifenden Anwendungsintegration können Sie im Band 2, Kapitel 7 nachlesen.

Schnittstellen für den Datenimport/-export ermöglichen die Verbindung zu anderen Systemen, zum Beispiel zu technischen Anwendungen (wie CAD und Prozesssteuerung), Bürosoftware und Managementunterstützungssystemen. Viele früher nur separat erhältliche Applikationen wurden von den Herstellern im Lauf der Zeit in ihre Komplettpakete integriert. So gehören beispielsweise Data-Warehouse- beziehungsweise Business-Intelligence-Systeme (siehe Abschnitte 6.5 und 6.6) mittlerweile zum üblichen Angebotsumfang. Das heißt aber keineswegs, dass die komplette Lösung aus einer Hand immer am besten sein muss. In vielen Fällen weisen Komplettpakete in einzelnen Bereichen Schwächen auf, die durch Applikationen von Drittherstellern behoben werden können.

Die Einführung einer umfassenden, alle Geschäftsprozesse unterstützenden Softwarelösung ist mit einer Vielzahl von *Nutzen- aber auch Gefahrenpotentialen* verbunden. Mit einem leistungsfähigen Komplettpaket kauft sich der Anwender moderne, in Programme umgesetzte betriebswirtschaftliche und softwaretechnische Methoden ein, zu deren Umsetzung das eigene Personal in vielen Fällen nicht imstande wäre. Schwachstellen in Geschäftsprozessen können im Verlauf der Einführung aufgedeckt und verbessert werden: Dabei wird ja stets der Istzustand mit dem gewünschten Sollzustand und den im Paket vorgesehenen (vielleicht noch viel besseren) Möglichkeiten verglichen. Die Verwendung einer einheitlichen Datenbasis ermöglicht die Vermeidung von Redundanz und die zentrale Auswertung betriebsweiter Daten. Kunden und Lieferanten können in die Geschäftsprozesse einbezogen werden: Durchgängige Wertschöpfungsketten beschleunigen Bearbeitungsschritte und verkürzen Reaktionszeiten.

Zu *Risiken* zählen vor allem mangelndes Wissen über Detailfunktionen und Leistungsfähigkeit der Software, das Unterschätzen des tatsächlichen Umstellungsaufwands (nicht nur der Software, sondern auch durch Customizing und Reorganisation der betrieblichen Abläufe), Probleme bei der Umschulung von Mitarbeitern auf das neue System und Anpassungsschwierigkeiten bei der Übernahme der Daten aus dem Altsystem. Standardsoftware hält leider nicht immer das, was der Anbieter vollmundig in der Angebotsphase versprochen hat. Der Anwender hat dann im Zuge der Implementierung oft nur die Möglichkeit, entweder auf gewünschte Funktionen zu verzichten oder für die Ergänzungsprogrammierung zusätzlich zu bezahlen. Manchmal wird der Abstand zwischen Erwartungen und Ergebnissen sogar so groß, dass ein Projekt abgebrochen wird. Der Anwender hat dann meist den Eindruck, über die Funktionalität, den Zeitbedarf und die Kosten getäuscht worden zu sein. Der Softwareanbieter und der mit der Implementierung beauftragte Berater beklagen hingegen in der Regel die mangelhafte Mitarbeit des Personals in den Fachabteilungen, die eine entsprechende Anpassung der Software nicht zugelassen habe. Um solche Fehlschläge zu vermeiden, muss möglichst viel Augenmerk auf die Unternehmensmodellierung, insbesondere eine detaillierte Geschäftsprozessmodellierung, gelegt werden (siehe Abschnitt 2.2.5.1). Ferner ist die Rückendeckung der Geschäftsleitung eine unabdingbare Voraussetzung für den Projekterfolg.

Empirische Untersuchungen zeigen, dass die Gesamtkosten der Neueinführung eines betriebswirtschaftlichen Komplettpakets (ohne den laufenden Betrieb und die Wartung) im Durchschnitt drei- bis fünfmal so hoch sind wie die Anschaffungskosten der Software. Bei einem Großbetrieb mit über 1.000 Beschäftigten ist in der Regel mit einigen Millionen Euro für Softwarelizenzgebühren und externe Services und einem mehrfach so hohen Betrag für den internen Personalaufwand zu rechnen. Entscheidend für die Implementierungszeit und -kosten ist der Umfang der Ergänzungsprogrammierung. Wenn ein Betrieb seine gewünschten Geschäftsprozesse vollständig durch Customizing der Standardsoftware abbilden kann, dauert die Implementierung eines Komplettpakets vielleicht nur einige Monate. Ist das nicht der Fall, kann sich die Implementierung über Jahre hinziehen und ein Vielfaches kosten. Die Kosten sind allerdings keinesfalls auf die Ersteinführung beschränkt. Vielmehr muss das System laufend an sich ändernde Geschäftsprozesse, veränderte Rahmenbedingungen und an eine wechselnde Systeminfrastruktur angepasst werden.

Die Entscheidung für eine solche Lösung ist auf jeden Fall nur dann sinnvoll, wenn der Nutzen die Kosten überschreitet. Dabei ist es wichtig, die *gesamte geplante Nutzungsdauer* und *sämtliche Kosten- und Nutzenkategorien* zu betrachten. Das gilt übrigens für alle IT-Investitionen, also auch für PC- und Server-Anschaffungen usw.

Unter **Total Cost of Ownership** (abgekürzt: TCO) versteht man die Berücksichtigung aller Kosten, die in Zusammenhang mit der Anschaffung und dem Betrieb (inklusive Wartung und Benutzerbetreuung) einer IT-Komponente stehen. Durch die Einbeziehung der Gesamtkosten und –nutzen über die gesamte Nutzungsdauer hinweg wird eine bessere Vergleichbarkeit verschiedener Produkte ermöglicht und eine realistische Einschätzung der Wirtschaftlichkeit möglich. Die Berücksichtigung aller Nutzenkategorien wird als **Total Benefit of Ownership** (abgekürzt: TBO) bezeichnet.

▶ Übungsaufgabe Nr. 1.4.2 im Arbeitsbuch

4.1.3 Interaktion der Benutzer mit Transaktionssystemen

In diesem Abschnitt wird die *Interaktion* der Benutzer mit Transaktionssystemen anhand eines konkreten Beispiels aufgezeigt. Als übliches Endgerät dient dabei ein PC. Danach gehen wir auf den Zugang mittels *mobiler Endgeräte ein*, dem eine große Zukunft vorhergesagt wird. Durch mobile Endgeräte kann ein Benutzer ortsunabhängig mit betrieblichen Informationssystemen interagieren.

4.1.3.1 Ablaufsteuerung über Bildschirmformulare

Beginnen wir mit dem *typischen Anwendungsfall,* in dem ein Mitarbeiter von seinem Arbeitsplatz aus mittels PC ein Transaktionssystem nutzt. Zunächst meldet sich der *Benutzer* im System an und *wählt aus dem Hauptmenü am Bildschirm ein Arbeitsgebiet und eine Anwendung aus.* Die weitere *Steuerung* erfolgt entweder über den Menübaum oder durch Eingabe von Transaktionscodes im Befehlsfeld. Über *Menüs* kann auch der weniger geübte Benutzer sein Arbeitsgebiet und seine Anwendung problemlos finden.

Viele Anwendungen unterstützen *Transaktionscodes,* mittels derer der Benutzer direkt eine Anwendungsfunktion anwählen kann, ohne durch den Menübaum navigieren zu müssen. Zwar muss er sich bei dieser Form der Navigation bestimmte Codes merken, er erreicht die angestrebte Funktion aber direkt. Damit können aus einer Anwendungsfunktion direkt auch weitere Teilfunktionen aufgerufen werden. Zur Ansteuerung einer komplexen Anwendungs*funktion* sind meist *mehrere Bildschirmformulare notwendig,* in die der Benutzer Daten einträgt.

Ein **Bildschirmformular** (engl.: screen form) oder eine **Bildschirmmaske** (engl.: screen mask) ist ein auf dem Bildschirm dargestelltes Formular zur Anzeige und Eingabe von Daten, das aus vorgegebenen Texten und Eingabefeldern besteht.

Sind für eine Anwendungsfunktion alle Daten erfasst oder geprüft worden, kann der Vorgang zur Durchführung dieser Funktion angestoßen werden.

Eine **Transaktion** (engl.: transaction) ist ein logisch abgeschlossener Vorgang auf der Anwendungsebene, der eine zusammengehörige Einheit darstellt, die vollständig oder gar nicht durchgeführt werden soll (beispielsweise die Durchführung einer Platzbuchung, die Änderung einer Lieferantenanschrift, die Erzeugung einer Liste; mehr zu Transaktionen können Sie im Band 2, Kapitel 5 lesen). Ein **Transaktionscode** (engl.: transaction code) ist eine Zeichenfolge, die einen Typ von Transaktionen benennt. Durch Eingabe eines Transaktionscodes wird eine entsprechende Transaktion aufgerufen.

Ein Benutzer kann sich bei einem adaptierbaren System Funktionen, mit denen er vorrangig arbeitet, in seinem persönlichen Benutzermenü zusammen-

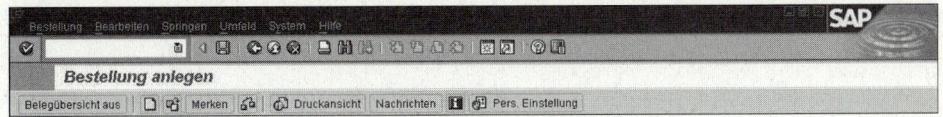

Abb. 4.1.3.1/1: Aufbau einer Menüleiste für die Bestellabwicklung

fassen. Damit erspart er sich die Navigation durch die verschiedenen Ebenen der Menühierarchie oder das Merken von Transaktionscodes.

Such- und Auswahlhilfen unterstützen die Eingabe und die Suche nach Daten. Über vom Benutzer bei den Stammdaten hinterlegte Suchbegriffe (Kurzbezeichnungen) ist eine Schnellsuche möglich. Durch einen *Matchcode* kann der Benutzer gezielt nach einem bestimmten Datensatz (zum Beispiel eines Kunden oder eines Lieferanten) suchen.

> In nahezu jedem Telefonbuch einer größeren Stadt sind weit über hundert Teilnehmer namens „Schmidt" verzeichnet. Deshalb werden Sie die Telefonnummer einer bestimmten Person dieses Namens wesentlich rascher finden, wenn Sie zusätzlich den Vornamen und die Straße als Suchkriterien einbeziehen. Solche zusammengesetzten Vergleichswerte zum Auffinden bestimmter Objekte in großen Datenbanken werden auch als *Matchcodes* bezeichnet.

> Ein **Matchcode** (engl.: match code) ist ein aus mehreren Attributen zusammengesetzter Vergleichsschlüssel, der als Hilfsmittel zum Auffinden der Daten eines bestimmten Objekts dient. Eine Abfrage mittels Matchcode könnte auch durch eine Abfrage ersetzt werden, bei der die in den Matchcode einfließenden Attribute mittels einer Und-Verknüpfung abgefragt werden. In vielen Situationen ist es für einen Benutzer allerdings weniger (Tipp-)Aufwand, die Abfrage mittels Matchcode durchzuführen.

Um zum *Beispiel* bei der Erfassung der eingegangenen Kundenaufträge in einem Großversandhaus die oft nicht angegebenen Kundennummern zu finden, könnten etwa als *Matchcode* die ersten fünf Buchstaben des Familien-/Firmennamens, die Postleitzahl und die ersten zwei Buchstaben der Straßenbezeichnung dienen. Für Hans Robert Hansen, Augasse 2–6, 1090 Wien würde dementsprechend der Vergleichsschlüssel HANSE1090AU eingetippt. Das System zeigt dann alle Kundensätze an, auf die diese Merkmalskombination zutrifft. Bei einem Bestand von einigen Millionen Kundenadressen sind das sicher einige, aus denen dann der Benutzer am Bildschirm jedoch sehr einfach den richtigen auswählen kann.

Dabei ist keine Vollständigkeit erforderlich; unbekannte Suchbegriffe können einfach übersprungen werden. Im obigen Beispiel hätte also auch HANSE....AU zu einem Ergebnis geführt. Wahrscheinlich wären nur wesentlich mehr Datensätze ausgegeben worden: Alle Kunden, deren Familien- beziehungsweise Firmenname mit den Buchstaben HANSE beginnt und die in einer Straße wohnen, die mit AU anfängt.

Typische Arbeitsschritte bei der Interaktion

Die *typischen Arbeitsschritte* sind:

1. *Auswahl der gewünschten Anwendung:* Nachdem der Benutzer sich am System angemeldet hat, wählt er das gewünschte Arbeitsgebiet und die entsprechende Anwendung aus.

2. *Ausfüllen der auf dem Einstiegsbild der Anwendung enthaltenen Felder:* Die meisten Bildschirmformulare einer Anwendung enthalten Eingabefelder, die vorausgefüllt sein können. In einigen Feldern ist die Eingabe von Daten obligatorisch (unbedingt notwendig), in anderen optional.

3. *Weitergehen zum nächsten Bildschirmformular der Anwendung:* Nach der Eingabe aller Daten in ein Bildschirmformular ist die Eingabetaste oder eine Absende-Schaltfläche zu drücken, um die Eingaben vom System prüfen zu lassen und zum nächsten Bildschirmformular zu gelangen. Werden bei der Eingabeprüfung fehlerhafte Eingaben festgestellt, so müssen diese vom Benutzer korrigiert werden, andernfalls kann die Verarbeitung nicht fortgeführt werden.

4. *Ausfüllen der Felder auf dem nächsten Bildschirmformular:* Der Benutzer kann zu vorangegangenen Formularen zurückkehren, um Änderungen einzu-

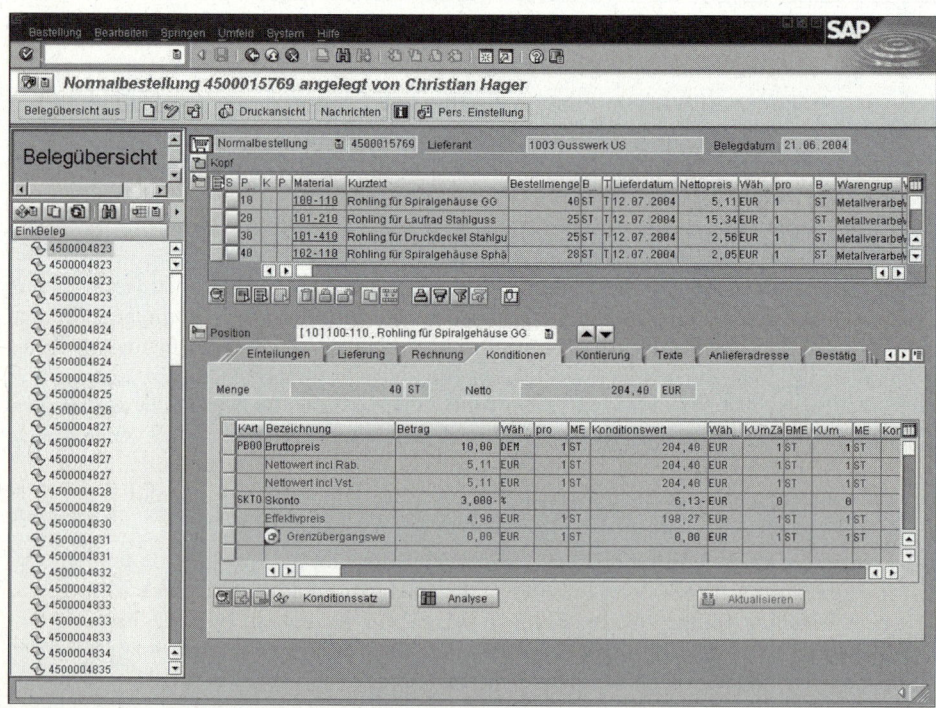

Abb. 4.1.3.1/2: Anlegen einer Bestellung im Einkauf

geben, nicht benötigte Formulare überspringen oder andere Anwendungen auswählen. Wiederholung der obigen Schritte, bis alle Bildschirmformulare der Anwendung vollständig bearbeitet sind.

5. *Abschluss der Datenerfassung:* Hat der Besucher alle erforderlichen Daten erfasst, erfolgt die Weitergabe an die Verarbeitung. Das System speichert vielfach die Eingaben in einer Datenbank.

Zugriff über Internet-Portale

Betriebe integrieren zunehmend alle Arten von Daten und Anwendungen in *Internet-Portale* und ermöglichen damit Mitarbeitern, Führungskräften und Geschäftspartnern einen *direkten, zentralen Zugriff auf benötigte Ressourcen.* Wir gehen im Folgekapitel näher auf Unternehmensportale ein, deren Benutzung über einen Webbrowser erfolgt. Bei der *Interaktion mit Transaktionssystemen* ergeben sich für die Benutzer *keine Unterschiede* zu dem vorstehend beschriebenen typischen Ablauf.

4.1.3.2 Verwendung mobiler Endgeräte

Viele Portale bieten die Möglichkeit, mit *mobilen Endgeräten* auf zentral gespeicherte Daten und Softwarelösungen zuzugreifen. Grundsätzlich ist das auch ohne Verwendung der Internet-Technologie möglich, kommt allerdings heute aus Kostengründen kaum noch vor. Der Einsatz mobiler Endgeräte ermöglicht eine *ortsunabhängige Geschäftsabwicklung,* beispielsweise für einen Vertreter oder Reisenden, der einem Kunden die jeweils aktuellen Produkte anbieten kann, beziehungsweise unmittelbar bei Vertragsabschluss die Kundendaten in eine zentrale Datenbank eingibt. Dadurch wird nicht nur eine schnelle Weiterverarbeitung und sofortige Verfügbarkeit gewährleistet, sondern auch eine Mehrfachspeicherung von Daten (Redundanz) vermieden. Der Zugriff erfolgt über persönliche Informationshilfsmittel wie beispielsweise Mobiltelefone, PDAs oder Notebook-PCs.

Durch die konsequente Integration aller betriebsinternen und -externen Prozesse sind Szenarien denkbar, in denen ein nahtloser Datenfluss von der Erfassung bis hin zur Managementinformation erfolgt. Wichtig ist dabei vor allem das *Vermeiden von Medienbrüchen,* das heißt, die eintreffenden Daten sollen elektronisch weiterverarbeitbar sein. Im Idealfall erfolgt dies automatisiert.

Gerade in der effizienten und zeitsparenden Nutzung knapper Ressourcen liegt die besondere Bedeutung mobiler Endgeräte. Eine Zwischenspeicherung (und somit mehrfache Erfassung) ist nicht notwendig, da die Daten sofort an die relevanten Stellen übermittelt werden.

Typische *Anwendungsmöglichkeiten* sind:

- Abruf von Lagerbeständen (Verfügbarkeitsprüfung)
- Direkte Erfassung von Bestellungen
- Verfolgung des Auftragsstatus
- Sofortige Klärung von Kundenfragen

- Personalisierung von Angeboten
- Schnelle Vergleichsmöglichkeiten für Preise und Umfang des Angebotes
- Automatisierte Weiterleitung von Nachrichten
- Sofortige Benachrichtigung über getätigte Geschäftsabschlüsse
- Abfrage von Kundendaten
- Abruf aktueller Statistiken
- Datenqualitätsmanagement (rasches Einlesen und Prüfen vorhandener Daten)

▶ Übungsaufgabe Nr. 1.4.3 im Arbeitsbuch

4.2 Komponenten von ERP-Systemen

In diesem Abschnitt erfahren Sie am Beispiel der SAP-Standardsoftware Näheres über die Komponenten von ERP-Systemen. Die meisten Großbetriebe (dazu zählen neben Großunternehmen beispielsweise Behörden, Hochschulen oder Krankenhäuser) setzen heute Komponenten dieser weit verbreiteten Software zur Unterstützung ihrer innerbetrieblichen Leistungsprozesse ein. Wir kennzeichnen zunächst die Entwicklung des SAP-Produktportfolios und gehen sodann auf die wichtigsten Funktionen im Finanz- und Rechnungswesen, der Personalwirtschaft, der Materialwirtschaft, der Produktion und des Vertriebs ein. Der Vertrieb wird hier nur als operative Teilfunktion der Distribution (Verkauf, Lieferung, Fakturierung) betrachtet; eine umfassende Darstellung von außenwirksamen Informationssystemen zur Unterstützung des Marketing-Managements und von zwischenbetrieblichen Geschäftsprozessen folgt im Kapitel 5.

4.2.1 Übersicht am Beispiel des SAP-Produktportfolios

Die *SAP AG,* mit Hauptsitz in Walldorf, ist der *weltweit führende Hersteller von integrierter Standardsoftware für betriebliche Transaktionssysteme.* Anhand der Entwicklung des Produktportfolios dieses Unternehmens sollen die vorstehenden Ausführungen zu den Integrationsphasen von Informationssystemen sowie den Kategorien betrieblicher Standardsoftware nochmals wiederholt und beispielhaft veranschaulicht werden.

Das Unternehmen wurde *1972 gegründet.* Drei Jahre vorher hatte sich die damals den IT-Weltmarkt beherrschende Firma IBM im Zuge eines US-Antitrustverfahrens zur *Entbündelung* (engl.: unbundling) v*on Hardware- und Softwarepreisen* verpflichtet. Bis dahin wurden sämtliche verfügbaren IBM-Programme, das waren zirka 80 Prozent des Marktangebots, kostenlos beim Kauf von IBM-Rechnern zur Verfügung gestellt (gebündelte Preise). Die *vorhandene Standardsoftware* beschränkte sich im Wesentlichen auf Systemsoftware und relativ wenige Stapelverarbeitungsprogramme für einzelne Funktionen wie die

Verkaufsabrechnung, Debitorenbuchhaltung oder Lagerbestandsführung. Weil es seitens der IBM keine Absichten zur Entwicklung integrierter betrieblicher Standardsoftware im Echtzeitbetrieb gab, sich Programmentwickler mit dahingehenden Ideen nicht im Unternehmen durchsetzen konnten und die Marktlage günstig war, machten sich fünf IBM-Mitarbeiter mit der Gründung der Firma SAP (Abkürzung für: Systeme, Anwendungen, Produkte in der Datenverarbeitung) selbstständig. Die nachfolgende Abb. 4.2.1/1 zeigt Ihnen nach dem Schema der allgemeinen Übersichtsdarstellung in Abb. 4.1.1/1 die Entwicklung der SAP-Produkte seit der Unternehmensgründung.

Die *Vision* der SAP-Gründer war die Entwicklung von *integrierter betrieblicher Standardanwendungssoftware für die Dialogverarbeitung.* 1973 wurde

Abb. 4.2.1/1: Entwicklung des SAP-Produktportfolios

Dominierend im Zeitraum	Phase 1 1972 – 1980	Phase 2 1980 – 1990	Phase 3 1990 – 2000	Phase 4 2000 – 2010	Phase 5 2010 – 2020
Anwendungen	Einzelne Funktionen	Funktionsbereiche	Interne Geschäftsprozesse	Betriebsübergreifende Prozesse	Umfassende Vernetzung der Wirtschaft
SAP-Produkte	1973 **System RF** Finanzbuchhaltung 1975 **System RM** Materialwirtschaft 1978 **System RA** Anlagenbuchhaltung	1982 **System R/2** Betriebswirtschaftliches Komplettpaket	1992 **System R/3** Betriebswirtschaftliches Komplettpaket und Branchenlösungen 1995 SAP-Offensive in den Mittelstand: **mySAP All-in-One** **SAP Business One**	1999 **mySAP.com** Verbindung E-Commerce-Lösungen mit den bestehenden ERP-Anwendungen 2003 **mySAP Business Suite** **mySAP ERP** als R/3-Nachfolger auf der Basis von NetWeaver	ab 2007 (Plandatum für die Umstellung von mySAP ERP) **SAP xApps Packaged Composite Applications** auf Basis von NetWeaver
IT-Technik	IBM-Großrechner mit Terminals, zunächst unter dem Betriebssystem DOS, ab 1974 unter OS	IBM- (DOS, OS) und Siemens- (BS2000) Großrechner mit Terminals	Client-Server-System mit relationaler DB für Rechner unterschiedlicher Hersteller	Client-Server-System mit relationaler DB für Rechner unterschiedlicher Hersteller, Internetbasiert	SOA-System (Enterprise Services Architecture, abgekürzt: ESA), Web-Services
	Textorientierte Benutzeroberfläche	Textorientierte Benutzeroberfläche	Grafische Benutzeroberfläche (Windows, OS/2)	Webbasierte Benutzeroberfläche (Browser)	Webbasierte Benutzeroberfläche (Browser)

Abkürzungen: DB = Datenbank; SOA = service-orientierte Architektur.

die erste *Finanzbuchhaltung, das System RF,* fertig gestellt. Sie bildete den Grundstein für die kontinuierliche Weiterentwicklung weiterer Softwaremodule des – allerdings erst später so benannten – Systems R/1 (Abkürzung für engl.: real-time/version 1). Ab 1975 konnten Betriebe mit SAP-Software auch den Einkauf, die Bestandsführung und die Rechnungsprüfung abdecken *(System RM).* Durch die Integration der Anwendungen gehen die Daten der Materialwirtschaft wertmäßig direkt in die Finanzbuchhaltung ein – Rechnungsprüfung und Buchungen können in einem Arbeitsgang erledigt werden. *1982* wurde mit dem *System R/2* das erste ERP-Komplettpaket eingeführt, das neben den genannten Teilsystemen auch eine Fertigungssteuerung beinhaltet. Es ist auf IBM- und Siemens-Großrechnern lauffähig, basiert auf einer konventionellen, proprietären Dateiorganisation und besitzt eine textorientierte Benutzeroberfläche. Rund 200 Großunternehmen nutzen zu diesem Zeitpunkt SAP-Software. Bis Ende der 1980er Jahre wuchs die Zahl der R/2-Anwender auf zirka 1.500 Großunternehmen, die Mehrheit davon im deutschsprachigen Raum (80 Prozent der Unternehmen mit mehr als 1.000 Beschäftigten).

1987 beginnt die R/3-Entwicklung, *1992* die Freigabe der ersten *R/3-Anwendungen.* Nach anfänglichen Schwierigkeiten (Laufzeiteffizienz) stößt das Produkt auf herausragende Resonanz: Mit seinem Client-Server-Konzept, der einheitlichen Gestaltung grafischer Oberflächen, der konsequenten Nutzung relationaler Datenbanken und dem Betrieb auf Rechnern unterschiedlicher Hersteller eröffnet die SAP ein neues Marktpotenzial im Bereich der Niederlassungen und Tochtergesellschaften von Konzernen sowie bei mittelgroßen Betrieben. Bis zum Jahr 2000 steigt die Zahl der R/3-Installationen auf über 24.000, die Zahl der lizenzierten Benutzer auf eine Million. Sukzessive werden auf der Basis von R/3 *Branchenlösungen* entwickelt, teils selbst in Zusammenarbeit mit Pilotanwendern, teils durch Firmenübernahmen.

1999 kündigt das Unternehmen die E-Business-Strategie *mySAP.com* an und leitet damit eine komplette Neuausrichtung des Betriebs sowie seines Produktangebots ein. mySAP.com verbindet E-Commerce-Lösungen mit den bestehenden ERP-Anwendungen auf Basis moderner Webtechnologie. 2001 wird die E-Business-Plattform mySAP.com zu *mySAP Technology,* 2003 zur *SAP Net-Weaver-Technologie* erweitert, einer umfassenden Architektur und Middleware, die Anwendern durchgängige, betriebsübergreifende Geschäftsprozesse durch die Integration verschiedenster IT-Systeme von SAP und anderen Anbietern gestattet. Im selben Jahr stellt SAP mit *mySAP ERP* eine erweiterte ERP-Lösung auf der Basis von NetWeaver vor (Nachfolger von R/3).

Im Jahr 2004 wird als Zukunftskonzept die schrittweise Entwicklung von stärker modularisierten Anwendungen „in Gemischtbauweise" mittels Web-Services angekündigt, die so genannten *SAP xApps Packaged Composite Applications.* Sie sollen vorhandene Daten aus verschiedenen Informationssystemen den für Geschäftsprozesse verantwortlichen Mitarbeitern entsprechend ihrer jeweiligen Rolle und Aufgabenphase zur Verfügung stellen. Zudem sollen sie eine größere Flexibilität bei der Rekonfiguration von Geschäftsprozessen ermöglichen. Erste xApps mit Democharakter werden noch im selben Jahr angekündigt. Die Composite-Applications von SAP basieren ebenfalls auf der NetWeaver-Plattform.

Unter einer **Composite-Application** (engl.: composite application) versteht man eine Anwendung, die aus unterschiedlichen Web-Services einer service-orientierten Architektur aufgebaut wird. Diese Web-Services können von unterschiedlichen Quellen (Softwareanbietern, Partnerunternehmen, Inhouse-Teilsystemen) in einer Composite-Application zusammengeführt werden. Neben den eingebundenen Anwendungsdiensten werden System-dienste für das *Kontextmanagement* (beschreibt den Kontext der Composite-Application), die *Koordination* (wie und in welcher Reihenfolge sollen die Anwendungsdienste ausgeführt werden) und die *Transaktionssteuerung* benötigt, die den Ablauf und die Fehlerbehandlung in Composite-Applications steuern.

Bildlich gesprochen entsprechen die Anwendungsdienste den Bausteinen des Systems, und die Systemdienste dienen als Mörtel, um das Zusammenspiel und den Zusammenhalt zu sichern.

In Composite-Applications können unter anderem auch *Altsysteme* über Web-Services eingebunden werden.

Zum *Beispiel* können mit *SAP xRPM* (Abkürzung für engl.: resource and program management) komplexe Forschungs- und Entwicklungsprojekte gesteuert und verwaltet werden. Die Lösung führt je nach Bedarf Information aus bestehenden Projektmanagement-, Personalwirtschafts-, Finanz- und Zeiterfassungssystemen zusammen und vermittelt so der Geschäftsführung, dem Projektmanager, dem Ressourcenmanager und den Mitarbeitern auf verschiedenen Detailebenen einen aufgabengerechten Überblick. Von der Prioritäten- und Projektdefinition über die personelle Besetzung, Projektrealisierung und –überwachung bis hin zur Evaluierung der Ergebnisse werden alle Projektphasen unterstützt.

Das derzeitige SAP-Produktportfolio für Großbetriebe wird in der Abb. 4.2.1/2 dargestellt. Auf die Integrations- und Anwendungsplattform (Basissystem) NetWeaver wird im nachfolgenden Abschnitt 4.2.2 eingegangen.

mySAP ERP ist die aktuelle, auf NetWeaver basierende Lösung zur Unterstützung innerbetrieblicher Prozesse mit Anwendungskomponenten für die *Datenanalyse* (engl.: analytics), die *Finanzwirtschaft* (engl.: financial management, abgekürzt: FM; financials), die *Personalwirtschaft* (engl.: human resources, abgekürzt: HR; human capital management), *Zentrale Dienste* (engl.: corporate services) und das *operative Geschäft* (engl.: operations) – von der Entwicklung, Beschaffung, Produktion über Lager und Transport bis zu Vertrieb und Instandhaltung. Zu den Zentralen Diensten zählen die Verwaltung und Abrechnung von Dienstreisen, Umwelt-, Gesundheits- und Sicherheitsdienste, Provisionsabrechnung und Immobilienverwaltung.

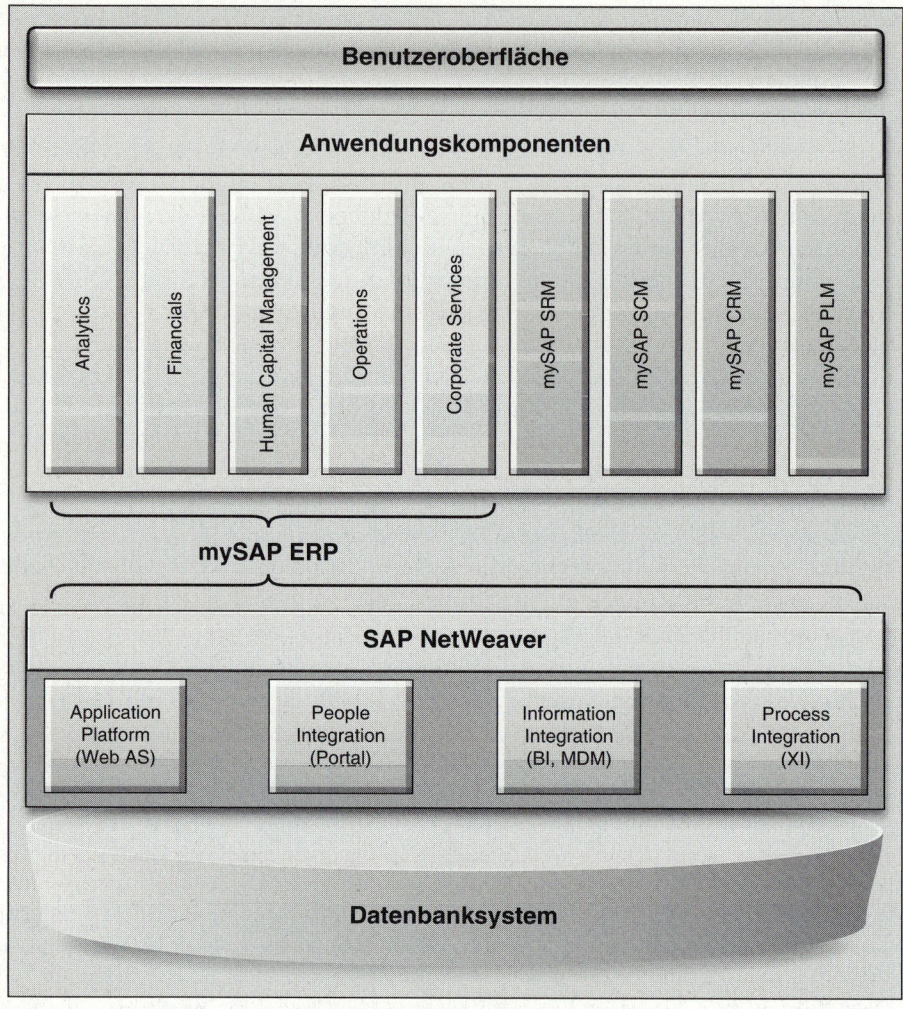

Abb. 4.2.1/2: mySAP Business Suite (Stand: Mitte 2004)

SAP R/3 Enterprise ist der 2002 eingeführte Vorgänger von mySAP ERP, der über dieselben Anwendungskomponenten, aber ein weniger mächtiges Basissystem verfügt. SAP drängt die Anwender zum Upgrade auf mySAP ERP, der Umstieg wird sich jedoch erfahrungsgemäß noch viele Jahre hinziehen (so gab es Anfang 2004 immer noch zirka 180 R/2-Anwender, obwohl das Nachfolgeprodukt R/3 vor über einem Jahrzehnt eingeführt wurde).

Die *mySAP Business Suite* besteht aus mySAP ERP und ergänzenden Komponenten für betriebsübergreifende Anwendungen wie das *Lieferantenbeziehungsmanagement* (engl.: supplier relationship management, abgekürzt: SRM), das *Lieferkettenmanagement* (engl.: supply chain management, abgekürzt: SCM), das *Kundenbeziehungsmanagement* (engl.: customer relationship management, abgekürzt: CRM) und das *Produktlebenszyklusmanagement* (engl.: product lifecycle management, abgekürzt: PLM). Darüber hinaus bietet SAP *mehr als 25 branchenspezifische Lösungsportfolios* an (Näheres im Abschnitt 4.3.1).

Mitte der 1990er Jahre hat SAP mit verstärkten Vertriebsaktivitäten im *Mittelstandsmarkt* begonnen. Derzeit wird *mySAP All-in-One* als Komplettlösung für den gehobenen Mittelstand und *SAP Business One* als schlüsselfertiges Softwarepaket für kleine und mittlere Betriebe angeboten (Näheres im Abschnitt 4.4.2).

Anfang 2004 verwendeten in weltweit 21.600 Betrieben mehr als 13 Millionen Benutzer SAP-Lösungen.

In den folgenden Abschnitten beschreiben wir die wichtigsten Komponenten von ERP-Systemen, wobei wir uns in der Regel auf mySAP ERP beziehen. Integrierte Geschäftssoftware anderer führender Anbieter wie Oracle oder PeopleSoft ist ähnlich aufgebaut. Solche Komplettpakete sind so umfangreich und komplex, dass wir uns hier auf eine knappe einführende und exemplarische Darstellung beschränken müssen. Wenn Sie nicht über betriebswirtschaftliche Grundkenntnisse verfügen, müssen Sie mit gelegentlichen Verständnisschwierigkeiten rechnen. Unsere Ausführungen zu Konsumenteninformationssystemen im Folgekapitel 5 sind bewusst ausführlicher und einfacher gehalten, um Ihnen anhand eines Beispielbereichs, den Sie wahrscheinlich als Benutzer und unmittelbar Betroffener besser kennen, einen vertieften Einblick in das Wesen und die Funktionsvielfalt von Transaktionssystemen zu verschaffen.

▶ Übungsaufgabe Nr. 1.4.4 im Arbeitsbuch

4.2.2 Basissystem (Integrations- und Anwendungsplattform)

Ein Komplettpaket besteht aus einem Basissystem und einzeln erhältlichen Anwendungskomponenten. Das Basissystem bildet die Infrastruktur für die Anwendungskomponenten und realisiert die Schnittstellen zu der Datenbank und der Benutzeroberfläche. Es enthält ferner in der Regel Funktionen zur zentralen Steuerung: Die Administration des Systems (beispielsweise die Benutzerverwaltung), Schnittstellen zum Betriebssystem, Funktionen für das Customizing, die Entwicklungsumgebung und Programmierschnittstellen.

Ein wichtiger Teil des Basissystems ist die *Benutzerverwaltung,* die unter anderem Funktionen für die Zugriffskontrolle enthält. Durch die Vergabe von Berechtigungen kann Vertraulichkeit von sensiblen Daten (wie zum Beispiel Gehalt) erreicht werden. Über die Vergabe von Berechtigungen kann auch beispielsweise das „Vier-Augen-Prinzip" realisiert werden, welches darauf abzielt, dass Aufgaben und ihre Kontrolle von verschiedenen Mitarbeitern erledigt werden.

Dies erfolgt zum Beispiel durch die Trennung der Kreditorenverwaltung von den Zahlungsaufgaben, was verhindert, dass ein Mitarbeiter sich selbst Geld anweist.

Berechtigungen tragen auch zur Systemintegrität bei; dies geschieht durch eine zentrale Verwaltung der Stammdaten in einem Bereich oder durch eine Person. Damit wird vermieden, dass Mitarbeiter unkontrolliert Daten einpflegen.

Die technische Umsetzung kann beispielsweise durch die rollenbasierte Zugriffskontrolle (RBAC, siehe Kapitel 2) erfolgen, bei der die für Stellen im Betrieb notwendigen Berechtigungen in der Form von *Rollen* definiert werden; diese Rollen können unterschiedlichen Benutzern zugewiesen werden und somit wieder verwendbar gestaltet werden.

Im Lauf der Zeit wurden immer mehr *Infrastrukturfunktionen,* etwa zur Nutzung der Web-Technologie oder zur Unterstützung verschiedener Endgeräte, im Basissystem implementiert. Zunehmend wurden auch *Anwendungsfunktionen mit Querschnittscharakter* aufgenommen: Workflow-Management, Wissensmanagement und Entscheidungsunterstützung.

SAP verwendet dementsprechend seit der Ankündigung der *NetWeaver-Technologie* als technische Grundlage für mySAP ERP, mySAP Business Suite und SAP xApps nicht mehr die Bezeichnung „Basissystem", sondern spricht von einer umfassenden *„Integrations- und Anwendungsplattform".*

NetWeaver umfasst folgende Komponenten (in alphabetischer Reihenfolge):

- *SAP Auto-ID Infrastructure* zur Integration automatischer Kommunikations- und Empfangsgeräte wie RFID-Lesegeräte, Strichcode-Scanner, Drucker, Bluetooth-Geräte und eingebettete Systeme in Echtzeit.
- *SAP Business Intelligence (abgekürzt: BI)* zur Entscheidungsunterstützung mittels Datenanalyse- und Data-Mining-Methoden in einem Data Warehouse (siehe Abschnitt 6.4.3).
- *SAP Enterprise Portal* zur Integration und strukturierten Erschließung der betrieblichen Informationsressourcen sowie zur Zusammenarbeit der Mitarbeiter und Marktpartner über das Internet (siehe Abschnitt 4.2.1).
- *SAP Exchange Infrastructure (abgekürzt: XI)* zur Unterstützung einer prozessbezogenen Zusammenarbeit heterogener Systeme (SAP- und Nicht-SAP-Komponenten) mittels Nachrichtenaustausch.
- *SAP Master Data Management (abgekürzt: MDM)* zur Konsolidierung, Harmonisierung und zentralen Pflege der Stammdaten auf Geschäftsobjektebene.
- *SAP Mobile Infrastructure,* eine plattformunabhängige Laufzeitumgebung für mobile Lösungen (Anwendungsentwicklung und Datensynchronisierung zwischen mobilen Geräten und Backend-Systemen).
- *SAP Web Application Server,* ein Anwendungsserver (siehe Abschnitt 1.3.4) zur Unterstützung von Internet-Diensten, Geschäftsanwendungen und der Softwareentwicklung (Ergänzungsprogrammierung) mit der SAP-Programmiersprache ABAP.

Außerdem beinhaltet die Plattform die folgenden *Softwarewerkzeuge:*

- *SAP Composite Application Framework,* eine Entwicklungs- und Laufzeitumgebung für SAP xApps und Composite Applications.
- *SAP Solution Manager,* ein zentralisiertes Toolset für die Lösungsverwaltung (Implementierung, Betrieb, Überwachung und Unterstützung von SAP- und Nicht-SAP-Software unter Berücksichtigung der gesamten IT-Umgebung).

- *ARIS-Toolset* (siehe Abschnitt 2.1.1) zur Geschäftsprozessmodellierung und zur Umsetzung von Prozessen in xApps und Composite Applications (angekündigt).

NetWeaver ist auch der Kern der *Enterprise Services Architecture (ESA),* des Grundlagenkonzepts von SAP für Web-Service-Lösungen. Die ESA erweitert das Konzept von Web-Services zu einer Architektur für Geschäftsanwendungen. Während Web-Services zunächst nur ein technisches Konzept darstellen, ist ESA der Entwurf für umfassende und service-basierende Geschäftsanwendungen. Die Enterprise Services Architecture unterstützt alle Personen, die an einem Geschäftsprozess teilnehmen, sowohl innerhalb, als auch außerhalb des Betriebs. Zusätzlich umfasst sie alle Information, die für den Geschäftsprozess relevant ist. Sie integriert zudem alle Systeme, die wichtig für den Prozess sind, und zwar unabhängig davon, ob es sich hierbei um interne oder externe, um SAP- oder um Nicht-SAP-Systeme handelt. Die ESA ermöglicht das Design der kompletten Lösung für einen Geschäftsprozess, wobei existierende IT-Systeme und Anwendungen einbezogen und der Einsatz neuer Funktionalitäten beschleunigt werden. Zentrale Komponente hierbei ist das oben erwähnte *Composite Application Framework*. Es beinhaltet Werkzeuge, Methoden, Regeln und Bausteine, die es SAP, deren Partnern und Anwendern ermöglicht, SAP xApps effizient und unter Ausnutzung aller Integrationsebenen zu entwickeln.

4.2.3 Finanz- und Rechnungswesen

> Das betriebliche **Finanz- und Rechnungswesen** (engl.: finance and accounting) beinhaltet im Bereich **Finanzierung/Investition** (engl.: finance/investment) die Bereitstellung und zielgerichtete Verwendung finanzieller Mittel und im Bereich **Rechnungswesen** (engl.: accounting) die Aufzeichnung, Berichterstattung und Analyse der durch die betrieblichen Leistungsprozesse entstehenden finanziellen Transaktionen.

4.2.3.1 Überblick

Die nachfolgende Übersicht zeigt die wichtigsten *Aktionsfelder eines IT-gestützten Finanz- und Rechnungswesens*. Integrierte Software zur Unterstützung dieser Prozesse wird von den großen Softwareherstellern wie SAP, Oracle, PeopleSoft, Microsoft Business Solutions usw. üblicherweise unter der englischen Bezeichnung „Financials" angeboten. Wir gehen in den nachfolgenden Abschnitten auf die Finanzbuchhaltung und Kostenrechnung näher ein, und skizzieren hier nur kurz jene Aktionsfelder, die später nicht mehr behandelt werden. Außerdem übersetzen wir die Bedeutung einiger angloamerikanischer Begriffe, die später noch detaillierter erklärt werden.

Die Abb. 4.2.3.1/1 weist die im Finanz- und Rechnungswesen seit jeher besonders wichtigen *Funktionen der Analyse und Entscheidungsunterstützung* nicht gesondert aus, obwohl diese wesentlicher Teil leistungsfähiger Softwarepakete sind. Das gilt auch für ähnliche Funktionsübersichten in den Folgeabschnitten. Wir behandeln diese Funktionen in allgemeiner und exemplarischer Form im Abschnitt 6.3.2.

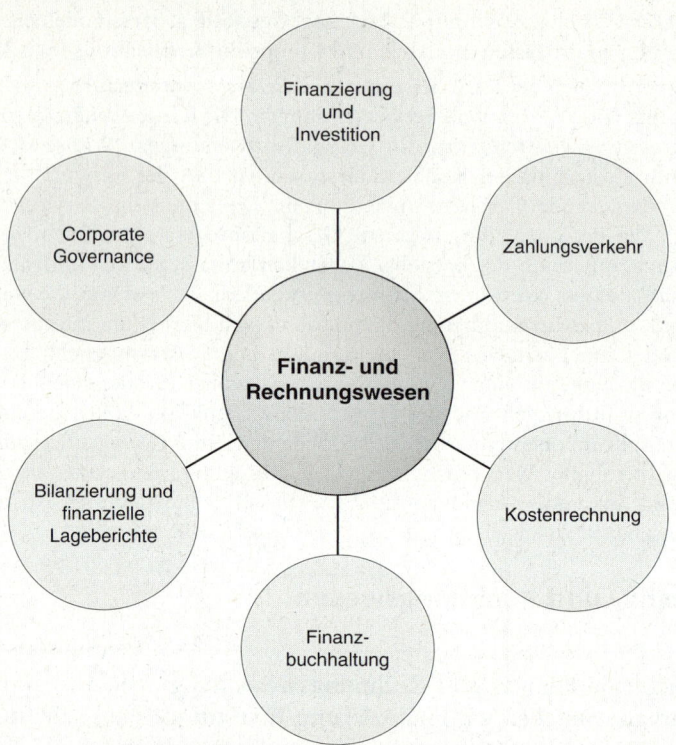

Abb. 4.2.3.1/1: Aktionsfelder des IT-gestützten Finanz- und Rechnungswesens

Die Abb. 4.2.3.1/2 zählt die *Anwendungskomponenten* von SAP auf, die dem einzelnen Betrieb zur Unterstützung seiner Prozesse im *Rechnungswesen* angeboten werden. „Fast Close" bezeichnet den vorläufigen Jahresabschluss und eventuell die Zwischenberichterstattung über Quartalsabschlüsse. „Financial Statements" ist der Oberbegriff für Bilanz, Gewinn- und Verlustrechnung sowie Cash-Flow-Rechnung. „Financial Accounting" ist die Finanzbuchhaltung (externes Rechnungswesen). „Management Accounting" beinhaltet das interne Rechnungswesen, das heißt, Kostenrechnung, Erlösrechnung, Budgetierung, Investitionsrechnung usw. Unter dem auch im deutschen Sprachraum gängigen englischen Begriff „*Corporate Governance*" versteht man die zuverlässige und effiziente Führung und Kontrolle eines Betriebs. Durch eine ausgewogene Verteilung der Aufgaben zwischen Aufsichtsgremien, Leitung und Eigentümern, geschäftspolitische Grundsätze und Richtlinien sowie interne und externe Steuerungs- und Überwachungsmechanismen sollen Transparenz geschaffen und Vertrauen der Kunden, Lieferanten, Investoren und Mitarbeiter in den Betrieb gefördert werden.

Die tabellarische Funktionsübersicht in Abb. 4.2.3.1/2, auf die wir hier nicht im Detail eingehen können, soll Ihnen exemplarisch anhand eines Funktionsbe-

Abb. 4.2.3.1/2: SAP-Produkte zur Unterstützung der Prozesse im Rechnungswesen (Quelle: mySAP ERP Financials – Accounting, Solution Map – Edition 2004)

Fast Close & Financial Statements	Financial Accounting	Management Accounting	Corporate Governance
Fast Close	General Ledger	Profit Center Accounting	Audit Information System
Balance Sheet	Accounts Receivable	Cost Center & Internal Order Accounting	Management of Internal Controls
Profit & Loss Statement	Accounts Payable	Project Accounting	Business Risk Management
Cash Flow Statement	Fixed Assets Accounting	Investment Management	Whistle Blower Complaints
Segment Reporting	Bank Accounting	Product Cost Accounting	Transparency for Basel II
Notes	Cash Journal Accounting	Profitability Accounting	
Parallel Valuation	Inventory Accounting	Revenue & Cost Planning	
IAS	Tax Accounting	Transfer Pricing	
US GAAP	Accrual Accounting		
Local GAAP	Fast Close		
	Financial Statements		
	Parallel Valuation		

reichs einen Eindruck von dem Umfang und der Vielfalt der Anwendungskomponenten von ERP-Systemen vermitteln.

Wir beschränken uns nachfolgend auf eine Einführung in die beiden Kernbereiche des betrieblichen Rechnungswesens, die Finanzbuchhaltung und die Kostenrechnung.

▶ Übungsaufgabe Nr. 1.4.5 im Arbeitsbuch

4.2.3.2 Finanzbuchhaltung

Die *Finanzbuchhaltung* (engl.: financial accounting) zeichnet *alle finanziellen Geschäftsvorfälle* auf. Sie wird nach gesetzlichen Vorschriften erstellt, dient der Gewinnermittlung und der Steuerbemessung, und sie bildet die Basis betriebswirtschaftlicher Erfolgsrechnungen. Die Erfassung der Geschäftsvorfälle erfolgt auf *Konten*. Es gibt verschiedene Kontentypen wie zum Beispiel Erfolgskonten, Bestandskonten, Lieferantenkonten, Kundenkonten. Aus den Bestandskonten wird die *Bilanz* erstellt, die eine Gegenüberstellung des Vermögens und der Kapitalstruktur zu einem bestimmten Stichtag zeigt. Die Erfolgskonten fließen in die *Gewinn- und Verlustrechnung (G+V)* ein. Bilanz und G+V werden auch als *Hauptbücher* bezeichnet. *Nebenbücher* werden bei wichtigen Vermögenswerten geführt, um eine detaillierte Verrechnung darstellen zu können. Beispiele für Nebenbücher sind die Kundenkartei und die Anlagenbuchhaltung. Die so genannten *Hilfsbücher* sind für Aufgaben gedacht, die von den anderen Büchern nicht ausreichend erfüllt werden. Art und Anzahl der Hilfsbücher hängen von der Betriebsgröße und der Branche ab. Beispiele für Hilfsbücher sind: Auftragsbücher, Spesenbücher, Provisionsbücher usw.

Die Organisationsstruktur der Finanzbuchhaltung in SAP baut auf dem *Konto* auf. Konten sind einem *Kontenplan* zugeordnet, dieser wiederum einem *Mandanten*. Ein Mandant ist eine für sich handelsrechtlich, organisatorisch und datentechnisch abgeschlossene Einheit innerhalb eines SAP-Systems mit getrennten Stammsätzen und einem eigenständigen Satz von Tabellen, zum Beispiel ein Unternehmen oder eine Universität. Über *Buchungskreise* können getrennte Kostenrechnungen realisiert werden, das heißt, es können mehrere Buchungskreise zu einem Kontenplan existieren. Über die Stammdaten werden die Konten näher bestimmt, indem sie *Kontenarten* und *Kontengruppen* zugeordnet werden. Hier ist zu bemerken, dass die Kontengruppe wiederum die Kontoart näher bestimmt. Im SAP-Standard sind *drei Kontenarten* definiert: *Hauptbuchkonten, Debitoren, Kreditoren*.

In SAP wird jeder Geschäftsvorfall durch ein spezielles Formular, das *Beleg* genannt wird, erfasst. Ein Beleg besteht aus einem Belegkopf und Belegpositionen. Der *Belegkopf* beinhaltet Daten, die für den gesamten Beleg gelten, wie zum Beispiel Belegart, Geschäftsjahr, Buchungsperiode usw. Der spezifische Inhalt von *Belegpositionen* ergibt sich durch die erbrachten Leistungen. Die Steuerung der Belegposition wird vor allem durch den *Buchungsschlüssel* bestimmt. Im Buchungsschlüssel werden zum Beispiel Belegart und Kontoart vordefiniert. SAP sieht *standardmäßig Nebenbücher für Kreditoren (Lieferanten) und Debitoren (Kunden)* vor. Buchhalterische Bewegungen werden für die Nebenbücher in der Nebenbuchhaltung geführt. Wird für einen Kunden zum Beispiel eine Faktura ausgestellt, dann erfolgt durch eine „Mitbuchung" automatisch auch eine entsprechende Forderungsbuchung im Hauptbuch. SAP nennt dieses Verfahren „*Mitbuchtechnik*".

Das *Beispiel* in Abb. 4.2.3.2/1 zeigt eine mögliche Struktur der Finanzbuchhaltung eines Betriebs aus dem *Lebensmitteleinzelhandel*. Der Betrieb ist im gesamten deutschsprachigen Raum tätig (Deutschland, Österreich, Schweiz) und hat mehrere Tausend Verkaufsfilialen. Da die unterschiedlichen Gesetzgebungen der drei Länder berücksichtigt werden müssen, soll für jedes Land ein eigener Kontenplan geführt werden.

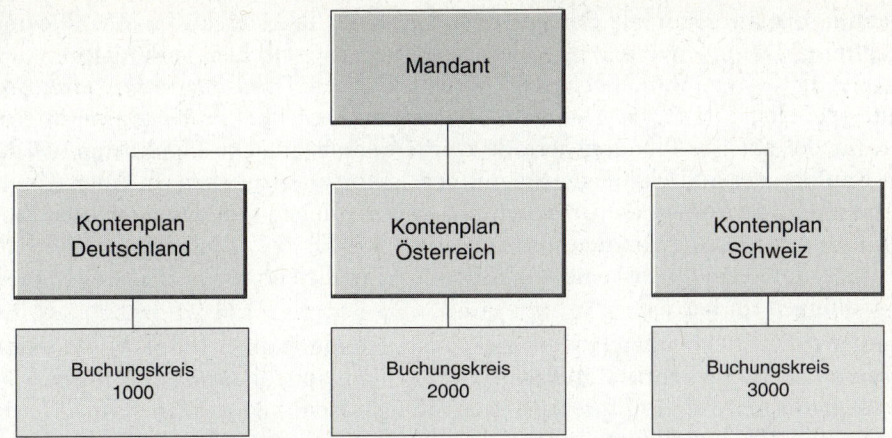

Abb. 4.2.3.2/1: Struktur der Finanzbuchhaltung eines Lebensmittelfilialbetriebs

4.2.3.3 Kostenrechnung

Die primäre Aufgabe der *Kostenrechnung* (engl.: cost accounting) ist die *Kontrolle der Wirtschaftlichkeit* eines Betriebs. Die Basis für die Kostenrechnung bildet die Finanzbuchhaltung. Die Einführung einer Kostenrechnung erhöht den Aufwand für die Datenerfassung. In der Praxis erfolgt die *Kontierung* für die Kostenrechnung gleichzeitig mit der Kontierung für die Finanzbuchhaltung. Die Kostenrechnung ist im Gegensatz zur Finanzbuchhaltung *vor allem für interne Adressaten* gedacht und dient vornehmlich den Entscheidungsträgern im Betrieb. Viel mehr noch als die Finanzbuchhaltung muss die Kostenrechnung an die Anforderungen des Betriebs angepasst werden. Sie muss den Führungskräften genau jene Information liefern, die sie für ihre Entscheidungen benötigen. Der *Aufbau der Kostenrechnung* hängt hauptsächlich von der Organisation und den Verantwortlichkeiten im Betrieb ab.

Grundsätzlich wird zwischen Kostenstellen- und Kostenträgerrechnung, zwischen Gemeinkosten und Einzelkosten, zwischen Teilkosten- und Vollkostenrechnung sowie zwischen Istkosten- und Plankosten unterschieden. Während eine *Kostenstelle* den Ort der Kostenentstehung definiert, bezeichnet ein *Kostenträger* ein konkretes Produkt oder einen Auftrag. Kosten, die direkt einem Produkt oder einem Auftrag zuordenbar sind, bezeichnet man auch als *Einzelkosten*. Ein typisches Beispiel für Einzelkosten sind Materialkosten. *Gemeinkosten* sind nicht einem einzelnen Produkt zuordenbar, wie zum Beispiel die Kosten für die Erstellung der Finanzbuchhaltung. Bei einer *Teilkostenrechnung* spaltet man Kosten in fixe und variable Bestandteile auf. *Fixe Kosten* sind jene Kosten, die auch anfallen, wenn der Betrieb nichts produziert. Bei der *Vollkostenrechnung* erfolgt keine Trennung in fixe und variable Kosten. Eine *Teilkostenrechnung* liefert zum Beispiel durch die *Deckungsbeitragsrechnung* mehr

Detailinformation für die Sortimentspolitik eines Betriebs als eine Vollkosten-rechnung. Der *Deckungsbeitrag* ist die Differenz zwischen Verkaufspreis und variablen Kosten. Schließlich wird noch zwischen *Istkosten- und Plankosten* unterschieden. Die *Plankostenrechnung* richtet ihren Blick in die Zukunft, Kosten für die nächste Planungsperiode werden geschätzt. Die Plankosten werden im Rahmen des Soll/Ist-Vergleichs mit den Istkosten verglichen. In einer Abweichungsanalyse werden die Ursachen für Abweichungen von den geplanten Werten ermittelt. Die gewonnene Information wird für die Steuerung des Betriebs genutzt und ermöglicht eine objektive Nachvollziehbarkeit der (messbaren) Handlungen im Betrieb.

In mySAP ERP Financials ist die Kostenrechnung im Modul *Management Accounting* implementiert und eng mit der Finanzbuchhaltung verknüpft.[1] Die zentralen Elemente im internen Rechnungswesen nennt man *Objekte*. Im *Gemeinkostencontrolling* können Objekte für Kostenstellen, Aufträge, Projekte und Prozesse angelegt werden. Bei der *Kostenartenrechnung* werden die in der Finanzbuchhaltung erfassten Kosten und Erlöse in die Kostenrechnung überge-führt. SAP unterscheidet primäre Kostenarten und sekundäre Kostenarten.

Primäre Kostenarten werden aus vorgelagerten Systemen (Personalverrechnung, Finanzbuchhaltung, Materialwirtschaft usw.) in die Kostenrechnung übernommen. Die Kostenrechnungstheorie kennt so genannte neutrale Kosten, welche nicht in die Kostenrechnung übernommen werden. Neutrale Kosten sind betriebsfremde Kosten, außerordentliche Aufwendungen (wie Schadensfälle oder Gewährleistungen) und periodenfremde Kosten. Periodenfremde Kosten fallen nicht in die bearbeitete Abrechnungsperiode. Weiters gibt es noch Kosten, die mit Änderungen übernommen werden, wie zum Beispiel Abschreibungen oder Lohn- und Gehaltskosten. Außerdem sind Zusatzkosten zu berücksichtigen, die in der Finanzbuchhaltung nicht berücksichtigt wurden (zum Beispiel kalkulatorische Kosten wie Kosten für Eigenkapitalzinsen oder Wagnisse). *Sekundäre Kostenarten* werden für innerbetriebliche Leistungsverrechnungen und Abrechnungsvorgänge verwendet und nur in der Kostenrechnung angelegt. Hierzu zählen etwa Umlagekostenarten, Kostenarten für die innerbetriebliche Leistungsverrechnung und interne/externe Auftragsabrechnungen.

Mit Hilfe der *Kostenstellenrechnung* wird der Ressourcenverbrauch gemessen. In der Praxis hat sich die Einteilung der Kostenstellen nach Kostenumfang und Verantwortlichkeit als sinnvoll erwiesen, außerdem sollte auf eine leicht nachvollziehbare Kontierung geachtet werden. Neben den Kosten müssen auch die Leistungsarten auf die Kostenstellen aufgeteilt werden, wobei ein linearer Zusammenhang zwischen der Leistungsmenge und den leistungsabhängigen

---

[1] Im Vorgängersystem R/3 war die Kostenrechnung im Modul Controlling (CO) implementiert, die Begriffe wurden von SAP mehr oder weniger synonym verwendet. Das hat bei angloamerikanischen Firmen Verwirrung gestiftet, da der Controlling-Begriff im Englischen viel enger als im Deutschen, nämlich eher als internes Kontrollsystem (engl.: internal auditing), interpretiert wird.

Kosten gegeben sein sollte. Die Plankosten werden entsprechend der Kostenstellenstruktur definiert. Beim Monatsabschluss der Kostenstellenrechnung erfolgen die periodischen Verrechnungen und eine Abstimmung mit der Finanzbuchhaltung. Danach wird die Buchungsperiode geschlossen und ein Betriebsabrechnungsbogen erstellt. Der nächste Schritt ist die Analyse und Interpretation der Daten, vor allem in Bezug auf die geplanten Werte. Ursachen für Abweichungen werden festgestellt und bei zukünftigen Entscheidungen berücksichtigt. Abhängig von der Größe des Betriebs entsteht auf diese Weise ein mehr oder weniger formelles Berichtswesen.

Zurück zum *Beispiel* des *Lebensmittelfilialbetriebs:* Wie könnte die *Kostenstellenstruktur* aussehen?

Die In Abb. 4.2.3.3/1 dargestellte Kostenstellenstruktur orientiert sich im Einkauf an den Warengruppen. Im Marketing könnte die Gliederung beispielsweise nach geographischen Gesichtspunkten (Verkaufsgebieten) und/oder Funktionsbereichen (Werbung, Verkaufsförderung, Merchandising usw.) erfolgen. Die Verwaltungskostenstelle ist eine Hilfskostenstelle, deren Kosten dann auf die anderen Kostenstellen nach einem Schlüssel verteilt werden.

Die *Produktkostenrechnung* dient der Beurteilung der Wirtschaftlichkeit eines Produkts oder einer Leistung. Der Kostenträger ist das zentrale Objekt.

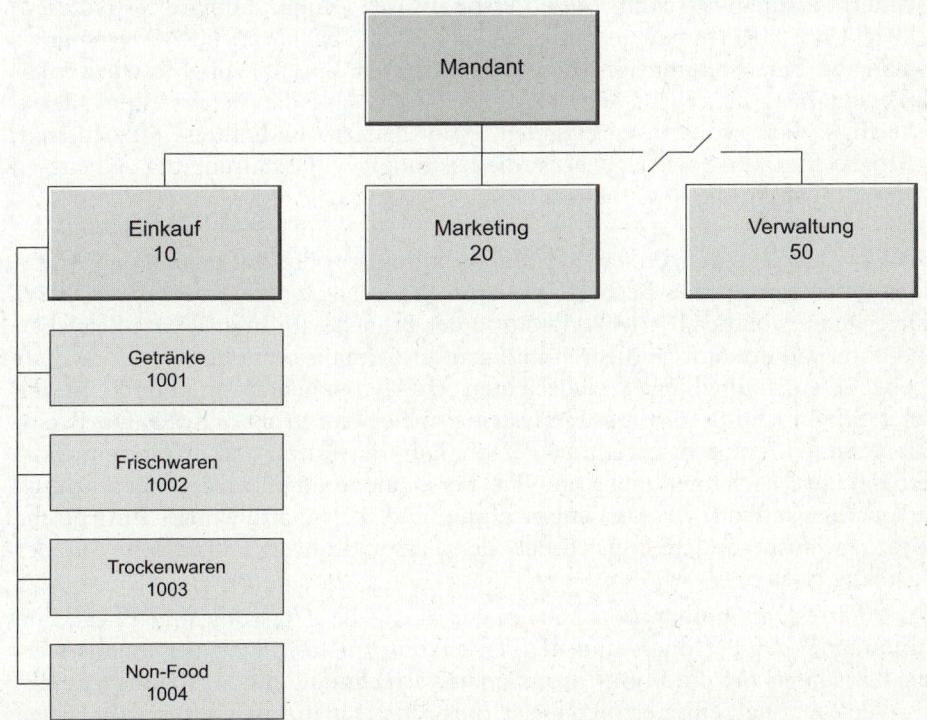

Abb. 4.2.3.3/1: Kostenstellenstruktur eines Lebensmittelfilialbetriebs

Die Produktkostenrechnung bildet ebenfalls die Grundlage für die Bewertung des Lagerbestandes, für die Ermittlung des Grenzpreises und für die Beurteilung von Produktionsverfahren. Die Beurteilung der Produkte erfolgt auf Basis des Deckungsbeitrags, den die Produkte erbringen. Er bildet die Grundlage für Marketing-Entscheidungen wie zum Beispiel die Sortimentsgestaltung, die Preisfindung, die Werbung usw.

In der *Ergebnisrechnung* werden die Kosten den entsprechenden Leistungen zugeordnet. Ein Ergebnisausweis kann periodenbezogen, auftrags- oder projektbezogen erfolgen. Eine spezielle Form der Ergebnisermittlung ist die *Profit-Center-Rechnung*. Während bei der Ergebnisrechnung nur nach operativen Merkmalen wie Produktgruppen, Vertriebsweg, Absatzmarkt usw. ein Ergebnis ermittelt wird, führt die Profit-Center-Betrachtung eine zusätzliche Ebene ein, die dann statisch allen Vorgängen zugeordnet wird.

▶ Übungsaufgabe Nr. 1.4.6 im Arbeitsbuch

4.2.4 Personalwirtschaft

4.2.4.1 Überblick

> Unter **Personalwirtschaft** oder **Personalwesen** (engl.: human resources, abgekürzt: HR; human resource management; abgekürzt: HRM) versteht man die Bereitstellung und den zielgerichteten Einsatz von Mitarbeitern (Personal) in Betrieben. Wirtschaftliche Ziele sind die Sicherstellung der Verfügbarkeit von bestgeeigneten Mitarbeitern und ihres effizienten Arbeitseinsatzes. Soziales Ziel ist die bestmögliche Gestaltung der Arbeitsverhältnisse für die Mitarbeiter.

Personalentscheidungen haben großen Einfluss auf die Umsetzung der Strategie und den Erfolg eines Betriebs. Die *Anforderungen an die Personalwirtschaft* hängen stark von der Betriebsgröße und der Branche ab. In größeren Betrieben sind aufgrund der aufwändigeren und stärker formalisierten Personalwirtschaft eigene Personalabteilungen eingerichtet. Die Dokumentation und damit die Unterstützung durch Informationssysteme spielen eine größere Rolle. Die Personalabteilung kümmert sich um die Personaladministration und in Zusammenarbeit mit den Fachabteilungen um die Personalplanung, Personalbeschaffung, Personalbeurteilung, Personalentwicklung und Personalführung. Strategische Vorgaben, insbesondere hinsichtlich der Personalführung, kommen von der Geschäftsleitung.

Die *Personaladministration* betrifft vor allem die Erfassung und Pflege von Stammdaten des Personals und die Personalinformation. Darüber hinaus werden Basisdaten für die Lohn- und Gehaltsverrechnung zur Verfügung gestellt. Die Verrechnung selbst erfolgt meist durch die Finanzbuchhaltung (in vielen Fällen extern). Weitere Aufgaben sind das Organisationsmanagement, insbeson-

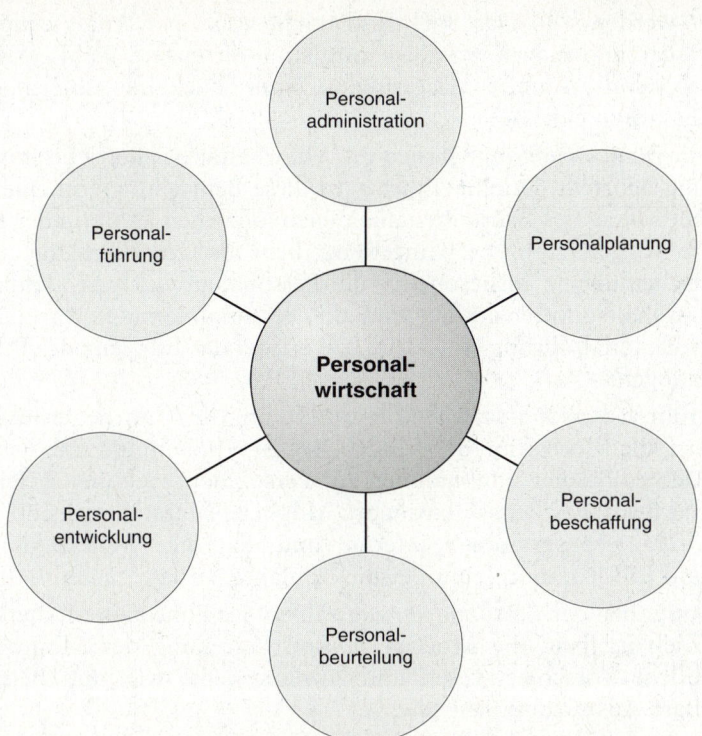

Abb. 4.2.4.1/1: Aktionsfelder der IT-gestützten Personalwirtschaft

dere die Dokumentation der Aufbauorganisation mittels Stellenbeschreibungen, arbeits- und sozialrechtliche Fragen, das Sozialwesen und die Freisetzung von Mitarbeitern.

Die *Personalplanung* beinhaltet die Laufbahnplanung, Besetzungsplanung, Personalbestandsplanung, Personalbedarfsplanung, Personaleinsatzplanung und Personalveränderungsplanung.

Die *Personalbeschaffung* (engl.: recruiting) kann intern oder extern erfolgen. Ist eine neue Stelle zu besetzen, muss zuerst ein Anforderungsprofil (Stellenbeschreibung) erstellt werden. Die Nachbesetzung einer vorhandenen Stelle erfolgt auf Basis der Stellenbeschreibung. Die Nachbesetzung kann aus den eigenen Reihen oder durch neu aufgenommene Mitarbeiter erfolgen. Soll ein neuer Mitarbeiter rekrutiert werden, dann muss zunächst festgelegt werden, inwieweit der Betrieb selbst die Anwerbung durchführt oder ob ein Vermittler (Arbeitsmarktservice, Berater, Jobbörse) eingesetzt wird. Entscheidend für diese Fragen sind die Personalplanung, die Dauer des Personalbedarfs, die Verfügbarkeit qualifizierter Arbeitskräfte sowie der Zugang zur Zielgruppe. Nach der Entscheidung über die Beschaffungsmethode stellt sich die Frage, welches Auswahlverfahren angewendet werden soll. Das Spektrum reicht von einer Analyse der Bewerbungsunterlagen und Einzelinterviews mit den in die engere Wahl gekommenen Bewerbern bis hin zu einem Assessment-Center; auch hier spielen die oben genannten Faktoren eine Rolle.

Bei der *Personalbeurteilung* werden die Mitarbeiter des Betriebes hinsichtlich ihrer Leistung beurteilt. Durchgeführt wird diese Beurteilung von einer Person, die den Arbeitsalltag des Beurteilten auch nachvollziehen kann (in der Regel der unmittelbare Vorgesetzte). Die Beurteilung dient als Grundlage für zukünftige Personalentscheidungen, insbesondere die Personalentwicklung (Training), die Lohn- und Gehaltsdifferenzierung und die Personalplanung. Darüber hinaus wird sie zur Personalführung sowie zur Bewertung der Effizienz der Personalarbeit herangezogen.

Betriebe führen *Personalentwicklung* durch, um die Mitarbeiterqualifikation zu verbessern, die Motivation der Mitarbeiter zu erhöhen und um diese stärker an den Betrieb zu binden. Maßnahmen zur Personalentwicklung setzen bei den Personen und bei der Arbeitssituation an. Mögliche Maßnahmen sind Karrieregespräche, Traineeprogramme, interne und externe Weiterbildungskurse, Coaching und Job-Rotation (zum Beispiel geplante Auslandsaufenthalte).

Zu den Aufgaben der *Personalführung* zählen der Führungsstil, die Vereinbarung von Zielvorgaben, die Motivation und Betreuung der Mitarbeiter, das innerbetriebliche Vorschlagswesen und Anreizsysteme wie zum Beispiel Prämien, sichtbare Auszeichnungen usw.

Einerseits sind diese personalwirtschaftlichen Konzepte und Maßnahmen zu entwickeln und zu kommunizieren, andererseits ist ihre Einhaltung durch die Fachabteilungen zu unterstützen (durch Schulung, Formulare, Erinnerungen usw.), zu überwachen und im Ergebnis zu dokumentieren.

Ein *Personalinformationssystem* unterstützt die Personalabteilung bei der Stammdatenerfassung und –verwaltung sowie die Personalabteilung und die Fachabteilungen gemeinsam bei allen vorstehend genannten Prozessen. In *mySAP ERP* heißt die entsprechende Komponente *Human Capital Management* (abgekürzt: HCM) beziehungsweise *Human Resources* (abgekürzt: HR; für R/3 verwendete, auch bei mySAP ERP gängige Bezeichnung). *HCM-Kernfunktionen* sind: Personalinformation, Personalcontrolling, Personalbeschaffung, Personalentwicklung und Personalisierung. Unter dem letztgenannten Punkt wird der Zugriff auf maßgeschneiderte Information über Portale verstanden, den wir im Folgekapitel behandeln werden (Abschnitt 6.2).

Die Personaladministration, Personalplanung und Personalführung sind bei SAP unter der Bezeichnung *Personalcontrolling* zusammengefasst (siehe zum, im deutschen und angloamerikanischen Sprachraum unterschiedlich interpretierten, Begriff *Controlling* die Fußnote 1 auf Seite 554). Das *Employee Lifecycle Management* dokumentiert den Berufsweg der Mitarbeiter von der Stellenausschreibung über die Bewerbung und Einstellung bis hin zur Laufplan- und Nachfolgeplanung. Mit Hilfe der angebotenen Funktionen können Entwicklungspläne erstellt, Personalkosten geplant und hoch qualifizierte Talente

(„High Potentials") innerhalb des Betriebs identifiziert und gefördert werden. Das *Employee Transaction Management* beinhaltet die Personaladministration (HR Administration), die Organisationsverwaltung (engl.: organizational management), die Freisetzung von Personal (engl.: expatriate management), die Mitarbeiterförderung (engl.: benefits management), die Arbeitszeiterfassung (engl.: time & attendance) und Lohn- und Gehaltsabrechnung (engl.: global payroll).

4.2.4.2 Personaladministration, -information und -abrechnung

In der *Personaladministration* erfolgen die organisatorische Zuordnung der Mitarbeiter und die Verwaltung der Personaldaten. Jeder Mitarbeiter wird einem bestimmten Buchungskreis und einem Personalbereich innerhalb des Buchungskreises zugeordnet. Die Personalbereiche teilen also den Buchungskreis in Untereinheiten, die zum Beispiel für das Berichtswesen oder die Abrechnung verwendet werden können.

Jeder Personalbereich kann seinerseits wieder in Personalteilbereiche unterteilt werden, diese können zum Beispiel für die Zeitwirtschaft und für die Gehalts- oder Lohnarten verwendet werden. Zusätzlich können eine administrative und organisatorische Sicht gepflegt werden. Zu den Subelementen der administrativen Sicht zählen die Mitarbeitergruppe, der Mitarbeiterkreis, der Abrechnungskreis und der Organisationsschlüssel; die organisatorische Sicht unterscheidet: Stelle, Planstelle und Organisationseinheit. Während die administrative Sicht in erster Linie der Abrechnung und Kostenplanung dient, spielt die

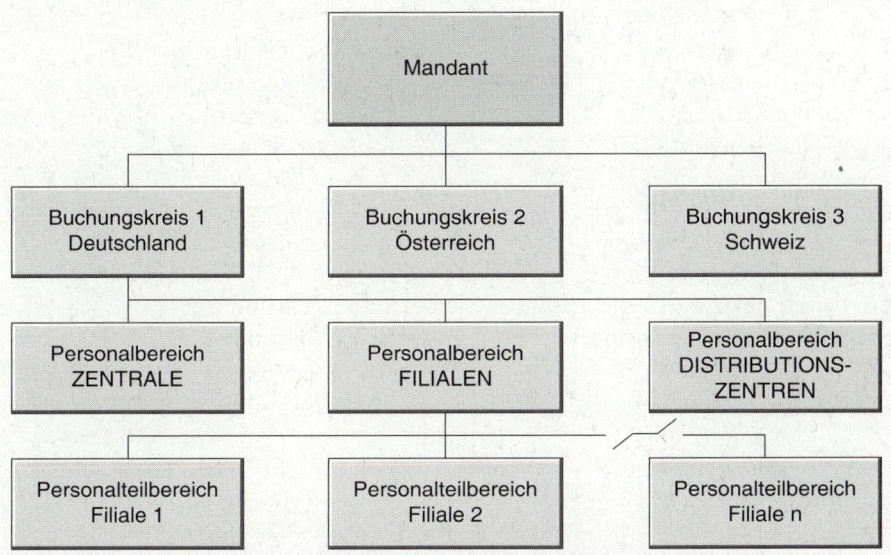

Abb. 4.2.4.2/1: Personalbereiche eines Lebensmittelfilialbetriebs

organisatorische Sicht im Organisationsmanagement und in der Personalentwicklung eine Rolle.

Für jede Stelle ist eine *Stellenbeschreibung* anzulegen, welche die Bezeichnung, die organisatorische Einordnung, die Ziele, die Aufgaben, die Befugnisse und die Anforderungen der Stelle ausweist. Die Stellenbeschreibungen sollten periodisch (zum Beispiel einmal jährlich) und bei jeder Nachbesetzung hinsichtlich Aktualität überprüft werden. Sie sind eine wichtige Grundlage für viele personalwirtschaftliche Anwendungen.

In der *Personalstammdatenverwaltung* werden Daten zur Person (Nachname, Vorname, Titel, Geburtsdatum, Anschriften usw.), zur organisatorischen Zuordnung, zur Sollarbeitszeit, zu den Basisbezügen (Eingruppierung), Reiseprivilegien (Spesenregelung), zur Ausbildung (Schule, Studium, Weiterbildung) und zur Qualifikation (zum Beispiel Branchenkenntnisse, Sprachkenntnisse oder PC-Kenntnisse) gepflegt. Neben diesen Standard-Infotypen kann der Anwender beliebige weitere Personaldatenkategorien definieren (zum Beispiel für die Leistungsbeurteilung usw.).

Die *Personaldatenerfassung* erfolgt teilweise durch die Mitarbeiter selbst mit Hilfe von online angeschlossenen Zeiterfassungsgeräten und elektronischen Formularen (Belegen), die – falls nötig – von Vorgesetzten elektronisch ergänzt

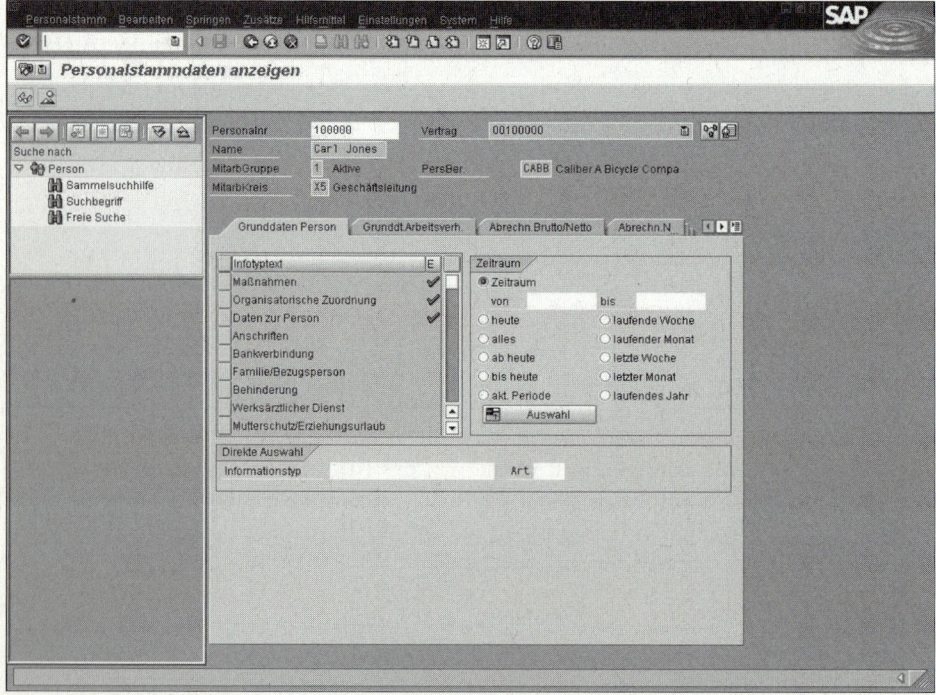

Abb. 4.2.4.2/2: Anzeige von Personalstammdaten

oder genehmigt werden können. Die Personalabteilung stellt üblicherweise über das Unternehmensportal solche Formulare zum Online-Ausfüllen oder zum Herunterladen bereit. Für Routinevorgänge (wie beispielsweise Krankmeldungen, Urlaubsanträge, Geschäftsreiseanträge, Anmeldung zu Trainingskursen) stehen im System vordefinierte Bildschirmformulare zur Verfügung.

Auf demselben Wege können die Mitarbeiter in Selbstbedienung (engl.: employee self-service) *Routineauskünfte* erhalten, etwa zu den Urlaubsansprüchen, den Modalitäten von Karrieregesprächen, den innerbetrieblichen Stellenausschreibungen, dem Vorschlagswesen oder dem Organisationsplan. Führungskräfte können personalwirtschaftliche und rechnungswesenrelevante Information aus ihrem Verantwortungsbereich einsehen und bearbeiten (engl.: manager self-service). Die *Personalplanung* wird durch Statistiken erleichtert, die strukturelle Daten wie beispielsweise Alter, Geschlecht, Einkommen, Dauer der Betriebszugehörigkeit, Fluktuation in aggregierter Form für die verschiedenen Abteilungen und Bereiche im Zeitablauf darstellen. In mySAP ERP HCP erfolgt die *Personalinformation* mittels Call-Center-Technik im so genannten *Employee Interaction Center* (abgekürzt: EIC), das neben Online-Abfragen auch die über Telefon, E-Mail und Fax kommunizierten Anliegen der Mitarbeiter bearbeitet.

Bei der *Abrechnung* unterstützt das System Leistungslöhne, wobei Leistungslohndaten über Lohnscheine erfasst werden. Schnittstellen zur Produktion ermöglichen eine effiziente Abrechnung. Ein weiteres Teilsystem zur Unterstützung der Personalabrechnung ist die *Zeitwirtschaft,* womit verschiedene Arbeitszeitmodelle hinterlegt werden können. Weiters ermöglicht SAP eine Verknüpfung von Personaldaten mit dem Rechnungswesen und der Materialwirtschaft und somit eine optimale Erfassung und Auswertung. Zusätzlich existieren Funktionen für die *Reisekostenabrechnung* und Schnittstellen für externe *Zeiterfassungssysteme.*

4.2.4.3 Personalbeschaffung, -entwicklung und -führung

Die *Personalbeschaffung* in SAP bietet Funktionen zur Erfassung und Strukturierung von Bewerberdaten, für die Bewerberkorrespondenz und zur Entscheidungsfindung. Immer häufiger erfolgen Stellenausschreibungen alternativ oder ausschließlich per Internet. Bewerbungen werden ebenfalls in elektronischer Form, eventuell sogar mittels vorgegebener Formulare, über das Internet verlangt. Die Eingangsbestätigung und die weitere Kommunikation zwischen allen Beteiligten erfolgen auf demselben Weg. Dadurch lassen sich die Termine von Vorstellungsgesprächen und die Folgeaktivitäten wesentlich abkürzen. Bei der internen Personalbeschaffung können durch einen automatischen *Abgleich der Anforderungskriterien der zu besetzenden Stelle (Stellenbeschreibung) mit den Qualifikationen der vorhandenen Mitarbeiter (Personalstammdaten)* in kürzester Zeit die am besten geeigneten Kandidaten ausfindig gemacht werden.

Wenn etwa in unserem *Beispiel-Lebensmittelfilialbetrieb* ein *Einkäufer für die Warengruppe Wein und Spirituosen* gesucht wird, der über mehrjährige Verkaufserfahrung in den Filialen verfügen und gut Französisch, Italienisch und Spanisch sprechen soll, so lassen sich durch eine Recherche in der Mitarbeiterdatenbank in Minutenschnelle die in Frage kommenden Mitarbeiter ausfindig machen.

Die *Personalentwicklung* umfasst in SAP Funktionen zur Erfassung von Mitarbeiterqualifikationen (und Qualifikationsdefiziten), zur Ermittlung des Weiterbildungsbedarfs, zur Planung von Trainee- und Weiterbildungsprogrammen und –veranstaltungen, zur Teilnehmerverwaltung und –abrechnung sowie zur Entwicklung und Verwaltung von Unterrichtsmaterialien. Ferner wird eine Plattform für den computerunterstützten Unterricht (SAP Learning Solution) angeboten.

Die *Personalführung* wird durch ein Werkzeug für den gesamten Zyklus des *Management by Objectives*, von der Zielfindung über die Ableitung und Vereinbarung konkreter Mitarbeiterziele bis zur Beurteilung der Ergebnisse, unterstützt.

▶ Übungsaufgabe Nr. 1.4.7 im Arbeitsbuch

4.2.5 Materialwirtschaft

4.2.5.1 Überblick

Unter **Materialwirtschaft** (engl.: materials management) versteht man die Planung, Steuerung, Verwaltung und Kontrolle der Materialbestände und –bewegungen innerhalb eines Betriebs und zwischen dem Betrieb und seinen Marktpartnern (Lieferanten, Kunden, Distributionsdienstleistern). In der *Industrie* ist die Materialwirtschaft eng verzahnt mit der Produktion, die mit den richtigen Roh-, Hilfs- und Betriebsstoffen, Zulieferteilen und Halbfabrikaten zur richtigen Zeit, am richtigen Ort, in der richtigen Menge und der richtigen Qualität versorgt werden muss. Darüber hinaus ist allgemein die Versorgung mit indirekten Gütern wie Büroartikel, Ersatzteile oder Serviceleistungen erforderlich. Im *Handel* spricht man von der **Warenwirtschaft**, die für die Kunden einen möglichst hohen Servicegrad (Lieferbereitschaft) zu möglichst niedrigen Kosten sicherstellen soll. *Hauptaufgabengebiete* der Materialwirtschaft sind der Einkauf, die Lagerhaltung, die Disposition und die Rechnungsprüfung.

Eine noch umfassendere, hier nicht zugrunde gelegte Definition der Materialwirtschaft schließt den Transport, den Zwischenwerksverkehr, Warenumschlagsstellen, die Instandhaltung und die Entsorgung (Abfallwirtschaft, Recycling) mit ein. Für diese umfassende Begriffsauslegung ist die Bezeichnung *Logistik* treffender und gebräuchlicher.

Im *Einkauf* (engl.: procurement) erfolgt die Beschaffung von Produkten und Dienstleistungen. Wir verwenden die Begriffe „Einkauf" und „Beschaffung" synonym. Aufgrund von Bedarfsprognosen und/oder Bedarfsmeldungen der

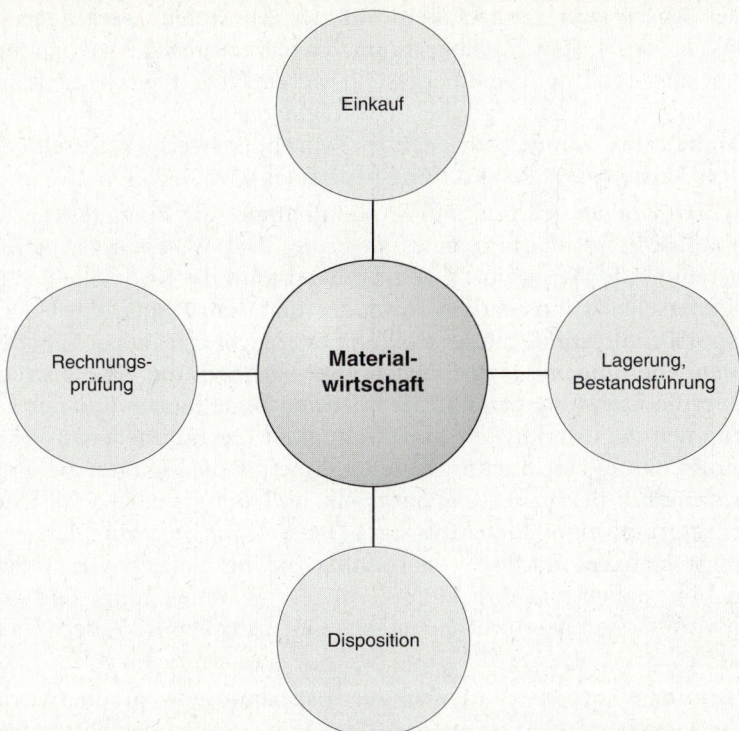

Abb. 4.2.5.1/1: Aktionsfelder der IT-gestützten Materialwirtschaft

anfordernden Stellen werden in Frage kommende Lieferanten gesucht, Angebote eingeholt, verglichen und verhandelt, Rahmenvereinbarungen, Bestellungen und Auftragsvergaben vorbereitet, abgewickelt und überwacht. Wegen des hohen Materialanteils an den Gesamtkosten sind die Recherche kostengünstiger Lieferquellen (Beschaffungsmarktforschung) und Preisverhandlungen mit den Lieferanten besonders wichtig.

Der Stellenwert des Zukaufsanteils ist im Handel besonders groß, da es dort meist keine Produktion gibt. In unserem *Beispiel-Lebensmittelfilialbetrieb* erreicht er 80 Prozent. Kostensenkungen in diesem Bereich sind somit stark ergebniswirksam und gewinnbeeinflussend.

Aufgaben der *Lagerhaltung* sind die Einlagerung (Wareneingang), Aufbewahrung und Bereitstellung (Warenausgang) von Gütern entsprechend der jeweiligen Lagerart (Bodenlagerung, Blocklagerung, Regallagerung) und Lagerorganisation (Zuteilung der Güter auf Lagerplätze im Lager nach einem Festplatzsystem oder chaotischen System) in Abhängigkeit von Merkmalen des Lagergutes (Art, Menge, Wert, Umschlaghäufigkeit, Haltbarkeit). Die Lagerhaltung dient zur Aufrechterhaltung einer optimalen Produktions- und Lieferbereitschaft bei minimaler Kapitalbindung. Einerseits soll ein Stillstand in der Produktion und andererseits der Ausverkauf von Artikeln auf der Absatzseite verhindert werden. Dabei müssen die Kosten für Lagerraum, Lagerverwaltung, bevorratete Güter usw. immer dem Nutzen gegenübergestellt werden. Die Lagerkapazitäten und -bestände müssen nach strategischen Überlegungen definiert werden, wie zum Beispiel angestrebte Kundenzufriedenheit beziehungsweise Wechselbereitschaft der Kunden, Kosten eines Produktionsstillstandes usw.

Zum *Wareneingang* gehören die Warenannahme, die Eingangskontrolle, die bestandsmäßige Erfassung und die Einlagerung. Die *Warenannahme* beinhaltet die Bereitstellung der Ware durch den Transporteur, die Kontrolle der Korrektheit des Lieferscheins hinsichtlich Absender und Empfänger, die Überprüfung der Transportbehälterzahl, die Feststellung eventueller Transportschäden sowie das Abladen. Die *Eingangskontrolle* dient zur Überprüfung, ob die auf dem Lieferschein vermerkten Angaben mit der oder den Bestellungen und der Lieferung übereinstimmen (Vollständigkeit und Richtigkeit der angegebenen Positionen). Ferner erfolgt häufig eine Stichprobenentnahme für die Qualitätssicherung. Die *Kommissionierung* beinhaltet das Sammeln und Bereitstellen von Materialien im Lager aufgrund eines Lieferauftrags. Die *Bestandsführung* (Lagerbuchhaltung) erfasst mengen- und/oder wertmäßig die im Betrieb vorhandenen Bestände an Materialien und ihre Veränderungen (Wareneingänge und -ausgänge aufgrund von Bestellungen beziehungsweise Aufträgen, Verderb, Schwund, Diebstahl).

Die *Disposition* hat die Aufgabe, die Lagerbestände zu überwachen und anhand der eingehenden Aufträge und/oder Vorhersagen der Bestandsentwicklung eine Vorplanung der Bestände zu treffen. Sie ermittelt, welches Material zu welchem Zeitpunkt in welcher Menge benötigt wird.

Im Rahmen der *Rechnungsprüfung* werden die Bestellungen mit den Wareneingangsanzeigen und den Eingangsrechnungen auf sachliche Richtigkeit verglichen. Die Wareneingangsanzeigen werden bei der Warenannahme und Eingangskontrolle im Lager erstellt.

In unserer *Beispielbranche, dem Lebensmitteleinzelhandel,* dominieren bei großen Betrieben *zweistufige Lagersysteme mit mehreren Regionallagern,* so genannten *Distributionszentren,* die jeweils für die Versorgung der Filialen eines bestimmten Verkaufsgebiets zuständig sind. Es handelt sich meist um *Hochregallager* (Höhe bis zu 45 m!), in denen die Beschickung und Entnahme der Ware vollautomatisch mittels IT-gesteuerter Hebe- und Fördereinrichtungen erfolgt. Vorteile sind eine gute Raumausnutzung und eine hohe Effizienz bei der Einlagerung und Kommissionierung der Güter sowie ein geringer Personalbedarf. Die *Filialen* werden mehrmals pro Woche beliefert und verfügen somit nur über relativ geringe Lagerbestände. Die *Kommissionierung* der Filiallieferungen wird im Distributionszentrum entweder seriell (Position für Position eines Filiallieferscheins) oder parallel für die Filialen einer Zustellroute (eines Transportmittels) durchgeführt. Die LKWs werden in der umgekehrten Reihenfolge der Filialbelieferungsroute mit den Paletten für die einzelnen Filialen beladen. Die *Disposition* erfolgt teils dezentral in den Filialen, teils zentral, teilweise sind auch Mischformen üblich (zum Beispiel zentral erstellte Bestellvorschläge, die vom Filialleiter geändert werden können). Der Trend geht zur zentralen Disposition. Die

Bestandsführung erfolgt zentral und schließt nur dann die Bestände auf Filialebene ein, wenn dort durch Scannerkassen die Warenausgänge detailliert erfasst werden.

In mySAP ERP ist die *Materialwirtschaft ein Teil von „Operations"*. Im Vorgängersystem SAP R/3 wurde anstelle von „Operations" der Begriff „Logistik" verwendet. Das *SAP-Programmprodukt Materialwirtschaft* (engl.: materials management, abgekürzt: MM) beinhaltet Module für die in Abb. 4.2.5.1/1 im Überblick dargestellten Aktionsfelder. Die Lagerverwaltung beschränkt sich auf die Bestandsführung, es gibt jedoch standardisierte Schnittstellen zu speziellen Lagerhaltungssystemen von Drittanbietern. Ein weiteres Modul, auf das wir hier nicht näher eingehen, unterstützt die Erstellung von Leistungsverzeichnissen, die Ausschreibung und Vergabe von Dienstleistungen.

Ferner ist die Materialwirtschaft ein Teil des *Supply-Chain-Managements*, für das SAP (wie andere große Softwarehersteller) ein spezielles Programmsystem anbietet. Supply-Chain-Management ist ein strategisches Konzept, das darauf abzielt, die Geschäftsprozesse, die entlang der Versorgungskette (engl.: supply chain; Synonyme: Lieferkette, Wertschöpfungskette) vom ersten Rohstofflieferanten bis zum Endverbraucher auftreten, möglichst effizient und kostengünstig zu gestalten. Ziel des Supply-Chain-Managements ist eine intensive *Zusammenarbeit* zwischen den beteiligten Betrieben zur bestmöglichen Gestaltung aller inner- und überbetrieblichen Material-, Informations- und Geldflüsse. Wir behandeln das Supply-Chain-Management im Abschnitt 5.4.3. In den jetzt folgenden Ausführungen geht es primär um die Waren- und Informationsflüsse innerhalb des Betriebs sowie zu den unmittelbar vor- und nachgelagerten Geschäftspartnern (operative Ebene).

Sie haben bereits im ersten Kapitel am *Beispiel eines Warenwirtschaftssystems* die Rechnerunterstützung der wichtigsten Prozesse in Einkauf, Lager, Disposition und Rechnungsprüfung kennen gelernt (siehe Abschnitte 1.1.3 und 1.4.2). Der *Integrationseffekt* von Informationssystemen wird hier besonders deutlich.

4.2.5.2 Stammdatenverwaltung

In der *Materialstammdatenverwaltung* werden die Stammdaten gepflegt, die die relevanten Eigenschaften, die Zusammensetzung (Stücklisten und Baugruppen) und die unterschiedlichen Verwendungszwecke der Materialien beschreiben.

Die *Datenintegration und -pflege* lässt sich am *Beispiel des Lagerortes* verdeutlichen, der in einem Industrieunternehmen einerseits einem Werk und andererseits einer Einkaufsorganisation oder einer Verkaufsorganisation zugeordnet ist. Dies sind zwei verschiedene funktionale Sichtweisen auf das Lager. Der Lagerort im Zusammenhang mit der Einkaufs- oder Verkaufsorganisation wird im Abschnitt 4.2.7 (Vertrieb) näher erläutert. Durch die Zuordnung des Lagerortes zu einem Werk wird die Finanzsicht hergestellt. Das Werk selbst ist einem Bewertungskreis und dieser wiederum einem Buchungskreis zugeordnet. Der Bewertungskreis legt fest, wie das zugehörige Material bei der Bilanzerstellung zu bewerten ist.

Auf Werksebene werden nahezu alle *Daten für den Materialstamm* definiert, davon ausgenommen sind die Materialbenennung und die Materialklassifizierung, die auf Mandantenebene erfolgen. Ein wichtiges Konzept dazu ist in der SAP-Materialwirtschaft die *Materialsicht*. Durch sie wird eine umfangreiche Datenmenge für den Materialstamm in mehrere Sichten unterteilt. Ziel ist es, die Daten leichter handhabbar zu machen und die Bearbeitung der Daten zwischen verschiedenen Abteilungen aufzuteilen. Die Sicht „Grunddaten" und die

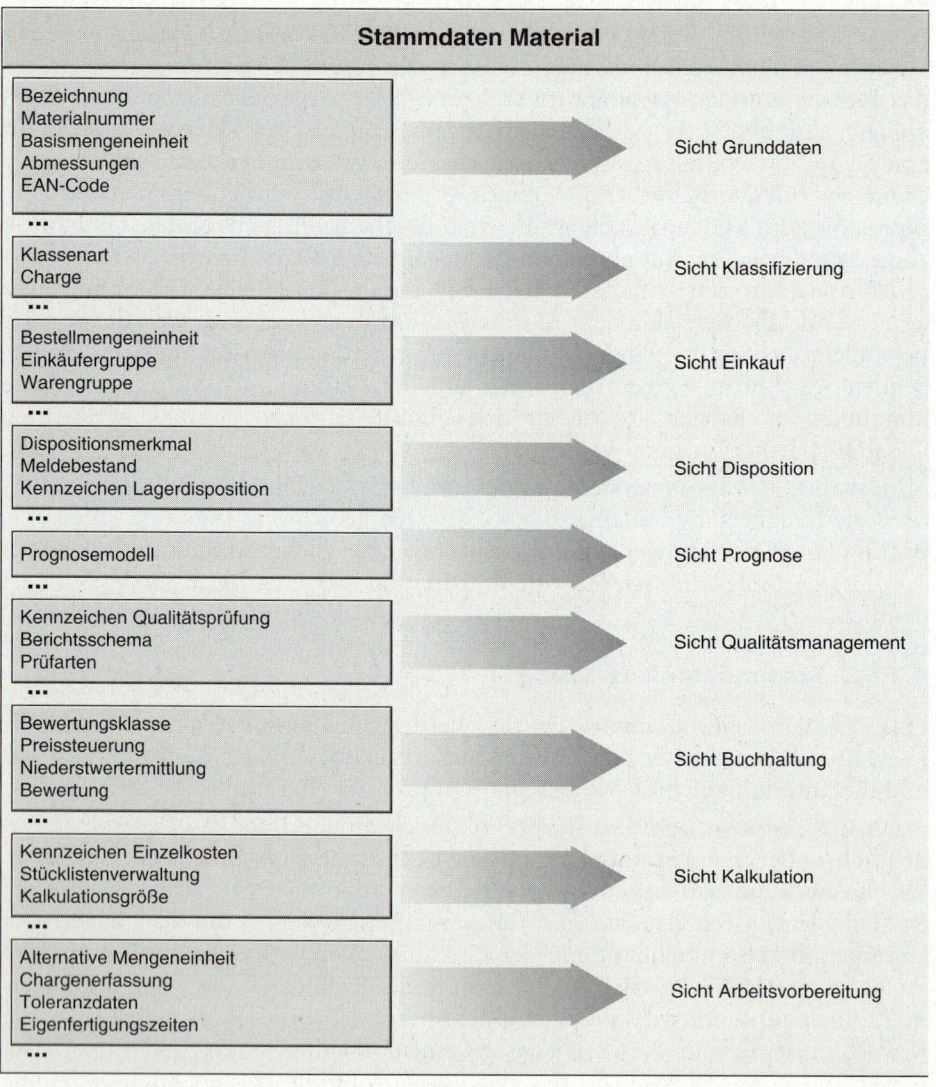

Abb. 4.2.5.2/1: Sichten im Materialstamm

Sicht „Klassifizierung" werden auf Mandantenebene gepflegt. Zu den Grunddaten werden Beschreibung, Basismengeneinheit, Europäische Artikelnummer (EAN), Konstruktionszeichnung usw. gezählt. Die Untereinheit der Klassifizierung sind die Klassenarten. Alle weiteren Sichten werden auf Werksebene gepflegt; standardmäßig vordefiniert sind zum Beispiel die Sichten für Einkauf, Disposition, Prognose, Qualitätsmanagement, Buchhaltung, Kalkulation und Arbeitsvorbereitung. Im Customizing können noch zusätzliche Sichten definiert werden, um eine optimale Anpassung des Systems an den Betrieb zu ermöglichen.

Neben den Sichten ist die *Materialart* ein wichtiges Merkmal im Materialstamm; sie soll die Pflege im Materialstamm steuern und vereinfachen. Die Funktion der Materialart kann mit der Funktion der Kontengruppe in der Finanzbuchhaltung verglichen werden. Ähnlich wie die Kontengruppe die Konten näher definiert, so bestimmt die Materialart unter anderem die verfügbaren Materialsichten und die zu pflegenden Felder im Benutzerdialog. Zusätzlich bestimmt die Materialart die Beschaffungsart und die Bestandsführungspflicht. Die Beschaffungsart legt fest, ob das Material von einem externen Lieferanten bezogen oder vom Betrieb selbst gefertigt wird, die Bestandsführung erfasst Menge und Wert der Materialien. SAP in der Grundkonfiguration kennt fünf verschiedene Materialarten: Rohstoffe, Fertigerzeugnisse, Handelswaren, Nicht-Lagermaterial und Dienstleistungen. Die *Bewertungsart* ermöglicht eine getrennte Bewertung in der Bilanz und im Tagesgeschäft.

▶ Übungsaufgabe Nr. 1.4.8 im Arbeitsbuch

4.2.5.3 Einkauf

Innerhalb des Bereichs Materialwirtschaft unterstützt die Komponente *Einkauf* folgende Prozesse:

- *Bedarfsermittlung*: Der Bedarf an Materialien wird entweder in den Fachabteilungen oder im Rahmen der Disposition festgestellt. Er findet in *Bestellanforderungen* seinen Niederschlag, die personell oder maschinell ausgelöst werden können. Die manuelle Erfassung mittels eines entsprechenden Bildschirmformulars erfolgt aufgrund einer mündlichen oder schriftlichen Bedarfsanmeldung. Maschinell kann die Bestellanforderung durch andere Anwendungen oder durch die Materialdisposition ausgelöst werden.

- *Ermittlung der Bezugsquellen:* Die Ermittlung möglicher *Bezugsquellen* erfolgt unter Berücksichtigung vergangener Bestellungen oder bestehender Kontrakte. Dies beschleunigt die Erstellung von *Anfragen*, die dann brieflich oder auf elektronischem Weg an gewünschte Lieferanten übermittelt werden können.

- *Lieferantenauswahl*: Die *Lieferantenbeurteilung* kann anhand selbst gewählter, gewichteter Kriterien (Preisniveau, Termin- und Mengentreue, Qualität) vorgenommen werden. Das System ist in der Lage, gleichartige Angebote ver-

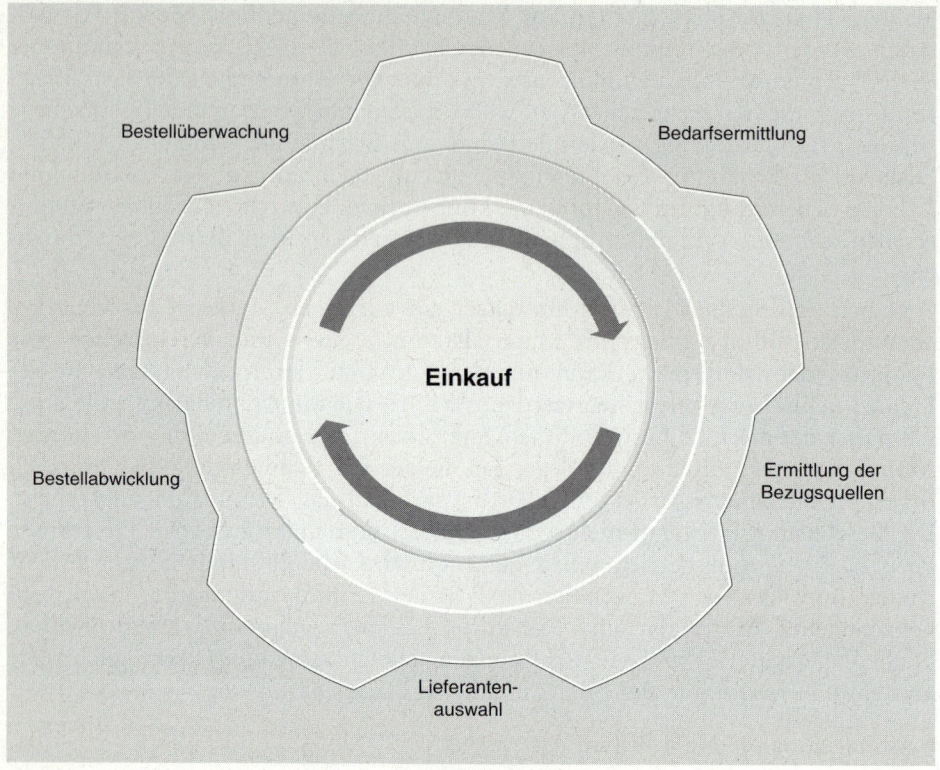

Abb. 4.2.5.3/1: Unterstützung des Einkaufs in mySAP ERP

schiedener Lieferanten in Form eines strukturierten *Preisspiegels* miteinander zu vergleichen. *Absageschreiben* werden automatisch erstellt. Die Lieferanten werden im *Kreditorenstamm* der Finanzbuchhaltung beschrieben. Einkaufs-relevante Stammdaten werden im Einkauf, finanzbuchhalterische Stammda-ten in der Buchhaltung gepflegt. Die Verknüpfung von Lieferant und den von ihm beschafften Materialien kann über eine Tabelle *Einkaufsinformation* dar-gestellt werden. Darüber hinaus können von den allgemein gültigen Einstel-lungen im Materialstamm abweichende Werte für Preise, Skonti, Rabatte und Bezugsnebenkosten hinterlegt werden. Das *Orderbuch* enthält für jedes Material eine Liste von Lieferanten, wobei die Gültigkeit der Bezugsquellen zeitlich begrenzt ist. Angaben über Konditionen werden über das Orderbuch nicht geführt. *Rahmenverträge* beschreiben mittel- oder langfristige Verträge beziehungsweise Übereinkommen mit Lieferanten; man unterscheidet dabei zwischen Kontrakten und Lieferplänen. *Kontrakte* werden auf einen bestimmten Gesamtwert oder eine bestimmte Gesamtmenge abgeschlossen. Aus diesem vereinbarten Kontingent werden dann die Lieferungen abgerufen,

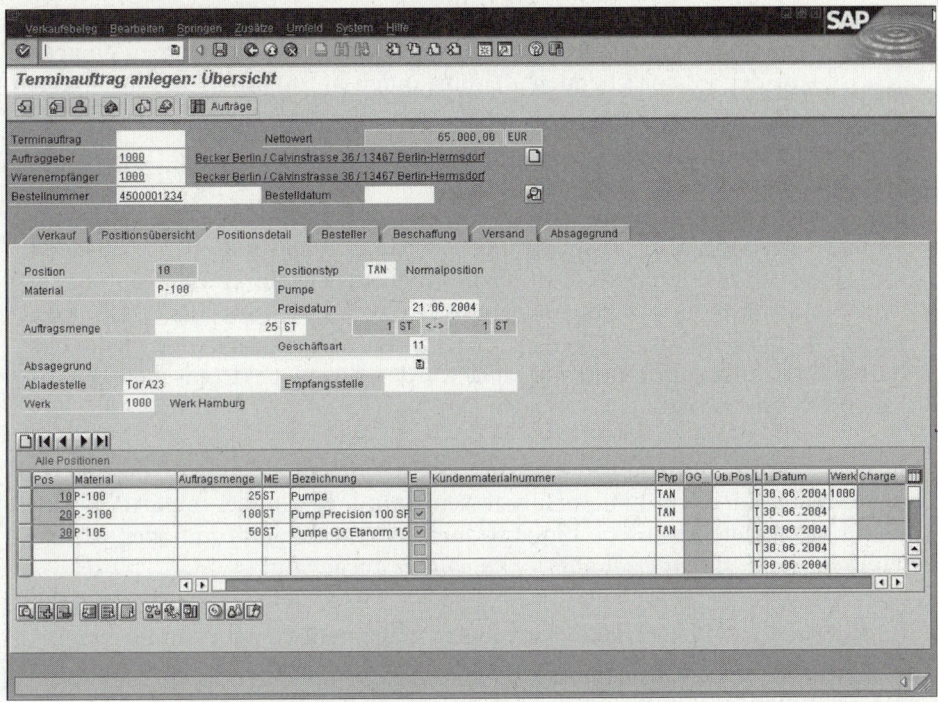

Abb. 4.2.5.3/2: Anlegen eines Terminauftrags

bis das Kontingent aufgebraucht ist. Bei einem *Lieferplan* werden ebenfalls Mengen oder Werte bezüglich des Lieferumfangs festgelegt, allerdings werden hier zusätzlich die Liefertermine definiert.

- *Bestellabwicklung:* Bestellungen werden durch *Belege* dokumentiert, die ebenso wie ein Buchhaltungsbeleg aus Kopfdaten und Positionsdaten bestehen. Das Einkaufssystem übernimmt die Angaben aus der Bestellanforderung und dem Angebot und entlastet den Einkäufer auf diese Weise bei der Eröffnung von Bestellungen. Ebenso wie Bestellanforderungen kann der Einkäufer mit Hilfe der entsprechenden Bildschirmformulare Bestellungen selbst erzeugen oder sie durch das System automatisch erzeugen lassen. Die Erstellung von Lieferplänen und Verträgen wird ebenfalls unterstützt. Zur Einhaltung des Vier-Augen-Prinzips können mehrstufige Freigabeverfahren für Bestellanforderungen, Anfragen, Bestellungen und Kontrakte im Customizing definiert werden. Bestellungen können ausgedruckt und auf konventionellem Postweg, per Fax oder auf elektronischem Weg mittels EDI „von Computer zu Computer" zum Lieferanten übermittelt werden. Auf den heute überwiegend gebräuchlichen elektronischen Austausch von Geschäftsdokumenten (EDI) gehen wir im Abschnitt 5.5.2 näher ein.

- *Bestellüberwachung:* Das System prüft die vom Einkäufer vorgegebenen Wiedervorlagezeiten und erstellt – falls die Lieferung nicht inzwischen eingegangen ist – in den entsprechenden Zeitabständen automatisch Mahnschreiben. Es liefert den aktuellen Status sämtlicher Bestellanforderungen, Angebote und Bestellungen.

> Der Begriff **„elektronischer Einkauf"**, abgekürzt: E-Einkauf (engl.: e-procurement), bezeichnet die Beschaffung von Materialien und/oder Dienstleistungen über das Internet. Die Bezugsquellenermittlung, Lieferantenauswahl und Bestellung erfolgen mittels Webbrowser auf der Basis von Online-Katalogen, die von den Lieferanten bereitgestellt werden. Die Bestellabwicklung und -überwachung werden durch elektronischen Datenaustausch unterstützt.

In mySAP ERP beziehungsweise der mySAP Business Suite ist die Internet-Unterstützung in allen Einkaufsprozessen Standard. In der mySAP Business Suite wurde der elektronische Einkauf durch eine spezielle Komponente zum so genannten *Lieferantenbeziehungsmanagement* ausgebaut.

> Im Rahmen des **Lieferantenbeziehungsmanagements** (engl.: supplier relationship management, abgekürzt: SRM) wird ein ganzheitlicher Ansatz bei der Planung, Durchführung und Kontrolle der Zusammenarbeit mit den Lieferanten über alle Phasen der Geschäftsbeziehung verfolgt. Dazu gehören sowohl Beschaffungsaufgaben mit strategischem Charakter (engl.: sourcing) wie die Ermittlung und Beurteilung von Lieferquellen und die gemeinsame Vorhersage, Planung und Nachlieferung des Bedarfs als auch die operativen Einkaufsaufgaben (engl.: procurement) der Bedarfsermittlung, Bestellabwicklung und –überwachung.

Wie erwähnt gehen wir auf die Internet-Unterstützung im Materialwirtschaftsbereich bei der Behandlung des Supply-Chain-Managements im Abschnitt 5.5.3 näher ein.

4.2.5.4 Bestandsführung

Die Aufgabe einer *Bestandsführung* ist die wert- und mengenmäßige Erfassung aller Materialbestände und -bewegungen.

Im *Materialstamm* sind die Parameter für die Bestandsführung festgelegt. Wie bereits erklärt, ist der Materialstamm in verschiedene Sichten unterteilt, entsprechend der Verwendung eines Materials ist eine bestimmte Anzahl von Sichten zu pflegen. Wenn ein Material beispielsweise in der Produktion verwendet wird, muss eine Sicht „Arbeitsvorbereitung" gepflegt werden, soll dieses Material wertmäßig erfasst werden, dann ist die Sicht „Buchhaltung" zu pflegen usw. Eine wichtige Klassifizierung in der Bestandsführung sind die *Bestandsarten*. Sie geben einen präzisen Überblick über die Bestände und ihren jeweiligen Verwendungszweck. Innerhalb der Bestandsarten wird unterteilt in jene, die im Materialstamm gepflegt werden, und andere, bei denen die Bestände rechnerisch ermittelt werden.

Eine *Materialbewertung* wird für alle Materialien durchgeführt, für die eine Buchhaltungssicht im Materialstamm gepflegt wird. Dort werden auch die Grundeinstellungen für die Bewertung vorgenommen. Der Wert eines Materials wird grundsätzlich aus Bestandsmenge mal Materialpreis ermittelt. Ferner ist der Bewertungszweck zu berücksichtigen. Die Bewertung erfolgt bewegungsbezogen oder findet Verwendung in der Bilanz. Die jeweiligen Parameter für die Bewertung sind wiederum im Materialstamm zu hinterlegen.

In SAP werden alle *Warenbewegungen* mit Belegen erfasst. Die Verbuchung erfolgt beim Wareneingang oder Warenausgang im Lager. Grundsätzlich werden interne und externe Bewegungsarten unterschieden. Zu den *externen Warenbewegungen* zählen der Einkauf von Waren beim Lieferanten und der Verkauf von Waren an den Kunden. Beide Vorgänge verändern den Bestand. Im Gegensatz zu externen Warenbewegungen ändern die *internen Warenbewegungen* den Gesamtbestand nicht, es erfolgen Verschiebungen in den Beständen. Ein Beispiel für eine interne Warenbewegung ist die Umlagerung eines Materials von einem Lagerort zum anderen innerhalb des Betriebs. Die einzelnen Bewegungsarten sind in SAP zu *Bewegungsartengruppen* zusammengefasst, als Unterscheidungsmerkmal gelten die verschiedenen wert- und mengenmäßigen Änderungen, die durch diese Bewegungen hervorgerufen werden. Die wichtigsten *Warenbewegungen* sind Wareneingänge, Warenausgänge, Umlagerungen, Umbuchungen, Warenauslieferung und Inventur. Eine *Inventur* ist laut Gesetz zumindest einmal jährlich durchzuführen. Zweck ist die Abstimmung der Bestandsführung mit den tatsächlich vorhandenen Materialien. Dabei sind verschiedene Verfahren zulässig; die gängigen werden von SAP unterstützt.

4.2.5.5 Disposition

Die Disposition kann *manuell durch eine Bedarfsmeldung (Bestellanforderung) an den Einkauf* oder *automatisch nach dem Bestellpunktsystem oder dem Bestellrhythmussystem* erfolgen.

Bei dem in der Praxis dominierenden *Bestellpunktsystem* wird der Bestand der einzelnen Materialien laufend mit dem Meldebestand und dem Sicherheitsbestand verglichen. Die *Meldemenge (Bestellpunkt)* errechnet sich aus dem erwarteten Bedarf während der Wiederbeschaffungszeit und dem geplanten Sicherheitsbestand. Die Höhe des *Sicherheitsbestands* ergibt sich als Differenz zwischen dem maximal erwarteten Bedarf und dem durchschnittlich erwarteten Bedarf innerhalb der Beschaffungszeit. Der Melde- und der Sicherheitsbestand können vom Disponenten manuell bestimmt oder durch Prognoseverfahren maschinell errechnet werden. Wenn der Lagerbestand durch Warenabgänge, vorhandene Materialreservierungen und den vom System prognostizierten Bedarf die kritische Höhe (Meldebestand) unterschreitet, wird ein Bestellvorschlag mit einer zuvor definierten Bestellmenge (Losgröße) ausgelöst. Die opti-

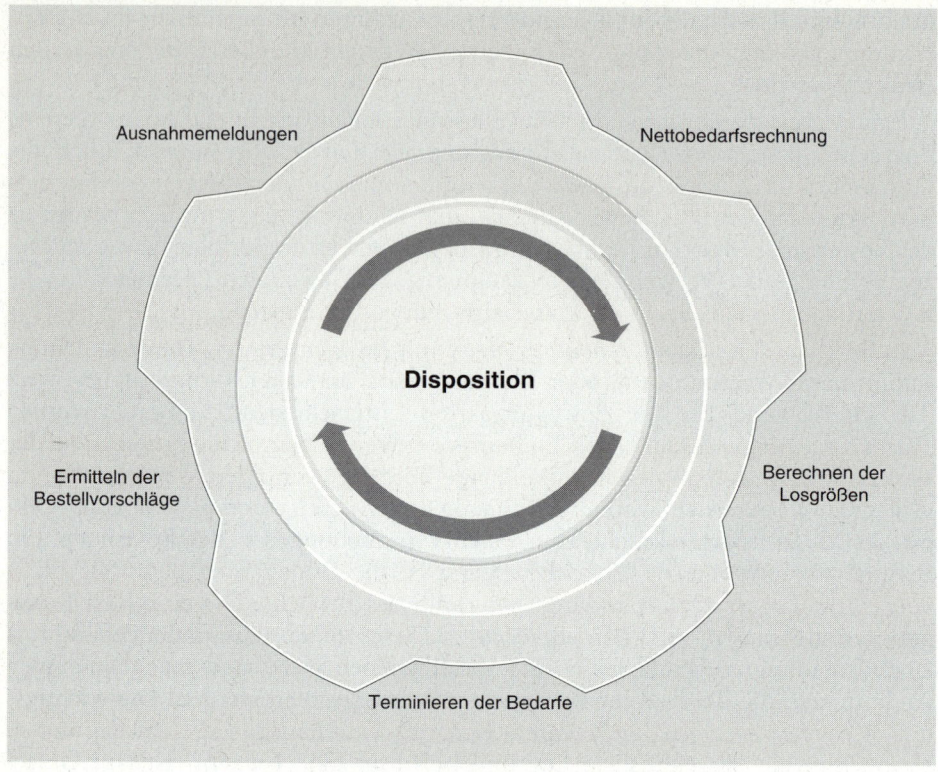

Abb. 4.2.5.5/1: Unterstützung der Disposition in mySAP ERP

male Bestellmenge hängt von den Bestell- und den Lagerkosten ab. Die den jeweiligen Materialien entsprechenden Melde- und Sicherheitsbestände, Losgrößenverfahren und Losgrößen werden im Materialstamm festgelegt.

Beim *Bestellrhythmussystem* erfolgen Bestellungen in gleich bleibenden Zeitabständen (zum Beispiel an einem bestimmten Wochentag), wobei die jeweiligen Bestellmengen variabel bestimmt werden. Die Höhe der Bestellungen ergibt sich aus der Differenz zwischen dem effektiven Lagerbestand (zuzüglich eines eventuell vorhandenen Bestellbestands) und dem geplanten Richtbestand.

Die Disposition kann plangesteuert oder verbrauchsgesteuert erfolgen. Die *plangesteuerte Disposition* ermittelt Bedarfe anhand der Absatz- und Produktionsplanung. Voraussetzung ist, dass der Primärbedarf (Bedarf an verkaufsfähigen Enderzeugnissen) in Umfang und Zeitpunkt genau bekannt ist. Die *verbrauchsgesteuerte Disposition* ermittelt den Bedarf basierend auf Verbrauchszahlen der Vergangenheit. Zur Analyse von Verbrauchsreihen und Vorhersage der zu erwartenden Bedarfe stehen in mySAP ERP verschiedene Prognosemodelle zur Verfügung (beispielsweise für konstante, trendabhängige, saisonabhängige oder trend- und saisonabhängige Absatzverläufe).

4.2.5.6 Rechnungsprüfung

Die *Erfassung der Eingangsrechnungen* durch die Rechnungsprüfung erfolgt immer in Bezug auf eine vorhandene Bestellung oder einen gebuchten Wareneingang. Dadurch kann die Datenerfassung auf die allgemeinen Rechnungsdaten, den Endbetrag und die Vorsteuer beschränkt werden, und die Prüfung der sachlichen Richtigkeit kann weitgehend automatisiert werden. Sie sehen am Beispiel dieser Funktion, wie ein solches System die Mitarbeiter zur *Disziplin* erzieht, beziehungsweise zu welchen Schwierigkeiten es führt, wenn bei unvorhergesehenem Bedarf nicht dokumentierte Bestellungen oder Einkäufe getätigt werden, und der Wareneingang nicht auf dem vorgesehenen Weg erfolgt. Eingehende Rechnungen können dann so lange nicht geprüft und bezahlt werden, bis durch mühsame Recherchen im Nachhinein der Besteller (die zu belastende Kostenstelle) und die Details der Beschaffung ausfindig gemacht und die Korrektheit der Rechnung kontrolliert werden können. Werden bei der Rechnungsprüfung *Abweichungen der Preise, Mengen oder Termine* festgestellt, wurden Qualitätsmängel gemeldet oder werden durch die Bezahlung Budgetgrenzen überschritten, so wird die *Rechnung gesperrt*. Nach Bereinigung der Sperrgründe wird die Rechnung zur Bezahlung freigegeben. Die Rechnungsprüfung findet in der Praxis *üblicherweise in der Finanzbuchhaltung* statt. Bei mySAP ERP ist sie Teil des Materialwirtschaftssystems.

▶ Übungsaufgabe Nr. 1.4.9 im Arbeitsbuch

4.2.6 Produktion

4.2.6.1 Überblick

> Unter **Produktion im weiteren Sinn** versteht man die Erzeugung von Gütern aller Art in allen Bereichen der Wirtschaft und Gesellschaft (Industrie, Handwerk, Land- und Forstwirtschaft, Kunst usw.). Die **Produktion im engeren Sinn** (engl.: production; manufacturing; Synonym: Fertigung) beinhaltet die industrielle Leistungserstellung: Aus Rohstoffen, Zulieferteilen und Halbfabrikaten werden in einem vom Menschen bewirkten Transformationsprozess unter Einsatz von Arbeit, Betriebsmitteln (Maschinen, Werkzeuge usw.) und Werkstoffen lagerbare Sachgüter erzeugt.

Unter *Produktionsmanagement* versteht man alle Managementaufgaben der Produktion im engeren Sinn. Dazu gehören strategische, taktische und operative Maßnahmen. *Strategische Entscheidungen* sind in der Regel einmalig und unabhängig von konkreten Aufträgen und der laufenden Fertigung zu treffen. Sie beinhalten grundlegende Festlegungen zu Produktfeldern, Breite und Tiefe des Produktionsprogramms, Produktionsstandorten, Betriebsgrößen (Kapazitätsdimensionierung), Fabrikplanung und generellen Fertigungsprozessabläufen (Organisationstypen der Produktion). *Taktische Entscheidungen* betreffen die

Ausgestaltung der Produktfelder nach Art und Qualität der Produkte, die Wahl zwischen Eigenfertigung und Fremdbezug, die mittelfristige Personal- und Ausrüstungsplanung, die Planung der Verfahrensentwicklung, die Logistik- und Layoutplanung sowie die mittelfristigen Aufgaben der Arbeitsvorbereitung. *Operative Entscheidungen* beziehen sich auf die periodenbezogene Produktionsprogrammplanung, die Produktionsablaufplanung (Mengenplanung, Termin- und Kapazitätsplanung) und die Produktionssteuerung (Auftragsveranlassung und Auftragsüberwachung).

Die operative Produktionsplanung und –steuerung geht von einem gegebenen *Fertigungssystem* aus, das im Rahmen des strategischen und taktischen Produktionsmanagements festgelegt wird. Die Abb. 4.2.6.1/1 zeigt Ihnen die *Vielfalt der in der Praxis gegebenen Systemtypen.* Wir behandeln hier nur kurz die wichtigsten Fertigungsverfahren.

Grundlegende Organisationstypen der Produktion sind die Fließfertigung, die Werkstattfertigung und die Gruppenfertigung. Bei der *Fließfertigung* werden die Arbeitsplätze und Betriebsmittel in der Abfolge der an dem Erzeugnis vorzunehmenden Arbeitsgänge angeordnet (Flussprinzip). Wenn durch ein Fließband beziehungsweise eine Fertigungsstraße für jeden Arbeitsschritt eine genau bemessene Arbeitszeit vorgesehen ist, handelt es sich um *Fließfertigung mit Zeitzwang.* Wird kein Arbeitstakt vorgegeben, so liegt *Fließfertigung ohne Zeitzwang* (Synonym: Reihenfertigung) vor. Die Vorteile der Fließfertigung liegen in der Verkürzung der Durchlaufzeit, da meist keine Zwischenprodukte anfallen, und in der Übersichtlichkeit des Fertigungsablaufs. Nachteile sind der hohe

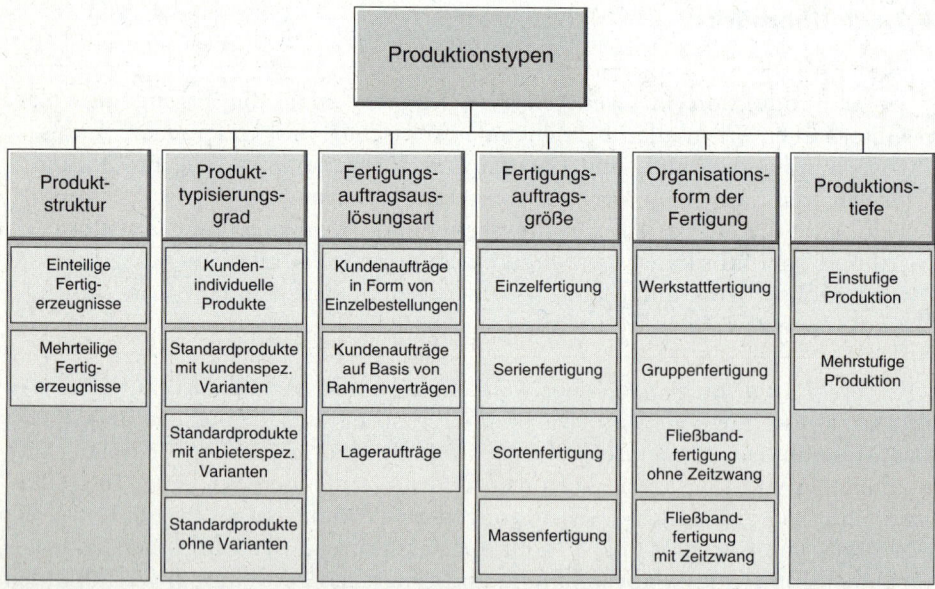

Abb. 4.2.6.1/1: Produktionstypen (in Anlehnung an H. Glaser und H. Schneider)

Kapitalbedarf, die geringe Flexibilität und die geringe Motivation der Arbeitskräfte am Fließband. Bei der *Werkstattfertigung* erfolgt die Anordnung der Arbeitsplätze und Maschinen nach Tätigkeitsschwerpunkten (Verrichtungsprinzip); gleiche Produktionstätigkeiten werden an einem abgegrenzten Ort zusammengefasst (zum Beispiel Tischlereiarbeiten, Drehereiarbeiten usw.). Dadurch entstehen lange Transportwege und hohe Förderkosten, Wartezeiten werden durch Zwischenlager überbrückt. Vorteile dieses Fertigungsverfahrens sind eine hohe Flexibilität und eine im Vergleich zur Fließfertigung bessere Motivation der Mitarbeiter. Die *Gruppenfertigung* ist eine Mischform der bereits genannten Verfahren: Manche Teile des Produkts werden am Fließband produziert, andere Teile durch Werkstattfertigung. Dadurch können die Transportwege im Betrieb verringert und Zwischenlager abgebaut werden, man gewinnt außerdem mehr Flexibilität als mit einer reinen Fließbandfertigung.

Nach der Zahl der gefertigten Einheiten eines Produkts (Fertigungsauftragsgröße) unterscheidet man die *Einzelfertigung* und die *Mehrfachfertigung*, die man in die Massenfertigung, die Serienfertigung und die Sortenfertigung unterteilen kann. Bei der *Einzelfertigung* wird jeweils nur eine Einheit eines Erzeugnisses hergestellt. Bei der *Serienfertigung* werden mehrere gleichartige Produkte gleichzeitig oder unmittelbar aufeinander folgend hergestellt. Nach der Zahl der pro Serie gefertigten Einheiten unterscheidet man die Klein-, Mittel- und Großserienfertigung. Von *Sortenfertigung* spricht man, wenn artverwandte Produkte in begrenzten Mengen nach demselben Fertigungsablauf hergestellt werden. Bei der *Massenfertigung* wird ein Erzeugnis in großen Mengen hergestellt; die Zahl der gefertigten Einheiten ist nicht von vornherein begrenzt, sondern in der Regel absatzabhängig. Diese Produktionsform bietet die besten Voraussetzungen für eine Automatisierung, verursacht aber hohe Umrüstzeiten und damit hohe Kosten.

Beispiele für die Einzelfertigung sind der Bau eines Kreuzfahrtschiffes oder das Schneidern eines Maßanzugs. Möbelfabriken und Flugzeughersteller produzieren meist in Serie. Für Weinproduzenten und Kaffeeröstereien ist die Sortenfertigung typisch. Waschmittel und Zigaretten werden in der Regel in Massenfertigung hergestellt.

Wir konzentrieren uns in der Folge auf die *operative Produktionsplanung und -steuerung*, die durch Standardsoftware weitreichend unterstützt wird.

Ein **Produktionsplanungs- und -steuerungssystem** (abgekürzt: PPS; engl.: production planning and control system) ist ein Anwendungssoftwaresystem, das die operative Produktionsplanung und -steuerung unterstützt. Die *operative Produktionsplanung* legt zur Deckung eines vorliegenden oder erwarteten Bedarfs das Produktionsprogramm sowie den mengenmäßigen und zeitlichen Produktionsablauf für ein gegebenes Fertigungssystem kurzfristig fest und sorgt für die Bereitstellung der notwendigen Arbeitskräfte, Betriebsmittel und Werkstoffe. Die *Produktionssteuerung* löst die hierfür erforderlichen Fertigungsaufträge aus und überwacht deren Durchlauf.

Die auf dem Markt angebotenen PPS-Softwarepakete verwenden vorwiegend eine *Sukzessivplanung,* die auf Weiterentwicklungen des in den späten 1950er Jahren in Nordamerika entstandenen *MRP-Konzepts* basiert (siehe Abb. 4.2.6.1/2). Bei diesem Konzept wird die Planung in einem hierarchisch gestaffelten Ablauf mit zunehmendem Detaillierungsgrad und abnehmendem Planungshorizont durchgeführt. Von übergeordneten Planungsstufen, zum Beispiel der Produktionsprogrammplanung, werden nachgeordnete Planungsstufen, wie die Mengenplanung und die Termin- und Kapazitätsplanung, abgeleitet. Die Planungsergebnisse einer Stufe sind Vorgaben für die nächstfolgende. Die Planungsstufen werden von einer gemeinsamen Stammdatenverwaltung unterstützt.

Die *Produktionsprogrammplanung* legt auf Basis der vorliegenden Kundenaufträge und eines eventuell vorgegebenen mittelfristigen Produktionsprogramms fest, welche Erzeugnisse (Primärbedarf) in welcher Menge in den nächsten Perioden erzeugt werden sollen.

In der anschließenden *Mengenplanung* wird durch eine Stücklistenauflösung der Erzeugnisse der Bedarf der hierfür nötigen Rohstoffe, Teile und Baugruppen (Sekundärbedarf) geklärt. Eine Stückliste gibt die Mengen aller Rohstoffe, Teile und Baugruppen an, die für die Fertigung einer Einheit des Erzeugnisses oder einer Gruppe erforderlich sind. Zunächst werden für eine bestimmte Zeitspanne ohne Berücksichtigung der Lagerbestände die Bruttobedarfe ermittelt. In einer zweiten Rechnung werden unter Berücksichtigung der Lagerbestände die Nettobedarfe, das sind die tatsächlich benötigten Materialmengen, festgestellt und periodenweise zusammengefasst. Das Ergebnis dieser Phase sind grob terminierte Produktionsaufträge für alle zu fertigenden Erzeugnisse und Bestellaufträge.

In der darauf folgenden *Terminplanung* werden zunächst mittels verschiedener Verfahren der Losgrößenberechnung Fertigungs- und Montagelose gebildet und anhand von Arbeitsplänen die Start- und Endtermine der zur Herstellung erforderlichen Arbeitsgänge ermittelt. Ein Arbeitsplan kennzeichnet die Arbeitsvorgangsfolge, die Maschinenauswahl, die Bearbeitungszeit, die notwendigen Rückvorgänge und die zu verwendenden Werkzeuge. Im Anschluss an diese so genannte *Durchlaufterminierung* erfolgt eine *Kapazitätsbedarfsermittlung und –abstimmung* der benötigten Ressourcen (Maschinen, Maschinengruppen, Werkstätten). Überlastungen werden meist personell durch Terminverschiebungen nicht zeitkritischer Aufträge, durch Überstunden oder durch Fremdaufträge beseitigt. Die Festlegung der Belegungsreihenfolge von Kapazitäten/Ressourcen durch die Arbeitsgänge von Fertigungsaufträgen erfolgt mittels Prioritätsregeln im Rahmen der *Reihenfolgeplanung.* Damit ist die Produktionsplanung abgeschlossen und die Aufträge können an die Fertigung übergeben werden.

Die *Produktionssteuerung* (Synonym: Fertigungssteuerung) wird mit der *Auftragsveranlassung* eingeleitet, die nach Bestätigung der Verfügbarkeit der zur Auftragserfüllung erforderlichen Materialien und Betriebsmittel die *Auftragsfreigabe* erteilt. Die *Auftragsüberwachung* soll einen plangemäßen, reibungslosen Ablauf der Fertigungsprozesse sicherstellen und bei Störungen eine Auftragskorrektur einleiten. Dementsprechend müssen laufend Ist-Daten über die Auftragsfortschritte, den Personaleinsatz, die Kapazitätsauslastung von Maschinen, den Bestand und Verbrauch von Materialien usw. rückgemeldet und mit den Soll-Daten der Produktionsplanung verglichen werden. Dies geschieht größtenteils automatisch durch ein IT-gestütztes System zur *Betriebsdatenerfassung* (abgekürzt: BDE-System).

Das derzeit in PPS meist realisierte Konzept *MRP II* (Abkürzung für engl.: manufacturing resource planning II) folgt dem Integrationsgedanken des *Computer Integrated Manufacturing* (abgekürzt: CIM; siehe Abschnitt 1.4.1) und leitet die Produktionsprogrammplanung von einer übergeordneten strategischen Planungsebene ab, die die Geschäftsplanung und die Absatzplanung umfasst.

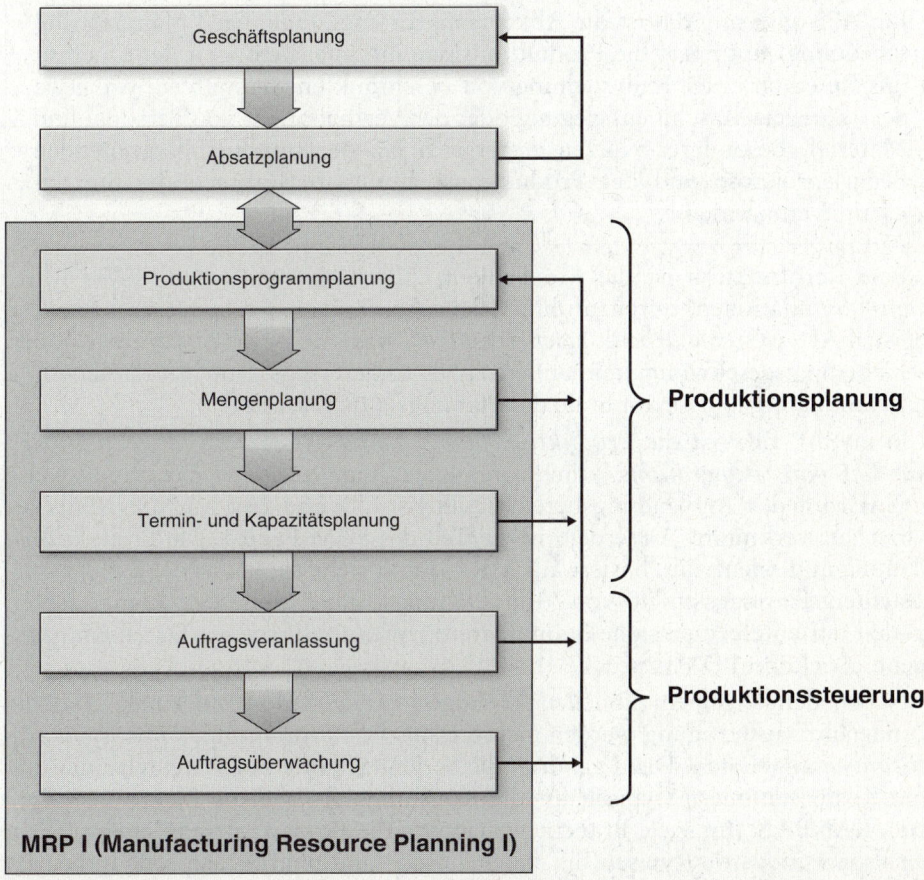

Abb. 4.2.6.1/2: Produktionsplanung und –steuerung nach MRP II (Manufacturing Resource Planning II)

Der streng hierarchische, sequentielle Planungsablauf wird durch die Rückkopplungsmöglichkeit zu vorausgehenden Planungsphasen in Form von informationellen Regelkreisen ergänzt. Damit kann auch von „unten" ein Neuplanungsanstoß erfolgen. Allerdings werden in der Praxis die strategischen Komponenten und die Rückkopplungsmöglichkeiten oft kaum genutzt.

Neuere Ansätze der Produktionsplanung versuchen, die relative Starrheit der zentralistischen MRP-II-Planung durch dezentrale Nutzungsmöglichkeiten von einzelnen PPS-Funktionen zu überwinden und Planungsprozesse auf der Grundlage von mathematischen Modellen betriebsübergreifend zu optimieren. Im Rahmen des *Supply-Chain-Managements* (abgekürzt: SCM; siehe Abschnitt 5.5.3) wird die Produktionsplanung mit Lieferanten und Kunden entlang der Wertschöpfungskette abgestimmt. Hierfür kommen als Ergänzung der transaktionsorientierten PPS-Systeme so genannte *APS-Systeme* zum Einsatz. Sie arbeiten bezüglich der Datenhaltung eng mit den PPS-Systemen zusammen.

Ein **APS-System** (APS ist die Abkürzung für engl.: advanced planning and scheduling) optimiert die Produktionsplanung mit Methoden des Operations Research unter Einbeziehung von beschränkten Ressourcen, wie etwa der aktuellen Maschinenbelegung oder der Verfügbarkeit von Personal und Material. Besonderer Nutzen ergibt sich bei der standortübergreifenden Bedarfsprognose und der Produktionsplanung im Rahmen des Supply-Chain-Managements.

Eine Kernfunktion ist die Möglichkeit, *Alternativrechnungen* („Was wäre, wenn"-Simulationen) durchzuführen (siehe Abschnitt 6.3.1.1). Deshalb sind die meisten APS-Systeme *arbeitsspeicherresident*, was sich einerseits in einer hohen Verarbeitungsgeschwindigkeit äußert, aber andererseits eine Extra-Sicherung der Planungsergebnisse am Ende des Planungslaufs erfordert.

In mySAP ERP ist die *Produktionsplanung und –steuerung (abgekürzt: PP) ein Teil von „Operations"* (im Vorgängersystem SAP R/3 beziehungsweise mySAP.com des Anwendungsbereichs „Logistik") und eng mit der Materialwirtschaft verknüpft. Außerdem ist sie Teil des SCM-Pakets. Die Produktionsplanung und -steuerung basiert auf MRP II und sieht die in Abb. 4.2.6.3/1 dargestellten Planungsstufen vor. Alle Planungs- und Steuerungskomponenten greifen auf eine gemeinsame Stammdatenverwaltung (Produkt-Daten-Management, abgekürzt PDM) zurück.

Neben den allgemein üblichen Lösungen für die anonyme Lager- und die Kundenauftragsfertigung werden mehrere *spezielle produktionstypenorientierte Lösungen* angeboten. Dazu gehören die Serienfertigung mit Ratenterminierung und Kostensammlern (typisch für die Konsumgüter- und die Elektronikindustrie), KANBAN (für viele Branchen geeignet), die Prozessauftragsverwaltung in der Prozessindustrie (typisch für die chemische und pharmazeutische Industrie) und die Projektfertigung auf der Basis von Netzplänen (typisch für den Anlagenbau und die Bauindustrie). KANBAN ist ein aus Japan stammendes Konzept für eine dezentral gesteuerte Fertigung, mit der niedrige Lagerbestände und kurze Durchlaufzeiten angestrebt werden. Die einzelnen Bearbeitungsstellen lösen durch Meldungen bei der vorgelagerten Stelle die Aufträge mit einer meist vordefinierten Menge selbst aus und erhalten dann die notwendigen Materialien geliefert.

▶ Übungsaufgabe Nr. 1.4.10 im Arbeitsbuch

4.2.6.2 Stammdatenverwaltung

SAP setzt bei der Stammdatenverwaltung für die Produktion nicht nur auf die SAP-eigenen Funktionen, sondern unterstützt auch die Anbindung der PDM-Systeme anderer Softwarelieferanten. *PDM-Systeme* bieten Funktionen zur Verwaltung von Materialstammdaten (Produktionssicht), Stücklisten, Dokumenten, Klassen, Merkmalen, Beziehungswissen, Produktkonfiguration, für einen Änderungsdienst und die CAD-Integration an. Die im SAP-System verwendeten *Baukastenstücklisten* definieren die Zusammensetzung der Erzeugnisse (Materialstückliste), können aber auch zur Beschreibung der Struktur von anderen Objekten verwendet werden, für die im System Stammsätze vorhanden sind (zum Beispiel Kundenauftragsstückliste, Dokumentenstückliste, Equipmentstückliste für die Instandhaltung/Ersatzteile von Geräten). Der Stücklistenkopf enthält Information über das Gesamtobjekt und die Stücklistenpositionen informieren über die Einzelteile. Die Stücklistenpositionen können in weitere Unterpositionen aufgegliedert sein. Die *Dokumentenverwaltung* kann zum Beispiel für Konstruktionszeichnungen oder für ergänzende technische Angaben verwendet werden. Der *Änderungsdienst* dokumentiert Änderungen bei der Stücklistenzusammensetzung, im Materialstamm, beim Klassensystem, bei Dokumenten, in Arbeitsplänen und Planungen, beim Beziehungswissen und beim Konfigurationswissen. Diese Änderungen werden in SAP mit Hilfe so genannter *Änderungsstammsätze* verarbeitet, die dann mit dem geänderten Objekt verknüpft sind. Ziel des Änderungswesens ist eine lückenlose Historie von Änderungen, auf die dann zum Beispiel im Kundendienst oder bei Produktionsfehlern zurückgegriffen werden kann. Das *Beziehungswissen* beschreibt generell Abhängigkeiten zwischen Objekten, zum Beispiel in Bezug auf die Auswahl von Stücklistenpositionen, Arbeitsplanvorgängen oder bei der Variantenkonfiguration. Eine *Produktkonfiguration* bezeichnet die Konfiguration eines Produktes aus einer Anzahl von Komponenten. Beim Kauf kann der Kunde – unter Umständen sogar in Selbstbedienung über das Internet – das Produkt durch die Wahl der für ihn am besten geeigneten Komponenten an seine individuellen Bedürfnisse anpassen (siehe Abschnitt 5.3.2.5).

Durch Verknüpfung von Daten der Produktion mit der Personalwirtschaft werden *Arbeitsplätze* definiert, denen Kapazitätsdaten, Terminierungsdaten, Kalkulationsdaten und Technologiedaten (zum Beispiel Angaben über Maschinen) zugeordnet werden können. Der Begriff Arbeitsplatz beschränkt sich hier also nicht auf die einzelnen Mitarbeiter, sondern umfasst auch einzelne Maschinen. Die Mitarbeiter und Maschinen können zu Mitarbeitergruppen und Maschinengruppen zusammengefasst werden, die gemeinsam eine bestimmte Leistung erbringen. Die Beschreibung der Fertigungsprozesse erfolgt über *Arbeitspläne*. Sie kennzeichnen die einzelnen Arbeitsvorgänge, die hierfür erforderlichen Ressourcen (Materialkomponenten, Fertigungshilfsmittel) und die Prüfmerkmale für die Qualitätsprüfung. Die Arbeitspläne werden in verschiedenen Teilbereichen verwendet, zum Beispiel für Fertigungsaufträge, bei der Durchlauf- und Kapazitätsterminierung, bei der Kapazitätsplanung, der Kalkulation und der Qualitätsprüfung. Darüber hinaus werden *Fertigungsplantypen* unterschieden, die für unterschiedliche Verfahren verwendet werden können. Außerdem ist es möglich, Vorgabewerte für das Computer Aided Planning (abgekürzt: CAP) in einem Arbeitsplan zu definieren; auch hier unterstützt SAP externe CAP-Systeme. Für die *Verwaltung von Fertigungshilfsmitteln* (Maschinen, Werkzeuge, Mess- und Prüfmittel usw.) stellt das System eigene Stammdatenfelder und eine Klassifizierung zur Verfügung.

4.2.6.3 Produktionsplanung

Die Hauptbereiche der Produktionsplanung und –steuerung im SAP-System sind in Abb. 4.2.6.3/1 dargestellt. Die *Absatz- und Produktionsgrobplanung* (engl.: sales and operations planning, abgekürzt: SOP) dient zur lang- und mittelfristigen Bedarfsplanung mit Hilfe von Prognosen. Diese Komponente ist ein Teil von „Operations", das auch in der Materialwirtschaft (Einkauf, Bestandsführung) zum Einsatz kommt. Die *Produktionsplanung* umfasst im SAP-System eine Programmplanung, eine Leitteileplanung und eine Langfristplanung. In der *Programmplanung* werden, wie oben erwähnt, die Planprimärbedarfe und Kundenprimärbedarfe ermittelt und verwaltet. Die *Leitteileplanung (MPS)* dient zur Planung des Produktionsablaufs für kritische Teile. Das können zum Beispiel Teile sein, die besonders viel kosten, deren rechtzeitige Verfügbarkeit sehr wichtig ist oder die Engpass-Ressourcen belegen. Dabei kann es sich um Enderzeugnisse, Baugruppen oder Rohmaterial handeln. Die *Langfristplanung* analysiert getrennt von der operativen Planung unter Einbeziehung von Ressourcenbeschränkungen mit quantitativen Methoden alternative Planungsszenarien (im Sinne von APS; siehe oben). Die Planergebnisse fließen in die Geschäftsplanung ein und beeinflussen das künftige, eventuell sogar das aktuelle Produktionsprogramm (bis hin zum vollständigen Ersatz). Die *plangesteuerte Disposition (MRP)* dient zur Mengenplanung (Materialbedarfsplanung). Wie oben erwähnt, werden in dieser Phase mittels Stücklistenauflösung die Sekundärbedarfe aus den zuvor ermittelten Primärbedarfen abgeleitet. Bei Unterdeckung erstellt das System automatisch die notwendigen Bestellvorschläge. Zur Berechnung der optimalen Losgrößen für Zukaufteile (= optimale Bestellmenge) und Eigenfertigungsteile stehen dem Anwender mehrere Methoden zur Verfügung. Die *Kapazitätsplanung* hat die oben erwähnten Aufgaben der Kapazitätsbedarfsermittlung und -abstimmung sowie der Durchlaufterminierung der Aufträge zu erfüllen. Auch hier sind verschiedene Verfahren möglich.

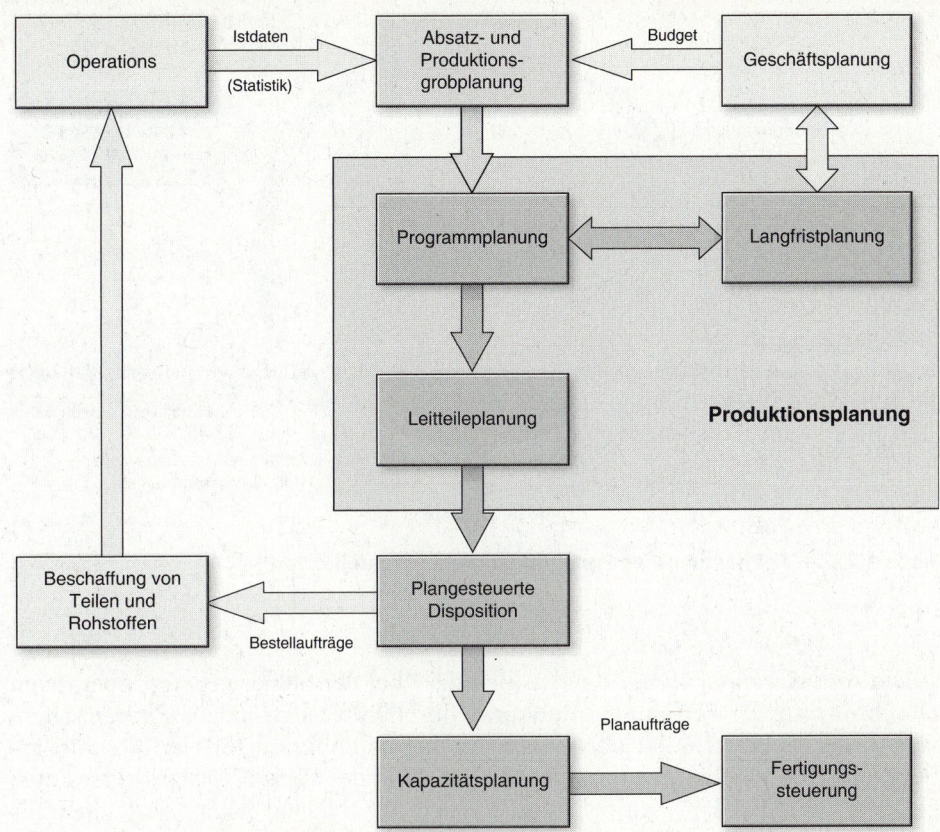

Abb. 4.2.6.3/1: Planungsphasen im SAP-PP-System

Ferner unterstützt SAP eine *Distributionsplanung* (engl.: distribution require-ments planning, abgekürzt: DRP), wenn an mehreren Standorten produziert wird. Ziel ist eine optimale Verteilung der Produktion und der Lagerhaltung unter produktions- und absatzwirtschaftlichen Gesichtspunkten. Dabei wird ein Distributionsnetzwerk im System gepflegt, in dem wichtige Kunden mit den jeweiligen Bezugsquellen (Auslieferungslager) erfasst werden. Eine Deployment-Funktion erlaubt eine Umverteilung (Kurzfristplanung), um auf Bedarfsunter- oder -überdeckungen zu reagieren.

4.2.6.4 Fertigungssteuerung

Die *Produktionssteuerung* (SAP-Terminus: Fertigungssteuerung) erfolgt über *Fertigungsaufträge*. Diese können durch die automatische Umsetzung eines Planauftrags, über einen Montageauftrag oder die manuelle Eröffnung durch einen Benutzer entstehen.

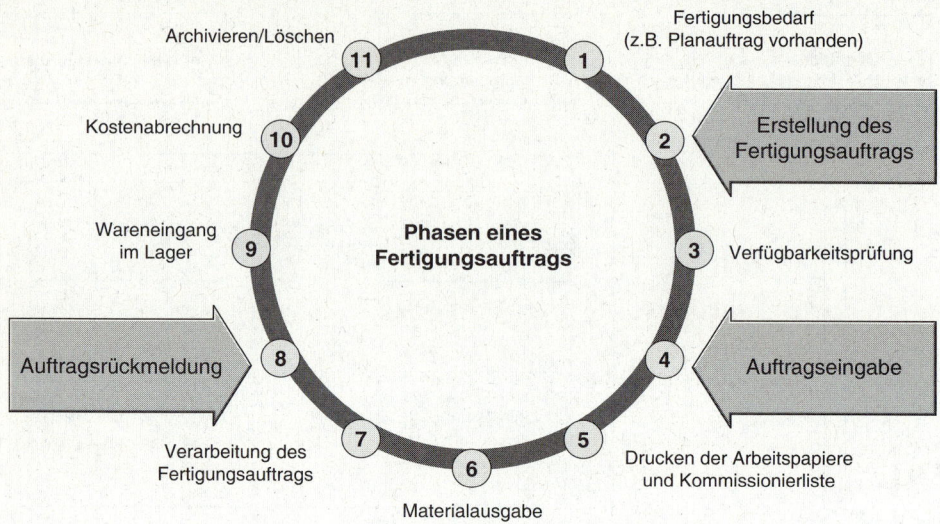

Abb. 4.2.6.4/1: Phasen eines Fertigungsauftrags (Quelle: SAP)

Die *Auftragsabwicklung,* die den Benutzer bei der Steuerung und operativen Durchführung der Fertigung unterstützt, durchläuft verschiedene *Phasen.* Diese sind in der Abb. 4.2.6.4/1 dargestellt. Auch eine Funktion für eine Fremdbearbeitung ist vorgesehen, wenn zum Beispiel Teile des Produktionsprozesses ausgelagert wurden. Für Kuppelprodukte und für Nacharbeiten sind ebenfalls eigene Funktionen verfügbar. Ein Kuppelprodukt fällt zwangsläufig bei der Produktion an (zum Beispiel Sägespäne bei der Möbelherstellung) und wird im Fertigungsauftrag des Hauptproduktes in einer eigenen Auftragsposition verwaltet. Die *Rückmeldungen* betreffen gefertigte Mengen, Ausschuss, Fertigungszeiten und Fertigungskapazitäten. Mit dem *Lagerzugang* der gefertigten Erzeugnisse (Erfassung und Bewertung der Zugänge im Lagersystem) ist die Auftragsabwicklung beendet. Der *Auftragsabschluss* erfolgt, indem einerseits noch offene Kapazitätsbelastungen und Reservierungen gelöscht und andererseits die angefallenen Ist-Kosten an ein Material oder den Kundenauftrag abgerechnet werden. Im *Berichtswesen* (Auftragsinformationssystem) können die Fertigungsaufträge nach den Kriterien Werk, Auftragsart, Disponent, Fertigungssteuerer, Arbeitsplatz und Komponente analysiert werden. Die *Archivierung* der umfangreichen Auftragsdatenbestände wird in Abhängigkeit von den beim Customizing eingestellten Aufbewahrungszeiten unterstützt.

▶ Übungsaufgabe Nr. 1.4.11 im Arbeitsbuch

4.2.7 Vertrieb

4.2.7.1 Überblick

Der *Vertrieb* wird hier als *Teil der Distribution im Marketing* betrachtet.

> Unter **Marketing** (engl.: marketing) **im weiteren Sinn** versteht man die marktorientierte Führung eines Betriebs, die sich auf alle seine aktuellen und künftigen Märkte (Finanzmarkt, Arbeitsmarkt, Materialbeschaffungsmarkt, Absatzmarkt) bezieht. Das **Marketing im engeren Sinn** (Synonym: Absatzwirtschaft) beinhaltet die Maßnahmen, die darauf gerichtet sind, die Verwertung der betrieblichen Leistungen (Absatz von Produkten und Dienstleistungen) zu sichern und damit (zumeist) für hinreichende Erlöse zu sorgen. Die Marketingmaßnahmen werden üblicherweise in die Produkt- und Programmpolitik, die Preispolitik, die Distributionspolitik und die Kommunikationspolitik eingeteilt.

Wir verwenden den Begriff „Marketing" im engeren, absatzwirtschaftlichen Sinn. Im Vergleich zur Administration (Finanz- und Rechnungswesen, Personalwirtschaft) und Leistungserstellung (Materialwirtschaft, Produktion) sind die Prozesse im Marketing weniger gut strukturiert und in der Praxis vielfältiger ausgeprägt. Betriebe versuchen hier oft, durch eigenständige Lösungen Wettbewerbsvorteile zu erreichen.

Der Begriff *Vertrieb* wird manchmal mit dem Begriff *Marketing* im absatzwirtschaftlichen Sinn gleichgesetzt (Synonym). Im Zusammenhang mit ERP-Systemen wird überwiegend von einer auf die *Distribution* eingeschränkten Begriffsauffassung ausgegangen:

> Unter **Vertrieb** wird hier die *Abwicklung des Verkaufs und der damit verbundenen operativen Prozesse* (Erfassung und Bearbeitung von Bestellungen (Kundenaufträgen), Lieferungen/Retouren, Fakturierung) über die verschiedenen Absatzwege eines Betriebs verstanden.

Wir folgen hier dieser eingeschränkten, auch von SAP verwendeten Begriffsauffassung des Vertriebs (siehe Abb. 4.2.7.1/1) und kennzeichnen in der unmittelbaren Folge die wichtigsten Funktionen von ERP-Systemen zur Unterstützung des Vertriebs. Betriebsübergreifende, auf dem Internet basierende Marketing-Informationssysteme, die die Programm- und Produktpolitik, die Preispolitik und die Kommunikationspolitik einbeziehen und bezüglich der Distributionspolitik weit über die Funktionalität von ERP-Systemen hinausgehen, werden im fünften Kapitel behandelt. Dort gehen wir auch näher auf die einzelnen, in Abb. 4.2.7.1/1 beispielhaft genannten Absatzwege ein.

In mySAP ERP gibt es in „Operations" zwei Module zur Unterstützung des Marketing: *Vertrieb (engl.: sales and distribution, abgekürzt: SD)* und *Kunden-*

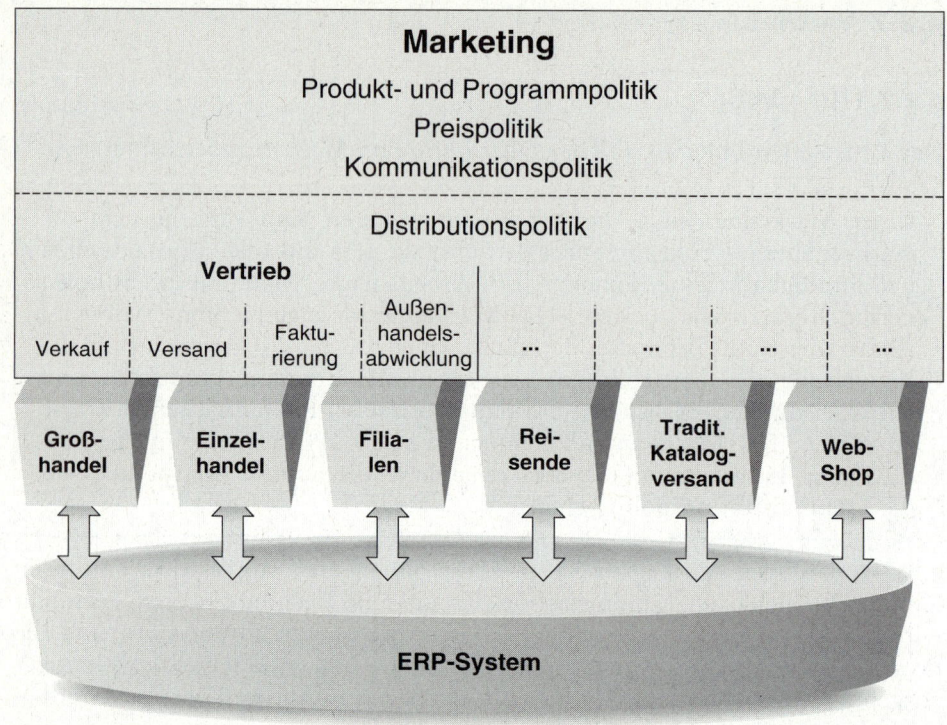

Abb. 4.2.7.1/1: Unterstützung des Vertriebs durch ein ERP-System

dienst (engl.: customer service, abgekürzt: CS). Wir gehen hier nur auf die Vertriebskomponente ein. In der aktuellen „Operations"-Lösungsübersicht werden hierfür die Bezeichnungen *„Distribution"* und *„Kundenauftragsabwicklung"* verwendet. Mit dem Paket *SAP Customer Relationship Management (CRM)* bietet SAP, wie viele andere Softwarehersteller, spezielle Software für ein umfassendes, kundenorientiertes Marketing-Informationssystem an; auf CRM-Systeme gehen wir im Abschnitt 5.4 ein.

Das *SAP-Vertriebssystem* beinhaltet eine Stammdatenverwaltung, Funktionen zur Unterstützung des Verkaufs und der Lieferung (SAP-Terminus: Versand), der Fakturierung und der Außenhandelsabwicklung, sowie ein Nachrichtenkonzept, das die Erstellung, Verwaltung und die Übermittlung von Formularen und Geschäftsdokumenten unterstützt. In dem *Nachrichtenkonzept,* auf das wir in der Folge nicht näher eingehen, wird für jedes zu übermittelnde Standarddokument (Formular, Beleg) die jeweilige Nachrichtenart definiert: Ausdruck, Telefax, E-Mail oder EDI.

4.2.7.2 Stammdatenverwaltung

Die Beschreibung der jeweiligen *Organisationsstruktur im Vertrieb* erfolgt über einen *Vertriebsbereichsschlüssel*, in dem die Ebenen Verkaufsorganisation, Vertriebsweg und Sparte unterschieden werden. In *zwei weiteren Schlüsseln* kann die standortorientierte Organisation (Verkaufsbüros) und die Stellung der Mitarbeiter (Verkäufergruppe, Zuordnung zu Kunden) gekennzeichnet werden. Diese Organisationsschlüssel kennzeichnen als Pflichtdatenfelder auf allen Belegen die jeweilige Verantwortung.

Zum *Beispiel* könnten in einem international tätigen *Lebensmittelfilialbetrieb* auf oberster Vertriebsbereichsebene die Verkaufsorganisationen in Deutschland, der Schweiz, Österreich und Osteuropa unterschieden werden. Auf der darunter liegenden Ebene könnten die Vertriebswege Filialen, Franchisingnehmer und Web-Shop mit Hauszustellung vorgesehen sein. Die Sparten könnten nach Warengruppen, wie etwa Getränke, Frischwaren, Trockenwaren und Non-Food, gegliedert sein. Mit den Verkaufsgruppenschlüsseln könnten die standortorientierte Gliederung in Verkaufsbezirke (Distributionszentren) und Verkaufsstätten (Filialen und Franchisingnehmer) sowie die Zuordnung und Verantwortung der Mitarbeiter (Filialleiter, Kassierer usw.) beschrieben werden.

Weitere, im SAP-System fest vorgesehene Organisationseinheiten sind die Versandstelle (etwa Speditionsabfertigung, Poststelle), die Ladestelle (etwa Rampen für LKWs), das Werk und der Lagerort. Bei den einzelnen vertrieblichen Vorgängen werden über diese Ordnungsbegriffe jeweils die zuständigen Stellen definiert.

Die wichtigsten *Basisdaten im Vertrieb* sind der Kundenstamm und der Materialstamm. Im *Kundenstamm* werden für die Geschäftspartner (Geschäftskunden, Privatkunden, Spediteure, Vertreter und andere Absatzhelfer) folgende Daten beschrieben:

- *Allgemeine Daten*, wie beispielsweise Anschriften, Ansprechpartner, Bankverbindungen,
- *Buchhaltungsdaten*, wie beispielsweise Kundennummer und Buchungskreis, Kontoführung, Mahnsteuerung, sowie
- *vertriebsbereichsbezogene Daten*, wie beispielsweise organisatorische und personelle Zuordnung im Verkauf (Organisationsschlüssel, siehe oben), Kundengruppe, Preisfindung, Versanddaten, Fakturadaten (Liefer- und Zahlungsbedingungen, Steuerindikator), Nachrichtendaten (Auftragsbestätigung, Lieferschein, Rechnung, Übertragungsart) und Partnerdaten (Auftraggeber, Warenempfänger, Rechnungsempfänger, Regulierer).

Die vertriebenen *Produkte und Dienstleistungen* werden in der *Vertriebssicht des Materialstamms* definiert. Zu den Materialstammdaten, die vom Vertrieb gepflegt werden, gehören unteren anderem die Artikelbezeichnung, Artikelnummern (vom System vergebene Nummer; eventuell bisher vom Betrieb verwendete Nummer, die weiter geführt werden soll und für die Matchcodesuche verwendet werden kann; EAN), Gruppierungsschlüssel (Warengruppe, Produktattribute), Preise, Rabatte und Boni, Steuerschlüssel sowie die Produktbeschreibung (mehrsprachig pflegbarer Vertriebstext). Weitere vertriebsrelevante Materialstammdaten, etwa zur Verfügbarkeitsprüfung, Transport (Versandstellen-, Routen- und Kommissionierlagerfindung) und zum Außenhandel, werden in der werkabhängigen Datenbasis ergänzt.

4.2.7.3 Verkaufsabwicklung

Die Abb. 4.2.7.3/1 gibt einen Überblick über die Vertriebsabwicklung.

Wie in den anderen Anwendungsbereichen von mySAP ERP (siehe Abschnitt 4.2.3.2) gilt auch im Vertrieb das Belegprinzip. Für jeden Verkaufsvorgang gibt es einen *Beleg mit speziellen Eigenschaften* (Bildschirmformular), mit dem die relevanten Daten erfasst und verwaltet werden: Anfrage, Angebot, Kontrakt, Auftrag, Lieferplan, Retoure und Fakturaanforderung. Vorhandene Stammdaten werden durch die Eingabe der Kunden- und Artikelnummern und sonstiger Schlüssel automatisch eingespielt. Wird ein Beleg (zum Beispiel ein Kundenauftrag) unter Bezug zu einem Vorbeleg (zum Beispiel ein Angebot) angelegt, so können die Daten ebenfalls übernommen werden. Die Suche nach Stammdaten wird durch Matchcodes unterstützt (siehe Abschnitt 4.1.3.1).

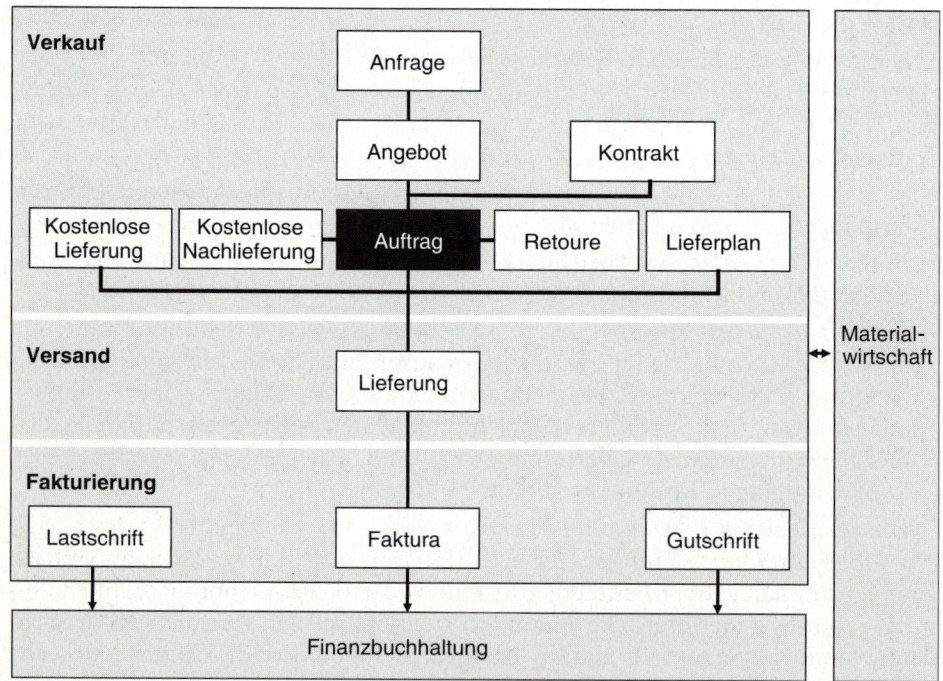

Abb. 4.2.7.3/1: Überblick über die Vertriebsabwicklung (Quelle: SAP)

Wesentliche Funktionen bei der Verkaufsabwicklung sind die Preisfindung, die Verfügbarkeitsprüfung, die Versandterminierung und die Routenfindung. Bei der *Preisfindung* wird vom Grundpreis (beispielsweise Listenpreis, kundenspezifischer Preis, kalkulierter Preis, Mindestpreis) des Artikels ausgegangen, der entsprechend den jeweils zutreffenden Zu- und Abschlagskonditionen durch Kostenzuschläge und Preisnachlässe (Rabatte) modifiziert wird. Im SAP-Standard sind diverse Rabattkategorien (positionsbezogene und warengruppenbezogene Mengenrabatte, Aktionsrabatte, Kunden-, kundengruppen- und kundenhierarchiebezogene Rabatte usw.) vorgesehen, die vom Anwender über Tabellen gepflegt werden. Zu dem auf diese Weise ermittelten Nettopreis des Auftrags werden, falls vorgesehen, Frachtkosten und Steuern aufgeschlagen. Die Frachtkostenzuschläge sind abhängig von den allgemeinen Lieferbedingungen, den mit dem Kunden vereinbarten, im Stammsatz gespeicherten Regelungen sowie dem Frachtgewicht und –wert. Das Kalkulationsschema für bestimmte Kunden und/oder Vorgangsarten wird beim Customizing festgelegt.

Bei der *Verfügbarkeitsprüfung* wird festgestellt, ob der Bestand des Versandlagers zum vorgesehenen Liefertermin ausreicht, um die Auftragsmengen der gewünschten Artikel (Bestellpositionen) zu liefern. Dabei können geplante Lagerzu- und -abgänge einbezogen werden. Die *Versandterminierung* legt das geplante Lieferdatum eines Auftrags fest. Dabei wird versucht, dem Wunschlieferdatum des Kunden möglichst nahe zu kommen. Die *Routenfindung* ermittelt den optimalen Transportweg (Transportmittel und Route) der Lieferung zum Empfänger. Maßgebend sind geplante Liefertermine sowie die Lieferzeiten und -kosten der in Frage kommenden Transportmittel.

4.2.7.4 Versandabwicklung

Die *Versandabwicklung* umfasst die auftragsgemäße Durchführung der Lieferungen, die Abwicklung von Retouren (Warenrücklieferungen) sowie die Umlagerung. Zur *Lieferungsdurchführung* gehören die Terminverfolgung, das Erstellen von Lieferungen (inklusive Verfügbarkeitskontrolle), das Kommissionieren im Lager, das Verpacken der Lieferung, der Warenausgang und der Transport. Die Steuerung und Überwachung dieser Vorgänge erfolgt wiederum mittels entsprechender Belege (Kommissionier- und Lieferscheine, Verpackungsbelege, Ladelisten, Warenausgangsbelege). Bei der Lieferungserstellung werden die Auftragszusammenführung (gemeinsame Lieferung offener Aufträge an einen Empfänger) und Teillieferungen unterstützt.

4.2.7.5 Fakturierung

Die *Fakturierung* wird im Anschluss an die Auftragsannahme oder die Warenlieferung ausgelöst. Mit der Rechnungserstellung (Ausdruck der Rechnungsformulare oder Übermittlung per elektronischem Datenaustausch) werden zugleich die Forderungen an den Regulierer (bezahlende Institution) festgeschrieben und an die Debitorenbuchhaltung weitergeleitet. Die Kostenrechnung wird über die

Erlöse und ihre Elemente (Rabattbeträge, Frachtkosten usw.) informiert. Für die verschiedenen Liefervorgänge und Zahlungsbedingungen gibt es jeweils entsprechende Fakturabelege (Fakturen zum Lieferschein und Auftrag, für Retouren, für Ratenzahlungen usw.). Ferner können zu bestimmten, mit dem Kunden vereinbarten Terminen Sammelrechnungen und Rechnungslisten erstellt werden, die der Regulierer auf einmal bezahlt.

4.2.7.6 Außenhandelsabwicklung

Für die *Außenhandelsabwicklung* ist eine Vielzahl nationaler und internationaler Regelungen zu beachten. Dazu gehören Import- und Exportverbote oder -beschränkungen, vorgeschriebene Abläufe, Aufzeichnungs-, Melde- und Abgabepflichten. Im SAP-Vertriebssystem sind zur Unterstützung dieser Aufgaben Formulare für die wichtigsten Außenhandelsdokumente (Zollrechnung, Warenverkehrsbescheinigung usw.) und Meldungen an Behörden verfügbar. In den Stammdaten für Geschäftspartner, Produkte und Dienstleistungen sind spezielle Außenhandelsdatenfelder vorgesehen, wie zum Beispiel statistische Warennummer oder Herkunftsland der Ware.

▸ Übungsaufgabe Nr. 1.4.12 im Arbeitsbuch

4.3 Branchenprogramme

Sie können sich sicher vorstellen, dass viele Geschäftsprozesse eines Chemieunternehmens wenig mit jenen eines Krankenhauses oder eines Lebensmittelhändlers zu tun haben. Mit einem ERP-Paket, das primär auf Industrieunternehmen ausgerichtet ist, wird beispielsweise eine Universität in der Studierenden- und Prüfungsverwaltung kaum etwas anfangen können.

> Unter einem **Branchenprogramm** (Synonym: Branchenlösung; engl.: industry solution) versteht man betriebliche Anwendungssoftware, die in ihren Funktionen an die Geschäftsprozesse eines speziellen Wirtschaftszweigs angepasst ist.

Beim Kauf eines Branchenprogramms werden meist damit zusammenhängende Service- und Unterstützungstätigkeiten, wie zum Beispiel Hilfe bei der Projektbetreuung und Einführung angeboten.

4.3.1 Überblick

Die *Vorteile von Branchenprogrammen* liegen in der Abbildung der Anforderungen spezieller Wirtschaftszweige. Die Anpassung an die typischen Geschäftsprozesse wird dadurch wesentlich vereinfacht. Zusätzlich besteht bei der Implementierung derartiger Systeme die Möglichkeit, „Branchenwissen" zu übernehmen, das heißt, die eigenen Prozesse an das aktuelle betriebswirtschaftliche Know-how und die derzeit geltenden Standards anzupassen.

Branchenlösungen gibt es für *große, mittlere und kleine Betriebe* in umfassender Form oder auf kleinere Anwendungsbereiche ausgelegt. *Umfassende Lösungen basieren oft auf branchenneutralen* ERP-Systemen, die um spezifische Funktionen für die jeweilige Branche ergänzt wurden. Für die Softwarehersteller hat das den Vorteil, dass Komponenten mehrfach verwendet werden können, und dass die Weiterentwicklung der verschiedenen Produkte vereinfacht, verbilligt und beschleunigt wird. Davon profitieren auch die Anwender. Wenn die gemeinsamen Anwendungsmodule der branchenneutralen und branchenspezifischen Lösungen eines Anbieters jedoch sehr groß sind (grobgranulare Struktur), ist die Wahrscheinlichkeit hoch, dass diese zahlreiche Funktionen enthalten, die in einer bestimmten Branche entweder überhaupt nicht oder eigentlich in einer anderen Form benötigt werden. *Branchenlösungen, die speziell für einen bestimmten Wirtschaftszweig konzipiert worden sind,* sind deshalb meist schlanker (unnötige Funktionalität wird nicht „mitgeschleppt") und besser an die jeweiligen Branchenverhältnisse angepasst. Allerdings sind solche speziellen Branchenlösungen oft vom Anbieter für einen oder eine kleine Gruppe von Pilotkunden entwickelt worden, und die Funktionalität und Flexibilität für die Verwendbarkeit unter anderen Bedingungslagen sind beschränkt.

Durch die bei vielen Softwareanbietern im Gange befindliche Umstellung der angebotenen Programmsysteme von der Client-Server-Architektur auf eine *service-orientierte, feingranulare Architektur* werden diese Unterschiede jedoch zunehmend verschwinden. Es wird dann sowohl für die Softwarehersteller als auch für die Anwender leichter möglich sein, durch die Kombination von branchenunabhängigen und branchenbezogenen Services aus unterschiedlichen Quellen schlanke, optimale Lösungen zu realisieren. Durch die Verwendung vieler gleicher Teile wird es sich für Softwareanbieter auch eher rechnen, dedizierte Lösungen für bestimmte Marktsegmente (Branchen und Betriebsgrößenklassen) anzubieten. Insofern ist künftig ein noch größeres Angebotsspektrum zu erwarten.

Zum *Beispiel* bietet *SAP* derzeit zirka *25 umfassende Branchenlösungen* an. Diese Lösungen sind teils seit Jahren bei vielen Unternehmen im Einsatz, wie zum Beispiel die Programmsysteme für Banken (SAP for Banking), die Automobilbranche (SAP for Automotive) oder den Einzelhandel (SAP for Retail). Andere Lösungen befinden sich hingegen in der Entwicklungsphase oder in der Erprobungsphase mit Pilotkunden, wie etwa die Lösung für Hochschulen (SAP for Higher Education & Research). Sie können sich vorstellen, dass zum Beispiel für die Einzelhandelslösung die meisten ERP-Komponenten verwendet werden können. Tatsächlich war SAP for Retail anfangs (Mitte der 1990er Jahre) wenig mehr als eine um die Produktionsplanung und –steuerung reduzierte R/3-Version. Weil dieses Programmsystem jedoch in vielen Bereichen nicht wirklich einzelhandelsgerecht war, wurde es laufend in seiner Funktionalität angepasst und ergänzt, so dass es heute eine erprobte „echte" Branchenlösung mit einer großen Funktionsvielfalt darstellt. Gegenüber dem R/3-Standard wurden zirka 200 einzelhandelsspezifische Erweiterungen vorgenommen. Bei anderen

Branchenlösungen, wie zum Beispiel für Banken, die Immobilienwirtschaft oder die Hochschulen, beschränken sich die gemeinsamen Komponenten mit dem allgemeinen ERP-System hingegen im Wesentlichen auf Sekundärprozesse (Finanz- und Rechnungswesen, Personalwirtschaft und Zentrale Dienste). SAP hat erklärt, im Zuge der Umstellung auf ESA alle Branchenlösungen in SAP NetWeaver und mySAP ERP zurückführen zu wollen. Damit soll auch eine Harmonisierung der Versionspolitik verbunden werden, das heißt, die Kunden sollen die branchenspezifischen Erweiterungen künftig zeitgleich mit der neuen Version von mySAP ERP erhalten (was bisher oft nicht der Fall war).

Wir zeigen Ihnen nachfolgend als Beispiel einer branchenspezifischen Lösungsübersicht die SAP Solution Map, Edition 2003, für Hochschulen. Dieses System wird derzeit von SAP mit einigen Pilotkunden in der Schweiz, Großbritannien und Südafrika entwickelt.

Bei Branchensoftware hat SAP auch bei großen und mittleren Betrieben längst nicht die Marktdominanz wie bei branchenneutralen ERP-Systemen. Einerseits ist in diesem Bereich der Anteil individuell entwickelter Lösungen relativ hoch. Andererseits haben sich manche mittelständischen Softwarehäuser erfolgreich auf bestimmte Branchen spezialisiert und bieten hervorragende Lösungen, die weniger komplex und kostengünstiger sind als die SAP-Alternativen (soweit es diese überhaupt gibt).

Budget- und Finanzmanagement	Entscheidungsunterstützung und Data-Warehousing – Haushaltsplanung – Haushaltsbewirtschaftung – Finanzwesen – Controlling – Erlösrechnung
Universitätsmarketing	Marktforschung & Analyse – Campus-Marketing – Studienprogramm-Marketing – Vertrieb von Produkten & Dienstleistungen – Anwerbung & Interessentenservice – Alumni-Service – Erschließung neuer Dienstleistungen
Studierendenverwaltung	Anwerbung, Bewerbung & Zulassung – Studierendenverwaltung & Stammdaten – Studierendenbuchhaltung – Studienbeihilfen und Sponsoring – Studierendenportal und Studierenden-Self-Service – Wohnraumverwaltung – Universitätsservice für Studierende
Studienprogramm-Management	Curricula-Management – Veranstaltungs- und Prüfungsplanung – Ressourcenplanung – Akademische Beratung – neue Lernarchitekturen – Medienservice
Fördermittelmanagement	Entwurf, Antrag und vorläufige Vergabe – Forschungsmanagement – Rechnungswesen für geförderte Projekte – Rückerstattung Fördergelder – Förderer: Berichtswesen und Abschlussbericht – Förderermittelvergabe
Records Management	Workflow-Design – Workflow-Ausführung – Workflow-Überwachung – Daten-Lifecycle-Management – Informationsbeschaffung
Personalwirtschaft	Organisation und Stellenwirtschaft – Personalbeschaffung – Personalverwaltung – Zeitwirtschaft – Personalentwicklung und –schulung – Vergütung und Arbeitgeberleistungen – Gehaltsabrechnung
Beschaffung von Waren und Dienstleistungen	Beschaffungsprozess – Bestandsführung – Instandhaltung – Erstattungsfähige Leistungen – Vertrieb von Waren und Dienstleistungen
Business Support	Finanzmittel- und Vermögensverwaltung – Liegenschaftsverwaltung – Immobilienverwaltung – Reisemanagement

Abb. 4.3.1/1: SAP Solution Map Higher Education & Research DE, Edition 2003 (Quelle: SAP)

4.3.2 Anforderungen an Branchenprogramme

Auf dem *Softwaremarkt* wird eine Fülle von Branchenprogrammen angeboten (siehe Abschnitt 4.4.1). Wenn sich ein Interessent das Angebot näher ansieht, reduzieren sich jedoch sehr rasch die Alternativen. Erinnern Sie sich noch an die systematische Vorgehensweise bei der Softwareauswahl (siehe Kapitel 2)?

Wenn ein Betrieb überlegt, eine *Branchenlösung einzuführen,* so sollte er zunächst auf der Basis einer Ist- und Schwachstellenanalyse der vorhandenen Geschäftsprozesse ein detailliertes Sollkonzept entwickeln und dieses in grafischer und textlicher Form dokumentieren (mit den in Kapitel 2 gekennzeichneten Methoden). Dabei sind auch die Einsparungs- und Verbesserungspotentiale herauszuarbeiten. Sodann ist eine Marktrecherche durchzuführen, bei der die in die engere Wahl kommenden Softwarepakete herauszufinden sind. Die Anbieter der bei dieser Vorauswahl ermittelten Favoriten werden eingeladen, innerhalb einer festgelegten Frist ein Angebot zu legen. Sie erhalten dazu ein Pflichtenheft übermittelt, das die Anforderungen an die Softwarelösung, das heißt, die zu unterstützenden Sollprozesse einschließlich aller Randbedingungen, detailliert beschreibt. Dabei ist vom Anbieter zu fordern, dass bei sämtlichen Prozessen jeweils angegeben wird, ob die hierfür erforderlichen Softwarefunktionen zum Standard gehören, als Erweiterungen in den Standard integriert werden können oder durch Ergänzungsprogrammierung realisiert werden müssen. Die eingehenden Angebote sind sodann einer detaillierten Nutzwertanalyse zu unterziehen. Dabei wird die Erfüllung der funktionalen, strukturellen, systemtechnischen und anbieterbezogenen Anforderungen geprüft. Weitere Informationsquellen hierfür sind Gespräche mit den Softwareanbietern, Besuche bei Referenzanwendern und Leistungstests (Benchmarking mit tatsächlichen Kernprozessen unter Normal- und Höchstbelastung).

Nehmen wir als *Beispiel einen Lebensmittelfilialbetrieb,* der ein neues *Warenwirtschaftssystem* mittels Standardsoftware realisieren möchte (siehe Abschnitt 1.4.5) und bereits ein Pflichtenheft erstellt hat. Zur Ermittlung relevanter Systeme zieht er zunächst die umfassenden *ISIS-Software-Reports* von *Nomina* heran, die über 1.900 im deutschen Sprachraum angebotene Branchenprogramme in grober Form beschreiben (siehe Abschnitt 4.4.1). Etwa 230 Programme werden für den Handel angeboten, knapp ein Viertel davon sind Warenwirtschaftssysteme. Bei der näheren Analyse stellt sich jedoch rasch heraus, dass die meisten dieser Produkte auf andere Branchen oder Betriebstypen (vom Agrargroßhandel bis zum Versandhandel) ausgelegt sind. Manche Anbieter nennen zwar auch den Lebensmitteleinzelhandel als möglichen Einsatzbereich, können aber keine oder nur vereinzelte Referenzinstallationen vorweisen. Manchmal sind bei den angegebenen Referenzkunden nur Teile des Systems installiert oder das System kommt nur in Unternehmensteilen, etwa der Zentrale oder dem Fleischwerk, zum Einsatz. Vieles bleibt unklar, etwa ob beim Einsatz der angebotenen Systeme die erst vor wenigen Jahren modernisierte Scannerkassenlösung unverändert weiter betrieben werden kann.

Der von dem *IT-Berater Trovarit* angebotene *IT-Matchmaker* bietet in dieser unübersichtlichen Situation eine wertvolle Hilfe. Dabei handelt es sich um ein Softwarewerkzeug, mit dem ein Betrieb anhand eines vorgegebenen Fragenkatalogs seine

Anforderungen an ein Warenwirtschaftssystem definieren kann und sodann die auf dem Markt angebotenen Softwareprodukte genannt und relativ detailliert beschrieben erhält, die den spezifizierten Anforderungen am besten entsprechen. Eine weitere wichtige Informationsquelle in dieser Phase sind die Berichte der *Lebensmittel-Zeitung* und von *Key Account* über die Softwareauswahl von Mitbewerbern. In unserem Fall schließt die Vorauswahl mit der Ermittlung der folgenden vier Favoriten ab (in alphabetischer Reihenfolge): CSB-System AG (CSB-System), Compex Systemhaus GmbH (Compex Commerce), Maxess Systemhaus GmbH (x-trade) und SAP AG (SAP for Retail).

Dieser exemplarisch beschriebene *Ablauf ist für die Vorauswahl von Branchensoftware typisch,* auch wenn die Verhältnisse in den verschiedenen Wirtschaftszweigen natürlich unterschiedlich sind und jeweils andere branchenspezifische Anbieter, Produkte und Informationsquellen in Betracht kommen.

Die zunehmende Marktdynamik führt dazu, dass branchenspezifische Geschäftsprozesse immer häufigeren Änderungen unterliegen. Dementsprechend sind die *Flexibilität* und *Skalierbarkeit* der angebotenen Softwareprodukte von großer Bedeutung. Eine Branchenlösung, die heute optimal geeignet ist, kann sich in wenigen Jahren als ein zu enges Korsett erweisen, wenn die notwendigen Anpassungsmöglichkeiten fehlen. Ein integriertes Werkzeug zur Geschäftsprozessmodellierung kann diesbezüglich erhebliche Vorteile bieten. Im Idealfall entsteht mit der Änderung der grafischen Prozessbeschreibung „automatisch" eine geänderte Anwendung, die genau wie beschrieben abläuft. Das setzt natürlich voraus, dass die entsprechende Funktionalität in dem Softwareprodukt vorhanden ist.

Eine weitere wesentliche Hilfe für den Einsatz von Branchenlösungen sind vom Anbieter angebotene *Referenzmodelle.* Dabei handelt es sich um vordefinierte, branchentypische Geschäftsprozesse, die meist im Zuge von anderen Kundeninstallationen erarbeitet worden sind. Wenn sich ein Anwender für solche Standardabläufe entscheidet, kann er sicher sein, dass diese mit der vorhandenen Funktionalität des Pakets abgedeckt werden können, und dass somit keine Ergänzungsprogrammierung nötig wird. In vielen Fällen erhält der Anwender durch solche Referenzmodelle auch Impulse für innovative Lösungen.

Ein weiterer wichtiger Punkt, den wir besonders erwähnen wollen, betrifft die *Risikominderung bei der Einführung des Softwareprodukts.* Wenn ein kleiner oder mittlerer Anbieter von Branchensoftware zum Zuge kommen soll, erwägen Anwender oft, durch Einschaltung eines großen, renommierten Generalunternehmers, wie zum Beispiel EDS, IBM, Siemens Business Services oder T-Systems, das Risiko eines Scheiterns des Projekts einzudämmen. Der Generalunternehmer lässt sich das je nach Einschätzung des Projektrisikos mit 15 Prozent und mehr Aufschlag auf die Auftragssumme bezahlen. Die Hoffnung, dass bei Problemen, wie Zeitverzug und mangelhafter Leistung, der Generalunternehmer einspringt und das Projekt zu einem erfolgreichen Ende führt, ist jedoch oft verfehlt. Der Grund dafür ist, dass beim Generalunternehmer vielfach die branchenspezifischen Kenntnisse und Erfahrungen fehlen, so dass er, ähnlich wie eine Versicherung, bloß für die finanziellen Risiken einstehen kann.

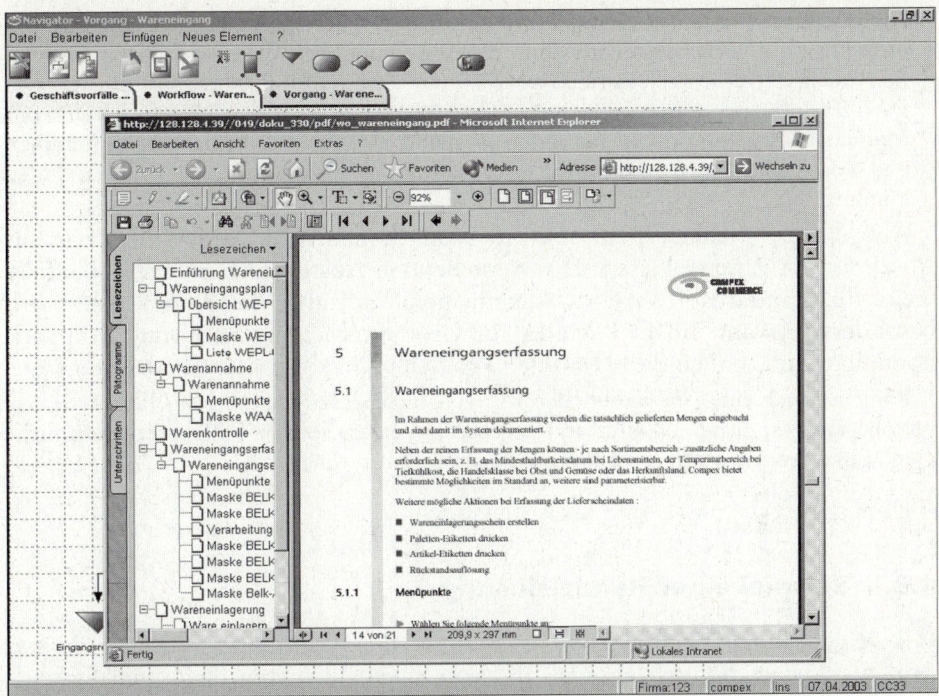

Abb. 4.3.2/1: Prozessspezifikation eines Warenwirtschaftssystems

Ein nicht zu unterschätzendes *Risiko* stellt schließlich die Möglichkeit dar, dass *Branchensoftwareanbieter und/oder ihre Produkte vom Markt verschwinden* (beispielsweise durch Übernahme, Fusion oder Konkurs). Damit gehen unter Umständen wesentliche Vorteile von Standardsoftware (vor allem die Weiterentwicklung entsprechend neuesten betriebswirtschaftlichen und informationstechnischen Erkenntnissen, die kompetente Betreuung, die laufend aktualisierte Produktdokumentation) verloren. Durch die Ausrichtung der Geschäftsprozesse auf eine konkrete Standardanwendungssoftware (ein Fremdprodukt) ergibt sich ein „lock-in", die Wechselkosten zu einem anderen Produkt können sehr hoch geraten (Näheres zum *lock-in* aus der Netzwerktheorie folgt in Kapitel 5). Unter Umständen muss der Anwender dann „von heute auf morgen" diese Aufgaben selbst übernehmen oder einen entsprechend qualifizierten Dienstleister finden. Deshalb ist es bei der Softwareauswahl wichtig, in die Beurteilung nicht nur die Produkte einzubeziehen, sondern auch den Softwareanbieter nach qualitativen Faktoren, wie beispielsweise Betriebsgröße, Finanzkraft, Standorte, Zukunftsaussichten, zu beurteilen. Außerdem sollte vertraglich sichergestellt werden, dass in einer solchen Notfallsituation der Anwender kostenlos den kompletten Quellcode für die Wartung und Weiterentwicklung des Softwareprodukts für den Eigenbedarf erhält.

> Für viele *Lebensmittelfilialbetriebe* war zum *Beispiel* der 1994 erfolgte Kauf einer 52-prozentigen Mehrheitsbeteiligung an der bis dahin bei Warenwirtschaftssystemen führenden *DACOS Software GmbH* durch SAP ein erhebliches Problem. Die DACOS-Software wurde zugunsten der SAP-Handelslösung *SAP for Retail* vom Markt zurückgezogen. *SAP for Retail* war und ist jedoch so umfangreich, komplex und kostspielig, dass es für viele mittelständische Handelsbetriebe nicht in Frage kommt.

Auf weitere Risiken beim Einsatz von Standardsoftware haben wir im Abschnitt 4.1.2 hingewiesen. Die vorstehenden Ausführungen gelten ebenfalls meist für Standardsoftware im Allgemeinen, sind aber bei Branchensoftware besonders relevant. Im ERP-Markt für Großunternehmen, der stark von SAP dominiert wird, haben die erwähnten Probleme hingegen kaum Bedeutung.

> Zwar ist auch eine *Übernahme der SAP AG* nicht auszuschließen (im Jahr 2003 hat es Fusionsgespräche mit Microsoft gegeben), in einem solchen Fall wäre jedoch nicht mit einer Änderung des SAP-Produktportfolios zu rechnen.

▸ Übungsaufgabe Nr. 1.4.13 im Arbeitsbuch

4.3.3 Beispiel einer Handelslösung

Wir zeigen Ihnen nachfolgend als *Beispiel die Architektur einer modernen Branchenlösung für den Handel,* die von einem kleineren deutschen System-haus, der Firma Compex, entwickelt worden ist. Die Compex-Systemhaus GmbH wurde 1990 in Heidelberg gegründet, hat 65 Mitarbeiter und erzielte im Jahr 2003 einen Umsatz von 24 Millionen Euro mit Softwarelizenzeinnahmen und Beratungsleistungen für ein integriertes Handelspaket namens *Compex Commerce,* das die Warenwirtschaft und die Finanzbuchhaltung umfasst. Die Kunden kommen aus dem filialisierten Einzelhandel mit Lebensmitteln und der Unterhaltungselektronik sowie dem Großhandel mit Baustoffen und Sanitärartikeln.

Compex Commerce ist in einer *dreistufigen Client-Server-Architektur* aufgebaut. Die zentrale Datenverwaltung erfolgt mit einem verbreiteten relationalen Datenbankverwaltungssystem von Oracle (siehe Band 2, Abschnitt 4.4), der Anwendungskern (Applikationsserver) ist in C und C++, der Client ist in Java programmiert (Näheres zu diesen Programmiersprachen finden Sie im Band 2, Kapitel 4). Die Benutzung des Systems erfolgt mittels Webbrowser.

Compex Commerce besteht (ähnlich wie die branchenneutralen ERP-Systeme) aus einem Basissystem und darauf aufbauenden Anwendungskomponenten. Die *Interaktion der Benutzer* mit dem System erfolgt transaktions- und belegorientiert.

Die Komponenten von Compex Commerce werden *Module* genannt. Compex Commerce besteht aus folgenden Modulen:

- Das *Basismodul* enthält die Systemdienste, das Data Dictionary (siehe Band 2, Kapitel 5), die Datenbankschnittstelle, die Belegarchivierung, die Auftrags-

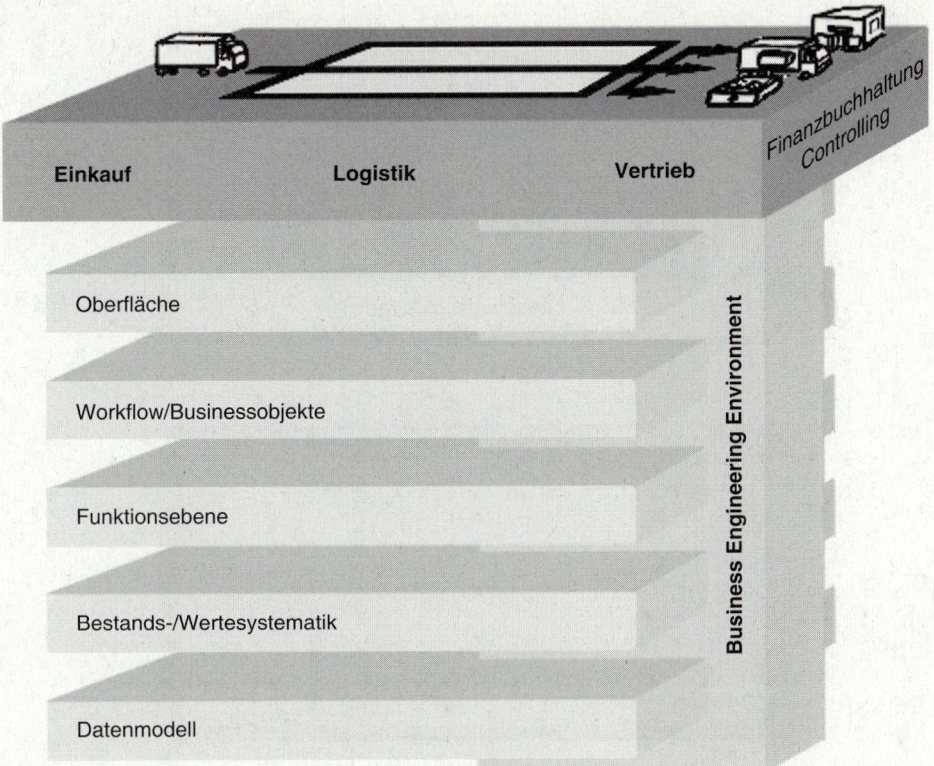

Abb. 4.3.3/1: Konzept von Compex Commerce

verwaltung (siehe Band 2, Kapitel 4), die Stammdaten und die Sicherheitsdienste.

- Das Modul *Finanzbuchhaltung* unterstützt die üblichen Aufgaben im Rechnungswesen: Sachkontenbuchhaltung, Kosten- und Leistungsrechnung, Offene-Posten-Buchhaltung (OPOS), Wechsel, Zahlungsverkehr Kreditoren, Lastschrift Debitoren, Bankclearing, Datenträgeraustausch mit Post und Banken sowie Auswertungen der Buchhaltungsdaten.

- Das Modul *Controlling* bietet Statistiken und Kennzahlen für die Geschäftsleitung (Führungsinformationssystem).

- Das Modul *Einkauf* enthält die Komponenten Disposition Lager, Disposition Zukauf, Bestellwesen, Rechnungsprüfung, Einkaufsinformation, Kalkulation/Konditionen.

- Das Modul *Logistik* dient zur Unterstützung der Lagerverwaltung, des Wareneingangs und -ausgangs, des Versands und der Inventur. Dabei ist in allen Bereichen auch der Einsatz mobiler Datenerfassungsgeräte mittels Funkübertragung vorgesehen.

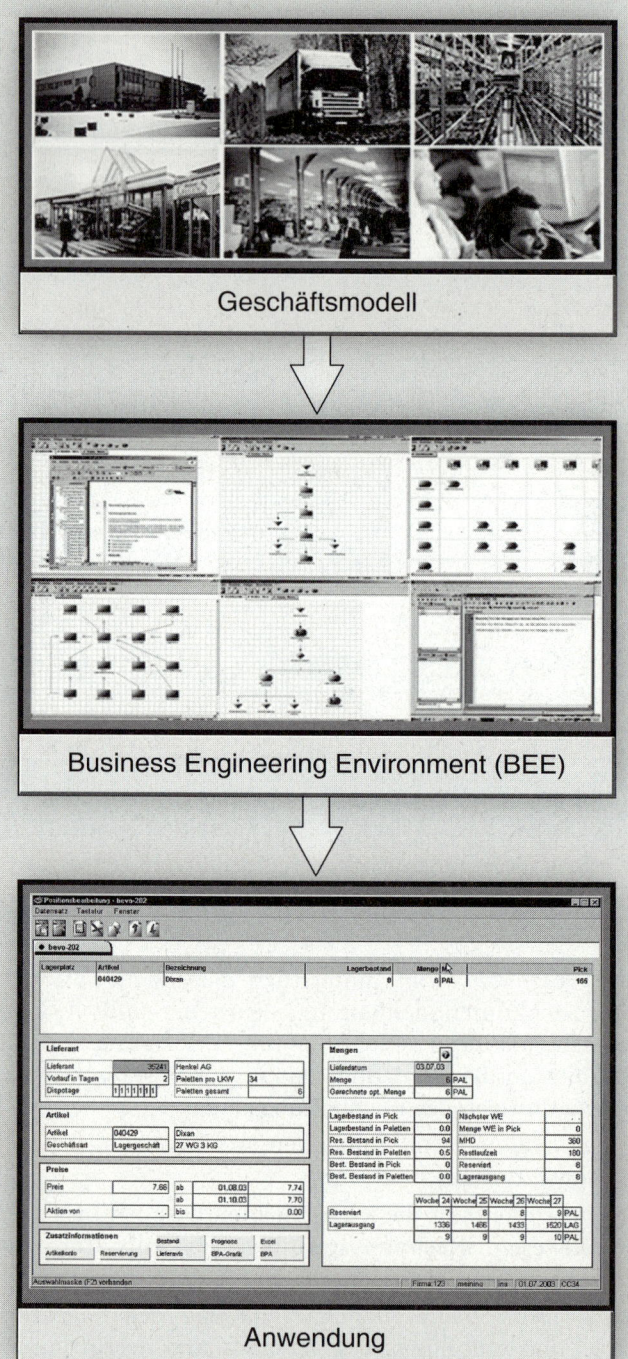

Abb. 4.3.3/2: Vom Geschäftsmodell zur Anwendung bei Compex Commerce

- Das Modul *Vertrieb* beinhaltet die Verkaufsabwicklung, die Fakturierung, die Preisfindung (Kalkulation, Konditionen), die Provisionsabrechnung, die Einbindung der Kassen, einen Web-Shop sowie ein vertriebsorientiertes Berichtswesen.

- Das Modul *Kommunikation* erlaubt die wahlweise Übermittlung von Belegen mittels Fax, E-Mail und elektronischem Datenaustausch (EDI).

Diese Auflistung der Anwendungsfunktionen liest sich wie eine Kurzbeschreibung von mySAP ERP ohne den Personalwirtschafts- und PPS-Teil. In der Tat wird von Compex Commerce eine vergleichbare Grundfunktionalität geboten, wenn auch längst nicht in der Breite und Tiefe wie bei SAP. Andererseits sind in einem leistungsfähigen Branchenpaket, wie Compex Commerce, die branchenspezifischen Anforderungen weitaus besser berücksichtigt als dies in einem universellen Paket möglich ist. Das sind zum Beispiel im Lebensmitteleinzelhandel eine oft enorm große Anzahl von Produkten und Transaktionen, der Vertrieb über Filialen, Franchisenehmer und Web-Shops mit Hauszustellung, mehrstufige, komplexe Logistiksysteme mit der Warendisposition teils in der Zentrale, teils in den Distributionszentren und teils in den Filialen, das Aktionsmanagement, die Regaloptimierung und die Einbeziehung von Kassensystemen.

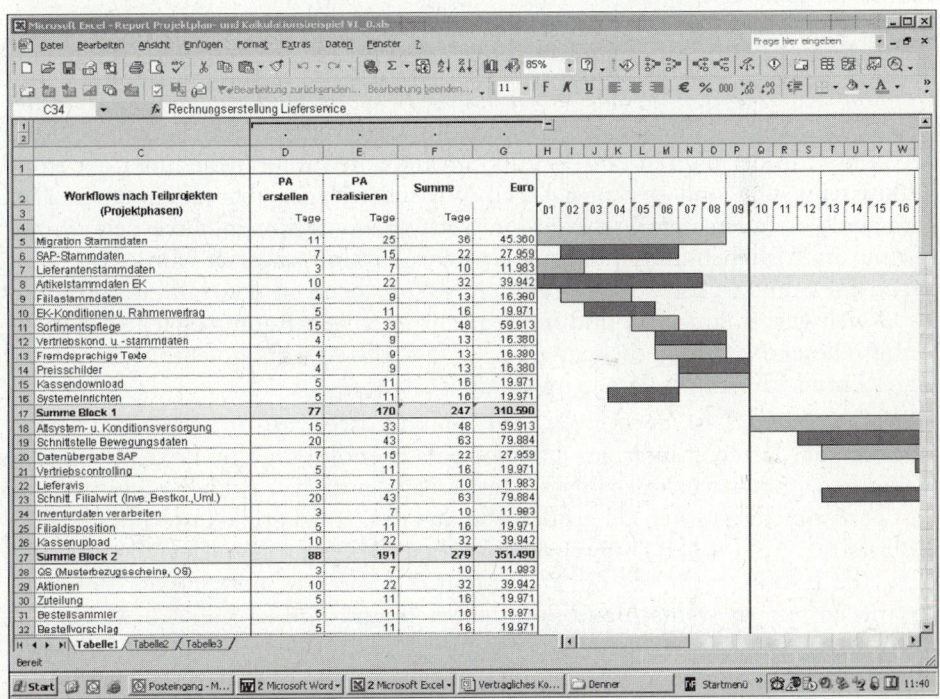

Abb. 4.3.3/3: Projektplan bei der Einführung einer Handelslösung (Quelle: Compex)

Neben der Standardsoftware bietet Compex Commerce ein *Referenzmodell mit Standardabläufen im Handel* (Kernprozesse) sowie eine integrierte *Entwicklungsumgebung* (engl.: business engineering environment, abgekürzt: BEE), die die Geschäftsprozessmodellierung und Implementierung durch ein Vorgehensmodell und Software unterstützt. Ähnlich wie bei ARIS (siehe Kapitel 2) erfolgt die gewünschte Systemspezifikation aus unterschiedlichen Sichten. Bei der Zerlegung von Sollprozessen in Aktivitäten wird ein automatischer Abgleich mit der verfügbaren Funktionalität der Standardsoftware vorgenommen.

▶ Übungsaufgabe Nr. 1.4.14 im Arbeitsbuch

4.4 Marktsituation und Entwicklungstendenzen

Sie erhalten im Abschnitt 4.4 zunächst einen Überblick über den Markt für Standardsoftware im Allgemeinen. In diesem Zusammenhang beschreiben wir die wichtigsten Anbieter und den Umfang des betriebswirtschaftlich orientierten Softwareproduktangebots im deutschsprachigen Raum. Anschließend wird detailliert auf den ERP-Standardsoftwaremarkt eingegangen. Dabei werden das Angebot und die Nachfrage nach ERP-Systemen getrennt nach Betriebsgrößenklassen betrachtet.

4.4.1 Gesamtmarkt für Standardsoftware

Der Softwaremarkt entwickelt sich in enger Abhängigkeit vom IT-Gesamtmarkt, und dieser wird wesentlich durch die gesamtwirtschaftliche Entwicklung beeinflusst. In den Jahren 2001 – 2003 litt die Softwarebranche unter der Konjunkturschwäche und der unsicheren Wirtschaftslage, aber auch unter dem geringen Vertrauen der Wirtschaft in Softwareinvestitionen. Investiert wurde fast nur in Vorhaben, durch die eine Kostenreduktion erwartet wurde. Die Ausgaben für Standardsoftware waren dementsprechend in den Jahren 2002 und 2003 weltweit stagnierend und im deutschsprachigen Raum sogar leicht rückläufig. Dieser Nachfragerückgang betraf fast alle Marktsegmente (Systemsoftware, Entwicklungssoftware, Anwendungssoftware).

In *Deutschland* ist der Umsatz mit Standardsoftware im Jahr 2003 nach Angaben der Detecon International (vormals Diebold) um drei Prozent auf 12,7 Milliarden Euro zurück gegangen. Dieser Rückgang betraf kleine und mittlere Softwareanbieter stärker als große. Wie aus der Lünendonk-Liste für das Jahr 2003 (siehe Abb. 4.4.1/1) hervorgeht, haben die 25 größten der IT-Unternehmen, die jeweils mehr als 60 Prozent ihres Umsatzes mit Standardsoftware erwirtschaften, in Deutschland 2003 einen Inlandsumsatz von 5,3 Milliarden Euro erzielt (plus zwei Prozent gegenüber 2002). Diese Unternehmen haben somit einen inländischen Marktanteil von über 40 Prozent. Darüber hinaus haben die Top 25 der in Deutschland tätigen Gesellschaften für weitere sechs

Abb. 4.4.1/1: Die 25 größten Standardsoftwareanbieter in Deutschland (Quelle: Lünendonk)

Unternehmen	Umsatz in Mio. Euro			Mitarbeiterzahl	
	2003	davon im Inland	2002	2003	2002
1 SAP AG, Walldorf	7.025,0	1.670,0	7.413,0	30.000	28.410
2 Microsoft Deutschland GmbH, Unterschleißheim *)	1.600,0	1.600,0	1.500,0	1.600	1.500
3 Oracle Deutschland GmbH, München *)	433,8	433,8	445,6	1.300	1.500
4 Software AG, Darmstadt	422,2	66,7	475,0	2.703	3.013
5 CA Computer Associates GmbH, Darmstadt	143,0	143,0	133,0	530	550
6 PSI AG, Berlin	137,7	118,8	150,7	1.221	1.338
7 Agilisys Company, München *) 1)	135,0	135,0	k.A.	1.200	k.A.
8 Mensch und Maschine Software AG, Wessling	131,0	48,0	143,0	405	470
9 SAS Institute GmbH, Heidelberg *)	129,0	129,0	132,0	720	730
10 Ixos Software AG, Grasbrunn 2)	127,1	33,7	122,0	919	778
11 FJH AG, München 3)	120,1	99,4	130,2	1.034	973
12 BMC Software GmbH, Düsseldorf	118,0	118,0	120,0	240	300
13 Novell GmbH, Düsseldorf *)	109,0	109,0	108,0	280	290
14 Nemetschek AG, München	95,6	54,3	105,5	760	881
15 SoftM Software & Beratung AG, München	69,2	63,0	75,9	449	457
16 Beta Systems Software AG, Berlin 4)	55,8	28,9	45,1	381	293
17 Autodesk GmbH, München *)	55,0	55,0	60,0	100	110
18 Interflex Datensysteme GmbH & Co. KG, Stuttgart	54,5	39,1	48,9	401	427
19 Business Objects Deutschland GmbH, Köln *) 5)	52,0	52,0	33,7	120	80
20 CSB-System AG, Geilenkirchen *)	50,4	50,4	50,2	439	451
21 Siebel Systems Deutschland GmbH, Ismaning *)	50,0	50,0	52,7	165	175
22 Sage KHK Software GmbH & Co. KG, Frankfurt am Main	48,0	47,0	43,0	415	396
23 MIS AG, Darmstadt	47,9	34,1	47,9	461	545
24 Schleupen AG, Moers	47,6	47,6	44,9	350	337
25 PeopleSoft GmbH, Unterföhring *) 6)	45,0	45,0	35,0	200	160

Anmerkungen:
*) Daten teilweise geschätzt k.A. = keine Angaben
1) 11/2003 Übernahme von infor business solutions AG; 2003 Übernahme von Brain Industries GmbH
2) 10/2003 Übernahme Ixos Software AG durch Opentext
3) bis 09/2003 FJA AG – Zusammenschluss mit Heubeck AG
4) 2003 Übernahme Systor Security Solutions
5) 11/2003 Übernahme von Crystal Decisions GmbH
6) inkl. J.D. Edwards GmbH

Milliarden Euro Softwareprodukte an ausländische Kunden verkauft. Davon entfallen allerdings fast 90 Prozent auf die in Deutschland ansässige SAP AG, die 76 Prozent ihres Konzernumsatzes mit Kunden in anderen Ländern tätigte.

Die von Nomina, München, herausgegebenen *ISIS-Reports* beschreiben das *im deutschsprachigen Raum erhältliche Softwareangebot.* Insgesamt sind über 7.000 Anbieter und 11.000 Softwareprodukte verzeichnet. Nur ungefähr 500 Anbieter erreichen einen Jahresumsatz von mehr als zehn Millionen Euro. Über 80 Prozent der Softwareanbieter haben weniger als 100 Mitarbeiter. Auf den jeweiligen Spezialgebieten sind die technischen Fähigkeiten und anwendungsbezogenen Lösungskompetenzen dieser mittelständischen Anbieter jedoch durchaus mit denen größerer Anbieter vergleichbar.

Der *ISIS Windows Report* listet fast 3.000 Windows-XP-Lösungen auf, die wie in den anderen Reports in branchenunabhänge Programme, Branchenprogramme, technische Programme und Systemprogramme gegliedert sind. Im *ISIS Linux Report* finden sich rund 2.000 Programmbeschreibungen. Im *ISIS-Software-Report für Midrange/Mainframe-Systeme* sind rund 1.500 Programme für proprietäre Betriebssysteme verzeichnet (die wichtigsten sind: IBM OS/400, MVS, VM, VSE, Siemens BS2000). Über die Hälfte dieser Programme sind für den Einsatz auf IBM-Rechnern der iSeries und der zSeries vorgesehen. Weitere *ISIS-Spezialkataloge* kennzeichnen Programme für Apple-Rechner, für die Entscheidungsunterstützung und das Wissensmanagement usw.

Von den in Deutschland, Österreich und der Schweiz angebotenen Standardprogrammen sind ein Viertel, rund 2.800, *branchenunabhängige Programme.* Die meisten davon, über 400, werden für das Finanz- und Rechnungswesen angeboten. Jeweils rund 300 Programme sind umfassende ERP- oder Produktionslösungen (eine Kategorie), ebenso viele Produkte sind für die Personalwirtschaft, den Bürobereich und Dokumentenverwaltung/Wissensmanagement/Content-Management vorgesehen. Jeweils 200-250 Softwareprodukte zielen auf die Bereiche Materialwirtschaft, Vertrieb/Marketing, Electronic Commerce und Entscheidungsunterstützung (Planungssysteme, Business Intelligence).

Knapp 20 Prozent des Marktangebots, rund 1.900 Produkte, sind *Branchenprogramme.* Der größte Anteil entfällt auf den Dienstleistungsbereich (rund 380 Produkte), es folgen Banken/Kreditwesen (rund 240), Handel (rund 230), Öffentliche Verwaltung (rund 170), Industrie (rund 170), Gesundheitswesen (rund 150) und Bauwesen/Architektur (rund 120). Für alle anderen Branchen liegt die Zahl der angebotenen Produkte unter 100, zum Beispiel für das Handwerk oder die Landwirtschaft/Gartenbau jeweils unter 40.

▶ Übungsaufgabe Nr. 1.4.15 im Arbeitsbuch

4.4.2 ERP-Softwaremarkt

Nach einem mäßigen Wachstum von jährlich ein bis zwei Prozent in den Jahren 2001 und 2002 ist der *Umsatz des weltweiten ERP-Markts* im Jahr 2003 um fünf Prozent auf annähernd 25 Milliarden US-Dollar gestiegen. Im Jahr 2004 sollen die ERP-Softwarelizenz- und -Wartungsumsätze 26,7 Milliarden US-Dollar erreichen (plus sieben Prozent gegenüber 2003; IDC-Prognose). Bis zum Jahr 2008 rechnet IDC mit einem Anstieg des ERP-Marktvolumens auf 37 Milliarden US-Dollar. Wachstumstreiber sind vor allem der Mittelstand, die öffentliche Hand und von der Konjunktur weniger abhängige Branchen wie das Gesundheitswesen.

Unter den *ERP-Softwareanbietern* fand in den vergangenen Jahren ein sich verschärfender *Ausleseprozess* statt, der zu zahlreichen Marktaustritten durch Insolvenzen und Firmenübernahmen geführt hat. Einer Studie der HypoVereinsbank zufolge gab es im Jahr 2000 weltweit 173 namhafte Anbieter in diesem Marktsegment, von denen Ende 2003 nur noch 83 Firmen und somit weniger als die Hälfte vertreten waren. Von diesem Shake-out waren vor allem die kleinen Softwarehersteller betroffen. Profitiert haben finanzstarke, auf den Mittelstand fokussierte Anbieter, die durch Firmenkäufe ihre Marktstellung festigen oder ausweiten konnten. Beispiele sind Microsoft (mit der Übernahme von *Great Plains* und *Navision*), Agilisys (*Brain* und *Infor Business Solutions*) sowie SSA Global *(Baan)*. Aber auch führende ERP-Hersteller, die in erster Linie Großunternehmen adressieren, wie *PeopleSoft* (Übernahme des weltweit viertgrößten ERP-Softwareanbieters *J.D. Edwards*) und Oracle (Versuch der feindlichen Übernahme von *PeopleSoft*), setzen auf diese Wachstumsstrategie.

Aufgrund der anhaltenden Konsolidierung des ERP-Marktes steigen die *Marktanteile der führenden Hersteller*. Die fünf größten Hersteller sind der deutsche Weltmarktführer *SAP* (Weltmarktanteil 2004: 26 Prozent), die US-Hersteller *PeopleSoft* mit *J.D.Edwards* (sieben Prozent), *Oracle* (sieben Prozent), *Microsoft* (fünf Prozent) und die britische *Sage Group* (fünf Prozent). Auf lange Sicht rechnen die Marktforschungsinstitute damit, dass auf die führenden zehn Anbieter 70 bis 80 Prozent Marktanteil entfallen werden (derzeit zirka 50 Prozent).

In *Deutschland* hat SAP bei *Großbetrieben mit mehr als 1.000 Mitarbeitern* einen ERP-Softwaremarktanteil von 90 Prozent (Quelle: PAC), gefolgt von Oracle und PeopleSoft/J.D. Edwards mit jeweils drei Prozent und Baan mit zwei Prozent. In diesem Bereich geben die Anwender durchschnittlich nur ungefähr ein Drittel der Gesamtkosten einer ERP-Lösung für Softwarelizenzgebühren aus. Die restlichen zwei Drittel entfallen auf die Wartung und vor allem auf Projektdienstleistungen (Integration, Customizing, Ergänzungsprogrammierung), die primär von den Servicepartnern (Systemhäusern) der großen ERP-Softwareanbieter übernommen werden. Bei den meisten ERP-Softwareanbietern übersteigen die Wartungseinnahmen die Erlöse aus Softwareverkäufen. Die jährliche Gebühr für Standardwartung (engl.: mainstream maintenance) beträgt bei SAP 17 Prozent des Lizenzpreises einer Software.

Die großen SAP-Anwender setzen noch *überwiegend R/3* ein, das nicht mehr weiterentwickelt wird. Für das seit 2004 verfügbare, auf der NetWeaver-Plattform basierende Nachfolgeprodukt *mySAP ERP* erscheint jährlich eine neue

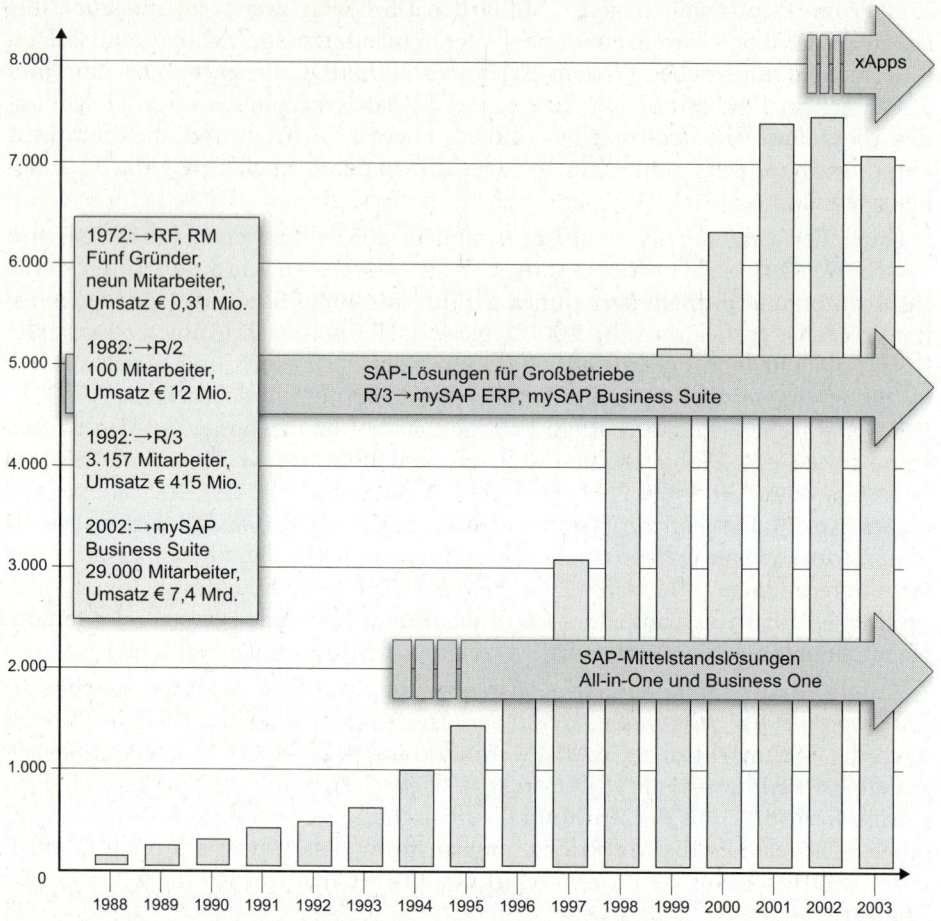

Abb. 4.4.2/1: SAP-Umsatzentwicklung (in Millionen €) seit dem Börsengang

Version (engl.: release). Viele Betriebe zögern wegen des hohen Aufwands die Umstellung auf neue Programmversionen so lange wie möglich hinaus. Zum Beispiel verwendeten laut Gartner im Oktober 2003 noch 48 Prozent der SAP-Kunden alte R/3-Versionen, deren Standardwartung Ende 2004 ausläuft. SAP fördert (wie die anderen Softwarehersteller) den Umstieg, indem die Standardwartung einer Programmversion nur für begrenzte Zeit (in der Regel fünf Jahre) angeboten wird und danach erhöhte Gebühren für die so genannte erweiterte Wartung (17 plus zwei Prozent im sechsten Jahr; 17 plus vier Prozent im siebten Jahr) und die kundenspezifische Wartung (kundenindividuell verhandelt ab dem achten Jahr) berechnet werden. Die Standardwartung für R/3 Enterprise, die letzte R/3-Version, läuft im März 2009 aus. SAP schätzt, dass bis dahin etwa 90 Prozent der R/3-Anwender auf mySAP ERP umgestellt haben werden.

Alle im Großkundenmarkt führenden ERP-Softwarehersteller haben die Umstellung ihrer Client-Server-Systeme mit einer zentralen, datenbankorientierten Anwendungsintegration auf eine *service-orientierte Architektur* mit loser Kopplung und verteilter Integration über standardisierte Web-Services angekündigt (Näheres hierzu finden Sie in Band 2, Kapitel 7). Anstelle vorprogrammierter Geschäftsprozesse (Geschäftslogik) und eines vorprogrammierten Datenmodells, die durch Customizing in Grenzen anpassbar sind, sollen bei der neuen Softwaregeneration vorkonfigurierte, von Fall zu Fall änderbare Geschäftsprozesse und ein erweiterbares Datenmodell mehr Individualität und Flexibilität zu geringeren Kosten bringen. Die größeren Freiräume hinsichtlich Rekonfiguration, Software-Mix und Zusatzentwicklungen bedeuten für den Anwender jedoch auch mehr Komplexität und damit höhere Anforderungen an das IT-Personal. SAP scheint bei der SOA-Umstellung am weitesten zu sein. mySAP ERP soll bis 2006 zu etwa 90 Prozent für die ESA-Architektur umgesetzt sein. Die Untergliederung in kleinere, eigenständige Komponenten, die zur Unterstützung von Geschäftsprozessen in vielfältigen Bedingungslagen geeignet sind, könnte für SAP auch eine Möglichkeit sein, sich stärker als bisher im Mittelstand zu profilieren.

Bei *Betrieben mit 100 bis 500 Mitarbeitern,* für die es sehr viele Anbieter gibt, beträgt der ERP-Softwaremarktanteil von SAP in *Deutschland* zirka 40 Prozent, der zweitgrößte Hersteller, Agilisys/Brain/Infor, kommt auf 15 Prozent, der drittgrößte, Microsoft Business Solutions, kommt auf zehn Prozent Marktanteil. In der Marktanteilsstatistik folgen mittelständische deutsche ERP-Anbieter wie etwa Abas, AP, Bäurer (durch den Einstieg der Adastra Venture Capital wieder im Geschäft), CSB, Proalpha, PSI oder Soft M. Diese haben sich mit ihrer Lösung zumeist auf bestimmte Branchen spezialisiert. Eine interessante Neuentwicklung ist die komplett in Java programmierte ERP-Softwarelösung Semiramis der Firma C.I.S. aus Kirchbichl/Tirol, die im Gegensatz zu vielen alteingeführten ERP-Produkten auf einer modernen Architektur und Softwaretechnik beruht. Nach einer Studie des Konradin-Verlags (Computerzeitung 49/2003) haben 79 Prozent der Industriebetriebe dieser Größenklasse ein Standard-ERP-System im Einsatz, zwölf Prozent verwenden eine Eigenentwicklung und neun Prozent habe keine ERP-Lösung.

Bei *Betrieben mit 50 bis 99 Mitarbeitern* erreicht SAP in *Deutschland* einen Marktanteil von 17 Prozent, gefolgt von Microsoft Business Solutions mit fast zwölf Prozent.

Die von *Microsoft* mit der Übernahme (2001) des dänischen ERP-Mittelstandsspezialisten Navision erwartete Marktoffensive ist bisher ausgeblieben. Microsoft hat durch Firmenzukäufe vier ERP-Lösungen (Apertum, Axapta, Great Plains, Navision) im Sortiment, von denen eine, Apertum, die vor allem für Kleinbetriebe mit weniger als 50 Benutzern vorgesehen war, künftig nicht mehr weiterentwickelt werden soll (Pflege bis 2010). Zusätzlich wird derzeit ein neues, nicht kompatibles Nachfolgeprodukt auf .NET-Basis entwickelt, das 2005 oder 2006 auf den Markt kommen soll. Weltweit hat Microsoft im Jahr

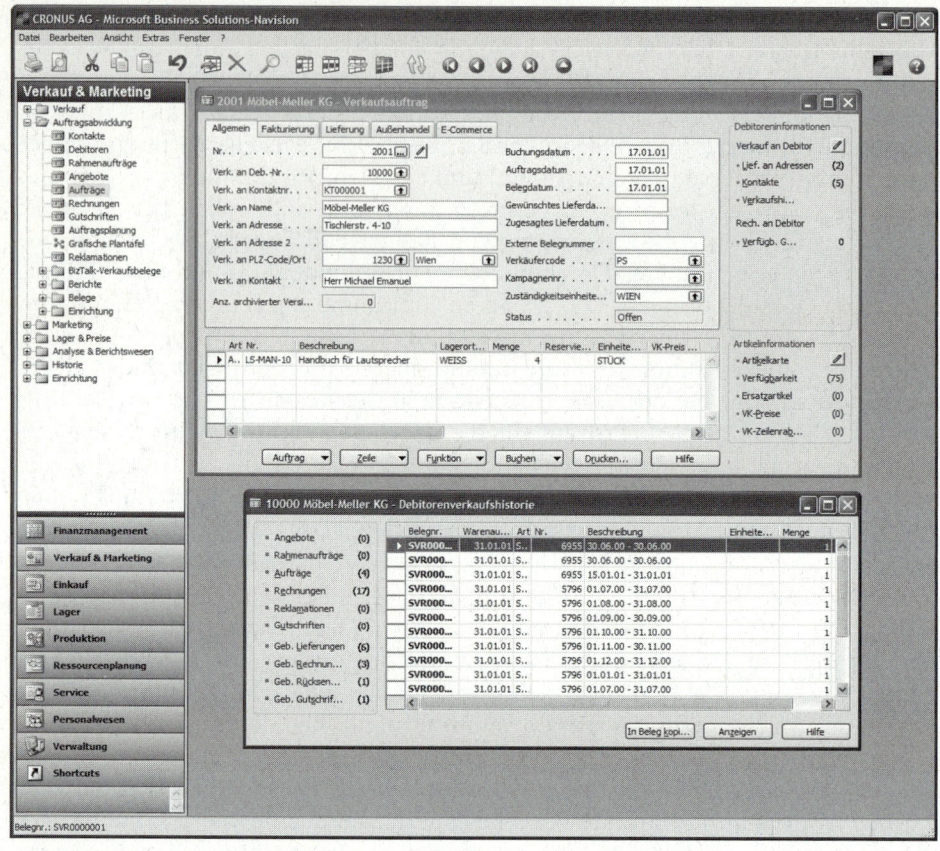

Abb. 4.4.2/2: Microsoft-Navision-Anwendungskomponenten

2003 von den 9,2 Milliarden US-Dollar Gesamtumsatz nur 153 Millionen US-Dollar mit ERP-Software erwirtschaftet.

SAP bietet zwei ERP-Produktlinien für den *Mittelstand* an: *mySAP All-in-One* zielt auf mittlere Betriebe und steht dort in Konkurrenz zu der mySAP Business Suite beziehungsweise mySAP ERP. Für diese betriebswirtschaftliche Komplettlösung mit branchenspezifisch voreingestellten Kernprozessen sind über 80 Branchenlösungen verfügbar. Für kleinere Betriebe wird die schlüsselfertige Lösung *Business One* angeboten, für die es zurzeit 25 Länder-Versionen gibt. Sie basiert nicht auf R/3- oder mySAP-Technik, sondern wurde durch die Übernahme des israelischen Softwarehauses TopManage zugekauft. Im Jahr 2003 wurden weltweit zirka 1.400 Lizenzen verkauft, was in diesem Marktsegment mit Millionen potentieller Kunden nur als sehr mäßiger Absatzerfolg anzusehen ist. In *Deutschland* hat SAP zirka 2.100 All-in-One- und 600 Business-One-Kunden (die Zahl der Microsoft-Navision/Axapta-Kunden ist mehr als viermal so groß; Stand: Oktober 2004). Als Vorteil der SAP-Mittelstandslösungen gilt ihre Zukunftssicherheit (wegen der Marktdominanz des Herstellers), als Nachteil wird die höhere Komplexität im Vergleich zu Mitbewerber-produkten genannt.

Im Segment der *Kleinbetriebe* (weniger als 50 Mitarbeiter) führt bei ERP-Lösungen die britische Firma *Sage* mit den Softwareprodukten *OfficeLine/ClassicLine* und zirka 80 Branchenlösungen. In *Deutschland* hat Sage 250.000 Kunden, über 90 Prozent haben weniger als 25 Mitarbeiter.

Die *Investitionen der Anwender in ihre ERP-Lösung* belaufen sich im Mittel-standsbereich (Betriebe ab 50 Mitarbeiter) typischerweise auf einige Hundert-tausend Euro (Konradin-Studie 2003: Durchschnitt 424.000 Euro) – inklusive Software und Hardware, Implementierung und Schulung. Bei Großbetrieben sind es in der Regel einige Millionen Euro Kosten für Lizenzgebühren und Serviceleistungen, bei Großprojekten international tätiger Konzernunternehmen werden auch nicht selten zwei- und dreistellige Millionenbeträge erreicht. Die Lizenzgebühren werden üblicherweise nach der Zahl der Endbenutzer gestaffelt. Hinzu kommen die internen Kosten für die Projektmitarbeit des eigenen Personals, die ebenfalls beträchtlich sein können. Zeit und Kosten der Implementierung und der späteren Umstellungen auf neue Programmversionen hängen sehr stark davon ab, ob sich ein Anwender mit den vorprogrammierten Geschäftsprozessen zufrieden gibt oder ob er Zusatzentwicklungen realisiert.

Eine wirtschaftliche Möglichkeit zur Nutzung leistungsfähiger ERP-Software ist in vielen Fällen *Application Service Provision (ASP)* (siehe Abschnitt 1.4.3.1). Vorteile für den Anwender können die Konzentration auf die Kern-kompetenzen (primäre Wertschöpfungsprozesse) und niedrigere Kosten durch den Entfall von Implementierung, Betrieb und Wartung der Software und Hard-ware sein. Die meisten führenden ERP-Produkte, wie zum Beispiel mySAP ERP, werden von Dienstleistungsunternehmen als elektronische Dienstleistungen (Anwendungsservices, engl.: application service provision, abgekürzt: ASP) über das Internet angeboten. Tausende von Klein- und Mittelbetrieben und zunehmend auch Großbetriebe machen von dieser Möglichkeit Gebrauch. Wenn sich bei dem Softwarehauslieferanten ein Technologiesprung abzeichnet, ist die Auslagerung des Softwarebetriebs eine Möglichkeit, die aufwändige Migration zu Zwischenlösungen zu umgehen (zum Beispiel derzeit die Migra-tion von alten SAP-R/3-Versionen, deren Wartung ausläuft, zu mySAP ERP – angesichts der bis 2006 angekündigten Umstellung dieses Produkts auf eine ser-vice-orientierte Architektur).

Für den mittelständischen Bereich gibt es auch bereits erste kostenlose *Open-Source-ERP-Systeme* wie zum Beispiel AvERP des deutschen Herstellers Synerpy und ComPiere des gleichnamigen US-Herstellers. Das Interesse scheint groß zu sein (ComPiere wurde nach Herstellerangaben mehr als 600.000mal über das Internet heruntergeladen), die tatsächlichen Installationszahlen schei-nen jedoch bisher kaum erwähnenswert (ComPiere nennt zehn Referenzinstalla-tionen).

▶ Übungsaufgabe Nr. 1.4.16 im Arbeitsbuch

5 Außenwirksame Informationssysteme und Electronic Commerce

Lehrziele

Nach der Durcharbeitung dieses Kapitels sollten Sie

- die Entwicklung der Internet-Wirtschaft und die zugrunde liegenden ökonomischen Kräfte erklären können,
- am Beispiel einer ausgewählten Branche die Veränderungen beschreiben können, die sich durch das Internet für den einzelnen Betrieb und dessen Beschaffungs- und Absatzmarkt ergeben können,
- die Wesensmerkmale von Informationsprodukten (digitale Güter) kennen und Strategien zur Produkt- und Preisdifferenzierung erklären können,
- die Bestimmungsfaktoren für den Erfolg beziehungsweise Misserfolg von Web-Auftritten darstellen können,
- die Geschäftsmodelle und Architekturen von E-Commerce-Systemen erläutern können,
- die verschiedenen Typen von Internet-Portalen erläutern können,
- die Funktionsweise von Suchdiensten erklären können,
- die Nutzeffekte einer virtuellen Gemeinschaft anhand eines von Ihnen selbst gewählten Beispiels kennzeichnen können,
- den prinzipiellen Ablauf von Geschäftstransaktionen im WWW darstellen können,
- die Funktionen von Konsumenteninformationssystemen erläutern und einen Überblick über deren Aufbau geben können,
- mit dem Konzept des Kundenbeziehungsmanagements vertraut sein und die hierfür notwendigen IT-Voraussetzungen kennen,
- in der Realität vorhandene zwischenbetriebliche Informationssysteme in eine Klassifikation einordnen können,
- die verschiedenen Möglichkeiten zum elektronischen Datenaustausch zwischen Transaktionssystemen von Geschäftspartnern darlegen können,
- die Funktionen von Supply-Chain-Management-Systemen erklären können,
- die wichtigsten Typen elektronischer Marktsysteme beschreiben können,
- die Voraussetzungen für elektronische Auktionen und deren Ablauf erläutern können,
- die Anforderungen an Standardsoftware für außenwirksame Informationssysteme beurteilen und die wichtigsten Anbieter nennen können,
- über den Stand und die aktuellen Trends im E-Commerce-Bereich berichten können.

Benutzer eines betrieblichen Informationssystems können die Betriebsangehörigen und/oder die Marktpartner eines Betriebes sein. Informationssysteme, die die innerbetriebliche Aufgabenerfüllung unterstützen, haben wir als *„interne Informationssysteme"* bezeichnet (siehe Abschnitt 1.4.2); Endbenutzer sind die Mitarbeiter der verschiedenen Fachabteilungen sowie die Führungskräfte.

> **Außenwirksame Informationssysteme** richten sich zum Teil oder ausschließlich an externe Benutzer. Je nachdem, ob es sich dabei um Firmen (Lieferanten, Dienstleister, gewerbliche Kunden) oder Privatkunden (Privathaushalte) handelt, unterscheiden wir *zwischenbetriebliche Informationssysteme* (engl.: business-to-business information system, abgekürzt: B2B) und *Konsumenteninformationssysteme* (engl.: business-to-consumer information system; abgekürzt: B2C).

Weitere Zielgruppen außenwirksamer Informationssysteme, die wir hier jedoch nicht näher behandeln, sind *beispielsweise staatliche Behörden* (engl.: business-to-government, abgekürzt: B2G).

Sie haben im vorangegangenen Kapitel erfahren, dass es starke Tendenzen gibt, interne Informationssysteme wie beispielsweise den Einkauf und den Vertrieb (Marketing) nach außen zu öffnen und mit den Informationssystemen der Marktpartner zu verbinden. Die *Abgrenzung* nach internen Benutzern (Betriebsangehörigen) und externen Benutzern (Außenstehenden) wird damit immer schwieriger. Viele außenwirksame Informationssysteme werden gleichermaßen von internen und externen Benutzern, und zwar sowohl von privaten als auch gewerblichen Benutzern, verwendet. Manchmal sind diese Informationssysteme für die Allgemeinheit offen zugänglich und es gibt nur unterschiedliche Informations- und Dienstleistungskategorien (Menüpunkte) für die verschiedenen Benutzergruppen (siehe Abb. 5/1). Oft sind jedoch auch die Funktionen und Benutzungsrechte nach Gruppen bis hin zum einzelnen Benutzer differenziert.

Zum *Beispiel ist das WWW-Angebot der Wirtschaftsuniversität Wien* (WU) zum größten Teil allgemein zugänglich. Es ist nach Diensten gegliedert, die primär für Studierende, Mitarbeiter und Forschungspartner gedacht sind. So können etwa die Studierenden mittels Chipkartenausweis und Geldkarte an öffentlich zugänglichen Selbstbedienungsterminals ihre Studiengebühren bezahlen, Zeugnisse und Bestätigungen für das Finanzamt und Stipendienbehörden ausdrucken usw. Sie können sich von jedem Ort der Welt (mit Internet- oder Telefonzugang) rund um die Uhr zu Lehrveranstaltungen und Prüfungen anmelden oder ihre Noten abrufen – aber nur jeweils individuell und passwortgeschützt. An den E-Mail-Listen und interaktiven Lehrmaterialien bestimmter Kurse können ausschließlich die zugelassenen Teilnehmer partizipieren. Nur die Lehrveranstaltungsleiter sind zur Noteneingabe, zum Ausdruck von Teilnehmer- und Ergebnislisten, zu Raumreservierungen usw. berechtigt. Bücher der WU-Bibliothek kann hingegen jeder Bürger ausleihen. Er muss dazu nicht als Studierender eingeschrieben sein. Bestimmte Informationskategorien, wie beispielsweise

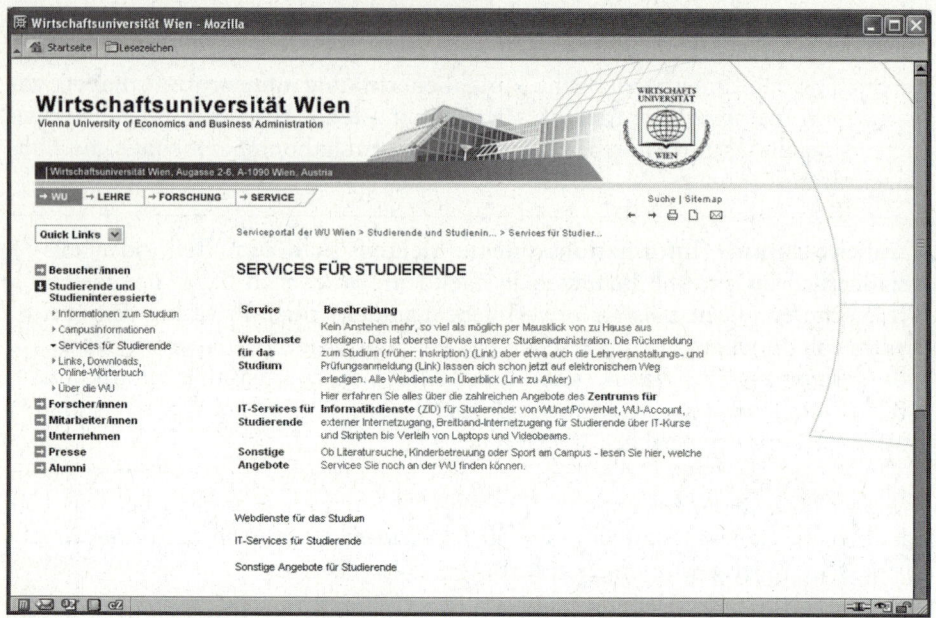

Abb. 5/1: Leitseite des WWW-Angebots der Wirtschaftsuniversität Wien mit differenzierten Angeboten für Studierende, Mitarbeiter und Forschungspartner

Forschungsdokumentationen, Weiterbildungsangebote und Services zur Absolventenvermittlung und –betreuung, sind in erster Linie für Partner in der Scientific Community und der Wirtschaft da.

Sie sehen an diesem Beispiel, dass außenwirksame Informationssysteme oft mit einem sehr *großen und heterogenen Benutzerkreis* konfrontiert sind. Die Nutzungsintensität kann sich im Lauf der Zeit zwischen den Benutzergruppen stark verschieben. Aus ursprünglich internen Informationssystemen können durch die Verbindung mit Betrieben vor- und nachgelagerter Wirtschaftsstufen oder derselben Ebene zwischenbetriebliche Informationssysteme entstehen, die sich durch die Öffnung für private Kunden zu Konsumenteninformationssystemen entwickeln können.

Im einführenden *Abschnitt 5.1* dieses Kapitels befassen wir uns mit den *ökonomischen Grundlagen des E-Commerce (Netzwerkökonomie)*. Ausgehend vom Beispiel der Buchbranche veranschaulichen wir die weitreichenden Veränderungen und Geschäftspotentiale, die sich für den einzelnen Betrieb und gesamte Wirtschaftszweige durch das Internet ergeben können. Im *Abschnitt 5.2* wird auf *Portale, Hilfs- und Zusatzdienste* im Internet eingegangen. Internet-Portale sind „Eingangstore" der Informations- und Serviceanbieter für die Benutzer des World Wide Web (abgekürzt: Web oder WWW). Häufig beinhalten diese Portale *Konsumenteninformationssysteme*, mit deren Hilfe ein Betrieb Produkte und Dienstleistungen an private Letztverbraucher vertreibt *(Abschnitt*

5.3). Das *Kundenbeziehungsmanagement* (engl.: customer relationship management, abgekürzt: CRM) ist ein Konzept, das zur Gewinnung neuer Kunden und zur Pflege dauerhafter, gewinnbringender Kundenbeziehungen alle absatzpolitischen Instrumente integriert und im Hinblick auf den einzelnen Kunden optimiert. Da sich das Kundenbeziehungsmanagement sowohl auf Privatkunden als auch auf Geschäftskunden bezieht, stellen wir es in einem eigenen Hauptabschnitt dar *(Abschnitt 5.4)*.

Der Abschnitt 5.5 behandelt *zwischenbetriebliche Informationssysteme*. Wir betrachten in diesem Zusammenhang den *elektronischen Datenaustausch (EDI), Supply-Chain-Management-Systeme* und *elektronische Marktsysteme*.

Elektronische Marktsysteme gibt es auch für private Verbraucher. eBay ist ein bekanntes Beispiel (siehe Abschnitt 5.3.3.4). Im Gegensatz zu den hierarchisch

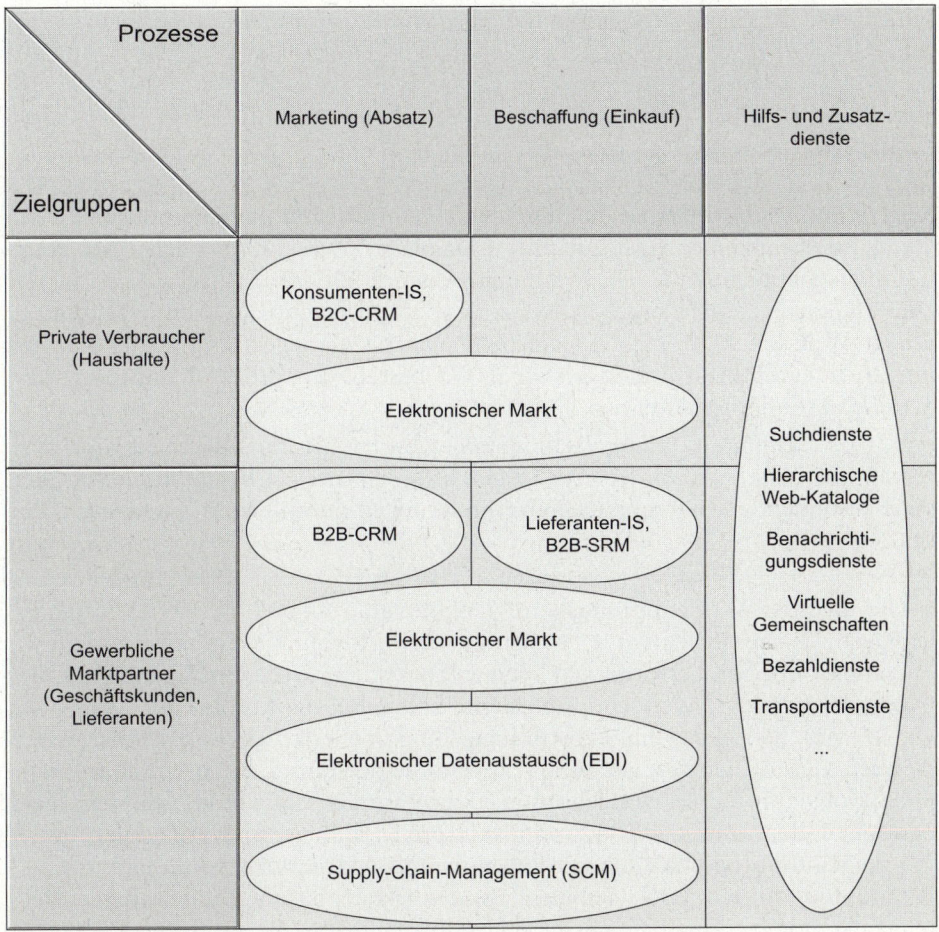

Abb. 5/2: Übersicht über außenwirksame Informationssysteme

gesteuerten, das heißt vom Management eines Betriebs geplanten und koordinierten Konsumenteninformationssystemen, beruhen hier die wirtschaftlichen Austauschprozesse auf dem freien Tausch zwischen vielen Anbietern und vielen Nachfragern. Da es von der prinzipiellen Funktionsweise keine wesentlichen Unterschiede zwischen B2C- und B2B-Märkten gibt, letztere aber in der Wirtschaft stark dominieren, gehen wir im Detail nur auf zwischenbetriebliche Marktplätze ein.

Wir verzichten auch auf die Behandlung des von einigen Standardsoftwareherstellern propagierten *Supplier-Relationship-Managements*, abgekürzt: *SRM*, das als Komplement zum CRM die Lieferantenbeziehungen eines Betriebes unterstützen soll. Das Konzept bietet wenig Neues gegenüber dem klassischen Lieferantenmanagement im Rahmen des elektronischen Einkaufs und wurde dort bereits kurz erläutert.

Der abschließende *Abschnitt 5.6* kennzeichnet für die besprochenen außenwirksamen Informationssysteme die *Marktsituation und Entwicklungstendenzen*.

5.1 Netzwerkökonomie

Wie verändert das Internet die Wirtschaft? Warum sind manche optimistischen Geschäftserwartungen bisher nicht eingetroffen? Wie kam es nach einer Phase der überschäumenden Euphorie zu dem Absturz 2000/2001 (siehe Abb. 5.1/1)? Wie unterscheiden sich Internet-Märkte von den entsprechenden Märkten der realen Welt (engl.: bricks-and-mortar)? Welche Chancen und Risiken bieten außenwirksame Informationssysteme? Wo besteht das größte Marktpotential? Welche Besonderheiten haben digitale Güter?

Wir betrachten diese Fragestellungen des Electronic Commerce exemplarisch anhand *der Wertschöpfungskette in der Buchbranche,* weil sich an diesem Beispiel besonders gut die möglichen Veränderungen durch das Internet zeigen lassen.

Der Begriff **Wertschöpfungskette** (engl.: value chain) wurde 1985 von Michael Porter in seinem Buch „Competitive Advantage: Creating and Sustaining Superior Performance" (New York: The Free Press) geprägt und popularisiert. Die Wertschöpfungskette beinhaltet die Abfolge der Aktivitäten eines Betriebes, um marktfähige Güter zu erstellen und abzusetzen, deren Verkaufswert höher ist als die Summe der Einstandskosten aller Produktionsfaktoren (= Wertschöpfung). Primäre betriebliche Funktionen, die originär den Wert der Produktionsfaktoren erhöhen, sind Forschung und Entwicklung, Beschaffung, Produktion und Marketing. Sekundäre Wertschöpfungsaktivitäten, wie zum Beispiel die Buchhaltung, unterstützen die primären Funktionen, erzeugen aber selbst keinen Wert.

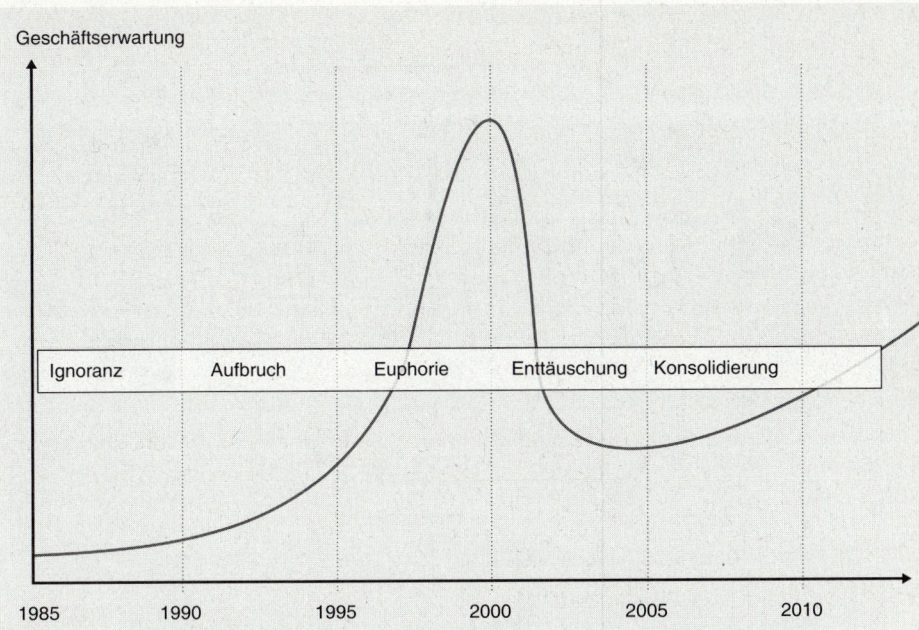

Abb. 5.1/1: Geschäftserwartungen an das Internet

In der Folge wurde das Konzept über den einzelnen Betrieb hinaus auf alle an der Herstellung und Vermarktung eines Erzeugnisses Beteiligten, vom Abbau der Rohstoffe bis zum Verkauf eines Produkts an den Endverbraucher, ausgeweitet. Für diese *übergreifende Wertschöpfungskette,* bei der die „Glieder" (Hersteller, Spediteure, Großhändler, Einzelhändler usw.) durch geschäftliche Transaktionen verbunden sind, werden auch die synonymen Bezeichnungen **Versorgungskette** und **Lieferkette** (engl.: supply chain) verwendet.

5.1.1 Fallstudie Buchhandel

Die Abb. 5.1.1/1 stellt die heute noch vorherrschende *typische Wertschöpfungskette* in der Buchbranche, die wichtigsten Funktionen der Beteiligten und deren Anteile am Ladenverkaufspreis (ohne Umsatzsteuer) dar. Bibliotheken erhalten einen Preisnachlass von fünf bis zehn Prozent.

5.1.1.1 Außenwirksame Informationssysteme in der Buchbranche

Die Abb. 5.1.1.1/1 veranschaulicht, wie eine solche Wertschöpfungskette durch ein umfassendes *Brancheninformationssystem* unterstützt werden kann.

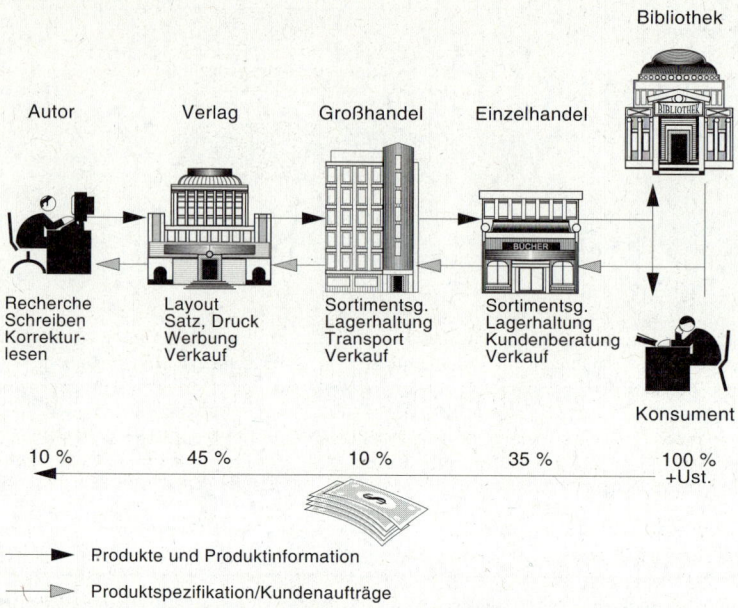

Abb. 5.1.1/1: Typische Wertschöpfungskette in der Buchbranche

Ein **Brancheninformationssystem** (engl.: industry information system) ist ein gemeinsames, zwischenbetriebliches Informationssystem vieler Betriebe eines Wirtschaftszweigs zur Unterstützung ihrer laufenden Geschäftsbeziehungen. Es enthält (nur) jene Funktionen und Daten aller Teilnehmer, die für deren Beschaffung und Absatz wesentlich sind.

Im vorliegenden Fall sind das:

- Allgemeine Information über die beteiligten Unternehmen,
- Information über die Nachfrage und das Angebot an Produkten (Bücher, Zeitschriften, audiovisuelle Medien) wie beispielsweise Produktbeschreibungen, verfügbare Mengen, Größe der Nachfrage im Zeitverlauf,
- Qualitätsindikatoren (bei Büchern beispielsweise Rezensionen und Hitlisten) im Zeitverlauf (eventuell inklusive Prognosen),
- Auftragserfassung, -verwaltung und -abwicklung,
- Verkaufsabrechnung und Bezahlung.

Die physische Distribution der Bücher läuft unverändert über alle Stufen, allerdings können die beteiligten Unternehmen eine gemeinsame Datenbank nutzen und sind beispielsweise nicht auf eine Eigenerfassung der Bücher angewiesen.

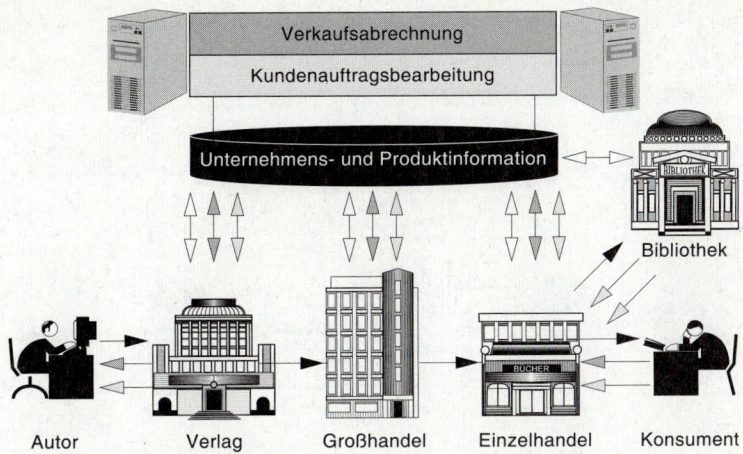

Abb. 5.1.1.1/1: Brancheninformationssystem im Buchhandel

Im *deutschen Buchhandel* ist ein *nationales Brancheninformationssystem* in Betrieb, das die zweiseitigen Geschäftsbeziehungen zwischen Verlagen, Großhändlern und Einzelhändlern unterstützt. Auch Bibliotheken haben Online-Zugriff auf die Produktinformation, sie können jedoch über das System keine Einkäufe tätigen. Betreiber ist der Börsenverein des Deutschen Buchhandels (Berufsverband).

Die Abb. 5.1.1.1/2 kennzeichnet den *möglichen Endzustand einer weiteren Verkürzung der Wertschöpfungskette*. Aufgrund technischer Fortschritte kann ein Autor heute das „Durchschnittsbuch" ohne wesentlich größeren Aufwand als bisher vollständig selbst produzieren und direkt an die Konsumenten verkaufen. Allenfalls für Layout-Arbeiten und die Werbung entstehen ihm zusätzliche Kosten, die durch die Vervielfachung seiner Erlöse mehr als abgegolten werden können. Welche Rolle bei solchen Zukunftsperspektiven noch Verlage, Großhändler, Einzelhändler und Bibliotheken spielen können, ist die große Frage. Die Konsumenten werden zwar nach wie vor Beratung bei der Suche und Auswahl von Büchern benötigen. Das Informationsangebot im Internet wird allerdings einen großen Beitrag zur Konsumenteninformation leisten, und das zu wesentlich geringeren Kosten als durch menschliche Berater in Buchläden.

▶ Übungsaufgabe Nr. 1.5.1 im Arbeitsbuch

Schon seit Jahren bieten zahlreiche Buchhandlungen und zunehmend auch Verlage ihre Produkte auf elektronischem Wege direkt dem Konsumenten an. Durch im Internet offerierte Auszüge oder sogar komplette Werke hofft man, den konventionellen Buch- oder Zeitschriftenverkauf zu stimulieren. Oder es werden elektronische Zusatzleistungen offeriert, beispielsweise bei Lehrbüchern ergänzende Materialien (Folien usw.) für Lehrer, Glossare und Übungsaufgaben

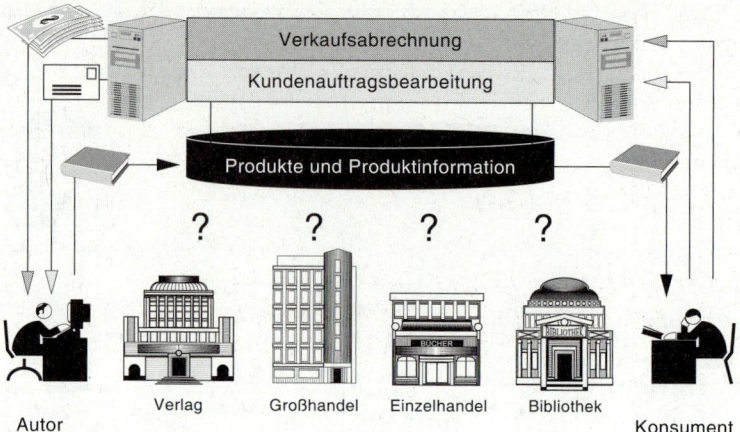

Abb. 5.1.1.1/2: Direktvertrieb in der Buchbranche

samt Musterlösungen für Studierende. Auflagenschwache Fachzeitschriften werden zunehmend zu Gunsten der elektronischen Versionen eingestellt. Eine Flut von gratis abonnierbaren *Newsletters* erfüllt individuelle Informationsbedürfnisse in einem Maße, wie dies bei den aus Kostengründen an Mindestauflagen gebundenen Printmedien bisher nicht möglich war.

5.1.1.2 Internet-Vertrieb elektronischer Bücher

Ein **elektronisches Buch** (E-Buch, engl.: e-book) ist ein Buch, das auf dem Bildschirm eines Computers gelesen wird. Da es in digitaler Form vorliegt, kann es im Gegensatz zu auf Papier gedruckten Büchern auch über das Internet übertragen werden. Urheberrechtlich geschützte Werke sind in der Regel mit einem Kopierschutz versehen, der eine unerlaubte Vervielfältigung und Weitergabe unterbindet und somit die Rechte der Autoren und Verleger wahrt.

Am 14. März 2000 wurde mit *Stephen Kings Erzählung „Riding the Bullet"* das *erste elektronische Buch eines Bestsellerautors exklusiv über das Internet* vertrieben. Bei einem großen Internet-Buchhändler (Amazon.com) konnte man sich das Werk kostenlos zusammen mit der Lese-Software (engl.: reader) herunter laden. 400.000 Abnehmer machten innerhalb von 24 Stunden von diesem Angebot Gebrauch.

Im Juli 2000 startete Stephen King mit dem auf seiner Homepage in monatlichen Fortsetzungen veröffentlichten *Thriller „The Plant"* ein zweites, noch nicht abgeschlossenes Experiment. In Form von Briefen und Vermerken der Angestellten wird die Geschichte eines Satanskultes und einer bösartigen Kletterpflanze erzählt, die in einem Verlag Unheil stiftet. Jeder konnte sich das erste Kapitel kostenlos und unverschlüsselt in den Formaten PDF, Palm-DOC, Open-eBook oder als ASCII- oder

HTML-Datei herunterladen. Weitere Kapitel wollte King jedoch nur dann nachschieben, wenn 75 Prozent derer, die das Kapitel abrufen, dafür einen Dollar bezahlen (zahlbar per Kreditkarte, Scheck oder bar an Amazon.com). Längere Folgekapitel sollten teurer sein, aber der Gesamtpreis sollte 20 Dollar nicht überschreiten (einen Monat später sprach King von maximal 13 Dollar). In der ersten Woche nach Erscheinen wurde das erste Kapitel 152.132 Mal heruntergeladen, 76 Prozent haben bezahlt. Für das Kapitel 4 bezahlten nur noch 46 Prozent. Ende November 2000 kündigte King beim Erscheinen des fünften Teils an, dass das sechste Kapitel für ein Jahr oder länger das letzte sein werde. Als eine kleine Entschädigung für die Unterbrechung und Enttäuschung sei dieses Kapitel kostenlos. Zusammengenommen haben treue King-Leser damit sieben Dollar bezahlt und müssen nun schon „eine Ewigkeit" darauf warten, wie die Geschichte endet.

Derzeit gibt es *einige Zehntausend elektronische Buchtitel,* die bei großen Internet-Buchhändlern und Verlagen heruntergeladen werden können. In deutscher Sprache werden derzeit zirka 3.000 Titel von 50 namhaften Verlagen angeboten. Durch frei aus dem Internet herunter ladbare Lese-Software kann jeder PDA oder PC zum Lesegerät gemacht werden. Im RAM-Speicher eines modernen PDAs haben einige Dutzend Bücher Platz, mit einer leistungsfähigen Speicherkarte können sogar einige Hundert Titel auf Reisen mitgenommen werden. *Spezielle Lesegeräte für elektronische Bücher* konnten sich nicht durchsetzen und sind wieder vom Markt verschwunden. Auch bei den *elektronischen Büchern* ist es bisher nicht zu dem von vielen Marktforschungsinstituten prognostizierten Durchbruch gekommen.

Beispielsweise hat Andersen Consulting (heute Accenture) noch Mitte 2000 prognostiziert, dass *im Jahr 2005 der Umsatz mit elektronischen Büchern* für Konsumenten zwei Milliarden Euro erreichen wird. 28 Millionen Menschen sollten dann spezielle Lesegeräte benutzen. Forrester Research sah hingegen bei digitalen Textbüchern (Lehrbücher, Handbücher) das größte Potential (im Jahr 2005: 147 Millionen Stück im Wert von zirka drei Milliarden Euro), während im Bereich der Belletristik „nur" 73 Millionen verkaufte Titel im Gesamtwert von 600 Millionen Euro erwartet wurden (PC/PDA-Downloads und dedizierte Geräte). Tatsächlich erreichte der weltweite Umsatz mit elektronischen Büchern im Jahr 2003 jedoch nur ungefähr 20 Millionen Euro.

Über die *Ursachen der mangelnden Nachfrage nach elektronischen Büchern* wird viel spekuliert. Als ein Hauptgrund gilt das geringe Angebot an Buchtiteln (verglichen mit einigen Millionen gedruckten Büchern), die zu denselben oder nur geringfügig niedrigeren Preisen wie die gedruckten Werke angeboten werden. Vor allem Bestseller gibt es fast nie in elektronischer Form.

An sich könnte der *Preis* für den Inhalt eines Werkes aufgrund der minimalen Reproduktionskosten und Distributionskosten höchstens ein Drittel eines gedruckten Buches betragen. Dass die Verlage bisher gezögert haben, das E-Buch-Angebot auszuweiten und die Preise für elektronische Bücher wesentlich zu senken, hängt vor allem mit ihren Befürchtungen zusammen, dass dadurch ihr Umsatz mit gedruckten Büchern „kannibalisiert" werden würde.

Aber selbst dann, wenn diese Barrieren eines Tages durch geldgierige Autoren, wagemutige Verleger oder kriminelle Anbieter von Raubkopien überwunden würden, wäre damit der Marktdurchbruch von elektronischen Büchern noch keineswegs sicher. *Menschliche Gewohnheiten* sind oft tief eingeprägt und ändern sich nur allmählich über viele Jahre und Jahrzehnte. Außerdem haben *gedruckte Bücher* durchaus ihre *Vorteile* gegenüber den elektronischen Konkurrenten: Sie sind besser lesbar und für die meisten Menschen einfacher zu benutzen. Sie dienen zur Raumverschönerung und heben durch ihren Anblick das Selbstwertgefühl. Man kann sie überall bekommen und überall hin mitnehmen. Sie sind das ideale Geburtstags- und Weihnachtsgeschenk und sie können, falls sie nicht „passen", sogar umgetauscht werden (bei ungeöffneter Verpackung).

Viele Menschen genießen zudem das Ambiente einer „Bücherstube", das besondere Angebot für literarisch Interessierte und die sozialen Kontakte. Sie beraten sich beim Kauf mit Partnern und Freunden, amüsieren sich bei Leseproben, trinken dazu einen Kaffee usw. Offensichtlich sind viele auch bereit, für persönliche Bedienung und Spezialwissen des Verkäufers auf bestimmten Gebieten Zeit zu investieren und eventuell dafür etwas höhere Kosten in Kauf zu nehmen.

▶ Übungsaufgabe Nr. 1.5.2 im Arbeitsbuch

5.1.1.3 Internet-Vertrieb gedruckter Bücher

Doch für immer mehr Menschen gilt: „Zeit ist Geld". Sie schätzen den bequemen, einfachen Zugriff auf Millionen Buchtitel im Internet. Durch die im Vergleich zum stationären Buchhandel geringeren Kosten der Informationsübertragung können tüchtige Online-Buchhändler dem Leser gezielte Information in bisher nicht da gewesener Fülle bieten. Die Zustellung bestellter Bücher erfolgt in der Regel kostenlos innerhalb weniger Tage. Dadurch sind Bücher zum „Renner" unter den durch Teleshopping gekauften Produkten geworden.

Beispiel eines Internet-Buchhändlers

Ein erfolgreiches Beispiel für einen Internet-Buchhändler ist die US-amerikanische Firma Amazon.com. Das ausschließlich im Internet tätige Unternehmen wurde 1995 gegründet und hat seitdem ein rasantes Wachstum zu verzeichnen. In der Hochsaison vor Weihnachten werden an Spitzentagen über eine Million Pakete versandt. Im Geschäftsjahr 2003 wurden mit zirka 7.800 Mitarbeitern weltweit über vier Milliarden Euro Umsatz erzielt (Zuwachs gegenüber dem Vorjahr: 34 Prozent). 70 Prozent des Umsatzes entfallen auf die USA, 30 Prozent auf den Rest der Welt (220 Länder). Zum ersten Mal seit der Gründung wurde 2003 ein kleiner Gewinn von etwa 30 Millionen Euro gemacht. In den Jahren zuvor wurden bewusst Verluste in Kauf genommen, um das Unternehmen auszubauen (der akkumulierte Verlust beträgt inzwischen fast drei Milliarden Euro). Trotz verbesserter Gewinnaussichten (2004: 400 – 500 Millionen Euro) können Aktionäre auch in absehbarer Zukunft nicht mit der Auszahlung von Dividenden rechnen, da alle Erträge zur Finanzierung des künftigen Wachstums verwendet werden sollen. Der Börsenwert von Amazon.com beträgt zirka 13 Milliarden Euro (Stand Mitte 2004).

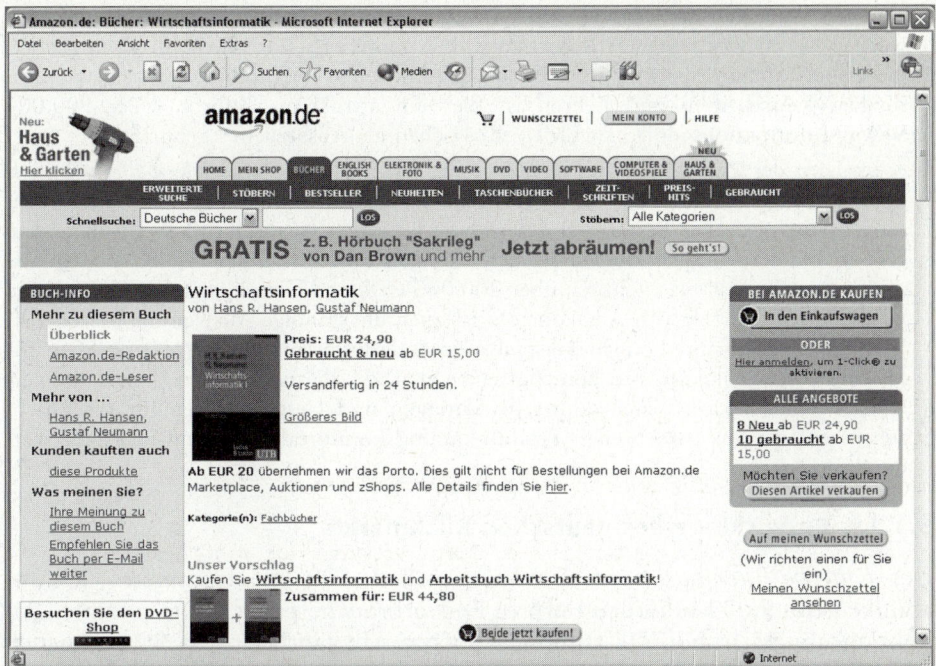

Abb. 5.1.1.3/1: Amazon.de-Buchhandlung im WWW

Fünf Millionen bereits erschienene und im Druck befindliche Buchtitel sind im Katalog gelistet und werden bei Verfügbarkeit prompt ausgeliefert (die größten stationären Buchhandlungen haben selten über 100.000 Titel lagernd). Vorausbestellungen sind möglich und waren zum Beispiel bei den Harry-Potter-Bänden ein großes Geschäft. Die Lieferdauer wird durch die Postlaufzeit bestimmt (Amazon trägt seit November 2004 auch bei Kleinaufträgen die Versandkosten). Auf Bestseller wird bis zu 40 Prozent Rabatt vom *Listenpreis* gegeben, auf Hardcovers und Paperpacks gibt es 10 – 20 Prozent Preisnachlass (nicht in Ländern mit Buchpreisbindung). Seit einigen Jahren werden auch *gebrauchte Bücher* – meist zu einem Bruchteil des Neupreises – angeboten. Durch Hitlisten, Rankings, Rezensionen, Leserkritiken usw. wird *umfangreiche, vollautomatische Beratung* geboten. Leistungsfähige *Suchfunktionen* unterstützen die Online-Recherche nach Sachgebieten, Titeln, Autoren und Stichworten. Bei Einverständnis der Kunden wird ihr Such- und Kaufverhalten durch einen Softwareagenten analysiert. Sie erhalten dann per E-Mail automatisch Rückmeldungen über Bücher und Autoren, die ihren Präferenzen entsprechen. *Werbeeinschaltungen* auf den aufgerufenen Web-Seiten machen auf ergänzende, dem Kundenprofil entsprechende Artikel aufmerksam.

Durch das *Partnerprogramm (Associates Program)* kann jeder WWW-Informationsanbieter kostenlos Subbuchhändler mit einem ausgewählten Sortiment und eigenen Buchbesprechungen werden. Amazon.com übernimmt die Bestellaufnahme, Auftragsabwicklung, Rechnungsstellung und den Kundendienst. Die Vermittler erhalten eine Verkaufsprovision (bis zu zehn Prozent vom Verkaufspreis bei Büchern) und werden durch wöchentliche Absatzstatistiken motiviert. Vor allem für Promotoren, die bisher nur Informations- und Beratungsfunktionen übernommen haben, wie Zeitungen, Zeitschriften und Lehrer, ist dies ein attraktives Zubrot. Über 900.000 WWW-Informationsanbieter wurden inzwischen als Absatzhelfer gebunden.

Im Lauf der Zeit wurde von Amazon.com das *Sortiment um viele weitere Warengruppen ausgeweitet*, so dass es mittlerweile Warenhauscharakter hat. Trotz der Konkurrenz finanzstarker Imitatoren des Geschäftsmodells ist die Firma weltweit und in großen Ländern mit nationalen Niederlassungen führend (zum Beispiel: Amazon.de mit über einer Million Buchtiteln, über 200.000 CDs und allen lieferbaren DVDs). Ein Grund für den Erfolg von Amazon.com ist auch die ständige Ausweitung des Dienstleistungsangebots. So können beispielsweise seit kurzem Brautpaare eine Liste für Hochzeitsgeschenke bei Amazon.com einrichten, die die noch freien Geschenke verwaltet. Amazon.com bietet zahlreiche Vorlagen und Geschenkideen für die Hochzeitslisten, die aus dem breiten Produktkatalog komfortabel zusammengestellt werden können.

5.1.1.4 Entwicklung des deutschen Buchmarkts

Der *deutsche Buchmarkt* erwirtschaftete im Jahr 2003 ein geschätztes Gesamtvolumen von 9,07 Milliarden Euro zu Endverbraucherpreisen. Die gesamte Produktion umfasst rund 770 Millionen Bücher. Mit jährlich zirka 80.000 neuen und neu aufgelegten Titeln gehört Deutschland zu den führenden Buchnationen. Auf der Herstellerseite gibt es zirka 1.800, auf der Handelsseite zirka 4.400 Unternehmen. Seit dem Jahr 2000 musste der Buchhandel insgesamt jährliche Umsatzrückgänge von zwei bis drei Prozent hinnehmen. Im Gegensatz dazu florierte der Versandbuchhandel, der im Jahr 2003 seinen Umsatz auf 850 Millionen Euro steigern konnte. Diese Steigerung ist ausschließlich auf den immer bedeutender werdenden *Internet-Versand* zurückzuführen. Das Online-Geschäft macht schon rund sechs Prozent des Umsatzes mit buchhändlerischen Produkten aus. In diesem Marktsegment führende Unternehmen sind Amazon.de mit über 60 Prozent Marktanteil, Buch.de und der Weltbild-Verlag mit Bookstra.de und Buecher.de. Laut einer Studie des Börsenvereins des Deutschen Buchhandels im Jahr 2003 werden *elektronische Bücher* von 90 Prozent der Verlage lediglich als eine Ergänzung des Verlagsprogramms betrachtet. Das bestätigen auch die Umsatzerwartungen: Über 70 Prozent der Verlage gehen davon aus, dass der Anteil elektronischer Produkte am Gesamtumsatz in zehn Jahren maximal 30 Prozent betragen wird.

5.1.2 Veränderungen der Wertschöpfungskette

Sie haben am Beispiel der obigen Fallstudie gelernt, wie sehr die Wertschöpfungskette durch das Internet verändert werden kann. Das Internet ermöglicht ein umfassendes, auf bestimmte Benutzer zugeschnittenes Informationsangebot und die unmittelbare Interaktion zwischen Anbietern und Nachfragern zu wesentlich günstigeren Kosten als frühere Technologien. Betriebe können damit ihre Geschäftsprozesse effizienter organisieren und neue Märkte erschließen. Ebenso können Konsumenten das Internet dazu benutzen, um geschäftliche Transaktionen abzuwickeln und ihre Freizeit zu gestalten.

Auswirkungen sind:

- Für neueinsteigende Unternehmen wird der Markteintritt erleichtert. Besonders tüchtige Unternehmer können im Internet schneller reüssieren.
- Die Konsumenten erhalten Zugang zu einem wesentlich breiteren Spektrum von Angeboten, die sie auf einfache Weise miteinander vergleichen können.
- Durch die erhöhte Markttransparenz lassen sich große Preisunterschiede kaum aufrechterhalten. Die Gewinne der Internet-Anbieter werden dadurch reduziert, es sei denn, sie können den Preisdruck durch Kostensenkungen auffangen.
- Die Internet-Märkte haben einen zunehmenden Einfluss auf die entsprechenden Märkte in der realen Welt. Örtliche Monopole werden aufgehoben. Die erhöhte Wettbewerbsintensität bringt an der Gewinnschwelle arbeitende Unternehmen in Bedrängnis. Die Absatzmittler zwischen den Herstellern und den Verbrauchern sind von der Ausschaltung bedroht.
- Ob die Verbraucher „ihren" Geschäften in der realen Welt die Treue halten beziehungsweise in welchem Umfang und wie schnell sie von den neuen Möglichkeiten des Internets Gebrauch machen, hängt maßgeblich von ihren Gewohnheiten und der Bindung an ihre bisherigen Geschäftspartner ab.

5.1.2.1 Bedeutung der Absatzmittler

Betrachten wir die beiden letztgenannten Punkte etwas genauer. In der realen Welt sind Absatzmittler (Handelsbetriebe, Reisebüros, Versicherungsmakler, Handelsvertreter usw.) seit jeher durch vor- und nachgelagerte Stufen in der Wertschöpfungskette von der *Ausschaltung (Disintermediation)* bedroht. Für Hersteller ist aus reinen Kostengründen ein direkter Vertrieb nur dann vorteilhaft, wenn bei gleichen Endverkaufspreisen und Absatzmengen die zusätzlichen Vertriebskosten kleiner sind als die Ersparnisse aus der Spanne der Absatzmittler. Für private Verbraucher ist der Bezug beim Großhandel oder Hersteller erheblich billiger, so dass der Einzelhandel ständig mit den Bemühungen zu kämpfen hat(te), ihn zu umgehen. Ebenso sind Handelsbetriebe aller Stufen den Druck horizontaler Mitbewerber gewöhnt.

Diese traditionellen Probleme werden durch die Möglichkeiten, die das Internet bietet, wesentlich verschärft. Weil durch das globale Internet räumliche und zeitliche Beschränkungen aufgehoben sind, drängen zusätzlich *neue Konkurrenten* in großer Zahl auf den Markt. Sie operieren oft zu wesentlich günstigeren Bedingungen von Standorten aus, an denen die Löhne und Steuern niedriger sind und kostenintensive staatliche Auflagen bezüglich Arbeitsbedingungen, Produkthaftung, Datenschutz, Sicherheit, Umweltschutz usw. weitgehend fehlen. Sie verzichten häufig auf eine eigene Lagerhaltung (Streckenhandel). Zudem partizipieren sie als „Trittbrettfahrer" von Werbung, Verkaufsförderung und

Kundenberatung der Hersteller und des stationären Fachhandels. Durch die attraktiveren Rahmenbedingungen können sie bekannte Produkte so preisgünstig anbieten, dass kleinere Absatzmittler in der realen Welt oft kaum noch eine Chance haben.

▶ Übungsaufgabe Nr. 1.5.3 im Arbeitsbuch

Ob die elektronischen Vertriebsmöglichkeiten tatsächlich zur tendenziellen Ausschaltung von Absatzmittlern oder Intermediären (engl.: mediator) führen werden, ist in Wissenschaft und Praxis jedoch umstritten:

• Die *These der Ausschaltung oder Disintermediation* (engl.: disintermediation) basiert auf der Annahme, dass Produzenten Leistungen der Intermediäre übernehmen, direkt mit den Kunden kommunizieren und Teile der abgeschöpften Gewinne an diese weitergeben. Dadurch werden die Wertschöpfungsketten kürzer.

• Die *These der Re-Intermediation* (engl.: re-intermediation) argumentiert, dass es in einer auf dem Internet basierenden Geschäftswelt weiterhin Intermediäre geben wird, dass diese allerdings andere als heute sein werden. Intermediäre (elektronische wie auch physische) reduzieren beispielsweise die Anzahl der notwendigen Kontakte zwischen den Marktteilnehmern, so dass Anbieter

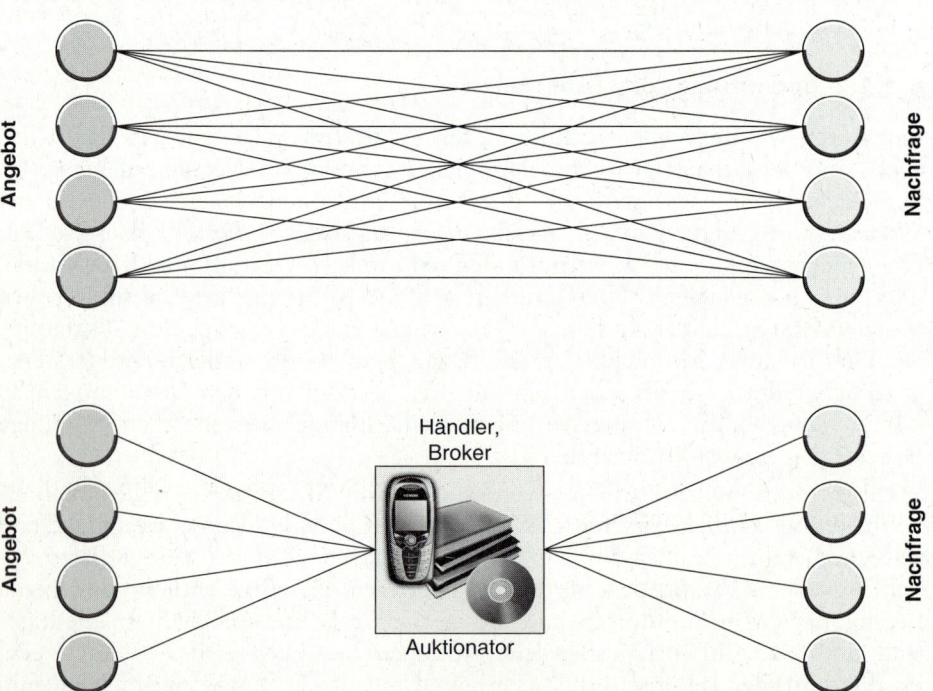

Abb. 5.1.2.1/1: Reduktion der notwendigen Kontakte zwischen Marktteilnehmern durch Intermediäre

und Nachfrager auf Leistungen eines Intermediärs zurückgreifen, obwohl sie in der Lage wären, diese selbst zu erbringen. Die These geht von ähnlich langen Wertschöpfungsketten aus.

- Durch neue, spezialisierte Intermediäre kann die Effizienz der Austauschprozesse zwischen Produzent und Konsument erhöht und generell die Servicequalität verbessert werden. Die *These der DisinteREmediation* argumentiert, dass durch die Reduktion der Informationskosten und den Einsatz einer verbesserten Informationsinfrastruktur neue Geschäftsmöglichkeiten für Intermediäre entstehen und sich deshalb die Wertschöpfungsketten verlängern.

Ein wesentlicher Teil der Kosten von Markttransaktionen ist durch die Kommunikation bedingt. Da durch den Einsatz der Internet-Technik die Informationskosten drastisch reduziert werden, können auch die *Absatzmittler kostengünstiger* arbeiten, sich leichter in eine Wertschöpfungskette einschalten und ihre *Mehrwertleistungen* einbringen. Solcher Mehrwert entsteht vor allem durch ein breites und tiefes Sortiment (aggregierte elektronische Kataloge), qualifizierte, herstellerneutrale Beratung und durch Zusatzleistungen. Durch ihre ausgezeichneten Marktkenntnisse und große Abnahmemengen können Absatzmittler vielfach besonders günstige Preise bieten. Sie können eine Vertrauensinstanz sein, wenn sich Anbieter und Nachfrager nicht kennen oder nicht beurteilen können. Und sie können Datenschutzfunktionen wahrnehmen, wenn die Anbieter und Nachfrager anonym bleiben wollen.

Das Phänomen der *DisinteREmediation* ist nicht neu und konnte in ähnlicher Form bei der Verbesserung der Informationssysteme in der Luftfahrt beobachtet werden. Durch die Einführung des *SABRE-Reservierungssystems* 1962, welches zunächst für eine einzige Luftlinie, aber sehr bald auch für alle Luftlinien in allen Reisebüros einsetzbar wurde, hat sich bis heute eine umfangreiche Infrastruktur mit Zusatzdiensten wie Vielfliegerkarten oder Hotelbuchungen und zusätzlichen Servicediensten ergeben. Aus der ursprünglich einfachen Wertschöpfungskette hat sich eine komplexe Struktur mit vielen Zulieferern und zahlreichen Intermediären entwickelt.

5.1.2.2 Verdrängung konventioneller durch elektronische Verkaufsstätten

Ähnlich differenziert wie die Ausschaltungsproblematik ist die Frage zu sehen, ob künftig konventionelle Verkaufsstätten zunehmend durch elektronische ersetzt werden. In manchen Bereichen hat der Einkauf über das Internet klare Effizienzvorteile, in anderen Bereichen kann er das Einkaufserlebnis und die sozialen und auch sensorischen Eindrücke des Besuchs eines Geschäftslokals nicht ersetzen. Das Verkaufserlebnis findet am Ort des Einzelhändlers statt. Würde der Einzelhandel weitgehend eliminiert, müssten andere Dienstleistungseinrichtungen (etwa des Produzenten) diese Aufgaben übernehmen. Zum Beispiel ist in manchen hochpreisigen Segmenten des Autohandels diese Funktion bereits beim Produzenten. Eine vollständige Disintermediation durch das Internet ist somit nur für spezielle Produktgruppen möglich.

5.1.3 Digitale Güter

> **Digitale Güter** (engl.: digital goods) sind immaterielle Mittel zur Bedürfnis-
> befriedigung (Produkte und Dienstleistungen), die in digitaler Form (durch
> Zeichen) repräsentiert werden.

Am schnellsten und weitreichendsten sind die Marktveränderungen durch
das Internet dort, wo mit *standardisierten Informationsprodukten* gehandelt
wird: Dies sind beispielsweise Softwareprodukte, Aktien, Nachrichten, Reisebuchungen, Videos oder Musikaufnahmen. Diese Informationsprodukte liegen
heute meist in digitaler Form vor. Die Kosten der Erstellung der ersten Kopie
(engl.: master copy) entspricht den Kosten von materiellen Gütern, allerdings
sind die Vervielfältigungskosten minimal. Zusätzliche Kopien können in nahezu
unbegrenzter Zahl zu geringen, gleich bleibenden Stückkosten produziert werden. Doch nicht nur die Vervielfältigungskosten von digitalen Gütern sind sehr
gering, auch deren Distribution über das Internet ist sehr kostengünstig.

Die genannten Eigenschaften haben für den Produzenten nicht nur Vorteile,
da sie auch die ungewollte Vervielfältigung, die Erstellung von „Raubkopien",
erleichtern. Standardisierte Informationsprodukte, nach denen große Nachfrage
herrscht (Massenware, engl.: commodity), sind für *Raubkopierer* besonders
verlockend. Während der Originalhersteller seine Entwicklungskosten auf die
geplante Verkaufsauflage verteilen muss, hat der Raubkopierer nur die geringen
Vervielfältigungs- und Distributionskosten zu tragen. Folglich müssen die Produzenten mit Einnahmeverlusten durch das illegale Kopieren rechnen und können unter Umständen ihre Entwicklungskosten nicht mehr hereinbringen.

Diese Probleme werden durch Beispiele der *Musik-, Film- und Softwarebranche* verdeutlicht. Diese Wirtschaftszweige beklagen Milliardenverluste durch illegal gebrannte CDs/DVDs und den Austausch von Raubkopien im Internet. Seit dem Jahr
2000 betrug der Umsatzrückgang der Musikbranche (nach Aussagen der Produzenten aus diesen Gründen) weltweit minus sieben Prozent, in Deutschland sogar minus
20 Prozent (Quelle: BMG). Die deutsche Filmindustrie behauptet einen jährlichen
Schaden von 800 Millionen Euro durch illegal gebrannte Filme. Etwa dieselbe Scha-
denshöhe wird für die deutsche Softwarebranche genannt (Quelle: BSA). Durch
Lobbying für wirkungsvollere Gesetze zum Schutz des Urheberrechts, gerichtliche
Verfolgung von Raubkopierern, Abschreckungskampagnen und Kopierschutz (Verschlüsselung, Wasserzeichen, Unterbindung von Ausgabemöglichkeiten usw.) versuchen die Originalhersteller und Branchenverbände, die Zahl der Raubkopien einzudämmen. Die Firma Apple hat es mit dem iTunes Music Store im Jahr 2003
vorgemacht, dass auch ein legales Musikgeschäft im Internet florieren kann. Das
Herunterladen eines Stücks kostet 99 US-Cents, insgesamt werden über 500.000 Titel
angeboten, wöchentlich werden im Durchschnitt 2,5 Millionen Titel herunter geladen
(Mitte 2004). Seitdem folgen zahlreiche Unternehmen der Unterhaltungsbranche diesem Geschäftsmodell.

Digitale Güter besitzen *Ähnlichkeiten zu öffentlichen Gütern,* zu denen beispielsweise die Landesverteidigung, die öffentlichen Parks oder die öffentlichen

Abb. 5.1.3/1: iTunes Music Store von Apple Computers

Verkehrswege zählen. Die wichtigsten Eigenschaften von öffentlichen Gütern sind die Nicht-Rivalität (durch die Nutzung eines Gutes wird niemand anderer an dessen Nutzung gehindert) und die Nicht-Ausschließbarkeit (der Produzent eines öffentlichen Gutes kann niemanden an der Nutzung hindern). Die Konsequenzen von öffentlichen Gütern sind „Trittbrettfahrer" (diese nutzen ein Gut, ohne zu dessen Erstellung beigetragen oder bezahlt zu haben) und eine Unterversorgung des Marktes (niemand ist bereit, entsprechende Güter ohne Entgelt zur Vergütung zu erstellen), die schließlich zum Marktversagen führt.

Beispielsweise bei *MP3-Musikstücken* ist technisch gesehen sowohl die *Nicht-Rivalität* (man nimmt niemandem das Musikstück weg, wenn man es kopiert) wie auch die *Nicht-Ausschließbarkeit* gegeben (es gibt keinen Kopierschutz). Folglich besitzt das MP3-Musikstück die Eigenschaften eines öffentlichen Gutes. Allerdings wird juristisch durch das Urheberschutzgesetz die Kopierbarkeit eingeschränkt.

Eine vollständige *Verdrängung von materiellen Gütern* durch digitale Güter ist unwahrscheinlich. Die Vergangenheit hat gezeigt, dass bei der Einführung neuer informationstechnischer Produkte die bestehenden Produkte wohl an Stellenwert verloren haben, aber gleichzeitig eine Produktdifferenzierung bewirkten. So hat beispielsweise die Einführung des Fernsehens weder Radio noch Zeitungen noch Bücher verdrängt.

▸ Übungsaufgabe Nr. 1.5.4 im Arbeitsbuch

5.1.4 Netzwerkeffekte

Bei der *Standardisierung von Produkten und Dienstleistungen* tritt ein ähnliches Phänomen wie bei öffentlichen Gütern auf: eine Institution investiert in die Entwicklung von Standards, von deren Verwendung zahlreiche Marktteilnehmer profitieren. Dabei gilt vielfach, dass der Nutzen eines Gutes mit dessen Verbreitungsgrad zunimmt.

Das *Metcalf'sche Gesetz* besagt, dass der Wert eines Kommunikationsmediums quadratisch mit der Zahl der daran angeschlossenen Benutzer ansteigt. Es liegt darin begründet, dass die Zahl der möglichen Interaktionen in einem Netzwerk ebenso quadratisch zu der Zahl der angeschlossenen Benutzer ansteigt. Dieses Postulat wurde von Robert Metcalf, dem Entwickler des Ethernets, bereits 1970 formuliert. Ökonomen bezeichnen dieses Phänomen auch als positiven Netzwerkeffekt.

> Ein **positiver Netzwerkeffekt** (engl.: positive network effect) besagt, dass die erhöhte Verbreitung eines Gutes sowohl den Produzenten als auch den Kunden zu Gute kommt.

Der positive Netzwerkeffekt sorgt dafür, dass beispielsweise ein Marktplatz umso wertvoller für die Mitglieder ist, je mehr daran teilnehmen. So erhöht eine höhere Zahl von potentiellen Nachfragern auf einem Marktplatz die Attraktivität für die Anbieter und eine hohe Anzahl von Anbietern bedeutet einen Zuwachs an Attraktivität für die Nachfrager.

Zu den positiven Netzwerkeffekten zählen die *positiven Konsumeffekte* und die *positiven Produktionseffekte*.

Ein *positiver Konsumeffekt* (engl.: positive consumer effect) ist ein Netzwerkeffekt durch die Anzahl von Kunden, etwa in einem Telekommunikationsnetz die Anzahl der Teilnehmer. Positiver Konsumeffekt bedeutet, dass der Nutzen einer Einheit eines Gutes mit der erwarteten Anzahl von Einheiten, die verkauft werden können, steigt.

Zum *Beispiel* ist für Sie ein Faxgerät, ein Telefon oder ein E-Mail-Programm umso wertvoller, je mehr potentielle Kommunikationspartner Sie damit erreichen können. Wenn Sie einem Verein beitreten, der primär der Beziehungspflege und der gegenseitigen Unterstützung dient, dann profitieren Sie ebenfalls von einer möglichst großen Mitgliederzahl. Auch wenn Sie sich für eine bestimmte Software oder einen bestimmten PKW entscheiden, werden Ihre Überlegungen durch die Verbreitung dieser Produkte und daraus resultierende Vorteile (Kompatibilität, Reifegrad, Wartung) beeinflusst.

Die Beziehungen zu den anderen Konsumenten können also real oder virtuell sein. Große Netze haben stärkere Netzwerkeffekte als kleine Netze. Unter sonst gleichen Bedingungen sollten die Konsumenten deshalb bereit sein, mehr für den Anschluss an größere Netze zu bezahlen.

Netze können auch *positive Produktionseffekte* haben, das heißt, dass die durchschnittlichen Kosten von Produkten mit zunehmendem Absatz beziehungsweise Teilnehmerkreis sinken. Diese Stückkostendegression wird hauptsächlich durch die Aufteilung von Investitionen (Fixkosten) in Forschung und Entwicklung, Produktion und Vertrieb auf eine höhere Zahl verkaufter Einheiten sowie durch Mengenrabatte beim Einkauf erreicht. Diese wirtschaftlichen Vorteile der Größe (engl.: economies of scale; efficiency of scale; Synonym: Skalenertrag) sind dort besonders hoch, wo sehr hohe Anfangsinvestitionen und vergleichsweise geringe Herstellungs- und Vertriebskosten gegeben sind.

Große positive Produktionseffekte sind beispielsweise in der Automobilindustrie, bei Chipproduzenten, bei Standardsoftwareherstellern und den Betreibern von Telekommunikationsnetzen gegeben.

5.1.4.1 Strategien zur Nutzung von Netzwerkeffekten im Internet

In der Anfangsphase des Internet-Booms wurde vielfach *der falsche Schluss* gezogen, dass alle Internet-Unternehmen massiv von positiven Netzwerkeffekten profitieren. Dementsprechend sei „um jeden Preis" ein rasches Wachstum anzustreben, um die Vorteile der Größe nutzen zu können. *Umsatzmaximierung wurde als Weg zur Marktdominanz* gesehen. Die Strategie war, durch massive Werbung und stark verbilligte Produkte möglichst rasch einen großen Kundenstock zu erreichen, um es damit später in den Markt eintretenden Konkurrenten

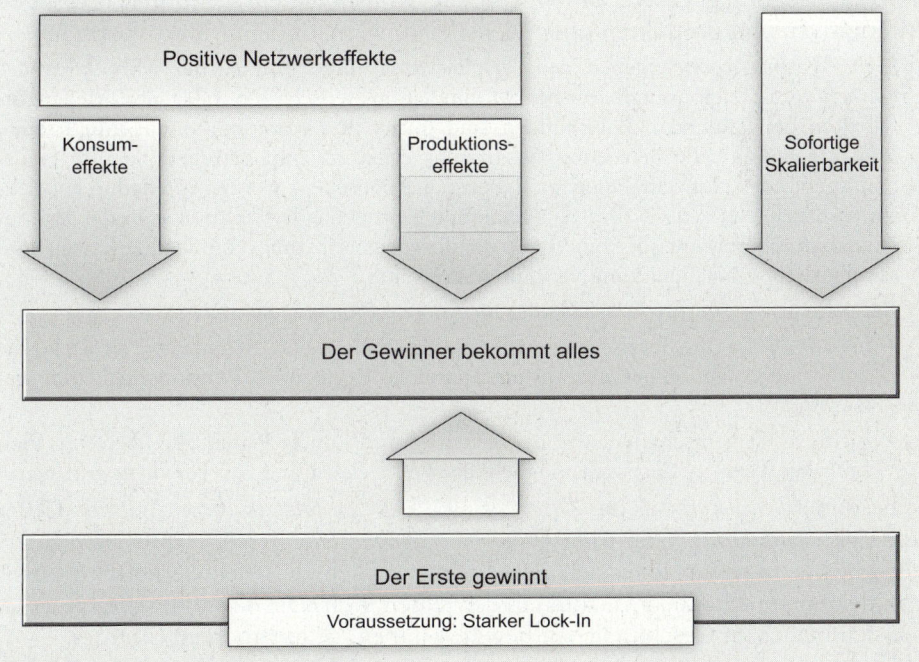

Abb. 5.1.4.1/1: Wettlauf ins Internet

zu erschweren, die wettbewerbsnotwendige Betriebsgröße (Stückkostendegression) zu erreichen. *„Der Erste gewinnt"* (engl.: first mover wins) und *„Der Gewinner bekommt alles"* (engl.: the winner takes it all) waren scheinbar die Devisen beim „Wettlauf ins Internet".

Netzwerke sind generell durch einen *„lock-in"* charakterisiert, der sich aus den Kosten der Teilnehmer beim Wechsel zu einem Alternativprodukt ergibt. Besitzt beispielsweise ein Kunde einen hohen Anteil an anbieterspezifischen Produkten, so wird er diese bei einem Herstellerwechsel nicht nutzen können (etwa Microsoft-Produkte, Sony-Zubehör und ähnliches). Durch diesen „lock-in" ergibt sich ein Trend zur Monopolisierung. Auf der anderen Seite hat die Vergangenheit gezeigt, dass gerade bei digitalen Produkten die Märkte häufig instabil sind, und sich in relativ kurzer Zeit neue Netzwerke mit geringen Einstiegskosten etablieren können.

Beispiele für Netzwerke mit einem schwachen Lock-in sind etwa der Internet-Handel mit Lebensmitteln, Spielzeug, Textilien und Schuhen. Die Verbraucher haben bei diesen und vielen anderen Angeboten nichts oder kaum etwas davon, wie viele andere Personen diese Produkte verwenden.

5.1.4.2 Internet-Märkte mit starkem Lock-in-Effekt

Ein starker Lock-in-Effekt wird durch *starke positive Konsumeffekte* und *hohe Herstellerwechselkosten* bewirkt. Dieser Effekt ist etwa bei einem hohen Monopolisierungsgrad gegeben, durch den die Konsumenten keine gleichwertigen Alternativen von Produkten oder Dienstleistungen auf dem Markt vorfinden.

Hohe Wechselkosten ergeben sich beispielsweise durch die fehlende Mitnahmemöglichkeit von Telefonnummern bei Mobiltelefongesellschaften oder der Meilengutschriften bei Fluglinien. Bankkunden sind durch ihre Kontonummern, ihre Kredite und ihre individuelle Betreuung (Vertrauensverhältnis zum Betreuer) an ihre Hausbank gebunden. Einzelhändler (zum Beispiel Apotheken) werden oft dadurch „elektronisch gefesselt", dass „ihr" Großhändler weitreichende Funktionen in der Warenwirtschaft übernimmt (bis hin zur kostenlosen Überlassung von Scannerkassen und automatischen Nachlieferung verkaufter Produkte).

Beispiele für starke Lock-in-Effekte von Internet-Märkten sind:

*   Instant-Messaging-Services, wie von AOL, Yahoo und Microsoft Network, die durch die große Teilnehmerzahl umfangreiche Kommunikationsmöglichkeiten bieten, und
*   Virtuelle Gemeinschaften, wie bei Geocities und Lonely Planet, die über eine Vielzahl von Themen Gesprächsmöglichkeiten mit vielen anderen Personen eröffnen.

Besondere *Stärken* hat das *Internet* also bei der *Distribution digitaler Güter* und der *Vernetzung vieler Menschen mit gleichen Interessen*. Die meisten Internet-Märkte unterscheiden sich jedoch hinsichtlich der Netzwerkeffekte nicht von den entsprechenden Märkten in der realen Welt. Die ökonomischen Regeln, die sich bisher im Geschäftsleben bewährt haben, gelten auch im Internet.

▶ Übungsaufgabe Nr. 1.5.5 im Arbeitsbuch

5.1.5 Geschäftsmodelle für E-Commerce

Ein **Geschäftsmodell** (engl.: business model) beschreibt die Geschäftstätigkeit eines Unternehmens oder eines Unternehmenszweiges aus der Sicht der Wertschöpfung, der Kosten und der Erlöse. Das Geschäftsmodell kennzeichnet die Geschäftsidee und die Wertschöpfungsziele (engl.: value proposition), das Konzept, wie die Wertschöpfung zu erzielen ist (das Leistungsmodell), und das Ertragsmodell, das die eingesetzten Ressourcen und die geplanten Einnahmequellen gegenüberstellt (engl.: cost and revenue streams). Das Geschäftsmodell sollte möglichst ein Alleinstellungsmerkmal für die geplante Wertschöpfung (engl.: unique selling proposition, abgekürzt: USP) besitzen oder die gleichen Leistungen wie die Konkurrenz nachweislich kostengünstiger erbringen können.

Das Geschäftsmodell bildet somit den Rahmen für das Angebot von Produkten und/oder Diensten eines Unternehmens.

5.1.5.1 Grobklassifikation von Internet-Unternehmen

Nach dem *Gegenstand der Geschäftstätigkeit* kann man ganz grob folgende *Gruppen von Unternehmen* im Bereich des E-Commerce unterscheiden:

- Anbieter von *Netzen* (engl.: network service provider) wie beispielsweise des *Internet-Zugangs* (engl.: Internet access provider).
- Anbieter von *höherwertigen Kommunikationsdiensten* (engl.: communication service provider), wie zum Beispiel Telefon-, Fax-, E-Mail- und Videokonferenzdienste.
- Anbieter von *Hilfs- und Zusatzdiensten,* die die Anbahnung und Durchführung von Geschäften erleichtern und unterstützen, wie zum Beispiel Suchdienste, Verzeichnisdienste, Sicherheitsdienste, Bezahldienste und Marktorganisationsdienste.
- Anbieter von *Inhalten* (engl.: content provider), das heißt von digitalen Gütern, wobei prinzipiell die gesamte Geschäftsabwicklung über das Internet durchgeführt werden kann.
- Anbieter von *Dienstleistungen* (engl.: service provider), die über das Internet erbracht werden können (beispielsweise eine Fernwartung oder eine Lohnabrechnung). Im Falle der Bereitstellung von Anwendungsdienstleistungen spricht man auch im Deutschen von ASP (Abkürzung von engl.: application service provider).
- Anbieter von *materiellen Gütern* (engl.: provider of tangible goods), wobei der Informationsaustausch und die Bezahlung über das Internet, die Warenlieferung über traditionelle Logistikwege erfolgt.

Ein **Internetdienstanbieter** (engl.: Internet service provider, abgekürzt: ISP) ist ein Anbieter von Dienstleistungen über das Internet. Die Abkürzung **ISP** ist auch im deutschen Sprachraum gebräuchlich.

Zu den Internetdienstanbietern zählen die Internetzugangsanbieter, die Anbieter von höherwertigen Kommunikationsdienstleistungen über das Internet und die Anwendungsdienstanbieter (engl.: application service provider).

Ein **Internetzugangsanbieter** (engl.: Internet access provider) bietet auf verschiedenen Übertragungswegen (Telefonnetz, ISDN, xDSL, TV-Kabel, Mobilfunk, Satellitenfunk, WLAN) Einwahlmöglichkeiten und Standleitungen ins Internet.

Näheres über die Zugangswege zum Internet und die zugrunde liegenden Transportnetze erfahren Sie im Band 2, Kapitel 6. Im Abschnitt 3.4 dieses Bands haben wir bereits die Kommunikationsdienste behandelt. Deshalb konzentrieren wir uns in den folgenden Ausführungen auf die Hilfs- und Zusatzdienste, die die Anbahnung und Durchführung von Geschäften unterstützen, sowie auf das Angebot von Inhalten, Produkten und Dienstleistungen.

5.1.5.2 Bestandteile eines E-Commerce-Geschäftsmodells

Ein **Geschäftsmodell für Electronic Commerce** (engl.: e-commerce business model), abgekürzt: **E-Geschäftsmodell**, bildet den Rahmen für die Geschäftstätigkeit eines Unternehmens im Internet (E-Commerce). Das E-Commerce-Geschäftsmodell beschreibt die Geschäftsidee, die Vision, das Leistungsmodell, das Ertragsmodell sowie die unternehmerischen Rahmenbedingungen (wie beispielsweise Standort, Rechtsform, Marktbearbeitungsstrategie, strategische Allianzen), die auf die jeweilige Bedingungslage abgestimmt sind.

Die Abb. 5.1.5.2/1 zeigt die *Bestandteile eines E-Commerce-Geschäftsmodells,* das als Rahmen für den Aufbau von außenwirksamen Informationssystemen dienen kann. Ausgangspunkt des Geschäftsmodells sind die Vision und die Geschäftsidee des Anbieters. Daraus werden strategische Ziele und Überlegungen hinsichtlich Standort, Rechtsform, Marktbearbeitungsstrategien und eventuelle Allianzen abgeleitet. Die Grundsatzentscheidungen über das Leistungsangebot hängen wesentlich von den zur Verfügung stehenden Ressourcen (Liegenschaften, Personal, Hardware, Software) und Budgetmitteln ab. Die Organisationsstrukturen sollten sich ebenso am Geschäftsmodell orientieren.

Während eine Geschäftsidee eine Marktchance zeichnet, prägt die *Vision* für eine Organisation das Bild einer attraktiven, einzigartigen Zukunft. Sie motiviert die Beteiligten zur Zusammenarbeit im angestrebten Sinn. Aus der Vision werden

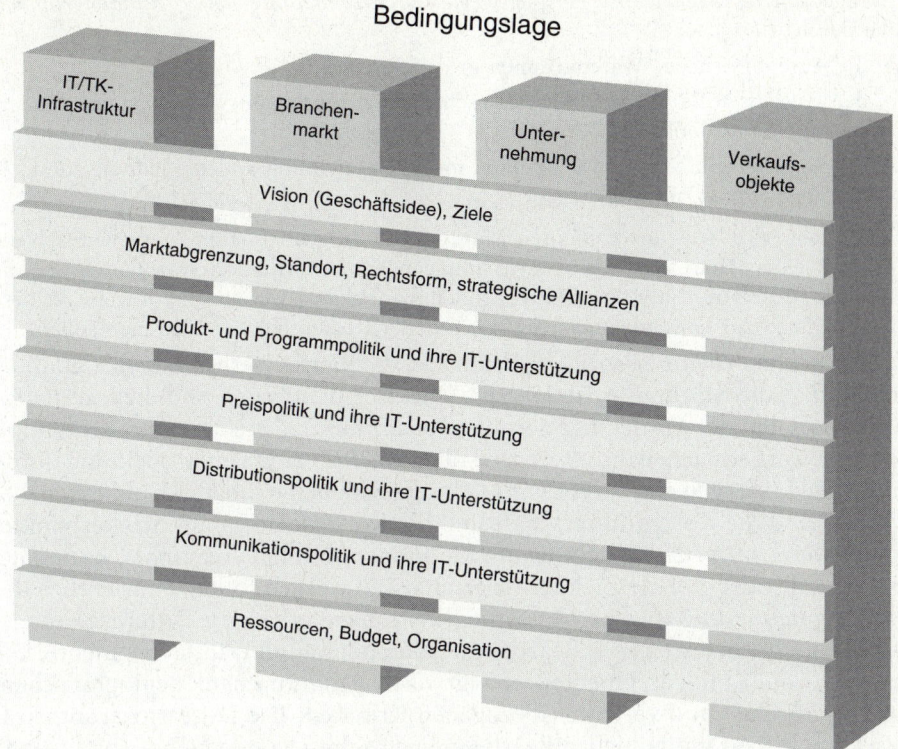

Abb. 5.1.5.2/1: Bestandteile eines E-Commerce-Geschäftsmodells

Ziele abgeleitet, die als Richtgrößen für das Handeln dienen. Sie definieren angestrebte zukünftige Vorgänge oder Zustände, handlungssteuernde Vorgaben und Beurteilungsmaßstäbe. Strategische Ziele positionieren ein Unternehmen im Wettbewerb und legen die Aktionsräume auf hohem Abstraktionsniveau fest. Ziele können qualitative und quantitative Inhalte haben. Der vorgesehene Zeitraum für die Zielerreichung (Zieldauer) ist bei E-Commerce-Geschäftsmodellen in der Regel mittel- und langfristig.

> Zum *Beispiel* ist es die *Vision von Amazon.com,* die größte Auswahl von Waren auf der Welt anzubieten („Build a place where people can find, discover, and buy anything they want to buy online.") und bei den Geschäftsprozessen den Kunden in den Mittelpunkt zu stellen („Start with the customer and work backwards."). *Oberstes Ziel* von Amazon.com ist die Umsatzmaximierung. Es wird nicht daran gedacht, in absehbarer Zukunft Dividenden auszuschütten; alle verfügbaren Mittel sollen in den Ausbau des Unternehmens investiert werden. Die konkreten Umsatz- und Gewinnziele werden am Beginn eines jeden Geschäftsjahrs veröffentlicht (für 2004 lauten diese Ziele: 6,2 – 6,7 Mrd. USD Umsatz und 430 – 530 Millionen USD Gewinn). Aus den Oberzielen werden Sachziele und Formalziele abgeleitet. Ein unmittelbar

nachgeordnetes Sachziel ist beispielsweise die *Erschließung neuer Kundengruppen*, die durch

- die Aufnahme neuer Warengruppen in das Sortiment,
- den Ausbau ausländischer Tochtergesellschaften (nationale Web-Sites) mit länderspezifischen Produkten,
- das Angebot von Amazon-Produkten im Produktkatalog anderer Händler und
- den Verkauf von Produkten von Dritten (engl.: third party seller) über Amazon

angestrebt wird. Aus den geplanten Markterschließungsmaßnahmen ergeben sich die erforderlichen Neu- und Weiterentwicklungen von Informationssystemen sowie die nötige IT-Infrastruktur. Die entsprechenden Formalziele weisen aus, inwieweit diese Maßnahmen zur Umsatz/Gewinnsteigerung oder Kostensenkung beitragen sollen.

Die *Marktbearbeitungsstrategie* beinhaltet die Wettbewerbsstrategie (Konkurrenzpolitik), die Marktabgrenzung, die Marktsegmentierung und die Internationalisierung. Bei der Festlegung der *Wettbewerbsstrategie* ist zu entscheiden, ob die Mitbewerber nachgeahmt werden sollen oder ob eine Unterscheidung durch innovative Lösungen angestrebt wird. Weitere Möglichkeiten der Konkurrenzbegegnung sind die Kostenführerschaft und die Konzentration auf Schwerpunkte. Bei der *Marktabgrenzung* geht es um die Frage, ob lokale/regionale, nationale, kontinentale oder globale Zielmärkte erschlossen werden sollen. Hinsichtlich der *Marktsegmentierung* ist eine Massenmarktstrategie oder eine Differenzierungsstrategie möglich, jeweils mit Bearbeitung aller oder ausgewählter Segmente. Die Auswahl von Kundensegmenten erfolgt nach geografischen, demografischen, psychografischen und verhaltensbezogenen Kriterien. Die Differenzierungsstrategie kann bis zur individuellen Bearbeitung einzelner Kunden (engl.: one-to-one marketing) reichen. Wenn eine *Internationalisierung* geplant ist, so muss festgelegt werden, ob nationale, übernationale, multinationale oder globale Marketing- und IT-Strategien vorgesehen sind.

Strategische Allianzen spielen im E-Commerce eine große Rolle. Dabei arbeiten rechtlich und wirtschaftlich unabhängige Unternehmen zur Erzielung von Wettbewerbsvorteilen zusammen. Die Zwecke von Allianzen sind vielfältig. Zum Beispiel können Allianzen zur Markterschließung, zur Erzielung von Mengenrabatten im Einkauf, zur besseren Ausnutzung von Kapazitäten oder zur Bündelung von Kompetenzen in Joint Ventures dienen. Allianzgegenstand können alle Geschäftsprozesse sein. Im E-Commerce ist die Zusammenarbeit bei Cross-Selling (gegenseitige Aufnahme von Gütern des Partners in das Verkaufsprogramm), Logistik, Bezahlung und dem Betrieb von Web-Sites besonders häufig.

Das *Leistungsangebot* umfasst die Produkte und Dienstleistungen, die ein Anbieter im Programm führt, sowie die Instrumente zu ihrer Vermarktung mittels Informationssystemen. Entsprechend der üblichen Einteilung in der Marketing-Literatur unterscheiden wir dabei Maßnahmen der Produkt- und Programmpolitik, der Preispolitik, der Distributionspolitik und der Kommunikationspolitik. Wir gehen auf diese Marketing-Maßnahmen und ihre IT-Unterstützung im Detail bei der Behandlung von Konsumenten- und zwischenbetrieblichen Informationssystemen ein (siehe Abschnitte 5.3–5.5). Ihre Ausgestaltung erfolgt in Anpassung an die jeweilige Bedingungslage.

▶ Übungsaufgabe Nr. 1.5.6 im Arbeitsbuch

5.1.5.3 Bedingungslage für E-Commerce

Die *Bedingungslage* (siehe Abb. 5.1.5.3/1) umfasst jene Faktoren, die vom Betreiber eines außenwirksamen Informationssystems in der Regel nicht oder zumindest nicht kurzfristig beeinflusst werden können, die jedoch die Grundsatzentscheidungen beim Systemaufbau maßgeblich bestimmen. Dazu gehören die vorhandene Telekommunikationsinfrastruktur, die Branchenmerkmale, firmenspezifische und verkaufsobjektbezogene Bestimmungsfaktoren.

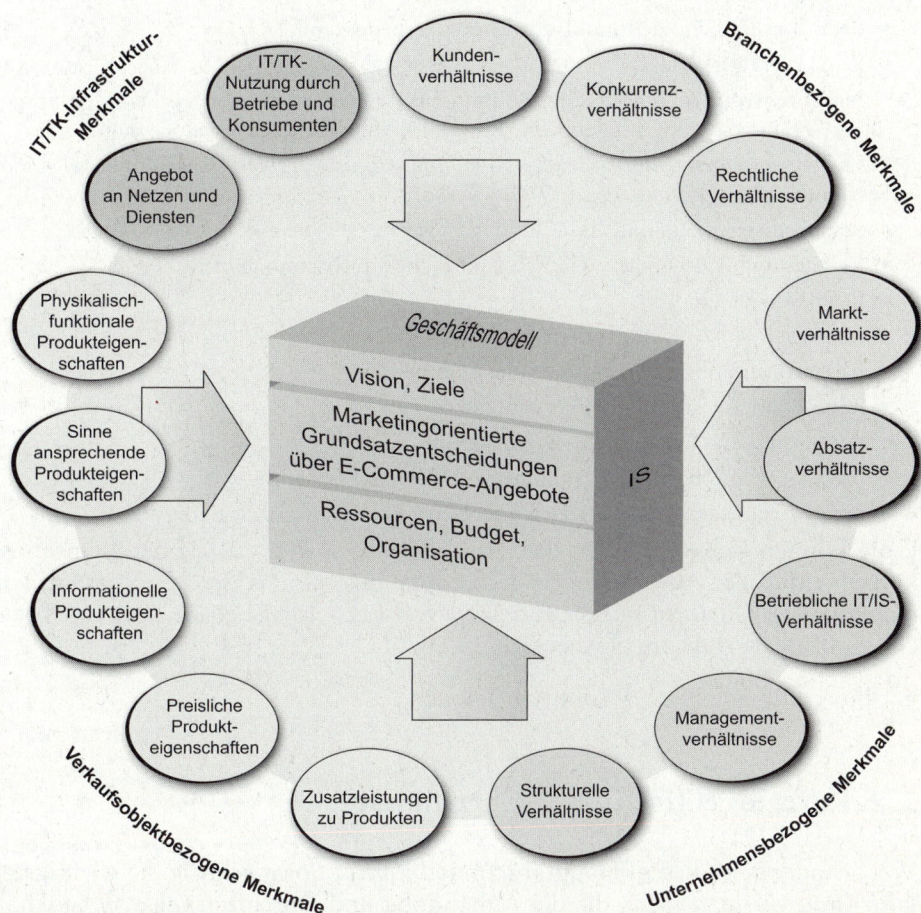

Abb. 5.1.5.3/1: Bedingungslage für die Gestaltung von E-Commerce-Angeboten

Wir können hier nicht im Einzelnen auf alle diese Determinanten eingehen, die maßgeblich die Chancen und Risiken eines Web-Auftritts beeinflussen. Zum besseren Verständnis erläutern wir *exemplarisch die verkaufsobjektbezogenen Bestimmungsfaktoren* anhand von zwei Warengruppen.

Süßwaren haben zum Beispiel wegen der folgenden Merkmale *schlechte Chancen* beim WWW-Verkauf:

- Impulsgüter,
- Aussehen, Geschmack, Geruch sind kaufbestimmend,
- kein Probieren möglich (wesentlich bei Erstkäufen),
- Kinder sind kaufbeeinflussend,
- niedriger Preis, unwesentliche Preisunterschiede,
- Verderblichkeit,
- nicht digitalisierbar, niedriger Informationsgehalt,
- Spanne deckt nicht die Distributionskosten,
- überall erhältlich, Zeitpunkt des Kaufes unbedeutend,
- keine Netzwerkeffekte.

Natürlich werden Schokolade, Bonbons usw. im Rahmen von größeren Aufträgen für die Hauszustellung mitgeordert. Einzelbestellungen werden jedoch selten sein.

Hingegen haben *Musikstücke, Filme und Computerspiele* wegen der folgenden Merkmale *gute Chancen* beim WWW-Verkauf:

- Standardisiert, bekannt, hohe Innovationsrate,
- Verpackung, Geschmack, Geruch sind nicht kaufbestimmend,
- Probieren ist möglich,
- Internet-Benutzer sind primäre Käufergruppe,
- wesentliche Preisunterschiede, hohe Spannen,
- hohe Haltbarkeit, keine Lagervoraussetzungen,
- digitalisierbar, elektronische Distribution möglich,
- nicht überall erhältlich, Bestellung von Zuhause wesentlich,
- positive Konsum- und Produktionseffekte (Economies of Scale).

Sie können sich vorstellen, dass sich angesichts der Vielfalt der Marketingkonzepte und der Ausprägungen der Bedingungslage das *Erscheinungsbild von außenwirksamen Informationssystemen* von Betrieb zu Betrieb und von Branche zu Branche stark unterscheidet.

▶ Übungsaufgabe Nr. 1.5.7 im Arbeitsbuch

5.2 Portale, Hilfs- und Zusatzdienste

Wir behandeln in diesem Hauptabschnitt *Internet-Portale* sowie die wichtigsten *Hilfs- und Zusatzdienste,* die die Anbahnung und Durchführung von Geschäften im Internet erleichtern und unterstützen (Suchdienste, Web-Kataloge,

Benachrichtigungsdienste und virtuelle Gemeinschaften). Die Hilfs- und Zusatzdienste sind sowohl als eigenständige Angebote als auch in andere Internet-Portale integriert verfügbar.

5.2.1 Internet-Portale

Ein *Portal* (engl.: portal) ist laut Duden eine Pforte, ein großer Eingang, eine
„Vorhalle". Durch Internet-Portale (oder kurz: Portale) erhalten die Benutzer
einen einfachen Zugang zu den Informationsangeboten und Kommunikationsdiensten des Internets.

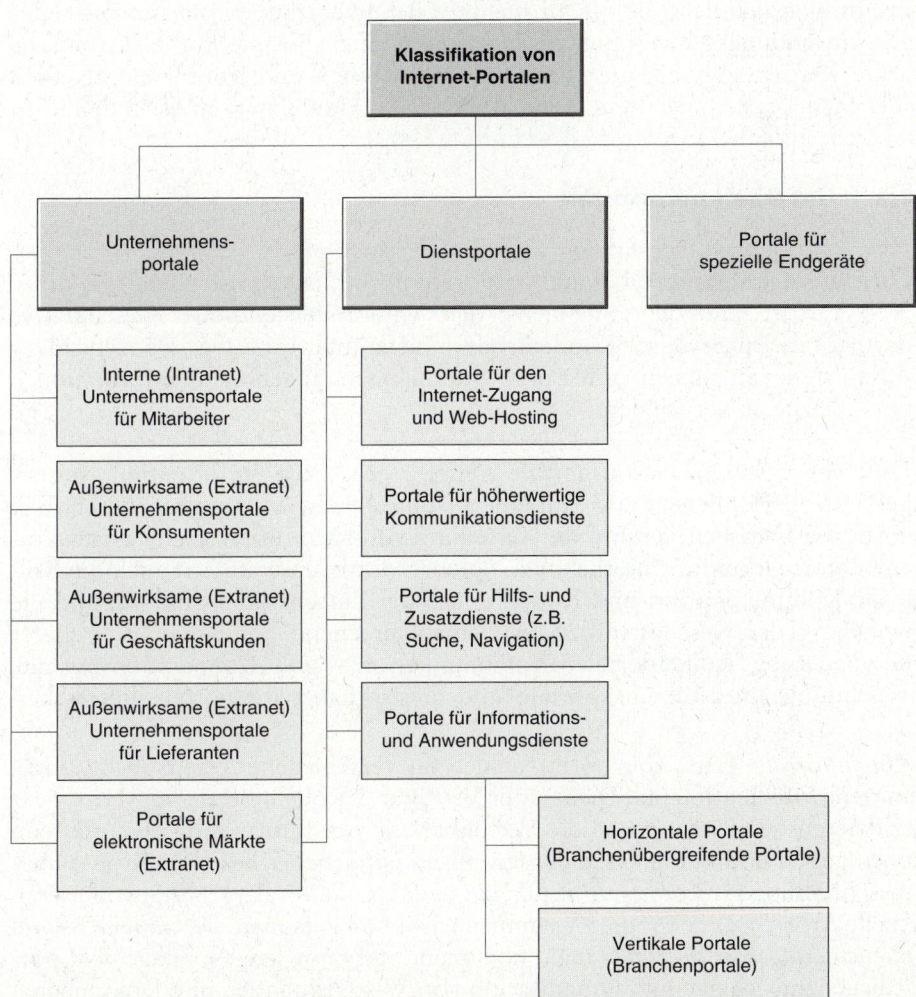

Abb. 5.2.1/1: Klassifikation der wichtigsten Internet-Portale

> Ein **Internet-Portal** (engl.: Internet portal) ist eine Web-Site (Web-Auftritt eines Anbieters), die einen häufigen Einstiegspunkt für Benutzer des Internet bildet, oder die Benutzer oft als zentrale Anlaufstelle aufsuchen. Es gibt unterschiedliche Typen von Portalen, die sich nach der Art der Anbieter und Benutzer, der Art der vorherrschenden Ressourcen und Dienste sowie den Zugangsmöglichkeiten über Endgeräte unterscheiden lassen.

Wir beschreiben nachfolgend die wichtigsten *Kategorien von Portalen* (siehe Abb. 5.2.1/1). Diese sind nicht exklusiv zu verstehen. Die in der Praxis implementierten Portale sind oft *hybride Lösungen,* die sich aus verschiedenen Typen zusammensetzen. Dies wird gleich bei der folgenden Darstellung von Unternehmensportalen deutlich, die oft für mehrere Benutzergruppen mit unterschiedlichen Anwendungsschwerpunkten konzipiert sind. Portale für elektronische Märkte werden sowohl von einzelnen Unternehmen und Konsortien als auch von Dienstleistern angeboten (in der Abb. 5.2.1/1 durch zwei eingehende Linien symbolisiert; Näheres folgt im Abschnitt 5.5.4.2).

5.2.1.1 Unternehmensportale

> Ein **Unternehmensportal** (engl.: corporate portal, enterprise portal) ist der Web-Auftritt eines Unternehmens, den Mitarbeiter und/oder Geschäftspartner (beispielsweise Kunden oder Lieferanten) häufig als zentrale Anlaufstelle aufsuchen, um vom Unternehmen angebotene Information und Dienste zu verwenden.

Unternehmensinformationsportale (engl.: enterprise information portal, abgekürzt: EIP) dienen zur Aufgabenerfüllung der Mitarbeiter durch den Zugriff, die Verarbeitung und die Verteilung von strukturierter und unstrukturierter Information im Unternehmen. Solche Portale unterstützen auch die Rollen, die Kommunikation und Kooperation, die Entscheidungsfindung und die Abwicklung der Geschäftsprozesse. Dementsprechend kann man in weiterer Untergliederung Rollenportale, Kommunikations- und Kooperationsportale, Entscheidungsunterstützungsportale und Geschäftsbereichsportale unterscheiden.

Rollenportale (engl.: role portal) stellen für verschiedene Arbeitsprofile zugeschnittene Information und Dienste zur Verfügung. Rollenportale *für Mitarbeiter* spezifizieren den Zugang und die Verfügbarkeit von Information entsprechend den Aufgaben und Befugnissen der jeweiligen Mitarbeiter beziehungsweise Stellenbeschreibungen. *Kooperationsportale* (engl.: collaborative portal) offerieren virtuelle Arbeitsräume für die Zusammenarbeit von Personen. *Dokumenten- und Wissensmanagementportale* (engl.: document and knowledge management portal) dienen zur Ablage und Organisation von Wissensinhalten und Dokumenten (siehe Abschnitt 3.4.6). *Geschäftsbereichsportale* (engl.: business area portal) bieten IT-Unterstützung für bestimmte Aktionsfelder oder Geschäftsprozesse, wie zum Beispiel das Finanz- und Rechnungswesen, die Personalwirtschaft, den Einkauf, die Produktion usw. oder den gesamten ERP-Bereich. *Business-Intelligence-Portale* beinhalten Information in aggregierter Form (Data Warehouse), Methoden und Modelle zur Entscheidungsunterstützung (siehe Kapitel 6).

Außenwirksame Unternehmensportale (engl.: extranet enterprise portal) machen die betrieblichen Informationssysteme für Kunden, Lieferanten und sonstige Geschäftspartner zugänglich. Nach den wichtigsten Zielgruppen kann man *Konsumentenportale* (engl.: consumer portal, B2C portal), *Geschäftskundenportale* (engl.: business customer portal) und *Lieferantenportale* (engl.: supplier portal) unterscheiden. Wir gehen in diesem Kapitel noch sehr ausführlich auf diese Systeme ein. So wie bei den Unternehmensinformationsportalen für den internen Gebrauch kann man auch hier nach Rollenportalen, Kooperationsportalen, Wissensmanagementportalen, Geschäftsbereichsportalen und Business-Intelligence-Portalen weiter untergliedern.

Für Sie sind besonders die *Unternehmensportale der IT-Anbieter* interessant, wo Sie eine Fülle von gut strukturierter Information über angebotene Hardware, Software und Services finden. Wenn Sie sich beispielsweise für die neuesten PC-Prozessoren interessieren, so können Sie bei www.intel.com oder www.amd.com nachsehen. Zu Speicherchips bieten beispielsweise www.samsung.com und www.infineon.com umfangreiche Informationssammlungen. Über PC- und Server-Hardware können Sie sich beispielsweise bei www.dell.com, www.hp.com, www.fujitsu-siemens.com, www.ibm.com, www.medion.com und www.gericom.com informieren. Zu Software sind www.microsoft.com, www.oracle.com und www.sap.com erste Adressen. Wenn Sie statt Englisch die deutsche Sprache und die Angebote in Ihrem Heimatland bevorzugen, so tippen Sie hinter dem Firmennamen Ihre länderspezifische Endung ein (.de für Deutschland, .at für Österreich usw.). Sie ersehen aus diesen Beispielen, dass in den meisten Fällen der Firmenname als Teil der Web-Adresse dient. Tausende von großen und kleinen IT-Anbietern öffnen auf diese Weise den Mitarbeitern, Geschäftspartnern, Kunden und Interessenten ihre Informationsquellen und offerieren weitere Dienste.

Portale für elektronische Marktplätze (engl.: electronic marketplace portal) bieten eine rechnergestützte Plattform für den Austausch von Produkten und Dienstleistungen zwischen vielen Anbietern und Nachfragern. Sie werden teils von einzelnen Unternehmen, teils von Konsortien und teils von unabhängigen Dritten (Internetdienstanbietern, Branchenverbänden) betrieben. Im Abschnitt 5.5.4 erfolgt eine tiefer gehende Klassifikation und detaillierte Beschreibung elektronischer Marktsysteme, so dass wir an dieser Stelle auf eine Erläuterung verzichten.

Zur Entwicklung von Unternehmensportalen gibt es *Standardsoftware,* die häufig vorkommende Aufgabenstellungen unterstützt und oft ein Rahmenwerk für die Integration von Unternehmensdaten aus heterogenen Quellen enthält. Diese Programmsysteme bieten die oben skizzierten Funktionen zur Kommunikation, Kooperation, Wissensmanagement und Entscheidungsunterstützung. Die wichtigsten Portalsoftwareanbieter und ihre Produkte werden im Abschnitt 5.6.2 genannt.

5.2.1.2 Dienstportale

Viele Internet-Portale waren ursprünglich reine Einstiegspunkte für den *Internet-Zugang,* deren Betreiber nach und nach weitere Dienste in ihr Leistungsprogramm aufgenommen haben, um ihre Anziehungskraft zu erhöhen. Dazu gehört fast immer das *Web-Hosting* (engl.: web hosting), das heißt, die Bereitstellung einer Infrastruktur (Standardrechner, Betriebssystem, Web-Server, Speicherplatz, Übertragungskapazitäten, Basisdienste) für Anwender, die ihre Web-Informationssysteme nicht im eigenen Haus betreiben wollen. Für den Anwender wird ein eigener Domain-Name reserviert. Für berechnungsintensive Portale wird häufig die Möglichkeit angeboten, speziell konfigurierte Rechner des Anwenders mit dessen Software in den Räumlichkeiten des Internet-Zugangsanbieters zu betreiben. Man spricht dabei von *Web-Housing* (engl.: web housing). Von vielen Zugangsanbietern werden auch Zusatzdienstleistungen, wie beispielsweise Web-Design, angeboten.

Häufig bieten Internetdienstanbieter auch *Kommunikationsdienste* (wie beispielsweise E-Mail, Instant Messaging, Chat, Foren, SMS, MMS) und *Hilfs- und Zusatzdienste* (beispielsweise Such- und Sicherheitsdienste oder elektronische Bezahldienste) an. Die *Informations- und Dienstleistungsangebote* reichen von Kleinanzeigen bis hin zu Produktkatalogen von Shopping-Malls und weit reichenden Anwendungsdiensten. Solche Anwendungsdienste können zum Beispiel Teleshopping, Telebanking, Telelearning, Beratungs- und Übersetzungsdienste, Rechenzentrumsdienstleistungen (ASP) usw. sein. Neben auf einzelne oder wenige Dienste *spezialisierten Internet-Portalen* gibt es *allgemeine Portale,* die mehrere oder eine große Zahl dieser Ressourcen und Dienste offerieren.

In Deutschland gibt es die großen *Internet-Zugangsanbieter* T-Online, AOL, Freenet, Tiscali und Arcor sowie zirka 100 kleinere Anbieter, die jedoch zusammen nur einen Marktanteil von unter fünf Prozent haben. GMX ist ein Spezialist für E-Mail, SMS und sonstige *Kommunikationsdienste.* Der größte *Suchdienst* ist Google. Fireball und Search.MSN sind ebenfalls stark frequentierte Suchdienste.

Nach der *Breite des Informationsangebots* kann man horizontale und vertikale Portale unterscheiden. Ein **horizontales Portal** (engl.: horizontal portal) bietet ein breites, branchenübergreifendes Angebot. Ein **vertikales Portal** (engl.: vertical portal) ist auf einen Wirtschaftszweig oder einen engen Themenbereich (Marktnische) ausgerichtet.

Die am häufigsten frequentierten horizontalen Portale sind naturgemäß *öffentliche Portale,* die von vielen Millionen Benutzern regelmäßig benutzt werden. Der Zugang zu den angebotenen Ressourcen und Diensten kann aber auch *auf bestimmte Benutzer(gruppen) eingeschränkt* sein. Zum Beispiel sind bei den großen horizontalen Portalen oft viele Informationsangebote für alle kostenlos, manche Dienste (beispielsweise Instant Messaging) und Inhalte (beispielsweise Archive) sind aber den Abonnenten vorbehalten oder müssen separat bezahlt werden. Für viele Portalbetreiber stellt die auf den Web-Seiten platzierte *Wer-*

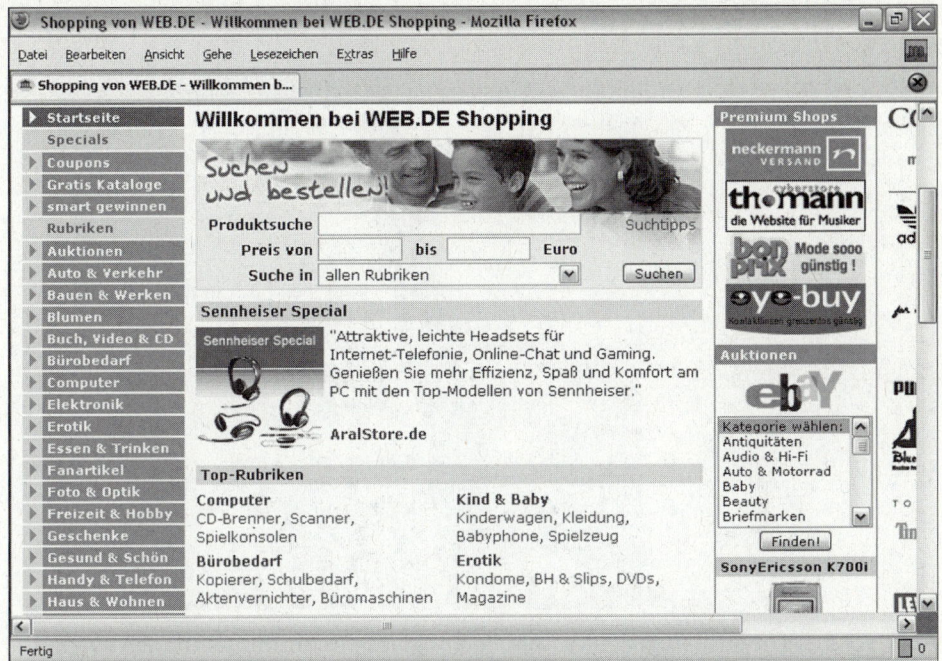

Abb. 5.2.1.2/1: Inhalte und Dienste eines Internet-Portals am Beispiel von Web.de

bung die *Haupteinnahmequelle* dar. ISPs finanzieren sich maßgeblich durch die *Abonnementgebühren* für den Internet-Zugang und zusätzliche kostenpflichtige Dienste.

Zum *Beispiel* deckt das horizontale Internet-Portal *Web.de* mit der angebotenen Information eine Vielzahl von Themen ab, die von „Bildung & Wissenschaft" über „Touristik & Reisen" bis zu „Wirtschaft & Finanzen" reichen (siehe Abb. 5.2.1.2/1). Gleichzeitig bietet Web.de ein breites Portfolio von Kommunikationsdiensten an. So können Sie am Portal eine eigene E-Mail-Kennung eröffnen oder eine SMS-Nachricht an Freunde versenden. Web.de integriert darüber hinaus eine Kalenderverwaltung, Routenplaner und einen Online-Shop.

Beispiele für große horizontale Portale sind AOL, Yahoo, Lycos, Microsoft Network und T-Online. Beispiele für *vertikale Portale* sind ZDNet und Heise.de (für Informationstechnik), WetterOnline (für Wettervorhersagen), MTV (für Popmusik) oder Woman.de (für frauenspezifische Themen).

5.2.1.3 Portale für spezielle Endgeräte

Am häufigsten wird derzeit vom *PC über den Web-Browser* auf Portale zugegriffen. Dementsprechend sind alle Internet-Portale auf die üblichen PC-Bildschirmauflösungen ausgelegt. Für den *Zugriff über mobile Endgeräte (Mobiltelefone, PDAs)* ist eine an den kleineren Bildschirm und die geringeren

Abb. 5.2.1.3/1: Portal-Zugriff über mobile Endgeräte (hier: Herunterladen von Lehr-materialien auf einen PDA)

Übertragungsraten angepasste Darstellung der Inhalte nötig. Hierfür wurde das Übertragungsprotokoll *WAP* (engl.: wireless application protocol) entwickelt. Während WAP 1.x zum Großteil eigenständige Standards definierte, die keine große Akzeptanz erfuhren, beruht WAP 2.x konsequent auf der Verwendung von erprobten und standardisierten Internet-Technologien (wie beispielsweise XHTML), wodurch das verfügbare Informationsangebot deutlich erhöht wurde. Bis jetzt bieten erst wenige Mobilfunknetzbetreiber, Handyhersteller, Nachrichtendienste, Banken, Verkehrsbetriebe und relativ wenige sonstige Anwender Dienste an, die in den Bildschirm WAP-fähiger Handys passen. Der Internet-Zugang über Mobiltelefone zum Informationsangebot der Netzbetreiber ist in den meisten Fällen in den Endgeräten vordefiniert.

5.2.1.4 Anpassungsfähigkeit an die Benutzer

Das Angebot eines Internet-Portals kann in *Struktur, Inhalt und Präsentation (Layout, Sprache)* vom Betreiber *für alle Benutzer gleich gehalten oder nach Benutzergruppen bis hin zum einzelnen Benutzer differenziert* werden. Der Betreiber kann auch die Möglichkeit vorsehen, dass die *Benutzer selbst* das Angebot an ihre individuellen Bedürfnisse anpassen. Durch die *Personalisierung* wird erhofft, dass die Benutzer stärker an das Internet-Portal gebunden werden und häufiger zurückkehren.

Unter **adaptiven Portalen** (engl.: adaptive portal) versteht man Internet-Portale, die sich anhand eines Benutzerprofils eigenständig an die Bedürfnisse des Benutzers anpassen. Das Portal übernimmt hierbei den aktiven Teil der Anpassungsleistungen. Unter **adaptierbaren Portalen** (engl.: customized portal) werden Internet-Portale verstanden, die vom Benutzer selbst an seine Bedürfnisse angepasst werden können. Der Benutzer übernimmt hierbei den aktiven Teil der Anpassungsleistungen. Adaptive und adaptierbare Internet-Portale werden unter dem Begriff **benutzerzentrierte Portale** (engl.: user-centered portal) zusammengefasst.

Bei den meisten horizontalen Internet-Portalen ist zumindest eine begrenzte *Adaptierung* durch den Benutzer möglich. Das gesamte Angebot ist zwar für alle gleich, der einzelne Benutzer kann jedoch eine Startseite entsprechend seinen Interessenschwerpunkten wählen. Die Betreiber bieten hierzu voreingestellte Themensets an. Manchmal kann der Benutzer innerhalb eines Themensets nach Belieben Inhalte hinzufügen, austauschen, löschen, verschieben oder zusätzliche Folgeseiten anlegen. Je genauer der Benutzer Präferenzen und Daten spezifiziert, desto zielsicherer wird aus dem vorhandenen Informationsangebot ausgewählt. Diese Benutzerdaten werden von den Portalbetreibern jedoch auch zu benutzerspezifischen Werbeeinschaltungen genutzt.

Zum *Beispiel* bietet T-Online neben der allgemeinen Startseite die individuell adaptierbaren Themensets „Rund um den Job", „Hobby und Freizeit", „Aktuell und praktisch". AOL offeriert zehn Themensets von „Auto" bis „Spiele", Web.de sogar 20 Themensets, die jedoch nicht weiter modifizierbar sind.

Adaptive Internet-Portale versuchen aus dem Benutzerverhalten zu lernen, um das Layout und die Inhalte entsprechend anzupassen. Der Wert einer solchen automatischen Anpassung ist jedoch umstritten. Fraglich ist auch, ob es besser ist, die systemseitige Anpassung bis auf die individuelle Ebene oder nach Kundensegmenten vorzunehmen.

Ein *Beispiel für ein adaptives System* ist „Ihre persönliche Seite" von Amazon, die anhand der letzten Klicks des Benutzers im Amazon-Angebot zusammengestellt wird. Wenn der Benutzer andere Produktseiten besucht, so wird der Inhalt der „persönlichen Seite" (Vorschläge für ähnliche Produkte) entsprechend verändert. Der Benutzer kann Artikel aus der Liste der kürzlich angesehenen Produkte entfernen, die gesamte Liste löschen und den Service abschalten.

Für die *Personalisierung von Layout und Inhalt eines Internet-Portals sowie der angebotenen Produkte und Dienstleistungen* gemäß den Interessen und Aufgaben der Benutzer gibt eine Vielzahl von *Methoden*. Einige davon werden Sie im Abschnitt 5.3.2 im Zusammenhang mit der kundenindividuellen Produktauswahl und -gestaltung kennen lernen.

▶ Übungsaufgabe Nr. 1.5.8 im Arbeitsbuch

Zum *Beispiel* erhalten die Studierenden beim *Lehr- und Lernportal Learn@WU* der Wirtschaftsuniversität Wien neben einem sehr umfangreichen, auch für mobile End-

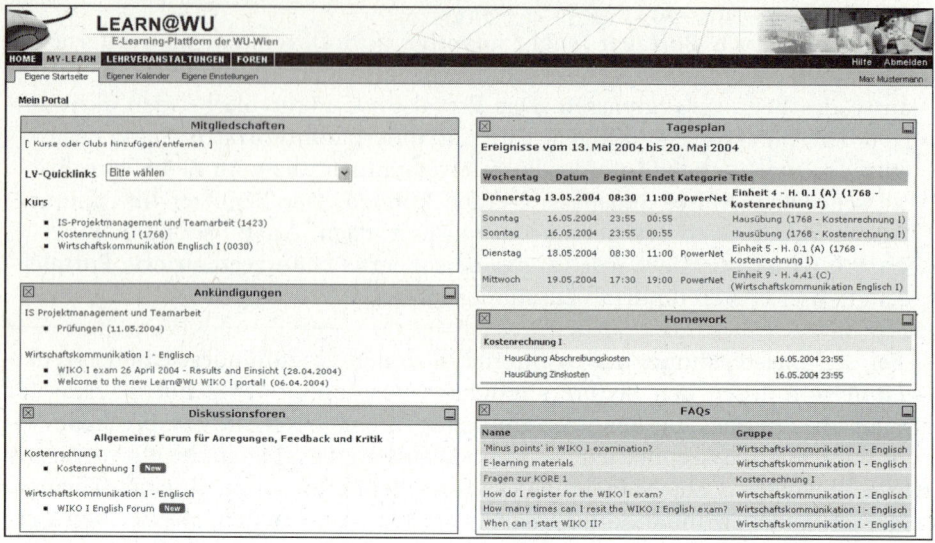

Abb. 5.2.1.4/1: Beispiel eines adaptiven Internet-Portals

geräte (über WLAN) aufbereiteten Angebot an Lernmaterialien (Online-Skripten, interaktive Übungsbeispiele, Online-Musterklausuren, Glossardefinitionen, Folienpräsentationen usw.) maßgeschneiderte Zusatzangebote. Auf der personalisierten Startseite (siehe Abb. 5.2.1.4/1) wird für die Studierenden alle relevante Information zusammengefasst. So sieht ein Studierender beispielsweise eine Übersicht seiner belegten Kurse, Ankündigungen und Termine aus diesen Kursen, abzuliefernde Hausaufgaben, persönliche Lernstatistiken sowie neue Forumsbeiträge. Wenn Lehrende zusätzlich relevante Termine für ihre Lehrveranstaltungen eintragen (beispielsweise Abgabetermine, Prüfungstermine usw.), wird diese Information bei den angemeldeten Studierenden in deren persönlichem Kalender (Stundenplan mit Hörsaalangaben) angezeigt.

In der Folge wird auf einzelne *Portal-Funktionen* näher eingegangen. Abschnitt 5.2.2 illustriert die Funktionsweise von Suchdiensten. Im Anschluss daran werden Ähnlichkeiten und Unterschiede zwischen der Funktionalität von Web-Katalogen und Suchdiensten erläutert. Abschnitt 5.2.4 geht auf Benachrichtigungsdienste näher ein und der Abschnitt 5.2.5 behandelt virtuelle Gemeinschaften.

5.2.2 Suchdienste

Ein **Suchdienst** (engl.: search service; Synonym: Suchmaschine) ist ein Dienst im Internet, der den Benutzern Unterstützung beim Auffinden gesuchter Web-Ressourcen bietet.

5.2.2.1 Funktionsweise von Suchdiensten

Damit Dokumente über eine Suchfunktion von einem Internet-Portal aus abrufbar sind, müssen diese von der Suchkomponente erfasst und indiziert werden. Die Erfassung der vom Suchdienst verfügbaren Information geschieht entweder vollautomatisiert, teilautomatisiert oder von Hand. Die zu erfassenden Informationsquellen sind entweder im Internet verfügbar oder sie sind interne Datenbanken eines Informationsanbieters, wie beispielsweise innerbetriebliche Produkt- und Kundendatenbanken.

Um Information aus dem Internet zu sammeln, werden so genannte *Web-Roboter* eingesetzt. Bei Web-Robotern handelt es sich um Programme, die regelmäßig auf die ihnen zugewiesenen Teile des WWW zugreifen und die Seiteninhalte transferieren. Aus diesen Inhalten wird meist Metainformation, wie Titel, Erstellungsdatum, Datum der letzten Änderung erfasst und der Inhalt der gefundenen Dokumente wird analysiert. Dabei wird zwischen Suchdiensten unterschieden, die bei ihrer Analyse das *gesamte Dokument* (Volltext) heranziehen, und jenen, die ihre Dokumentenanalyse auf explizit ausgewiesene *Metadaten* beschränken. Aufgrund der durch die Analyse ermittelten Metadaten werden die Dokumente *indexiert*, das heißt in einer Datenstruktur abgelegt, die das schnelle Vergleichen von Anfragen mit der Metainformation der Dokumente erlaubt. Ein Suchdienst benützt den erzeugten Index, um zu einem Suchbegriff Dokumente zu finden, in denen dieser enthalten ist (siehe Abb. 5.2.2.1/1).

Die von einem Web-Roboter gefundene Information wird entweder vollautomatisiert in den Datenbestand eingepflegt (in diesem Fall handelt es sich um

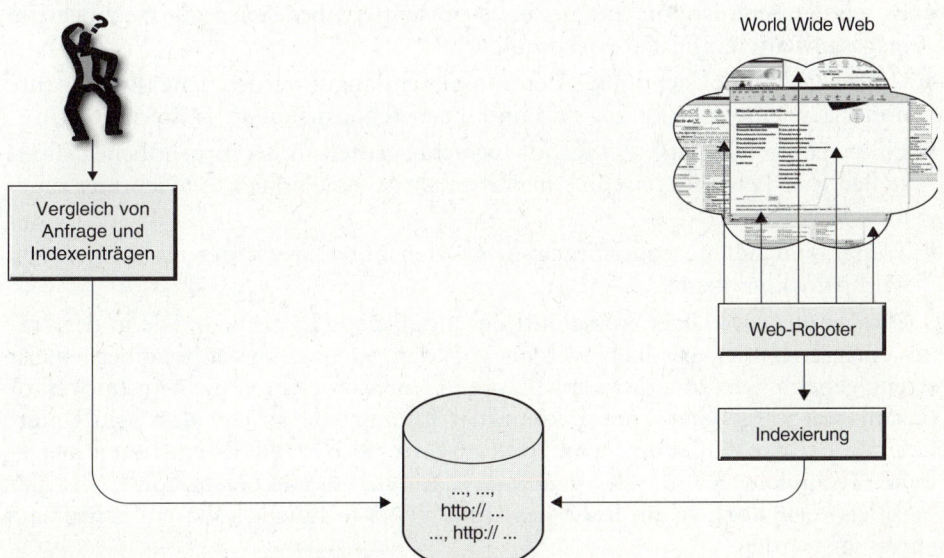

Abb. 5.2.2.1/1: Funktionsweise eines Suchdienstes

eine reine Suchmaschine) oder diese Information wird von (menschlichen) Redakteuren überprüft und katalogisiert (beispielsweise bei dem Internetkatalog Yahoo, den wir im nächsten Abschnitt behandeln werden).

Bei den *Volltext-Suchdiensten* hat es in den letzten Jahren einen starken Konzentrationsprozess gegeben. *Yahoo* hat nacheinander die Konkurrenten *Inktomi* und *Overture* mitsamt *Altavista*, *AlltheWeb* und *FastSearch* übernommen und beherrscht nun gemeinsam mit dem Marktführer *Google* den weltweiten Markt. Viele der großen Internet-Portale besitzen derzeit keine eigene Technologie zur Web-Suche und sind auf Kooperationen mit beispielsweise Google oder dem Yahoo-Konzern angewiesen. *Google* liefert unter anderem Suchergebnisse an die Suchdienste *AOL Search*, *Teoma* und *AskJeeves*, von *Inktomi* und *Overture* werden die Suchdienste *MSN Search*, *T-Online Suche*, *HotBot*, *Fireball*, *Tripod* und *Lycos* versorgt. *Microsoft* ist im November 2004 mit einer selbst entwickelten universellen Web-Suchmaschine auf den Markt gekommen (Betatest-Version).

5.2.2.2 Rangreihenfolge bei Suchergebnislisten

Meldet das Suchsystem auf eine Anfrage mehrere Treffer, so werden diese nach einem *Rangordnungsprinzip* sortiert präsentiert. Mit Hilfe von Rangordnungsprinzipien wird versucht, jene Dokumente zu ermitteln, die *für den Benutzer des Suchdienstes die höchste Relevanz* haben.

Für die *Ermittlung der Rangreihenfolge* existieren unterschiedliche *Heuristiken*. Die Relevanz eines Dokuments kann zum Beispiel anhand der Häufigkeit der vorkommenden Suchbegriffe ermittelt werden. Besteht eine Abfrage aus mehreren Wörtern, zum Beispiel „Wirtschaftsinformatik Wien Gustaf Neumann", so werden häufig folgende Heuristiken angewendet:

- Es werden jene Dokumente als erste präsentiert, bei denen alle Suchbegriffe insgesamt am häufigsten vorkommen.
- Unter der Berücksichtigung der Dokumentlänge werden jene Dokumente höher gewichtet, die kürzer sind und die gleiche Anzahl an Treffern liefern.
- Eine weitere Heuristik besagt, dass Suchbegriffen in hervorgehobenen Textstellen (wie beispielsweise in einer Überschrift) eine höhere Gewichtung zugemessen wird.
- Treffer von seltenen Suchbegriffen werden höher gewichtet als Treffer von häufig vorkommenden Wörtern.

Dies ist nur ein kleiner Ausschnitt der möglichen Heuristiken. Die in der Praxis eingesetzten Heuristiken werden von den Suchmaschinenbetreibern meist streng geheim gehalten, da jede bekannte Heuristik leicht von einem Informationsanbieter ausgenutzt werden kann, der Interesse daran hat, dass sein Unternehmen bei der Auflistung von Treffern ganz oben steht. Es existieren ausgefeilte Techniken für die so genannte „search engine persuasion", bei der beispielsweise Begriffe am Ende des Dokuments mit nicht lesbarem Schriftsatz eingefügt werden.

Nicht zuletzt um diesen Effekten entgegenzuwirken, wurden Verfahren entwickelt, bei denen die Rangreihenfolge nicht allein nach der im Dokument enthal-

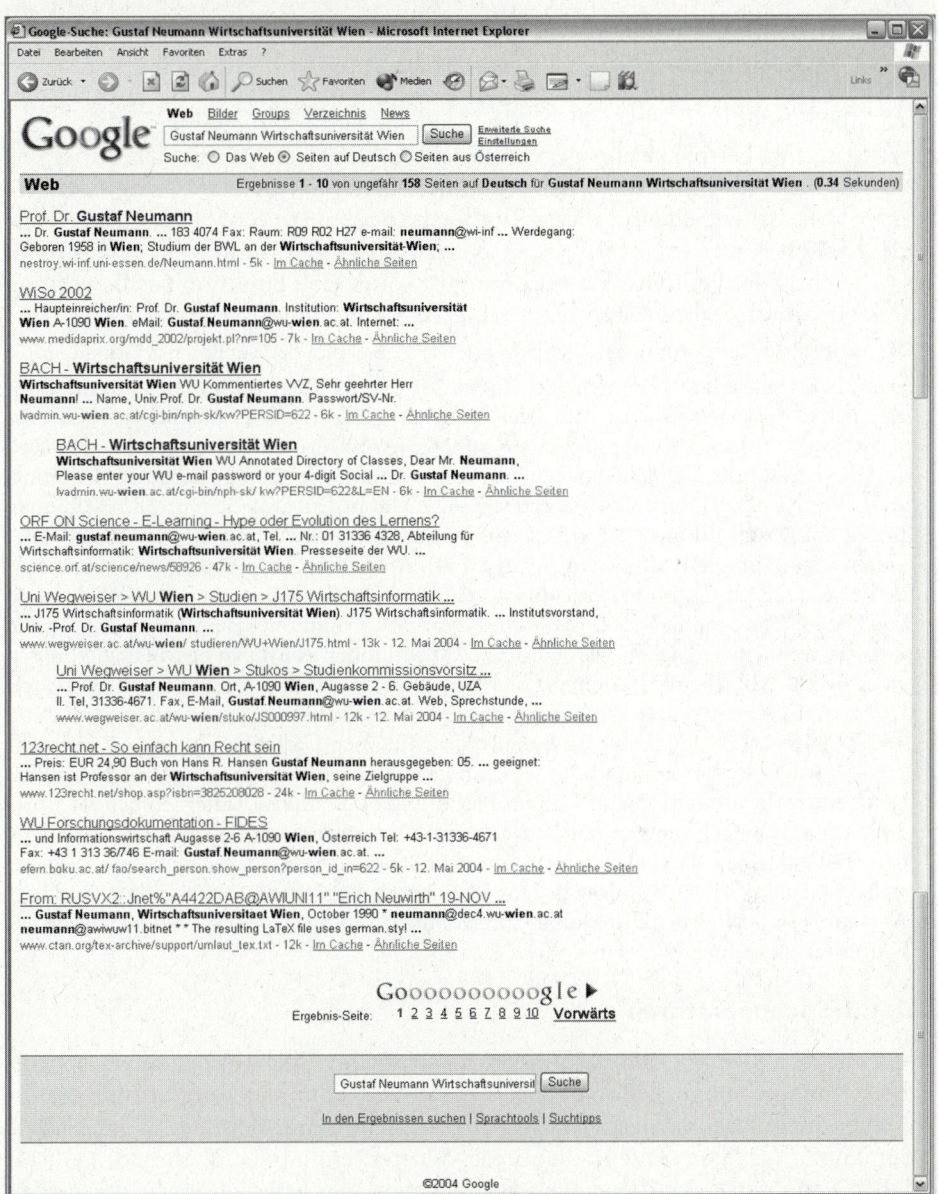

Abb. 5.2.2.2/1: Ergebnis der Suche nach „Gustaf Neumann Wirtschaftsuniversität Wien"

tenen Information ermittelt wird, sondern anhand *der auf dieses Dokument zeigenden Verweise (Hyperlinks)* von Benutzern. Verweise haben in der Regel eine Textfläche (meist blau und unterstrichen; engl.: link label), die zur Aktivierung des Links mittels Anklicken dient. Wenn jemand im Internet einen Verweis auf einer Seite mit beispielsweise der Textfläche „WU Wien" einrichtet, so ist das ein guter Indikator, dass diese bei einer Suche nach „WU Wien" hoch bewertet werden soll. Ist die Seite mit dieser Textfläche noch dazu eine Seite, auf die viele andere Seiten von Dritten verweisen, so erhält diese Zuordnung ein noch größeres Gewicht. Die ermittelte Rangordnung ist somit eine Funktion zur Bewertung einer Seite durch Dritte. Mehr dazu erfahren Sie im Band 2, Kapitel 5.

Das skizzierte Rangordnungsprinzip wendet zum Beispiel der Suchdienst Google an.

Das 1998 gegründete Unternehmen Google ist der weltweit größte Suchdienst. Google betreibt seinen Dienst auf der eigenen, öffentlich zugänglichen Web-Site www.google.com und bietet außerdem anderen Anbietern Suchlösungen für das Web an. Über 100.000 Kunden machen hiervon weltweit Gebrauch, darunter T-Online, AOL und Amazon.com. Google erreicht 4,3 Milliarden Web-Seiten, 880 Millionen Bilder und 845 Millionen Diskussionsbeiträge im Usenet-Archiv, das in 35.000 Themenbereiche unterteilt ist (Stand: April 2004). Meist werden in weniger als einer halben Sekunde relevante Suchergebnisse geliefert. Bei der Bewertung der Wichtigkeit von Web-Seiten werden 500 Millionen Variablen und mehr als zwei Milliarden Begriffe verglichen. Täglich werden über 200 Millionen Anfragen bearbeitet. Von den zirka 1.000 Mitarbeitern kümmert sich rund die Hälfte um Rechner und Software. Der zu 98 Prozent durch Werbung realisierte Umsatz betrug im Geschäftsjahr 2003 962 Millionen US-Dollar, der Gewinn 105,6 Millionen US-Dollar. Im ersten Halbjahr 2004 wurden der Umsatz und der Gewinn gegenüber dem entsprechenden Vorjahresabschnitt mehr als verdoppelt. Das im Privatbesitz befindliche Unternehmen ist Mitte 2004 an die Börse gegangen und wurde zum Auktionspreis mit insgesamt 23 Milliarden US-Dollar bewertet. Das entspricht ungefähr dem Wert des weltgrößten Autoherstellers General Motors und liegt deutlich über dem Wert des Internet-Buchhändlers Amazon (16 Milliarden US-Dollar). In Deutschland zählt Google zu den drei am häufigsten besuchten Web-Sites.

5.2.2.3 Suchoperatoren

Mit Hilfe von *Suchoperatoren* können Benutzer ihre Suchabfrage näher spezifizieren. Mit so genannten Boole'schen Operatoren kann das Rangordnungsprinzip einer Suchmaschine gesteuert werden. So liefert zum Beispiel „Gustaf UND Neumann" nur jene Seiten, die beide Wörter enthalten. Während „Gustaf ODER Neumann" auch jene Web-Seiten liefert, die lediglich einen der beiden Termini enthalten. Der UND-Operator ist in vielen Suchmaschinen der Standardoperator. Deshalb brauchen Sie beispielsweise bei Google nicht „UND" einzugeben, um Ihr Suchergebnis auf jene Seiten zu beschränken, die beide Wörter enthalten. Manche Suchdienste unterstützen einen NICHT-Operator, der es ermöglicht, jene Seiten aus der Ergebnisliste auszuschließen, die einen bestimmten Begriff enthalten. So liefert zum Beispiel die Suche nach „Gustaf UND Neumann NICHT Wirtschaftsinformatik" nur jene Seiten, die „Gustaf Neumann", aber nicht auch „Wirtschaftsinformatik" enthalten. Viele Suchmaschinen ignorieren Artikel und andere Hilfswörter. Mit Hilfe des UND-Operators können diese jedoch in die Suchabfrage aufgenommen werden. Der UND-Operator wird bei gängigen Suchdiensten mit Hilfe eines Plussymbols („+"), der NICHT-Operator mit Hilfe eines Minussymbols dargestellt („-").

Manche Suchmaschinen unterstützen auch so genannte *Platzhalter* (engl.: wildcard). Mit Hilfe von Platzhaltern kann nach Web-Seiten gesucht werden, die bestimmte Wortstämme enthalten. Werden Platzhalter unterstützt und eingesetzt, so hat eine Abfrage meist eine höhere Trefferanzahl zur Folge. Zum Beispiel kann die Suche nach Dokumenten, die den Wortstamm „Test*" enthalten, zu einer Vielzahl von Treffern führen, die von „Testgelände" über „Teststellung" bis „Testverfahren" reichen können.

Wie die obigen Ausführungen zeigen, kann die konkrete Ausgestaltung eines Suchdienstes unterschiedlich ausfallen. Es empfiehlt sich daher, dass Sie bei „Ihrem" Suchdienst einen Blick auf die Seiten mit den *Suchtipps* werfen. Dies sollte Ihnen helfen, die Funktionalität des Dienstes besser zu verstehen und in Zukunft Ihre Suchabfragen zu optimieren.

5.2.2.4 Ertragsmodelle von Suchdiensten

Die meisten Internet-Suchdienste sind *für Benutzer kostenlos*; sie finanzieren sich durch *Werbung* oder durch Dienstleistungen für Unternehmen. Die Vermischung von Suche und Werbung ist aus Benutzersicht problematisch. Üblich sind zwei oder drei bezahlte „Treffer" (Textlinks) an der Spitze der Suchergebnislisten. Seriöse Anbieter kennzeichnen diese als „Sponsored Links". Manche Anbieter präsentieren erst alle bezahlten Einträge (unter Umständen mehrere Seiten) und danach die unbezahlten. Einige Suchportale zeigen sogar ausschließlich bezahlte Einträge.

> Zum *Beispiel* hat der weltweit zweitgrößte *Suchdienst Overture* über 80.000 Werbekunden und ist mit seinem „*Pay-for-Performance*"-*Geschäftsmodell* sehr erfolgreich. Häufig eingegebene Suchbegriffe werden online versteigert und mit Werbetext verknüpft, der bei der Eingabe des Suchbegriffs ganz oben auf der Ergebnisliste erscheint. Jedes Mal, wenn ein Benutzer auf einen der Ergebnis-Links klickt, bezahlt der Overture-Werbekunde den bei der Auktion ermittelten Betrag (zweithöchstes Gebot plus ein Cent). Partner (zirka 40 große Internet-Portale), die die Overture-Suchfunktionen in ihre Angebote eingebettet haben, beteiligt Overture am Umsatz.

5.2.2.5 Spezialisierung von Suchdiensten

Bei den Suchdiensten gibt es neben der allgemeinen Web-Suche zunehmend spezielle Suchmöglichkeiten nach Diskussionsgruppen, Produktgruppen, Preisen, Ländern und Regionen. Vor allem für Preisvergleiche haben sich auch eigenständige **spezialisierte Suchdienste** (engl.: specialized search service) etabliert.

Die Einschränkung des Suchraums entsprechend den Merkmalen der Benutzer erhöht die Effizienz beim Auffinden gesuchter Webressourcen. Vor allem soll künftig die räumliche Entfernung der gefundenen Web-Angebote vom Fragesteller berücksichtigt werden.

> **Ortsabhängige Dienste** (engl.: location-based service) liefern in Abhängigkeit vom jeweiligen Standort eines Mobilkommunikationsbenutzers die nötige Information zum Finden von nahe gelegenen Einrichtungen und Partnern.

Der ungefähre Standort eines eingeschalteten Mobiltelefons ist dem Netzbetreiber stets bekannt, so dass auf Wunsch des Benutzers die übermittelte Information auf den jeweiligen Bezirk abgestimmt werden kann. Mit GPS-Funktion (siehe Band 2, Kapitel 6) ist der Endgerätebenutzer sogar metergenau lokalisierbar. Durch die Einbeziehung zeitlicher Aspekte (Wann ist eine Information sinnvoll?) und die Hinterlegung persönlicher Interessenprofile nähert man sich dem Ziel einer individuellen bedarfsgerechten Informationsversorgung.

Wenn zum *Beispiel* ein Mobiltelefonbenutzer in einer fremden Großstadt nach Geschäften, Restaurants, Taxistandplätzen, Geldausgabeautomaten oder Partnern sucht, so können ihm von einem *ortsabhängigen Auskunftsdienst* die in der Nähe befindlichen Einrichtungen oder Personen ausgewiesen werden. Ein *Navigationssystem* weist den Weg zum gewünschten Ziel. *Künftig* ist es durchaus denkbar, dass der Mobiltelefonbenutzer bei einer solchen Suchanfrage nur noch die Anlaufstellen genannt bekommt, die gerade freie Kapazitäten haben und die seinem individuellen Bedarf entsprechen.

▶ Übungsaufgabe Nr. 1.5.9 im Arbeitsbuch

5.2.3 Hierarchische Web-Kataloge

> **Hierarchische Web-Kataloge** (engl.: hierarchical web catalog) haben wie Suchdienste das Ziel, einen einfachen Zugang zu einer großen Anzahl im WWW vorhandener Dokumente zu ermöglichen. In einem hierarchischen Web-Katalog werden Dokumente inhaltlichen Kategorien zugeordnet, die von den Benutzern zur Einschränkung der Suche verwendet werden können. Im Gegensatz zu reinen Suchmaschinen erfolgt das Einordnen der Dokumente meist nicht durch automatisierte Dienste, sondern durch die Administratoren des Katalogs.

Als prominentestes *Beispiel für einen hierarchischen Web-Katalog* gilt das Internet-Suchportal *Yahoo!*. Mittlerweile bieten jedoch schon viele Suchdienste entsprechende Kataloge an (so zum Beispiel auch Google), während viele Katalogbetreiber auf reine Suchdienste zurückgreifen, wenn Benutzer im Katalog nicht fündig werden.

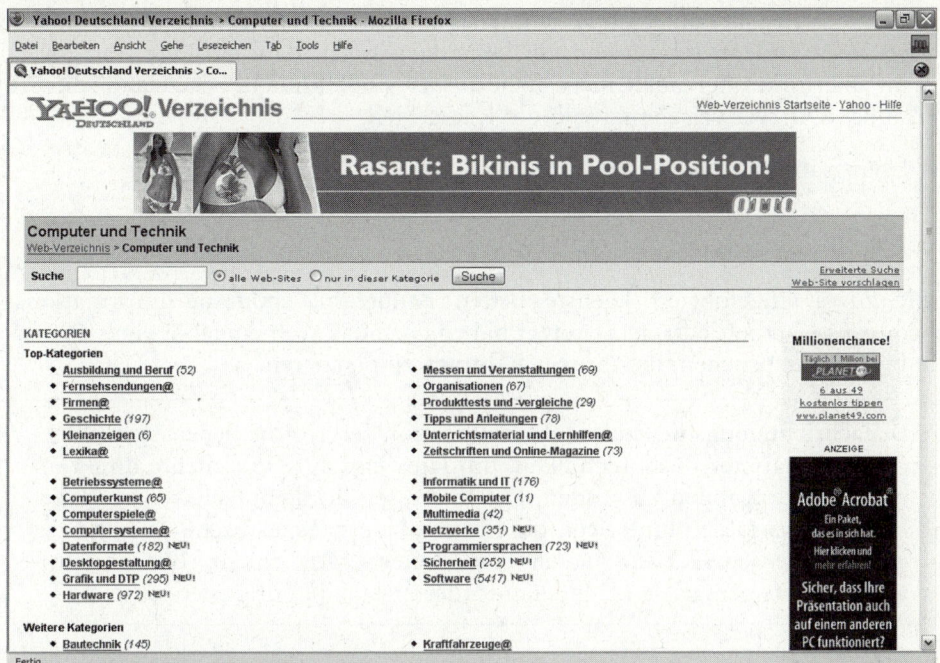

Abb. 5.2.3/1: Hierarchischer Web-Katalog

Die Pflege von Web-Katalogen erfordert ein *erhöhtes Ausmaß an Human-ressourcen*. Die Administratoren können durch Werkzeuge unterstützt werden, die die von den Web-Robotern herangetragenen Dokumente analysieren und für eine Kategorie vorschlagen. Um dies zu ermöglichen, wird jeder Kategorie ein bestimmtes Profil – in Form einer Begriffsmenge – zugeordnet. Das zu klassifizierende Dokument wird auf das Vorkommen dieser Schlüsselbegriffe hin untersucht. Stimmt das Dokumentenprofil mit einem Klassifikationsprofil überein, so kann es in die entsprechende Klasse eingeordnet werden. Neben Web-Robotern können auch die Bereitsteller von Web-Dokumenten Vorschläge für die Einordnung ihrer Dokumente im Katalog erbringen.

Kernstück eines hierarchischen Web-Katalogs ist eine Hierarchie von Kategorien, die auf Basis eines *Klassifikationssystems* (engl.: classification system) erstellt wird. Die Qualität des Klassifikationssystems beeinflusst entscheidend die Qualität des Katalogs. Das Bibliothekswesen kennt eine Vielfalt von Klassifikationssystemen wie zum Beispiel die Dewey-Dezimalklassifikation oder die Holländische Basisklassifikation, die eine genau definierte Hierarchie von Kategorien vorgeben. Bei Web-Katalogen fanden diese Klassifikationssysteme kaum Verbreitung. Die Betreiber versuchen meist, eigene – für sie passendere – Systeme zu entwickeln und zu pflegen.

Die *Hierarchie* in Klassifikationssystemen beginnt in der Regel mit sehr allgemeinen Kategorien, die von Schachtelungstiefe zu Schachtelungstiefe weiter verfeinert werden. Benutzerfreundliche Klassifikationssysteme weisen eine ausgewogene Anzahl an Kategorien auf, was dazu führt, dass einzelne Kategorien nicht überfüllt, aber auch nicht nahezu leer sind. Manche Verzeichnisdienste erlauben Querverweise innerhalb der Kategorien.

▶ Übungsaufgabe Nr. 1.5.10 im Arbeitsbuch

5.2.4 Benachrichtigungsdienste

Die zuvor angeführten Dienste helfen Benutzern, spontane Informationsbedürfnisse zu befriedigen. Benutzer haben dazu das Web-Angebot eines Dienstanbieters aufzusuchen, um ihre Suchabfrage zu platzieren.

> **Benachrichtigungsdienste** (engl.: notification service) bedienen sich hingegen so genannter Push-Techniken, um Hinweise auf Dokumente direkt an interessierte Kunden zu senden. Die Interessen der Benutzer werden dabei in Benutzerprofilen hinterlegt, die für eine benutzerspezifische Aussendung genutzt werden. *Kanäle* bieten eine weitere Möglichkeit, Benachrichtigungsdienste gemäß den Kundenanforderungen zu konfigurieren.

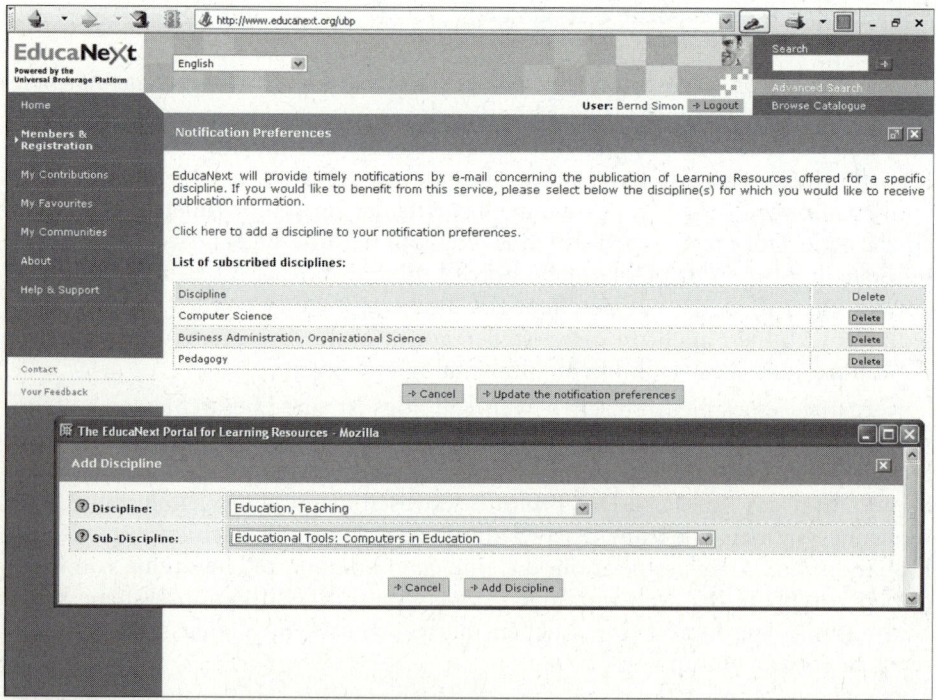

Abb. 5.2.4/1: Benachrichtigungsdienst

Wie Fernsehkanäle fassen sie bestimmte Themengebiete (Sparten) zusammen oder sie versuchen, ihr Informationsangebot auch über andere Merkmale, wie etwa nach dem Profil der Dokumentenautoren, zu strukturieren. Der Benutzer hat dadurch die Möglichkeit, nur die für ihn interessanten Inhalte zu abonnieren.

Das *Internet-Portal EducaNext,* das den Austausch von elektronischen Bildungsinhalten unterstützt, bietet beispielsweise einen Benachrichtigungsdienst an, welcher auf Themengebieten basiert. Ein Benutzer hat dabei die Möglichkeit, immer dann mittels E-Mail informiert zu werden, sobald ein Bildungsinhalt im System publiziert wird, der einem von ihm ausgewählten Thema zugeordnet ist. Publiziert ein Benutzer zum Beispiel eine web-basierte Vorlesungsaufzeichnung namens „Web-Engineering" unter dem Thema „Informatik" und hat ein anderer Benutzer diese Rubrik abonniert, so erhält dieser vom EducaNext-Portal eine entsprechende Mitteilung zugesandt.

5.2.5 Virtuelle Gemeinschaften

Die vielseitigen Kommunikationsmöglichkeiten des Internets stellen ideale Voraussetzungen für die Bildung von *virtuellen Gemeinschaften* dar. Viele der oben angeführten Internet-Portale versuchen, möglichst viele Benutzer an sich zu binden, in dem sie Möglichkeiten bieten, sich in virtuellen Gemeinschaften zu organisieren. Virtuelle Gemeinschaften sind themenorientiert und verfolgen einen bestimmten Zweck.

Eine **virtuelle Gemeinschaft** (engl.: virtual community) ist ein Treffpunkt im Internet, an dem die Teilnehmer Information und Meinungen austauschen. Bezugspunkt ist ein gemeinsames Interesse, etwa aus dem geschäftlichen oder dem Hobby-Bereich. Die Betreiber einer *auf wirtschaftliche Nutzung ausgerichteten virtuellen Gemeinschaft* (engl.: business community) streben damit eine Verbesserung der Kommunikation und Kooperation mit Marktpartnern an. Ein häufiges Ziel ist die Festigung der Kundenbindung. In einem *virtuellen Arbeitsraum* (engl.: virtual workplace) treffen sich Projektmitarbeiter. Dort werden Arbeitsunterlagen, Terminpläne und sonstige projektbezogene Dokumente hinterlegt.

Zum *Beispiel* weist *Elternforum.at* typische Merkmale eines *Internet-Portals für virtuelle Gemeinschaften* auf. Dort finden sich Dokumente, die verschiedene Problembereiche bei der Kindererziehung ansprechen. Neben dem herkömmlichen Informationsangebot zum Thema besteht die Möglichkeit, einen *Newsletter* zu abonnieren, sich mit anderen Benutzern in *Diskussionsforen* auszutauschen oder in einer *virtuellen Tauschzentrale* zu bummeln. Ein *Web-Shop,* bei dem Babyartikel gekauft werden können, rundet das Web-Anbot ab.

Love.at ist mit zirka 400.000 Mitgliedern das größte österreichische Portal für *Partnersuchende.* Sie können sich dort ansehen, wie hinterlegte Benutzerprofile aussehen. *The Arthritis Society* ist eine kanadische virtuelle Gemeinschaft, die sich mit den Ursachen und Heilungsmöglichkeiten von *Arthritis* befasst und Kranken durch die Kommunikation mit anderen Betroffenen helfen will. Große virtuelle Gemeinschaften für *Fotografen* sind Photo.net und Digitalkamera.de.

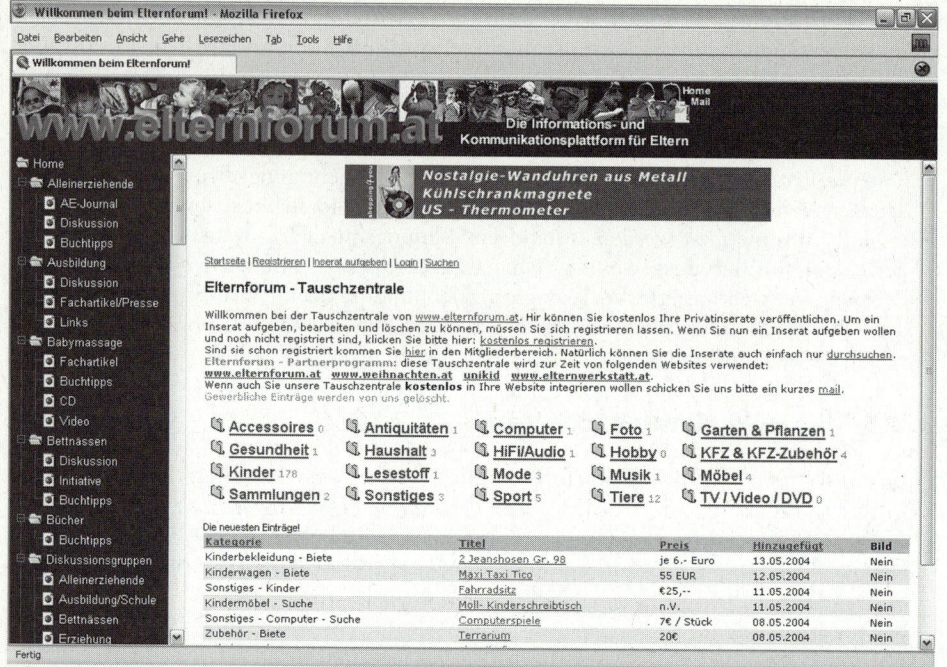

Abb. 5.2.5/1: Internet-Portal für eine virtuelle Gemeinschaft

Virtuelle Gemeinschaften werden real, wenn zum Beispiel Mitgliedertreffen organisiert werden. Dadurch wird die Bindung unter den Teilnehmern gestärkt, und die Portalbetreiber haben die Möglichkeit, mehr über ihre Zielgruppe zu erfahren. Komplexe *gemeinschaftsunterstützende Internet-Portale* unterscheiden, abhängig von der Nutzungshäufigkeit, zwischen verschiedenen Benutzerrollen. Vielnutzer werden mit Geschenkgutscheinen, privilegierten Angeboten und speziellen Foren besonders betreut und damit an das Internet-Portal gebunden.

Unternehmensbezogene virtuelle Gemeinschaften gibt es in unterschiedlichen *Formen*:

- Rechtlich selbstständige, finanziell unabhängige, durch Mitgliederbeiträge finanzierte Internet-Portale,
- rechtlich selbstständige, finanziell unabhängige, durch Werbung und Verkauf der Produkte von mehreren Anbietern finanzierte Internet-Portale,
- rechtlich selbstständige, durch Sponsoring eines oder mehrerer Unternehmen finanzierte Internet-Portale,
- Teil eines Unternehmensportals.

Wir kommen auf *unternehmensbezogene virtuelle Gemeinschaften* bei der Darstellung der Kommunikationspolitik (Abschnitt 5.3.5) zurück. Wesentliche Erfolgsfaktoren sind ein spezifischer Interessensschwerpunkt, die Integration von

Inhalt und Kommunikation, die Bereitstellung der Information durch die Mitglieder, positives Feedback sowie eine gute redaktionelle Betreuung und Moderation. Die Mitgliedergewinnung wird durch Marketing, interessante Inhalte und einen einfachen, offenen Zugang gefördert. Die Mitglieder sollten zur Erstellung eigener Inhalte angeregt werden, die durch redaktionelle Information und Ressourcen (Neuigkeiten, Buchempfehlungen, Software, Links usw.) ergänzt werden. Nicht zum Thema passende und sitten- oder rechtswidrige Beiträge sind umgehend zu löschen. Auf Anfragen sollte möglichst prompt, spätestens innerhalb von 24 Stunden, geantwortet werden.

▶ Übungsaufgabe Nr. 1.5.11 im Arbeitsbuch

5.3 Konsumenteninformationssysteme

Ein Konsumenteninformationssystem ist ein Informationssystem, dessen primäre Benutzergruppe private Verbraucher sind. Wir betrachten hier nur betriebliche Konsumenteninformationssysteme auf der Basis des Internets.

> Ein **Konsumenteninformationssystem** (engl.: consumer information system) dient zur interaktiven Kommunikation eines Betriebes mit potentiell Tausenden, Hunderttausenden oder Millionen *privater* Kunden beziehungsweise Interessenten, mit denen unter Umständen bisher noch keine oder nur sehr lose gelegentliche Kontakte bestehen. Ein Internet-basiertes Konsumenteninformationssystem wird im Rahmen eines Internet-Portals angeboten.

5.3.1 Überblick

Die *Benutzung* eines Konsumenteninformationssystems erfolgt vom Verbraucher typischerweise zu Hause oder unterwegs, gelegentlich – wenn auch vom Arbeitgeber meist nicht erwünscht – am Arbeitsplatz. Die Benutzer sind räumlich weit gestreut, das heißt regional, national oder sogar global verteilt. Die Abb. 5.3.1/1 zeigt Ihnen wesentliche *Unterschiede* von Konsumenteninformationssystemen zu innerbetrieblichen Transaktionssystemen und dem Elektronischen Datenaustausch (EDI) im Rahmen zwischenbetrieblicher Informationssysteme.

Durch Konsumenteninformationssysteme können Unternehmen, Behörden und sonstige Non-Profit-Organisationen (Abkürzung: NPO) die Beziehungen zu ihren Kunden anbahnen, sichern und ausschöpfen. Je nach Betriebstyp und Bedingungslage stehen dabei unterschiedliche Zwecke im Vordergrund. Wir konzentrieren uns vor allem auf erwerbswirtschaftliche Unternehmen, die auf diesem Wege ihre Produkte und Dienstleistungen vermarkten wollen.

Abb. 5.3.1/1: Typische Merkmale von innerbetrieblichen Administrationssystemen, EDI-Systemen und Konsumenteninformationssystemen

	Innerbetriebliches Administrationssystem (wie zum Beispiel Finanzbuchhaltung)	Elektronischer Datenaustausch (EDI) im Rahmen zwischenbetrieblicher Informationssysteme	Konsumenteninformationssystem
Kommunikationspartner	Einzelne Sachbearbeiter	Rechner – Rechner	Konsumenten (Privathaushalte)
Betriebsarten	Transaktionsverarbeitung	Stapelversand/-abruf	Dialogverarbeitung
Anzahl Benutzer	<10 bis >100 Mitarbeiter	<10 bis >100 Betriebe	Potenziell Millionen
Max. Reichweite	Unternehmensweit	National	Global
Benutzungshäufigkeit	Laufende Alltagsarbeit	Regelmäßig, gleiche Partner	Gelegentlich
Datenstrukturen	Formatierte Daten	Formatierte Daten	Multimedia
Standards	Industriestandards (z.B. SAP)	Nachrichtenformate, z.B. EDIFACT, XML	Keine
Benutzungszwang	Gefordert	Nach Vereinbarung	Freiwillig

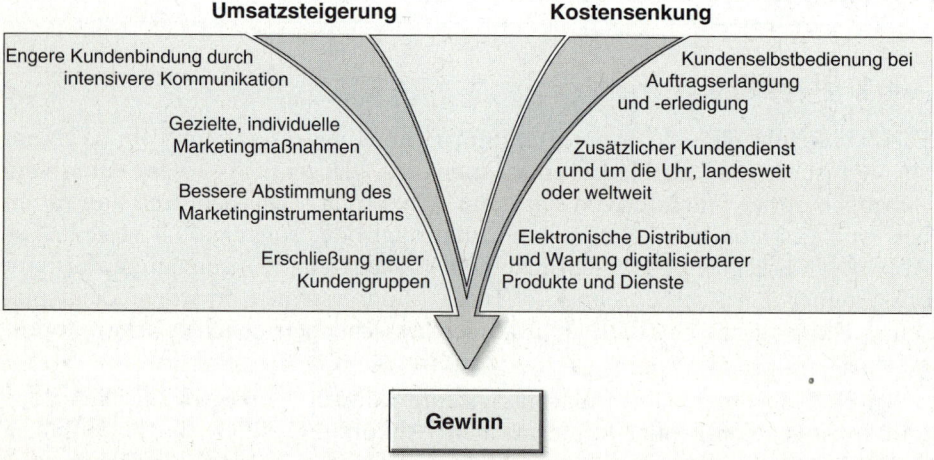

Abb. 5.3.1/2: Nutzeffekte eines Konsumenteninformationssystems

Die Abb. 5.3.1/2 zeigt Ihnen die möglichen *Nutzeffekte eines Konsumenteninformationssystems aus Anbietersicht.*

▶ Übungsaufgabe Nr. 1.5.12 im Arbeitsbuch

Die Abb. 5.3.1/3 verdeutlicht den prinzipiellen *Ablauf von Geschäftstransaktionen* im Web bei planvoll gekauften Produkten. Der Konsument will, möglicherweise beeinflusst durch Werbung und Verkaufsförderung, einen bestimmten Bedarf decken (zum Beispiel, professioneller zu fotografieren). Er informiert sich daraufhin über in Frage kommende Produkte (Digitalkameras) und vergleicht die in Frage kommenden Alternativen (bei Digitalkameras einige hundert Modelle), etwa anhand der im Internet angebotenen Testberichte, Diskussionsbeiträge in Foren und Empfehlungssysteme. Nach der Auswahl der in die engere Wahl gekommene Produkte oder der Entscheidung für ein bestimmtes Produkt (zum Beispiel Leica Digilux 2) erfolgt die gezielte Suche und

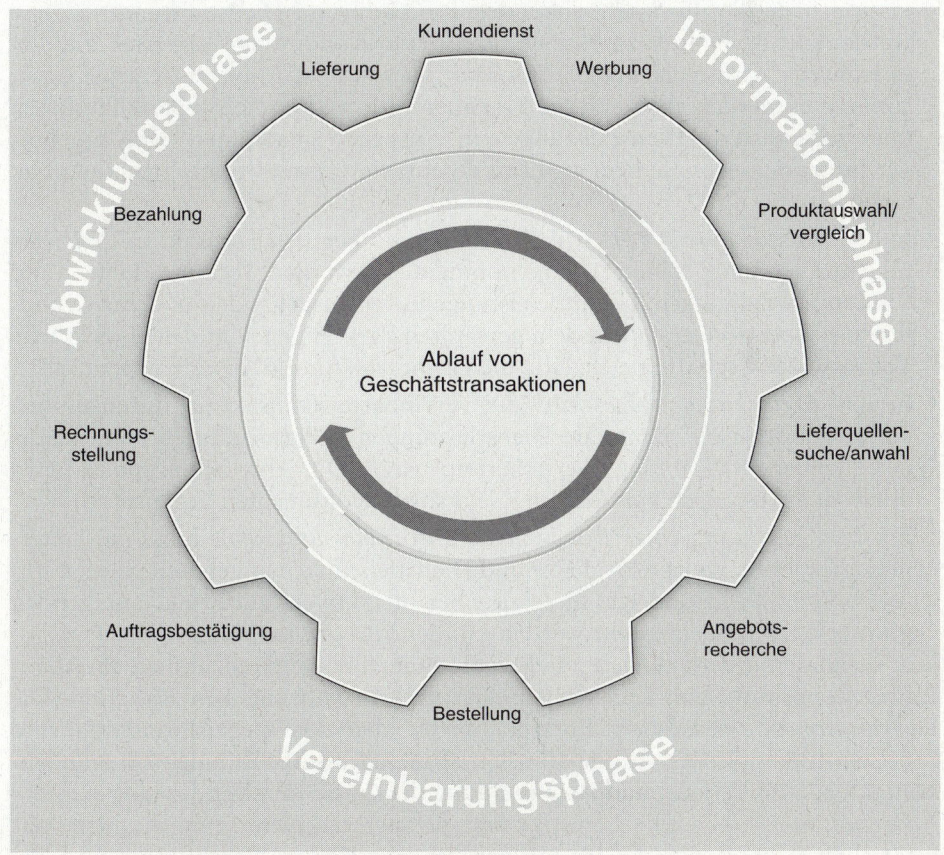

Abb. 5.3.1/3: Ablauf von Geschäftstransaktionen

Anwahl der in Frage kommenden Lieferquellen (Händler) mit Hilfe von Suchmaschinen (Preisvergleichsdiensten). Ist die Verbindung zum gewünschten Anbieter hergestellt, so kann im Katalog geblättert beziehungsweise über Menüs oder Stichworte recherchiert werden. Produkte, die gefallen, können durch Anklicken eines Bestellbuttons am Bildschirm oder das Ausfüllen und Absenden eines elektronischen Bestellformulars angefordert werden. In manchen Fällen ist dabei eine individuelle Produktgestaltung möglich. Unmittelbar darauf können die Bestätigung, die Rechnungsstellung und die Bezahlung in einem Zuge erfolgen, etwa durch Angabe der Kreditkartennummer oder eine Kontoabbuchung. Bei immateriellen Gütern kann sofort elektronisch ausgeliefert werden, bei materiellen Produkten (wie einer Kamera) wird per Bote oder Postversand zugestellt. Im Idealfall kann eine solche Transaktion in Minutenschnelle abgewickelt werden.

Sie können aus diesem Beispiel erkennen, dass eine Geschäftstransaktion (hier eine Internet-Geschäftstransaktion) aus *drei Phasen* besteht:

- In der *Informationsphase* ermittelt ein Nachfrager kaufentscheidende Information über die ihn interessierenden Produkte und Dienstleistungen. Diese werden auf Basis ihrer Merkmale, Preise und Konditionen bewertet. Zu diesem Zweck wird nicht nur die Information von dem Anbieter herangezogen, sondern es werden auch externe Brancheninformationsdienste, Publikationen oder spezialisierte Dienstleistungen in Anspruch genommen. Das Ergebnis der Informationsphase liegt als Liste potentieller Transaktionspartner (Anbieter) vor.

- In der *Vereinbarungsphase* wird Kontakt zwischen den Transaktionspartnern (Nachfrager und Anbieter) aufgenommen. Es werden Termine, Liefer- und Zahlungsbedingungen, Garantieleistungen usw. ausgehandelt und zur Grundlage des (Kauf-)Vertrags mit dem gewählten Partner gemacht. Diese rechtliche Voraussetzung schafft gleichzeitig die Grundlage für die Abwicklungsphase.

- In der *Abwicklungsphase* wird die vereinbarte Transaktion durchgeführt. Dafür können viele sekundäre Dienstleistungen in Anspruch genommen werden (Transport, Zahlung, Versicherung usw.). Die Abwicklungsphase wird durch den Austausch von Gütern, Geld sowie Dokumenten begleitet.

Bei der *Gestaltung eines Konsumenteninformationssystems* muss ein Unternehmen festlegen, welche Produkte und Dienstleistungen angeboten werden sollen *(Produktpolitik)* und wie diese zu einer attraktiven, zum Kauf anregenden Gesamtheit zusammengestellt werden können *(Programmpolitik)*. Die *Preispolitik* beinhaltet Überlegungen zur Preisfindung, Preisdifferenzierung, Preisbündelung, Abgeltung von Zusatzleistungen und Gewährung von Rabatten. Die *Distributionspolitik* umfasst Entscheidungen über den Akquisitionskanal und den Logistikkanal. Der Akquisitionskanal dient zur Anbahnung von Kundenkontakten, zum Verkauf und zur Bezahlung der Güter (direkt oder indirekt über Absatzmittler). Über den Logistikkanal gelangt die Ware zum Kunden, das heißt, hier geht es um die Gestaltung des physischen Warenflusses und des entsprechenden Informationsflusses. Die *Kommunikationspolitik* dient zur ziel-

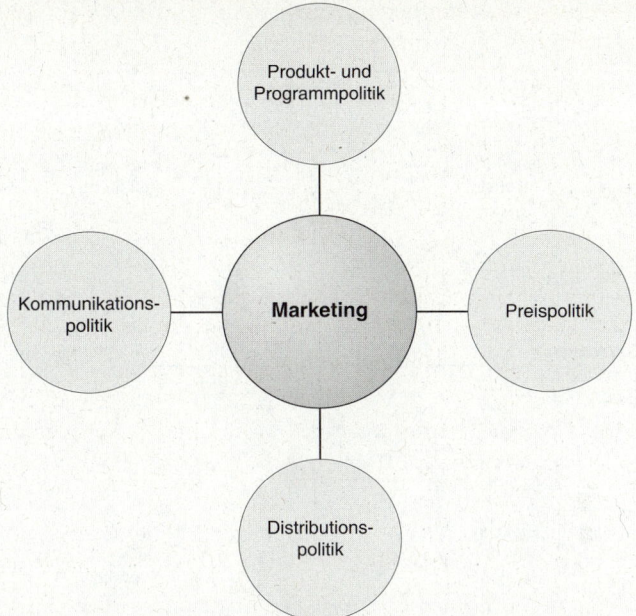

Abb. 5.3.1/4: Aktionsfelder bei der Gestaltung eines Konsumenteninformationssystems

gerichteten Information der (potentiellen) Kunden und sonstiger relevanter Gruppen über das Angebot und das Unternehmen als Ganzes. Wichtigste Instrumente sind die Werbung, Verkaufsförderung, Öffentlichkeitsarbeit, Direktmarketing und virtuelle Gemeinschaften.

In den folgenden Ausführungen gehen wir auf die genannten Marketingmaßnahmen und ihre IT-Unterstützung im Rahmen von Konsumenteninformationssystemen näher ein. Wir verwenden dabei das grundlegende Vokabular aus dem Marketing-Standardwerk von Nieschlag, R., Dichtl, E., Hörschgen, H.: Marketing, 19. Aufl., Berlin 2002. Bitte beachten Sie, dass der Begriff „Marketing" nicht immer so umfassend wie von Nieschlag/Dichtl/Hörschgen und den meisten anderen Marketing-Autoren interpretiert wird. Von vielen Praktikern wird darunter primär die Kommunikationspolitik verstanden.

5.3.2 Produkt- und Programmpolitik und ihre IT-Unterstützung

Die **Produktpolitik** (engl.: product policy) umfasst alle Maßnahmen, die sich auf die Produktauswahl und –gestaltung, Markenwahl, Verpackung sowie kauf- und nutzungsbezogene Dienstleistungen beziehen. Die **Programmpolitik** (Synonym: **Sortimentspolitik**; engl.: program policy; assortment policy)

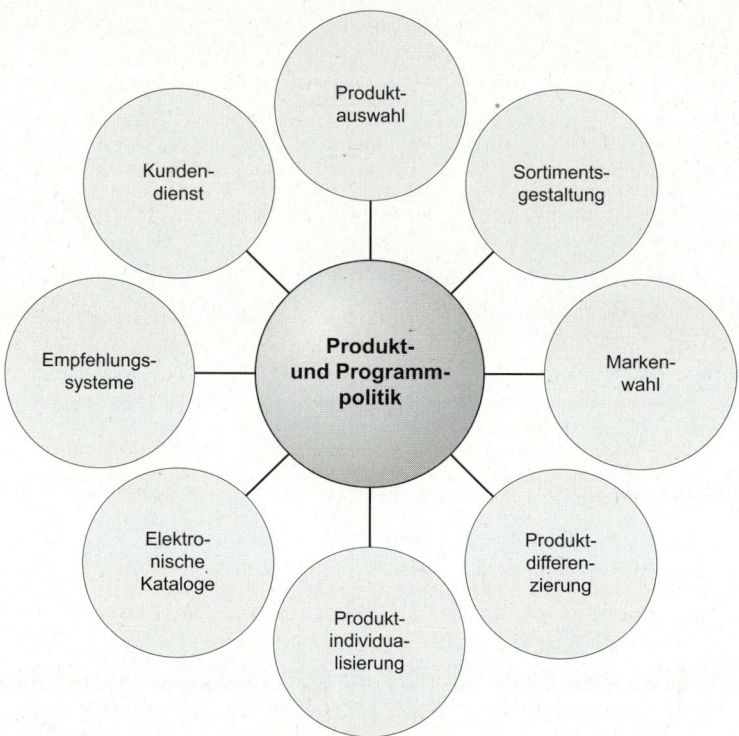

Abb. 5.3.2/1: Aktionsfelder der IT-gestützten Produkt- und Programmpolitik

beinhaltet Entscheidungen über die programmpolitische Grundorientierung, die Sortimentsbreite (Zahl der geführten Produkte) und die Sortimentstiefe (Zahl der Produktvarianten innerhalb der Produktlinien).

5.3.2.1 Produktauswahl

Sie haben bereits in den vorhergehenden Abschnitten 5.1.1–5.1.5 erfahren, *welche Produkte und Dienstleistungen* sich besonders für den Internet-Vertrieb eignen. Ganz besonders geeignet sind digitale Güter: Nachrichten, Musik, Filme, Software, Computerspiele, Lehrmaterial usw. Darüber hinaus bietet sich das Angebot über Konsumenteninformationssysteme vor allem für bekannte, standardisierte Produkte an, die planvoll gekauft werden: Bücher, CDs, DVDs, Computerprodukte, Unterhaltungselektronik, Haushaltsgeräte usw. Bei Dienstleistungen ist es ähnlich: Es dominieren Massen- und Routineservices, zum Beispiel die Platzreservierung bei Veranstaltungen, die Buchung von Flugtickets, Hotelübernachtungen, Mietwagen und beim Telebanking Kontostandsabruf, Überweisungen und Aktienhandel.

Wegen der hohen Distributionskosten sind große, schwere Produkte mit geringem Preis (zum Beispiel Zement, Holz) und leicht verderbliche Artikel (zum Beispiel Fleisch, Fisch, Eier, Milchprodukte) weniger geeignet. Ebenso werden Produkte, deren die Sinne ansprechende Eigenschaften (Aussehen, Frische, Geruch usw.) beim Kauf ausschlaggebend sind (zum Beispiel Juwelen, Parfüm, Obst, Gemüse, Blumen, Brot), meist nur dann per Katalog bestellt, wenn es nicht anders geht: Etwa, weil es in der Nähe keine Verkaufsstätte gibt, oder weil der Beruf keine Zeit zum Einkaufen während der Ladenöffnungszeiten lässt.

Vor allem bei hochpreisigen Produkten dienen Konsumenteninformationssysteme oft primär zur *Information über die Produkteigenschaften und den Preis(vergleich)*, während die Kaufverhandlungs- und –abschlussphase in einer realen Verkaufsstätte (Einzelhandelsfiliale, Reisebüro usw.) stattfindet. Beispiele sind etwa der Verkauf von PKW und Immobilien, die Gewährung von Krediten und der Abschluss von komplexen Versicherungen.

5.3.2.2 Sortimentsgestaltung

Da die Produkte in einem Konsumenteninformationssystem nicht physisch, sondern durch Information präsentiert werden, gibt es gegenüber Verkaufsräumen in Geschäftslokalen kaum Beschränkungen bezüglich der Anzahl der ausstellbaren Waren. Die Festlegung von Umfang und Struktur des Angebots erfolgt primär aufgrund des Marktpotentials und der logistischen Möglichkeiten (Lagerhaltung und Transport). Die Absatzchancen werden durch Analysen der Bedingungslage, Verkaufsstatistiken („Renner und Penner") und Prognosen ermittelt.

Unternehmen, die auch traditionelle Absatzwege (Filialen, Reisende, Handelsvertreter, traditioneller Katalogversand usw.) verwenden, verfolgen bei der *Festlegung der Angebotspalette im Internet* unterschiedliche Strategien. Teils wird dasselbe Programm angeboten, teils erfolgt eine Sortimentsverbreiterung und Diversifikation, teils wird das vorhandene Leistungsprogramm eingeschränkt.

Der *Fachhandel* verwendet Konsumenteninformationssysteme häufig zur Ausdehnung des Sortiments. Es wird auf diesem Wege ein Vollsortiment angeboten, das sich in diesem Umfang nur in wenigen, sehr großen Filialen findet. Vielfach wird in bestimmten Warengruppen, beim Lebensmitteleinzelhandel etwa Wein und Delikatessen, auch eine wesentlich größere Sortimentstiefe offeriert. Für Hersteller und Fachhandel ist der Internet-Vertrieb zudem eine vergleichsweise einfache Möglichkeit zur *Diversifikation*. Darunter versteht man die Aufnahme neuer Produkte und Dienstleistungen, die in keinem direkten Zusammenhang mit dem bisherigen Betätigungsfeld des Unternehmens stehen.

Zum *Beispiel* hat der reine Internet-Händler *Amazon.com* ursprünglich nur Bücher verkauft. Schrittweise wurde das *Sortiment* um folgende Warengruppen *erweitert:* Musik/Video, Elektronik, Zeitschriften, Spielsachen und Babyartikel, Reisen, Küche und Haushalt, Werkzeug und Geräte, Computer, Büroartikel, Kleidung und Accessoires. Die Ausweitung des Sortiments erfolgte zum Teil durch die Aufnahme von fremden Sortimenten/Herstellermarken in den Produktkatalog von Amazon.com.

Andererseits findet man bei Einzelhändlern mit mehreren Vertriebswegen (engl.: multi-channel retailer, bricks & clicks) und Finanzdienstleistern eine *Sortimentsbeschränkung des Internet-Vertriebs* gegenüber traditionellen Vertriebswegen. Überzeugungsbedürftige, beratungsintensive Produkte und Dienstleistungen werden häufig nur in den Filialen und durch den Außendienst verkauft. Warenhäuser haben ursprünglich oft mit einem Vollsortiment im Internet begonnen und in der Folge aufgrund des schleppenden Absatzes auf Warengruppen wie Schuhe, Kosmetika, Möbel und Frischprodukte verzichtet.

5.3.2.3 Markenwahl

Marken (engl.: brand) sind bei Konsumenteninformationssystemen von großer Bedeutung, da sie dem Verbraucher ein bestimmtes Vorstellungsbild von einem Anbieter oder einem Gut vermitteln. Sie dienen dem Konsumenten zur Orientierung und vermitteln Qualität. Das hat eine absatzfördernde Wirkung, ermöglicht eine Differenzierung zur Konkurrenz und schafft aufgrund der Markentreue (Kundenbindung) einen preispolitischen Spielraum.

Besonders bei *Neugründungen mit ausschließlicher Internet-Präsenz* helfen Marken, Vertrauen zwischen dem Anbieter und seinen Kunden aufzubauen. Die Wahl des Anbieternamens geht meist mit der Internet-Adresse einher und soll die Auffindbarkeit erleichtern. Bei der *zusätzlichen Internet-Nutzung* ist besonders bei verschiedenen Geschäftsmodellen die Frage wichtig, ob derselbe oder ein anderer Unternehmensauftritt gewählt werden soll. Die Tendenz geht eher zu einer einheitlichen Corporate Identity für alle Kundenkontakte. Auch bei den Produktmarken wird meist nicht differenziert. Es gibt jedoch durchaus auch Unternehmen, die eigenständige Marken für den Absatz über das Internet geschaffen haben.

Beispiele für große, *ausschließlich im Internet präsente Anbieter-Dachmarken* sind eBay und Amazon, die allein in Deutschland acht bis zehn Millionen Kunden haben. Von den Anbietern, die ihren *Markennamen zusätzlich im Internet* nutzen, hatten nach einer Untersuchung der Mediatime Consulting in Deutschland 2003 das beste Image: Siemens, Douglas, Nokia, Coca-Cola, Burger King, Playstation, Karstadt, Panasonic, D2-Vodafone und Nivea. Zu den Marken mit dem schlechtesten Image im Internet zählten Gucci, MSN, Deutsche Bahn, Kinderschokolade, Aral, Bildzeitung, Shell, Bacardi und Esso.

Ein Beispiel einer eigenständigen *Dachmarke für nur über das Internet bestellbare Artikel* ist „Créateur de Beauté" von L'Oréal. Unter dieser Dachmarke werden rund ein Dutzend Kosmetika „exklusiver Markenqualität" angeboten.

▶ Übungsaufgabe Nr. 1.5.13 im Arbeitsbuch

5.3.2.4 Produktdifferenzierung

Die Angebotstransparenz im Internet erzeugt bei vergleichbaren Gütern einen erheblichen Preisdruck. Durch *Produktdifferenzierung* und *Produktindividualisierung* kann ein Unternehmen dem Preiswettbewerb ausweichen, die Kundenbindung erhöhen und damit einen gewissen Preisspielraum schaffen.

> Durch **Produktdifferenzierung** (engl.: product differentiation) werden von einem Kernprodukt verschieden gestaltete Produktvarianten für unterschiedliche Nachfragergruppen (Marktsegmente) abgeleitet. Das kann etwa durch Variation der Produkteigenschaften, Verpackung, Markennamen, Qualität und Styling geschehen.

Die *Produktdifferenzierung* erfolgt auf Basis einer Analyse von Nachfragebedürfnissen im anonymen Markt. Der einzelne Konsument wird nicht berücksichtigt. Die Produktvarianten stehen zum Angebotszeitpunkt fest. Die Produktdifferenzierung geht oft mit einer Preisdifferenzierung einher; wir kommen in diesem Zusammenhang später darauf zurück.

5.3.2.5 Produktindividualisierung

Im Gegensatz zur Produktdifferenzierung erfolgt die *Produktindividualisierung* erst nach dem Zeitpunkt der Kundenakquisition für einen einzelnen, persönlich bekannten Nachfrager.

> Unter **Produktindividualisierung** (engl.: product individualization) versteht man die auftragsorientierte, dem Akquisitionszeitpunkt nachgelagerte individuelle Gestaltung eines Produkts für einen persönlich bekannten Kunden.

Für den Kunden kann die *Produktindividualisierung* eine bedarfsgerechte(re) Lösung bieten. Voraussetzungen sind eine ausreichend große Zahl veränderbarer Produkteigenschaften (Individualisierungspotential) und ein Individualisierungsbedarf, das heißt, das Vorhandensein des Wunsches nach Individualität. Zudem muss für den Kunden der Nutzen der Individualisierung größer sein als der Aufwand. Ein kostengünstiger Weg der Produktindividualisierung ist die Massenfertigung von Gütern, die durch individuelle Spezifikation von Komponenten zu unterschiedlichen Konfigurationen zusammengesetzt werden können (engl.: mass customization).

Beispiele für eine solche, vom Benutzer gesteuerte *Produktindividualisierung* im Rahmen von Konsumenteninformationssystemen sind die Konfigurierung von PCs bei Dell.com, die individuelle Gestaltung von Sportschuhen bei Nike.com und die Bestellung von Maßhemden und -anzügen bei MyCustomtailor.com.

Zunächst wird dem Benutzer die Produktpalette präsentiert. Im zweiten Schritt wählt er ein Produkt aus und spezifiziert interaktiv die gewünschten Eigenschaften anhand einer vorgegebenen Auswahlliste. Eventuell kann er

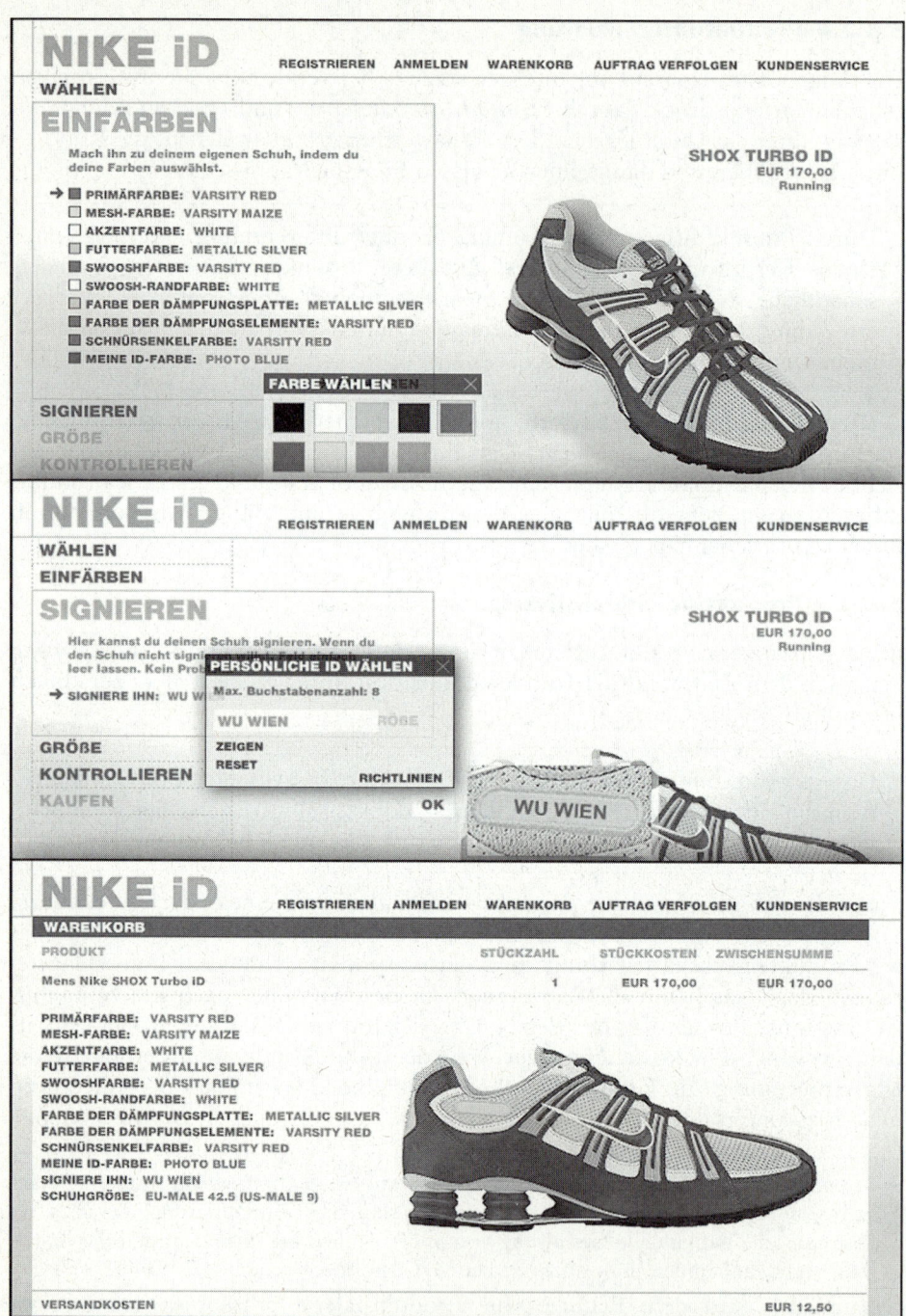

Abb. 5.3.2.5/1: Beispiel für die Produktgestaltung nach individuellen Kundenpräferenzen

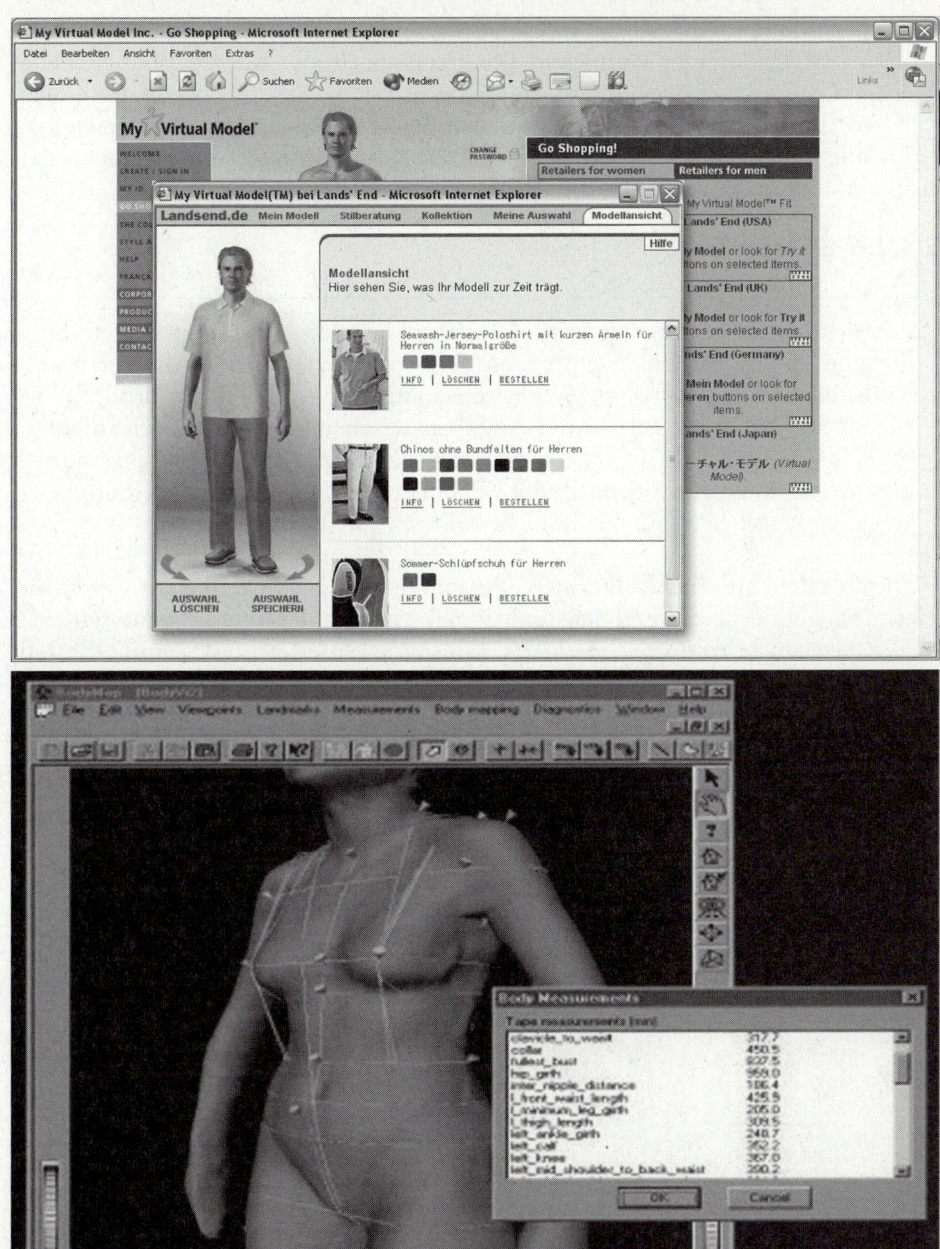

Abb. 5.3.2.5/2: Anprobe per 3D-Körpermodell: Sechs Digitalkameras in der Umkleidekabine scannen Konsumenten in Sekundenschnelle an über 1.000 Punkten – in der Folge können auch via Internet virtuell Kleidungsstücke anprobiert und maßgeschneidert werden (experimentelles System von QinetiQ)

dabei beobachten, wie sich „sein" Produkt und der Kaufpreis schrittweise verändern. Bei Bekleidung kann dem Benutzer angeboten werden, ein virtuelles *Modell* nach seinem eigenen Aussehen nachzubilden, das die spezifizierte Kleidung vorführt. Im letzten Schritt wird dem Benutzer das Endergebnis gezeigt. Er kann alle Eingaben kontrollieren, die Produktgestaltung eventuell nochmals variieren und bei Gefallen die Bestellung auslösen.

5.3.2.6 Elektronische Kataloge

Ein **elektronischer Katalog** (engl.: electronic catalog, e-catalog) präsentiert die von einem Betrieb angebotenen Produkte und Dienstleistungen. Der Konsument kann in den Web-Seiten blättern, gezielt nach Produkten suchen und sich alle relevanten Angaben ansehen, die für seine Kaufentscheidung wesentlich sind. Dazu gehören detaillierte Produktbeschreibungen in multimedialer Form, Preise, Zahlungsmöglichkeiten, Distributionswege, Geschäftsbedingungen und Bestellfunktionen.

Durch effiziente Suchfunktionen, Personalisierungsmöglichkeiten des Informationsangebots, Preisvergleichsfunktionen und Empfehlungssysteme wird die *Navigation* und *Produktauswahl* des Konsumenten erleichtert. Online-Bestell-

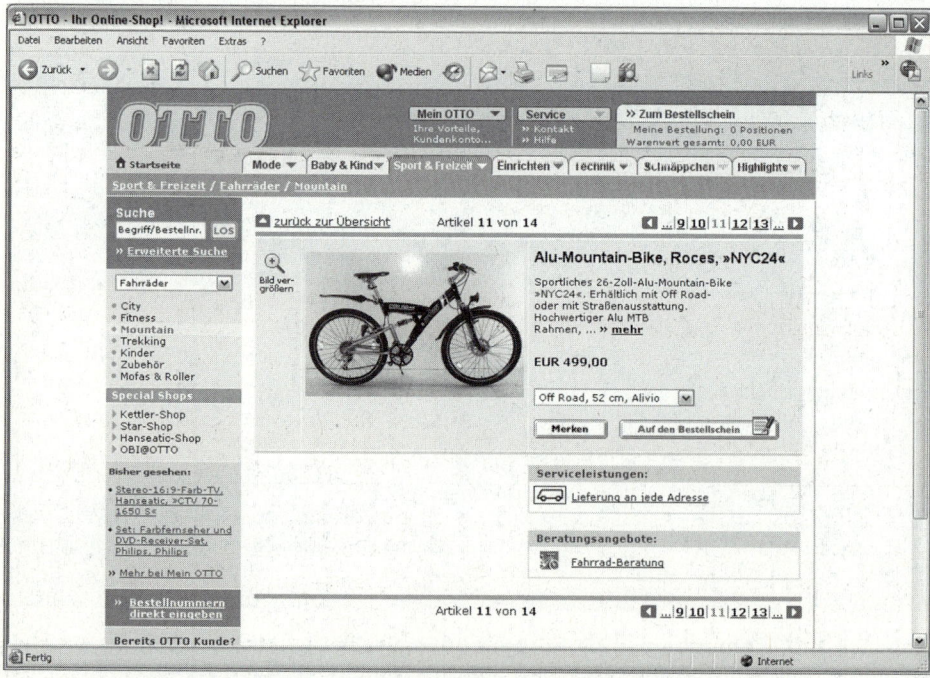

Abb. 5.3.2.6/1: Produktbeschreibung in einem elektronischen Katalog

Abb. 5.3.2.6/2: Produktsuche in einem elektronischen Katalog

funktionen sind meist in Form eines virtuellen *Einkaufskorbs* (engl.: shopping basket) oder *Einkaufswagens* (engl.: shopping cart) realisiert, in den der Konsument die gewünschten Artikel durch den Klick auf das entsprechende Symbol legen kann (Näheres folgt).

5.3.2.7 Empfehlungssysteme

Empfehlungssysteme (engl.: recommender system) helfen den Konsumenten bei der Wahl von Produkten und Dienstleistungen durch die Reduzierung der Informationsfülle (Filtern; engl.: filtering) und die Reihung (engl.: ranking) von Alternativen. Dabei kommen *attributbasierte* und *gemeinschaftliche Filtertechniken* zum Einsatz.

Im *einfachsten Fall* kreuzt der Interessent auf einem Fragebogen mit fix vorgegebenen Antwortmöglichkeiten seine Wünsche an und erhält sodann eine nach seinen Präferenzen sortierte Liste der in Frage kommenden Produkte. *Fortgeschrittene Empfehlungssysteme* gehen von angenommenen Kundenpräferenzen aus und lernen durch Interaktion mit dem Benutzer. Angebotene Inhalte, Informationsstruktur, Navigationsstruktur und Präsentationslayout werden vom System dynamisch an das Benutzerprofil angepasst.

Ein *Beispiel für Standardsoftware für die individuelle Verkaufsberatung* ist das Programm *Smart Profiler* der Berliner Firma *CyberConsult,* das von Macnetix und Siemens Business Services vertrieben wird. Ein virtueller Verkäufer beantwortet Kundenfragen, wertet diese in Sekundenschnelle aus und lässt die erhaltenen Angaben bereits in unmittelbar folgende Fragen einfließen. Nach wenigen ausgewählten Fragen empfiehlt das System das „optimale" Produkt. Fehlende Eingaben werden durch das Programm vervollständigt, unvereinbare Information wird aufgelöst, indem man den bestmöglichen Kompromiss eingeht. Wie von einem wirklichen Verkäufer werden die Vorschläge begründet, das heißt, es wird erklärt, aus welchem Grund die vorgeschlagenen Produkte ausgewählt wurden. Im Dialog schlägt der Smart Profiler immer die Frage vor, die am meisten die Qualität der Ergebnisliste verbessert. Der Benutzer muss nicht einen standardisierten Fragenpool beantworten, sondern bekommt nur die Fragen gestellt, die auch vom Kontext her Sinn machen. Nach jeder Eingabe erhält er ein unmittelbares Feedback, das ihm anschaulich vermittelt, in welcher Weise seine Eingabe die Ergebnismenge beeinflusst hat. Das zugrunde liegende Modell verbessert sich über die Zeit durch einen automatisierten Lernprozess. Der Umfang, in dem dies getan wird, kann vom Anbieter der Web-Site gesteuert werden. Mit jedem Dialogschritt verfeinert der Smart Profiler das individuelle Profil, das den jeweiligen Benutzer beschreibt. Dabei werden – unabhängig von der Anzahl der Dialogschritte – stets vollständige Profile erzeugt und auf Wunsch im Data Warehouse gespeichert. Die dabei gewonnenen Ergebnisse stehen damit für Folgebesuche und andere Marketingfunktionen zur Verfügung.

Beim *inhalts- oder attributbasierten Filtern* (engl.: content-based or attribute-based filtering) basieren die Empfehlungen allein auf dem individuellen Profil (Bedarf, Kaufverhalten, Kaufkraft) des Benutzers. Die Verkaufsobjekte werden durch eine Menge von Produkteigenschaften klassifiziert. Bei der Ermittlung einer Empfehlung werden Verkaufsobjekte, die geforderte Produkteigenschaften nicht besitzen, ausgeschieden, die restlichen Verkaufsobjekte werden entsprechend einem Präferenzmodell (Prioritäten des Benutzers, unter Umständen auch Prioritäten des Anbieters, wie zum Beispiel Ablaufdatum) gereiht.

Von unserem Beispiel-Lebensmittelfilialbetrieb werden in einem *Empfehlungssystem für Weine* als Produkteigenschaften unter anderem der Preis, der Geschmack, das Bukett, die Qualität, das Anbaugebiet und die Rebsorte zugrunde gelegt. Als geforderte Produkteigenschaften des langjährigen Kunden Neumann gelten aufgrund seiner bisherigen Bestellungen ein Flaschenpreis von unter 20 Euro, trocken, starkes Bukett, Qualitätswein, Burgenland und Blaufränkisch. Bei einer automatisierten Beratung von Herrn Neumann werden ihm nur die Weine vorgeschlagen, die diesen Kriterien entsprechen. Bei der Reihung der empfohlenen Weine könnten die genannten Kriterien gleich bewertet werden, der Preis könnte das doppelte oder dreifache Gewicht haben usw. Dabei könnten noch weitere Kriterien im Interesse des Kunden oder des Anbieters eingehen, wie etwa die Lagerfähigkeit usw.

Beim *gemeinschaftlichen Filtern* (engl.: collaborative filtering) basieren die Empfehlungen auf gemeinschaftlichem Wissen und Erfahrungen. Bei *kundenzentrierten Ansätzen* werden die Profile anderer Benutzer (ähnliche Kundengruppen, Experten) einbezogen und daraus Vorschläge abgeleitet. Bei *verkaufsobjektbezogenen Ansätzen* werden Produktbeziehungen zugrunde gelegt.

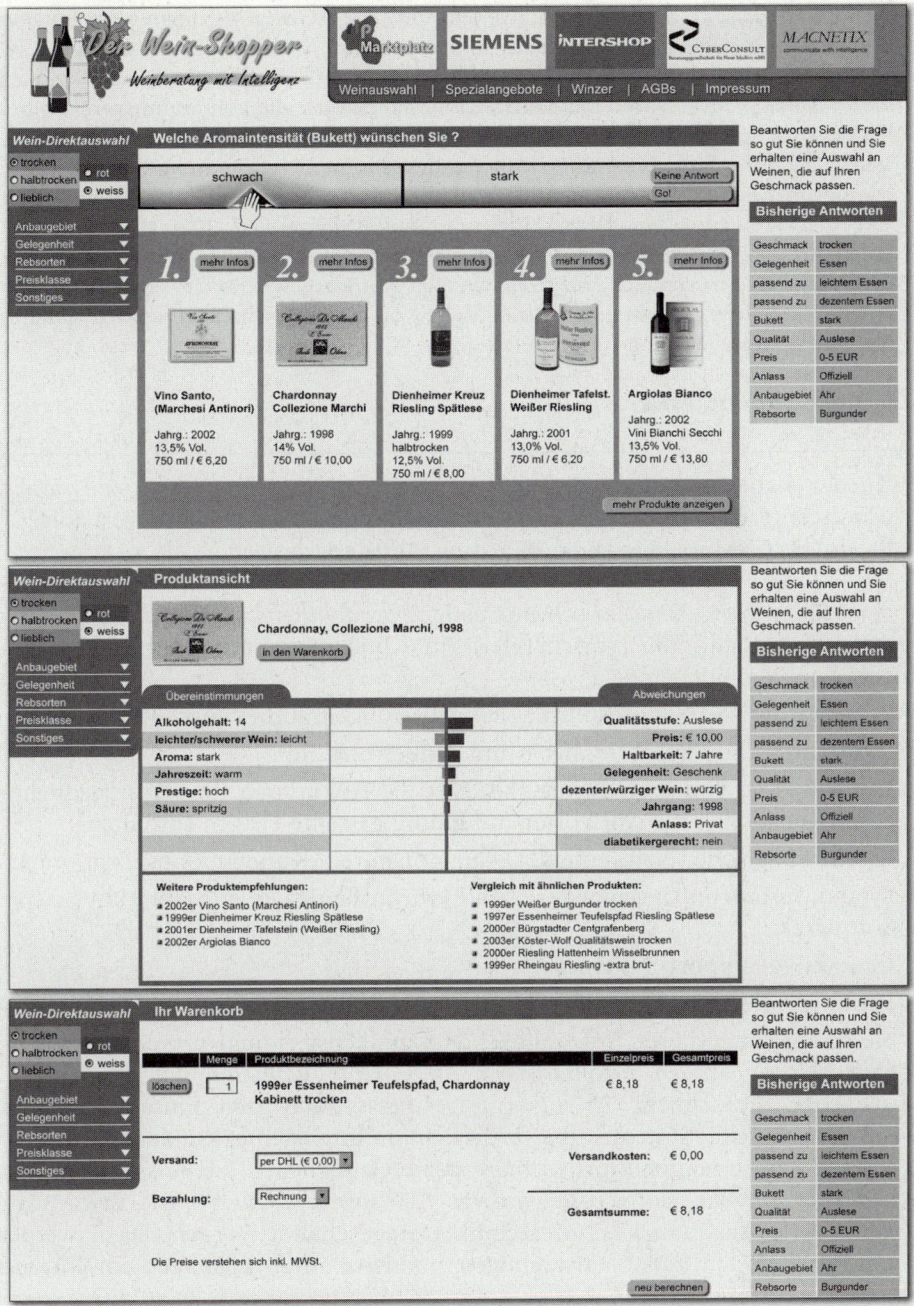

Abb. 5.3.2.7/1: Empfehlungssystem für Weine

Wenn zum *Beispiel* der Wiener Universitätsprofessor Gustaf Neumann ein *Empfehlungssystem für Weine* zu Rate zieht, so könnten ihm mittels *gemeinschaftlichem Filtern* etwa die Produkte empfohlen werden, die andere Wiener am liebsten trinken, die Universitätsprofessoren am häufigsten bestellen oder die von Sommeliers am besten beurteilt werden. Werden Produktcharakteristika zugrunde gelegt, so könnten die Vorschläge etwa lauten: „Andere Kunden, die sich für Blaufränkische von Ernst Triebaumer in Rust/Burgenland entschieden haben, haben noch folgende Weine bestellt: Cabernet Sauvignon von Franz Huditsch, Sankt Margareten, Jahrgang 2004, ...". Sofern weitere Kundenmerkmale, etwa wie oben angeführt, bekannt sind, könnten die Empfehlungen genauer spezifiziert werden („Andere Wiener Universitätsprofessoren, die trockene, wuchtige Blaufränkische von Ernst Triebaumer schätzen, haben folgende weitere Weine gekauft: ...").

5.3.2.8 Kundendienst

Zu den **kauf- und nutzungsbezogenen Dienstleistungen** (engl.: sales and usage centered service) gehören unter anderem die Installation verkaufter Produkte, Garantieleistungen, Wartung und Reparaturen.

Wir zählen hier exemplarisch nur einige *Kundendienstleistungen* (engl.: customer service) auf, die typischerweise in Konsumenteninformationssystemen angeboten werden:

- Präsentation von Servicestellen, Serviceleistungen und Ersatzteilen im Web,
- Information und Beratung der Kunden über E-Mail,
- Bereitstellung von FAQ-Listen (FAQ ist die Abkürzung für engl.: frequently asked questions), die Antworten auf häufig gestellte Fragen enthalten,
- Kundenmagazine, Newsletters, Diskussionsforen, Kundenbonusprogramme,
- Produkttests (zum Beispiel Lese- und Hörproben), Downloads (zum Beispiel Software),
- Interaktive Support-Systeme,
- Ferndiagnose und -wartung.

Sie ersehen aus dieser Aufzählung, dass zunächst einmal versucht wird, *für möglichst viele Fragen automatisierte Antwortmöglichkeiten* zu schaffen. Die kostspielige menschliche Arbeitskraft soll erst dann zum Einsatz kommen, wenn maschinelle Systeme überfordert sind. Intelligente kundendienstunterstützende Konsumenteninformationssysteme ermöglichen die *Auslagerung von Standardproblemen auf kostengünstige „Ansprechpartner"*, wie etwa Call-Center, ohne dass dabei Servicetechniker eingeschaltet werden. Dazu werden bereits aufgetretene Problemstellungen inklusive ihrer Lösungen im Internet abrufbar gemacht.

In Verbindung mit den entsprechenden internen Informationssystemen können Konsumenteninformationssysteme die *Einsatzplanung von Servicetechnikern* unterstützen. Durch die Erfassung von Reparatur- und Wartungsmeldungen, vorgegebenen Restriktionen (Dienstzeiten, Feiertage, Urlaubspläne) und zugehörigen Kosten lassen sich die günstigsten Einsatzpläne errechnen. Ziel dieser Optimierung ist es, die Reisezeiten möglichst gering zu halten und gleichzeitig zu versuchen, den Servicegrad für den Kunden zu optimieren. Die Einsatzplanung kann aber auch auf kurzfristige Kundenbedürfnisse Rücksicht nehmen und jenen Zeitpunkt ermitteln, zu dem spätestens ein Servicetechniker vor Ort erscheinen muss.

Ferner wird die *Verwaltung von Defekten und anderen servicerelevanten Ereignissen* erleichtert. Es werden die Antwortzeiten und die Korrespondenz mit dem Kunden dokumentiert, die für die Verrechnung und zusammenfassende Analysen zur Verfügung stehen. Durch die laufende Beobachtung der Instandsetzungsfälle können Schwachstellen der Produkte identifiziert und frühzeitig Verbesserungen angestoßen werden.

▶ Übungsaufgabe Nr. 1.5.14 im Arbeitsbuch

5.3.3 Preispolitik und ihre IT-Unterstützung

> Die **Preispolitik** (engl.: pricing policy) umfasst alle Maßnahmen, die zur Findung, Auszeichnung und Durchsetzung der Preise für die angebotenen Produkte und Dienstleistungen dienen. Dazu gehören die Gestaltung der Grundpreise und eventueller Rabatte, die Abgeltung von Zusatzleistungen und der Transaktionskosten.

Wegen der hohen Preistransparenz im Internet sind Überlegungen zur Preisdifferenzierung und Preisbündelung besonders wichtig. Aus Anbietersicht ist der *Preis* ein Äquivalent für die Erbringung einer bestimmten Leistung. Aus Kundensicht ist es ein Gegenwert, um in den Besitz der Ware oder den Genuss von Dienstleistungen zu kommen. Der Gesamtpreis setzt sich aus dem Preis eines Gutes und weiteren Bestandteilen (Beschaffung, Inbetriebnahme, Finanzierung, Betrieb, Instandhaltung, Steuer, Versicherung) zusammen, die wir jedoch hier nicht näher beleuchten. Der *Kaufpreis* (aus Kundensicht) oder *Verkaufspreis* (aus Anbietersicht) besteht aus dem Grundpreis (Listenpreis), den Preisen für Zusatzausstattung und Zusatzleistungen sowie den Transaktionskosten (Zustellung usw.). Ein *Mietpreis* wird für die Einräumung eines Nutzungsrechts für eine bestimmte Zeit verrechnet. Darüber hinaus können auch *Abonnements* und *Preise für jede Nutzung eines Produkts oder einer Dienstleistung* in Rechnung gestellt werden.

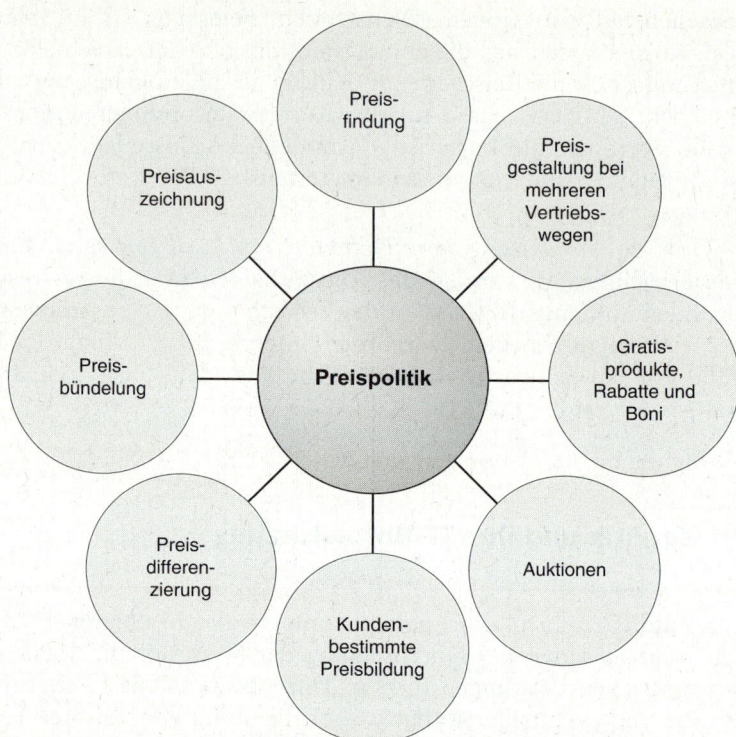

Abb. 5.3.3/1: Aktionsfelder der IT-gestützten Preispolitik

5.3.3.1 Preisfindung

Die *Höhe des Verkaufspreises* eines Gutes wird maßgeblich durch die Stückkosten, die Kaufkraft und Preisbereitschaft der Kunden sowie die Preise der Konkurrenz beeinflusst. Das *Aushandeln von Preisen* ist nur bei einer geringen Zahl von Gütern, genügend Zeit sowie ausreichendem Detailwissen der Verkäufer (über Mitbewerberpreise, Kalkulationsgrundlagen usw.) ökonomisch sinnvoll. Überlegen Sie, welche Konsequenzen es hätte, wenn in einem Lebensmittel-Supermarkt an der Kasse über die Preise der Artikel im Einkaufswagen verhandelt würde! Bei Konsumenteninformationssystemen dominieren deshalb *feste Listenpreise (Katalogpreise)*. Dynamische Preisbildungsverfahren haben sich nur in Form von *Auktionen* durchgesetzt (Näheres folgt).

Die Konsumenten können beispielsweise über Suchmaschinen auf einfache Weise und kostenlos *anbieterübergreifende Preisvergleiche* durchführen. Darüber hinaus gibt es im Internet eine Vielzahl unabhängiger Preisvergleichsdienste, die die Produkt- und Preiskataloge von mehreren Anbietern zusammenfassen. Man spricht dabei auch von *Katalogaggregatoren*.

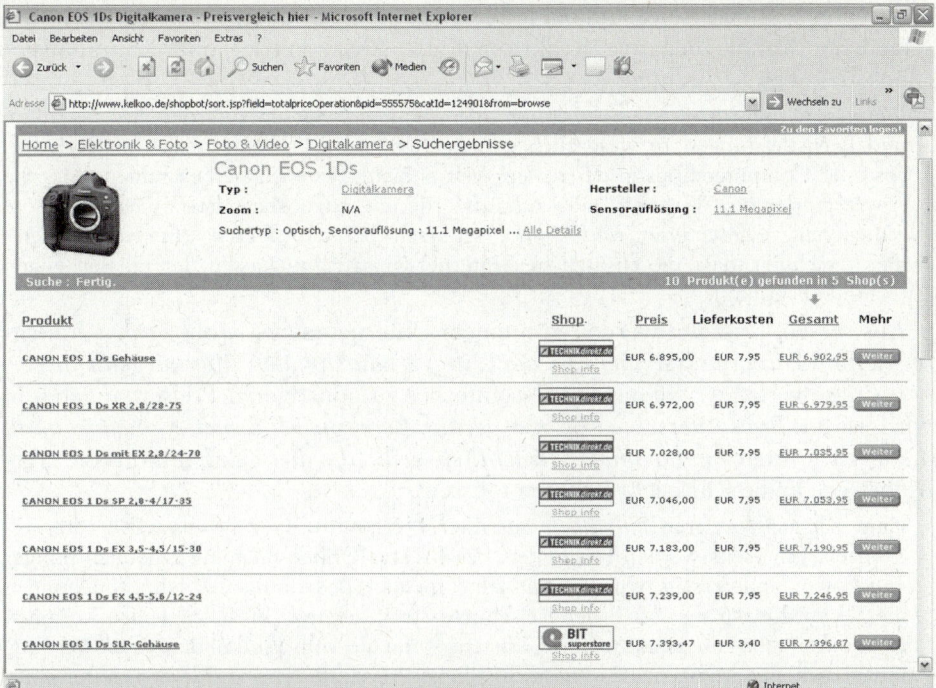

Abb. 5.3.3.1/1: Anbieterübergreifender Preisvergleich

Allein in *Deutschland* sind neben den großen Suchdiensten wie Google und Fireball zirka *70 Preisvergleichsdienste* tätig. Zu den am besten beurteilten universellen Preisvergleichsdiensten gehören eVendi, Kelko, Idealo, RockBottom, MetaKauf und Geizhals. Daneben gibt es auf bestimmte Warengruppen spezialisierte Preisvergleichs-dienste, wie zum Beispiel Wein.cc, SportPreis oder ZDNetSm@rtShopper (IT-Pro-dukte). Viele der genannten Dienste sind in anderen Ländern präsent. In manchen Fällen werden auch Preisvergleiche über kommunikationsfähige PDAs und Mobilte-lefone geboten. Bei regionalen Preisvergleichen werden sogar teilweise Ladenge-schäfte mit einbezogen.

Durch die hohe Transparenz muss sich die *Preisbildung eines Anbieters pri-mär an den Preisen der Mitbewerber orientieren*. Bei geplant gekauften Stan-dardprodukten sind über dem Marktniveau liegende Preise meist nur innerhalb eines schmalen Preisbands möglich.

5.3.3.2 Preisgestaltung bei mehreren Vertriebswegen

Die meist *geringeren Transaktionskosten* von Konsumenteninformationssyste-men erlauben niedrigere Preise als auf traditionellen Vertriebswegen. Für Anbie-ter stellt sich die Frage, *welche Kostensenkungen möglich sind und inwieweit diese im Preis weitergegeben werden* sollen. Einerseits gibt es den Preisdruck der

Konkurrenz, andererseits sind bei unterschiedlichen Endverbraucherpreisen verschiedener Kanäle negative Reaktionen der Absatzmittler und Kannibalisierungseffekte zu befürchten.

Wenn zum *Beispiel Reiseveranstalter oder PC-Hersteller* im Internet ihre Produkte und Dienstleistungen zu wesentlich günstigeren Endverbraucherpreisen als Reisebüros oder Computershops in der realen Welt anbieten, müssen sie befürchten, dass die Absatzmittler die Werbung und Verkaufsförderung zugunsten alternativer Angebote reduzieren. *Warenhäuser und Banken* müssen bei günstigeren „Internet-Preisen" damit rechnen, dass die zusätzlichen Internet-Umsätze zu Lasten der Filialen gehen (Kannibalisierung).

Aus diesen Gründen werden von einem Unternehmen sowohl *in den Konsumenteninformationssystemen als auch in Verkaufslokalen überwiegend dieselben Preise* verlangt. Wenn über das Internet zu günstigeren Preisen angeboten wird, ist der *Preisunterschied oft nur gering. Bei reinen Internet-Anbietern kann die Preisdifferenz manchmal beträchtlich sein, da diese* auf alternative Vertriebswege keine Rücksicht nehmen müssen.

Zum *Beispiel* forcieren *Fluglinien* mit ihrer Preispolitik ganz bewusst den Internet-Vertrieb. Einerseits werden Flugtickets bei direkter Online-Buchung erheblich billiger angeboten, andererseits wurden mit zunehmender Bedeutung der Direktbuchungen die Vermittlungsprovisionen der Reisebüros stark gekürzt. In vielen Fällen kommen Reisebüros jetzt nur noch auf ihre Kosten, wenn sie vom Endkunden einen Vermittlungszuschlag verlangen. Die unterschiedliche Preisgestaltung wurde erst Anfang der 2000er Jahre „auf breiter Front" eingeführt, als die weltweite Konjunkturschwäche und Billigairlines den Wettbewerbsdruck verstärkt haben.

5.3.3.3 Gratisprodukte, Rabatte und Boni

Das Internet wurde im universitären Bereich entwickelt, wo Wissenschaftler ihre Arbeitspapiere, Tagungsbeiträge, Programme usw. üblicherweise unentgeltlich den Kollegen überlassen. Im Zuge der Kommerzialisierung des Internets wurde bei vielen Informationsprodukten (beispielsweise bei Nachrichten, systemnaher Software) und Diensten (beispielsweise bei E-Mail, Suchdiensten usw.) dieser Brauch beibehalten.

Beim **„Follow the Free"-Pricing** wollen Unternehmen durch *Gratisprodukte* möglichst rasch eine „kritische Masse" von Kunden erreichen. *Erlöse* sollen *erst später* durch den Verkauf von neuen Produktversionen („Upgrades"), leistungsfähigeren Produktversionen („Premiums") und Komplementärleistungen an den gewonnenen Kundenstamm erzielt werden.

Beispiele sind etwa das kostenlose Angebot von Browser-Software, Virenscannern, Anzeigeprogrammen (Reader) und Komprimierungsprogrammen (Packern).

Voraussetzungen für die spätere Durchsetzung von Preiserhöhungen sind eine starke Produktbindung und die Bereitschaft der Konsumenten, für Angebote zu bezahlen. Die oben erwähnte „Gratis-Mentalität" (engl.: free lunch mentality, free rider mentality) hat in vielen Fällen dahingehende Bemühungen vereitelt.

Zum *Beispiel* haben im Lauf der Zeit die meisten Zeitungsverlage versucht, für die elektronischen Versionen ihrer *Tageszeitungen* Abonnementgebühren einzuführen und sind damit größtenteils gescheitert. Die in den meisten Fällen nicht kostendeckenden Erlöse werden hauptsächlich durch Werbung und in vereinzelten Fällen durch kostenpflichtige hochwertige Zusatzdienste (beispielsweise Zugriff zu den Archiven) erzielt.

Wenn sich kostendeckende Preise nicht durchsetzen lassen, sollten auf andere Weise *Nutzen* (zum Beispiel besseres Image, Orientierung über Filialangebote) oder *Erlöse* (zum Beispiel Werbeeinnahmen) generiert werden. Andernfalls müssen die Angebote früher oder später vom Internet-Vertrieb zurückgezogen werden. Bei vielen Online-Diensten ist deshalb künftig, ähnlich wie bei kommerziellen Fernsehsendern, mit einer *massiven Zunahme der Werbung* zu rechnen (Näheres folgt im Abschnitt 5.3.5).

Ein **Rabatt** (engl.: discount) ist ein Preisnachlass, der für bestimmte Leistungen des Abnehmers gewährt wird. Rabattpolitische Maßnahmen betreffen die Art der Rabatte (Funktions-, Mengen-, Zeit- und Treuerabatte), die Rabatthöhe und –staffelung. Ein **Bonus** (engl.: bonus) ist eine kostenlose Zugabe, um den Verkauf zu fördern.

Beim Internet-Vertrieb kommen alle genannten *Rabattarten* zum Einsatz, allerdings bei weitem nicht mit derselben Intensität wie in der realen Welt. Dort haben in einzelnen Branchen „Aktionspreise" inzwischen einen derartigen Umfang angenommen, dass es kaum noch „normale Preise" gibt. Im Rahmen von Konsumenteninformationssystemen dominieren

- Funktionsrabatte, um die Wahl dieses Kanals durch die Verbraucher anzuregen (siehe oben) und die Selbstabholung von Waren zu fördern (Abholrabatt),
- Mengenrabatte, um die Verbraucher zu höheren Umsätzen zu motivieren, und
- Treuerabatte, um die Kundenbindung zu verstärken.

Insbesondere bei niedrigpreisigen Gütern, wie zum Beispiel bei Tickets, Lebensmitteln, Büchern und CDs/DVDs, können die *Zustellkosten* stark ins Gewicht fallen. Dort, wo es eine gesetzliche *Preisbindung* gibt (beispielsweise in manchen Ländern bei Büchern), kann von Absatzmittlern durch kostenlose Zusatzleistungen und verbilligte Zustellung die Herstellerpreisbindung unterlaufen werden. Anbieter von Konsumenteninformationssystemen nutzen diese Möglichkeit zu zusätzlichen Kaufanreizen, indem sie ab einem bestimmten Auftragswert die Ware gratis zusenden.

Treuerabatte und Boni spielen in der Reisebranche (Bahn, Fluglinien, Hotelketten, Autovermieter) eine große Rolle. Zum Beispiel wird bei *Fluglinien* die Kundentreue durch gestaffelte Gegenleistungen belohnt, wie die Gutschrift von Gratismeilen für Freiflüge, das Upgrading in eine höhere Klasse im Flugzeug, die bevorzugte Behandlung am Abfertigungsschalter, die Benutzung von komfortabel ausgestatteten Warteräumen in Flughäfen sowie eine kostenlose Reiseversicherung. Der Kunde bekommt eine *Kundenkarte* mit Identifikationsnummer, die seinen Status ausweist und die ihm den Weg zu den genannten Leistungen eröffnet. Im Gegenzug erhält die Fluglinie detaillierte Information über den einzelnen Kunden, die zu einem individuellen Einsatz der Marketing-Instrumente verwendet werden kann. Im Rahmen der Preispolitik kann dies zu einer stärker auf die Kundenbeziehung als auf einzelne Produkte abgestellten Preisgestaltung führen.

Mengenrabatte lassen sich auch durch einen *Gemeinschaftseinkauf mittels Sammelbestellungen* realisieren.

Beim **Sammelkauf** (engl.: power shopping) versuchen Anbieter von Konsumenteninformationssystemen, mehrere Käufer für die einzelnen Produkte zusammenzuschließen, um durch Sammelbestellungen (engl.: collective order) eine höhere Nachfragemacht und damit günstigere Einkaufspreise zu erzielen.

Ein angebotenes Produkt wird umso billiger, je mehr Kunden es bestellen. Der Kunde trägt sich in eine offene Liste ein, die gestaffelte Preise in Abhängigkeit von der bis zu einem bestimmten Zeitpunkt eingehenden Zahl der Bestellungen

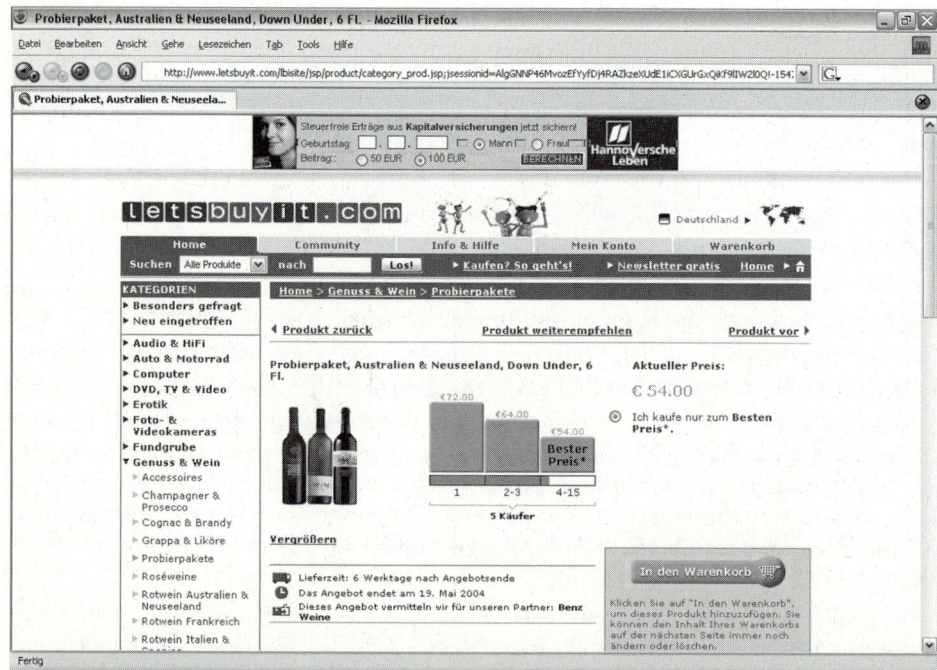

Abb. 5.3.3.3/1: Sammelbestellungen im Stufenpreismodell (Power Shopping)

ausweist. Somit erfährt er den Endpreis erst, wenn die Liste geschlossen wird. Dieses auch im deutschsprachigen Raum als *Power Shopping* vermarktete Preisgestaltungsmodell hat bei den Konsumenten nur eine geringe Akzeptanz erfahren (im Gegensatz zum höchst erfolgreichen Gemeinschaftseinkauf im B2B-Bereich).

▶ Übungsaufgabe Nr. 1.5.15 im Arbeitsbuch

5.3.3.4 Auktionen

Auktionen sind ein Mittel des *Yield-Managements* (deutsch: Ertragsmanagement) zur Auslastung von zeitlich begrenzt verfügbaren Kapazitäten (beispielsweise Abverkauf von sonst verfallenden Plätzen in Flugzeugen und bei Veranstaltungen).

Eine **Auktion** (Synonym: Versteigerung; engl.: auction) ist ein Verfahren für multilaterale Verhandlungen, bei dem die Preise und Konditionen für Produkte oder Dienstleistungen auf Basis von Geboten der Auktionsteilnehmer zustande kommen. Eine *multilaterale Verhandlung* ist eine Verhandlung, an der mehr als zwei Parteien teilnehmen. Bei *Fernauktionen* (engl.: remote auction) können sich Bieter online über die Angebote informieren und online ihre Gebote abgeben.

Es gibt *verschiedene Typen von Auktionen,* die Sie bei der Darstellung elektronischer B2B-Marktsysteme (siehe Abschnitt 5.5.4.5) näher kennen lernen werden. Im Rahmen von Konsumenteninformationssystemen kommen hauptsächlich so genannte *englische Auktionen* (engl.: English auction) zum Einsatz. Dabei versuchen die Interessenten, ausgehend von einem Mindestangebot, sich nach und nach in Stufen gegenseitig zu überbieten. Den Zuschlag erhält der Bieter, der am Ende den höchsten Preis geboten hat (mehr dazu im Abschnitt 5.5.4.5).

Internet-Auktionen werden sowohl von *einzelnen Anbietern* (Fluglinien, Fachhändler usw.) als auch von Unternehmen angeboten, die auf Versteigerungen spezialisiert sind *(Auktionshäuser).* Ob durch Auktionen bei Standardprodukten für einen Anbieter höhere Einnahmen als über feste Katalogpreise erzielbar sind, ist eine offene Frage.

Der weltweit größte Auktionator mit einem Börsenwert von 52,8 Milliarden US-Dollar (Mitte 2004) ist eBay. Die heutige Vision ist es, eine weltweite Handelsplattform zu bieten, wo jedermann praktisch alles handeln kann. 2003 wurden fast eine Milliarde Produkte verkauft, über 20 Millionen Artikel stehen ständig zum Verkauf. Neben Auktionen gibt es auch die Möglichkeit, Produkte zum Fixpreis zu verkaufen und eigene Web-Shops unter dem eBay-Dach zu halten. Dadurch werden zunehmend auch Firmenkunden angelockt. Der weltweite Umsatz 2003 mit mehr als 94 Millionen registrierten Benutzern (95 Prozent Privatpersonen und Kleinunternehmen) betrug 23,8 Milliarden US-Dollar. Die erfolgreichste Rubrik ist eBay Motors. Derzeit

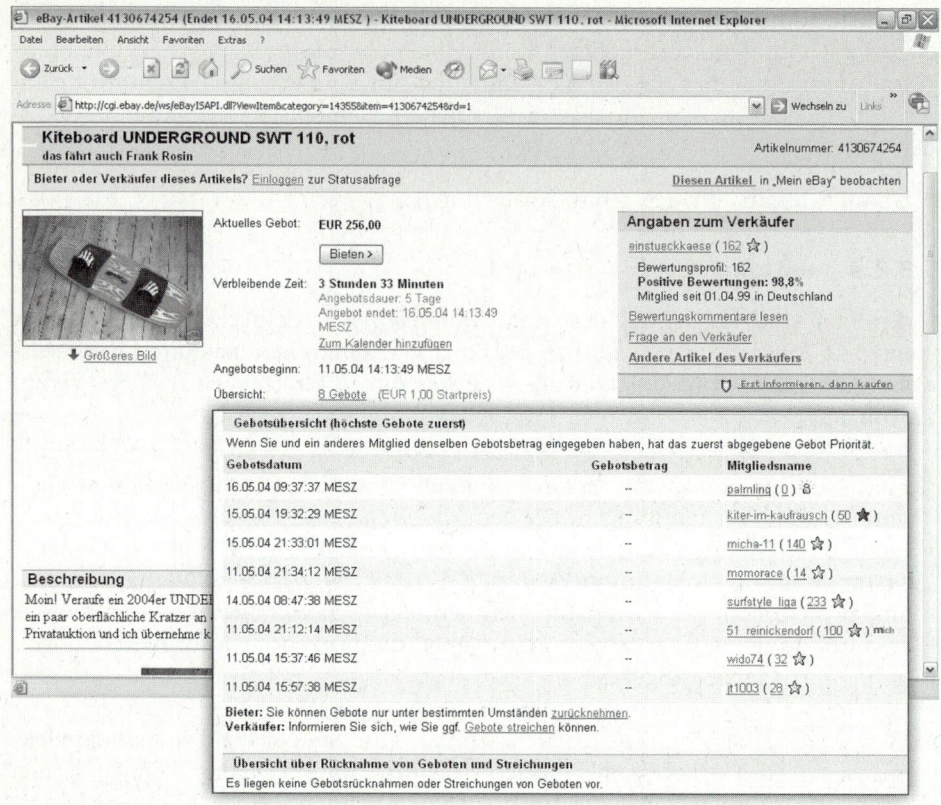

Abb. 5.3.3.4/1: Englische Auktion

gibt es zirka 30 nationale und regionale Niederlassungen. eBay verlangt von Verkäufern eine Einstellgebühr zwischen 25 Cent und vier Euro sowie eine erfolgsabhängige Provision von 1,5 bis vier Prozent.

Bewertungsprofile für Verkäufer und Käufer sowie das Angebot eines kostenpflichtigen Treuhandkontos erhöhen die *Sicherheit*. Durch das Fehlen einer verbindlichen Identitätsfeststellung der Teilnehmer kommt es jedoch immer wieder zu Betrugsfällen. Laut eBay betrifft das nur 0,1 Prozent aller Auktionen. Bei einer Leserumfrage der IT-Fachzeitschrift c't im Dezember 2003 gaben hingegen 56 Prozent der Käufer an, bereits einmal Ärger gehabt zu haben. Meist konnten sie sich mit dem Verkäufer gütlich einigen; in elf Prozent der Fälle reagierte eBay auf Beschwerden mit einer Verwarnung, in 17 Prozent mit dem Ausschluss des Anbieters. Nur für zwei Prozent der Käufer waren die schlechten Erfahrungen so prägend, dass sie künftig nicht mehr bei eBay bestellen wollen.

5.3.3.5 Kundenbestimmte Preisbildung

> Bei der **kundenbestimmten Preisbildung** (engl.: customer-driven pricing) geben Kunden für die gewünschten Produkte und Dienstleistungen feste Preisangebote ab, und die Anbieter entscheiden, ob sie zu diesem Preis verkaufen.

Diese Form der Preisbildung konnte sich im Internet ebenso wenig durchsetzen wie das Power-Shopping.

IhrPreis.de war ein Internet-Absatzmittler, der den Kunden die Möglichkeit gegeben hat, den Preis für ihre Wunschprodukte aus den Bereichen Flugtickets, Unterhaltungselektronik, Lifestyle usw. selbst zu bestimmen. Innerhalb einer Stunde erhielt der Kunde via E-Mail die Nachricht, ob das Produkt zum Wunschpreis lieferbar ist. Im Jahr 2001 hat die Firma ihren Geschäftsbetrieb eingestellt.

5.3.3.6 Preisdifferenzierung

> Bei der **Preisdifferenzierung** (engl.: price differentiation) fordert ein Anbieter für gleichartige Produkte oder Dienstleistungen von verschiedenen Kunden(gruppen) unterschiedliche Preise. Ziel ist eine Gewinnsteigerung durch optimale Ausschöpfung des Marktpotentials (Abschöpfung der Konsumentenrente).

Voraussetzung der Preisdifferenzierung ist ein unvollkommener Gesamtmarkt, der die Unterteilung der Kunden – in Abhängigkeit von ihrer Preisbereitschaft – in unterschiedliche Segmente zulässt. Für die Konsumenten, die weniger bezahlen, muss der Wiederverkauf in den höherpreisigen Marktsegmenten ausgeschlossen sein. Die Einteilung der Segmente kann nach persönlichen, geographischen, zeitlichen, quantitativen und qualitativen Merkmalen erfolgen. Die Zuordnung zu den Segmenten kann durch die Kunden selbst oder durch den Anbieter erfolgen.

Beispiele für eine *Preisdifferenzierung nach Kundenmerkmalen* sind unterschiedliche Hardware- und Softwarepreise der IT-Hersteller für Schüler und Studierende, Privatanwender, kleine und mittlere Unternehmen (KMUs), Großunternehmen und die öffentliche Verwaltung. *Beispiele für eine Preisdifferenzierung nach allen genannten Merkmalen* bieten die Fluglinien, die je nach Alter der Fluggäste (Kinder, Erwachsene, Senioren), Ort der Buchung, Zeitpunkt der Buchung und des Fluges, Komfort (Economy, Business und First Class) für Einzelpersonen und Gruppen unterschiedliche Preise pro Sitzplatz für eine Strecke verlangen. Es kann durchaus sein, dass die in einem Flugzeug sitzenden Passagiere für ihren Platz mehr als 30 verschiedene Preise bezahlt haben.

Im Rahmen von Konsumenteninformationssystemen können oft die Voraussetzungen für eine Preisdifferenzierung geschaffen werden. Durch Kombination der Preisdifferenzierung mit einer Produktdifferenzierung wird die *Vergleich-*

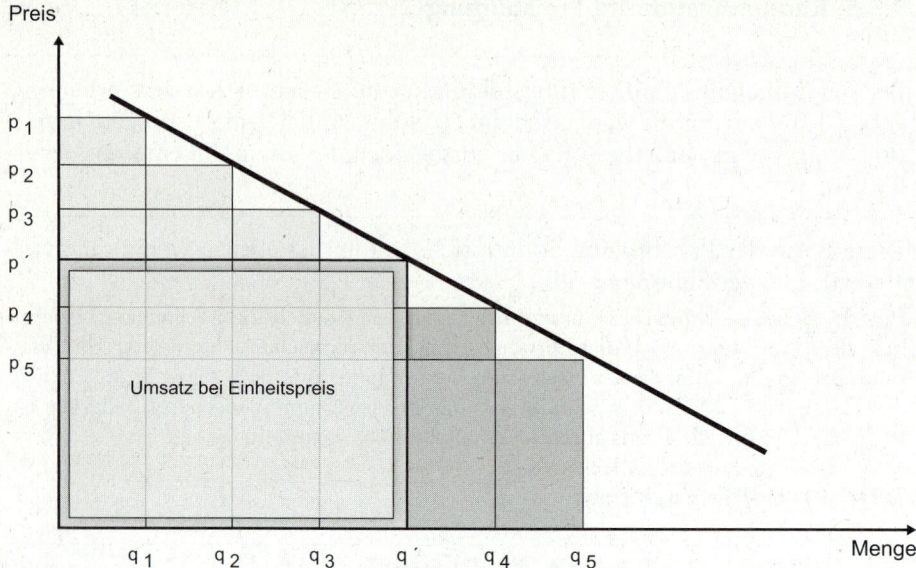

Abb. 5.3.3.6/1: Umsatzzuwachs durch Preisdifferenzierung

barkeit der Preise durch die Konsumenten wesentlich erschwert. Damit können Unternehmen wirksam dem verschärften Preiswettbewerb im Internet begegnen.

5.3.3.7 Preisbündelung

Preisbündelung (engl.: price bundling) ist die Zusammenfassung von verschiedenen Produkten und/oder Dienstleistungen zu einem Paket mit einem Gesamtpreis. Bei der *reinen Preisbündelung* gibt es nur ein Paketangebot, bei der *gemischten Preisbündelung* werden sowohl Einzelpreise als auch Paketpreise angeboten. Ziele sind die Abschöpfung von Kaufkraft, die Kundenbindung und die Verminderung von Preistransparenz.

Der *Preis eines Produkt- oder Dienstleistungsbündels* liegt in der Regel unter der Summe der Einzelpreise. Der Anbieter geht davon aus, dass der Kunde auf diese Weise verbilligte Produkte oder Dienstleistungen mitkauft, die er sonst wahrscheinlich nicht kaufen würde. Die Preisbündelung ist vor allem beim *Angebot digitaler Produkte* attraktiv, da bei diesen die Vervielfältigungskosten gering sind. Die Zweckmäßigkeit einer Preisbündelung hängt von der Preisbereitschaft der Konsumenten ab.

Beispiele für die Preisbündelung sind Menüs in Restaurants, Komplettangebote von PCs und PKWs, Abonnements von Konzerten und Theateraufführungen sowie Software-Suites wie MS Office oder SAP Business Suite. Im Softwarebereich wird die

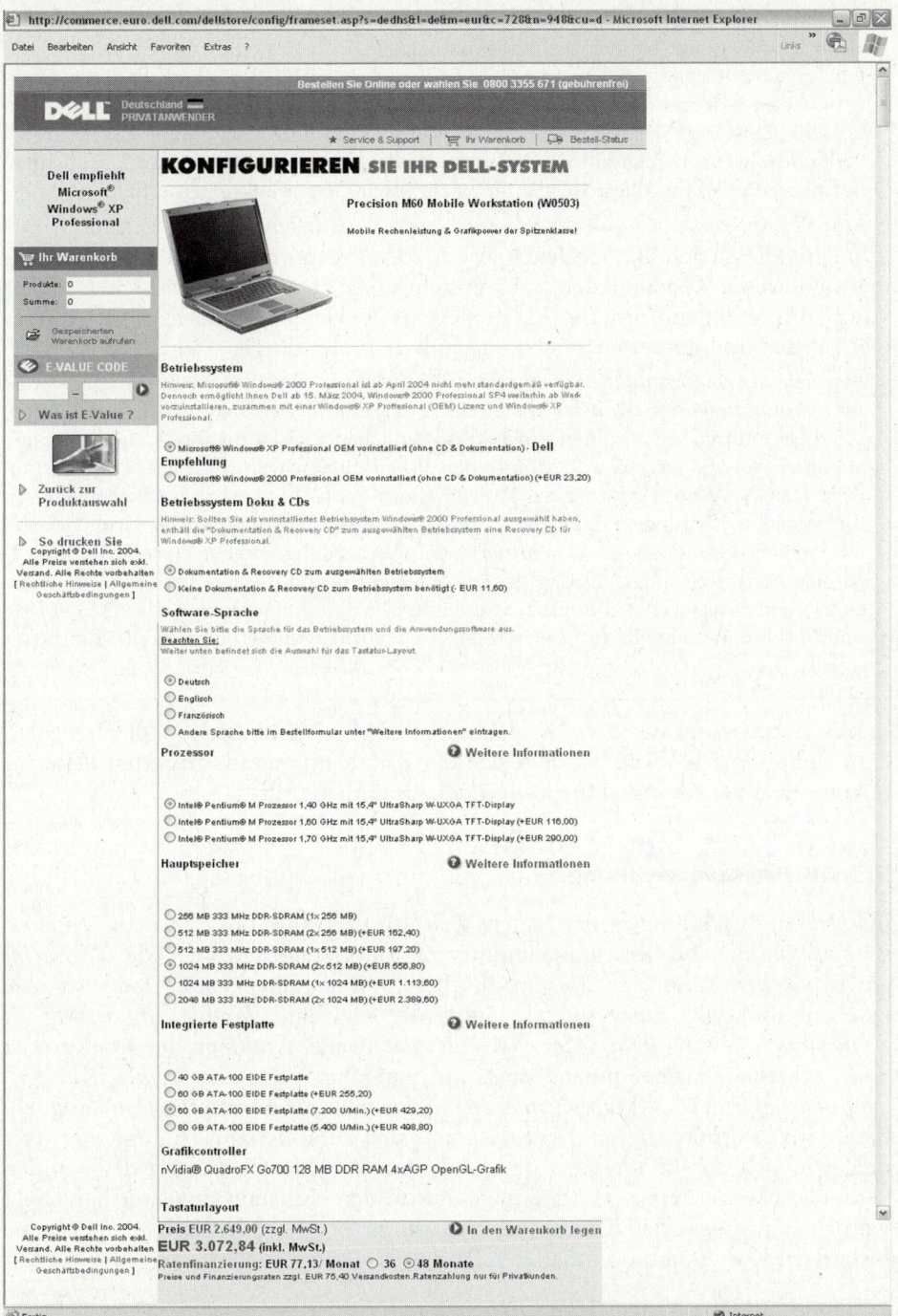

Abb. 5.3.3.7/1: Beispiel eines Preisbaukastens: Konfigurierung eines PCs

Preisbündelung vielfach als Instrument zur Verdrängung von Wettbewerbern gesehen. Wird beispielsweise bei der Grundinstallation ein Web-Browser mit dem Betriebssystem gebündelt, hat ein Kunde einen geringen Antrieb, sich einen anderen Web-Browser zu besorgen. Ähnlich ist es bei einer Office-Suite. Es ist für einen Drittanbieter sehr schwierig, beispielsweise eine u.U. leistungsfähigere Präsentationssoftware zu verkaufen, wenn bereits auf den meisten Arbeitsplatzrechnern eine Version aus dem Software-Bündel installiert ist, die die wichtigsten Grundfunktionen erfüllt.

Durch die *Kombination von Produkt- und Preisdifferenzierung mit der Preisbündelung* lässt sich die Vergleichbarkeit von Angeboten durch Preisvergleichsdienste und die Konsumenten stark einschränken. Damit können sich Anbieter von Konsumenteninformationssystemen in gewissen Grenzen dem Wettbewerbsdruck im Internet entziehen und höhere Preise durchsetzen.

Beispiele für eine Produktbündelung mit Produkt- und Preisdifferenzierung bieten die *Mobilkommunikationsanbieter,* die eine kaum mehr vergleichbare Vielfalt an Endgerätetypen und Dienstvarianten mit unterschiedlichen Preisen für ihre Kundengruppen anbieten. So offeriert etwa T-Mobile den Privatkunden wahlweise vier Vertragsmodelle (Lucky 7, Euro Mini, Euro Freizeit, Euro Profi) mit unterschiedlichen Preisen für folgende Leistungen: Einmalige Freischaltungskosten, monatliche Grundgebühr, monatliche Grundgebühr je Partnerkarte, Verbindungsentgelte (pro Minute) T-Mobile netzintern unterschieden nach Wochentagen und Tageszeiten sowie Wochenenden und Feiertagen, Abfrage T-Mobile-Box/Profibox, Versenden von SMS, MMS und Verbindungsentgelte für andere Netze. Für Firmenkunden und deren Mitarbeiter werden weitere Vertragsmodelle offeriert.

Eine Sonderform der Preisbündelung ist ein **Preisbaukasten** (engl.: box of price building blocks), bei dem sich der Kunde aus standardisierten Paketkomponenten ein individuelles Bündel zusammenstellt.

5.3.3.8 Preisauszeichnung

Die Preisauszeichnung in der realen Welt auf der Ware oder an dem Regal ist sehr aufwändig. Bei Konsumenteninformationssystemen werden die *Preise im elektronischen Katalog* bei der Produktbeschreibung angegeben. Damit sind sie jederzeit und sehr kostengünstig änderbar, was eine *flexible Anpassung an Änderungen der Bedingungslage* (Kundennachfrage, Aktionen der Konkurrenz usw.) erlaubt. Darüber hinaus ist es auf einfache Weise durch *nach Kundengruppen gegliederte Kataloge und Mechanismen zur Selbstselektion* möglich, die Preise zu differenzieren. Bei *Preisbaukästen* kann dynamisch angezeigt werden, wie sich der Bündelpreis durch die Auswahlentscheidungen des Kunden verändert. Wenn Preise in Abhängigkeit von der Nutzungsintensität berechnet werden, kann sich der Kunde jederzeit durch *Nutzungsstatistiken* über seine bisherigen Kosten und eventuelle Guthaben informieren.

▶ Übungsaufgabe Nr. 1.5.16 im Arbeitsbuch

5.3.4 Distributionspolitik und ihre IT-Unterstützung

Die **Distributionspolitik** (engl.: distribution policy) umfasst alle betrieblichen Maßnahmen, um die angebotenen Güter vom Ort ihrer Entstehung unter Überbrückung von Raum und Zeit an die Kunden zu übermitteln. Die akquisitorische Distribution dient der Anbahnung und Sicherung von Kundenkontakten, dem Verkauf und der Auftragserledigung. Die physische Distribution beinhaltet die Warenverteilung, das heißt bei nicht-digitalen Gütern den körperlichen Transfer.

Mit dem *Akquisitionskanal* haben wir uns bereits bei der Betrachtung von möglichen Veränderungen der Wertschöpfungskette durch das Internet befasst (Fallstudie Buchhandel). Dabei haben wir auch schon mehrfach die Frage direkter versus indirekter Absatz angesprochen (siehe Abschnitte 5.1.1 und 5.1.2).

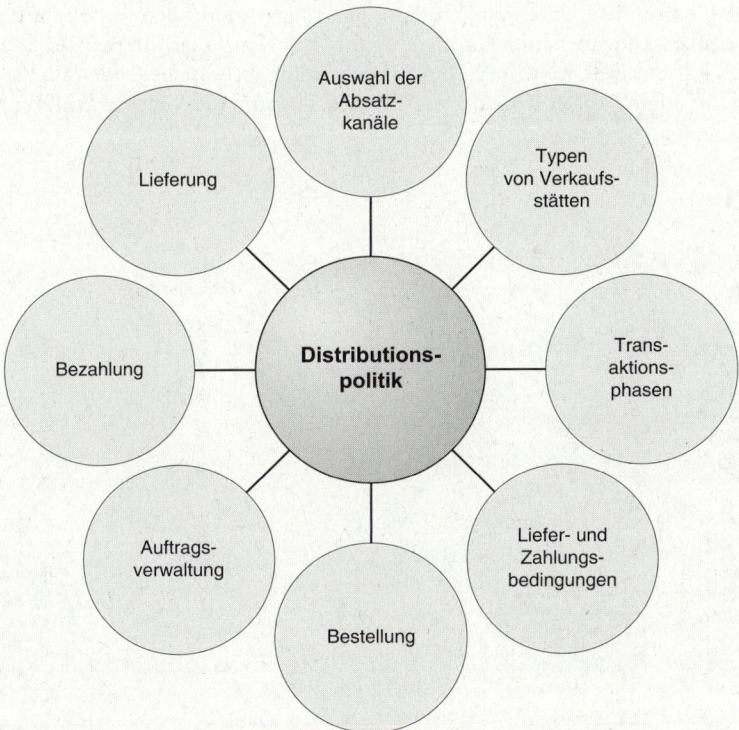

Abb. 5.3.4/1: Aktionsfelder der IT-gestützten Distributionspolitik

5.3.4.1 Absatzkanäle

Der *indirekte Absatz* unter Einbeziehung von Absatzmittlern empfiehlt sich vor allem bei einer flächenmäßig weit verteilten Nachfrage.

Der *direkte Absatz* ist bei Investitionsgütern dominierend und findet zunehmend auch bei Konsumgütern Verbreitung. Das Internet ist hierfür eine besonders attraktive Form. Mögliche *Vorteile* gegenüber dem indirekten Absatz sind:

- Einsparung von Transaktionskosten (Handelsmargen) und damit niedrigere Preise,
- direkte und dadurch schnellere Abwicklung von Bestellungen,
- Auftrags- statt Lagerproduktion und somit geringere Kapitalbindung und geringeres Schwund- und Veralterungsrisiko im Lager,
- unmittelbarer Kontakt und umfassender Informationsfluss vom und zum Endkunden,
- gezielte Ausrichtung der Marketing-Maßnahmen auf die Endkunden, bis hin zum 1:1-Marketing, bei dem jeder einzelne Kunde individuell behandelt wird.

Der US-Computerhersteller *Dell* ist ein *Beispiel für den erfolgreichen Direktvertrieb.* Das 1984 gegründete Unternehmen hat von Anfang an auf den kostengünstigen Telefonverkauf und darüber hinaus frühzeitig (ab 1996) auf den Internet-Verkauf gesetzt. Dadurch konnte Dell weit über dem Branchendurchschnitt liegende Wachstumsraten erzielen. Im Finanzjahr 2003 betrug der Umsatz des zum PC-Weltmarktführer aufgestie-

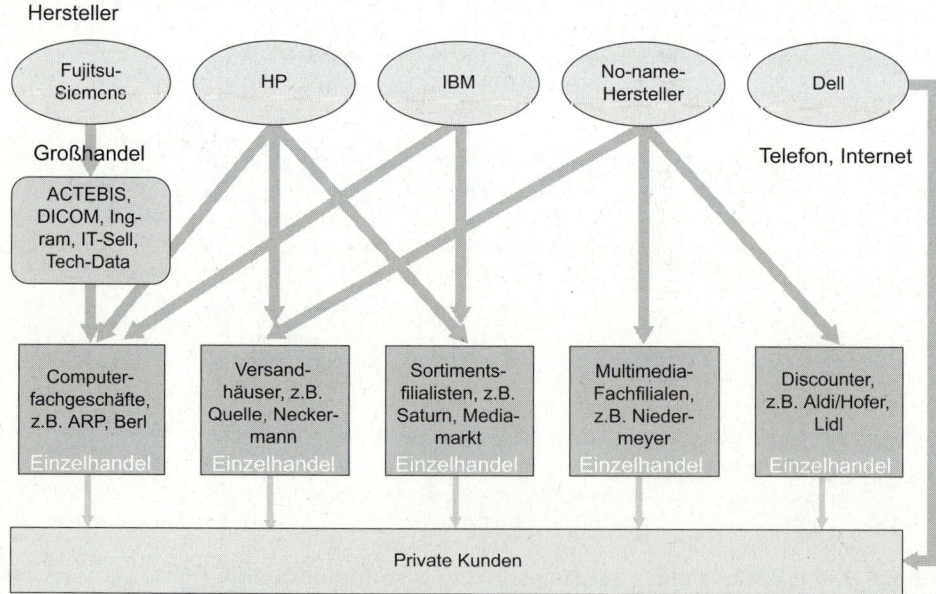

Abb. 5.3.4.1/1: Auswahl von Absatzwegen, dargestellt am Beispiel des PC-Vertriebs an Privatkunden in Österreich

genen Unternehmens 35,4 Milliarden US-Dollar, der Gewinn 2,12 Milliarden US-Dollar. Über die Hälfte des Bestellumfangs geht über das Internet ein. Die Privatkunden, die kleinen, mittleren und großen Firmenkunden sowie der Bereich der öffentlichen Verwaltung/Bildung/Gesundheitswesen werden durch getrennte Produktkataloge mit unterschiedlichen Preisen und effiziente Zusatzleistungen (Konfigurator, Lieferstatusabfrage, Kundendienst) unterstützt. Die vom Kunden entsprechend den jeweiligen Bedürfnissen online konfigurierten Rechner werden nach Auslösung der Bestellung in durchschnittlich fünf Tagen gefertigt (individuelle Massenfertigung; siehe Abschnitt 5.3.2).

Bei *mehreren Absatzkanälen,* zum Beispiel stationären Ladengeschäften, herkömmlichem Katalogversand und Internet-Shops, ist der WWW-Auftritt mit den anderen Wegen hinsichtlich aller Marketing-Instrumente abzustimmen. Wir sind darauf schon wiederholt im Rahmen der Produkt-, Programm- und Preispolitik eingegangen: Grundsätzlich ist eine einheitliche oder eine differenzierte Marketingpolitik möglich. Es kann durchaus auch primäres oder ausschließliches Ziel eines Konsumenteninformationssystems sein, die anderen vorhandenen Absatzkanäle zu unterstützen.

5.3.4.2 Typen von Web-Verkaufsstätten

Das Angebot eines Konsumenteninformationssystems kann analog zur realen Welt in *fachlich spezialisierten Web-Verkaufsstätten* (Fabrikverkaufsstellen,

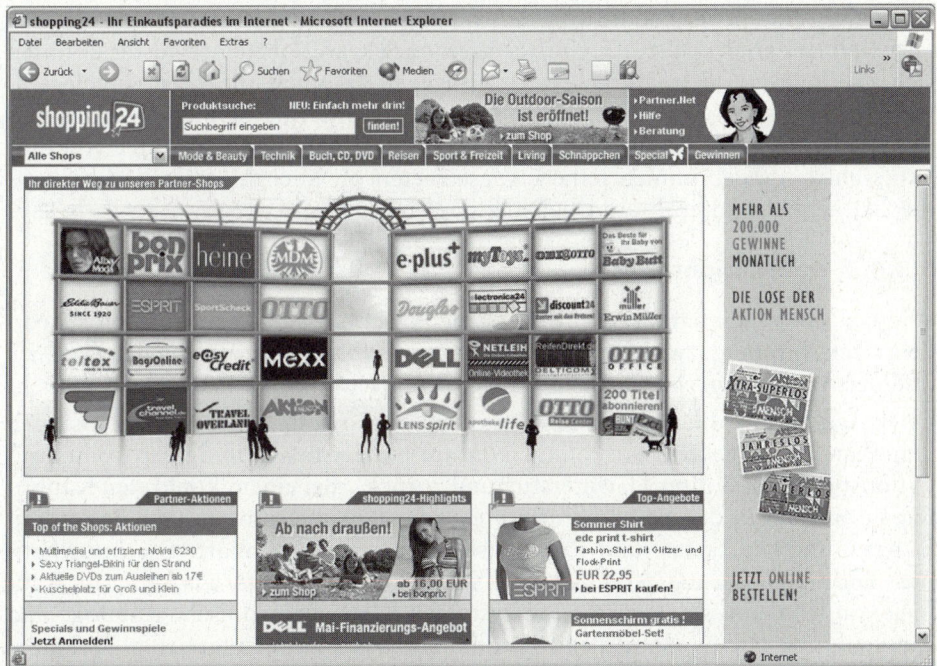

Abb. 5.3.4.2/1: Startseite eines Web-Einkaufszentrums

Fachgeschäften, Reisebüros, Versicherungsagenturen usw.), in breit angelegten *Web-Warenhäusern* oder unter dem Dach eines *Web-Einkaufszentrums* erfolgen.

Ein **Web-Einkaufszentrum** (engl.: web mall; web shopping center) ist eine Ansammlung von Web-Ladengeschäften (engl.: web shop; web store) aus verschiedenen Branchen, die unter einer Internet-Adresse und in der Regel einer Dachmarke ihre Produkte und Dienstleistungen anbieten. Die Geschäfte können in der Regel eine gemeinsame Infrastruktur (IT) und gemeinsame Services (beispielsweise integrierte Kataloge, übergreifende Suchfunktionen, Zahlungs- und Zustellsysteme) nutzen. Auch die Werbung wird oft gemeinsam durchgeführt.

Ähnlich wie bei Einkaufszentren in der realen Welt können darüber hinaus weitreichende *Unterhaltungsfunktionen* angeboten werden, um den Kunden ein attraktives Einkaufserlebnis zu vermitteln (Näheres hierzu folgt im Abschnitt 5.3.5).

Hauptvorteile eines realen Einkaufszentrums gegenüber einzelnen Fachgeschäften sind das umfassende, gut überschaubare Warenangebot, die leichte Erreichbarkeit (Zugang an Ausfallstraßen, genügend Parkplätze) und der hohe Freizeitwert durch Kinos, Kinderspielplätze, Restaurants usw. Im Internet lassen sich diese Vorteile ebenso durch die Suchmaschinen und Katalogaggregatoren realisieren, die die Angebote von den verfügbaren Anbietern zusammenfassen. *Regional orientierte Web-Einkaufszentren* nach traditionellem Muster konnten sich größtenteils nicht durchsetzen. Hingegen boomen die breit angelegten, wohlstrukturierten *Shopping-Portale der großen Internet-Service-Provider und der Waren- und Versandhauskonzerne,* die zunehmend den Charakter von Einkaufszentren angenommen haben. Diese bieten oft auch kleineren *Web-Shops* die Gelegenheit, unter ihrem Dach anzubieten.

5.3.4.3 Transaktionsphasen

Wie bei jeder Geschäftstransaktion (siehe Abschnitt 5.3.1) unterscheidet man beim Teleshopping zwischen der *Informationsphase, der Vereinbarungsphase* und der *Abwicklungsphase* (siehe Abb. 5.3.4.3/1).

Die Initiative kann in der *Informationsphase* sowohl vom Anbieter als auch vom Kunden ausgehen (wir kommen darauf bei der Behandlung der Kommunikationspolitik und ihrer IT-Unterstützung zurück). Bei einem konkreten Kaufinteresse werden in der *Vereinbarungsphase* der Leistungsumfang, die Preise und Rabatte und die Liefer- und Zahlungsbedingungen vereinbart. Die Informations- und Vereinbarungsphase sind die Schwerpunkte des *Verkaufs,* der im Rahmen von Konsumenteninformationssystemen durch elektronische Kataloge und Empfehlungssysteme weitgehend automatisiert ist. Ein erfolgreicher Verkaufsvorgang mündet in eine *Bestellung* des Kunden.

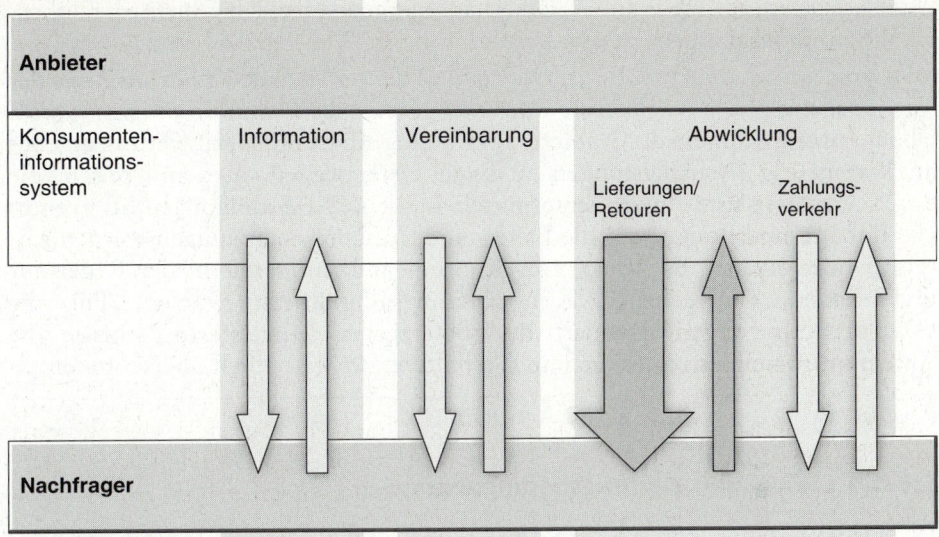

Abb. 5.3.4.3/1: Phasenstruktur beim Teleshopping

In der *Abwicklungsphase* erfolgt die Durchführung der physischen und finanziellen Transaktionsprozesse. Die wichtigsten Schritte der physischen Distribution sind die Auftragsbearbeitung, die Kommissionierung, die Bereitstellung sowie der Transport der Waren (Lieferungen und Retouren). Die zugehörigen finanziellen Prozesse umfassen Zahlungsvorgänge, Kredite und Versicherungen.

Durch die elektronische *Information und Vereinbarung* entstehen vergleichsweise *geringe Transaktionskosten*, während durch die *physische Warenverteilung hohe Kosten* anfallen können. Traditionelle Filialbetriebe mit flächendeckenden Distributionssystemen, die für die Lagerhaltung und die Auslieferung an die Internet-Kunden genutzt werden, können deshalb gegenüber reinen Internet-Anbietern unter Umständen erhebliche Kostenvorteile haben.

Wie bereits mehrfach erwähnt, *unterstützen Konsumenteninformationssysteme oft nur Teile* dieser Abläufe. Beispielsweise gestalten viele Anbieter ihren Web-Auftritt ausschließlich oder in erster Linie zur Unterstützung der Informationsphase, um potenzielle Kunden auf Angebote in anderen Absatzkanälen (etwa Filialen) aufmerksam zu machen. Vor allem in der Vereinbarungs- und Abwicklungsphase greifen viele Anbieter auf *spezialisierte Dienstleister* zurück, mit deren Informationssystemen dann unter Umständen *während des Transaktionsprozesses eine unmittelbare Rückkopplung* zu erfolgen hat. So ist beispielsweise bei einer Bestellung die Verfügbarkeit der Ware im Lager zu prüfen, die Lieferzeit zu ermitteln und die Bonität des Kunden festzustellen. Hierzu sind entweder Abfragen in den eigenen internen Informationssystemen (Produktionsplanung, Lager, Transport, Finanzbuchhaltung) oder bei den entsprechenden

Geschäftspartnern (Lieferanten, Lagerhäuser, Spediteure, Paketdienste, Banken, Kreditkartenorganisationen usw.) nötig.

In *Konsumenteninformationssystemen* hat der potenzielle Kunde im Zuge der Vereinbarungsphase *meist keine oder nur geringe Verhandlungsmöglichkeiten.* Üblicherweise offeriert der Anbieter im Katalog ein exakt spezifiziertes Angebot an Waren und Dienstleistungen zu fixen Listenpreisen oder zu Preisen, die durch automatisierte Auktionen ermittelt werden. Die Bedingungen für eventuelle Rabatte und Boni sowie die Liefer- und Zahlungsbedingungen werden einseitig vom Anbieter festgelegt. Der Konsument kann somit in der Regel nur unter exakt vorgegebenen Kontrahierungsalternativen wählen. Für die Geschäftsbedingungen normiert der Gesetzgeber Mindesterfordernisse, die Anbieter zur Kundengewinnung und -erhaltung oft wesentlich überschreiten.

▶ Übungsaufgabe Nr. 1.5.17 im Arbeitsbuch

5.3.4.4 Liefer- und Zahlungsbedingungen

Die EU-Fernabsatzrichtlinie vom 17.02.1997, die in allen EU-Staaten in nationales Recht umgesetzt ist (beispielsweise in Deutschland in Form des Fernabsatzgesetzes), enthält wesentliche Vorgaben für Konsumenteninformationssysteme. Die wichtigsten Liefer- und Zahlungsbedingungen sind in den Artikeln 4–7 geregelt.

Nach *Artikel 4,* der die *„vorherige Unterrichtung"* regelt, muss ein Verbraucher rechtzeitig vor Abschluss eines Vertrags im Fernabsatz über folgende Information verfügen:

a) Identität des Lieferers und im Fall von Verträgen, bei denen eine Vorauszahlung erforderlich ist, seine Anschrift;

b) wesentliche Eigenschaften der Ware oder Dienstleistung;

c) Preis der Ware oder Dienstleistung einschließlich aller Steuern;

d) gegebenenfalls Lieferkosten;

e) Einzelheiten hinsichtlich der Zahlung und der Lieferung oder Erfüllung;

f) Bestehen eines Widerrufrechts;

g) Kosten für den Einsatz der Fernkommunikationstechnik, sofern nicht nach dem Grundtarif berechnet;

h) Gültigkeitsdauer des Angebots oder des Preises;

i) gegebenenfalls Mindestlaufzeit des Vertrags über die Lieferung von Waren oder Erbringung von Dienstleistungen, wenn dieser eine dauernde oder regelmäßig wiederkehrende Leistung zum Inhalt hat.

Nach *Artikel 5* sind diese Angaben spätestens *bis zum Zeitpunkt der Lieferung schriftlich zu bestätigen.* Im *Artikel 6* wird ein *Widerrufsrecht* festgelegt. Der Verbraucher kann jeden Vertragsabschluss im Fernabsatz innerhalb einer Frist von mindestens sieben Werktagen ohne Angabe von Gründen und ohne Strafzahlung widerrufen. Die einzigen Kosten, die dem Verbraucher infolge der Ausübung seines Widerrufsrechts auferlegt werden können, sind die unmittelbaren Kosten der Rücksendung der Waren.

Im *Artikel 7* wird die *Erfüllung des Vertrags* geregelt. Sofern die Parteien nichts anderes vereinbart haben, hat der Lieferer die *Bestellung spätestens 30 Tage* nach dem Tag auszuführen, der auf den Tag, an dem der Verbraucher dem Lieferer seine Bestellung übermittelt hat, folgt. Wird ein Vertrag vom Lieferer nicht erfüllt, weil die bestellte Ware oder Dienstleistung nicht verfügbar ist, so ist der Verbraucher davon zu unterrichten, und er muss die Möglichkeit haben, sich geleistete Zahlungen möglichst bald, in jedem Fall jedoch binnen 30 Tagen, erstatten zu lassen.

Durch einen *gut sichtbaren Hinweis* sollte im Rahmen von Konsumenteninformationssystemen auf die jeweiligen Geschäftsbedingungen hingewiesen werden.

Die Entscheidung über die *Höhe der Liefergebühren* fällt im Rahmen der Preispolitik. Durch den getrennten Ausweis der Liefergebühren entsteht beim Kunden ein Bewusstsein für die Logistikleistung. Die Liefergebühren können vom Anbieter einheitlich oder abhängig von dem Lieferort, der Bestellmenge/ dem Bestellwert, der Lieferzeit (zum Beispiel Expresslieferung) und dem bestellten Produkt unterschiedlich gestaltet werden.

Zum *Beispiel* spielen im *Buchversand* die Liefergebühren eine kaufentscheidende Rolle (bei Preisbindung der zweiten Hand ist der Buchpreis überall gleich). Bei Internet-Händlern ist es meist üblich, dem Kunden bis zu einer bestimmten Auftragssumme die Postgebühren in Rechnung zu stellen und darüber hinaus gratis zu liefern. Amazon.de hat im Jahr 2004 den Mindestauftragswert von 20 Euro für kostenlose Zustellung abgeschafft (Gratiszustellung für alle Aufträge).

Für die Verbraucher sind neben den Lieferkosten die *Lieferzeiten,* die *Lieferflexibilität* (Modalitäten der Auftragserteilung und Lieferung) und die *Lieferqualität* (Liefergenauigkeit, Zustand der Lieferung) wichtig. *Für die Anbieter* bestimmen die Lieferzeit und die Lieferkosten maßgeblich die *Auswahl des Liefergebietes.*

5.3.4.5 Bestellung und Auftragsabwicklung

Wenn der Kunde ein Produkt durch Anklicken des Einkaufswagensymbols (oder eine andere Bestellfunktion) für den Kauf auswählt, beginnt die *Bestell- und Auftragsabwicklung* (engl.: fulfillment), die sich in mehreren Schritten vollzieht (siehe hierzu auch Abschnitt 4.2.7.3). Im ersten Schritt erfasst das System Information über die bestellten Produkte, Dienstleistungen, gewünschte Liefer- und Zahlungsmodalitäten sowie den Kunden, teils aus internen Datenbanken, teils im Dialog mit dem Besteller. Der Kunde kann sich jederzeit den Inhalt seines Einkaufswagens ansehen, Artikel hinzufügen oder entnehmen (löschen) sowie mögliche Liefer- und Zahlungsmodalitäten ändern. Wiederholte Kunden können bereits auf ihre erfassten Stammdaten zurückgreifen.

Aufgrund dieser Angaben sowie den entsprechenden Geschäftsregeln werden auf dem *Bestelldokument* die Bezeichnungen und Preise der gewünschten Artikel ausgewiesen und Rabatte, Boni usw. errechnet. Die Zahlungsmodalitäten

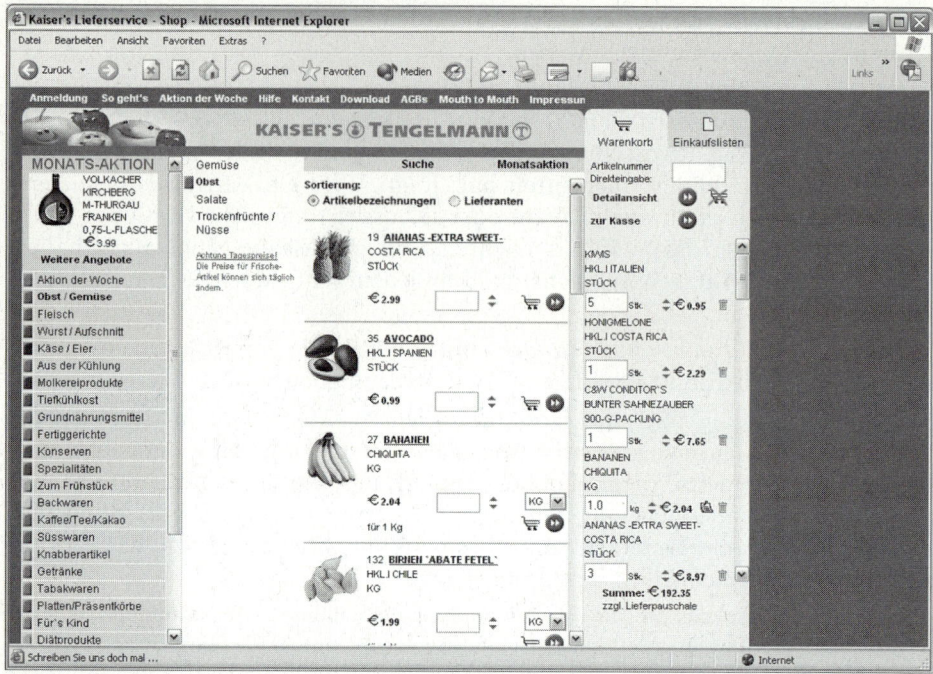

Abb. 5.3.4.5/1: Web-Bestellung bei einem Lebensmittelfilialbetrieb

bestimmen, wann und wie die Bezahlung erfolgen soll. Zusätzlich werden auf dem Bestelldokument die Liefermodalitäten ausgewiesen. Zu diesen zählen die Kunden- und Lieferadresse sowie die Wahl der Lieferwege.

Um festzustellen, von wo aus, wann und auf welche Weise geliefert werden kann, ist eine *Bestandsprüfung* nötig. Ferner muss geklärt werden, ob der Kunde bei unterschiedlichen Verfügbarkeitszeitpunkten der bestellten Produkte *Teillieferungen* wünscht.

Wenn der Kunde die Bestellung freigibt, das heißt, das ihm übermittelte Kaufangebot annimmt und den Bestellakt abschließt, erhält er am Bildschirm eine *Auftragsbestätigung* und eventuell auch sofort die *Rechnung*. Zusätzlich können ihm per E-Mail, Fax oder traditioneller Briefpost die Auftragsbestätigung und die Rechnung in schriftlicher Form übermittelt werden. Sollten der genaue Liefertermin oder sonstige Liefer- und Zahlungsdetails zum Bestellzeitpunkt noch nicht festliegen, so kann der Kunde später auf dieselbe Weise oder per Telefon informiert werden.

Der Auftrag wird in der *Auftragsverwaltung* des Anbieters eingetragen, die sowohl für die internen Stellen als auch für externe Partner zugreifbar ist, die für die Lieferungen und den Zahlungsverkehr verantwortlich sind. Während der Lieferzeit, die bei Auftragsfertigung oder Vorausbestellungen angekündigter, aber noch nicht verfügbarer Produkte mehrere Wochen oder Monate dauern kann, sollte der Kunde über den *Stand der Auftragserledigung* auf dem Laufenden gehalten werden. Wenn Teil-(Aufgaben) an Logistikdienstleister übertragen werden, melden diese meist täglich dem Auftraggeber ihre Aktivitäten (Auslieferungen, Stornierungen, Lieferverzögerungen usw.). Der Kunde kann auf Wunsch per E-Mail oder mittels traditioneller Kommunikationsmittel über den Bearbeitungsfortschritt seines Bestellauftrags informiert werden. Bei vielen Konsumenteninformationssystemen hat der Kunde darüber hinaus die Möglichkeit, auf die Auftragsverwaltung zuzugreifen und sich unter Angabe der Auftragsnummer jederzeit online über den Auftragsstatus zu informieren *(Auftragsverfolgung;* engl.: order tracking) und eventuell auch eine Stornierung oder Änderung des Auftrags zu veranlassen.

5.3.4.6 Bezahlung

Hinsichtlich der *Bezahlung* der angebotenen Waren und Dienstleistungen sind der Zahlungszeitpunkt, die Zahlungsformen, die Zahlungsabwicklung, die Zahlungsfristen und Skonti sowie die eventuelle Kreditierung von Forderungen zu regeln.

Der *Zahlungszeitpunkt* kann zeitgleich mit der Auftragsbestätigung, wenige Tage später, bei Erhalt der Lieferung oder danach innerhalb einer vorgegebenen Frist vorgesehen werden.

Die häufigsten, in Konsumenteninformationssystemen oft wahlweise angebotenen, *Zahlungsformen* sind die Bezahlung per Kreditkarte, per Nachnahme, per Lastschrift (Kontoabbuchung) und per Überweisung nach Rechnungserhalt. Die Vorauszahlung durch Scheck oder Überweisung wird von den Anbietern vor allem dann gefordert, wenn es bisher keine längeren Geschäftsbeziehungen gegeben hat oder individualisierte Produkte bestellt werden.

Da diese traditionellen Zahlungsformen beim Inkasso relativ hohe Kosten verursachen, kommen sie für Kleinpreisartikel und -services, wie zum Beispiel elektronische Zeitungen, Auskünfte, Bilder, Spiele, Musikstücke usw., nicht in Betracht. Deshalb wurde schon bald versucht, kostengünstige *Mikrozahlungen* (engl.: micro payment) abzuwickeln. Viele Lösungen gehen dabei von Vorauszahlungen der Konsumenten aus, von deren Guthaben dann bei Bedarf die Rechnungsbeträge abgebucht werden können. Keines dieser proprietären Online-Bezahlsysteme konnte sich jedoch bisher auf breiter Ebene durchsetzen. Einerseits gibt es zu viele Anbieter, andererseits akzeptieren die Konsumenten offenbar keine Vorauszahlungen und halten die Systeme für zu umständlich und zu risikobehaftet (Verlust-, Missbrauchs- und Betrugsängste). Bessere Chancen scheinen Internet-Bezahlsysteme (engl.: Internet payment system) zu haben, die auf den klassischen Zahlungsformen Lastschrift, Rechnung und Kreditkarte aufsetzen. In vielen Fällen verwenden die Anbieter von Konsumenteninformationssystemen solche Lösungen als eine unter mehreren Bezahlmöglichkeiten.

Ein einfaches, sicheres Internet-Zahlungssystem wird vom Zahlungsdienstleister *Firstgate* angeboten, der in verschiedenen europäischen Ländern und in den USA tätig ist. Mitte 2004 setzten zirka 3.000 Internet-Anbieter die Lösung ein. Der Anbieter eines Konsumenteninformationssystems meldet sich unter www.firstgate.de an und nennt die Links zu Bereichen und Dokumenten, die kostenpflichtig sein sollen. Die kostenpflichtigen Links werden gegen einen Firstgate-click&buy-Link ausgetauscht. Den Preis des Links (ab fünf Cent) legt der Anbieter in der Systemsteuerung von Firstgate flexibel fest. Sofort danach berechnet der Zahlungsdienstleister den Konsumenten für das Abrufen von Inhalten und Dienstleistungen den festgelegten Preis. Rechnungsbeträge zieht Firstgate für den Anbieter per Lastschrift oder Kreditkarte vom Konsumenten ein. Die Abrechnung mit dem Anbieter erfolgt monatlich. Für die Verwendung von Firstgate sind vom Anbieter eines Konsumenteninformationssystems eine Anmeldegebühr von 49 Euro und eine monatliche Grundgebühr von fünf Euro zu entrichten. Darüber hinaus sind nach dem monatlichen Umsatz gestaffelte Provisionen von 25–35 Prozent vom Umsatz zu bezahlen.

Die *Deutsche Telekom* bietet mit ihrem Internet-Bezahlsystem *T-Pay* den Anbietern von Konsumenteninformationssystemen die Möglichkeit, Zahlungen wahlweise mit Kreditkarte, per Lastschrift, mit der Prepaid-Karte MicroMoney (im Wert von 15, 30 und 50 Euro) und über die Telefonrechnung entgegenzunehmen. Die MicroMoney-Karte setzt keine Registrierung voraus und ist damit für Kunden interessant, die anonym mit kleinen Beträgen einkaufen möchten. Bei den übrigen Zahlungsformen muss sich der Kunde beim ersten Mal registrieren lassen. Für die Verwendung von T-Pay muss der Anbieter eines Konsumenteninformationssystems einmalig 116 Euro Einrichtungskosten und nutzungsabhängige Gebühren, monatlich mindestens 11,60 Euro, bezahlen. Bei der MicroMoney-Karte und dem Einzug über die Telefonrechnung verlangt die Telekom 25 Prozent vom Umsatz, mindestens aber 12 Cent pro Transaktion. Bei Lastschrift und Kreditkarte kassiert die Telekom 1,5 Prozent vom Umsatz, mindestens aber 46 Cent pro Transaktion.

Eine weitere Möglichkeit für die Bezahlung von kostenpflichtigen Inhalten ist die *Abrechnung über Telefonrechnung,* wobei der Kunde zur Einwahl in das Informationsangebot eines Mehrwertdienstes eine spezielle Vorwahlnummer wählt (in Deutschland 0190-Nummer). Einzelne Zahlungsanbieter verwenden das gleiche System auch für den Kauf von materiellen Gütern, wobei beim Bezahlakt kurzfristig eine Verbindung zur kostenpflichtigen Nummer hergestellt wird. Generell hat sich diese Bezahlart nicht durchgesetzt, da die Mehrwertnummern unter anderem durch betrügerische Aktivitäten bei speziellen Wählprogrammen in Verruf geraten sind.

Bei der *Bezahlung mittels Handy* muss sich der Kunde vorher bei einem Zahlungsdienstleister (wie zum Beispiel Paybox) gegen eine geringe Jahresgebühr registrieren lassen und seine Kontodaten angeben. Er erhält dann eine persönliche Identifikationsnummer (PIN). Bei der Bezahlung wird die Handy-Nummer an den Zahlungsdienstleister übermittelt, der das Handy zurückruft. Nach der Eingabe von Betrag, Verwendungszweck und Bestätigung durch die PIN erfolgt die Abbuchung durch Lastschrift.

5.3.4.7 Warenzustellung

Im Abschnitt 5.5.3 beschäftigen wir uns ausführlich mit dem Informations- und Warenfluss in der unternehmensübergreifenden Distributionslogistik. Hier behandeln wir nur kurz die Zustellung von körperlich vorhandenen Waren an die Letztverbraucher (mit der wesentlich einfacheren und kostengünstigeren Übertragung digitaler Güter haben wir uns bereits im Abschnitt 5.1.3 befasst).

Die *Zustellung von Waren* kann sehr *kostspielig* sein. Vor allem frische Waren, wie Obst, Gemüse, Fleisch, Fisch, Molkereiprodukte und Tiefkühlartikel stellen hohe Anforderungen an Lager und Transportmittel. Dasselbe gilt für große und schwere Artikel wie Möbel, Kühlschränke, Waschmaschinen usw. In diesen Fällen ist im E-Commerce mit gleichen oder höheren Logistikkosten wie im stationären Handel oder im traditionellen Herstellerdirektvertrieb zu rechnen. Bei nicht verderblichen, leichten, kleinen Produkten, zum Beispiel Büchern, CDs, DVDs usw., die kostengünstig durch Kurier- oder Postdienste zugestellt werden können, sind die Logistikkosten dagegen meist geringer als im stationären Handel.

Die *Übermittlung der Waren* an den Kunden erfolgt durch Versand (Post- und Kurierdienste), Hauszustellung oder Selbstabholung durch den Kunden. Die Selbstabholung in Filialen, Fabrikverkaufsstellen oder Lagern ist für den Anbieter am kostengünstigsten. Die Hauszustellung und Varianten wie die Zustellung an eine Lieferbox oder einen Servicepunkt (zum Beispiel Tankstelle oder Postamt in der Nachbarschaft) sind am kostspieligsten. Wenn, wie bei der Hauszustellung, Lieferung und Entgegennahme der Waren zusammenfallen, so können hierfür Lieferzeitpunkte oder Lieferfenster fest vorgegeben oder flexibel vereinbart werden. Für manche Produkte kommen nur ganz bestimmte Lieferformen in Betracht (denken Sie an Pizza!), für andere können alternative Zustellmodelle eingesetzt werden.

▶ Übungsaufgabe Nr. 1.5.18 im Arbeitsbuch

5.3.5 Kommunikationspolitik und ihre IT-Unterstützung

> Die **Kommunikationspolitik** (engl.: communication policy) umfasst alle betrieblichen Maßnahmen, um die aktuellen und potentiellen Kunden sowie sonstige relevante Gruppen (Medien usw.) zielgerichtet über das Programm und das Unternehmen als Ganzes zu informieren. Die wichtigsten Instrumente zur systematischen Käuferbeeinflussung im Zusammenhang mit Konsumenteninformationssystemen sind Werbung, Verkaufsförderung, Öffentlichkeitsarbeit, Direktmarketing und virtuelle Gemeinschaften.

Wir konzentrieren uns nachfolgend auf die Web-Site-Gestaltung und die Internet-Werbung. Auf die anderen Maßnahmen gehen wir nur kurz ein.

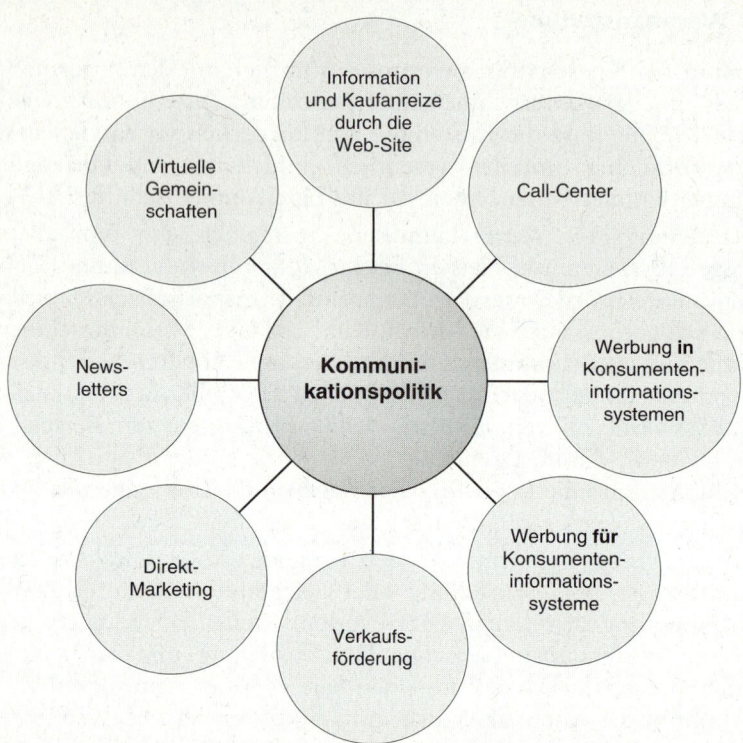

Abb. 5.3.5/1: Aktionsfelder der IT-gestützten Kommunikationspolitik

5.3.5.1 Vermittlung von Information und Kaufanreizen durch den Web-Auftritt

Die Abb. 5.3.5.1/1 gibt Ihnen einen Überblick über die wichtigsten kundenbezogenen Funktionen eines Konsumenteninformationssystems. *Standardsoftware für Shop-Lösungen* beinhaltet darüber hinaus Entwicklungs- und Wartungswerkzeuge, unter anderem für Design, Content-Management, Datenimport und -export zu internen und fremden Informationssystemen sowie Dienste zur Sicherung der Vertraulichkeit, Integrität, Authentifikation und Verfügbarkeit. Wir betrachten hier nur die *Unterstützung der Informationsphase* von Markttransaktionen (siehe zur Vereinbarungs- und Abwicklungsphase die Abschnitte 5.3.4.3–5.3.4.7).

Gestaltung des Web-Auftritts

In einem Konsumenteninformationssystem sollten Form und Inhalt zusammenpassen: Durch ein ansprechendes *Design* und *attraktive Angebote* werden Anreize zum wiederholten Besuch geschaffen. Dabei muss die *Präsentation der Produkte und Dienstleistungen im Mittelpunkt* stehen. Die Information sollte

Information und Kaufanreize	**Vereinbarung und Abwicklung**
Produkt- und Preisinformation	Bestellung
Unternehmensinformation	Auftragsverwaltung
Kontaktinformation	Lieferung
Unterhaltung	Bezahlung

Information und Kaufanreize	**Vereinbarung und Abwicklung**

▪ E-Katalog: Übersicht und Detailanzeige
▪ Suche, Empfehlung und Produkt-individualisierung
▪ Werbung, Verkaufsförderung, PR …
▪ Kundendienst
▪ Unternehmensdaten
▪ E-Mail, Listen, Foren
▪ Rückrufdienst
▪ Feedback-Formulare
▪ Gewinnspiele und Wettbewerbe
▪ Grußkarten …
	▪ Bestellvarianten:
	  - Einkaufswagen
	  - Formular zum Ausdrucken
	  - E-Mail-Adresse
	  - Tel.-Nr. und Fax-Nr. …
	▪ Bestandskontrolle
	▪ Auftragsweiterleitung
	▪ Auftragsbestätigung
	▪ Auftragsverfolgung
	▪ Auftragsstatusabfrage
	▪ Lieferaviso, Zustellung
	▪ Fakturierung
	▪ Zahlungseingangskontrolle

Abb. 5.3.5.1/1: Kundenbezogene Funktionen eines Konsumenteninformationssystems

zielgruppengerecht dargeboten und laufend aktualisiert werden. Besucher sollen sich leicht im Angebot zurechtfinden können und zum Kauf inspiriert werden. Für die Platzierung der Produkte gelten ähnliche Überlegungen wie bei der Regaloptimierung in den Verkaufsstätten der realen Welt (siehe Abschnitt 6.2.3.3).

Ein klarer, logischer Aufbau der Web-Site, Übersichts- und Detailanzeigen sowie effiziente Such- und Navigationsmechanismen helfen den Besuchern, sich rasch zurechtzufinden. Vertrauensbildende Angaben über das Unternehmen, die Liefer- und Zahlungsbedingungen sowie den Datenschutz sollten leicht zugänglich sein. Beratungs- und Individualisierungsfunktionen sowie weitreichende Kundendienstleistungen (siehe Abschnitt 5.3.1) können die Anziehungskraft steigern. Der Einsatz von *Avataren* zur Kundenberatung ist hingegen umstritten.

Avatare

Ein **Avatar** (engl.: avatar; Synonym: chat-bot) ist eine künstliche Bildschirmgestalt (animierte Figur), die einen meist künstlichen oder natürlichen Diskussionspartner repräsentiert. Ein Avatar vermittelt die virtuelle Präsenz eines Ansprechpartners.

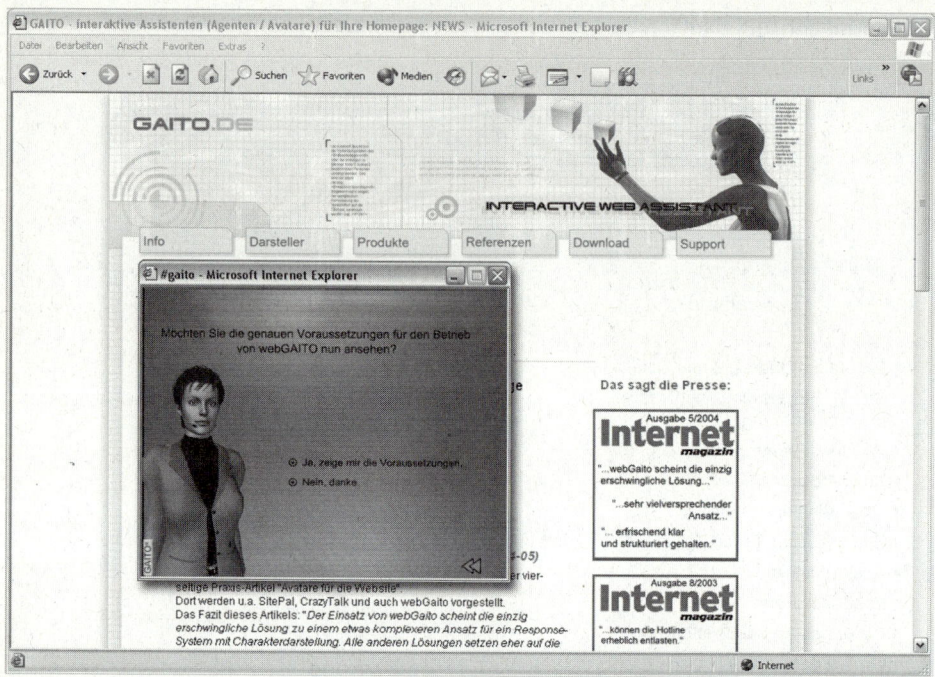

Abb. 5.3.5.1/2: Avatare – Modeerscheinung oder Verkäufer der Zukunft?

Im Kontext von Konsumenteninformationssystemen werden Avatare zur Beratung der Kaufinteressierten eingesetzt. Der Dialog kann in Textform (ähnlich zu einem Chat-System) oder in natürlicher Sprache (Ton) erfolgen. Der Benutzer kann Fragen zu den Inhalten einzelner Web-Seiten stellen, die vom Avatar mittels abgespeicherter Text- und/oder Audiokonserven beantwortet werden. Ein KI-Programm analysiert die Benutzeranfragen und generiert aus der Wissensbasis die Antworten des Avatars. Damit kann eine *24-stündige Auskunftsbereitschaft bei Routineanfragen* ermöglicht werden, deren Beantwortung sonst üblicherweise Call-Center übernehmen. Weitere mögliche *Vorteile* sind eine gezielte Verkaufsförderung, die Unterhaltung der Besucher sowie die Sammlung von Kundeninformation. Eine wesentliche *Schwäche* ist die oft unbefriedigende Qualität der Auskünfte, da die KI-Disziplin Sprachverstehen noch in den Kinderschuhen steckt und die Entwicklung und Wartung einer leistungsfähigen Wissensbasis sehr aufwändig sind. Zudem sinkt der Unterhaltungswert von Avataren mit zunehmender Benutzungshäufigkeit erheblich.

Rückkopplung

Als weitere *Kontaktmöglichkeiten* für die Kunden können E-Mail, ein Rückrufdienst, Feedback-Formulare, Diskussionsforen und virtuelle Gemeinschaften dienen. Bei einem *Rückrufdienst* wird das persönliche Gespräch vom Web-Site-

Besucher initiiert, der dann zu einem festgelegten Zeitpunkt zurückgerufen wird. Hat der Besucher eine Frage zu einem Produkt oder einer Bestellung, kann er auf eine Schaltfläche klicken oder eine E-Mail senden, um einen telefonischen Rückruf durch einen Kundenberater anzufordern. Künftig ist für diesen Zweck mit der zunehmenden *Integration von Bildtelefonie-* beziehungsweise *Video-konferenzfunktionen* in Konsumenteninformationssysteme zu rechnen.

Feedback-Formulare sind Eingabemasken mit teilweise vorstrukturierten Fragen, durch die Kunden um ihre Meinung gebeten werden. Damit kann abgefragt werden, wie Kunden den Web-Auftritt, das Angebot und die Serviceleistungen einschätzen. Auch kleinere Erhebungen, die in keinem unmittelbaren Zusammenhang mit der Web-Site stehen, sind damit möglich. Den Kunden sollte mitgeteilt werden, warum die Umfrage durchgeführt wird und wozu ihr Feedback verwendet wird. Die Antwortquote kann durch Anreize, wie kleine Geschenke oder einen Rabatt beim nächsten Einkauf, erhöht werden.

Unterhaltung

Unterhaltungsangebote können einen wichtigen Beitrag zur Kundenbindung leisten. Dazu zählen elektronische Magazine, Online-Spiele, Gewinnspiele und Wettbewerbe, Grußkarten (engl.: greeting card; e-card), Ratgeber, Rezepte, Horoskope, Link-Listen, Bildschirmschoner (engl.: screen saver) und -hintergrundbilder (engl.: wallpaper), Logos und Klingeltöne für Handys und vieles andere mehr. Sie tragen zur Neukundengewinnung bei, erhöhen die Wiederbesuchsrate und liefern nützliche Daten für die Marktforschung.

5.3.5.2 Call-Center

> Ein **Call-Center** (engl.: call center) ist eine Dienstleistungseinrichtung, bei der Kunden per Telefon anrufen können (engl.: inbound call center), um etwa Produktauskünfte zu erhalten, Bestellungen aufzugeben oder Beschwerden anzubringen. Ebenso sind Werbe- und Verkaufsgespräche vom Call-Center zum Kunden möglich (engl.: outbound call center), beispielsweise zur Adressverifikation, Marktforschung und Direktmarketing.

Call-Center haben sich aus den klassischen Telefonzentralen entwickelt und können *im Haus oder von externen Dienstleistern* betrieben werden. Sie sollen die Erreichbarkeit von Betrieben und die Servicequalität verbessern. Weitere Ziele sind die Neukundengewinnung und die Erhöhung der Kundenbindung durch Verbesserung des Informationsflusses. Von außen kommende Anrufe werden durch ein *ACD-System* (Abkürzung für engl.: automatic call distribution) nach bestimmten Kriterien geordnet und an freie Mitarbeiter verteilt. Die eingehenden Anrufe werden mit Hilfe der *CTI-Technik* (Abkürzung für engl.: computer telephone integration) mit einer Kundendatenbank verknüpft. Dadurch kann während des Gesprächs teilnehmerrelevante Information angezeigt werden und zusätzliche Information eingegeben werden. Sprachgesteuerte

IVR-Systeme (Abkürzung für engl.: interactive voice response) ermöglichen die automatische Anrufbeantwortung und -steuerung.

▶ Übungsaufgabe Nr. 1.5.19 im Arbeitsbuch

5.3.5.3 Werbung in Konsumenteninformationssystemen

Werbung (engl.: advertising) ist die absichtliche und zwangsfreie Beeinflussung der Marktpartner, um diese zu einem bestimmten Verhalten zu beeinflussen. Nach der Art des Werbeobjekts unterscheidet man Produkt-, Programm- und Firmenwerbung. Weitere Klassifizierungsmerkmale der Werbung sind die Werbetreibenden (Individual- und Kollektivwerbung), die Zahl der Umworbenen (Einzel- und Mengenwerbung) sowie die Primärziele der Werbung (Einführungs-, Expansions-, Erhaltungs- und Reduktionswerbung).

Konsumenteninformationssysteme sind einerseits *Werbeträger,* das heißt Medien, in denen Absatzwerbung geschaltet werden kann. Andererseits ist Wer-

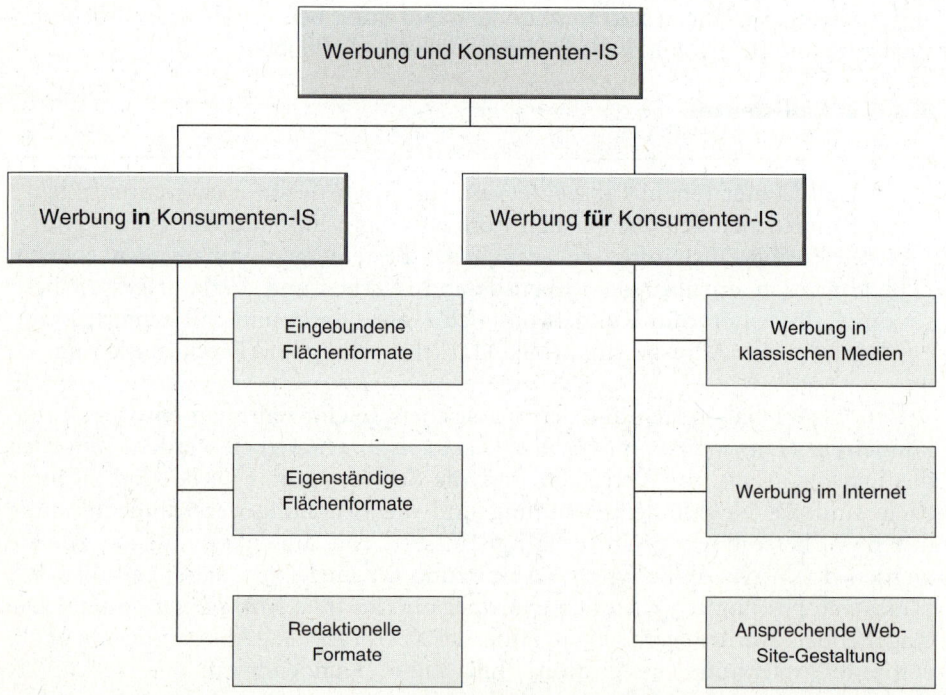

Abb. 5.3.5.3/1: Übersicht über die Werbung in und für Konsumenteninformationssysteme

bung in klassischen Werbeträgern (Printmedien, Fernsehen, Prospekten usw.) und im Internet ein *Mittel, um für die Web-Site Reichweite zu schaffen,* das heißt, Besucher (aktuelle und potentielle Käufer) zu regelmäßigen Visiten zu animieren.

Die *Werbung in Konsumenteninformationssystemen* kann zur Absatzsteigerung und zur Erzielung von Einkünften dienen. Diese Ziele werden durch eine zielgruppengerechte Schaltung entsprechend gestalteter Werbemittel angestrebt. Ein *Werbemittel* (engl.: advertising medium) ist das, was auf dem Werbeträger (hier: Konsumenteninformationssystem) angebracht ist, um die Werbebotschaft zur Zielgruppe zu transportieren. Bei *Web-Werbemitteln* lassen sich eingebundene und eigenständige Flächenformate sowie redaktionelle Formate unterscheiden. Bei den *eingebundenen Flächenformaten* ist die Werbebotschaft in Form von Anzeigen, so genannte Banner, in die Web-Seiten integriert. Bei *eigenständigen Flächenformaten* wird die Werbebotschaft in einem eigenen Browserfenster präsentiert. Bei *redaktionellen Formaten* ist die Werbebotschaft nicht sofort als Werbung erkennbar.

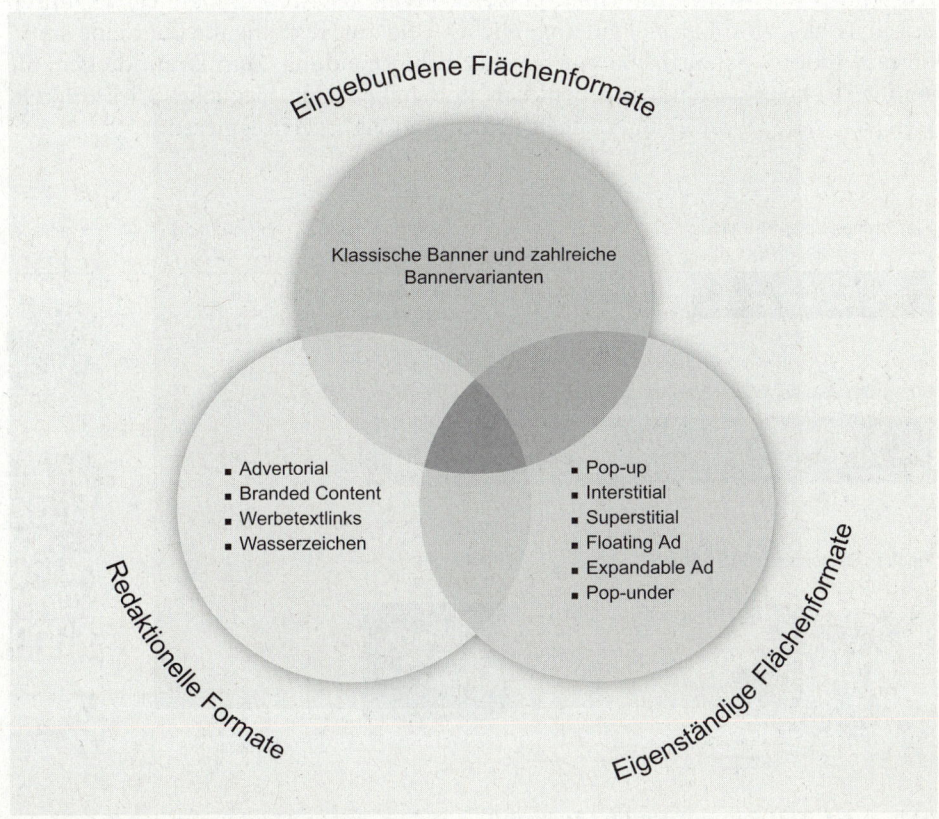

Abb. 5.3.5.3/2: Web-Werbemittel

Eingebundene Flächenformate (Banner)

Ein **Banner** (engl.: banner) ist eine Werbefläche (Anzeige), die in eine Web-Seite des Werbeträgers integriert ist. Durch Anklicken wird in der Regel zu einer Werbeaktivität (zum Beispiel Werbeprospekt, Gewinnspiel, Bestellformular) verzweigt. Die Anzeige (engl.: advertisement, abgekürzt: ad) kann Festbilder oder bewegte Bilder enthalten, die heute meist dynamisch von einem beauftragten Server (Adserver) zum jeweiligen Inhalt passend eingespielt werden. Es gibt zahlreiche Bannerformen, die sich in ihren Abmessungen und ihren Funktionen unterscheiden.

Es dominieren *klassische Banner* (Standardbanner), die aus 468 x 60 Bildpunkten bestehen. Weitere *verbreitete Varianten* sind in Abb. 5.3.5.3/3 dargestellt. Bei *Bannersonderformen* können durch Bewegen des Cursors über die Bildfläche besondere Effekte aktiviert werden, beispielsweise in Form von „Rubbellosen" (engl.: scratchy banner) oder audiovisuellen Werbespots (engl.: sound banner, audiovisual banner). Ticker-Banner (engl.: ticker banner) enthalten schnell wechselnde Information. *Trickbanner* (engl.: trick banner) verführen durch Tricks, zum Beispiel ein angebliches Feld zur Texteingabe oder eine simulierte Windows-Schaltfläche mit falscher Fehlermeldung, zum Draufklicken. Sie sind wettbewerbsrechtlich bedenklich und haben eine fragliche Wirksamkeit, weil sich viele Benutzer übertölpelt fühlen und verärgert reagieren.

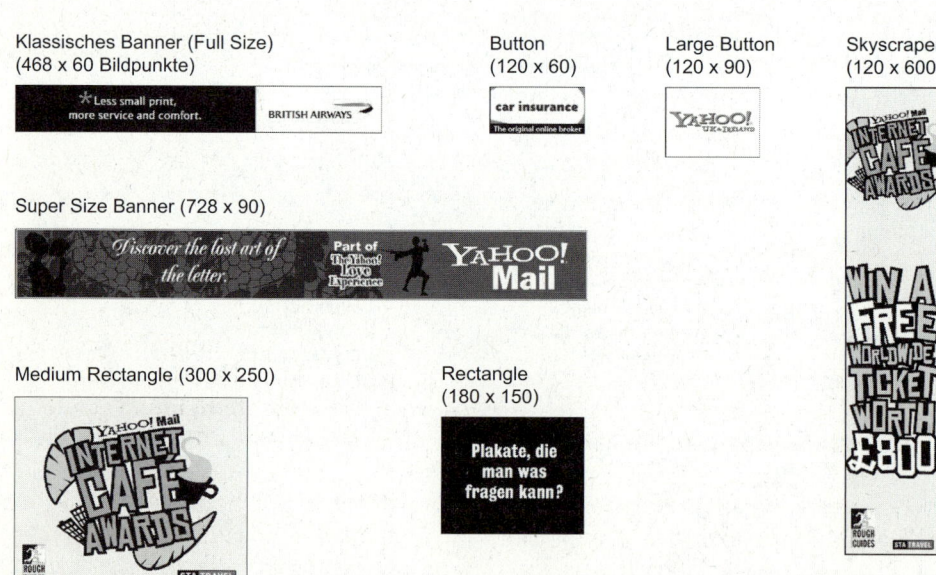

Klassisches Banner (Full Size) (468 x 60 Bildpunkte)

Button (120 x 60)

Large Button (120 x 90)

Skyscraper (120 x 600)

Super Size Banner (728 x 90)

Medium Rectangle (300 x 250)

Rectangle (180 x 150)

Abb. 5.3.5.3/3: Bannerformen (Auswahl)

Eigenständige Flächenformate

Eigenständige Flächenformate sind:

- *Pop-up,* das ist ein Fenster mit Werbung, das sich beim Aufrufen oder Verlassen eines Werbeträgers automatisch öffnet und vom Benutzer geschlossen werden kann. Pop-ups sind meist größer als Banner und bieten dieselben Gestaltungs-/Funktionsmöglichkeiten. Um höhere Aufmerksamkeit zu erregen, kann ein Pop-up geschüttelt werden (engl.: shaking pop-up).

- *Unterbrecherwerbung,* die in das Browserfenster des Benutzers eingeblendet wird, bevor der aufgerufene Inhalt erscheint. Der Benutzer kann nicht steuernd eingreifen. Größe und Gestaltung (Animationen) sind variabel. Man unterscheidet zwischen *Interstitial und Superstitial.* Superstitials unterscheiden sich technisch von den Interstitials, da sie im Hintergrund geladen werden und schnell in unterschiedlichen Größen bei Übergängen zwischen Web-Seiten präsentiert werden können. Sie eigenen sich für datenintensive Werbesequenzen, die geladen werden, wenn der Browser keine Verbindungskapazität benötigt. Erst wenn der „Spot" vollständig geladen ist, öffnet sich ein Fenster, in dem er abgespielt wird.

- *Floating Ads* und *Expandable Ads* sind Werbeflächen, die sich auf der Web-Seite bewegen beziehungsweise sich automatisch vergrößern. *Streaming Video Ads* sind Fenster, in denen Werbefilme ablaufen.

- *Pop-under* ist ein Fenster mit Werbung, das sich hinter dem aktiven Browserfenster öffnet. Erst wenn der Benutzer das Fenster schließt, stößt er auf das Pop-under (ungeteilte Aufmerksamkeit). Bei *Multiple Pop-unders* öffnen sich zahlreiche Fenster über den Bildschirm verteilt, die unterschiedliche Themen oder Web-Sites bewerben. Versuche des Benutzers, diese Fenster zu schließen, führen oft dazu, dass sich neue Werbefenster öffnen.

Aufdringliche Unterbrecherwerbung ist hinsichtlich der Wirkung höchst umstritten. Die Internet-Benutzer können unerwünschte Banner und eigenständige Flächenformate durch *Werbeblocker* ausschalten.

Werbeblocker

Werbeblocker (engl.: advertising blocker) sind Programme, die Werbebanner beim Herunterladen von Web-Seiten ausblenden und damit die Ladezeiten beträchtlich verringern. Sie können ferner das automatische Öffnen von neuen Werbefenstern beim Besuch einer Web-Site verhindern sowie Adware und Spyware aufspüren und eliminieren.

Adware ist die Kurzform für „Advertising Supported Software", das ist Shareware, die durch integrierte Bannerwerbung (teil)finanziert wird. Adware-Produkte sind zumeist auch *Spyware.* Darunter versteht man mit anderer Software gebündelte „Undercover"-Programme, die – meist für Werbezwecke – ohne das Wissen oder ausdrückliche Einverständnis des Benutzers im Hintergrund sein Verhalten verfolgen und sonstige Benutzerinformation rückmelden können. Sie zählen somit zu den Schadprogrammen der Kategorie „trojanische Pferde" (siehe Kapitel 2).

Werbeblocker werden von Suchdiensten (beispielsweise Google) und anderen Herstellern teils kostenlos, teils gegen Entgelt zum Herunterladen angeboten. Da sie sehr wirksam und zunehmend verbreitet sind, sind sie für die Werbetreibenden ein erhebliches Problem.

Redaktionelle Formate

Redaktionelle Formate sind vom Benutzer eines Konsumenteninformationssystems nicht sofort als Werbung erkennbar und können auch nicht abgeblockt werden. Dazu gehören:

* *Advertorials,* das ist gekennzeichneter Werbetext, der inhaltsbezogen auf Web-Seiten eingebunden ist,
* *Branded Content,* das ist die inhaltliche Gestaltung abgegrenzter Bereiche einer Web-Seite durch den Werbenden,
* *Werbetextlinks,* die per Mausklick zu Werbe-Web-Seiten verbinden,
* *Wasserzeichen,* das sind Markenlogos, die in visuell abgeschwächter Form als Hintergrund einer Web-Seite präsentiert werden.

Die Anbieter von Konsumenteninformationssystemen können alle diese Werbemittel kombiniert zur Absatzwerbung einsetzen und Werbeplatz an Dritte verkaufen oder mit Dritten tauschen. Die *Werbebotschaften* können dabei *gezielt an die Benutzer angepasst* werden. Je nach Benutzerprofil (wenn der Benutzer bekannt ist) und/oder Suchverhalten (aufgerufene Seite, eingegebener Suchbegriff) bekommt der Benutzer die am besten entsprechenden Werbeeinschaltungen zu sehen. Vorteile sind ein höheres Benutzerinteresse und weniger Streuverluste.

▶ Übungsaufgabe Nr. 1.5.20 im Arbeitsbuch

5.3.5.4 Werbung für Konsumenteninformationssysteme

Die *Werbung für eine Web-Site* kann in klassischen Medien (Web-Adresse auf allen Dokumenten, in Anzeigen, in TV- und Radiospots usw.), durch die Internet-Werbung und eine ansprechende Gestaltung des Informations- und Unterhaltungsangebots erfolgen.

Internet-Werbeträger

Für die *Internet-Werbung,* die alle vorstehend skizzierten Werbeformen umfasst, kommen in erster Linie Internet-Portale und Suchdienste mit hoher Benutzerfrequenz sowie Web-Sites in Frage, die besonders gut zum Angebot passen (Cross-Selling). *Stärken der Internet-Werbung* sind die Mediareichhaltigkeit (Multimedia), die hohe Botschaftsflexibilität, die gezielte Ansprache von Zielgruppen und der Rückkanal zum Kunden. Große Internet-Portale und Suchdienste bieten den Zielgruppen entsprechende, themenaffine Platzierungen und die Schaltung von Bannern und sonstigen Werbeformen an, die auf Stichworte reagieren. Bei *Suchdiensten* erfolgt die Werbung hauptsächlich durch *textbasierte Anzeigen* und *Einträge in die Suchergebnislisten*. Üblich sind zwei oder drei vorangestellte bezahlte „Treffer", das heißt, zum eingegebenen Stichwort passende Werbetextlinks in den Suchergebnislisten. Manche Suchportale offerieren bei Suchanfragen erst alle bezahlten Einträge (unter Umständen mehrere Seiten) und danach die unbezahlten. Einige Suchportale zeigen sogar ausschließlich bezahlte Einträge. Die Anbieter von Konsumenteninformationssystemen können darüber hinaus anstreben, dass in den unbezahlten Einträgen von Suchergebnislisten möglichst oft auf ihr Angebot verwiesen wird. Hierfür gibt es ausgeklügelte Verfahren, auf die wir hier jedoch nicht näher eingehen.

Internet-Werbepreise

Die *Preise für die Schaltung von Web-Werbemitteln* richten sich nach der Bekanntheit (Frequentierung) der Web-Site, der Größe der Werbefläche, der Gestaltung der Werbefläche (reiner Text, Multimedia), der Platzierung und den Zielgruppenkriterien. Vorherrschendes Preismodell ist wie in der traditionellen Print- und TV-Werbung ein *Tausend-Kontakte-Preis, abgekürzt: TKP* (angeforderte und ausgelieferte Web-Seiten mit der Werbebotschaft). Häufig werden auch die Klicks auf eine Werbefläche verrechnet (und nicht wie bei TKP der bloße Sichtkontakt). Bei diesem *CPC-Preismodell* (Abkürzung für engl.: cost per click) bezahlt der Werbekunde also, wenn der Betrachter auf die Werbung reagiert. Bei *CPR* (Abkürzung von engl.: cost per registration) wird die Werbung nur bei einer Registrierung des Kunden, zum Beispiel der Anforderung von Informationsmaterial, Probeabonnements usw., verrechnet. Stark frequentierte Portale verlangen hierfür Initialgebühren oder Garantiesummen in sechs-

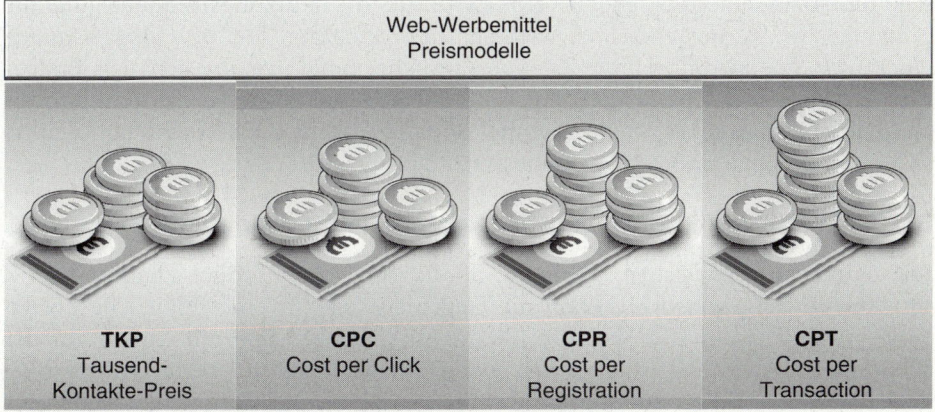

Abb. 5.3.5.4/1: Preismodelle für die Web-Werbung

stelliger Höhe sowie für jede Registrierung eine vorher vereinbarte Akquisitionsgebühr. Bei *CPT (Abkürzung für engl.: cost per transaction)* erfolgt die Verrechnung der Werbung nur dann, wenn der Betrachter danach etwas kauft. Bei diesem so genannten *Partnerprogramm* (engl.: affiliate program) wird vorher eine gestaffelte Umsatzprovision vereinbart.

Zum *Beispiel* verrechnet *Yahoo.de,* eines der größten deutschen Internet-Portale, *für themenaffine Platzierungen folgende TKP* (Stand: Mitte 2004): Banner 30 Euro, Supersize Banner 40 Euro, Skyscraper 45 Euro, Pop Under (maximal 720 x 300 Pixel) 50 Euro, Textlink (zwei Zeilen à 25 Zeichen) fünf Euro. Für die Schaltung von Bannern, die auf Stichworte reagieren, beträgt der TKP 95 Euro. Bei einer Fokussierung auf bestimmte Zielgruppen (Bundesländer, Internet-Einsteiger, Domains, Interessengebiete entsprechend Surfverhalten, eingegebene Suchwörter, demografische Daten, Tageszeiten) sind zusätzlich fünf Euro fällig.

Google.de verlangt für *stichwortbezogene Textanzeigen* eine Aktivierungsgebühr von fünf Euro und ein CPC von 0,05 bis 50 Euro. Die Platzierung der Anzeigen hängt von der Höhe des vom Werbetreibenden selbst bestimmten maximalen CPC-Preises im Verhältnis zu den Mitbewerbern sowie der Klickrate ab. Je höher die Klickrate, desto geringer ist der tatsächliche CPC. Der Anzeigenkunde legt ein Tagesbudget fest, das die Anzahl der Schaltungen bestimmt. Der weltweit zweitgrößte Volltext-Suchdienstleister *Overture* versteigert häufig eingegebene Suchbegriffe, die mit Werbetext verknüpft werden können, meistbietend an Werbekunden. Jedes Mal, wenn der Benutzer auf einen der Ergebnis-Links klickt, bezahlt der Werbekunde den bei der Auktion ermittelten Betrag (zweithöchstes Gebot plus ein Cent). Die zirka 40 großen Internet-Portale, die die Overture-Suchfunktion in ihre Angebote eingebettet haben, beteiligt Overture am Umsatz.

Das größte *Partnerprogramm* wird von *Amazon.com* betrieben. Über 900.000 assoziierte Web-Sites erhalten bei Produktempfehlungen, die durch Links zu Käufen bei Amazon.com führen, eine gestaffelte Umsatzprovision von bis zu zehn Prozent (bei Amazon.de 5–7,5 Prozent).

Die großen Internet-Portale, Anbieter-Vereinigungen und Marktforschungsinstitute stellen zur Unterstützung der *Mediaselektion* Daten über die Reichweiten, die soziodemografische Benutzerstruktur, die Nutzungsfrequenz und die Nutzungszwecke der einzelnen Medien zur Verfügung. Die *Nutzungsfrequenz einer Web-Site* wird durch die Zahl der Besucher (engl.: visitor, genauer: Endgeräte, engl.: unique client), die Zahl der Besuche (engl.: visit), die durchschnittliche Zeit eines Besuches (engl.: usetime) und die Anzahl der betrachteten Inhaltsseiten (engl.: page impression) gemessen.

5.3.5.5 Weitere Aktionsfelder der Kommunikationspolitik

Die Abgrenzung zwischen Werbung, Sponsoring und Product Placement fällt oft schwer. Bei *Sponsoring* kann die Gegenleistung für eine finanzielle Förderung in der Präsenz des Sponsors (Namensnennung, Logo mit Links) auf der Web-Site bestehen. Bei *Product Placement* werden gegen Entgelt Markenartikel gezielt, aber scheinbar zufällig, im Rahmen von Dokumentationen, Videos usw. platziert. Darüber hinaus gibt es noch *zahlreiche weitere Instrumente* der Kommunikationspolitik, von denen wir hier nur die im B2C-E-Commerce wichtigsten kurz skizzieren können.

Verkaufsförderung

Verkaufsförderung (engl.: sales promotion) ist ein Sammelbegriff für Aktionen, die den Absatz kurzfristig und unmittelbar stimulieren sollen. Je nach *Zielgruppe* unterscheidet man Außendienst-, Händler- und Verbraucher-Promotions. Bei den Verbrauchern können durch zeitlich befristete Preisnachlässe (Aktionspreise), Gewinnspiele, Preisausschreiben, Gutscheine für Warenproben, Hinweise auf Sonderangebote in Filialen und digitale Grußkarten Kaufanreize mit Sogwirkung geschaffen werden. Die Grenzen zur Unterhaltung sind fließend.

Öffentlichkeitsarbeit

Öffentlichkeitsarbeit (engl.: public relations; abgekürzt: PR) dient zur Schaffung einer für das Unternehmen wohlwollenden Atmosphäre (vorteilhaftes Firmenimage). Primär geht es um die Herstellung und Sicherung guter Kontakte zu Presse, Radio und TV. Die Konsumenten werden durch ein attraktives Erscheinungsbild der Web-Site im Corporate Design und Veranstaltungskalender (Eröffnung neuer Filialen, Vorträge, Betriebsbesichtigungen, Tage der offenen Tür und ähnliche Veranstaltungen) angesprochen.

Direktmarketing

Direktmarketing (engl.: direct marketing) ist die gezielte Einzelansprache von Konsumenten zu Marketingzwecken. Im Internet kann das durch die Personalisierung von Web-Sites (siehe Abschnitt 5.2.1.4), E-Mail-Werbung und Newsletters geschehen. *E-Mail-Marketing* ist die Zusendung von Werbebriefen per E-Mail. Durch integrierte Links kann eine direkte Rückkopplung zur Web-Site des Werbetreibenden ermöglicht werden. E-Mail-Marketing ist kostengünstig und erlaubt einen schnellen Aufbau von Kundenbeziehungen. Es setzt jedoch in den EU-Ländern eine ausdrückliche Erlaubnis des Empfängers voraus. Adressen können selbst gesammelt oder gekauft werden. In Konsumenteninformationssystemen kann auf jeder Web-Seite ein Verweis zu der Anmeldeseite erfolgen, über die Besucher Information per E-Mail anfordern können. Durch Gewinnspiele, Geschenke, „Tell-a-Friend"-Funktion usw. können die Besucher zur Anmeldung angeregt werden. Seriöse Adress-Agenturen bieten den Versand von Massenmails an Adressaten an, deren Einverständnis schriftlich vorliegt. Mit unerwünschten Massen-E-Mails (Spam) und ihrer Abwehr haben wir uns im Abschnitt 3.4.2.1 befasst.

Newsletters

Newsletters (engl.: newsletter) sind eine elektronische Variante der Kundenzeitschrift auf E-Mail-Basis. Auch hierfür ist eine explizite Bestellung durch die Adressaten erforderlich. Newsletters erscheinen meist regelmäßig (täglich, wöchentlich oder monatlich) und informieren die Kunden über Produktneuheiten und Wissenswertes über die Unternehmung und die Branche. Sie können durch persönliche Anrede und die Abstimmung der Inhalte entsprechend den individuellen Interessen personalisiert werden. Jede Ausgabe sollte Hinweise auf die Kündigungsmöglichkeit enthalten und vorsehen, dass sich die Empfänger selbst aus dem Verteiler streichen können.

Virtuelle Gemeinschaften

Virtuelle Gemeinschaften (engl.: virtual community) haben wir bereits im Abschnitt 5.2.5 behandelt. Im Rahmen von Konsumenteninformationssystemen dienen sie den Mitgliedern zum Informationsaustausch über Produkte und Dienstleistungen, zu gegenseitigen Empfehlungen, Hilfe und Beratung sowie zur Artikulation von Kritik und Verbesserungsvorschlägen. Die Betreiber (Anbieter) nutzen sie zur Kundenbetreuung und Profilierung. Durch die inhaltliche Auswertung der Kundendiskussionen lassen sich Rückschlüsse auf den Grad der Kundenzufriedenheit ziehen und Anregungen für die Weiterentwicklung von Produkten und Services gewinnen. Der Anbieter steht im Hintergrund und stellt lediglich die Plattform zur Verfügung. Ein möglicher Nachteil ist, dass der Austausch kritischer Meinungen das Unternehmensimage belasten kann. Geringe Produktmängel können ein großes Gewicht erhalten und es kann zur Aufschaukelung negativer Meinungen in Krisensituationen kommen. Das kann besonders problematisch werden, wenn anonyme Beiträge gestattet werden.

▶ Übungsaufgabe Nr. 1.5.21 im Arbeitsbuch

5.4 Kundenbeziehungsmanagement (CRM)

Im vorhergehenden Abschnitt 5.3 haben Sie mit *Konsumenteninformationssystemen* einen bestimmten Typ von Marketinginformationssystemen kennen gelernt, der sich durch folgende Merkmale auszeichnet:

• Zielgruppe (Benutzer) sind Privatkunden (B2C) und

• Kanal zur Kundenansprache ist das Internet (Web-Auftritt).

Ein *Kundenbeziehungsmanagementsystem* ist ebenfalls ein Marketinginformationssystem mit einem umfassenderen Konzept:

• Zielgruppen können sowohl Privatkunden (B2C) als auch Geschäftskunden (B2B) sein,

• es werden alle Kanäle zur Kundenansprache (TV/Radio, Telefon, gedruckte Kataloge, persönlicher Verkauf, Web-Auftritt, E-Mail usw.) integriert,

• als „Marketing-Philosophie" liegt das so genannte Beziehungsmarketing zugrunde (was bei einem Konsumenteninformationssystem der Fall sein kann, aber nicht muss).

Ein *B2C-Kundenbeziehungsmanagementsystem* beinhaltet somit in der Regel ein Konsumenteninformationssystem, bezieht aber darüber hinaus die Privatkundenkontakte der anderen Absatzwege mit ein. Ein *B2B-Kundenbeziehungs-managementsystem* unterstützt hingegen alle auf Geschäftskunden zielenden Marketingmaßnahmen. Sehen Sie sich zur besseren Orientierung nochmals die Klassifikation außenwirksamer Informationssysteme in Abb. 5/2 an.

Im nachfolgenden *Abschnitt 5.4.1* skizzieren wir zunächst die Unterschiede zwischen B2C- und B2B-Marketinginformationssystemen und behandeln verschiedene, den Systemen zugrunde liegende „Marketing-Philosophien". Im *Abschnitt 5.4.2* führen wir Sie näher in das Kundenbeziehungsmanagement ein und zeigen Ihnen die Bausteine einer rechnergestützten Lösung. Sodann behandeln wir im *Abschnitt 5.4.3* die Gewinnung der Kundendaten, insbesondere mittels Internet-Marktforschung. Im abschließenden *Abschnitt 5.4.4* zeigen wir in kompakter Form die Funktionalität eines umfassenden Softwarepakets für das Kundenbeziehungsmanagement.

5.4.1 Überblick

Unsere Ausführungen über Konsumenteninformationssysteme gelten größtenteils auch für *Marketinginformationssysteme, mit denen Unternehmen ihre gewerblichen Kunden (Betriebe) ansprechen.* Wir gehen deshalb nicht im Speziellen auf solche B2B-Systeme ein. Es gibt jedoch einige *Unterschiede*, die wir kurz erwähnen wollen.

Beim Verkauf von Produkten und Dienstleistungen über *Konsumenteninformationssysteme* ist tendenziell die Zahl der Kunden und der Transaktionen höher, die durchschnittliche Auftragssumme aber weitaus geringer als bei *Marketinginformationssystemen derselben Branche, die sich an Geschäftskunden*

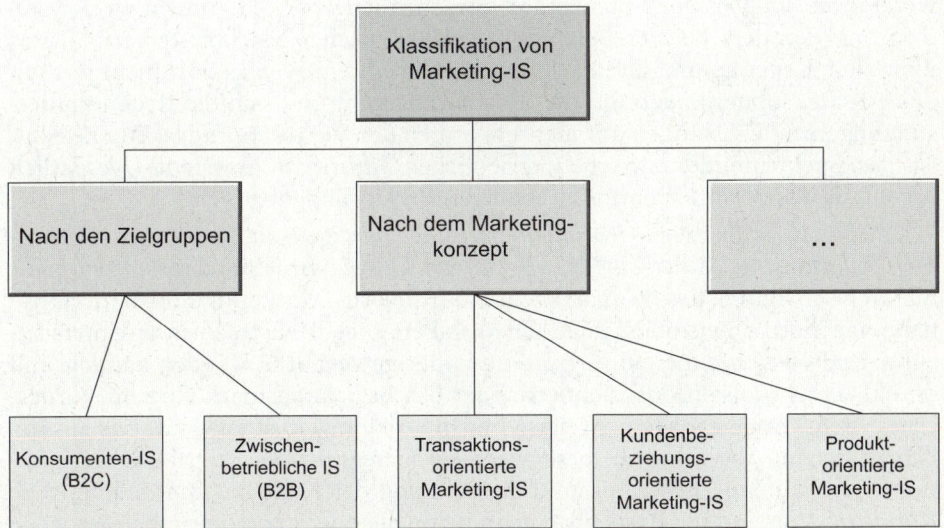

Abb. 5.4.1/1: Klassifikation von Marketinginformationssystemen

(Betriebe) richten. In Wirtschaftszweigen mit niedrigpreisigen Konsumgütern, wie zum Beispiel Lebensmittel, dominiert deshalb das *transaktionsorientierte Marketing* (engl.: transaction oriented marketing), bei dem die Maximierung der Zahl der Geschäftstransaktionen im Vordergrund steht und nicht zwischen den Kunden unterschieden wird. In vielen Fällen sind die Kunden gar nicht bekannt.

Im Gegensatz hierzu zielt das *Beziehungsmarketing* (engl.: relationship marketing) darauf ab, langfristige Beziehungen zu Kunden (Privat- oder Geschäftskunden) aufzubauen, von denen beide Seiten profitieren. Loyale Kunden, die mehr zum Unternehmenserfolg beitragen, sollen entsprechend gefördert, das heißt, besser behandelt werden, als Gelegenheitskunden. Dieses Marketingkonzept ist vor allem im zwischenbetrieblichen Bereich weit verbreitet, wo hochpreisige Güter in mehr oder weniger regelmäßigen Abständen nachgefragt werden. Im Privatkundenbereich gibt es solche Ansätze zum Beispiel schon lange bei Banken, Fluglinien, Hotelketten und internationalen Autovermietern. Die zunehmende Verbreitung wurde und wird maßgeblich durch außenwirksame Informationssysteme gefördert. Sie bieten Möglichkeiten zur automatischen Erfassung, Speicherung, Auswertung und Übermittlung von Kundendaten als Basis für die Marktsegmentierung und die simultane Koordination einer Vielzahl paralleler, individueller Kundenbeziehungen.

Eine dritte Marketingausrichtung, auf die wir hier jedoch nicht näher eingehen wollen, ist das *produktorientierte Marketing*. Unternehmen mit wenigen Produktlinien, wie zum Beispiel Automobilhersteller, richten ihre Marketingmaßnahmen oft primär danach aus.

Weitere mögliche Klassifikationsmerkmale von Marketinginformationssystemen sind der Funktionsumfang, die Branche und die Koordination der wirtschaftlichen Austauschprozesse (Hierarchie versus Markt). Im Abschnitt 5.5 werden Sie im Zusammenhang mit zwischenbetrieblichen Informationssystemen, insbesondere bei der Behandlung elektronischer Marktsysteme, Näheres über diese Kriterien und ihre Ausprägungen erfahren. Weil es dort nicht nur um den Absatz, sondern auch um die Beschaffung geht und sich die Rechnerunterstützung unter Umständen auf mehrere Stufen der Wertschöpfungskette bezieht, ist das Spektrum der zwischenbetrieblichen Informationssysteme wesentlich breiter als das der Informationssysteme im Privatkundenbereich.

Unter dem Schlagwort *„Kundenbeziehungsmanagement"* oder engl.: *Customer Relationship Management, abgekürzt: CRM*, wird Standardsoftware für hierarchisch durch das Management koordinierte Marketinginformationssysteme angeboten. Leistungsfähige CRM-Pakete bieten weitreichende Unterstützung, egal ob sich dabei um private und/oder gewerbliche Kunden handelt und ob dabei das transaktionsorientierte oder das Beziehungsmarketing im Vordergrund steht. Das Management der Kundenbeziehungen ist ein Plus, das zusätzlich zu der im Abschnitt 5.3 beschriebenen Unterstützung der Marketingfunktionen die laufende Erhebung und Auswertung der Kundendaten bedingt. Die *Kundenprofile* sind die Basis für eine individuelle oder kundengruppenbezogene (marktsegmentspezifische) Ausgestaltung der einzelnen Marketingmaßnahmen.

Ein **Kundenprofil** (engl.: customer profile) beinhaltet die Gesamtheit der Eigenschaften, die typisch für den Kunden und relevant für die Geschäftsbeziehung sind. Dazu zählen allgemeine personenbezogene Daten (Name, Anschriften usw.), demografische Daten (Geschlecht, Alter, Familienstand, Nationalität usw.), sozioökonomische Daten (Einkommen, Beruf, Ausbildung, soziale Herkunft usw.), psychografische Daten (Interessen, Lifestyle, Persönlichkeitstyp, Risikobereitschaft usw.), Kaufverhaltensdaten (Transaktionshäufigkeit, Umsatzvolumina, Preissensitivität usw.) sowie der Kundenwert.

Der *Kundenwert* wird durch die Betrachtung der Kundenbeziehung in Relation zu anderen Kundenbeziehungen ermittelt (zum Beispiel durch Customer-Lifetime-Value-Analyse, ABC-Klassifikation, Portfolioanalyse). Die *Bildung von Kundensegmenten* erfolgt mittels Faktorenanalyse (Reduzierung einer Vielzahl von Variablen zu wenigen von einander unabhängigen Einflussfaktoren) und Clusteranalyse (Identifikation und Extraktion von homogenen Kundengruppen aus einer heterogenen Stichprobenauswahl).

Im folgenden Abschnitt führen wir Sie näher in das Kundenbeziehungsmanagement ein und zeigen Ihnen die *Bausteine einer rechnergestützten CRM-Lösung*. Sodann behandeln wir die Gewinnung der Kundendaten, insbesondere mittels *Internet-Marktforschung*. Abschließend zeigen wir in kompakter Form die *Funktionalität eines umfassenden CRM-Pakets*.

5.4.2 Bausteine einer rechnergestützten CRM-Lösung

Das **Kundenbeziehungsmanagement** (engl.: customer relationship management, abgekürzt: CRM) dient zur Identifikation, Gewinnung und Erhaltung von Kunden. Durch die Koordination der Kundenkontakte über alle Kanäle, Geschäftsbereiche, Abteilungen und geographischen Gebiete hinweg soll die Kundenbindung verstärkt und der Nutzen jeder einzelnen Kundenbeziehung (Geschäftsbeziehung zum Kunden) maximiert werden.

Die heutigen globalen Märkte sind vielfach durch ein Überangebot an Gütern gekennzeichnet. In vielen Branchen hat sich die Marktmacht zunehmend vom Anbieter zum Nachfrager verlagert, das heißt der Wandel vom Verkäufer- zum Käufermarkt ist längst vollzogen. Der Kunde bestimmt, wann und wie er mit seinen Lieferanten in Verbindung treten will. Neben den Produktmerkmalen und dem Preis gewinnt besonders die *Servicequalität* an Bedeutung. Diese umfasst:

- Kundendienst rund um die Uhr,
- einfache und eindeutig definierte Kontaktschnittstellen,
- aktive und individuelle Ansprache und Betreuung,
- Erledigung von Kundenanliegen schon beim ersten Kontakt,

- richtige und vollständige Information,
- freundliche, informierte und kompetente Gesprächspartner,
- ein „Mehrwert" durch zusätzliche kundenspezifische Angebote an Dienstleistungen.

Diese Aufzählung ließe sich noch um etliche Punkte fortsetzen; sie zeigt auf, dass aktive Kundenbetreuung zu einem wichtigen Wettbewerbsvorteil geworden ist. Die Gewinnung eines Neukunden bedeutet einen wesentlich höheren Aufwand als das Halten eines bestehenden Kunden. Diesem Umstand trägt der Ansatz des Kundenbeziehungsmanagements Rechnung, das seinen Ursprung im *B2B-Bereich* nahm und heute auch zunehmend im *B2C-Bereich* eingesetzt wird. Die Entwicklung der Informationstechnik hat dazu beigetragen, dass durch die Verfügbarkeit von ausreichender Kundeninformation eine konsequente differenzierte Kundenansprache über den persönlichen Verkauf hinaus möglich wurde. CRM entwickelte sich aus der datengestützten Kundenorientierung und basiert inzwischen maßgeblich auf außenwirksamen Informationssystemen.

Beim Kundenbeziehungsmanagement steht der *Kunde im Mittelpunkt*. Das Leistungsangebot soll auf die Kunden abgestimmt sein, und die Geschäftbeziehungen sollen möglichst leicht gemacht werden. Die Kunden sollen die Möglichkeit haben, jederzeit, durch jeden Kanal – das Internet, Call-Center, Außendienst, Händler und Partnernetzwerke – mit dem Anbieter zu kommunizieren. Egal, welchen Weg die Kunden wählen – sie sollen stets das Gefühl haben, es mit einer einzigen, einheitlichen Organisation zu tun haben, die sie kennt und die auf ihre Bedürfnisse eingeht.

Unter **elektronischem Kundenbeziehungsmanagement** (engl. Abkürzung: E-CRM) versteht man das rechnergestützte Kundenbeziehungsmanagement, das als Kommunikationsinstrument verstärkt außenwirksame Informationssysteme auf Basis des Internets einbezieht. Sämtliche Kundenkontakte – unabhängig, ob es sich um schriftliche Anfragen, Bestellungen usw. auf dem konventionellen Postweg, um Verkäuferberichte, um Mitteilungen über Telefon, Fax, E-Mail, Chat oder sonstige Web-Dienste handelt – werden in einer einheitlichen Kundendatenbank beziehungsweise im Customer-Data-Warehouse abgespeichert und für die jeweiligen Fachabteilungen beziehungsweise Anwendungssysteme mittels Datenanalyse- und Data-Mining-Techniken aufbereitet.

Die Abb. 5.4.2/1 zeigt Ihnen die *Komponenten einer E-CRM-Lösung*. In der Folge sprechen wir nur noch von CRM-Systemen, meinen damit aber stets das Internet integrierende, also E-CRM-Systeme.

Die *Haupteinsatzgebiete von CRM-Systemen* liegen in der weitgehenden Automatisierung der Bereiche Kommunikation, Verkauf und Service. Viele auf dem Markt angebotene Systeme stellen *Insellösungen* dar, die nur einzelne Funktionen beinhalten, wie zum Beispiel Stand-alone-Database-Marketing, Computer Aided Selling oder Call-Center. Umfassende CRM-Lösungen zeich-

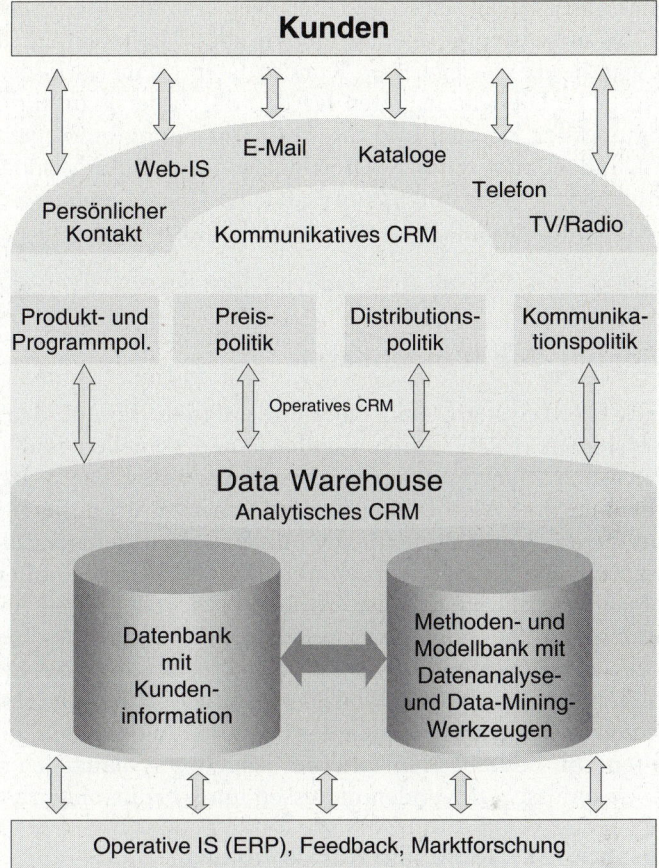

Abb. 5.4.2/1: Bausteine einer E-CRM-Lösung

nen sich hingegen dadurch aus, dass sie alle Marketinginstrumente gleichermaßen gut abdecken, alle relevanten Kontaktkanäle unterstützen und zudem in die restliche IT-Unternehmensinfrastruktur integriert sind. Entsprechend sollten CRM-Systeme auch Schnittstellen zu weiteren innerbetrieblichen und zwischenbetrieblichen IS-Komponenten eines Unternehmens besitzen.

Die Schnittstelle zum Kunden wird als *kommunikatives CRM* bezeichnet. Hierfür sind zahlreiche verschiedene Kommunikationskanäle möglich, die neben klassischen Medien (persönlicher Kontakt, Telefon, Werbebriefe, Postwurfsendungen, Printmedien, TV und Radio) auch Internet-Dienste wie E-Mail, Postlisten und Diskussionsforen, Konsumenteninformationssysteme und zwischenbetriebliche Informationssysteme umfassen. Das so genannte *operative CRM* unterstützt die Automatisierung von Marketingmaßnahmen, insbesondere die Kommunikation, den Verkauf und den Kundendienst.

Die Informationsbasis für diese gezielten Marketingmaßnahmen liefert das *analytische CRM* mittels vorgefertigter analytischer Methoden zur Auswertung der im Data Warehouse gespeicherten Kundendaten (Näheres in den Abschnitten 6.2.3 und 6.5.1). Die Kundendaten werden durch die Transaktionssysteme, die Rückkopplung der Kunden und die Marktforschung gewonnen. Die Auswertung der Kundendaten mittels Datenanalyse- und Data-Mining-Techniken (siehe Abschnitt 6.5.3) unterstützt grundsätzliche Überlegungen zur Marktsegmentierung, Kundendifferenzierung oder -individualisierung.

▶ Übungsaufgabe Nr. 1.5.22 im Arbeitsbuch

5.4.3 Gewinnung von Kundendaten

Die Basis eines CRM-Systems sind die Kundendaten, die aus den operativen Informationssystemen (ERP), durch Feedback der aktuellen und potentiellen Kunden sowie durch Marktforschung gewonnen werden. Die *Marktforschung* dient zur Erhebung und Auswertung von Information über die Marktpartner (Kunden, Konkurrenten, Lieferanten usw.) und die Marktentwicklung (Marktanteile, -potenziale usw.), wobei vornehmlich Kundengruppen untersucht werden. Diese Marktdaten können selbst erhoben oder von Dritten (insbesondere Marktforschungsinstituten) zugekauft werden. Wir betrachten hier nur, wie *außenwirksame Informationssysteme für Marktforschungszwecke* eingesetzt werden können. Neben der Möglichkeit, das Internet als Befragungsmedium zu nutzen, sind auch verschiedene Formen der Beobachtung möglich, die das Interaktionsverhalten von Besuchern im Internet-Angebot systematisch analysieren, um daraus Rückschlüsse auf Kundeninteressen und –bedürfnisse zu ziehen.

5.4.3.1 Transaktionssysteme und Rückkopplung

Primäre Informationsquellen für die Kundenprofile sind

* die Transaktionssysteme, insbesondere *der Verkauf, die Auftragsverwaltung, die Finanzbuchhaltung und die Instandhaltung,* die detaillierte Absatz- und Zahlungsdaten der Kunden sowie die Installations-, Reparatur- und Wartungsdaten ausgelieferter Geräte und Programme bereitstellen (siehe Abschnitt 5.3.4.5), sowie

* die *Rückkopplung von Kunden und Interessenten,* die sich durch Verkaufs- und Beratungsgespräche, Briefe, Beschwerden, telefonische Anfragen (Call-Center), Empfehlungssysteme, E-Mail-Anfragen, Rückrufdienste, Feedback-Formulare, Diskussionsforen und virtuelle Gemeinschaften (siehe Abschnitt 5.3.5.1) ergibt.

Eine wichtige Datenquelle sind die Transaktionsdaten aus dem Internet-Angebot, auf die wir gleich noch näher eingehen werden. Diese weitgehend automatisiert gewonnenen Daten lassen wichtige Rückschlüsse primär über die gewonnenen Kunden zu. Es wird daraus jedoch nicht ersichtlich, warum manche potentiellen Abnehmer das Angebot nicht genützt haben. Wenn ein Unternehmen hierüber Information haben möchte und etwa wissen will, wie die Kunden zu eventuellen Änderungen der Marketingpolitik (beispielsweise Produktneugestaltung, Diversifikation, Preiserhöhung usw.) stehen, wie sie das Design und die Effizienz der Web-Site beurteilen usw., so können wiederum die Instrumente der traditionellen Marktforschung wie auch die internetbasierten Befragungen herangezogen werden.

5.4.3.2 Internetbasierte Befragung

Internetbasierte Befragungen können mittels *E-Mail-Befragung, Befragung durch Newsgroups oder Online-Fragebögen im Web* durchgeführt werden. In allen Fällen besteht der Vorteil, dass die von den befragten Personen angegebenen Daten in elektronischer Form vorliegen und keiner separaten Eingabe bedürfen. Dem steht die generelle Problematik der *Repräsentativität* der Stichprobe gegenüber. Die Stichprobe einer internetbasierten Befragung kann stets nur für den Personenkreis mit Zugang zum Internet repräsentativ sein. Zusätzlich stellt sich das Problem der Selbstselektion, das heißt, dass nicht beeinflusst werden kann, wer den Fragebogen ausfüllt, was das Problem der Repräsentativität weiter verschärft. So ist bei Online-Befragungen regelmäßig mit einer Verzerrung zu rechnen, bei welcher intensive Internet-Nutzer aufgrund der höheren Wahrscheinlichkeit, auf einen Online-Fragebogen zu treffen, überrepräsentiert sind. Dem kann teilweise durch eine breite Ankündigung des Fragebogens oder einer Platzierung auf hochfrequentierten Web-Sites, etwa Internet-Portalen, entgegen gewirkt werden. Darüber hinaus ergeben sich bei den unterschiedlichen Befragungsmethoden noch weitere Fragestellungen:

- Mittels *E-Mail* ist es grundsätzlich möglich, kostengünstig eine Vielzahl von Personen anzusprechen. Hierzu muss das schriftliche Einverständnis der Befragten vorliegen (vergleiche Spam in Kapitel 3). Aufgrund des zunehmenden Aufkommens insbesondere von unerwünschten E-Mail-Zusendungen ist darauf zu achten, dass die Zielpersonen durch die E-Mail-Zusendung nicht übermäßig belastet werden, etwa durch die Größe einer beigefügten Anlage. Darüber hinaus besteht in den wenigsten Fällen ein umfassendes E-Mail-Adressenverzeichnis, was eine repräsentative Stichprobenauswahl nahezu unmöglich macht. Bei der E-Mail-basierten Befragung bestehen darüber hinaus auch die gleichen Problematiken wie bei schriftlichen Befragungen.

- Die Vorteile einer Befragung über *Newsgroups* sind, wie bei internetbasierten Befragungen generell, dass damit kostengünstig auch schwer erreichbare Personen angesprochen werden können. Auch bei dieser Methode ist auf eine seriöse und unaufdringliche Vorgehensweise zu achten und dem so genannten Permission-Marketing-Ansatz zu folgen, das heißt, nur im Einverständnis mit dem Betroffenen zu handeln. Während eine Stärke der Newsgroup-basierten Befragung darin liegt, zu Interessengebieten hoch involvierte Personen zu erreichen, stellt sich andererseits die Problematik des nicht vorhersehbaren und nicht beeinflussbaren Teilnehmerkreises (siehe auch untenstehende Online-Fragebögen).

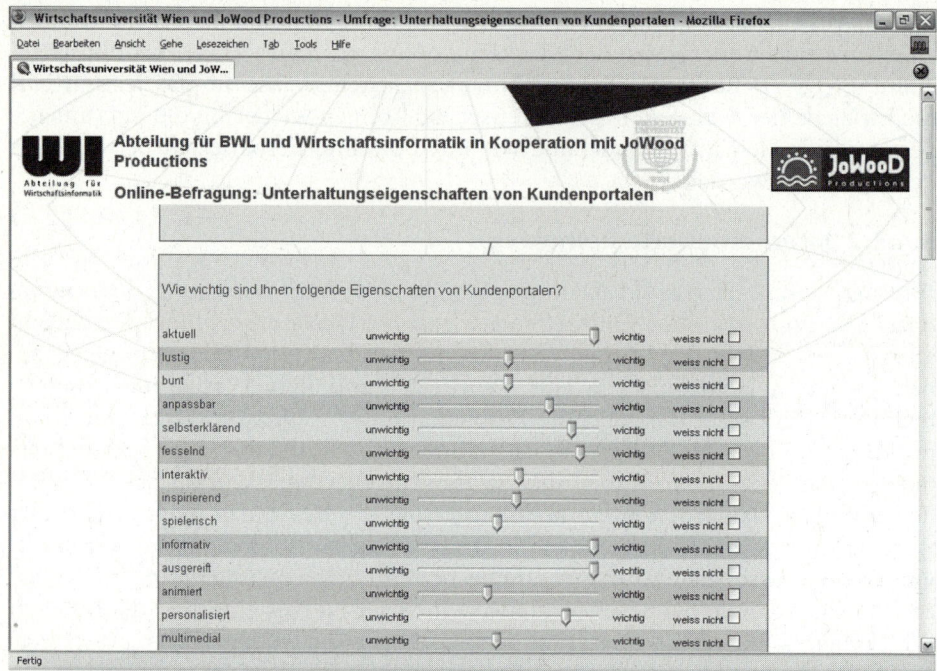

Abb. 5.4.3.2/1: Online-Fragebogen (Auszug)

- In letzter Zeit werden *Online-Fragebögen* im Web immer häufiger eingesetzt. Es handelt sich um eine kostengünstige, schnelle und effiziente Befragungsmethode, bei der auch hohe Stichproben erreicht werden können.

Internetbasierte Befragungen können darüber hinaus in *Ad-hoc-Befragungen* und wiederkehrende Befragungen, so genannte *Panels*, unterschieden werden. Bei einem Panel werden dieselben Zielpersonen in regelmäßigen Zeitabständen immer wieder befragt; damit können Trends und Entwicklungen im Zeitablauf analysiert werden.

5.4.3.3 Internetbasierte Beobachtung

Internetbasierte Beobachtungen werden ohne ein Zutun oder eine explizite Zustimmung der Betroffenen vorgenommen. Bei dieser Vorgangsweise werden die *Protokolldateien (Logfiles)*, die jeder Benutzer beim Surfen im Internet hinterlässt, als Informationsquelle genutzt. Zusätzlich können verschiedene Techniken wie etwa *Cookies* eingesetzt werden, um das Wiedererkennen von Benutzern auf einem Web-Angebot zu erleichtern.

Die Protokolldateien werden von einem Web-Server meist in standardisierter Form abgelegt und enthalten beispielsweise Angaben zur IP-Adresse des Clients, des Zugriffszeitpunkts, der abgerufenen Web-Seite, der übertragenen Datenmenge oder der Web-Seite, von der auf die nachgefragte Seite verwiesen wurde (engl.: referrer). Aus der Protokolldatei können somit die Kennzahlen der *Nutzungsfrequenz einer Web-Site* (siehe Abschnitt 5.3.5.4), wie beispielsweise die Anzahl der *Page-Impressions* und die *Verweildauer* pro Seite, ermittelt werden.

Neben dieser standardisierten (und somit leicht in Metriken vergleichbaren) Information kann ein Web-Server auch anwendungsabhängige Protokolldateien anlegen, doch muss dies für das Anwendungssystem programmiert worden sein. Eine mögliche Informationsquelle sind Cookies, die beispielsweise für Session-IDs oder Benutzer-IDs verwendet werden können. *Cookies* sind kleine Textdateien, die ursprünglich vom Webserver vergeben und vom Web-Browser auf der Festplatte des Benutzerrechners gespeichert werden. Bei späteren Anfragen werden die Cookies automatisch vom Browser wiederum an den Server übertragen, der diese dann auswerten (und gegebenenfalls protokollieren) kann. Anhand einer *Session-ID* können leicht die Anfragen eines Benutzers während einer Sitzung als zusammenhängend erkannt werden, anhand einer *Benutzer-ID* kann ein Benutzer (genauer gesagt, dessen Web-Browser) wieder erkannt werden, ohne dass sich der Benutzer bei der Site registriert hat.

Bei der Logfile-Analyse bestehen zahlreiche *Problembereiche,* insbesondere bei der Benutzeridentifikation, die vielfach nur durch Benutzerregistrierung gelöst werden können. Die wichtigsten *Probleme* sind folgende:

- Logfiles enthalten keine verlässliche Information über den zugreifenden Benutzer, sondern nur über dessen IP-Adresse, die in vielen Fällen dynamisch vergeben wird. Eine eindeutige Benutzeridentifikation ist, mit einigen Einschränkungen, nur durch eine Registrierung mit Benutzernamen und Passwort möglich.

- Das Navigationsverhalten von Benutzern ist ebenso aus den Protokolldateien nur eingeschränkt ableitbar. Zahlreiche Zugriffe des Benutzers werden nicht protokolliert, da sie aus einem zwischengelagerten Cache (beispielsweise bei Verwendung eines Proxy-Servers) beantwortet werden können. Die Navigation eines Benutzers ist bei Zugriff über ein Lesezeichen (engl.: bookmark) oder die direkte Eingabe einer URL aus der Protokolldatei nicht nachvollziehbar, es werden unzusammenhängende Sprünge zwischen einzelnen Web-Seiten ausgewiesen.

Der Einsatz von *Cookies* wird von Internetbenutzern häufig mit Skepsis betrachtet. Eine *Benutzerregistrierung* sollte sowohl im B2C- als auch im B2B-Bereich einen erkennbaren Nutzen bieten, da andernfalls für den Benutzer kein Anreiz besteht, persönliche Daten im Internet anzugeben. Dies setzt wiederum eine Berücksichtigung durch die Marketingpolitik bei außenwirksamen Informationssystemen voraus.

▶ Übungsaufgabe Nr. 1.5.23 im Arbeitsbuch

5.4.4 Operatives CRM

Operatives CRM (engl.: CRM operations) dient dazu, innerhalb des durch strategische Entscheidungen festgesetzten Aktionsraums automatisch die dem jeweiligen Kunden(segment) am besten entsprechenden operativen Marketingentscheidungen zu treffen. Die Rechnerunterstützung bezieht sich auf alle Phasen der Kundenbeziehung; Schwerpunkte sind die Kundenakquisition (Kommunikationspolitik), der Verkauf (Distributionspolitik) und der Kundendienst.

Strategische Grundsatzentscheidungen über die Marktabgrenzung, die Marktsegmentierung, das anzubietende Programm (Sortiment), das Preis- und Rabattsystem, die Art der Absatzkanäle, die Absatzmittler und Absatzhelfer usw. bestimmen den *Aktionsraum des operativen CRM.* Bei einer Interaktion mit dem Kunden erfolgt die automatisierte Auswahl der unter den gegebenen Umständen (strategischer Rahmen, Kundenprofil, Interaktionsphase und -inhalt) optimalen Handlungsweise.

Wenn zum *Beispiel* der Benutzer Gustaf Neumann den *Web-Shop unseres Beispiel-Lebensmittelfilialbetriebs* anwählt und sich identifiziert, so kann er mittels der *operativen CRM-Funktionen* einen personalisierten Produktkatalog präsentiert bekommen. Auf der Leitseite stehen an prominenter Stelle die Warengruppen, die Herr Neumann besonders schätzt. Da das System von früheren Besuchen oder Bestellungen Herrn Neumanns Vorliebe für wuchtige Rotweine aus dem Burgenland kennt, werden Banner oder sonstige Werbemittel mit den entsprechenden Werbebotschaften eingeblendet. Wenn Herr Neumann Empfehlungssysteme benutzt, finden ebenfalls seine Präferenzen Eingang. Ein Avatar kann durch eine persönlich gehaltene Vorspanntechnik oder Eisbrecherfragen den Boden für ein erfolgreiches Verkaufsgespräch ebnen. Die jeweils angegebenen Preise, Rabatte und Boni entsprechen der Kundenkategorie und dem aktuellen Auftragsvolumen. Bei der Bestellung, Bezahlung und Zustellung der Waren wird ebenfalls auf die Merkmale des Kunden Rücksicht genommen. Das System weiß etwa, dass Herr Neumann stets mit seiner Visa-Card bezahlt und erspart ihm das mühselige Eintippen der Kreditkarteninformation. Es weiß, dass Herr Neumann immer erst sehr spät abends von der Universität nach Hause kommt und schlägt ihm dementsprechend eine nahe gelegene Nachttankstelle als Abholpunkt vor. Bei Verkaufsförderungsmaßnahmen (Verkostungen) für Wein wird Herr Neumann durch einen persönlich gehaltenen Serienbrief eingeladen. Ferner wird ihm das Gratisabonnement eines Newsletters angeboten, in dem er über neue, seinem Geschmack entsprechende Produkte, Sonderangebote und Empfehlungen von Sommeliers und Wein-Guides informiert wird. Bei Anfragen und Reklamationen, egal ob per konventioneller Briefpost, E-Mail, Telefon oder persönlich am Verkaufsort, kann der Kontaktpartner im Lebensmittelfilialbetrieb „auf Knopfdruck" feststellen, dass es sich bei Herrn Neumann um einen langjährigen, potenten Kunden handelt, der möglichst zuvorkommend behandelt werden sollte.

Herrn Neumanns Profil bildet zusammen mit den Daten aller anderen Kunden die Basis für Auswertungen zur Planung von Werbekampagnen, das Aktivitäten- und Kontaktmanagement im Verkauf und den Kundenservice. Durch die Analyse der Kundenzufriedenheit, Loyalität und Profitabilität werden wertvolle Hinweise für die

Zielgruppenselektion, das heißt, die Auswahl und individuelle Ansprache verschiedener Kundensegmente gewonnen. Markt-, Absatz-, Kommunikations- und Serviceanalysen sind die Grundlage für das Überdenken der strategischen Marketingentscheidungen.

Die meisten der beispielhaft beschriebenen Vorgänge kennen Sie bereits aus dem Abschnitt 5.3 über Konsumenteninformationssysteme. CRM verfolgt jedoch einen allgemeineren Ansatz: Es werden alle (also nicht nur Internet-basierte) Kommunikations-, Absatz- und Servicekanäle integriert und im Hinblick auf den einzelnen Kunden optimiert.

Produkt-, Programm- und Preispolitik	Distributionspolitik	Kommunikationspolitik
Anschauliche Produktkataloge	Multi-Channel-Management, das heißt Verwaltung verschiedener Absatzkanäle	Multi-Channel-Management, das heißt Verwaltung verschiedener Kommunikationskanäle
Produktindividualisierung durch Konfiguratoren	Verkaufsaktivitäten- und Kontaktmanagement	Content-Management
Kundenberatung durch Empfehlungssysteme	Planung und Steuerung des Außendienstes	Planung und Steuerung von Werbekampagnen
Kalkulation und Preisauszeichnung	Absatzmittlermanagement	Automatisierung von Werbeeinschaltungen
Kundenspezifische Preisfindung und Rabatte	Absatzhelfermanagement (Partnerprogramme)	Planung und Steuerung von Werbeeinnahmen
Auktionsverwaltung	Interaktiver Verkauf: Präsentation der Liefer- und Zahlungsbedingungen	Planung und Steuerung von Außendienst- und Händler-Promotions
Serviceauskünfte	Warenkorbverwaltung und Verfügbarkeitsprüfung	Planung und Steuerung von Verbraucher-Promotions
Einsatzplanung von Servicetechnikern	Angebot, Verkaufsabschluss und Auftragsbestätigung	Zielgruppenselektion, das heißt Auswahl und individuelle
FAQ-Listen	Auftragsverwaltung und Statusabfrage	Ansprache verschiedener Kundensegmente
Beschwerdemanagement	Fakturierung	Personalisierung der Web-Site
Multi-Service-Management, das heißt Angebot mehrerer Service-Kanäle	Zahlungsverkehr: Verwaltung verschiedener Zahlungsformen, Zahlungsfristen und Skonti	Einsatz von Avataren
Case-Management, das heißt Dokumentation aller Service-Information eines Kunden	Logistikmanagement (Lager, Lieferungen und Retouren)	Versand von Newsletters
Case Based Reasoning, das heißt Lösungsdatenbank für Servicemitarbeiter	Elektronische Zustellung digitaler Güter	Kundenbetreuung in Virtuellen Gemeinschaften
Produkt-, Sortiments-, Preis- und Serviceanalysen	Verkaufs-, Absatzmittler-, Logistik- und Zahlungsanalysen	Feedback-Management
		Unterhaltungsangebote
		Analysen der Werbung, PR, Verkaufsförderung, Web-Site-Gestaltung, Direktmarketing

Data Warehouse

Abb. 5.4.4/1: Funktionen von CRM-Systemen

Die Abb. 5.4.4/1 zeigt Ihnen nochmals im Zusammenhang die wichtigsten operativen CRM-Prozesse, die von umfassenden CRM-Standardprogrammen unterstützt werden.

▶ Übungsaufgabe Nr. 1.5.24 im Arbeitsbuch

5.5 Zwischenbetriebliche Informationssysteme

5.5.1 Überblick

Zwischenbetriebliche Informationssysteme (engl.: business-to-business information system, B2B information system) werden auch als *Interorganisationssysteme* (engl.: interorganizational system) bezeichnet. In diesem Abschnitt wird ein Überblick über das breite Spektrum dieser Informationssysteme gegeben. Wir beginnen mit den betriebswirtschaftlichen Rahmenbedingungen von zwischenbetrieblichen Informationssystemen, erläutern die Bedeutung des unternehmensübergreifenden Managements der Wertschöpfungskette und stellen den Nutzen des Informationsflusses zwischen Unternehmen dar. Der Informationsfluss wird durch den *elektronischen Datenaustausch* unterstützt. Wir stellen in diesem Abschnitt Einsatzbereiche und Nachrichtenformate für den elektronischen Datenaustausch vor. Danach werden *Supply-Chain-Management-Systeme* zur Unterstützung einer gesamtoptimalen Gestaltung der Wertschöpfungskette dargestellt. In diesem Abschnitt wird ausschließlich auf die *unternehmensübergreifende* Perspektive eingegangen, wenngleich eine Integration mit unternehmensinternen ERP-Systemen (siehe Kapitel 4) unerlässlich ist.

5.5.1.1 Prozesse in einer Wertschöpfungskette

Die Abb. 5.5.1.1/1 stellt eine stark vereinfachte *Wertschöpfungskette* dar, die aus drei Marktpartnern besteht: Einem Vorlieferanten, einem Hersteller und einem Händler. Aus Sicht des Herstellers ist die Geschäftsbeziehung zum Vorlieferanten dem Beschaffungsbereich zugeordnet, die Geschäftsbeziehung zum Händler zählt hingegen zum Vertrieb. Umgekehrt ist die Geschäftsbeziehung des Vorlieferanten zum Hersteller Teil des Vertriebsbereichs, jene des Händlers zum Hersteller gehört zu dessen Beschaffungsbereich. In der Abbildung sind die Waren-, Informations- und Zahlungsflüsse zwischen den Marktpartnern dargestellt. Informations- und Zahlungsfluss können durch *elektronischen Datenaustausch* unterstützt werden. Das *Supply-Chain-Management* umfasst als strategischer Ansatz zur Unternehmenskooperation alle drei Flüsse, also den Informations-, Zahlungs- und Warenfluss.

> Zur Illustration dieser Thematik stellen Sie sich ein produzierendes Unternehmen, zum *Beispiel* einen *Getränkehersteller,* vor. Dieser gestaltet die Austauschbeziehungen mit seinen Lieferanten und Kunden wie folgt:
>
> Die Produkte des Getränkeherstellers sind so genannte Schnelldreher, das heißt, die Waren werden in kurzen Zeitabständen an den Einzelhandel ausgeliefert und an die

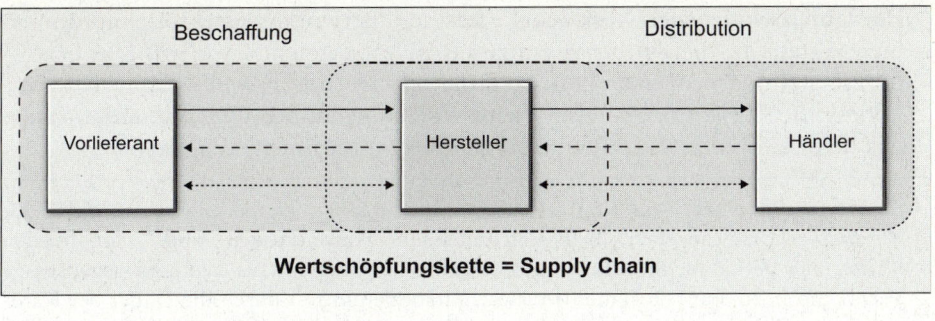

 — *wird separat platziert*

----→ physischer Warenfluss

◄- - - - - Zahlungsfluss

◄·············► Informationsfluss: Electronic Data Interchange

Abb. 5.5.1.1/1: Waren-, Informations- und Zahlungsfluss in einer einfachen Wertschöpfungskette

Konsumenten weiterverkauft. Dadurch entstehen häufige Lieferzyklen. Um hierbei Logistikkosten zu sparen und eine möglichst hohe Effizienz zu erreichen, arbeitet der Getränkehersteller mit seinen Kunden im Einzelhandel, vorwiegend Supermarktketten, im Sinne des *Supply-Chain-Management* sehr eng zusammen. So werden Liefertermine und –mengen genau abgestimmt und es werden auch gemeinsame Absatzprognosen erstellt. Das Ziel ist es unter anderem, die Lagerbestände so gering wie möglich zu halten, aber auch eine ständige Warenverfügbarkeit zu gewährleisten. Diese Zusammenarbeit ist nur durch einen kontinuierlichen Informationsfluss zwischen den beteiligten Unternehmen möglich. Daher findet zwischen dem Getränkehersteller und den Supermarktketten ein laufender *elektronischer Datenaustausch* statt.

5.5.1.2 Koordination wirtschaftlicher Austauschprozesse

Wirtschaftliche Austauschprozesse können auf unterschiedliche Weise koordiniert werden. Die *Transaktionskostentheorie* unterscheidet Austauschprozesse, die auf *Märkten* beruhen, und solche, die durch *Hierarchien* gesteuert werden. Zwischen diesen beiden Extremen existieren zahlreiche Mischformen, so etwa langfristige Kooperationen, Joint Ventures oder Profit-Centers. Eine in jüngster Zeit als besonders effiziente eingeschätzte Mischform sind *Unternehmensnetzwerke,* weil diese die Vorteile von Märkten und Hierarchien verbinden.

Ein **Markt** (engl.: market) ist ein ökonomischer Ort (Institution, Mechanismus) des *freien Tauschs,* an dem durch Angebot (Verkäufer) und Nachfrage (Käufer) der Preis gebildet wird. Die tauschenden Instanzen entscheiden frei und messen das Angebot allein an individuellen Bedürfnissen. In einer **Hierarchie** (engl.: hierarchy) wird der Gütertausch zwischen Angebot und Nachfrage durch eine übergeordnete Organisationsinstanz, das Management, koordiniert. Die Ressourcenallokation erfolgt über *Pläne.*

Ein **Unternehmensnetzwerk** (engl.: business network) besteht aus autonomen Akteuren, die ein gemeinsames Resultat erreichen wollen. Die Leistungserstellungsprozesse laufen *unternehmensübergreifend* ab. Durch *kooperative* Leistungserstellung wird eine so genannte *Win/Win-Situation*, das heißt ein Nutzen für alle beteiligten Organisationen, angestrebt.

Eine typische *marktliche Koordination* von Aufgaben ist beispielsweise auf einer *Wertpapierbörse* gegeben. Die stattfindenden Transaktionen sind ausschließlich Käufe und Verkäufe, die Marktpartner gehen darüber hinaus keinerlei gegenseitige Verpflichtungen ein. Die Dauer der Geschäftsbeziehung ist durch die Dauer der Kauftransaktion bestimmt.

Eine *Koordinationsform, die sich zwischen Märkten und Hierarchien befindet,* ist beispielsweise eine *langfristige Lieferkooperation.* In diesem Fall sind die beteiligten Marktpartner zwar immer noch rechtlich und wirtschaftlich selbstständige Unternehmen, die gegenseitige Abhängigkeit und die laufenden Koordinationen zwischen den Unternehmen sind jedoch wesentlich stärker ausgeprägt als bei einer reinen Kauftransaktion. Auch die zwischen den Unternehmen ausgetauschte Information geht über reine Bestellungen und Zahlungsvorgänge weit hinaus.

Eine *hierarchische Koordination* ist dann gegeben, wenn die an der Erfüllung einer Aufgabe beteiligten Akteure voneinander abhängig sind und einem Management unterstehen. In diesem Fall ist oft auch eine rechtliche Abhängigkeit gegeben. Am stärksten ist die Hierarchie in einer *Linienorganisation* ausgeprägt; hier stellen die einzelnen Akteure rechtlich unselbstständige Akteure dar. Das ist zum Beispiel bei jedem Unternehmen der Fall, das seine Produkte über Reisende, Filialen oder eigene Konsumenteninformationssysteme vertreibt. Beim *Vertrieb über Handelsvertreter und Franchising-Geschäfte* sind die Koordinationsmöglichkeiten des Managements nicht ganz so stark, da es sich hierbei um rechtlich selbstständige, wenn auch vertraglich eng gebundene Kaufleute handelt. Franchising ist eine Vertriebsform, bei der der Franchise-Nehmer bestimmte Waren in seinem Geschäft verkauft, das den Namen des Lieferanten (Franchise-Geber) trägt und in dessen Corporate Design gestaltet ist (Beispiel: Baumarkt).

▶ Übungsaufgabe Nr. 1.5.25 im Arbeitsbuch

5.5.2 Elektronischer Datenaustausch (EDI)

Unter **EDI** (Abkürzung für engl.: electronic data interchange) versteht man den elektronischen Datenaustausch über Geschäftstransaktionen (Bestellungen, Rechnungen, Überweisungen, Warenerklärungen usw.) zwischen Betrieben. Die Daten werden in Form von strukturierten, nach vereinbarten Regeln formatierten Nachrichten übertragen. Dadurch ist es dem Empfänger möglich, die Daten direkt in seinen Anwendungsprogrammen weiterzuverarbeiten (Durchgängigkeit der Daten).

5.5.2.1 Begriff und Aufgaben von EDI

Viele geschäftliche Transaktionen werden von einem Informationsfluss begleitet. So ist beispielsweise eine Warenbestellung nichts anderes als eine Information darüber, dass eine bestimmte Menge eines Artikels an ein bestimmtes Unternehmen zu liefern ist. Der Informationsfluss zwischen Unternehmen kann auf traditionellem Weg, das heißt telefonisch, per Fax oder per Post, aber auch in elektronischer Form erfolgen. Wie noch gezeigt wird, hat ein elektronischer Informationsfluss erhebliche Vorteile gegenüber traditionellen Medien.

Sie haben bereits ein *EDI-Beispiel* kennen gelernt: Einen modernen Lebensmittelfilialbetrieb, dessen Zentrale mit den Filialen elektronisch Daten austauscht. In den Märkten werden die Verkaufsdaten mit Scannerkassen erfasst und über einen Server an die Zentrale gesandt. Aufgrund dieser Daten über die Warenabgänge werden im Zentrallager/Distributionszentrum die Nachlieferungen für die Filialen zusammengestellt. Wenn dieser elektronische Datenaustausch in Richtung Lieferanten und Banken ausgeweitet wird, ergibt sich das in Abb. 5.5.2.1/1 gezeigte Bild.

Das Warenwirtschaftssystem erstellt bei Unterschreiten der Mindestbestände aufgrund der Lagerabgänge automatisch Bestellvorschläge. Diese können nach kritischer Prüfung durch die Warendisponenten in EDI-Auftragsnachrichten umgewandelt und an die jeweiligen Lieferanten gesendet werden. Anhand dieser Daten stellt der Lieferant die bestellten Waren zusammen und übermittelt gleichzeitig eine elektronische Versandanzeige an die Zentrale des Lebensmittelfilialbetriebs. Die ebenfalls papierlos übertragene Rechnung dient der Zentrale als Grundlage für einen Zahlungsauftrag, der elektronisch an die Bank gesandt wird. Nach Anweisungen im internen Bankverkehr erhält der jeweilige Lieferant eine elektronische Zahlungsbestätigung von seiner Bank.

Angaben zu eingehenden Waren, wie Artikelnummern, Mengen und Preise, müssen im Warenwirtschaftssystem des Lebensmittelfilialbetriebs nicht noch einmal erfasst werden, da sie aufgrund der vorangegangenen EDI-Nachrichten bereits im System verfügbar sind. Mittels elektronischen Datenaustausches können aktuelle Angebote

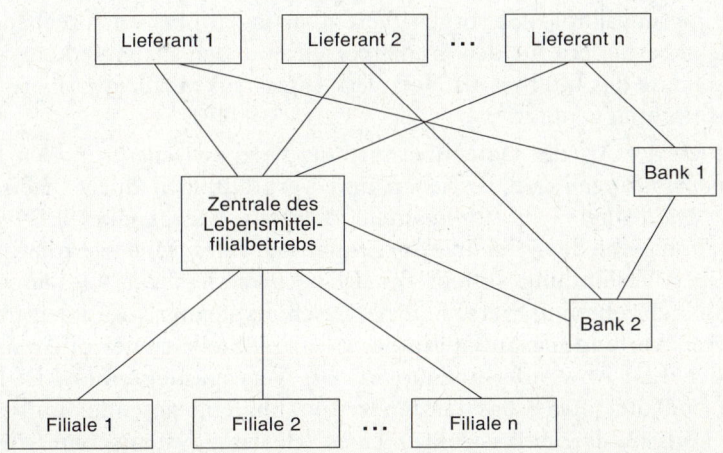

Abb. 5.5.2.1/1: Elektronischer Datenaustausch eines Lebensmittelfilialbetriebs

von Lieferanten bezüglich neuer Produkte, Preise und Lieferbedingungen ebenfalls papierlos eingeholt werden. Entsprechend der Art der in der Zentrale eingehenden Nachrichten werden diese an die jeweiligen Anwendungsprogramme übermittelt, von denen sie direkt weiterverarbeitet werden können.

EDI ermöglicht einen rascheren und verlässlicheren Informationsfluss, wodurch der Zeitaufwand für Geschäftsvorfälle reduziert werden kann (Verkürzung des Lieferzyklus, schnellere Zahlungsabwicklung, Beschleunigung der Zollabfertigung von Waren). Diese Beschleunigung ist vor allem auf den *Entfall von Medienbrüchen*, wie sie bei nicht-elektronischer Datenübermittlung auftreten, zurückzuführen. Medienbrüche erfordern eine wiederholte manuelle Eingabe von Daten, was neben dem Zeitaufwand auch eine erhebliche Fehlerquelle darstellt. Wie unser Beispiel gezeigt hat, müssen bei EDI dieselben Daten nur ein einziges Mal erfasst werden, wodurch die Fehlerwahrscheinlichkeit verringert werden kann.

Der Begriff EDI steht nicht für ein spezielles Verfahren, sondern eine Vielzahl von Standards und Abläufen zum Austausch elektronischer Dokumente. Durch EDI kann eine engere Verbindung zwischen Kunden und Lieferanten und als Folge ein erweiterter Kundendienst geschaffen werden. Es können "Just-in-Time"-Bestandssysteme realisiert werden, bei welchen eine Warenlieferung erst dann erfolgt, wenn diese benötigt wird. Damit wird eine Reduktion der Lagerbestände erreicht. EDI ermöglicht ein schnelleres Reagieren am Markt, es senkt die Verwaltungs- und Manipulationskosten und fördert letztendlich die Konkurrenzfähigkeit.

Der Einsatz von EDI in einem Betrieb führt meist zu starken Veränderungen in der Logistik, in den Informationsströmen, den Arbeitsabläufen und den eingesetzten Programmen. Wesentlich für einen erfolgreichen EDI-Einsatz sind deshalb vorausgehende Organisations-, Technik- und Personalanalysen sowie daraus abgeleitete Reorganisationsmaßnahmen.

Anbieter von Telekommunikationsnetzen müssen für ausreichende, preisgünstige Leitungskapazität sorgen. Vereinbarungen über entsprechende Verbindungen, insbesondere für den grenzüberschreitenden Datenverkehr, sind nötig. Oft wird heute das Internet als Netzwerk-Infrastruktur für die Übertragung von EDI-Nachrichten genutzt.

Bezüglich der Art der Datenübermittlung wird zwischen *direkten Kommunikationsverbindungen* von Betrieben und Verbindungen durch *Zwischenschaltung der neutralen Vermittlungsstelle (Clearing-Stelle) eines EDI-Mehrwertdienstes* unterschieden. Bei Inanspruchnahme eines Mehrwertdienstes genügt ein einziger Verbindungsaufbau des EDI-Anwenders zur Clearing-Stelle, um mehrere Nachrichten an verschiedene Geschäftspartner zu senden und alle seit dem letzten Verbindungsaufbau in der Clearing-Stelle eingetroffenen Nachrichten an den EDI-Anwender abzuholen. Die Verwendung eines EDI-Mehrwertdienstes bedeutet auch, dass Daten zeitunabhängig gesendet und empfangen werden können. Die Infrastruktur eines Clearing-Systems unterstützt jeweils eine Reihe von Übertragungsprotokollen. Clearing-Stellen verfügen über genü-

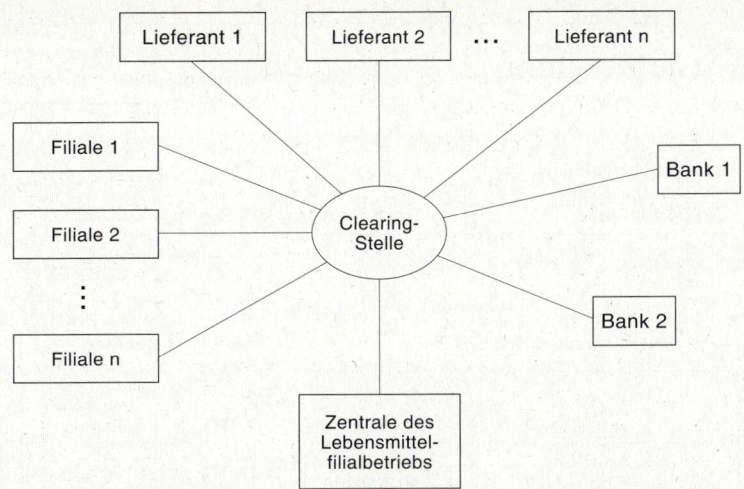

Abb. 5.5.2.1/2: Elektronischer Datenaustausch eines Lebensmittelfilialbetriebs unter Inanspruchnahme eines EDI-Mehrwertdienstes (Clearing-Stelle)

gend Netzzugänge, um auch zu Stoßzeiten eine problemlose Datenübertragung gewährleisten zu können. Ein weiterer Vorteil einer derartigen Vermittlungsstelle ist die verfügbare Unterstützungsfunktion in Form eines Hilfesystems. Wesentliche Bedeutung in Clearing-Systemen erlangen darüber hinaus Informationsdienste (Datenbanken über EDI-Produkte, potentielle Kunden und Lieferanten, Abwicklung von Geschäftstransaktionen, Zollformalitäten usw.).

5.5.2.2 Struktur und Formate von EDI-Nachrichten

EDI-Nachrichten sind nach ganz bestimmten *Strukturen und Formaten* aufgebaut, um von den Anwendungsprogrammen des Empfängers automatisch weiterbearbeitet werden zu können. Um aufwändige bilaterale Anpassungen bei der Verbindung von EDI-Insellösungen mit branchen- oder bereichsspezifischen Regeln für den Aufbau von EDI-Nachrichten zu vermeiden, benötigt EDI einheitliche Normen für den Inhalt und die Syntax von elektronisch zu übertragenden Daten. Seit Anfang der 1980er Jahre arbeiten deshalb internationale Gremien an einer Vereinheitlichung der EDI-Verfahren, an ihrer Spitze die UNO. Ergebnis dieser Bestrebungen sind die EDIFACT-Normen.

EDIFACT (Abkürzung von engl.: electronic data interchange for administration, commerce and transport; elektronischer Datenaustausch für Verwaltung, Handel und Transport) bezeichnet eine aufeinander abgestimmte Grundgesamtheit internationaler Normen für die Darstellung von Geschäfts- und Handelsdaten beim elektronischen Datenaustausch zwischen Betrieben.

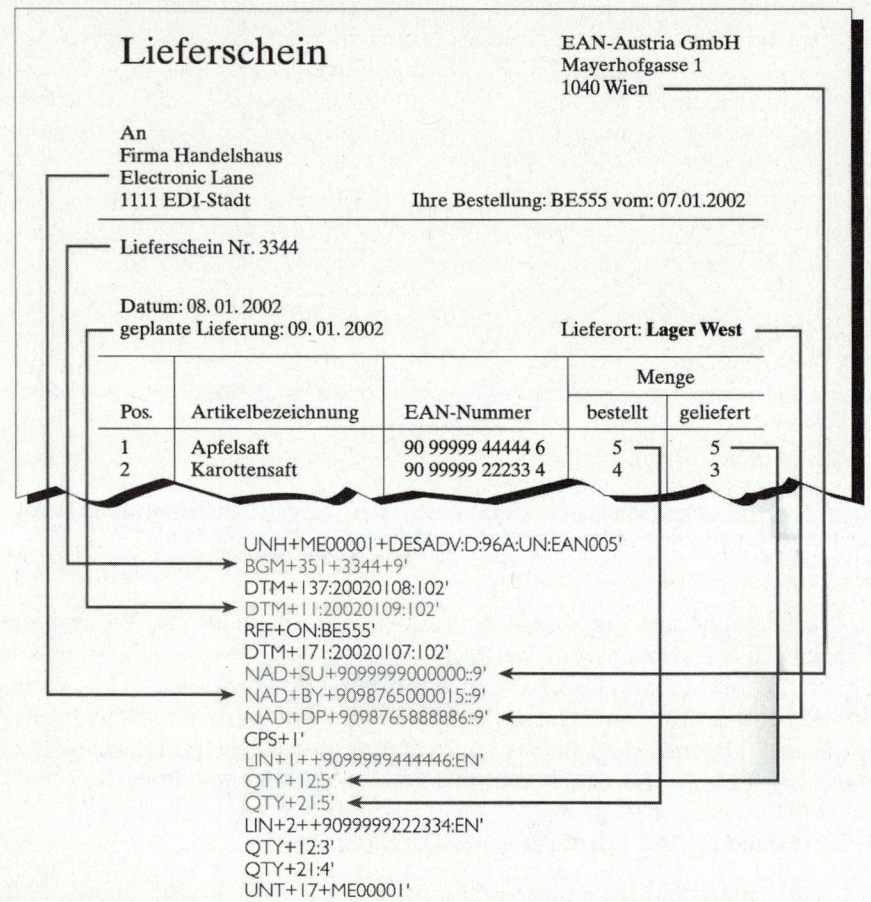

Abb. 5.5.2.2/1: Muster einer EANCOM-Nachricht (Quelle: EAN-Austria)

▶ Übungsaufgabe Nr. 1.5.26 im Arbeitsbuch

Standardisierte, branchenunabhängige EDI-Standards (wie EDIFACT oder ANSI X.12, ein Standard, der vor allem in den USA eingesetzt wird) sind sehr komplex und erfordern häufig relativ hohe Implementierungs- und Betriebskosten. Das führt dazu, dass viele, vor allem kleine und mittelständische Unternehmen von einer EDI-Einführung mittels EDIFACT absehen. Das *Internet* mit seiner weiten Verbreitung, dem leichten Zugang und der weltweiten Infrastruktur könnte bei der Diffusion von EDI wie ein Katalysator wirken und dem elektronischen Datenaustausch einen neuen Anstoß geben. Hierfür wurde in den vergangenen Jahren *eine Reihe neuer EDI-Standards* entwickelt beziehungsweise befinden sich noch in Entwicklung. Diese Standards sind einfacher aufgebaut und nicht nur maschinell verarbeitbar, sondern auch einfach mittels Web-Browser darstellbar.

Eine Schlüsselrolle spielt hierbei die Verwendung der *Extensible Markup Language* (abgekürzt: *XML;* Näheres hierzu folgt im Band 2, Kapitel 5). Sie dient zum einen als Grundlage der Beschreibung von EDI-Dokumenten; zum anderen unterstützt XML eine einfache und effiziente Weiterverarbeitung der Daten und damit die Integration in die betrieblichen Prozesse der beteiligten Geschäftspartner. Neben *XML-fähigen Browsern* wird im Internet weitere Software zur Erstellung und Verarbeitung von XML-Dokumenten angeboten. Zu den XML/EDI-Produkten gehören auch *XML-Konverter,* die XML-Nachrichten in X.12- oder EDIFACT-Nachrichten umwandeln und umgekehrt.

XML/EDI bezeichnet die Nutzung der XML-Technik für den elektronischen Austausch strukturierter Geschäftsnachrichten. Es stellt ein Framework für unterschiedliche Datentypen, zum Beispiel Rechnungen, Lieferstatus usw. dar, das es erlaubt, Daten konsistent zu suchen, dekodieren, manipulieren und darzustellen. EDI-Nachrichten können auch erweitert und um zusätzliche Elemente ergänzt werden.

Die *Vorteile von XML für den elektronischen Datenaustausch* liegen unter anderem in der Einfachheit und Verständlichkeit des Standards. XML wurde für Internet-basierte Systeme entwickelt, und es besteht die einfache Möglichkeit, bilateral Datenaustauschformate zwischen zwei Geschäftspartnern zu definieren. Das größte Nutzenpotential von XML/EDI wird freilich nur dann erreicht werden, wenn sich eine Vielzahl von Geschäftspartnern auf eine einheitliche Definition von Dokumententypen einigten. Von Normungsgremien und Branchenverbänden wurden in den letzten Jahren eine Reihe solcher Standards entwickelt.

Besonders stark diskutiert werden die *XML-basierten EDI-Standards* in Bereichen, die von etablierten EDI-Standards wie EDIFACT nicht abgedeckt werden, wie zum Beispiel im *B2C-Bereich*. Man erwartet bei einer XML/EDI-

```
<!DOCTYPE COMPUTER SYSTEM "computer.dtd">
   <COMPUTER TYPE="LAPTOP">
   <MANUFACTURER>IBM</MANUFACTURER>
   <SERIES>Thinkpad</SERIES>
   <MODEL>X40</MODEL>
   <SPEED>1.2 Ghz</SPEED>
   <MEMORY>512 MB</MEMORY>
   <DISK>40 GB</DISK>
   <WEIGHT UNIT="POUND">3.17 </WEIGHT>
   <PRICE CURRENCY="USD">2324</PRICE>
</COMPUTER>
```

Abb. 5.5.2.2/2: Einfaches Beispiel XML-formatierter Produktinformation über Computer

Lösung eine einfache und kostengünstige EDI-Implementierung, da sie auf offenen Standards und der verfügbaren Internet-Technik basiert (siehe Beispiel in Abb. 5.4.2/4). EDI soll somit auch für kleine und mittlere Betriebe erschwinglich werden.

Von großer Bedeutung sind in diesem Zusammenhang besonders neue *XML-Standards zur Beschreibung von Daten in Produktkatalogen.* Sie erlauben die Durchführung von Produktvergleichen. Den minimalen Kern eines solchen Katalogs bilden zentrale betriebswirtschaftliche Stammdaten: Bestellnummer, Kurzbezeichnung, Preis, Regellieferzeit, sowie die Bestelleinheit des Produktes. Hinzu kommen eine ausführliche Beschreibung, zusätzliche Schlagworte, die das Finden eines Artikels erleichtern, und eventuelle Bezüge eines Artikels zu anderen.

Zur Suche in den Katalogen wird vielfach eine Zuordnung der Artikel zu Kataloggruppen vorgenommen oder es wird eine *Klassifizierungsnummer* verwendet. Zu den *international bedeutenden Klassifizierungssystemen* zählen das proprietäre *Thomas-Register* und das von den Vereinten Nationen standardisierte, für Unternehmen offene System *UN/SPSC.* Letzteres umfasst vier Hierarchieebenen. Von der allgemeinen Produktfamilie wird immer präziser bis zur speziellen Produktgruppe klassifiziert.

Eine *Toner-Kassette* hat zum *Beispiel nach UN/SPSC* die Klassifizierungsnummer 44-10-31-03:

- Segment 44: Office Equipment, Accessories and Supplies
- Familie 10: Office machines and their supplies and accessories
- Class 31: Printer, facsimile and photocopier supplies
- Commodity 03: Toner
- Mit einem fünften Ziffernpaar kann der Lieferant Information hinzufügen, etwa die, dass es sich um ein Großhandelsprodukt handelt.

Die meisten *XML-Produktdatenformate* sind auf die Standards der großen Normungsgremien wie der ISO oder der UN/ECE abgestimmt, um eine möglichst internationale Verbreitung zu erreichen. Immer wieder verwendete *Standards* sind beispielsweise ISO 8606 für Datums- und Zeitangaben, ISO 631 für Einheiten, ISO 639 für Sprachkürzel und ISO 3166 für Länderkürzel.

Eine Übersicht über wichtige *international gebräuchliche XML-Datenformate* finden Sie *im Abschnitt 5.6.4* über die Marktsituation und Entwicklungstendenzen. Im Allgemeinen sind für den Einsatz von EDI umfangreiche *Sicherheitsmaßnahmen* zur Verhinderung unbefugter Kenntnisnahme und der Unterdrückung oder Verfälschung von Nachrichten erforderlich. Es ist besonderer Wert auf Berücksichtigung der Sicherheitsdienste (siehe Kapitel 2) und bei der Übertragung auf die Netzwerksicherheit (siehe Band 2, Kapitel 6) zu legen.

▶ Übungsaufgabe Nr. 1.5.27 im Arbeitsbuch

5.5.3 Supply-Chain-Management-Systeme

Bei **Supply-Chain-Management** (abgekürzt: SCM) handelt es sich um ein strategisches Konzept, das darauf abzielt, die Geschäftsprozesse, die entlang der Versorgungskette (engl.: supply chain; Synonyme: Lieferkette, Wertschöpfungskette) vom ersten Rohstofflieferanten bis zum Endverbraucher auftreten, und den Ressourceneinsatz möglichst effizient und kostengünstig zu gestalten. Ziel des Supply-Chain-Managements ist eine intensive *Zusammenarbeit* zwischen den beteiligten Betrieben zur gemeinsamen, bestmöglichen Gestaltung aller inner- und überbetrieblichen Material-, Informations- und Geldflüsse.

5.5.3.1 Begriff und Aufgaben des Supply-Chain-Managements

Das *Ziel des Supply-Chain-Managements* ist es, die Geschäftsprozesse von Lieferanten und Kunden mit eigenen Prozessen zu koordinieren. Supply-Chain-Management umfasst zahlreiche Planungs- und Koordinationsaufgaben und ist auch mit vielen anderen betriebswirtschaftlichen Funktionsbereichen, zum Beispiel Marketing, Finanzierung, aber auch Informationstechnik eng verknüpft. Daher bezieht dieses Management-Konzept auch weite Teile eines Unternehmens mit ein und sollte auch von der Führungsebene unterstützt werden.

Der *Begriff Supply-Chain-Management* wird häufig nicht einheitlich von verwandten Ansätzen wie Logistik oder Materialwirtschaft abgegrenzt. Folgende Merkmale sind für Supply-Chain-Management im Vergleich mit dem klassischen Logistikbegriff kennzeichnend, wenngleich zahlreiche Übergänge in der Praxis fließend sind:

- Im Vergleich zur Logistik wird bei Supply-Chain-Management die strategische Ebene stärker einbezogen. Die Logistik beschäftigt sich dagegen eher mit operativen Vorgängen.

- Supply-Chain-Management ist ein konsequent unternehmensübergreifender Ansatz und betrachtet die ganze Wertschöpfungskette als ein Gesamtsystem. Die Logistik beschäftigt sich hingegen primär mit Waren- und Informationsflüssen innerhalb des Unternehmens sowie den unmittelbar vor- und nachgelagerten Geschäftspartnern.

- Ein zentraler Bereich im Supply-Chain-Management ist die Informationstechnik. Hierbei liegt das Ziel in einer gemeinsamen Gestaltung von Informationssystemen bei der Konzeption, der Implementierung sowie im laufenden Betrieb. Damit misst Supply-Chain-Management dem Informationsfluss in der Wertschöpfungskette einen sehr hohen Stellenwert bei.

- Supply-Chain-Management ist wesentlich stärker mit anderen betriebswirtschaftlichen Funktionsbereichen verzahnt als die Logistik, die selbst schon eine Querschnittsfunktion darstellt. So werden bei Supply-Chain-Management die Finanzflüsse explizit betrachtet und es besteht auch eine sehr enge Verbindung mit Marketing, Verkauf und Produktgestaltung.

Supply-Chain-Management ist also ein wesentlich weiter gefasster Begriff als Logistik. Es wird nicht nur eine ganzheitliche Sichtweise eingenommen, sondern es findet auch eine starke Integration mit anderen betrieblichen Funktionen statt. Der Ansatz des Supply-Chain-Managements beruht damit auf *Unternehmensnetzwerken* innerhalb der Wertschöpfungskette. Es werden aber auch Dienstleistungsunternehmen wie Logistikspezialisten (Spediteure, Frächter), Banken, IT-Unternehmen oder Unternehmensberater in das Netzwerk einbezogen.

Die informationstechnische Unterstützung des Supply-Chain-Managements erfolgt durch *Supply-Chain-Management-Systeme.* Sie stellen die Abwicklung operativer Aufgaben sicher und unterstützen planerische und koordinierende Tätigkeiten. Um diese Prozesse zu beschreiben, wurde ein Standard-Referenzmodell, das so genannte *Supply Chain Operational Reference (SCOR) Model,* entwickelt. Das SCOR-Referenzmodell des *Supply Chain Council,* einer Non-Profit-Wirtschaftsvereinigung, betrachtet die erweiterte Logistikkette, ausgehend vom Lieferanten des Lieferanten über den Lieferanten, das analysierte Unternehmen, dessen Kunden bis zu den Kunden des Kunden, als Serie von verketteten Prozessen [Beschaffen => Produzieren => Liefern], die von einer Serie von Planungsprozessen gesteuert werden. SCOR besteht aus mehreren Ebenen, auf denen die Lieferkette eines Unternehmens analysiert wird. Das Modell definiert unternehmensübergreifende Prozesse und vergleicht sie mit den besten, in der Praxis üblichen Verfahren (engl.: best practice), Benchmarkingdaten und Softwarefunktionalitäten. Das Referenzmodell bietet auch Hilfsmittel wie Kennzahlen für Formeln, um die Leistungsfähigkeit einer Lieferkette in Bezug auf Auftragserfüllung, Antwortzeiten, Produktflexibilität oder Lagerumsatz zu messen. Folgende *Kernprozesse* werden unterschieden:

- *Planen:* Dazu zählen alle vorbereitenden Aktivitäten zu den Ausführungsprozessen wie beispielsweise Bestand planen, die Nachfrageanforderung aggregieren und bewerten oder die Bewertung der Lieferquellen. Planungsgegenstand ist sowohl das Angebot, das heißt Lieferungen an Kunden, als auch die Nachfrage, die vom Kunden ausgeht.

- *Beschaffen:* Diese Prozesse beschreiben vor allem Eingang, Erhalt, Prüfung und Ausgabe der Güter.

- *Herstellen:* Hierbei werden die eigentlichen Produktionsprozesse wie beispielsweise Produkt herstellen, fördern und verpacken aufgeführt.

- *Liefern:* Dieser Kernprozess beinhaltet die typischen Logistikprozesse wie Auftragsabwicklung, Lagerhaltung oder Transportmanagement sowie die Fakturierung.

- *Retouren:* Dieser Prozess beschreibt alle Waren- und Informationsflüsse, die im Zusammenhang mit der Retourenabwicklung stehen.

Diese Kernprozesse werden *auf mehreren Ebenen detailliert beschrieben.* Ebene 1 definiert dabei den Umfang und den Inhalt der Lieferkette eines Unter-

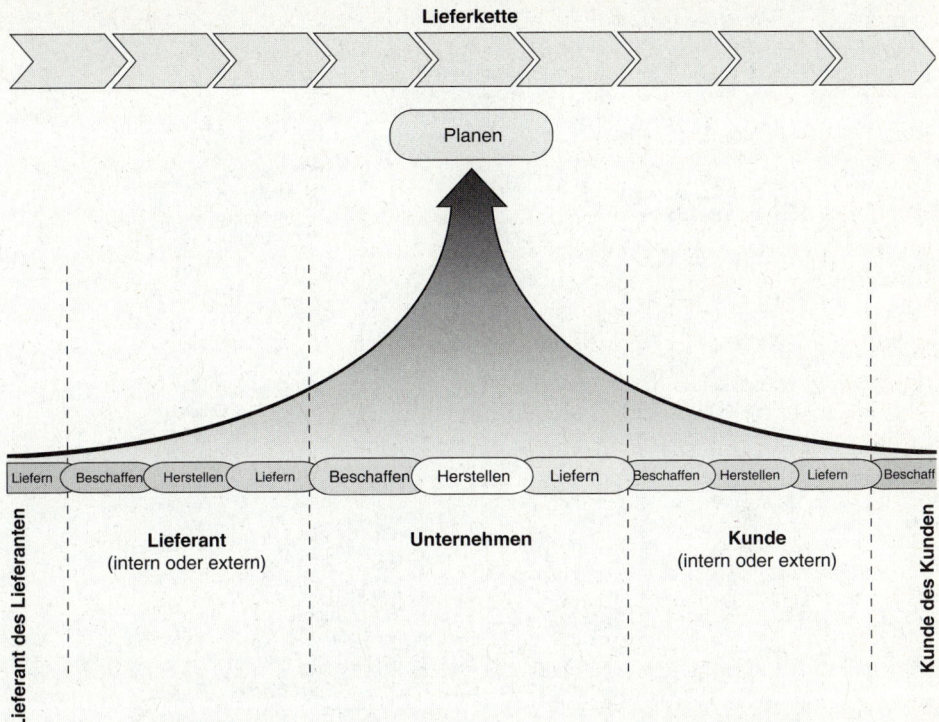

Abb. 5.5.3.1/1: SCOR-Referenzmodell (Quelle: The Supply Chain Council)

nehmens. In Ebene 2 erfolgt dann eine Differenzierung in 30 Prozesskategorien, die in Ebene 3 mit Hilfe von Prozesselementen im Sinne einer Standardreferenz branchenspezifisch konfiguriert werden kann.

5.5.3.2 Kooperationsmodelle für das Supply-Chain-Management

Im Rahmen des Supply-Chain-Managements sind verschiedene *Kooperations-modelle* möglich, deren Ziele in Effizienzsteigerungen für alle beteiligten Marktpartner (Win/Win-Lösung), aber auch einer Verbesserung der Logistikleistung bestehen. Die Effizienzsteigerung beruht hierbei primär auf einer Senkung von Lagerbeständen und Transaktionskosten, die Leistungsverbesserung auf einer Reduktion von Fehlbeständen und einem nachfragegerechten Warennachschub.

Die wichtigsten *Kooperationsmodelle* sind folgende (die englischen Bezeichnungen sind auch im deutschen Sprachraum üblich):

*   *Continuous Replenishment Program* (abgekürzt: CRP) ist eine Methode des Bestands- und Bestellmanagements. Ziel ist eine kontinuierliche Warenversorgung entlang der gesamten Wertschöpfungskette. Der Warennachschub wird dabei von der tatsächlichen Konsumentennachfrage oder dem prognostizierten Bedarf anstelle durch Bestellungen eines Unternehmens gesteuert. Der

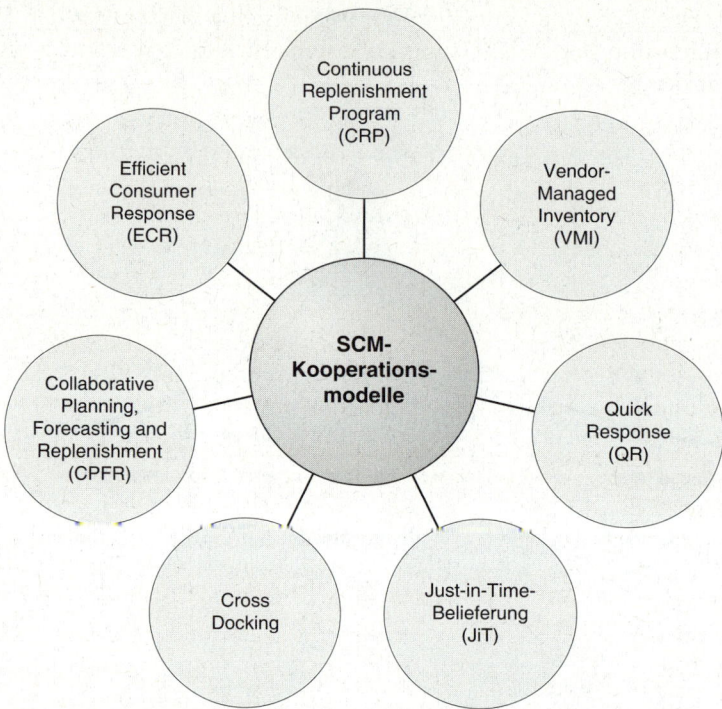

Abb. 5.5.3.2/1: Supply-Chain-Management-Kooperationsmodelle

Vorteil besteht in einer besseren Warenverfügbarkeit bei einer gleichzeitigen Verringerung von teuren Lagerbeständen. CRP eignet sich vor allem bei Produkten, die häufige Wiederbestellzyklen aufweisen und in großen Mengen verkauft werden (so genannte Schnelldreher). Die Voraussetzung für die Umsetzung des CRP ist ein intensiver Informationsaustausch zwischen den Marktpartnern und eine gemeinsame Planung. CRP kann durch Vendor-Managed Inventory (siehe unten) unterstützt werden.

• *Vendor-Managed Inventory* (abgekürzt: VMI) ist eine weit entwickelte Form des Continuous Replenishment. Bei diesem Ansatz werden die Bestellungen nicht durch den Kunden, sondern durch den Lieferanten generiert. Der Lieferant tätigt daher nicht nur selbst den Warennachschub, sondern ist auch für das Bestandsmanagement verantwortlich. Somit übernimmt der Lieferant Aufgaben, die in traditionellen Wertschöpfungsketten der Kunde ausführt. Um das Bestandsmanagement des Kunden verwalten zu können, benötigt der Hersteller genaue Information über Abverkäufe, Absatzprognosen und Verkaufsförderungsmaßnahmen des Kunden. Ein intensiver Informationsaustausch und eine enge Zusammenarbeit bei Planung und Prognose sind daher eine unabdingbare Voraussetzung. Der Vorteil dieses Verfahrens ist, wie bei CRP, eine Reduktion von Lagerbeständen sowie eine bessere Warenverfügbarkeit. Der Lieferant kann den Warennachschub besser mit den Produktionsabläufen und der Beschaffung koordinieren. Für den Kunden entfällt die Tätigkeit der Bestellung.

- *Quick Response* (abgekürzt: QR) ist eine Strategie, bei der Ausverkaufssituationen, erzwungene Abverkäufe von Überbeständen und damit verbundene Kosten vermieden werden sollen. Dieses Ziel wird erreicht, indem Liefertermine exakt auf den Bedarf abgestimmt und Reaktionszeiten reduziert werden. Damit kann auf Bestellungen schneller reagiert werden, durch eine Verkürzung von Lieferzeiten ist eine Senkung von Lagerbeständen möglich. QR ist insbesondere für Produkte geeignet, die nach der Herstellung rasch an den Konsumenten gelangen müssen, etwa Frischwaren oder Modeartikel. Die Strategie des QR setzt voraus, dass die beteiligten Marktpartner zusammenarbeiten und Abverkaufsdaten gemeinsam nutzen. Ein wichtiger Bestandteil ist auch die gemeinsame Planung und Prognose des Absatzes.

- *Just-in-Time-Belieferung* (abgekürzt: JiT) ist ein Bestandskontrollsystem, das den Materialfluss zum Produktions- beziehungsweise Montageort steuert. Dazu werden Nachfrage und Angebot so koordiniert, dass das Material gerade in jenem Moment eintrifft, in dem es benötigt wird. Damit können Lagerbestände von Rohstoffen und/oder Halbfertigwaren stark reduziert werden oder gänzlich entfallen. JiT wurde in der Automobilindustrie entwickelt und ist für Güter geeignet, die in kleinen, aber häufigen Mengen geliefert werden. Da jeder Arbeitsschritt exakt auf den nachfolgenden abgestimmt sein muss, ist eine intensive Kooperation zwischen dem Hersteller und seinen Lieferanten notwendig.

- *Cross Docking* ist ein Kooperationsmodell, das auf Zentral- beziehungsweise Regionallagerebene des Handels einen gänzlichen Entfall der Lagerung anstrebt. Hierfür werden eintreffende Waren nicht zwischengelagert, sondern gleich für den weiteren Transport in die Filialen kommissioniert. Dieser Prozess findet an einem so genannten *Cross-Docking-Point,* einem dafür vorgesehenen Bereich im Distributionszentrum des Handels, statt. Somit verlässt die Ware das Distributionszentrum unmittelbar nach dem Eintreffen wieder. Voraussetzung für diese Vorgangsweise ist ein hoher Lagerumschlag der Waren sowie eine genaue Synchronisation von Wareneingang und Warenausgang im Distributionszentrum. Dies erfordert wiederum einen durchgängigen Informationsfluss, der diese exakte Abstimmung erst ermöglicht. Cross Docking kann nicht nur zu einer deutlichen Senkung von Bestandskosten, sondern auch zu einem wesentlich schnelleren Warennachschub führen.

Eine Kernaufgabe bei diesen unterschiedlichen Kooperationsmodellen im Supply-Chain-Management ist die kooperative Absatzplanung und Prognose. Hierfür wurde in der Praxis das Konzept des *Collaborative Planning, Forecasting and Replenishment* (abgekürzt: *CPFR,* unübliche deutsche Übersetzung: Gemeinschaftliche Planung, Prognose und Bevorratung) entwickelt. CPFR ist eine Weiterentwicklung des Continuous Replenishment, da es Planungs- und Prognoseprozesse mit einbezieht. Das Ziel des CPFR besteht in der gemeinsa-

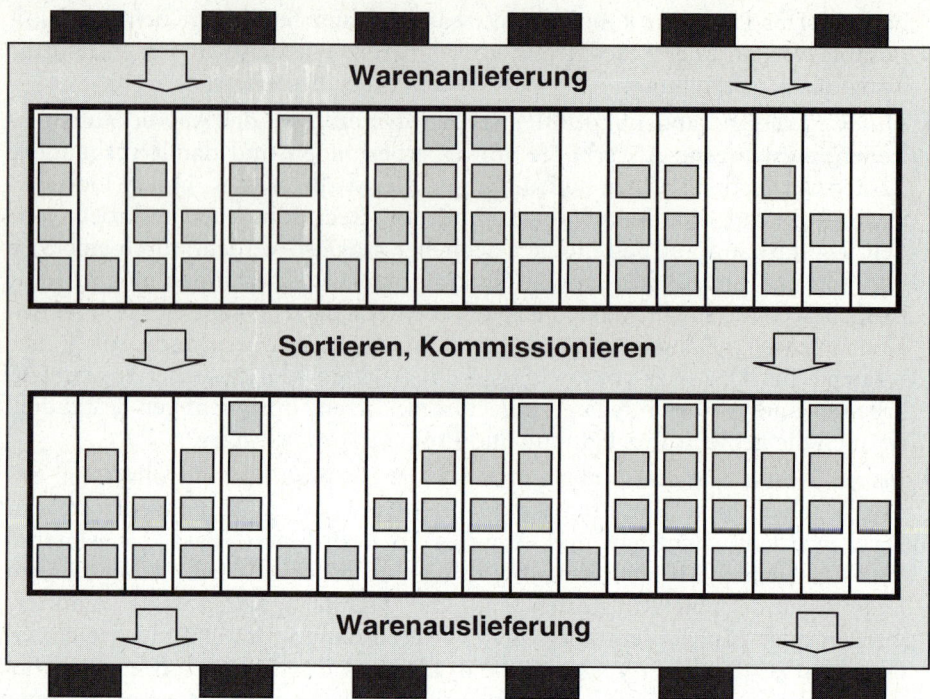

Abb. 5.5.3.2/2: Beispiel für Cross-Docking: Die eingehenden Paletten werden von Arbeitern in Reihen, die den Eingangstoren entsprechen, gestapelt. Ein zweites Team stellt daraus die Filiallieferungen in Reihen zusammen, die den Ausgangstoren entsprechen. Ein drittes Team belädt damit die Liefer-LKWs.

men bestmöglichen Gestaltung unternehmensübergreifender Planungs-, Prognose und Bevorratungsprozesse durch die konsequente Kooperation der beteiligten Geschäftspartner.

In der Wirtschaftspraxis gibt es Bemühungen, den CPFR-Prozess zu standardisieren. Hierzu wurde von der *Voluntary Interindustry Commerce Standards* (VICS)-Vereinigung ein Leitfaden erarbeitet, der einen *neunstufigen CPFR-Prozess* vorsieht. Dieser besteht aus folgenden *Aktivitäten*:

- In der *Planung (1)* erfolgt die grundsätzliche Vereinbarung von Rahmenbedingungen und die Entwicklung eines gemeinsamen Geschäftsplans. Die Planung ist der strategischen Entscheidungsebene zuzuordnen.

- Bei der *Prognose (2)*, die sich auf der taktischen Steuerungsebene befindet, wird die Erstellung einer *Bedarfsprognose (3)*, die *Identifikation von Abweichungen (4)* sowie die daraus abgeleitete *Aktualisierung der Bedarfsprognose (5)* vorgenommen. Darauf aufbauend wird eine *Bestellprognose (6)* erstellt, es werden wiederum Abweichungen identifiziert und die Bestellprognose erneut aktualisiert.

- Die *Bevorratung (7)* umfasst schließlich die Generierung der *Bestellung (8)* und die Durchführung der *Lieferung (9)*. Diese beiden Unteraktivitäten der Bevorratung liegen auf der operativen Prozessebene.

Das Modell sieht für alle Aktivitäten Rückkopplungsschleifen und Verbesserungsmöglichkeiten vor.

Ein von Herstellern und Einzelhändlern im schnelldrehenden Konsumgüterbereich (engl.: fast moving consumer goods, abgekürzt: FMCG) vielfach forcierter Ansatz ist *Efficient Consumer Response* (abgekürzt: ECR). Dieser Ansatz stellt zur bestmöglichen Gestaltung der Wertschöpfungskette die Konsumentennachfrage in den Mittelpunkt. Die *Effizienz* wird hierbei durch den Grad der *Nachfrageorientierung* gemessen. ECR basiert somit auf

- dem nachfrageorientierten Warennachschub durch Continuous Replenishment,
- der *konsumentenorientierten Gestaltung von Produktsortimenten* (engl.: efficient assortment),
- konsumentenorientierten *Verkaufsförderungen* (engl.: efficient promotions) und
- konsumentenorientierten *Produktneueinführungen* (engl.: efficient product introduction).

Das Ziel von ECR ist das Erreichen eines Win/Win-Resultats für die beteiligten Marktpartner durch eine Reduktion teurer Lagerbestände durch nachfragegerechten Warennachschub und eine Verbesserung der Logistikleistung durch eine sorgfältige Absatzplanung und -prognose. ECR wird in der Praxis durch zahlreiche nationale und internationale Initiativen (zum Beispiel ECR Deutschland-Österreich-Schweiz, ECR Europe) in Form von Projekten durch Unternehmen umgesetzt.

▶ Übungsaufgabe Nr. 1.5.28 im Arbeitsbuch

5.5.3.3 Informationssysteme zur Unterstützung des Supply-Chain-Managements

Grundvoraussetzung für die Optimierung einer Wertschöpfungs- oder Lieferkette ist immer eine *integrierte Informationsverarbeitung*, welche durch überbetriebliche integrierte Informationssysteme unter Einschluss von EDI umgesetzt wird. Im Idealfall erfolgt dieser Informationsfluss möglichst zeitnah und ermöglicht es somit den einzelnen Unternehmen in der Lieferkette, Probleme interaktiv so früh wie möglich zu erkennen und geeignete Gegenmaßnahmen zu ergreifen.

Als *Beispiel* für solche Systeme können *Scannerkassen* in modernen Verkaufsstätten dienen, die Daten unmittelbar nach dem Verkaufsakt an das in der Wertschöpfungskette vorgelagerte Unternehmen übermitteln und im Bedarfsfall automatisch eine neue Bestellung auslösen.

Informationssysteme, die Supply-Chain-Management unterstützen, werden in zwei Kategorien unterschieden: Informationssysteme für *Supply Chain Planning*

(Planungsebene) und für *Supply Chain Execution* (Transaktionsebene). Die Transaktionsebene wird oft von betriebswirtschaftlicher Standardsoftware abgedeckt. Viele Anbieter von Supply-Chain-Management-Software spezialisieren sich daher auf die übergeordnete Planungsebene. Über repräsentative Vergangenheitswerte und für die Zukunft geplante Absatzmengen wird eine Vorhersage ermittelt, auf der die nachfolgenden Planungsstufen aufbauen. Alle Module und Stufen sind miteinander verknüpft beziehungsweise werden bei der Planung berücksichtigt. Wenn beispielsweise aufgrund technischer Probleme Aufträge nicht erfüllt werden können, werden seitens des Systems Vorschläge erarbeitet, um Engpässe zu minimieren beziehungsweise zu beseitigen. Dadurch werden Ausführung und Planung eng miteinander gekoppelt.

Die Firma *SAP* bietet für das Supply-Chain-Management die Lösung *mySAP SCM* an, die ein Modul der *mySAP Business Suite* bildet. Die Lösung unterstützt betriebliche Logistikprozesse einschließlich Planung, Ausführung, Koordination und unternehmensübergreifender Zusammenarbeit. Die mySAP-SCM-Lösung besteht einerseits aus den relevanten *SAP ERP-Teilen* – Produktionssteuerung, Transportmanagement, Materialwirtschaft und Lagerverwaltung – und andererseits aus *SAP SCM* (siehe Abb. 5.5.3.3/1).

SAP SCM beinhaltet drei Bestandteile:

1. *SAP Advanced Planner and Optimizer (SAP APO)* dient der Planung und Zusammenarbeit mit Kunden. Unterstützte Funktionen sind Absatz- und Bedarfsplanung, Produktions- und Feinplanung, globale Verfügbarkeitsprüfung, Transportplanung und Vendor-Managed Inventory (VMI).

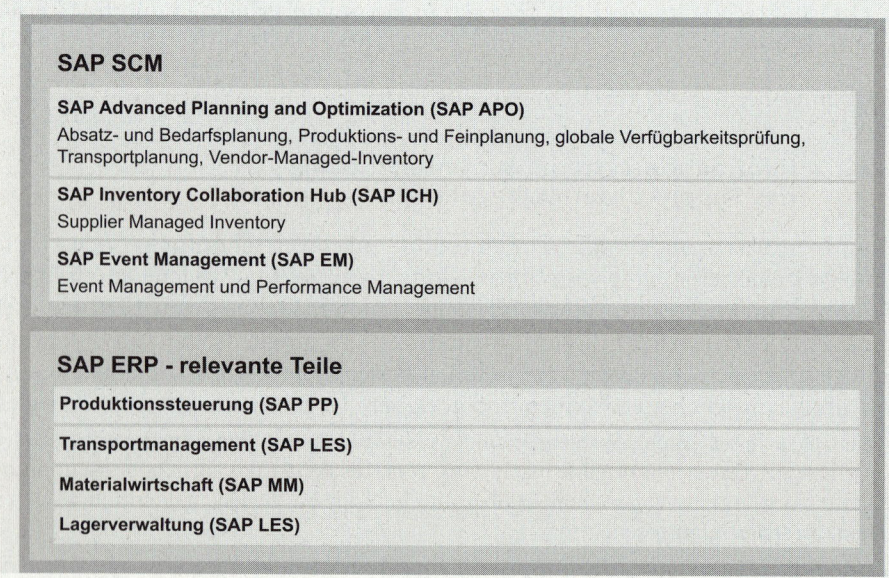

Abb. 5.5.3.3/1: Module einer SCM-Lösung

2. Der *SAP Inventory Collaboration Hub (SAP ICH)* ist die informationstechnische Basis für die Zusammenarbeit mit Lieferanten und unterstützt insbesondere Supplier Managed Inventory. Dabei erhalten alle Zulieferer in Echtzeit Einblick in die Lagerbestände des Herstellers. Dem liegt folgender Informationsfluss zugrunde: Der Hersteller veröffentlicht die aktuellen Bedarfe und Bestände, die für den Lieferanten die Grundlage für die Planung des Warennachschubs bilden. Diese geplanten Lieferungen werden dem Hersteller vom System mitgeteilt. Bei Lieferung erstellt das System ein Lieferavis. Nachdem die Meldung über den Warenausgang beim Lieferanten und den Wareneingang beim Hersteller erfolgt ist, wird der Prozess automatisch im ERP-System weitergeführt.

3. *SAP Event Management (SAP EM)* dient der Koordination aller logistischen Aktivitäten. Das System ermöglicht die Abbildung, Verwaltung und Überwachung von Geschäftsprozessen und führt bei Abweichungen entsprechende Benachrichtigungen durch. Das System gibt beispielsweise eine Warnung aus, wenn eine Lieferung überfällig ist oder ein Zulieferer zu spät mit der Produktion beginnt, um einen vereinbarten Liefertermin einzuhalten. Es erlaubt auch die Ermittlung und Überwachung von *Schlüsselkennzahlen* (engl.: key performance indicators, abgekürzt: KPI) wie zum Beispiel bezüglich Kosten.

MySAP SCM beinhaltet ein Unternehmensportal, das die Zusammenarbeit mit Marktpartnern, aber auch unternehmensinterne Prozesse unterstützt. Damit können Systeme anderer Anbieter in das SCM-Modul integriert werden. Das Portal beinhaltet verschiedene vorkonfigurierte Portalrollen wie Einkäufer, Supply-Chain-Manager, strategischer Planer, Absatzplaner, Supply-Chain-Planer, Produktionsplaner, Einkaufsdisponent oder Transportleiter. Diese Benutzer können damit auf jene Information zugreifen, die sie aufgrund ihrer Aufgabenbereiche benötigen.

▶ Übungsaufgabe Nr. 1.5.29 im Arbeitsbuch

5.5.4 Elektronische Marktsysteme

Wir klären zunächst grundlegende Begriffe und gehen anschließend auf die verschiedenen Typen von elektronischen Marktsystemen ein.

5.5.4.1 Begriff und Aufgaben elektronischer Marktsysteme

Wie bereits in Abschnitt 5.5.1.2 definiert, ist ein *Markt* ein Ort des Tausches, an dem ein aggregiertes Angebot auf eine aggregierte Nachfrage trifft. Die Koordinationsform „Markt" besitzt als Mechanismus zur effizienten Ressourcenallokation eine Reihe interessanter *Eigenschaften*. Zum einen kann ein Markt dezentral organisiert sein, das heißt, die Teilnehmer können aus der Ferne ihre Gebote abgeben. Lokal und unabhängig getroffene Entscheidungen interagierender Individuen führen auf globaler Ebene zu einer kohärenten Ressourcenallokation. Zum anderen dient der Markt als kollektives Anreizsystem für alle Beteiligten zur individuellen Nutzen- oder Gewinnmaximierung. Im Vergleich zu hierarchisch koordinierten Wertschöpfungsketten ist eine marktmäßige Koordination vergleichsweise kostengünstig.

Elektronische Märkte gibt es im B2C-Bereich (Sie erinnern sich sicher noch an das Beispiel von eBay in Abschnitt 5.3.3), und wesentlich häufiger im B2B-Bereich. Nachfolgend beschränken wir uns auf den zwischenbetrieblichen Anwendungsbereich (B2B).

Ein **elektronischer Markt** (engl.: electronic market) oder **elektronischer Marktplatz** (engl.: electronic marketplace) ist eine Austauschplattform für Produkte und Dienstleistungen auf der Basis von Rechnersystemen. Ein **elektronisches Marktsystem** (engl.: electronic market system) ist ein diese Austauschplattform realisierendes Informationssystem.

Elektronische Marktplätze unterstützen *in vielen Branchen* den Austausch verschiedenster Produkte und Dienstleistungen mit unterschiedlichen Akteuren. Aus ökonomischer Sicht dient ein elektronischer Marktplatz zur *Steigerung der Koordinationseffizienz*. Die Ursache dieser höheren Effizienz kann in einer Integration des Marktsystems in die IS-Infrastruktur der beteiligten *Betriebe*, in der höheren Preistransparenz und in der normierenden Wirkung standardisierter Produktspezifikationen liegen. Von den dafür eingesetzten Informationssystemen, den *elektronischen Marktsystemen*, wird ein hohes Maß an Zuverlässigkeit, Skalierbarkeit und Sicherheit erwartet.

Der Ursprung elektronischer B2B-Märkte liegt in der Weiterentwicklung *elektronischer Einkaufssysteme* (siehe Abschnitt 4.2.5.3). Im Vordergrund steht die Beschaffung von Zulieferprodukten oder von Ersatzteilen, Verbrauchs- und Büroartikeln. Sehr schnell boten unabhängige Unternehmen und Hersteller von Beschaffungssoftware auch eigene *unabhängige Marktplätze* an, um Käufer und Verkäufer zusammenzuführen. Derzeit existieren zahlreiche *zwischenbetriebli-*

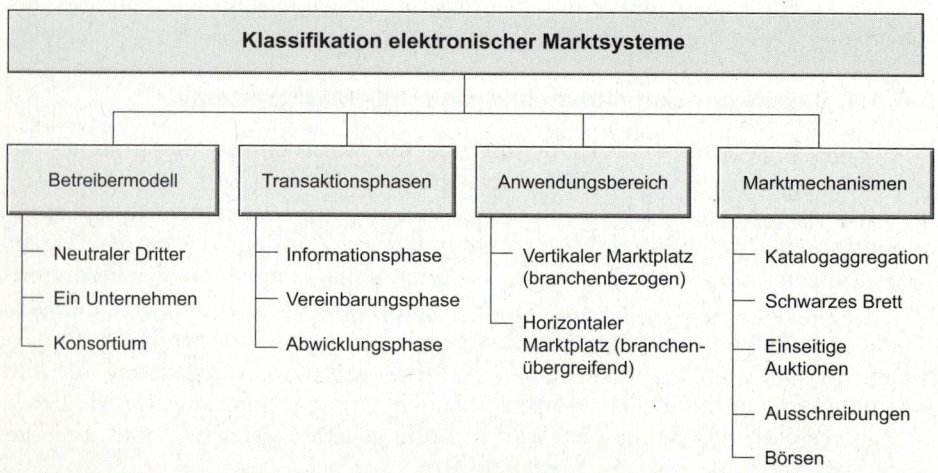

Abb. 5.5.4.1/1: Klassifikation elektronischer Marktsysteme

che Märkte, auf denen regelmäßig weitgehend standardisierte Güter gehandelt werden.

Elektronische Marktsysteme können nach verschiedenen Kriterien *klassifiziert* werden (siehe Abb. 5.5.4.1/1). Wir gehen im Folgenden näher auf die einzelnen Typen ein.

5.5.4.2 Betreibermodelle

Nach dem *Betreibermodell* lassen sich neutrale, unternehmenseigene und konsortiengeführte elektronische Marktsysteme unterscheiden. *Neutrale Marktplätze* werden von unparteiischen Dritten, beispielsweise einem Internet-Start-up-Unternehmen, betrieben, die weder die Interessen der Käufer noch jene der Verkäufer in den Vordergrund stellen. Andere Marktplätze werden typischerweise *zu Beschaffungszwecken von einem großen Unternehmen* betrieben und stellen natürlich dessen Interessen in den Vordergrund. Diese unterscheiden sich wiederum von *konsortiengeführten Marktplätzen*, die mitunter als *Beschaffungsnetze* betitelt werden. Solche geschlossenen Gesellschaften von „Branchengrößen" bergen die Gefahr einer Kartellbildung. Es gibt aber auch konsortiengeführte Marktplätze, die jedem Interessierten offen stehen. In diesem Zusammenhang unterscheidet man auch zwischen *angebots- und nachfragegetriebenen Marktplätzen.*

> *Neutrale Marktplätze* sind beispielsweise Citadon (Baugewerbe), SciQuest (Laborprodukte für die chemisch-pharmazeutische Industrie), MetalSite (Metalle) und eMerge interactive (Fleischproduktion).
>
> *Unternehmenseigene Marktplätze* werden beispielsweise von Cisco Systems (Telekommunikation), Eastman Chemical (Chemikalien, Plastik), United Parcel Systems (Transport und Logistik), Siemens mit dem Marktplatz click2procure (Büroartikel, Werkzeuge, IT-Produkte, Bauelemente) und Wal-Mart mit dem Marktplatz Retail-Link (Konsumgüter) betrieben.
>
> Zu den bekanntesten Vertretern der *konsortiengeführten Kategorie* zählt die von den Automobilkonzernen Daimler-Chrysler, Ford, General Motors, Renault und Nissan ins Leben gerufene *Covisint.* Seit dem Jahr 2000 tritt Covisint als eigenständiges Unternehmen auf. Der entwickelte B2B-Marktplatz beinhaltet ein Portal, auf das mittels eines einzigen Registrierungsprozesses zugegriffen wird. Dieses Portal versteht sich als Integrationspunkt für die Versorgungskette, die Beschaffung, die Produktentwicklung und andere funktionale Anwendungen. Seit 2003 sind mehr als 75.000 Lieferanten Mitglieder von Covisint. In der chemischen Industrie und im Handel gibt es ähnliche Initiativen von Branchengrößen, die im Konsortium ihren Einkauf bündeln wollen.
>
> Weitere *Beispiele konsortiengeführter Marktplätze* sind Worldwide Retail Exchange, abgekürzt WWRE (Einzelhandel), Converge (Technik, Elektronik), Transora (Konsumgüter) und Pantellos (öffentliche Versorgungsleistungen, Energie).

▶ Übungsaufgabe Nr. 1.5.30 im Arbeitsbuch

5.5.4.3 Unterstützung von Transaktionsphasen

Elektronische Marktsysteme können ferner nach dem Ausmaß der *Unterstützung von Markttransaktionen* klassifiziert werden. Wir gehen von einer idealtypischen Einteilung in die Informations-, die Vereinbarungs- und die Abwicklungsphase aus (siehe Abschnitt 5.3.1).

Viele Marktplätze unterstützen nur *einzelne Phasen oder Teilphasen der Markttransaktionen* (elektronische Marktplätze im weiteren Sinn). So wird oft nur Information über Produkte, Dienstleistungen, Preise und entsprechende Anbieter/Nachfrager ausgetauscht: Der potentielle Käufer oder Verkäufer sendet online oder per E-Mail eine Anfrage ab, die auf einer Liste publiziert wird. Hierbei wird zwischen folgenden *Anfragen* unterschieden:

- *Aufforderung zu Preisangaben* (engl.: request for quotation, abgekürzt: RFQ): Die Anbieter werden aufgefordert, Offerte für exakt beschriebene und standardisierte Produkte (zum Beispiel Papier, Stahl) oder Dienstleistungen, die von einem anderen Unternehmen nachgefragt werden, zu legen.

- *Beteiligung an Ausschreibungen* (engl.: request for proposal, abgekürzt: RFP): Die Anbieter werden aufgefordert, Angebotsvorschläge zu Projekten, erklärungsbedürftigen Produkten oder Dienstleistungen (zum Beispiel spezielle maschinelle Anlagen, spezielle Angebotspakete) zu erstellen.

- *Kaufgebote* (engl.: request for bid): Hierbei werden die potentiellen Käufer aufgefordert, Kaufgebote für angebotene Produkte oder Dienstleistungen zu legen. Die Nachfrager müssen angeben, welchen Preis sie zu zahlen bereit

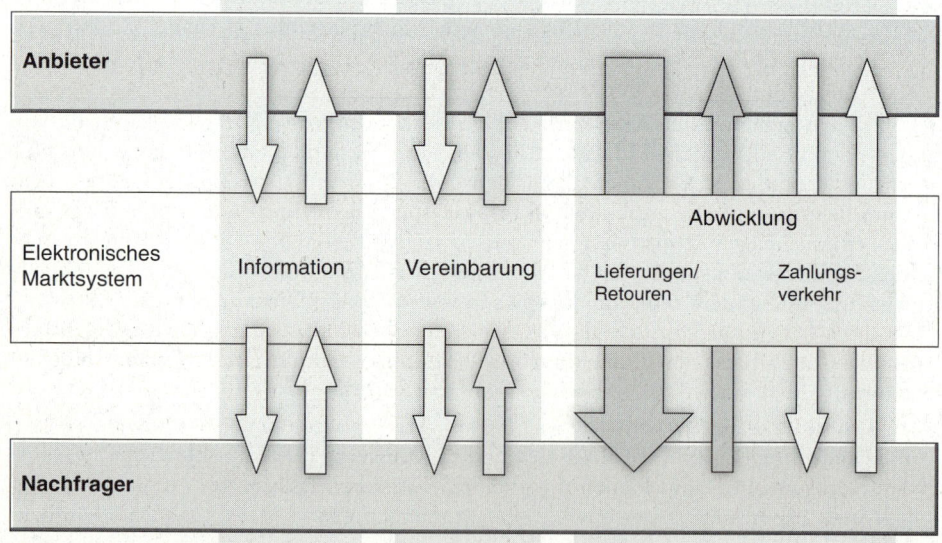

Abb. 5.5.4.3/1: Elektronisches Marktsystem, das die Informations- und Vereinbarungsphase unterstützt

sind. Alternativ kann der elektronische Marktplatz einem potentiellen Käufer ein Angebot übermitteln und fragen, ob dieser bereit ist, zu den angegebenen Konditionen den Kauf zu tätigen.

Auf die *Vereinbarungsphase* gehen wir im Zusammenhang mit den Marktmechanismen näher ein (siehe Abschnitt 5.4.4.5). Hier werden vor allem Ausschreibungen und Auktionen in verschiedenen Formen ermöglicht. Manche Branchenmärkte bieten zahlreiche weitere Dienste bis hin zu einer weit reichenden Unterstützung des Supply-Chain-Managements an. Je umfassender die Unterstützung aller Transaktionsphasen, desto wertvoller wird das Marktplatzsystem für die beteiligten Parteien.

5.5.4.4 Anwendungsbereiche

Eine weitere Einteilung elektronischer Marktsysteme kann nach der Art der gehandelten Güter beziehungsweise nach der *Branchenzugehörigkeit* vorgenommen werden. Auf einigen Marktplätzen werden Produkte gehandelt, die direkt in das Endprodukt des beschaffenden Unternehmens eingehen. Diese Produkte sind von Branche zu Branche verschieden. Solche Marktplätze werden auch als *vertikale Märkte* bezeichnet.

> **Vertikale Marktplätze** (engl.: vertical marketplace) sind auf die Bedürfnisse einer Branche ausgerichtet. Es werden also Produkte und Dienste für ausgewählte Zielgruppen, wie beispielsweise Chemie, Stahl oder Telekommunikation, angeboten. Hauptaufgabe ist der Handel mit branchenspezifischen Produkten.

Andere Marktplätze spezialisieren sich auf Betriebsmittel und Werkstoffe, die überall benötigt werden. Das sind in der Regel genormte, einfache Güter, etwa Büro-, Elektro- und Computerartikel, Schrauben, Verpackungsmaterial oder Artikel für Arbeitssicherheit und Betriebshygiene. Manche Industrieunternehmen sprechen davon, dass bis zu 80 Prozent aller Einkaufstransaktionen auf diese Teile entfallen. Produkte dieser Art sind meist nicht branchenspezifisch und werden von Lieferanten aller Branchen „horizontal" vertrieben.

> **Horizontale Marktplätze** (engl.: horizontal marketplace) sind auf branchenübergreifende Produkte und Dienste fokussiert. Der am häufigsten realisierte Prozess ist die Beschaffung von Büroartikeln und Ersatzmaterial, oftmals auch als MRO-Artikel (Abkürzung für engl.: maintenance, repairs and operations) bezeichnet.

Vergleichbar zu typischen Handelsvertretern bietet beispielsweise Atrada mit *Atradapro* eine Handelsplattform für Büromaterialien und handelt darin ein weites Spektrum von Gütern, vom Kugelschreiber bis zum PC.

Daneben unterscheiden Fachleute oft danach, ob es sich um eine *systematische Beschaffung* von Gütern und Dienstleistungen (engl.: systematic sourcing)

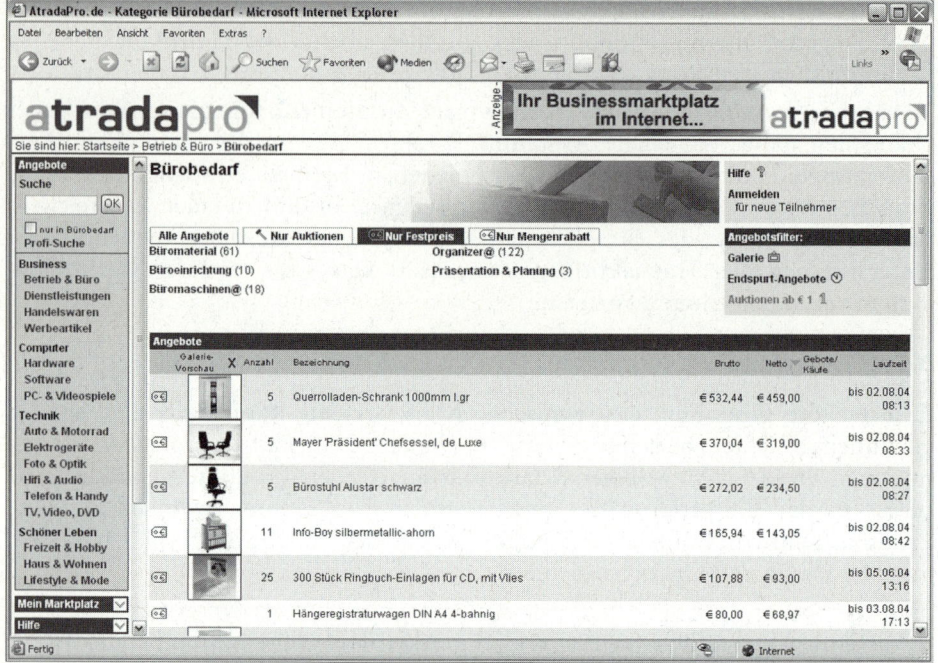

Abb. 5.5.4.4/1: Angebot von Bürobedarf auf einem horizontalen Marktplatz (atradapro.de)

handelt, bei der nach längerfristigen Geschäftsbeziehungen gesucht wird, oder um eine *punktuelle Beschaffung*, die nur das Ziel hat, einen unmittelbaren Bedarf möglichst kostengünstig zu decken (engl.: spot sourcing).

▶ Übungsaufgabe Nr. 1.5.31 im Arbeitsbuch

5.5.4.5 Marktmechanismen

Ein grundlegendes Merkmal zur Klassifikation elektronischer Marktsysteme ist *die Art, wie Preise und Konditionen in diesem Markt festgelegt werden*. So gibt es einerseits Marktsysteme, die das Zustandekommen von Preisen auf algorithmischem Wege bewirken, bei denen also Preise und Konditionen *dynamisch* (meist durch Auktionsmechanismen) festgelegt werden, und solche, die keinen Einfluss auf Güterpreise nehmen.

In der mikroökonomischen Literatur unterscheidet man Märkte, in denen ein *Makler* auf fremde Rechnung nach passenden Marktpartnern sucht, solche, in denen ein *Händler* auf eigene Rechnung als Mittler *(Intermediär)* fungiert, und *Auktionsmärkte*, in denen ein *Auktionsmechanismus* Käufer und Verkäufer zusammen bringt. All diese Funktionen können auch von elektronischen Marktsystemen übernommen werden.

In der einfachsten Ausprägung liefert ein Marktsystem *Information über die Produkte und Dienstleistungen,* beispielsweise über einfache *Schwarze Bretter* oder *Diskussionsforen.* Unter *Katalogaggregatoren* versteht man Marktsysteme, welche die Angebotslisten mehrerer Händler zusammen führen und gesammelt über eine einheitliche Struktur dem Kunden zur Verfügung stellen (siehe auch Abschnitt 5.3.2.1). Manche dieser Katalogaggregatoren gehen über das reine Zusammenfassen der Angebotslisten hinaus und ermöglichen die Online-Bestellung von Waren und Dienstleistungen.

Viele elektronische Marktsysteme unterstützen auch *Auktions- und Ausschreibungsverfahren,* die es ermöglichen, die Preise und Konditionen eines Vertrages mit einer Reihe festgelegter Schritte zu bestimmen. Daneben bieten die Marktplatz-Betreiber *Zusatzdienste* wie Bonitätsprüfung oder eine Treuhänderfunktion, wodurch der Verkäufer das eingezahlte Geld erst dann bekommt, wenn der Käufer die Ware mängelfrei erhalten hat. Nachfolgend werden wichtige *Typen von Marktplatzsystemen nach Art der eingesetzten Marktmechanismen* klassifiziert.

Katalogaggregation

Viele B2B-Marktplätze bestehen aus einem *aggregierten elektronischen Produktkatalog,* welcher sich aus Katalogen verschiedener Verkäufer zusammensetzt. Die Verkäufer bieten ihre Produkte zusammen mit identischen, ähnlichen oder auch nur ergänzenden Produkten anderer Verkäufer in einem gemeinsamen Katalog an. Die Käufer können aus diesem Sortiment wählen, Konditionen vergleichen und Produkte bestellen. Die Preise sind fix vom Verkäufer vorgegeben. Katalogaggregatoren bündeln damit auch die Nachfrage zahlreicher Käufer und stärken dadurch ihre Marktmacht. Käufer erhalten die Möglichkeit, Produkte mit Festpreisen direkt zu vergleichen, wodurch eine hohe Markttransparenz entsteht. Verkäufer dagegen profitieren von einer höheren Nachfrage. Vom Zustandekommen einer vertraglichen Vereinbarung her ist die Katalogaggregation mit virtuellen Handelsunternehmen, die fixe Preise anbieten, vergleichbar.

Schwarze Bretter

Schwarze Bretter (engl.: pinboard, black board) bieten die Möglichkeit, Kaufoder Verkaufswünsche – vergleichbar mit Kleinanzeigen in Zeitungen – für verschiedenste, auch nicht standardisierte Produkte zu kommunizieren. Unterschiedlich stark untergliedert nach Produktgruppen oder anderen Kategorien bieten sie die Möglichkeit, konkrete Kauf- oder Verkaufswünsche kundzutun und Transaktionen anzubahnen. Eine klare Rollenverteilung existiert nicht, jeder kann Käufer wie auch Verkäufer sein.

Die Preise werden durch wechselseitige Abgabe von Offerten beziehungsweise das Akzeptieren veröffentlichter Offerte festgelegt. Ein Schwarzes Brett ermöglicht das einfache Zusammenkommen von Angebot und Nachfrage, hat aber auf den weiteren Geschäftsverlauf keinen Einfluss. Schwarze Bretter haben den Vorteil, dass sie technisch leicht realisierbar sind und einen großen Spielraum für die Teilnehmer bieten.

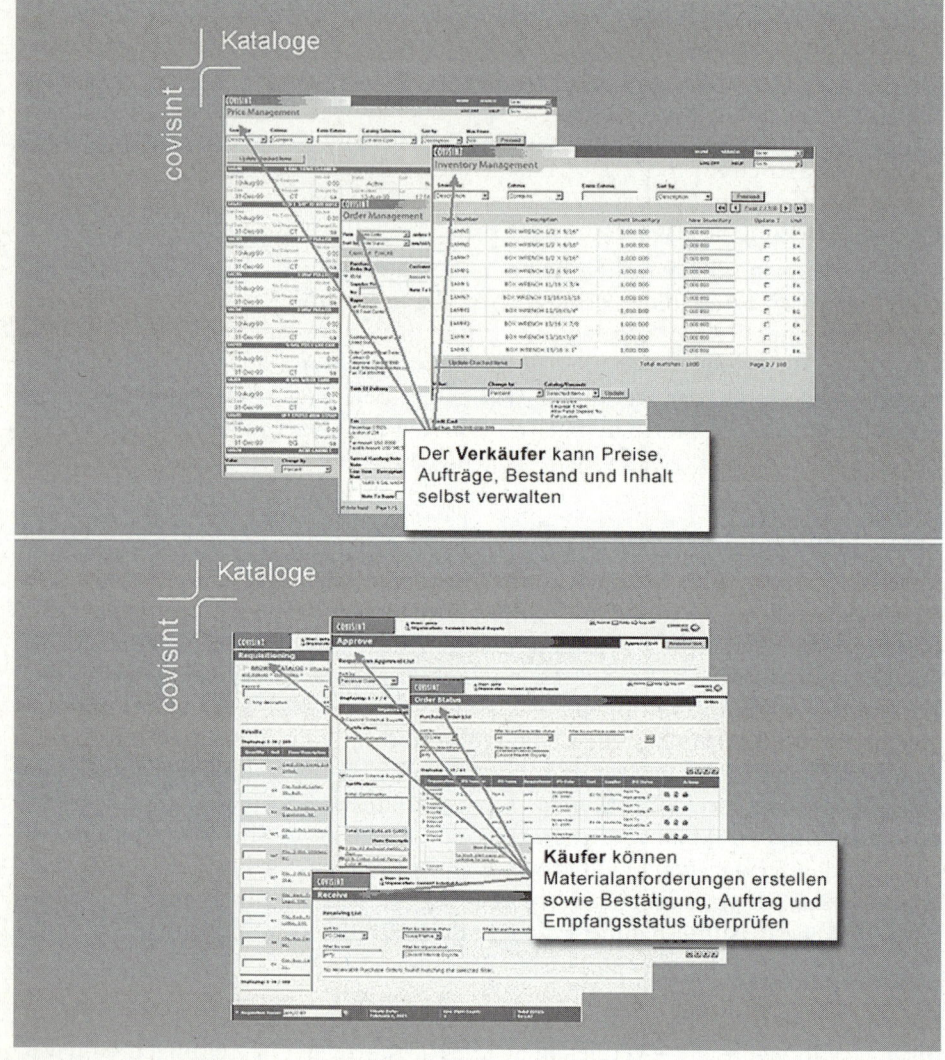

Abb. 5.5.4.5/1: Aggregierter Produktkatalog

Da der Betreiber eines Schwarzen Brettes keinen oder nur einen eingeschränkten Einblick in die Kauftransaktionen hat, basieren die Geschäftsmodelle dieser Dienste in der Regel auf Gebühren für das Schalten der Anzeige oder auf Abonnements oder Mitgliedsbeiträgen, die das Abrufen von Anzeigen während der Laufzeit gestatten. Die Transaktionen laufen daher bilateral zwischen den jeweiligen Marktpartnern unabhängig vom Marktplatz ab.

Einseitige Auktionen und Ausschreibungen

Die bedeutendste Form multilateraler Verhandlungen sind *Auktions-mechanismen*. Sie haben eine Form, die Englische Auktion, bereits im Zusammenhang mit der Preisbildung in Konsumenteninformationssystemen kennen gelernt. Wir wiederholen nochmals die Definition aus dem Abschnitt 5.3.3.4:

> Eine **Auktion** (Synonym: Versteigerung; engl.: auction) ist ein Verfahren für multilaterale Verhandlungen, bei dem die Preise und Konditionen für Produkte oder Dienstleistungen auf Basis von Geboten der Auktionsteilnehmer zustande kommen. Eine *multilaterale Verhandlung* ist eine Verhandlung, an der mehr als zwei Parteien teilnehmen. Bei *Fernauktionen* (engl.: remote auction), können sich Bieter online über die Angebote informieren und können online ihre Gebote abgeben.

Auktionen sind eine allgemeine Form multilateraler Verhandlungen, bei denen die Preise und Konditionen auf Basis von Geboten der Marktteilnehmer zustande kommen. Vier Auktionstypen dominieren in der Praxis: Die *Englische Auktion*, die *Vickrey- oder Zweitpreis-Auktion*, die *Holländische Auktion* und die *verdeckte Höchstpreisauktion*. Andere Formen können meist leicht auf diese Grundformen zurückgeführt werden. Gemeinsames Anwendungsgebiet dieser Auktionstypen ist ein einzelner Verkäufer, der ein Gut unter mehreren potenziellen Käufern versteigert. Der Ablauf einer einfachen Auktion teilt sich in drei Phasen:

- Der Auktionator startet die Auktion und nennt ein Ausgangsgebot.
- Die Bieter geben einmalig oder wiederholt Gebote ab.
- Der Auktionator beendet die Auktion und das beste Gebot erhält den Zuschlag.

Die Rollen von Käufer und Verkäufer sind dabei grundsätzlich austauschbar, alternativ kann auch ein einzelner Käufer im Rahmen einer Ausschreibung einen Vertrag unter mehreren Anbietern versteigern. Die oben genannten Auktionstypen unterscheiden sich hinsichtlich ihrer Informationspolitik und ihrer Preisbildung. Die *Informationspolitik* entscheidet, ob die Gebote der Käufer offen oder verdeckt erfolgen. Bei *offenen Auktionen* können die Käufer die Gebote ihrer Konkurrenten beobachten und darauf wechselseitig reagieren. In *verdeckten Auktionen* besteht diese Möglichkeit nicht, und jeder Käufer gibt in der Regel genau ein Gebot ab. Die *Preisbildung* entscheidet, welchen Preis der Auktionsgewinner zu zahlen hat. In Höchstpreisauktionen zahlt der Auktionsgewinner einen Betrag in Höhe seines Gebotes, in Zweitpreisauktionen hingegen nur in Höhe des zweithöchsten Gebotes. Dies soll spekulatives Bietverhalten vermeiden.

> Eine **englische Auktion** (engl.: English auction) ist eine offene Höchstpreisauktion, bei der von einem festgesetzten Mindestpreis nach oben gesteigert wird.

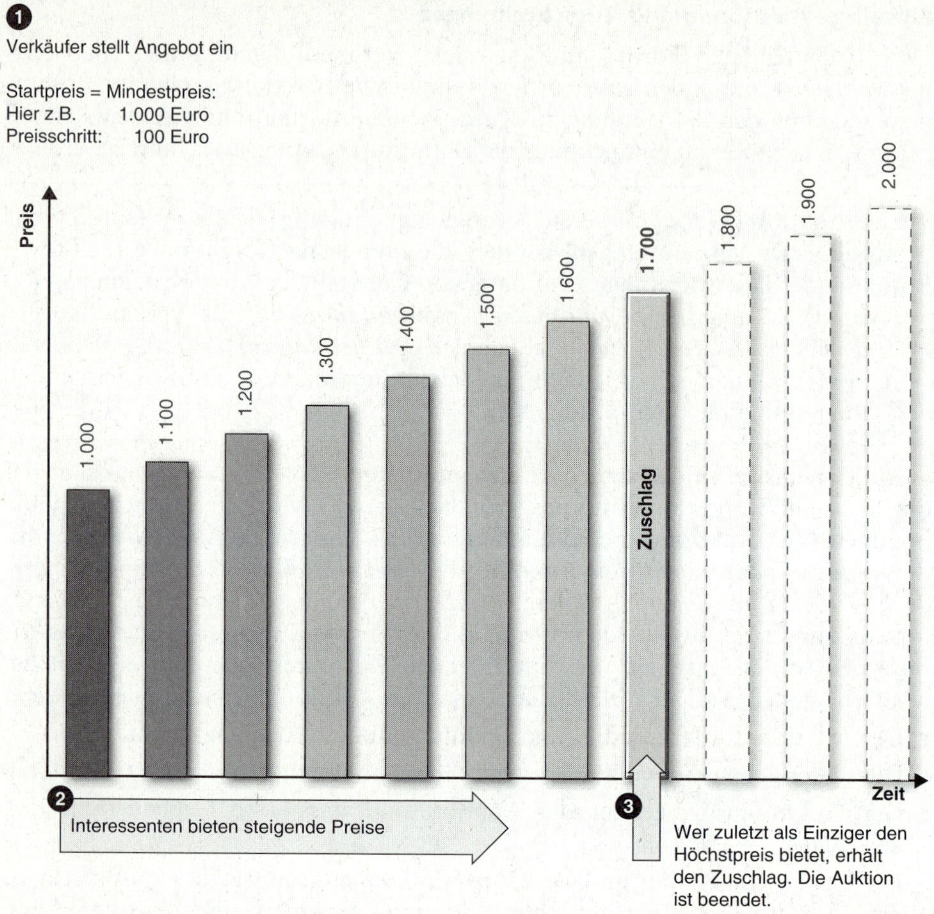

Verkäufer stellt Angebot ein

Startpreis = Mindestpreis:
Hier z.B.   1.000 Euro
Preisschritt: 100 Euro

Preis

1.000 1.100 1.200 1.300 1.400 1.500 1.600 1.700 1.800 1.900 2.000

Zuschlag

Zeit

2 Interessenten bieten steigende Preise

3 Wer zuletzt als Einziger den Höchstpreis bietet, erhält den Zuschlag. Die Auktion ist beendet.

Abb. 5.5.4.5/2: Englische Auktion

Die englische Auktion ist die Standardform von Auktionen. Wenn über eine Auktion keine weitere Information vorliegt, handelt es sich mit großer Wahrscheinlichkeit um eine englische Auktion.

Eine **holländische Auktion** (engl.: Dutch auction) ist eine offene Auktion, bei der ein Auktionator einen hohen Ausgangspreis nennt und diesen Schritt für Schritt reduziert, bis ein Bieter die Auktion unterbricht. Dieser Bieter erhält den Zuschlag und bezahlt den letztgenannten Preis.

Diese Auktionsform führt sehr schnell zu Ergebnissen und eignet sich deshalb vor allem für Produkte, die schnell umgeschlagen werden müssen (Blumen, Fisch, Restposten, Reisen, Tickets usw.).

Verkäufer stellt Angebot ein, zum
Beispiel eine Ladung Makrelen.

Startpreis: 2.000 Euro
Mindestpreis: 1.000 Euro
Preisschritt: 100 Euro

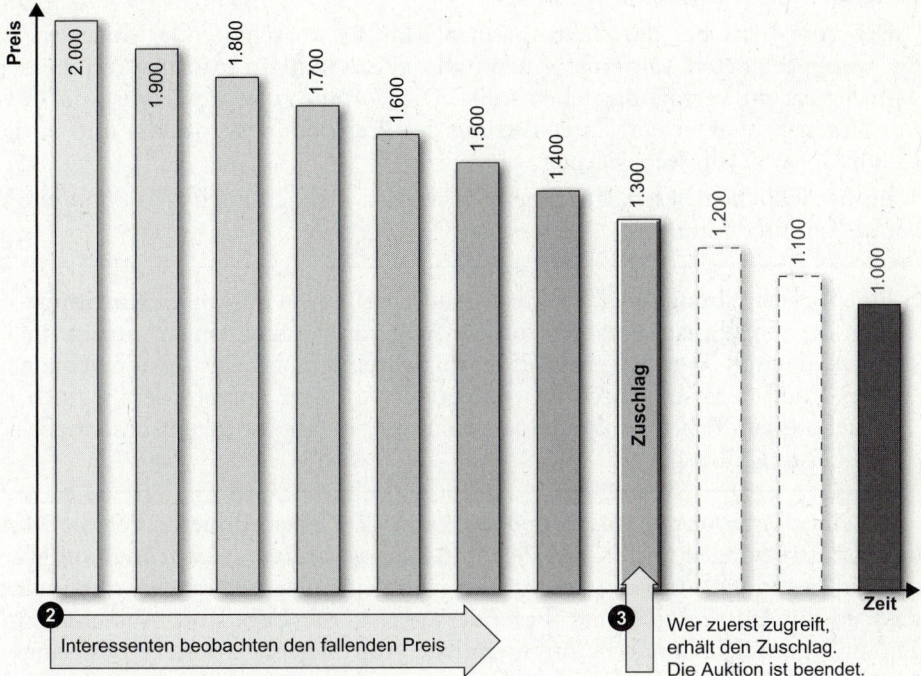

Abb. 5.5.4.5/3: Holländische Auktion

Ein Problem bei den genannten Auktionsformen ist, dass diese zu einem spe-
kulativen Bietverhalten verleiten. Beispielsweise nennt bei einer englischen Auktion ein „kluger" Bieter nicht einen Wert, der nach seiner Einschätzung dem
Marktwert entspricht, sondern einen möglichst niederen Wert, zu dem er hofft,
das Gut zu erstehen. Er möchte somit eine möglichst hohe Konsumentenrente
erzielen. Ein Verfahren, dass darauf abzielt, dass die Käufer ihre echte Wertein-
schätzung als Angebot abgeben, ist die Vickrey-Auktion.

> Die **Vickrey-Auktion** (engl.: Vickrey auction) ist eine verdeckte Zweitpreis-
> auktion, bei der der Auktionsgewinner einen Betrag in Höhe des zweit-
> höchsten Gebotes zahlt.

Bei dieser Auktionsform gibt es nur eine einzige Bietrunde. Den Zuschlag
erhält der Bieter, der das höchste Angebot gelegt hat, dieser muss jedoch nur
den Betrag des zweithöchsten Gebots bezahlen. Ist ein Gut bei vielen Interessen-

ten sehr begehrt, wird das zweithöchste Gebot nahe beim Höchstgebot liegen und die Konsumentenrente ist somit relativ gering. Dieses Verfahren kommt innerhalb von kurzer Zeit zu einer relativ gerechten Preisbildung.

Bei Auktionen müssen die zu versteigernden Produkte beziehungsweise Dienstleistungen so eindeutig zu beschreiben sein, dass der Preis als alleiniges Kriterium für den Zuschlag ausreicht.

Der vom Betreiber des elektronischen Marktes zu schaffende Mehrwert ist die Wahl geeigneter Auktionsformen und die Auswahl an Information, die den Teilnehmern zu Verfügung stehen sollte. Die *Vorteile einer elektronischen Auktion* liegen primär in der Unterstützung des Preisfindungsprozesses und in der technisch einfachen Realisierung.

Im betrieblichen Beschaffungsbereich werden vielfach auch *Ausschreibungsverfahren* unterstützt.

Eine **Ausschreibung** (engl.: bidding; tendering) ist ein Verfahren zur Ermittlung des Angebotspreises als Vorbereitung zur Vergabe eines Auftrags im Rahmen eines Wettbewerbs. Eine Ausschreibung ist die Kundmachung eines Kaufinteresses, durch das potentielle Anbieter aufgefordert werden, Angebote zur Erbringung einer bestimmten, möglichst genau beschriebenen Leistung abzugeben.

An einer *öffentlichen Ausschreibung* kann sich jeder Anbieter, der die Mindestvoraussetzungen erfüllt, beteiligen. In eine *beschränkte Ausschreibung* werden nur bestimmte Anbieter einbezogen, von denen der Auftraggeber annimmt, dass sie zur Auftragserfüllung (besonders gut) in der Lage sind. Ausschreibungen sind in vielen Ländern für öffentliche Auftraggeber ab einer bestimmten Auftragssumme gesetzlich vorgeschrieben, sie werden aber auch von vielen Privatunternehmen bei größeren Aufträgen verwendet.

Ähnlich wie bei Einkaufsauktionen versuchen auch hier Käufer, einen Vertrag unter mehreren potentiellen Lieferanten zu versteigern. Allerdings können Lieferanten eine Reihe von Produktbeschreibungen und Dokumenten elektronisch ihrem Angebot beifügen. Dies ist vor allem bei der Beschaffung komplexer Güter und Dienstleistungen wichtig, bei denen sich die Angebote der Lieferanten nicht völlig vereinheitlichen lassen.

Eine spezielle Form einer Ausschreibung ist die **umgekehrte Auktion** (engl.: reverse auction), bei der der Käufer die gesuchte Leistung ausschreibt und die Anbieter die Gebote ihrer Konkurrenten sehen und diese unterbieten können. Das innerhalb des vorgegebenen Zeitintervalls niederste Angebot erhält den Zuschlag.

Die umgekehrte Auktion ist somit eine offene Auktion, während bei einer Ausschreibung meist die Angebote verdeckt abgegeben werden und erst – wenn überhaupt – nach Ende der Einreichungsfrist kundgemacht werden.

Börsen

Eine **Börse** (engl.: exchange) ist ein organisierter Markt für Wertpapiere, Devisen, bestimmte Produkte (beispielsweise Weizen, Diamanten, Edelmetalle), Dienstleistungen (beispielsweise Frachten, Versicherungen) und ihre Derivate. Makler (Kursmakler) stellen während der Handelszeiten Preise (Kurse) fest, die sich aus den bei ihnen vorliegenden Kauf- und Verkaufsaufträgen ergeben. Bei *elektronischen Börsen* wird die Maklerfunktion durch einen Auktionsmechanismus von einem Computerprogramm übernommen.

Auktionsbörsen, auch *zweiseitige Auktionen* genannt, kommen für polypolistische Märkte, also Märkte mit vielen Anbietern und vielen Nachfragern, in Betracht. Beide Marktseiten besitzen symmetrische Handlungsmöglichkeiten, indem Nachfrager Kaufofferte und Anbieter Verkaufsofferte abgeben. Die gehandelten Güter sind nicht präsent und müssen deshalb eine gleichwertige, standardisierte Beschaffenheit aufweisen (fungible Güter)

Die wichtigsten *Börsen in Deutschland* sind die Frankfurter Wertpapierbörse und die elektronische Handelsplattformen Xetra und Eurex. Über Xetra (Abkürzung für engl.: exchange electronic trading) laufen über 90 Prozent des gesamten Aktienhandels an deutschen Börsen. Eurex ist der weltweit führende Markt für Euro-Derivate (Futures und Options). Die international bedeutsamsten Börsenplätze sind New York, Tokio, London und Zürich.

Bei einer **verdeckten zweiseitigen Auktion** (engl.: clearinghouse auction) geben nach Auktionsstart sowohl Anbieter als auch Nachfrager verdeckt ihre Offerte ab. Nach Ende der Bietphase werden die Offerte in Transaktionen überführt. Hierzu werden die Offerte der Anbieter in aufsteigender Reihenfolge und die Offerte der Nachfrager in absteigender Reihenfolge in Vektoren geordnet. Diese Vektoren werden als diskrete Angebots- und Nachfragekurve interpretiert, wobei die Bieter so zusammengeführt werden, dass der Umsatz maximiert wird.

Als Transaktionspreis wird in der Regel ein für alle Transaktionen einheitlicher Wert gewählt.

Bei einer **kontinuierlichen zweiseitigen Auktion** (engl.: continuous double auction) werden Offerte der Anbieter und Nachfrager kontinuierlich zusammen geführt, wodurch ständig ein neuer Kurs gebildet wird. Diese Form der Auktion entspricht der *variablen Notierung* auf Wertpapierbörsen.

Oft kommen auf Börsen *Kauftransaktionen auch mit dem Marktplatzbetreiber als Zwischenhändler* vor, so dass beide Parteien den endgültigen Käufer beziehungsweise Verkäufer nicht kennen. Für die Vertragsparteien entfällt dadurch das Risiko der Nichterfüllung der anderen Partei. Diese Anonymisierung auf Börsen eröffnet zahlreiche Möglichkeiten für zusätzliche Dienste. Es können Restmengen vermarktet werden, ohne bestehende Absatzkanäle zu gefährden. Die Marktbetreiber können eine Bonitätsprüfung der Teilnehmer durchführen lassen, um einen reibungslosen Geschäftsablauf zu garantieren. *Vorteile von Börsen* sind die anonyme Marktteilnahme, die Unterstützung des Preisfindungsprozesses und die hohe Flexibilität bei den Transaktionen.

▶ Übungsaufgabe Nr. 1.5.32 im Arbeitsbuch

5.5.4.6 Ertragsmodelle der Marktplatzbetreiber

Zur Finanzierung der Marktplatzbetreiber finden sich sehr unterschiedliche *Ertragsmodelle*, die sich je nach Art des Marktes und der Zielgruppe deutlich unterscheiden. Transaktionsgebühren und Provisionen können unterschiedlichen Modellen folgen. So sind *wertunabhängige Gebühren* möglich, zum Beispiel für das Einstellen einer Ausschreibung in den Markt oder für das Zustandekommen eines Vertrages. Diese Art von Gebühren ist relativ einfach zu erheben, weil sie nur Vorgänge betrifft, die in der Kontrolle des Marktplatzbetreibers liegen.

Wertabhängige Provisionen für eine zustande gekommene Transaktion dagegen reflektieren den Wert eines Vertragsabschlusses. Solche transaktionsbezogenen Ertragsmodelle, Provisionen und wertunabhängige Gebühren haben den Vorteil, dass sie für die Nutzer nur dann Kosten verursachen, wenn tatsächlich Transaktionen getätigt werden. Sie stellen also keine Nutzungsbarriere für den Markt dar.

Dagegen haben *Mitgliedsbeiträge* die Vorteile, dass sie einfach zu berechnen sind, der Aufwand zur Erhebung gering ist, und sie einfach zu kommunizieren sind. *Zusätzliche Ertragsquellen für Marktplatzbetreiber* sind *Werbung, Lizenzierung der Software* sowie das Angebot von *Mehrwertdiensten* (siehe nächster Abschnitt). Welche Kombination an Ertragsmodellen die beste ist, hängt von den jeweiligen Gegebenheiten, den Kunden und der Art der gehandelten Produkte ab.

5.5.4.7 Mehrwertdienste der Marktplatzbetreiber

Elektronische Marktplätze schaffen *Mehrwert,* indem sie eine größere und fokussierte Reichweite für Käufer und Verkäufer bringen, die Preisfindung vereinfachen, Transaktionskosten senken und Komfort und Zeitersparnis bieten. Daneben sind sie in der Lage, die Markteffizienz mittels unterschiedlicher Mehrwerte zu verbessern.

Einem elektronischen Markt kommt beispielsweise eine wichtige Rolle als *Vertrauensinstanz* (engl.: trusted third party) zu, um die Gefahren, die aus der Anonymität der Marktpartner resultieren, zu beseitigen. Dies kann über Qualitätsstandards und Zertifikate oder über unabhängige und objektivierte Information bezüglich Reputation, Gewährleistungen, Bonitätsprüfung und Garantien erreicht werden. Solche *Mehrwertdienste* können wie folgt *klassifiziert* werden:

- *Informationsversorgung*: Elektronische Märkte übernehmen Aufgaben zur Evaluation von Produkten, Vereinheitlichung von Produktbeschreibungen, Verbreitung von Produktinformation und sie stellen Information über Kunden oder Kundengruppen zur Verfügung

- *Entscheidungsunterstützung*: Marktsysteme stimmen die Wünsche der Kunden mit den Produktspezifikationen der Hersteller ab. Sie unterstützen den Käufer, basierend auf seinen Präferenzen die richtige Kaufentscheidung zu treffen, und dem Verkäufer die passenden Produkte anzubieten.

- *Risikomanagement*: In Ergänzung zu bisher angeführten Diensten können elektronische Märkte das Risiko fehlerhafter Produkte durch Qualitätskontrollen und -zusicherungen sowie die Betrugsrisiken durch Treuhänderdienste verbessern. Auch Bonitätsprüfungen beziehungsweise -einstufungen fallen in diese Kategorie.

5.6 Marktsituation und Entwicklungstendenzen

5.6.1 E-Commerce-Marktprognosen

Die überschäumende Internet-Euphorie in der zweiten Hälfte der 1990er Jahre erinnerte an den Goldrausch in Amerika vor 150 Jahren. Internet-Startups schossen wie Pilze aus dem Boden, eine irrationale Hausse trieb die Aktienkurse von Unternehmen der New Economy in schwindelerregende Höhen. Die Marktforschungsinstitute prognostizierten sich jährlich verdoppelnde E-Commerce-Umsätze.

Dann kam der Absturz. Im Frühjahr 2000 erreichte der Neue Markt in Frankfurt/M. noch einen Höchststand von rund 5.700 Punkten, am 31. Mai 2001 schloss er bei 1.778 Punkten. Anfangs galten die Kursrückgänge noch als „normale" Marktkorrektur infolge der sich abschwächenden US-Konjunktur, mittlerweile wissen wir, dass es sich um eine tiefere Krise handelte. Danach stellten zahlreiche Internet-Firmen mangels finanzieller Mittel ihren Betrieb ein. Als Hauptursache wird heute gesehen, dass es den meisten dieser Firmen an einer soliden geschäftlichen Basis mangelte und dass von ihnen „eherne" betriebswirtschaftliche Grundregeln gröblich missachtet worden sind. Dementsprechend war auch das Vertrauen von Investoren stark erschüttert, was auch jenen Internet-Firmen geschadet hat, die innovative Geschäftsideen auf solide Art und Weise umsetzen und ihren Erfolg durch die Einhaltung von Planzahlen bezüglich Kosten, Umsatz *und* Gewinn legitimieren.

Nehmen wir als *Beispiel* den Ihnen bereits vertrauten *Lebensmitteleinzelhandel*. Fast alle reinen Online-Pioniere in den USA, wie beispielsweise Homeruns.com, Shoplink.com, Streamline.com und Webvan.com, haben 2000/2001 ihren Dienst eingestellt. Webvan war noch im Jahr 2000 mit einem Umsatz von 1,3 Milliarden Euro nach Amazon.com der umsatzstärkste Internet-Händler und hatte in den USA ein Netz von 26 hoch automatisierten Distributionszentren und eine große LKW-Flotte aufgebaut. Peapod.com wurde unmittelbar vor dem Bankrott durch den weltgrößten holländischen Lebensmittelhändler Royal Ahold übernommen, der auch in den USA mehrere Lebensmittelketten betreibt. Inzwischen steckt Ahold selbst in erheblichen Schwierigkeiten.

Hauptgrund für die Pleiten der reinen Internet-Lebensmittelhändler ist die kostspielige Distribution. Zudem wiegt für viele Konsumenten die garantierte Frische und Qualität des eigenen Einkaufs in der Filiale offenbar schwerer als der Vorteil der bequemen Hauslieferung.

Der weltweit größte und erfolgreichste Internet-Lebensmittelhändler ist *Tesco.com* in Großbritannien. Das 1995 gegründete Unternehmen erreichte im Jahr 2003 einen Online-Umsatz von über 750 Millionen Euro. Eine Flotte von 1.000 Lieferwagen liefert pro Woche mehr als 110.000 Aufträge aus. Das Sortiment wurde sukzessive diversifiziert und umfasst heute Güter aller Art von Büchern und CDs bis zu Musikinstrumenten und Ferienreisen. In diesem und ähnlich *erfolgreichen Fällen* sind stets zwei Merkmale gegeben: Erstens steht ein reales Filialunternehmen im Hintergrund, zweitens wird der Aufwand für die Internet-Vertriebsschiene gering gehalten. Typisch ist etwa, dass die über das Internet eingehenden Aufträge in den vorhandenen Filialen von den Mitarbeitern zusammengestellt und von dort ausgeliefert werden. Aus Kostengründen wird die Warenzustellung oft auf Ballungsgebiete und Städte beschränkt.

Dass die Krise der New Economy bewältigt werden wird, darüber sind sich alle Experten einig. Die Ernüchterung und Marktbereinigung wird als eine notwendige Voraussetzung für einen dauerhaften Aufschwung auf solidererer Basis gesehen. Vor allem hat diese Entwicklung dazu geführt, dass sich Wissenschaft und Praxis intensiver mit den ökonomischen Grundlagen und Rahmenbedingungen des E-Commerce auseinandersetzen. Sie kann auch als eine willkommene Atempause für jene Betriebe dienen, die bisher nicht in der Lage gewesen sind, mit den führenden E-Business-Unternehmen Schritt zu halten. Sie haben nun die Gelegenheit zur internen Restrukturierung und Durchsetzung elektronischer Kommunikation und Kooperation im Haus, um damit die notwendige Basis für künftige Erfolge mit außenwirksamen Informationssystemen zu schaffen.

Dementsprechend sehen die Marktforschungsinstitute zwar eine deutliche Abnahme der E-Commerce-Zuwachsraten, sie sind aber nach wie vor sehr optimistisch. Die großen Unterschiede zwischen den Prognosen der einzelnen Institute erklären sich zum Teil durch die unterschiedliche Abgrenzung der Umsätze (beispielsweise nur Absatz verkaufter Waren oder auch Dienstleistungen wie Reisebuchungen usw., Werbe- und sonstige Einnahmen) sowie der unter E-Commerce subsumierten Techniken.

B2C

Der B2C-Sektor macht 15–20 Prozent des weltweiten E-Commerce-Umsatzvolumens aus. Die Marktforschungsinstitute gehen von einem exponentiellen Wachstum aus.

Abb. 5.6.1/1: Prognosen des weltweiten B2C-E-Commerce-Umsatzes in Milliarden US-Dollar durch verschiedene IT-Marktforschungsgesellschaften (Quelle: eMarketer 2001, angegebene Institute nach TNS Infratest 2004)

	2000	2001	2002	2003	2004
eMarketer	60	101	167	250	428
Forrester Research	53	96	169	284	452
Gartner Group	–	–	–	380	–
Goldmann Sachs & Co.	238	494	870	1.392	2.134
IDC Research	59	–	–	213	–
Merril Lynch	218	398	734	1.317	–
Ovum	29	49	81	133	219

Der *größte Teil der Umsätze entfällt auf Nordamerika,* allerdings holt der Rest der Welt allmählich auf. 1999 betrug der Nordamerika-Anteil drei Viertel der B2C-E-Commerce-Umsätze, im Jahr 2004 noch knapp die Hälfte.

Zu den *Internet-Umsätzen über mobile Endgeräte* (engl.: mobile commerce, abgekürzt: M-Commerce) sind kaum aktuelle Daten und Prognosen verfügbar. Es gibt nur eine Marktanalyse für mobile Informationsdienste (Nachrichten, Wetterberichte, Fahrplanauskünfte usw.) und Unterhaltungsdienste (Spiele, Musik, Klingeltöne, Bilder), für die Ovum den weltweiten Umsatz im Jahr 2003 auf 16,7 Milliarden US-Dollar geschätzt hat. Das Marktforschungsinstitut rechnet damit, dass sich der weltweite Umsatz in diesen Kategorien bis zum Jahr 2007 auf 77,8 Milliarden US-Dollar vervierfachen wird.

Zu den *am meisten über das Internet gekauften Gütern* gehören immer noch Bücher und Musik-CDs, jedoch haben diese Produktkategorien vergleichsweise an Popularität verloren. Mit in der Spitzengruppe rangieren Bekleidung, Unterhaltungselektronik, PC-Hardware und -Software, Reisen sowie Karten für Veranstaltungen. Vor allem die Internet-Buchung von Urlaubs- und Freizeitreisen hat in den letzten Jahren einen enormen Aufschwung genommen. Nach einer Untersuchung von Taylor/Nelson/Sofres gehörten 2002 noch Lebensmittel und Videos zu den Top Ten der weltweit beliebtesten Güter. Der Online Shopping Survey von NFO Infratest und ENIGMA GfK kam 2003 für Deutschland zu ähnlichen Ergebnissen: Am häufigsten wurden Bücher, Bekleidung, CDs, Eintrittskarten, Software und Computerspiele geordert (in dieser Reihenfolge).

Erotikprodukte und -dienstleistungen tauchen in keiner Erhebung auf, obwohl sie nach Aussagen der ISPs zu den am meisten nachgefragten Gütern zählen. Ebenso fehlen in der Aufstellung *nicht bezahlte digitale Güter,* die entweder legal – wie etwa freie Nachrichten, Broschüren, Software usw. – oder als Raubkopien – wie etwa kostenpflichtige Musik, Filme, Software – bezogen werden. Nach einer Untersuchung der OECD machten im Jahr 2003 Musikstücke 48,6 Prozent der über Tauschbörsen wie Kazaa, eMule und Gnutella angebotenen Dateien aus (gegenüber 62,5 Prozent im Jahr 2002). Der Anteil der Videos ist von 25,2 auf 27 Prozent gestiegen. Der Rest sind Dateien anderer Kategorien, zu denen neben Software und Pornobildern auch komplette Musikalben gehören, die häufig als gepackte Archive angeboten werden.

Dem *Markt für bezahlte, herunter ladbare Inhalte* (engl.: paid content) wird ein hohes Wachstumspotenzial prognostiziert.

Produkt-Ranglisten sagen nichts darüber aus, welchen *Anteil der Internet-Vertrieb an den verschiedenen Absatzwegen hat (Marktdurchdringung)* und wie hoch das gesamte *Online-Umsatzvolumen bei den einzelnen Warengruppen (Marktanteil)* ist.

Im Jahr 2002 wurden in den *USA* 2,3 Prozent des gesamten Einzelhandelsumsatzes über das Internet getätigt. Bei Computerhardware und -software betrug der geschätzte *Internet-Marktanteil* 23,4 Prozent, bei Büchern 13,5 Prozent, Eintrittskarten 9,5 Prozent, Musik/Videos 9,4 Prozent, Reisen 8,4

Abb. 5.6.1/2: B2C-E-Commerce-Umsätze in den USA nach Warengruppen (Quelle: Shop.org und The Boston Consulting Group nach eMarketer, 2002)

	Tatsächlicher Online-Einzelhandelsumsatz in den USA im Jahr 2001 in Milliarden US-Dollar	Geschätzter Online-Einzelhandelsumsatz in den USA im Jahr 2002 in Milliarden US-Dollar	Geschätzte Zuwachsrate 2001 – 2002 in Prozent
Reisen	14,1	20,0	42,3
Automobil	5,4	9,0	66,7
Computer-Hardware und -Software	5,9	7,9	33,8
Büro, Haushalt, Garten	4,8	7,3	52,5
Bekleidung	4,4	5,2	18,4
Musik, Video	2,8	3,9	40,6
Unterhaltungselektronik	2,6	3,4	31,8
Eintrittskarten	1,5	2,6	76,1
Bücher	2,0	2,6	27,2
Lebensmittel, Getränke	1,6	2,4	54,6
Spielzeug	1,9	2,3	19,0
Schmuck und Luxusgüter	1,1	1,2	3,3
Sportartikel	0,9	1,1	25,6
Blumen, Glückwunschkarten, Geschenkartikel	0,7	1,0	42,2
Pharmazeutika, Kosmetika	0,6	0,8	41,5
Sonstige	1,1	1,4	25,7

Prozent, Spielzeug 6,8 Prozent, Unterhaltungselektronik 6,6 Prozent und bei Blumen/Glückwunschkarten/Geschenkartikeln 4,8 Prozent. Bei allen anderen Warengruppen lag der Umsatzanteil der Online-Bestellungen unter 2,5 Prozent, zum Beispiel im Automobilsektor (Neuwagen, Gebrauchtwagen und Zubehör) 2,0 Prozent und bei Lebensmitteln 0,6 Prozent (Quelle: Shop.org und The Boston Consulting Group nach eMarketer, 2002). Reiht man die *Warengruppen nach den Internet-Umsätzen,* so ergibt sich die Reihenfolge in Abb. 5.6.1/2.

Im *Jahr 2003* hat der Umsatz des *Online-Einzelhandels in den USA* alle Erwartungen übertroffen und ist um 51 Prozent auf 114 Milliarden US-Dollar angewachsen (inklusive Reisen und Ticket-Verkauf). Das sind 5,4 Prozent Anteil am gesamten Einzelhandelsumsatz. 79 Prozent der Online-Händler haben nach Eigenangaben profitabel gearbeitet. Für 2004 wird ein 6,6-Prozent-Anteil der Internet-Verkäufe am gesamten US-Einzelhandelsumsatz prognostiziert (Quelle: Forrester Research und Shop.org; Hochrechnung aus einer Befragung von 150 US-Einzelhandelsunternehmen).

Nach Schätzung des Hauptverbands des deutschen Einzelhandels (HDE) wurde *im Jahr 2003 im deutschen Einzelhandel ein Internet-Umsatz von elf Milliarden Euro* erwirtschaftet, das sind 2,1 Prozent des Gesamtumsatzes. Für 2010 rechnet der Hauptverband mit einem Internet-Anteil von fünf bis zehn Prozent am Gesamtumsatz. Forrester Research prognostiziert bereits für 2006 einen Online-Anteil von acht Prozent am deutschen Einzelhandelsumsatz.

Bei *Einzelhändlern mit mehreren Absatzkanälen* (engl.: multi-channel retailer) sind zusätzliche Effekte zu berücksichtigen. Einerseits kann ein Konsumenteninformationssystem den anderen Vertriebswegen Umsätze wegnehmen (Kannibalisierung), andererseits kann es durch Information den Besuch der stationären Verkaufsstätten fördern. Nielsen/Netratings ermittelte hierzu, dass 94 Prozent aller deutschen Haushalte mit Internetanschluss das Internet für den Kaufprozess nutzen. Für 81 Prozent der Benutzer ist der Preisvergleich am wichtigsten, gefolgt von der Suche nach Produktinformation beziehungsweise Testberichten mit 68 Prozent und der Suche nach dem richtigen Händler mit 62 Prozent. Für 79 Prozent von ihnen ist der wichtigste Anlaufpunkt eine Suchmaschine, 55 Prozent recherchieren in den Web-Sites der Hersteller und Absatzmittler, an dritter Stelle stehen Auktionshäuser wie eBay mit 45 Prozent (Quelle: Nielsen/Netratings 2004).

Im Jahr 2003 waren sieben der *zehn umsatzstärksten Internet-Händler* Firmen, die schon lange als Katalogversender *in Deutschland* tätig sind. Nach Amazon.de (Umsatz- und Gewinnzahlen für Deutschland werden nicht gesondert ausgewiesen) folgten laut Allensbacher Computer- und Technikanalyse Otto.de, Tchibo.de, Quelle.de, Weltbild.de, Bol.de, Neckermann.de, Conrad.de, Buch.de und Heine.de. Das Auktionshaus eBay rangiert zwar hinsichtlich der Frequentierung und des Internet-Umsatzes weit vor den genannten Anbietern, wird aber im Auftrage Dritter tätig (Elektronischer Markt) und ist somit nicht mit den genannten Einzelhändlern vergleichbar.

Der Vorteil der klassischen Versender liegt vor allem im Vertrauensvorschuss der Konsumenten. Während der Umsatz im *deutschen Versandhandel* in den letzten Jahren stagnierte (2003: 21 Milliarden Euro Umsatz, minus 1,7 Prozent gegenüber dem Vorjahr), wuchs der Internet-Umsatz um jährlich rund 30 Prozent auf einen Anteil von 17 Prozent (2003: 3,6 Milliarden Euro, ohne digitale Dienste und Reisebuchungen). Weitere 800 Millionen wurden per TV-Shopping erlöst. Bei *Otto* betrug im Jahr 2003 der Online-Anteil 14 Prozent (zwei Milliarden Euro) am Gesamtumsatz (14,3 Milliarden Euro). Bei *KarstadtQuelle* wurde über 60 Portale 2003 ein Online-Bestellwert von knapp 1,6 Milliarden Euro erreicht, das sind zehn Prozent des Gesamtumsatzes (2003: 15,3 Milliarden Euro). Ein hoher Anteil der erstmaligen Internet-Besteller sind Neukunden; zum Beispiel waren im Jahr 2003 rund 50 Prozent der erstmaligen Besteller von Neckermann.de Neukunden der Neckermann Versand AG (Teil des Karstadt-Quelle-Konzerns). *Tchibo* realisierte im Jahr 2003 140 Millionen Euro über das Internet, das sind rund 40 Prozent des Versandgeschäfts und vier Prozent des Gesamtumsatzes. Bei diesem Unternehmen hat das Konsumenteninformationssystem die wesentliche Aufgabe, auf das wöchentlich wechselnde Sortiment in den Filialen hinzuweisen. Rund drei Millionen Kunden und Interessenten haben den Newsletter abonniert, in dem jede Woche über aktuelle Produkte, Reisen und Sonderaktionen informiert wird. Bei *Spezialanbietern* mit internetaffinen Produkten macht der Anteil der Online-Geschäfte oft schon mehr als 50 Prozent des Gesamtumsatzes aus.

Mit zunehmender Diffusionsdichte des Internets wird ein *Wandel der Käuferstruktur* erwartet. Wie in der realen Welt, wo 70 – 80 Prozent der Einkäufe im Einzelhandel von Frauen getätigt werden, ist auch im B2C-Teleeinkauf bald mit einem Übergewicht der Frauen zu rechnen. *Kritik von Konsumentenseite am Web-Shopping* betrifft vor allem die Datensicherheit, die verzögerte Lieferung bestellter Waren, produktspezifische Mängel und Probleme mit Preisen (Zustellgebühren) und der Bezahlung.

▶ Übungsaufgabe Nr. 1.5.33 im Arbeitsbuch

B2B

Die weltweiten Schätzungen sehen für B2B-E-Commerce ebenfalls ein exponentielles Wachstum voraus.

Bei den B2B-E-Commerce-Umsätzen dominieren die westlichen Industrieländer. eMarketer schätzt, dass 2004 knapp 58 Prozent aller B2B-Umsätze im nordamerikanischen Raum getätigt werden, allein in den USA sind es 43 Prozent. 29 Prozent entfallen auf Europa, 11 Prozent auf Asien/Pazifik und knapp drei Prozent auf die übrigen Regionen.

Innerhalb Europas werden die meisten B2B-Umsätze in Deutschland (28-Prozent-Anteil am europäischen B2B-Umsatz) und Großbritannien (26 Prozent) realisiert. Die wachstumsträchtigsten Branchen sind laut *Forrester Research* Fahrzeugbau, Chemie, Nahrungsmittel und Maschinenbau.

Abb. 5.6.1/3: Prognosen des weltweiten B2B-E-Commerce-Umsatzes in Milliarden US-Dollar durch verschiedene IT-Marktforschungsgesellschaften (Quelle: eMarketer, nach NFO World Group 2003)

	2000	2001	2002	2003	2004	2005
AMR Research (2001)	–	704	1.375	2.261	3.350	4.739
Computer Economics (2002)	–	–	1.125	1.853	2.810	3.987
eMarketer (2002)	278	474	823	1.409	2.367	–
Gartner Group (2001)	433	919	1.929	3.632	5.950	8.530
IDC (2001)	282	516	917	1.573	2.655	4.329
Jupiter Research	336	700	1.510	2.940	4.592	–
Ovum (2001)	218	345	543	858	1.400	–

Der *E-Business Watch*, eine 2003 durchgeführte und von der *Europäischen Kommission* unterstützte Befragung europäischer Unternehmen, spiegelt die Nutzung und Erwartungshaltung gegenüber B2B-E-Commerce wider. Insgesamt wurden fast 13.000 Unternehmen aus 15 Wirtschaftzweigen in Deutschland, Großbritannien, Frankreich, Spanien und Italien befragt.

Einige *Ergebnisse aus diesem Bericht*:

- 2003 haben 50 Prozent der befragten Unternehmen online eingekauft, unter den Großunternehmen mit über 250 Mitarbeitern sind es 61 Prozent. Die bevorzugten internetbasierten Beschaffungskanäle sind die Web-Site des Lieferanten (84 Prozent), elektronische Marktplätze (31 Prozent) sowie Lieferanten-Extranets (31 Prozent).

- Die meisten der befragten Unternehmen geben an, dass internetbasierte Beschaffung einen positiven Einfluss auf Beschaffungskosten, Beziehungen zu Lieferanten, interne Geschäftsprozesse und Logistik- beziehungsweise Lagerkosten ausübt.

- Unternehmensübergreifende Prozesse werden in unterschiedlichem Ausmaß von den befragten Unternehmen elektronisch unterstützt: Dokumentenaustausch über das Internet mit Lieferanten beziehungsweise Kunden wird von 44 beziehungsweise 37 Prozent der Unternehmen betrieben. Produktentwicklung und -design wird von 20 Prozent der befragten Unternehmen online unterstützt. Lager- und Kapazitätsmanagement wird von 16 Prozent online gehandhabt, Internetbasierte kollaborative Prognoseerstellung wird von 14 Prozent durchgeführt.

- 75 Prozent der befragten Unternehmen sind zufrieden mit E-Business-Lösungen und deren Auswirkungen, 16 Prozent sind sehr zufrieden, neun Prozent sind eher enttäuscht von E-Business.

5.6.2 Portal- und Web-Shop-Software

Standardprogramme aller Art wurden „internetfähig" gemacht, modulare ERP-Systeme wurden zu umfassenden E-Business-Lösungen ausgebaut. Damit ist die Abgrenzung von E-Commerce-Software fast unmöglich geworden.

Software für Unternehmensportale

Unternehmensportale werden nur noch sehr selten individuell entwickelt. *Standardsoftware* für Unternehmensportale gibt es seit Mitte/Ende der 1990er Jahre auf dem Markt. Das Angebot ist groß und kaum überschaubar. Durch den Markteintritt der Branchengiganten IBM, Microsoft, Oracle und SAP sind die kleineren, auf diesen Bereich spezialisierten Softwarehäuser wie Plumtree, Broadvision oder Viador in den letzten Jahren zunehmend unter Druck geraten. Es wird damit gerechnet, dass von den ehemals über 100 Portalsoftwareanbietern weniger als die Hälfte überleben werden. Einerseits werben die großen Softwarehäuser mit ihrem breiteren Angebot und der (angeblich) einfacheren Integration von Anwendungen. Andererseits können sie günstigere Preise einräumen, da sie den Verkauf von Portalsoftware als Randgeschäft und als Türöffner für spätere Umsätze mit Applikationsservern und Datenbankverwaltungssoftware betrachten.

Während noch im Jahr 2001 Portalsoftwarespezialisten für ihre Unternehmensportale *Preise* ab 100.000 Euro aufwärts verlangten, sind heute entsprechende Programme ab 10.000 Euro erhältlich. Die Kosten ab 20 Euro pro Arbeitsplatz sind im Vergleich zu ERP-Software, wo eine Einzellizenz mehrere Tausend Euro kosten kann, gering.

Dementsprechend ist das *Marktvolumen* beschränkt. Im Jahr 2001 wurde mit verkauften Portalsoftwarelizenzen ein weltweiter Umsatz von 560 Millionen Euro erreicht (Quelle: Dataquest/Gartner). Auf Westeuropa entfielen 119 Millionen Euro; die jährliche Wachstumsrate wird bis 2006 auf durchschnittlich 39 Prozent geschätzt (Quelle: IDC).

Wesentliche *Entscheidungskriterien bei der Auswahl von Portalsoftware* sind die Funktionalität (Benutzeroberflächen, Personalisierungsfunktionen, Such- und Navigationsfunktionen, Zugriff auf strukturierte und unstrukturierte Daten, Groupware, Workflow-, Dokumenten- und Wissensmanagement), die Integration von Unternehmensanwendungen (engl.: enterprise application integration, abgekürzt: EAI), die Berücksichtigung von offenen Standards (wie zum Beispiel die Java Portlet Specification und die Web Services for Remote Portlets, abgekürzt: WSRP, des Herstellerkonsortiums Oasis), die Internationalität (Anzahl der Sprachen, Zeichensätze und Währungen), die Authentifikation, die Wartung und die Kosten.

In der *höchsten Leistungsklasse* rangieren anwendungsserverbasierte Produkte, die eine umfassende Portalfunktionalität aufweisen und eine hohe Interoperabilität mit ERP- und Wissensmanagementsystemen aufweisen. Dazu gehören einerseits die Hersteller von Infrastrukturplattformen wie IBM/Lotus (Websphere), BEA (WebLogic Portal), Microsoft (Business Portal) und Sun

Microsystems (Java System Portal Server) und andererseits die großen Hersteller von ERP-Systemen wie Oracle (9i Application Server) und SAP (mySAP Enterprise Portal als Bestandteil von SAP NetWeaver). In der mittleren Leistungsklasse bieten die reinen Portalsoftwarehersteller wie Plumtree (Enterprise Web-Suite), BroadVision (Self-Service Suite) und Viador (BI-Portal Suite) Lösungen an. Sie nehmen für sich in Anspruch, dass ihre einfacheren Produkte schneller in heterogenen Umgebungen implementiert werden können und geringere Gesamtkosten verursachen. Eine vierte Anbietergruppe sind die Hersteller von Dokumenten- und Wissensmanagement-Systemen (siehe Abschnitt 3.4.6), die ihre Lösungen mit Web-Oberflächen für den Zugriff auf unterschiedliche Inhalte versehen haben. Beispiele sind Hummingbird (Hummingbird Enterprise Webtop), Hyperwave (IS/6, eKnowledge Portal) und Vignette (V7).

Web-Shop-Software für KMUs

Große und mittlere Unternehmen, die Web-Shops betreiben, integrieren über Portale ihre Warenwirtschaftssysteme oder Marketing-Informationssysteme. Standardsoftware für die Warenwirtschaft und für das Kundenbeziehungsmanagement (siehe Folgeabschnitt) enthält heute stets auch eine Web-Shop-Komponente. Darüber hinaus bieten Softwarehäuser und Dienstleister für einzelne Prozesse spezielle Programme an, zum Beispiel Empfehlungssysteme, Bestellsysteme, Zahlungsverkehrssysteme oder Warenzustellsysteme, die auf einfache Weise in das Web-Angebot integriert werden können.

Für *Kleinunternehmer* ergeben sich zum *Betrieb eines Web-Shops* folgende Möglichkeiten:

1. Webhosting, das heißt Miete eines Rechners mit einer Standardkonfiguration bei einem ISP,
2. Eigenbetrieb mit einem entsprechenden Softwarepaket,
3. Angebot unter dem Dach eines großen Web-Warenhauses, -Auktionshauses oder -Einkaufszentrums.

Ein *Beispiel für das Webhosting* ist die Firma *Strato*, die schon seit Jahren Online-Shops betreibt. Mit dem *Business-Shop* bietet Strato einen einfach zu handhabenden Softwarebaukasten zur „Ladengestaltung", zum Anlegen von Artikelkatalogen und zur Integration in den eigenen Internet-Auftritt. Die Shop-Gestaltung wird durch Design-Vorlagen unterstützt, die durch individuelle Farbgebung und Firmenlogos auf jeder Seite an den persönlichen Geschmack angepasst werden können. Der Anwender legt in seiner Shop-Verwaltung per Menü fest, welche der Zahlungsarten (Bankeinzug, Kreditkarten, Nachnahme, Rechnung, Scheck, Verrechnungsscheck, Vorkasse) er zulassen will. Durch eine Schnittstelle zum Online-Zahlungssystem von WorldPay kann eine Verrechnung der Beträge automatisch erfolgen. Die Software bietet zudem die Möglichkeit, die Artikel des Shops automatisch auch über den Marktplatz von eBay anzubieten. Alle Einstellungen werden per Mausklick vorgenommen und erfordern keinerlei Vorkenntnisse. Der Aufbau und die Inbetriebnahme eines Web-Shops sind in einer halben Stunde erledigt. Die Kosten betragen inklusive drei Domains (zum Beispiel .de, .com, .net, .org), 1 GB Speicher, 25 GB Verkehrsaufkommen und 170 E-Mail-Postfächern pro Monat pauschal 24,90 Euro (Stand: April 2004).

Für den *Eigenbetrieb eines Web-Shops* durch Kleinunternehmer gibt es eine große Zahl von Softwarepaketen, die sich in ihrem Funktionsumfang, ihrem Installationsaufwand und ihrer Benutzerfreundlichkeit stark unterscheiden. Von den über 100 im Web zum Herunterladen angebotenen Produkten sind ungefähr ein Viertel kostenlose Open-Source-Produkte.

Als eines der besten Web-Shop-Produkte für KMUs gilt *Mondo Shop* von Mondo Media, das vielfältige Gestaltungsmöglichkeiten, eine integrierte Warenwirtschaft und Auftragsverwaltung sowie alle gängigen Zahlungsformen beinhaltet. Der Hersteller bietet Mondo Shop in mehreren Varianten an: Die einfachste, funktional eingeschränkte und auf 25 Artikel begrenzte Edition Free ist gratis. Die Edition Professional mit allen Zusatzmodulen kostet in der Einzelplatzversion 1.184 Euro (Stand: Mitte 2004). Gute *Open-Source-Shop-Systeme* sind *osCommerce*, *phPay* und *Caupo-Shop* (Editionen Classic, Pro, Mall).

Immer mehr Privatleute und Händler machen auch von der Möglichkeit Gebrauch, ihre Waren *unter dem Dach von Web-Warenhäusern, -Auktionshäusern oder -Einkaufszentren* anzubieten. Wegen der hohen Benutzerfrequenz sind eBay und Amazon am beliebtesten.

Die Einrichtung eines *eBay-Shops* geschieht auf ähnlich einfache Weise mit einem Shop-Designer wie oben bei Strato beschrieben. Der *Basisshop* kostet monatlich 9,95 Euro plus fünf Cent pro Artikel für 30 Tage. Der *Top-Shop* kostet 49,95 Euro plus die Artikelgebühr pro Monat und bietet dafür eine hervorgehobene Platzierung auf der eBay-Shop-Startseite, vorrangige Positionierung auf den Shop-Seiten mit übergeordneten Kategorien, in denen Artikel eingestellt wurden, und vorrangige Platzierung des Shops auf den Shop-Suchergebnisseiten. Der *Premium Shop* für monatlich 499,95 Euro plus Artikelgebühren inkludiert noch wesentlich intensivere Werbung, wie 200.000 Page Impressions pro Monat usw. (Stand: April 2004). Die Shops sind eine eigene eBay-Geschäftskategorie, deren Artikel nur im jeweiligen Shop zu finden sind. Den Shop-Anbietern steht es jedoch frei, ihre Ware zusätzlich per Auktion oder zum Festpreis im allgemeinen eBay-Programm zu offerieren. Auf direktem Wege ist ein Shop über die Adresse www.stores.ebay.de/<shopname> erreichbar.

▶ Übungsaufgabe Nr. 1.5.34 im Arbeitsbuch

5.6.3 CRM-Software

Sie erinnern sich: CRM bezieht sich auf alle Kommunikations- und Absatzkanäle beziehungsweise Kundenbeziehungen eines Betriebs, keineswegs nur auf die kundenzentrierten E-Commerce-Anwendungen (E-CRM). Es ist davon auszugehen, dass die elektronischen Kundenservice- und Kundenbetreuungsfunktionen an Bedeutung gewinnen, wobei ein besonders zukunftsträchtiger Bereich die analytischen Softwarewerkzeuge sind.

Laut Gartner wurden im Jahr 2002 *weltweit 2,8 Milliarden US-Dollar für neue CRM-Softwarelizenzen* ausgegeben. Der Umsatzrückgang gegenüber 2001 betrug 24,7 Prozent. Als Ursache für diese Entwicklung werden die gebremste wirtschaftliche Entwicklung, Änderungen des Kaufverhaltens sowie veränderte

Unternehmensstrategien gesehen. Der stärkste Rückgang war in Nordamerika, dem größten Markt für CRM-Software, und Europa zu verzeichnen. Für das Jahr 2004 wird wieder von einem Wachstum ausgegangen, das sich auf zirka 3,5 Prozent belaufen soll. Ein wesentlich größerer Markt sind *CRM-Services*. Diese beinhalten CRM-Outsourcing, Kundendienst, Application Service Provision (ASP) sowie Systemintegration, -wartung und Schulung.

Der weltgrößte *Anbieter von CRM-Software* ist Siebel mit einem Marktanteil von knapp 35 Prozent im Jahr 2002. An zweiter Stelle rangiert SAP mit einem Anteil von knapp 16 Prozent, danach folgen mit größerem Abstand PeopleSoft, Oracle und Amdocs (Clarify). Weitere bedeutsame CRM-Anbieter sind E.piphany, Onyx Software und Update Software.

In Bezug auf die in der Praxis eingesetzten *Applikationstypen* dominieren in Europa die „CRM-Suites", das sind umfassende CRM-Lösungen. Auf dieses Segment entfielen 2002 35 Prozent der Umsätze. Anbieter in diesem Segment sind beispielsweise Siebel, Onyx oder Pivotal. 20 Prozent der CRM-Software-Umsätze werden durch CRM-Lösungen im Rahmen von ERP-Systemen erzielt, wie sie von SAP, Microsoft, Oracle oder PeopleSoft angeboten werden. Komponentenlösungen kommen ebenfalls auf einen Anteil von 20 Prozent, Anbieter in diesem Bereich sind beispielsweise CAS, NCR oder SAS. CRM-Eigenentwicklungen stellen weitere 20 Prozent des europäischen CRM-Software-Marktes. Das kleinste Segment bilden CRM-Frameworks. Einer Studie von Gartner zufolge werden jedoch über 40 Prozent der von Unternehmen erworbenen CRM-Lizenzen nicht genutzt.

In den letzten Jahren wurde von CRM-Anbietern der *Schwerpunkt auf die Implementierung und Systemintegration* gelegt. In zunehmendem Ausmaß werden auch CRM-Beratungsleistungen angeboten, die gemeinsam mit den Systemlösungen und der dazugehörigen Implementierung in Anspruch genommen werden.

Die aktuelle Entwicklung des CRM-Marktes zeigt, dass neben den in den letzten Jahren angebotenen CRM-Lösungen für Verkaufsautomation, Unterstützung des Außendienstes sowie Call-Center-Applikationen zunehmend *Analysetools und Report-Systeme* an Bedeutung gewinnen. IDC schätzt, dass im wachsenden Markt der Analysesoftware die CRM-Applikationen mit zweistelligen jährlichen Zuwachsraten am schnellsten zunehmen werden. Auch ist eine stärkere Integration von Analysetools in CRM-Lösungen zu beobachten.

In *Deutschland* prognostiziert Meta Group ein jährliches Marktwachstum bei CRM-Software von 23 Prozent bis zum Jahr 2005. Der Markt soll dann ein Volumen von 840 Millionen Euro erreicht haben. Vom prognostizierten Marktwachstum sollen die beiden größten Anbieter, Siebel und SAP, am meisten profitieren. Im Jahr 2002 ist der Marktanteil von Siebel laut Gartner Dataquest von 29 auf 23 Prozent gesunken, dagegen konnte SAP in diesem Zeitraum seinen Marktanteil von 12 auf 15 Prozent steigern.

Die *Preise der CRM-Software* betragen bei den führenden Anbietern einige Hundert bis über tausend Euro Lizenzgebühren pro Arbeitsplatz.

Marktvolumen in Millionen Euro

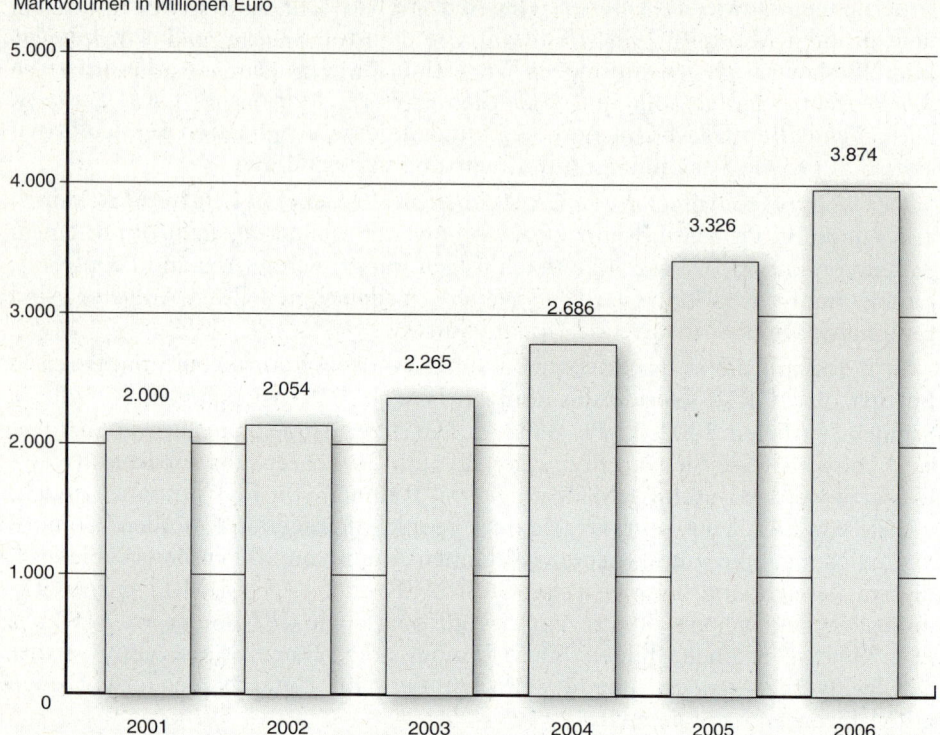

Abb. 5.6.3/1: Marktvolumen für CRM-Software und -Services in Deutschland in Millionen Euro (Quelle: PAC/Computerwoche)

Zum *Beispiel* verlangt der *Marktführer Siebel* bei der Mittelstandslösung „Professional Edition" (für Unternehmen mit 15 bis 250 Benutzern) 999 US-Dollar pro Benutzer. Die „Enterprise Edition" für Großunternehmen ist ab 5.000 US-Dollar pro Lizenz zu haben; die Preise beginnen bei 1.350 US-Dollar pro Benutzer. Die ASP-Lösung „CRM on Demand" kostet pro Benutzer 70 US-Dollar im Monat.

▶ Übungsaufgabe Nr. 1.5.35 im Arbeitsbuch

5.6.4 Elektronischer Datenaustausch (EDI)

EDI-Entwicklung und -Transaktionsvolumen

In den *USA* gibt es EDI seit 1974. Die Handelskette *Super Value Stores* und der Jeanshersteller *Levi Strauss* waren die ersten Anwender. Inzwischen ist EDI in fast allen Branchen fest etabliert. In der ANSI-Norm X.12 sind mehr als 300 EDI-Nachrichten definiert. Insgesamt nutzen mehr als 300.000 Organisationen in den USA die X.12-Standards. X.12 wird, ähnlich wie EDIFACT, laufend aktualisiert und teilweise in XML-Nachrichten abgebildet.

In *Europa* hat die Einführung von EDI erst ein Jahrzehnt später begonnen. Durch die frühzeitige Liberalisierung der Telekomdienste und Förderungsmaßnahmen der Regierung hat sich der elektronische Datenaustausch in den Niederlanden, Großbritannien und Skandinavien am stärksten durchgesetzt. Südliche Länder wie Spanien, Italien und Frankreich hängen demgegenüber etwas nach.

Das *mittels EDI abgewickelte Transaktionsvolumen* betrug 2003 weltweit 1,99 Billionen US-Dollar und soll laut einer Schätzung von IDC bis 2007 auf 2,68 Billionen US-Dollar steigen. Dieses Wachstum soll vor allem durch die Ausweitung von EDI-Netzwerken auf Klein- und Mittelbetriebe erfolgen. Zur Unterstützung dienen hierbei neben Mehrwertdiensten (engl.: value-added network, abgekürzt: VAN) zunehmend Internet-Techniken wie die nachfolgend beschriebenen XML-Standards.

Nach *Regionen* betrachtet, sind laut einer IDC-Schätzung für das Jahr 2003 die USA mit einem EDI-Volumensanteil von 43 Prozent sowie Westeuropa mit einem Anteil von 31 Prozent in einer führenden Position. In Japan wurden in diesem Zeitraum 11 Prozent aller EDI-Volumina abgewickelt, im restlichen asiatisch/pazifischen Raum sieben Prozent und in den übrigen Regionen neun Prozent. IDC geht davon aus, dass sich der Anteil des internetbasierten EDI von gegenwärtig 23 Prozent auf 46 Prozent im Jahr 2007 steigern wird.

Vorreiter für den EDI-Einsatz in Deutschland waren die Automobilindustrie und die Konsumgüterbranche. Mit der internationalen und branchenübergreifenden Verflechtung der Wirtschaft wurden die lange vor der EDIFACT-Normierung eingeführten *proprietären EDI-Standards* dieser und anderer Wirtschaftszweige zunehmend zur Fessel. Die daraufhin von den jeweiligen Branchenverbänden in europäischer Kooperation entwickelten EDIFACT-Subsets wurden zunächst nur zögernd, ab Mitte der 1990er Jahre jedoch verstärkt akzeptiert:

- Die Automobilindustrie stellte von VDA auf den kompatiblen ODETTE-Standard um.
- Im Konsumgüterbereich wurde SEDAS durch den Strichcode-Standard EANCOM abgelöst (Verwendung in der Lebensmittel-, Bau-, Büro-, Elektro-, Keramik-, Textil-, Kosmetik- und Sanitärbranche).

Wesentliche *Transaktionsstandards in Deutschland* sind heute EDIFACT und XML-basierte Standards wie xCBL oder openTRANS sowie RosettaNet, das neben Transaktionen auch Prozesse abbilden kann. Die meisten Transaktionsstandards umfassen mehrere Subsets, die verschiedene wichtige Nachrichtentypen beschreiben. Beispielsweise verfügt EDIFACT über etwa 200 Nachrichtentypen.

EDIFACT

Ein häufig genutztes Subset im deutschsprachigen Raum ist *EANCOM*, das die 44 wichtigsten EDIFACT-Nachrichtentypen umfasst. EANCOM wird international von EAN international, der länderübergreifenden Organisation der Europäischen Artikelnummerierung repräsentiert. In Deutschland ist dafür die Centrale für Coorganisation (CCG) zuständig, ein Dienstleistungs- und Kompentenzzentrum für unternehmensübergreifende Geschäftsabläufe in der deutschen Konsumgüterwirtschaft und angrenzenden Branchen. EANCOM spielt in Deutschland eine dominierende Rolle. So lag die Zahl der EANCOM-Anwender zuletzt bei zirka 5.000 Unternehmen, während andere EDI-Standards nur von etwa 500 Organisationen genutzt werden.

Weitere in der Praxis eingesetzte *EDIFACT-Subsets* sind EDIFICE (Elektronikindustrie), ODETTE (Kfz-Industrie), CEFIC (Chemieindustrie) oder EDIFOR (Logistik). Es gibt auch unternehmenseigene EDIFACT-Standards wie beispielsweise den SES-Standard von Siemens.

XML/EDI

In der Praxis existieren zahlreiche *XML-basierte EDI-Standards,* die von *Herstellerkonsortien, Branchenverbänden und einzelnen Unternehmen* entwickelt wurden:

xCBL (Abkürzung von engl.: XML Common Business Library) ist ein branchenübergreifender XML-basierter Standard und wurde von dem Softwareanbieter Commerce One entwickelt. xCBL beruht stark auf bestehenden EDI-Standards und ermöglicht auch eine einfache Migration von EDI zu XML-basierten Standards. In xCBL sind deutlich weniger Nachrichtentypen definiert als bei EDIFACT (zirka 50), diese sind außerdem weniger detailliert. In der Praxis wird xCBL insbesondere im Zusammenhang mit Produkten von Commerce One und Ariba genutzt.

Eine Weiterentwicklung von xCBL ist die *UBL*, die Universal Business Language. Die Entwicklung der UBL findet durch das Standardisierungsgremium OASIS (Abkürzung von engl.: Organization for the Advancement of Structured Information Standards) statt und wird insbesondere von Commerce One, SAP und Sun vorangetrieben. UBL, das auf XML basiert, besteht aus drei Komponenten: Einer Bibliothek für Standardkomponenten (beispielsweise Formate für Adressen), einem Satz von Standard-Geschäftsdokumenten (zum Beispiel eine Rechnung) und Vorschriften, wie diese Geschäftsdokumente erweitert werden können beziehungsweise dürfen. Damit können diese Standards für unterschiedliche Branchen adaptiert werden.

Ein weiterer XML-basierter, branchenübergreifender Standard ist *cXML* (Abkürzung von engl.: Commerce Extensible Markup Language), der von Ariba entwickelt wurde. Dieser Standard unterstützt insbesondere katalogbezogene Daten, Lieferantenbeschreibungen, Bestellungen sowie Rechnungen. cXML ist in Deutschland weniger verbreitet als andere Standards, etwa xCBL, und wird oft im Kontext von Produkten von Ariba beziehungsweise Commerce One verwendet.

openTRANS ist ein Standard, der fast ausschließlich in Deutschland zum Einsatz kommt, auch hier jedoch noch eine geringe Verbreitung aufweist. Entwickelt vom *eBusiness Standardization Committee,* unterstützt dieser Standard insbesondere transaktionsbezogene Geschäftsdokumente wie Angebote, Aufträge, Auftragsänderungen, Auftragsbestätigungen, Lieferavis usw.). Da das eBusiness Standardization Committee auch BMEcat, einen XML-basierten Katalogstandard, pflegt, besteht eine enge Integration zwischen BMEcat und openTRANS, was auch die Verbreitung von openTRANS vorantreiben könnte.

Auch *EAN-UCC* hat einen Satz von XML-Schemata entwickelt. Diese sind in zwei Bereichen einsetzbar: EAN-UCC *simpl-eb* dient für häufige Geschäftstransaktionen wie etwa Rechnungen oder Bestellungen. Der zweite Bereich stellt XML-Dokumente für Collaborative Planning, Forecasting and Replenishement (siehe Abschnitt 5.5.3.2) zur Verfügung.

Ein wichtiger fachlicher Standard, der Geschäftsprozesse unterstützt, ist *RosettaNet*. Anfänglich wurde dieser Standard für die Bereiche IT, Elektronikbauteile und Halbleiterproduktion entwickelt, fand jedoch auch in anderen Wirtschaftsbereichen international und insbesondere in den USA eine breite Anwendung. RosettaNet wurde ursprünglich von 40 IT-Unternehmen entwickelt, umfasst heute jedoch ein Konsortium von mehr als 500 Unternehmen. Auch UCC ist an daran beteiligt. Kernbestandteil von RosettaNet sind die so genannten *PIPs* (Abkürzung von engl.: Partner Interface Processes), die Geschäftsprozesse zwischen Organisationen modellieren.

Auf eine ganz andere Entwicklung blickt der Standard *ebXML* zurück. Dieser Standard wird gemeinsam von OASIS und UN/CEFACT (Abkürzung von engl.: United Nations Centre for Trade Facilitation and Electronic Business) betrieben und ist das Ergebnis eines ambitionierten branchenübergreifenden Standardisierungsprojekts. Während OASIS bei diesem Projekt für die technische Seite zuständig ist, steuert UN/EDIFACT die Inhalte bei. Das Ziel dieser Initiative besteht in der Schaffung eines technischen Rahmenwerks, auf dessen Basis standardisierte XML-Dokumente für den Geschäftsdatenaustausch definiert werden sollen. ebXML unterscheidet sich von anderen beschriebenen Standards unter anderem darin, dass es eine starke technische Standardkomponente enthält. In der Praxis wird von ebXML vor allem das *ebXML-Messaging* genutzt, die anderen Elemente sind dagegen noch nicht genügend ausgereift oder stoßen auf geringe Akzeptanz durch Unternehmen.

Generell hängt der *Einsatz XML-basierter Standards* stark von der gegenwärtigen EDI-Infrastruktur in einer Branche ab. Branchen, die bereits eine umfassende und weit entwickelte EDI-Infrastruktur besitzen, wie beispielsweise schnelldrehende Konsumgüter, sehen einen geringeren Bedarf an XML-Standards als Wirtschaftszweige, die noch keine EDI-Infrastruktur aufweisen. Daher wurden auch zahlreiche Initiativen gestartet, deren Ziel die *Zusammenführung von EDI-Formaten und XML* ist. Ein Beispiel für ein solches Vorhaben ist das *X.12/XML-Projekt* der amerikanischen Data Interchange Standards Association (abgekürzt: DISA), der XML/EDI-Group und dem CommerceNet, einem Herstellerkonsortium. Die Datenelemente und Strukturen des in Nordamerika verbreiteten Nachrichtenstandards ANSI X.12 wurden in XML überführt und in einem Repository bereitgestellt. In Europa startete 1998 der Electronic Commerce Workshop der CEN/ISSS (Ankürzung von engl.: European Committee for Standardization / Information Society Standardization System) gemeinsam mit einer europäischen Untergruppe der XML/EDI-Group das *European XML/EDI Pilot Project*.

Stammdatenpools

Eine wichtige Rolle beim elektronischen Datenaustausch spielen Stammdaten. In der Praxis hat sich hierbei die Idee von *Stammdatenpools* durchgesetzt. Hierbei werden Stammdaten nur von einer Institution erfasst, aber für alle Marktteilnehmer nutzbar gemacht. In Deutschland und Österreich ist *SINFOS* der zentrale Artikelstammdatenpool. SINFOS ist seit 2002 ein eigenständiges Unternehmen, gehört aber zu mehreren internationalen Stammdatennetzwerken. In Europa ist hierbei das Projekt *E-Rialto* zu nennen, in den USA wird das zur UCC gehörende *UCCnet* eingesetzt, das ein weltweites Netz unabhängiger Stammdatenpools aufbaut.

▶ Übungsaufgabe Nr. 1.5.36 im Arbeitsbuch

5.6.5 Supply-Chain-Management-Systeme

Die *Entwicklung von Software für das Supply-Chain-Management (abgekürzt: SCM)* blickt zwar schon auf eine längere Vergangenheit zurück, die Entwicklungssprünge sind aber in den letzten Jahren erheblich schneller geworden. Erste Lösungen gab es bereits Ende der 1970er- und Anfang der 1980er-Jahre. Lange Zeit war der Markt durch Zersplitterung und Einzellösungen gekennzeichnet. In den Anfängen gab es zum Beispiel Programme für Prognoseaufgaben oder weitergehende Produktionsplanungssysteme. Erst zu Beginn der 1990er Jahre wurden aus Einzellösungen Komplettlösungen. Die Implementierung hat sich jedoch vielfach als schwierig herausgestellt.

Die größten auf *Supply-Chain-Management-Software* spezialisierten *Anbieter* sind derzeit *i2 Technologies, Manugistics*, und *AspenTech*. Anbieter betriebswirtschaftlicher Standardsoftware wie *SAP, Oracle* und *PeopleSoft* bieten in ihren Komplettpaketen entsprechende Komponenten an, die teilweise selbst entwickelt oder durch Firmenkauf erworben wurden. In Deutschland ansässige Anbieter sind beispielsweise AP, Infor Business Solutions oder Proalpha.

Die rasche Verbreitung des *Internets* als kostengünstiges Medium für betriebsübergreifende Anwendungen hat dem *SCM-Markt neue Impulse* verliehen. Wie in anderen Bereichen mit hohen Integrationsnotwendigkeiten, beispielsweise dem Kundenbeziehungsmanagement, machen die Softwarelizenzgebühren nur einen relativ kleinen Anteil der Gesamtkosten einer SCM-Entwicklung aus. Für Beratung, Implementierung, Training, Benutzerunterstützung und Wartung fällt ein Vielfaches der reinen Softwarekosten an. Die Kosten dieser Leistungen teilen sich nach einer weltweiten IDC-Studie im Jahr 2002 wie folgt auf:

- Implementierung: 45,7 Prozent
- Beratung: 24 Prozent
- IT-Betrieb: 20,3 Prozent
- Support: 1,5 Prozent
- Schulung: 1,3 Prozent

IDC schätzt, dass *2002 weltweit 26,8 Milliarden US-Dollar für SCM-IT-Dienstleistungen* ausgegeben worden sind. Dieser Umsatz teilt sich wie folgt auf: Nord- und Südamerika: 52 Prozent, Europa/Mittlerer Osten/Afrika: 41 Prozent, Asien/pazifischer Raum: 7 Prozent. Der Gesamtumsatz soll in den nächsten Jahren durchschnittlich um 8,9 Prozent pro Jahr steigen und 2007 weltweit bei 41,2 Milliarden US-Dollar liegen.

Diese *Umsätze mit SCM-Dienstleistungen* teilen sich in folgende *Subsegmente* auf:

- Supply Chain Execution (SCE): 37 Prozent
- Beschaffung: 30 Prozent
- Produktlebenszyklusmanagement (Product Life-Cycle Management, PLM): 15,6 Prozent
- Supply Chain Planning (SCP): 14 Prozent
- Sonstige: 3,4 Prozent

Die *weltweit führenden SCM-Dienstleistungsanbieter* sind: IBM, Accenture, Cap Gemini Ernst & Young, Deloitte, EDS, Atos Origin, CSC (Computer Sciences Corp.), SAP, Unisys und BearingPoint. Darüber hinaus gibt es eine Reihe national und regional tätiger Systemhäuser, wie beispielsweise in Deutschland die IDS Scheer.

5.6.6 Zwischenbetriebliche elektronische Marktplätze

In den Jahren 1999 und 2000 war eine regelrechte Euphorie im Bereich der *zwischenbetrieblichen elektronischen Marktplätze (B2B-Marktplätze)* festzustellen. 1999 wurden weltweit 332 B2B-Marktplätze gezählt, von denen 34 in Deutschland beheimatet waren. Ein Jahr später hatten sich die Zahlen nahezu vervierfacht. Weltweit wurden Mitte des Jahres 2000 in einer Studie von Berlecon Research 1.100 zwischenbetriebliche elektronische Marktplätze erfasst. Seitdem ist auch hier eine Phase der Ernüchterung und Marktbereinigung eingetreten. Viele Marktbetreiber mussten aufgeben, andere kämpfen noch um ihre Existenz, einige sind mit interessanten Geschäftsideen hinzugekommen. Nur wenige Märkte sind so erfolgreich wie ursprünglich erhofft. Mitte 2004 verzeichnete Berlecon Research 1.037 elektronische Marktplätze. Davon haben 39 Prozent ihren Hauptsitz in den USA, 51 Prozent in Europa (West und Ost), 26 Prozent im asiatischen/pazifischen Raum und 16 Prozent in den übrigen Regionen. 123 Marktplätze haben ihren Hauptsitz in Deutschland.

Abb. 5.6.6/1: Überblick über ausgewählte Marktplätze in verschiedenen Branchen

Name	Betreiber	Branche	IT-Lieferant	Marktgebiet
Aeroxchange	Air Canada, American Airlines, Cathay Pacific, KLM, Lufthansa, Singapore Airlines, United Airlines usw.	Luftfahrt	Oracle	Global
Allocation-net	Allocation Network	Industrie-Halbfertigprodukte	Apeiron	Europa
Atradapro.de	Atrada Trading Network	Verschiedene Kategorien, z.B. IT, Bürobedarf, Kommunikation	T-Online, Gruner & Jahr, Lycos, mobile.de, T-Online-Business	Deutschsprachiger Raum
ChemConnect	Goldman Sachs, Weiss, Peck & Greer usw.	Chemische Produkte	Envera, Global Exchange Services und andere	Global
Covisint.com	DaimlerChrysler, Ford, GM, Renault-Nissan, usw.	Automobilindustrie	CommerceOne, Oracle und andere	Global
CPGmarket.com	Nestlé, Danone, SAP und andere	Lebensmittelhandel	Accenture, HP Europe, B2eMarkets, Aberdeen	Europa
Semiconductor Online	VertMarkets	Halbleiterindustrie	VerticalNet Solutions, DoubleClick, ProSavvy usw.	Global, Fokus in USA
LinkApparel	Creatnet services	Textilbranche	ICICI	Global
GlobalNetXchange	Sears, Carrefour, Metro, usw.	Konsumgüter, insbesondere Lebensmittel	Oracle, Manugistics, QSA, iTradeNetwork, Sun Microsystems	Global
Goindustry.com	Atlas Venture und Internet Capital Group	Gebrauchte Industriegüter	H. Butcher International, Appelboom, H. Karner Industrieauktionen usw.	Global
Ariba	Ariba	Industriewaren	Ariba, Accenture, Cisco und andere	Global
Internationale Holzbörse	Internationale Holzbörse IHB	Holz- und Forstprodukte	Schenker und andere	Europa
Paper2 print.com	Forestfactory	Papier	KPMG, Uunet, Sterling Commerce usw.	USA
AvSupport Online	Avsupport	Luftfahrt	PartsLogistics.com	Nordamerika
eXessportal. com	ACG Technology Service	IT-Hardwarekomponenten	New Identity AG	Global
Transora	Über 50 große Unternehmen der Konsumgüterindustrie	Konsumgüter, insbesondere Lebensmittel	i2 Technologies, UCC Net, EAN.UCC, Sinfos usw.	Global
WorldWide Retail Exchange	17 internationale Einzelhandelsunternehmen	Konsumgüter, insbesondere Lebensmittel	Agribuys, SourcingLink, UDEX, viaLink usw.	Global

Die Abb.5.6.6/1 gibt einen *Überblick über ausgewählte Marktplätze* in verschiedenen Branchen. Die Auswahl lässt keine unmittelbaren Rückschlüsse über die Bedeutung des Marktplatzes in der jeweiligen Branche zu.

Ein *Standardsoftware-Beispiel* für elektronische Marktsysteme ist *mySAP Marketplace*. Dieses System erlaubt es Betreibern elektronischer Marktplätze, wertschöpfende Dienstleistungen auf einer sicheren, skalierbaren und robusten Plattform bereitzustellen. Die zwischenbetriebliche Geschäftsabwicklung über unterschiedliche Softwaresysteme hinweg wird durch *MarketSet*, der Marktplatzlösung von *SAP* und *Commerce One*, unterstützt. Auf dieser Basis können Unternehmen kaufen, verkaufen und mit virtuellen Gemeinschaften Handel treiben.

Zu den *Funktionen* von mySAP Marketplace zählen:

- Geschäftspartnerverwaltung: Selbstregistrierung und Integration von Geschäftspartnern,
- RFx-Automatisierung und dynamische Auktionen: Bezugsquellenfindung für Rohstoffe, Lieferantenanfragen, Ver- und Einkaufsauktionen und automatische Ankündigungen,
- Beschaffung: Einbindung der Mitarbeiter in die Unternehmensprozesse, vereinfachte Bestellanforderungen, automatisierte Bestellvorgänge und Workflows usw.,
- Einbindung von Lieferanten: Automatisierte Auftragsverwaltung, Bereitstellung von aktuellen Inhalten und Katalogbeschaffung,
- Marktplatzanalyse: Analyse der Nutzung des Marktplatzes sowie Ermittlung von Kauftrends, erhöhte Transparenz der Einkaufsprozesse,
- Content Management: Änderungsmöglichkeit von Inhalten für Lieferanten, Pflege, Steuerung und Durchsetzung von Standards durch den Marktplatzbetreiber,
- Plattform: Effizienzsteigerungen und Verbesserung im Kundenservice durch Rückverfolgung von Dokumenten, Funktionen zur Anwendungsintegration, Sicherheit und Benutzerverwaltung.

▶ Übungsaufgabe Nr. 1.5.37 im Arbeitsbuch

Wir betrachten zum Abschluss dieses Kapitels wiederum einige *Beispiele aus der Lebensmittelbranche*. Fast zeitgleich im Februar/März 2000 wurden mit der Worldwide Retail Exchange (abgekürzt: WWRE), der GlobalNetXchange (abgekürzt: GNX) und Transora drei der weltweit größten B2B-Marktplätze gegründet.

Gründungsmitglieder der *Worldwide Retail Exchange (WWRE)* waren 17 Großunternehmen des europäischen, amerikanischen und asiatischen Einzelhandels. Bis Mitte 2004 hat sich die Zahl der Mitglieder auf 62 Einzelhandelsunternehmen erhöht. Der Umsatz liegt nach jüngsten Angaben bei 900 Milliarden Euro. Aus Deutschland sind Edeka, Otto Versand, REWE, Schlecker und Tengelmann dabei. Das Ziel ist es, den Handel zwischen den Mitgliedern und den mehr als 100.000 Lieferanten und Distributoren zu erleichtern und zu vereinfachen. Durch globalen Einkauf und die Optimierung der Versorgungskette sollen Kosten eingespart und die Effizienz erhöht werden. WWRE gibt an, dass der Marktplatz bisher zu einer Einsparung der Transaktionskosten der Mitglieder in Höhe von einer Milliarde US-Dollar geführt hat.

WWRE versteht sich als offener Marktplatz, auf dem Auktionen, Online-Verhandlung, Online-Einholung von Information, Preisen und Angeboten sowie Katalogaggregation angeboten werden. Über diese Handelsfunktionen hinaus beinhaltet der Marktplatz auch ein CPFR-System, Beschaffungssysteme, Supply-Chain-Management-Systeme und Kommunikationsmöglichkeiten.

GlobalNetXchange (GNX) wurde im Jahr 2000 von den Einzelhändlern Sears und Carrefour sowie dem IT-Softwarehaus Oracle ins Leben gerufen. Inzwischen sind einige weitere der weltweit größten Einzelhandelsunternehmen als GNX-Kapitalgesellschafter hinzugekommen, aus Deutschland die Metro AG und die KarstadtQuelle AG. Wie WWRE versteht sich auch GNX als neutraler Marktplatz, der für Unternehmen jeder Größe offen ist und den Handelspartnern hilft, das Internet optimal zu nutzen, um Kosten zu senken und die Effizienz der Versorgungskette zu steigern. Die von GNX angebotenen Funktionen entsprechen weitgehend jenen der WWRE. Im Jahr 2002 wurden über GNX über 5.600 Transaktionen abgewickelt, die einen Wert von 5,1 Milliarden US-Dollar repräsentieren. Seit der Gründung wurden 9.500 Auktionen mit einem Umsatz von 7,5 Milliarden US-Dollar durchgeführt.

Transora ist der weltweit größte offene, standardbasierte *B2B-E-Marktplatz für die globale Konsumgüterindustrie.* Fast alle Branchengrößen nehmen daran teil: Beiersdorf, Coca-Cola, Colgate-Palmolive, Danone, Eastman Kodak, Gillette, H.J. Heinz, Heineken, Johnson & Johnson, Kellogg, Kraft Foods, Mars, Nestlé, PepsiCo, Procter & Gamble, Unilever und viele andere mehr. Die gegenwärtig 56 teilnehmenden Konzerne vereinigen mit mehr als 600 Milliarden Euro Jahresumsatz fast die Hälfte des weltweiten Branchenumsatzes auf sich. Im Prinzip werden dieselben Ziele

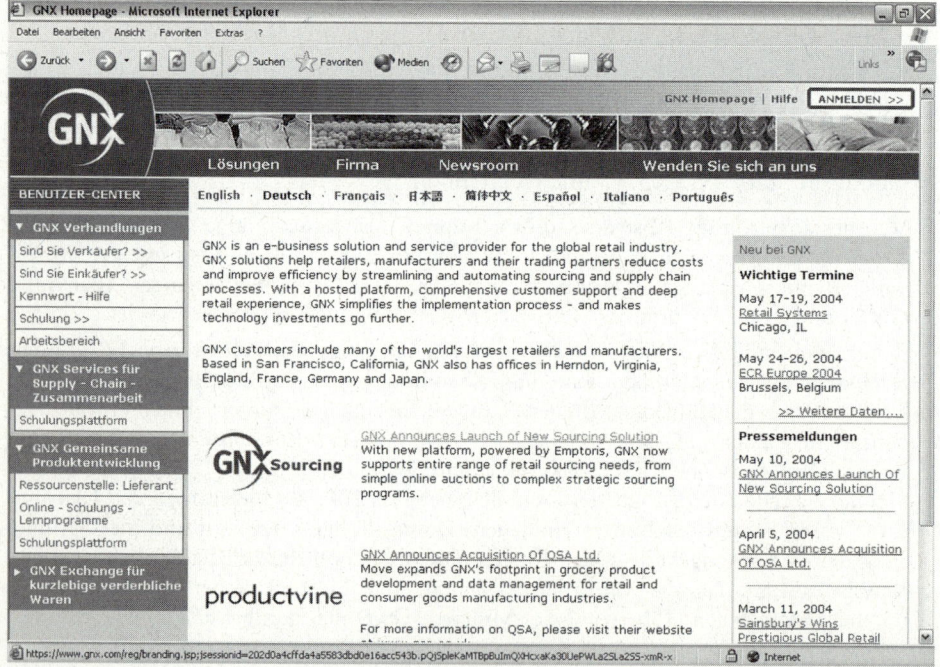

Abb. 5.6.6/2: GNX-Leitseite

verfolgt wie bei WWRE und GNX, wobei jedoch stärker als beim endkundenorientierten Einzelhandel die Optimierung der gesamten Wertschöpfungskette und der gesamten Geschäftätigkeit per Internet im Mittelpunkt steht. Der Marktplatz wurde im Jahr 2000 mit einem Startkapital von 250 Millionen Euro gegründet.

Neben Zusatzdiensten, die mit WWRE und GNX vergleichbar sind, liegt ein Schwerpunkt in der weltweiten Datensynchronisation. Diese umfasst folgende Dienstleistungen:

- Einen Datensynchronisierungsservice, der für den Abgleich von Artikelstammdaten, Preis- und Promotions-Daten zwischen Herstellern und Einzelhändlern genutzt werden kann,
- globale Registrierung in Zusammenarbeit mit UCCnet und der Global Commerce Initiative (CGI),
- Gewährleistung globaler Kompatibilität zur Ermöglichung eines länderübergreifenden zwischenbetrieblichen Informationsflusses,
- einen Kundenservice inklusive Support, Schulung und Beratung,
- ein Netzwerk für den Austausch von Daten auf Outlet-Ebene (Direct Store Delivery) sowie
- Lösungen für Klein- und Mittelbetriebe.

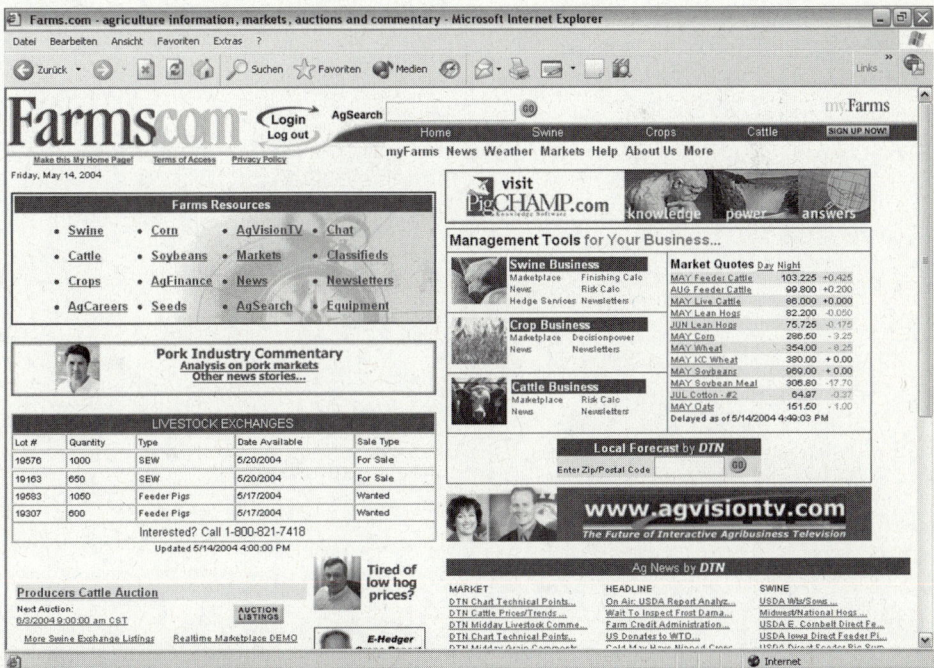

Abb. 5.6.6/3: Leitseite von Farms.com

Der Informationsaustausch erfolgt mittels EDI beziehungsweise XML/EDI. Transora arbeitet auch mit anderen Marktplätzen, beispielsweise CPGmarket in Europa, zusammen.

Neben diesen weltweiten „Megamärkten" gibt es im Lebensmittelsektor noch *eine große Zahl mittlerer und kleinerer B2B-Marktplätze* (allein in den USA mindestens 50), die in der Regel auf nationale oder regionale Märkte und bestimmte Warengruppen spezialisiert sind. Aus dem Namen ist oft der Geschäftsgegenstand erkennbar. Beispielsweise ist Farms.com ein Umschlagplatz für landwirtschaftliche Güter, Gofish.com handelt mit gefrorenem Seefisch und FruitLine ist auf Obst und Gemüse spezialisiert.

▶ Übungsaufgabe Nr. 1.5.38 im Arbeitsbuch

6 Managementunterstützungssysteme

Lehrziele

Nach der Durcharbeitung dieses Kapitels sollten Sie

- die Aufgaben von Führungskräften und die daraus resultierenden Anforderungen an die IT/IS-Unterstützung beschreiben können,

- einen Überblick über die unterschiedlichen Typen von Informationssystemen zur Unterstützung des Managements besitzen,

- die Nutzungsmöglichkeiten von Abfrage- und Berichtssystemen erläutern können,

- die Unterschiede zwischen klassischen Entscheidungsunterstützungssystemen und analytischen Anwendungssystemen darlegen können,

- die wichtigsten Schritte beim Einsatz eines ausgewählten Entscheidungsunterstützungssystems (Regaloptimierung im Einzelhandel) erläutern können,

- die Architektur eines Informationssystems für das obere Management kennzeichnen können,

- die Zusammenhänge zwischen operativen Transaktionssystemen und Managementunterstützungssystemen auf unterschiedlichen Ebenen beschreiben können,

- einige wesentliche Methoden zur IT-Unterstützung des Managements, wie zum Beispiel Prognosen, Szenario-Analysen, Kennzahlensysteme, Werttreiberbäume und Balanced Scorecard, in den Grundzügen erläutern können,

- die Datenverwaltung in Managementunterstützungssystemen durch ein Data Warehouse und Data Marts begründen können,

- das Wesen mehrdimensionaler Datenanalysen und die hierfür gängigen Befehle (wie beispielsweise „Slice and dice" und „Drill down") veranschaulichen können,

- die Anwendungsmöglichkeiten des Data Mining aufzeigen können,

- das aktuelle Softwareangebot zur Managementunterstützung in groben Zügen beschreiben können.

„Management" ist der auch im deutschen Sprachraum gebräuchliche englische Begriff für die Führung sowie die Führungskräfte von Betrieben. Manager treffen Entscheidungen, um Probleme zu lösen. Dazu gehören das Erkennen der Probleme (Entscheidungsnotwendigkeiten), das Finden und Beurteilen von Handlungsalternativen, die Wahl der besten Alternative und deren Umsetzung. Zur Durchsetzung seiner Entscheidungen hat ein Manager Anweisungsbefugnisse für die ihm unterstellten Mitarbeiter. Er kann seine Entscheidungskompetenz und die zugehörige Verantwortung (teilweise) delegieren, wird aber dadurch nicht von seiner Verantwortung befreit. Dementsprechend muss er seinen Mitarbeitern vertrauen und die Realisierung seiner Vorgaben kontrollieren.

> Informationssysteme, die für Führungskräfte eine adäquate Informationsversorgung und Entscheidungsunterstützung bieten, bezeichnen wir als **Managementunterstützungssysteme** (engl.: management support system). Mit „adäquat" sind einerseits die aufgabengerechten Informationsinhalte und andererseits die benutzergerechte, dem Stil des Managements entsprechende Präsentation und Bedienungsfreundlichkeit gemeint. Wir gebrauchen das Wort **Managementinformationssystem** (abgekürzt: MIS) synonym.

In Literatur und Praxis gibt es eine Vielzahl weiterer Bezeichnungen für Systeme, die Information für das Management sammeln, transformieren und bereitstellen. Diese Begriffe werden oft in unterschiedlichem Sinne gebraucht.

In den Abschnitten 6.2 bis 6.4 werden Sie verschiedene Typen von Managementunterstützungssystemen kennen lernen. Damit Sie die Anforderungen an solche Systeme verstehen können, behandeln wir zunächst den Charakter von Führungsaufgaben und den daraus resultierenden Informationsbedarf.

6.1 Allgemeine Anforderungen

Nach der hierarchischen Ebene, auf der die Führungskräfte tätig sind, unterscheidet man das obere (engl.: top), das mittlere (engl.: middle) und das untere (engl.: lower) Management.

Das *Top-Management* hat strategische Aufgaben; das heißt, es hat in Abhängigkeit von der jeweiligen Situation richtungweisende Entscheidungen von großer Tragweite zu treffen. Diese betreffen die Vorgabe von Zielen, Politiken und Strategien sowie die Allokation knapper Ressourcen (Budgets, Stellen). Viele dieser Entscheidungen müssen unter großer Unsicherheit getroffen werden. Hierzu muss es den Überblick über den Betrieb und seine Umwelt bewahren und frühzeitig Probleme erkennen. Oft ist auch auf unerwartete Ereignisse zu reagieren.

Strategische Entscheidungen in einem *Lebensmittelfilialbetrieb* könnten zum Beispiel die Internationalisierung des Unternehmens, den Bau eines neuen Distributionszentrums, die Eröffnung oder Schließung von Filialen, die Grundsatzentscheidungen

bezüglich der Sortimentspolitk (zum Beispiel: Frischfleisch ja oder nein?) und Preispolitik (zum Beispiel bei einem Discounter: Preise grundsätzlich mindestens 20 Prozent unter den Preisen der Mitbewerber), die Zusammenarbeit mit Marktpartnern
(zum Beispiel Einkaufskooperation) oder den Einstieg ins Internet und das Interaktive
Fernsehen mit Hauszustellung betreffen.

Die hierfür notwendige Information hat tendenziell Vorhersagecharakter und
bezieht sich auf einen mittel- bis langfristigen Planungshorizont. Daten über die
Konjunktur, die Konkurrenz und sonstige externe Sachverhalte spielen eine
wesentliche Rolle. Die Angaben müssen normalerweise nicht besonders genau
sein. Vielmehr werden vor allem aggregierte (aufsummierte) und periodenbezogene Daten benötigt.

Führungskräfte der mittleren Ebene sind für die bereichsweise Umsetzung der
strategischen Vorgaben in taktische Ziele, Methoden und Grundsätze verantwortlich. Dazu gehören typischerweise Entscheidungen über den Mitteleinsatz
sowie die Lösung finanzieller und personeller Probleme.

Taktische Entscheidungen in einem *Lebensmittelfilialbetrieb* betreffen zum Beispiel
die Ladeneinrichtung neuer Filialen, die Durchführung von Werbekampagnen, die
Auswahl von Lieferanten, die Rabattgestaltung, die Gewinnung von Verkaufspersonal, die Zuweisung und Kontrolle von Budgets der Zentralabteilungen und Verkaufsregionen usw.

Die Informationsanforderungen liegen zwischen denen der strategischen und
operativen Entscheidungen. Im Gegensatz zu letzteren stehen nicht primär Verrichtungen, sondern Subjekte, geografische Gebiete und Objekte – beispielsweise Lieferanten, Kunden, Absatzgebiete, Produkte usw. – im Vordergrund.

**Abb. 6.1/1: Informationsbedarf bei unterschiedlichen Entscheidungstypen (Quelle:
P. Gluchowski, R. Gabriel, P. Chamoni)**

Informationsmerkmale	Operatives Management	Taktisches Management	Strategisches Management
Gegenstand			
Spektrum	eng	←——→	sehr weit
Bereich	funktionsspezifisch	←——→	übergreifend
Ausrichtung	weitgehend intern	←——→	intern und extern
Variabilität	stabil	←——→	flexibel
Zeithorizont	gegenwärtig, historisch	←——→	zukünftig
Art			
Beschaffenheit	quantitativ	←——→	qualitativ
Aggregationsstufe	detailliert	←——→	aggregiert
Aktualität	zeitnah	←——→	mäßig aktuell
Genauigkeit	präzise	←——→	annähernd
Aufbereitung	gering	←——→	aufwändig
Präsentation	formatierte Daten	←——→	Tabellen, Grafiken, Texte
Einsatz			
Verwendung	periodisch	←——→	unregelmäßig
Gebrauch	häufig	←——→	sporadisch

Entscheidungen auf operativer Ebene fallen laufend im Tagesgeschäft an. Sie sind üblicherweise gut strukturiert und lassen sich somit oft routinemäßig fällen.

Zum *Beispiel*: Welche Artikel müssen in welcher Menge nachbestellt werden? Bei welchem der gelisteten Lieferanten? Soll für die Belieferung der Filiale X eine Extratour gefahren werden?

Die für die operativen Entscheidungen erforderliche Information stammt vorwiegend aus internen Quellen, die Ergebnisse gehen in die internen Leistungsprozesse ein. Deshalb muss die Information möglichst zeitnah die realen Abläufe widerspiegeln. Sie bezieht sich auf vergangene und gegenwärtige Geschäftsvorfälle in einem relativ engen, funktionsspezifischen Bereich. Und sie muss genau und detailliert sein.

▶ Übungsaufgabe Nr. 1.6.1 im Arbeitsbuch

Die *typischen Entscheidungen eines Betriebs* werden durch die jeweilige Bedingungslage (Branche, Verkaufsobjekte, Betriebstyp, Lebensphase des Betriebs) bestimmt (in Anlehnung an P. Mertens; siehe Abb. 6.1/2). Diese Entscheidungen können auf allen Ebenen durch Abfrage- und Berichtssysteme sowie durch *Entscheidungsunterstützungssysteme* (Abkürzung: EUS) vorbereitet werden. Entscheidungsunterstützungssysteme beinhalten mathematische Methoden und/oder Modelle zur Lösung komplexer Fragestellungen. Sie haben

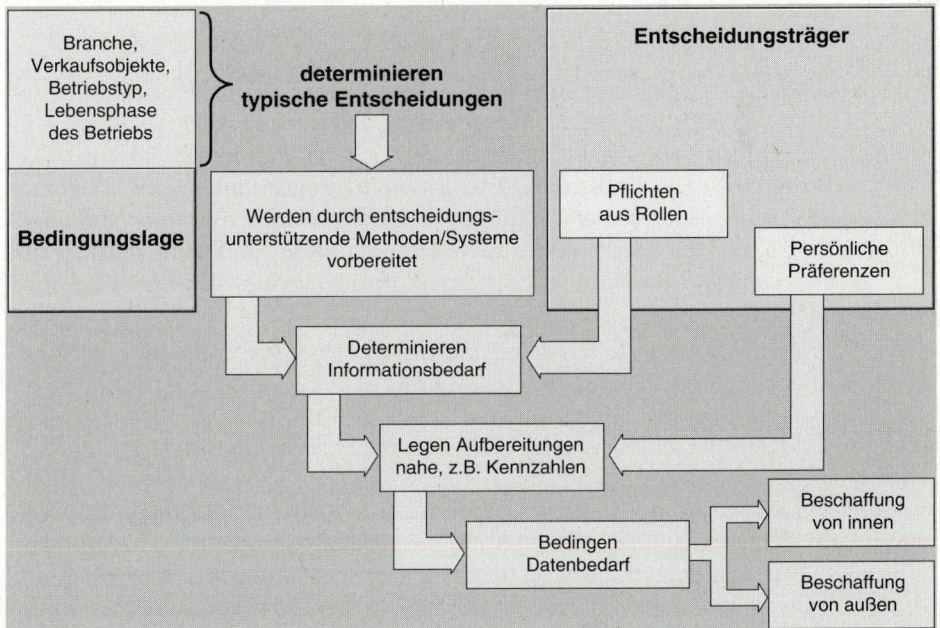

Abb. 6.1/2: Entscheidungsarchitektur (nach P. Mertens)

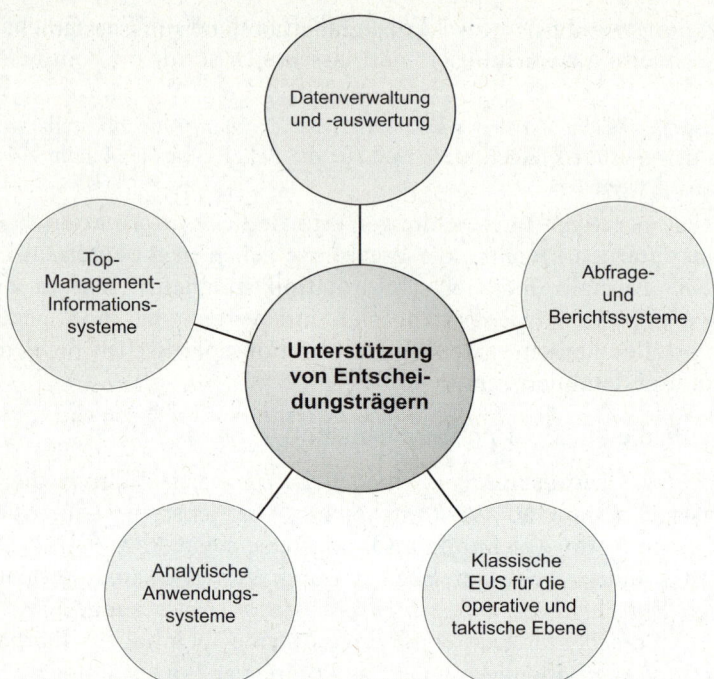

Abb. 6.1/3: Aktionsfelder der IT-Unterstützung des Managements

je nach Entscheidungsgegenstand einen gewissen Informationsbedarf und bieten typische Auswertungen an. Der Informationsbedarf und die Auswertungen (Inhalte, Präsentation) werden ebenso durch die jeweiligen Entscheidungsträger (Rollen, Präferenzen) beeinflusst. Die von den Abfrage- und Berichtssystemen sowie den Entscheidungsunterstützungssystemen benötigten Daten sind möglichst automatisch von innen und außen zu beschaffen, also zum Beispiel aus den eigenen internen und außenwirksamen Informationssystemen sowie von Dritten (Marktforschungsinstituten usw.).

Wir behandeln im unmittelbar folgenden Abschnitt 6.2 Abfrage- und Berichtssysteme und gehen sodann im Folgeabschnitt 6.3 auf Managementunterstützungssysteme ein, die vorrangig auf operativer und taktischer Ebene eingesetzt werden. Dabei unterscheiden wir *klassische Entscheidungsunterstützungssysteme* (engl.: decision support system) und *analytische betriebswirtschaftliche Anwendungssysteme* (engl.: business analytics). Klassische Entscheidungsunterstützungssysteme bieten durch vielseitig verwendbare Daten-, Methoden- und/oder Modellbanken mehr Flexibilität, analytische Anwendungssysteme sind durch vorgefertigte Komplettlösungen für typische Entscheidungsprozesse einfacher handhabbar (Näheres folgt). Im Abschnitt 6.4 werden Managementunterstützungssysteme für die strategische Ebene dargestellt. Der Abschnitt 6.5

beschreibt die Datenbasis von Managementunterstützungssystemen und ihre multidimensionale Auswertung.

6.2 Abfrage- und Berichtssysteme

Der Informationsbedarf für operative Entscheidungen wird weitgehend durch die Berichts- und Abfragefunktionen moderner integrierter Softwarepakete abgedeckt (siehe Kapitel 4). Diese erzeugen sowohl *periodische Berichte* als auch *Signalberichte,* die durch Soll-Ist-Abweichungen und das Über- oder Unterschreiten bestimmter, vorab festgelegter Schwellenwerte automatisch ausgelöst werden. Wichtig sind auch *periodische Berichte mit zusätzlichen Signalelementen*, durch die Ausnahmen besonders gekennzeichnet sind. Werden im Bericht bemerkenswerte Entwicklungen in numerischer, verbaler und/oder grafischer Form eigens herausgestellt, so spricht man von einem *Expertisesystem*.

Zudem sind jederzeit standardisierte – das heißt, vorprogrammierte – *Auskünfte* sowie *frei formulierbare Abfragen* durch die Benutzer möglich. Durch Anklicken der entsprechenden Informationsobjekte und Merkmalskombinationen am Bildschirm kann selbst der gelegentliche, ungeübte Endbenutzer seine

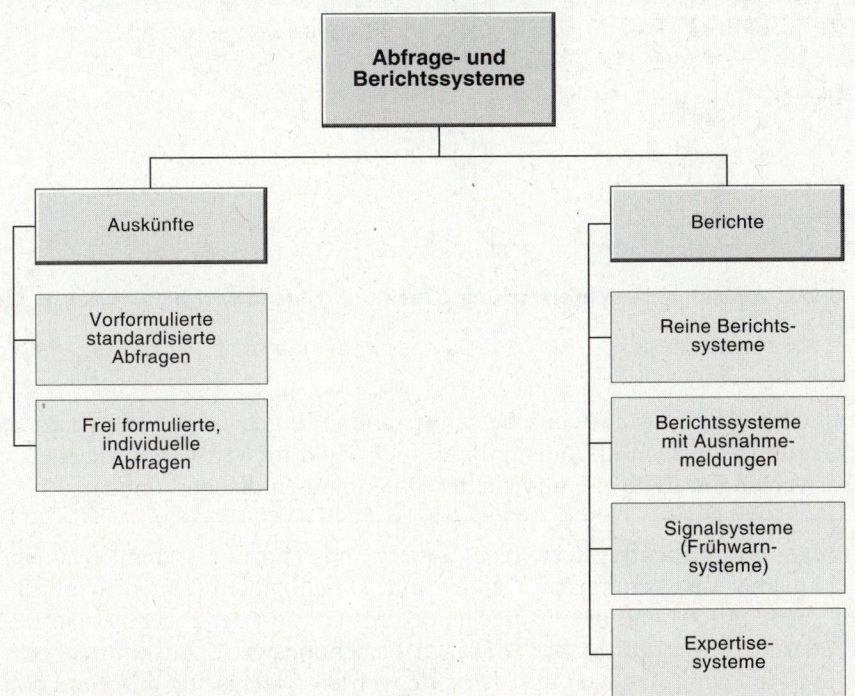

Abb. 6.2/1: Abfrage- und Berichtssysteme

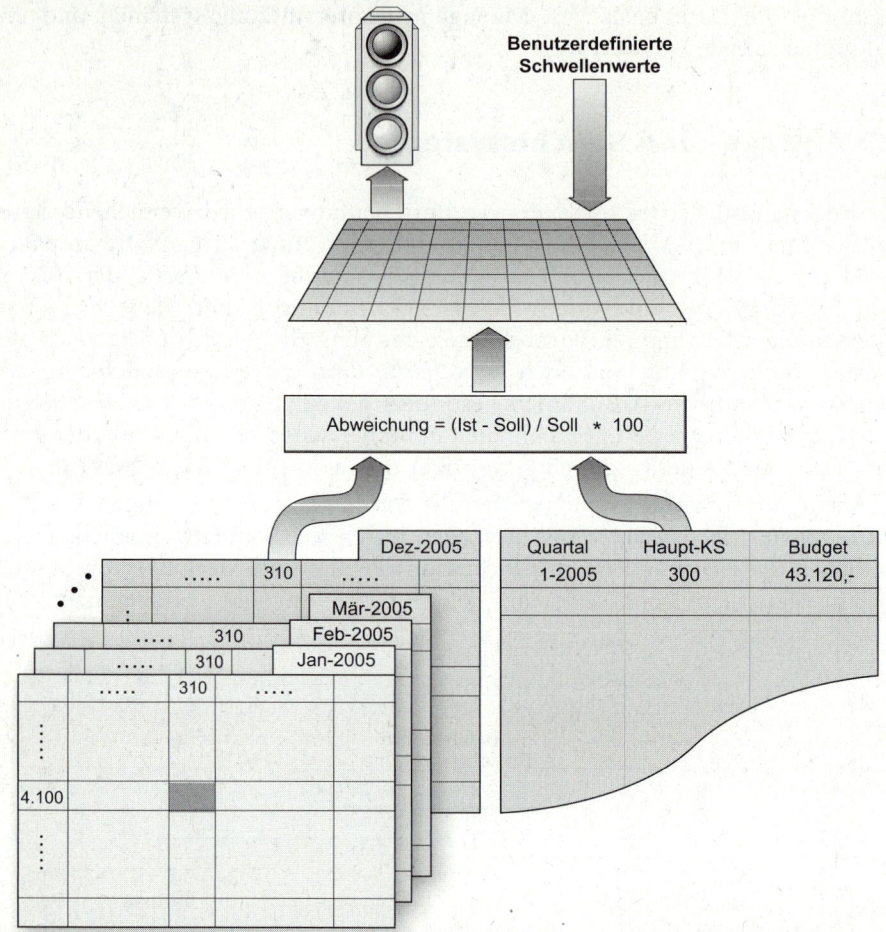

Abb. 6.2/2: Ausnahmeberichterstattung (Quelle: P. Gluchowski, R. Gabriel, P. Chamoni)

individuellen Auswertungswünsche selbstständig eingeben. Für die skizzierten Berichts- und Abfragefunktionen gibt es auch separate Softwarewerkzeuge, die zur Auswertung individuell entwickelter Datenbanken dienen können.

Abfrage- und Berichtssysteme (engl.: query and reporting system) erlauben die einfache Auswertung von Dateien und Datenbanken (Datenextraktion und -aggregation) und die ansprechende Präsentation der Ergebnisse in fester oder variabler Form. Bei Abfragen beziehungsweise Auskünften geht die Initiative vom Benutzer aus. Berichte werden systemseitig aufgrund von Vorgaben entweder periodisch oder aperiodisch erzeugt.

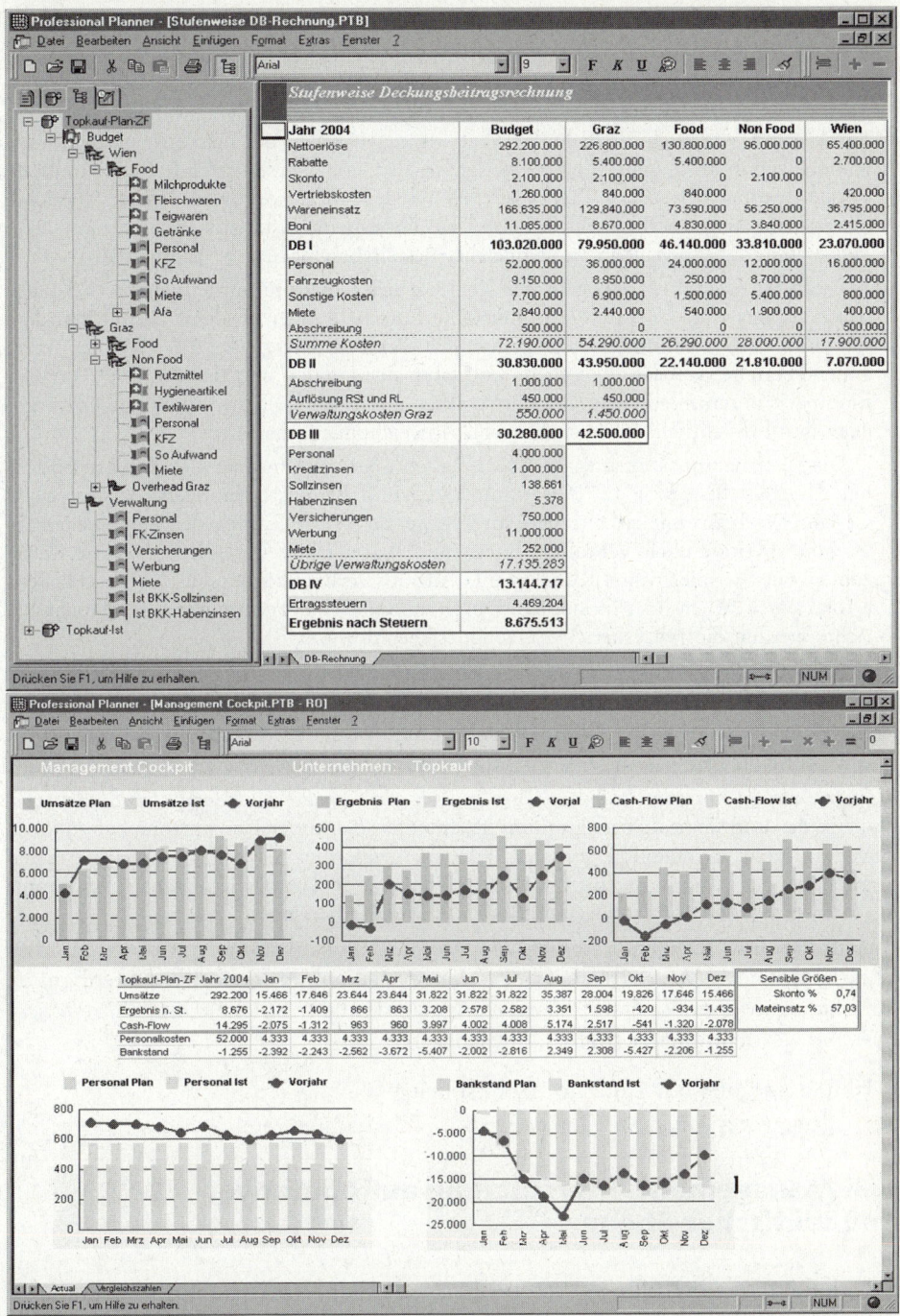

Abb. 6.2/3: Jahresbericht eines Lebensmittelfilialbetriebs in a) tabellarischer Form und b) grafischer Form

Beispiel: Periodisches Berichtswesen in einem Lebensmittelfilialbetrieb

In unserem *Beispiel-Lebensmittelfilialbetrieb* sind in den Filialen die Scannerkassen miteinander vernetzt und über die Hauptkasse mit einem Server verbunden. Der Marktleiter kann dadurch jederzeit am Bildschirm feststellen, welche Kassen in Betrieb sind, wie hoch die bisherige Tageslosung (Umsatz) der Filiale ist und wie viele Kunden schon an diesem Tag abgefertigt worden sind. Diese laufende Fortschreibung erfolgt automatisch. Zum Tagesabschluss werden auf Knopfdruck Standardberichte erzeugt, die aussagefähige Umsatz- und Deckungsbeitragsstatistiken für die verschiedenen Warengruppen, Plan-Ist-Vergleiche, Bestellvorschläge usw. beinhalten.

Diese Filialberichte dienen in der Zentrale des Lebensmittelfilialbetriebs beispielsweise als Basis für operative und taktische Entscheidungen in der Distribution, dem Einkauf, dem Rechnungswesen oder der Personalwirtschaft. Für Wochen- und Monatsberichte werden die gelieferten Daten der Filialen und der zentralen Verwaltung nach unterschiedlichen Gesichtspunkten zusammengefasst, mit Vorgaben verglichen und hinsichtlich der Ursachen von Abweichungen analysiert.

Die Unternehmensführung lässt sich täglich über die Umsätze aller Filialen berichten. Die Berichtslegung für Absatzstatistiken und Erfolgsrechnungen (beispielsweise Gewinn-/Verlustvergleich mit der vorhergehenden Periode und der entsprechenden Vorjahresperiode nach Verkaufsgebieten und Warengruppen gegliedert, sowie Kennzahlen wie beispielsweise Kundenzahl, Anzahl Verkaufstage oder Anzahl Filialen) erfolgt wöchentlich oder monatlich. Durch kumulative Fortschreibung der Monatsberichte werden die Jahresberichte erzeugt (siehe Abb. 6.2./3).

Die übliche Darstellung zur Hervorhebung einzelner Kennzahlen orientiert sich an den *Ampelfarben* (engl.: traffic light color coding), wobei bestimmte unternehmenswichtige Kennzahlen bei Überschreiten oder Unterschreiten bestimmter Grenzen durch eine gesonderte Farbdarstellung hervorgehoben werden.

Zum *Beispiel* könnten in einer *„Erfolgsübersicht" unseres Lebensmittelfilialbetriebs,* die in der Form eines Organigramms gestaltet ist, die in der Gewinnzone befindlichen Verkaufsgebiete (eine Ebene tiefer: Filialen) grün, die ausgeglichen bilanzierenden gelb und die verlustbringenden Gebiete (Filialen) rot dargestellt werden. Die Verantwortlichen sehen damit auf einen Blick die Problembereiche.

Abfrage- und Berichtssysteme zur Unterstützung taktischer und strategischer Entscheidungen setzen üblicherweise auf speziellen, aggregierten Datenbanken auf, die multidimensionale Auswertungen erlauben. Solche *Data-Warehouse-Systeme* werden im Abschnitt 6.5 beschrieben.

▶ Übungsaufgabe Nr. 1.6.2 im Arbeitsbuch

6.3 Managementunterstützung auf operativer und taktischer Ebene

Sie erhalten im Abschnitt 6.3 einen Überblick über klassische Entscheidungsunterstützungssysteme und über *analytische Anwendungssysteme* (engl.: business analytics), der jeweils durch ausgewählte Beispiele vertieft wird.

6.3.1 Klassische Entscheidungsunterstützungssysteme

6.3.1.1 Überblick

Von einem *Entscheidungsunterstützungssystem* spricht man, wenn in einem Informationssystem Funktionen zur Überprüfung von Hypothesen in einer Entscheidungssituation zur Verfügung stehen. Der Benutzer gibt seine Annahmen über Zusammenhänge zwischen Entscheidungsvariablen ein und überprüft diese anhand der vorliegenden Daten.

Oft wird dieser Begriff aber auch auf Systeme beschränkt, mit denen durch anspruchsvollere mathematische Methoden und Modelle optimale beziehungsweise dem Anspruchsniveau entsprechende Lösungen ermittelt werden oder mit denen bisher unbekanntes Wissen in den Datenbeständen gesucht wird.

Ein klassisches **Entscheidungsunterstützungssystem** (abgekürzt: EUS, engl.: decision support system) hilft vor allem Fachspezialisten (Beratern, Stäben) bei der Entscheidungsvorbereitung. Schwerpunkt ist die Planung im engeren Sinne und zwar die Untersuchung möglicher Handlungsalternativen durch mathematische Methoden und Modelle. Die englische Bezeichnung **Decision Support System** (abgekürzt: DSS) ist auch im deutschen Sprachraum gebräuchlich.

Ein Beispiel für Fachspezialisten sind etwa Produktmanager bei Konsumgüterherstellern, die mit Tabellenkalkulationsprogrammen Absatzpläne bestimmen und dabei die Auswirkungen alternativer Marketingmaßnahmen mit Hilfe von Marktmodellen testen. In Banken und Börsen operieren Wertpapierspezialisten mit Finanzmarktmodellen. Analytiker versuchen, in den Kundendatenbeständen bisher unbekannte Charakteristika, wie Verhaltensmuster und Zusammenhänge beim Kauf von Produkten herauszufinden, um die Marktorientierung zu verbessern und Impulse für neue Geschäftspotenziale zu gewinnen. Tourenplaner ermitteln optimale Routen zur Belieferung von Kunden, Betriebs- und Verkaufsstätten. Produktionsplaner minimieren durch Simulation die notwendigen Maschinen und die Durchlaufzeiten in der Fertigung. Und in unserem Beispiel-Lebensmittelfilialbetrieb wird durch ein Regaloptimierungsmodell die bestmögliche Warenpräsentation in den Filialen bestimmt.

Methoden und Modelle

Ein **Modell** (engl.: model) bildet einen Ausschnitt der Realität in vereinfachter Form ab. Bei einem **Entscheidungsmodell** (engl.: decision model) geschieht dies in mathematischer Form durch Variablen (Modellelemente als Repräsentanten realer Phänomene) und Formeln (Beziehungen zwischen den Elementen). Bei der Modellrechnung wird im Hinblick auf ein im Modell vorgegebenes *Zielsystem* die optimale oder eine zufrieden stellende Lösung (Variablenkombination) gesucht.

Typische Ziele sind möglichst geringe Personal- und Sachmitteleinsätze, Zeiten und Kosten sowie möglichst hohe Servicegrade, Umsätze, Deckungsbeiträge und Gewinne. In Entscheidungsmodellen können ein oder mehrere derartige Zielkriterien verfolgt werden.

> Denken Sie etwa an die Warenwirtschaft in unserem *Beispiel-Lebensmittelfilialbetrieb*. Das Ziel einer möglichst hohen Lieferbereitschaft konkurriert mit dem Ziel einer möglichst geringen Kapitalbindung, das heißt, niedrigen Lagerbeständen. Oft existiert auch ein Zielkonflikt zwischen Zeit, Qualität und Kosten.

In vielen Fällen arbeiten Führungskräfte in der Praxis mit Modellen, die von Operations Research-Experten im eigenen Hause entwickelt worden sind oder die als Standardprogramme extern gekauft und durch Parametereinstellungen an die spezielle Bedingungslage angepasst worden sind. *Operations Research (abgekürzt: OR)* bezeichnet die Wissenschaftsdisziplin, die sich mit dem Einsatz mathematischer Methoden zur Lösung betriebswirtschaftlicher Probleme befasst.

Vor allem Fachspezialisten entwickeln ihre Modelle oft selbst, wobei sie sich vorgefertigter Methoden bedienen.

Eine **Methode** (engl.: method) beschreibt eine systematische Vorgehensweise zur Lösung eines Problems. Ist diese Verfahrensvorschrift exakt und vollständig formuliert, so handelt es sich um einen **Algorithmus** (engl.: algorithm). Er gibt an, wie Inputgrößen bei einem gegebenen Zielsystem in Outputgrößen umzuwandeln sind.

Modelle beschreiben somit reale Problemstellungen, Methoden bieten Vorgehensweisen zu ihrer Lösung.

Eine verbreitet eingesetzte Methode für die Zeitreihenanalyse ist beispielsweise das ARIMA-Verfahren, Lineare Programmierung wird beispielsweise zur Optimierung komplexer Entscheidungsprobleme unter Nebenbedingungen eingesetzt, Netzpläne zur Terminplanung.

Prognosen

Unter einer **Prognose** (engl.: prediction, forecast) versteht man eine begründete Vorhersage eines zukünftigen Zustands, die auf Messung, Erfahrung oder Simulation beruht.

Betrachten wir als *Beispiel* wieder einen *Lebensmittelsupermarkt*, der Bäckereiprodukte selbst disponieren darf. Zur *Bestelldisposition von Brötchen* setzt der Filialleiter eine einfache adaptive Vorhersagemethode ein, die auf folgendem Modell des Käuferverhaltens basiert: Im Wesentlichen unterstellt es für Brötchen konstante Absatzprofile pro Woche. Das heißt, im Schnitt verkauft der Betrieb jeden Montag, jeden Dienstag, ..., jeden Samstag gleich viele Brötchen. Manchmal, zum Beispiel durch Zuzug neuer Mieter in der Nähe fertig gestellter Wohnhäuser, verändert sich das Nachfrageniveau. Zur Prognose setzt er folgende adaptive Methode für jeden

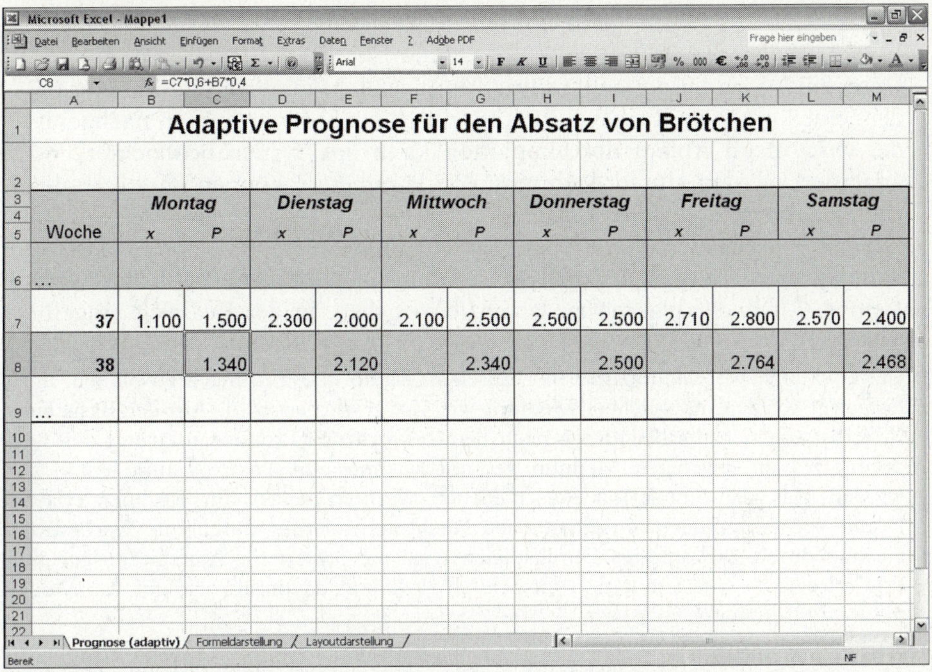

Adaptive Prognose für den Absatz von Brötchen

Woche	Montag x	Montag P	Dienstag x	Dienstag P	Mittwoch x	Mittwoch P	Donnerstag x	Donnerstag P	Freitag x	Freitag P	Samstag x	Samstag P
…												
37	1.100	1.500	2.300	2.000	2.100	2.500	2.500	2.500	2.710	2.800	2.570	2.400
38		1.340		2.120		2.340		2.500		2.764		2.468
…												

Abb. 6.3.1.1/1: Prognose des Wochenbedarfs an Brötchen mit einer einfachen adaptiven Vorhersagemethode

Wochentag getrennt ein: $P_{t+1} = 0{,}6 * P_t + 0{,}4 * X_t$. Dabei kennzeichnen die Variablen P_t den prognostizierten Absatz und X_t den tatsächlichen Absatz. Die Abb. 6.3.1.1/1 zeigt die Anwendung dieser Methode zur Vorhersage der Brötchenabsätze für die 38. Woche.

In den großen Softwarepaketen zur Unterstützung der betrieblichen Leistungsprozesse (siehe Kapitel 4) stehen oft viele verschiedene *Prognosemethoden* zur Verfügung. Bei Tausenden von Artikeln – wie beispielsweise im Lebensmittelhandel – kommen meist relativ einfache Methoden zum Einsatz, die automatisch aufgrund des bisherigen Absatzverlaufs vom System vorgeschlagen werden. Je umfangreicher das Investitionsvolumen, desto mehr lohnt sich ein größerer Aufwand zur Erfolgsprognose. In speziellen Statistikpaketen gibt es eine größere Zahl anspruchsvoller Vorhersagemethoden, die eine umfassende Berücksichtigung der Bedingungslage erlauben. Ähnliches gilt auch für andere Bereiche.

▶ Übungsaufgabe Nr. 1.6.3 im Arbeitsbuch

Simulationen

Unter einer **Simulation** (engl.: simulation) versteht man ein Experiment, bei dem eine komplexe Realweltsituation durch ein Softwaresystem nachgebildet wird. Beim Ablauf der Simulation kann das System beobachtet und analysiert werden, durch Änderung von Parametern können unterschiedliche Annahmen überprüft werden.

Simulationen erlauben beispielsweise, unterschiedliche betriebliche Prozesse auf einem Rechner ablaufen zu lassen, bevor diese in der Realwelt eingeführt werden.

Um etwa eine Werbekampagne in Fernsehen, Radio und Zeitungen zu planen, muss festgelegt werden, in welchem Medium wie viel geworben wird. Auf der Basis eines Modells, wie sich die Nachfrage nach dem beworbenen Produkt aufgrund des Werbeinsatzes im jeweiligen Medium verändert, kann nun ein Programm entwickelt werden, das die Simulation verschiedener Werbestrategien am Rechner erlaubt. Durch Vorhersage der wahrscheinlichen Nachfrageänderung durch eine Werbestrategie und durch wiederholtes Durchspielen wird die präferierte Strategie ausgewählt. Wie erfolgreich eine Simulation tatsächlich ist, hängt davon ab, wie gut das Modell die Realität abbildet.

Durch *Simulationen* in der Form von „Was-wäre-wenn"-Fragestellungen (= Szenario-Analyse; engl.: what if) können die Auswirkungen der Änderung einzelner Parameter auf das Ergebnis geschätzt werden. Bei „Wie-erreicht-man"-Simulationen (= Zielwertsuche; engl.: how to achieve) werden Maßnahmen zur Erreichung eines vorgegebenen Ziels gesucht.

So könnte etwa in unserem *Beispiel-Lebensmittelfilialbetrieb* mit *What-if-Simulation* untersucht werden, ob sich durch die Intensivierung der Zeitungswerbung der Absatz in bestimmten Regionen lohnenswert erhöhen lässt. Oder es könnte ermittelt werden, wie sich Preiserhöhungen bei einzelnen Produkten oder Warengruppen auf die Deckungsbeiträge auswirken. Mit *How-to-achieve-Simulation* könnte beispielsweise überprüft werden, inwiefern sich verschiedene Kostensenkungsprogramme – die Einsparung von Personal, die Auflassung von Filialen usw. – zur Erreichung eines bestimmten Gewinnziels eignen. Natürlich muss es hierzu jeweils Vorstellungen, das heißt, ein Modell, geben, das die Zusammenhänge zwischen den Variablen abbildet.

Neben diesen häufig auf unterschiedlichen Managementebenen eingesetzten Methoden gibt es eine kaum noch überschaubare Zahl von weiteren Verfahren aus den Bereichen der Statistik, Ökonometrie und dem Operations Research, die zur Vorbereitung beziehungsweise Unterstützung von Entscheidungen in Frage kommen. Das Spektrum reicht von einfachen Verhaltensgleichungen bis hin zu anspruchsvollen Methoden des Data Mining, auf die im Abschnitt 6.5.3 eingegangen wird.

Die Abb. 6.3.1.1/2 zeigt die Komponenten eines klassischen Entscheidungsunterstützungssystems. Der Benutzer hat beispielsweise auf seinem Arbeitsplatzrechner Software installiert, die ihm den Zugriff auf eine Datenbank erlaubt. Dieselbe Software kann Module zur Verwaltung von Modellen und Methoden

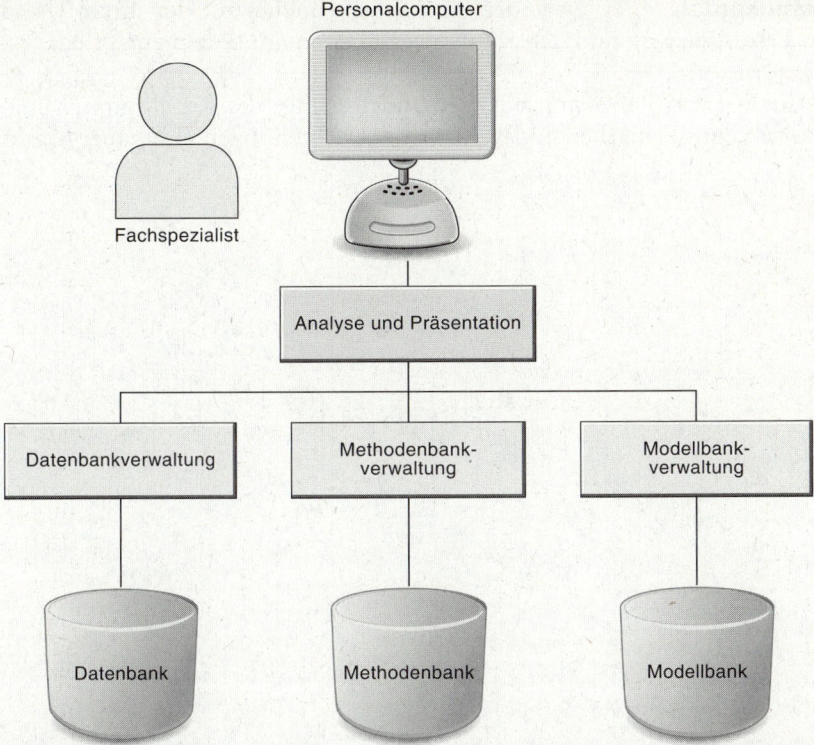

Abb. 6.3.1.1/2: Komponenten eines klassischen Entscheidungsunterstützungssystems

beinhalten, mit denen der Benutzer die Daten analysiert. Er erhält vom System Information über die verfügbaren Algorithmen und Modelle sowie Unterstützung bei ihrer Auswahl und Anwendung. Ferner gibt es Funktionen zur Aufbereitung und Präsentation der Ergebnisse in unterschiedlicher Form.

Neben integrierter Software werden auch von verschiedenen Herstellern leistungsfähige Teilsysteme angeboten. Sie sind auf bestimmte Probleme oder Problemklassen zugeschnitten.

6.3.1.2 Fallstudie „Regaloptimierung im Einzelhandel"

Betrachten wir die im Abschnitt 6.3.1.1 kurz erwähnte *Regaloptimierung* etwas genauer, um Ihnen anhand dieser exemplarischen Anwendung das Wesen von komplexen Entscheidungsunterstützungssystemen zu verdeutlichen.

Im Handel wird mittels **Regaloptimierung** (engl.: store space management) eine bestmögliche Ausnutzung der vorhandenen Verkaufsfläche durch eine renditeorientierte Warenplatzierung in den Regalen angestrebt. Grundgedanke ist, dass jeder Ware der Platz zugeordnet wird, der ihrem Umsatz- und Ertragsbeitrag und den Kaufgewohnheiten am besten entspricht.

Im filialisierten Lebensmitteleinzelhandel erfolgt die Regaloptimierung üblicherweise zentral; hierbei sind verschiedene Abteilungen (Einkauf, Marketing,

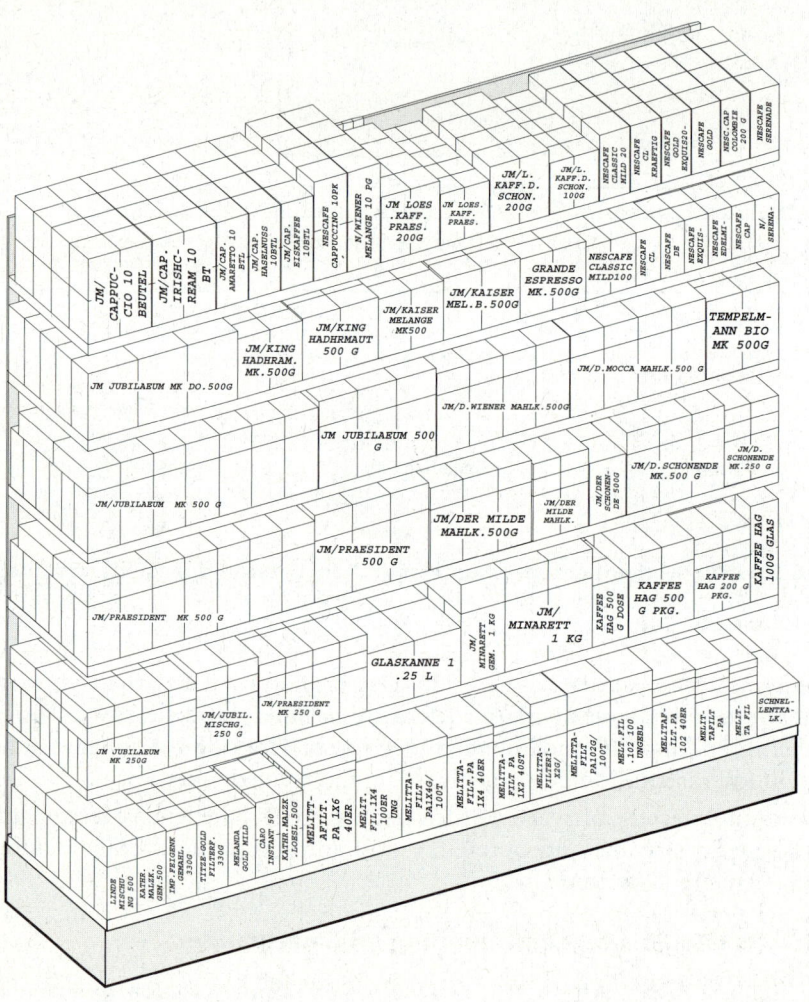

05/15/02 3:47PM	Traffic →	Falls Sie mehr Platz zur Verfügung haben, bitte Artikel erweitern. Filialen mit 1.80 - bitte reduzieren. Bitte um gesamte Überarbeitung.	Page 1

Abb. 6.3.1.2/1: Bestückungsvorschlag eines Regaloptimierungsprogramms

IS-Abteilung) eingebunden. Die Filialleiter bekommen fertige Pläne, nach denen sie ihre Regale einzurichten haben. Die Bestückung erfolgt zu einem Teil direkt durch Mitarbeiter der Lieferanten, die zwei- bis dreimal in der Woche die Regale nach diesen Richtlinien füllen und damit dem Handelsbetrieb Personal- beziehungsweise Handlingkosten ersparen.

Wie bei anderen Anwendungen auch, kommen zur Regaloptimierung selbst entwickelte oder fremdbezogene Programme in Betracht. Weltmarktführer auf dem Standardsoftwaremarkt ist das PC-Paket *Spaceman,* das von der A. C. Nielsen Company vertrieben wird.

Wichtigste Schritte beim Einsatz eines Regaloptimierungsprogramms sind:

1. *Festlegung der Ziele und somit der Optimierungskriterien, wie:*

- Verbesserung der Sortimentsgestaltung unter Ertragsgesichtspunkten, wobei die Regalproduktivität (Umsatz pro Regalmeter), die Regalrentabili- tät (Ertrag pro Regalmeter) und die Steigerung der Abverkäufe als Maßstäbe dienen können.
- Vermeidung von Ausverkaufssituationen und ständig wechselnden Regal- platzierungen zur Verringerung der entgehenden Umsätze durch mangelnde Verfügbarkeit von Produkten.
- Unterstützung der Präsentationsentscheidungen für neue und vorhandene Artikel (siehe Abb. 6.3.1.2/2); der Kunde soll sich gut orientieren können und durch die Regaloptik positiv gestimmt werden.
- Reduktion der Lagerhaltungskosten.

2. *Bereitstellung der Produktdaten*

Zu den wichtigen Produktdaten gehören die EAN, die Produktbezeichnung, der Preis, die Umschlagshäufigkeit, die Deckungsbeiträge, die Maße, die Gewichte, die Verpackung und die Schlichtweise der Artikel. Die manuelle Erfassung dieser Daten ist angesichts der großen Artikelanzahl sehr aufwän- dig. Moderne Lebensmittelfilialbetriebe beziehen diese Daten teils automa- tisch aus ihrem Warenwirtschaftssystem und teils aus einem zentralen Daten- pool ihres Verbands.

Weitere notwendige Angaben betreffen die *Artikelwertigkeit* und die *Block- bildung.* Die Wertigkeit der einzelnen, zu platzierenden Artikel ergibt sich aus ihrem Äußeren und dem Bedarfs- und Preisinteresse der Verbraucher. Je grö- ßer die Artikelfrontlänge im Regal, desto höher wird die abgesetzte Menge sein. Als Platzierungsblock bezeichnet man ein Bündel von horizontal oder vertikal zusammen platzierten Artikeln, die zu einer höheren Aufmerksamkeit der Kunden als die Einzelplatzierung führen. Die Blockbildung kann nach Warenart (siehe Abb. 6.3.1.2/1), Hersteller oder Erlebnisbereich erfolgen.

3. *Entwurf des Regalaufbaus am PC*

Oft verwenden sämtliche Filialen dieselbe Ladeneinrichtung. Vielfach gibt es auch einige wenige verschiedene Typen, beispielsweise für Filialen mit weni- ger als 200 Quadratmeter Verkaufsfläche, mit 200 bis 500 Quadratmeter, mit

500 bis 1.000 Quadratmeter und für Supermärkte mit mehr als 1.000 Quadratmeter Verkaufsfläche. Innerhalb dieser Klassen ist die Warenpräsentation in allen Filialen gleich. Bei der erstmaligen Benutzung des Programms oder bei Veränderung der Ladeneinrichtung müssen die *Spezifikationen der Regale* (Anordnung, Art, Höhe, Breite, Anzahl der Fächer, Abmessungen usw.) exakt erfasst werden. Ferner müssen die Maße von Trennteilen und Türen eingegeben werden.

Bei der Modellierung wird von einer unterschiedlichen Wertigkeit der *Regalflächen* ausgegangen. Die Reckzone in über 160 cm Regalhöhe kommt für schwere und große Artikel nicht in Frage. Als am verkaufsstärksten gilt die Sicht- und Augenzone (120 – 160 cm Regalhöhe). Die Griffzone (80 – 120 cm Regalhöhe) eignet sich speziell für Produkte, die von älteren Menschen nachgefragt werden. In der Bückzone werden vor allem jene Produkte platziert, die Kinder ansprechen sollen. Horizontal verläuft die beste Sichtzone „etwa in Gestalt einer bauchigen Flasche – beginnend mit dem Flaschenhals am Regalanfang. Die besten Plätze liegen also im zweiten Drittel, und zwar auch in der Vertikalen, die sich dann gegen Ende des Regals wieder verengt" (L. Berekoven). Im konkreten Einzelfall kann die Bewertung von Regalflächen durch gezielte Tests und Analyse der Kassendaten erfolgen.

4. *Festlegung der Lager- und Merchandising-Grundsätze*

Zur Bestückung der Regale werden Produktgruppen (Platzierungsblöcke) gebildet, innerhalb derer eine Optimierung erfolgen kann. Hierzu sind Angaben nötig, die sich auf den Liefer- und Regalbestückungsrhythmus, die Umsatzverteilung auf Wochentage, die Minimalbestände beziehungsweise den gewünschten Servicegrad, die Umsatzabhängigkeit der Platzierung und die erforderlichen Greifzwischenräume zwischen den Produkten beziehen. Weitere Parameterangaben betreffen das statistisch analysierte oder aufgrund von Erfahrungen geschätzte Kaufverhalten (Kundenerwartungen, Greifhöhen, Sichtkontakte, Folgekäufe, Kontaktstrecken).

Grundsätzlich kann hinsichtlich der Artikel- und Standortwertigkeiten zwischen einer wertigkeitsausgleichenden und einer wertigkeitsanpassenden Platzierung unterschieden werden. Beim Wertigkeitsausgleich werden hochwertige Artikel an niedrigwertigen Standorten platziert, bei der Wertigkeitsanpassung werden die hochwertigen Waren an hochwertigen Standorten angeboten. Empirische Vergleichstests deuten darauf hin, dass eine wertigkeitsausgleichende Platzierung tendenziell Absatzvorteile bringt.

5. *Erstellung von Regalbestückungsplänen (Modellberechnung)*

Aufgrund der vorstehend genannten Eingaben berechnet das Programm einen Bestückungsvorschlag, wie Sie ihn beispielsweise in Abb. 6.3.1.2/1 für Kaffeesorten sehen. Wenn die unter den gegebenen Bedingungen gefundene bestmögliche Lösung den Vorstellungen nicht entspricht, können Parameter variiert (beispielsweise andere Regaltypen oder Platzierungsblöcke gewählt) und erneute Berechnungsgänge durchgeführt werden. Ein geeignet erscheinender maschineller Vorschlag kann vom Regalplaner nachbearbeitet und schritt-

Abb. 6.3.1.2/2: Regalsicht für Präsentationszwecke

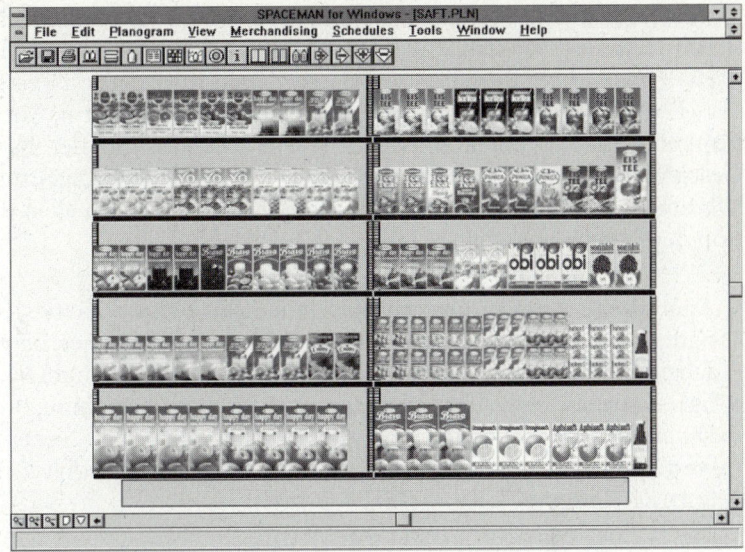

weise im Mensch-Maschine-Dialog seiner Idealvorstellung angepasst werden. Dabei können Produkte im Regal am Bildschirm beliebig platziert und die Einflüsse einzelner Faktoren auf Umsatz oder Gewinn analysiert werden.

Leistungsfähige Programme erlauben es nicht nur, Regalansichten aufzubauen, zu verändern und zu optimieren, sondern sie beziehen ganze Abteilungen oder sogar den gesamten Verkaufsraum mit ein. Sie erlauben ausgefeilte finanzwirtschaftliche Auswertungen und verfügen über leistungsfähige Funktionen zum Zeichnen der Pläne.

6. *Durchführung und Kontrolle*

Die akzeptierten Bestückungspläne der Regale werden den Filialleitern zur Realisierung übermittelt. In der Folge ist laufend zu überprüfen, ob die Warenpräsentation tatsächlich plangerecht erfolgt und ob dadurch die angestrebten Umsatz- und Ertragsziele erreicht werden. Sortimentsänderungen sind umgehend durch Anpassung der Platzierungspläne zu berücksichtigen.

▶ Übungsaufgabe Nr. 1.6.4 im Arbeitsbuch

6.3.2 Analytische Anwendungssysteme

6.3.2.1 Überblick

Klassische Entscheidungsunterstützungssysteme bieten Flexibilität bei der Wahl der Methoden beziehungsweise Modelle, der auszuwertenden Daten und der Aufbereitung der Ergebnisse (Präsentation). Das erfordert vom Benutzer eine entsprechend hohe Fachkompetenz. In vielen Fällen handelt sich um isolierte

Systeme, für die der Benutzer vor einem Programmdurchlauf selbst die erforderlichen Daten bestimmen und beschaffen muss. Im Gegensatz hierzu sind *analytische Anwendungssysteme* typischerweise in Informationssysteme auf operativer Ebene (ERP-Systeme und außenwirksame Informationssysteme, siehe Kapitel 4 und 5) eingebunden. Sie determinieren auf der Basis vorhandenen Geschäftswissens die für bestimmte Entscheidungsgegenstände relevanten Methoden/Modelle samt den benötigten Daten, ihren Quellen und die Präsentation der Ergebnisse (siehe Abb. 6.3.2.1/1).

Analytische Anwendungssysteme (engl.: business analytics) sind vorgefertigte, komplette Lösungen zur Unterstützung typischer betrieblicher Entscheidungsprozesse auf operativer und taktischer Ebene. Die für das jeweilige Entscheidungsfeld relevanten Methoden beziehungsweise Modelle, Daten und Datenquellen sind zu Modulen gekapselt. Neben Standardauswertungen gibt es meist auch die Möglichkeit zur individuellen Aufbereitung der Ergebnisse.

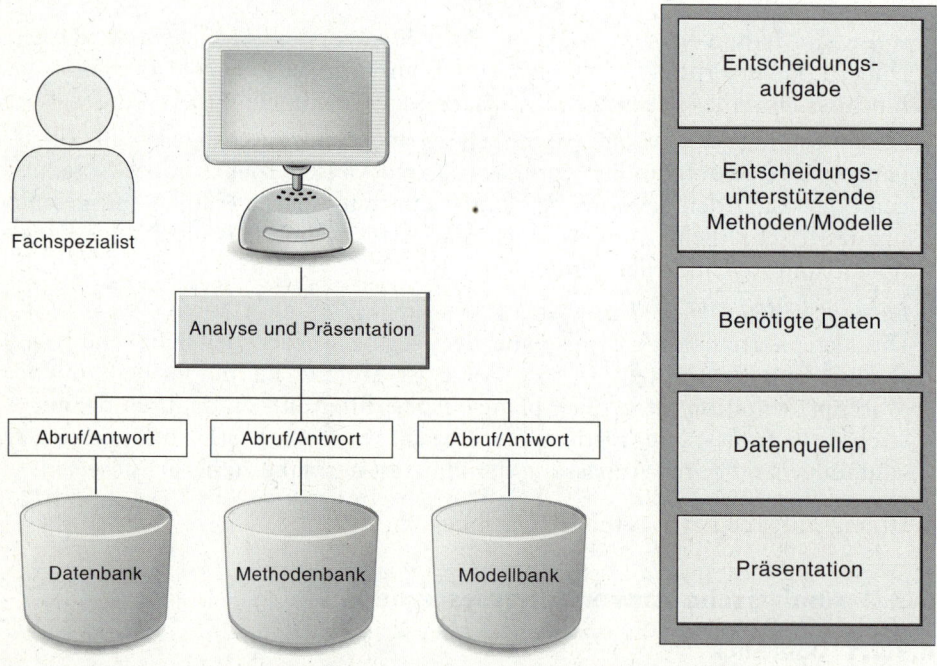

Klassisches EUS   **Business Analytics**

Abb. 6.3.2.1/1: Formen der Entscheidungsvorbereitung in klassischen Entscheidungsunterstützungssystemen und analytischen Anwendungssystemen (in Anlehnung an P. Mertens)

Die Bezeichnung „Business Analytics" ist auch im deutschen Sprachraum gebräuchlich; die unübliche wörtliche Übersetzung lautet „Geschäftsanalytiken" („Analytik" ist laut Duden „die Kunst der Analyse", das heißt, „systematische Untersuchung eines Gegenstands oder Sachverhalts hinsichtlich aller einzelnen Komponenten oder Faktoren, die ihn bestimmen").

6.3.2.2 Beispiele von analytischen Anwendungskomponenten

Die Hersteller betriebswirtschaftlicher Standardsoftware fassen die von ihnen angebotenen analytischen Anwendungskomponenten üblicherweise entsprechend der Grobstruktur ihrer Systeme zu *Lösungspaketen* zusammen (siehe Kapitel 4 und 5). Ausgespart bleibt dabei meist die Produktion, wahrscheinlich, weil die entsprechenden Module von Komplettpaketen schon seit Jahrzehnten ausgefeilte operative Produktionsplanungsfunktionen beinhalten (siehe Abschnitt 4.2.6). Die weitere Untergliederung ist an Entscheidungsfeldern orientiert. Spezialanbieter von Software zur Entscheidungsunterstützung passen sich an die Struktur der Anwendungssoftware der Marktführer an.

Zum *Beispiel* bietet *Microsoft Business Solutions* für die betriebswirtschaftlichen Mittelstandspakete *Axapta* und *Navision* die folgenden fünf vordefinierten Business-Analytics-Funktionspakete: *Finanz, Verkauf, CRM* (Kundenbeziehungsmanagement; siehe Abschnitt 5.4), *SCM – Logistik* (Supply-Chain-Management; siehe Abschnitt 5.5.3) und *Projektmanagement*. *SAP* verwendet in Anlehnung an die SAP Business Suite (siehe Abschnitt 4.2.1) folgende Einteilung der angebotenen analytischen Lösungen: *Finanzanalyse* (engl.: financial analytics), *Kundenbeziehungsanalyse* (engl.: customer relationship analysis), *Supply-Chain-Analyse* (engl.: supply chain analytics), *Produktlebenszyklusanalyse* (engl.: product lifecycle analysis) und *Humankapitalanalyse* (engl.: human resources analytics). Der bei Entscheidungsunterstützungssystemen führende Spezialhersteller *Business Objects* unterscheidet dieselben analytischen Anwendungsfelder wie SAP und bietet darüber hinaus noch analytische Branchenlösungen. Der zweite Weltmarktführer *Cognos* bietet analytische Anwendungen für Financial Management, Customer Management und Supply Chain Management.

Finanzanalyse

Wir betrachten nachfolgend *exemplarisch ein Aktionsfeld, die Finanzanalyse*, etwas näher. Falls Sie beim Durcharbeiten auf Verständnisschwierigkeiten stoßen, empfehlen wir Ihnen, vorher nochmals den Abschnitt 4.2.3 über die IT-Unterstützung des Finanz- und Rechnungswesens durchzulesen und danach hierher zurückzukehren.

Ausgangspunkt der Finanzanalyse sind die Daten des Finanz- und Rechnungswesens (Finanzierung und Investition; Finanzbuchhaltung und Kostenrechnung; siehe Abschnitt 4.2.3), die bei der Istanalyse (Stärken, Schwächen, Verbesserungsvorschläge) und für die operative Planung ausgewertet werden. Die *Istanalyse* beinhaltet Auswertungen zur Ermittlung der gegenwärtigen Finanz- und Ertragslage eines Betriebs. Dabei liegt der Schwerpunkt auf der Effektivitätsmessung als Basis für Entscheidungen, wo und wie Verbesserungen möglich sind. Ein häufig verwendetes grafisches Darstellungsmittel (Berichtsfor-

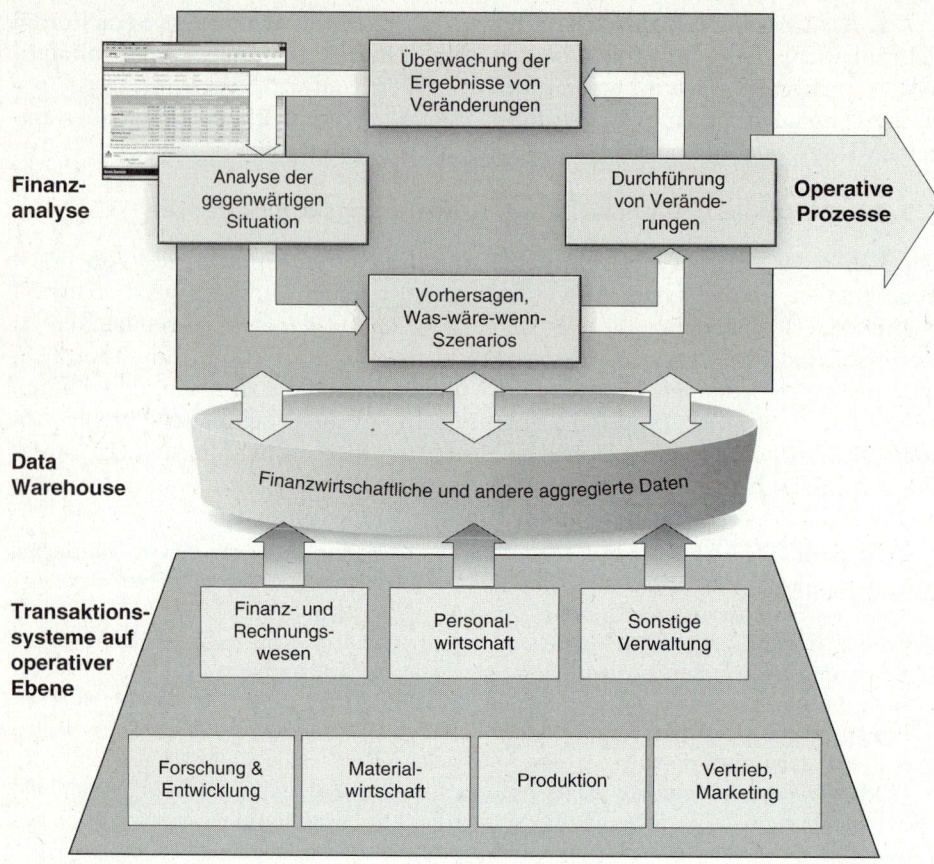

Abb. 6.3.2.2/1: Architektur eines Finanzanalysesystems

mat) der wesentlichen Leistungsindikatoren sind *Dashboards;* sie zeigen ähnlich wie das Armaturenbrett eines Autos „auf einen Blick" den gegenwärtigen Betriebszustand. (Nur dass kein Missverständnis entsteht: Mit so einer Übersicht über einige wesentliche Kennzahlen lässt sich ein Betrieb ebenso wenig führen, wie ein Auto mittels Tachometer, Drehzahlmesser, Benzinanzeige usw.).

> Ein **Dashboard** (deutsch: Armaturenbrett, Instrumententafel) ist ein üblicherweise mittels Web-Browser aufgerufener Bericht, der Schlüsselkennzahlen zur Leistungsmessung (engl.: key performance indicator; abgekürzt: KPI) aus unterschiedlichen Bereichen eines Betriebs in einer konsolidierten, einheitlichen Bildschirmdarstellung mittels einfacher Geschäftsgrafiken und Tabellen zeigt.

Die präsentierte Information kann detailliert oder verdichtet werden (siehe Abschnitt 6.5.2). Durch intuitiv verständliche Hinweise, wie Bestandsanzeiger

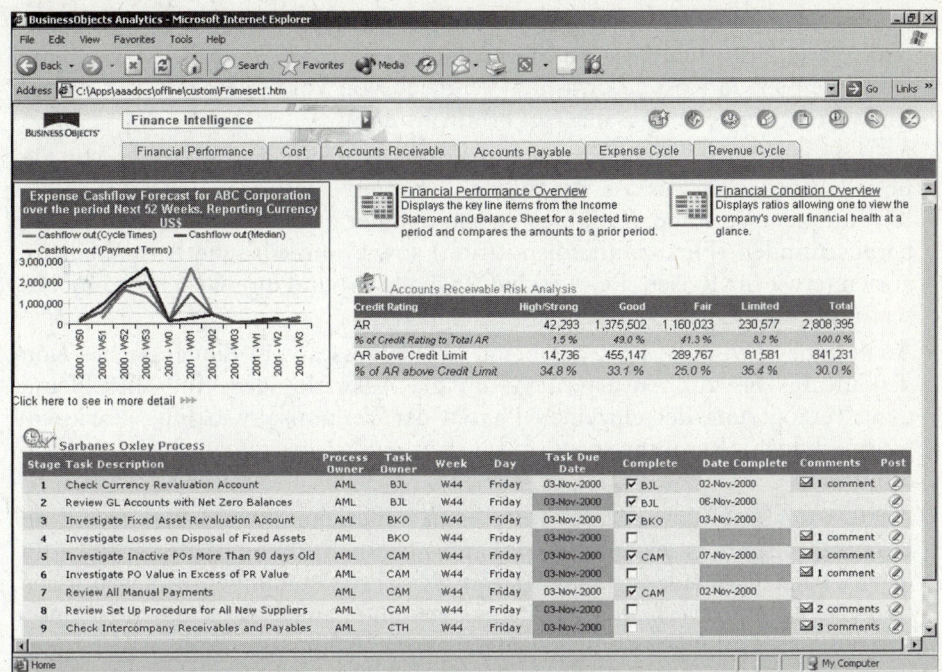

Abb. 6.3.2.2/2: Dashboard zur Finanzanalyse

in Pegelform (engl.: gauge) oder Ampelfarbenkodierung, erkennt der Benutzer auf einen Blick die aktuelle Situation.

Die *analytischen Planungsanwendungen* beziehen sich vorwiegend auf den Ressourceneinsatz. Hierzu stehen vorgefertigte Lösungen in Form von Prognosemodellen und Was-wäre-wenn-Szenarios zur Verfügung. Mit letzteren sollen Fragen beantwortet werden wie: „Welche Ressourcen (Menge, Kosten) werden benötigt, wenn …?", „Wie würde sich eine höhere Lagerumschlagshäufigkeit auf die Liquidität auswirken?" oder „Welchen Effekt hätten kürzere Lieferzeiten auf das Budget?" Im Blickpunkt steht hier die ganzheitliche Sicht des Betriebs, daher erfolgen diese Simulationen auf Basis von aggregierten Daten (Data Warehouse; siehe Abschnitt 6.5.1). Da alle Zahlen mit den entsprechenden Kalkulationsschemata hinterlegt sind, kann die Änderung des gesamten Systems quasi auf Knopfdruck nachvollzogen werden.

Die wichtigsten Gebiete der Finanzanalyse sind:

- Analyse des finanzwirtschaftlichen Erfolgs durch Kennzahlen zur Produktivität (Intensität des Ressourceneinsatzes, Kostenanteile), Rentabilität (Eigenkapital-, Gesamtkapital-, Umsatzrentabilität) und Cashflow (das ist der finanzielle Überschuss aus der operativen Geschäftstätigkeit) mit Soll-Ist-, Perioden-, Zeit- und Betriebsvergleichen (Näheres folgt im Abschnitt 6.4.3.2), Überprüfung der Ertragskraft von Produkten und Dienstleistungen,

- Analyse der *Kostenstruktur* zur Bestimmung der Kostentreiber, der Primär- und Sekundärkosten, der Zusammenhänge zwischen Kosten, Margen und Gewinnen sowie Kostenkontrolle (Vergleich von vorhergesagten mit aktuellen Werten, Abweichungsanalyse, Frühwarnung),

- Analyse des *Ausgabenzyklus* (Geldflüsse), das heißt, des Prozesses von der Bestellanforderung bis zu Bezahlung, um Verbesserungen hinsichtlich der Konditionen, Verträge, Zahlungsformen und der notwendigen Kassenhaltung herauszufinden (Finanzmitteldisposition) sowie um kritische Ausgabenkategorien (etwa für Reisen, PC-Anschaffungen usw.) und ihre Genehmigung besser zu kontrollieren,

- Analyse des *Umsatzzyklus*, das heißt, des Prozesses vom Eingang eines Kundenauftrags bis zur Auslieferung, um die Auswirkungen einer Beschleunigung/Verzögerung der einzelnen Phasen der Verkaufsabwicklung sowie von Stornierungen, Retouren usw. auf Cashflows, Umsätze und Gewinne zu ermitteln,

- Analyse des *Zahlungsverkehrs mit Kunden* (beziehungsweise Debitoren, der Begriff Debitoren bezeichnet sowohl ausstehende Rechnungsbeträge von Kunden als auch die Schuldner), um beispielsweise Problemkunden herauszufinden, *oder* das Zahlungsverhalten zu untersuchen und danach die Kunden zu klassifizieren, um Zahlungseingänge vorherzusagen, Zahlungsausfalls- und Liquiditätsrisiken aufzuzeigen, Anhaltspunkte für die Preisfindung und die Rabattpolitik zu gewinnen sowie die Wirksamkeit des Mahnwesens festzustellen,

- Analyse des *Zahlungsverkehrs mit Lieferanten (*Kreditoren), um kritische Lieferanten zu identifizieren, die Zahlungsausgänge vorherzusagen und zu optimieren, die Zahlungsbedingungen zu verbessern, die Ausnutzung von Rabatten und Skonti zu maximieren, die Effizienz des Buchhaltungspersonals zu kontrollieren und eventuelle Unregelmäßigkeiten aufzudecken.

▶ Übungsaufgabe Nr. 1.6.5 im Arbeitsbuch

6.4 Managementunterstützung auf strategischer Ebene

In diesem Abschnitt werden Informationssysteme zur Unterstützung der Geschäftsleitung behandelt. Zunächst erhalten Sie einen *Überblick* über die typischen Merkmale und Inhalte klassischer Top-Management-Informationssysteme, so genannter *Executive Information Systems* (abgekürzt: EIS). Eine Fallstudie veranschaulicht die konkrete Ausgestaltung eines solchen Systems. Sodann skizzieren wir das umfassende Konzept der SAP, *Strategic Enterprise Management* (abgekürzt: SEM), zur Unterstützung der strategischen Entscheidungsebene, das auf den operativen Transaktionssystemen und Business Analytics (abgekürzt: BA) aufsetzt. Eine Darstellung der wichtigsten IT-gestützten Methoden zur Leistungsmessung und Operationalisierung von Strategien schließt diesen Abschnitt ab.

6.4.1 Klassische Top-Management-Informationssysteme (EIS)

Ein klassisches **Top-Management-Informationssystem** (engl.: executive information system, abgekürzt: **EIS**) ist ein besonders einfach bedienbares, grafisch orientiertes Abfrage- und Berichtssystem, das dem oberen Management zur Informationsversorgung „auf Knopfdruck" dient. Es enthält oft auch Entscheidungsunterstützungsfunktionen (Modell- und Methodenbank), die jedoch tendenziell eher schwach ausgeprägt sind. Schwerpunkte sind eine umfassende, kompakte Darstellung der Bedingungslage (betriebliche Situation und Umfeld) sowie das Controlling (Schlüsselkennzahlen und kritische Erfolgsfaktoren).

„Executives" (engl.) sind die Mitglieder der oberen Führungsebenen. Ein Executive Information System (EIS) soll dementsprechend die Aufgaben des oberen Managements unterstützen. Typischerweise bieten EIS hierarchisch strukturierte Berichte für Topmanager oder deren Assistenten. Da derartige Systeme in hohem Ausmaß an die Informationsstrukturen und an die Bedingungslage eines

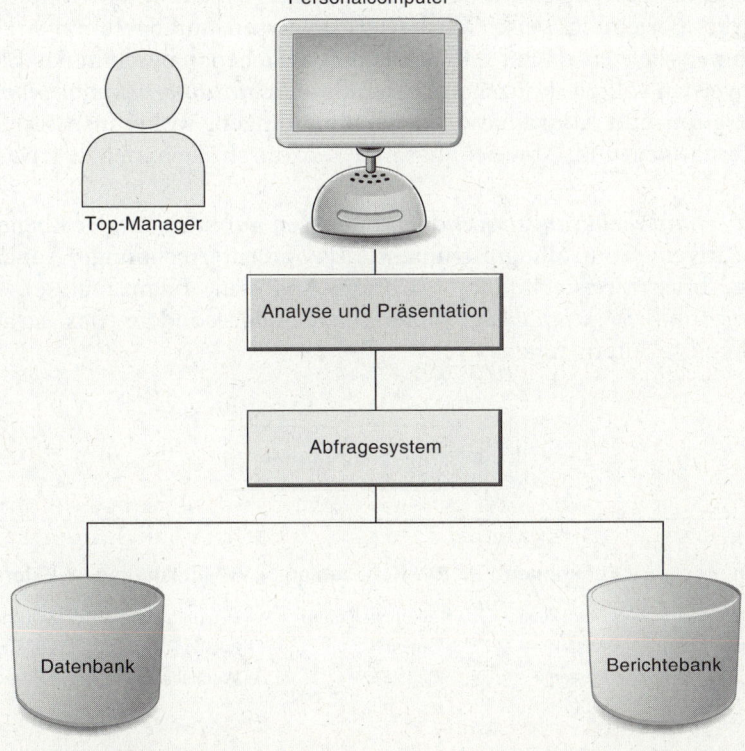

Abb. 6.4.1/1: Architektur von EIS

Unternehmens angepasst sein müssen, können fertige Systeme nicht auf dem Markt erworben werden. Stattdessen existieren Frameworks für die Entwicklung von EIS, über die die Systeme firmenindividuell gestaltet werden können.

6.4.1.1 Überblick

Die Abb. 6.4.1.1/1 zeigt Ihnen Typen von Information, die die *Inhalte eines EIS* bilden.

Inhaltlich dominiert in EIS *strategische Controlling-Information*. Durch die mengen- und wertmäßige Darstellung von Zielwerten, Mitteleinsatz und Leistungen soll die Transparenz des Betriebsgeschehens verbessert und das Unternehmen effizienter gesteuert werden können.

Das Controlling basiert auf den Jahresplanungen in den einzelnen Unternehmensbereichen und wird auf der Abteilungsebene fortgesetzt. Dabei werden die Kennzahlen der einzelnen Abteilungen zusammengeführt und in einen meist einjährigen Wirtschaftsplan übergeleitet, der im Rahmen der rollierenden Planung jährlich fortgeschrieben wird.

Thematische Schwerpunkte von EIS

Folgende thematische Schwerpunkte können in EIS implementiert werden:

Während bei der *internen und externen Strategieplanung* Portfolio-Analysen und Markt- beziehungsweise Wettbewerbsanalysen durchgeführt, strategische Unternehmensziele erarbeitet und Stärken-Schwächenanalysen in das EIS eingebunden werden sollten, konzentriert sich die *Gesamtunternehmensplanung* auf die Integration und Koordination der Teilplanungen, wobei insbesondere Planungsalternativen und Abweichungsanalysen durch Szenarien erarbeitet werden.

Kontroll- und Steuerungsfunktionen umfassen auf horizontaler Ebene sämtliche operativen Controllinginstrumente (Profitcenterrechnung, Außendienstrechnung, Investitionsrechnung, Cashflow-Analysen, Bilanzanalyse). *Soll-Ist-Vergleiche* und *Trendanalysen* unterstützen insbesondere das strategische Controlling im Unternehmen.

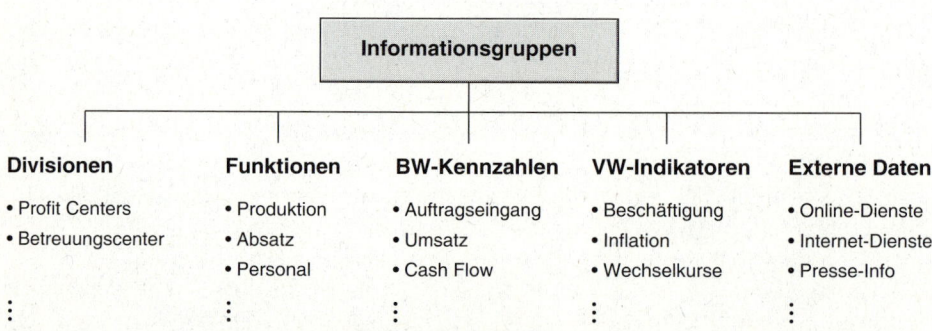

Abb. 6.4.1.1/1: Informationsgrobstruktur von EIS

Abb. 6.4.1.1/2:
Thematische Schwerpunkte von EIS

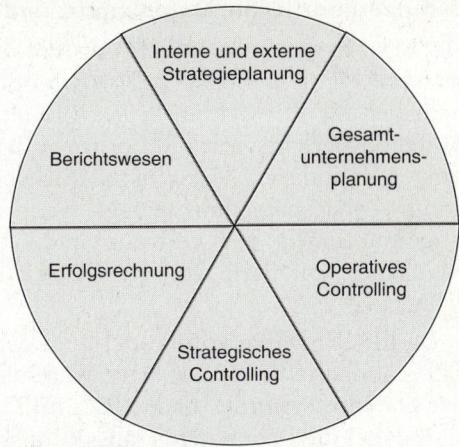

In der *Erfolgsrechnung* werden abrechnungsorientierte Verfahren (zum Beispiel Finanzbuchhaltung und Bilanzierung, Istkostenrechnung, Personal) durch entscheidungsorientierte Planungsrechnungen (zum Beispiel Umsatzplanung, Investitionsrechenverfahren, Produktionsplanung, Plankostenrechnung) ergänzt.

Das *Berichtswesen* ist in EIS automatisiert und empfängerorientiert gestaltet. Ad-hoc-Analysen beschreiben aktuelle Problemsichten, die vom Benutzer im EIS generiert werden.

Schnittstellen zu Büroinformations- und Kommunikationssystemen ermöglichen die Integration von Endbenutzerwerkzeugen wie Textverarbeitung, Tabellenkalkulation und E-Mail.

Die *Einbindung von externen Informationsquellen in* das EIS kann durch Verbindungen zu externen Datenbankpoolanbietern (zum Beispiel GENIOS, GBI, FIZ Technik) und Wirtschaftsdiensten (Nielsen, Reuters, Dow Jones) sowie zu supranationalen Hostorganisationen (ECHO, Eurobases) erfolgen.

Für die Darstellung von aggregierter Information ist es wichtig, dass diese *konsistent aufbereitet wird*. Gerade in großen Unternehmen entwickeln einzelne Geschäftsbereiche im Laufe der Zeit eigene Begriffe und Produktdefinitionen, was bei bereichsübergreifenden Vergleichen zu Interpretationsproblemen führen kann.

EIS werden so ausgelegt, dass sie das *Management by Exception* unterstützen. Bei diesem Führungsstil werden Entscheidungsbefugnisse und die zugehörige Verantwortung an die nachgelagerten Managementebenen delegiert. Die Zielvereinbarungen (Sollwerte; siehe Abschnitt 6.4.2.2) und die bei der Durchführung realisierten Istwerte werden im EIS erfasst und laufend verglichen. Das Top-Management greift nur dann ein, wenn außerordentliche Abweichungen vom angestrebten Ziel auftreten. Der Zweck liegt in der Entlastung der Führungsspitze und einer verstärkten Motivation im mittleren Management.

Benutzeroberfläche, Datenimport und Weiterverwendung der Daten

Da EIS oft nur gelegentlich von Führungskräften ohne IT-Erfahrung benutzt werden, ist die *einfache Bedienung* oberstes Gebot. In vielen Fällen wird deshalb bei der Entwicklung eines EIS einfach das vorhandene papiergebundene Vorstandsberichtswesen in Form von Berichtsheften mit vorgefertigten Auswertungen digitalisiert. Analytische Auswertungsfunktionen werden – wenn überhaupt – erst später hinzugefügt, wenn die Benutzer mit den Berichts- und Abfragefunktionen gut vertraut sind. Die Programmsteuerung erfolgt durch Mausklick innerhalb von Drill-Down/Drill-Up-Menüs (Näheres folgt im Abschnitt 6.5.2).

Da EIS die Daten von Fremd- und Teilsystemen aggregieren, stellt sich für ein EIS – ähnlich wie für ein Data Warehouse (siehe Abschnitt 6.5.1) das Problem der *Datenintegration* (mehr dazu in Band 2, Kapitel 7). Primäre Datenquellen sind dabei die operativen Transaktionssysteme, wobei die Daten vielfach durch *Texte* kommentiert werden (zum Beispiel Kommentare des Bereichscontrollers).

Eine weitere Zusatzanforderung stellt die flexible Weiterverwendung der Daten des EIS dar. Um die Daten beispielsweise in Präsentationen übernehmen zu können oder um weiterführende Analysen durchzuführen, sollten die Daten auf einen PC überspielt werden können.

▶ Übungsaufgabe Nr. 1.6.6 im Arbeitsbuch

6.4.1.2 Fallstudie „EIS der Lenzing AG"

Nachfolgend wird als Anwendungsbeispiel ein EIS beschrieben, das Mitte der 1990er-Jahre in einem österreichischen Großunternehmen eingeführt wurde.

Die Lenzing AG ist ein oberösterreichischer Chemie-/Kunststoff-/Pharma-Konzern mit damals 4.900 Mitarbeitern und 8,7 Milliarden Schilling Umsatz pro Jahr (entspricht 635 Millionen Euro). Bei der Planung und Entwicklung eines EIS wurden die Anforderungen in Module zerlegt und priorisiert. Als dringlichstes Modul wurde das *Planungssystem* als Erstes in Angriff genommen. Nach einem mehrmonatigen Evaluierungsprozess wurde das Softwareprodukt *TM/1 Spreadsheet-Connector* als Plattform für die Entwicklung des EIS ausgewählt.

Die Grobplanung wurde bis zu diesem Zeitpunkt mittels einer unflexiblen Tabellenkalkulationslösung durchgeführt, die vom zentralen Controlling auf Basis von Papierberichten der dezentralen Controller „gefüllt" wurde. Neben der mühevollen zentralen Datenerfassung waren die Wartbarkeit und Fehleranfälligkeit Schwachpunkte. Dies führte zu langen Durchlaufzeiten und zu ungenauen Ergebnissen. Ein einfaches Durchspielen diverser What-if-Szenarien war nicht möglich. Durch ein EIS sollten diese *Schwachpunkte* behoben werden.

Die *Datenbank* des daraufhin realisierten EIS besteht aus einem Kostenmodul und einem Absatzmodul sowie einigen strukturbeschreibenden Dateien, die beispielsweise die organisatorischen Zugehörigkeiten von Kostenträgern zu

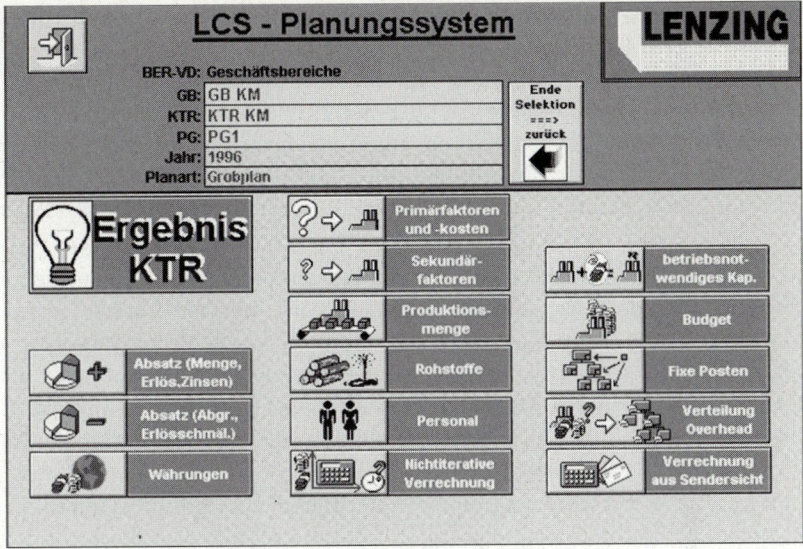

Abb. 6.4.1.2/1: EIS-Hauptmenü der Lenzing AG

Geschäftsbereichen abbilden. Die Dimensionen des siebendimensionalen *Kostenmoduls* sind die Geschäftsbereiche, Kostenträger, Produktgruppen, die Szenarien (Soll/Ist/Variante 1, 2...), Kostenarten, Datenart (fix, variabel, Faktor) und die Zeit auf Jahresbasis. Innerhalb des *Absatzmoduls* wurden die Dimensionen Geschäftsbereiche, Kostenträger, Produktgruppen, das Szenario (Soll/Ist/Variante 1, 2, ...), Absatzdaten, Vertriebsregionen und die Zeit auf Monatsbasis angelegt.

Die Dimensionen enthalten neben den einzelnen Elementen, also beispielsweise den Produktgruppen, auch die Strukturinformation über mehrere Ebenen, die zur Konsolidierung verwendet wird. Durch die flexible Datenstruktur ist es dem Controlling möglich, die Daten in beliebigen Kombinationen von den Hierarchieebenen zu betrachten.

Die *Datenerfassung* der Plandaten erfolgt mit vorgefertigten Formularen in den einzelnen Geschäftsbereichen. Diese Formulare dienen auch zur Plausibilitätsprüfung. Die Istdaten werden einmal monatlich aus dem operativen SAP-System in die EIS-Datenbank importiert. Die Voraggregation und technische Durchführung des Imports erfolgen mittels einer Schnittstelle, die auf Seiten des SAP-Systems mit der Abfragesprache ABAP implementiert wurde. ABAP ist eine proprietäre (das heißt, SAP-spezifische) Programmiersprache der vierten Generation (Näheres hierzu folgt im Band 2, Kapitel 4).

Das *Absatzplanungsmodul* dient zur Planung der Erlöse und der Erlösschmälerungen über Produkte und Regionen. Der Umsatz laut Aktiengesetz wird errechnet aus der abgesetzten Menge multipliziert mit dem Nettoerlös pro Einheit abzüglich Abgrenzungen und Erlösschmälerungen. Diese Elemente werden in der Dimension Absatzparameter zusammengefasst. Die Ansicht erfolgt in einem dreistufigen Drill-down-Verfahren. In der obersten Ebene werden die Absatzparameter (Umsatz, Abgrenzung, Erlösschmälerung) für den Kostenträger des jeweiligen Geschäftsbereichs angezeigt. Die zweite Ebene stellt für den selektierten Parameter die Aufteilung auf die relevanten Produktgruppen dar. Nach Anwahl einer dieser Produktgruppen stellt ein weiterer Drill-down die Verteilung des Wertes über die Absatzmärkte der Lenzing AG dar. Auf dieser Ebene erfolgt die Eingabe der Daten durch die dezentrale Abteilung.

Das *Kostenplanungsmodul* errechnet die Kosten jeder Produktgruppe aus den Primärkosten zuzüglich der durch die interne Leistungsverrechnung ermittelten Sekundärkosten, den fixen Kosten (Abschreibung, Versicherung, usw.) und den kalkulatorischen Zinsen. Da der variable Kostenanteil auf Basis von Einheiten errechnet wird, werden vor Planung der Kosten die Produktionsmengen für die einzelnen Produktgruppen des Kostenträgers festgelegt. Änderungen der Produktionsmengen führen somit zu neuen Szenarien.

Die Planung der *Primärfaktoren* (wie beispielsweise Löhne, Gehälter, Fertigungsmaterial, Verbrauchsmaterial oder Energie) erfolgt für die jeweilige Produktgruppe in Euro pro produzierte Einheit. Dieser Faktor multipliziert mit der geplanten Produktionsmenge ergibt den variablen Kostenanteil der Produktgruppe. Durch Addition der fixen Kosten ergeben sich die Gesamtkosten der Produktgruppe. Die Summe der Primärkosten der Produktgruppen zuzüglich der einzugebenden fixen Kosten des Kostenträgers ergibt die Primärkosten des Kostenträgers. Werden die fixen Kosten des Geschäftsbereichs eingegeben, erhält man die Gesamtkosten des Bereichs. Für die Eingabe und Kontrolle der Kosten der Produktgruppe stehen zwei Ansichten zur Verfügung.

Die *erste Ansicht* enthält als erste Dimension die Kostenart und als horizontale Dimension die Datenart (Faktor, variabel, fix, gesamt) jeweils für die einzelne Produktgruppe, den Kostenträger als Summe aller Produktgruppen und den Geschäftsbereich als Summe aller Kostenträger.

In der *zweiten Ansicht* sind die Produkte als vertikale Dimension und die Datenart als horizontale Dimension dargestellt. Die Eingabe der Werte erfolgt für die einzelne Kostenart (zum Beispiel: Lohn).

Die *Sekundärfaktoren* (siehe Abb. 6.4.1.2/2) bilden die Basis für die interne Leistungsverrechnung. Sekundärfaktoren steuern die Abnahme und Verrechnung der Leistungen der Corporate-Service-Bereiche der Lenzing AG. Beispiele für Sekundärfaktoren sind Strom (kWh) oder Dampf (kJ). Für die einzelne Produktgruppe werden die benötigten Leistungen zur Produktion einer Einheit als Faktor erfasst. In der Kostenstruktur wird unterschieden in Einheiten für die Produktion eines Produkts, in die fixe Abnahme für die Produktgruppe unabhängig von der Produktion und in die Gesamtabnahme als Summe der produktionsabhängigen und fixen Einheiten. Ferner werden die fixen Einheiten für den Kostenträger und für den Geschäftsbereich geplant.

Neben den vom System strukturell vorgegebenen internen Leistungsverrechnungen können auch individuelle Verrechnungen zwischen den Kostenträgern

| 2002 | Selektion | | DRILL DOWN | | Schließen |
| Grobplan | Berechnen | | | | Bewertung |

Produktionsmenge	Produktgruppe				Kostenträger		Geschäftsbereich	
PG1	PG1				KTR KM		GB KM	
0								
Sekundärfakt. & -kosten	Faktor für PG in EH pro EH	Var. Abnahme für PG in EH	Fixe Abnahme für PG in EH	Ges. Abnahme für PG in EH	Fixe Abnahme für KTR in EH	Ges. Abnahme für KTR in EH	Fixe Abnahme für GB in EH	Ges. Abnahme für GB in EH
CSB variabel	0,00	0,00	0,00	0,00	0,00	0,00	0,00	0,00
CSB fix		0,00	0,00	0,00	0,00	0,00	0,00	0,00
Öko-Std.		0,00	0,00	0,00	0,00	0,00	0,00	0,00
Dampf	0,00	0,00	0,00	0,00	0,00	0,00	0,00	0,00
Strom	0,00	0,00	0,00	0,00	0,00	0,00	0,00	0,00
Kälte	0,00	0,00	0,00	0,00	0,00	0,00	0,00	0,00
Caliqua	0,00	0,00	0,00	0,00	0,00	0,00	0,00	0,00
Sonstige Energien	0,00	0,00	0,00	0,00	0,00	0,00	0,00	0,00
LTE-Std.	0,00	0,00	0,00	0,00	0,00	0,00	0,00	0,00
LTF-Std.	0,00	0,00	0,00	0,00	0,00	0,00	0,00	0,00
Personal		0,00	0,00	0,00	0,00	0,00	0,00	0,00
Materialwirtschaft		0,00	0,00	0,00	0,00	0,00	0,00	0,00
Rangierbetrieb		0,00	0,00	0,00	0,00	0,00	0,00	0,00
I&K		0,00	0,00	0,00	0,00	0,00	0,00	0,00
Gebäude		0,00	0,00	0,00	0,00	0,00	0,00	0,00
Sonstige CS		0,00	0,00	0,00	0,00	0,00	0,00	0,00
Summen								

Abb. 6.4.1.2/2: Darstellung der Sekundärfaktoren des EIS der Lenzing AG

frei durchgeführt werden. Diese werden mit einer textlichen Begründung versehen und im Netzwerk abgestimmt.

Für die Simulation von *Währungsrisiken* werden die Ein- und Ausgänge in verschiedenen Währungen pro Geschäftsbereich erfasst. Durch die Simulation verschiedener Kursentwicklungen kann die Sensitivität der Bereichs- und Gesamtergebnisse für jede Währung dargestellt werden.

▸ Übungsaufgabe Nr. 1.6.7 im Arbeitsbuch

6.4.2 Moderne, integrierte Top-Management-Informationssysteme

Vorstehend haben Sie typische Top-Management-Informationssysteme kennen gelernt, die in den 1990er Jahren in großen und mittleren Unternehmen entwickelt worden sind. In vielen Fällen geht die IT-Unterstützung strategischer Entscheidungen auch heute noch kaum über die dargestellten Anwendungen hinaus.

Von den Softwareherstellern wurden seitdem die Instrumente zur Top-Managementunterstützung laufend erweitert und perfektioniert. Die von den führenden Anbietern angebotenen Methodensammlungen spiegeln das neueste betriebswirtschaftliche Wissen wider. Der aktuelle Stand der Entwicklung wird im Folgenden exemplarisch anhand des *Strategic Enterprise Management (abgekürzt: SEM) von SAP* beschrieben.

6.4.2.1 Architektur des SEM-Systems von SAP

Strategic Enterprise Management System (abgekürzt: SEM-System) ist ein von SAP entwickeltes System zur IT-Unterstützung des Top-Managements. Es setzt auf der operativen Ebene auf und beinhaltet Komponenten für die Unternehmensplanung und Simulation, die Konsolidierung von Konzernabschlüssen, die Operationalisierung von Strategien und Leistungsmessung, das Stakeholderbeziehungsmanagement und die Erschließung externer Information.

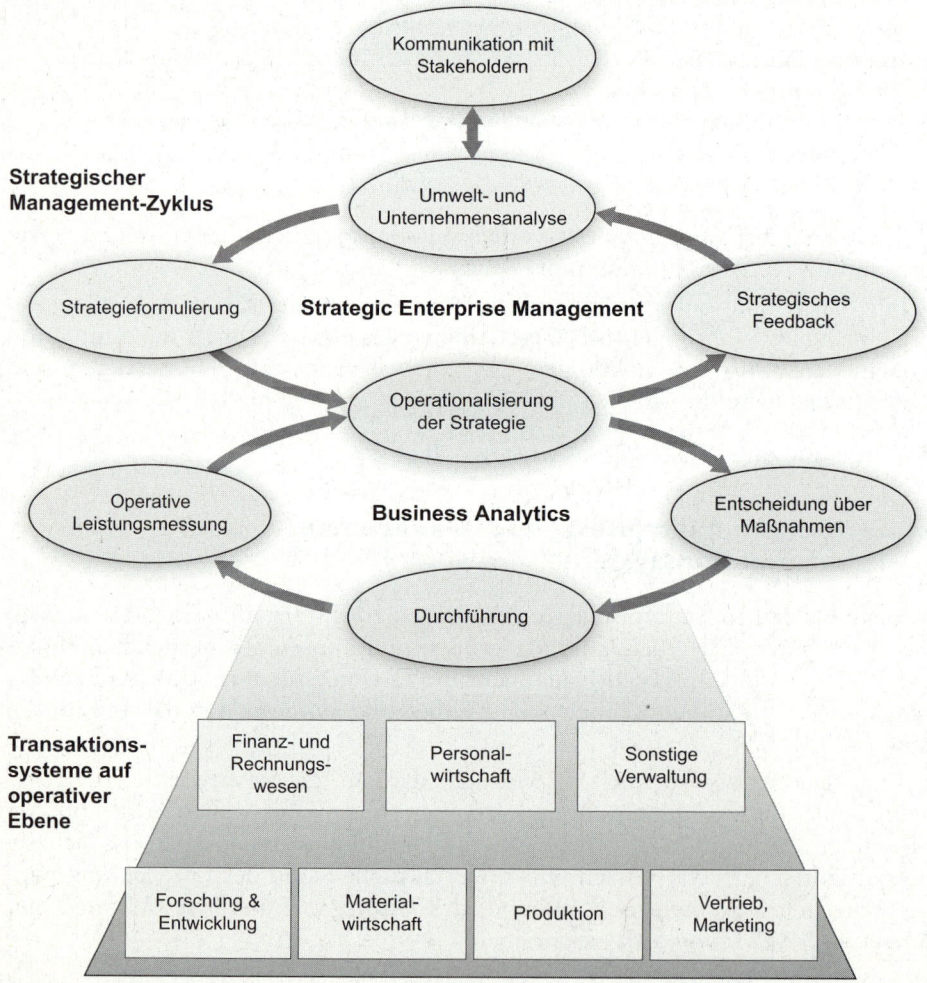

Abb. 6.4.2.1/1: Architektur von SAP SEM/BA (in Anlehnung an P. Mertens, M. Meier, W. Sinzig)

SEM entspricht dem neuesten betriebswirtschaftlichen Know-how und wird laufend weiter entwickelt. Es dürfte – wenn überhaupt – nur wenige Betriebe geben, die das komplette SEM-System (soweit es bisher durch Programmprodukte unterstützt wird) im Einsatz haben. Typisch ist vielmehr, dass sich Anwender jener Module bedienen, die ihnen den meisten Nutzen versprechen. Der größte Vorteil des SEM-Konzepts gegenüber ähnlichen Produktportfolios von auf dem Markt führenden Spezialsoftwareherstellern ist die Integration des strategischen mit dem operativen Management und der operativen Durchführung mittels Standardsoftware, bei der SAP weltweit führend ist (mySAP ERP und mySAP Business Suite; siehe Kapitel 4).

Die Komponente *Business Planning and Simulation (SEM-BPS)* dient zur Modellierung von Planungsstrukturen (Erstellen eines konzernweiten strategischen Unternehmensplans) und stellt auf übliche Planungsanwendungen zugeschnittene Funktionen und Benutzeroberflächen bereit. Bei der Gestaltung von Planungsgebieten können verschiedene Planungssichten (beispielsweise nach Konzern oder Geschäftsbereich) und Teilpläne (beispielsweise für Finanzierung oder Absatz) dargestellt werden (siehe Abschnitt 6.5.2). Für denselben Zeitraum (Geschäftsjahr oder jahresübergreifend) können mehrere Planszenarien vorgehalten werden.

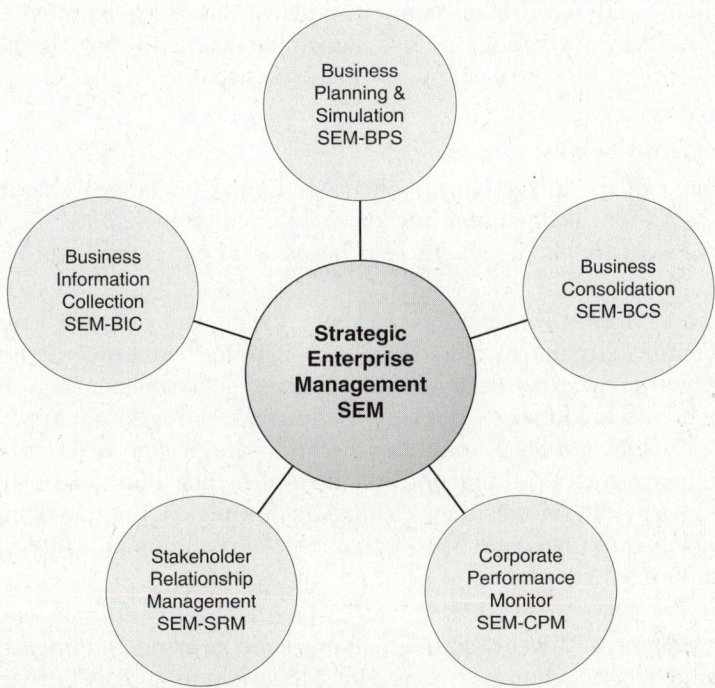

Abb. 6.4.2.1/2: Komponenten von SAP SEM

Die Komponente *Business Consolidation (SEM-BCS)* unterstützt die Konsolidierung von Konzernabschlüssen, das heißt, Zusammenfassung des Abschlusses (Bilanz, Gewinn- und Verlustrechnung) des Mutterunternehmens mit den Abschlüssen der Tochterunternehmen, sowohl nach den gesetzlichen Vorschriften (externe Konsolidierung) als auch entsprechend den Informationserfordernissen des Managements (interne Konsolidierung). Die gesetzlichen Vorschriften der Rechnungslegung (zum Beispiel HGB – Handelsgesetzbuch, US GAAP – Generally Accepted Accounting Principles, IAS – International Accounting Standards usw.) richten sich nach dem Land der Muttergesellschaft; in weltweit tätigen Konzernen können sich diese Bestimmungen von Konzernebene zu Konzernebene unterscheiden. Die Managementkonsolidierung erfolgt typischerweise „von unten nach oben" entsprechend der Führungsstruktur (Organisationseinheiten) des Unternehmens, eventuell nach mehreren Dimensionen (bei Matrixorganisationen).

Die Komponente *Corporate Performance Monitor (SEM-CPM)* bietet Anwendungen zur Abbildung und Operationalisierung von Strategien (engl.: strategy management) und zur Messung und Beurteilung der Leistungen von Geschäftseinheiten (engl.: business performance). Dazu gehören die folgenden Anwendungen:

- Balanced Scorecard,
- Capital Market Interpreter,
- Kennzahlen- und Werttreiberbäume (inklusive dem so genannten „Measure Builder", einem Werkzeug für das Benchmarking und zur Definition von Kennzahlen und Messgrößen; mehr dazu etwas später),
- Risikomanagement,
- Management Cockpit.

Wir gehen auf die allgemein üblichen Methoden im Folgeabschnitt 6.5.3.2 näher ein und kennzeichnen hier nur kurz den erwähnten *Capital Market Interpreter* und das *Risikomanagement*, zwei besonders bemerkenswerte SEM-Komponenten.

Der *Capital Market Interpreter* ist ein Werkzeug, mit dem die Erwartungen externer Finanzanalysten in die strategische Planung einbezogen werden können. Dabei wird – wie bei der von Analysten vorgenommenen Bewertung von Managemententscheidungen – der Unternehmenswert aus Aktionärssicht (engl.: shareholder value) mittels Kapitalwertmethode durch eine diskontierte Reihe von Zahlungsströmen ermittelt und mit dem aktuellen Börsenwert verglichen. Dadurch besteht die Möglichkeit, frühzeitig Strategien für den Umgang mit Bewertungsschwankungen am Markt zu entwickeln und im günstigsten Fall solche Schwankungen gar nicht erst eintreten zu lassen.

Durch das *Risikomanagement* sollen Risiken frühzeitig erkannt werden, um rechtzeitig geeignete Abwehrmaßnahmen ergreifen zu können. Für Aktiengesellschaften sind Überwachungssysteme zur Früherkennung von Entwicklungen, die den Fortbestand der Gesellschaft gefährden, gesetzlich vorgeschrieben. Ausgangspunkt des SEM-Risikomanagements ist das vorhandene Zielsystem (= System von Kennzahlen; siehe Abschnitt 6.4.2.2), zu dem Risiken in Risikokatalogen angelegt, in Kategorien gruppiert und einzelnen Kennzahlen zugewiesen werden. Ein Risiko ist dabei ein Ereignis, das eine unmittelbare oder mittelbare negative Auswirkung auf den Wert der geplanten Kennzahl hat. Für die risikobehafteten Kennzahlen werden sodann die Art und Weise der Statusberechnung festgelegt und Maßnahmen definiert, um den Risiken zu begegnen.

Die Komponente *Stakeholder Relationship Management* (abgekürzt: SRM) ermöglicht die gezielte Information von Personen und Institutionen, die für den Betrieb bedeutsam sind. Wichtige Stakeholder-Gruppen sind die Mitarbeiter, Kunden, Lieferanten, sonstige Geschäftspartner (zum Beispiel Subunternehmer, Franchisenehmer, Joint-Venture- und Allianzpartner), Medien, Behörden und Anteilseigner (engl.: shareholder). Diese Gruppen werden bewertet (beispielsweise nach der Anzahl gehaltener Aktien, Einschätzung des Einflusses) und deren Informationsbedarf erfasst. Diese Information kann als Filter und Sortierkriterium für Auswertungen und darauf basierende Kommunikationsmaßnahmen dienen.

Die Komponente *Business Information Collection* (abgekürzt: SEM-BIC) dient zur Auffindung, Auswertung und Ablage unternehmensrelevanter, *externer* Information. Dabei handelt es sich in erster Linie um Textdokumente, wie zum Beispiel Tagungsbeiträge, Artikel in Fachzeitschriften, Presseerklärungen konkurrierender Unternehmen, Geschäftsberichte, Diskussionsbeiträge in Web-Foren usw. Es werden Funktionen zur Spezifikation von Rechercheaufträgen, zur Selektion und Anfrage bei externen Informationsquellen sowie zur redaktionellen Aufbereitung und Verknüpfung interner und externer Fakten geboten.

▶ Übungsaufgabe Nr. 1.6.8 im Arbeitsbuch

6.4.2.2 Methoden zur Leistungsmessung und Operationalisierung von Strategien

Die wichtigsten IT-gestützten Methoden zur Messung der Leistungen von Geschäftseinheiten und zur Operationalisierung von Strategien sind *Kennzahlensysteme* und die *Balanced Scorecard*. Entsprechende Softwareprodukte werden von vielen Softwareherstellern angeboten.

Kennzahlensysteme und Werttreiberbäume

Kennzahlen haben generell für das Management auf allen Ebenen eine große Bedeutung für die Leistungsmessung (engl.: performance measurement) von Betrieben und Organisationseinheiten (beispielsweise eines Unternehmens oder eines Unternehmensbereichs).

Betriebliche **Kennzahlen** (Synonym: Indikator; engl.: key figure, business ratio, indicator) sind quantitative Daten mit besonderer Aussagekraft, die als bewusste Verdichtung der komplexen Realität über zahlenmäßig erfassbare Sachverhalte, insbesondere über die Zielerreichung, informieren sollen.

Kennzahlen erlauben es, im Rahmen der Planung *konkrete Ziele zu formulieren* und die Ergebnisse an diesen Vorgaben zu messen (Soll-Ist-Vergleich). Weitere *Vergleiche mit Kennzahlen* können über die Zeit (Periodenvergleiche, Zeitreihenvergleiche) und mit anderen (Benchmarking) durchgeführt werden.

Benchmarking haben Sie als Verfahren zur CPU-Leistungsvermögensanalyse kennen gelernt (siehe Abschnitt 1.2.3.1).

Im erweiterten Sinn versteht man unter **Benchmarking** (engl.: benchmarking) den Vergleich von Systemen aller Art hinsichtlich Kosten, Leistungen, Ergebnissen/Wirkungen, Produkten und Dienstleistungen, Strukturen, Prozessen, Technologien oder Strategien anhand von Kennzahlen oder Standards, um Verbesserungsmöglichkeiten zu ermitteln.

Durch Benchmarking sollen *Anreize zu ständiger Verbesserung durch die Transparentmachung der relativen Leistungsfähigkeit* geboten werden. Die Vergleiche können *intern* (zum Beispiel: Filialen) und *extern, horizontal* (zum Beispiel: Lebensmittelfilialbetriebe) und *vertikal* (zum Beispiel: Erzeuger, Großhandel und Einzelhandel von Lebensmitteln), *national* (zum Beispiel: deutscher Lebensmittelhandel) und *international* (zum Beispiel: Lebensmittelhandel in Europa) gezogen werden. Dabei spielt der *Vergleich mit einem anerkannten Führenden, dem „Klassenbesten"* (engl.: *best practice*), eine besondere Rolle.

Die Mitarbeiter werden durch Kennzahlen für besonders wichtige Aspekte sensibilisiert (Wahrnehmungs- und Kommunikationsfunktion), zur Zielerreichung motiviert (Anreizfunktion) und hinsichtlich ihrer Leistungen überprüft (Controllingfunktion).

Kennzahlen können absolute Zahlen oder Verhältniszahlen sein. *Absolute Zahlen* sind Summen (zum Beispiel Zahl der Kunden, Produkte, Filialen,

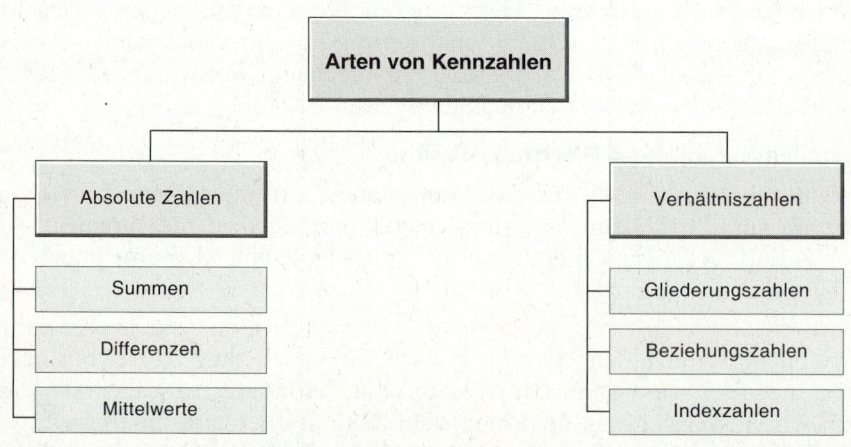

Abb. 6.4.2.2/1: Arten von Kennzahlen

Gesamtumsatz usw.), gegebenenfalls an einem Stichtag, Differenzen (zum Beispiel Veränderung der Zahl der Kunden, Produkte, Filialen, Gesamtumsatz usw.) und Mittelwerte (Kundenzahl im Monatsdurchschnitt oder im Durchschnitt der Filialen, durchschnittliche Kaufsumme usw.). *Verhältniszahlen* sind Gliederungszahlen (Umsatzanteile der Warengruppen in Prozent, Anteile der Kundengruppen in Prozent, Schwundquote usw.), Beziehungszahlen (Kosten pro Bestellung, zu betreuende Kunden pro Verkäufer usw.) und Indexzahlen (Filialdichte oder Kapitalbindung im Lager, bezogen auf die Basiszahl des Jahres X (= 100), Personalkosten einer Filiale im Vergleich zum Durchschnitt aller Filialen).

Wenn eine angestrebte Kennzahl nicht erreicht wird, so sind eine *Ursachenanalyse* der Abweichung durchzuführen und *Gegensteuerungsmaßnahmen* einzuleiten.

Typische *Leistungskennzahlen im Lebensmittelhandel* sind zum Beispiel der Absatz einzelner Produkte (in Stück), der Bruttoumsatz, die Umschlagshäufigkeit, die Flächenproduktivität, der Nettoertrag, die Nettohandelsspanne, der Flächenertrag, der Bruttonutzen und die Umsatzrendite. Kennzahlenvergleiche werden nach Betriebstypen, nach Organisationseinheiten und nach Wettbewerbern durchgeführt.

Ist etwa in unserem *Beispiel-Lebensmittelfilialbetrieb* der Lagerumschlag (Wareneinsatz / durchschnittlichem Lagerbestand in Euro) zu gering, so könnten die Ursachen in unzutreffenden Absatzprognosen und -planungen, der Produkt- und Programmpolitik (falsche Produktwahl, zu breites oder zu tiefes Sortiment) und den Bestellzeitpunkten liegen. Als Gegensteuerungsmaßnahmen bieten sich eine Überprüfung der Absatzplanung, der Prognoseverfahren, der Sicherheitsbestände und der Reaktionsfähigkeit bei Bedarfsänderungen an.

Problematisch ist, dass Kennzahlen zu Trugschlüssen verleiten können. Sie bilden oft nur ungenau und singulär die Zielsetzung ab und vernachlässigen Aspekte, die nicht oder nur schwierig zahlenmäßig messbar sind. Deshalb bedürfen Kennzahlenwerte stets der Interpretation.

Für die Geschäftsleitung unseres *Beispiel-Lebensmittelfilialbetriebs* ist die *Verhältniszahl IT-Kosten / Umsatz pro Jahr* ein wesentlicher Indikator für die Leistungsfähigkeit des IT-Bereichs. Im europäischen Vergleich liegt unser Beispielbetrieb mit 1,7 Prozent relativ hoch. Mitbewerber weisen IT-Kosten von durchschnittlich 1,25 Prozent vom Umsatz auf, die am kostengünstigsten arbeitenden Betriebe erreichen sogar nur 0,4 Prozent. Der IT-Leiter argumentiert zu Recht, dass man diesen Kennzahlenwert nicht isoliert betrachten dürfe. Man müsse die im Vergleich zur Konkurrenz weitaus höheren Nutzen sehen, die durch bessere Information, Entscheidungsunterstützung und die Eröffnung neuer strategisch wichtiger Aktionsfelder (Einkaufsverbund, Web-Shop mit Hauszustellung in Großstädten) mittels IT realisiert werden.

Kennzahlensysteme

Durch *Kennzahlensysteme* werden Sachverhalte gesamthaft betrachtet, indem nicht nur einzelne Kennzahlen, sondern eine Zusammenstellung signifikanter Kennzahlen, die unterschiedliche Aspekte messen, untersucht werden. Kennzahlensysteme werden auf einen Betrieb als Ganzes oder die einzelnen Geschäftsbereiche angewendet.

Ein **Kennzahlensystem** (engl.: ratio system, performance measurement system) ist eine Zusammenstellung von einzelnen Kennzahlen, die in einer sachlich sinnvollen Beziehung zueinander stehen, einander ergänzen oder erklären und insgesamt auf ein gemeinsames, übergeordnetes Ziel ausgerichtet sind (nach T. Reichmann). Bei *Rechensystemen* besteht eine rechnerische Verknüpfung zwischen den einzelnen Kennzahlen, bei *Ordnungssystemen* sind die Kennzahlen lediglich sachlogisch gruppiert.

Im Zusammenhang mit Planungs- und Kontrollsystemen sind *Rechensysteme* besonders bedeutsam. Auf oberster Ebene (Wurzelknoten, siehe auch Band 2, Kapitel 5) der Baumstruktur steht die oberste Zielkennzahl, die nach unten stufenweise aufgespalten wird.

Bekannte *Beispiele für Kennzahlensysteme* sind das DuPont-System of Financial Control oder das ZVEI-Kennzahlensystem des Zentralverbandes der Elektrotechnischen Industrie.

Beim *DuPont-Kennzahlenbaum* (siehe Abb. 6.4.2.2/2) steht die Kennzahl *Return on Investment* (abgekürzt: ROI) an der Spitze, die in zweiter Ebene in *Umsatzrentabilität* und *Kapitalumschlag* aufgespalten wird. Die *Umsatzrentabilität* wird errechnet, indem der Gewinn durch den *Umsatz* dividiert wird. Der

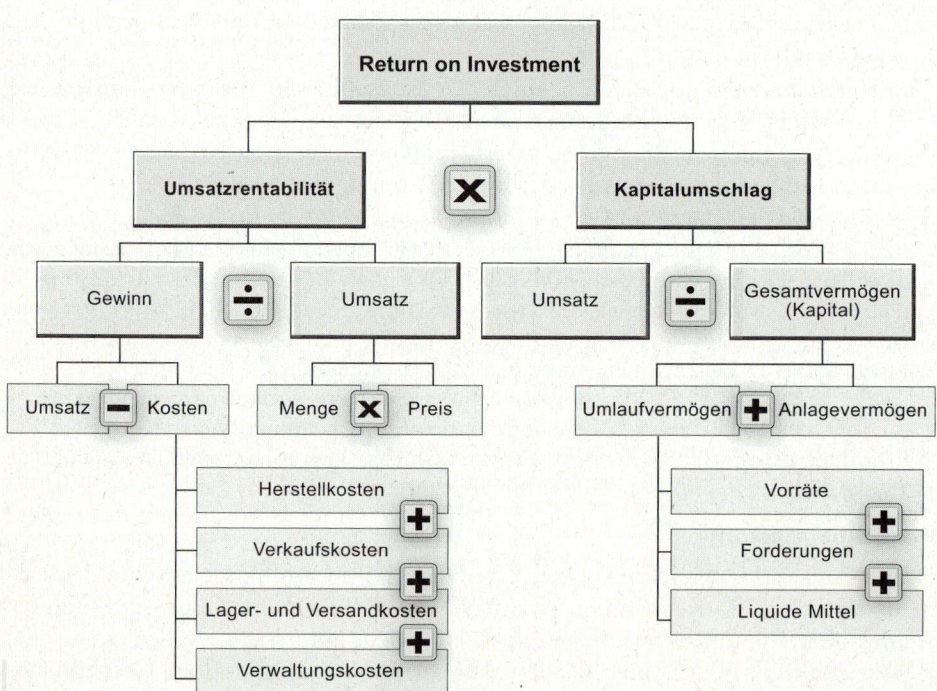

Abb. 6.4.2.2/2: DuPont-Kennzahlenbaum

Gewinn wird ermittelt, indem vom aggregierten *Umsatz* die *einzelnen Kostenarten* abgezogen werden. Der *Kapitalumschlag* wird errechnet, indem der *Umsatz* durch das *Gesamtvermögen* dividiert wird. Das Gesamtvermögen ergibt sich durch Addition von Anlage- und Umlaufvermögen.

Werttreiberbäume

Werttreiberbäume sind eine Weiterentwicklung der klassischen Kennzahlenbäume zur Leistungsmessung einer Organisationseinheit. Sie kommen der in den letzten Jahren zu beobachtenden zunehmenden *Wertorientierung* als Zielsetzung der Unternehmensführung entgegen. Dabei ist die Wertsteigerung des Unternehmens das oberste Ziel. Strategische Entscheidungen über den Einsatz der Ressourcen werden auf Basis von kapitalmarktnahen Kriterien getroffen (siehe auch die Beschreibung des *„Capital Market Interpreter"* im Abschnitt 6.4.2.1). Nach diesem Ansatz erfolgen Investitionen nur in Bereichen, in denen zumindest die Kapitalkosten durch Wertsteigerungen wieder erwirtschaftet werden können. Dementsprechend müssen die Erfolgsbeiträge der Geschäftsbereiche wertorientiert gemessen werden.

Ein **Werttreiber** (engl.: value driver) ist eine Größe, die einen signifikanten Einfluss auf die Leistungssteigerung einer Organisationseinheit (beispielsweise eines Unternehmens oder eines Unternehmensbereichs) besitzt und durch das Management beeinflussbar ist.

Beispiele für Werttreiber sind Produktqualität, Marktvorsprung, Mitarbeiterqualifikation oder Kundenzufriedenheit. Beachten Sie, dass Werttreiber vielfach schwer oder nicht quantifizierbare Einflussgrößen darstellen.

Für die quantifizierbare Vergleichbarkeit müssen die qualitativen Faktoren in Messgrößen umgewandelt werden, um eine Erfolgsmessung und Vergleichbarkeit zu erreichen.

Ein **Werttreiberbaum** (engl.: value driver tree) ist ein hierarchisches Kennzahlensystem, das die Zusammenhänge zwischen der zu ermittelnden Zielgröße (Oberziel) zur Leistungsmessung und den Kennzahlen zeigt, die als Werttreiber interpretiert werden.

Die Abb. 6.4.2.2/3 zeigt einen Werttreiberbaum, bei dem das Top-Management seine Einschätzung zum Einfluss und zur Wirkung der einzelnen Werttreiber kennzeichnen kann.

Softwareunterstützung

Beim Einsatz von Kennzahlen- und Werttreiberbäumen besteht die *Softwareunterstützung* in

- Bereitstellung von *Kennzahlenkatalogen* (meist branchenunabhängig), aus denen die Anwender die darin definierten und dokumentierten Kennzahlen und ganze Kennzahlen-Knoten in ihre eigenen Systeme übernehmen können,

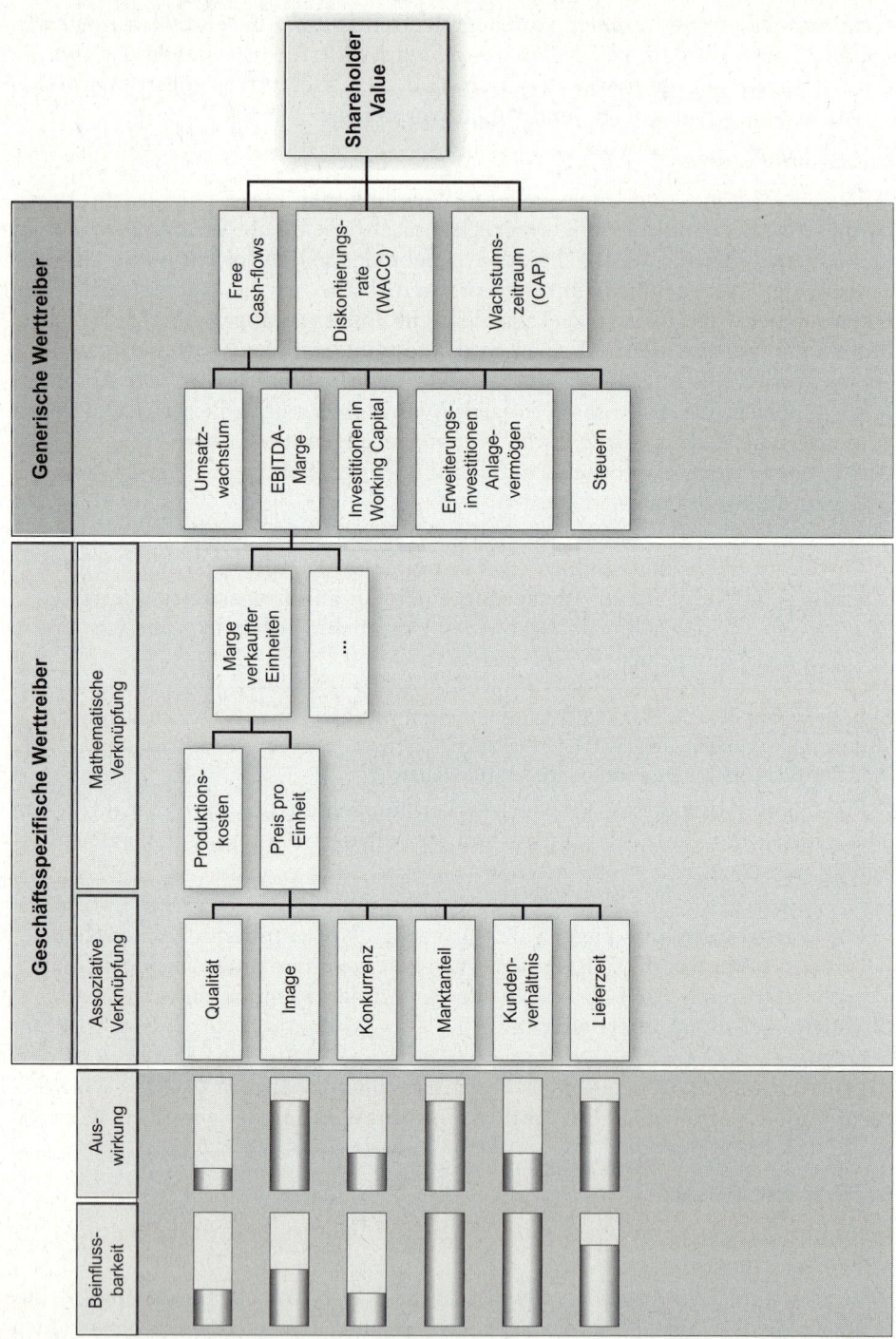

Abb. 6.4.2.2/3: Werttreiberbaum (Quelle: SEM-System von SAP)

- Bereitstellung von *Vergleichsdaten* anderer Betriebe für Benchmarking-Zwecke,
- Funktionen zur *grafischen Darstellung* der Abhängigkeitsverhältnisse von Kennzahlen beziehungsweise Werttreibern in einer Baumstruktur,
- Funktionen zur *Erfassung* der Soll-Werte für die folgende Periode, der Ist-Werte und zum Kennzahlenvergleich,
- Funktionen zur Modellierung von Kennzahlen- und Werttreiberbäumen, mit denen gezielte „Was-wäre-wenn"- und „Wie-erreicht-man"-Simulationen durchgeführt werden können (siehe Abschnitt 6.3.1.1).
- Die *Informationsbeschaffung für die firmenübergreifenden Kennzahlenvergleiche* erfolgt heute meist über das Internet von Branchenverbänden, Banken, Beratern und spezialisierten Dienstleistern.

Ein *Beispiel* für eine Informationsquelle für firmenübergreifende Kennzahlenvergleiche ist das *Finanzanalyseportal PPA Benchbase,* das die Jahresabschlüsse aller deutschen börsennotierten Industrieunternehmen seit 1996 enthält (Mitte 2004: Fast 40.000 Abschlüsse zu über 8.000 Firmen und über 20.000 Geschäftsberichte). Die Einzeljahresabschlüsse können in Zeitreihen oder im Vergleich zu Peer-Gruppen, Branchen und Indices analysiert werden. Dazu stehen vielfältige Analyse-Schemata und Kennzahlen zur Verfügung. Diese Auswertungen werden auf Basis einer standardisierten Normbilanz mit bis zu 1.500 Positionen je Abschluss ermittelt.

▶ Übungsaufgabe Nr. 1.6.9 im Arbeitsbuch

Balanced Scorecard

Von den Vorschlägen zur Operationalisierung von Strategien mittels eines Kennzahlensystems, das sowohl die interne Wertschöpfung als auch von außen vorgegebene Renditeerwartungen integriert, hat die von *Kaplan* und *Norton* entwickelte *Balanced Scorecard* die größte Beachtung gefunden.

Die **Balanced Scorecard** (abgekürzt: BSC; unübliche deutsche Übersetzung: ausgewogener Berichtsbogen) ist eine kennzahlenorientierte Methode zur Strategieimplementierung, die quantitative und qualitative Beschreibungen von betriebsinterner und -externer Sicht im Hinblick auf ein einziges Oberziel zusammenführt und damit eine umfassende, an der Strategie orientierte Steuerung eines Betriebs ermöglicht. Dabei werden vier Sichtweisen integriert: Finanz-, Kunden-, interne Geschäftsprozess- sowie Lern- und Entwicklungsperspektive.

Bei der Balanced Scorecard handelt sich um *kein vordefiniertes Kennzahlensystem,* sondern vielmehr um ein *organisatorisches Rahmenwerk (Vorgehensmodell)* für die Erstellung eines Berichts- und Leistungsmesssystems, das auf ausgewogenen, betriebsindividuellen Kennzahlen basiert. Diese Methode hilft

1. eine *Vision* und eine daraus abgeleitete *Strategie* in konforme *Aktivitäten* zu übersetzen,

2. *Pläne* aufzustellen, Vorgaben in Form von *Kennzahlen* zu *formulieren* und Initiativen abzustimmen,

3. den *Umsetzungsgrad* einer Strategie allen Beteiligten transparent darzustellen,

4. das Feed-back und das *Lernen* zu verbessern.

Eine Balanced Scorecard muss also *betriebsindividuell entwickelt* werden. Die Abb. 6.4.2.2/4 zeigt die Umsetzung von Vision und Strategie in die *vier Perspektiven.* Je Perspektive sollte man sich drei bis fünf strategische Ziele setzen und diese samt den zugehörigen Messgrößen, operationalen Zielen und Aktivitäten in die entsprechenden Felder eintragen.

Auf unterster Ebene werden die notwendigen Qualifikationen der Mitarbeiter den fachlichen Kompetenzen gegenübergestellt *(Lern- und Entwicklungsper-*

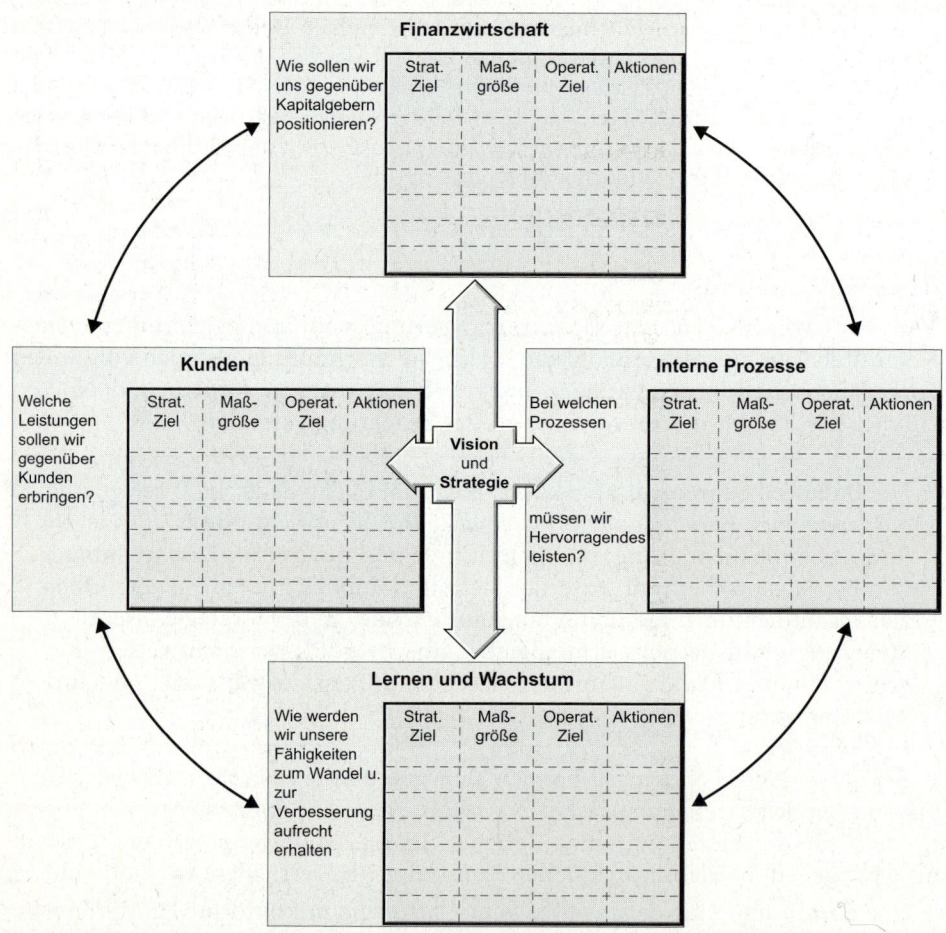

Abb. 6.4.2.2/4: Aufbau einer Balanced Scorecard (Quelle: P. Horvath)

spektive). Die darüber liegende Ebene zeigt, wie die internen Geschäftsprozesse die Kundensicht beeinflussen *(interne Prozess- und Kundenperspektive)*. Die oberste Ebene stellt die Einflussfaktoren auf die finanzielle Sicht des Betriebes dar *(Finanzperspektive)*. Dadurch erfüllt die Balanced Scorecard folgende *Funktionen:*

- *Klärung und Vermittlung von Vision und Strategie*: Die Balanced Scorecard verfolgt das Ziel, innerhalb eines Betriebes ein gemeinsames Verständnis von Vision und Strategie zu erreichen. Diese gemeinsame Sprache stellt ein notwendiges Fundament für eine erfolgreiche Strategieumsetzung und zukünftiges strategisches Lernen dar. Konkret wird dabei versucht, Vision und Strategie in explizite Ziele zu transformieren, wobei diese unter verschiedenen Perspektiven zusammengefasst und in transparenten Ursache-Wirkungs-Zusammenhängen dargestellt werden.

- *Kommunikation der Strategie:* Wenn es durch die Einbindung von Mitarbeitern aller Hierarchieebenen gelungen ist, eine erste Balanced Scorecard zu erstellen, wird in einem nächsten Schritt die Strategie mit Hilfe der Scorecard kommuniziert. Jeder Mitarbeiter kann so seinen eigenen, ganz persönlichen Beitrag zur Strategie erkennen und, anhand von zusammenhängenden Kennzahlen, den Beitrag seines Handelns zur erfolgreichen Umsetzung der Strategie nachvollziehen.

- *Umsetzung der Strategie:* Die Balanced Scorecard hilft bei der Umsetzung der Strategie, indem für die aus den strategischen Zielen abgeleiteten Kennzahlen Richtwerte als Meilensteine vereinbart werden, die den Weg zu einer erfolgreichen Strategierealisierung beschreiben und gleichzeitig Orientierung geben. Es werden Initiativen und Maßnahmen identifiziert, die dabei helfen sollen, die vereinbarten Meilensteine einzuhalten und damit die Strategieumsetzung sicherzustellen.

- *Strategisches Feed-back und Lernen:* Die Balanced Scorecard begnügt sich im Gegensatz zu vielen klassischen Führungsinstrumenten nicht mit der Zielvereinbarung, Durchführung und Kontrolle. Sie geht einen entscheidenden Schritt weiter und bindet jeden Mitarbeiter in das strategische Denken, Lernen und Handeln des Betriebes ein. Die Balanced Scorecard macht Strategie zur Aufgabe eines jeden, aus der festen Überzeugung heraus, dass die Entwicklung und Verwirklichung einer erfolgreichen Strategie niemals allein Aufgabe des Top-Managements sein kann.

- *Softwareunterstützung:* Fortschrittliche Balanced-Scorecard-Programme unterstützen die Definition von Strategien und Scorecards, ihre Aktualisierung, Präsentation und Kommunikation (siehe Abb. 6.4.2.2/5). Für die *fachliche Definition* kann oft auf Strategievorlagen und gängige Kennzahlensysteme (Näheres im vorhergehenden Abschnitt) zurückgegriffen werden. *Strategievorlagen* sind modellhaft vorgegebene Gesamtstrategien für spezifische Branchen, die vom Anwender an die eigenen Bedürfnisse angepasst werden können. Im Rahmen der *Aktualisierung* werden den in der Strategie festgelegten Kennzahlen Istwerte zugeführt, Soll-Ist-Vergleiche angestellt, Stati ermittelt und diese

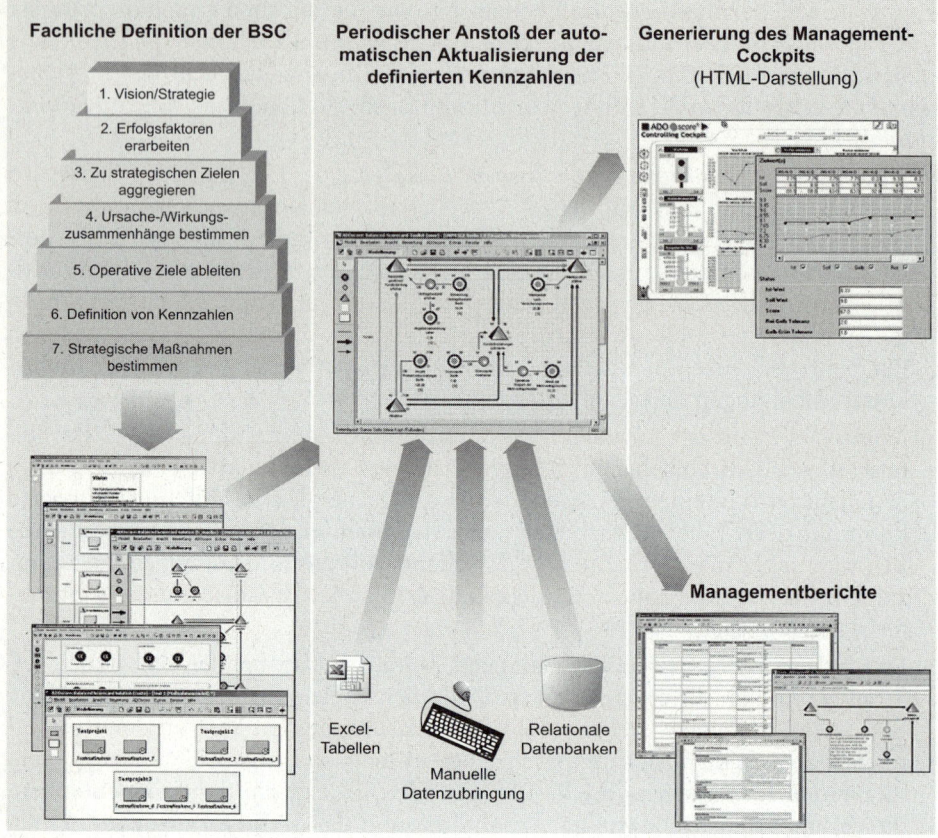

Abb. 6.4.2.2/5: Softwareunterstützung beim Einsatz von Balanced Scorecards (Quelle: BOC – ADOscore)

Angaben zum Erfolg eines strategischen Ziels aggregiert. Zur *Präsentation und Kommunikation* wird die hinterlegte BSC-Information aufbereitet und den jeweils Verantwortlichen zugänglich gemacht.

Es gibt zahlreiche *Sichten auf die Elemente einer Scorecard* (Übersicht, Analyse, Ursache-/Wirkungskette, Drill Down/Drill Up; siehe Abschnitt 6.5.2). Es können Scorecard-Hierarchien und -Gruppen gebildet werden und mehrere Scorecards verglichen werden. Ein so genanntes *Management-Cockpit* gibt die verdichteten Inhalte der Scorecards in steuerungsrelevanter Form wieder. Bei *integrierten Systemen* (wie zum Beispiel SAP-SEM) ist die *Einbeziehung von Personal- und Organisationsdaten* vorgesehen. Durch die *Integration mit den gängigen E-Mail-Systemen* kann die Geschäftsstrategie kommuniziert, und es können Lagebeurteilungen, Mahnungen und Alarmmeldungen automatisch versandt werden. Für den *Datenexport und -import* sind Schnittstellen zu den gän-

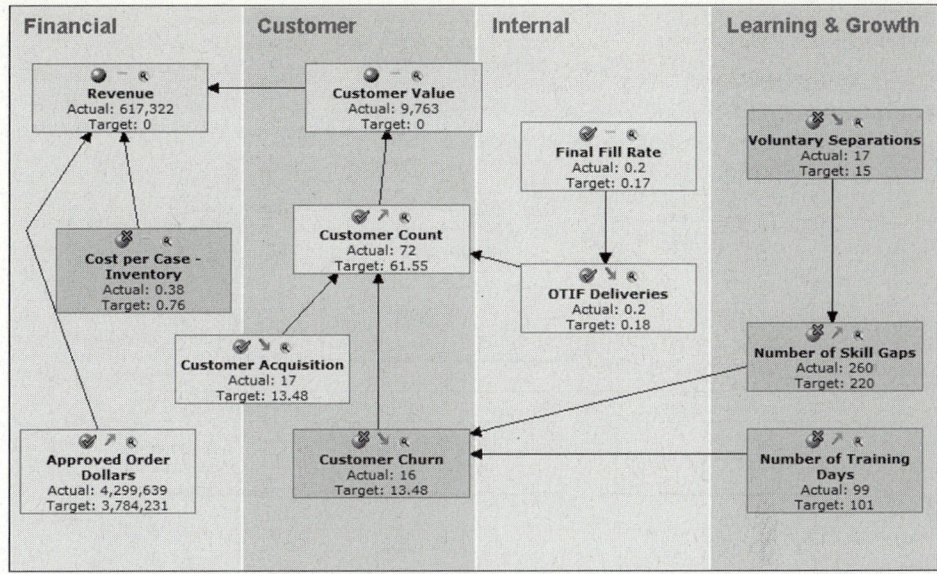

Abb. 6.4.2.2/6: Visualisierung von BSC-Schlüsselkennzahlen (Quelle: Cognos)

gigen Tabellenkalkulationsprogrammen und den operativen Standard-Informationssystemen (SAP, Oracle usw.) erforderlich.

▶ Übungsaufgabe Nr. 1.6.10 im Arbeitsbuch

6.5 Datenverwaltung und -auswertung

Im Abschnitt 6.5 beschreiben wir die betriebsweite, einheitliche Datenbasis (beispielsweise ein Data Warehouse) und ihre Auswertungsmöglichkeiten (OLAP, Data Mining) für die vielfältigen Anwendungen zur Managementunterstützung.

6.5.1 Data Warehouse

Die meisten großen Betriebe stehen heute vor dem Problem, eine beträchtliche Zahl von teilweise heterogenen operativen Informationssystemen betreiben zu müssen, die die „gewachsenen Strukturen" der IS-Landschaft widerspiegeln. Manche Applikationen sind eigenentwickelt, manche sind zugekaufte Systeme, die nur im Binärcode vorliegen, bei denen die zugrunde liegenden Tabellenstrukturen nicht dokumentiert sind. Die getrennt entwickelten Teilinformationssysteme sind oft nicht aufeinander abgestimmt und häufig schlecht dokumentiert.

Vor allem für Top-Management-Informationssysteme müssen die Datenbestände aus unterschiedlichen Quellen (den operativen Informationssystemen)

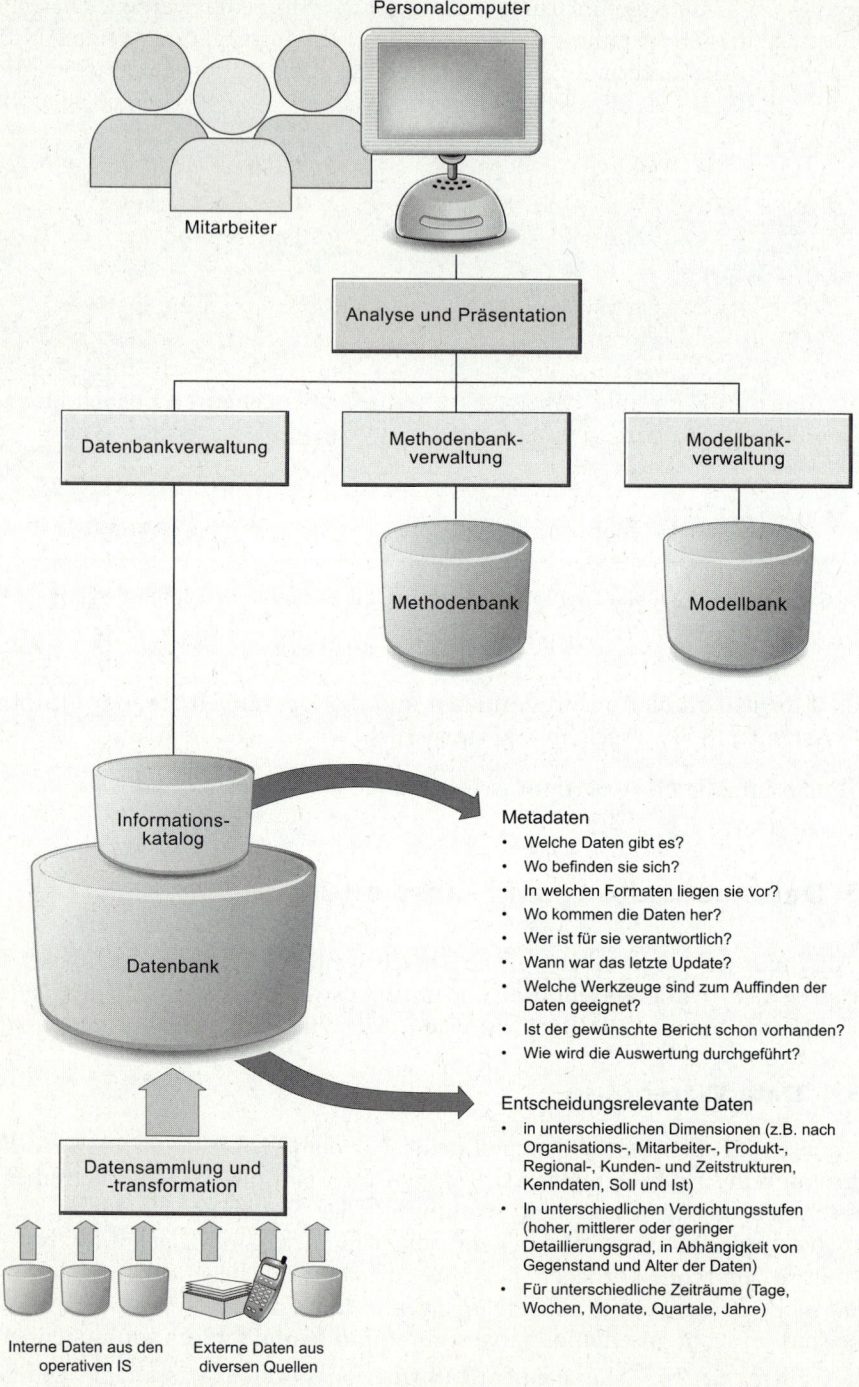

Personalcomputer

Mitarbeiter

Analyse und Präsentation

Datenbankverwaltung

Methodenbank-
verwaltung

Modellbank-
verwaltung

Methodenbank

Modellbank

Informations-
katalog

Datenbank

Metadaten

· Welche Daten gibt es?
· Wo befinden sie sich?
· In welchen Formaten liegen sie vor?
· Wo kommen die Daten her?
· Wer ist für sie verantwortlich?
· Wann war das letzte Update?
· Welche Werkzeuge sind zum Auffinden der
  Daten geeignet?
· Ist der gewünschte Bericht schon vorhanden?
· Wie wird die Auswertung durchgeführt?

Entscheidungsrelevante Daten

· in unterschiedlichen Dimensionen (z.B. nach
  Organisations-, Mitarbeiter-, Produkt-,
  Regional-, Kunden- und Zeitstrukturen,
  Kenndaten, Soll und Ist)
· In unterschiedlichen Verdichtungsstufen
  (hoher, mittlerer oder geringer
  Detaillierungsgrad, in Abhängigkeit von
  Gegenstand und Alter der Daten)
· Für unterschiedliche Zeiträume (Tage,
  Wochen, Monate, Quartale, Jahre)

Datensammlung und
-transformation

Interne Daten aus den
operativen IS

Externe Daten aus
diversen Quellen

Abb. 6.5.1/1: Data Warehouse

abgerufen, zusammengeführt und entsprechend aufbereitet werden. Diese Problematik stellt sich in nahezu jedem komplexeren Informationssystem. Neben dem Problem der unternehmensübergreifenden Anwendungsintegration (mehr dazu in Band 2, Kapitel 7) stellt sich das Problem der einheitlichen und flexiblen Auswertung der Daten nach unterschiedlichen Kriterien – möglichst ohne Programmieraufwand – über eine Endbenutzerschnittstelle.

Das *Data Warehouse* ist ein Ansatz zur Lösung dieser Probleme; es bietet eine *Entscheidungsdatenbasis für <u>alle</u> Mitarbeiter* eines Betriebes.

Ein **Data Warehouse** (engl.; unübliche deutsche Übersetzung: Daten-Lagerhaus) ist ein unternehmensweites Konzept, das als logisch zentralen Speicher eine einheitliche und konsistente Datenbasis zur Entscheidungsunterstützung von Fach- und Führungskräften aller Bereiche und Ebenen bietet. Diese Datenbasis wird getrennt von den operativen Datenbanken verwaltet (nach P. Gluchowski).

Kern eines Data Warehouse ist eine integrierte Datenbank mit möglichst jeder entscheidungsrelevanten Information über die Geschäftsfelder. Die zugehörigen Daten müssen zuvor aus den operativen Datenbanken und externen Quellen bedarfsgerecht aufbereitet und übertragen werden. Während bei operativen Datenbanken die effiziente, transaktionsorientierte Abwicklung des Tagesgeschäfts im Vordergrund steht (Näheres folgt im Band 2, Kapitel 5), erfolgt im Data Warehouse eine Konzentration auf die Aufbereitung und Abfragemöglichkeit nach *inhaltlichen Themenschwerpunkten ("Dimensionen")*, wie zum Beispiel Kunden, Lieferanten oder Produkte, die in ihrer Gesamtheit mit ihrem Umfeld betrachtet werden. Die gespeicherte Information ist typischerweise – im Gegensatz zu operativen Datenbanken – nicht zeitpunktbezogen, sondern erstreckt sich über *kurze, mittlere und längere Zeiträume* (Wochen-, Monats-, Jahresbetrachtungen).

Der direkte Zugriff wird den Endbenutzern durch einen so genannten *Informationskatalog (Metadatenbank)* erleichtert, der über die Inhalte, Formate und Auswertungsmöglichkeiten des Data Warehouse Auskunft gibt. Eine dritte wesentliche Komponente sind die *Softwarewerkzeuge,* mit denen die Daten des Data Warehouse abgefragt, transformiert, analysiert und präsentiert werden können.

Diese Begriffsbestimmung ist nicht allgemeingültig. Teilweise wird der Begriff „Data Warehouse" auf die Datenbank beschränkt, in der die Daten aus den operativen Systemen sowie aus externen Quellen in unterschiedlichen Verdichtungsstufen zusammengeführt werden. Gelegentlich wird das Data Warehouse auch nur als managementunterstützendes System gesehen. Verschiedene Softwarehersteller vermarkten unter diesem Schlagwort zum Teil ganz unterschiedliche Werkzeuge, die mit der Verwaltung, Integration und Auswertung großer Datenbestände verbunden sind.

Auch ein Data Warehouse kann nicht als fertiges Produkt gekauft werden, sondern nur Werkzeuge, die die Erstellung eines Data Warehouse unterstützen. Ein Data Warehouse ist eine *strategische IS-Entwicklungsvision*, deren Konkretisierung im Rahmen der betrieblichen IS-Planung in einem großen Betrieb viele Jahre dauern kann. Heute haben bereits viele moderne Betriebe entsprechende Systeme realisiert, über die ein großer Teil ihrer Mitarbeiter weitreichende Entscheidungsunterstützung erhalten.

▶ Übungsaufgabe Nr. 1.6.11 im Arbeitsbuch

6.5.2 On-Line Analytical Processing (OLAP)

Die *interaktive Auswertung* der Datenbank eines Data Warehouse durch eine große Zahl von Benutzern stellt hohe Anforderungen an die Hardware und Software. Der Erfinder moderner, relationaler Datenbankverwaltungssysteme, E. F. Codd, hat Anfang der 1990er Jahre folgende Merkmale genannt, die Systeme für das so genannte *On-Line Analytical Processing (Abkürzung: OLAP)* erfüllen sollten:

- Mehrdimensionale, konzeptionelle Sicht auf die Daten,
- Transparenz und Integration in die operativen Systeme,
- Zugänglichkeit unterschiedlicher Datenbasen über eine logische Gesamtsicht,
- stabile, volumenunabhängige Antwortzeiten,
- Client-Server-Architektur,
- Mehrbenutzerunterstützung,
- flexibles Berichtswesen,
- intuitive Datenmanipulation,
- unbeschränkte dimensionsübergreifende Operationen.

Was ist unter einer „mehrdimensionalen, konzeptionellen Sicht auf die Daten" zu verstehen? Manager haben komplexe, vielschichtige Probleme zu lösen, die die vielfältigen Aspekte ihres Unternehmens oder Geschäftsfelds widerspiegeln. Ihr Informationsbedarf ist *mehrdimensional*.

> Eine *typische Fragestellung in einem Lebensmittelfilialbetrieb* befasst sich beispielsweise mit dem Umsatz pro Warengruppe und Region im Zeitverlauf.

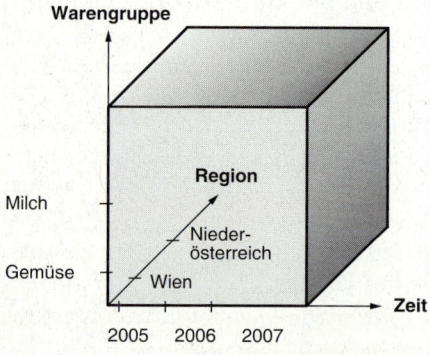

Abb. 6.5.2/1:
Dreidimensionale Fragestellung

Mehrdimensionale Datenbank

In den operativen Datenbanken betriebswirtschaftlicher Transaktionssysteme sind die Daten üblicherweise in Tabellen gespeichert (siehe Kapitel 2). Der enorme Datenumfang – in größeren Unternehmen einige dutzend bis einige hundert Gigabytes oder gar Terabytes – und die zweidimensionale Speicherungsstruktur (Zeilen und Spalten) bedingen bei mehrdimensionalen Auswertungen dieser Art einen enormen Aufwand.

Deshalb verwenden Data-Warehouse-Systeme für Analysezwecke *multidimensionale Datenmodelle,* die einen „Hyperwürfel" repräsentieren.

Ein **Hyperwürfel** (engl.: hypercube) stellt eine Datenstruktur dar, die drei oder mehr Dimensionen umfasst. Die Benutzer können sich intuitiv in dem Würfel bewegen und an beliebiger Stelle Schnitte durch den Würfel ziehen, um Information zu vergleichen und selbstständig Berichte zu erzeugen.

Die Daten sind als „Fakten" gespeichert und die „Dimensionen" werden durch Index-Verzeichnisse realisiert, die einen schnellen und einfachen Zugriff auf die Fakten aus unterschiedlicher Perspektive erlauben.

Typische *Dimensionen* sind:

• Unternehmensstruktur (Aufbauorganisation),
• Produkte (Produktgruppen, Artikel),
• betriebswirtschaftliche Kennzahlen (Umsatz, Kosten, Deckungsbeitrag usw.),
• Regionen,
• Zeit,
• Varianten (Soll, Ist, Szenarien) und
• Kundengruppen.

Slicing and Dicing

Benutzer können einen bestimmten Ausschnitt der im Hyperwürfel aggregierten Daten entlang jeder vorgesehenen Dimension „schneiden" (engl.: slice) oder

Abb. 6.5.2/2: Auswahl bestimmter Informationsausschnitte durch „Slicing and Dicing"

„drehen" (engl.: dice, wörtlich auf Deutsch: würfeln), um so einen Überblick aus verschiedenen Blickwinkeln zu erhalten.

So kann beispielsweise der Manager in einem *Lebensmittelfilialbetrieb* den *Ausschnitt der Datenbank* ansehen, der die Umsätze aller Warengruppen der letzten vier Quartale in Wien darstellt. Er kann dann seinen Blickwinkel verändern, um den Umsatz von Milchprodukten in allen ostösterreichischen Verkaufsregionen im gleichen Zeitraum zu betrachten. Ein anschließender Vergleich mit den Daten der Vorjahre zeigt ihm den Absatztrend.

Drill Down

Die Forderung nach „intuitiver Datenmanipulation" bedeutet, dass der Benutzer mit möglichst geringem Lernaufwand Auswertungen der Datenbasis vornehmen können sollte. Dies wird durch eine einfache und ergonomische Benutzerführung angestrebt. Ein Beispiel ist die *Drill-Down-Funktion*.

Ein *„Drill Down"* ermöglicht dem Benutzer die Auffächerung aggregierter Information, um mehr Details zu erfahren.

Beispielsweise könnte in dem obigen Fall untersucht werden, warum in Wien der Absatz von Milchprodukten im dritten Quartal gesunken ist. Dazu wäre eine detaillierte Betrachtung der einzelnen Filialen und der einzelnen Produkte der Warengruppe sinnvoll.

Über „Drill Down" ist eine Sicht auf die Daten von der höchsten bis zur untersten Aggregationsebene möglich. Der *umgekehrte Weg* zum gröberen Überblick wird als *„Drill Up"* oder *„Roll Up"* bezeichnet.

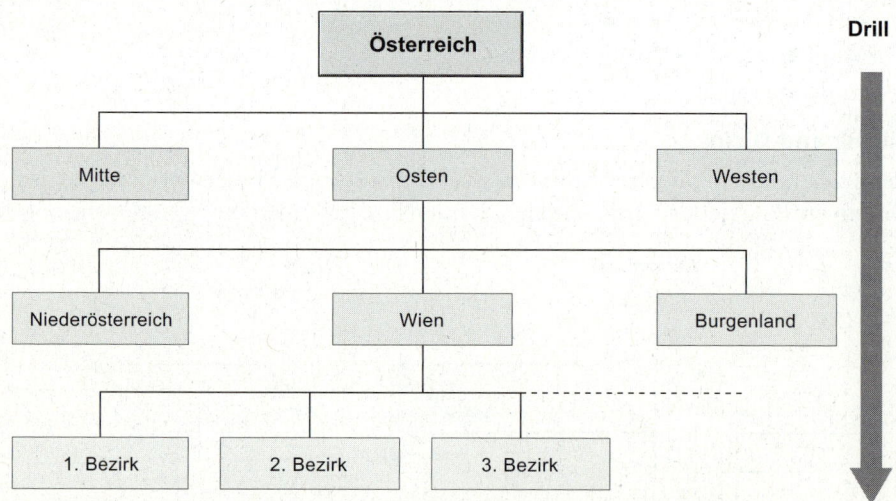

Abb. 6.5.2/3: Auffächerung von Informationsebenen durch „Drill Down"

Data Marts

Bei sehr großen Datenbeständen kann sich der interaktive Zugriff der Benutzer auf die zentrale unternehmensweite Datenbank eines Data Warehouse als zu unflexibel und zu langsam erweisen. Aus diesem Grund werden häufig funktionsbereichs- oder personengruppenspezifische Extrakte aus der Datenbasis entnommen und als *Data Marts* separat gespeichert.

> Ein **Data Mart** (engl.; unübliche deutsche Übersetzung: Datenmarkt) ist ein aggregierter Teilausschnitt aus der unternehmensweiten Datenbasis, mit dem sich ein Großteil der Abfragen eines Funktionsbereichs oder einer Personengruppe einfach und schnell bedienen lässt.

Die Entwicklung und der Betrieb von *Data Marts* weisen erhebliche *Zeit- und Kostenvorteile* auf. Deshalb wird teilweise auf den Aufbau eines unternehmens-

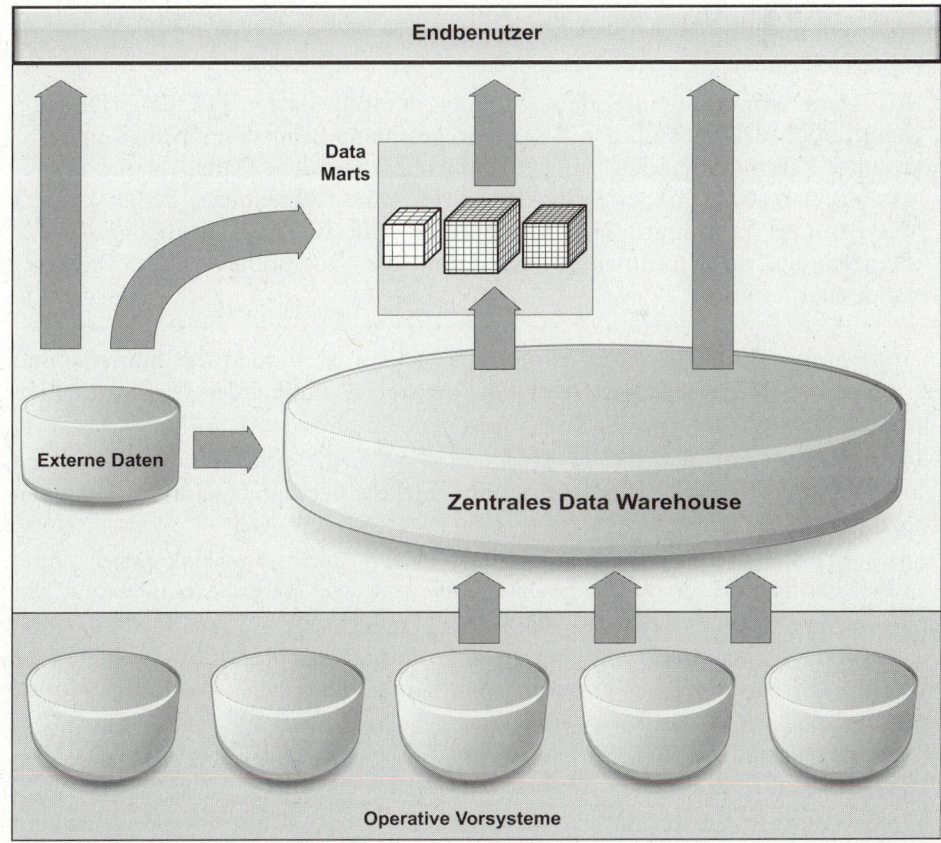

Abb. 6.5.2/4: Referenzarchitektur für Data-Warehouse-Umgebungen (Quelle: P. Gluchowski)

weiten, zentralen Data Warehouse gänzlich verzichtet, und es werden direkt Data Marts entwickelt, die unmittelbar aus den operativen Informationssystemen mit Daten versorgt werden. Mit zunehmender Zahl von Data Marts kann sich dieses Architekturkonzept jedoch als zunehmend *komplex* und aufgrund der Vielzahl von Schnittstellen als *wartungsintensiv* erweisen.

Zur Verwaltung von Data Warehouses und Data Marts kommen häufig *dedizierte OLAP-Server* zum Einsatz. Wenn diese zur Verwaltung der Datenbasis spezielle multidimensionale Datenbankverwaltungssysteme verwenden, so spricht man von *multidimensionalem OLAP*, abgekürzt: *MOLAP*. Setzen diese hingegen auf den üblichen relationalen Datenbankverwaltungssystemen auf und vollziehen eine Schematransformation in die multidimensionale Sichtweise der Endbenutzer, so handelt es sich um *relationales OLAP*, abgekürzt: *ROLAP*.

▶ Übungsaufgabe Nr. 1.6.12 im Arbeitsbuch

6.5.3 Data Mining

Als **Data Mining** (engl.: data mining; deutsch: Daten-Bergbau, Daten schürfen) bezeichnet man die softwaregestützte Ermittlung bisher unbekannter Zusammenhänge, Muster und Trends aus dem Datenbestand sehr großer Datenbanken beziehungsweise des Data Warehouse. Dabei kann der Benutzer bestimmte Ziele vorgeben, für die das System angemessene Beurteilungskriterien ableitet und damit die Datenobjekte der Datenbank(en) analysiert.

Softwareprodukte für Data Mining verwenden Methoden der Statistik und des maschinellen Lernens, von denen die meisten den folgenden drei Kategorien zuzuordnen sind:

Klassifikation Ein *qualitatives* Merkmal wird durch eine Reihe von anderen Variablen erklärt. Ziel ist es, ein neues Objekt einer der bekannten Gruppen zuordnen zu können.

> *Beispiel*: Bankkunden sollen aufgrund ihrer Kredithistorie, ihres Einkommens, ihres Vermögens usw. in verschiedene Bonitätsstufen eingeteilt werden. „Bonitätsstufe" ist das hier zu erklärende qualitative Merkmal.

Regression Dabei wird versucht, ein *quantitatives* Merkmal durch eine Reihe von anderen Variablen zu erklären. Auch hier dient das gewonnene Modell typischerweise zu Prognosezwecken.

> *Beispiel*: Nachfrage von Lebensmitteln in Abhängigkeit von früheren Käufen, dem Wochentag, der Intensität von Werbeschaltungen usw.

Segmentierung („Clustering") Ausprägungen sollen aufgrund ihrer Ähnlichkeit in Gruppen eingeteilt werden. Im Gegensatz zur Klassifikation sind die Gruppen jedoch nicht vorher bekannt.

Beispiel: Marktsegmentierung von Kunden aufgrund von Präferenzen, die durch Umfragen erhoben worden sind.

Häufige *Anwendungsschwerpunkte* sind unter anderem die Bereiche Finanzwirtschaft/Versicherungen/Banken, Direktmarketing/Einzelhandel/Web-Shop-Systeme, der Telekombereich sowie Diagnosesysteme.

So kann die *Analyse von Verkaufszahlen* mit Data-Mining-Techniken zum Erkennen von Kaufverhalten oder von neuen Trends verhelfen. Ebenso können zum Beispiel wesentliche Kundencharakteristika beziehungsweise Zielgruppen herausgefunden werden, auf die man durch gezielte Marketingmaßnahmen eingehen kann. Schließlich lassen sich damit unter Umständen auch Betrugsversuche entdecken. Solches Wissen kann oft mit herkömmlichen Abfragesprachen oder Statistikpaketen nicht extrahiert werden, weil entweder die Datenmengen zu groß sind oder vom Benutzer Vorwissen über die gespeicherten Daten verlangt wird.

Electronic Commerce ermöglicht es Betrieben, enorm viele Daten über ihre Kunden zu sammeln. Die *Analyse dieser Web-Daten* gibt wertvolle Hinweise für die Personalisierung von Angeboten und das Kundenbeziehungsmanagement:

- *Klickstromanalysen* (engl.: click stream analysis) zeigen, welche Web-Seiten wie lange angesehen wurden und welche Werbeeinschaltungen „angekommen" sind (siehe hierzu auch Abschnitt 5.3.5.4),
- *E-Mail-Analysen* zeigen, welche Verkaufsförderungsmaßnahmen den Kunden erreicht haben und welche Kundendienstleistungen nachgefragt wurden,
- *Analysen der Web-Site-Daten von Dritten* zeigen, was die Kunden anderswo eingekauft haben (Kunden- und Konkurrenzbeobachtung).

Data Mining gelangt jedoch auch abseits von der Analyse wirtschaftlicher Daten zum Einsatz. So verwenden zum Beispiel Flugzeughersteller Data-Mining-Techniken, um bislang unbekannte Zusammenhänge zwischen verschiedenen Defekten in ähnlichen Flugzeugtypen zu entdecken.

Es erfordert profunde Fachkenntnisse, um diese Werkzeuge sachgerecht einsetzen zu können; ein automatisiertes Auffinden von spannenden Sachverhalten, wie von den Softwareherstellern häufig propagiert, ist im allgemeinen *nicht* möglich!

Als *Beispiel für den Einsatz von Data-Mining-Methoden* beschreiben wir einen typischen Einsatz im Direktmarketing, wieder anhand unseres *Lebensmittelfilialbetriebes*. Unser Betrieb hat als kundenbindende Maßnahme Kundenkarten eingeführt, bei deren Benutzung ein Preisnachlass von drei Prozent gewährt wird. Vor oder nach Erfassen der Artikel an der Scannerkasse identifiziert sich der Käufer mit seiner Kundenkarte. Damit können ihm seine Einkäufe, deren Artikelnummern während des Einscannens erfasst werden, automatisch zugeordnet werden. Eine mögliche Auswertungsmöglichkeit besteht nun darin, im Rahmen so genannter *Warenkorbanalysen* festzustellen, welche Artikel gerne gemeinsam gekauft werden, um Werbemaßnahmen für solche Komplementärprodukte zu koordinieren, oder die Präsentation der Produkte in den Regalen entsprechend anzupassen.

Eine andere Möglichkeit der Auswertung besteht darin, eine *Kundensegmentierung* zu erstellen, also Kunden mit ähnlichem Kaufverhalten einer gemeinsamen Gruppe zuzuordnen. Als Vorbereitung für einen solchen Schritt werden zunächst die einzelnen Artikel den jeweiligen Artikelgruppen zugeteilt, und pro Kunde für eine bestimmte Zeitperiode die Einkäufe gezählt. Ein Auszug aus so einer Datenbankabfrage könnte folgendermaßen aussehen:

Kunden-nummer	Milch-produkte	Schweine-fleisch	Mehl	Billig-wasch-mittel	Brot	Schinken	Gebäck	Marken-wasch-mittel	Mehl-speisen	Fisch
1001232	6	4	4	2	6	1	0	0	1	0
...	...	...	...	...	...	...	...	...	...	...
2001452	1	0	0	0	1	1	3	2	6	6

Abb. 6.5.3/1: Einkäufe von zwei Kunden eines Lebensmittelfilialbetriebs (Auszug aus einer Datenbankabfrage)

Wenn man die Einkäufe der beiden dargestellten Kunden vergleicht, fällt einem auf, dass der erste Kunde eher billigere Produkte, und der letzte vergleichsweise teurere Artikel gekauft hat. Unterzieht man die Gesamtdaten nun einer *Clusteranalyse*, erhält man eine Gruppierung der hinsichtlich ihrer Einkäufe „ähnlichen" Konsumenten (siehe Abb. 6.5.3/3) sowie für jede Gruppe ein *Variablenprofil* (durchschnittliche Ausprägung der einzelnen Dimensionen, also durchschnittliche Anzahl der gekauften „Milchprodukte", von „Schweinefleisch" usw.):

Gruppe	Milch-produkte	Schweine-fleisch	Mehl	Billig-wasch-mittel	Brot	Schinken	Gebäck	Marken-wasch-mittel	Mehl-speisen	Fisch
○	1,03	0,97	1,03	0,99	0,92	3,23	3,38	2,97	3,05	2,99
△	3,16	2,96	3,10	2,96	3,18	1,09	1,08	0,93	0,96	0,82

Abb. 6.5.3/2: Variablenprofile der beiden Cluster

In unserem Beispiel kann man zwei Gruppen identifizieren: einerseits die Gruppe der preisbewussten Käufer (Dreiecke), und andererseits die der ausgabefreudigeren Konsumenten (Kreise). Für diese Gruppen können nun zum Beispiel unterschiedliche Angebotsprospekte erstellt und im Rahmen von Postzusendungen jedem einzelnen Kunden zugeschickt werden.

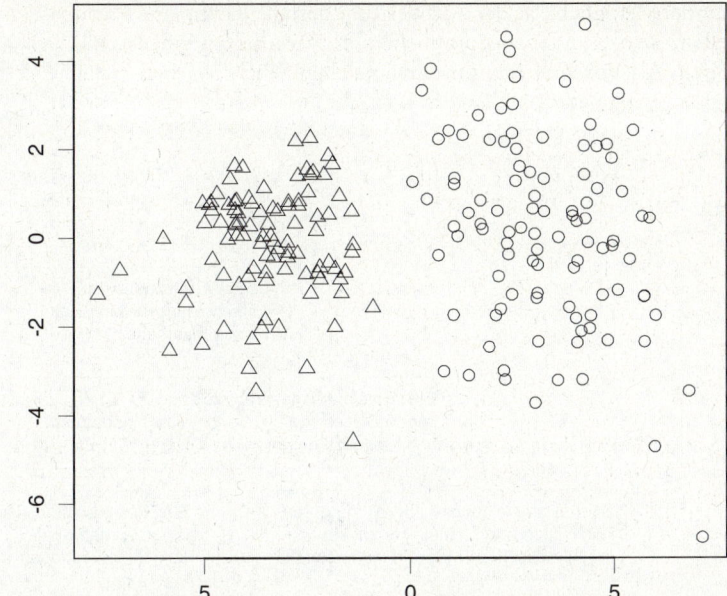

Abb. 6.5.3/3: Visualisierung der Daten in Abb. 6.5.3/1. Dreiecke entsprechen den preisbewussten Käufern und Kreise den ausgabefreudigeren

▶ Übungsaufgabe Nr. 1.6.13 im Arbeitsbuch

6.6 Marktsituation und Entwicklungstendenzen

Im Abschnitt 6.6 beschreiben wir zunächst, wie sich Managementunterstützungssysteme in den letzten Jahrzehnten entwickelt haben und welche Softwareproduktkategorien heute dominierend sind. Danach kennzeichnen wir die Marktanteile der führenden Softwarehersteller und skizzieren die Kosten der Implementierung von Managementunterstützungssoftware.

6.6.1 Managementunterstützungssysteme im Spiegel der Zeit

Die ersten Versuche zur Entwicklung von Managementinformationssystemen in den *1960er-Jahren* sind nach einer ersten Phase der Euphorie kläglich gescheitert. Das damalige Ideal einer laufenden Verdichtung und Aufbereitung von Daten aller Unternehmensbereiche und -ebenen für *umfassende Kennzahlensysteme und Simulationsmodelle* als Basis eines „Realzeit-Managements" war aus technischen und konzeptionellen Gründen nicht machbar.

In den *1970er-Jahren* hieß es, „small is beautiful". Die Dezentralisierung der Datenverarbeitung durch Terminals am Arbeitsplatz erlaubte die Einführung von *Online-Transaktionssystemen* und die *individuelle Abfrage* der darin ver-

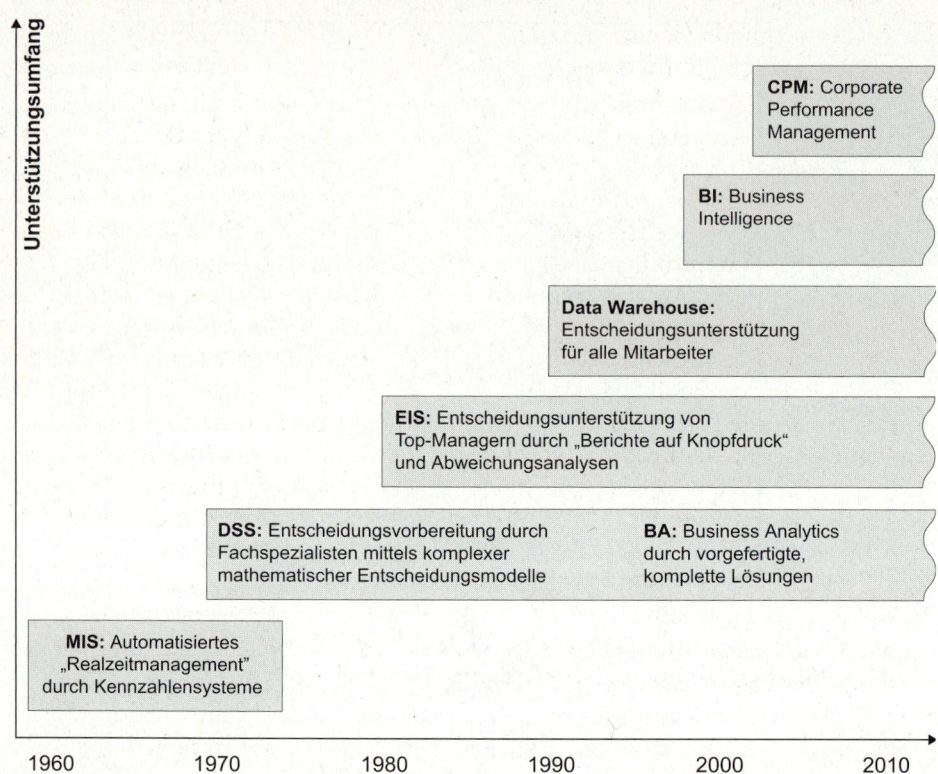

Abb. 6.6.1/1: Entwicklungsstufen von Systemen zur Unterstützung von Entscheidungsträgern

arbeiteten Daten durch die Endbenutzer. Operations-Research-Spezialisten huldigten dem von J. D. Little propagierten *„Decision Calculus-Approach"*, mit dem einfache, kleine, interaktive Modelle zur Unterstützung der Entscheidungsprobleme einzelner Führungskräfte entwickelt werden sollten. Im Übrigen dominierten starre, periodische Berichtssysteme in Papierform mit vergangenheitsorientierten Daten. Sie glichen Informationsfriedhöfen, da sie für die Mitarbeiter größerer Funktionsbereiche eine enorme Informationsfülle bereitstellten, die für den Einzelnen aber weitgehend uninteressant war. Dem einzelnen Benutzer fehlte meist nach wie vor die wirklich geschäftsrelevante Information.

Mit dem Aufkommen der Personalcomputer und benutzerfreundlicher *Tabellenkalkulationsprogramme* in den 1980er-Jahren wurde wenigstens die Möglichkeit zur *individuellen, problemorientierten Aufbereitung der Berichtsdaten* gegeben. Bald sah man Benutzer überall eifrig die Daten von den gedruckten Computerberichten abtippen, um sie auf ihrem PC anschließend entsprechend ihren Bedürfnissen aufbereiten und auswerten zu können. Die meisten IT-Leiter hatten früher oder später ein Einsehen und sorgten dafür, dass sich die Benutzer die gewünschten Dateien auf ihren PC herunterladen konnten, sodass für sie die aufwändige und fehlerträchtige Doppelerfassung von Daten entfiel.

Zudem kamen mächtige Softwaresysteme mit einer breiten Palette von Methoden zur Aufbereitung, Analyse und Präsentation von Daten auf den Markt, zunächst in Großrechnerversionen, ab 1985 dann auch in PC-Versionen. Beispiele hierfür waren das IBM Application System (AS) und das SAS-System, das heute mit weltweit 40.000 Installationen und zirka 3,5 Millionen Benutzern der Marktführer bei analytischer Entscheidungsunterstützungssoftware ist. Während AS auf IBM-Großrechnersystemumgebungen beschränkt war (heute nicht mehr auf dem Markt), läuft das SAS-System heute auf einer Vielzahl von Plattformen. Historisch gesehen ist das Kernsystem von SAS ein Statistikpaket, das die flexible Auswertung und Darstellung von Zahlenmaterial erlaubt (es wurde ursprünglich vor allem im medizinischen Bereich eingesetzt). Am häufigsten ist das Produkt in Banken (20 Prozent), in der Industrie (17 Prozent), im öffentlichen Bereich (13 Prozent) und in Versicherungen (11 Prozent) eingesetzt (in der genannten Reihenfolge). Das SAS Institute ist mit diesem Produkt (besser: Produkt-Suite) zu einem der zehn größten Standardsoftwareanbieter mit einem Jahresumsatz von über einer Milliarde Euro (Deutschland 2003: 129 Millionen Euro) und Niederlassungen in 110 Ländern geworden. Neben SAS ist SPSS das meistinstallierte Statistikpaket.

Mitte der 1980er-Jahre kam der Begriff EIS (Abkürzung von engl.: Executive Information System) auf. Wesentliche Bestandteile der EIS-Entwicklungswerkzeuge waren multidimensionale Datenbanken und Planungssprachen (spezielle Programmiersprachen), mit denen auf einfache Weise die vorgesehenen Berichtsstrukturen und Zugriffswege programmiert werden konnten. Die ersten derartigen Produkte waren das *System W* von Comshare (nicht mehr auf dem Markt) und *Command Center* von Pilot.

Bei dem Produkt *Comshare* handelte es sich um ein Verbundsystem zwischen einem Zentralrechner und PCs als Arbeitsplatzrechner, bei dem ein Großteil der Funktionalität auf dem PC lag. Zentralrechnerseitig wurde eines der gängigen IBM- oder DEC-Betriebssysteme vorausgesetzt, PC-seitig gab es keine Einschränkungen. Es konnten auch rein PC-basierte Lösungen generiert werden, die die Option offen hielten, später einmal die Verbindung zum Zentralrechner herzustellen.

Das Softwareunternehmen *Pilot Software* offerierte mit dem seit 1984 verfügbaren *Command Center* eine relativ stark zentralrechnerorientierte EIS-Entwicklungssoftware, die sich insbesondere durch einen flexiblen Einsatz auf einer Vielzahl von Plattformen auszeichnete. 1991 wurde mit *Lightship* der „kleine Bruder" für PCs und PC-Netze eingeführt – das erste Produkt mit einer Client-Server-Architektur. Kern ist die Windows-basierte Entwicklungsumgebung Lightship Professional (LSP), die via Lightship Link Daten aus unterschiedlichen Quellen – von PC-Dateien bis hin zu SAP-Großrechnerdatenbeständen – im Rahmen eines Berichtshefts oder auch als Ad-hoc-Abfrage grafisch und tabellarisch aufbereiten kann. Zudem gibt es Bibliotheken mit fertigen Anwendungen, wie zum Beispiel eine Portfolio-Analyse für Controller. Pilot Software wurde im Jahr 2000 von *Accrue* übernommen. Im Jahr darauf wurde der Vertrieb von *Command Center* eingestellt; seit 2002 ist das Unternehmen wieder unter dem alten Namen mit einem in Russland weiter entwickelten Nachfolgeprodukt auf dem Markt tätig.

Wie im Abschnitt 6.3.1.1 beschrieben, ist neben die klassischen finanzorientierten Funktionen – gezielte Extrahierung von Daten aus den internen operativen Systemen, Verdichtung und Aufbereitung für Führungskräfte – im Lauf der Zeit eine zunehmende *Außenorientierung* getreten: durch Einbeziehung von externen quantitativen und qualitativen Daten, vor allem aus dem Internet, und durch Berücksichtigung der Sicht von Stakeholdern. Der bekannteste Ansatz zur Zusammenführung interner und externer Kennzahlen im Hinblick auf ein einziges strategisches Ziel ist die von Kaplan und Norton entwickelte *Balanced Scorecard*. Viele Programmprodukte zur Managementunterstützung bieten inzwischen diese Methode an.

Die wichtigsten *Anbieter anwendungsorientierter Werkzeugkästen* mit mächtigen Funktionen zur Entwicklung von *Managementunterstützungssystemen* für große Unternehmen sind heute (nach Marktanteilen geordnet) *Hyperion Solutions, Oracle und Geac.* Stärken solcher Produkte sind der hohe Integrationsgrad in bestehende operative Standardanwendungssoftware (wie zum Beispiel von SAP und Oracle) und der Funktionsumfang. Schwächen sind die Komplexität und die hohen Kosten pro Benutzer.

Auch die *Hersteller von Standardsoftware für unternehmensweite Informationssysteme* haben in ihre Komplettpakete Komponenten zur Managementunterstützung integriert. Vorreiter war *SAP* mit *R/3 EIS*, einem Werkzeug zur Gestaltung eines EIS auf der Basis der SAP R/3-Transaktionssysteme. Im Zuge der Ablöse von R/3 durch die mySAP Business Suite wurden die Analysesysteme in dem integrativen SEM/BA-Modul gebündelt, welches Funktionalität sowohl für die strategische Entscheidungsebene (SEM ist die Abkürzung von engl.: strategic enterprise management) wie auch für das operative und taktische Management (BA ist die Abkürzung von engl.: business analytics) zur Verfügung stellt (siehe Abschnitt 6.4.2.1). SEM/BA setzt auf den im Grundsystem verwalteten Transaktionsdaten sowie auf dem SAP-eigenen Data Warehouse auf.

Im Vergleich zu den bewährten Produkten unabhängiger Spezialhersteller ist die Managementunterstützungssoftware der Anbieter betriebswirtschaftlicher Komplettpakete oft *wesentlich komplexer, weniger flexibel, weniger offen* (das heißt, eng an die Basissysteme des jeweiligen Anbieters gebunden) und *weniger effizient.* Auch für SAP-Anwender stellte sich in der Vergangenheit somit durchaus die Frage, ob sie nicht mit den Angeboten von Firmen wie beispielsweise Hyperion Solutions besser bedient sind. Etwa ein Drittel der deutschen TOP-100-Unternehmen verwendet Produkte dieser Firma. Inzwischen sind SAP-SEM/BA und BW (Abkürzung von engl.: business information warehouse) jedoch so weit entwickelt und mit den operativen Anwendungskomponenten so gut integriert, dass sich immer mehr Anwender (vor allem Großfirmen in Europa) für diese SAP-Produkte entscheiden.

In den *späten 1980er-Jahren,* als sich bei den Endbenutzern schon verbreitet Tabellenkalkulationsprogramme durchgesetzt hatten, kam mit *Compete* das erste *multidimensionale Tabellenkalkulationsprodukt* auf den Markt. Es wurde von der österreichischen Firma *EFS* entwickelt und anfangs auf Workstations zu einem sehr hohen Preis für Finanzanalysten und Controller vermarktet. Nachdem der erhoffte Markterfolg ausblieb, wurde das Produkt auf die Micro-soft-Plattform portiert und an *Computer Associates (CA),* einen der größten Softwarehersteller der Welt, verkauft. CA reduzierte den Preis, entfernte den Kopierschutz und unternahm massive Marketinganstrengungen. Trotzdem blieben die Installationszahlen gering.

Improv von Lotus war der nächste fehlgeschlagene Versuch, ein multidimensionales Tabellenkalkulationsprogramm zu verkaufen. Überbleibsel aus diesen Bemühungen sind heute rudimentäre OLAP-Funktionen (Pivot-Tabellen) in den gängigen Tabellenkalkulationsprogrammen, die jedoch hinsichtlich der Funktionalität von den inzwischen angebotenen OLAP-Zusatzprogrammen weit übertroffen werden.

Etwa zur selben Zeit ging die Firma *Sinper* mit dem *TM/1 Spreadsheet Connector* einen erfolgreicheren Weg. Sie haben eine Anwendung im Abschnitt 6.4.1.2 kennen gelernt. Kern ist eine controllingorientierte, mehrplatzfähige OLAP-Datenbank (Server), die gängige Tabellenkalkulationsprogramme wie Microsoft Excel oder Lotus 1-2-3 als Benutzerschnittstelle (Clients) verwendet. Alle Funktionen der Tabellenkalkulation bleiben erhalten, so dass die Benutzer wie gewohnt weiterarbeiten können. Der Spreadsheet Connector kann bis zu 16 Dimensionen pro Datenmodell verwalten und diese rasch und online konsolidieren. Der Datenbank-Server, der Daten aus Systemen wie SAP importiert, läuft unter allen gängigen Betriebssystemen.

Kurz danach folgte die Firma *Arbor* mit *Essbase* demselben Ansatz, der sich inzwischen allgemein durchgesetzt hat. Arbor Software hat 1998 Hyperion Software übernommen und firmiert seither unter *Hyperion Solutions.* Anwendungsserver, die die üblichen Tabellen als hoch integrierte Clients vorsehen, werden (beziehungsweise wurden) von folgenden Firmen angeboten: *Express, Gentia, Holos, MetaCube, MicroStrategy, MineShare, PowerPlay* und *White-Light.* Seit 1998 offeriert auch Microsoft mit *OLAP Services* ein solches Server-Angebot (im Jahr 2000 in „*Analysis Services"* umbenannt).

Für die Analyse sehr großer Datenbestände (beispielsweise Data Mining in Verkaufsdatenbanken) reichten die Kapazitäten der multidimensionalen Datenbanken mitunter nicht aus. Deshalb wurden *relationale OLAP-Werkzeuge* entwickelt, mit denen die Benutzer eine multidimensionale Sicht der Daten erhalten, die in relationalen Datenbanken gespeichert sind. Operative Systeme in Materialwirtschaft, Produktion, Marketing, Finanz- und Rechnungswesen usw. basieren fast ausschließlich auf solchen relationalen Datenbanken (Näheres im Band 2, Kapitel 5). Der Pionier auf diesem Gebiet, das nie größere Bedeutung erlangt hat, war die Firma *Metaphor* (1991 von IBM übernommen). Heutiger Marktführer ist *MicroStrategy*.

Andere Hersteller gingen den Weg, zur Laufzeit kleine Hyperwürfel aus großen Datenbanken zu extrahieren und diese zur multidimensionalen Analyse auf Personalcomputer zu übertragen. Die Daten sind kompakt, da die Hyperwürfel nur die Daten speichern, die zu einer bestimmten Zeit benötigt werden. Und sie arbeiten dynamisch mit schwach besetzten Matrizen, so dass leere Zellen nicht gespeichert werden. Dabei kann der Benutzer gleichzeitig auf verschiedene Datenquellen zugreifen; zum Beispiel um aktuelle, in den Unternehmensdatenbanken gespeicherte Umsatzzahlen mit den auf dem PC gespeicherten Plandaten zu vergleichen. Für jede Datenquelle wird jeweils ein Hyperwürfel erstellt. Die Hyperwürfel werden dann synchronisiert, um die relevante Information auf dem Bildschirm auszugeben, zum Beispiel die Differenz zwischen Soll- und Ist-Daten pro Produkt. Die Anzahl der Dimensionen der Hyperwürfel ist nicht beschränkt.

Solche preisgünstigen *Desktop-OLAP-Lösungen* sind sehr erfolgreich. Die Komponente zur Datenabfrage beinhaltet oft Schnittstellen für diverse relationale und multidimensionale Server sowie für lokale Dateien. Hingegen ist die betriebswirtschaftliche Anwendungslogik oft weniger weit entwickelt als bei den speziellen Planungswerkzeugen. Das erste derartige Programm war die 1996 vorgestellte Version 4.0 von *Business Objects* der gleichnamigen US-amerikanischen Firma (seit 1990 auf dem Markt). Weitere Anbieter sind *Cognos* mit *PowerPlay* (Marktführer), *Brio Technology (von Hyperion übernommen)* und *Hummingbird*. Ein namhafter deutscher Hersteller ist das Darmstädter Softwarehaus *MIK* mit *MIKsolution*. Die Web-Versionen solcher Lösungen enthalten einen zwischengeschalteten Server, der einen Teil der Client-Funktionen ersetzt.

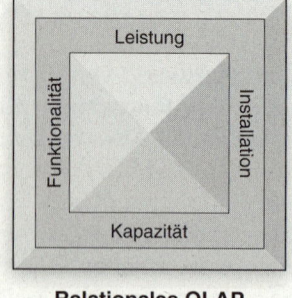

Abb. 6.6.1/2:
Segmente des OLAP-Marktes (Quelle: The OLAP-Report 2000, Business Intelligence Ltd.)

Seit Mitte/Ende der 1990er-Jahre bieten auch alle großen *Hersteller von relationalen Datenbankverwaltungssystemen* multidimensionale Auswertungsmöglichkeiten. Führend sind *Oracle, IBM* und *Microsoft*. Einerseits haben sie OLAP-Schnittstellen für Add-on-Produkte definiert, andererseits haben sie selbst OLAP-Server entwickelt oder zugekauft.

Die Abb. 6.6.1/2 zeigt Ihnen nochmals im Überblick die wesentlichen Segmente des Markts für OLAP-Produkte und ihre Stärken. Über 40 Hersteller bieten Softwareprodukte an, zahlreiche weitere haben auf dieser Basis funktionsbereichs- oder branchenspezifische Lösungen entwickelt.

▶ Übungsaufgabe Nr. 1.6.14 im Arbeitsbuch

Bezeichnungen sind Schall und Rauch

Die *Bezeichnungen,* unter denen die Softwareprodukte vermarktet werden, lassen kaum Rückschlüsse auf die jeweilige Softwarekategorie zu. Oft wird „alter Wein in neuen Schläuchen" angeboten, das heißt, es wird nur durch neue Bezeichnungen der Eindruck innovativer, „bahnbrechender" Lösungen vermittelt. Besonders die kleinen Hersteller lassen sich bei der Lobpreisung ihrer Produkte von Branchenmoden leiten.

In der zweiten Hälfte der 1990er-Jahre war beispielsweise das *Data Warehouse* in aller Munde. Alle möglichen Produkte, die mit der Verwaltung und Auswertung von Daten zu tun haben, wurden unter dieser „Marke" verkauft.

Executive Information Systems sind dadurch zunehmend in den Hintergrund getreten. Die Abkürzung *EIS* wurde für alle möglichen Produktankündigungen zur Managementunterstützung gebraucht (Sie können die englischen Worte fast beliebig kombinieren):

Executive	Information	System
Enterprise	Intelligence	Service
Electronic	Integrated	Solution
E-...	Internet	Support

Seit einigen Jahren ist als Sammelbegriff für Softwarewerkzeuge zur Managementunterstützung der Begriff *Business Intelligence* besonders „in". Das Wort *Intelligence* ist dabei im Sinne von „Auskunfts-" beziehungsweise „Nachrichtendienst" zu interpretieren (so wie bei „CIA"). Ein aktueller Modebegriff für dieselben Produktkategorien ist *„Business/Corporate/Enterprise Performance Measurement"*.

6.6.2 Marktanteile der führenden Softwareanbieter

Der *weltweite Gesamtumsatz* mit analytischen Anwendungen betrug im Jahr 2003 3,7 Milliarden Euro. Die Marktentwicklung war zwischen 2000 und 2003 von einer Konsolidierungsphase mit Firmenübernahmen und -zusammenschlüssen geprägt. Bei einer jährlichen Wachstumsrate von sieben Prozent (bis 2000: 20 Prozent) wird im Jahr 2004 ein weltweiter Umsatz von vier Milliarden

Euro erwartet. 1993 wurde von IDC der *Weltmarktanteil* von *Comshare* noch auf 55 Prozent geschätzt. Heute gibt es keinen marktbeherrschenden Hersteller mehr.

Laut OLAP-Report steht bei Software (inklusive OLAP-Server) und Services (inklusive Entwicklungsdienstleistungen) zur Managementunterstützung weltweit *Microsoft* (2003: 26,1 Prozent Umsatzanteil) an der Spitze, und hat damit in einer spektakulären Aufholjagd (im Jahr 2000 noch 11,7 Prozent!) den bisherigen Marktführer *Hyperion Solutions* trotz der Übernahme von *Brio Software* auf Platz 2 verwiesen (2003: 21,9 Prozent). Die Firma *Microsoft* hat ihre *Analysis Services* mit dem SQL-Server und Pivot-Tabellen mit Excel gebündelt, und bietet sie zu vergleichsweise günstigen Preisen an. Dementsprechend sind seit

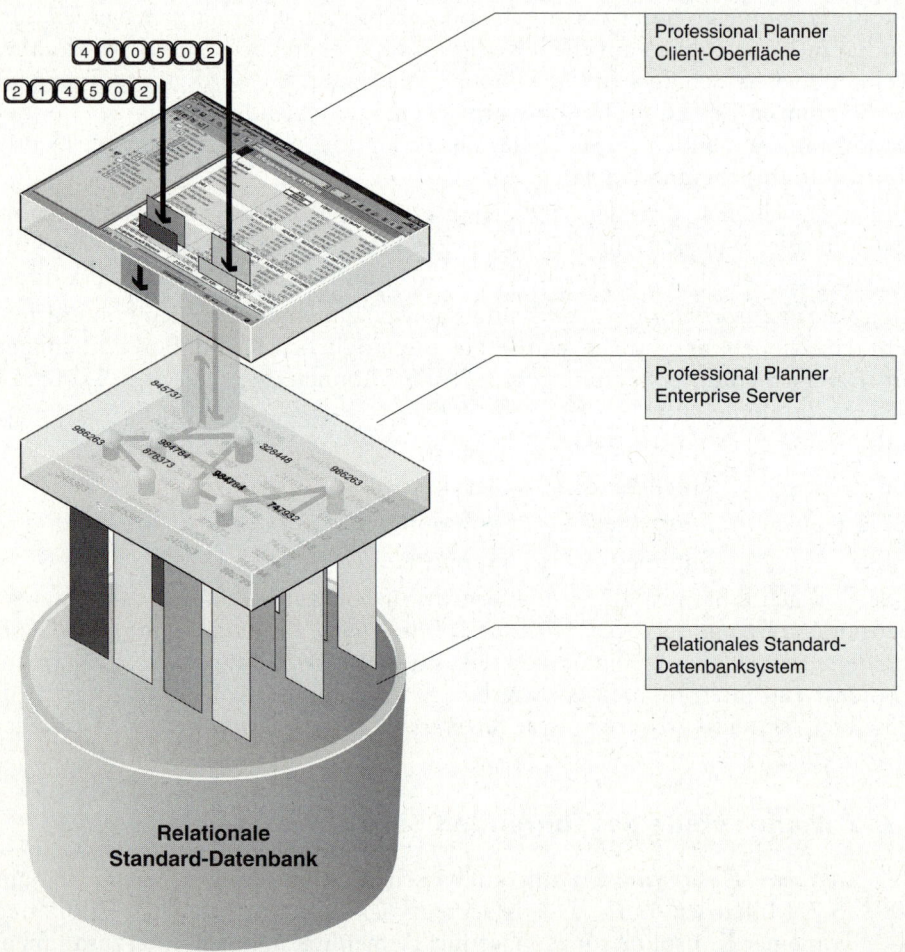

Abb. 6.6.2/1: Architektur eines Planungswerkzeugs für Klein- und Mittelbetriebe (Professional Planner von Winterheller)

dem Markteintritt von Microsoft im Jahr 1998 die durchschnittlichen Preise für OLAP-Software stark gefallen, und es wurden zahlreiche kleinere Spezialhersteller von OLAP-Servern vom Markt verdrängt. Ungefähr ein Drittel des hier ausgewiesenen, gebündelten Microsoft-Umsatzes hat nichts mit OLAP zu tun; insofern muss der Marktanteil relativiert werden.

Auf Platz 3 der Marktanteilsliste folgt die Firma *Cognos*, die *Adaytum* übernommen hat, und damit 2003 14,2 Prozent Weltmarktanteil erreicht. Sodann folgen: *Business Objects* (inklusive *Crystal*) auf Platz 4 (2003: 7,7 Prozent), *MicroStrategy* auf Platz 5 (2003: 6,2 Prozent) und *SAP* (2003: 5,8 Prozent) auf Platz 6. Durch das SAP-Wachstum (plus zehn Prozent gegenüber 2002; 7.250 BW-Installationen) und den eigenen Umsatzrückgang ist *Oracle* auf Platz 7 (2003: 4,0 Prozent) zurückgefallen. Auf den weiteren Plätzen folgen *Cartesis, Applix, MIS AG, Geac* und *SAS Institute*.

Fast alle genannten Firmen bieten auch Softwarewerkzeuge für *Data Mining* an. Darüber hinaus sind die Hersteller von Datenbankverwaltungssystemen wie IBM und Oracle, Systemhäuser wie Computer Associates und NCR sowie zahlreiche kleinere Spezialfirmen auf diesem Gebiet tätig. Weltmarktführer sind SAS und IBM.

In *Deutschland* ergab sich im Jahr 2002 folgende Umsatz-Rangliste der *BI-Spezialisten:* 1. SAS Institute, 2. MIS AG, 3. Business Objects (noch ohne Crystal Decisions), 4. Cognos, 5. Hyperion Solutions, 6. Crystal Decisions, 7. Informatica, 8. MicroStrategy, 9. Brio Software (inzwischen von Hyperion übernommen) und 10. Information Builders (Quelle: Lünendonk). Bei *Unternehmen, die BI-Teillösungen im Rahmen ihres Gesamtspektrums* anbieten, führt SAP vor Microsoft, Siebel und Oracle. Bei den *Datenbankverwaltungssystemen für Data Warehouses* liegt in Deutschland Oracle vor IBM DB2 und Microsoft SQL (Quelle: Meta Group).

Marktführer bei Planungswerkzeugen für kleine und mittlere Unternehmen im deutschsprachigen Raum ist Winterheller mit dem *Professional Planner* (3.500 Installationen). Es folgen die Hersteller *MIS AG* mit *MIS Enterprise Planning* und *Corporate Planning* mit *dem Corporate Planner*. Wichtiger als ein möglichst großer Funktionsumfang ist hier die einfache Bedienung des Systems. Der Datenimport ist für die am weitesten verbreiteten PC-Datenbankverwaltungssysteme (typischerweise MS Access) und Datenbankserver (typischerweise MS SQL Server) realisiert. Als Client dient ein gängiges Tabellenkalkulationsprogramm (typischerweise MS Excel), das um vordefinierte Controllingfunktionen angereichert wurde.

6.6.3 Kosten und Preise

Die *Kosten für die Entwicklung und den Betrieb von Managementunterstützungssystemen* hängen von der gewünschten Software, der Anzahl der Benutzer, die damit arbeiten, den vorhandenen Vorsystemen, der Vorbildung der im Projekt eingeplanten Personen usw. ab. In der Praxis betragen die Implementierungskosten bis zum Zwanzigfachen der Lizenzkosten; im besten Fall sind sie mindestens doppelt so hoch (Quelle: OLAP-Report 2003).

Bei Anbietern mit gebündelten Preisen wie Microsoft Business Solutions und SAP sind die Lizenzkosten für die Data-Warehouse-, Berichtswesen- und Entscheidungsunterstützungssoftware kaum zu bestimmen. Zum Beispiel ist das Business Information Warehouse (BW) ein Teil von SAP R/3 beziehungsweise mySAP ERP und damit vom Anwender (Lizenz-Inhaber) bereits bezahlt. Mehr als zwei Drittel der SAP- und Microsoft-Anwender haben bei der Installation von OLAP-Software keine Dritthersteller erwogen (Quelle: OLAP-Report 2003).

Die *Spezialisten für Managementunterstützungssoftware* wie Business Objects, Cognos, MIS AG usw. berechnen die *Lizenzkosten* in der Regel nach dem Umfang der in Anspruch genommenen Softwarekomponenten und der Zahl der Endbenutzer. Typische Preise liegen zwischen 200 und 2.000 Euro pro Benutzer. Die Benutzerzahlen sind von Anwender zu Anwender sehr unterschiedlich (auch in derselben Betriebsgrößenklasse) und dementsprechend variieren auch die gesamten Lizenzkosten. Bei großen Unternehmen mit vielen Benutzern von Entscheidungsunterstützungssoftware erreichen sie oft einige Hunderttausend oder Millionen Euro pro Jahr. Bei wenigen Benutzern beziehungsweise der Verwendung von einzelnen Anwendungskomponenten sind es meist einige Zehntausend Euro.

Der oben erwähnte, hauptsächlich in KMUs zum Einsatz kommende *„Professional Planner" von Winterheller* kostet in den Einzelplatzversionen rund 5.000 Euro bis 20.000 Euro, abhängig von der Anzahl der Endbenutzer. Implementierungen in der Größenordnung von 100.000 Euro sind keine Seltenheit.

Zum *Beispiel* sollte unser *Lebensmittelfilialbetrieb,* in dem zentral und mit überschaubarer Tiefe geplant wird, beim Kauf dieses Produkts mindestens von der folgenden Rechnung ausgehen:

- Kaufpreis der Personal Edition   Euro 10.000,–
- Herstellerunterstützung (15 Prozent)   Euro 1.500,–
- Schulung (3 Personentage)   Euro 4.500,–
- Implementierung (10 Personentage)   Euro 15.000,–
- Kaufpreis der Hardware   Euro 15.000,–

Dazu kommen noch die im eigenen Haus anfallenden Kosten für den Betrieb, die Betreuung des Produkts und die Entwicklung von Planungsmodellen.

Die Software-Version für Konzerne ist ab Euro 30.000,– zu haben, der Preis hängt hier von der Anzahl der *gleichzeitig* arbeitenden Benutzer ab (engl.: concurrent user license).

▶ Übungsaufgabe Nr. 1.6.15 im Arbeitsbuch

Ein *Beispiel* für ein *Data-Mining-Werkzeug* ist der von *Bissantz & Company, Nürnberg,* entwickelte *DeltaMiner,* der über verschiedene Partner (zum Beispiel MIS AG, GEAC, BDO) vertrieben wird. Es handelt sich dabei um ein reines Desktop-Werkzeug mit einer Vielzahl von Analyseverfahren und vordefinierten Berichten, das keine Benutzerverwaltung beinhaltet. Das in Deutschland von zirka 1.000 Anwendern eingesetzte Produkt läuft auf diversen Windows-Versionen und unterstützt alle gängigen Data-Warehouse- und Data-Mart-Plattformen. Die Softwarekosten belaufen sich bei fünf Benutzern auf zirka 110.000 Euro. Die jährlichen Wartungsgebühren betragen 22 Prozent der Produktkosten und enthalten sämtliche Updates und Versionswechsel.

Hochschulen erwerben meist kostengünstige *Campuslizenzen* zur statistischen Datenanalyse von SAS und SPSS und ermöglichen den Endbenutzern eine kostenlose Nutzung oder eine Nutzung zu Selbstkosten (bei SAS je nach Nutzungsumfang der modularen Software von zirka 50 Euro bis 300 Euro pro PC). Außerdem wird in diesem Bereich zunehmend Open-Source-Software verwendet. Besonders hervorzuheben ist hier das freie Statistikpaket *R*.

Das *System R* wird im Rahmen eines weltweiten Open-Source-Projekts entwickelt, das mehrheitlich von Wissenschaftlern getragen wird. Es basiert auf der speziell für die Statistik entwickelten Programmiersprache S. Für R existieren Hunderte von frei verfügbaren, von Benutzern aus aller Welt beigesteuerten Programmen zur statistischen Datenanalyse, die sich nahtlos in das Grundsystem einfügen. Das Methodenspektrum reicht von der klassischen und Bayesschen Statistik über Zeitreihenanalyse bis hin zu modernen Data-Mining-Techniken. Anwendungen finden sich in nahezu allen empirischen Wissenschaftsdisziplinen, sowie in steigendem Maße im Kontext von Business-Analytics-Projekten.

Literaturverzeichnis

Für die Durcharbeitung dieses Buches müssen Sie sich *keine zusätzliche Literatur* beschaffen. Dementsprechend ist die Lektüre der nachfolgend angegebenen Titel nicht obligatorisch, sie *empfiehlt sich* jedoch dann, *wenn Sie bei diesem Lehrtext Verständnisschwierigkeiten haben,* oder wenn Sie Ihr Wissen vertiefen wollen.

Aus der großen Fülle der Literatur werden hier nur einige wenige *besonders empfehlenswerte Titel für jedes Kapitel* aufgeführt.

Einführung und Überblick

P. Mertens, P. Chamoni, D. Ehrenberg, J. Griese, L.J. Heinrich, K. Kurbel (Hrsg.): *Studienführer Wirtschaftsinformatik,* 3. Auflage, Vieweg, Wiesbaden 2002.

P. Mertens, G. Knolmayer: *Organisation der Informationsverarbeitung. Grundlagen – Aufbau – Arbeitsteilung,* 3. Auflage, Gabler, Wiesbaden 1998.

R. Bischoff, U.E. Klein, T. Meuser, O. Moudden, W. Mülder, K. Spohn, W. Walter (Hrsg.): *Studienführer IT an Fachhochschulen. Studieren mit erfolgreicher Praxis,* Vieweg, Braunschweig/Wiesbaden 2002.

A. Picot, R. Reichwald, R.T. Wigand: *Die grenzenlose Unternehmung. Information, Organisation und Management,* 5. Auflage, Gabler, Wiesbaden 2003.

TNS Infratest: *Monitoring Informationswirtschaft, 7. Faktenbericht,* München 2004 (kostenlos erhältlich unter http://www.bmwa.bund.de/bmwa/generator/Navigation/Unternehmer/e-business,did=5876.html)

Zu aktuellen Themen der Wirtschaftsinformatik empfehlen wir Ihnen folgende *Fachzeitschriften und -zeitungen:*

Computerwoche, IDG Business Verlag, München.

c't – Magazin für Computer-Technik, Heise Medien Gruppe, Hannover.

iX – Magazin für professionelle Informationstechnik, Heise Medien Gruppe, Hannover.

Heise Newsticker (kostenloser, täglich erscheinender Newsletter), Heise Medien Gruppe, Hannover. (http://www.heise.de/bin/newsletter/listinfo/newsticker)

Wirtschaftsinformatik, Vieweg-Verlag, Wiesbaden.

Planung, Entwicklung und Betrieb von Informationssystemen

J. Becker, M. Kugeler, M. Rosemann (Hrsg.): *Prozessmanagement*, Springer, Berlin 2003.

M. Jeckle, C. Rupp, J. Hahn, B. Zengler, S. Queins: *UML 2 glasklar*, Hanser, München 2003.

H. Krcmar: *Informationsmanagement*, Springer-Verlag, 3. Auflage, Springer, Berlin 2002.

H. Österle, R. Winter (Hrsg.): *Business Engineering*, 2. Auflage, Springer, Berlin 2003.

A.-W. Scheer: *ARIS – Vom Geschäftsprozess zum Anwendungssystem*, 4. Auflage, Springer, Berlin 1999.

A.-W. Scheer: *ARIS – Modellierungsmethoden, Metamodelle, Anwendungen*, 4. Auflage, Springer, Berlin 2001.

Büroinformationssysteme

T. Berndt: *OpenOffice.org*, O'Reilly, Köln 2004.

B. Boiko: *Content Management Bible*, Wiley, New York 2002.

U. M. Borghoff, J.H. Schlichter: *Computer-Supported Cooperative Work, Introduction to Distributed Applications*, Springer, Berlin 2000.

O. Christ: *Content-Management in der Praxis*, Springer, Berlin 2003.

K. Fahnenstich, R.G. Haselier: *Microsoft Office 2003. Das Handbuch für die Office Edition 2003 für Schüler, Studierende und Lehrkräfte (mit CD-ROM)*, Microsoft Press, München 2004.

C. W. Holsapple (Hrsg.): *Handbook on Knowledge Management, Vol. 1: Knowledge Matters, Vol. 2: Knowledge Directions 2*, Springer, Berlin 2004.

A. Jaros-Sturhahn, K. Schachtner, E. Bernroider: *Business Computing mit MS-Office 2003 und Internet*, Springer, Berlin 2003.

T. Krumbein: *OpenOffice.org – Einstieg und Umstieg (mit CD-ROM)*, Galileo Press, Bonn 2003.

Microsoft Corporation: *Microsoft Office 2003 – Die technische Referenz*, Microsoft Press, München 2004.

G. Müller, Eymann, T., Kreutzer, M.: *Telematik- und Kommunikationssysteme in der vernetzten Wirtschaft*, Oldenbourg, München 2002.

R. Reichwald, K. Möslein, H. Sachenbacher, H. Englberger: *Telekooperation - Verteilte Arbeits- und Organisationsformen*, 2. Auflage, Springer, Heidelberg 2000.

A. Rockley: *Managing Enterprise Content*, New Riders Publishing, Indianapolis 2002.

G. Schwabe, N. Streitz, R. Unland: *CSCW-Kompendium, Lehr- und Handbuch zum computerunterstützten kooperativen Arbeiten*, Springer, Berlin 2001.

Unterstützung betrieblicher Leistungsprozesse durch ERP-Systeme

H. Arnolds, F. Heege, W. Tussing: *Materialwirtschaft und Einkauf,* 10. Auflage, Gabler, Wiesbaden 2001.

J. Becker, R. Schütte: *Handelsinformationssysteme,* 2. Auflage, Moderne Industrie, Landsberg 2004.

H. Forsthuber: *SAP-Finanzwesen für Anwender,* Galileo/SAP Press, Bonn 2002.

R. Gabriel, U. Hoppe: *Electronic Business,* Physica, Heidelberg 2002.

A. Gadatsch, R. Mayr (Hrsg.): *Best-Practice mit SAP,* Vieweg, Wiesbaden 2002.

H. Jahnke, D. Biskup: *Planung und Steuerung der Produktion,* Gabler, Wiesbaden 1999.

S. Karch, L. Heilig: *SAP NetWeaver,* Galileo/SAP Press, Bonn 2004.

C. Krämer, S. Ringling, J. Edinger, A. Junold: *SAP-Personalwirtschaft für Anwender,* Galileo/SAP Press, Bonn 2004.

P. Mertens: *Integrierte Informationsverarbeitung 1: Operative Systeme in der Industrie,* 14. Auflage, Gabler, Wiesbaden 2004.

R. Möhrlen, F. Kokot: *SAP R/3 Kompendium,* Markt + Technik, München 2000.

J. Scheibler: *Vertrieb mit SAP,* Galileo/SAP Press, Bonn 2005.

K. Weihrauch, G. Keller: *Produktionsplanung und –steuerung mit SAP,* 2. Auflage, Galileo/SAP Press, Bonn 2005.

D. Woods: *Enterprise Services Architecture,* Galileo/SAP Press, Bonn 2004.

D. Woods: *Packaged Composite Applications,* O´Reilly, Sepastopol 2003.

Außenwirksame Informationssysteme und Electronic Commerce

A. Afuah, C.L. Tucci: *Internet Business Models and Strategies,* McGraw-Hill, Boston 2002.

R. Alt, H. Österle (Hrsg.): *Real-time Business, Lösungen, Bausteine und Potenziale des Business Networking,* Springer, Berlin 2004.

M. Blatter-Constantin (Hrsg.): *Marketingerfolg im Internet,* Orell Füssli, Zürich 2003.

C. Brandstetter, M. Fries: *E-Business im Vertrieb,* Hanser, München 2002.

M. Bruhn: *Kundenorientierung. Bausteine für ein exzellentes Customer Relationship Management,* 2. Auflage, DTV-Beck, München 2003.

R. Buck-Ehmden, P. Zencke: *mySAP CRM – Kundenbezogene Geschäftsprozesse mit SAP CRM 4.0,* Galileo/SAP Press, Bonn 2003.

S. Chopra, P. Meindl: *Supply Chain Management. Strategy, Planning and Operation,* 2. Auflage, Pearson Prentice Hall, Upper Saddle River 2003.

B. Eggers, G. Hoppen (Hrsg.), *Strategisches E-Commerce-Management - Erfolgsfaktoren für die Real Economy,* Gabler, Wiesbaden 2001.

G. Knolmayer, P. Mertens, A. Zeier: *Supply Chain Management auf Basis von SAP-Systemen. Perspektiven der Auftragsabwicklung für Industriebetriebe,* Springer, Heidelberg 1999.

S. J. Liebowitz: *Re-Thinking the Network Economy: The True Forces That Drive the Digital Marketplace*, Amacom, New York 2002.

M. Madlberger: *Electronic Retailing*, Deutscher Universitätsverlag - Gabler, Wiesbaden 2004.

R. Nieschlag, E. Dichtl, H. Hörschgen: *Marketing*, 19. Auflage, Duncker & Humblot, Berlin 2002.

J. Strauss, R. Frost: *E-Marketing*, 3. Auflage, Prentice Hall, Upper Saddle River 2002.

R. Strauss, D. Schoder: *eReality. Das e-business-Bausteinkonzept. Strategien und Erfolgsfaktoren für das e-business-Management*, F.A.Z.-Institut, Frankfurt/M. 2002.

P. Timmers: *Electronic Commerce: Strategies and Models for Business to Business Trading*, John Wiley and Sons, Chichester 2000.

H. R. Varian, J. Farrell, C. Shapiro: *The Economics of Information Technology: An Introduction*, Cambridge University Press, Cambridge 2005.

J. Weber: *Logistik- und Supply-Chain-Controlling*, 5. Auflage, Schäffer-Poeschel, Stuttgart 2002.

P. Winkelmann: *Vertriebskonzeption und Vertriebssteuerung. Die Instumente des integrierten Kundenmanagements (CRM)*, 2. Auflage, Vahlen, München 2003.

Managementunterstützungssysteme

F. X. Bea, J. Haas: *Strategisches Management*, 3. Auflage, Lucius & Lucius, Stuttgart 2001.

P. Chamoni, P. Gluchowski (Hrsg.): *Analytische Informationssysteme – Data Warehouse, On-line Analytical Processing, Data Mining*, 2. Auflage, Springer, Heidelberg 1999.

P. Chamoni, P. Gluchowski, M. Hahne: *Business Information Warehouse. Perspektiven betrieblicher Informationsversorgung und Entscheidungsunterstützung auf der Basis von SAP-Systemen*, Springer, Berlin 2004/05 (angekündigt).

P. Gluchowski, R. Gabriel, P. Chamoni: *Management Support Systeme - Computergestützte Informationssysteme für Führungskräfte und Entscheidungsträger*, Springer, Heidelberg 1997.

J. Han, M. Kamber: *Data Mining: Concepts and Techniques*, Morgan Kaufmann, San Mateo 2000.

C. Mehrwald: *SAP Business Information Warehouse 3*, 2. Auflage, dpunkt, Heidelberg 2004.

M. Meier, W. Sinzig, P. Mertens: *Enterprise Management with SAP SEM/Business Analytics*, 2. Auflage, Springer, Berlin 2003.

P. Mertens, J. Griese: *Integrierte Informationsverarbeitung 2: Planungs- und Kontrollsysteme in der Industrie*, 9. Auflage, Gabler-Verlag, Wiesbaden 2002.

Sachregister

Produktionsmanagement
573 f.
Produktionsplanung
575 ff., 580 ff.
Produktionsplanungs- und
-steuerungssystem
575 ff., 580 ff.
Produktionssteuerung
575, 581 ff.
Produktionstyp 574 f.
Produktlebenszyklus 261
Produktpolitik **659 ff.**,
717
Prognose **782**
Programm **10**
Programmieren **10**
Programmierschnittstelle
100
Programmiersprache **10**,
100
Programmierte Textverar-
beitung 349
Programmplanung 580
Programmpolitik **659**,
717
Projekt-Anforderungsmana-
gement 255
Projekt **246**
Projektion **170**, 200 f.
Projektmanagement 252,
277, 282 f.
PROM 39
Proportionalschrift 347
Proprietär 76, 78
Protokoll **409**, 516
Prototyp **268**
Prototyping **268**
Prozess, evolutionärer 269
Prozess, operativer 261
Prozessdefinition 234
Prozesskette, ereignisgesteu-
erte **235 f.**
Prozesskette, erweiterte
ereignisorientierte 237
Prozessor 24, 48
Prozessorchip **41**
Prozessschnittstelle **235**
Prüfsumme 287
Prüfsumme, kryptographi-
sche 290
Prüfziffer → Prüfsumme
Public-Key-Infrastructure
301
Pufferspeicher 49

Pufferspeicherverwaltung
49
Pull-Technologie 452
Pulscodemodulation
374 ff.
Push-Technologie 452

Q

QR 731
Qualitätsanforderung 254
Qualitätssicherung 257,
274, 277, 279 f.
Quick Response 731
QuickTime **482**

R

R/3 544
Rabatt **675**
Rack-Server 78
Rahmenvertrag 568
RAID-System 315
RAM **36 f.**
Rangordnungsprinzip 646
Rastergrafik **389**
Raubkopierer 626
RBAC 311
RDBMS → Relationales
Datenbankverwaltungs-
system
Re-Intermediation 624
Reader **359**
RealAudio **468**
Realität, virtuelle 383
Realitätsausschnitt 186
RealVideo **481**
Rechenwerk **24**
Rechner 6, 21
Rechner, massiv paralleler
27
Rechnerarchitektur 58 f.
Rechnergestütztes Informa-
tionssystem **85 f.**
Rechnerkategorie 52 ff.
Rechnerleistung im engeren
Sinn 45, **46**
Rechnerleistung im weite-
ren Sinn 47
Rechnernetz 27, 409
Rechnungsprüfung 564,
573
Rechnungswesen **549**

Rechtschreibprüfung 346
Redaktionelles Format
699, 702
Redundanz **202**
Reengineering **168**
Referentielle Integrität
204
Regaloptimierung 785 ff.
Regressionstest 259
Reihenfolgeplanung 576
Relation **199**
Relationale Datenbank
199
Relationale Datenbankab-
fragesprache 200
Relationales Datenbanksys-
tem 185
Relationales Datenbankver-
waltungssystem **199**
Relationales Datenmodell
199
Relationales Schema **199**,
206, 208
Replenishment 731
Requirements-Engineering
249 ff., **253**, 262
Return on Investment 808
Reverse-Engineering **168**
RGB-Farbmodell **391**
RISC **42 f.**, 141
Risiko **303**
Risikomanagement 273,
303
RLE 365, 473
ROI 808
Roll Up 820
Rolle 234, 311
Rollenbasiertes Zugriffs-
kontrollmodell **311 f.**
Rollenportal 638
ROM 36, 39
RosettaNet 763
Routine-Geschäftsprozess
234
RSA 293
RTF-Format **458**
Rückkopplung 712
Rückrufdienst 696 f.

S

Safe Harbor 320
Sammelkauf **676**
Sample-Rate 374

Grundwissen der Ökonomik BWL

Herausgegeben von Franz X. Bea, Birgit Friedl und Marcell Schweitzer

Ahlert
Distributionspolitik
4. A. 2005. ca. € 19,90
(UTB 1364)

Bea/Dichtl/Schweitzer
Allgemeine BWL
Band 1: Grundfragen
9. A. 2004. € 19,90
(UTB 1081)

Bea/Dichtl/Schweitzer
Allgemeine BWL
Band 2: Führung
8. A. 2001. € 22,90
(UTB 1082)

Bea/Dichtl/Schweitzer
Allgemeine BWL
Band 3: Leistungsprozeß
8. A. 2002. € 21,90
(UTB 1083)

Bea/Göbel
Organisation
2. A. 2002. € 27,90
(UTB 2077)

Bea/Haas
Strategisches Management
3. A. 2001. € 24,90
(UTB 1458)

Bea/Scheurer
Projektmanagement
2004. ca. € 19,90
(UTB 2388)

Böcker/Helm
Marketing
7. A. 2003. € 25,90
(UTB 919)

Brockhoff
Produktpolitik

4. A. 1999. € 23,90
(UTB 1079)

Büschgen/Börner
Bankbetriebslehre
4. A. 2003. € 24,90
(UTB 917)

Coello Arias
Espanol para economistas
2002. m. 2 Audio-CD. € 34,90
(UTB 2352)

Drukarczyk
Finanzierung
9. A. 2003. € 27,90
(UTB 1229)

Friedl
Controlling
2002. € 28,90
(UTB 2117)

Friedl
Kostenmanagement
2005. ca. € 28,90
(UTB)

Göbel
Neue Institutionenökonomik
2002. € 21,90
(UTB 2235)

Hammann/Erichson
Marktforschung
5. A. 2000. € 27,90
(UTB 805)

Hansen/Neumann
Arbeitsbuch
Wirtschaftsinformatik
6. A. 2002. € 19,90
(UTB 1281)

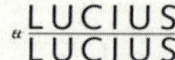 *Stuttgart*

Grundwissen der Ökonomik BWL

Herausgegeben von Franz X. Bea, Birgit Friedl und Marcell Schweitzer

Heinhold
Kosten- und Erfolgsrechnung
3. Aufl. 2004. € 22,90
(UTB 1974)

Helm/Gierl
Marketing Arbeitsbuch
3. A. 2002. € 14,90
(UTB 1801)

Heyd
**Internationale
Rechnungslegung**
2003. € 39,90
(UTB 2451)

Klimecki/Gmür
Personalmanagement
2. A. 2001. € 24,90
(UTB 2025)

Kuhnle
Bilanzen
2004. € 22,90
(UTB 2119)

Kuß/Tomczak
Käuferverhalten
3. A. 2004. € 19,90
(UTB 1604)

Meyer
**Operations Research
Systemforschung**
4. A. 1996. € 15,90
(UTB 1231)

Perlitz
Internationales Management
4. A. 2000. € 29,90
(UTB 1560)

Scherrer
Kostenrechnung
3. A. 1999. € 28,90

(UTB 1160)
Schmalen
Preispolitik
2. A. 1995. € 15,90
(UTB 1123)

Schünemann
Wirtschaftsprivatrecht
4. A. 2002. 29,90
(UTB 1584)

Schwarz/Gebicke
Wörterbuch Wirtschaft
Deutsch-Russisch/Russisch-Deutsch
2004. € 17,90
(UTB 2624)

Schweiger/Schrattenecker
Werbung
5. A. 2001. € 18,90
(UTB 1370)

Troßmann
Investition
1998. € 25,90
(UTB 2013)

Troßmann/Werkmeister
Arbeitsbuch Investition
2001. € 16,90
(UTB 2205)

Wagner
**Betriebswirtschaftliche
Umweltökonomie**
1997. € 26,90
(UTB GR 8131)

Zahn/Schmid
Produktionswirtschaft I:
Grundlagen und operatives
Produktionsmanagement
1996. € 31,90
(UTB GR 8126)

 *Stuttgart*

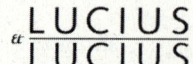

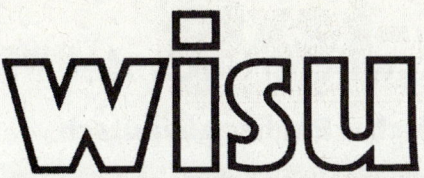

Wirtschaftswörterbuch der Praxis

Deutsch/Englisch · Englisch/Deutsch

von Frank Koslowski und Ulrich Kohlmeier

2003. VII/630 S., kt. € 27,90 / sFr 47,00

ISBN 3-8282-0233-0. UTB 2389 (ISBN 3-8252-2389-2)

Das vorliegende "Wirtschaftswörterbuch der Praxis" wurde sowohl für Studenten und Dozenten der wirtschaftswissenschaftlichen Studiengänge Betriebs- und Volkswirtschaftslehre als auch für Fach- und Führungskräfte im Unternehmen konzipiert. Dieses Fachwörterbuch, das im Laufe der Jahre aus einem bilingualen wirtschaftswissenschaftlichen Studium und der beruflichen Praxis entwickelt wurde, beinhaltet die gebräuchlichsten Begriffe und Fachausdrücke des gesamten Spektrums der aktuellen Wirtschaftssprache.

Wörterbuch Wirtschaft für Studium und Praxis

Deutsch-Russisch / Russisch-Deutsch

von Rainer Schwarz und Klaus Gebicke

2004. VI/339 S., kt. € 24,90 / sFr 43,70

UTB 2624 (ISBN 3-8252-2624-7)

Die Überführung der kollabierten sowjetischen Wirtschaft in eine Marktwirtschaft hat den ökonomischen Begriffsapparat tief betroffen. Begriffe und Beschreibungen der zentralen Planwirtschaft werden zunehmend durch eine marktwirtschaftliche Terminologie ersetzt. Seit einigen Jahren beginnt die ökonomische Begriffsbildung in russischer Sprache als Ergebnis eigenständiger systematischer Forschung. Der Neoinstitutionalismus bildet dabei den theoretischen Rahmen. Die Anwendung der neuen Begriffe und Kategorien in der russischen Wirtschaftsliteratur ist bisher noch mit Unsicherheiten behaftet, und die Nutzer erhalten durch die in diesem Wörterbuch angebotenen Übersetzungen wichtige Hilfestellung zur richtigen Orientierung.

 *Stuttgart*

Marketing-Management

Märkte, Marktinformationen und Marktbearbeitung

von Matthias Sander

2004. XXII/929 S., 519 Abb. und Übers., gb. € 49,90 / sFr 85,50

UTB 8251 (ISBN 3-8252-8251-1)

Dieses Buch stellt umfassend die grundlegenden Sachverhalte des Marketing dar: die Informationsgrundlagen wie auch die Marktbearbeitung. Neben den Grundgedanken des Marketing sowie des Marketing-Managements werden das Verhalten von Marktteilnehmern, sämtliche Schritte der Marktforschung (einschließlich Datenanalyseverfahren), die Marktsegmentierung sowie die Erstellung von Marktprognosen behandelt und Teilfunktionen des Marketing-Management (Strategische Marketing-Planung, Planung der Marketing-Instrumente, Marketing-Implementierung, Marketing-Controlling, Marketing-Organisation sowie Human Resource Management im Marketing) erörtert. Jüngste Entwicklungen z. B. in der Konsumentenverhaltensforschung oder die Nutzung des Internet als innovatives Medium für Marketing werden angemessen berücksichtigt. Grundsätzlich zeichnet sich dieses Buch durch eine entscheidungsorientierte Darstellungsweise aus, wodurch sowohl Studenten als auch Praktikern Handlungsempfehlungen aufgezeigt werden.

Inhaltsübersicht:

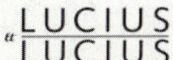 Stuttgart